U0922259

中国国家标准汇编

2005 年修订-19

中国标准出版社

2006

图书在版编目（CIP）数据

中国国家标准汇编．19：2005年修订/中国标准出版社总编室编．—北京：中国标准出版社，2006
ISBN 7-5066-4268-9

Ⅰ．中… Ⅱ．中… Ⅲ．国家标准-汇编-中国-2005
Ⅳ．T-652.1

中国版本图书馆CIP数据核字（2006）第115584号

中国标准出版社出版发行
北京复兴门外三里河北街16号
邮政编码：100045
网址 www.spc.net.cn
电话：68523946 68517548
中国标准出版社秦皇岛印刷厂印刷
各地新华书店经销

*

开本 880×1230 1/16 印张 49 字数 1 355 千字
2006年11月第一版 2006年11月第一次印刷

*

定价 180.00 元

出 版 说 明

1.《中国国家标准汇编》是一部大型综合性国家标准全集，自1983年起，按国家标准顺序号以精装本、平装本两种装帧形式陆续分册汇编出版。《汇编》在一定程度上反映了我国建国以来标准化事业发展的基本情况和主要成就，是各级标准化管理机构，工矿企事业单位，农林牧副渔系统，科研、设计、教学等部门必不可少的工具书。

2. 由于标准的动态性，每年有相当数量的国家标准被修订，这些国家标准的修订信息无法在已出版的《汇编》中得到反映。为此，自1995年起，新增出版在上一年度被修订的国家标准的汇编本。

3. 修订的国家标准汇编本的正书名、版本形式、装帧形式与《中国国家标准汇编》相同，视篇幅分设若干册，但不占总的分册号，仅在封面和书脊上注明“20××年修订-1，-2，-3，……”字样，作为对《中国国家标准汇编》的补充。读者配套购买则可收齐前一年新制定和修订的全部国家标准。

4. 修订的国家标准汇编本的各分册中的标准，仍按顺序号由小到大排列(不连续)；如有遗漏的，均在当年最后一分册中补齐。

5. 2005年度发布的修订国家标准分20册出版。本分册为“2005年修订-19”，收入新修订的国家标准7项。

中国标准出版社

2006年9月

目　　录

ICS 35.040
L 71

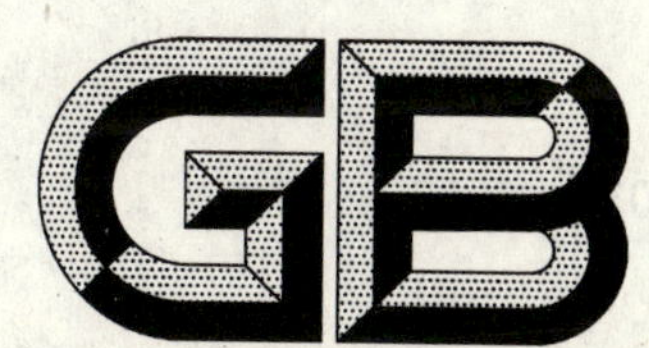

中华人民共和国国家标准

GB 18030—2005

信息技术　中文编码字符集

Information technology—Chinese coded character set

2005-11-08 发布　　　　2006-05-01 实施

中华人民共和国国家质量监督检验检疫总局
中国国家标准化管理委员会　发布

前　言

本标准的单字节编码部分、双字节编码部分和四字节编码部分的 CJK 统一汉字扩充 A（即 0x8139EE39—0x82358738）部分为强制性。

本标准代替 GB 18030—2000《信息技术　信息交换用汉字编码字符集　基本集的扩充》。本标准与上一版比，增加了编码汉字的数量，并补充规定了我国部分少数民族文字在本标准中的代码位置；本标准重新规定了字符"ḿ"的编码位置；本标准的编码体系结构保持不变。

本标准的附录 A、附录 B、附录 C、附录 D 和附录 E 是规范性附录。

本标准由中华人民共和国信息产业部提出。

本标准由中国电子技术标准化研究所归口。

本标准起草单位：信息产业部电子工业标准化研究所、北京大学计算机技术研究所、北大方正集团、北京方正新天地信息网络科技有限责任公司、四通集团公司、中国电子信息产业发展研究院、中科院软件所、长城软件公司、四通利方公司、中软总公司、金山软件公司、联想集团有限公司。

本标准主要起草人：陈�录、黄疆、胡万进、张建国、陈壮。

本标准于 2000 年首次发布，本次为第一次修订。

信息技术　中文编码字符集

1　范围

本标准作为 GB/T 2311 体系的编码字符标准，规定了信息技术用的中文图形字符及其二进制编码的十六进制表示。

本标准适用于图形字符信息的处理、交换、存储、传输、显现、输入和输出。

2　规范性引用文件

下列文件中的条款通过本标准的引用而成为本标准的条款。凡是注日期的引用文件，其随后所有的修改单(不包括勘误的内容)或修订版均不适用于本标准，然而，鼓励根据本标准达成协议的各方研究是否可使用这些文件的最新版本。凡是不注日期的引用文件，其最新版本适用于本标准。

GB/T 2311—2000　信息处理　字符代码结构与扩充技术(idt ISO/IEC 2022:1994)

GB 2312—1980　信息交换用汉字编码字符集　基本集

GB/T 11383—1989　信息处理　信息交换用八位代码结构和编码规则(idt ISO 4873:1986)

GB 12345—1990　信息交换用汉字编码字符集　辅助集

GB 13000.1—1993　信息技术　通用多八位编码字符集(UCS)　第一部分:体系结构与基本多文种平面(idt ISO/IEC 10646-1:1993)

3　原则

本标准向下与国家标准 GB 2312 信息处理交换码所对应的内码兼容。

本标准在字汇上支持 GB 13000 的全部中、日、韩(CJK)统一汉字(包括 CJK 统一汉字扩充 A、CJK 统一汉字扩充 B)字符和我国部分少数民族文字的字符。

4　术语和定义

下列术语和定义适用于本标准。

4.1

字符　character

供组织、控制或表示数据用的元素集合中的一个元素。

4.2

编码字符　coded character

字符及其编码表示。

4.3

字汇　repertoire

用编码字符集表示的一个指定的字符集合。

4.4

保留区　reserved zone

本标准中留作未来国家标准规定的区域。

5　字汇

本标准收录的字符以单字节、双字节或四字节编码。

5.1 单字节部分

本标准中,单字节的部分收录了 GB/T 11383—1989 的 0x00 到 0x7F 全部 128 个字符。

5.2 双字节部分

本标准中,双字节的部分收录内容如下:

GB 13000.1—1993 的全部 CJK 统一汉字字符。见附录 A。

GB 13000.1—1993 的 CJK 兼容区中的 21 个汉字。见附录 A。

GB 13000.1—1993 中收录而 GB 2312 未收录的我国台湾地区使用的图形字符 139 个。见附录 A。

GB 13000.1—1993 收录的其他字符 31 个。见附录 A。

GB 2312—1980 中的非汉字符号。见附录 A。

GB 12345—1990 的竖排标点符号 19 个。见附录 A。

GB 2312—1980 未收录的 10 个小写罗马数字。见附录 A。

GB 2312—1980 未收录的带音调的汉语拼音字母 5 个以及 ɑ 和 ɡ。见附录 A。

汉字数字“〇”。见附录 A。

表意文字描述符 13 个。见附录 A 和附录 B。

对 GB 13000.1—1993 增补的汉字和部首/构件 80 个。见附录 A 和附录 C。

双字节编码的欧元符号。见附录 A。

5.3 四字节部分

本标准的四字节的部分,收录了上述双字节字符之外的,GB 13000 的 CJK 统一汉字扩充 A、CJK 统一汉字扩充 B 和已经在 GB 13000 中编码的我国少数民族文字的字符。见附录 D。

6 总体结构

本标准中,采用单字节、双字节或四字节对字符编码。本标准中的任何一个字节均由八位二进制位串组成,任何一个八位的值均由 0x00 至 0xFF 的十六进制记数法表示。本标准中,凡数字前标有 0x 的表示采用十六进制,未标有 0x 的表示采用十进制。

单字节部分采用 GB/T 11383—1989 的编码结构与规则,使用 0x00 至 0x7F 码位。

双字节部分采用两个八位二进制位串表示一个字符,其首字节码位从 0x81 至 0xFE,尾字节码位分别是 0x40 至 0x7E 和 0x80 至 0xFE。

四字节部分采用 GB/T 11383—1989 未采用的 0x30 到 0x39 作为对双字节编码扩充的后缀。这样扩充的四字节编码,其范围为 0x81308130 到 0xFE39FE39。四字节字符的第一个字节编码范围为 0x81 至 0xFE;第二个字节编码范围为 0x30 至 0x39;第三个字节编码范围为 0x81 至 0xFE;第四个字节编码范围为 0x30 至 0x39。即,

0x81308130 至 0x81308139;

0x81308230 至 0x81308239;

……

0x8130FE30 至 0x8130FE39;

0x81318130 至 0x81318139;

……

0x8131FE30 至 0x8131FE39;

……

0x82308130 至 0x82308139;

……

0x8230FE30 至 0x8230FE39;

……

0xFE308130 至 0xFE308139;

……

0xFE39FE30 至 0xFE39FE39。

总体结构见表 1 及图 1。

表 1　码位范围分配图

字节数	码　位　空　间				码位数目
单字节	0x00～0x7F				128 个码位
双字节	第一字节		第二字节		23940 个码位
	0x81～0xFE		0x40～0x7E，0x80～0xFE		
四字节	第一字节	第二字节	第三字节	第四字节	1587600 个码位
	0x81～0xFE	0x30～0x39	0x81～0xFE	0x30～0x39	

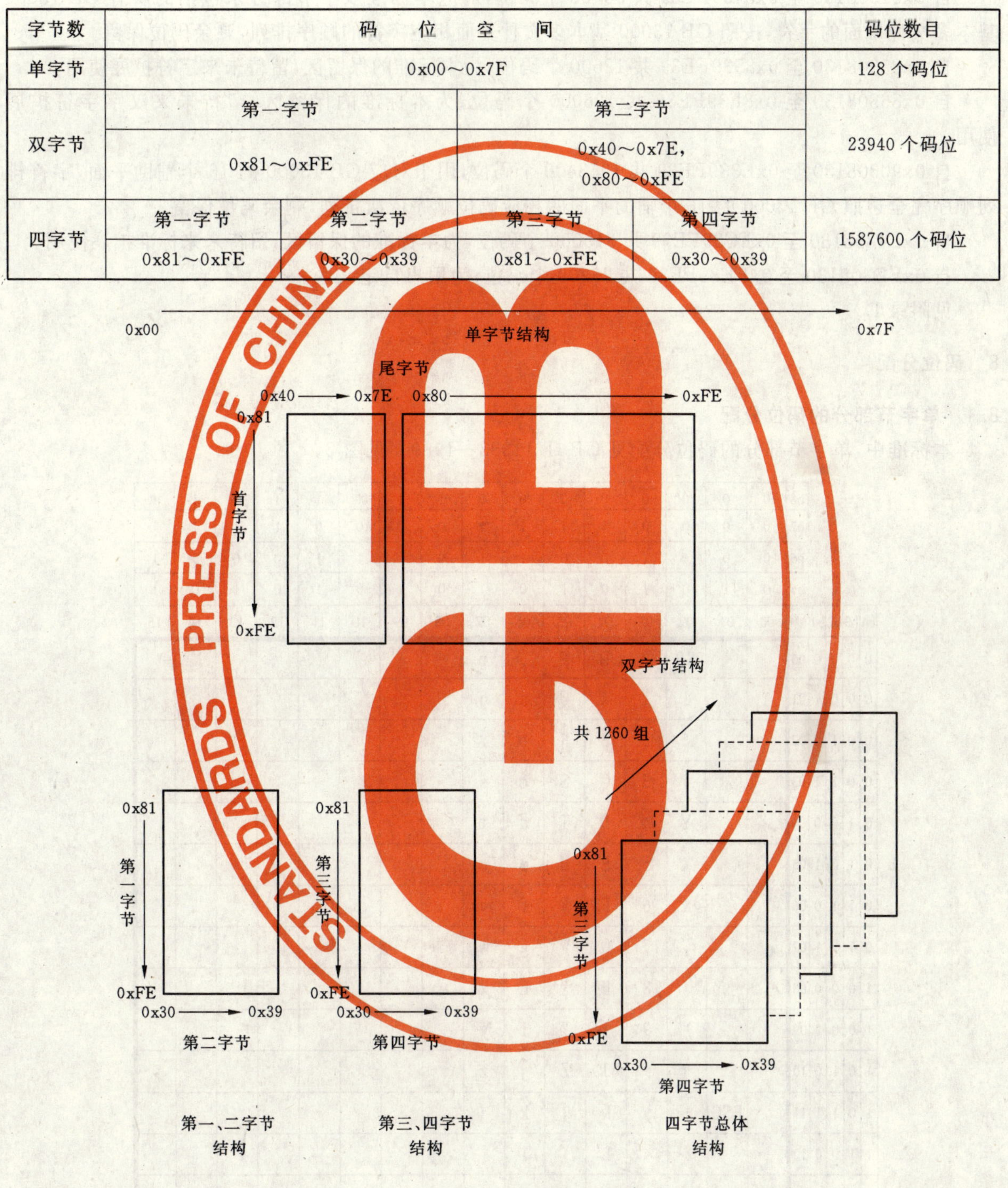

图 1　总体结构图

7　字符的排列顺序

7.1　单字节部分字符的排列顺序

本标准中单字节部分所有字符按照 GB/T 11383—1989 中相应字符的顺序排列。见图 2。

7.2 双字节部分字符的排列顺序

本标准双字节部分的字符排列顺序见附录 A。

7.3 四字节部分字符的排列顺序

自 0x81308130 至 0x8439FE39 共 50400 个码位，对应本标准双字节部分未包括的所有 GB 13000 基本多文种平面的字符，按照 GB 13000 基本多文种平面相应字符的顺序排列，剩余码位保留。

自 0x85308130 至 0x8539FE39 共 12600 个码位，为本标准的保留区，留待未来字符扩展使用。

自 0x86308130 至 0x8F39FE39 共 126000 个码位，为本标准的保留区，留待未来汉字字符扩展使用。

自 0x90308130 至 0xE339FE39 共 1058400 个码位，用于对应 GB 13000 的 16 个辅助平面，字符排列顺序完全遵照 GB 13000 的 16 个辅助平面的相应码位顺序依次排列，剩余码位保留。

自 0xE4308130 至 0xFC39FE39 共 315000 个码位，为本标准的保留区，留待未来标准扩展使用。

自 0xFD308130 至 0xFE39FE39 共 25200 个码位，为用户自定义区。

见附录 D。

8 码位分配

8.1 单字节部分的码位分配

本标准中，单字节部分的码位分配见 GB/T 11383—1989。见图 2。

				b8	0	0	0	0	0	0	0	0	1	1	1	1	1	1	1	1
				b7	0	0	0	0	1	1	1	1	0	0	0	0	1	1	1	1
				b6	0	0	1	1	0	0	1	1	0	0	1	1	0	0	1	1
				b5	0	1	0	1	0	1	0	1	0	1	0	1	0	1	0	1
b4	b3	b2	b1		00	01	02	03	04	05	06	07	08	09	10	11	12	13	14	15
0	0	0	0	00			SP	0	@	P	`	p								
0	0	0	1	01			!	1	A	Q	a	q								
0	0	1	0	02			"	2	B	R	b	r								
0	0	1	1	03			#	3	C	S	c	s								
0	1	0	0	04			¥	4	D	T	d	t								
0	1	0	1	05			%	5	E	U	e	u								
0	1	1	0	06			&	6	F	V	f	v								
0	1	1	1	07			'	7	G	W	g	w								
1	0	0	0	08			(	8	H	X	h	x								
1	0	0	1	09			)	9	I	Y	i	y								
1	0	1	0	10			*	:	J	Z	j	z								
1	0	1	1	11		ESC	+	;	K	[	k	{								
1	1	0	0	12			,	<	L	\	l	|								
1	1	0	1	13			-	=	M	]	m	}								
1	1	1	0	14			.	>	N	^	n	~								
1	1	1	1	15			/	?	O	_	o	DEL								

图 2 单字节区码位图

8.2 双字节部分的码位分配

本标准中，双字节部分的码位安排分为 0x8140 至 0xFE7E 和 0x8180 至 0xFEFE 两部分，共 23940 个码位。见图 3 及表 2。

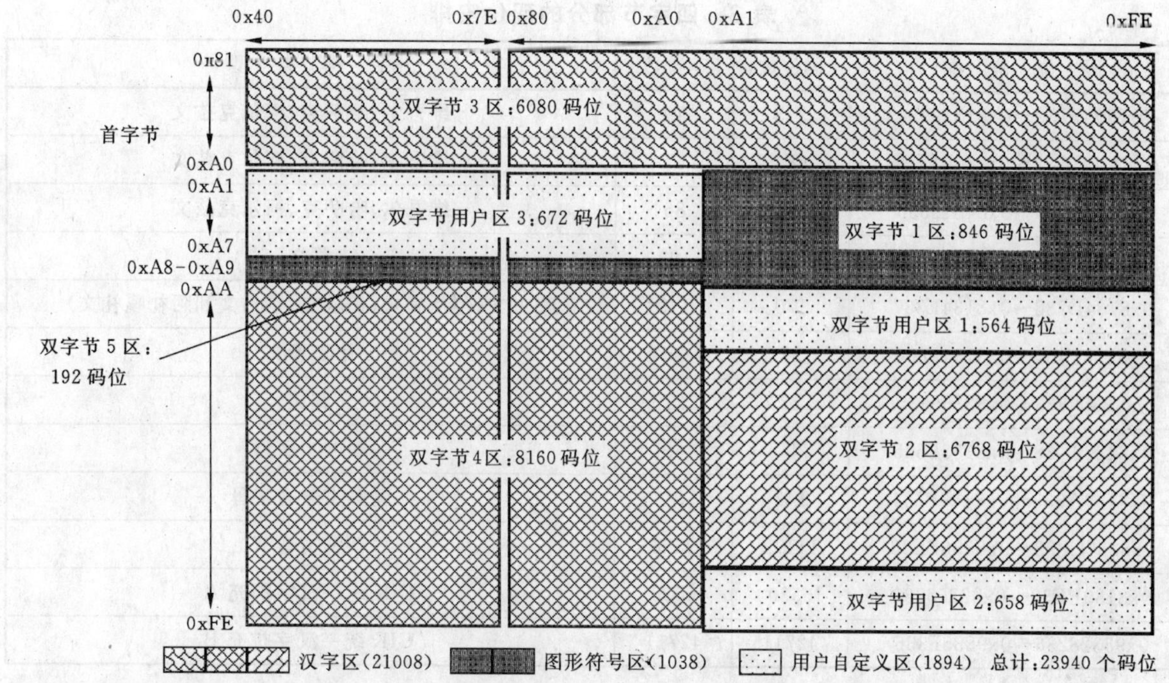

图 3 双字节部分编码空间结构图

表 2 双字节部分的码位安排

类别	区名	码 位 范 围	码位数	字符数	字符类型
符号区	双字节 1 区	首字节 0xA1～0xA9 尾字节 0xA1～0xFE	846	718	图形符号
	双字节 5 区	首字节 0xA8～0xA9 尾字节 0x40～0x7E 和 0x80～0xA0	192	166	图形符号
汉字区	双字节 2 区	首字节 0xB0～0xF7 尾字节 0xA1～0xFE	6768	6763	汉字
	双字节 3 区	首字节 0x81～0xA0 尾字节 0x40～0x7E 和 0x80～0xFE	6080	6080	汉字
	双字节 4 区	首字节 0xAA～0xFE 尾字节 0x40～0x7E 和 0x80～0xA0	8160	8160	汉字
用户自定义区	双字节用户区 1	首字节 0xAA～0xAF 尾字节 0xA1～0xFE	564		
	双字节用户区 2	首字节 0xF8～0xFE 尾字节 0xA1～0xFE	658		
	双字节用户区 3	首字节 0xA1～0xA7 尾字节 0x40～0x7E 和 0x80～0xA0	672		

8.3 四字节部分的码位分配

本标准的四字节部分收录了汉字和一部分我国少数民族文字，码位分配见表3。表3中没有指明的四字节码位分配见7.3条。

表3 四字节部分的码位安排

码位范围	码位数	字符数	字符类型
0x81318132～0x81319934	243	49	维吾尔、哈萨克、柯尔克孜文
0x8430BA32～0x8430FE35	684	67	维吾尔、哈萨克、柯尔克孜文
0x84318730～0x84319530	141	86	维吾尔、哈萨克、柯尔克孜文
0x8132E834～0x8132FD31	208	193	藏文
0x8134D238～0x8134E337	170	149	蒙古文(包括满文、托忒文、锡伯文和阿礼嘎礼文)
0x8134F434～0x8134F830	37	35	德宏傣文
0x82359833～0x82369435	1223	1215	彝文
0x81339D36～0x8133B635	250	69	朝鲜文字母
0x8139A933～0x8139B734	142	51	朝鲜文兼容字母
0x8237CF35～0x8336BE36	11172	3376	朝鲜文音节
0x8139EE39～0x82358738	6530	6530	CJK 统一汉字扩充 A
0x95328236～0x9835F336	42711	42711	CJK 统一汉字扩充 B

附 录 A
（规范性附录）
双字节字符表

A.1 表的内容

本表给出本标准双字节部分的字符的全部GB 13000.1代码及其相应字形。

A.2 表的说明

示例如下：

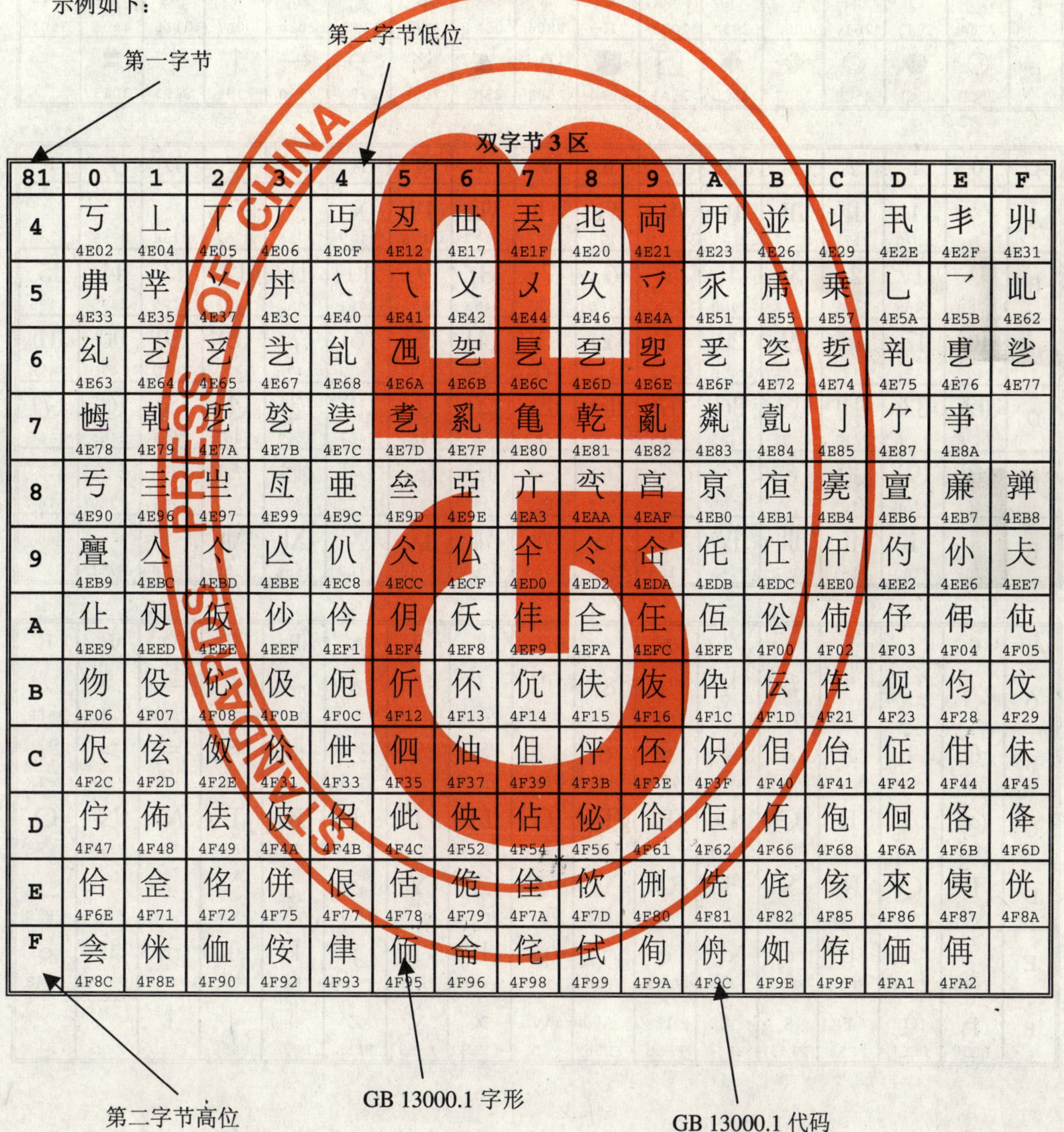

双字节3区

81	0	1	2	3	4	5	6	7	8	9	A	B	C	D	E	F
4	丂 4E02	丄 4E04	丅 4E05	丆 4E06	丏 4E0F	丒 4E12	丗 4E17	丟 4E1F	丠 4E20	両 4E21	丣 4E23	並 4E26	丩 4E29	丮 4E2E	丯 4E2F	丱 4E31
5	丳 4E33	丵 4E35	丷 4E37	丼 4E3C	乀 4E40	乁 4E41	乂 4E42	乄 4E44	乆 4E46	乊 4E4A	乑 4E51	乕 4E55	乗 4E57	乚 4E5A	乛 4E5B	乢 4E62
6	乣 4E63	乤 4E64	乥 4E65	乧 4E67	乨 4E68	乪 4E6A	乫 4E6B	乬 4E6C	乭 4E6D	乮 4E6E	乯 4E6F	乲 4E72	乴 4E74	乵 4E75	乶 4E76	乷 4E77
7	乸 4E78	乹 4E79	乺 4E7A	乻 4E7B	乼 4E7C	乽 4E7D	乿 4E7F	亀 4E80	亁 4E81	亂 4E82	亃 4E83	亄 4E84	亅 4E85	亇 4E87	亊 4E8A	
8	亐 4E90	亖 4E96	亗 4E97	亙 4E99	亜 4E9C	亝 4E9D	亞 4E9E	亣 4EA3	亪 4EAA	亯 4EAF	亰 4EB0	亱 4EB1	亴 4EB4	亶 4EB6	亷 4EB7	亸 4EB8
9	亹 4EB9	亼 4EBC	亽 4EBD	亾 4EBE	仈 4EC8	仌 4ECC	仏 4ECF	仐 4ED0	仒 4ED2	仚 4EDA	仛 4EDB	仜 4EDC	仠 4EE0	仢 4EE2	仦 4EE6	仧 4EE7
A	仩 4EE9	仭 4EED	仮 4EEE	仯 4EEF	仱 4EF1	仴 4EF4	仸 4EF8	仹 4EF9	仺 4EFA	仼 4EFC	仾 4EFE	伀 4F00	伂 4F02	伃 4F03	伄 4F04	伅 4F05
B	伆 4F06	伇 4F07	伈 4F08	伋 4F0B	伌 4F0C	伒 4F12	伓 4F13	伔 4F14	伕 4F15	伖 4F16	伜 4F1C	伝 4F1D	伡 4F21	伣 4F23	伨 4F28	伩 4F29
C	伬 4F2C	伭 4F2D	伮 4F2E	伱 4F31	伳 4F33	伵 4F35	伷 4F37	伹 4F39	伻 4F3B	伾 4F3E	伿 4F3F	佀 4F40	佁 4F41	佂 4F42	佄 4F44	佅 4F45
D	佇 4F47	佈 4F48	佉 4F49	佊 4F4A	佋 4F4B	佌 4F4C	佒 4F52	佔 4F54	佖 4F56	佡 4F61	佢 4F62	佦 4F66	佨 4F68	佪 4F6A	佫 4F6B	佭 4F6D
E	佮 4F6E	佱 4F71	佲 4F72	併 4F75	佷 4F77	佸 4F78	佹 4F79	佺 4F7A	佽 4F7D	侀 4F80	侁 4F81	侂 4F82	侅 4F85	來 4F86	侇 4F87	侊 4F8A
F	侌 4F8C	侎 4F8E	侐 4F90	侒 4F92	侓 4F93	侕 4F95	侖 4F96	侘 4F98	侙 4F99	侚 4F9A	侜 4F9C	侞 4F9E	侟 4F9F	価 4FA1	侢 4FA2	

双字节 1 区

A1	0	1	2	3	4	5	6	7	8	9	A	B	C	D	E	F
A		3000	、 3001	。 3002	· 00B7	ˉ 02C9	ˇ 02C7	¨ 00A8	〃 3003	々 3005	— 2014	～ FF5E	‖ 2016	… 2026	‘ 2018	’ 2019
B	“ 201C	” 201D	〔 3014	〕 3015	〈 3008	〉 3009	《 300A	》 300B	「 300C	」 300D	『 300E	』 300F	〖 3016	〗 3017	【 3010	】 3011
C	± 00B1	× 00D7	÷ 00F7	∶ 2236	∧ 2227	∨ 2228	∑ 2211	∏ 220F	∪ 222A	∩ 2229	∈ 2208	∷ 2237	√ 221A	⊥ 22A5	∥ 2225	∠ 2220
D	⌒ 2312	⊙ 2299	∫ 222B	∮ 222E	≡ 2261	≌ 224C	≈ 2248	∽ 223D	∝ 221D	≠ 2260	≮ 226E	≯ 226F	≤ 2264	≥ 2265	∞ 221E	∵ 2235
E	∴ 2234	♂ 2642	♀ 2640	° 00B0	′ 2032	″ 2033	℃ 2103	＄ FF04	¤ 00A4	￠ FFE0	￡ FFE1	‰ 2030	§ 00A7	№ 2116	☆ 2606	★ 2605
F	○ 25CB	● 25CF	◎ 25CE	◇ 25C7	◆ 25C6	□ 25A1	■ 25A0	△ 25B3	▲ 25B2	※ 203B	→ 2192	← 2190	↑ 2191	↓ 2193	〓 3013	

A2	0	1	2	3	4	5	6	7	8	9	A	B	C	D	E	F
A		ⅰ 2170	ⅱ 2171	ⅲ 2172	ⅳ 2173	ⅴ 2174	ⅵ 2175	ⅶ 2176	ⅷ 2177	ⅸ 2178	ⅹ 2179	E766	E767	E768	E769	E76A
B	E76B	⒈ 2488	⒉ 2489	⒊ 248A	⒋ 248B	⒌ 248C	⒍ 248D	⒎ 248E	⒏ 248F	⒐ 2490	⒑ 2491	⒒ 2492	⒓ 2493	⒔ 2494	⒕ 2495	⒖ 2496
C	⒗ 2497	⒘ 2498	⒙ 2499	⒚ 249A	⒛ 249B	⑴ 2474	⑵ 2475	⑶ 2476	⑷ 2477	⑸ 2478	⑹ 2479	⑺ 247A	⑻ 247B	⑼ 247C	⑽ 247D	⑾ 247E
D	⑿ 247F	⒀ 2480	⒁ 2481	⒂ 2482	⒃ 2483	⒄ 2484	⒅ 2485	⒆ 2486	⒇ 2487	① 2460	② 2461	③ 2462	④ 2463	⑤ 2464	⑥ 2465	⑦ 2466
E	⑧ 2467	⑨ 2468	⑩ 2469	€ 20AC	E76D	㈠ 3220	㈡ 3221	㈢ 3222	㈣ 3223	㈤ 3224	㈥ 3225	㈦ 3226	㈧ 3227	㈨ 3228	㈩ 3229	E76E
F	E76F	Ⅰ 2160	Ⅱ 2161	Ⅲ 2162	Ⅳ 2163	Ⅴ 2164	Ⅵ 2165	Ⅶ 2166	Ⅷ 2167	Ⅸ 2168	Ⅹ 2169	Ⅺ 216A	Ⅻ 216B	E770	E771	

A3	0	1	2	3	4	5	6	7	8	9	A	B	C	D	E	F
A		！ FF01	＂ FF02	＃ FF03	￥ FFE5	％ FF05	＆ FF06	＇ FF07	（ FF08	） FF09	＊ FF0A	＋ FF0B	， FF0C	－ FF0D	． FF0E	／ FF0F
B	０ FF10	１ FF11	２ FF12	３ FF13	４ FF14	５ FF15	６ FF16	７ FF17	８ FF18	９ FF19	： FF1A	； FF1B	＜ FF1C	＝ FF1D	＞ FF1E	？ FF1F
C	＠ FF20	Ａ FF21	Ｂ FF22	Ｃ FF23	Ｄ FF24	Ｅ FF25	Ｆ FF26	Ｇ FF27	Ｈ FF28	Ｉ FF29	Ｊ FF2A	Ｋ FF2B	Ｌ FF2C	Ｍ FF2D	Ｎ FF2E	Ｏ FF2F
D	Ｐ FF30	Ｑ FF31	Ｒ FF32	Ｓ FF33	Ｔ FF34	Ｕ FF35	Ｖ FF36	Ｗ FF37	Ｘ FF38	Ｙ FF39	Ｚ FF3A	［ FF3B	＼ FF3C	］ FF3D	＾ FF3E	＿ FF3F
E	｀ FF40	ａ FF41	ｂ FF42	ｃ FF43	ｄ FF44	ｅ FF45	ｆ FF46	ｇ FF47	ｈ FF48	ｉ FF49	ｊ FF4A	ｋ FF4B	ｌ FF4C	ｍ FF4D	ｎ FF4E	ｏ FF4F
F	ｐ FF50	ｑ FF51	ｒ FF52	ｓ FF53	ｔ FF54	ｕ FF55	ｖ FF56	ｗ FF57	ｘ FF58	ｙ FF59	ｚ FF5A	｛ FF5B	｜ FF5C	｝ FF5D	￣ FFE3	

双字节1区

A4	0	1	2	3	4	5	6	7	8	9	A	B	C	D	E	F
A		ぁ 3041	あ 3042	ぃ 3043	い 3044	ぅ 3045	う 3046	ぇ 3047	え 3048	ぉ 3049	お 304A	か 304B	が 304C	き 304D	ぎ 304E	く 304F
B	ぐ 3050	け 3051	げ 3052	こ 3053	ご 3054	さ 3055	ざ 3056	し 3057	じ 3058	す 3059	ず 305A	せ 305B	ぜ 305C	そ 305D	ぞ 305E	た 305F
C	だ 3060	ち 3061	ぢ 3062	っ 3063	つ 3064	づ 3065	て 3066	で 3067	と 3068	ど 3069	な 306A	に 306B	ぬ 306C	ね 306D	の 306E	は 306F
D	ば 3070	ぱ 3071	ひ 3072	び 3073	ぴ 3074	ふ 3075	ぶ 3076	ぷ 3077	へ 3078	べ 3079	ぺ 307A	ほ 307B	ぼ 307C	ぽ 307D	ま 307E	み 307F
E	む 3080	め 3081	も 3082	ゃ 3083	や 3084	ゅ 3085	ゆ 3086	ょ 3087	よ 3088	ら 3089	り 308A	る 308B	れ 308C	ろ 308D	ゎ 308E	わ 308F
F	ゐ 3090	ゑ 3091	を 3092	ん 3093	E772	E773	E774	E775	E776	E777	E778	E779	E77A	E77B	E77C	

A5	0	1	2	3	4	5	6	7	8	9	A	B	C	D	E	F
A		ァ 30A1	ア 30A2	ィ 30A3	イ 30A4	ゥ 30A5	ウ 30A6	ェ 30A7	エ 30A8	ォ 30A9	オ 30AA	カ 30AB	ガ 30AC	キ 30AD	ギ 30AE	ク 30AF
B	グ 30B0	ケ 30B1	ゲ 30B2	コ 30B3	ゴ 30B4	サ 30B5	ザ 30B6	シ 30B7	ジ 30B8	ス 30B9	ズ 30BA	セ 30BB	ゼ 30BC	ソ 30BD	ゾ 30BE	タ 30BF
C	ダ 30C0	チ 30C1	ヂ 30C2	ッ 30C3	ツ 30C4	ヅ 30C5	テ 30C6	デ 30C7	ト 30C8	ド 30C9	ナ 30CA	ニ 30CB	ヌ 30CC	ネ 30CD	ノ 30CE	ハ 30CF
D	バ 30D0	パ 30D1	ヒ 30D2	ビ 30D3	ピ 30D4	フ 30D5	ブ 30D6	プ 30D7	ヘ 30D8	ベ 30D9	ペ 30DA	ホ 30DB	ボ 30DC	ポ 30DD	マ 30DE	ミ 30DF
E	ム 30E0	メ 30E1	モ 30E2	ャ 30E3	ヤ 30E4	ュ 30E5	ユ 30E6	ョ 30E7	ヨ 30E8	ラ 30E9	リ 30EA	ル 30EB	レ 30EC	ロ 30ED	ヮ 30EE	ワ 30EF
F	ヰ 30F0	ヱ 30F1	ヲ 30F2	ン 30F3	ヴ 30F4	ヵ 30F5	ヶ 30F6	E77D	E77E	E77F	E780	E781	E782	E783	E784	

A6	0	1	2	3	4	5	6	7	8	9	A	B	C	D	E	F
A		Α 0391	Β 0392	Γ 0393	Δ 0394	Ε 0395	Ζ 0396	Η 0397	Θ 0398	Ι 0399	Κ 039A	Λ 039B	Μ 039C	Ν 039D	Ξ 039E	Ο 039F
B	Π 03A0	Ρ 03A1	Σ 03A3	Τ 03A4	Υ 03A5	Φ 03A6	Χ 03A7	Ψ 03A8	Ω 03A9	E785	E786	E787	E788	E789	E78A	E78B
C	E78C	α 03B1	β 03B2	γ 03B3	δ 03B4	ε 03B5	ζ 03B6	η 03B7	θ 03B8	ι 03B9	κ 03BA	λ 03BB	μ 03BC	ν 03BD	ξ 03BE	ο 03BF
D	π 03C0	ρ 03C1	σ 03C3	τ 03C4	υ 03C5	φ 03C6	χ 03C7	ψ 03C8	ω 03C9	︐ E78D	︒ E78E	︑ E78F	︓ E790	︔ E791	︕ E792	︖ E793
E	︵ FE35	︶ FE36	︹ FE39	︺ FE3A	︿ FE3F	﹀ FE40	︽ FE3D	︾ FE3E	﹁ FE41	﹂ FE42	﹃ FE43	﹄ FE44	﹇ E794	﹈ E795	︻ FE3B	︼ FE3C
F	︷ FE37	︸ FE38	︱ FE31	︙ E796	︳ FE33	︴ FE34	E797	E798	E799	E79A	E79B	E79C	E79D	E79E	E79F	

双字节 1 区

A7	0	1	2	3	4	5	6	7	8	9	A	B	C	D	E	F
A		А 0410	Б 0411	В 0412	Г 0413	Д 0414	Е 0415	Ё 0401	Ж 0416	З 0417	И 0418	Й 0419	К 041A	Л 041B	М 041C	Н 041D
B	О 041E	П 041F	Р 0420	С 0421	Т 0422	У 0423	Ф 0424	Х 0425	Ц 0426	Ч 0427	Ш 0428	Щ 0429	Ъ 042A	Ы 042B	Ь 042C	Э 042D
C	Ю 042E	Я 042F	E7A0	E7A1	E7A2	E7A3	E7A4	E7A5	E7A6	E7A7	E7A8	E7A9	E7AA	E7AB	E7AC	E7AD
D	E7AE	а 0430	б 0431	в 0432	г 0433	д 0434	е 0435	ё 0451	ж 0436	з 0437	и 0438	й 0439	к 043A	л 043B	м 043C	н 043D
E	о 043E	п 043F	р 0440	с 0441	т 0442	у 0443	ф 0444	х 0445	ц 0446	ч 0447	ш 0448	щ 0449	ъ 044A	ы 044B	ь 044C	э 044D
F	ю 044E	я 044F	E7AF	E7B0	E7B1	E7B2	E7B3	E7B4	E7B5	E7B6	E7B7	E7B8	E7B9	E7BA	E7BB	

A8	0	1	2	3	4	5	6	7	8	9	A	B	C	D	E	F
A		ā 0101	á 00E1	ǎ 01CE	à 00E0	ē 0113	é 00E9	ě 011B	è 00E8	ī 012B	í 00ED	ǐ 01D0	ì 00EC	ō 014D	ó 00F3	ǒ 01D2
B	ò 00F2	ū 016B	ú 00FA	ǔ 01D4	ù 00F9	ǖ 01D6	ǘ 01D8	ǚ 01DA	ǜ 01DC	ü 00FC	ê 00EA	ɑ 0251	ḿ 1E3F	ń 0144	ň 0148	ǹ 01F9
C	ɡ 0261	E7C9	E7CA	E7CB	E7CC	ㄅ 3105	ㄆ 3106	ㄇ 3107	ㄈ 3108	ㄉ 3109	ㄊ 310A	ㄋ 310B	ㄌ 310C	ㄍ 310D	ㄎ 310E	ㄏ 310F
D	ㄐ 3110	ㄑ 3111	ㄒ 3112	ㄓ 3113	ㄔ 3114	ㄕ 3115	ㄖ 3116	ㄗ 3117	ㄘ 3118	ㄙ 3119	ㄚ 311A	ㄛ 311B	ㄜ 311C	ㄝ 311D	ㄞ 311E	ㄟ 311F
E	ㄠ 3120	ㄡ 3121	ㄢ 3122	ㄣ 3123	ㄤ 3124	ㄥ 3125	ㄦ 3126	ㄧ 3127	ㄨ 3128	ㄩ 3129	E7CD	E7CE	E7CF	E7D0	E7D1	E7D2
F	E7D3	E7D4	E7D5	E7D6	E7D7	E7D8	E7D9	E7DA	E7DB	E7DC	E7DD	E7DE	E7DF	E7E0	E7E1	

A9	0	1	2	3	4	5	6	7	8	9	A	B	C	D	E	F
A		E7FE	E7FF	E800	─ 2500	━ 2501	│ 2502	┃ 2503	┄ 2504	┅ 2505	┆ 2506	┇ 2507	┈ 2508	┉ 2509	┊ 250A	┋ 250B
B	┌ 250C	┍ 250D	┎ 250E	┏ 250F	┐ 2510	┑ 2511	┒ 2512	┓ 2513	└ 2514	┕ 2515	┖ 2516	┗ 2517	┘ 2518	┙ 2519	┚ 251A	┛ 251B
C	├ 251C	┝ 251D	┞ 251E	┟ 251F	┠ 2520	┡ 2521	┢ 2522	┣ 2523	┤ 2524	┥ 2525	┦ 2526	┧ 2527	┨ 2528	┩ 2529	┪ 252A	┫ 252B
D	┬ 252C	┭ 252D	┮ 252E	┯ 252F	┰ 2530	┱ 2531	┲ 2532	┳ 2533	┴ 2534	┵ 2535	┶ 2536	┷ 2537	┸ 2538	┹ 2539	┺ 253A	┻ 253B
E	┼ 253C	┽ 253D	┾ 253E	┿ 253F	╀ 2540	╁ 2541	╂ 2542	╃ 2543	╄ 2544	╅ 2545	╆ 2546	╇ 2547	╈ 2548	╉ 2549	╊ 254A	╋ 254B
F	E801	E802	E803	E804	E805	E806	E807	E808	E809	E80A	E80B	E80C	E80D	E80E	E80F	

双字节2区

B0	0	1	2	3	4	5	6	7	8	9	A	B	C	D	E	F
A		啊 554A	阿 963F	埃 57C3	挨 6328	哎 54CE	唉 5509	哀 54C0	皑 7691	癌 764C	蔼 853C	矮 77EE	艾 827E	碍 788D	爱 7231	隘 9698
B	鞍 978D	氨 6C28	安 5B89	俺 4FFA	按 6309	暗 6697	岸 5CB8	胺 80FA	案 6848	肮 80AE	昂 6602	盎 76CE	凹 51F9	敖 6556	熬 71AC	翱 7FF1
C	袄 8884	傲 50B2	奥 5965	懊 61CA	澳 6FB3	芭 82AD	捌 634C	扒 6252	叭 53ED	吧 5427	笆 7B06	八 516B	疤 75A4	巴 5DF4	拔 62D4	跋 8DCB
D	靶 9776	把 628A	耙 8019	坝 575D	霸 9738	罢 7F62	爸 7238	白 767D	柏 67CF	百 767E	摆 6446	佰 4F70	败 8D25	拜 62DC	稗 7A17	斑 6591
E	班 73ED	搬 642C	扳 6273	般 822C	颁 9881	板 677F	版 7248	扮 626E	拌 62CC	伴 4F34	瓣 74E3	半 534A	办 529E	绊 7ECA	邦 90A6	帮 5E2E
F	梆 6886	榜 699C	膀 8180	绑 7ED1	棒 68D2	磅 78C5	蚌 868C	镑 9551	傍 508D	谤 8C24	苞 82DE	胞 80DE	包 5305	褒 8912	剥 5265	

B1	0	1	2	3	4	5	6	7	8	9	A	B	C	D	E	F
A		薄 8584	雹 96F9	保 4FDD	堡 5821	饱 9971	宝 5B9D	抱 62B1	报 62A5	暴 66B4	豹 8C79	鲍 9C8D	爆 7206	杯 676F	碑 7891	悲 60B2
B	卑 5351	北 5317	辈 8F88	背 80CC	贝 8D1D	钡 94A1	倍 500D	狈 72C8	备 5907	惫 60EB	焙 7119	被 88AB	奔 5954	苯 82EF	本 672C	笨 7B28
C	崩 5D29	绷 7EF7	甭 752D	泵 6CF5	蹦 8E66	迸 8FF8	逼 903C	鼻 9F3B	比 6BD4	鄙 9119	笔 7B14	彼 5F7C	碧 78A7	蓖 84D6	蔽 853D	毕 6BD5
D	毙 6BD9	毖 6BD6	币 5E01	庇 5E87	痹 75F9	闭 95ED	敝 655D	弊 5F0A	必 5FC5	辟 8F9F	壁 58C1	臂 81C2	避 907F	陛 965B	鞭 97AD	边 8FB9
E	编 7F16	贬 8D2C	扁 6241	便 4FBF	变 53D8	卞 535E	辨 8FA8	辩 8FA9	辫 8FAB	遍 904D	标 6807	彪 5F6A	膘 8198	表 8868	鳖 9CD6	憋 618B
F	别 522B	瘪 762A	彬 5F6C	斌 658C	濒 6FD2	滨 6EE8	宾 5BBE	摈 6448	兵 5175	冰 51B0	柄 67C4	丙 4E19	秉 79C9	饼 997C	炳 70B3	

B2	0	1	2	3	4	5	6	7	8	9	A	B	C	D	E	F
A		病 75C5	并 5E76	玻 73BB	菠 83E0	播 64AD	拨 62E8	钵 94B5	波 6CE2	博 535A	勃 52C3	搏 640F	铂 94C2	箔 7B94	伯 4F2F	帛 5E1B
B	舶 8236	脖 8116	膊 818A	渤 6E24	泊 6CCA	驳 9A73	捕 6355	卜 535C	哺 54FA	补 8865	埠 57E0	不 4E0D	布 5E03	步 6B65	簿 7C3F	部 90E8
C	怖 6016	擦 64E6	猜 731C	裁 88C1	材 6750	才 624D	财 8D22	睬 776C	踩 8E29	采 91C7	彩 5F69	菜 83DC	蔡 8521	餐 9910	参 53C2	蚕 8695
D	残 6B8B	惭 60ED	惨 60E8	灿 707F	苍 82CD	舱 8231	仓 4ED3	沧 6CA7	藏 85CF	操 64CD	糙 7CD9	槽 69FD	曹 66F9	草 8349	厕 5395	策 7B56
E	侧 4FA7	册 518C	测 6D4B	层 5C42	蹭 8E6D	插 63D2	叉 53C9	茬 832C	茶 8336	查 67E5	碴 78B4	搽 643D	察 5BDF	岔 5C94	差 5DEE	诧 8BE7
F	拆 62C6	柴 67F4	豺 8C7A	搀 6400	掺 63BA	蝉 8749	馋 998B	谗 8C17	缠 7F20	铲 94F2	产 4EA7	阐 9610	颤 98A4	昌 660C	猖 7316	

双字节2区

B3	0	1	2	3	4	5	6	7	8	9	A	B	C	D	E	F
A		场 573A	尝 5C1D	常 5E38	长 957F	偿 507F	肠 80A0	厂 5382	敞 655E	畅 7545	唱 5531	倡 5021	超 8D85	抄 6284	钞 949E	朝 671D
B	嘲 5632	潮 6F6E	巢 5DE2	吵 5435	炒 7092	车 8F66	扯 626F	撤 64A4	掣 63A3	彻 5F7B	澈 6F88	郴 90F4	臣 81E3	辰 8FB0	尘 5C18	晨 6668
C	忱 5FF1	沉 6C89	陈 9648	趁 8D81	衬 886C	撑 6491	称 79F0	城 57CE	橙 6A59	成 6210	呈 5448	乘 4E58	程 7A0B	惩 60E9	澄 6F84	诚 8BDA
D	承 627F	逞 901E	骋 9A8B	秤 79E4	吃 5403	痴 75F4	持 6301	匙 5319	池 6C60	迟 8FDF	弛 5F1B	驰 9A70	耻 803B	齿 9F7F	侈 4F88	尺 5C3A
E	赤 8D64	翅 7FC5	斥 65A5	炽 70BD	充 5145	冲 51B2	虫 866B	崇 5D07	宠 5BA0	抽 62BD	酬 916C	畴 7574	踌 8E0C	稠 7A20	愁 6101	筹 7B79
F	仇 4EC7	绸 7EF8	瞅 7785	丑 4E11	臭 81ED	初 521D	出 51FA	橱 6A71	厨 53A8	躇 8E87	锄 9504	雏 96CF	滁 6EC1	除 9664	楚 695A	

B4	0	1	2	3	4	5	6	7	8	9	A	B	C	D	E	F
A		础 7840	储 50A8	矗 77D7	搐 6410	触 89E6	处 5904	揣 63E3	川 5DDD	穿 7A7F	椽 693D	传 4F20	船 8239	喘 5598	串 4E32	疮 75AE
B	窗 7A97	幢 5E62	床 5E8A	闯 95EF	创 521B	吹 5439	炊 708A	捶 6376	锤 9524	垂 5782	春 6625	椿 693F	醇 9187	唇 5507	淳 6DF3	纯 7EAF
C	蠢 8822	戳 6233	绰 7EF0	疵 75B5	茨 8328	磁 78C1	雌 96CC	辞 8F9E	慈 6148	瓷 74F7	词 8BCD	此 6B64	刺 523A	赐 8D50	次 6B21	聪 806A
D	葱 8471	囱 56F1	匆 5306	从 4ECE	丛 4E1B	凑 51D1	粗 7C97	醋 918B	簇 7C07	促 4FC3	蹿 8E7F	篡 7BE1	窜 7A9C	摧 6467	崔 5D14	催 50AC
E	脆 8106	瘁 7601	粹 7CB9	淬 6DEC	翠 7FE0	村 6751	存 5B58	寸 5BF8	磋 78CB	撮 64AE	搓 6413	措 63AA	挫 632B	错 9519	搭 642D	达 8FBE
F	答 7B54	瘩 7629	打 6253	大 5927	呆 5446	歹 6B79	傣 50A3	戴 6234	带 5E26	殆 6B86	代 4EE3	贷 8D37	袋 888B	待 5F85	逮 902E	

B5	0	1	2	3	4	5	6	7	8	9	A	B	C	D	E	F
A		怠 6020	耽 803D	担 62C5	丹 4E39	单 5355	郸 90F8	掸 63B8	胆 80C6	旦 65E6	氮 6C2E	但 4F46	惮 60EE	淡 6DE1	诞 8BDE	弹 5F39
B	蛋 86CB	当 5F53	挡 6321	党 515A	荡 8361	档 6863	刀 5200	捣 6363	蹈 8E48	倒 5012	岛 5C9B	祷 7977	导 5BFC	到 5230	稻 7A3B	悼 60BC
C	道 9053	盗 76D7	德 5FB7	得 5F97	的 7684	蹬 8E6C	灯 706F	登 767B	等 7B49	瞪 77AA	凳 51F3	邓 9093	堤 5824	低 4F4E	滴 6EF4	迪 8FEA
D	敌 654C	笛 7B1B	狄 72C4	涤 6DA4	翟 7FDF	嫡 5AE1	抵 62B5	底 5E95	地 5730	蒂 8482	第 7B2C	帝 5E1D	弟 5F1F	递 9012	缔 7F14	颠 98A0
E	掂 6382	滇 6EC7	碘 7898	点 70B9	典 5178	靛 975B	垫 57AB	电 7535	佃 4F43	甸 7538	店 5E97	惦 60E6	奠 5960	淀 6DC0	殿 6BBF	碉 7889
F	叼 53FC	雕 96D5	凋 51CB	刁 5201	掉 6389	吊 540A	钓 9493	调 8C03	跌 8DCC	爹 7239	碟 789F	蝶 8776	迭 8FED	谍 8C0D	叠 53E0	

双字节 2 区

B6	0	1	2	3	4	5	6	7	8	9	A	B	C	D	E	F
A		丁 4E01	盯 76EF	叮 53EE	钉 9489	顶 9876	鼎 9F0E	锭 952D	定 5B9A	订 8BA2	丢 4E22	东 4E1C	冬 51AC	董 8463	懂 61C2	动 52A8
B	栋 680B	侗 4F97	恫 606B	冻 51BB	洞 6D1E	兜 515C	抖 6296	斗 6597	陡 9661	豆 8C46	逗 9017	痘 75D8	都 90FD	督 7763	毒 6BD2	犊 728A
C	独 72EC	读 8BFB	堵 5835	睹 7779	赌 8D4C	杜 675C	镀 9540	肚 809A	度 5EA6	渡 6E21	妒 5992	端 7AEF	短 77ED	锻 953B	段 6BB5	断 65AD
D	缎 7F0E	堆 5806	兑 5151	队 961F	对 5BF9	墩 58A9	吨 5428	蹲 8E72	敦 6566	顿 987F	囤 56E4	钝 949D	盾 76FE	遁 9041	掇 6387	哆 54C6
E	多 591A	夺 593A	垛 579B	躲 8EB2	朵 6735	跺 8DFA	舵 8235	剁 5241	惰 60F0	堕 5815	蛾 86FE	峨 5CE8	鹅 9E45	俄 4FC4	额 989D	讹 8BB9
F	娥 5A25	恶 6076	厄 5384	扼 627C	遏 904F	鄂 9102	饿 997F	恩 6069	而 800C	儿 513F	耳 8033	尔 5C14	饵 9975	洱 6D31	二 4E8C	

B7	0	1	2	3	4	5	6	7	8	9	A	B	C	D	E	F
A		贰 8D30	发 53D1	罚 7F5A	筏 7B4F	伐 4F10	乏 4E4F	阀 9600	法 6CD5	珐 73D0	藩 85E9	帆 5E06	番 756A	翻 7FFB	樊 6A0A	矾 77FE
B	钒 9492	繁 7E41	凡 51E1	烦 70E6	反 53CD	返 8FD4	范 8303	贩 8D29	犯 72AF	饭 996D	泛 6CDB	坊 574A	芳 82B3	方 65B9	肪 80AA	房 623F
C	防 9632	妨 59A8	仿 4EFF	访 8BBF	纺 7EBA	放 653E	菲 83F2	非 975E	啡 5561	飞 98DE	肥 80A5	匪 532A	诽 8BFD	吠 5420	肺 80BA	废 5E9F
D	沸 6CB8	费 8D39	芬 82AC	酚 915A	吩 5429	氛 6C1B	分 5206	纷 7EB7	坟 575F	焚 711A	汾 6C7E	粉 7C89	奋 594B	份 4EFD	忿 5FFF	愤 6124
E	粪 7CAA	丰 4E30	封 5C01	枫 67AB	蜂 8702	峰 5CF0	锋 950B	风 98CE	疯 75AF	烽 70FD	逢 9022	冯 51AF	缝 7F1D	讽 8BBD	奉 5949	凤 51E4
F	佛 4F5B	否 5426	夫 592B	敷 6577	肤 80A4	孵 5B75	扶 6276	拂 62C2	辐 8F90	幅 5E45	氟 6C1F	符 7B26	伏 4F0F	俘 4FD8	服 670D	

B8	0	1	2	3	4	5	6	7	8	9	A	B	C	D	E	F
A		浮 6D6E	涪 6DAA	福 798F	袱 88B1	弗 5F17	甫 752B	抚 629A	辅 8F85	俯 4FEF	釜 91DC	斧 65A7	脯 812F	腑 8151	府 5E9C	腐 8150
B	赴 8D74	副 526F	覆 8986	赋 8D4B	复 590D	傅 5085	付 4ED8	阜 961C	父 7236	腹 8179	负 8D1F	富 5BCC	讣 8BA3	附 9644	妇 5987	缚 7F1A
C	咐 5490	噶 5676	嘎 560E	该 8BE5	改 6539	概 6982	钙 9499	盖 76D6	溉 6E89	干 5E72	甘 7518	杆 6746	柑 67D1	竿 7AFF	肝 809D	赶 8D76
D	感 611F	秆 79C6	敢 6562	赣 8D63	冈 5188	刚 521A	钢 94A2	缸 7F38	肛 809B	纲 7EB2	岗 5C97	港 6E2F	杠 6760	篙 7BD9	皋 768B	高 9AD8
E	膏 818F	羔 7F94	糕 7CD5	搞 641E	镐 9550	稿 7A3F	告 544A	哥 54E5	歌 6B4C	搁 6401	戈 6208	鸽 9E3D	胳 80F3	疙 7599	割 5272	革 9769
F	葛 845B	格 683C	蛤 86E4	阁 9601	隔 9694	铬 94EC	个 4E2A	各 5404	给 7ED9	根 6839	跟 8DDF	耕 8015	更 66F4	庚 5E9A	羹 7FB9	

双字节2区

B9	0	1	2	3	4	5	6	7	8	9	A	B	C	D	E	F
A		埂 57C2	耿 803F	梗 6897	工 5DE5	攻 653B	功 529F	恭 606D	龚 9F9A	供 4F9B	躬 8EAC	公 516C	宫 5BAB	弓 5F13	巩 5DE9	汞 6C5E
B	拱 62F1	贡 8D21	共 5171	钩 94A9	勾 52FE	沟 6C9F	苟 82DF	狗 72D7	垢 57A2	构 6784	购 8D2D	够 591F	辜 8F9C	菇 83C7	咕 5495	箍 7B8D
C	估 4F30	沽 6CBD	孤 5B64	姑 59D1	鼓 9F13	古 53E4	蛊 86CA	骨 9AA8	谷 8C37	股 80A1	故 6545	顾 987E	固 56FA	雇 96C7	刮 522E	瓜 74DC
D	剐 5250	寡 5BE1	挂 6302	褂 8902	乖 4E56	拐 62D0	怪 602A	棺 68FA	关 5173	官 5B98	冠 51A0	观 89C2	管 7BA1	馆 9986	罐 7F50	惯 60EF
E	灌 704C	贯 8D2F	光 5149	广 5E7F	逛 901B	瑰 7470	规 89C4	圭 572D	硅 7845	归 5F52	龟 9F9F	闺 95FA	轨 8F68	鬼 9B3C	诡 8BE1	癸 7678
F	桂 6842	柜 67DC	跪 8DEA	贵 8D35	刽 523D	辊 8F8A	滚 6EDA	棍 68CD	锅 9505	郭 90ED	国 56FD	果 679C	裹 88F9	过 8FC7	哈 54C8	

BA	0	1	2	3	4	5	6	7	8	9	A	B	C	D	E	F
A		骸 9AB8	孩 5B69	海 6D77	氦 6C26	亥 4EA5	害 5BB3	骇 9A87	酣 9163	憨 61A8	邯 90AF	韩 97E9	含 542B	涵 6DB5	寒 5BD2	函 51FD
B	喊 558A	罕 7F55	翰 7FF0	撼 64BC	捍 634D	旱 65F1	憾 61BE	悍 608D	焊 710A	汗 6C57	汉 6C49	夯 592F	杭 676D	航 822A	壕 58D5	嚎 568E
C	豪 8C6A	毫 6BEB	郝 90DD	好 597D	耗 8017	号 53F7	浩 6D69	呵 5475	喝 559D	荷 8377	菏 83CF	核 6838	禾 79BE	和 548C	何 4F55	合 5408
D	盒 76D2	貉 8C89	阂 9602	河 6CB3	涸 6DB8	赫 8D6B	褐 8910	鹤 9E64	贺 8D3A	嘿 563F	黑 9ED1	痕 75D5	很 5F88	狠 72E0	恨 6068	哼 54FC
E	亨 4EA8	横 6A2A	衡 8861	恒 6052	轰 8F70	哄 54C4	烘 70D8	虹 8679	鸿 9E3F	洪 6D2A	宏 5B8F	弘 5F18	红 7EA2	喉 5589	侯 4FAF	猴 7334
F	吼 543C	厚 539A	候 5019	后 540E	呼 547C	乎 4E4E	忽 5FFD	瑚 745A	壶 58F6	葫 846B	胡 80E1	蝴 8774	狐 72D0	糊 7CCA	湖 6E56	

BB	0	1	2	3	4	5	6	7	8	9	A	B	C	D	E	F
A		弧 5F27	虎 864E	唬 552C	护 62A4	互 4E92	沪 6CAA	户 6237	花 82B1	哗 54D7	华 534E	猾 733E	滑 6ED1	画 753B	划 5212	化 5316
B	话 8BDD	槐 69D0	徊 5F8A	怀 6000	淮 6DEE	坏 574F	欢 6B22	环 73AF	桓 6853	还 8FD8	缓 7F13	换 6362	患 60A3	唤 5524	痪 75EA	豢 8C62
C	焕 7115	涣 6DA3	宦 5BA6	幻 5E7B	荒 8352	慌 614C	黄 9EC4	磺 78FA	蝗 8757	簧 7C27	皇 7687	凰 51F0	惶 60F6	煌 714C	晃 6643	幌 5E4C
D	恍 604D	谎 8C0E	灰 7070	挥 6325	辉 8F89	徽 5FBD	恢 6062	蛔 86D4	回 56DE	毁 6BC1	悔 6094	慧 6167	卉 5349	惠 60E0	晦 6666	贿 8D3F
E	秽 79FD	会 4F1A	烩 70E9	汇 6C47	讳 8BB3	诲 8BF2	绘 7ED8	荤 8364	昏 660F	婚 5A5A	魂 9B42	浑 6D51	混 6DF7	豁 8C41	活 6D3B	伙 4F19
F	火 706B	获 83B7	或 6216	惑 60D1	霍 970D	货 8D27	祸 7978	击 51FB	圾 573E	基 57FA	机 673A	畸 7578	稽 7A3D	积 79EF	箕 7B95	

双字节2区

BC	0	1	2	3	4	5	6	7	8	9	A	B	C	D	E	F
A		肌 808C	饥 9965	迹 8FF9	激 6FC0	讥 8BA5	鸡 9E21	姬 59EC	绩 7EE9	缉 7F09	吉 5409	极 6781	棘 68D8	辑 8F91	籍 7C4D	集 96C6
B	及 53CA	急 6025	疾 75BE	汲 6C72	即 5373	嫉 5AC9	级 7EA7	挤 6324	几 51E0	脊 810A	己 5DF1	蓟 84DF	技 6280	冀 5180	季 5B63	伎 4F0E
C	祭 796D	剂 5242	悸 60B8	济 6D4E	寄 5BC4	寂 5BC2	计 8BA1	记 8BB0	既 65E2	忌 5FCC	际 9645	妓 5993	继 7EE7	纪 7EAA	嘉 5609	枷 67B7
D	夹 5939	佳 4F73	家 5BB6	加 52A0	荚 835A	颊 988A	贾 8D3E	甲 7532	钾 94BE	假 5047	稼 7A3C	价 4EF7	架 67B6	驾 9A7E	嫁 5AC1	歼 6B7C
E	监 76D1	坚 575A	尖 5C16	笺 7B3A	间 95F4	煎 714E	兼 517C	肩 80A9	艰 8270	奸 5978	缄 7F04	茧 8327	检 68C0	柬 67EC	碱 78B1	硷 7877
F	拣 62E3	捡 6361	简 7B80	俭 4FED	剪 526A	减 51CF	荐 8350	槛 69DB	鉴 9274	践 8DF5	贱 8D31	见 89C1	键 952E	箭 7BAD	件 4EF6	

BD	0	1	2	3	4	5	6	7	8	9	A	B	C	D	E	F
A		健 5065	舰 8230	剑 5251	饯 996F	渐 6E10	溅 6E85	涧 6DA7	建 5EFA	僵 50F5	姜 59DC	将 5C06	浆 6D46	江 6C5F	疆 7586	蒋 848B
B	桨 6868	奖 5956	讲 8BB2	匠 5320	酱 9171	降 964D	蕉 8549	椒 6912	礁 7901	焦 7126	胶 80F6	交 4EA4	郊 90CA	浇 6D47	骄 9A84	娇 5A07
C	嚼 56BC	搅 6405	铰 94F0	矫 77EB	侥 4FA5	脚 811A	狡 72E1	角 89D2	饺 997A	缴 7F34	绞 7EDE	剿 527F	教 6559	酵 9175	轿 8F7F	较 8F83
D	叫 53EB	窖 7A96	揭 63ED	接 63A5	皆 7686	秸 79F8	街 8857	阶 9636	截 622A	劫 52AB	节 8282	桔 6854	杰 6770	捷 6377	睫 776B	竭 7AED
E	洁 6D01	结 7ED3	解 89E3	姐 59D0	戒 6212	藉 85C9	芥 82A5	界 754C	借 501F	介 4ECB	疥 75A5	诫 8BEB	届 5C4A	巾 5DFE	筋 7B4B	斤 65A4
F	金 91D1	今 4ECA	津 6D25	襟 895F	紧 7D27	锦 9526	仅 4EC5	谨 8C28	进 8FDB	靳 9773	晋 664B	禁 7981	近 8FD1	烬 70EC	浸 6D78	

BE	0	1	2	3	4	5	6	7	8	9	A	B	C	D	E	F
A		尽 5C3D	劲 52B2	荆 8346	兢 5162	茎 830E	睛 775B	晶 6676	鲸 9CB8	京 4EAC	惊 60CA	精 7CBE	粳 7CB3	经 7ECF	井 4E95	警 8B66
B	景 666F	颈 9888	静 9759	境 5883	敬 656C	镜 955C	径 5F84	痉 75C9	靖 9756	竟 7ADF	竞 7ADE	净 51C0	炯 70AF	窘 7A98	揪 63EA	究 7A76
C	纠 7EA0	玖 7396	韭 97ED	久 4E45	灸 7078	九 4E5D	酒 9152	厩 53A9	救 6551	旧 65E7	臼 81FC	舅 8205	咎 548E	就 5C31	疚 759A	鞠 97A0
D	拘 62D8	狙 72D9	疽 75BD	居 5C45	驹 9A79	菊 83CA	局 5C40	咀 5480	矩 77E9	举 4E3E	沮 6CAE	聚 805A	拒 62D2	据 636E	巨 5DE8	具 5177
E	距 8DDD	踞 8E1E	锯 952F	俱 4FF1	句 53E5	惧 60E7	炬 70AC	剧 5267	捐 6350	鹃 9E43	娟 5A1F	倦 5026	眷 7737	卷 5377	绢 7EE2	撅 6485
F	攫 652B	抉 6289	掘 6398	倔 5014	爵 7235	觉 89C9	决 51B3	诀 8BC0	绝 7EDD	均 5747	菌 83CC	钧 94A7	军 519B	君 541B	峻 5CFB	

双字节2区

BF	0	1	2	3	4	5	6	7	8	9	A	B	C	D	E	F
A		俊 4FCA	竣 7AE3	浚 6D5A	郡 90E1	骏 9A8F	喀 5580	咖 5496	卡 5361	咯 54AF	开 5F00	揩 63E9	楷 6977	凯 51EF	慨 6168	刊 520A
B	堪 582A	勘 52D8	坎 574E	砍 780D	看 770B	康 5EB7	慷 6177	糠 7CE0	扛 625B	抗 6297	亢 4EA2	炕 7095	考 8003	拷 62F7	烤 70E4	靠 9760
C	坷 5777	苛 82DB	柯 67EF	棵 68F5	磕 78D5	颗 9897	科 79D1	壳 58F3	咳 54B3	可 53EF	渴 6E34	克 514B	刻 523B	客 5BA2	课 8BFE	肯 80AF
D	啃 5543	垦 57A6	恳 6073	坑 5751	吭 542D	空 7A7A	恐 6050	孔 5B54	控 63A7	抠 62A0	口 53E3	扣 6263	寇 5BC7	枯 67AF	哭 54ED	窟 7A9F
E	苦 82E6	酷 9177	库 5E93	裤 88E4	夸 5938	垮 57AE	挎 630E	跨 8DE8	胯 80EF	块 5757	筷 7B77	侩 4FA9	快 5FEB	宽 5BBD	款 6B3E	匡 5321
F	筐 7B50	狂 72C2	框 6846	矿 77FF	眶 7736	旷 65F7	况 51B5	亏 4E8F	盔 76D4	岿 5CBF	窥 7AA5	葵 8475	奎 594E	魁 9B41	傀 5080	

C0	0	1	2	3	4	5	6	7	8	9	A	B	C	D	E	F
A		馈 9988	愧 6127	溃 6E83	坤 5764	昆 6606	捆 6346	困 56F0	括 62EC	扩 6269	廓 5ED3	阔 9614	垃 5783	拉 62C9	喇 5587	蜡 8721
B	腊 814A	辣 8FA3	啦 5566	莱 83B1	来 6765	赖 8D56	蓝 84DD	婪 5A6A	栏 680F	拦 62E6	篮 7BEE	阑 9611	兰 5170	澜 6F9C	谰 8C30	揽 63FD
C	览 89C8	懒 61D2	缆 7F06	烂 70C2	滥 6EE5	琅 7405	榔 6994	狼 72FC	廊 5ECA	郎 90CE	朗 6717	浪 6D6A	捞 635E	劳 52B3	牢 7262	老 8001
D	佬 4F6C	姥 59E5	酪 916A	烙 70D9	涝 6D9D	勒 52D2	乐 4E50	雷 96F7	镭 956D	蕾 857E	磊 78CA	累 7D2F	儡 5121	垒 5792	擂 64C2	肋 808B
E	类 7C7B	泪 6CEA	棱 68F1	楞 695E	冷 51B7	厘 5398	梨 68A8	犁 7281	黎 9ECE	篱 7BF1	狸 72F8	离 79BB	漓 6F13	理 7406	李 674E	里 91CC
F	鲤 9CA4	礼 793C	莉 8389	荔 8354	吏 540F	栗 6817	丽 4E3D	厉 5389	励 52B1	砾 783E	历 5386	利 5229	傈 5088	例 4F8B	俐 4FD0	

C1	0	1	2	3	4	5	6	7	8	9	A	B	C	D	E	F
A		痢 75E2	立 7ACB	粒 7C92	沥 6CA5	隶 96B6	力 529B	璃 7483	哩 54E9	俩 4FE9	联 8054	莲 83B2	连 8FDE	镰 9570	廉 5EC9	怜 601C
B	涟 6D9F	帘 5E18	敛 655B	脸 8138	链 94FE	恋 604B	炼 70BC	练 7EC3	粮 7CAE	凉 51C9	梁 6881	粱 7CB1	良 826F	两 4E24	辆 8F86	量 91CF
C	晾 667E	亮 4EAE	谅 8C05	撩 64A9	聊 804A	僚 50DA	疗 7597	燎 71CE	寥 5BE5	辽 8FBD	潦 6F66	了 4E86	撂 6482	镣 9563	廖 5ED6	料 6599
D	列 5217	裂 88C2	烈 70C8	劣 52A3	猎 730E	琳 7433	林 6797	磷 78F7	霖 9716	临 4E34	邻 90BB	鳞 9CDE	淋 6DCB	凛 51DB	赁 8D41	吝 541D
E	拎 62CE	玲 73B2	菱 83F1	零 96F6	龄 9F84	铃 94C3	伶 4F36	羚 7F9A	凌 51CC	灵 7075	陵 9675	岭 5CAD	领 9886	另 53E6	令 4EE4	溜 6E9C
F	琉 7409	榴 69B4	硫 786B	馏 998F	留 7559	刘 5218	瘤 7624	流 6D41	柳 67F3	六 516D	龙 9F99	聋 804B	咙 5499	笼 7B3C	窿 7ABF	

双字节2区

C2	0	1	2	3	4	5	6	7	8	9	A	B	C	D	E	F
A		隆 9686	垄 5784	拢 62E2	陇 9647	楼 697C	娄 5A04	搂 6402	篓 7BD3	漏 6F0F	陋 964B	芦 82A6	卢 5362	颅 9885	庐 5E90	炉 7089
B	掳 63B3	卤 5364	虏 864F	鲁 9C81	麓 9E93	碌 788C	露 9732	路 8DEF	赂 8D42	鹿 9E7F	潞 6F5E	禄 7984	录 5F55	陆 9646	戮 622E	驴 9A74
C	吕 5415	铝 94DD	侣 4FA3	旅 65C5	履 5C65	屡 5C61	缕 7F15	虑 8651	氯 6C2F	律 5F8B	率 7387	滤 6EE4	绿 7EFF	峦 5CE6	挛 631B	孪 5B6A
D	滦 6EE6	卵 5375	乱 4E71	掠 63A0	略 7565	抡 62A1	轮 8F6E	伦 4F26	仑 4ED1	沦 6CA6	纶 7EB6	论 8BBA	萝 841D	螺 87BA	罗 7F57	逻 903B
E	锣 9523	箩 7BA9	骡 9AA1	裸 88F8	落 843D	洛 6D1B	骆 9A86	络 7EDC	妈 5988	麻 9EBB	玛 739B	码 7801	蚂 8682	马 9A6C	骂 9A82	嘛 561B
F	吗 5417	埋 57CB	买 4E70	麦 9EA6	卖 5356	迈 8FC8	脉 8109	瞒 7792	馒 9992	蛮 86EE	满 6EE1	蔓 8513	曼 66FC	慢 6162	漫 6F2B	

C3	0	1	2	3	4	5	6	7	8	9	A	B	C	D	E	F
A		谩 8C29	芒 8292	茫 832B	盲 76F2	氓 6C13	忙 5FD9	莽 83BD	猫 732B	茅 8305	锚 951A	毛 6BDB	矛 77DB	铆 94C6	卯 536F	茂 8302
B	冒 5192	帽 5E3D	貌 8C8C	贸 8D38	么 4E48	玫 73AB	枚 679A	梅 6885	酶 9176	霉 9709	煤 7164	没 6CA1	眉 7709	媒 5A92	镁 9541	每 6BCF
C	美 7F8E	昧 6627	寐 5BD0	妹 59B9	媚 5A9A	门 95E8	闷 95F7	们 4EEC	萌 840C	蒙 8499	檬 6AAC	盟 76DF	锰 9530	猛 731B	梦 68A6	孟 5B5F
D	眯 772F	醚 919A	靡 9761.	糜 7CDC	迷 8FF7	谜 8C1C	弥 5F25	米 7C73	秘 79D8	觅 89C5	泌 6CCC	蜜 871C	密 5BC6	幂 5E42	棉 68C9	眠 7720
E	绵 7EF5	冕 5195	免 514D	勉 52C9	娩 5A29	缅 7F05	面 9762	苗 82D7	描 63CF	瞄 7784	藐 85D0	秒 79D2	渺 6E3A	庙 5E99	妙 5999	蔑 8511
F	灭 706D	民 6C11	抿 62BF	皿 76BF	敏 654F	悯 60AF	闽 95FD	明 660E	螟 879F	鸣 9E23	铭 94ED	名 540D	命 547D	谬 8C2C	摸 6478	

C4	0	1	2	3	4	5	6	7	8	9	A	B	C	D	E	F
A		摹 6479	蘑 8611	模 6A21	膜 819C	磨 78E8	摩 6469	魔 9B54	抹 62B9	末 672B	莫 83AB	墨 58A8	默 9ED8	沫 6CAB	漠 6F20	寞 5BDE
B	陌 964C	谋 8C0B	牟 725F	某 67D0	拇 62C7	牡 7261	亩 4EA9	姆 59C6	母 6BCD	墓 5893	暮 66AE	幕 5E55	募 52DF	慕 6155	木 6728	目 76EE
C	睦 7766	牧 7267	穆 7A46	拿 62FF	哪 54EA	呐 5450	钠 94A0	那 90A3	娜 5A1C	纳 7EB3	氖 6C16	乃 4E43	奶 5976	耐 8010	奈 5948	南 5357
D	男 7537	难 96BE	囊 56CA	挠 6320	脑 8111	恼 607C	闹 95F9	淖 6DD6	呢 5462	馁 9981	内 5185	嫩 5AE9	能 80FD	妮 59AE	霓 9713	倪 502A
E	泥 6CE5	尼 5C3C	拟 62DF	你 4F60	匿 533F	腻 817B	逆 9006	溺 6EBA	蔫 852B	拈 62C8	年 5E74	碾 78BE	撵 64B5	捻 637B	念 5FF5	娘 5A18
F	酿 917F	鸟 9E1F	尿 5C3F	捏 634F	聂 8042	孽 5B7D	啮 556E	镊 954A	镍 954D	涅 6D85	您 60A8	柠 67E0	狞 72DE	凝 51DD	宁 5B81	

双字节 2 区

C5	0	1	2	3	4	5	6	7	8	9	A	B	C	D	E	F
A		拧 62E7	泞 6CDE	牛 725B	扭 626D	钮 94AE	纽 7EBD	脓 8113	浓 6D53	农 519C	弄 5F04	奴 5974	努 52AA	怒 6012	女 5973	暖 6696
B	虐 8650	疟 759F	挪 632A	懦 61E6	糯 7CEF	诺 8BFA	哦 54E6	欧 6B27	鸥 9E25	殴 6BB4	藕 85D5	呕 5455	偶 5076	沤 6CA4	啪 556A	趴 8DB4
C	爬 722C	帕 5E15	怕 6015	琶 7436	拍 62CD	排 6392	牌 724C	徘 5F98	湃 6E43	派 6D3E	攀 6500	潘 6F58	盘 76D8	磐 78D0	盼 76FC	畔 7554
D	判 5224	叛 53DB	乓 4E53	庞 5E9E	旁 65C1	耪 802A	胖 80D6	抛 629B	咆 5486	刨 5228	炮 70AE	袍 888D	跑 8DD1	泡 6CE1	呸 5478	胚 80DA
E	培 57F9	裴 88F4	赔 8D54	陪 966A	配 914D	佩 4F69	沛 6C9B	喷 55B7	盆 76C6	砰 7830	抨 62A8	烹 70F9	澎 6F8E	彭 5F6D	蓬 84EC	棚 68DA
F	硼 787C	篷 7BF7	膨 81A8	朋 670B	鹏 9E4F	捧 6367	碰 78B0	坯 576F	砒 7812	霹 9739	批 6279	披 62AB	劈 5288	琵 7435	毗 6BD7	

C6	0	1	2	3	4	5	6	7	8	9	A	B	C	D	E	F
A		啤 5564	脾 813E	疲 75B2	皮 76AE	匹 5339	痞 75DE	僻 50FB	屁 5C41	譬 8B6C	篇 7BC7	偏 504F	片 7247	骗 9A97	飘 98D8	漂 6F02
B	瓢 74E2	票 7968	撇 6487	瞥 77A5	拼 62FC	频 9891	贫 8D2B	品 54C1	聘 8058	乒 4E52	坪 576A	苹 82F9	萍 840D	平 5E73	凭 51ED	瓶 74F6
C	评 8BC4	屏 5C4F	坡 5761	泼 6CFC	颇 9887	婆 5A46	破 7834	魄 9B44	迫 8FEB	粕 7C95	剖 5256	扑 6251	铺 94FA	仆 4EC6	莆 8386	葡 8461
D	菩 83E9	蒲 84B2	埔 57D4	朴 6734	圃 5703	普 666E	浦 6D66	谱 8C31	曝 66DD	瀑 7011	期 671F	欺 6B3A	栖 6816	戚 621A	妻 59BB	七 4E03
E	凄 51C4	漆 6F06	柒 67D2	沏 6C8F	其 5176	棋 68CB	奇 5947	歧 6B67	畦 7566	崎 5D0E	脐 8110	齐 9F50	旗 65D7	祈 7948	祁 7941	骑 9A91
F	起 8D77	岂 5C82	乞 4E5E	企 4F01	启 542F	契 5951	砌 780C	器 5668	气 6C14	迄 8FC4	弃 5F03	汽 6C7D	泣 6CE3	讫 8BAB	掐 6390	

C7	0	1	2	3	4	5	6	7	8	9	A	B	C	D	E	F
A		恰 6070	洽 6D3D	牵 7275	扦 6266	钎 948E	铅 94C5	千 5343	迁 8FC1	签 7B7E	仟 4EDF	谦 8C26	乾 4E7E	黔 9ED4	钱 94B1	钳 94B3
B	前 524D	潜 6F5C	遣 9063	浅 6D45	谴 8C34	堑 5811	嵌 5D4C	欠 6B20	歉 6B49	枪 67AA	呛 545B	腔 8154	羌 7F8C	墙 5899	蔷 8537	强 5F3A
C	抢 62A2	橇 6A47	锹 9539	敲 6572	悄 6084	桥 6865	瞧 77A7	乔 4E54	侨 4FA8	巧 5DE7	鞘 9798	撬 64AC	翘 7FD8	峭 5CED	俏 4FCF	窍 7A8D
D	切 5207	茄 8304	且 4E14	怯 602F	窃 7A83	钦 94A6	侵 4FB5	亲 4EB2	秦 79E6	琴 7434	勤 52E4	芹 82B9	擒 64D2	禽 79BD	寝 5BDD	沁 6C81
E	青 9752	轻 8F7B	氢 6C22	倾 503E	卿 537F	清 6E05	擎 64CE	晴 6674	氰 6C30	情 60C5	顷 9877	请 8BF7	庆 5E86	琼 743C	穷 7A77	秋 79CB
F	丘 4E18	邱 90B1	球 7403	求 6C42	囚 56DA	酋 914B	泅 6CC5	趋 8D8B	区 533A	蛆 86C6	曲 66F2	躯 8EAF	屈 5C48	驱 9A71	渠 6E20	

双字节 2 区

C8	0	1	2	3	4	5	6	7	8	9	A	B	C	D	E	F
A		取 53D6	娶 5A36	龋 9F8B	趣 8DA3	去 53BB	圈 5708	颧 98A7	权 6743	醛 919B	泉 6CC9	全 5168	痊 75CA	拳 62F3	犬 72AC	券 5238
B	劝 529D	缺 7F3A	炔 7094	瘸 7638	却 5374	鹊 9E4A	榷 69B7	确 786E	雀 96C0	裙 88D9	群 7FA4	然 7136	燃 71C3	冉 5189	染 67D3	瓤 74E4
C	壤 58E4	攘 6518	嚷 56B7	让 8BA9	饶 9976	扰 6270	绕 7ED5	惹 60F9	热 70ED	壬 58EC	仁 4EC1	人 4EBA	忍 5FCD	韧 97E7	任 4EFB	认 8BA4
D	刃 5203	妊 598A	纫 7EAB	扔 6254	仍 4ECD	日 65E5	戎 620E	茸 8338	蓉 84C9	荣 8363	融 878D	熔 7194	溶 6EB6	容 5BB9	绒 7ED2	冗 5197
E	揉 63C9	柔 67D4	肉 8089	茹 8339	蠕 8815	儒 5112	孺 5B7A	如 5982	辱 8FB1	乳 4E73	汝 6C5D	入 5165	褥 8925	软 8F6F	阮 962E	蕊 854A
F	瑞 745E	锐 9510	闰 95F0	润 6DA6	若 82E5	弱 5F31	撒 6492	洒 6D12	萨 8428	腮 816E	鳃 9CC3	塞 585E	赛 8D5B	三 4E09	叁 53C1	

C9	0	1	2	3	4	5	6	7	8	9	A	B	C	D	E	F
A		伞 4F1E	散 6563	桑 6851	嗓 55D3	丧 4E27	搔 6414	骚 9A9A	扫 626B	嫂 5AC2	瑟 745F	色 8272	涩 6DA9	森 68EE	僧 50E7	莎 838E
B	砂 7802	杀 6740	刹 5239	沙 6C99	纱 7EB1	傻 50BB	啥 5565	煞 715E	筛 7B5B	晒 6652	珊 73CA	苫 82EB	杉 6749	山 5C71	删 5220	煽 717D
C	衫 886B	闪 95EA	陕 9655	擅 64C5	赡 8D61	膳 81B3	善 5584	汕 6C55	扇 6247	缮 7F2E	墒 5892	伤 4F24	商 5546	赏 8D4F	晌 664C	上 4E0A
D	尚 5C1A	裳 88F3	梢 68A2	捎 634E	稍 7A0D	烧 70E7	芍 828D	勺 52FA	韶 97F6	少 5C11	哨 54E8	邵 90B5	绍 7ECD	奢 5962	赊 8D4A	蛇 86C7
E	舌 820C	舍 820D	赦 8D66	摄 6444	射 5C04	慑 6151	涉 6D89	社 793E	设 8BBE	砷 7837	申 7533	呻 547B	伸 4F38	身 8EAB	深 6DF1	娠 5A20
F	绅 7EC5	神 795E	沈 6C88	审 5BA1	婶 5A76	甚 751A	肾 80BE	慎 614E	渗 6E17	声 58F0	生 751F	甥 7525	牲 7272	升 5347	绳 7EF3	

CA	0	1	2	3	4	5	6	7	8	9	A	B	C	D	E	F
A		省 7701	盛 76DB	剩 5269	胜 80DC	圣 5723	师 5E08	失 5931	狮 72EE	施 65BD	湿 6E7F	诗 8BD7	尸 5C38	虱 8671	十 5341	石 77F3
B	拾 62FE	时 65F6	什 4EC0	食 98DF	蚀 8680	实 5B9E	识 8BC6	史 53F2	矢 77E2	使 4F7F	屎 5C4E	驶 9A76	始 59CB	式 5F0F	示 793A	士 58EB
C	世 4E16	柿 67FF	事 4E8B	拭 62ED	誓 8A93	逝 901D	势 52BF	是 662F	嗜 55DC	噬 566C	适 9002	仕 4ED5	侍 4F8D	释 91CA	饰 9970	氏 6C0F
D	市 5E02	恃 6043	室 5BA4	视 89C6	试 8BD5	收 6536	手 624B	首 9996	守 5B88	寿 5BFF	授 6388	售 552E	受 53D7	瘦 7626	兽 517D	蔬 852C
E	枢 67A2	梳 68B3	殊 6B8A	抒 6292	输 8F93	叔 53D4	舒 8212	淑 6DD1	疏 758F	书 4E66	赎 8D4E	孰 5B70	熟 719F	薯 85AF	暑 6691	曙 66D9
F	署 7F72	蜀 8700	黍 9ECD	鼠 9F20	属 5C5E	术 672F	述 8FF0	树 6811	束 675F	戍 620D	竖 7AD6	墅 5885	庶 5EB6	数 6570	漱 6F31	

双字节2区

CB	0	1	2	3	4	5	6	7	8	9	A	B	C	D	E	F
A		恕 6055	刷 5237	耍 800D	摔 6454	衰 8870	甩 7529	帅 5E05	栓 6813	拴 62F4	霜 971C	双 53CC	爽 723D	谁 8C01	水 6C34	睡 7761
B	税 7A0E	吮 542E	瞬 77AC	顺 987A	舜 821C	说 8BF4	硕 7855	朔 6714	烁 70C1	斯 65AF	撕 6495	嘶 5636	思 601D	私 79C1	司 53F8	丝 4E1D
C	死 6B7B	肆 8086	寺 5BFA	嗣 55E3	四 56DB	伺 4F3A	似 4F3C	饲 9972	巳 5DF3	松 677E	耸 8038	怂 6002	颂 9882	送 9001	宋 5B8B	讼 8BBC
D	诵 8BF5	搜 641C	艘 8258	擞 64DE	嗽 55FD	苏 82CF	酥 9165	俗 4FD7	素 7D20	速 901F	粟 7C9F	僳 50F3	塑 5851	溯 6EAF	宿 5BBF	诉 8BC9
E	肃 8083	酸 9178	蒜 849C	算 7B97	虽 867D	隋 968B	随 968F	绥 7EE5	髓 9AD3	碎 788E	岁 5C81	穗 7A57	遂 9042	隧 96A7	祟 795F	孙 5B59
F	损 635F	笋 7B0B	蓑 84D1	梭 68AD	唆 5506	缩 7F29	琐 7410	索 7D22	锁 9501	所 6240	塌 584C	他 4ED6	它 5B83	她 5979	塔 5854	

CC	0	1	2	3	4	5	6	7	8	9	A	B	C	D	E	F
A		獭 736D	挞 631E	蹋 8E4B	踏 8E0F	胎 80CE	苔 82D4	抬 62AC	台 53F0	泰 6CF0	酞 915E	太 592A	态 6001	汰 6C70	坍 574D	摊 644A
B	贪 8D2A	瘫 762B	滩 6EE9	坛 575B	檀 6A80	痰 75F0	潭 6F6D	谭 8C2D	谈 8C08	坦 5766	毯 6BEF	袒 8892	碳 78B3	探 63A2	叹 53F9	炭 70AD
C	汤 6C64	塘 5858	搪 642A	堂 5802	棠 68E0	膛 819B	唐 5510	糖 7CD6	倘 5018	躺 8EBA	淌 6DCC	趟 8D9F	烫 70EB	掏 638F	涛 6D9B	滔 6ED4
D	绦 7EE6	萄 8404	桃 6843	逃 9003	淘 6DD8	陶 9676	讨 8BA8	套 5957	特 7279	藤 85E4	腾 817E	疼 75BC	誊 8A8A	梯 68AF	剔 5254	踢 8E22
E	锑 9511	提 63D0	题 9898	蹄 8E44	啼 557C	体 4F53	替 66FF	嚏 568F	惕 60D5	涕 6D95	剃 5243	屉 5C49	天 5929	添 6DFB	填 586B	田 7530
F	甜 751C	恬 606C	舔 8214	腆 8146	挑 6311	条 6761	迢 8FE2	眺 773A	跳 8DF3	贴 8D34	铁 94C1	帖 5E16	厅 5385	听 542C	烃 70C3	

CD	0	1	2	3	4	5	6	7	8	9	A	B	C	D	E	F
A		汀 6C40	廷 5EF7	停 505C	亭 4EAD	庭 5EAD	挺 633A	艇 8247	通 901A	桐 6850	酮 916E	瞳 77B3	同 540C	铜 94DC	彤 5F64	童 7AE5
B	桶 6876	捅 6345	筒 7B52	统 7EDF	痛 75DB	偷 5077	投 6295	头 5934	透 900F	凸 51F8	秃 79C3	突 7A81	图 56FE	徒 5F92	途 9014	涂 6D82
C	屠 5C60	土 571F	吐 5410	兔 5154	湍 6E4D	团 56E2	推 63A8	颓 9893	腿 817F	蜕 8715	褪 892A	退 9000	吞 541E	屯 5C6F	臀 81C0	拖 62D6
D	托 6258	脱 8131	鸵 9E35	陀 9640	驮 9A6E	驼 9A7C	椭 692D	妥 59A5	拓 62D3	唾 553E	挖 6316	哇 54C7	蛙 86D9	洼 6D3C	娃 5A03	瓦 74E6
E	袜 889C	歪 6B6A	外 5916	豌 8C4C	弯 5F2F	湾 6E7E	玩 73A9	顽 987D	丸 4E38	烷 70F7	完 5B8C	碗 7897	挽 633D	晚 665A	皖 7696	惋 60CB
F	宛 5B9B	婉 5A49	万 4E07	腕 8155	汪 6C6A	王 738B	亡 4EA1	枉 6789	网 7F51	往 5F80	旺 65FA	望 671B	忘 5FD8	妄 5984	威 5A01	

双字节2区

CE	0	1	2	3	4	5	6	7	8	9	A	B	C	D	E	F
A		巍 5DCD	微 5FAE	危 5371	韦 97E6	违 8FDD	桅 6845	围 56F4	唯 552F	惟 60DF	为 4E3A	潍 6F4D	维 7EF4	苇 82C7	萎 840E	委 59D4
B	伟 4F1F	伪 4F2A	尾 5C3E	纬 7EAC	未 672A	蔚 851A	味 5473	畏 754F	胃 80C3	喂 5582	魏 9B4F	位 4F4D	渭 6E2D	谓 8C13	尉 5C09	慰 6170
C	卫 536B	瘟 761F	温 6E29	蚊 868A	文 6587	闻 95FB	纹 7EB9	吻 543B	稳 7A33	紊 7D0A	问 95EE	嗡 55E1	翁 7FC1	瓮 74EE	挝 631D	蜗 8717
D	涡 6DA1	窝 7A9D	我 6211	斡 65A1	卧 5367	握 63E1	沃 6C83	巫 5DEB	呜 545C	钨 94A8	乌 4E4C	污 6C61	诬 8BEC	屋 5C4B	无 65E0	芜 829C
E	梧 68A7	吾 543E	吴 5434	毋 6BCB	武 6B66	五 4E94	捂 6342	午 5348	舞 821E	伍 4F0D	侮 4FAE	坞 575E	戊 620A	雾 96FE	晤 6664	物 7269
F	勿 52FF	务 52A1	悟 609F	误 8BEF	昔 6614	熙 7199	析 6790	西 897F	硒 7852	矽 77FD	晰 6670	嘻 563B	吸 5438	锡 9521	牺 727A	

CF	0	1	2	3	4	5	6	7	8	9	A	B	C	D	E	F
A		稀 7A00	息 606F	希 5E0C	悉 6089	膝 819D	夕 5915	惜 60DC	熄 7184	烯 70EF	溪 6EAA	汐 6C50	犀 7280	檄 6A84	袭 88AD	席 5E2D
B	习 4E60	媳 5AB3	喜 559C	铣 94E3	洗 6D17	系 7CFB	隙 9699	戏 620F	细 7EC6	瞎 778E	虾 867E	匣 5323	霞 971E	辖 8F96	暇 6687	峡 5CE1
C	侠 4FA0	狭 72ED	下 4E0B	厦 53A6	夏 590F	吓 5413	掀 6380	锨 9528	先 5148	仙 4ED9	鲜 9C9C	纤 7EA4	咸 54B8	贤 8D24	衔 8854	舷 8237
D	闲 95F2	涎 6D8E	弦 5F26	嫌 5ACC	显 663E	险 9669	现 73B0	献 732E	县 53BF	腺 817A	馅 9985	羡 7FA1	宪 5BAA	陷 9677	限 9650	线 7EBF
E	相 76F8	厢 53A2	镶 9576	香 9999	箱 7BB1	襄 8944	湘 6E58	乡 4E61	翔 7FD4	祥 7965	详 8BE6	想 60F3	响 54CD	享 4EAB	项 9879	巷 5DF7
F	橡 6A61	像 50CF	向 5411	象 8C61	萧 8427	硝 785D	霄 9704	削 524A	哮 54EE	嚣 56A3	销 9500	消 6D88	宵 5BB5	淆 6DC6	晓 6653	

D0	0	1	2	3	4	5	6	7	8	9	A	B	C	D	E	F
A		小 5C0F	孝 5B5D	校 6821	肖 8096	啸 5578	笑 7B11	效 6548	楔 6954	些 4E9B	歇 6B47	蝎 874E	鞋 978B	协 534F	挟 631F	携 643A
B	邪 90AA	斜 659C	胁 80C1	谐 8C10	写 5199	械 68B0	卸 5378	蟹 87F9	懈 61C8	泄 6CC4	泻 6CFB	谢 8C22	屑 5C51	薪 85AA	芯 82AF	锌 950C
C	欣 6B23	辛 8F9B	新 65B0	忻 5FFB	心 5FC3	信 4FE1	衅 8845	星 661F	腥 8165	猩 7329	惺 60FA	兴 5174	刑 5211	型 578B	形 5F62	邢 90A2
D	行 884C	醒 9192	幸 5E78	杏 674F	性 6027	姓 59D3	兄 5144	凶 51F6	胸 80F8	匈 5308	汹 6C79	雄 96C4	熊 718A	休 4F11	修 4FEE	羞 7F9E
E	朽 673D	嗅 55C5	锈 9508	秀 79C0	袖 8896	绣 7EE3	墟 589F	戌 620C	需 9700	虚 865A	嘘 5618	须 987B	徐 5F90	许 8BB8	蓄 84C4	酗 9157
F	叙 53D9	旭 65ED	序 5E8F	畜 755C	恤 6064	絮 7D6E	婿 5A7F	绪 7EEA	续 7EED	轩 8F69	喧 55A7	宣 5BA3	悬 60AC	旋 65CB	玄 7384	

双字节2区

D1	0	1	2	3	4	5	6	7	8	9	A	B	C	D	E	F
A		选 9009	癣 7663	眩 7729	绚 7EDA	靴 9774	薛 859B	学 5B66	穴 7A74	雪 96EA	血 8840	勋 52CB	熏 718F	循 5FAA	旬 65EC	询 8BE2
B	寻 5BFB	驯 9A6F	巡 5DE1	殉 6B89	汛 6C5B	训 8BAD	讯 8BAF	逊 900A	迅 8FC5	压 538B	押 62BC	鸦 9E26	鸭 9E2D	呀 5440	丫 4E2B	芽 82BD
C	牙 7259	蚜 869C	崖 5D16	衙 8859	涯 6DAF	雅 96C5	哑 54D1	亚 4E9A	讶 8BB6	焉 7109	咽 54BD	阉 9609	烟 70DF	淹 6DF9	盐 76D0	严 4E25
D	研 7814	蜒 8712	岩 5CA9	延 5EF6	言 8A00	颜 989C	阎 960E	炎 708E	沿 6CBF	奄 5944	掩 63A9	眼 773C	衍 884D	演 6F14	艳 8273	堰 5830
E	燕 71D5	厌 538C	砚 781A	雁 96C1	唁 5501	彦 5F66	焰 7130	宴 5BB4	谚 8C1A	验 9A8C	殃 6B83	央 592E	鸯 9E2F	秧 79E7	杨 6768	扬 626C
F	佯 4F6F	疡 75A1	羊 7F8A	洋 6D0B	阳 9633	氧 6C27	仰 4EF0	痒 75D2	养 517B	样 6837	漾 6F3E	邀 9080	腰 8170	妖 5996	瑶 7476	

D2	0	1	2	3	4	5	6	7	8	9	A	B	C	D	E	F
A		摇 6447	尧 5C27	遥 9065	窑 7A91	谣 8C23	姚 59DA	咬 54AC	舀 8200	药 836F	要 8981	耀 8000	椰 6930	噎 564E	耶 8036	爷 7237
B	野 91CE	冶 51B6	也 4E5F	页 9875	掖 6396	业 4E1A	叶 53F6	曳 66F3	腋 814B	夜 591C	液 6DB2	一 4E00	壹 58F9	医 533B	揖 63D6	铱 94F1
C	依 4F9D	伊 4F0A	衣 8863	颐 9890	夷 5937	遗 9057	移 79FB	仪 4EEA	胰 80F0	疑 7591	沂 6C82	宜 5B9C	姨 59E8	彝 5F5D	椅 6905	蚁 8681
D	倚 501A	已 5DF2	乙 4E59	矣 77E3	以 4EE5	艺 827A	抑 6291	易 6613	邑 9091	屹 5C79	亿 4EBF	役 5F79	臆 81C6	逸 9038	肄 8084	疫 75AB
E	亦 4EA6	裔 88D4	意 610F	毅 6BC5	忆 5FC6	义 4E49	益 76CA	溢 6EA2	诣 8BE3	议 8BAE	谊 8C0A	译 8BD1	异 5F02	翼 7FFC	翌 7FCC	绎 7ECE
F	茵 8335	荫 836B	因 56E0	殷 6BB7	音 97F3	阴 9634	姻 59FB	吟 541F	银 94F6	淫 6DEB	寅 5BC5	饮 996E	尹 5C39	引 5F15	隐 9690	

D3	0	1	2	3	4	5	6	7	8	9	A	B	C	D	E	F
A		印 5370	英 82F1	樱 6A31	婴 5A74	鹰 9E70	应 5E94	缨 7F28	莹 83B9	萤 8424	营 8425	荧 8367	蝇 8747	迎 8FCE	赢 8D62	盈 76C8
B	影 5F71	颖 9896	硬 786C	映 6620	哟 54DF	拥 62E5	佣 4F63	臃 81C3	痈 75C8	庸 5EB8	雍 96CD	踊 8E0A	蛹 86F9	咏 548F	泳 6CF3	涌 6D8C
C	永 6C38	恿 607F	勇 52C7	用 7528	幽 5E7D	优 4F18	悠 60A0	忧 5FE7	尤 5C24	由 7531	邮 90AE	铀 94C0	犹 72B9	油 6CB9	游 6E38	酉 9149
D	有 6709	友 53CB	右 53F3	佑 4F51	釉 91C9	诱 8BF1	又 53C8	幼 5E7C	迂 8FC2	淤 6DE4	于 4E8E	盂 76C2	榆 6986	虞 865E	愚 611A	舆 8206
E	余 4F59	俞 4FDE	逾 903E	鱼 9C7C	愉 6109	渝 6E1D	渔 6E14	隅 9685	予 4E88	娱 5A31	雨 96E8	与 4E0E	屿 5C7F	禹 79B9	宇 5B87	语 8BED
F	羽 7FBD	玉 7389	域 57DF	芋 828B	郁 90C1	吁 5401	遇 9047	喻 55BB	峪 5CEA	御 5FA1	愈 6108	欲 6B32	狱 72F1	育 80B2	誉 8A89	

双字节 2 区

D4	0	1	2	3	4	5	6	7	8	9	A	B	C	D	E	F
A		浴 6D74	寓 5BD3	裕 88D5	预 9884	豫 8C6B	驭 9A6D	鸳 9E33	渊 6E0A	冤 51A4	元 5143	垣 57A3	袁 8881	原 539F	援 63F4	辕 8F95
B	园 56ED	员 5458	圆 5706	猿 733F	源 6E90	缘 7F18	远 8FDC	苑 82D1	愿 613F	怨 6028	院 9662	曰 66F0	约 7EA6	越 8D8A	跃 8DC3	钥 94A5
C	岳 5CB3	粤 7CA4	月 6708	悦 60A6	阅 9605	耘 8018	云 4E91	郧 90E7	匀 5300	陨 9668	允 5141	运 8FD0	蕴 8574	酝 915D	晕 6655	韵 97F5
D	孕 5B55	匝 531D	砸 7838	杂 6742	栽 683D	哉 54C9	灾 707E	宰 5BB0	载 8F7D	再 518D	在 5728	咱 54B1	攒 6512	暂 6682	赞 8D5E	赃 8D43
E	脏 810F	葬 846C	遭 906D	糟 7CDF	凿 51FF	藻 85FB	枣 67A3	早 65E9	澡 6FA1	蚤 86A4	躁 8E81	噪 566A	造 9020	皂 7682	灶 7076	燥 71E5
F	责 8D23	择 62E9	则 5219	泽 6CFD	贼 8D3C	怎 600E	增 589E	憎 618E	曾 66FE	赠 8D60	扎 624E	喳 55B3	渣 6E23	札 672D	轧 8F67	

D5	0	1	2	3	4	5	6	7	8	9	A	B	C	D	E	F
A		铡 94E1	闸 95F8	眨 7728	栅 6805	榨 69A8	咋 548B	乍 4E4D	炸 70B8	诈 8BC8	摘 6458	斋 658B	宅 5B85	窄 7A84	债 503A	寨 5BE8
B	瞻 77BB	毡 6BE1	詹 8A79	粘 7C98	沾 6CBE	盏 76CF	斩 65A9	辗 8F97	崭 5D2D	展 5C55	蘸 8638	栈 6808	占 5360	战 6218	站 7AD9	湛 6E5B
C	绽 7EFD	樟 6A1F	章 7AE0	彰 5F70	漳 6F33	张 5F20	掌 638C	涨 6DA8	杖 6756	丈 4E08	帐 5E10	账 8D26	仗 4ED7	胀 80C0	瘴 7634	障 969C
D	招 62DB	昭 662D	找 627E	沼 6CBC	赵 8D75	照 7167	罩 7F69	兆 5146	肇 8087	召 53EC	遮 906E	折 6298	哲 54F2	蛰 86F0	辙 8F99	者 8005
E	锗 9517	蔗 8517	这 8FD9	浙 6D59	珍 73CD	斟 659F	真 771F	甄 7504	砧 7827	臻 81FB	贞 8D1E	针 9488	侦 4FA6	枕 6795	疹 75B9	诊 8BCA
F	震 9707	振 632F	镇 9547	阵 9635	蒸 84B8	挣 6323	睁 7741	征 5F81	狰 72F0	争 4E89	怔 6014	整 6574	拯 62EF	正 6B63	政 653F	

D6	0	1	2	3	4	5	6	7	8	9	A	B	C	D	E	F
A		帧 5E27	症 75C7	郑 90D1	证 8BC1	芝 829D	枝 679D	支 652F	吱 5431	蜘 8718	知 77E5	肢 80A2	脂 8102	汁 6C41	之 4E4B	织 7EC7
B	职 804C	直 76F4	植 690D	殖 6B96	执 6267	值 503C	侄 4F84	址 5740	指 6307	止 6B62	趾 8DBE	只 53EA	旨 65E8	纸 7EB8	志 5FD7	挚 631A
C	掷 63B7	至 81F3	致 81F4	置 7F6E	帜 5E1C	峙 5CD9	制 5236	智 667A	秩 79E9	稚 7A1A	质 8D28	炙 7099	痔 75D4	滞 6EDE	治 6CBB	窒 7A92
D	中 4E2D	盅 76C5	忠 5FE0	钟 949F	衷 8877	终 7EC8	种 79CD	肿 80BF	重 91CD	仲 4EF2	众 4F17	舟 821F	周 5468	州 5DDE	洲 6D32	诌 8BCC
E	粥 7CA5	轴 8F74	肘 8098	帚 5E1A	咒 5492	皱 76B1	宙 5B99	昼 663C	骤 9AA4	珠 73E0	株 682A	蛛 86DB	朱 6731	猪 732A	诸 8BF8	诛 8BDB
F	逐 9010	竹 7AF9	烛 70DB	煮 716E	拄 62C4	瞩 77A9	嘱 5631	主 4E3B	著 8457	柱 67F1	助 52A9	蛀 86C0	贮 8D2E	铸 94F8	筑 7B51	

双字节2区

D7	0	1	2	3	4	5	6	7	8	9	A	B	C	D	E	F
A		住 4F4F	注 6CE8	祝 795D	驻 9A7B	抓 6293	爪 722A	拽 62FD	专 4E13	砖 7816	转 8F6C	撰 64B0	赚 8D5A	篆 7BC6	桩 6869	庄 5E84
B	装 88C5	妆 5986	撞 649E	壮 58EE	状 72B6	椎 690E	锥 9525	追 8FFD	赘 8D58	坠 5760	缀 7F00	谆 8C06	准 51C6	捉 6349	拙 62D9	卓 5353
C	桌 684C	琢 7422	茁 8301	酌 914C	啄 5544	着 7740	灼 707C	浊 6D4A	兹 5179	咨 54A8	资 8D44	姿 59FF	滋 6ECB	淄 6DC4	孜 5B5C	紫 7D2B
D	仔 4ED4	籽 7C7D	滓 6ED3	子 5B50	自 81EA	渍 6E0D	字 5B57	鬃 9B03	棕 68D5	踪 8E2A	宗 5B97	综 7EFC	总 603B	纵 7EB5	邹 90B9	走 8D70
E	奏 594F	揍 63CD	租 79DF	足 8DB3	卒 5352	族 65CF	祖 7956	诅 8BC5	阻 963B	组 7EC4	钻 94BB	纂 7E82	嘴 5634	醉 9189	最 6700	罪 7F6A
F	尊 5C0A	遵 9075	昨 6628	左 5DE6	佐 4F50	柞 67DE	做 505A	作 4F5C	坐 5750	座 5EA7	E810	E811	E812	E813	E814	

D8	0	1	2	3	4	5	6	7	8	9	A	B	C	D	E	F
A		亍 4E8D	丌 4E0C	兀 5140	丐 4E10	廿 5EFF	卅 5345	丕 4E15	亘 4E98	丞 4E1E	鬲 9B32	孬 5B6C	噩 5669	丨 4E28	禺 79BA	丿 4E3F
B	匕 5315	乇 4E47	夭 592D	爻 723B	卮 536E	氐 6C10	囟 56DF	胤 80E4	馗 9997	毓 6BD3	睾 777E	鼗 9F17	丶 4E36	亟 4E9F	鼐 9F10	乜 4E5C
C	乩 4E69	亓 4E93	芈 8288	孛 5B5B	啬 556C	嘏 560F	仄 4EC4	厍 538D	厝 539D	厣 53A3	厥 53A5	厮 53AE	靥 9765	赝 8D5D	匚 531A	叵 53F5
D	匦 5326	匮 532E	匾 533E	赜 8D5C	卦 5366	卣 5363	刂 5202	刈 5208	刎 520E	刭 522D	刳 5233	刿 523F	剀 5240	剌 524C	剞 525E	剡 5261
E	剜 525C	蒯 84AF	剽 527D	劂 5282	劁 5281	劐 5290	劓 5293	冂 5182	罔 7F54	亻 4EBB	仃 4EC3	仉 4EC9	仂 4EC2	仨 4EE8	仡 4EE1	仫 4EEB
F	仞 4EDE	伛 4F1B	仳 4EF3	伢 4F22	佤 4F64	仵 4EF5	伥 4F25	伧 4F27	伉 4F09	伫 4F2B	佞 4F5E	佧 4F67	攸 6538	佚 4F5A	佝 4F5D	

D9	0	1	2	3	4	5	6	7	8	9	A	B	C	D	E	F
A		佟 4F5F	佗 4F57	伲 4F32	伽 4F3D	佶 4F76	佴 4F74	侑 4F91	侉 4F89	侃 4F83	侏 4F8F	佾 4F7E	佻 4F7B	侪 4FAA	佼 4F7C	侬 4FAC
B	侔 4F94	俦 4FE6	俨 4FE8	俪 4FEA	俅 4FC5	俚 4FDA	俣 4FE3	俜 4FDC	俑 4FD1	俟 4FDF	俸 4FF8	倩 5029	偌 504C	俳 4FF3	倬 502C	倏 500F
C	倮 502E	倭 502D	俾 4FFE	倜 501C	倌 500C	倥 5025	倨 5028	偾 507E	偃 5043	偕 5055	偈 5048	偎 504E	偬 506C	偻 507B	傥 50A5	傧 50A7
D	傩 50A9	傺 50BA	僖 50D6	儆 5106	僭 50ED	僬 50EC	僦 50E6	僮 50EE	儇 5107	儋 510B	仝 4EDD	氽 6C3D	佘 4F58	佥 4F65	俎 4FCE	龠 9FA0
E	汆 6C46	籴 7C74	兮 516E	巽 5DFD	黉 9EC9	馘 9998	冁 5181	夔 5914	勹 52F9	匍 530D	訇 8A07	匐 5310	凫 51EB	夙 5919	兕 5155	亠 4EA0
F	兖 5156	亳 4EB3	衮 886E	袤 88A4	亵 4EB5	脔 8114	裒 88D2	禀 7980	嬴 5B34	蠃 8803	羸 7FB8	冫 51AB	冱 51B1	冽 51BD	冼 51BC	

双字节 2 区

DA	0	1	2	3	4	5	6	7	8	9	A	B	C	D	E	F
A		凇 51C7	冖 5196	冢 51A2	冥 51A5	讠 8BA0	讦 8BA6	讧 8BA7	讪 8BAA	讴 8BB4	讵 8BB5	讷 8BB7	诂 8BC2	诃 8BC3	诋 8BCB	诏 8BCF
B	诎 8BCE	诒 8BD2	诓 8BD3	诔 8BD4	诖 8BD6	诘 8BD8	诙 8BD9	诜 8BDC	诟 8BDF	诠 8BE0	诤 8BE4	诨 8BE8	诩 8BE9	诮 8BEE	诰 8BF0	诳 8BF3
C	诶 8BF6	诹 8BF9	诼 8BFC	诿 8BFF	谀 8C00	谂 8C02	谄 8C04	谇 8C07	谌 8C0C	谏 8C0F	谑 8C11	谒 8C12	谔 8C14	谕 8C15	谖 8C16	谙 8C19
D	谛 8C1B	谘 8C18	谝 8C1D	谟 8C1F	谠 8C20	谡 8C21	谥 8C25	谧 8C27	谪 8C2A	谫 8C2B	谮 8C2E	谯 8C2F	谲 8C32	谳 8C33	谵 8C35	谶 8C36
E	卩 5369	卺 537A	阝 961D	阢 9622	阡 9621	阱 9631	阪 962A	阽 963D	阼 963C	陂 9642	陉 9649	陔 9654	陟 965F	陧 9667	陬 966C	陲 9672
F	陴 9674	隈 9688	隍 968D	隗 9697	隰 96B0	邗 9097	邛 909B	邝 909D	邙 9099	邬 90AC	邡 90A1	邴 90B4	邳 90B3	邶 90B6	邺 90BA	

DB	0	1	2	3	4	5	6	7	8	9	A	B	C	D	E	F
A		邸 90B8	邰 90B0	郏 90CF	郅 90C5	邾 90BE	郐 90D0	郄 90C4	郇 90C7	郓 90D3	郦 90E6	郢 90E2	郜 90DC	郗 90D7	郛 90DB	郫 90EB
B	郯 90EF	郾 90FE	鄄 9104	鄢 9122	鄞 911E	鄣 9123	鄱 9131	鄯 912F	鄹 9139	酃 9143	酆 9146	刍 520D	奂 5942	劢 52A2	劬 52AC	劭 52AD
C	劾 52BE	哿 54FF	勐 52D0	勖 52D6	勰 52F0	叟 53DF	燮 71EE	矍 77CD	廴 5EF4	凵 51F5	凼 51FC	鬯 9B2F	厶 53B6	弁 5F01	畚 755A	巯 5DEF
D	坌 574C	垩 57A9	垡 57A1	塾 587E	墼 58BC	壅 58C5	壑 58D1	圩 5729	圬 572C	圪 572A	圳 5733	圹 5739	圮 572E	圯 572F	坜 575C	圻 573B
E	坂 5742	坩 5769	垅 5785	坫 576B	垆 5786	坼 577C	坻 577B	坨 5768	坭 576D	坶 5776	坳 5773	垭 57AD	垤 57A4	垌 578C	垲 57B2	埏 57CF
F	垧 57A7	垴 57B4	垓 5793	垠 57A0	埕 57D5	埘 57D8	埚 57DA	埙 57D9	埒 57D2	垸 57B8	埴 57F4	埯 57EF	埸 57F8	埤 57E4	埝 57DD	

DC	0	1	2	3	4	5	6	7	8	9	A	B	C	D	E	F
A		堋 580B	堍 580D	埽 57FD	埭 57ED	堀 5800	堞 581E	堙 5819	塄 5844	堠 5820	塥 5865	塬 586C	墁 5881	墉 5889	墚 589A	墀 5880
B	馨 99A8	鼙 9F19	懿 61FF	艹 8279	艽 827D	艿 827F	芏 828F	芊 828A	芨 82A8	芄 8284	芎 828E	芑 8291	芗 8297	芙 8299	芫 82AB	芸 82B8
C	芾 82BE	芰 82B0	苈 82C8	苊 82CA	苣 82E3	芘 8298	芷 82B7	芮 82AE	苋 82CB	苌 82CC	苁 82C1	芩 82A9	芴 82B4	芡 82A1	芪 82AA	芟 829F
D	苄 82C4	苎 82CE	芤 82A4	苡 82E1	茉 8309	苷 82F7	苤 82E4	茏 830F	茇 8307	苜 82DC	苴 82F4	苒 82D2	苘 82D8	茌 830C	苻 82FB	苓 82D3
E	茑 8311	茚 831A	茆 8306	茔 8314	茕 8315	苠 82E0	苕 82D5	茜 831C	荑 8351	荛 835B	荜 835C	茈 8308	莒 8392	茼 833C	茴 8334	茱 8331
F	莛 839B	荞 835E	茯 832F	荏 834F	荇 8347	荃 8343	荟 835F	荀 8340	茗 8317	荠 8360	茭 832D	茺 833A	茳 8333	荦 8366	荥 8365	

双字节 2 区

DD	0	1	2	3	4	5	6	7	8	9	A	B	C	D	E	F
A		荨 8368	茛 831B	荩 8369	荬 836C	荪 836A	荭 836D	荮 836E	莰 83B0	荸 8378	莳 83B3	莴 83B4	莠 83A0	莪 83AA	莓 8393	莜 839C
B	莅 8385	荼 837C	莶 83B6	莩 83A9	荽 837D	莸 83B8	荻 837B	莘 8398	莞 839E	莨 83A8	莺 83BA	莼 83BC	菁 83C1	萁 8401	菥 83E5	菘 83D8
C	堇 5807	萘 8418	萋 840B	菝 83DD	菽 83FD	菖 83D6	萜 841C	萸 8438	萑 8411	萆 8406	菔 83D4	菟 83DF	萏 840F	萃 8403	菸 83F8	菹 83F9
D	菪 83EA	菅 83C5	菀 83C0	萦 8426	菰 83F0	菡 83E1	葜 845C	葑 8451	葚 845A	葙 8459	葳 8473	蒇 8487	蒈 8488	葺 847A	蒉 8489	葸 8478
E	萼 843C	葆 8446	葩 8469	葶 8476	蒌 848C	蒎 848E	萱 8431	葭 846D	蓁 84C1	蓍 84CD	蓐 84D0	蓦 84E6	蒽 84BD	蓓 84D3	蓊 84CA	蒿 84BF
F	蒺 84BA	蓠 84E0	蒡 84A1	蒹 84B9	蒴 84B4	蒗 8497	蓥 84E5	蓣 84E3	蔌 850C	甍 750D	蔸 8538	蓰 84F0	蔹 8539	蔟 851F	蔺 853A	

DE	0	1	2	3	4	5	6	7	8	9	A	B	C	D	E	F
A		蕖 8556	蔻 853B	蓿 84FF	蓼 84FC	蕙 8559	蕈 8548	蕨 8568	蕤 8564	蕞 855E	蕺 857A	瞢 77A2	蕃 8543	蕲 8572	蕻 857B	薤 85A4
B	薨 85A8	薇 8587	薏 858F	蕹 8579	薮 85AE	薜 859C	薅 8585	薹 85B9	薷 85B7	薰 85B0	藓 85D3	藁 85C1	藜 85DC	藿 85FF	蘧 8627	蘅 8605
C	蘩 8629	蘖 8616	蘼 863C	廾 5EFE	弈 5F08	夼 593C	奁 5941	耷 8037	奕 5955	奚 595A	奘 5958	匏 530F	尢 5C22	尥 5C25	尬 5C2C	尴 5C34
D	扌 624C	扪 626A	抟 629F	抻 62BB	拊 62CA	拚 62DA	拗 62D7	拮 62EE	挢 6322	拶 62F6	挹 6339	捋 634B	捃 6343	掭 63AD	揶 63F6	捱 6371
E	捺 637A	掎 638E	掴 63B4	捭 636D	掬 63AC	掊 638A	捩 6369	掮 63AE	掼 63BC	揲 63F2	揸 63F8	揠 63E0	揿 63FF	揄 63C4	揞 63DE	揎 63CE
F	摒 6452	揆 63C6	掾 63BE	摅 6445	摁 6441	搋 640B	搛 641B	搠 6420	搌 640C	搦 6426	搡 6421	摞 645E	撄 6484	摭 646D	撖 6496	

DF	0	1	2	3	4	5	6	7	8	9	A	B	C	D	E	F
A		摺 647A	撷 64B7	撸 64B8	撙 6499	撺 64BA	擀 64C0	擐 64D0	擗 64D7	擤 64E4	擢 64E2	攉 6509	攥 6525	攮 652E	弋 5F0B	忒 5FD2
B	甙 7519	弑 5F11	卟 535F	叱 53F1	叽 53FD	叩 53E9	叨 53E8	叻 53FB	吒 5412	吖 5416	吆 5406	呋 544B	呒 5452	呓 5453	呔 5454	呖 5456
C	呃 5443	吡 5421	呗 5457	呙 5459	吣 5423	吲 5432	咂 5482	咔 5494	呷 5477	呱 5471	呤 5464	咚 549A	咛 549B	咄 5484	呶 5476	呦 5466
D	咝 549D	哐 54D0	咭 54AD	哂 54C2	咴 54B4	哒 54D2	咧 54A7	咦 54A6	哓 54D3	哔 54D4	呲 5472	咣 54A3	哕 54D5	咻 54BB	咿 54BF	哌 54CC
E	哙 54D9	哚 54DA	哜 54DC	咩 54A9	咪 54AA	咤 54A4	哝 54DD	哏 54CF	哞 54DE	唛 551B	哧 54E7	唠 5520	哽 54FD	唔 5514	哳 54F3	唢 5522
F	唣 5523	唏 550F	唑 5511	唧 5527	唪 552A	啧 5567	喏 558F	喵 55B5	啉 5549	啭 556D	啁 5541	啕 5555	唿 553F	啐 5550	唼 553C	

双字节 2 区

E0	0	1	2	3	4	5	6	7	8	9	A	B	C	D	E	F
A		唷 5537	啖 5556	啵 5575	啶 5576	啷 5577	唳 5533	唰 5530	啜 555C	喋 558B	嗒 55D2	喃 5583	喱 55B1	喹 55B9	喈 5588	喁 5581
B	喟 559F	啾 557E	嗖 55D6	喑 5591	啻 557B	嗟 55DF	喽 55BD	喾 55BE	喔 5594	喙 5599	嗪 55EA	嗷 55F7	嗉 55C9	嘟 561F	嗑 55D1	嗫 55EB
C	嗬 55EC	嗔 55D4	嗦 55E6	嗝 55DD	嗄 55C4	嗯 55EF	嗥 55E5	嗲 55F2	嗳 55F3	嗌 55CC	嗍 55CD	嗨 55E8	嗵 55F5	嗤 55E4	辔 8F94	嘞 561E
D	嘈 5608	嘌 560C	嘁 5601	嘤 5624	嘣 5623	嗾 55FE	嘀 5600	嘧 5627	嘭 562D	噘 5658	嘹 5639	噗 5657	嘬 562C	噍 564D	噢 5662	噙 5659
E	噜 565C	噌 564C	噔 5654	嚆 5686	噤 5664	噱 5671	噫 566B	噻 567B	噼 567C	嚅 5685	嚓 5693	嚯 56AF	囔 56D4	囗 56D7	囝 56DD	囡 56E1
F	囵 56F5	囫 56EB	囹 56F9	囿 56FF	圄 5704	圊 570A	圉 5709	圜 571C	帏 5E0F	帙 5E19	帔 5E14	帑 5E11	帱 5E31	帻 5E3B	帼 5E3C	

E1	0	1	2	3	4	5	6	7	8	9	A	B	C	D	E	F
A		帷 5E37	幄 5E44	幔 5E54	幛 5E5B	幞 5E5E	幡 5E61	岌 5C8C	屺 5C7A	岍 5C8D	岐 5C90	岖 5C96	岈 5C88	岘 5C98	岙 5C99	岑 5C91
B	岚 5C9A	岜 5C9C	岵 5CB5	岢 5CA2	岽 5CBD	岬 5CAC	岫 5CAB	岱 5CB1	岣 5CA3	峁 5CC1	岷 5CB7	峄 5CC4	峒 5CD2	峤 5CE4	峋 5CCB	峥 5CE5
C	崂 5D02	崃 5D03	崧 5D27	崦 5D26	崮 5D2E	崤 5D24	崞 5D1E	崆 5D06	崛 5D1B	嵘 5D58	崾 5D3E	崴 5D34	崽 5D3D	嵬 5D6C	嵛 5D5B	嵯 5D6F
D	嵝 5D5D	嵫 5D6B	嵋 5D4B	嵊 5D4A	嵩 5D69	嵴 5D74	嶂 5D82	嶙 5D99	嶝 5D9D	豳 8C73	嶷 5DB7	巅 5DC5	彳 5F73	彷 5F77	徂 5F82	徇 5F87
E	徉 5F89	後 5F8C	徕 5F95	徙 5F99	徜 5F9C	徨 5FA8	徭 5FAD	徵 5FB5	徼 5FBC	衢 8862	彡 5F61	犭 72AD	犰 72B0	犴 72B4	犷 72B7	犸 72B8
F	狃 72C3	狁 72C1	狎 72CE	狍 72CD	狒 72D2	狨 72E8	狯 72EF	狩 72E9	狲 72F2	狴 72F4	狷 72F7	猁 7301	狳 72F3	猃 7303	狺 72FA	

E2	0	1	2	3	4	5	6	7	8	9	A	B	C	D	E	F
A		狻 72FB	猗 7317	猓 7313	猡 7321	猊 730A	猞 731E	猝 731D	猕 7315	猢 7322	猹 7339	猥 7325	猬 732C	猸 7338	猱 7331	獐 7350
B	獍 734D	獗 7357	獠 7360	獬 736C	獯 736F	獾 737E	舛 821B	夥 5925	飧 98E7	夤 5924	夂 5902	饣 9963	饧 9967	饨 9968	饩 9969	饪 996A
C	饫 996B	饬 996C	饴 9974	饷 9977	饽 997D	馀 9980	馄 9984	馇 9987	馊 998A	馍 998D	馐 9990	馑 9991	馓 9993	馔 9994	馕 9995	庀 5E80
D	庑 5E91	庋 5E8B	庖 5E96	庥 5EA5	庠 5EA0	庹 5EB9	庵 5EB5	庾 5EBE	庳 5EB3	赓 8D53	廒 5ED2	廑 5ED1	廛 5EDB	廨 5EE8	廪 5EEA	膺 81BA
E	忄 5FC4	忉 5FC9	忖 5FD6	忏 5FCF	怃 6003	忮 5FEE	怄 6004	忡 5FE1	忤 5FE4	忾 5FFE	怅 6005	怆 6006	忪 5FEA	忭 5FED	忸 5FF8	怙 6019
F	怵 6035	怦 6026	怛 601B	怏 600F	怍 600D	怩 6029	怫 602B	怊 600A	怿 603F	怡 6021	恸 6078	恹 6079	恻 607B	恺 607A	恂 6042	

双字节2区

E3	0	1	2	3	4	5	6	7	8	9	A	B	C	D	E	F
A		恪 606A	恽 607D	悖 6096	悚 609A	悭 60AD	悝 609D	悃 6083	悒 6092	悌 608C	悛 609B	惬 60EC	悻 60BB	悱 60B1	惝 60DD	惘 60D8
B	惆 60C6	惚 60DA	悴 60B4	愠 6120	愦 6126	愕 6115	愣 6123	惴 60F4	愀 6100	愎 610E	愫 612B	慊 614A	慵 6175	憬 61AC	憔 6194	憧 61A7
C	憷 61B7	懔 61D4	懵 61F5	忝 5FDD	隳 96B3	闩 95E9	闫 95EB	闱 95F1	闳 95F3	闵 95F5	闶 95F6	闼 95FC	闾 95FE	阃 9603	阄 9604	阆 9606
D	阈 9608	阊 960A	阋 960B	阌 960C	阍 960D	阏 960F	阒 9612	阕 9615	阖 9616	阗 9617	阙 9619	阚 961A	丬 4E2C	爿 723F	戕 6215	氵 6C35
E	汔 6C54	汜 6C5C	汊 6C4A	沣 6CA3	沅 6C85	沐 6C90	沔 6C94	沌 6C8C	汨 6C68	汩 6C69	汴 6C74	汶 6C76	沆 6C86	沩 6CA9	泐 6CD0	泔 6CD4
F	沭 6CAD	泷 6CF7	泸 6CF8	泱 6CF1	泗 6CD7	沲 6CB2	泠 6CE0	泖 6CD6	泺 6CFA	泫 6CEB	泮 6CEE	沱 6CB1	泓 6CD3	泯 6CEF	泾 6CFE	

E4	0	1	2	3	4	5	6	7	8	9	A	B	C	D	E	F
A		洹 6D39	洧 6D27	洌 6D0C	浃 6D43	浈 6D48	洇 6D07	洄 6D04	洙 6D19	洎 6D0E	洫 6D2B	浍 6D4D	洮 6D2E	洵 6D35	洚 6D1A	浏 6D4F
B	浒 6D52	浔 6D54	洳 6D33	涑 6D91	浯 6D6F	涞 6D9E	涠 6DA0	浞 6D5E	涓 6D93	涔 6D94	浜 6D5C	浠 6D60	浼 6D7C	浣 6D63	渚 6E1A	淇 6DC7
C	淅 6DC5	淞 6DDE	渎 6E0E	涿 6DBF	淠 6DE0	渑 6E11	淦 6DE6	淝 6DDD	淙 6DD9	渖 6E16	涫 6DAB	渌 6E0C	涮 6DAE	渫 6E2B	湮 6E6E	湎 6E4E
D	湫 6E6B	溲 6EB2	湟 6E5F	溆 6E86	湓 6E53	湔 6E54	渲 6E32	渥 6E25	湄 6E44	滟 6EDF	溱 6EB1	溘 6E98	滠 6EE0	漭 6F2D	滢 6EE2	溥 6EA5
E	溧 6EA7	溽 6EBD	溻 6EBB	溷 6EB7	滗 6ED7	溴 6EB4	滏 6ECF	溏 6E8F	滂 6EC2	溟 6E9F	潢 6F62	潆 6F46	潇 6F47	漤 6F24	漕 6F15	滹 6EF9
F	漯 6F2F	漶 6F36	潋 6F4B	潴 6F74	漪 6F2A	漉 6F09	漩 6F29	澉 6F89	澍 6F8D	澌 6F8C	潸 6F78	潲 6F72	潼 6F7C	潺 6F7A	濑 6FD1	

E5	0	1	2	3	4	5	6	7	8	9	A	B	C	D	E	F
A		濉 6FC9	澧 6FA7	澹 6FB9	澶 6FB6	濂 6FC2	濡 6FE1	濮 6FEE	濞 6FDE	濠 6FE0	濯 6FEF	瀚 701A	瀣 7023	瀛 701B	瀹 7039	瀵 7035
B	灏 704F	灞 705E	宀 5B80	宄 5B84	宕 5B95	宓 5B93	宥 5BA5	宸 5BB8	甯 752F	骞 9A9E	搴 6434	寤 5BE4	寮 5BEE	褰 8930	寰 5BF0	蹇 8E47
C	謇 8B07	辶 8FB6	迓 8FD3	迕 8FD5	迥 8FE5	迮 8FEE	迤 8FE4	迩 8FE9	迦 8FE6	迳 8FF3	迨 8FE8	逅 9005	逄 9004	逋 900B	逦 9026	逑 9011
D	逍 900D	逖 9016	逡 9021	逵 9035	逶 9036	逭 902D	逯 902F	遄 9044	遑 9051	遒 9052	遐 9050	遨 9068	遘 9058	遢 9062	遛 905B	暹 66B9
E	遴 9074	遽 907D	邂 9082	邈 9088	邃 9083	邋 908B	彐 5F50	彗 5F57	彖 5F56	彘 5F58	尻 5C3B	咫 54AB	屐 5C50	屙 5C59	孱 5B71	屣 5C63
F	屦 5C66	羼 7FBC	弪 5F2A	弩 5F29	弭 5F2D	艴 8274	弼 5F3C	鬻 9B3B	屮 5C6E	妁 5981	妃 5983	妍 598D	妩 59A9	妪 59AA	妣 59A3	

双字节 2 区

E6	0	1	2	3	4	5	6	7	8	9	A	B	C	D	E	F
A		妗 5997	姊 59CA	妫 59AB	妞 599E	妤 59A4	姒 59D2	妲 59B2	妯 59AF	姗 59D7	妾 59BE	娅 5A05	娆 5A06	姝 59DD	娈 5A08	姣 59E3
B	姘 59D8	姹 59F9	娌 5A0C	娉 5A09	娲 5A32	娴 5A34	娑 5A11	娣 5A23	娓 5A13	婀 5A40	婧 5A67	婊 5A4A	婕 5A55	娼 5A3C	婢 5A62	婵 5A75
C	胬 80EC	媪 5AAA	媛 5A9B	婷 5A77	婺 5A7A	媾 5ABE	嫫 5AEB	媲 5AB2	嫒 5AD2	嫔 5AD4	媸 5AB8	嫠 5AE0	嫣 5AE3	嫱 5AF1	嫖 5AD6	嫦 5AE6
D	嫘 5AD8	嫜 5ADC	嬉 5B09	嬗 5B17	嬖 5B16	嬲 5B32	嬷 5B37	孀 5B40	尕 5C15	尜 5C1C	孚 5B5A	孥 5B65	孳 5B73	孑 5B51	孓 5B53	孢 5B62
E	驵 9A75	驷 9A77	驸 9A78	驺 9A7A	驿 9A7F	驽 9A7D	骀 9A80	骁 9A81	骅 9A85	骈 9A88	骊 9A8A	骐 9A90	骒 9A92	骓 9A93	骖 9A96	骘 9A98
F	骛 9A9B	骜 9A9C	骝 9A9D	骟 9A9F	骠 9AA0	骢 9AA2	骣 9AA3	骥 9AA5	骧 9AA7	纟 7E9F	纡 7EA1	纣 7EA3	纥 7EA5	纨 7EA8	纩 7EA9	

E7	0	1	2	3	4	5	6	7	8	9	A	B	C	D	E	F
A		纭 7EAD	纰 7EB0	纾 7EBE	绀 7EC0	绁 7EC1	绂 7EC2	绉 7EC9	绋 7ECB	绌 7ECC	绐 7ED0	绔 7ED4	绗 7ED7	绛 7EDB	绠 7EE0	绡 7EE1
B	绨 7EE8	绫 7EEB	绮 7EEE	绯 7EEF	绱 7EF1	绲 7EF2	缍 7F0D	绶 7EF6	绺 7EFA	绻 7EFB	绾 7EFE	缁 7F01	缂 7F02	缃 7F03	缇 7F07	缈 7F08
C	缋 7F0B	缌 7F0C	缏 7F0F	缑 7F11	缒 7F12	缗 7F17	缙 7F19	缜 7F1C	缛 7F1B	缟 7F1F	缡 7F21	缢 7F22	缣 7F23	缤 7F24	缥 7F25	缦 7F26
D	缧 7F27	缪 7F2A	缫 7F2B	缬 7F2C	缭 7F2D	缯 7F2F	缰 7F30	缱 7F31	缲 7F32	缳 7F33	缵 7F35	幺 5E7A	畿 757F	巛 5DDB	甾 753E	邕 9095
E	玎 738E	玑 7391	玮 73AE	玢 73A2	玟 739F	珏 73CF	珂 73C2	珑 73D1	玷 73B7	玳 73B3	珀 73C0	珉 73C9	珈 73C8	珥 73E5	珙 73D9	顼 987C
F	琊 740A	珩 73E9	珧 73E7	珞 73DE	玺 73BA	珲 73F2	琏 740F	琪 742A	瑛 745B	琦 7426	琥 7425	琨 7428	琰 7430	琮 742E	琬 742C	

E8	0	1	2	3	4	5	6	7	8	9	A	B	C	D	E	F
A		琛 741B	琚 741A	瑁 7441	瑜 745C	瑗 7457	瑕 7455	瑙 7459	瑷 7477	瑭 746D	瑾 747E	璜 749C	璎 748E	璀 7480	璁 7481	璇 7487
B	璋 748B	璞 749E	璨 74A8	璩 74A9	璐 7490	璧 74A7	瓒 74D2	璺 74BA	韪 97EA	韫 97EB	韬 97EC	杌 674C	杓 6753	杞 675E	杈 6748	杩 6769
C	枥 67A5	枇 6787	杪 676A	杳 6773	枘 6798	枧 67A7	杵 6775	枨 67A8	枞 679E	枭 67AD	枋 678B	杷 6777	杼 677C	柰 67F0	栉 6809	柘 67D8
D	栊 680A	柩 67E9	枰 67B0	栌 680C	柙 67D9	枵 67B5	柚 67DA	枳 67B3	柝 67DD	栀 6800	柃 67C3	枸 67B8	柢 67E2	栎 680E	柁 67C1	柽 67FD
E	栲 6832	栳 6833	桠 6860	桡 6861	桎 684E	桢 6862	桄 6844	桤 6864	梃 6883	栝 681D	桕 6855	桦 6866	桁 6841	桧 6867	桀 6840	栾 683E
F	桊 684A	桉 6849	栩 6829	梵 68B5	梏 688F	桴 6874	桷 6877	梓 6893	桫 686B	棂 68C2	楮 696E	棼 68FC	椟 691F	椠 6920	棹 68F9	

双字节 2 区

E9	0	1	2	3	4	5	6	7	8	9	A	B	C	D	E	F
A		椤 6924	棰 68F0	椋 690B	椁 6901	楗 6957	棣 68E3	椐 6910	楱 6971	椹 6939	楠 6960	楂 6942	楝 695D	榄 6984	楫 696B	榀 6980
B	榘 6998	楸 6978	椴 6934	槌 69CC	榇 6987	榈 6988	槎 69CE	榉 6989	楦 6966	楣 6963	楹 6979	榛 699B	榧 69A7	榻 69BB	榫 69AB	榭 69AD
C	槔 69D4	榱 69B1	槁 69C1	槊 69CA	槟 69DF	榕 6995	槠 69E0	榍 698D	槿 69FF	樯 6A2F	槭 69ED	樗 6A17	樘 6A18	橥 6A65	槲 69F2	橄 6A44
D	樾 6A3E	檠 6AA0	橐 6A50	橛 6A5B	樵 6A35	檎 6A8E	橹 6A79	樽 6A3D	樨 6A28	橘 6A58	橼 6A7C	檑 6A91	檐 6A90	檩 6AA9	檗 6A97	檫 6AAB
E	猷 7337	獒 7352	殁 6B81	殂 6B82	殇 6B87	殄 6B84	殒 6B92	殓 6B93	殍 6B8D	殚 6B9A	殛 6B9B	殡 6BA1	殪 6BAA	轫 8F6B	轭 8F6D	轱 8F71
F	轲 8F72	轳 8F73	轵 8F75	轶 8F76	轸 8F78	轷 8F77	轹 8F79	轺 8F7A	轼 8F7C	轾 8F7E	辁 8F81	辂 8F82	辄 8F84	辇 8F87	辋 8F8B	

EA	0	1	2	3	4	5	6	7	8	9	A	B	C	D	E	F
A		辍 8F8D	辎 8F8E	辏 8F8F	辘 8F98	辚 8F9A	軎 8ECE	戋 620B	戗 6217	戛 621B	戟 621F	戢 6222	戡 6221	戥 6225	戤 6224	戬 622C
B	臧 81E7	瓯 74EF	瓴 74F4	瓿 74FF	甏 750F	甑 7511	甓 7513	攴 6534	旮 65EE	旯 65EF	旰 65F0	昊 660A	昙 6619	杲 6772	昃 6603	昕 6615
C	昀 6600	炅 7085	曷 66F7	昝 661D	昴 6634	昱 6631	昶 6636	昵 6635	耆 8006	晟 665F	晔 6654	晁 6641	晏 664F	晖 6656	晡 6661	晗 6657
D	晷 6677	暄 6684	暌 668C	暧 66A7	暝 669D	暾 66BE	曛 66DB	曜 66DC	曦 66E6	曩 66E9	贲 8D32	贳 8D33	贶 8D36	贻 8D3B	贽 8D3D	赀 8D40
E	赅 8D45	赆 8D46	赈 8D48	赉 8D49	赇 8D47	赍 8D4D	赕 8D55	赙 8D59	觇 89C7	觊 89CA	觋 89CB	觌 89CC	觎 89CE	觏 89CF	觐 89D0	觑 89D1
F	牮 726E	犟 729F	牝 725D	牦 7266	牯 726F	牾 727E	牿 727F	犄 7284	犋 728B	犍 728D	犏 728F	犒 7292	挈 6308	挲 6332	掰 63B0	

EB	0	1	2	3	4	5	6	7	8	9	A	B	C	D	E	F
A		搿 643F	擘 64D8	耄 8004	毪 6BEA	毳 6BF3	毽 6BFD	毵 6BF5	毹 6BF9	氅 6C05	氇 6C07	氆 6C06	氍 6C0D	氕 6C15	氘 6C18	氙 6C19
B	氚 6C1A	氡 6C21	氩 6C29	氤 6C24	氪 6C2A	氲 6C32	攵 6535	敕 6555	敫 656B	牍 724D	牒 7252	牖 7256	爰 7230	虢 8662	刖 5216	肟 809F
C	肜 809C	肓 8093	肼 80BC	朊 670A	肽 80BD	肱 80B1	肫 80AB	肭 80AD	肴 80B4	肷 80B7	胧 80E7	胨 80E8	胩 80E9	胪 80EA	胛 80DB	胂 80C2
D	胄 80C4	胙 80D9	胍 80CD	胗 80D7	朐 6710	胝 80DD	胫 80EB	胱 80F1	胴 80F4	胭 80ED	脍 810D	脎 810E	胲 80F2	胼 80FC	朕 6715	脒 8112
E	豚 8C5A	脶 8136	脞 811E	脬 812C	脘 8118	脲 8132	腈 8148	腌 814C	腓 8153	腴 8174	腙 8159	腚 815A	腱 8171	腠 8160	腩 8169	腼 817C
F	腽 817D	腭 816D	腧 8167	塍 584D	媵 5AB5	膈 8188	膂 8182	膑 8191	滕 6ED5	膣 81A3	膪 81AA	臌 81CC	朦 6726	臊 81CA	膻 81BB	

双字节 2 区

EC	0	1	2	3	4	5	6	7	8	9	A	B	C	D	E	F
A		臁 81C1	膦 81A6	欤 6B24	欷 6B37	欹 6B39	歃 6B43	歆 6B46	歙 6B59	飑 98D1	飒 98D2	飓 98D3	飕 98D5	飙 98D9	飚 98DA	殳 6BB3
B	彀 5F40	毂 6BC2	觳 89F3	斐 6590	齑 9F51	斓 6593	於 65BC	旆 65C6	旄 65C4	旃 65C3	旌 65CC	旎 65CE	旒 65D2	旖 65D6	炀 7080	炜 709C
C	炖 7096	炝 709D	炻 70BB	烀 70C0	炷 70B7	炫 70AB	炱 70B1	烨 70E8	烊 70CA	焐 7110	焓 7113	焖 7116	焯 712F	焱 7131	煳 7173	煜 715C
D	煨 7168	煅 7145	煲 7172	煊 714A	煸 7178	煺 717A	熘 7198	熳 71B3	熵 71B5	熨 71A8	熠 71A0	燠 71E0	燔 71D4	燧 71E7	燹 71F9	爝 721D
E	爨 7228	灬 706C	焘 7118	煦 7166	熹 71B9	戾 623E	戽 623D	扃 6243	扈 6248	扉 6249	礻 793B	祀 7940	祆 7946	祉 7949	祛 795B	祜 795C
F	祓 7953	祚 795A	祢 7962	祗 7957	祠 7960	祯 796F	祧 7967	祺 797A	禅 7985	禊 798A	禚 799A	禧 79A7	禳 79B3	忑 5FD1	忐 5FD0	

ED	0	1	2	3	4	5	6	7	8	9	A	B	C	D	E	F
A		怼 603C	恝 605D	恚 605A	恧 6067	恁 6041	恙 6059	恣 6063	悫 60AB	愆 6106	愍 610D	慝 615D	憩 61A9	憝 619D	懋 61CB	懑 61D1
B	戆 6206	肀 8080	聿 807F	沓 6C93	泶 6CF6	淼 6DFC	矶 77F6	矸 77F8	砀 7800	砉 7809	砗 7817	砘 7818	砑 7811	斫 65AB	砭 782D	砜 781C
C	砝 781D	砹 7839	砺 783A	砻 783B	砟 781F	砼 783C	砥 7825	砬 782C	砣 7823	砩 7829	硎 784E	硭 786D	硖 7856	硗 7857	砦 7826	硐 7850
D	硇 7847	硌 784C	硪 786A	碛 789B	碓 7893	碚 789A	碇 7887	碜 789C	碡 78A1	碣 78A3	碲 78B2	碹 78B9	碥 78A5	磔 78D4	磙 78D9	磉 78C9
E	磬 78EC	磲 78F2	礅 7905	磴 78F4	礓 7913	礤 7924	礞 791E	礴 7934	龛 9F9B	黹 9EF9	黻 9EFB	黼 9EFC	盱 76F1	眄 7704	眍 770D	盹 76F9
F	眇 7707	眈 7708	眚 771A	眢 7722	眙 7719	眭 772D	眦 7726	眵 7735	眸 7738	睐 7750	睑 7751	睇 7747	睃 7743	睚 775A	睨 7768	

EE	0	1	2	3	4	5	6	7	8	9	A	B	C	D	E	F
A		睢 7762	睥 7765	睿 777F	瞍 778D	睽 777D	瞀 7780	瞌 778C	瞑 7791	瞟 779F	瞠 77A0	瞰 77B0	瞵 77B5	瞽 77BD	町 753A	畀 7540
B	畎 754E	畋 754B	畈 7548	畛 755B	畲 7572	畹 7579	疃 7583	罘 7F58	罡 7F61	罟 7F5F	詈 8A48	罨 7F68	罴 7F74	罱 7F71	罹 7F79	羁 7F81
C	罾 7F7E	盍 76CD	盥 76E5	蠲 8832	钅 9485	钆 9486	钇 9487	钋 948B	钊 948A	钌 948C	钍 948D	钏 948F	钐 9490	钔 9494	钗 9497	钕 9495
D	钚 949A	钛 949B	钜 949C	钣 94A3	钤 94A4	钫 94AB	钪 94AA	钭 94AD	钬 94AC	钯 94AF	钰 94B0	钲 94B2	钴 94B4	钶 94B6	钷 94B7	钸 94B8
E	钹 94B9	钺 94BA	钼 94BC	钽 94BD	钿 94BF	铄 94C4	铈 94C8	铉 94C9	铊 94CA	铋 94CB	铌 94CC	铍 94CD	铎 94CE	铐 94D0	铑 94D1	铒 94D2
F	铕 94D5	铖 94D6	铗 94D7	铙 94D9	铘 94D8	铛 94DB	铞 94DE	铟 94DF	铠 94E0	铢 94E2	铤 94E4	铥 94E5	铧 94E7	铨 94E8	铪 94EA	

双字节 2 区

EF	0	1	2	3	4	5	6	7	8	9	A	B	C	D	E	F
A		铩 94E9	铫 94EB	铮 94EE	铯 94EF	铳 94F3	铴 94F4	铵 94F5	铷 94F7	铹 94F9	铼 94FC	铽 94FD	铿 94FF	锃 9503	锂 9502	锆 9506
B	锇 9507	锉 9509	锊 950A	锍 950D	锎 950E	锏 950F	锒 9512	锓 9513	锔 9514	锕 9515	锖 9516	锘 9518	锛 951B	锝 951D	锞 951E	锟 951F
C	锢 9522	锪 952A	锫 952B	锩 9529	锬 952C	锱 9531	锲 9532	锴 9534	锶 9536	锷 9537	锸 9538	锼 953C	锾 953E	锿 953F	镂 9542	锵 9535
D	镄 9544	镅 9545	镆 9546	镉 9549	镌 954C	镎 954E	镏 954F	镒 9552	镓 9553	镔 9554	镖 9556	镗 9557	镘 9558	镙 9559	镛 955B	镞 955E
E	镟 955F	镝 955D	镡 9561	镢 9562	镤 9564	镥 9565	镦 9566	镧 9567	镨 9568	镩 9569	镪 956A	镫 956B	镬 956C	镯 956F	镱 9571	镲 9572
F	镳 9573	锺 953A	矧 77E7	矬 77EC	雉 96C9	秕 79D5	秭 79ED	秣 79E3	秫 79EB	稆 7A06	嵇 5D47	稃 7A03	稂 7A02	稞 7A1E	稔 7A14	

F0	0	1	2	3	4	5	6	7	8	9	A	B	C	D	E	F
A		稹 7A39	稷 7A37	穑 7A51	黏 9ECF	馥 99A5	穰 7A70	皈 7688	皎 768E	皓 7693	皙 7699	皤 76A4	瓞 74DE	瓠 74E0	甬 752C	鸠 9E20
B	鸢 9E22	鸨 9E28	鸩 9E29	鸪 9E2A	鸫 9E2B	鸬 9E2C	鸲 9E32	鸱 9E31	鸶 9E36	鸸 9E38	鸷 9E37	鸹 9E39	鸺 9E3A	鸾 9E3E	鹁 9E41	鹂 9E42
C	鹄 9E44	鹆 9E46	鹇 9E47	鹈 9E48	鹉 9E49	鹋 9E4B	鹌 9E4C	鹎 9E4E	鹑 9E51	鹕 9E55	鹗 9E57	鹚 9E5A	鹛 9E5B	鹜 9E5C	鹞 9E5E	鹣 9E63
D	鹦 9E66	鹧 9E67	鹨 9E68	鹩 9E69	鹪 9E6A	鹫 9E6B	鹬 9E6C	鹱 9E71	鹭 9E6D	鹳 9E73	疒 7592	疔 7594	疖 7596	疠 75A0	疝 759D	疬 75AC
E	疣 75A3	疳 75B3	疴 75B4	疸 75B8	痄 75C4	疱 75B1	疰 75B0	痃 75C3	痂 75C2	痖 75D6	痍 75CD	痣 75E3	痨 75E8	痦 75E6	痤 75E4	痫 75EB
F	痧 75E7	瘃 7603	痱 75F1	痼 75FC	痿 75FF	瘐 7610	瘀 7600	瘅 7605	瘌 760C	瘗 7617	瘊 760A	瘥 7625	瘘 7618	瘕 7615	瘙 7619	

F1	0	1	2	3	4	5	6	7	8	9	A	B	C	D	E	F
A		瘛 761B	瘼 763C	瘢 7622	瘠 7620	癀 7640	瘭 762D	瘰 7630	瘿 763F	瘵 7635	癃 7643	瘾 763E	瘳 7633	癍 764D	癞 765E	癔 7654
B	癜 765C	癖 7656	癫 766B	癯 766F	翊 7FCA	竦 7AE6	穸 7A78	穹 7A79	窀 7A80	窆 7A86	窈 7A88	窕 7A95	窦 7AA6	窠 7AA0	窬 7AAC	窨 7AA8
C	窭 7AAD	窳 7AB3	衤 8864	衩 8869	衲 8872	衽 887D	衿 887F	袂 8882	袢 88A2	裆 88C6	袷 88B7	袼 88BC	裉 88C9	裢 88E2	裎 88CE	裣 88E3
D	裥 88E5	裱 88F1	褚 891A	裼 88FC	裨 88E8	裾 88FE	裰 88F0	褡 8921	褙 8919	褓 8913	褛 891B	褊 890A	褴 8934	褫 892B	褶 8936	襁 8941
E	襦 8966	襻 897B	疋 758B	胥 80E5	皲 76B2	皴 76B4	矜 77DC	耒 8012	耔 8014	耖 8016	耜 801C	耠 8020	耢 8022	耥 8025	耦 8026	耧 8027
F	耩 8029	耨 8028	耱 8031	耋 800B	耵 8035	聃 8043	聆 8046	聍 804D	聒 8052	聩 8069	聱 8071	覃 8983	顸 9878	颀 9880	颃 9883	

双字节 2 区

F2	0	1	2	3	4	5	6	7	8	9	A	B	C	D	E	F
A		颉 9889	颌 988C	颍 988D	颏 988F	颔 9894	颚 989A	颛 989B	颞 989E	颟 989F	颡 98A1	颢 98A2	颥 98A5	颦 98A6	虍 864D	虔 8654
B	虬 866C	虮 866E	虿 867F	虺 867A	虼 867C	虻 867B	蚨 86A8	蚍 868D	蚋 868B	蚬 86AC	蚝 869D	蚧 86A7	蚣 86A3	蚪 86AA	蚓 8693	蚩 86A9
C	蚶 86B6	蛄 86C4	蚵 86B5	蛎 86CE	蚰 86B0	蚺 86BA	蚱 86B1	蚯 86AF	蛉 86C9	蛏 86CF	蚴 86B4	蛩 86E9	蛱 86F1	蛲 86F2	蛭 86ED	蛳 86F3
D	蛐 86D0	蜓 8713	蛞 86DE	蛴 86F4	蛟 86DF	蛘 86D8	蛑 86D1	蜃 8703	蜇 8707	蛸 86F8	蜈 8708	蜊 870A	蜍 870D	蜉 8709	蜣 8723	蜻 873B
E	蜞 871E	蜥 8725	蜮 872E	蜚 871A	蜾 873E	蝈 8748	蜴 8734	蜱 8731	蜩 8729	蜷 8737	蜿 873F	螂 8782	蜢 8722	蝽 877D	蝾 877E	蝻 877B
F	蝠 8760	蝰 8770	蝌 874C	蝮 876E	螋 878B	蝓 8753	蝣 8763	蝼 877C	蝤 8764	蝙 8759	蝥 8765	螓 8793	螯 87AF	螨 87A8	蟒 87D2	

F3	0	1	2	3	4	5	6	7	8	9	A	B	C	D	E	F
A		蟆 87C6	螈 8788	螅 8785	螭 87AD	螗 8797	螃 8783	螫 87AB	蟥 87E5	螬 87AC	螵 87B5	螳 87B3	蟋 87CB	蟓 87D3	螽 87BD	蟑 87D1
B	蟀 87C0	蟊 87CA	蟛 87DB	蟪 87EA	蟠 87E0	蟮 87EE	蠖 8816	蠓 8813	蟾 87FE	蠊 880A	蠛 881B	蠡 8821	蠹 8839	蠼 883C	缶 7F36	罂 7F42
C	罄 7F44	罅 7F45	舐 8210	竺 7AFA	竽 7AFD	笈 7B08	笃 7B03	笄 7B04	笕 7B15	笊 7B0A	笫 7B2B	笏 7B0F	筇 7B47	笸 7B38	笪 7B2A	笙 7B19
D	笮 7B2E	笱 7B31	笠 7B20	笥 7B25	笤 7B24	笳 7B33	笾 7B3E	笞 7B1E	筘 7B58	筚 7B5A	筅 7B45	筵 7B75	筌 7B4C	筝 7B5D	筠 7B60	筮 7B6E
E	筻 7B7B	筢 7B62	筲 7B72	筱 7B71	箐 7B90	箦 7BA6	箧 7BA7	箸 7BB8	箬 7BAC	箝 7B9D	箨 7BA8	箅 7B85	箪 7BAA	箜 7B9C	箢 7BA2	箫 7BAB
F	箴 7BB4	篑 7BD1	篁 7BC1	篌 7BCC	篝 7BDD	篚 7BDA	篥 7BE5	篦 7BE6	篪 7BEA	簌 7C0C	篾 7BFE	篼 7BFC	簏 7C0F	簖 7C16	簋 7C0B	

F4	0	1	2	3	4	5	6	7	8	9	A	B	C	D	E	F
A		簟 7C1F	簪 7C2A	簦 7C26	簸 7C38	籁 7C41	籀 7C40	臾 81FE	舁 8201	舂 8202	舄 8204	臬 81EC	衄 8844	舡 8221	舢 8222	舣 8223
B	舭 822D	舯 822F	舨 8228	舫 822B	舸 8238	舻 823B	舳 8233	舴 8234	舾 823E	艄 8244	艉 8249	艋 824B	艏 824F	艚 825A	艟 825F	艨 8268
C	衾 887E	袅 8885	袈 8888	裘 88D8	裟 88DF	襞 895E	羝 7F9D	羟 7F9F	羧 7FA7	羯 7FAF	羰 7FB0	羲 7FB2	籼 7C7C	敉 6549	粑 7C91	粝 7C9D
D	粜 7C9C	粞 7C9E	粢 7CA2	粲 7CB2	粼 7CBC	粽 7CBD	糁 7CC1	糇 7CC7	糌 7CCC	糍 7CCD	糈 7CC8	糅 7CC5	糗 7CD7	糨 7CE8	艮 826E	暨 66A8
E	羿 7FBF	翎 7FCE	翕 7FD5	翥 7FE5	翡 7FE1	翦 7FE6	翩 7FE9	翮 7FEE	翳 7FF3	糸 7CF8	絷 7D77	綦 7DA6	綮 7DAE	繇 7E47	纛 7E9B	麸 9EB8
F	麴 9EB4	赳 8D73	趄 8D84	趔 8D94	趑 8D91	趱 8DB1	赧 8D67	赭 8D6D	豇 8C47	豉 8C49	酊 914A	酐 9150	酎 914E	酏 914F	酤 9164	

双字节2区

F5	0	1	2	3	4	5	6	7	8	9	A	B	C	D	E	F
A		酢 9162	酡 9161	酰 9170	酩 9169	酯 916F	酽 917D	酾 917E	酲 9172	酴 9174	酹 9179	醌 918C	醅 9185	醐 9190	醍 918D	醑 9191
B	醢 91A2	醣 91A3	醪 91AA	醭 91AD	醮 91AE	醯 91AF	醵 91B5	醴 91B4	醺 91BA	豕 8C55	鹾 9E7E	趸 8DB8	跫 8DEB	踅 8E05	蹙 8E59	蹩 8E69
C	趵 8DB5	趿 8DBF	趼 8DBC	趺 8DBA	跄 8DC4	跖 8DD6	跗 8DD7	跚 8DDA	跞 8DDE	跎 8DCE	跏 8DCF	跛 8DDB	跆 8DC6	跬 8DEC	跷 8DF7	跸 8DF8
D	跣 8DE3	跹 8DF9	跻 8DFB	跤 8DE4	踉 8E09	跽 8DFD	踔 8E14	踝 8E1D	踟 8E1F	踬 8E2C	踮 8E2E	踣 8E23	踯 8E2F	踺 8E3A	蹀 8E40	踹 8E39
E	踵 8E35	踽 8E3D	踱 8E31	蹉 8E49	蹁 8E41	蹂 8E42	蹑 8E51	蹒 8E52	蹊 8E4A	蹰 8E70	蹶 8E76	蹼 8E7C	蹯 8E6F	蹴 8E74	躅 8E85	躏 8E8F
F	躔 8E94	躐 8E90	躜 8E9C	躞 8E9E	豸 8C78	貂 8C82	貊 8C8A	貅 8C85	貘 8C98	貔 8C94	斛 659B	觖 89D6	觞 89DE	觚 89DA	觜 89DC	

F6	0	1	2	3	4	5	6	7	8	9	A	B	C	D	E	F
A		觥 89E5	觫 89EB	觯 89EF	訾 8A3E	謦 8B26	靓 9753	雩 96E9	雳 96F3	雯 96EF	霆 9706	霁 9701	霈 9708	霏 970F	霎 970E	霪 972A
B	霭 972D	霰 9730	霾 973E	龀 9F80	龃 9F83	龅 9F85	龆 9F86	龇 9F87	龈 9F88	龉 9F89	龊 9F8A	龌 9F8C	黾 9EFE	鼋 9F0B	鼍 9F0D	隹 96B9
C	隼 96BC	隽 96BD	雎 96CE	雒 96D2	瞿 77BF	雠 96E0	銎 928E	銮 92AE	鋈 92C8	錾 933E	鍪 936A	鏊 93CA	鎏 938F	鐾 943E	鑫 946B	鱿 9C7F
D	鲂 9C82	鲅 9C85	鲆 9C86	鲇 9C87	鲈 9C88	稣 7A23	鲋 9C8B	鲎 9C8E	鲐 9C90	鲑 9C91	鲒 9C92	鲔 9C94	鲕 9C95	鲚 9C9A	鲛 9C9B	鲞 9C9E
E	鲟 9C9F	鲠 9CA0	鲡 9CA1	鲢 9CA2	鲣 9CA3	鲥 9CA5	鲦 9CA6	鲧 9CA7	鲨 9CA8	鲩 9CA9	鲫 9CAB	鲭 9CAD	鲮 9CAE	鲰 9CB0	鲱 9CB1	鲲 9CB2
F	鲳 9CB3	鲴 9CB4	鲵 9CB5	鲶 9CB6	鲷 9CB7	鲺 9CBA	鲻 9CBB	鲼 9CBC	鲽 9CBD	鳄 9CC4	鳅 9CC5	鳆 9CC6	鳇 9CC7	鳊 9CCA	鳋 9CCB	

F7	0	1	2	3	4	5	6	7	8	9	A	B	C	D	E	F
A		鳌 9CCC	鳍 9CCD	鳎 9CCE	鳏 9CCF	鳐 9CD0	鳓 9CD3	鳔 9CD4	鳕 9CD5	鳗 9CD7	鳘 9CD8	鳙 9CD9	鳜 9CDC	鳝 9CDD	鳟 9CDF	鳢 9CE2
B	靼 977C	鞅 9785	鞑 9791	鞒 9792	鞔 9794	鞯 97AF	鞫 97AB	鞣 97A3	鞲 97B2	鞴 97B4	骱 9AB1	骰 9AB0	骷 9AB7	鹘 9E58	骶 9AB6	骺 9ABA
C	骼 9ABC	髁 9AC1	髀 9AC0	髅 9AC5	髂 9AC2	髋 9ACB	髌 9ACC	髑 9AD1	魅 9B45	魃 9B43	魇 9B47	魉 9B49	魈 9B48	魍 9B4D	魑 9B51	飨 98E8
D	餍 990D	餮 992E	饕 9955	饔 9954	髟 9ADF	髡 9AE1	髦 9AE6	髯 9AEF	髫 9AEB	髻 9AFB	髭 9AED	髹 9AF9	鬈 9B08	鬏 9B0F	鬓 9B13	鬟 9B1F
E	鬣 9B23	麽 9EBD	麾 9EBE	縻 7E3B	麂 9E82	麇 9E87	麈 9E88	麋 9E8B	麒 9E92	鏖 93D6	麝 9E9D	麟 9E9F	黛 9EDB	黜 9EDC	黝 9EDD	黠 9EE0
F	黟 9EDF	黢 9EE2	黩 9EE9	黧 9EE7	黥 9EE5	黪 9EEA	黯 9EEF	鼢 9F22	鼬 9F2C	鼯 9F2F	鼹 9F39	鼷 9F37	鼽 9F3D	鼾 9F3E	齄 9F44	

双字节3区

81	0	1	2	3	4	5	6	7	8	9	A	B	C	D	E	F
4	丂 4E02	丄 4E04	丅 4E05	丆 4E06	丏 4E0F	丒 4E12	丗 4E17	丟 4E1F	丠 4E20	両 4E21	丣 4E23	並 4E26	丩 4E29	丮 4E2E	丯 4E2F	丱 4E31
5	丳 4E33	丵 4E35	丷 4E37	丼 4E3C	乀 4E40	乁 4E41	乂 4E42	乄 4E44	乆 4E46	乊 4E4A	乑 4E51	乕 4E55	乗 4E57	乚 4E5A	乛 4E5B	乢 4E62
6	乣 4E63	乤 4E64	乥 4E65	乧 4E67	乨 4E68	乪 4E6A	乫 4E6B	乬 4E6C	乭 4E6D	乮 4E6E	乯 4E6F	乲 4E72	乴 4E74	乵 4E75	乶 4E76	乷 4E77
7	乸 4E78	乹 4E79	乺 4E7A	乻 4E7B	乼 4E7C	乽 4E7D	乿 4E7F	亀 4E80	亁 4E81	亂 4E82	亃 4E83	亄 4E84	亅 4E85	亇 4E87	亊 4E8A	
8	亐 4E90	亖 4E96	亗 4E97	亙 4E99	亜 4E9C	亝 4E9D	亞 4E9E	亣 4EA3	亪 4EAA	亯 4EAF	亰 4EB0	亱 4EB1	亴 4EB4	亶 4EB6	亷 4EB7	亸 4EB8
9	亹 4EB9	亼 4EBC	亽 4EBD	亾 4EBE	仈 4EC8	仌 4ECC	仏 4ECF	仐 4ED0	仒 4ED2	仚 4EDA	仛 4EDB	仜 4EDC	仠 4EE0	仢 4EE2	仦 4EE6	仧 4EE7
A	仩 4EE9	仭 4EED	仮 4EEE	仯 4EEF	仱 4EF1	仴 4EF4	仸 4EF8	仹 4EF9	仺 4EFA	仼 4EFC	仾 4EFE	伀 4F00	伂 4F02	伃 4F03	伄 4F04	伅 4F05
B	伆 4F06	伇 4F07	伈 4F08	伋 4F0B	伌 4F0C	伒 4F12	伓 4F13	伔 4F14	伕 4F15	伖 4F16	伜 4F1C	伝 4F1D	伡 4F21	伣 4F23	伨 4F28	伩 4F29
C	伬 4F2C	伭 4F2D	伮 4F2E	伱 4F31	伳 4F33	伵 4F35	伷 4F37	伹 4F39	伻 4F3B	伾 4F3E	伿 4F3F	佀 4F40	佁 4F41	佂 4F42	佄 4F44	佅 4F45
D	佇 4F47	佈 4F48	佉 4F49	佊 4F4A	佋 4F4B	佌 4F4C	佒 4F52	佔 4F54	佖 4F56	佡 4F61	佢 4F62	佦 4F66	佨 4F68	佪 4F6A	佫 4F6B	佭 4F6D
E	佮 4F6E	佱 4F71	佲 4F72	併 4F75	佷 4F77	佸 4F78	佹 4F79	佺 4F7A	佽 4F7D	侀 4F80	侁 4F81	侂 4F82	侅 4F85	來 4F86	侇 4F87	侊 4F8A
F	侌 4F8C	侎 4F8E	侐 4F90	侒 4F92	侓 4F93	侕 4F95	侖 4F96	侘 4F98	侙 4F99	侚 4F9A	侜 4F9C	侞 4F9E	侟 4F9F	価 4FA1	侢 4FA2	

82	0	1	2	3	4	5	6	7	8	9	A	B	C	D	E	F
4	侤 4FA4	侫 4FAB	侭 4FAD	侰 4FB0	侱 4FB1	侲 4FB2	侳 4FB3	侴 4FB4	侶 4FB6	侷 4FB7	侸 4FB8	侹 4FB9	侺 4FBA	侻 4FBB	侼 4FBC	侽 4FBD
5	侾 4FBE	俀 4FC0	俁 4FC1	係 4FC2	俆 4FC6	俇 4FC7	俈 4FC8	俉 4FC9	俋 4FCB	俌 4FCC	俍 4FCD	俒 4FD2	俓 4FD3	俔 4FD4	俕 4FD5	俖 4FD6
6	俙 4FD9	俛 4FDB	俠 4FE0	俢 4FE2	俤 4FE4	俥 4FE5	俧 4FE7	俫 4FEB	俬 4FEC	俰 4FF0	俲 4FF2	俴 4FF4	俵 4FF5	俶 4FF6	俷 4FF7	俹 4FF9
7	俻 4FFB	俼 4FFC	俽 4FFD	俿 4FFF	倀 5000	倁 5001	倂 5002	倃 5003	倄 5004	倅 5005	倆 5006	倇 5007	倈 5008	倉 5009	倊 500A	
8	個 500B	倎 500E	倐 5010	們 5011	倓 5013	倕 5015	倖 5016	倗 5017	倛 501B	倝 501D	倞 501E	倠 5020	倢 5022	倣 5023	値 5024	倧 5027
9	倫 502B	倯 502F	倰 5030	倱 5031	倲 5032	倳 5033	倴 5034	倵 5035	倶 5036	倷 5037	倸 5038	倹 5039	倻 503B	倽 503D	倿 503F	偀 5040
A	偁 5041	偂 5042	偄 5044	偅 5045	偆 5046	偉 5049	偊 504A	偋 504B	偍 504D	偐 5050	偑 5051	偒 5052	偓 5053	偔 5054	偖 5056	偗 5057
B	偘 5058	偙 5059	偛 505B	偝 505D	偞 505E	偟 505F	偠 5060	偡 5061	偢 5062	偣 5063	偤 5064	偦 5066	偧 5067	偨 5068	偩 5069	偪 506A
C	偫 506B	偭 506D	偮 506E	偯 506F	偰 5070	偱 5071	偲 5072	偳 5073	側 5074	偵 5075	偸 5078	偹 5079	偺 507A	偼 507C	偽 507D	傁 5081
D	傂 5082	傃 5083	傄 5084	傆 5086	傇 5087	傉 5089	傊 508A	傋 508B	傌 508C	傎 508E	傏 508F	傐 5090	傑 5091	傒 5092	傓 5093	傔 5094
E	傕 5095	傖 5096	傗 5097	傘 5098	備 5099	傚 509A	傛 509B	傜 509C	傝 509D	傞 509E	傟 509F	傠 50A0	傡 50A1	傢 50A2	傤 50A4	傦 50A6
F	傪 50AA	傫 50AB	傭 50AD	傮 50AE	傯 50AF	傰 50B0	傱 50B1	傳 50B3	傴 50B4	債 50B5	傶 50B6	傷 50B7	傸 50B8	傹 50B9	傼 50BC	

双字节 3 区

83	0	1	2	3	4	5	6	7	8	9	A	B	C	D	E	F
4	傽 50BD	傾 50BE	傿 50BF	僀 50C0	僁 50C1	僂 50C2	僃 50C3	僄 50C4	僅 50C5	僆 50C6	僇 50C7	僈 50C8	僉 50C9	僊 50CA	僋 50CB	僌 50CC
5	働 50CD	僎 50CE	僐 50D0	僑 50D1	僒 50D2	僓 50D3	僔 50D4	僕 50D5	僗 50D7	僘 50D8	僙 50D9	僛 50DB	僜 50DC	僝 50DD	僞 50DE	僟 50DF
6	僠 50E0	僡 50E1	僢 50E2	僣 50E3	僤 50E4	僥 50E5	僨 50E8	僩 50E9	僪 50EA	僫 50EB	僯 50EF	僰 50F0	僱 50F1	僲 50F2	僴 50F4	僶 50F6
7	僷 50F7	僸 50F8	價 50F9	僺 50FA	僼 50FC	僽 50FD	僾 50FE	僿 50FF	儀 5100	儁 5101	儂 5102	儃 5103	億 5104	儅 5105	儈 5108	
8	儉 5109	儊 510A	儌 510C	儍 510D	儎 510E	儏 510F	儐 5110	儑 5111	儓 5113	儔 5114	儕 5115	儖 5116	儗 5117	儘 5118	儙 5119	儚 511A
9	儛 511B	儜 511C	儝 511D	儞 511E	償 511F	儠 5120	儢 5122	儣 5123	儤 5124	儥 5125	儦 5126	儧 5127	儨 5128	儩 5129	優 512A	儫 512B
A	儬 512C	儭 512D	儮 512E	儯 512F	儰 5130	儱 5131	儲 5132	儳 5133	儴 5134	儵 5135	儶 5136	儷 5137	儸 5138	儹 5139	儺 513A	儻 513B
B	儼 513C	儽 513D	儾 513E	兂 5142	兇 5147	兊 514A	兌 514C	兎 514E	兏 514F	児 5150	兒 5152	兓 5153	兗 5157	兘 5158	兙 5159	兛 515B
C	兝 515D	兞 515E	兟 515F	兠 5160	兡 5161	兣 5163	兤 5164	兦 5166	內 5167	兩 5169	兪 516A	兯 516F	兲 5172	兺 517A	兾 517E	兿 517F
D	冃 5183	冄 5184	円 5186	冇 5187	冊 518A	冋 518B	冎 518E	冏 518F	冐 5190	冑 5191	冓 5193	冔 5194	冘 5198	冚 519A	冝 519D	冞 519E
E	冟 519F	冡 51A1	冣 51A3	冦 51A6	冧 51A7	冨 51A8	冩 51A9	冪 51AA	冭 51AD	冮 51AE	冴 51B4	冸 51B8	冹 51B9	冺 51BA	冾 51BE	冿 51BF
F	凁 51C1	凂 51C2	凃 51C3	凅 51C5	凈 51C8	凊 51CA	凍 51CD	凎 51CE	凐 51D0	凒 51D2	凓 51D3	凔 51D4	凕 51D5	凖 51D6	凗 51D7	

84	0	1	2	3	4	5	6	7	8	9	A	B	C	D	E	F
4	凘 51D8	凙 51D9	凚 51DA	凜 51DC	凞 51DE	凟 51DF	凢 51E2	凣 51E3	凥 51E5	処 51E6	凧 51E7	凨 51E8	凩 51E9	凪 51EA	凬 51EC	凮 51EE
5	凱 51F1	凲 51F2	凴 51F4	凷 51F7	凾 51FE	刄 5204	刅 5205	刉 5209	刋 520B	刌 520C	刏 520F	刐 5210	刓 5213	刔 5214	刕 5215	刜 521C
6	刞 521E	刟 521F	刡 5221	刢 5222	刣 5223	別 5225	刦 5226	刧 5227	刪 522A	刬 522C	刯 522F	刱 5231	刲 5232	刴 5234	刵 5235	刼 523C
7	刾 523E	剄 5244	剅 5245	剆 5246	則 5247	剈 5248	剉 5249	剋 524B	剎 524E	剏 524F	剒 5252	剓 5253	剕 5255	剗 5257	剘 5258	
8	剙 5259	剚 525A	剛 525B	剝 525D	剟 525F	剠 5260	剢 5262	剣 5263	剤 5264	剦 5266	剨 5268	剫 526B	剬 526C	剭 526D	剮 526E	剰 5270
9	剱 5271	剳 5273	剴 5274	創 5275	剶 5276	剷 5277	剸 5278	剹 5279	剺 527A	剻 527B	剼 527C	剾 527E	劀 5280	劃 5283	劄 5284	劅 5285
A	劆 5286	劇 5287	劉 5289	劊 528A	劋 528B	劌 528C	劍 528D	劎 528E	劏 528F	劑 5291	劒 5292	劔 5294	劕 5295	劖 5296	劗 5297	劘 5298
B	劙 5299	劚 529A	劜 529C	劤 52A4	劥 52A5	劦 52A6	劧 52A7	劮 52AE	劯 52AF	劰 52B0	労 52B4	劵 52B5	劶 52B6	劷 52B7	劸 52B8	効 52B9
C	劺 52BA	劻 52BB	劼 52BC	劽 52BD	勀 52C0	勁 52C1	勂 52C2	勄 52C4	勅 52C5	勆 52C6	勈 52C8	勊 52CA	勌 52CC	勍 52CD	勎 52CE	勏 52CF
D	勑 52D1	勓 52D3	勔 52D4	動 52D5	勗 52D7	務 52D9	勚 52DA	勛 52DB	勜 52DC	勝 52DD	勞 52DE	勠 52E0	勡 52E1	勢 52E2	勣 52E3	勥 52E5
E	勦 52E6	勧 52E7	勨 52E8	勩 52E9	勪 52EA	勫 52EB	勬 52EC	勭 52ED	勮 52EE	勯 52EF	勱 52F1	勲 52F2	勳 52F3	勴 52F4	勵 52F5	勶 52F6
F	勷 52F7	勸 52F8	勻 52FB	勼 52FC	勽 52FD	匁 5301	匂 5302	匃 5303	匄 5304	匇 5307	匉 5309	匊 530A	匋 530B	匌 530C	匎 530E	

双字节3区

85	0	1	2	3	4	5	6	7	8	9	A	B	C	D	E	F
4	匑 5311	匒 5312	匓 5313	匔 5314	匘 5318	匛 531B	匜 531C	匞 531E	匟 531F	匢 5322	匤 5324	匥 5325	匧 5327	匨 5328	匩 5329	匫 532B
5	匬 532C	匭 532D	匯 532F	匰 5330	匱 5331	匲 5332	匳 5333	匴 5334	匵 5335	匶 5336	匷 5337	匸 5338	匼 533C	匽 533D	區 5340	卂 5342
6	卄 5344	卆 5346	卋 534B	卌 534C	卍 534D	卐 5350	協 5354	単 5358	卙 5359	卛 535B	卝 535D	卥 5365	卨 5368	卪 536A	卬 536C	卭 536D
7	卲 5372	卶 5376	卹 5379	卻 537B	卼 537C	卽 537D	卾 537E	厀 5380	厁 5381	厃 5383	厇 5387	厈 5388	厊 538A	厎 538E	厏 538F	
8	厐 5390	厑 5391	厒 5392	厓 5393	厔 5394	厖 5396	厗 5397	厙 5399	厛 539B	厜 539C	厞 539E	厠 53A0	厡 53A1	厤 53A4	厧 53A7	厪 53AA
9	厫 53AB	厬 53AC	厭 53AD	厯 53AF	厰 53B0	厱 53B1	厲 53B2	厳 53B3	厴 53B4	厵 53B5	厷 53B7	厸 53B8	厹 53B9	厺 53BA	厼 53BC	厽 53BD
A	厾 53BE	叀 53C0	參 53C3	叄 53C4	叅 53C5	叆 53C6	叇 53C7	収 53CE	叏 53CF	叐 53D0	叒 53D2	叓 53D3	叕 53D5	叚 53DA	叜 53DC	叝 53DD
B	叞 53DE	叡 53E1	叢 53E2	叧 53E7	叴 53F4	叺 53FA	叾 53FE	叿 53FF	吀 5400	吂 5402	吅 5405	吇 5407	吋 540B	吔 5414	吘 5418	吙 5419
C	吚 541A	吜 541C	吢 5422	吤 5424	吥 5425	吪 542A	吰 5430	吳 5433	吶 5436	吷 5437	吺 543A	吽 543D	吿 543F	呁 5441	呂 5442	呄 5444
D	呅 5445	呇 5447	呉 5449	呌 544C	呍 544D	呎 544E	呏 544F	呑 5451	呚 545A	呝 545D	呞 545E	呟 545F	呠 5460	呡 5461	呣 5463	呥 5465
E	呧 5467	呩 5469	呪 546A	呫 546B	呬 546C	呭 546D	呮 546E	呯 546F	呰 5470	呴 5474	呹 5479	呺 547A	呾 547E	呿 547F	咁 5481	咃 5483
F	咅 5485	咇 5487	咈 5488	咉 5489	咊 548A	咍 548D	咑 5491	咓 5493	咗 5497	咘 5498	咜 549C	咞 549E	咟 549F	咠 54A0	咡 54A1	

86	0	1	2	3	4	5	6	7	8	9	A	B	C	D	E	F
4	咢 54A2	咥 54A5	咮 54AE	咰 54B0	咲 54B2	咵 54B5	咶 54B6	咷 54B7	咹 54B9	咺 54BA	咼 54BC	咾 54BE	哃 54C3	哅 54C5	哊 54CA	哋 54CB
5	哖 54D6	哘 54D8	哛 54DB	哠 54E0	員 54E1	哢 54E2	哣 54E3	哤 54E4	哫 54EB	哬 54EC	哯 54EF	哰 54F0	哱 54F1	哴 54F4	哵 54F5	哶 54F6
6	哷 54F7	哸 54F8	哹 54F9	哻 54FB	哾 54FE	唀 5500	唂 5502	唃 5503	唄 5504	唅 5505	唈 5508	唊 550A	唋 550B	唌 550C	唍 550D	唎 550E
7	唒 5512	唓 5513	唕 5515	唖 5516	唗 5517	唘 5518	唙 5519	唚 551A	唜 551C	唝 551D	唞 551E	唟 551F	唡 5521	唥 5525	唦 5526	
8	唨 5528	唩 5529	唫 552B	唭 552D	唲 5532	唴 5534	唵 5535	唶 5536	唸 5538	唹 5539	唺 553A	唻 553B	唽 553D	啀 5540	啂 5542	啅 5545
9	啇 5547	啈 5548	啋 554B	啌 554C	啍 554D	啎 554E	問 554F	啑 5551	啒 5552	啓 5553	啔 5554	啗 5557	啘 5558	啙 5559	啚 555A	啛 555B
A	啝 555D	啞 555E	啟 555F	啠 5560	啢 5562	啣 5563	啨 5568	啩 5569	啫 556B	啯 556F	啰 5570	啱 5571	啲 5572	啳 5573	啴 5574	啹 5579
B	啺 557A	啽 557D	啿 557F	喅 5585	喆 5586	喌 558C	喍 558D	喎 558E	喐 5590	喒 5592	喓 5593	喕 5595	喖 5596	喗 5597	喚 559A	喛 559B
C	喞 559E	喠 55A0	喡 55A1	喢 55A2	喣 55A3	喤 55A4	喥 55A5	喦 55A6	喨 55A8	喩 55A9	喪 55AA	喫 55AB	喬 55AC	喭 55AD	單 55AE	喯 55AF
D	喰 55B0	喲 55B2	喴 55B4	営 55B6	喸 55B8	喺 55BA	喼 55BC	喿 55BF	嗀 55C0	嗁 55C1	嗂 55C2	嗃 55C3	嗆 55C6	嗇 55C7	嗈 55C8	嗊 55CA
E	嗋 55CB	嗎 55CE	嗏 55CF	嗐 55D0	嗕 55D5	嗗 55D7	嗘 55D8	嗙 55D9	嗚 55DA	嗛 55DB	嗞 55DE	嗠 55E0	嗢 55E2	嗧 55E7	嗩 55E9	嗭 55ED
F	嗮 55EE	嗰 55F0	嗱 55F1	嗴 55F4	嗶 55F6	嗸 55F8	嗹 55F9	嗺 55FA	嗻 55FB	嗼 55FC	嗿 55FF	嘂 5602	嘃 5603	嘄 5604	嘅 5605	

双字节 3 区

87	0	1	2	3	4	5	6	7	8	9	A	B	C	D	E	F
4	嘆 5606	嘇 5607	嘊 560A	嘋 560B	嘍 560D	嘐 5610	嘑 5611	嘒 5612	嘓 5613	嘔 5614	嘕 5615	嘖 5616	嘗 5617	嘙 5619	嘚 561A	嘜 561C
5	嘝 561D	嘠 5620	嘡 5621	嘢 5622	嘥 5625	嘦 5626	嘨 5628	嘩 5629	嘪 562A	嘫 562B	嘮 562E	嘯 562F	嘰 5630	嘳 5633	嘵 5635	嘷 5637
6	嘸 5638	嘺 563A	嘼 563C	嘽 563D	嘾 563E	噀 5640	噁 5641	噂 5642	噃 5643	噄 5644	噅 5645	噆 5646	噇 5647	噈 5648	噉 5649	噊 564A
7	噋 564B	噏 564F	噐 5650	噑 5651	噒 5652	噓 5653	噕 5655	噖 5656	噚 565A	噛 565B	噝 565D	噞 565E	噟 565F	噠 5660	噡 5661	
8	噣 5663	噥 5665	噦 5666	噧 5667	噭 566D	噮 566E	噯 566F	噰 5670	噲 5672	噳 5673	噴 5674	噵 5675	噷 5677	噸 5678	噹 5679	噺 567A
9	噽 567D	噾 567E	噿 567F	嚀 5680	嚁 5681	嚂 5682	嚃 5683	嚄 5684	嚇 5687	嚈 5688	嚉 5689	嚊 568A	嚋 568B	嚌 568C	嚍 568D	嚐 5690
A	嚑 5691	嚒 5692	嚔 5694	嚕 5695	嚖 5696	嚗 5697	嚘 5698	嚙 5699	嚚 569A	嚛 569B	嚜 569C	嚝 569D	嚞 569E	嚟 569F	嚠 56A0	嚡 56A1
B	嚢 56A2	嚤 56A4	嚥 56A5	嚦 56A6	嚧 56A7	嚨 56A8	嚩 56A9	嚪 56AA	嚫 56AB	嚬 56AC	嚭 56AD	嚮 56AE	嚰 56B0	嚱 56B1	嚲 56B2	嚳 56B3
C	嚴 56B4	嚵 56B5	嚶 56B6	嚸 56B8	嚹 56B9	嚺 56BA	嚻 56BB	嚽 56BD	嚾 56BE	嚿 56BF	囀 56C0	囁 56C1	囂 56C2	囃 56C3	囄 56C4	囅 56C5
D	囆 56C6	囇 56C7	囈 56C8	囉 56C9	囋 56CB	囌 56CC	囍 56CD	囎 56CE	囏 56CF	囐 56D0	囑 56D1	囒 56D2	囓 56D3	囕 56D5	囖 56D6	囘 56D8
E	囙 56D9	囜 56DC	団 56E3	囥 56E5	囦 56E6	囧 56E7	囨 56E8	囩 56E9	囪 56EA	囬 56EC	囮 56EE	囯 56EF	囲 56F2	図 56F3	囶 56F6	囷 56F7
F	囸 56F8	囻 56FB	囼 56FC	圀 5700	圁 5701	圂 5702	圅 5705	圇 5707	國 570B	圌 570C	圍 570D	圎 570E	圏 570F	圐 5710	圑 5711	

88	0	1	2	3	4	5	6	7	8	9	A	B	C	D	E	F
4	園 5712	圓 5713	圔 5714	圕 5715	圖 5716	圗 5717	團 5718	圙 5719	圚 571A	圛 571B	圝 571D	圞 571E	圠 5720	圡 5721	圢 5722	圤 5724
5	圥 5725	圦 5726	圧 5727	圫 572B	圱 5731	圲 5732	圴 5734	圵 5735	圶 5736	圷 5737	圸 5738	圼 573C	圽 573D	圿 573F	坁 5741	坃 5743
6	坄 5744	坅 5745	坆 5746	坈 5748	坉 5749	坋 574B	坒 5752	坓 5753	坔 5754	坕 5755	坖 5756	坘 5758	坙 5759	坢 5762	坣 5763	坥 5765
7	坧 5767	坬 576C	坮 576E	坰 5770	坱 5771	坲 5772	坴 5774	坵 5775	坸 5778	坹 5779	坺 577A	坽 577D	坾 577E	坿 577F	垀 5780	
8	垁 5781	垇 5787	垈 5788	垉 5789	垊 578A	垍 578D	垎 578E	垏 578F	垐 5790	垑 5791	垔 5794	垕 5795	垖 5796	垗 5797	垘 5798	垙 5799
9	垚 579A	垜 579C	垝 579D	垞 579E	垟 579F	垥 57A5	垨 57A8	垪 57AA	垬 57AC	垯 57AF	垰 57B0	垱 57B1	垳 57B3	垵 57B5	垶 57B6	垷 57B7
A	垹 57B9	垺 57BA	垻 57BB	垼 57BC	垽 57BD	垾 57BE	垿 57BF	埀 57C0	埁 57C1	埄 57C4	埅 57C5	埆 57C6	埇 57C7	埈 57C8	埉 57C9	埊 57CA
B	埌 57CC	埍 57CD	埐 57D0	埑 57D1	埓 57D3	埖 57D6	埗 57D7	埛 57DB	埜 57DC	埞 57DE	埡 57E1	埢 57E2	埣 57E3	埥 57E5	埦 57E6	埧 57E7
C	埨 57E8	埩 57E9	埪 57EA	埫 57EB	埬 57EC	埮 57EE	埰 57F0	埱 57F1	埲 57F2	埳 57F3	埵 57F5	埶 57F6	執 57F7	埻 57FB	埼 57FC	埾 57FE
D	埿 57FF	堁 5801	堃 5803	堄 5804	堅 5805	堈 5808	堉 5809	堊 580A	堌 580C	堎 580E	堏 580F	堐 5810	堒 5812	堓 5813	堔 5814	堖 5816
E	堗 5817	堘 5818	堚 581A	堛 581B	堜 581C	堝 581D	堟 581F	堢 5822	堣 5823	堥 5825	堦 5826	堧 5827	堨 5828	堩 5829	堫 582B	堬 582C
F	堭 582D	堮 582E	堯 582F	報 5831	堲 5832	堳 5833	場 5834	堶 5836	堷 5837	堸 5838	堹 5839	堺 583A	堻 583B	堼 583C	堽 583D	

双字节 3 区

89	0	1	2	3	4	5	6	7	8	9	A	B	C	D	E	F
4	堾 583E	堿 583F	塀 5840	塁 5841	塂 5842	塃 5843	塅 5845	塆 5846	塇 5847	塈 5848	塉 5849	塊 584A	塋 584B	塎 584E	塏 584F	塐 5850
5	塒 5852	塓 5853	塕 5855	塖 5856	塗 5857	塙 5859	塚 585A	塛 585B	塜 585C	塝 585D	塟 585F	塠 5860	塡 5861	塢 5862	塣 5863	塤 5864
6	塦 5866	塧 5867	塨 5868	塩 5869	塪 586A	塭 586D	塮 586E	塯 586F	塰 5870	塱 5871	塲 5872	塳 5873	塴 5874	塵 5875	塶 5876	塷 5877
7	塸 5878	塹 5879	塺 587A	塻 587B	塼 587C	塽 587D	塿 587F	墂 5882	墄 5884	墆 5886	墇 5887	墈 5888	墊 588A	墋 588B	墌 588C	
8	墍 588D	墎 588E	墏 588F	墐 5890	墑 5891	墔 5894	墕 5895	墖 5896	増 5897	墘 5898	墛 589B	墜 589C	墝 589D	墠 58A0	墡 58A1	墢 58A2
9	墣 58A3	墤 58A4	墥 58A5	墦 58A6	墧 58A7	墪 58AA	墫 58AB	墬 58AC	墭 58AD	墮 58AE	墯 58AF	墰 58B0	墱 58B1	墲 58B2	墳 58B3	墴 58B4
A	墵 58B5	墶 58B6	墷 58B7	墸 58B8	墹 58B9	墺 58BA	墻 58BB	墽 58BD	墾 58BE	墿 58BF	壀 58C0	壂 58C2	壃 58C3	壄 58C4	壆 58C6	壇 58C7
B	壈 58C8	壉 58C9	壊 58CA	壋 58CB	壌 58CC	壍 58CD	壎 58CE	壏 58CF	壐 58D0	壒 58D2	壓 58D3	壔 58D4	壖 58D6	壗 58D7	壘 58D8	壙 58D9
C	壚 58DA	壛 58DB	壜 58DC	壝 58DD	壞 58DE	壟 58DF	壠 58E0	壡 58E1	壢 58E2	壣 58E3	壥 58E5	壦 58E6	壧 58E7	壨 58E8	壩 58E9	壪 58EA
D	壭 58ED	壯 58EF	壱 58F1	売 58F2	壴 58F4	壵 58F5	壷 58F7	壸 58F8	壺 58FA	壻 58FB	壼 58FC	壽 58FD	壾 58FE	壿 58FF	夀 5900	夁 5901
E	夃 5903	夅 5905	夆 5906	夈 5908	変 5909	夊 590A	夋 590B	夌 590C	夎 590E	夐 5910	夑 5911	夒 5912	夓 5913	夗 5917	夘 5918	夛 591B
F	夝 591D	夞 591E	夠 5920	夡 5921	夢 5922	夣 5923	夦 5926	夨 5928	夬 592C	夰 5930	夲 5932	夳 5933	夵 5935	夶 5936	夻 593B	

8A	0	1	2	3	4	5	6	7	8	9	A	B	C	D	E	F
4	夽 593D	夾 593E	夿 593F	奀 5940	奃 5943	奅 5945	奆 5946	奊 594A	奌 594C	奍 594D	奐 5950	奒 5952	奓 5953	奙 5959	奛 595B	奜 595C
5	奝 595D	奞 595E	奟 595F	奡 5961	奣 5963	奤 5964	奦 5966	奧 5967	奨 5968	奩 5969	奪 596A	奫 596B	奬 596C	奭 596D	奮 596E	奯 596F
6	奰 5970	奱 5971	奲 5972	奵 5975	奷 5977	奺 597A	奻 597B	奼 597C	奾 597E	奿 597F	妀 5980	妅 5985	妉 5989	妋 598B	妌 598C	妎 598E
7	妏 598F	妐 5990	妑 5991	妔 5994	妕 5995	妘 5998	妚 599A	妛 599B	妜 599C	妝 599D	妟 599F	妠 59A0	妡 59A1	妢 59A2	妦 59A6	
8	妧 59A7	妬 59AC	妭 59AD	妰 59B0	妱 59B1	妳 59B3	妴 59B4	妵 59B5	妶 59B6	妷 59B7	妸 59B8	妺 59BA	妼 59BC	妽 59BD	妿 59BF	姀 59C0
9	姁 59C1	姂 59C2	姃 59C3	姄 59C4	姅 59C5	姇 59C7	姈 59C8	姉 59C9	姌 59CC	姍 59CD	姎 59CE	姏 59CF	姕 59D5	姖 59D6	姙 59D9	姛 59DB
A	姞 59DE	姟 59DF	姠 59E0	姡 59E1	姢 59E2	姤 59E4	姦 59E6	姧 59E7	姩 59E9	姪 59EA	姫 59EB	姭 59ED	姮 59EE	姯 59EF	姰 59F0	姱 59F1
B	姲 59F2	姳 59F3	姴 59F4	姵 59F5	姶 59F6	姷 59F7	姸 59F8	姺 59FA	姼 59FC	姽 59FD	姾 59FE	娀 5A00	娂 5A02	娊 5A0A	娋 5A0B	娍 5A0D
C	娎 5A0E	娏 5A0F	娐 5A10	娒 5A12	娔 5A14	娕 5A15	娖 5A16	娗 5A17	娙 5A19	娚 5A1A	娛 5A1B	娝 5A1D	娞 5A1E	娡 5A21	娢 5A22	娤 5A24
D	娦 5A26	娧 5A27	娨 5A28	娪 5A2A	娫 5A2B	娬 5A2C	娭 5A2D	娮 5A2E	娯 5A2F	娰 5A30	娳 5A33	娵 5A35	娷 5A37	娸 5A38	娹 5A39	娺 5A3A
E	娻 5A3B	娽 5A3D	娾 5A3E	娿 5A3F	婁 5A41	婂 5A42	婃 5A43	婄 5A44	婅 5A45	婇 5A47	婈 5A48	婋 5A4B	婌 5A4C	婍 5A4D	婎 5A4E	婏 5A4F
F	婐 5A50	婑 5A51	婒 5A52	婓 5A53	婔 5A54	婖 5A56	婗 5A57	婘 5A58	婙 5A59	婛 5A5B	婜 5A5C	婝 5A5D	婞 5A5E	婟 5A5F	婠 5A60	

双字节3区

8B	0	1	2	3	4	5	6	7	8	9	A	B	C	D	E	F
4	婡 5A61	婣 5A63	婤 5A64	婥 5A65	婦 5A66	婨 5A68	婩 5A69	婫 5A6B	婬 5A6C	婭 5A6D	婮 5A6E	婯 5A6F	婰 5A70	婱 5A71	婲 5A72	婳 5A73
5	婸 5A78	婹 5A79	婻 5A7B	婼 5A7C	婽 5A7D	婾 5A7E	媀 5A80	媁 5A81	媂 5A82	媃 5A83	媄 5A84	媅 5A85	媆 5A86	媇 5A87	媈 5A88	媉 5A89
6	媊 5A8A	媋 5A8B	媌 5A8C	媍 5A8D	媎 5A8E	媏 5A8F	媐 5A90	媑 5A91	媓 5A93	媔 5A94	媕 5A95	媖 5A96	媗 5A97	媘 5A98	媙 5A99	媜 5A9C
7	媝 5A9D	媞 5A9E	媟 5A9F	媠 5AA0	媡 5AA1	媢 5AA2	媣 5AA3	媤 5AA4	媥 5AA5	媦 5AA6	媧 5AA7	媨 5AA8	媩 5AA9	媫 5AAB	媬 5AAC	
8	媭 5AAD	媮 5AAE	媯 5AAF	媰 5AB0	媱 5AB1	媴 5AB4	媶 5AB6	媷 5AB7	媹 5AB9	媺 5ABA	媻 5ABB	媼 5ABC	媽 5ABD	媿 5ABF	嫀 5AC0	嫃 5AC3
9	嫄 5AC4	嫅 5AC5	嫆 5AC6	嫇 5AC7	嫈 5AC8	嫊 5ACA	嫋 5ACB	嫍 5ACD	嫎 5ACE	嫏 5ACF	嫐 5AD0	嫑 5AD1	嫓 5AD3	嫕 5AD5	嫗 5AD7	嫙 5AD9
A	嫚 5ADA	嫛 5ADB	嫝 5ADD	嫞 5ADE	嫟 5ADF	嫢 5AE2	嫤 5AE4	嫥 5AE5	嫧 5AE7	嫨 5AE8	嫪 5AEA	嫬 5AEC	嫭 5AED	嫮 5AEE	嫯 5AEF	嫰 5AF0
B	嫲 5AF2	嫳 5AF3	嫴 5AF4	嫵 5AF5	嫶 5AF6	嫷 5AF7	嫸 5AF8	嫹 5AF9	嫺 5AFA	嫻 5AFB	嫼 5AFC	嫽 5AFD	嫾 5AFE	嫿 5AFF	嬀 5B00	嬁 5B01
C	嬂 5B02	嬃 5B03	嬄 5B04	嬅 5B05	嬆 5B06	嬇 5B07	嬈 5B08	嬊 5B0A	嬋 5B0B	嬌 5B0C	嬍 5B0D	嬎 5B0E	嬏 5B0F	嬐 5B10	嬑 5B11	嬒 5B12
D	嬓 5B13	嬔 5B14	嬕 5B15	嬘 5B18	嬙 5B19	嬚 5B1A	嬛 5B1B	嬜 5B1C	嬝 5B1D	嬞 5B1E	嬟 5B1F	嬠 5B20	嬡 5B21	嬢 5B22	嬣 5B23	嬤 5B24
E	嬥 5B25	嬦 5B26	嬧 5B27	嬨 5B28	嬩 5B29	嬪 5B2A	嬫 5B2B	嬬 5B2C	嬭 5B2D	嬮 5B2E	嬯 5B2F	嬰 5B30	嬱 5B31	嬳 5B33	嬵 5B35	嬶 5B36
F	嬸 5B38	嬹 5B39	嬺 5B3A	嬻 5B3B	嬼 5B3C	嬽 5B3D	嬾 5B3E	嬿 5B3F	孁 5B41	孂 5B42	孃 5B43	孄 5B44	孅 5B45	孆 5B46	孇 5B47	

8C	0	1	2	3	4	5	6	7	8	9	A	B	C	D	E	F
4	孈 5B48	孉 5B49	孊 5B4A	孋 5B4B	孌 5B4C	孍 5B4D	孎 5B4E	孏 5B4F	孒 5B52	孖 5B56	孞 5B5E	孠 5B60	孡 5B61	孧 5B67	孨 5B68	孫 5B6B
5	孭 5B6D	孮 5B6E	孯 5B6F	孲 5B72	孴 5B74	孶 5B76	孷 5B77	學 5B78	孹 5B79	孻 5B7B	孼 5B7C	孾 5B7E	孿 5B7F	宂 5B82	宆 5B86	宊 5B8A
6	宍 5B8D	宎 5B8E	宐 5B90	宑 5B91	宒 5B92	宔 5B94	宖 5B96	実 5B9F	宧 5BA7	宨 5BA8	宩 5BA9	宬 5BAC	宭 5BAD	宮 5BAE	宯 5BAF	宱 5BB1
7	宲 5BB2	宷 5BB7	宺 5BBA	宻 5BBB	宼 5BBC	寀 5BC0	寁 5BC1	寃 5BC3	寈 5BC8	寉 5BC9	寊 5BCA	寋 5BCB	寍 5BCD	寎 5BCE	寏 5BCF	
8	寑 5BD1	寔 5BD4	寕 5BD5	寖 5BD6	寗 5BD7	寘 5BD8	寙 5BD9	寚 5BDA	寛 5BDB	寜 5BDC	寠 5BE0	寢 5BE2	寣 5BE3	實 5BE6	寧 5BE7	審 5BE9
9	寪 5BEA	寫 5BEB	寬 5BEC	寭 5BED	寯 5BEF	寱 5BF1	寲 5BF2	寳 5BF3	寴 5BF4	寵 5BF5	寶 5BF6	寷 5BF7	寽 5BFD	対 5BFE	尀 5C00	専 5C02
A	尃 5C03	尅 5C05	將 5C07	專 5C08	尋 5C0B	尌 5C0C	對 5C0D	導 5C0E	尐 5C10	尒 5C12	尓 5C13	尗 5C17	尙 5C19	尛 5C1B	尞 5C1E	尟 5C1F
B	尠 5C20	尡 5C21	尣 5C23	尦 5C26	尨 5C28	尩 5C29	尪 5C2A	尫 5C2B	尭 5C2D	尮 5C2E	尯 5C2F	尰 5C30	尲 5C32	尳 5C33	尵 5C35	尶 5C36
C	尷 5C37	屃 5C43	屄 5C44	屆 5C46	屇 5C47	屌 5C4C	屍 5C4D	屒 5C52	屓 5C53	屔 5C54	屖 5C56	屗 5C57	屘 5C58	屚 5C5A	屛 5C5B	屜 5C5C
D	屝 5C5D	屟 5C5F	屢 5C62	層 5C64	屧 5C67	屨 5C68	屩 5C69	屪 5C6A	屫 5C6B	屬 5C6C	屭 5C6D	屰 5C70	屲 5C72	屳 5C73	屴 5C74	屵 5C75
E	屶 5C76	屷 5C77	屸 5C78	屻 5C7B	屼 5C7C	屽 5C7D	屾 5C7E	岀 5C80	岃 5C83	岄 5C84	岅 5C85	岆 5C86	岇 5C87	岉 5C89	岊 5C8A	岋 5C8B
F	岎 5C8E	岏 5C8F	岒 5C92	岓 5C93	岕 5C95	岝 5C9D	岞 5C9E	岟 5C9F	岠 5CA0	岡 5CA1	岤 5CA4	岥 5CA5	岦 5CA6	岧 5CA7	岨 5CA8	

双字节3区

8D	0	1	2	3	4	5	6	7	8	9	A	B	C	D	E	F
4	岪 5CAA	岮 5CAE	岯 5CAF	岰 5CB0	岲 5CB2	岴 5CB4	岶 5CB6	岹 5CB9	岺 5CBA	岻 5CBB	岼 5CBC	岾 5CBE	峀 5CC0	峂 5CC2	峃 5CC3	峅 5CC5
5	峆 5CC6	峇 5CC7	峈 5CC8	峉 5CC9	峊 5CCA	峌 5CCC	峍 5CCD	峎 5CCE	峏 5CCF	峐 5CD0	峑 5CD1	峓 5CD3	峔 5CD4	峕 5CD5	峖 5CD6	峗 5CD7
6	峘 5CD8	峚 5CDA	峛 5CDB	峜 5CDC	峝 5CDD	峞 5CDE	峟 5CDF	峠 5CE0	峢 5CE2	峣 5CE3	峧 5CE7	峩 5CE9	峫 5CEB	峬 5CEC	峮 5CEE	峯 5CEF
7	峱 5CF1	峲 5CF2	峳 5CF3	峴 5CF4	峵 5CF5	島 5CF6	峷 5CF7	峸 5CF8	峹 5CF9	峺 5CFA	峼 5CFC	峽 5CFD	峾 5CFE	峿 5CFF	崀 5D00	
8	崁 5D01	崄 5D04	崅 5D05	崈 5D08	崉 5D09	崊 5D0A	崋 5D0B	崌 5D0C	崍 5D0D	崏 5D0F	崐 5D10	崑 5D11	崒 5D12	崓 5D13	崕 5D15	崗 5D17
9	崘 5D18	崙 5D19	崚 5D1A	崜 5D1C	崝 5D1D	崟 5D1F	崠 5D20	崡 5D21	崢 5D22	崣 5D23	崥 5D25	崨 5D28	崪 5D2A	崫 5D2B	崬 5D2C	崯 5D2F
A	崰 5D30	崱 5D31	崲 5D32	崳 5D33	崵 5D35	崶 5D36	崷 5D37	崸 5D38	崹 5D39	崺 5D3A	崻 5D3B	崼 5D3C	崿 5D3F	嵀 5D40	嵁 5D41	嵂 5D42
B	嵃 5D43	嵄 5D44	嵅 5D45	嵆 5D46	嵈 5D48	嵉 5D49	嵍 5D4D	嵎 5D4E	嵏 5D4F	嵐 5D50	嵑 5D51	嵒 5D52	嵓 5D53	嵔 5D54	嵕 5D55	嵖 5D56
C	嵗 5D57	嵙 5D59	嵚 5D5A	嵜 5D5C	嵞 5D5E	嵟 5D5F	嵠 5D60	嵡 5D61	嵢 5D62	嵣 5D63	嵤 5D64	嵥 5D65	嵦 5D66	嵧 5D67	嵨 5D68	嵪 5D6A
D	嵭 5D6D	嵮 5D6E	嵰 5D70	嵱 5D71	嵲 5D72	嵳 5D73	嵵 5D75	嵶 5D76	嵷 5D77	嵸 5D78	嵹 5D79	嵺 5D7A	嵻 5D7B	嵼 5D7C	嵽 5D7D	嵾 5D7E
E	嵿 5D7F	嶀 5D80	嶁 5D81	嶃 5D83	嶄 5D84	嶅 5D85	嶆 5D86	嶇 5D87	嶈 5D88	嶉 5D89	嶊 5D8A	嶋 5D8B	嶌 5D8C	嶍 5D8D	嶎 5D8E	嶏 5D8F
F	嶐 5D90	嶑 5D91	嶒 5D92	嶓 5D93	嶔 5D94	嶕 5D95	嶖 5D96	嶗 5D97	嶘 5D98	嶚 5D9A	嶛 5D9B	嶜 5D9C	嶞 5D9E	嶟 5D9F	嶠 5DA0	

8E	0	1	2	3	4	5	6	7	8	9	A	B	C	D	E	F
4	嶡 5DA1	嶢 5DA2	嶣 5DA3	嶤 5DA4	嶥 5DA5	嶦 5DA6	嶧 5DA7	嶨 5DA8	嶩 5DA9	嶪 5DAA	嶫 5DAB	嶬 5DAC	嶭 5DAD	嶮 5DAE	嶯 5DAF	嶰 5DB0
5	嶱 5DB1	嶲 5DB2	嶳 5DB3	嶴 5DB4	嶵 5DB5	嶶 5DB6	嶸 5DB8	嶹 5DB9	嶺 5DBA	嶻 5DBB	嶼 5DBC	嶽 5DBD	嶾 5DBE	嶿 5DBF	巀 5DC0	巁 5DC1
6	巂 5DC2	巃 5DC3	巄 5DC4	巆 5DC6	巇 5DC7	巈 5DC8	巉 5DC9	巊 5DCA	巋 5DCB	巌 5DCC	巎 5DCE	巏 5DCF	巐 5DD0	巑 5DD1	巒 5DD2	巓 5DD3
7	巔 5DD4	巕 5DD5	巖 5DD6	巗 5DD7	巘 5DD8	巙 5DD9	巚 5DDA	巜 5DDC	巟 5DDF	巠 5DE0	巣 5DE3	巤 5DE4	巪 5DEA	巬 5DEC	巭 5DED	
8	巰 5DF0	巵 5DF5	巶 5DF6	巸 5DF8	巹 5DF9	巺 5DFA	巻 5DFB	巼 5DFC	巿 5DFF	帀 5E00	帄 5E04	帇 5E07	帉 5E09	帊 5E0A	帋 5E0B	帍 5E0D
9	帎 5E0E	帒 5E12	帓 5E13	帗 5E17	帞 5E1E	帟 5E1F	帠 5E20	帡 5E21	帢 5E22	帣 5E23	帤 5E24	帥 5E25	帨 5E28	帩 5E29	帪 5E2A	師 5E2B
A	帬 5E2C	帯 5E2F	帰 5E30	帲 5E32	帳 5E33	帴 5E34	帵 5E35	帶 5E36	帹 5E39	帺 5E3A	帾 5E3E	帿 5E3F	幀 5E40	幁 5E41	幃 5E43	幆 5E46
B	幇 5E47	幈 5E48	幉 5E49	幊 5E4A	幋 5E4B	幍 5E4D	幎 5E4E	幏 5E4F	幐 5E50	幑 5E51	幒 5E52	幓 5E53	幖 5E56	幗 5E57	幘 5E58	幙 5E59
C	幚 5E5A	幜 5E5C	幝 5E5D	幟 5E5F	幠 5E60	幣 5E63	幤 5E64	幥 5E65	幦 5E66	幧 5E67	幨 5E68	幩 5E69	幪 5E6A	幫 5E6B	幬 5E6C	幭 5E6D
D	幮 5E6E	幯 5E6F	幰 5E70	幱 5E71	幵 5E75	幷 5E77	幹 5E79	幾 5E7E	庁 5E81	庂 5E82	広 5E83	庅 5E85	庈 5E88	庉 5E89	庌 5E8C	庍 5E8D
E	庎 5E8E	庒 5E92	庘 5E98	庛 5E9B	庝 5E9D	庡 5EA1	庢 5EA2	庣 5EA3	庤 5EA4	庨 5EA8	庩 5EA9	庪 5EAA	庫 5EAB	庬 5EAC	庮 5EAE	庯 5EAF
F	庰 5EB0	庱 5EB1	庲 5EB2	庴 5EB4	庺 5EBA	庻 5EBB	庼 5EBC	庽 5EBD	庿 5EBF	廀 5EC0	廁 5EC1	廂 5EC2	廃 5EC3	廄 5EC4	廅 5EC5	

双字节3区

8F	0	1	2	3	4	5	6	7	8	9	A	B	C	D	E	F
4	廆 5EC6	廇 5EC7	廈 5EC8	廋 5ECB	廌 5ECC	廍 5ECD	廎 5ECE	廏 5ECF	廐 5ED0	廔 5ED4	廕 5ED5	廗 5ED7	廘 5ED8	廙 5ED9	廚 5EDA	廜 5EDC
5	廝 5EDD	廞 5EDE	廟 5EDF	廠 5EE0	廡 5EE1	廢 5EE2	廣 5EE3	廤 5EE4	廥 5EE5	廦 5EE6	廧 5EE7	廩 5EE9	廫 5EEB	廬 5EEC	廭 5EED	廮 5EEE
6	廯 5EEF	廰 5EF0	廱 5EF1	廲 5EF2	廳 5EF3	廵 5EF5	廸 5EF8	廹 5EF9	廻 5EFB	廼 5EFC	廽 5EFD	弅 5F05	弆 5F06	弇 5F07	弉 5F09	弌 5F0C
7	弍 5F0D	弎 5F0E	弐 5F10	弒 5F12	弔 5F14	弖 5F16	弙 5F19	弚 5F1A	弜 5F1C	弝 5F1D	弞 5F1E	弡 5F21	弢 5F22	弣 5F23	弤 5F24	
8	弨 5F28	弫 5F2B	弬 5F2C	弮 5F2E	弰 5F30	弲 5F32	弳 5F33	弴 5F34	張 5F35	弶 5F36	強 5F37	弸 5F38	弻 5F3B	弽 5F3D	弾 5F3E	弿 5F3F
9	彁 5F41	彂 5F42	彃 5F43	彄 5F44	彅 5F45	彆 5F46	彇 5F47	彈 5F48	彉 5F49	彊 5F4A	彋 5F4B	彌 5F4C	彍 5F4D	彎 5F4E	彏 5F4F	彑 5F51
A	彔 5F54	彙 5F59	彚 5F5A	彛 5F5B	彜 5F5C	彞 5F5E	彟 5F5F	彠 5F60	彣 5F63	彥 5F65	彧 5F67	彨 5F68	彫 5F6B	彮 5F6E	彯 5F6F	彲 5F72
B	彴 5F74	彵 5F75	彶 5F76	彸 5F78	彺 5F7A	彽 5F7D	彾 5F7E	彿 5F7F	徃 5F83	徆 5F86	徍 5F8D	徎 5F8E	徏 5F8F	徑 5F91	従 5F93	徔 5F94
C	徖 5F96	徚 5F9A	徛 5F9B	徝 5F9D	從 5F9E	徟 5F9F	徠 5FA0	徢 5FA2	徣 5FA3	徤 5FA4	徥 5FA5	徦 5FA6	徧 5FA7	復 5FA9	徫 5FAB	徬 5FAC
D	徯 5FAF	徰 5FB0	徱 5FB1	徲 5FB2	徳 5FB3	徴 5FB4	徶 5FB6	徸 5FB8	徹 5FB9	徺 5FBA	徻 5FBB	徾 5FBE	徿 5FBF	忀 5FC0	忁 5FC1	忂 5FC2
E	忇 5FC7	忈 5FC8	忊 5FCA	忋 5FCB	忎 5FCE	忓 5FD3	忔 5FD4	忕 5FD5	忚 5FDA	忛 5FDB	応 5FDC	忞 5FDE	忟 5FDF	忢 5FE2	忣 5FE3	忥 5FE5
F	忦 5FE6	忨 5FE8	忩 5FE9	忬 5FEC	忯 5FEF	忰 5FF0	忲 5FF2	忳 5FF3	忴 5FF4	忶 5FF6	忷 5FF7	忹 5FF9	忺 5FFA	忼 5FFC	怇 6007	

90	0	1	2	3	4	5	6	7	8	9	A	B	C	D	E	F
4	怈 6008	怉 6009	怋 600B	怌 600C	怐 6010	怑 6011	怓 6013	怗 6017	怘 6018	怚 601A	怞 601E	怟 601F	怢 6022	怣 6023	怤 6024	怬 602C
5	怭 602D	怮 602E	怰 6030	怱 6031	怲 6032	怳 6033	怴 6034	怶 6036	怷 6037	怸 6038	怹 6039	怺 603A	怽 603D	怾 603E	恀 6040	恄 6044
6	恅 6045	恆 6046	恇 6047	恈 6048	恉 6049	恊 604A	恌 604C	恎 604E	恏 604F	恑 6051	恓 6053	恔 6054	恖 6056	恗 6057	恘 6058	恛 605B
7	恜 605C	恞 605E	恟 605F	恠 6060	恡 6061	恥 6065	恦 6066	恮 606E	恱 6071	恲 6072	恴 6074	恵 6075	恷 6077	恾 607E	悀 6080	
8	悁 6081	悂 6082	悅 6085	悆 6086	悇 6087	悈 6088	悊 608A	悋 608B	悎 608E	悏 608F	悐 6090	悑 6091	悓 6093	悕 6095	悗 6097	悘 6098
9	悙 6099	悜 609C	悞 609E	悡 60A1	悢 60A2	悤 60A4	悥 60A5	悧 60A7	悩 60A9	悪 60AA	悮 60AE	悰 60B0	悳 60B3	悵 60B5	悶 60B6	悷 60B7
A	悹 60B9	悺 60BA	悽 60BD	悾 60BE	悿 60BF	惀 60C0	惁 60C1	惂 60C2	惃 60C3	惄 60C4	惇 60C7	惈 60C8	惉 60C9	惌 60CC	惍 60CD	惎 60CE
B	惏 60CF	惐 60D0	惒 60D2	惓 60D3	惔 60D4	惖 60D6	惗 60D7	惙 60D9	惛 60DB	惞 60DE	惡 60E1	惢 60E2	惣 60E3	惤 60E4	惥 60E5	惪 60EA
C	惱 60F1	惲 60F2	惵 60F5	惷 60F7	惸 60F8	惻 60FB	惼 60FC	惽 60FD	惾 60FE	惿 60FF	愂 6102	愃 6103	愄 6104	愅 6105	愇 6107	愊 610A
D	愋 610B	愌 610C	愐 6110	愑 6111	愒 6112	愓 6113	愔 6114	愖 6116	愗 6117	愘 6118	愙 6119	愛 611B	愜 611C	愝 611D	愞 611E	愡 6121
E	愢 6122	愥 6125	愨 6128	愩 6129	愪 612A	愬 612C	愭 612D	愮 612E	愯 612F	愰 6130	愱 6131	愲 6132	愳 6133	愴 6134	愵 6135	愶 6136
F	愷 6137	愸 6138	愹 6139	愺 613A	愻 613B	愼 613C	愽 613D	愾 613E	慀 6140	慁 6141	慂 6142	慃 6143	慄 6144	慅 6145	慆 6146	

双字节 3 区

91	0	1	2	3	4	5	6	7	8	9	A	B	C	D	E	F
4	慇 6147	慉 6149	態 614B	慍 614D	慏 614F	慐 6150	慒 6152	慓 6153	慔 6154	慖 6156	慗 6157	慘 6158	慙 6159	慚 615A	慛 615B	慜 615C
5	慞 615E	慟 615F	慠 6160	慡 6161	慣 6163	慤 6164	慥 6165	慦 6166	慩 6169	慪 616A	慫 616B	慬 616C	慭 616D	慮 616E	慯 616F	慱 6171
6	慲 6172	慳 6173	慴 6174	慶 6176	慸 6178	慹 6179	慺 617A	慻 617B	慼 617C	慽 617D	慾 617E	慿 617F	憀 6180	憁 6181	憂 6182	憃 6183
7	憄 6184	憅 6185	憆 6186	憇 6187	憈 6188	憉 6189	憊 618A	憌 618C	憍 618D	憏 618F	憐 6190	憑 6191	憒 6192	憓 6193	憕 6195	
8	憖 6196	憗 6197	憘 6198	憙 6199	憚 619A	憛 619B	憜 619C	憞 619E	憟 619F	憠 61A0	憡 61A1	憢 61A2	憣 61A3	憤 61A4	憥 61A5	憦 61A6
9	憪 61AA	憫 61AB	憭 61AD	憮 61AE	憯 61AF	憰 61B0	憱 61B1	憲 61B2	憳 61B3	憴 61B4	憵 61B5	憶 61B6	憸 61B8	憹 61B9	憺 61BA	憻 61BB
A	憼 61BC	憽 61BD	憿 61BF	懀 61C0	懁 61C1	懃 61C3	懄 61C4	懅 61C5	懆 61C6	懇 61C7	應 61C9	懌 61CC	懍 61CD	懎 61CE	懏 61CF	懐 61D0
B	懓 61D3	懕 61D5	懖 61D6	懗 61D7	懘 61D8	懙 61D9	懚 61DA	懛 61DB	懜 61DC	懝 61DD	懞 61DE	懟 61DF	懠 61E0	懡 61E1	懢 61E2	懣 61E3
C	懤 61E4	懥 61E5	懧 61E7	懨 61E8	懩 61E9	懪 61EA	懫 61EB	懬 61EC	懭 61ED	懮 61EE	懯 61EF	懰 61F0	懱 61F1	懲 61F2	懳 61F3	懴 61F4
D	懶 61F6	懷 61F7	懸 61F8	懹 61F9	懺 61FA	懻 61FB	懼 61FC	懽 61FD	懾 61FE	戀 6200	戁 6201	戂 6202	戃 6203	戄 6204	戅 6205	戇 6207
E	戉 6209	戓 6213	戔 6214	戙 6219	戜 621C	戝 621D	戞 621E	戠 6220	戣 6223	戦 6226	戧 6227	戨 6228	戩 6229	戫 622B	戭 622D	戯 622F
F	戰 6230	戱 6231	戲 6232	戵 6235	戶 6236	戸 6238	戹 6239	戺 623A	戻 623B	戼 623C	扂 6242	扄 6244	扅 6245	扆 6246	扊 624A	

92	0	1	2	3	4	5	6	7	8	9	A	B	C	D	E	F
4	扏 624F	扐 6250	払 6255	扖 6256	扗 6257	扙 6259	扚 625A	扜 625C	扝 625D	扞 625E	扟 625F	扠 6260	扡 6261	扢 6262	扤 6264	扥 6265
5	扨 6268	扱 6271	扲 6272	扴 6274	扵 6275	扷 6277	扸 6278	扺 627A	扻 627B	扽 627D	抁 6281	抂 6282	抃 6283	抅 6285	抆 6286	抇 6287
6	抈 6288	抋 628B	抌 628C	抍 628D	抎 628E	抏 628F	抐 6290	抔 6294	抙 6299	抜 629C	抝 629D	択 629E	抣 62A3	抦 62A6	抧 62A7	抩 62A9
7	抪 62AA	抭 62AD	抮 62AE	抯 62AF	抰 62B0	抲 62B2	抳 62B3	抴 62B4	抶 62B6	抷 62B7	抸 62B8	抺 62BA	抾 62BE	拀 62C0	拁 62C1	
8	拃 62C3	拋 62CB	拏 62CF	拑 62D1	拕 62D5	拝 62DD	拞 62DE	拠 62E0	拡 62E1	拤 62E4	拪 62EA	拫 62EB	拰 62F0	拲 62F2	拵 62F5	拸 62F8
9	拹 62F9	拺 62FA	拻 62FB	挀 6300	挃 6303	挄 6304	挅 6305	挆 6306	挊 630A	挋 630B	挌 630C	挍 630D	挏 630F	挐 6310	挒 6312	挓 6313
A	挔 6314	挕 6315	挗 6317	挘 6318	挙 6319	挜 631C	挦 6326	挧 6327	挩 6329	挬 632C	挭 632D	挮 632E	挰 6330	挱 6331	挳 6333	挴 6334
B	挵 6335	挶 6336	挷 6337	挸 6338	挻 633B	挼 633C	挾 633E	挿 633F	捀 6340	捁 6341	捄 6344	捇 6347	捈 6348	捊 634A	捑 6351	捒 6352
C	捓 6353	捔 6354	捖 6356	捗 6357	捘 6358	捙 6359	捚 635A	捛 635B	捜 635C	捝 635D	捠 6360	捤 6364	捥 6365	捦 6366	捨 6368	捪 636A
D	捫 636B	捬 636C	捯 636F	捰 6370	捲 6372	捳 6373	捴 6374	捵 6375	捸 6378	捹 6379	捼 637C	捽 637D	捾 637E	捿 637F	掁 6381	掃 6383
E	掄 6384	掅 6385	掆 6386	掋 638B	掍 638D	掑 6391	掓 6393	掔 6394	掕 6395	掗 6397	掙 6399	掚 639A	掛 639B	掜 639C	掝 639D	掞 639E
F	掟 639F	採 63A1	掤 63A4	掦 63A6	掫 63AB	掯 63AF	掱 63B1	掲 63B2	掵 63B5	掶 63B6	掹 63B9	掻 63BB	掽 63BD	掿 63BF	揀 63C0	

双字节3区

93	0	1	2	3	4	5	6	7	8	9	A	B	C	D	E	F
4	揁 63C1	揂 63C2	揃 63C3	揅 63C5	揇 63C7	揈 63C8	揊 63CA	揋 63CB	揌 63CC	揑 63D1	揓 63D3	揔 63D4	揕 63D5	揗 63D7	揘 63D8	揙 63D9
5	揚 63DA	換 63DB	揜 63DC	揝 63DD	揟 63DF	揢 63E2	揤 63E4	揥 63E5	揦 63E6	揧 63E7	揨 63E8	揫 63EB	揬 63EC	揮 63EE	揯 63EF	揰 63F0
6	揱 63F1	揳 63F3	揵 63F5	揷 63F7	揹 63F9	揺 63FA	揻 63FB	揼 63FC	揾 63FE	搃 6403	搄 6404	搆 6406	搇 6407	搈 6408	搉 6409	搊 640A
7	損 640D	搎 640E	搑 6411	搒 6412	搕 6415	搖 6416	搗 6417	搘 6418	搙 6419	搚 641A	搝 641D	搟 641F	搢 6422	搣 6423	搤 6424	
8	搥 6425	搧 6427	搨 6428	搩 6429	搫 642B	搮 642E	搯 642F	搰 6430	搱 6431	搲 6432	搳 6433	搵 6435	搶 6436	搷 6437	搸 6438	搹 6439
9	搻 643B	搼 643C	搾 643E	摀 6440	摂 6442	摃 6443	摉 6449	摋 644B	摌 644C	摍 644D	摎 644E	摏 644F	摐 6450	摑 6451	摓 6453	摕 6455
A	摖 6456	摗 6457	摙 6459	摚 645A	摛 645B	摜 645C	摝 645D	摟 645F	摠 6460	摡 6461	摢 6462	摣 6463	摤 6464	摥 6465	摦 6466	摨 6468
B	摪 646A	摫 646B	摬 646C	摮 646E	摯 646F	摰 6470	摱 6471	摲 6472	摳 6473	摴 6474	摵 6475	摶 6476	摷 6477	摻 647B	摼 647C	摽 647D
C	摾 647E	摿 647F	撀 6480	撁 6481	撃 6483	撆 6486	撈 6488	撉 6489	撊 648A	撋 648B	撌 648C	撍 648D	撎 648E	撏 648F	撐 6490	撓 6493
D	撔 6494	撗 6497	撘 6498	撚 649A	撛 649B	撜 649C	撝 649D	撟 649F	撠 64A0	撡 64A1	撢 64A2	撣 64A3	撥 64A5	撦 64A6	撧 64A7	撨 64A8
E	撪 64AA	撫 64AB	撯 64AF	撱 64B1	撲 64B2	撳 64B3	撴 64B4	撶 64B6	撹 64B9	撻 64BB	撽 64BD	撾 64BE	撿 64BF	擁 64C1	擃 64C3	擄 64C4
F	擆 64C6	擇 64C7	擈 64C8	擉 64C9	擊 64CA	擋 64CB	擌 64CC	擏 64CF	擑 64D1	擓 64D3	擔 64D4	擕 64D5	擖 64D6	擙 64D9	據 64DA	

94	0	1	2	3	4	5	6	7	8	9	A	B	C	D	E	F
4	擛 64DB	擜 64DC	擝 64DD	擟 64DF	擠 64E0	擡 64E1	擣 64E3	擥 64E5	擧 64E7	擨 64E8	擩 64E9	擪 64EA	擫 64EB	擬 64EC	擭 64ED	擮 64EE
5	擯 64EF	擰 64F0	擱 64F1	擲 64F2	擳 64F3	擴 64F4	擵 64F5	擶 64F6	擷 64F7	擸 64F8	擹 64F9	擺 64FA	擻 64FB	擼 64FC	擽 64FD	擾 64FE
6	擿 64FF	攁 6501	攂 6502	攃 6503	攄 6504	攅 6505	攆 6506	攇 6507	攈 6508	攊 650A	攋 650B	攌 650C	攍 650D	攎 650E	攏 650F	攐 6510
7	攑 6511	攓 6513	攔 6514	攕 6515	攖 6516	攗 6517	攙 6519	攚 651A	攛 651B	攜 651C	攝 651D	攞 651E	攟 651F	攠 6520	攡 6521	
8	攢 6522	攣 6523	攤 6524	攦 6526	攧 6527	攨 6528	攩 6529	攪 652A	攬 652C	攭 652D	攰 6530	攱 6531	攲 6532	攳 6533	攷 6537	攺 653A
9	攼 653C	攽 653D	敀 6540	敁 6541	敂 6542	敃 6543	敄 6544	敆 6546	敇 6547	敊 654A	敋 654B	敍 654D	敎 654E	敐 6550	敒 6552	敓 6553
A	敔 6554	敗 6557	敘 6558	敚 655A	敜 655C	敟 655F	敠 6560	敡 6561	敤 6564	敥 6565	敧 6567	敨 6568	敩 6569	敪 656A	敭 656D	敮 656E
B	敯 656F	敱 6571	敳 6573	敵 6575	敶 6576	數 6578	敹 6579	敺 657A	敻 657B	敼 657C	敽 657D	敾 657E	敿 657F	斀 6580	斁 6581	斂 6582
C	斃 6583	斄 6584	斅 6585	斆 6586	斈 6588	斉 6589	斊 658A	斍 658D	斎 658E	斏 658F	斒 6592	斔 6594	斕 6595	斖 6596	斘 6598	斚 659A
D	斝 659D	斞 659E	斠 65A0	斢 65A2	斣 65A3	斦 65A6	斨 65A8	斪 65AA	斬 65AC	斮 65AE	斱 65B1	斲 65B2	斳 65B3	斴 65B4	斵 65B5	斶 65B6
E	斷 65B7	斸 65B8	斺 65BA	斻 65BB	斾 65BE	斿 65BF	旀 65C0	旂 65C2	旇 65C7	旈 65C8	旉 65C9	旊 65CA	旍 65CD	旐 65D0	旑 65D1	旓 65D3
F	旔 65D4	旕 65D5	旘 65D8	旙 65D9	旚 65DA	旛 65DB	旜 65DC	旝 65DD	旞 65DE	旟 65DF	旡 65E1	旣 65E3	旤 65E4	旪 65EA	旫 65EB	

双字节3区

95	0	1	2	3	4	5	6	7	8	9	A	B	C	D	E	F
4	旲 65F2	旳 65F3	旴 65F4	旵 65F5	旸 65F8	旹 65F9	旻 65FB	旼 65FC	旽 65FD	旾 65FE	旿 65FF	昁 6601	昄 6604	昅 6605	昇 6607	昈 6608
5	昉 6609	昋 660B	昍 660D	昐 6610	昑 6611	昒 6612	昖 6616	昗 6617	昘 6618	昚 661A	昛 661B	昜 661C	昞 661E	昡 6621	昢 6622	昣 6623
6	昤 6624	昦 6626	昩 6629	昪 662A	昫 662B	昬 662C	昮 662E	昰 6630	昲 6632	昳 6633	昷 6637	昸 6638	昹 6639	昺 663A	昻 663B	昽 663D
7	昿 663F	晀 6640	時 6642	晄 6644	晅 6645	晆 6646	晇 6647	晈 6648	晉 6649	晊 664A	晍 664D	晎 664E	晐 6650	晑 6651	晘 6658	
8	晙 6659	晛 665B	晜 665C	晝 665D	晞 665E	晠 6660	晢 6662	晣 6663	晥 6665	晧 6667	晩 6669	晪 666A	晫 666B	晬 666C	晭 666D	晱 6671
9	晲 6672	晳 6673	晵 6675	晸 6678	晹 6679	晻 667B	晼 667C	晽 667D	晿 667F	暀 6680	暁 6681	暃 6683	暅 6685	暆 6686	暈 6688	暉 6689
A	暊 668A	暋 668B	暍 668D	暎 668E	暏 668F	暐 6690	暒 6692	暓 6693	暔 6694	暕 6695	暘 6698	暙 6699	暚 669A	暛 669B	暜 669C	暞 669E
B	暟 669F	暠 66A0	暡 66A1	暢 66A2	暣 66A3	暤 66A4	暥 66A5	暦 66A6	暩 66A9	暪 66AA	暫 66AB	暬 66AC	暭 66AD	暯 66AF	暰 66B0	暱 66B1
C	暲 66B2	暳 66B3	暵 66B5	暶 66B6	暷 66B7	暸 66B8	暺 66BA	暻 66BB	暼 66BC	暽 66BD	暿 66BF	曀 66C0	曁 66C1	曂 66C2	曃 66C3	曄 66C4
D	曅 66C5	曆 66C6	曇 66C7	曈 66C8	曉 66C9	曊 66CA	曋 66CB	曌 66CC	曍 66CD	曎 66CE	曏 66CF	曐 66D0	曑 66D1	曒 66D2	曓 66D3	曔 66D4
E	曕 66D5	曖 66D6	曗 66D7	曘 66D8	曚 66DA	曞 66DE	曟 66DF	曠 66E0	曡 66E1	曢 66E2	曣 66E3	曤 66E4	曥 66E5	曧 66E7	曨 66E8	曪 66EA
F	曫 66EB	曬 66EC	曭 66ED	曮 66EE	曯 66EF	曱 66F1	曵 66F5	曶 66F6	書 66F8	曺 66FA	曻 66FB	曽 66FD	朁 6701	朂 6702	會 6703	

96	0	1	2	3	4	5	6	7	8	9	A	B	C	D	E	F
4	朄 6704	朅 6705	朆 6706	朇 6707	朌 670C	朎 670E	朏 670F	朑 6711	朒 6712	朓 6713	朖 6716	朘 6718	朙 6719	朚 671A	朜 671C	朞 671E
5	朠 6720	朡 6721	朢 6722	朣 6723	朤 6724	朥 6725	朧 6727	朩 6729	朮 672E	朰 6730	朲 6732	朳 6733	朶 6736	朷 6737	朸 6738	朹 6739
6	朻 673B	朼 673C	朾 673E	朿 673F	杁 6741	杄 6744	杅 6745	杇 6747	杊 674A	杋 674B	杍 674D	杒 6752	杔 6754	杕 6755	杗 6757	杘 6758
7	杙 6759	杚 675A	杛 675B	杝 675D	杢 6762	杣 6763	杤 6764	杦 6766	杧 6767	杫 676B	杬 676C	杮 676E	東 6771	杴 6774	杶 6776	
8	杸 6778	杹 6779	杺 677A	杻 677B	杽 677D	枀 6780	枂 6782	枃 6783	枅 6785	枆 6786	枈 6788	枊 678A	枌 678C	枍 678D	枎 678E	枏 678F
9	枑 6791	枒 6792	枓 6793	枔 6794	枖 6796	枙 6799	枛 679B	枟 679F	枠 67A0	枡 67A1	枤 67A4	枦 67A6	枩 67A9	枬 67AC	枮 67AE	枱 67B1
A	枲 67B2	枴 67B4	枹 67B9	枺 67BA	枻 67BB	枼 67BC	枽 67BD	枾 67BE	枿 67BF	柀 67C0	柂 67C2	柅 67C5	柆 67C6	柇 67C7	柈 67C8	柉 67C9
B	柊 67CA	柋 67CB	柌 67CC	柍 67CD	柎 67CE	柕 67D5	柖 67D6	柗 67D7	柛 67DB	柟 67DF	柡 67E1	柣 67E3	柤 67E4	柦 67E6	柧 67E7	柨 67E8
C	柪 67EA	柫 67EB	柭 67ED	柮 67EE	柲 67F2	柵 67F5	柶 67F6	柷 67F7	柸 67F8	柹 67F9	柺 67FA	査 67FB	柼 67FC	柾 67FE	栁 6801	栂 6802
D	栃 6803	栄 6804	栆 6806	栍 680D	栐 6810	栒 6812	栔 6814	栕 6815	栘 6818	栙 6819	栚 681A	栛 681B	栜 681C	栞 681E	栟 681F	栠 6820
E	栢 6822	栣 6823	栤 6824	栥 6825	栦 6826	栧 6827	栨 6828	栫 682B	栬 682C	栭 682D	栮 682E	栯 682F	栰 6830	栱 6831	栴 6834	栵 6835
F	栶 6836	栺 683A	栻 683B	栿 683F	桇 6847	桋 684B	桍 684D	桏 684F	桒 6852	桖 6856	桗 6857	桘 6858	桙 6859	桚 685A	桛 685B	

双字节3区

97	0	1	2	3	4	5	6	7	8	9	A	B	C	D	E	F
4	桜 685C	桝 685D	桞 685E	桟 685F	桪 686A	桬 686C	桭 686D	桮 686E	桯 686F	桰 6870	桱 6871	桲 6872	桳 6873	桵 6875	桸 6878	桹 6879
5	桺 687A	桻 687B	桼 687C	桽 687D	桾 687E	桿 687F	梀 6880	梂 6882	梄 6884	梇 6887	梈 6888	梉 6889	梊 688A	梋 688B	梌 688C	梍 688D
6	梎 688E	梐 6890	梑 6891	梒 6892	梔 6894	梕 6895	梖 6896	梘 6898	梙 6899	梚 689A	梛 689B	梜 689C	條 689D	梞 689E	梟 689F	梠 68A0
7	梡 68A1	梣 68A3	梤 68A4	梥 68A5	梩 68A9	梪 68AA	梫 68AB	梬 68AC	梮 68AE	梱 68B1	梲 68B2	梴 68B4	梶 68B6	梷 68B7	梸 68B8	
8	梹 68B9	梺 68BA	梻 68BB	梼 68BC	梽 68BD	梾 68BE	梿 68BF	棁 68C1	棃 68C3	棄 68C4	棅 68C5	棆 68C6	棇 68C7	棈 68C8	棊 68CA	棌 68CC
9	棎 68CE	棏 68CF	棐 68D0	棑 68D1	棓 68D3	棔 68D4	棖 68D6	棗 68D7	棙 68D9	棛 68DB	棜 68DC	棝 68DD	棞 68DE	棟 68DF	棡 68E1	棢 68E2
A	棤 68E4	棥 68E5	棦 68E6	棧 68E7	棨 68E8	棩 68E9	棪 68EA	棫 68EB	棬 68EC	棭 68ED	棯 68EF	棲 68F2	棳 68F3	棴 68F4	棶 68F6	棷 68F7
B	棸 68F8	棻 68FB	棽 68FD	棾 68FE	棿 68FF	椀 6900	椂 6902	椃 6903	椄 6904	椆 6906	椇 6907	椈 6908	椉 6909	椊 690A	椌 690C	椏 690F
C	椑 6911	椓 6913	椔 6914	椕 6915	椖 6916	椗 6917	椘 6918	椙 6919	椚 691A	椛 691B	検 691C	椝 691D	椞 691E	椡 6921	椢 6922	椣 6923
D	椥 6925	椦 6926	椧 6927	椨 6928	椩 6929	椪 692A	椫 692B	椬 692C	椮 692E	椯 692F	椱 6931	椲 6932	椳 6933	椵 6935	椶 6936	椷 6937
E	椸 6938	椺 693A	椻 693B	椼 693C	椾 693E	楀 6940	楁 6941	楃 6943	楄 6944	楅 6945	楆 6946	楇 6947	楈 6948	楉 6949	楊 694A	楋 694B
F	楌 694C	楍 694D	楎 694E	楏 694F	楐 6950	楑 6951	楒 6952	楓 6953	楕 6955	楖 6956	楘 6958	楙 6959	楛 695B	楜 695C	楟 695F	

98	0	1	2	3	4	5	6	7	8	9	A	B	C	D	E	F
4	楡 6961	楢 6962	楤 6964	楥 6965	楧 6967	楨 6968	楩 6969	楪 696A	楬 696C	業 696D	楯 696F	楰 6970	楲 6972	楳 6973	楴 6974	極 6975
5	楶 6976	楺 697A	楻 697B	楽 697D	楾 697E	楿 697F	榁 6981	榃 6983	榅 6985	榊 698A	榋 698B	榌 698C	榎 698E	榏 698F	榐 6990	榑 6991
6	榒 6992	榓 6993	榖 6996	榗 6997	榙 6999	榚 699A	榝 699D	榞 699E	榟 699F	榠 69A0	榡 69A1	榢 69A2	榣 69A3	榤 69A4	榥 69A5	榦 69A6
7	榩 69A9	榪 69AA	榬 69AC	榮 69AE	榯 69AF	榰 69B0	榲 69B2	榳 69B3	榵 69B5	榶 69B6	榸 69B8	榹 69B9	榺 69BA	榼 69BC	榽 69BD	
8	榾 69BE	榿 69BF	槀 69C0	槂 69C2	槃 69C3	槄 69C4	槅 69C5	槆 69C6	槇 69C7	槈 69C8	槉 69C9	構 69CB	槍 69CD	槏 69CF	槑 69D1	槒 69D2
9	槓 69D3	槕 69D5	槖 69D6	槗 69D7	様 69D8	槙 69D9	槚 69DA	槜 69DC	槝 69DD	槞 69DE	槡 69E1	槢 69E2	槣 69E3	槤 69E4	槥 69E5	槦 69E6
A	槧 69E7	槨 69E8	槩 69E9	槪 69EA	槫 69EB	槬 69EC	槮 69EE	槯 69EF	槰 69F0	槱 69F1	槳 69F3	槴 69F4	槵 69F5	槶 69F6	槷 69F7	槸 69F8
B	槹 69F9	槺 69FA	槻 69FB	槼 69FC	槾 69FE	樀 6A00	樁 6A01	樂 6A02	樃 6A03	樄 6A04	樅 6A05	樆 6A06	樇 6A07	樈 6A08	樉 6A09	樋 6A0B
C	樌 6A0C	樍 6A0D	樎 6A0E	樏 6A0F	樐 6A10	樑 6A11	樒 6A12	樓 6A13	樔 6A14	樕 6A15	樖 6A16	標 6A19	樚 6A1A	樛 6A1B	樜 6A1C	樝 6A1D
D	樞 6A1E	樠 6A20	樢 6A22	樣 6A23	樤 6A24	樥 6A25	樦 6A26	樧 6A27	権 6A29	樫 6A2B	樬 6A2C	樭 6A2D	樮 6A2E	樰 6A30	樲 6A32	樳 6A33
E	樴 6A34	樶 6A36	樷 6A37	樸 6A38	樹 6A39	樺 6A3A	樻 6A3B	樼 6A3C	樿 6A3F	橀 6A40	橁 6A41	橂 6A42	橃 6A43	橅 6A45	橆 6A46	橈 6A48
F	橉 6A49	橊 6A4A	橋 6A4B	橌 6A4C	橍 6A4D	橎 6A4E	橏 6A4F	橑 6A51	橒 6A52	橓 6A53	橔 6A54	橕 6A55	橖 6A56	橗 6A57	橚 6A5A	

双字节3区

99	0	1	2	3	4	5	6	7	8	9	A	B	C	D	E	F
4	橜 6A5C	橝 6A5D	橞 6A5E	機 6A5F	橠 6A60	橢 6A62	橣 6A63	橤 6A64	橦 6A66	橧 6A67	橨 6A68	橩 6A69	橪 6A6A	橫 6A6B	橬 6A6C	橭 6A6D
5	橮 6A6E	橯 6A6F	橰 6A70	橲 6A72	橳 6A73	橴 6A74	橵 6A75	橶 6A76	橷 6A77	橸 6A78	橺 6A7A	橻 6A7B	橽 6A7D	橾 6A7E	橿 6A7F	檁 6A81
6	檂 6A82	檃 6A83	檅 6A85	檆 6A86	檇 6A87	檈 6A88	檉 6A89	檊 6A8A	檋 6A8B	檌 6A8C	檍 6A8D	檏 6A8F	檒 6A92	檓 6A93	檔 6A94	檕 6A95
7	檖 6A96	檘 6A98	檙 6A99	檚 6A9A	檛 6A9B	檜 6A9C	檝 6A9D	檞 6A9E	檟 6A9F	檡 6AA1	檢 6AA2	檣 6AA3	檤 6AA4	檥 6AA5	檦 6AA6	
8	檧 6AA7	檨 6AA8	檪 6AAA	檭 6AAD	檮 6AAE	檯 6AAF	檰 6AB0	檱 6AB1	檲 6AB2	檳 6AB3	檴 6AB4	檵 6AB5	檶 6AB6	檷 6AB7	檸 6AB8	檹 6AB9
9	檺 6ABA	檻 6ABB	檼 6ABC	檽 6ABD	檾 6ABE	檿 6ABF	櫀 6AC0	櫁 6AC1	櫂 6AC2	櫃 6AC3	櫄 6AC4	櫅 6AC5	櫆 6AC6	櫇 6AC7	櫈 6AC8	櫉 6AC9
A	櫊 6ACA	櫋 6ACB	櫌 6ACC	櫍 6ACD	櫎 6ACE	櫏 6ACF	櫐 6AD0	櫑 6AD1	櫒 6AD2	櫓 6AD3	櫔 6AD4	櫕 6AD5	櫖 6AD6	櫗 6AD7	櫘 6AD8	櫙 6AD9
B	櫚 6ADA	櫛 6ADB	櫜 6ADC	櫝 6ADD	櫞 6ADE	櫟 6ADF	櫠 6AE0	櫡 6AE1	櫢 6AE2	櫣 6AE3	櫤 6AE4	櫥 6AE5	櫦 6AE6	櫧 6AE7	櫨 6AE8	櫩 6AE9
C	櫪 6AEA	櫫 6AEB	櫬 6AEC	櫭 6AED	櫮 6AEE	櫯 6AEF	櫰 6AF0	櫱 6AF1	櫲 6AF2	櫳 6AF3	櫴 6AF4	櫵 6AF5	櫶 6AF6	櫷 6AF7	櫸 6AF8	櫹 6AF9
D	櫺 6AFA	櫻 6AFB	櫼 6AFC	櫽 6AFD	櫾 6AFE	櫿 6AFF	欀 6B00	欁 6B01	欂 6B02	欃 6B03	欄 6B04	欅 6B05	欆 6B06	欇 6B07	欈 6B08	欉 6B09
E	權 6B0A	欋 6B0B	欌 6B0C	欍 6B0D	欎 6B0E	欏 6B0F	欐 6B10	欑 6B11	欒 6B12	欓 6B13	欔 6B14	欕 6B15	欖 6B16	欗 6B17	欘 6B18	欙 6B19
F	欚 6B1A	欛 6B1B	欜 6B1C	欝 6B1D	欞 6B1E	欟 6B1F	欥 6B25	欦 6B26	欨 6B28	欩 6B29	欪 6B2A	欫 6B2B	欬 6B2C	欭 6B2D	欮 6B2E	

9A	0	1	2	3	4	5	6	7	8	9	A	B	C	D	E	F
4	欯 6B2F	欰 6B30	欱 6B31	欳 6B33	欴 6B34	欵 6B35	欶 6B36	欸 6B38	欻 6B3B	欼 6B3C	欽 6B3D	欿 6B3F	歀 6B40	歁 6B41	歂 6B42	歄 6B44
5	歅 6B45	歈 6B48	歊 6B4A	歋 6B4B	歍 6B4D	歎 6B4E	歏 6B4F	歐 6B50	歑 6B51	歒 6B52	歓 6B53	歔 6B54	歕 6B55	歖 6B56	歗 6B57	歘 6B58
6	歚 6B5A	歛 6B5B	歜 6B5C	歝 6B5D	歞 6B5E	歟 6B5F	歠 6B60	歡 6B61	歨 6B68	歩 6B69	歫 6B6B	歬 6B6C	歭 6B6D	歮 6B6E	歯 6B6F	歰 6B70
7	歱 6B71	歲 6B72	歳 6B73	歴 6B74	歵 6B75	歶 6B76	歷 6B77	歸 6B78	歺 6B7A	歽 6B7D	歾 6B7E	歿 6B7F	殀 6B80	殅 6B85	殈 6B88	
8	殌 6B8C	殎 6B8E	殏 6B8F	殐 6B90	殑 6B91	殔 6B94	殕 6B95	殗 6B97	殘 6B98	殙 6B99	殜 6B9C	殝 6B9D	殞 6B9E	殟 6B9F	殠 6BA0	殢 6BA2
9	殣 6BA3	殤 6BA4	殥 6BA5	殦 6BA6	殧 6BA7	殨 6BA8	殩 6BA9	殫 6BAB	殬 6BAC	殭 6BAD	殮 6BAE	殯 6BAF	殰 6BB0	殱 6BB1	殲 6BB2	殶 6BB6
A	殸 6BB8	殹 6BB9	殺 6BBA	殻 6BBB	殼 6BBC	殽 6BBD	殾 6BBE	毀 6BC0	毃 6BC3	毄 6BC4	毆 6BC6	毇 6BC7	毈 6BC8	毉 6BC9	毊 6BCA	毌 6BCC
B	毎 6BCE	毐 6BD0	毑 6BD1	毘 6BD8	毚 6BDA	毜 6BDC	毝 6BDD	毞 6BDE	毟 6BDF	毠 6BE0	毢 6BE2	毣 6BE3	毤 6BE4	毥 6BE5	毦 6BE6	毧 6BE7
C	毨 6BE8	毩 6BE9	毬 6BEC	毭 6BED	毮 6BEE	毰 6BF0	毱 6BF1	毲 6BF2	毴 6BF4	毶 6BF6	毷 6BF7	毸 6BF8	毺 6BFA	毻 6BFB	毼 6BFC	毾 6BFE
D	毿 6BFF	氀 6C00	氁 6C01	氂 6C02	氃 6C03	氄 6C04	氈 6C08	氉 6C09	氊 6C0A	氋 6C0B	氌 6C0C	氎 6C0E	氒 6C12	気 6C17	氜 6C1C	氝 6C1D
E	氞 6C1E	氠 6C20	氣 6C23	氥 6C25	氫 6C2B	氬 6C2C	氭 6C2D	氱 6C31	氳 6C33	氶 6C36	氷 6C37	氹 6C39	氺 6C3A	氻 6C3B	氼 6C3C	氾 6C3E
F	氿 6C3F	汃 6C43	汄 6C44	汅 6C45	汈 6C48	汋 6C4B	汌 6C4C	汍 6C4D	汎 6C4E	汏 6C4F	汑 6C51	汒 6C52	汓 6C53	汖 6C56	汘 6C58	

双字节3区

9B	0	1	2	3	4	5	6	7	8	9	A	B	C	D	E	F
4	汙 6C59	汚 6C5A	汢 6C62	汣 6C63	汥 6C65	汦 6C66	汧 6C67	汫 6C6B	汬 6C6C	汭 6C6D	汮 6C6E	汯 6C6F	汱 6C71	汳 6C73	汵 6C75	汷 6C77
5	汸 6C78	決 6C7A	汻 6C7B	汼 6C7C	汿 6C7F	沀 6C80	沄 6C84	沇 6C87	沊 6C8A	沋 6C8B	沍 6C8D	沎 6C8E	沑 6C91	沒 6C92	沕 6C95	沖 6C96
6	沗 6C97	沘 6C98	沚 6C9A	沜 6C9C	沝 6C9D	沞 6C9E	沠 6CA0	沢 6CA2	沨 6CA8	沬 6CAC	沯 6CAF	沰 6CB0	沴 6CB4	沵 6CB5	沶 6CB6	沷 6CB7
7	沺 6CBA	泀 6CC0	況 6CC1	泂 6CC2	泃 6CC3	泆 6CC6	泇 6CC7	泈 6CC8	泋 6CCB	泍 6CCD	泎 6CCE	泏 6CCF	泑 6CD1	泒 6CD2	泘 6CD8	
8	泙 6CD9	泚 6CDA	泜 6CDC	泝 6CDD	泟 6CDF	泤 6CE4	泦 6CE6	泧 6CE7	泩 6CE9	泬 6CEC	泭 6CED	泲 6CF2	泴 6CF4	泹 6CF9	泿 6CFF	洀 6D00
9	洂 6D02	洃 6D03	洅 6D05	洆 6D06	洈 6D08	洉 6D09	洊 6D0A	洍 6D0D	洏 6D0F	洐 6D10	洑 6D11	洓 6D13	洔 6D14	洕 6D15	洖 6D16	洘 6D18
A	洜 6D1C	洝 6D1D	洟 6D1F	洠 6D20	洡 6D21	洢 6D22	洣 6D23	洤 6D24	洦 6D26	洨 6D28	洩 6D29	洬 6D2C	洭 6D2D	洯 6D2F	洰 6D30	洴 6D34
B	洶 6D36	洷 6D37	洸 6D38	洺 6D3A	洿 6D3F	浀 6D40	浂 6D42	浄 6D44	浉 6D49	浌 6D4C	浐 6D50	浕 6D55	浖 6D56	浗 6D57	浘 6D58	浛 6D5B
C	浝 6D5D	浟 6D5F	浡 6D61	浢 6D62	浤 6D64	浥 6D65	浧 6D67	浨 6D68	浫 6D6B	浬 6D6C	浭 6D6D	浰 6D70	浱 6D71	浲 6D72	浳 6D73	浵 6D75
D	浶 6D76	浹 6D79	浺 6D7A	浻 6D7B	浽 6D7D	浾 6D7E	浿 6D7F	涀 6D80	涁 6D81	涃 6D83	涄 6D84	涆 6D86	涇 6D87	涊 6D8A	涋 6D8B	涍 6D8D
E	涏 6D8F	涐 6D90	涒 6D92	涖 6D96	涗 6D97	涘 6D98	涙 6D99	涚 6D9A	涜 6D9C	涢 6DA2	涥 6DA5	涬 6DAC	涭 6DAD	涰 6DB0	涱 6DB1	涳 6DB3
F	涴 6DB4	涶 6DB6	涷 6DB7	涹 6DB9	涺 6DBA	涻 6DBB	涼 6DBC	涽 6DBD	涾 6DBE	淁 6DC1	淂 6DC2	淃 6DC3	淈 6DC8	淉 6DC9	淊 6DCA	

9C	0	1	2	3	4	5	6	7	8	9	A	B	C	D	E	F
4	淍 6DCD	淎 6DCE	淏 6DCF	淐 6DD0	淒 6DD2	淓 6DD3	淔 6DD4	淕 6DD5	淗 6DD7	淚 6DDA	淛 6DDB	淜 6DDC	淟 6DDF	淢 6DE2	淣 6DE3	淥 6DE5
5	淧 6DE7	淨 6DE8	淩 6DE9	淪 6DEA	淭 6DED	淯 6DEF	淰 6DF0	淲 6DF2	淴 6DF4	淵 6DF5	淶 6DF6	淸 6DF8	淺 6DFA	淽 6DFD	淾 6DFE	淿 6DFF
6	渀 6E00	渁 6E01	渂 6E02	渃 6E03	渄 6E04	渆 6E06	渇 6E07	済 6E08	渉 6E09	渋 6E0B	渏 6E0F	渒 6E12	渓 6E13	渕 6E15	渘 6E18	渙 6E19
7	減 6E1B	渜 6E1C	渞 6E1E	渟 6E1F	渢 6E22	渦 6E26	渧 6E27	渨 6E28	渪 6E2A	測 6E2C	渮 6E2E	渰 6E30	渱 6E31	渳 6E33	渵 6E35	
8	渶 6E36	渷 6E37	渹 6E39	渻 6E3B	渼 6E3C	渽 6E3D	渾 6E3E	渿 6E3F	湀 6E40	湁 6E41	湂 6E42	湅 6E45	湆 6E46	湇 6E47	湈 6E48	湉 6E49
9	湊 6E4A	湋 6E4B	湌 6E4C	湏 6E4F	湐 6E50	湑 6E51	湒 6E52	湕 6E55	湗 6E57	湙 6E59	湚 6E5A	湜 6E5C	湝 6E5D	湞 6E5E	湠 6E60	湡 6E61
A	湢 6E62	湣 6E63	湤 6E64	湥 6E65	湦 6E66	湧 6E67	湨 6E68	湩 6E69	湪 6E6A	湬 6E6C	湭 6E6D	湯 6E6F	湰 6E70	湱 6E71	湲 6E72	湳 6E73
B	湴 6E74	湵 6E75	湶 6E76	湷 6E77	湸 6E78	湹 6E79	湺 6E7A	湻 6E7B	湼 6E7C	湽 6E7D	満 6E80	溁 6E81	溂 6E82	溄 6E84	溇 6E87	溈 6E88
C	溊 6E8A	溋 6E8B	溌 6E8C	溍 6E8D	溎 6E8E	溑 6E91	溒 6E92	溓 6E93	溔 6E94	溕 6E95	準 6E96	溗 6E97	溙 6E99	溚 6E9A	溛 6E9B	溝 6E9D
D	溞 6E9E	溠 6EA0	溡 6EA1	溣 6EA3	溤 6EA4	溦 6EA6	溨 6EA8	溩 6EA9	溫 6EAB	溬 6EAC	溭 6EAD	溮 6EAE	溰 6EB0	溳 6EB3	溵 6EB5	溸 6EB8
E	溹 6EB9	溼 6EBC	溾 6EBE	溿 6EBF	滀 6EC0	滃 6EC3	滄 6EC4	滅 6EC5	滆 6EC6	滈 6EC8	滉 6EC9	滊 6ECA	滌 6ECC	滍 6ECD	滎 6ECE	滐 6ED0
F	滒 6ED2	滖 6ED6	滘 6ED8	滙 6ED9	滛 6EDB	滜 6EDC	滝 6EDD	滣 6EE3	滧 6EE7	滪 6EEA	滫 6EEB	滬 6EEC	滭 6EED	滮 6EEE	滯 6EEF	

双字节3区

9D	0	1	2	3	4	5	6	7	8	9	A	B	C	D	E	F
4	滰 6EF0	滱 6EF1	滲 6EF2	滳 6EF3	滵 6EF5	滶 6EF6	滷 6EF7	滸 6EF8	滺 6EFA	滻 6EFB	滼 6EFC	滽 6EFD	滾 6EFE	滿 6EFF	漀 6F00	漁 6F01
5	漃 6F03	漄 6F04	漅 6F05	漇 6F07	漈 6F08	漊 6F0A	漋 6F0B	漌 6F0C	漍 6F0D	漎 6F0E	漐 6F10	漑 6F11	漒 6F12	漖 6F16	漗 6F17	漘 6F18
6	漙 6F19	漚 6F1A	漛 6F1B	漜 6F1C	漝 6F1D	漞 6F1E	漟 6F1F	漡 6F21	漢 6F22	漣 6F23	漥 6F25	漦 6F26	漧 6F27	漨 6F28	漬 6F2C	漮 6F2E
7	漰 6F30	漲 6F32	漴 6F34	漵 6F35	漷 6F37	漸 6F38	漹 6F39	漺 6F3A	漻 6F3B	漼 6F3C	漽 6F3D	漿 6F3F	潀 6F40	潁 6F41	潂 6F42	
8	潃 6F43	潄 6F44	潅 6F45	潈 6F48	潉 6F49	潊 6F4A	潌 6F4C	潎 6F4E	潏 6F4F	潐 6F50	潑 6F51	潒 6F52	潓 6F53	潔 6F54	潕 6F55	潖 6F56
9	潗 6F57	潙 6F59	潚 6F5A	潛 6F5B	潝 6F5D	潟 6F5F	潠 6F60	潡 6F61	潣 6F63	潤 6F64	潥 6F65	潧 6F67	潨 6F68	潩 6F69	潪 6F6A	潫 6F6B
A	潬 6F6C	潯 6F6F	潰 6F70	潱 6F71	潳 6F73	潵 6F75	潶 6F76	潷 6F77	潹 6F79	潻 6F7B	潽 6F7D	潾 6F7E	潿 6F7F	澀 6F80	澁 6F81	澂 6F82
B	澃 6F83	澅 6F85	澆 6F86	澇 6F87	澊 6F8A	澋 6F8B	澏 6F8F	澐 6F90	澑 6F91	澒 6F92	澓 6F93	澔 6F94	澕 6F95	澖 6F96	澗 6F97	澘 6F98
C	澙 6F99	澚 6F9A	澛 6F9B	澝 6F9D	澞 6F9E	澟 6F9F	澠 6FA0	澢 6FA2	澣 6FA3	澤 6FA4	澥 6FA5	澦 6FA6	澨 6FA8	澩 6FA9	澪 6FAA	澫 6FAB
D	澬 6FAC	澭 6FAD	澮 6FAE	澯 6FAF	澰 6FB0	澱 6FB1	澲 6FB2	澴 6FB4	澵 6FB5	澷 6FB7	澸 6FB8	澺 6FBA	澻 6FBB	澼 6FBC	澽 6FBD	澾 6FBE
E	澿 6FBF	濁 6FC1	濃 6FC3	濄 6FC4	濅 6FC5	濆 6FC6	濇 6FC7	濈 6FC8	濊 6FCA	濋 6FCB	濌 6FCC	濍 6FCD	濎 6FCE	濏 6FCF	濐 6FD0	濓 6FD3
F	濔 6FD4	濕 6FD5	濖 6FD6	濗 6FD7	濘 6FD8	濙 6FD9	濚 6FDA	濛 6FDB	濜 6FDC	濝 6FDD	濟 6FDF	濢 6FE2	濣 6FE3	濤 6FE4	濥 6FE5	

9E	0	1	2	3	4	5	6	7	8	9	A	B	C	D	E	F
4	濦 6FE6	濧 6FE7	濨 6FE8	濩 6FE9	濪 6FEA	濫 6FEB	濬 6FEC	濭 6FED	濰 6FF0	濱 6FF1	濲 6FF2	濳 6FF3	濴 6FF4	濵 6FF5	濶 6FF6	濷 6FF7
5	濸 6FF8	濹 6FF9	濺 6FFA	濻 6FFB	濼 6FFC	濽 6FFD	濾 6FFE	濿 6FFF	瀀 7000	瀁 7001	瀂 7002	瀃 7003	瀄 7004	瀅 7005	瀆 7006	瀇 7007
6	瀈 7008	瀉 7009	瀊 700A	瀋 700B	瀌 700C	瀍 700D	瀎 700E	瀏 700F	瀐 7010	瀒 7012	瀓 7013	瀔 7014	瀕 7015	瀖 7016	瀗 7017	瀘 7018
7	瀙 7019	瀜 701C	瀝 701D	瀞 701E	瀟 701F	瀠 7020	瀡 7021	瀢 7022	瀤 7024	瀥 7025	瀦 7026	瀧 7027	瀨 7028	瀩 7029	瀪 702A	
8	瀫 702B	瀬 702C	瀭 702D	瀮 702E	瀯 702F	瀰 7030	瀱 7031	瀲 7032	瀳 7033	瀴 7034	瀶 7036	瀷 7037	瀸 7038	瀺 703A	瀻 703B	瀼 703C
9	瀽 703D	瀾 703E	瀿 703F	灀 7040	灁 7041	灂 7042	灃 7043	灄 7044	灅 7045	灆 7046	灇 7047	灈 7048	灉 7049	灊 704A	灋 704B	灍 704D
A	灎 704E	灐 7050	灑 7051	灒 7052	灓 7053	灔 7054	灕 7055	灖 7056	灗 7057	灘 7058	灙 7059	灚 705A	灛 705B	灜 705C	灝 705D	灟 705F
B	灠 7060	灡 7061	灢 7062	灣 7063	灤 7064	灥 7065	灦 7066	灧 7067	灨 7068	灩 7069	灪 706A	灮 706E	灱 7071	灲 7072	灳 7073	灴 7074
C	灷 7077	灹 7079	灺 707A	灻 707B	災 707D	炁 7081	炂 7082	炃 7083	炄 7084	炆 7086	炇 7087	炈 7088	炋 708B	炌 708C	炍 708D	炏 708F
D	炐 7090	炑 7091	炓 7093	炗 7097	炘 7098	炚 709A	炛 709B	炞 709E	炟 709F	炠 70A0	炡 70A1	炢 70A2	炣 70A3	炤 70A4	炥 70A5	炦 70A6
E	炧 70A7	炨 70A8	炩 70A9	炪 70AA	炰 70B0	炲 70B2	炴 70B4	炵 70B5	炶 70B6	為 70BA	炾 70BE	炿 70BF	烄 70C4	烅 70C5	烆 70C6	烇 70C7
F	烉 70C9	烋 70CB	烌 70CC	烍 70CD	烎 70CE	烏 70CF	烐 70D0	烑 70D1	烒 70D2	烓 70D3	烔 70D4	烕 70D5	烖 70D6	烗 70D7	烚 70DA	

双字节3区

9F	0	1	2	3	4	5	6	7	8	9	A	B	C	D	E	F
4	烜 70DC	烝 70DD	烞 70DE	烠 70E0	烡 70E1	烢 70E2	烣 70E3	烥 70E5	烪 70EA	烮 70EE	烰 70F0	烱 70F1	烲 70F2	烳 70F3	烴 70F4	烵 70F5
5	烶 70F6	烸 70F8	烺 70FA	烻 70FB	烼 70FC	烾 70FE	烿 70FF	焀 7100	焁 7101	焂 7102	焃 7103	焄 7104	焅 7105	焆 7106	焇 7107	焈 7108
6	焋 710B	焌 710C	焍 710D	焎 710E	焏 710F	焑 7111	焒 7112	焔 7114	焗 7117	焛 711B	焜 711C	焝 711D	焞 711E	焟 711F	焠 7120	無 7121
7	焢 7122	焣 7123	焤 7124	焥 7125	焧 7127	焨 7128	焩 7129	焪 712A	焫 712B	焬 712C	焭 712D	焮 712E	焲 7132	焳 7133	焴 7134	
8	焵 7135	焷 7137	焸 7138	焹 7139	焺 713A	焻 713B	焼 713C	焽 713D	焾 713E	焿 713F	煀 7140	煁 7141	煂 7142	煃 7143	煄 7144	煆 7146
9	煇 7147	煈 7148	煉 7149	煋 714B	煍 714D	煏 714F	煐 7150	煑 7151	煒 7152	煓 7153	煔 7154	煕 7155	煖 7156	煗 7157	煘 7158	煙 7159
A	煚 715A	煛 715B	煝 715D	煟 715F	煠 7160	煡 7161	煢 7162	煣 7163	煥 7165	煩 7169	煪 716A	煫 716B	煬 716C	煭 716D	煯 716F	煰 7170
B	煱 7171	煴 7174	煵 7175	煶 7176	煷 7177	煹 7179	煻 717B	煼 717C	煾 717E	煿 717F	熀 7180	熁 7181	熂 7182	熃 7183	熅 7185	熆 7186
C	熇 7187	熈 7188	熉 7189	熋 718B	熌 718C	熍 718D	熎 718E	熐 7190	熑 7191	熒 7192	熓 7193	熕 7195	熖 7196	熗 7197	熚 719A	熛 719B
D	熜 719C	熝 719D	熞 719E	熡 71A1	熢 71A2	熣 71A3	熤 71A4	熥 71A5	熦 71A6	熧 71A7	熩 71A9	熪 71AA	熫 71AB	熭 71AD	熮 71AE	熯 71AF
E	熰 71B0	熱 71B1	熲 71B2	熴 71B4	熶 71B6	熷 71B7	熸 71B8	熺 71BA	熻 71BB	熼 71BC	熽 71BD	熾 71BE	熿 71BF	燀 71C0	燁 71C1	燂 71C2
F	燄 71C4	燅 71C5	燆 71C6	燇 71C7	燈 71C8	燉 71C9	燊 71CA	燋 71CB	燌 71CC	燍 71CD	燏 71CF	燐 71D0	燑 71D1	燒 71D2	燓 71D3	

A0	0	1	2	3	4	5	6	7	8	9	A	B	C	D	E	F
4	燖 71D6	燗 71D7	燘 71D8	燙 71D9	燚 71DA	燛 71DB	燜 71DC	燝 71DD	燞 71DE	營 71DF	燡 71E1	燢 71E2	燣 71E3	燤 71E4	燦 71E6	燨 71E8
5	燩 71E9	燪 71EA	燫 71EB	燬 71EC	燭 71ED	燯 71EF	燰 71F0	燱 71F1	燲 71F2	燳 71F3	燴 71F4	燵 71F5	燶 71F6	燷 71F7	燸 71F8	燺 71FA
6	燻 71FB	燼 71FC	燽 71FD	燾 71FE	燿 71FF	爀 7200	爁 7201	爂 7202	爃 7203	爄 7204	爅 7205	爇 7207	爈 7208	爉 7209	爊 720A	爋 720B
7	爌 720C	爍 720D	爎 720E	爏 720F	爐 7210	爑 7211	爒 7212	爓 7213	爔 7214	爕 7215	爖 7216	爗 7217	爘 7218	爙 7219	爚 721A	
8	爛 721B	爜 721C	爞 721E	爟 721F	爠 7220	爡 7221	爢 7222	爣 7223	爤 7224	爥 7225	爦 7226	爧 7227	爩 7229	爫 722B	爭 722D	爮 722E
9	爯 722F	爲 7232	爳 7233	爴 7234	爺 723A	爼 723C	爾 723E	牀 7240	牁 7241	牂 7242	牃 7243	牄 7244	牅 7245	牆 7246	牉 7249	牊 724A
A	牋 724B	牎 724E	牏 724F	牐 7250	牑 7251	牓 7253	牔 7254	牕 7255	牗 7257	牘 7258	牚 725A	牜 725C	牞 725E	牠 7260	牣 7263	牤 7264
B	牥 7265	牨 7268	牪 726A	牫 726B	牬 726C	牭 726D	牰 7270	牱 7271	牳 7273	牴 7274	牶 7276	牷 7277	牸 7278	牻 727B	牼 727C	牽 727D
C	犂 7282	犃 7283	犅 7285	犆 7286	犇 7287	犈 7288	犉 7289	犌 728C	犎 728E	犐 7290	犑 7291	犓 7293	犔 7294	犕 7295	犖 7296	犗 7297
D	犘 7298	犙 7299	犚 729A	犛 729B	犜 729C	犝 729D	犞 729E	犠 72A0	犡 72A1	犢 72A2	犣 72A3	犤 72A4	犥 72A5	犦 72A6	犧 72A7	犨 72A8
E	犩 72A9	犪 72AA	犫 72AB	犮 72AE	犱 72B1	犲 72B2	犳 72B3	犵 72B5	犺 72BA	犻 72BB	犼 72BC	犽 72BD	犾 72BE	犿 72BF	狀 72C0	狅 72C5
F	狆 72C6	狇 72C7	狉 72C9	狊 72CA	狋 72CB	狌 72CC	狏 72CF	狑 72D1	狓 72D3	狔 72D4	狕 72D5	狖 72D6	狘 72D8	狚 72DA	狛 72DB	

双字节 4 区

AA	0	1	2	3	4	5	6	7	8	9	A	B	C	D	E	F
4	狜 72DC	狝 72DD	狟 72DF	狢 72E2	狣 72E3	狤 72E4	狥 72E5	狦 72E6	狧 72E7	狪 72EA	狫 72EB	狵 72F5	狶 72F6	狹 72F9	狽 72FD	狾 72FE
5	狿 72FF	猀 7300	猂 7302	猄 7304	猅 7305	猆 7306	猇 7307	猈 7308	猉 7309	猋 730B	猌 730C	猍 730D	猏 730F	猐 7310	猑 7311	猒 7312
6	猔 7314	猘 7318	猙 7319	猚 731A	猟 731F	猠 7320	猣 7323	猤 7324	猦 7326	猧 7327	猨 7328	猭 732D	猯 732F	猰 7330	猲 7332	猳 7333
7	猵 7335	猶 7336	猺 733A	猻 733B	猼 733C	猽 733D	獀 7340	獁 7341	獂 7342	獃 7343	獄 7344	獅 7345	獆 7346	獇 7347	獈 7348	
8	獉 7349	獊 734A	獋 734B	獌 734C	獎 734E	獏 734F	獑 7351	獓 7353	獔 7354	獕 7355	獖 7356	獘 7358	獙 7359	獚 735A	獛 735B	獜 735C
9	獝 735D	獞 735E	獟 735F	獡 7361	獢 7362	獣 7363	獤 7364	獥 7365	獦 7366	獧 7367	獨 7368	獩 7369	獪 736A	獫 736B	獮 736E	獰 7370
A	獱 7371															

AB	0	1	2	3	4	5	6	7	8	9	A	B	C	D	E	F
4	獲 7372	獳 7373	獴 7374	獵 7375	獶 7376	獷 7377	獸 7378	獹 7379	獺 737A	獻 737B	獼 737C	獽 737D	獿 737F	玀 7380	玁 7381	玂 7382
5	玃 7383	玅 7385	玆 7386	玈 7388	玊 738A	玌 738C	玍 738D	玏 738F	玐 7390	玒 7392	玓 7393	玔 7394	玕 7395	玗 7397	玘 7398	玙 7399
6	玚 739A	玜 739C	玝 739D	玞 739E	玠 73A0	玡 73A1	玣 73A3	玤 73A4	玥 73A5	玦 73A6	玧 73A7	玨 73A8	玪 73AA	玬 73AC	玭 73AD	玱 73B1
7	玴 73B4	玵 73B5	玶 73B6	玸 73B8	玹 73B9	玼 73BC	玽 73BD	玾 73BE	玿 73BF	珁 73C1	珃 73C3	珄 73C4	珅 73C5	珆 73C6	珇 73C7	
8	珋 73CB	珌 73CC	珎 73CE	珒 73D2	珓 73D3	珔 73D4	珕 73D5	珖 73D6	珗 73D7	珘 73D8	珚 73DA	珛 73DB	珜 73DC	珝 73DD	珟 73DF	珡 73E1
9	珢 73E2	珣 73E3	珤 73E4	珦 73E6	珨 73E8	珪 73EA	珫 73EB	珬 73EC	珮 73EE	珯 73EF	珰 73F0	珱 73F1	珳 73F3	珴 73F4	珵 73F5	珶 73F6
A	珷 73F7															

AC	0	1	2	3	4	5	6	7	8	9	A	B	C	D	E	F
4	珸 73F8	珹 73F9	珺 73FA	珻 73FB	珼 73FC	珽 73FD	現 73FE	珿 73FF	琀 7400	琁 7401	琂 7402	琄 7404	琇 7407	琈 7408	琋 740B	琌 740C
5	琍 740D	琎 740E	琑 7411	琒 7412	琓 7413	琔 7414	琕 7415	琖 7416	琗 7417	琘 7418	琙 7419	琜 741C	琝 741D	琞 741E	琟 741F	琠 7420
6	琡 7421	琣 7423	琤 7424	琧 7427	琩 7429	琫 742B	琭 742D	琯 742F	琱 7431	琲 7432	琷 7437	琸 7438	琹 7439	琺 743A	琻 743B	琽 743D
7	琾 743E	琿 743F	瑀 7440	瑂 7442	瑃 7443	瑄 7444	瑅 7445	瑆 7446	瑇 7447	瑈 7448	瑉 7449	瑊 744A	瑋 744B	瑌 744C	瑍 744D	
8	瑎 744E	瑏 744F	瑐 7450	瑑 7451	瑒 7452	瑓 7453	瑔 7454	瑖 7456	瑘 7458	瑝 745D	瑠 7460	瑡 7461	瑢 7462	瑣 7463	瑤 7464	瑥 7465
9	瑦 7466	瑧 7467	瑨 7468	瑩 7469	瑪 746A	瑫 746B	瑬 746C	瑮 746E	瑯 746F	瑱 7471	瑲 7472	瑳 7473	瑴 7474	瑵 7475	瑸 7478	瑹 7479
A	瑺 747A															

双字节4区

AD	0	1	2	3	4	5	6	7	8	9	A	B	C	D	E	F
4	瑻 747B	瑼 747C	瑽 747D	瑿 747F	璂 7482	璄 7484	璅 7485	璆 7486	璈 7488	璉 7489	璊 748A	璌 748C	璍 748D	璏 748F	璑 7491	璒 7492
5	璓 7493	璔 7494	璕 7495	璖 7496	璗 7497	璘 7498	璙 7499	璚 749A	璛 749B	璝 749D	璟 749F	璠 74A0	璡 74A1	璢 74A2	璣 74A3	璤 74A4
6	璥 74A5	璦 74A6	璪 74AA	璫 74AB	璬 74AC	璭 74AD	璮 74AE	璯 74AF	環 74B0	璱 74B1	璲 74B2	璳 74B3	璴 74B4	璵 74B5	璶 74B6	璷 74B7
7	璸 74B8	璹 74B9	璻 74BB	璼 74BC	璽 74BD	璾 74BE	璿 74BF	瓀 74C0	瓁 74C1	瓂 74C2	瓃 74C3	瓄 74C4	瓅 74C5	瓆 74C6	瓇 74C7	
8	瓈 74C8	瓉 74C9	瓊 74CA	瓋 74CB	瓌 74CC	瓍 74CD	瓎 74CE	瓏 74CF	瓐 74D0	瓑 74D1	瓓 74D3	瓔 74D4	瓕 74D5	瓖 74D6	瓗 74D7	瓘 74D8
9	瓙 74D9	瓚 74DA	瓛 74DB	瓝 74DD	瓟 74DF	瓡 74E1	瓥 74E5	瓧 74E7	瓨 74E8	瓩 74E9	瓪 74EA	瓫 74EB	瓬 74EC	瓭 74ED	瓰 74F0	瓱 74F1
A	瓲 74F2															

AE	0	1	2	3	4	5	6	7	8	9	A	B	C	D	E	F
4	瓳 74F3	瓵 74F5	瓸 74F8	瓹 74F9	瓺 74FA	瓻 74FB	瓼 74FC	瓽 74FD	瓾 74FE	甀 7500	甁 7501	甂 7502	甃 7503	甅 7505	甆 7506	甇 7507
5	甈 7508	甉 7509	甊 750A	甋 750B	甌 750C	甎 750E	甐 7510	甒 7512	甔 7514	甕 7515	甖 7516	甗 7517	甛 751B	甝 751D	甞 751E	甠 7520
6	甡 7521	產 7522	産 7523	甤 7524	甦 7526	甧 7527	甪 752A	甮 752E	甴 7534	甶 7536	甹 7539	甼 753C	甽 753D	甿 753F	畁 7541	畂 7542
7	畃 7543	畄 7544	畆 7546	畇 7547	畉 7549	畊 754A	畍 754D	畐 7550	畑 7551	畒 7552	畓 7553	畕 7555	畖 7556	畗 7557	畘 7558	
8	畝 755D	畞 755E	畟 755F	畠 7560	畡 7561	畢 7562	畣 7563	畤 7564	畧 7567	畨 7568	畩 7569	畫 756B	畬 756C	畭 756D	畮 756E	畯 756F
9	異 7570	畱 7571	畳 7573	畵 7575	當 7576	畷 7577	畺 757A	畻 757B	畼 757C	畽 757D	畾 757E	疀 7580	疁 7581	疂 7582	疄 7584	疅 7585
A	疇 7587															

AF	0	1	2	3	4	5	6	7	8	9	A	B	C	D	E	F
4	疈 7588	疉 7589	疊 758A	疌 758C	疍 758D	疎 758E	疐 7590	疓 7593	疕 7595	疘 7598	疛 759B	疜 759C	疞 759E	疢 75A2	疦 75A6	疧 75A7
5	疨 75A8	疩 75A9	疪 75AA	疭 75AD	疶 75B6	疷 75B7	疺 75BA	疻 75BB	疿 75BF	痀 75C0	痁 75C1	痆 75C6	痋 75CB	痌 75CC	痎 75CE	痏 75CF
6	痐 75D0	痑 75D1	痓 75D3	痗 75D7	痙 75D9	痚 75DA	痜 75DC	痝 75DD	痟 75DF	痠 75E0	痡 75E1	痥 75E5	痩 75E9	痬 75EC	痭 75ED	痮 75EE
7	痯 75EF	痲 75F2	痳 75F3	痵 75F5	痶 75F6	痷 75F7	痸 75F8	痺 75FA	痻 75FB	痽 75FD	痾 75FE	瘂 7602	瘄 7604	瘆 7606	瘇 7607	
8	瘈 7608	瘉 7609	瘋 760B	瘍 760D	瘎 760E	瘏 760F	瘑 7611	瘒 7612	瘓 7613	瘔 7614	瘖 7616	瘚 761A	瘜 761C	瘝 761D	瘞 761E	瘡 7621
9	瘣 7623	瘧 7627	瘨 7628	瘬 762C	瘮 762E	瘯 762F	瘱 7631	瘲 7632	瘶 7636	瘷 7637	瘹 7639	瘺 763A	瘻 763B	瘽 763D	癁 7641	療 7642
A	癄 7644															

双字节 4 区

B0	0	1	2	3	4	5	6	7	8	9	A	B	C	D	E	F
4	癅 7645	癆 7646	癇 7647	癈 7648	癉 7649	癊 764A	癋 764B	癎 764E	癏 764F	癐 7650	癑 7651	癒 7652	癓 7653	癕 7655	癗 7657	癘 7658
5	癙 7659	癚 765A	癛 765B	癝 765D	癟 765F	癠 7660	癡 7661	癢 7662	癤 7664	癥 7665	癦 7666	癧 7667	癨 7668	癩 7669	癪 766A	癬 766C
6	癭 766D	癮 766E	癰 7670	癱 7671	癲 7672	癳 7673	癴 7674	癵 7675	癶 7676	癷 7677	癹 7679	発 767A	發 767C	癿 767F	皀 7680	皁 7681
7	皃 7683	皅 7685	皉 7689	皊 768A	皌 768C	皍 768D	皏 768F	皐 7690	皒 7692	皔 7694	皕 7695	皗 7697	皘 7698	皚 769A	皛 769B	
8	皜 769C	皝 769D	皞 769E	皟 769F	皠 76A0	皡 76A1	皢 76A2	皣 76A3	皥 76A5	皦 76A6	皧 76A7	皨 76A8	皩 76A9	皪 76AA	皫 76AB	皬 76AC
9	皭 76AD	皯 76AF	皰 76B0	皳 76B3	皵 76B5	皶 76B6	皷 76B7	皸 76B8	皹 76B9	皺 76BA	皻 76BB	皼 76BC	皽 76BD	皾 76BE	盀 76C0	盁 76C1
A	盃 76C3															

B1	0	1	2	3	4	5	6	7	8	9	A	B	C	D	E	F
4	盄 76C4	盇 76C7	盉 76C9	盋 76CB	盌 76CC	盓 76D3	盕 76D5	盙 76D9	盚 76DA	盜 76DC	盝 76DD	盞 76DE	盠 76E0	盡 76E1	盢 76E2	監 76E3
5	盤 76E4	盦 76E6	盧 76E7	盨 76E8	盩 76E9	盪 76EA	盫 76EB	盬 76EC	盭 76ED	盰 76F0	盳 76F3	盵 76F5	盶 76F6	盷 76F7	盺 76FA	盻 76FB
6	盽 76FD	盿 76FF	眀 7700	眂 7702	眃 7703	眅 7705	眆 7706	眊 770A	県 770C	眎 770E	眏 770F	眐 7710	眑 7711	眒 7712	眓 7713	眔 7714
7	眕 7715	眖 7716	眗 7717	眘 7718	眛 771B	眜 771C	眝 771D	眞 771E	眡 7721	眣 7723	眤 7724	眥 7725	眧 7727	眪 772A	眫 772B	
8	眬 772C	眮 772E	眰 7730	眱 7731	眲 7732	眳 7733	眴 7734	眹 7739	眻 773B	眽 773D	眾 773E	眿 773F	睂 7742	睄 7744	睅 7745	睆 7746
9	睈 7748	睉 7749	睊 774A	睋 774B	睌 774C	睍 774D	睎 774E	睏 774F	睒 7752	睓 7753	睔 7754	睕 7755	睖 7756	睗 7757	睘 7758	睙 7759
A	睜 775C															

B2	0	1	2	3	4	5	6	7	8	9	A	B	C	D	E	F
4	睝 775D	睞 775E	睟 775F	睠 7760	睤 7764	睧 7767	睩 7769	睪 776A	睭 776D	睮 776E	睯 776F	睰 7770	睱 7771	睲 7772	睳 7773	睴 7774
5	睵 7775	睶 7776	睷 7777	睸 7778	睺 777A	睻 777B	睼 777C	瞁 7781	瞂 7782	瞃 7783	瞆 7786	瞇 7787	瞈 7788	瞉 7789	瞊 778A	瞋 778B
6	瞏 778F	瞐 7790	瞓 7793	瞔 7794	瞕 7795	瞖 7796	瞗 7797	瞘 7798	瞙 7799	瞚 779A	瞛 779B	瞜 779C	瞝 779D	瞞 779E	瞡 77A1	瞣 77A3
7	瞤 77A4	瞦 77A6	瞨 77A8	瞫 77AB	瞭 77AD	瞮 77AE	瞯 77AF	瞱 77B1	瞲 77B2	瞴 77B4	瞶 77B6	瞷 77B7	瞸 77B8	瞹 77B9	瞺 77BA	
8	瞼 77BC	瞾 77BE	矀 77C0	矁 77C1	矂 77C2	矃 77C3	矄 77C4	矅 77C5	矆 77C6	矇 77C7	矈 77C8	矉 77C9	矊 77CA	矋 77CB	矌 77CC	矎 77CE
9	矏 77CF	矐 77D0	矑 77D1	矒 77D2	矓 77D3	矔 77D4	矕 77D5	矖 77D6	矘 77D8	矙 77D9	矚 77DA	矝 77DD	矞 77DE	矟 77DF	矠 77E0	矡 77E1
A	矤 77E4															

双字节 4 区

B3	0	1	2	3	4	5	6	7	8	9	A	B	C	D	E	F
4	矦 77E6	矨 77E8	矪 77EA	矯 77EF	矰 77F0	矱 77F1	矲 77F2	矴 77F4	矵 77F5	矷 77F7	矹 77F9	矺 77FA	矻 77FB	矼 77FC	砃 7803	砄 7804
5	砅 7805	砆 7806	砇 7807	砈 7808	砊 780A	砋 780B	砎 780E	砏 780F	砐 7810	砓 7813	砕 7815	砙 7819	砛 781B	砞 781E	砠 7820	砡 7821
6	砢 7822	砤 7824	砨 7828	砪 782A	砫 782B	砮 782E	砯 782F	砱 7831	砲 7832	砳 7833	砵 7835	砶 7836	砽 783D	砿 783F	硁 7841	硂 7842
7	硃 7843	硄 7844	硆 7846	硈 7848	硉 7849	硊 784A	硋 784B	硍 784D	硏 784F	硑 7851	硓 7853	硔 7854	硘 7858	硙 7859	硚 785A	
8	硛 785B	硜 785C	硞 785E	硟 785F	硠 7860	硡 7861	硢 7862	硣 7863	硤 7864	硥 7865	硦 7866	硧 7867	硨 7868	硩 7869	硯 786F	硰 7870
9	硱 7871	硲 7872	硳 7873	硴 7874	硵 7875	硶 7876	硸 7878	硹 7879	硺 787A	硻 787B	硽 787D	硾 787E	硿 787F	碀 7880	碁 7881	碂 7882
A	碃 7883															

B4	0	1	2	3	4	5	6	7	8	9	A	B	C	D	E	F
4	碄 7884	碅 7885	碆 7886	碈 7888	碊 788A	碋 788B	碏 788F	碐 7890	碒 7892	碔 7894	碕 7895	碖 7896	碙 7899	碝 789D	碞 789E	碠 78A0
5	碢 78A2	碤 78A4	碦 78A6	碨 78A8	碩 78A9	碪 78AA	碫 78AB	碬 78AC	碭 78AD	碮 78AE	碯 78AF	碵 78B5	碶 78B6	碷 78B7	碸 78B8	確 78BA
6	碻 78BB	碼 78BC	碽 78BD	碿 78BF	磀 78C0	磂 78C2	磃 78C3	磄 78C4	磆 78C6	磇 78C7	磈 78C8	磌 78CC	磍 78CD	磎 78CE	磏 78CF	磑 78D1
7	磒 78D2	磓 78D3	磖 78D6	磗 78D7	磘 78D8	磚 78DA	磛 78DB	磜 78DC	磝 78DD	磞 78DE	磟 78DF	磠 78E0	磡 78E1	磢 78E2	磣 78E3	
8	磤 78E4	磥 78E5	磦 78E6	磧 78E7	磩 78E9	磪 78EA	磫 78EB	磭 78ED	磮 78EE	磯 78EF	磰 78F0	磱 78F1	磳 78F3	磵 78F5	磶 78F6	磸 78F8
9	磹 78F9	磻 78FB	磼 78FC	磽 78FD	磾 78FE	磿 78FF	礀 7900	礂 7902	礃 7903	礄 7904	礆 7906	礇 7907	礈 7908	礉 7909	礊 790A	礋 790B
A	礌 790C															

B5	0	1	2	3	4	5	6	7	8	9	A	B	C	D	E	F
4	礍 790D	礎 790E	礏 790F	礐 7910	礑 7911	礒 7912	礔 7914	礕 7915	礖 7916	礗 7917	礘 7918	礙 7919	礚 791A	礛 791B	礜 791C	礝 791D
5	礟 791F	礠 7920	礡 7921	礢 7922	礣 7923	礥 7925	礦 7926	礧 7927	礨 7928	礩 7929	礪 792A	礫 792B	礬 792C	礭 792D	礮 792E	礯 792F
6	礰 7930	礱 7931	礲 7932	礳 7933	礵 7935	礶 7936	礷 7937	礸 7938	礹 7939	礽 793D	礿 793F	祂 7942	祃 7943	祄 7944	祅 7945	祇 7947
7	祊 794A	祋 794B	祌 794C	祍 794D	祎 794E	祏 794F	祐 7950	祑 7951	祒 7952	祔 7954	祕 7955	祘 7958	祙 7959	祡 7961	祣 7963	
8	祤 7964	祦 7966	祩 7969	祪 796A	祫 796B	祬 796C	祮 796E	祰 7970	祱 7971	祲 7972	祳 7973	祴 7974	祵 7975	祶 7976	祹 7979	祻 797B
9	祼 797C	祽 797D	祾 797E	祿 797F	禂 7982	禃 7983	禆 7986	禇 7987	禈 7988	禉 7989	禋 798B	禌 798C	禍 798D	禎 798E	禐 7990	禑 7991
A	禒 7992															

双字节4区

B6	0	1	2	3	4	5	6	7	8	9	A	B	C	D	E	F
4	禓 7993	禔 7994	禕 7995	禖 7996	禗 7997	禘 7998	禙 7999	禛 799B	禜 799C	禝 799D	禞 799E	禟 799F	禠 79A0	禡 79A1	禢 79A2	禣 79A3
5	禤 79A4	禥 79A5	禦 79A6	禨 79A8	禩 79A9	禪 79AA	禫 79AB	禬 79AC	禭 79AD	禮 79AE	禯 79AF	禰 79B0	禱 79B1	禲 79B2	禴 79B4	禵 79B5
6	禶 79B6	禷 79B7	禸 79B8	禼 79BC	禿 79BF	秂 79C2	秄 79C4	秅 79C5	秇 79C7	秈 79C8	秊 79CA	秌 79CC	秎 79CE	秏 79CF	秐 79D0	秓 79D3
7	秔 79D4	秖 79D6	秗 79D7	秙 79D9	秚 79DA	秛 79DB	秜 79DC	秝 79DD	秞 79DE	秠 79E0	秡 79E1	秢 79E2	秥 79E5	秨 79E8	秪 79EA	
8	秬 79EC	秮 79EE	秱 79F1	秲 79F2	秳 79F3	秴 79F4	秵 79F5	秶 79F6	秷 79F7	秹 79F9	秺 79FA	秼 79FC	秾 79FE	秿 79FF	稁 7A01	稄 7A04
9	稅 7A05	稇 7A07	稈 7A08	稉 7A09	稊 7A0A	稌 7A0C	稏 7A0F	稐 7A10	稑 7A11	稒 7A12	稓 7A13	稕 7A15	稖 7A16	稘 7A18	稙 7A19	稛 7A1B
A	稜 7A1C															

B7	0	1	2	3	4	5	6	7	8	9	A	B	C	D	E	F
4	稝 7A1D	稟 7A1F	稡 7A21	稢 7A22	稤 7A24	稥 7A25	稦 7A26	稧 7A27	稨 7A28	稩 7A29	稪 7A2A	稫 7A2B	稬 7A2C	稭 7A2D	種 7A2E	稯 7A2F
5	稰 7A30	稱 7A31	稲 7A32	稴 7A34	稵 7A35	稶 7A36	稸 7A38	稺 7A3A	稾 7A3E	穀 7A40	穁 7A41	穂 7A42	穃 7A43	穄 7A44	穅 7A45	穇 7A47
6	穈 7A48	穉 7A49	穊 7A4A	穋 7A4B	穌 7A4C	積 7A4D	穎 7A4E	穏 7A4F	穐 7A50	穒 7A52	穓 7A53	穔 7A54	穕 7A55	穖 7A56	穘 7A58	穙 7A59
7	穚 7A5A	穛 7A5B	穜 7A5C	穝 7A5D	穞 7A5E	穟 7A5F	穠 7A60	穡 7A61	穢 7A62	穣 7A63	穤 7A64	穥 7A65	穦 7A66	穧 7A67	穨 7A68	
8	穩 7A69	穪 7A6A	穫 7A6B	穬 7A6C	穭 7A6D	穮 7A6E	穯 7A6F	穱 7A71	穲 7A72	穳 7A73	穵 7A75	穻 7A7B	穼 7A7C	穽 7A7D	穾 7A7E	窂 7A82
9	窅 7A85	窇 7A87	窉 7A89	窊 7A8A	窋 7A8B	窌 7A8C	窎 7A8E	窏 7A8F	窐 7A90	窓 7A93	窔 7A94	窙 7A99	窚 7A9A	窛 7A9B	窞 7A9E	窡 7AA1
A	窢 7AA2															

B8	0	1	2	3	4	5	6	7	8	9	A	B	C	D	E	F
4	窣 7AA3	窤 7AA4	窧 7AA7	窩 7AA9	窪 7AAA	窫 7AAB	窮 7AAE	窯 7AAF	窰 7AB0	窱 7AB1	窲 7AB2	窴 7AB4	窵 7AB5	窶 7AB6	窷 7AB7	窸 7AB8
5	窹 7AB9	窺 7ABA	窻 7ABB	窼 7ABC	窽 7ABD	窾 7ABE	竀 7AC0	竁 7AC1	竂 7AC2	竃 7AC3	竄 7AC4	竅 7AC5	竆 7AC6	竇 7AC7	竈 7AC8	竉 7AC9
6	竊 7ACA	竌 7ACC	竍 7ACD	竎 7ACE	竏 7ACF	竐 7AD0	竑 7AD1	竒 7AD2	竓 7AD3	竔 7AD4	竕 7AD5	竗 7AD7	竘 7AD8	竚 7ADA	竛 7ADB	竜 7ADC
7	竝 7ADD	竡 7AE1	竢 7AE2	竤 7AE4	竧 7AE7	竨 7AE8	竩 7AE9	竪 7AEA	竫 7AEB	竬 7AEC	竮 7AEE	竰 7AF0	竱 7AF1	竲 7AF2	竳 7AF3	
8	竴 7AF4	竵 7AF5	競 7AF6	竷 7AF7	竸 7AF8	竻 7AFB	竼 7AFC	竾 7AFE	笀 7B00	笁 7B01	笂 7B02	笅 7B05	笇 7B07	笉 7B09	笌 7B0C	笍 7B0D
9	笎 7B0E	笐 7B10	笒 7B12	笓 7B13	笖 7B16	笗 7B17	笘 7B18	笚 7B1A	笜 7B1C	笝 7B1D	笟 7B1F	笡 7B21	笢 7B22	笣 7B23	笧 7B27	笩 7B29
A	笭 7B2D															

双字节4区

B9	0	1	2	3	4	5	6	7	8	9	A	B	C	D	E	F
4	笯 7B2F	笰 7B30	笲 7B32	笴 7B34	笵 7B35	笶 7B36	笷 7B37	笹 7B39	笻 7B3B	笽 7B3D	笿 7B3F	筀 7B40	筁 7B41	筂 7B42	筃 7B43	筄 7B44
5	筆 7B46	筈 7B48	筊 7B4A	筍 7B4D	筎 7B4E	筓 7B53	筕 7B55	筗 7B57	筙 7B59	筜 7B5C	筞 7B5E	筟 7B5F	筡 7B61	筣 7B63	筤 7B64	筥 7B65
6	筦 7B66	筧 7B67	筨 7B68	筩 7B69	筪 7B6A	筫 7B6B	筬 7B6C	筭 7B6D	筯 7B6F	筰 7B70	筳 7B73	筴 7B74	筶 7B76	筸 7B78	筺 7B7A	筼 7B7C
7	筽 7B7D	筿 7B7F	箁 7B81	箂 7B82	箃 7B83	箄 7B84	箆 7B86	箇 7B87	箈 7B88	箉 7B89	箊 7B8A	箋 7B8B	箌 7B8C	箎 7B8E	箏 7B8F	
8	箑 7B91	箒 7B92	箓 7B93	箖 7B96	箘 7B98	箙 7B99	箚 7B9A	箛 7B9B	箞 7B9E	箟 7B9F	箠 7BA0	箣 7BA3	箤 7BA4	箥 7BA5	箮 7BAE	箯 7BAF
9	箰 7BB0	箲 7BB2	箳 7BB3	箵 7BB5	箶 7BB6	箷 7BB7	箹 7BB9	箺 7BBA	箻 7BBB	箼 7BBC	箽 7BBD	箾 7BBE	箿 7BBF	節 7BC0	篂 7BC2	篃 7BC3
A	範 7BC4															

BA	0	1	2	3	4	5	6	7	8	9	A	B	C	D	E	F
4	篅 7BC5	篈 7BC8	築 7BC9	篊 7BCA	篋 7BCB	篍 7BCD	篎 7BCE	篏 7BCF	篐 7BD0	篒 7BD2	篔 7BD4	篕 7BD5	篖 7BD6	篗 7BD7	篘 7BD8	篛 7BDB
5	篜 7BDC	篞 7BDE	篟 7BDF	篠 7BE0	篢 7BE2	篣 7BE3	篤 7BE4	篧 7BE7	篨 7BE8	篩 7BE9	篫 7BEB	篬 7BEC	篭 7BED	篯 7BEF	篰 7BF0	篲 7BF2
6	篳 7BF3	篴 7BF4	篵 7BF5	篶 7BF6	篸 7BF8	篹 7BF9	篺 7BFA	篻 7BFB	篽 7BFD	篿 7BFF	簀 7C00	簁 7C01	簂 7C02	簃 7C03	簄 7C04	簅 7C05
7	簆 7C06	簈 7C08	簉 7C09	簊 7C0A	簍 7C0D	簎 7C0E	簐 7C10	簑 7C11	簒 7C12	簓 7C13	簔 7C14	簕 7C15	簗 7C17	簘 7C18	簙 7C19	
8	簚 7C1A	簛 7C1B	簜 7C1C	簝 7C1D	簞 7C1E	簠 7C20	簡 7C21	簢 7C22	簣 7C23	簤 7C24	簥 7C25	簨 7C28	簩 7C29	簫 7C2B	簬 7C2C	簭 7C2D
9	簮 7C2E	簯 7C2F	簰 7C30	簱 7C31	簲 7C32	簳 7C33	簴 7C34	簵 7C35	簶 7C36	簷 7C37	簹 7C39	簺 7C3A	簻 7C3B	簼 7C3C	簽 7C3D	簾 7C3E
A	籂 7C42															

BB	0	1	2	3	4	5	6	7	8	9	A	B	C	D	E	F
4	籃 7C43	籄 7C44	籅 7C45	籆 7C46	籇 7C47	籈 7C48	籉 7C49	籊 7C4A	籋 7C4B	籌 7C4C	籎 7C4E	籏 7C4F	籐 7C50	籑 7C51	籒 7C52	籓 7C53
5	籔 7C54	籕 7C55	籖 7C56	籗 7C57	籘 7C58	籙 7C59	籚 7C5A	籛 7C5B	籜 7C5C	籝 7C5D	籞 7C5E	籟 7C5F	籠 7C60	籡 7C61	籢 7C62	籣 7C63
6	籤 7C64	籥 7C65	籦 7C66	籧 7C67	籨 7C68	籩 7C69	籪 7C6A	籫 7C6B	籬 7C6C	籭 7C6D	籮 7C6E	籯 7C6F	籰 7C70	籱 7C71	籲 7C72	籵 7C75
7	籶 7C76	籷 7C77	籸 7C78	籹 7C79	籺 7C7A	籾 7C7E	籿 7C7F	粀 7C80	粁 7C81	粂 7C82	粃 7C83	粄 7C84	粅 7C85	粆 7C86	粇 7C87	
8	粈 7C88	粊 7C8A	粋 7C8B	粌 7C8C	粍 7C8D	粎 7C8E	粏 7C8F	粐 7C90	粓 7C93	粔 7C94	粖 7C96	粙 7C99	粚 7C9A	粛 7C9B	粠 7CA0	粡 7CA1
9	粣 7CA3	粦 7CA6	粧 7CA7	粨 7CA8	粩 7CA9	粫 7CAB	粬 7CAC	粭 7CAD	粯 7CAF	粰 7CB0	粴 7CB4	粵 7CB5	粶 7CB6	粷 7CB7	粸 7CB8	粺 7CBA
A	粻 7CBB															

双字节4区

BC	0	1	2	3	4	5	6	7	8	9	A	B	C	D	E	F
4	粿 7CBF	糀 7CC0	糂 7CC2	糃 7CC3	糄 7CC4	糆 7CC6	糉 7CC9	糋 7CCB	糎 7CCE	糏 7CCF	糐 7CD0	糑 7CD1	糒 7CD2	糓 7CD3	糔 7CD4	糘 7CD8
5	糚 7CDA	糛 7CDB	糝 7CDD	糞 7CDE	糡 7CE1	糢 7CE2	糣 7CE3	糤 7CE4	糥 7CE5	糦 7CE6	糧 7CE7	糩 7CE9	糪 7CEA	糫 7CEB	糬 7CEC	糭 7CED
6	糮 7CEE	糰 7CF0	糱 7CF1	糲 7CF2	糳 7CF3	糴 7CF4	糵 7CF5	糶 7CF6	糷 7CF7	糹 7CF9	糺 7CFA	糼 7CFC	糽 7CFD	糾 7CFE	糿 7CFF	紀 7D00
7	紁 7D01	紂 7D02	紃 7D03	約 7D04	紅 7D05	紆 7D06	紇 7D07	紈 7D08	紉 7D09	紋 7D0B	紌 7D0C	納 7D0D	紎 7D0E	紏 7D0F	紐 7D10	
8	紑 7D11	紒 7D12	紓 7D13	純 7D14	紕 7D15	紖 7D16	紗 7D17	紘 7D18	紙 7D19	級 7D1A	紛 7D1B	紜 7D1C	紝 7D1D	紞 7D1E	紟 7D1F	紡 7D21
9	紣 7D23	紤 7D24	紥 7D25	紦 7D26	紨 7D28	紩 7D29	紪 7D2A	紬 7D2C	紭 7D2D	紮 7D2E	細 7D30	紱 7D31	紲 7D32	紳 7D33	紴 7D34	紵 7D35
A	紶 7D36															

BD	0	1	2	3	4	5	6	7	8	9	A	B	C	D	E	F
4	紷 7D37	紸 7D38	紹 7D39	紺 7D3A	紻 7D3B	紼 7D3C	紽 7D3D	紾 7D3E	紿 7D3F	絀 7D40	絁 7D41	終 7D42	絃 7D43	組 7D44	絅 7D45	絆 7D46
5	絇 7D47	絈 7D48	絉 7D49	絊 7D4A	絋 7D4B	経 7D4C	絍 7D4D	絎 7D4E	絏 7D4F	結 7D50	絑 7D51	絒 7D52	絓 7D53	絔 7D54	絕 7D55	絖 7D56
6	絗 7D57	絘 7D58	絙 7D59	絚 7D5A	絛 7D5B	絜 7D5C	絝 7D5D	絞 7D5E	絟 7D5F	絠 7D60	絡 7D61	絢 7D62	絣 7D63	絤 7D64	絥 7D65	給 7D66
7	絧 7D67	絨 7D68	絩 7D69	絪 7D6A	絫 7D6B	絬 7D6C	絭 7D6D	絯 7D6F	絰 7D70	統 7D71	絲 7D72	絳 7D73	絴 7D74	絵 7D75	絶 7D76	
8	絸 7D78	絹 7D79	絺 7D7A	絻 7D7B	絼 7D7C	絽 7D7D	絾 7D7E	絿 7D7F	綀 7D80	綁 7D81	綂 7D82	綃 7D83	綄 7D84	綅 7D85	綆 7D86	綇 7D87
9	綈 7D88	綉 7D89	綊 7D8A	綋 7D8B	綌 7D8C	綍 7D8D	綎 7D8E	綏 7D8F	綐 7D90	綑 7D91	綒 7D92	經 7D93	綔 7D94	綕 7D95	綖 7D96	綗 7D97
A	綘 7D98															

BE	0	1	2	3	4	5	6	7	8	9	A	B	C	D	E	F
4	継 7D99	続 7D9A	綛 7D9B	綜 7D9C	綝 7D9D	綞 7D9E	綟 7D9F	綠 7DA0	綡 7DA1	綢 7DA2	綣 7DA3	綤 7DA4	綥 7DA5	綧 7DA7	綨 7DA8	綩 7DA9
5	綪 7DAA	綫 7DAB	綬 7DAC	維 7DAD	綯 7DAF	綰 7DB0	綱 7DB1	網 7DB2	綳 7DB3	綴 7DB4	綵 7DB5	綶 7DB6	綷 7DB7	綸 7DB8	綹 7DB9	綺 7DBA
6	綻 7DBB	綼 7DBC	綽 7DBD	綾 7DBE	綿 7DBF	緀 7DC0	緁 7DC1	緂 7DC2	緃 7DC3	緄 7DC4	緅 7DC5	緆 7DC6	緇 7DC7	緈 7DC8	緉 7DC9	緊 7DCA
7	緋 7DCB	緌 7DCC	緍 7DCD	緎 7DCE	総 7DCF	緐 7DD0	緑 7DD1	緒 7DD2	緓 7DD3	緔 7DD4	緕 7DD5	緖 7DD6	緗 7DD7	緘 7DD8	緙 7DD9	
8	線 7DDA	緛 7DDB	緜 7DDC	緝 7DDD	緞 7DDE	緟 7DDF	締 7DE0	緡 7DE1	緢 7DE2	緣 7DE3	緤 7DE4	緥 7DE5	緦 7DE6	緧 7DE7	編 7DE8	緩 7DE9
9	緪 7DEA	緫 7DEB	緬 7DEC	緭 7DED	緮 7DEE	緯 7DEF	緰 7DF0	緱 7DF1	緲 7DF2	緳 7DF3	練 7DF4	緵 7DF5	緶 7DF6	緷 7DF7	緸 7DF8	緹 7DF9
A	緺 7DFA															

双字节4区

BF	0	1	2	3	4	5	6	7	8	9	A	B	C	D	E	F
4	緻 7DFB	緼 7DFC	緽 7DFD	緾 7DFE	緿 7DFF	縀 7E00	縁 7E01	縂 7E02	縃 7E03	縄 7E04	縅 7E05	縆 7E06	縇 7E07	縈 7E08	縉 7E09	縊 7E0A
5	縋 7E0B	縌 7E0C	縍 7E0D	縎 7E0E	縏 7E0F	縐 7E10	縑 7E11	縒 7E12	縓 7E13	縔 7E14	縕 7E15	縖 7E16	縗 7E17	縘 7E18	縙 7E19	縚 7E1A
6	縛 7E1B	縜 7E1C	縝 7E1D	縞 7E1E	縟 7E1F	縠 7E20	縡 7E21	縢 7E22	縣 7E23	縤 7E24	縥 7E25	縦 7E26	縧 7E27	縨 7E28	縩 7E29	縪 7E2A
7	縫 7E2B	縬 7E2C	縭 7E2D	縮 7E2E	縯 7E2F	縰 7E30	縱 7E31	縲 7E32	縳 7E33	縴 7E34	縵 7E35	縶 7E36	縷 7E37	縸 7E38	縹 7E39	
8	縺 7E3A	縼 7E3C	總 7E3D	績 7E3E	縿 7E3F	繀 7E40	繂 7E42	繃 7E43	繄 7E44	繅 7E45	繆 7E46	繈 7E48	繉 7E49	繊 7E4A	繋 7E4B	繌 7E4C
9	繍 7E4D	繎 7E4E	繏 7E4F	繐 7E50	繑 7E51	繒 7E52	繓 7E53	織 7E54	繕 7E55	繖 7E56	繗 7E57	繘 7E58	繙 7E59	繚 7E5A	繛 7E5B	繜 7E5C
A	繝 7E5D															

C0	0	1	2	3	4	5	6	7	8	9	A	B	C	D	E	F
4	繞 7E5E	繟 7E5F	繠 7E60	繡 7E61	繢 7E62	繣 7E63	繤 7E64	繥 7E65	繦 7E66	繧 7E67	繨 7E68	繩 7E69	繪 7E6A	繫 7E6B	繬 7E6C	繭 7E6D
5	繮 7E6E	繯 7E6F	繰 7E70	繱 7E71	繲 7E72	繳 7E73	繴 7E74	繵 7E75	繶 7E76	繷 7E77	繸 7E78	繹 7E79	繺 7E7A	繻 7E7B	繼 7E7C	繽 7E7D
6	繾 7E7E	繿 7E7F	纀 7E80	纁 7E81	纃 7E83	纄 7E84	纅 7E85	纆 7E86	纇 7E87	纈 7E88	纉 7E89	纊 7E8A	纋 7E8B	續 7E8C	纍 7E8D	纎 7E8E
7	纏 7E8F	纐 7E90	纑 7E91	纒 7E92	纓 7E93	纔 7E94	纕 7E95	纖 7E96	纗 7E97	纘 7E98	纙 7E99	纚 7E9A	纜 7E9C	纝 7E9D	纞 7E9E	
8	纮 7EAE	纴 7EB4	纻 7EBB	纼 7EBC	绖 7ED6	绤 7EE4	绬 7EEC	绹 7EF9	缊 7F0A	缐 7F10	缞 7F1E	缷 7F37	缹 7F39	缻 7F3B	缼 7F3C	缽 7F3D
9	缾 7F3E	缿 7F3F	罀 7F40	罁 7F41	罃 7F43	罆 7F46	罇 7F47	罈 7F48	罉 7F49	罊 7F4A	罋 7F4B	罌 7F4C	罍 7F4D	罎 7F4E	罏 7F4F	罒 7F52
A	罓 7F53															

C1	0	1	2	3	4	5	6	7	8	9	A	B	C	D	E	F
4	罖 7F56	罙 7F59	罛 7F5B	罜 7F5C	罝 7F5D	罞 7F5E	罠 7F60	罣 7F63	罤 7F64	罥 7F65	罦 7F66	罧 7F67	罫 7F6B	罬 7F6C	罭 7F6D	罯 7F6F
5	罰 7F70	罳 7F73	罵 7F75	罶 7F76	罷 7F77	罸 7F78	罺 7F7A	罻 7F7B	罼 7F7C	罽 7F7D	罿 7F7F	羀 7F80	羂 7F82	羃 7F83	羄 7F84	羅 7F85
6	羆 7F86	羇 7F87	羈 7F88	羉 7F89	羋 7F8B	羍 7F8D	羏 7F8F	羐 7F90	羑 7F91	羒 7F92	羓 7F93	羕 7F95	羖 7F96	羗 7F97	羘 7F98	羙 7F99
7	羛 7F9B	羜 7F9C	羠 7FA0	羢 7FA2	羣 7FA3	羥 7FA5	羦 7FA6	羨 7FA8	義 7FA9	羪 7FAA	羫 7FAB	羬 7FAC	羭 7FAD	羮 7FAE	羱 7FB1	
8	羳 7FB3	羴 7FB4	羵 7FB5	羶 7FB6	羷 7FB7	羺 7FBA	羻 7FBB	羾 7FBE	翀 7FC0	翂 7FC2	翃 7FC3	翄 7FC4	翆 7FC6	翇 7FC7	翈 7FC8	翉 7FC9
9	翋 7FCB	翍 7FCD	翏 7FCF	翐 7FD0	翑 7FD1	習 7FD2	翓 7FD3	翖 7FD6	翗 7FD7	翙 7FD9	翚 7FDA	翛 7FDB	翜 7FDC	翝 7FDD	翞 7FDE	翢 7FE2
A	翣 7FE3															

双字节4区

C2	0	1	2	3	4	5	6	7	8	9	A	B	C	D	E	F
4	翤 7FE4	翧 7FE7	翨 7FE8	翪 7FEA	翫 7FEB	翬 7FEC	翭 7FED	翯 7FEF	翲 7FF2	翴 7FF4	翵 7FF5	翶 7FF6	翷 7FF7	翸 7FF8	翹 7FF9	翺 7FFA
5	翽 7FFD	翾 7FFE	翿 7FFF	耂 8002	耇 8007	耈 8008	耉 8009	耊 800A	耎 800E	耏 800F	耑 8011	耓 8013	耚 801A	耛 801B	耝 801D	耞 801E
6	耟 801F	耡 8021	耣 8023	耤 8024	耫 802B	耬 802C	耭 802D	耮 802E	耯 802F	耰 8030	耲 8032	耴 8034	耹 8039	耺 803A	耼 803C	耾 803E
7	聀 8040	聁 8041	聄 8044	聅 8045	聇 8047	聈 8048	聉 8049	聎 804E	聏 804F	聐 8050	聑 8051	聓 8053	聕 8055	聖 8056	聗 8057	
8	聙 8059	聛 805B	聜 805C	聝 805D	聞 805E	聟 805F	聠 8060	聡 8061	聢 8062	聣 8063	聤 8064	聥 8065	聦 8066	聧 8067	聨 8068	聫 806B
9	聬 806C	聭 806D	聮 806E	聯 806F	聰 8070	聲 8072	聳 8073	聴 8074	聵 8075	聶 8076	職 8077	聸 8078	聹 8079	聺 807A	聻 807B	聼 807C
A	聽 807D															

C3	0	1	2	3	4	5	6	7	8	9	A	B	C	D	E	F
4	聾 807E	肁 8081	肂 8082	肅 8085	肈 8088	肊 808A	肍 808D	肎 808E	肏 808F	肐 8090	肑 8091	肒 8092	肔 8094	肕 8095	肗 8097	肙 8099
5	肞 809E	肣 80A3	肦 80A6	肧 80A7	肨 80A8	肬 80AC	肰 80B0	肳 80B3	肵 80B5	肶 80B6	肸 80B8	肹 80B9	肻 80BB	胅 80C5	胇 80C7	胈 80C8
6	胉 80C9	胊 80CA	胋 80CB	胏 80CF	胐 80D0	胑 80D1	胒 80D2	胓 80D3	胔 80D4	胕 80D5	胘 80D8	胟 80DF	胠 80E0	胢 80E2	胣 80E3	胦 80E6
7	胮 80EE	胵 80F5	胷 80F7	胹 80F9	胻 80FB	胾 80FE	胿 80FF	脀 8100	脁 8101	脃 8103	脄 8104	脅 8105	脇 8107	脈 8108	脋 810B	
8	脌 810C	脕 8115	脗 8117	脙 8119	脛 811B	脜 811C	脝 811D	脟 811F	脠 8120	脡 8121	脢 8122	脣 8123	脤 8124	脥 8125	脦 8126	脧 8127
9	脨 8128	脩 8129	脪 812A	脫 812B	脭 812D	脮 812E	脰 8130	脳 8133	脴 8134	脵 8135	脷 8137	脹 8139	脺 813A	脻 813B	脼 813C	脽 813D
A	脿 813F															

C4	0	1	2	3	4	5	6	7	8	9	A	B	C	D	E	F
4	腀 8140	腁 8141	腂 8142	腃 8143	腄 8144	腅 8145	腇 8147	腉 8149	腍 814D	腎 814E	腏 814F	腒 8152	腖 8156	腗 8157	腘 8158	腛 815B
5	腜 815C	腝 815D	腞 815E	腟 815F	腡 8161	腢 8162	腣 8163	腤 8164	腦 8166	腨 8168	腪 816A	腫 816B	腬 816C	腯 816F	腲 8172	腳 8173
6	腵 8175	腶 8176	腷 8177	腸 8178	膁 8181	膃 8183	膄 8184	膅 8185	膆 8186	膇 8187	膉 8189	膋 818B	膌 818C	膍 818D	膎 818E	膐 8190
7	膒 8192	膓 8193	膔 8194	膕 8195	膖 8196	膗 8197	膙 8199	膚 819A	膞 819E	膟 819F	膠 81A0	膡 81A1	膢 81A2	膤 81A4	膥 81A5	
8	膧 81A7	膩 81A9	膫 81AB	膬 81AC	膭 81AD	膮 81AE	膯 81AF	膰 81B0	膱 81B1	膲 81B2	膴 81B4	膵 81B5	膶 81B6	膷 81B7	膸 81B8	膹 81B9
9	膼 81BC	膽 81BD	膾 81BE	膿 81BF	臄 81C4	臅 81C5	臇 81C7	臈 81C8	臉 81C9	臋 81CB	臍 81CD	臎 81CE	臏 81CF	臐 81D0	臑 81D1	臒 81D2
A	臓 81D3															

双字节4区

C5	0	1	2	3	4	5	6	7	8	9	A	B	C	D	E	F
4	臔 81D4	臕 81D5	臖 81D6	臗 81D7	臘 81D8	臙 81D9	臚 81DA	臛 81DB	臜 81DC	臝 81DD	臞 81DE	臟 81DF	臠 81E0	臡 81E1	臢 81E2	臤 81E4
5	臥 81E5	臦 81E6	臨 81E8	臩 81E9	臫 81EB	臮 81EE	臯 81EF	臰 81F0	臱 81F1	臲 81F2	臵 81F5	臶 81F6	臷 81F7	臸 81F8	臹 81F9	臺 81FA
6	臽 81FD	臿 81FF	舃 8203	與 8207	興 8208	舉 8209	舊 820A	舋 820B	舎 820E	舏 820F	舑 8211	舓 8213	舕 8215	舖 8216	舗 8217	舘 8218
7	舙 8219	舚 821A	舝 821D	舠 8220	舤 8224	舥 8225	舦 8226	舧 8227	舩 8229	舮 822E	舲 8232	舺 823A	舼 823C	舽 823D	舿 823F	
8	艀 8240	艁 8241	艂 8242	艃 8243	艅 8245	艆 8246	艈 8248	艊 824A	艌 824C	艍 824D	艎 824E	艐 8250	艑 8251	艒 8252	艓 8253	艔 8254
9	艕 8255	艖 8256	艗 8257	艙 8259	艛 825B	艜 825C	艝 825D	艞 825E	艠 8260	艡 8261	艢 8262	艣 8263	艤 8264	艥 8265	艦 8266	艧 8267
A	艩 8269															

C6	0	1	2	3	4	5	6	7	8	9	A	B	C	D	E	F
4	艪 826A	艫 826B	艬 826C	艭 826D	艱 8271	艵 8275	艶 8276	艷 8277	艸 8278	艻 827B	艼 827C	芀 8280	芁 8281	芃 8283	芅 8285	芆 8286
5	芇 8287	芉 8289	芌 828C	芐 8290	芓 8293	芔 8294	芕 8295	芖 8296	芚 829A	芛 829B	芞 829E	芠 82A0	芢 82A2	芣 82A3	芧 82A7	芲 82B2
6	芵 82B5	芶 82B6	芺 82BA	芻 82BB	芼 82BC	芿 82BF	苀 82C0	苂 82C2	苃 82C3	苅 82C5	苆 82C6	苉 82C9	苐 82D0	苖 82D6	苙 82D9	苚 82DA
7	苝 82DD	苢 82E2	苧 82E7	苨 82E8	苩 82E9	苪 82EA	苬 82EC	苭 82ED	苮 82EE	苰 82F0	苲 82F2	苳 82F3	苵 82F5	苶 82F6	苸 82F8	
8	苺 82FA	苼 82FC	苽 82FD	苾 82FE	苿 82FF	茀 8300	茊 830A	茋 830B	茍 830D	茐 8310	茒 8312	茓 8313	茖 8316	茘 8318	茙 8319	茝 831D
9	茞 831E	茟 831F	茠 8320	茡 8321	茢 8322	茣 8323	茤 8324	茥 8325	茦 8326	茩 8329	茪 832A	茮 832E	茰 8330	茲 8332	茷 8337	茻 833B
A	茽 833D															

C7	0	1	2	3	4	5	6	7	8	9	A	B	C	D	E	F
4	茾 833E	茿 833F	荁 8341	荂 8342	荄 8344	荅 8345	荈 8348	荊 834A	荋 834B	荌 834C	荍 834D	荎 834E	荓 8353	荕 8355	荖 8356	荗 8357
5	荘 8358	荙 8359	荝 835D	荢 8362	荰 8370	荱 8371	荲 8372	荳 8373	荴 8374	荵 8375	荶 8376	荹 8379	荺 837A	荾 837E	荿 837F	莀 8380
6	莁 8381	莂 8382	莃 8383	莄 8384	莇 8387	莈 8388	莊 838A	莋 838B	莌 838C	莍 838D	莏 838F	莐 8390	莑 8391	莔 8394	莕 8395	莖 8396
7	莗 8397	莙 8399	莚 839A	莝 839D	莟 839F	莡 83A1	莢 83A2	莣 83A3	莤 83A4	莥 83A5	莦 83A6	莧 83A7	莬 83AC	莭 83AD	莮 83AE	
8	莯 83AF	莵 83B5	莻 83BB	莾 83BE	莿 83BF	菂 83C2	菃 83C3	菄 83C4	菆 83C6	菈 83C8	菉 83C9	菋 83CB	菍 83CD	菎 83CE	菐 83D0	菑 83D1
9	菒 83D2	菓 83D3	菕 83D5	菗 83D7	菙 83D9	菚 83DA	菛 83DB	菞 83DE	菢 83E2	菣 83E3	菤 83E4	菦 83E6	菧 83E7	菨 83E8	菫 83EB	菬 83EC
A	菭 83ED															

双字节 4 区

C8	0	1	2	3	4	5	6	7	8	9	A	B	C	D	E	F
4	菮 83EE	華 83EF	菳 83F3	菴 83F4	菵 83F5	菶 83F6	菷 83F7	菺 83FA	菻 83FB	菼 83FC	菾 83FE	菿 83FF	萀 8400	萂 8402	萅 8405	萇 8407
5	萈 8408	萉 8409	萊 840A	萐 8410	萒 8412	萓 8413	萔 8414	萕 8415	萖 8416	萗 8417	萙 8419	萚 841A	萛 841B	萞 841E	萟 841F	萠 8420
6	萡 8421	萢 8422	萣 8423	萩 8429	萪 842A	萫 842B	萬 842C	萭 842D	萮 842E	萯 842F	萰 8430	萲 8432	萳 8433	萴 8434	萵 8435	萶 8436
7	萷 8437	萹 8439	萺 843A	萻 843B	萾 843E	萿 843F	葀 8440	葁 8441	葂 8442	葃 8443	葄 8444	葅 8445	葇 8447	葈 8448	葉 8449	
8	葊 844A	葋 844B	葌 844C	葍 844D	葎 844E	葏 844F	葐 8450	葒 8452	葓 8453	葔 8454	葕 8455	葖 8456	葘 8458	葝 845D	葞 845E	葟 845F
9	葠 8460	葢 8462	葤 8464	葥 8465	葦 8466	葧 8467	葨 8468	葪 846A	葮 846E	葯 846F	葰 8470	葲 8472	葴 8474	葷 8477	葹 8479	葻 847B
A	葼 847C															

C9	0	1	2	3	4	5	6	7	8	9	A	B	C	D	E	F
4	葽 847D	葾 847E	葿 847F	蒀 8480	蒁 8481	蒃 8483	蒄 8484	蒅 8485	蒆 8486	蒊 848A	蒍 848D	蒏 848F	蒐 8490	蒑 8491	蒒 8492	蒓 8493
5	蒔 8494	蒕 8495	蒖 8496	蒘 8498	蒚 849A	蒛 849B	蒝 849D	蒞 849E	蒟 849F	蒠 84A0	蒢 84A2	蒣 84A3	蒤 84A4	蒥 84A5	蒦 84A6	蒧 84A7
6	蒨 84A8	蒩 84A9	蒪 84AA	蒫 84AB	蒬 84AC	蒭 84AD	蒮 84AE	蒰 84B0	蒱 84B1	蒳 84B3	蒵 84B5	蒶 84B6	蒷 84B7	蒻 84BB	蒼 84BC	蒾 84BE
7	蓀 84C0	蓂 84C2	蓃 84C3	蓅 84C5	蓆 84C6	蓇 84C7	蓈 84C8	蓋 84CB	蓌 84CC	蓎 84CE	蓏 84CF	蓒 84D2	蓔 84D4	蓕 84D5	蓗 84D7	
8	蓘 84D8	蓙 84D9	蓚 84DA	蓛 84DB	蓜 84DC	蓞 84DE	蓡 84E1	蓢 84E2	蓤 84E4	蓧 84E7	蓨 84E8	蓩 84E9	蓪 84EA	蓫 84EB	蓭 84ED	蓮 84EE
9	蓯 84EF	蓱 84F1	蓲 84F2	蓳 84F3	蓴 84F4	蓵 84F5	蓶 84F6	蓷 84F7	蓸 84F8	蓹 84F9	蓺 84FA	蓻 84FB	蓽 84FD	蓾 84FE	蔀 8500	蔁 8501
A	蔂 8502															

CA	0	1	2	3	4	5	6	7	8	9	A	B	C	D	E	F
4	蔃 8503	蔄 8504	蔅 8505	蔆 8506	蔇 8507	蔈 8508	蔉 8509	蔊 850A	蔋 850B	蔍 850D	蔎 850E	蔏 850F	蔐 8510	蔒 8512	蔔 8514	蔕 8515
5	蔖 8516	蔘 8518	蔙 8519	蔛 851B	蔜 851C	蔝 851D	蔞 851E	蔠 8520	蔢 8522	蔣 8523	蔤 8524	蔥 8525	蔦 8526	蔧 8527	蔨 8528	蔩 8529
6	蔪 852A	蔭 852D	蔮 852E	蔯 852F	蔰 8530	蔱 8531	蔲 8532	蔳 8533	蔴 8534	蔵 8535	蔶 8536	蔾 853E	蔿 853F	蕀 8540	蕁 8541	蕂 8542
7	蕄 8544	蕅 8545	蕆 8546	蕇 8547	蕋 854B	蕌 854C	蕍 854D	蕎 854E	蕏 854F	蕐 8550	蕑 8551	蕒 8552	蕓 8553	蕔 8554	蕕 8555	
8	蕗 8557	蕘 8558	蕚 855A	蕛 855B	蕜 855C	蕝 855D	蕟 855F	蕠 8560	蕡 8561	蕢 8562	蕣 8563	蕥 8565	蕦 8566	蕧 8567	蕩 8569	蕪 856A
9	蕫 856B	蕬 856C	蕭 856D	蕮 856E	蕯 856F	蕰 8570	蕱 8571	蕳 8573	蕵 8575	蕶 8576	蕷 8577	蕸 8578	蕼 857C	蕽 857D	蕿 857F	薀 8580
A	薁 8581															

双字节4区

CB	0	1	2	3	4	5	6	7	8	9	A	B	C	D	E	F
4	薂 8582	薃 8583	薆 8586	薈 8588	薉 8589	薊 858A	薋 858B	薌 858C	薍 858D	薎 858E	薐 8590	薑 8591	薒 8592	薓 8593	薔 8594	薕 8595
5	薖 8596	薗 8597	薘 8598	薙 8599	薚 859A	薝 859D	薞 859E	薟 859F	薠 85A0	薡 85A1	薢 85A2	薣 85A3	薥 85A5	薦 85A6	薧 85A7	薩 85A9
6	薫 85AB	薬 85AC	薭 85AD	薱 85B1	薲 85B2	薳 85B3	薴 85B4	薵 85B5	薶 85B6	薸 85B8	薺 85BA	薻 85BB	薼 85BC	薽 85BD	薾 85BE	薿 85BF
7	藀 85C0	藂 85C2	藃 85C3	藄 85C4	藅 85C5	藆 85C6	藇 85C7	藈 85C8	藊 85CA	藋 85CB	藌 85CC	藍 85CD	藎 85CE	藑 85D1	藒 85D2	
8	藔 85D4	藖 85D6	藗 85D7	藘 85D8	藙 85D9	藚 85DA	藛 85DB	藝 85DD	藞 85DE	藟 85DF	藠 85E0	藡 85E1	藢 85E2	藣 85E3	藥 85E5	藦 85E6
9	藧 85E7	藨 85E8	藪 85EA	藫 85EB	藬 85EC	藭 85ED	藮 85EE	藯 85EF	藰 85F0	藱 85F1	藲 85F2	藳 85F3	藴 85F4	藵 85F5	藶 85F6	藷 85F7
A	藸 85F8															

CC	0	1	2	3	4	5	6	7	8	9	A	B	C	D	E	F
4	藹 85F9	藺 85FA	藼 85FC	藽 85FD	藾 85FE	蘀 8600	蘁 8601	蘂 8602	蘃 8603	蘄 8604	蘆 8606	蘇 8607	蘈 8608	蘉 8609	蘊 860A	蘋 860B
5	蘌 860C	蘍 860D	蘎 860E	蘏 860F	蘐 8610	蘒 8612	蘓 8613	蘔 8614	蘕 8615	蘗 8617	蘘 8618	蘙 8619	蘚 861A	蘛 861B	蘜 861C	蘝 861D
6	蘞 861E	蘟 861F	蘠 8620	蘡 8621	蘢 8622	蘣 8623	蘤 8624	蘥 8625	蘦 8626	蘨 8628	蘪 862A	蘫 862B	蘬 862C	蘭 862D	蘮 862E	蘯 862F
7	蘰 8630	蘱 8631	蘲 8632	蘳 8633	蘴 8634	蘵 8635	蘶 8636	蘷 8637	蘹 8639	蘺 863A	蘻 863B	蘽 863D	蘾 863E	蘿 863F	虀 8640	
8	虁 8641	虂 8642	虃 8643	虄 8644	虅 8645	虆 8646	虇 8647	虈 8648	虉 8649	虊 864A	虋 864B	虌 864C	虒 8652	虓 8653	處 8655	虖 8656
9	虗 8657	虘 8658	虙 8659	虛 865B	虜 865C	虝 865D	號 865F	虠 8660	虡 8661	虣 8663	虤 8664	虥 8665	虦 8666	虧 8667	虨 8668	虩 8669
A	虪 866A															

CD	0	1	2	3	4	5	6	7	8	9	A	B	C	D	E	F
4	虭 866D	虯 866F	虰 8670	虲 8672	虳 8673	虴 8674	虵 8675	虶 8676	虷 8677	虸 8678	蚃 8683	蚄 8684	蚅 8685	蚆 8686	蚇 8687	蚈 8688
5	蚉 8689	蚎 868E	蚏 868F	蚐 8690	蚑 8691	蚒 8692	蚔 8694	蚖 8696	蚗 8697	蚘 8698	蚙 8699	蚚 869A	蚛 869B	蚞 869E	蚟 869F	蚠 86A0
6	蚡 86A1	蚢 86A2	蚥 86A5	蚦 86A6	蚫 86AB	蚭 86AD	蚮 86AE	蚲 86B2	蚳 86B3	蚷 86B7	蚸 86B8	蚹 86B9	蚻 86BB	蚼 86BC	蚽 86BD	蚾 86BE
7	蚿 86BF	蛁 86C1	蛂 86C2	蛃 86C3	蛅 86C5	蛈 86C8	蛌 86CC	蛍 86CD	蛒 86D2	蛓 86D3	蛕 86D5	蛖 86D6	蛗 86D7	蛚 86DA	蛜 86DC	
8	蛝 86DD	蛠 86E0	蛡 86E1	蛢 86E2	蛣 86E3	蛥 86E5	蛦 86E6	蛧 86E7	蛨 86E8	蛪 86EA	蛫 86EB	蛬 86EC	蛯 86EF	蛵 86F5	蛶 86F6	蛷 86F7
9	蛺 86FA	蛻 86FB	蛼 86FC	蛽 86FD	蛿 86FF	蜁 8701	蜄 8704	蜅 8705	蜆 8706	蜋 870B	蜌 870C	蜎 870E	蜏 870F	蜐 8710	蜑 8711	蜔 8714
A	蜖 8716															

双字节 4 区

CE	0	1	2	3	4	5	6	7	8	9	A	B	C	D	E	F
4	蜙 8719	蜛 871B	蜝 871D	蜟 871F	蜠 8720	蜤 8724	蜦 8726	蜧 8727	蜨 8728	蜪 872A	蜫 872B	蜬 872C	蜭 872D	蜯 872F	蜰 8730	蜲 8732
5	蜳 8733	蜵 8735	蜶 8736	蜸 8738	蜹 8739	蜺 873A	蜼 873C	蜽 873D	蝀 8740	蝁 8741	蝂 8742	蝃 8743	蝄 8744	蝅 8745	蝆 8746	蝊 874A
6	蝋 874B	蝍 874D	蝏 874F	蝐 8750	蝑 8751	蝒 8752	蝔 8754	蝕 8755	蝖 8756	蝘 8758	蝚 875A	蝛 875B	蝜 875C	蝝 875D	蝞 875E	蝟 875F
7	蝡 8761	蝢 8762	蝦 8766	蝧 8767	蝨 8768	蝩 8769	蝪 876A	蝫 876B	蝬 876C	蝭 876D	蝯 876F	蝱 8771	蝲 8772	蝳 8773	蝵 8775	
8	蝷 8777	蝸 8778	蝹 8779	蝺 877A	蝿 877F	螀 8780	螁 8781	螄 8784	螆 8786	螇 8787	螉 8789	螊 878A	螌 878C	螎 878E	螏 878F	螐 8790
9	螑 8791	螒 8792	螔 8794	螕 8795	螖 8796	螘 8798	螙 8799	螚 879A	螛 879B	螜 879C	螝 879D	螞 879E	螠 87A0	螡 87A1	螢 87A2	螣 87A3
A	螤 87A4															

CF	0	1	2	3	4	5	6	7	8	9	A	B	C	D	E	F
4	螥 87A5	螦 87A6	螧 87A7	螩 87A9	螪 87AA	螮 87AE	螰 87B0	螱 87B1	螲 87B2	螴 87B4	螶 87B6	螷 87B7	螸 87B8	螹 87B9	螻 87BB	螼 87BC
5	螾 87BE	螿 87BF	蟁 87C1	蟂 87C2	蟃 87C3	蟄 87C4	蟅 87C5	蟇 87C7	蟈 87C8	蟉 87C9	蟌 87CC	蟍 87CD	蟎 87CE	蟏 87CF	蟐 87D0	蟔 87D4
6	蟕 87D5	蟖 87D6	蟗 87D7	蟘 87D8	蟙 87D9	蟚 87DA	蟜 87DC	蟝 87DD	蟞 87DE	蟟 87DF	蟡 87E1	蟢 87E2	蟣 87E3	蟤 87E4	蟦 87E6	蟧 87E7
7	蟨 87E8	蟩 87E9	蟫 87EB	蟬 87EC	蟭 87ED	蟯 87EF	蟰 87F0	蟱 87F1	蟲 87F2	蟳 87F3	蟴 87F4	蟵 87F5	蟶 87F6	蟷 87F7	蟸 87F8	
8	蟺 87FA	蟻 87FB	蟼 87FC	蟽 87FD	蟿 87FF	蠀 8800	蠁 8801	蠂 8802	蠄 8804	蠅 8805	蠆 8806	蠇 8807	蠈 8808	蠉 8809	蠋 880B	蠌 880C
9	蠍 880D	蠎 880E	蠏 880F	蠐 8810	蠑 8811	蠒 8812	蠔 8814	蠗 8817	蠘 8818	蠙 8819	蠚 881A	蠜 881C	蠝 881D	蠞 881E	蠟 881F	蠠 8820
A	蠣 8823															

D0	0	1	2	3	4	5	6	7	8	9	A	B	C	D	E	F
4	蠤 8824	蠥 8825	蠦 8826	蠧 8827	蠨 8828	蠩 8829	蠪 882A	蠫 882B	蠬 882C	蠭 882D	蠮 882E	蠯 882F	蠰 8830	蠱 8831	蠳 8833	蠴 8834
5	蠵 8835	蠶 8836	蠷 8837	蠸 8838	蠺 883A	蠻 883B	蠽 883D	蠾 883E	蠿 883F	衁 8841	衂 8842	衃 8843	衆 8846	衇 8847	衈 8848	衉 8849
6	衊 884A	衋 884B	衎 884E	衏 884F	衐 8850	衑 8851	衒 8852	術 8853	衕 8855	衖 8856	衘 8858	衚 885A	衛 885B	衜 885C	衝 885D	衞 885E
7	衟 885F	衠 8860	衦 8866	衧 8867	衪 886A	衭 886D	衯 886F	衱 8871	衳 8873	衴 8874	衵 8875	衶 8876	衸 8878	衹 8879	衺 887A	
8	衻 887B	衼 887C	袀 8880	袃 8883	袆 8886	袇 8887	袉 8889	袊 888A	袌 888C	袎 888E	袏 888F	袐 8890	袑 8891	袓 8893	袔 8894	袕 8895
9	袗 8897	袘 8898	袙 8899	袚 889A	袛 889B	袝 889D	袞 889E	袟 889F	袠 88A0	袡 88A1	袣 88A3	袥 88A5	袦 88A6	袧 88A7	袨 88A8	袩 88A9
A	袪 88AA															

双字节4区

D1	0	1	2	3	4	5	6	7	8	9	A	B	C	D	E	F
4	袬 88AC	袮 88AE	袯 88AF	袰 88B0	袲 88B2	袳 88B3	袴 88B4	袵 88B5	袶 88B6	袸 88B8	袹 88B9	袺 88BA	袻 88BB	袽 88BD	袾 88BE	袿 88BF
5	裀 88C0	裃 88C3	裄 88C4	裇 88C7	裈 88C8	裊 88CA	裋 88CB	裌 88CC	裍 88CD	裏 88CF	裐 88D0	裑 88D1	裓 88D3	裖 88D6	裗 88D7	裚 88DA
6	裛 88DB	補 88DC	裝 88DD	裞 88DE	裠 88E0	裡 88E1	裦 88E6	裧 88E7	裩 88E9	裪 88EA	裫 88EB	裬 88EC	裭 88ED	裮 88EE	裯 88EF	裲 88F2
7	裵 88F5	裶 88F6	裷 88F7	裺 88FA	裻 88FB	製 88FD	裿 88FF	褀 8900	褁 8901	褃 8903	褄 8904	褅 8905	褆 8906	複 8907	褈 8908	
8	褉 8909	褋 890B	褌 890C	褍 890D	褎 890E	褏 890F	褑 8911	褔 8914	褕 8915	褖 8916	褗 8917	褘 8918	褜 891C	褝 891D	褞 891E	褟 891F
9	褠 8920	褢 8922	褣 8923	褤 8924	褦 8926	褧 8927	褨 8928	褩 8929	褬 892C	褭 892D	褮 892E	褯 892F	褱 8931	褲 8932	褳 8933	褵 8935
A	褷 8937															

D2	0	1	2	3	4	5	6	7	8	9	A	B	C	D	E	F
4	褸 8938	褹 8939	褺 893A	褻 893B	褼 893C	褽 893D	褾 893E	褿 893F	襀 8940	襂 8942	襃 8943	襅 8945	襆 8946	襇 8947	襈 8948	襉 8949
5	襊 894A	襋 894B	襌 894C	襍 894D	襎 894E	襏 894F	襐 8950	襑 8951	襒 8952	襓 8953	襔 8954	襕 8955	襖 8956	襗 8957	襘 8958	襙 8959
6	襚 895A	襛 895B	襜 895C	襝 895D	襠 8960	襡 8961	襢 8962	襣 8963	襤 8964	襥 8965	襧 8967	襨 8968	襩 8969	襪 896A	襫 896B	襬 896C
7	襭 896D	襮 896E	襯 896F	襰 8970	襱 8971	襲 8972	襳 8973	襴 8974	襵 8975	襶 8976	襷 8977	襸 8978	襹 8979	襺 897A	襼 897C	
8	襽 897D	襾 897E	覀 8980	覂 8982	覄 8984	覅 8985	覇 8987	覈 8988	覉 8989	覊 898A	見 898B	覌 898C	覍 898D	覎 898E	規 898F	覐 8990
9	覑 8991	覒 8992	覓 8993	覔 8994	覕 8995	視 8996	覗 8997	覘 8998	覙 8999	覚 899A	覛 899B	覜 899C	覝 899D	覞 899E	覟 899F	覠 89A0
A	覡 89A1															

D3	0	1	2	3	4	5	6	7	8	9	A	B	C	D	E	F
4	覢 89A2	覣 89A3	覤 89A4	覥 89A5	覦 89A6	覧 89A7	覨 89A8	覩 89A9	親 89AA	覫 89AB	覬 89AC	覭 89AD	覮 89AE	覯 89AF	覰 89B0	覱 89B1
5	覲 89B2	観 89B3	覴 89B4	覵 89B5	覶 89B6	覷 89B7	覸 89B8	覹 89B9	覺 89BA	覻 89BB	覼 89BC	覽 89BD	覾 89BE	覿 89BF	觀 89C0	觃 89C3
6	觍 89CD	觓 89D3	觔 89D4	觕 89D5	觗 89D7	觘 89D8	觙 89D9	觛 89DB	觝 89DD	觟 89DF	觠 89E0	觡 89E1	觢 89E2	觤 89E4	觧 89E7	觨 89E8
7	觩 89E9	觪 89EA	觬 89EC	觭 89ED	觮 89EE	觰 89F0	觱 89F1	觲 89F2	觴 89F4	觵 89F5	觶 89F6	觷 89F7	觸 89F8	觹 89F9	觺 89FA	
8	觻 89FB	觼 89FC	觽 89FD	觾 89FE	觿 89FF	訁 8A01	訂 8A02	訃 8A03	訄 8A04	訅 8A05	訆 8A06	計 8A08	訉 8A09	訊 8A0A	訋 8A0B	訌 8A0C
9	訍 8A0D	討 8A0E	訏 8A0F	訐 8A10	訑 8A11	訒 8A12	訓 8A13	訔 8A14	訕 8A15	訖 8A16	託 8A17	記 8A18	訙 8A19	訚 8A1A	訛 8A1B	訜 8A1C
A	訝 8A1D															

双字节 4 区

D4	0	1	2	3	4	5	6	7	8	9	A	B	C	D	E	F
4	訞 8A1E	訟 8A1F	訠 8A20	訡 8A21	訢 8A22	訣 8A23	訤 8A24	訥 8A25	訦 8A26	訧 8A27	訨 8A28	訩 8A29	訪 8A2A	訫 8A2B	訬 8A2C	設 8A2D
5	訮 8A2E	訯 8A2F	訰 8A30	許 8A31	訲 8A32	訳 8A33	訴 8A34	訵 8A35	訶 8A36	訷 8A37	訸 8A38	訹 8A39	診 8A3A	註 8A3B	証 8A3C	訽 8A3D
6	訿 8A3F	詀 8A40	詁 8A41	詂 8A42	詃 8A43	詄 8A44	詅 8A45	詆 8A46	詇 8A47	詉 8A49	詊 8A4A	詋 8A4B	詌 8A4C	詍 8A4D	詎 8A4E	詏 8A4F
7	詐 8A50	詑 8A51	詒 8A52	詓 8A53	詔 8A54	評 8A55	詖 8A56	詗 8A57	詘 8A58	詙 8A59	詚 8A5A	詛 8A5B	詜 8A5C	詝 8A5D	詞 8A5E	
8	詟 8A5F	詠 8A60	詡 8A61	詢 8A62	詣 8A63	詤 8A64	詥 8A65	試 8A66	詧 8A67	詨 8A68	詩 8A69	詪 8A6A	詫 8A6B	詬 8A6C	詭 8A6D	詮 8A6E
9	詯 8A6F	詰 8A70	話 8A71	該 8A72	詳 8A73	詴 8A74	詵 8A75	詶 8A76	詷 8A77	詸 8A78	詺 8A7A	詻 8A7B	詼 8A7C	詽 8A7D	詾 8A7E	詿 8A7F
A	誀 8A80															

D5	0	1	2	3	4	5	6	7	8	9	A	B	C	D	E	F
4	誁 8A81	誂 8A82	誃 8A83	誄 8A84	誅 8A85	誆 8A86	誇 8A87	誈 8A88	誋 8A8B	誌 8A8C	認 8A8D	誎 8A8E	誏 8A8F	誐 8A90	誑 8A91	誒 8A92
5	誔 8A94	誕 8A95	誖 8A96	誗 8A97	誘 8A98	誙 8A99	誚 8A9A	誛 8A9B	誜 8A9C	誝 8A9D	語 8A9E	誟 8A9F	誠 8AA0	誡 8AA1	誢 8AA2	誣 8AA3
6	誤 8AA4	誥 8AA5	誦 8AA6	誧 8AA7	誨 8AA8	誩 8AA9	說 8AAA	誫 8AAB	説 8AAC	読 8AAD	誮 8AAE	誯 8AAF	誰 8AB0	誱 8AB1	課 8AB2	誳 8AB3
7	誴 8AB4	誵 8AB5	誶 8AB6	誷 8AB7	誸 8AB8	誹 8AB9	誺 8ABA	誻 8ABB	誼 8ABC	誽 8ABD	誾 8ABE	調 8ABF	諀 8AC0	諁 8AC1	諂 8AC2	
8	諃 8AC3	諄 8AC4	諅 8AC5	諆 8AC6	談 8AC7	諈 8AC8	諉 8AC9	諊 8ACA	請 8ACB	諌 8ACC	諍 8ACD	諎 8ACE	諏 8ACF	諐 8AD0	諑 8AD1	諒 8AD2
9	諓 8AD3	諔 8AD4	諕 8AD5	論 8AD6	諗 8AD7	諘 8AD8	諙 8AD9	諚 8ADA	諛 8ADB	諜 8ADC	諝 8ADD	諞 8ADE	諟 8ADF	諠 8AE0	諡 8AE1	諢 8AE2
A	諣 8AE3															

D6	0	1	2	3	4	5	6	7	8	9	A	B	C	D	E	F
4	諤 8AE4	諥 8AE5	諦 8AE6	諧 8AE7	諨 8AE8	諩 8AE9	諪 8AEA	諫 8AEB	諬 8AEC	諭 8AED	諮 8AEE	諯 8AEF	諰 8AF0	諱 8AF1	諲 8AF2	諳 8AF3
5	諴 8AF4	諵 8AF5	諶 8AF6	諷 8AF7	諸 8AF8	諹 8AF9	諺 8AFA	諻 8AFB	諼 8AFC	諽 8AFD	諾 8AFE	諿 8AFF	謀 8B00	謁 8B01	謂 8B02	謃 8B03
6	謄 8B04	謅 8B05	謆 8B06	謈 8B08	謉 8B09	謊 8B0A	謋 8B0B	謌 8B0C	謍 8B0D	謎 8B0E	謏 8B0F	謐 8B10	謑 8B11	謒 8B12	謓 8B13	謔 8B14
7	謕 8B15	謖 8B16	謗 8B17	謘 8B18	謙 8B19	謚 8B1A	講 8B1B	謜 8B1C	謝 8B1D	謞 8B1E	謟 8B1F	謠 8B20	謡 8B21	謢 8B22	謣 8B23	
8	謤 8B24	謥 8B25	謧 8B27	謨 8B28	謩 8B29	謪 8B2A	謫 8B2B	謬 8B2C	謭 8B2D	謮 8B2E	謯 8B2F	謰 8B30	謱 8B31	謲 8B32	謳 8B33	謴 8B34
9	謵 8B35	謶 8B36	謷 8B37	謸 8B38	謹 8B39	謺 8B3A	謻 8B3B	謼 8B3C	謽 8B3D	謾 8B3E	謿 8B3F	譀 8B40	譁 8B41	譂 8B42	譃 8B43	譄 8B44
A	譅 8B45															

双字节4区

D7	0	1	2	3	4	5	6	7	8	9	A	B	C	D	E	F
4	譆 8B46	譇 8B47	譈 8B48	證 8B49	譊 8B4A	譋 8B4B	譌 8B4C	譍 8B4D	譎 8B4E	譏 8B4F	譐 8B50	譑 8B51	譒 8B52	譓 8B53	譔 8B54	譕 8B55
5	譖 8B56	譗 8B57	識 8B58	譙 8B59	譚 8B5A	譛 8B5B	譜 8B5C	譝 8B5D	譞 8B5E	譟 8B5F	譠 8B60	譡 8B61	譢 8B62	譣 8B63	譤 8B64	譥 8B65
6	譧 8B67	譨 8B68	譩 8B69	譪 8B6A	譫 8B6B	譭 8B6D	譮 8B6E	譯 8B6F	議 8B70	譱 8B71	譲 8B72	譳 8B73	譴 8B74	譵 8B75	譶 8B76	護 8B77
7	譸 8B78	譹 8B79	譺 8B7A	譻 8B7B	譼 8B7C	譽 8B7D	譾 8B7E	譿 8B7F	讀 8B80	讁 8B81	讂 8B82	讃 8B83	讄 8B84	讅 8B85	讆 8B86	
8	讇 8B87	讈 8B88	讉 8B89	變 8B8A	讋 8B8B	讌 8B8C	讍 8B8D	讎 8B8E	讏 8B8F	讐 8B90	讑 8B91	讒 8B92	讓 8B93	讔 8B94	讕 8B95	讖 8B96
9	讗 8B97	讘 8B98	讙 8B99	讚 8B9A	讛 8B9B	讜 8B9C	讝 8B9D	讞 8B9E	讟 8B9F	讬 8BAC	讱 8BB1	讻 8BBB	诇 8BC7	诐 8BD0	诪 8BEA	谉 8C09
A	谞 8C1E															

D8	0	1	2	3	4	5	6	7	8	9	A	B	C	D	E	F
4	谸 8C38	谹 8C39	谺 8C3A	谻 8C3B	谼 8C3C	谽 8C3D	谾 8C3E	谿 8C3F	豀 8C40	豂 8C42	豃 8C43	豄 8C44	豅 8C45	豈 8C48	豊 8C4A	豋 8C4B
5	豍 8C4D	豎 8C4E	豏 8C4F	豐 8C50	豑 8C51	豒 8C52	豓 8C53	豔 8C54	豖 8C56	豗 8C57	豘 8C58	豙 8C59	豛 8C5B	豜 8C5C	豝 8C5D	豞 8C5E
6	豟 8C5F	豠 8C60	豣 8C63	豤 8C64	豥 8C65	豦 8C66	豧 8C67	豨 8C68	豩 8C69	豬 8C6C	豭 8C6D	豮 8C6E	豯 8C6F	豰 8C70	豱 8C71	豲 8C72
7	豴 8C74	豵 8C75	豶 8C76	豷 8C77	豻 8C7B	豼 8C7C	豽 8C7D	豾 8C7E	豿 8C7F	貀 8C80	貁 8C81	貃 8C83	貄 8C84	貆 8C86	貇 8C87	
8	貈 8C88	貋 8C8B	貍 8C8D	貎 8C8E	貏 8C8F	貐 8C90	貑 8C91	貒 8C92	貓 8C93	貕 8C95	貖 8C96	貗 8C97	貙 8C99	貚 8C9A	貛 8C9B	貜 8C9C
9	貝 8C9D	貞 8C9E	貟 8C9F	負 8CA0	財 8CA1	貢 8CA2	貣 8CA3	貤 8CA4	貥 8CA5	貦 8CA6	貧 8CA7	貨 8CA8	販 8CA9	貪 8CAA	貫 8CAB	責 8CAC
A	貭 8CAD															

D9	0	1	2	3	4	5	6	7	8	9	A	B	C	D	E	F
4	貮 8CAE	貯 8CAF	貰 8CB0	貱 8CB1	貲 8CB2	貳 8CB3	貴 8CB4	貵 8CB5	貶 8CB6	買 8CB7	貸 8CB8	貹 8CB9	貺 8CBA	費 8CBB	貼 8CBC	貽 8CBD
5	貾 8CBE	貿 8CBF	賀 8CC0	賁 8CC1	賂 8CC2	賃 8CC3	賄 8CC4	賅 8CC5	賆 8CC6	資 8CC7	賈 8CC8	賉 8CC9	賊 8CCA	賋 8CCB	賌 8CCC	賍 8CCD
6	賎 8CCE	賏 8CCF	賐 8CD0	賑 8CD1	賒 8CD2	賓 8CD3	賔 8CD4	賕 8CD5	賖 8CD6	賗 8CD7	賘 8CD8	賙 8CD9	賚 8CDA	賛 8CDB	賜 8CDC	賝 8CDD
7	賞 8CDE	賟 8CDF	賠 8CE0	賡 8CE1	賢 8CE2	賣 8CE3	賤 8CE4	賥 8CE5	賦 8CE6	賧 8CE7	賨 8CE8	賩 8CE9	質 8CEA	賫 8CEB	賬 8CEC	
8	賭 8CED	賮 8CEE	賯 8CEF	賰 8CF0	賱 8CF1	賲 8CF2	賳 8CF3	賴 8CF4	賵 8CF5	賶 8CF6	賷 8CF7	賸 8CF8	賹 8CF9	賺 8CFA	賻 8CFB	購 8CFC
9	賽 8CFD	賾 8CFE	賿 8CFF	贀 8D00	贁 8D01	贂 8D02	贃 8D03	贄 8D04	贅 8D05	贆 8D06	贇 8D07	贈 8D08	贉 8D09	贊 8D0A	贋 8D0B	贌 8D0C
A	贍 8D0D															

双字节4区

DA	0	1	2	3	4	5	6	7	8	9	A	B	C	D	E	F
4	贎 8D0E	贏 8D0F	贐 8D10	贑 8D11	贒 8D12	贓 8D13	贔 8D14	贕 8D15	贖 8D16	贗 8D17	贘 8D18	贙 8D19	贚 8D1A	贛 8D1B	贜 8D1C	贠 8D20
5	赑 8D51	赒 8D52	赗 8D57	赟 8D5F	赥 8D65	赨 8D68	赩 8D69	赪 8D6A	赬 8D6C	赮 8D6E	赯 8D6F	赱 8D71	赲 8D72	赸 8D78	赹 8D79	赺 8D7A
6	赻 8D7B	赼 8D7C	赽 8D7D	赾 8D7E	赿 8D7F	趀 8D80	趂 8D82	趃 8D83	趆 8D86	趇 8D87	趈 8D88	趉 8D89	趌 8D8C	趍 8D8D	趎 8D8E	趏 8D8F
7	趐 8D90	趒 8D92	趓 8D93	趕 8D95	趖 8D96	趗 8D97	趘 8D98	趙 8D99	趚 8D9A	趛 8D9B	趜 8D9C	趝 8D9D	趞 8D9E	趠 8DA0	趡 8DA1	
8	趢 8DA2	趤 8DA4	趥 8DA5	趦 8DA6	趧 8DA7	趨 8DA8	趩 8DA9	趪 8DAA	趫 8DAB	趬 8DAC	趭 8DAD	趮 8DAE	趯 8DAF	趰 8DB0	趲 8DB2	趶 8DB6
9	趷 8DB7	趹 8DB9	趻 8DBB	趽 8DBD	跀 8DC0	跁 8DC1	跂 8DC2	跅 8DC5	跇 8DC7	跈 8DC8	跉 8DC9	跊 8DCA	跍 8DCD	跐 8DD0	跒 8DD2	跓 8DD3
A	跔 8DD4															

DB	0	1	2	3	4	5	6	7	8	9	A	B	C	D	E	F
4	跕 8DD5	跘 8DD8	跙 8DD9	跜 8DDC	跠 8DE0	跡 8DE1	跢 8DE2	跥 8DE5	跦 8DE6	跧 8DE7	跩 8DE9	跭 8DED	跮 8DEE	跰 8DF0	跱 8DF1	跲 8DF2
5	跴 8DF4	跶 8DF6	跼 8DFC	跾 8DFE	跿 8DFF	踀 8E00	踁 8E01	踂 8E02	踃 8E03	踄 8E04	踆 8E06	踇 8E07	踈 8E08	踋 8E0B	踍 8E0D	踎 8E0E
6	踐 8E10	踑 8E11	踒 8E12	踓 8E13	踕 8E15	踖 8E16	踗 8E17	踘 8E18	踙 8E19	踚 8E1A	踛 8E1B	踜 8E1C	踠 8E20	踡 8E21	踤 8E24	踥 8E25
7	踦 8E26	踧 8E27	踨 8E28	踫 8E2B	踭 8E2D	踰 8E30	踲 8E32	踳 8E33	踴 8E34	踶 8E36	踷 8E37	踸 8E38	踻 8E3B	踼 8E3C	踾 8E3E	
8	踿 8E3F	蹃 8E43	蹅 8E45	蹆 8E46	蹌 8E4C	蹍 8E4D	蹎 8E4E	蹏 8E4F	蹐 8E50	蹓 8E53	蹔 8E54	蹕 8E55	蹖 8E56	蹗 8E57	蹘 8E58	蹚 8E5A
9	蹛 8E5B	蹜 8E5C	蹝 8E5D	蹞 8E5E	蹟 8E5F	蹠 8E60	蹡 8E61	蹢 8E62	蹣 8E63	蹤 8E64	蹥 8E65	蹧 8E67	蹨 8E68	蹪 8E6A	蹫 8E6B	蹮 8E6E
A	蹱 8E71															

DC	0	1	2	3	4	5	6	7	8	9	A	B	C	D	E	F
4	蹳 8E73	蹵 8E75	蹷 8E77	蹸 8E78	蹹 8E79	蹺 8E7A	蹻 8E7B	蹽 8E7D	蹾 8E7E	躀 8E80	躂 8E82	躃 8E83	躄 8E84	躆 8E86	躈 8E88	躉 8E89
5	躊 8E8A	躋 8E8B	躌 8E8C	躍 8E8D	躎 8E8E	躑 8E91	躒 8E92	躓 8E93	躕 8E95	躖 8E96	躗 8E97	躘 8E98	躙 8E99	躚 8E9A	躛 8E9B	躝 8E9D
6	躟 8E9F	躠 8EA0	躡 8EA1	躢 8EA2	躣 8EA3	躤 8EA4	躥 8EA5	躦 8EA6	躧 8EA7	躨 8EA8	躩 8EA9	躪 8EAA	躭 8EAD	躮 8EAE	躰 8EB0	躱 8EB1
7	躳 8EB3	躴 8EB4	躵 8EB5	躶 8EB6	躷 8EB7	躸 8EB8	躹 8EB9	躻 8EBB	躼 8EBC	躽 8EBD	躾 8EBE	躿 8EBF	軀 8EC0	軁 8EC1	軂 8EC2	
8	軃 8EC3	軄 8EC4	軅 8EC5	軆 8EC6	軇 8EC7	軈 8EC8	軉 8EC9	車 8ECA	軋 8ECB	軌 8ECC	軍 8ECD	軏 8ECF	軐 8ED0	軑 8ED1	軒 8ED2	軓 8ED3
9	軔 8ED4	軕 8ED5	軖 8ED6	軗 8ED7	軘 8ED8	軙 8ED9	軚 8EDA	軛 8EDB	軜 8EDC	軝 8EDD	軞 8EDE	軟 8EDF	軠 8EE0	軡 8EE1	転 8EE2	軣 8EE3
A	軤 8EE4															

双字节4区

DD	0	1	2	3	4	5	6	7	8	9	A	B	C	D	E	F
4	軥 8EE5	軦 8EE6	軧 8EE7	軨 8EE8	軩 8EE9	軪 8EEA	軫 8EEB	軬 8EEC	軭 8EED	軮 8EEE	軯 8EEF	軰 8EF0	軱 8EF1	軲 8EF2	軳 8EF3	軴 8EF4
5	軵 8EF5	軶 8EF6	軷 8EF7	軸 8EF8	軹 8EF9	軺 8EFA	軻 8EFB	軼 8EFC	軽 8EFD	軾 8EFE	軿 8EFF	輀 8F00	輁 8F01	輂 8F02	較 8F03	輄 8F04
6	輅 8F05	輆 8F06	輇 8F07	輈 8F08	載 8F09	輊 8F0A	輋 8F0B	輌 8F0C	輍 8F0D	輎 8F0E	輏 8F0F	輐 8F10	輑 8F11	輒 8F12	輓 8F13	輔 8F14
7	輕 8F15	輖 8F16	輗 8F17	輘 8F18	輙 8F19	輚 8F1A	輛 8F1B	輜 8F1C	輝 8F1D	輞 8F1E	輟 8F1F	輠 8F20	輡 8F21	輢 8F22	輣 8F23	
8	輤 8F24	輥 8F25	輦 8F26	輧 8F27	輨 8F28	輩 8F29	輪 8F2A	輫 8F2B	輬 8F2C	輭 8F2D	輮 8F2E	輯 8F2F	輰 8F30	輱 8F31	輲 8F32	輳 8F33
9	輴 8F34	輵 8F35	輶 8F36	輷 8F37	輸 8F38	輹 8F39	輺 8F3A	輻 8F3B	輼 8F3C	輽 8F3D	輾 8F3E	輿 8F3F	轀 8F40	轁 8F41	轂 8F42	轃 8F43
A	轄 8F44															

DE	0	1	2	3	4	5	6	7	8	9	A	B	C	D	E	F
4	轅 8F45	轆 8F46	轇 8F47	轈 8F48	轉 8F49	轊 8F4A	轋 8F4B	轌 8F4C	轍 8F4D	轎 8F4E	轏 8F4F	轐 8F50	轑 8F51	轒 8F52	轓 8F53	轔 8F54
5	轕 8F55	轖 8F56	轗 8F57	轘 8F58	轙 8F59	轚 8F5A	轛 8F5B	轜 8F5C	轝 8F5D	轞 8F5E	轟 8F5F	轠 8F60	轡 8F61	轢 8F62	轣 8F63	轤 8F64
6	轥 8F65	轪 8F6A	辀 8F80	辌 8F8C	辒 8F92	辝 8F9D	辠 8FA0	辡 8FA1	辢 8FA2	辤 8FA4	辥 8FA5	辦 8FA6	辧 8FA7	辪 8FAA	辬 8FAC	辭 8FAD
7	辮 8FAE	辯 8FAF	農 8FB2	辳 8FB3	辴 8FB4	辵 8FB5	辷 8FB7	辸 8FB8	边 8FBA	辻 8FBB	込 8FBC	辿 8FBF	迀 8FC0	迃 8FC3	迆 8FC6	
8	迉 8FC9	迊 8FCA	迋 8FCB	迌 8FCC	迍 8FCD	迏 8FCF	迒 8FD2	迖 8FD6	迗 8FD7	迚 8FDA	迠 8FE0	迡 8FE1	迣 8FE3	迧 8FE7	迬 8FEC	迯 8FEF
9	迱 8FF1	迲 8FF2	迴 8FF4	迵 8FF5	迶 8FF6	迺 8FFA	迻 8FFB	迼 8FFC	迾 8FFE	迿 8FFF	逇 9007	逈 9008	逌 900C	逎 900E	逓 9013	逕 9015
A	逘 9018															

DF	0	1	2	3	4	5	6	7	8	9	A	B	C	D	E	F
4	這 9019	逜 901C	連 9023	逤 9024	逥 9025	逧 9027	逨 9028	逩 9029	逪 902A	逫 902B	逬 902C	逰 9030	週 9031	進 9032	逳 9033	逴 9034
5	逷 9037	逹 9039	逺 903A	逽 903D	逿 903F	遀 9040	遃 9043	遅 9045	遆 9046	遈 9048	遉 9049	遊 904A	運 904B	遌 904C	過 904E	達 9054
6	違 9055	遖 9056	遙 9059	遚 905A	遜 905C	遝 905D	遞 905E	遟 905F	遠 9060	遡 9061	遤 9064	遦 9066	遧 9067	適 9069	遪 906A	遫 906B
7	遬 906C	遯 906F	遰 9070	遱 9071	遲 9072	遳 9073	遶 9076	遷 9077	選 9078	遹 9079	遺 907A	遻 907B	遼 907C	遾 907E	邁 9081	
8	還 9084	邅 9085	邆 9086	邇 9087	邉 9089	邊 908A	邌 908C	邍 908D	邎 908E	邏 908F	邐 9090	邒 9092	邔 9094	邖 9096	邘 9098	邚 909A
9	邜 909C	邞 909E	邟 909F	邠 90A0	邤 90A4	邥 90A5	邧 90A7	邨 90A8	邩 90A9	邫 90AB	邭 90AD	邲 90B2	邷 90B7	邼 90BC	邽 90BD	邿 90BF
A	郀 90C0															

双字节4区

E0	0	1	2	3	4	5	6	7	8	9	A	B	C	D	E	F
4	郂 90C2	郃 90C3	郆 90C6	郈 90C8	郉 90C9	郋 90CB	郌 90CC	郍 90CD	郒 90D2	郔 90D4	郕 90D5	郖 90D6	郘 90D8	郙 90D9	郚 90DA	郞 90DE
5	郟 90DF	郠 90E0	郣 90E3	郤 90E4	郥 90E5	郩 90E9	郪 90EA	郬 90EC	郮 90EE	郰 90F0	郱 90F1	郲 90F2	郳 90F3	郵 90F5	郶 90F6	郷 90F7
6	郹 90F9	郺 90FA	郻 90FB	郼 90FC	郿 90FF	鄀 9100	鄁 9101	鄃 9103	鄅 9105	鄆 9106	鄇 9107	鄈 9108	鄉 9109	鄊 910A	鄋 910B	鄌 910C
7	鄍 910D	鄎 910E	鄏 910F	鄐 9110	鄑 9111	鄒 9112	鄓 9113	鄔 9114	鄕 9115	鄖 9116	鄗 9117	鄘 9118	鄚 911A	鄛 911B	鄜 911C	
8	鄝 911D	鄟 911F	鄠 9120	鄡 9121	鄤 9124	鄥 9125	鄦 9126	鄧 9127	鄨 9128	鄩 9129	鄪 912A	鄫 912B	鄬 912C	鄭 912D	鄮 912E	鄰 9130
9	鄲 9132	鄳 9133	鄴 9134	鄵 9135	鄶 9136	鄷 9137	鄸 9138	鄺 913A	鄻 913B	鄼 913C	鄽 913D	鄾 913E	鄿 913F	酀 9140	酁 9141	酂 9142
A	酄 9144															

E1	0	1	2	3	4	5	6	7	8	9	A	B	C	D	E	F
4	酅 9145	酇 9147	酈 9148	酑 9151	酓 9153	酔 9154	酕 9155	酖 9156	酘 9158	酙 9159	酛 915B	酜 915C	酟 915F	酠 9160	酦 9166	酧 9167
5	酨 9168	酫 916B	酭 916D	酳 9173	酺 917A	酻 917B	酼 917C	醀 9180	醁 9181	醂 9182	醃 9183	醄 9184	醆 9186	醈 9188	醊 918A	醎 918E
6	醏 918F	醓 9193	醔 9194	醕 9195	醖 9196	醗 9197	醘 9198	醙 9199	醜 919C	醝 919D	醞 919E	醟 919F	醠 91A0	醡 91A1	醤 91A4	醥 91A5
7	醦 91A6	醧 91A7	醨 91A8	醩 91A9	醫 91AB	醬 91AC	醰 91B0	醱 91B1	醲 91B2	醳 91B3	醶 91B6	醷 91B7	醸 91B8	醹 91B9	醻 91BB	
8	醼 91BC	醽 91BD	醾 91BE	醿 91BF	釀 91C0	釁 91C1	釂 91C2	釃 91C3	釄 91C4	釅 91C5	釆 91C6	釈 91C8	釋 91CB	釐 91D0	釒 91D2	釓 91D3
9	釔 91D4	釕 91D5	釖 91D6	釗 91D7	釘 91D8	釙 91D9	釚 91DA	釛 91DB	針 91DD	釞 91DE	釟 91DF	釠 91E0	釡 91E1	釢 91E2	釣 91E3	釤 91E4
A	釥 91E5															

E2	0	1	2	3	4	5	6	7	8	9	A	B	C	D	E	F
4	釦 91E6	釧 91E7	釨 91E8	釩 91E9	釪 91EA	釫 91EB	釬 91EC	釭 91ED	釮 91EE	釯 91EF	釰 91F0	釱 91F1	釲 91F2	釳 91F3	釴 91F4	釵 91F5
5	釶 91F6	釷 91F7	釸 91F8	釹 91F9	釺 91FA	釻 91FB	釼 91FC	釽 91FD	釾 91FE	釿 91FF	鈀 9200	鈁 9201	鈂 9202	鈃 9203	鈄 9204	鈅 9205
6	鈆 9206	鈇 9207	鈈 9208	鈉 9209	鈊 920A	鈋 920B	鈌 920C	鈍 920D	鈎 920E	鈏 920F	鈐 9210	鈑 9211	鈒 9212	鈓 9213	鈔 9214	鈕 9215
7	鈖 9216	鈗 9217	鈘 9218	鈙 9219	鈚 921A	鈛 921B	鈜 921C	鈝 921D	鈞 921E	鈟 921F	鈠 9220	鈡 9221	鈢 9222	鈣 9223	鈤 9224	
8	鈥 9225	鈦 9226	鈧 9227	鈨 9228	鈩 9229	鈪 922A	鈫 922B	鈬 922C	鈭 922D	鈮 922E	鈯 922F	鈰 9230	鈱 9231	鈲 9232	鈳 9233	鈴 9234
9	鈵 9235	鈶 9236	鈷 9237	鈸 9238	鈹 9239	鈺 923A	鈻 923B	鈼 923C	鈽 923D	鈾 923E	鈿 923F	鉀 9240	鉁 9241	鉂 9242	鉃 9243	鉄 9244
A	鉅 9245															

双字节4区

E3	0	1	2	3	4	5	6	7	8	9	A	B	C	D	E	F
4	鉆 9246	鉇 9247	鉈 9248	鉉 9249	鉊 924A	鉋 924B	鉌 924C	鉍 924D	鉎 924E	鉏 924F	鉐 9250	鉑 9251	鉒 9252	鉓 9253	鉔 9254	鉕 9255
5	鉖 9256	鉗 9257	鉘 9258	鉙 9259	鉚 925A	鉛 925B	鉜 925C	鉝 925D	鉞 925E	鉟 925F	鉠 9260	鉡 9261	鉢 9262	鉣 9263	鉤 9264	鉥 9265
6	鉦 9266	鉧 9267	鉨 9268	鉩 9269	鉪 926A	鉫 926B	鉬 926C	鉭 926D	鉮 926E	鉯 926F	鉰 9270	鉱 9271	鉲 9272	鉳 9273	鉵 9275	鉶 9276
7	鉷 9277	鉸 9278	鉹 9279	鉺 927A	鉻 927B	鉼 927C	鉽 927D	鉾 927E	鉿 927F	銀 9280	銁 9281	銂 9282	銃 9283	銄 9284	銅 9285	
8	銆 9286	銇 9287	銈 9288	銉 9289	銊 928A	銋 928B	銌 928C	銍 928D	銏 928F	銐 9290	銑 9291	銒 9292	銓 9293	銔 9294	銕 9295	銖 9296
9	銗 9297	銘 9298	銙 9299	銚 929A	銛 929B	銜 929C	銝 929D	銞 929E	銟 929F	銠 92A0	銡 92A1	銢 92A2	銣 92A3	銤 92A4	銥 92A5	銦 92A6
A	銧 92A7															

E4	0	1	2	3	4	5	6	7	8	9	A	B	C	D	E	F
4	銨 92A8	銩 92A9	銪 92AA	銫 92AB	銬 92AC	銭 92AD	銯 92AF	銰 92B0	銱 92B1	銲 92B2	銳 92B3	銴 92B4	銵 92B5	銶 92B6	銷 92B7	銸 92B8
5	銹 92B9	銺 92BA	銻 92BB	銼 92BC	銽 92BD	銾 92BE	銿 92BF	鋀 92C0	鋁 92C1	鋂 92C2	鋃 92C3	鋄 92C4	鋅 92C5	鋆 92C6	鋇 92C7	鋉 92C9
6	鋊 92CA	鋋 92CB	鋌 92CC	鋍 92CD	鋎 92CE	鋏 92CF	鋐 92D0	鋑 92D1	鋒 92D2	鋓 92D3	鋔 92D4	鋕 92D5	鋖 92D6	鋗 92D7	鋘 92D8	鋙 92D9
7	鋚 92DA	鋛 92DB	鋜 92DC	鋝 92DD	鋞 92DE	鋟 92DF	鋠 92E0	鋡 92E1	鋢 92E2	鋣 92E3	鋤 92E4	鋥 92E5	鋦 92E6	鋧 92E7	鋨 92E8	
8	鋩 92E9	鋪 92EA	鋫 92EB	鋬 92EC	鋭 92ED	鋮 92EE	鋯 92EF	鋰 92F0	鋱 92F1	鋲 92F2	鋳 92F3	鋴 92F4	鋵 92F5	鋶 92F6	鋷 92F7	鋸 92F8
9	鋹 92F9	鋺 92FA	鋻 92FB	鋼 92FC	鋽 92FD	鋾 92FE	鋿 92FF	錀 9300	錁 9301	錂 9302	錃 9303	錄 9304	錅 9305	錆 9306	錇 9307	錈 9308
A	錉 9309															

E5	0	1	2	3	4	5	6	7	8	9	A	B	C	D	E	F
4	錊 930A	錋 930B	錌 930C	錍 930D	錎 930E	錏 930F	錐 9310	錑 9311	錒 9312	錓 9313	錔 9314	錕 9315	錖 9316	錗 9317	錘 9318	錙 9319
5	錚 931A	錛 931B	錜 931C	錝 931D	錞 931E	錟 931F	錠 9320	錡 9321	錢 9322	錣 9323	錤 9324	錥 9325	錦 9326	錧 9327	錨 9328	錩 9329
6	錪 932A	錫 932B	錬 932C	錭 932D	錮 932E	錯 932F	錰 9330	錱 9331	録 9332	錳 9333	錴 9334	錵 9335	錶 9336	錷 9337	錸 9338	錹 9339
7	錺 933A	錻 933B	錼 933C	錽 933D	錿 933F	鍀 9340	鍁 9341	鍂 9342	鍃 9343	鍄 9344	鍅 9345	鍆 9346	鍇 9347	鍈 9348	鍉 9349	
8	鍊 934A	鍋 934B	鍌 934C	鍍 934D	鍎 934E	鍏 934F	鍐 9350	鍑 9351	鍒 9352	鍓 9353	鍔 9354	鍕 9355	鍖 9356	鍗 9357	鍘 9358	鍙 9359
9	鍚 935A	鍛 935B	鍜 935C	鍝 935D	鍞 935E	鍟 935F	鍠 9360	鍡 9361	鍢 9362	鍣 9363	鍤 9364	鍥 9365	鍦 9366	鍧 9367	鍨 9368	鍩 9369
A	鍫 936B															

双字节4区

E6	0	1	2	3	4	5	6	7	8	9	A	B	C	D	E	F
4	鍬 936C	鍭 936D	鍮 936E	鍯 936F	鍰 9370	鍱 9371	鍲 9372	鍳 9373	鍴 9374	鍵 9375	鍶 9376	鍷 9377	鍸 9378	鍹 9379	鍺 937A	鍻 937B
5	鍼 937C	鍽 937D	鍾 937E	鍿 937F	鎀 9380	鎁 9381	鎂 9382	鎃 9383	鎄 9384	鎅 9385	鎆 9386	鎇 9387	鎈 9388	鎉 9389	鎊 938A	鎋 938B
6	鎌 938C	鎍 938D	鎎 938E	鎐 9390	鎑 9391	鎒 9392	鎓 9393	鎔 9394	鎕 9395	鎖 9396	鎗 9397	鎘 9398	鎙 9399	鎚 939A	鎛 939B	鎜 939C
7	鎝 939D	鎞 939E	鎟 939F	鎠 93A0	鎡 93A1	鎢 93A2	鎣 93A3	鎤 93A4	鎥 93A5	鎦 93A6	鎧 93A7	鎨 93A8	鎩 93A9	鎪 93AA	鎫 93AB	
8	鎬 93AC	鎭 93AD	鎮 93AE	鎯 93AF	鎰 93B0	鎱 93B1	鎲 93B2	鎳 93B3	鎴 93B4	鎵 93B5	鎶 93B6	鎷 93B7	鎸 93B8	鎹 93B9	鎺 93BA	鎻 93BB
9	鎼 93BC	鎽 93BD	鎾 93BE	鎿 93BF	鏀 93C0	鏁 93C1	鏂 93C2	鏃 93C3	鏄 93C4	鏅 93C5	鏆 93C6	鏇 93C7	鏈 93C8	鏉 93C9	鏋 93CB	鏌 93CC
A	鏍 93CD															

E7	0	1	2	3	4	5	6	7	8	9	A	B	C	D	E	F
4	鏎 93CE	鏏 93CF	鏐 93D0	鏑 93D1	鏒 93D2	鏓 93D3	鏔 93D4	鏕 93D5	鏗 93D7	鏘 93D8	鏙 93D9	鏚 93DA	鏛 93DB	鏜 93DC	鏝 93DD	鏞 93DE
5	鏟 93DF	鏠 93E0	鏡 93E1	鏢 93E2	鏣 93E3	鏤 93E4	鏥 93E5	鏦 93E6	鏧 93E7	鏨 93E8	鏩 93E9	鏪 93EA	鏫 93EB	鏬 93EC	鏭 93ED	鏮 93EE
6	鏯 93EF	鏰 93F0	鏱 93F1	鏲 93F2	鏳 93F3	鏴 93F4	鏵 93F5	鏶 93F6	鏷 93F7	鏸 93F8	鏹 93F9	鏺 93FA	鏻 93FB	鏼 93FC	鏽 93FD	鏾 93FE
7	鏿 93FF	鐀 9400	鐁 9401	鐂 9402	鐃 9403	鐄 9404	鐅 9405	鐆 9406	鐇 9407	鐈 9408	鐉 9409	鐊 940A	鐋 940B	鐌 940C	鐍 940D	
8	鐎 940E	鐏 940F	鐐 9410	鐑 9411	鐒 9412	鐓 9413	鐔 9414	鐕 9415	鐖 9416	鐗 9417	鐘 9418	鐙 9419	鐚 941A	鐛 941B	鐜 941C	鐝 941D
9	鐞 941E	鐟 941F	鐠 9420	鐡 9421	鐢 9422	鐣 9423	鐤 9424	鐥 9425	鐦 9426	鐧 9427	鐨 9428	鐩 9429	鐪 942A	鐫 942B	鐬 942C	鐭 942D
A	鐮 942E															

E8	0	1	2	3	4	5	6	7	8	9	A	B	C	D	E	F
4	鐯 942F	鐰 9430	鐱 9431	鐲 9432	鐳 9433	鐴 9434	鐵 9435	鐶 9436	鐷 9437	鐸 9438	鐹 9439	鐺 943A	鐻 943B	鐼 943C	鐽 943D	鐿 943F
5	鑀 9440	鑁 9441	鑂 9442	鑃 9443	鑄 9444	鑅 9445	鑆 9446	鑇 9447	鑈 9448	鑉 9449	鑊 944A	鑋 944B	鑌 944C	鑍 944D	鑎 944E	鑏 944F
6	鑐 9450	鑑 9451	鑒 9452	鑓 9453	鑔 9454	鑕 9455	鑖 9456	鑗 9457	鑘 9458	鑙 9459	鑚 945A	鑛 945B	鑜 945C	鑝 945D	鑞 945E	鑟 945F
7	鑠 9460	鑡 9461	鑢 9462	鑣 9463	鑤 9464	鑥 9465	鑦 9466	鑧 9467	鑨 9468	鑩 9469	鑪 946A	鑬 946C	鑭 946D	鑮 946E	鑯 946F	
8	鑰 9470	鑱 9471	鑲 9472	鑳 9473	鑴 9474	鑵 9475	鑶 9476	鑷 9477	鑸 9478	鑹 9479	鑺 947A	鑻 947B	鑼 947C	鑽 947D	鑾 947E	鑿 947F
9	钀 9480	钁 9481	钂 9482	钃 9483	钄 9484	钑 9491	钖 9496	钘 9498	铇 94C7	铏 94CF	铓 94D3	铔 94D4	铚 94DA	铦 94E6	铻 94FB	锜 951C
A	锠 9520															

双字节 4 区

E9	0	1	2	3	4	5	6	7	8	9	A	B	C	D	E	F
4	锧 9527	锳 9533	锽 953D	镃 9543	镈 9548	镋 954B	镕 9555	镚 955A	镠 9560	镮 956E	镴 9574	镵 9575	長 9577	镸 9578	镹 9579	镺 957A
5	镻 957B	镼 957C	镽 957D	镾 957E	門 9580	閁 9581	閂 9582	閃 9583	閄 9584	閅 9585	閆 9586	閇 9587	閈 9588	閉 9589	閊 958A	開 958B
6	閌 958C	閍 958D	閎 958E	閏 958F	閐 9590	閑 9591	閒 9592	間 9593	閔 9594	閕 9595	閖 9596	閗 9597	閘 9598	閙 9599	閚 959A	閛 959B
7	閜 959C	閝 959D	閞 959E	閟 959F	閠 95A0	閡 95A1	関 95A2	閣 95A3	閤 95A4	閥 95A5	閦 95A6	閧 95A7	閨 95A8	閩 95A9	閪 95AA	
8	閫 95AB	閬 95AC	閭 95AD	閮 95AE	閯 95AF	閰 95B0	閱 95B1	閲 95B2	閳 95B3	閴 95B4	閵 95B5	閶 95B6	閷 95B7	閸 95B8	閹 95B9	閺 95BA
9	閻 95BB	閼 95BC	閽 95BD	閾 95BE	閿 95BF	闀 95C0	闁 95C1	闂 95C2	闃 95C3	闄 95C4	闅 95C5	闆 95C6	闇 95C7	闈 95C8	闉 95C9	闊 95CA
A	闋 95CB															

EA	0	1	2	3	4	5	6	7	8	9	A	B	C	D	E	F
4	闌 95CC	闍 95CD	闎 95CE	闏 95CF	闐 95D0	闑 95D1	闒 95D2	闓 95D3	闔 95D4	闕 95D5	闖 95D6	闗 95D7	闘 95D8	闙 95D9	闚 95DA	闛 95DB
5	關 95DC	闝 95DD	闞 95DE	闟 95DF	闠 95E0	闡 95E1	闢 95E2	闣 95E3	闤 95E4	闥 95E5	闦 95E6	闧 95E7	闬 95EC	闿 95FF	阇 9607	阓 9613
6	阘 9618	阛 961B	阞 961E	阠 9620	阣 9623	阤 9624	阥 9625	阦 9626	阧 9627	阨 9628	阩 9629	阫 962B	阬 962C	阭 962D	阯 962F	阰 9630
7	阷 9637	阸 9638	阹 9639	阺 963A	阾 963E	陁 9641	陃 9643	陊 964A	陎 964E	陏 964F	陑 9651	陒 9652	陓 9653	陖 9656	陗 9657	
8	陘 9658	陙 9659	陚 965A	陜 965C	陝 965D	陞 965E	陠 9660	陣 9663	陥 9665	陦 9666	陫 966B	陭 966D	陮 966E	陯 966F	陰 9670	陱 9671
9	陳 9673	陸 9678	陹 9679	険 967A	陻 967B	陼 967C	陽 967D	陾 967E	陿 967F	隀 9680	隁 9681	隂 9682	隃 9683	隄 9684	隇 9687	隉 9689
A	隊 968A															

EB	0	1	2	3	4	5	6	7	8	9	A	B	C	D	E	F
4	隌 968C	階 968E	隑 9691	隒 9692	隓 9693	隕 9695	隖 9696	隚 969A	際 969B	隝 969D	隞 969E	隟 969F	隠 96A0	隡 96A1	隢 96A2	隣 96A3
5	隤 96A4	隥 96A5	隦 96A6	隨 96A8	隩 96A9	險 96AA	隫 96AB	隬 96AC	隭 96AD	隮 96AE	隯 96AF	隱 96B1	隲 96B2	隴 96B4	隵 96B5	隷 96B7
6	隸 96B8	隺 96BA	隻 96BB	隿 96BF	雂 96C2	雃 96C3	雈 96C8	雊 96CA	雋 96CB	雐 96D0	雑 96D1	雓 96D3	雔 96D4	雖 96D6	雗 96D7	雘 96D8
7	雙 96D9	雚 96DA	雛 96DB	雜 96DC	雝 96DD	雞 96DE	雟 96DF	雡 96E1	離 96E2	難 96E3	雤 96E4	雥 96E5	雦 96E6	雧 96E7	雫 96EB	
8	雬 96EC	雭 96ED	雮 96EE	雰 96F0	雱 96F1	雲 96F2	雴 96F4	雵 96F5	雸 96F8	雺 96FA	電 96FB	雼 96FC	雽 96FD	雿 96FF	霂 9702	霃 9703
9	霅 9705	霊 970A	霋 970B	霌 970C	霐 9710	霑 9711	霒 9712	霔 9714	霕 9715	霗 9717	霘 9718	霙 9719	霚 971A	霛 971B	霝 971D	霟 971F
A	霠 9720															

双字节 4 区

EC	0	1	2	3	4	5	6	7	8	9	A	B	C	D	E	F
4	霡 9721	霢 9722	霣 9723	霤 9724	霥 9725	霦 9726	霧 9727	霨 9728	霩 9729	霫 972B	霬 972C	霮 972E	霯 972F	霱 9731	霳 9733	霴 9734
5	霵 9735	霶 9736	霷 9737	霺 973A	霻 973B	霼 973C	霽 973D	霿 973F	靀 9740	靁 9741	靂 9742	靃 9743	靄 9744	靅 9745	靆 9746	靇 9747
6	靈 9748	靉 9749	靊 974A	靋 974B	靌 974C	靍 974D	靎 974E	靏 974F	靐 9750	靑 9751	靔 9754	靕 9755	靗 9757	靘 9758	靚 975A	靜 975C
7	靝 975D	靟 975F	靣 9763	靤 9764	靦 9766	靧 9767	靨 9768	靪 976A	靫 976B	靬 976C	靭 976D	靮 976E	靯 976F	靰 9770	靱 9771	
8	靲 9772	靵 9775	靷 9777	靸 9778	靹 9779	靺 977A	靻 977B	靽 977D	靾 977E	靿 977F	鞀 9780	鞁 9781	鞂 9782	鞃 9783	鞄 9784	鞆 9786
9	鞇 9787	鞈 9788	鞉 9789	鞊 978A	鞌 978C	鞎 978E	鞏 978F	鞐 9790	鞓 9793	鞕 9795	鞖 9796	鞗 9797	鞙 9799	鞚 979A	鞛 979B	鞜 979C
A	鞝 979D															

ED	0	1	2	3	4	5	6	7	8	9	A	B	C	D	E	F
4	鞞 979E	鞟 979F	鞡 97A1	鞢 97A2	鞤 97A4	鞥 97A5	鞦 97A6	鞧 97A7	鞨 97A8	鞩 97A9	鞪 97AA	鞬 97AC	鞮 97AE	鞰 97B0	鞱 97B1	鞳 97B3
5	鞵 97B5	鞶 97B6	鞷 97B7	鞸 97B8	鞹 97B9	鞺 97BA	鞻 97BB	鞼 97BC	鞽 97BD	鞾 97BE	鞿 97BF	韀 97C0	韁 97C1	韂 97C2	韃 97C3	韄 97C4
6	韅 97C5	韆 97C6	韇 97C7	韈 97C8	韉 97C9	韊 97CA	韋 97CB	韌 97CC	韍 97CD	韎 97CE	韏 97CF	韐 97D0	韑 97D1	韒 97D2	韓 97D3	韔 97D4
7	韕 97D5	韖 97D6	韗 97D7	韘 97D8	韙 97D9	韚 97DA	韛 97DB	韜 97DC	韝 97DD	韞 97DE	韟 97DF	韠 97E0	韡 97E1	韢 97E2	韣 97E3	
8	韤 97E4	韥 97E5	韨 97E8	韮 97EE	韯 97EF	韰 97F0	韱 97F1	韲 97F2	韴 97F4	韷 97F7	韸 97F8	韹 97F9	韺 97FA	韻 97FB	韼 97FC	韽 97FD
9	韾 97FE	響 97FF	頀 9800	頁 9801	頂 9802	頃 9803	頄 9804	項 9805	順 9806	頇 9807	須 9808	頉 9809	頊 980A	頋 980B	頌 980C	頍 980D
A	頎 980E															

EE	0	1	2	3	4	5	6	7	8	9	A	B	C	D	E	F
4	頏 980F	預 9810	頑 9811	頒 9812	頓 9813	頔 9814	頕 9815	頖 9816	頗 9817	領 9818	頙 9819	頚 981A	頛 981B	頜 981C	頝 981D	頞 981E
5	頟 981F	頠 9820	頡 9821	頢 9822	頣 9823	頤 9824	頥 9825	頦 9826	頧 9827	頨 9828	頩 9829	頪 982A	頫 982B	頬 982C	頭 982D	頮 982E
6	頯 982F	頰 9830	頱 9831	頲 9832	頳 9833	頴 9834	頵 9835	頶 9836	頷 9837	頸 9838	頹 9839	頺 983A	頻 983B	頼 983C	頽 983D	頾 983E
7	頿 983F	顀 9840	顁 9841	顂 9842	顃 9843	顄 9844	顅 9845	顆 9846	顇 9847	顈 9848	顉 9849	顊 984A	顋 984B	題 984C	額 984D	
8	顎 984E	顏 984F	顐 9850	顑 9851	顒 9852	顓 9853	顔 9854	顕 9855	顖 9856	顗 9857	願 9858	顙 9859	顚 985A	顛 985B	顜 985C	顝 985D
9	類 985E	顟 985F	顠 9860	顡 9861	顢 9862	顣 9863	顤 9864	顥 9865	顦 9866	顧 9867	顨 9868	顩 9869	顪 986A	顫 986B	顬 986C	顭 986D
A	顮 986E															

双字节4区

EF	0	1	2	3	4	5	6	7	8	9	A	B	C	D	E	F
4	顯 986F	顰 9870	顱 9871	顲 9872	顳 9873	顴 9874	颋 988B	颎 988E	颒 9892	颕 9895	颙 9899	颣 98A3	風 98A8	颩 98A9	颪 98AA	颫 98AB
5	颬 98AC	颭 98AD	颮 98AE	颯 98AF	颰 98B0	颱 98B1	颲 98B2	颳 98B3	颴 98B4	颵 98B5	颶 98B6	颷 98B7	颸 98B8	颹 98B9	颺 98BA	颻 98BB
6	颼 98BC	颽 98BD	颾 98BE	颿 98BF	飀 98C0	飁 98C1	飂 98C2	飃 98C3	飄 98C4	飅 98C5	飆 98C6	飇 98C7	飈 98C8	飉 98C9	飊 98CA	飋 98CB
7	飌 98CC	飍 98CD	飏 98CF	飐 98D0	飔 98D4	飖 98D6	飗 98D7	飛 98DB	飜 98DC	飝 98DD	飠 98E0	飡 98E1	飢 98E2	飣 98E3	飤 98E4	
8	飥 98E5	飦 98E6	飩 98E9	飪 98EA	飫 98EB	飬 98EC	飭 98ED	飮 98EE	飯 98EF	飰 98F0	飱 98F1	飲 98F2	飳 98F3	飴 98F4	飵 98F5	飶 98F6
9	飷 98F7	飸 98F8	飹 98F9	飺 98FA	飻 98FB	飼 98FC	飽 98FD	飾 98FE	飿 98FF	餀 9900	餁 9901	餂 9902	餃 9903	餄 9904	餅 9905	餆 9906
A	餇 9907															

F0	0	1	2	3	4	5	6	7	8	9	A	B	C	D	E	F
4	餈 9908	餉 9909	養 990A	餋 990B	餌 990C	餎 990E	餏 990F	餑 9911	餒 9912	餓 9913	餔 9914	餕 9915	餖 9916	餗 9917	餘 9918	餙 9919
5	餚 991A	餛 991B	餜 991C	餝 991D	餞 991E	餟 991F	餠 9920	餡 9921	餢 9922	餣 9923	餤 9924	餥 9925	餦 9926	餧 9927	館 9928	餩 9929
6	餪 992A	餫 992B	餬 992C	餭 992D	餯 992F	餰 9930	餱 9931	餲 9932	餳 9933	餴 9934	餵 9935	餶 9936	餷 9937	餸 9938	餹 9939	餺 993A
7	餻 993B	餼 993C	餽 993D	餾 993E	餿 993F	饀 9940	饁 9941	饂 9942	饃 9943	饄 9944	饅 9945	饆 9946	饇 9947	饈 9948	饉 9949	
8	饊 994A	饋 994B	饌 994C	饍 994D	饎 994E	饏 994F	饐 9950	饑 9951	饒 9952	饓 9953	饖 9956	饗 9957	饘 9958	饙 9959	饚 995A	饛 995B
9	饜 995C	饝 995D	饞 995E	饟 995F	饠 9960	饡 9961	饢 9962	饤 9964	饦 9966	饳 9973	饸 9978	饹 9979	饻 997B	饾 997E	馂 9982	馃 9983
A	馉 9989															

F1	0	1	2	3	4	5	6	7	8	9	A	B	C	D	E	F
4	馌 998C	馎 998E	馚 999A	馛 999B	馜 999C	馝 999D	馞 999E	馟 999F	馠 99A0	馡 99A1	馢 99A2	馣 99A3	馤 99A4	馦 99A6	馧 99A7	馩 99A9
5	馪 99AA	馫 99AB	馬 99AC	馭 99AD	馮 99AE	馯 99AF	馰 99B0	馱 99B1	馲 99B2	馳 99B3	馴 99B4	馵 99B5	馶 99B6	馷 99B7	馸 99B8	馹 99B9
6	馺 99BA	馻 99BB	馼 99BC	馽 99BD	馾 99BE	馿 99BF	駀 99C0	駁 99C1	駂 99C2	駃 99C3	駄 99C4	駅 99C5	駆 99C6	駇 99C7	駈 99C8	駉 99C9
7	駊 99CA	駋 99CB	駌 99CC	駍 99CD	駎 99CE	駏 99CF	駐 99D0	駑 99D1	駒 99D2	駓 99D3	駔 99D4	駕 99D5	駖 99D6	駗 99D7	駘 99D8	
8	駙 99D9	駚 99DA	駛 99DB	駜 99DC	駝 99DD	駞 99DE	駟 99DF	駠 99E0	駡 99E1	駢 99E2	駣 99E3	駤 99E4	駥 99E5	駦 99E6	駧 99E7	駨 99E8
9	駩 99E9	駪 99EA	駫 99EB	駬 99EC	駭 99ED	駮 99EE	駯 99EF	駰 99F0	駱 99F1	駲 99F2	駳 99F3	駴 99F4	駵 99F5	駶 99F6	駷 99F7	駸 99F8
A	駹 99F9															

双字节 4 区

F2	0	1	2	3	4	5	6	7	8	9	A	B	C	D	E	F
4	駺 99FA	駻 99FB	駼 99FC	駽 99FD	駾 99FE	駿 99FF	騀 9A00	騁 9A01	騂 9A02	騃 9A03	騄 9A04	騅 9A05	騆 9A06	騇 9A07	騈 9A08	騉 9A09
5	騊 9A0A	騋 9A0B	騌 9A0C	騍 9A0D	騎 9A0E	騏 9A0F	騐 9A10	騑 9A11	騒 9A12	験 9A13	騔 9A14	騕 9A15	騖 9A16	騗 9A17	騘 9A18	騙 9A19
6	騚 9A1A	騛 9A1B	騜 9A1C	騝 9A1D	騞 9A1E	騟 9A1F	騠 9A20	騡 9A21	騢 9A22	騣 9A23	騤 9A24	騥 9A25	騦 9A26	騧 9A27	騨 9A28	騩 9A29
7	騪 9A2A	騫 9A2B	騬 9A2C	騭 9A2D	騮 9A2E	騯 9A2F	騰 9A30	騱 9A31	騲 9A32	騳 9A33	騴 9A34	騵 9A35	騶 9A36	騷 9A37	騸 9A38	
8	騹 9A39	騺 9A3A	騻 9A3B	騼 9A3C	騽 9A3D	騾 9A3E	騿 9A3F	驀 9A40	驁 9A41	驂 9A42	驃 9A43	驄 9A44	驅 9A45	驆 9A46	驇 9A47	驈 9A48
9	驉 9A49	驊 9A4A	驋 9A4B	驌 9A4C	驍 9A4D	驎 9A4E	驏 9A4F	驐 9A50	驑 9A51	驒 9A52	驓 9A53	驔 9A54	驕 9A55	驖 9A56	驗 9A57	驘 9A58
A	驙 9A59															

F3	0	1	2	3	4	5	6	7	8	9	A	B	C	D	E	F
4	驚 9A5A	驛 9A5B	驜 9A5C	驝 9A5D	驞 9A5E	驟 9A5F	驠 9A60	驡 9A61	驢 9A62	驣 9A63	驤 9A64	驥 9A65	驦 9A66	驧 9A67	驨 9A68	驩 9A69
5	驪 9A6A	驫 9A6B	驲 9A72	骃 9A83	骉 9A89	骍 9A8D	骎 9A8E	骔 9A94	骕 9A95	骙 9A99	骦 9AA6	骩 9AA9	骪 9AAA	骫 9AAB	骬 9AAC	骭 9AAD
6	骮 9AAE	骯 9AAF	骲 9AB2	骳 9AB3	骴 9AB4	骵 9AB5	骹 9AB9	骻 9ABB	骽 9ABD	骾 9ABE	骿 9ABF	髃 9AC3	髄 9AC4	髆 9AC6	髇 9AC7	髈 9AC8
7	髉 9AC9	髊 9ACA	髍 9ACD	髎 9ACE	髏 9ACF	髐 9AD0	髒 9AD2	體 9AD4	髕 9AD5	髖 9AD6	髗 9AD7	髙 9AD9	髚 9ADA	髛 9ADB	髜 9ADC	
8	髝 9ADD	髞 9ADE	髠 9AE0	髢 9AE2	髣 9AE3	髤 9AE4	髥 9AE5	髧 9AE7	髨 9AE8	髩 9AE9	髪 9AEA	髬 9AEC	髮 9AEE	髰 9AF0	髱 9AF1	髲 9AF2
9	髳 9AF3	髴 9AF4	髵 9AF5	髶 9AF6	髷 9AF7	髸 9AF8	髺 9AFA	髼 9AFC	髽 9AFD	髾 9AFE	髿 9AFF	鬀 9B00	鬁 9B01	鬂 9B02	鬄 9B04	鬅 9B05
A	鬆 9B06															

F4	0	1	2	3	4	5	6	7	8	9	A	B	C	D	E	F
4	鬇 9B07	鬉 9B09	鬊 9B0A	鬋 9B0B	鬌 9B0C	鬍 9B0D	鬎 9B0E	鬐 9B10	鬑 9B11	鬒 9B12	鬔 9B14	鬕 9B15	鬖 9B16	鬗 9B17	鬘 9B18	鬙 9B19
5	鬚 9B1A	鬛 9B1B	鬜 9B1C	鬝 9B1D	鬞 9B1E	鬠 9B20	鬡 9B21	鬢 9B22	鬤 9B24	鬥 9B25	鬦 9B26	鬧 9B27	鬨 9B28	鬩 9B29	鬪 9B2A	鬫 9B2B
6	鬬 9B2C	鬭 9B2D	鬮 9B2E	鬰 9B30	鬱 9B31	鬳 9B33	鬴 9B34	鬵 9B35	鬶 9B36	鬷 9B37	鬸 9B38	鬹 9B39	鬺 9B3A	鬽 9B3D	鬾 9B3E	鬿 9B3F
7	魀 9B40	魆 9B46	魊 9B4A	魋 9B4B	魌 9B4C	魎 9B4E	魐 9B50	魒 9B52	魓 9B53	魕 9B55	魖 9B56	魗 9B57	魘 9B58	魙 9B59	魚 9B5A	
8	魛 9B5B	魜 9B5C	魝 9B5D	魞 9B5E	魟 9B5F	魠 9B60	魡 9B61	魢 9B62	魣 9B63	魤 9B64	魥 9B65	魦 9B66	魧 9B67	魨 9B68	魩 9B69	魪 9B6A
9	魫 9B6B	魬 9B6C	魭 9B6D	魮 9B6E	魯 9B6F	魰 9B70	魱 9B71	魲 9B72	魳 9B73	魴 9B74	魵 9B75	魶 9B76	魷 9B77	魸 9B78	魹 9B79	魺 9B7A
A	魻 9B7B															

双字节4区

F5	0	1	2	3	4	5	6	7	8	9	A	B	C	D	E	F
4	魼 9B7C	魽 9B7D	魾 9B7E	魿 9B7F	鮀 9B80	鮁 9B81	鮂 9B82	鮃 9B83	鮄 9B84	鮅 9B85	鮆 9B86	鮇 9B87	鮈 9B88	鮉 9B89	鮊 9B8A	鮋 9B8B
5	鮌 9B8C	鮍 9B8D	鮎 9B8E	鮏 9B8F	鮐 9B90	鮑 9B91	鮒 9B92	鮓 9B93	鮔 9B94	鮕 9B95	鮖 9B96	鮗 9B97	鮘 9B98	鮙 9B99	鮚 9B9A	鮛 9B9B
6	鮜 9B9C	鮝 9B9D	鮞 9B9E	鮟 9B9F	鮠 9BA0	鮡 9BA1	鮢 9BA2	鮣 9BA3	鮤 9BA4	鮥 9BA5	鮦 9BA6	鮧 9BA7	鮨 9BA8	鮩 9BA9	鮪 9BAA	鮫 9BAB
7	鮬 9BAC	鮭 9BAD	鮮 9BAE	鮯 9BAF	鮰 9BB0	鮱 9BB1	鮲 9BB2	鮳 9BB3	鮴 9BB4	鮵 9BB5	鮶 9BB6	鮷 9BB7	鮸 9BB8	鮹 9BB9	鮺 9BBA	
8	鮻 9BBB	鮼 9BBC	鮽 9BBD	鮾 9BBE	鮿 9BBF	鯀 9BC0	鯁 9BC1	鯂 9BC2	鯃 9BC3	鯄 9BC4	鯅 9BC5	鯆 9BC6	鯇 9BC7	鯈 9BC8	鯉 9BC9	鯊 9BCA
9	鯋 9BCB	鯌 9BCC	鯍 9BCD	鯎 9BCE	鯏 9BCF	鯐 9BD0	鯑 9BD1	鯒 9BD2	鯓 9BD3	鯔 9BD4	鯕 9BD5	鯖 9BD6	鯗 9BD7	鯘 9BD8	鯙 9BD9	鯚 9BDA
A	鯛 9BDB															

F6	0	1	2	3	4	5	6	7	8	9	A	B	C	D	E	F
4	鯜 9BDC	鯝 9BDD	鯞 9BDE	鯟 9BDF	鯠 9BE0	鯡 9BE1	鯢 9BE2	鯣 9BE3	鯤 9BE4	鯥 9BE5	鯦 9BE6	鯧 9BE7	鯨 9BE8	鯩 9BE9	鯪 9BEA	鯫 9BEB
5	鯬 9BEC	鯭 9BED	鯮 9BEE	鯯 9BEF	鯰 9BF0	鯱 9BF1	鯲 9BF2	鯳 9BF3	鯴 9BF4	鯵 9BF5	鯶 9BF6	鯷 9BF7	鯸 9BF8	鯹 9BF9	鯺 9BFA	鯻 9BFB
6	鯼 9BFC	鯽 9BFD	鯾 9BFE	鯿 9BFF	鰀 9C00	鰁 9C01	鰂 9C02	鰃 9C03	鰄 9C04	鰅 9C05	鰆 9C06	鰇 9C07	鰈 9C08	鰉 9C09	鰊 9C0A	鰋 9C0B
7	鰌 9C0C	鰍 9C0D	鰎 9C0E	鰏 9C0F	鰐 9C10	鰑 9C11	鰒 9C12	鰓 9C13	鰔 9C14	鰕 9C15	鰖 9C16	鰗 9C17	鰘 9C18	鰙 9C19	鰚 9C1A	
8	鰛 9C1B	鰜 9C1C	鰝 9C1D	鰞 9C1E	鰟 9C1F	鰠 9C20	鰡 9C21	鰢 9C22	鰣 9C23	鰤 9C24	鰥 9C25	鰦 9C26	鰧 9C27	鰨 9C28	鰩 9C29	鰪 9C2A
9	鰫 9C2B	鰬 9C2C	鰭 9C2D	鰮 9C2E	鰯 9C2F	鰰 9C30	鰱 9C31	鰲 9C32	鰳 9C33	鰴 9C34	鰵 9C35	鰶 9C36	鰷 9C37	鰸 9C38	鰹 9C39	鰺 9C3A
A	鰻 9C3B															

F7	0	1	2	3	4	5	6	7	8	9	A	B	C	D	E	F
4	鰼 9C3C	鰽 9C3D	鰾 9C3E	鰿 9C3F	鱀 9C40	鱁 9C41	鱂 9C42	鱃 9C43	鱄 9C44	鱅 9C45	鱆 9C46	鱇 9C47	鱈 9C48	鱉 9C49	鱊 9C4A	鱋 9C4B
5	鱌 9C4C	鱍 9C4D	鱎 9C4E	鱏 9C4F	鱐 9C50	鱑 9C51	鱒 9C52	鱓 9C53	鱔 9C54	鱕 9C55	鱖 9C56	鱗 9C57	鱘 9C58	鱙 9C59	鱚 9C5A	鱛 9C5B
6	鱜 9C5C	鱝 9C5D	鱞 9C5E	鱟 9C5F	鱠 9C60	鱡 9C61	鱢 9C62	鱣 9C63	鱤 9C64	鱥 9C65	鱦 9C66	鱧 9C67	鱨 9C68	鱩 9C69	鱪 9C6A	鱫 9C6B
7	鱬 9C6C	鱭 9C6D	鱮 9C6E	鱯 9C6F	鱰 9C70	鱱 9C71	鱲 9C72	鱳 9C73	鱴 9C74	鱵 9C75	鱶 9C76	鱷 9C77	鱸 9C78	鱹 9C79	鱺 9C7A	
8	鱻 9C7B	鱽 9C7D	鱾 9C7E	鲀 9C80	鲃 9C83	鲄 9C84	鲉 9C89	鲊 9C8A	鲌 9C8C	鲏 9C8F	鲓 9C93	鲖 9C96	鲗 9C97	鲘 9C98	鲙 9C99	鲝 9C9D
9	鲪 9CAA	鲬 9CAC	鲯 9CAF	鲹 9CB9	鲾 9CBE	鲿 9CBF	鳀 9CC0	鳁 9CC1	鳂 9CC2	鳈 9CC8	鳉 9CC9	鳑 9CD1	鳒 9CD2	鳚 9CDA	鳛 9CDB	鳠 9CE0
A	鳡 9CE1															

双字节4区

F8	0	1	2	3	4	5	6	7	8	9	A	B	C	D	E	F
4	鳣 9CE3	鳤 9CE4	鳥 9CE5	鳦 9CE6	鳧 9CE7	鳨 9CE8	鳩 9CE9	鳪 9CEA	鳫 9CEB	鳬 9CEC	鳭 9CED	鳮 9CEE	鳯 9CEF	鳰 9CF0	鳱 9CF1	鳲 9CF2
5	鳳 9CF3	鳴 9CF4	鳵 9CF5	鳶 9CF6	鳷 9CF7	鳸 9CF8	鳹 9CF9	鳺 9CFA	鳻 9CFB	鳼 9CFC	鳽 9CFD	鳾 9CFE	鳿 9CFF	鴀 9D00	鴁 9D01	鴂 9D02
6	鴃 9D03	鴄 9D04	鴅 9D05	鴆 9D06	鴇 9D07	鴈 9D08	鴉 9D09	鴊 9D0A	鴋 9D0B	鴌 9D0C	鴍 9D0D	鴎 9D0E	鴏 9D0F	鴐 9D10	鴑 9D11	鴒 9D12
7	鴓 9D13	鴔 9D14	鴕 9D15	鴖 9D16	鴗 9D17	鴘 9D18	鴙 9D19	鴚 9D1A	鴛 9D1B	鴜 9D1C	鴝 9D1D	鴞 9D1E	鴟 9D1F	鴠 9D20	鴡 9D21	
8	鴢 9D22	鴣 9D23	鴤 9D24	鴥 9D25	鴦 9D26	鴧 9D27	鴨 9D28	鴩 9D29	鴪 9D2A	鴫 9D2B	鴬 9D2C	鴭 9D2D	鴮 9D2E	鴯 9D2F	鴰 9D30	鴱 9D31
9	鴲 9D32	鴳 9D33	鴴 9D34	鴵 9D35	鴶 9D36	鴷 9D37	鴸 9D38	鴹 9D39	鴺 9D3A	鴻 9D3B	鴼 9D3C	鴽 9D3D	鴾 9D3E	鴿 9D3F	鵀 9D40	鵁 9D41
A	鵂 9D42															

F9	0	1	2	3	4	5	6	7	8	9	A	B	C	D	E	F
4	鵃 9D43	鵄 9D44	鵅 9D45	鵆 9D46	鵇 9D47	鵈 9D48	鵉 9D49	鵊 9D4A	鵋 9D4B	鵌 9D4C	鵍 9D4D	鵎 9D4E	鵏 9D4F	鵐 9D50	鵑 9D51	鵒 9D52
5	鵓 9D53	鵔 9D54	鵕 9D55	鵖 9D56	鵗 9D57	鵘 9D58	鵙 9D59	鵚 9D5A	鵛 9D5B	鵜 9D5C	鵝 9D5D	鵞 9D5E	鵟 9D5F	鵠 9D60	鵡 9D61	鵢 9D62
6	鵣 9D63	鵤 9D64	鵥 9D65	鵦 9D66	鵧 9D67	鵨 9D68	鵩 9D69	鵪 9D6A	鵫 9D6B	鵬 9D6C	鵭 9D6D	鵮 9D6E	鵯 9D6F	鵰 9D70	鵱 9D71	鵲 9D72
7	鵳 9D73	鵴 9D74	鵵 9D75	鵶 9D76	鵷 9D77	鵸 9D78	鵹 9D79	鵺 9D7A	鵻 9D7B	鵼 9D7C	鵽 9D7D	鵾 9D7E	鵿 9D7F	鶀 9D80	鶁 9D81	
8	鶂 9D82	鶃 9D83	鶄 9D84	鶅 9D85	鶆 9D86	鶇 9D87	鶈 9D88	鶉 9D89	鶊 9D8A	鶋 9D8B	鶌 9D8C	鶍 9D8D	鶎 9D8E	鶏 9D8F	鶐 9D90	鶑 9D91
9	鶒 9D92	鶓 9D93	鶔 9D94	鶕 9D95	鶖 9D96	鶗 9D97	鶘 9D98	鶙 9D99	鶚 9D9A	鶛 9D9B	鶜 9D9C	鶝 9D9D	鶞 9D9E	鶟 9D9F	鶠 9DA0	鶡 9DA1
A	鶢 9DA2															

FA	0	1	2	3	4	5	6	7	8	9	A	B	C	D	E	F
4	鶣 9DA3	鶤 9DA4	鶥 9DA5	鶦 9DA6	鶧 9DA7	鶨 9DA8	鶩 9DA9	鶪 9DAA	鶫 9DAB	鶬 9DAC	鶭 9DAD	鶮 9DAE	鶯 9DAF	鶰 9DB0	鶱 9DB1	鶲 9DB2
5	鶳 9DB3	鶴 9DB4	鶵 9DB5	鶶 9DB6	鶷 9DB7	鶸 9DB8	鶹 9DB9	鶺 9DBA	鶻 9DBB	鶼 9DBC	鶽 9DBD	鶾 9DBE	鶿 9DBF	鷀 9DC0	鷁 9DC1	鷂 9DC2
6	鷃 9DC3	鷄 9DC4	鷅 9DC5	鷆 9DC6	鷇 9DC7	鷈 9DC8	鷉 9DC9	鷊 9DCA	鷋 9DCB	鷌 9DCC	鷍 9DCD	鷎 9DCE	鷏 9DCF	鷐 9DD0	鷑 9DD1	鷒 9DD2
7	鷓 9DD3	鷔 9DD4	鷕 9DD5	鷖 9DD6	鷗 9DD7	鷘 9DD8	鷙 9DD9	鷚 9DDA	鷛 9DDB	鷜 9DDC	鷝 9DDD	鷞 9DDE	鷟 9DDF	鷠 9DE0	鷡 9DE1	
8	鷢 9DE2	鷣 9DE3	鷤 9DE4	鷥 9DE5	鷦 9DE6	鷧 9DE7	鷨 9DE8	鷩 9DE9	鷪 9DEA	鷫 9DEB	鷬 9DEC	鷭 9DED	鷮 9DEE	鷯 9DEF	鷰 9DF0	鷱 9DF1
9	鷲 9DF2	鷳 9DF3	鷴 9DF4	鷵 9DF5	鷶 9DF6	鷷 9DF7	鷸 9DF8	鷹 9DF9	鷺 9DFA	鷻 9DFB	鷼 9DFC	鷽 9DFD	鷾 9DFE	鷿 9DFF	鸀 9E00	鸁 9E01
A	鸂 9E02															

双字节4区

FB	0	1	2	3	4	5	6	7	8	9	A	B	C	D	E	F
4	鸃 9E03	鸄 9E04	鸅 9E05	鸆 9E06	鸇 9E07	鸈 9E08	鸉 9E09	鸊 9E0A	鸋 9E0B	鸌 9E0C	鸍 9E0D	鸎 9E0E	鸏 9E0F	鸐 9E10	鸑 9E11	鸒 9E12
5	鸓 9E13	鸔 9E14	鸕 9E15	鸖 9E16	鸗 9E17	鸘 9E18	鸙 9E19	鸚 9E1A	鸛 9E1B	鸜 9E1C	鸝 9E1D	鸞 9E1E	鸤 9E24	鸧 9E27	鸮 9E2E	鸰 9E30
6	鸴 9E34	鸻 9E3B	鸼 9E3C	鹀 9E40	鹍 9E4D	鹐 9E50	鹒 9E52	鹓 9E53	鹔 9E54	鹖 9E56	鹙 9E59	鹝 9E5D	鹟 9E5F	鹠 9E60	鹡 9E61	鹢 9E62
7	鹥 9E65	鹮 9E6E	鹯 9E6F	鹲 9E72	鹴 9E74	鹵 9E75	鹶 9E76	鹷 9E77	鹸 9E78	鹹 9E79	鹺 9E7A	鹻 9E7B	鹼 9E7C	鹽 9E7D	麀 9E80	
8	麁 9E81	麃 9E83	麄 9E84	麅 9E85	麆 9E86	麉 9E89	麊 9E8A	麌 9E8C	麍 9E8D	麎 9E8E	麏 9E8F	麐 9E90	麑 9E91	麔 9E94	麕 9E95	麖 9E96
9	麗 9E97	麘 9E98	麙 9E99	麚 9E9A	麛 9E9B	麜 9E9C	麞 9E9E	麠 9EA0	麡 9EA1	麢 9EA2	麣 9EA3	麤 9EA4	麥 9EA5	麧 9EA7	麨 9EA8	麩 9EA9
A	麪 9EAA															

FC	0	1	2	3	4	5	6	7	8	9	A	B	C	D	E	F
4	麫 9EAB	麬 9EAC	麭 9EAD	麮 9EAE	麯 9EAF	麰 9EB0	麱 9EB1	麲 9EB2	麳 9EB3	麵 9EB5	麶 9EB6	麷 9EB7	麹 9EB9	麺 9EBA	麼 9EBC	麿 9EBF
5	黀 9EC0	黁 9EC1	黂 9EC2	黃 9EC3	黅 9EC5	黆 9EC6	黇 9EC7	黈 9EC8	黊 9ECA	黋 9ECB	黌 9ECC	黐 9ED0	黒 9ED2	黓 9ED3	黕 9ED5	黖 9ED6
6	黗 9ED7	黙 9ED9	黚 9EDA	點 9EDE	黡 9EE1	黣 9EE3	黤 9EE4	黦 9EE6	黨 9EE8	黫 9EEB	黬 9EEC	黭 9EED	黮 9EEE	黰 9EF0	黱 9EF1	黲 9EF2
7	黳 9EF3	黴 9EF4	黵 9EF5	黶 9EF6	黷 9EF7	黸 9EF8	黺 9EFA	黽 9EFD	黿 9EFF	鼀 9F00	鼁 9F01	鼂 9F02	鼃 9F03	鼄 9F04	鼅 9F05	
8	鼆 9F06	鼇 9F07	鼈 9F08	鼉 9F09	鼊 9F0A	鼌 9F0C	鼏 9F0F	鼑 9F11	鼒 9F12	鼔 9F14	鼕 9F15	鼖 9F16	鼘 9F18	鼚 9F1A	鼛 9F1B	鼜 9F1C
9	鼝 9F1D	鼞 9F1E	鼟 9F1F	鼡 9F21	鼣 9F23	鼤 9F24	鼥 9F25	鼦 9F26	鼧 9F27	鼨 9F28	鼩 9F29	鼪 9F2A	鼫 9F2B	鼭 9F2D	鼮 9F2E	鼰 9F30
A	鼱 9F31															

FD	0	1	2	3	4	5	6	7	8	9	A	B	C	D	E	F
4	鼲 9F32	鼳 9F33	鼴 9F34	鼵 9F35	鼶 9F36	鼸 9F38	鼺 9F3A	鼼 9F3C	鼿 9F3F	齀 9F40	齁 9F41	齂 9F42	齃 9F43	齅 9F45	齆 9F46	齇 9F47
5	齈 9F48	齉 9F49	齊 9F4A	齋 9F4B	齌 9F4C	齍 9F4D	齎 9F4E	齏 9F4F	齒 9F52	齓 9F53	齔 9F54	齕 9F55	齖 9F56	齗 9F57	齘 9F58	齙 9F59
6	齚 9F5A	齛 9F5B	齜 9F5C	齝 9F5D	齞 9F5E	齟 9F5F	齠 9F60	齡 9F61	齢 9F62	齣 9F63	齤 9F64	齥 9F65	齦 9F66	齧 9F67	齨 9F68	齩 9F69
7	齪 9F6A	齫 9F6B	齬 9F6C	齭 9F6D	齮 9F6E	齯 9F6F	齰 9F70	齱 9F71	齲 9F72	齳 9F73	齴 9F74	齵 9F75	齶 9F76	齷 9F77	齸 9F78	
8	齹 9F79	齺 9F7A	齻 9F7B	齼 9F7C	齽 9F7D	齾 9F7E	龁 9F81	龂 9F82	龍 9F8D	龎 9F8E	龏 9F8F	龐 9F90	龑 9F91	龒 9F92	龓 9F93	龔 9F94
9	龕 9F95	龖 9F96	龗 9F97	龘 9F98	龜 9F9C	龝 9F9D	龞 9F9E	龡 9FA1	龢 9FA2	龣 9FA3	龤 9FA4	龥 9FA5	郎 F92C	凉 F979	秊 F995	裏 F9E7
A	隣 F9F1															

双字节 4 区

FE	0	1	2	3	4	5	6	7	8	9	A	B	C	D	E	F
4	兀 FA0C	嗀 FA0D	﨎 FA0E	﨏 FA0F	﨑 FA11	﨓 FA13	﨔 FA14	礼 FA18	﨟 FA1F	蘒 FA20	﨡 FA21	﨣 FA23	﨤 FA24	﨧 FA27	﨨 FA28	﨩 FA29
5	⺁ 2E81	𠂇 E816	𠂉 E817	𠃌 E818	⺄ 2E84	㑳 3473	㑇 3447	⺈ 2E88	⺋ 2E8B	龴 E81E	㖞 359E	㘚 361A	㘎 360E	⺌ 2E8C	⺗ 2E97	㥮 396E
6	㤘 3918	龵 E826	㧏 39CF	㧟 39DF	㩳 3A73	㧐 39D0	龶 E82B	龷 E82C	㭎 3B4E	㱮 3C6E	㳠 3CE0	⺧ 2EA7	𡗗 E831	龸 E832	⺪ 2EAA	䁖 4056
7	䅟 415F	⺮ 2EAE	䌷 4337	⺳ 2EB3	⺶ 2EB6	⺷ 2EB7	𢦏 E83B	䎱 43B1	䎬 43AC	⺻ 2EBB	䏝 43DD	䓖 44D6	䙡 4661	䙌 464C	龹 E843	
8	䜣 4723	䜩 4729	䝼 477C	䞍 478D	⻊ 2ECA	䥇 4947	䥺 497A	䥽 497D	䦂 4982	䦃 4983	䦅 4985	䦆 4986	䦟 499F	䦛 499B	䦷 49B7	䦶 49B6
9	龺 E854	𤇾 E855	䲣 4CA3	䲟 4C9F	䲠 4CA0	䲡 4CA1	䱷 4C77	䲢 4CA2	䴓 4D13	䴔 4D14	䴕 4D15	䴖 4D16	䴗 4D17	䴘 4D18	䴙 4D19	䶮 4DAE
A	龻 E864															

双字节5区

A8	0	1	2	3	4	5	6	7	8	9	A	B	C	D	E	F
4	ˊ 02CA	ˋ 02CB	˙ 02D9	– 2013	― 2015	‥ 2025	‵ 2035	℅ 2105	℉ 2109	↖ 2196	↗ 2197	↘ 2198	↙ 2199	∕ 2215	∟ 221F	∣ 2223
5	≒ 2252	≦ 2266	≧ 2267	⊿ 22BF	═ 2550	║ 2551	╒ 2552	╓ 2553	╔ 2554	╕ 2555	╖ 2556	╗ 2557	╘ 2558	╙ 2559	╚ 255A	╛ 255B
6	╜ 255C	╝ 255D	╞ 255E	╟ 255F	╠ 2560	╡ 2561	╢ 2562	╣ 2563	╤ 2564	╥ 2565	╦ 2566	╧ 2567	╨ 2568	╩ 2569	╪ 256A	╫ 256B
7	╬ 256C	╭ 256D	╮ 256E	╯ 256F	╰ 2570	╱ 2571	╲ 2572	╳ 2573	▁ 2581	▂ 2582	▃ 2583	▄ 2584	▅ 2585	▆ 2586	▇ 2587	
8	█ 2588	▉ 2589	▊ 258A	▋ 258B	▌ 258C	▍ 258D	▎ 258E	▏ 258F	▓ 2593	▔ 2594	▕ 2595	▼ 25BC	▽ 25BD	◢ 25E2	◣ 25E3	◤ 25E4
9	◥ 25E5	☉ 2609	⊕ 2295	〒 3012	〝 301D	〞 301E	E7BC	E7BD	E7BE	E7BF	E7C0	E7C1	E7C2	E7C3	E7C4	E7C5
A	E7C6															

A9	0	1	2	3	4	5	6	7	8	9	A	B	C	D	E	F
4	〡 3021	〢 3022	〣 3023	〤 3024	〥 3025	〦 3026	〧 3027	〨 3028	〩 3029	㊣ 32A3	㎎ 338E	㎏ 338F	㎜ 339C	㎝ 339D	㎞ 339E	㎡ 33A1
5	㏄ 33C4	㏎ 33CE	㏑ 33D1	㏒ 33D2	㏕ 33D5	︰ FE30	￢ FFE2	￤ FFE4	E7E2	℡ 2121	㈱ 3231	E7E3	‐ 2010	E7E4	E7E5	E7E6
6	ー 30FC	゛ 309B	゜ 309C	ヽ 30FD	ヾ 30FE	〆 3006	ゝ 309D	ゞ 309E	﹉ FE49	﹊ FE4A	﹋ FE4B	﹌ FE4C	﹍ FE4D	﹎ FE4E	﹏ FE4F	﹐ FE50
7	﹑ FE51	﹒ FE52	﹔ FE54	﹕ FE55	﹖ FE56	﹗ FE57	﹙ FE59	﹚ FE5A	﹛ FE5B	﹜ FE5C	﹝ FE5D	﹞ FE5E	﹟ FE5F	﹠ FE60	﹡ FE61	
8	﹢ FE62	﹣ FE63	﹤ FE64	﹥ FE65	﹦ FE66	﹨ FE68	﹩ FE69	﹪ FE6A	﹫ FE6B	〾 303E	⿰ 2FF0	⿱ 2FF1	⿲ 2FF2	⿳ 2FF3	⿴ 2FF4	⿵ 2FF5
9	⿶ 2FF6	⿷ 2FF7	⿸ 2FF8	⿹ 2FF9	⿺ 2FFA	⿻ 2FFB	〇 3007	E7F4	E7F5	E7F6	E7F7	E7F8	E7F9	E7FA	E7FB	E7FC
A	E7FD															

双字节用户区1

AA	0	1	2	3	4	5	6	7	8	9	A	B	C	D	E	F
A		E000	E001	E002	E003	E004	E005	E006	E007	E008	E009	E00A	E00B	E00C	E00D	E00E
B	E00F	E010	E011	E012	E013	E014	E015	E016	E017	E018	E019	E01A	E01B	E01C	E01D	E01E
C	E01F	E020	E021	E022	E023	E024	E025	E026	E027	E028	E029	E02A	E02B	E02C	E02D	E02E
D	E02F	E030	E031	E032	E033	E034	E035	E036	E037	E038	E039	E03A	E03B	E03C	E03D	E03E
E	E03F	E040	E041	E042	E043	E044	E045	E046	E047	E048	E049	E04A	E04B	E04C	E04D	E04E
F	E04F	E050	E051	E052	E053	E054	E055	E056	E057	E058	E059	E05A	E05B	E05C	E05D	

AB	0	1	2	3	4	5	6	7	8	9	A	B	C	D	E	F
A		E05E	E05F	E060	E061	E062	E063	E064	E065	E066	E067	E068	E069	E06A	E06B	E06C
B	E06D	E06E	E06F	E070	E071	E072	E073	E074	E075	E076	E077	E078	E079	E07A	E07B	E07C
C	E07D	E07E	E07F	E080	E081	E082	E083	E084	E085	E086	E087	E088	E089	E08A	E08B	E08C
D	E08D	E08E	E08F	E090	E091	E092	E093	E094	E095	E096	E097	E098	E099	E09A	E09B	E09C
E	E09D	E09E	E09F	E0A0	E0A1	E0A2	E0A3	E0A4	E0A5	E0A6	E0A7	E0A8	E0A9	E0AA	E0AB	E0AC
F	E0AD	E0AE	E0AF	E0B0	E0B1	E0B2	E0B3	E0B4	E0B5	E0B6	E0B7	E0B8	E0B9	E0BA	E0BB	

AC	0	1	2	3	4	5	6	7	8	9	A	B	C	D	E	F
A		E0BC	E0BD	E0BE	E0BF	E0C0	E0C1	E0C2	E0C3	E0C4	E0C5	E0C6	E0C7	E0C8	E0C9	E0CA
B	E0CB	E0CC	E0CD	E0CE	E0CF	E0D0	E0D1	E0D2	E0D3	E0D4	E0D5	E0D6	E0D7	E0D8	E0D9	E0DA
C	E0DB	E0DC	E0DD	E0DE	E0DF	E0E0	E0E1	E0E2	E0E3	E0E4	E0E5	E0E6	E0E7	E0E8	E0E9	E0EA
D	E0EB	E0EC	E0ED	E0EE	E0EF	E0F0	E0F1	E0F2	E0F3	E0F4	E0F5	E0F6	E0F7	E0F8	E0F9	E0FA
E	E0FB	E0FC	E0FD	E0FE	E0FF	E100	E101	E102	E103	E104	E105	E106	E107	E108	E109	E10A
F	E10B	E10C	E10D	E10E	E10F	E110	E111	E112	E113	E114	E115	E116	E117	E118	E119	

双字节用户区 1

AD	0	1	2	3	4	5	6	7	8	9	A	B	C	D	E	F
A		E11A	E11B	E11C	E11D	E11E	E11F	E120	E121	E122	E123	E124	E125	E126	E127	E128
B	E129	E12A	E12B	E12C	E12D	E12E	E12F	E130	E131	E132	E133	E134	E135	E136	E137	E138
C	E139	E13A	E13B	E13C	E13D	E13E	E13F	E140	E141	E142	E143	E144	E145	E146	E147	E148
D	E149	E14A	E14B	E14C	E14D	E14E	E14F	E150	E151	E152	E153	E154	E155	E156	E157	E158
E	E159	E15A	E15B	E15C	E15D	E15E	E15F	E160	E161	E162	E163	E164	E165	E166	E167	E168
F	E169	E16A	E16B	E16C	E16D	E16E	E16F	E170	E171	E172	E173	E174	E175	E176	E177	

AE	0	1	2	3	4	5	6	7	8	9	A	B	C	D	E	F
A		E178	E179	E17A	E17B	E17C	E17D	E17E	E17F	E180	E181	E182	E183	E184	E185	E186
B	E187	E188	E189	E18A	E18B	E18C	E18D	E18E	E18F	E190	E191	E192	E193	E194	E195	E196
C	E197	E198	E199	E19A	E19B	E19C	E19D	E19E	E19F	E1A0	E1A1	E1A2	E1A3	E1A4	E1A5	E1A6
D	E1A7	E1A8	E1A9	E1AA	E1AB	E1AC	E1AD	E1AE	E1AF	E1B0	E1B1	E1B2	E1B3	E1B4	E1B5	E1B6
E	E1B7	E1B8	E1B9	E1BA	E1BB	E1BC	E1BD	E1BE	E1BF	E1C0	E1C1	E1C2	E1C3	E1C4	E1C5	E1C6
F	E1C7	E1C8	E1C9	E1CA	E1CB	E1CC	E1CD	E1CE	E1CF	E1D0	E1D1	E1D2	E1D3	E1D4	E1D5	

AF	0	1	2	3	4	5	6	7	8	9	A	B	C	D	E	F
A		E1D6	E1D7	E1D8	E1D9	E1DA	E1DB	E1DC	E1DD	E1DE	E1DF	E1E0	E1E1	E1E2	E1E3	E1E4
B	E1E5	E1E6	E1E7	E1E8	E1E9	E1EA	E1EB	E1EC	E1ED	E1EE	E1EF	E1F0	E1F1	E1F2	E1F3	E1F4
C	E1F5	E1F6	E1F7	E1F8	E1F9	E1FA	E1FB	E1FC	E1FD	E1FE	E1FF	E200	E201	E202	E203	E204
D	E205	E206	E207	E208	E209	E20A	E20B	E20C	E20D	E20E	E20F	E210	E211	E212	E213	E214
E	E215	E216	E217	E218	E219	E21A	E21B	E21C	E21D	E21E	E21F	E220	E221	E222	E223	E224
F	E225	E226	E227	E228	E229	E22A	E22B	E22C	E22D	E22E	E22F	E230	E231	E232	E233	

双字节用户区 2

F8	0	1	2	3	4	5	6	7	8	9	A	B	C	D	E	F
A		E234	E235	E236	E237	E238	E239	E23A	E23B	E23C	E23D	E23E	E23F	E240	E241	E242
B	E243	E244	E245	E246	E247	E248	E249	E24A	E24B	E24C	E24D	E24E	E24F	E250	E251	E252
C	E253	E254	E255	E256	E257	E258	E259	E25A	E25B	E25C	E25D	E25E	E25F	E260	E261	E262
D	E263	E264	E265	E266	E267	E268	E269	E26A	E26B	E26C	E26D	E26E	E26F	E270	E271	E272
E	E273	E274	E275	E276	E277	E278	E279	E27A	E27B	E27C	E27D	E27E	E27F	E280	E281	E282
F	E283	E284	E285	E286	E287	E288	E289	E28A	E28B	E28C	E28D	E28E	E28F	E290	E291	

F9	0	1	2	3	4	5	6	7	8	9	A	B	C	D	E	F
A		E292	E293	E294	E295	E296	E297	E298	E299	E29A	E29B	E29C	E29D	E29E	E29F	E2A0
B	E2A1	E2A2	E2A3	E2A4	E2A5	E2A6	E2A7	E2A8	E2A9	E2AA	E2AB	E2AC	E2AD	E2AE	E2AF	E2B0
C	E2B1	E2B2	E2B3	E2B4	E2B5	E2B6	E2B7	E2B8	E2B9	E2BA	E2BB	E2BC	E2BD	E2BE	E2BF	E2C0
D	E2C1	E2C2	E2C3	E2C4	E2C5	E2C6	E2C7	E2C8	E2C9	E2CA	E2CB	E2CC	E2CD	E2CE	E2CF	E2D0
E	E2D1	E2D2	E2D3	E2D4	E2D5	E2D6	E2D7	E2D8	E2D9	E2DA	E2DB	E2DC	E2DD	E2DE	E2DF	E2E0
F	E2E1	E2E2	E2E3	E2E4	E2E5	E2E6	E2E7	E2E8	E2E9	E2EA	E2EB	E2EC	E2ED	E2EE	E2EF	

FA	0	1	2	3	4	5	6	7	8	9	A	B	C	D	E	F
A		E2F0	E2F1	E2F2	E2F3	E2F4	E2F5	E2F6	E2F7	E2F8	E2F9	E2FA	E2FB	E2FC	E2FD	E2FE
B	E2FF	E300	E301	E302	E303	E304	E305	E306	E307	E308	E309	E30A	E30B	E30C	E30D	E30E
C	E30F	E310	E311	E312	E313	E314	E315	E316	E317	E318	E319	E31A	E31B	E31C	E31D	E31E
D	E31F	E320	E321	E322	E323	E324	E325	E326	E327	E328	E329	E32A	E32B	E32C	E32D	E32E
E	E32F	E330	E331	E332	E333	E334	E335	E336	E337	E338	E339	E33A	E33B	E33C	E33D	E33E
F	E33F	E340	E341	E342	E343	E344	E345	E346	E347	E348	E349	E34A	E34B	E34C	E34D	

双字节用户区 2

FB	0	1	2	3	4	5	6	7	8	9	A	B	C	D	E	F
A		E34E	E34F	E350	E351	E352	E353	E354	E355	E356	E357	E358	E359	E35A	E35B	E35C
B	E35D	E35E	E35F	E360	E361	E362	E363	E364	E365	E366	E367	E368	E369	E36A	E36B	E36C
C	E36D	E36E	E36F	E370	E371	E372	E373	E374	E375	E376	E377	E378	E379	E37A	E37B	E37C
D	E37D	E37E	E37F	E380	E381	E382	E383	E384	E385	E386	E387	E388	E389	E38A	E38B	E38C
E	E38D	E38E	E38F	E390	E391	E392	E393	E394	E395	E396	E397	E398	E399	E39A	E39B	E39C
F	E39D	E39E	E39F	E3A0	E3A1	E3A2	E3A3	E3A4	E3A5	E3A6	E3A7	E3A8	E3A9	E3AA	E3AB	

FC	0	1	2	3	4	5	6	7	8	9	A	B	C	D	E	F
A		E3AC	E3AD	E3AE	E3AF	E3B0	E3B1	E3B2	E3B3	E3B4	E3B5	E3B6	E3B7	E3B8	E3B9	E3BA
B	E3BB	E3BC	E3BD	E3BE	E3BF	E3C0	E3C1	E3C2	E3C3	E3C4	E3C5	E3C6	E3C7	E3C8	E3C9	E3CA
C	E3CB	E3CC	E3CD	E3CE	E3CF	E3D0	E3D1	E3D2	E3D3	E3D4	E3D5	E3D6	E3D7	E3D8	E3D9	E3DA
D	E3DB	E3DC	E3DD	E3DE	E3DF	E3E0	E3E1	E3E2	E3E3	E3E4	E3E5	E3E6	E3E7	E3E8	E3E9	E3EA
E	E3EB	E3EC	E3ED	E3EE	E3EF	E3F0	E3F1	E3F2	E3F3	E3F4	E3F5	E3F6	E3F7	E3F8	E3F9	E3FA
F	E3FB	E3FC	E3FD	E3FE	E3FF	E400	E401	E402	E403	E404	E405	E406	E407	E408	E409	

FD	0	1	2	3	4	5	6	7	8	9	A	B	C	D	E	F
A		E40A	E40B	E40C	E40D	E40E	E40F	E410	E411	E412	E413	E414	E415	E416	E417	E418
B	E419	E41A	E41B	E41C	E41D	E41E	E41F	E420	E421	E422	E423	E424	E425	E426	E427	E428
C	E429	E42A	E42B	E42C	E42D	E42E	E42F	E430	E431	E432	E433	E434	E435	E436	E437	E438
D	E439	E43A	E43B	E43C	E43D	E43E	E43F	E440	E441	E442	E443	E444	E445	E446	E447	E448
E	E449	E44A	E44B	E44C	E44D	E44E	E44F	E450	E451	E452	E453	E454	E455	E456	E457	E458
F	E459	E45A	E45B	E45C	E45D	E45E	E45F	E460	E461	E462	E463	E464	E465	E466	E467	

双字节用户区 2

FE	0	1	2	3	4	5	6	7	8	9	A	B	C	D	E	F
A		E468	E469	E46A	E46B	E46C	E46D	E46E	E46F	E470	E471	E472	E473	E474	E475	E476
B	E477	E478	E479	E47A	E47B	E47C	E47D	E47E	E47F	E480	E481	E482	E483	E484	E485	E486
C	E487	E488	E489	E48A	E48B	E48C	E48D	E48E	E48F	E490	E491	E492	E493	E494	E495	E496
D	E497	E498	E499	E49A	E49B	E49C	E49D	E49E	E49F	E4A0	E4A1	E4A2	E4A3	E4A4	E4A5	E4A6
E	E4A7	E4A8	E4A9	E4AA	E4AB	E4AC	E4AD	E4AE	E4AF	E4B0	E4B1	E4B2	E4B3	E4B4	E4B5	E4B6
F	E4B7	E4B8	E4B9	E4BA	E4BB	E4BC	E4BD	E4BE	E4BF	E4C0	E4C1	E4C2	E4C3	E4C4	E4C5	

双字节用户区 3

A1	0	1	2	3	4	5	6	7	8	9	A	B	C	D	E	F
4	E4C6	E4C7	E4C8	E4C9	E4CA	E4CB	E4CC	E4CD	E4CE	E4CF	E4D0	E4D1	E4D2	E4D3	E4D4	E4D5
5	E4D6	E4D7	E4D8	E4D9	E4DA	E4DB	E4DC	E4DD	E4DE	E4DF	E4E0	E4E1	E4E2	E4E3	E4E4	E4E5
6	E4E6	E4E7	E4E8	E4E9	E4EA	E4EB	E4EC	E4ED	E4EE	E4EF	E4F0	E4F1	E4F2	E4F3	E4F4	E4F5
7	E4F6	E4F7	E4F8	E4F9	E4FA	E4FB	E4FC	E4FD	E4FE	E4FF	E500	E501	E502	E503	E504	
8	E505	E506	E507	E508	E509	E50A	E50B	E50C	E50D	E50E	E50F	E510	E511	E512	E513	E514
9	E515	E516	E517	E518	E519	E51A	E51B	E51C	E51D	E51E	E51F	E520	E521	E522	E523	E524
A	E525															

A2	0	1	2	3	4	5	6	7	8	9	A	B	C	D	E	F
4	E526	E527	E528	E529	E52A	E52B	E52C	E52D	E52E	E52F	E530	E531	E532	E533	E534	E535
5	E536	E537	E538	E539	E53A	E53B	E53C	E53D	E53E	E53F	E540	E541	E542	E543	E544	E545
6	E546	E547	E548	E549	E54A	E54B	E54C	E54D	E54E	E54F	E550	E551	E552	E553	E554	E555
7	E556	E557	E558	E559	E55A	E55B	E55C	E55D	E55E	E55F	E560	E561	E562	E563	E564	
8	E565	E566	E567	E568	E569	E56A	E56B	E56C	E56D	E56E	E56F	E570	E571	E572	E573	E574
9	E575	E576	E577	E578	E579	E57A	E57B	E57C	E57D	E57E	E57F	E580	E581	E582	E583	E584
A	E585															

A3	0	1	2	3	4	5	6	7	8	9	A	B	C	D	E	F
4	E586	E587	E588	E589	E58A	E58B	E58C	E58D	E58E	E58F	E590	E591	E592	E593	E594	E595
5	E596	E597	E598	E599	E59A	E59B	E59C	E59D	E59E	E59F	E5A0	E5A1	E5A2	E5A3	E5A4	E5A5
6	E5A6	E5A7	E5A8	E5A9	E5AA	E5AB	E5AC	E5AD	E5AE	E5AF	E5B0	E5B1	E5B2	E5B3	E5B4	E5B5
7	E5B6	E5B7	E5B8	E5B9	E5BA	E5BB	E5BC	E5BD	E5BE	E5BF	E5C0	E5C1	E5C2	E5C3	E5C4	
8	E5C5	E5C6	E5C7	E5C8	E5C9	E5CA	E5CB	E5CC	E5CD	E5CE	E5CF	E5D0	E5D1	E5D2	E5D3	E5D4
9	E5D5	E5D6	E5D7	E5D8	E5D9	E5DA	E5DB	E5DC	E5DD	E5DE	E5DF	E5E0	E5E1	E5E2	E5E3	E5E4
A	E5E5															

双字节用户区 3

A4	0	1	2	3	4	5	6	7	8	9	A	B	C	D	E	F
4	E5E6	E5E7	E5E8	E5E9	E5EA	E5EB	E5EC	E5ED	E5EE	E5EF	E5F0	E5F1	E5F2	E5F3	E5F4	E5F5
5	E5F6	E5F7	E5F8	E5F9	E5FA	E5FB	E5FC	E5FD	E5FE	E5FF	E600	E601	E602	E603	E604	E605
6	E606	E607	E608	E609	E60A	E60B	E60C	E60D	E60E	E60F	E610	E611	E612	E613	E614	E615
7	E616	E617	E618	E619	E61A	E61B	E61C	E61D	E61E	E61F	E620	E621	E622	E623	E624	
8	E625	E626	E627	E628	E629	E62A	E62B	E62C	E62D	E62E	E62F	E630	E631	E632	E633	E634
9	E635	E636	E637	E638	E639	E63A	E63B	E63C	E63D	E63E	E63F	E640	E641	E642	E643	E644
A	E645															

A5	0	1	2	3	4	5	6	7	8	9	A	B	C	D	E	F
4	E646	E647	E648	E649	E64A	E64B	E64C	E64D	E64E	E64F	E650	E651	E652	E653	E654	E655
5	E656	E657	E658	E659	E65A	E65B	E65C	E65D	E65E	E65F	E660	E661	E662	E663	E664	E665
6	E666	E667	E668	E669	E66A	E66B	E66C	E66D	E66E	E66F	E670	E671	E672	E673	E674	E675
7	E676	E677	E678	E679	E67A	E67B	E67C	E67D	E67E	E67F	E680	E681	E682	E683	E684	
8	E685	E686	E687	E688	E689	E68A	E68B	E68C	E68D	E68E	E68F	E690	E691	E692	E693	E694
9	E695	E696	E697	E698	E699	E69A	E69B	E69C	E69D	E69E	E69F	E6A0	E6A1	E6A2	E6A3	E6A4
A	E6A5															

A6	0	1	2	3	4	5	6	7	8	9	A	B	C	D	E	F
4	E6A6	E6A7	E6A8	E6A9	E6AA	E6AB	E6AC	E6AD	E6AE	E6AF	E6B0	E6B1	E6B2	E6B3	E6B4	E6B5
5	E6B6	E6B7	E6B8	E6B9	E6BA	E6BB	E6BC	E6BD	E6BE	E6BF	E6C0	E6C1	E6C2	E6C3	E6C4	E6C5
6	E6C6	E6C7	E6C8	E6C9	E6CA	E6CB	E6CC	E6CD	E6CE	E6CF	E6D0	E6D1	E6D2	E6D3	E6D4	E6D5
7	E6D6	E6D7	E6D8	E6D9	E6DA	E6DB	E6DC	E6DD	E6DE	E6DF	E6E0	E6E1	E6E2	E6E3	E6E4	
8	E6E5	E6E6	E6E7	E6E8	E6E9	E6EA	E6EB	E6EC	E6ED	E6EE	E6EF	E6F0	E6F1	E6F2	E6F3	E6F4
9	E6F5	E6F6	E6F7	E6F8	E6F9	E6FA	E6FB	E6FC	E6FD	E6FE	E6FF	E700	E701	E702	E703	E704
A	E705															

双字节用户区 3

A7	0	1	2	3	4	5	6	7	8	9	A	B	C	D	E	F
4	E706	E707	E708	E709	E70A	E70B	E70C	E70D	E70E	E70F	E710	E711	E712	E713	E714	E715
5	E716	E717	E718	E719	E71A	E71B	E71C	E71D	E71E	E71F	E720	E721	E722	E723	E724	E725
6	E726	E727	E728	E729	E72A	E72B	E72C	E72D	E72E	E72F	E730	E731	E732	E733	E734	E735
7	E736	E737	E738	E739	E73A	E73B	E73C	E73D	E73E	E73F	E740	E741	E742	E743	E744	
8	E745	E746	E747	E748	E749	E74A	E74B	E74C	E74D	E74E	E74F	E750	E751	E752	E753	E754
9	E755	E756	E757	E758	E759	E75A	E75B	E75C	E75D	E75E	E75F	E760	E761	E762	E763	E764
A	E765															

附 录 B
（规范性附录）
表意文字描述符

下表中收录了GB 13000.1—1993未收录的表意文字描述符13个。

编号	表意文字描述符	本标准的码位	GB 13000.1 的码位	功能描述
1	〾	A989	303E	相似而不等，用于借某字表达外字。
2	⿰	A98A	2FF0	左右结构
3	⿱	A98B	2FF1	上下结构
4	⿲	A98C	2FF2	左中右结构
5	⿳	A98D	2FF3	上中下结构
6	⿴	A98E	2FF4	全包围结构
7	⿵	A98F	2FF5	向下包围结构
8	⿶	A990	2FF6	向上包围结构
9	⿷	A991	2FF7	向右包围结构
10	⿸	A992	2FF8	向右下包围结构
11	⿹	A993	2FF9	向左下包围结构
12	⿺	A994	2FFA	向右上包围结构
13	⿻	A995	2FFB	嵌套结构

附 录 C
（规范性附录）
追加的汉字及部首/构件

下表中收录了部分没有在GB 13000.1—1993中收录的汉字及部首/构件。

FE	0	1	2	3	4	5	6	7	8	9	A	B	C	D	E	F
5	⺁ 2E81	𠂇 E816	𠂉 E817	𠃌 E818	⺄ 2E84	㑳 3473	㑇 3447	⺈ 2E88	⺋ 2E8B	龴 E81E	㖞 359E	㘚 361A	㘎 360E	⺌ 2E8C	⺗ 2E97	㥮 396E
6	㤘 3918	龵 E826	㧏 39CF	㧟 39DF	㩳 3A73	㧐 39D0	龶 E82B	龷 E82C	㭎 3B4E	㱮 3C6E	㳠 3CE0	⺧ 2EA7	𡗗 E831	龸 E832	⺪ 2EAA	䁖 4056
7	䅟 415F	⺮ 2EAE	䌷 4337	⺳ 2EB3	⺶ 2EB6	⺷ 2EB7	𢦏 E83B	䎱 43B1	䎬 43AC	⺻ 2EBB	䏝 43DD	䓖 44D6	䙡 4661	䙌 464C	龹 E843	
8	䜣 4723	䜩 4729	䝼 477C	䞍 478D	⻊ 2ECA	䥇 4947	䥺 497A	䥽 497D	䦂 4982	䦃 4983	䦅 4985	䦆 4986	䦟 499F	䦛 499B	䦷 49B7	䦶 49B6
9	龺 E854	𤇾 E855	䲣 4CA3	䲟 4C9F	䲠 4CA0	䲡 4CA1	䱷 4C77	䲢 4CA2	䴓 4D13	䴔 4D14	䴕 4D15	䴖 4D16	䴗 4D17	䴘 4D18	䴙 4D19	䶮 4DAE
A	龻 E864															

附 录 D
（规范性附录）
四字节字符表

D.1 表的内容

下表中的字形部分给出了汉字和部分我国少数民族文字的字形，其它部分的字形从略。

D.2 表的说明

示例如下：

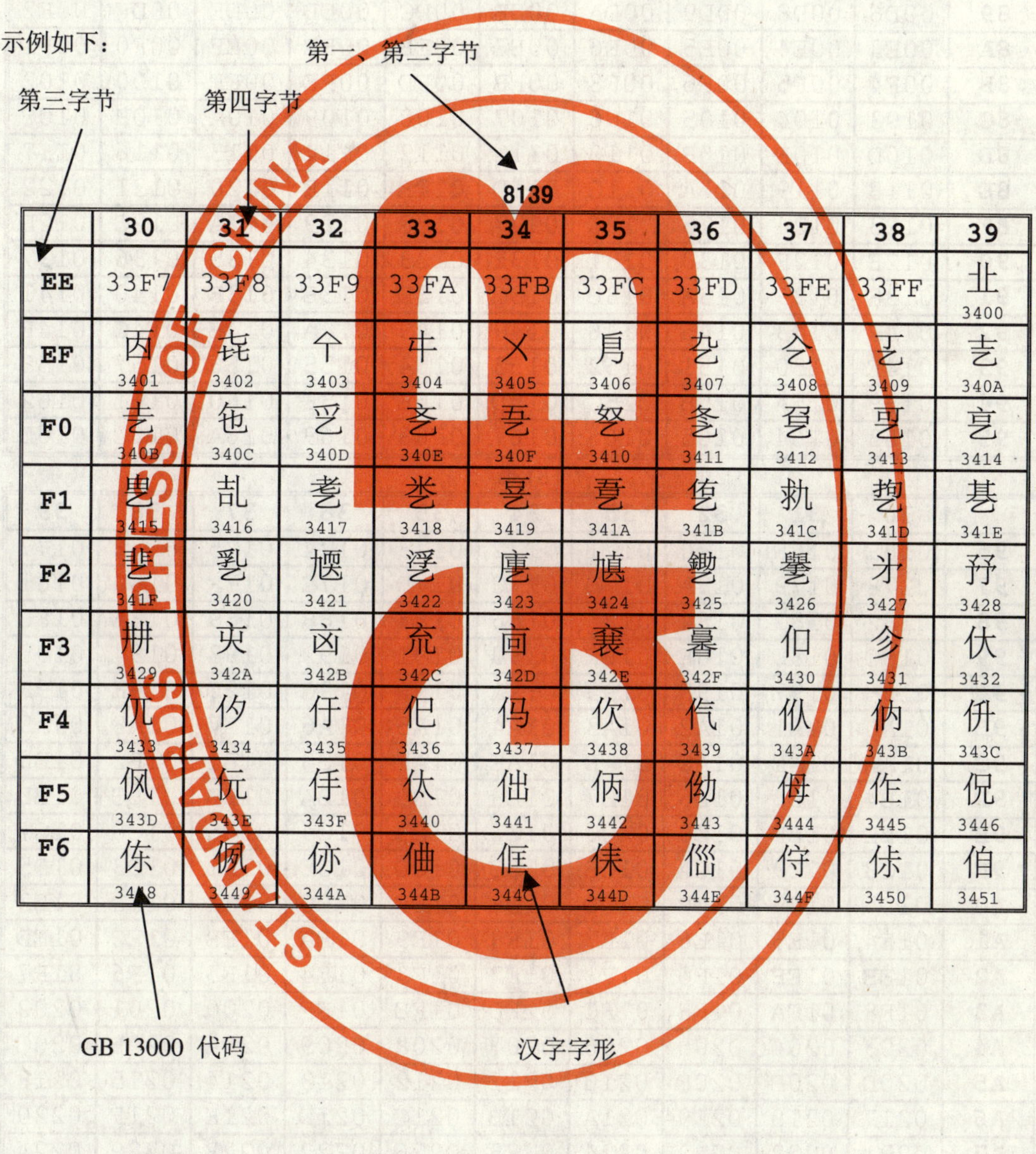

8139

	30	31	32	33	34	35	36	37	38	39
EE	33F7	33F8	33F9	33FA	33FB	33FC	33FD	33FE	33FF	㐀 3400
EF	㐁 3401	㐂 3402	㐃 3403	㐄 3404	㐅 3405	㐆 3406	㐇 3407	㐈 3408	㐉 3409	㐊 340A
F0	㐋 340B	㐌 340C	㐍 340D	㐎 340E	㐏 340F	㐐 3410	㐑 3411	㐒 3412	㐓 3413	㐔 3414
F1	㐕 3415	㐖 3416	㐗 3417	㐘 3418	㐙 3419	㐚 341A	㐛 341B	㐜 341C	㐝 341D	㐞 341E
F2	㐟 341F	㐠 3420	㐡 3421	㐢 3422	㐣 3423	㐤 3424	㐥 3425	㐦 3426	㐧 3427	㐨 3428
F3	㐩 3429	㐪 342A	㐫 342B	㐬 342C	㐭 342D	㐮 342E	㐯 342F	㐰 3430	㐱 3431	㐲 3432
F4	㐳 3433	㐴 3434	㐵 3435	㐶 3436	㐷 3437	㐸 3438	㐹 3439	㐺 343A	㐻 343B	㐼 343C
F5	㐽 343D	㐾 343E	㐿 343F	㑀 3440	㑁 3441	㑂 3442	㑃 3443	㑄 3444	㑅 3445	㑆 3446
F6	㑈 3448	㑉 3449	㑊 344A	㑋 344B	㑌 344C	㑍 344D	㑎 344E	㑏 344F	㑐 3450	㑑 3451

8130

	30	31	32	33	34	35	36	37	38	39
81	0080	0081	0082	0083	0084	0085	0086	0087	0088	0089
82	008A	008B	008C	008D	008E	008F	0090	0091	0092	0093
83	0094	0095	0096	0097	0098	0099	009A	009B	009C	009D
84	009E	009F	00A0	00A1	00A2	00A3	00A5	00A6	00A9	00AA
85	00AB	00AC	00AD	00AE	00AF	00B2	00B3	00B4	00B5	00B6
86	00B8	00B9	00BA	00BB	00BC	00BD	00BE	00BF	00C0	00C1
87	00C2	00C3	00C4	00C5	00C6	00C7	00C8	00C9	00CA	00CB
88	00CC	00CD	00CE	00CF	00D0	00D1	00D2	00D3	00D4	00D5
89	00D6	00D8	00D9	00DA	00DB	00DC	00DD	00DE	00DF	00E2
8A	00E3	00E4	00E5	00E6	00E7	00EB	00EE	00EF	00F0	00F1
8B	00F4	00F5	00F6	00F8	00FB	00FD	00FE	00FF	0100	0102
8C	0103	0104	0105	0106	0107	0108	0109	010A	010B	010C
8D	010D	010E	010F	0110	0111	0112	0114	0115	0116	0117
8E	0118	0119	011A	011C	011D	011E	011F	0120	0121	0122
8F	0123	0124	0125	0126	0127	0128	0129	012A	012C	012D
90	012E	012F	0130	0131	0132	0133	0134	0135	0136	0137
91	0138	0139	013A	013B	013C	013D	013E	013F	0140	0141
92	0142	0143	0145	0146	0147	0149	014A	014B	014C	014E
93	014F	0150	0151	0152	0153	0154	0155	0156	0157	0158
94	0159	015A	015B	015C	015D	015E	015F	0160	0161	0162
95	0163	0164	0165	0166	0167	0168	0169	016A	016C	016D

8130

	30	31	32	33	34	35	36	37	38	39
96	016E	016F	0170	0171	0172	0173	0174	0175	0176	0177
97	0178	0179	017A	017B	017C	017D	017E	017F	0180	0181
98	0182	0183	0184	0185	0186	0187	0188	0189	018A	018B
99	018C	018D	018E	018F	0190	0191	0192	0193	0194	0195
9A	0196	0197	0198	0199	019A	019B	019C	019D	019E	019F
9B	01A0	01A1	01A2	01A3	01A4	01A5	01A6	01A7	01A8	01A9
9C	01AA	01AB	01AC	01AD	01AE	01AF	01B0	01B1	01B2	01B3
9D	01B4	01B5	01B6	01B7	01B8	01B9	01BA	01BB	01BC	01BD
9E	01BE	01BF	01C0	01C1	01C2	01C3	01C4	01C5	01C6	01C7
9F	01C8	01C9	01CA	01CB	01CC	01CD	01CF	01D1	01D3	01D5
A0	01D7	01D9	01DB	01DD	01DE	01DF	01E0	01E1	01E2	01E3
A1	01E4	01E5	01E6	01E7	01E8	01E9	01EA	01EB	01EC	01ED
A2	01EE	01EF	01F0	01F1	01F2	01F3	01F4	01F5	01F6	01F7
A3	01F8	01FA	01FB	01FC	01FD	01FE	01FF	0200	0201	0202
A4	0203	0204	0205	0206	0207	0208	0209	020A	020B	020C
A5	020D	020E	020F	0210	0211	0212	0213	0214	0215	0216
A6	0217	0218	0219	021A	021B	021C	021D	021E	021F	0220
A7	0221	0222	0223	0224	0225	0226	0227	0228	0229	022A
A8	022B	022C	022D	022E	022F	0230	0231	0232	0233	0234
A9	0235	0236	0237	0238	0239	023A	023B	023C	023D	023E
AA	023F	0240	0241	0242	0243	0244	0245	0246	0247	0248

8130

	30	31	32	33	34	35	36	37	38	39
AB	0249	024A	024B	024C	024D	024E	024F	0250	0252	0253
AC	0254	0255	0256	0257	0258	0259	025A	025B	025C	025D
AD	025E	025F	0260	0262	0263	0264	0265	0266	0267	0268
AE	0269	026A	026B	026C	026D	026E	026F	0270	0271	0272
AF	0273	0274	0275	0276	0277	0278	0279	027A	027B	027C
B0	027D	027E	027F	0280	0281	0282	0283	0284	0285	0286
B1	0287	0288	0289	028A	028B	028C	028D	028E	028F	0290
B2	0291	0292	0293	0294	0295	0296	0297	0298	0299	029A
B3	029B	029C	029D	029E	029F	02A0	02A1	02A2	02A3	02A4
B4	02A5	02A6	02A7	02A8	02A9	02AA	02AB	02AC	02AD	02AE
B5	02AF	02B0	02B1	02B2	02B3	02B4	02B5	02B6	02B7	02B8
B6	02B9	02BA	02BB	02BC	02BD	02BE	02BF	02C0	02C1	02C2
B7	02C3	02C4	02C5	02C6	02C8	02CC	02CD	02CE	02CF	02D0
B8	02D1	02D2	02D3	02D4	02D5	02D6	02D7	02D8	02DA	02DB
B9	02DC	02DD	02DE	02DF	02E0	02E1	02E2	02E3	02E4	02E5
BA	02E6	02E7	02E8	02E9	02EA	02EB	02EC	02ED	02EE	02EF
BB	02F0	02F1	02F2	02F3	02F4	02F5	02F6	02F7	02F8	02F9
BC	02FA	02FB	02FC	02FD	02FE	02FF	0300	0301	0302	0303
BD	0304	0305	0306	0307	0308	0309	030A	030B	030C	030D
BE	030E	030F	0310	0311	0312	0313	0314	0315	0316	0317
BF	0318	0319	031A	031B	031C	031D	031E	031F	0320	0321

8130

	30	31	32	33	34	35	36	37	38	39
C0	0322	0323	0324	0325	0326	0327	0328	0329	032A	032B
C1	032C	032D	032E	032F	0330	0331	0332	0333	0334	0335
C2	0336	0337	0338	0339	033A	033B	033C	033D	033E	033F
C3	0340	0341	0342	0343	0344	0345	0346	0347	0348	0349
C4	034A	034B	034C	034D	034E	034F	0350	0351	0352	0353
C5	0354	0355	0356	0357	0358	0359	035A	035B	035C	035D
C6	035E	035F	0360	0361	0362	0363	0364	0365	0366	0367
C7	0368	0369	036A	036B	036C	036D	036E	036F	0370	0371
C8	0372	0373	0374	0375	0376	0377	0378	0379	037A	037B
C9	037C	037D	037E	037F	0380	0381	0382	0383	0384	0385
CA	0386	0387	0388	0389	038A	038B	038C	038D	038E	038F
CB	0390	03A2	03AA	03AB	03AC	03AD	03AE	03AF	03B0	03C2
CC	03CA	03CB	03CC	03CD	03CE	03CF	03D0	03D1	03D2	03D3
CD	03D4	03D5	03D6	03D7	03D8	03D9	03DA	03DB	03DC	03DD
CE	03DE	03DF	03E0	03E1	03E2	03E3	03E4	03E5	03E6	03E7
CF	03E8	03E9	03EA	03EB	03EC	03ED	03EE	03EF	03F0	03F1
D0	03F2	03F3	03F4	03F5	03F6	03F7	03F8	03F9	03FA	03FB
D1	03FC	03FD	03FE	03FF	0400	0402	0403	0404	0405	0406
D2	0407	0408	0409	040A	040B	040C	040D	040E	040F	0450
D3	0452	0453	0454	0455	0456	0457	0458	0459	045A	045B
D4	045C	045D	045E	045F	0460	0461	0462	0463	0464	0465

8130

	30	31	32	33	34	35	36	37	38	39
D5	0466	0467	0468	0469	046A	046B	046C	046D	046E	046F
D6	0470	0471	0472	0473	0474	0475	0476	0477	0478	0479
D7	047A	047B	047C	047D	047E	047F	0480	0481	0482	0483
D8	0484	0485	0486	0487	0488	0489	048A	048B	048C	048D
D9	048E	048F	0490	0491	0492	0493	0494	0495	0496	0497
DA	0498	0499	049A	049B	049C	049D	049E	049F	04A0	04A1
DB	04A2	04A3	04A4	04A5	04A6	04A7	04A8	04A9	04AA	04AB
DC	04AC	04AD	04AE	04AF	04B0	04B1	04B2	04B3	04B4	04B5
DD	04B6	04B7	04B8	04B9	04BA	04BB	04BC	04BD	04BE	04BF
DE	04C0	04C1	04C2	04C3	04C4	04C5	04C6	04C7	04C8	04C9
DF	04CA	04CB	04CC	04CD	04CE	04CF	04D0	04D1	04D2	04D3
E0	04D4	04D5	04D6	04D7	04D8	04D9	04DA	04DB	04DC	04DD
E1	04DE	04DF	04E0	04E1	04E2	04E3	04E4	04E5	04E6	04E7
E2	04E8	04E9	04EA	04EB	04EC	04ED	04EE	04EF	04F0	04F1
E3	04F2	04F3	04F4	04F5	04F6	04F7	04F8	04F9	04FA	04FB
E4	04FC	04FD	04FE	04FF	0500	0501	0502	0503	0504	0505
E5	0506	0507	0508	0509	050A	050B	050C	050D	050E	050F
E6	0510	0511	0512	0513	0514	0515	0516	0517	0518	0519
E7	051A	051B	051C	051D	051E	051F	0520	0521	0522	0523
E8	0524	0525	0526	0527	0528	0529	052A	052B	052C	052D
E9	052E	052F	0530	0531	0532	0533	0534	0535	0536	0537

8130

	30	31	32	33	34	35	36	37	38	39
EA	0538	0539	053A	053B	053C	053D	053E	053F	0540	0541
EB	0542	0543	0544	0545	0546	0547	0548	0549	054A	054B
EC	054C	054D	054E	054F	0550	0551	0552	0553	0554	0555
ED	0556	0557	0558	0559	055A	055B	055C	055D	055E	055F
EE	0560	0561	0562	0563	0564	0565	0566	0567	0568	0569
EF	056A	056B	056C	056D	056E	056F	0570	0571	0572	0573
F0	0574	0575	0576	0577	0578	0579	057A	057B	057C	057D
F1	057E	057F	0580	0581	0582	0583	0584	0585	0586	0587
F2	0588	0589	058A	058B	058C	058D	058E	058F	0590	0591
F3	0592	0593	0594	0595	0596	0597	0598	0599	059A	059B
F4	059C	059D	059E	059F	05A0	05A1	05A2	05A3	05A4	05A5
F5	05A6	05A7	05A8	05A9	05AA	05AB	05AC	05AD	05AE	05AF
F6	05B0	05B1	05B2	05B3	05B4	05B5	05B6	05B7	05B8	05B9
F7	05BA	05BB	05BC	05BD	05BE	05BF	05C0	05C1	05C2	05C3
F8	05C4	05C5	05C6	05C7	05C8	05C9	05CA	05CB	05CC	05CD
F9	05CE	05CF	05D0	05D1	05D2	05D3	05D4	05D5	05D6	05D7
FA	05D8	05D9	05DA	05DB	05DC	05DD	05DE	05DF	05E0	05E1
FB	05E2	05E3	05E4	05E5	05E6	05E7	05E8	05E9	05EA	05EB
FC	05EC	05ED	05EE	05EF	05F0	05F1	05F2	05F3	05F4	05F5
FD	05F6	05F7	05F8	05F9	05FA	05FB	05FC	05FD	05FE	05FF
FE	0600	0601	0602	0603	0604	0605	0606	0607	0608	0609

8131

	30	31	32	33	34	35	36	37	38	39
81	060A	060B	، 060C	060D	060E	060F	0610	0611	0612	0613
82	0614	0615	0616	0617	0618	0619	061A	؛ 061B	061C	061D
83	061E	؟ 061F	0620	0621	0622	0623	0624	0625	ئ 0626	ا 0627
84	ب 0628	0629	ت 062A	062B	ج 062C	ح 062D	خ 062E	د 062F	0630	ر 0631
85	ز 0632	س 0633	ش 0634	0635	0636	0637	0638	ع 0639	غ 063A	063B
86	063C	063D	063E	063F	ـ 0640	ف 0641	ق 0642	ك 0643	ل 0644	م 0645
87	ن 0646	ه 0647	و 0648	ى 0649	ي 064A	064B	064C	064D	064E	064F
88	0650	0651	0652	0653	0654	0655	0656	0657	0658	0659
89	065A	065B	065C	065D	065E	065F	0660	0661	0662	0663
8A	0664	0665	0666	0667	0668	0669	066A	066B	066C	066D
8B	066E	066F	0670	0671	0672	0673	ٴ 0674	ٵ 0675	ٶ 0676	ٷ 0677
8C	ٸ 0678	0679	067A	067B	067C	067D	پ 067E	067F	0680	0681
8D	0682	0683	0684	0685	چ 0686	0687	0688	0689	068A	068B
8E	068C	068D	068E	068F	0690	0691	0692	0693	0694	0695
8F	0696	0697	ژ 0698	0699	069A	069B	069C	069D	069E	069F
90	06A0	06A1	06A2	06A3	06A4	06A5	06A6	06A7	06A8	ک 06A9
91	06AA	06AB	06AC	ڭ 06AD	06AE	گ 06AF	06B0	06B1	06B2	06B3
92	06B4	06B5	06B6	06B7	06B8	06B9	06BA	06BB	06BC	06BD
93	ھ 06BE	06BF	06C0	06C1	06C2	06C3	06C4	ۅ 06C5	ۆ 06C6	ۇ 06C7
94	ۈ 06C8	ۉ 06C9	06CA	ۋ 06CB	ی 06CC	06CD	06CE	06CF	ې 06D0	06D1
95	06D2	06D3	06D4	ە 06D5	06D6	06D7	06D8	06D9	06DA	06DB

8131

	30	31	32	33	34	35	36	37	38	39
96	06DC	06DD	06DE	06DF	06E0	06E1	06E2	06E3	06E4	06E5
97	06E6	06E7	06E8	06E9	06EA	06EB	06EC	06ED	06EE	06EF
98	06F0	06F1	06F2	06F3	06F4	06F5	06F6	06F7	06F8	06F9
99	06FA	06FB	06FC	06FD	06FE	06FF	0700	0701	0702	0703
9A	0704	0705	0706	0707	0708	0709	070A	070B	070C	070D
9B	070E	070F	0710	0711	0712	0713	0714	0715	0716	0717
9C	0718	0719	071A	071B	071C	071D	071E	071F	0720	0721
9D	0722	0723	0724	0725	0726	0727	0728	0729	072A	072B
9E	072C	072D	072E	072F	0730	0731	0732	0733	0734	0735
9F	0736	0737	0738	0739	073A	073B	073C	073D	073E	073F
A0	0740	0741	0742	0743	0744	0745	0746	0747	0748	0749
A1	074A	074B	074C	074D	074E	074F	0750	0751	0752	0753
A2	0754	0755	0756	0757	0758	0759	075A	075B	075C	075D
A3	075E	075F	0760	0761	0762	0763	0764	0765	0766	0767
A4	0768	0769	076A	076B	076C	076D	076E	076F	0770	0771
A5	0772	0773	0774	0775	0776	0777	0778	0779	077A	077B
A6	077C	077D	077E	077F	0780	0781	0782	0783	0784	0785
A7	0786	0787	0788	0789	078A	078B	078C	078D	078E	078F
A8	0790	0791	0792	0793	0794	0795	0796	0797	0798	0799
A9	079A	079B	079C	079D	079E	079F	07A0	07A1	07A2	07A3
AA	07A4	07A5	07A6	07A7	07A8	07A9	07AA	07AB	07AC	07AD

8131

	30	31	32	33	34	35	36	37	38	39
AB	07AE	07AF	07B0	07B1	07B2	07B3	07B4	07B5	07B6	07B7
AC	07B8	07B9	07BA	07BB	07BC	07BD	07BE	07BF	07C0	07C1
AD	07C2	07C3	07C4	07C5	07C6	07C7	07C8	07C9	07CA	07CB
AE	07CC	07CD	07CE	07CF	07D0	07D1	07D2	07D3	07D4	07D5
AF	07D6	07D7	07D8	07D9	07DA	07DB	07DC	07DD	07DE	07DF
B0	07E0	07E1	07E2	07E3	07E4	07E5	07E6	07E7	07E8	07E9
B1	07EA	07EB	07EC	07ED	07EE	07EF	07F0	07F1	07F2	07F3
B2	07F4	07F5	07F6	07F7	07F8	07F9	07FA	07FB	07FC	07FD
B3	07FE	07FF	0800	0801	0802	0803	0804	0805	0806	0807
B4	0808	0809	080A	080B	080C	080D	080E	080F	0810	0811
B5	0812	0813	0814	0815	0816	0817	0818	0819	081A	081B
B6	081C	081D	081E	081F	0820	0821	0822	0823	0824	0825
B7	0826	0827	0828	0829	082A	082B	082C	082D	082E	082F
B8	0830	0831	0832	0833	0834	0835	0836	0837	0838	0839
B9	083A	083B	083C	083D	083E	083F	0840	0841	0842	0843
BA	0844	0845	0846	0847	0848	0849	084A	084B	084C	084D
BB	084E	084F	0850	0851	0852	0853	0854	0855	0856	0857
BC	0858	0859	085A	085B	085C	085D	085E	085F	0860	0861
BD	0862	0863	0864	0865	0866	0867	0868	0869	086A	086B
BE	086C	086D	086E	086F	0870	0871	0872	0873	0874	0875
BF	0876	0877	0878	0879	087A	087B	087C	087D	087E	087F

8131

	30	31	32	33	34	35	36	37	38	39
C0	0880	0881	0882	0883	0884	0885	0886	0887	0888	0889
C1	088A	088B	088C	088D	088E	088F	0890	0891	0892	0893
C2	0894	0895	0896	0897	0898	0899	089A	089B	089C	089D
C3	089E	089F	08A0	08A1	08A2	08A3	08A4	08A5	08A6	08A7
C4	08A8	08A9	08AA	08AB	08AC	08AD	08AE	08AF	08B0	08B1
C5	08B2	08B3	08B4	08B5	08B6	08B7	08B8	08B9	08BA	08BB
C6	08BC	08BD	08BE	08BF	08C0	08C1	08C2	08C3	08C4	08C5
C7	08C6	08C7	08C8	08C9	08CA	08CB	08CC	08CD	08CE	08CF
C8	08D0	08D1	08D2	08D3	08D4	08D5	08D6	08D7	08D8	08D9
C9	08DA	08DB	08DC	08DD	08DE	08DF	08E0	08E1	08E2	08E3
CA	08E4	08E5	08E6	08E7	08E8	08E9	08EA	08EB	08EC	08ED
CB	08EE	08EF	08F0	08F1	08F2	08F3	08F4	08F5	08F6	08F7
CC	08F8	08F9	08FA	08FB	08FC	08FD	08FE	08FF	0900	0901
CD	0902	0903	0904	0905	0906	0907	0908	0909	090A	090B
CE	090C	090D	090E	090F	0910	0911	0912	0913	0914	0915
CF	0916	0917	0918	0919	091A	091B	091C	091D	091E	091F
D0	0920	0921	0922	0923	0924	0925	0926	0927	0928	0929
D1	092A	092B	092C	092D	092E	092F	0930	0931	0932	0933
D2	0934	0935	0936	0937	0938	0939	093A	093B	093C	093D
D3	093E	093F	0940	0941	0942	0943	0944	0945	0946	0947
D4	0948	0949	094A	094B	094C	094D	094E	094F	0950	0951

8131

	30	31	32	33	34	35	36	37	38	39
D5	0952	0953	0954	0955	0956	0957	0958	0959	095A	095B
D6	095C	095D	095E	095F	0960	0961	0962	0963	0964	0965
D7	0966	0967	0968	0969	096A	096B	096C	096D	096E	096F
D8	0970	0971	0972	0973	0974	0975	0976	0977	0978	0979
D9	097A	097B	097C	097D	097E	097F	0980	0981	0982	0983
DA	0984	0985	0986	0987	0988	0989	098A	098B	098C	098D
DB	098E	098F	0990	0991	0992	0993	0994	0995	0996	0997
DC	0998	0999	099A	099B	099C	099D	099E	099F	09A0	09A1
DD	09A2	09A3	09A4	09A5	09A6	09A7	09A8	09A9	09AA	09AB
DE	09AC	09AD	09AE	09AF	09B0	09B1	09B2	09B3	09B4	09B5
DF	09B6	09B7	09B8	09B9	09BA	09BB	09BC	09BD	09BE	09BF
E0	09C0	09C1	09C2	09C3	09C4	09C5	09C6	09C7	09C8	09C9
E1	09CA	09CB	09CC	09CD	09CE	09CF	09D0	09D1	09D2	09D3
E2	09D4	09D5	09D6	09D7	09D8	09D9	09DA	09DB	09DC	09DD
E3	09DE	09DF	09E0	09E1	09E2	09E3	09E4	09E5	09E6	09E7
E4	09E8	09E9	09EA	09EB	09EC	09ED	09EE	09EF	09F0	09F1
E5	09F2	09F3	09F4	09F5	09F6	09F7	09F8	09F9	09FA	09FB
E6	09FC	09FD	09FE	09FF	0A00	0A01	0A02	0A03	0A04	0A05
E7	0A06	0A07	0A08	0A09	0A0A	0A0B	0A0C	0A0D	0A0E	0A0F
E8	0A10	0A11	0A12	0A13	0A14	0A15	0A16	0A17	0A18	0A19
E9	0A1A	0A1B	0A1C	0A1D	0A1E	0A1F	0A20	0A21	0A22	0A23

8131

	30	31	32	33	34	35	36	37	38	39
EA	0A24	0A25	0A26	0A27	0A28	0A29	0A2A	0A2B	0A2C	0A2D
EB	0A2E	0A2F	0A30	0A31	0A32	0A33	0A34	0A35	0A36	0A37
EC	0A38	0A39	0A3A	0A3B	0A3C	0A3D	0A3E	0A3F	0A40	0A41
ED	0A42	0A43	0A44	0A45	0A46	0A47	0A48	0A49	0A4A	0A4B
EE	0A4C	0A4D	0A4E	0A4F	0A50	0A51	0A52	0A53	0A54	0A55
EF	0A56	0A57	0A58	0A59	0A5A	0A5B	0A5C	0A5D	0A5E	0A5F
F0	0A60	0A61	0A62	0A63	0A64	0A65	0A66	0A67	0A68	0A69
F1	0A6A	0A6B	0A6C	0A6D	0A6E	0A6F	0A70	0A71	0A72	0A73
F2	0A74	0A75	0A76	0A77	0A78	0A79	0A7A	0A7B	0A7C	0A7D
F3	0A7E	0A7F	0A80	0A81	0A82	0A83	0A84	0A85	0A86	0A87
F4	0A88	0A89	0A8A	0A8B	0A8C	0A8D	0A8E	0A8F	0A90	0A91
F5	0A92	0A93	0A94	0A95	0A96	0A97	0A98	0A99	0A9A	0A9B
F6	0A9C	0A9D	0A9E	0A9F	0AA0	0AA1	0AA2	0AA3	0AA4	0AA5
F7	0AA6	0AA7	0AA8	0AA9	0AAA	0AAB	0AAC	0AAD	0AAE	0AAF
F8	0AB0	0AB1	0AB2	0AB3	0AB4	0AB5	0AB6	0AB7	0AB8	0AB9
F9	0ABA	0ABB	0ABC	0ABD	0ABE	0ABF	0AC0	0AC1	0AC2	0AC3
FA	0AC4	0AC5	0AC6	0AC7	0AC8	0AC9	0ACA	0ACB	0ACC	0ACD
FB	0ACE	0ACF	0AD0	0AD1	0AD2	0AD3	0AD4	0AD5	0AD6	0AD7
FC	0AD8	0AD9	0ADA	0ADB	0ADC	0ADD	0ADE	0ADF	0AE0	0AE1
FD	0AE2	0AE3	0AE4	0AE5	0AE6	0AE7	0AE8	0AE9	0AEA	0AEB
FE	0AEC	0AED	0AEE	0AEF	0AF0	0AF1	0AF2	0AF3	0AF4	0AF5

8132

	30	31	32	33	34	35	36	37	38	39
81	0AF6	0AF7	0AF8	0AF9	0AFA	0AFB	0AFC	0AFD	0AFE	0AFF
82	0B00	0B01	0B02	0B03	0B04	0B05	0B06	0B07	0B08	0B09
83	0B0A	0B0B	0B0C	0B0D	0B0E	0B0F	0B10	0B11	0B12	0B13
84	0B14	0B15	0B16	0B17	0B18	0B19	0B1A	0B1B	0B1C	0B1D
85	0B1E	0B1F	0B20	0B21	0B22	0B23	0B24	0B25	0B26	0B27
86	0B28	0B29	0B2A	0B2B	0B2C	0B2D	0B2E	0B2F	0B30	0B31
87	0B32	0B33	0B34	0B35	0B36	0B37	0B38	0B39	0B3A	0B3B
88	0B3C	0B3D	0B3E	0B3F	0B40	0B41	0B42	0B43	0B44	0B45
89	0B46	0B47	0B48	0B49	0B4A	0B4B	0B4C	0B4D	0B4E	0B4F
8A	0B50	0B51	0B52	0B53	0B54	0B55	0B56	0B57	0B58	0B59
8B	0B5A	0B5B	0B5C	0B5D	0B5E	0B5F	0B60	0B61	0B62	0B63
8C	0B64	0B65	0B66	0B67	0B68	0B69	0B6A	0B6B	0B6C	0B6D
8D	0B6E	0B6F	0B70	0B71	0B72	0B73	0B74	0B75	0B76	0B77
8E	0B78	0B79	0B7A	0B7B	0B7C	0B7D	0B7E	0B7F	0B80	0B81
8F	0B82	0B83	0B84	0B85	0B86	0B87	0B88	0B89	0B8A	0B8B
90	0B8C	0B8D	0B8E	0B8F	0B90	0B91	0B92	0B93	0B94	0B95
91	0B96	0B97	0B98	0B99	0B9A	0B9B	0B9C	0B9D	0B9E	0B9F
92	0BA0	0BA1	0BA2	0BA3	0BA4	0BA5	0BA6	0BA7	0BA8	0BA9
93	0BAA	0BAB	0BAC	0BAD	0BAE	0BAF	0BB0	0BB1	0BB2	0BB3
94	0BB4	0BB5	0BB6	0BB7	0BB8	0BB9	0BBA	0BBB	0BBC	0BBD
95	0BBE	0BBF	0BC0	0BC1	0BC2	0BC3	0BC4	0BC5	0BC6	0BC7

8132

	30	31	32	33	34	35	36	37	38	39
96	0BC8	0BC9	0BCA	0BCB	0BCC	0BCD	0BCE	0BCF	0BD0	0BD1
97	0BD2	0BD3	0BD4	0BD5	0BD6	0BD7	0BD8	0BD9	0BDA	0BDB
98	0BDC	0BDD	0BDE	0BDF	0BE0	0BE1	0BE2	0BE3	0BE4	0BE5
99	0BE6	0BE7	0BE8	0BE9	0BEA	0BEB	0BEC	0BED	0BEE	0BEF
9A	0BF0	0BF1	0BF2	0BF3	0BF4	0BF5	0BF6	0BF7	0BF8	0BF9
9B	0BFA	0BFB	0BFC	0BFD	0BFE	0BFF	0C00	0C01	0C02	0C03
9C	0C04	0C05	0C06	0C07	0C08	0C09	0C0A	0C0B	0C0C	0C0D
9D	0C0E	0C0F	0C10	0C11	0C12	0C13	0C14	0C15	0C16	0C17
9E	0C18	0C19	0C1A	0C1B	0C1C	0C1D	0C1E	0C1F	0C20	0C21
9F	0C22	0C23	0C24	0C25	0C26	0C27	0C28	0C29	0C2A	0C2B
A0	0C2C	0C2D	0C2E	0C2F	0C30	0C31	0C32	0C33	0C34	0C35
A1	0C36	0C37	0C38	0C39	0C3A	0C3B	0C3C	0C3D	0C3E	0C3F
A2	0C40	0C41	0C42	0C43	0C44	0C45	0C46	0C47	0C48	0C49
A3	0C4A	0C4B	0C4C	0C4D	0C4E	0C4F	0C50	0C51	0C52	0C53
A4	0C54	0C55	0C56	0C57	0C58	0C59	0C5A	0C5B	0C5C	0C5D
A5	0C5E	0C5F	0C60	0C61	0C62	0C63	0C64	0C65	0C66	0C67
A6	0C68	0C69	0C6A	0C6B	0C6C	0C6D	0C6E	0C6F	0C70	0C71
A7	0C72	0C73	0C74	0C75	0C76	0C77	0C78	0C79	0C7A	0C7B
A8	0C7C	0C7D	0C7E	0C7F	0C80	0C81	0C82	0C83	0C84	0C85
A9	0C86	0C87	0C88	0C89	0C8A	0C8B	0C8C	0C8D	0C8E	0C8F
AA	0C90	0C91	0C92	0C93	0C94	0C95	0C96	0C97	0C98	0C99

8132

	30	31	32	33	34	35	36	37	38	39
AB	0C9A	0C9B	0C9C	0C9D	0C9E	0C9F	0CA0	0CA1	0CA2	0CA3
AC	0CA4	0CA5	0CA6	0CA7	0CA8	0CA9	0CAA	0CAB	0CAC	0CAD
AD	0CAE	0CAF	0CB0	0CB1	0CB2	0CB3	0CB4	0CB5	0CB6	0CB7
AE	0CB8	0CB9	0CBA	0CBB	0CBC	0CBD	0CBE	0CBF	0CC0	0CC1
AF	0CC2	0CC3	0CC4	0CC5	0CC6	0CC7	0CC8	0CC9	0CCA	0CCB
B0	0CCC	0CCD	0CCE	0CCF	0CD0	0CD1	0CD2	0CD3	0CD4	0CD5
B1	0CD6	0CD7	0CD8	0CD9	0CDA	0CDB	0CDC	0CDD	0CDE	0CDF
B2	0CE0	0CE1	0CE2	0CE3	0CE4	0CE5	0CE6	0CE7	0CE8	0CE9
B3	0CEA	0CEB	0CEC	0CED	0CEE	0CEF	0CF0	0CF1	0CF2	0CF3
B4	0CF4	0CF5	0CF6	0CF7	0CF8	0CF9	0CFA	0CFB	0CFC	0CFD
B5	0CFE	0CFF	0D00	0D01	0D02	0D03	0D04	0D05	0D06	0D07
B6	0D08	0D09	0D0A	0D0B	0D0C	0D0D	0D0E	0D0F	0D10	0D11
B7	0D12	0D13	0D14	0D15	0D16	0D17	0D18	0D19	0D1A	0D1B
B8	0D1C	0D1D	0D1E	0D1F	0D20	0D21	0D22	0D23	0D24	0D25
B9	0D26	0D27	0D28	0D29	0D2A	0D2B	0D2C	0D2D	0D2E	0D2F
BA	0D30	0D31	0D32	0D33	0D34	0D35	0D36	0D37	0D38	0D39
BB	0D3A	0D3B	0D3C	0D3D	0D3E	0D3F	0D40	0D41	0D42	0D43
BC	0D44	0D45	0D46	0D47	0D48	0D49	0D4A	0D4B	0D4C	0D4D
BD	0D4E	0D4F	0D50	0D51	0D52	0D53	0D54	0D55	0D56	0D57
BE	0D58	0D59	0D5A	0D5B	0D5C	0D5D	0D5E	0D5F	0D60	0D61
BF	0D62	0D63	0D64	0D65	0D66	0D67	0D68	0D69	0D6A	0D6B

8132

	30	31	32	33	34	35	36	37	38	39
C0	0D6C	0D6D	0D6E	0D6F	0D70	0D71	0D72	0D73	0D74	0D75
C1	0D76	0D77	0D78	0D79	0D7A	0D7B	0D7C	0D7D	0D7E	0D7F
C2	0D80	0D81	0D82	0D83	0D84	0D85	0D86	0D87	0D88	0D89
C3	0D8A	0D8B	0D8C	0D8D	0D8E	0D8F	0D90	0D91	0D92	0D93
C4	0D94	0D95	0D96	0D97	0D98	0D99	0D9A	0D9B	0D9C	0D9D
C5	0D9E	0D9F	0DA0	0DA1	0DA2	0DA3	0DA4	0DA5	0DA6	0DA7
C6	0DA8	0DA9	0DAA	0DAB	0DAC	0DAD	0DAE	0DAF	0DB0	0DB1
C7	0DB2	0DB3	0DB4	0DB5	0DB6	0DB7	0DB8	0DB9	0DBA	0DBB
C8	0DBC	0DBD	0DBE	0DBF	0DC0	0DC1	0DC2	0DC3	0DC4	0DC5
C9	0DC6	0DC7	0DC8	0DC9	0DCA	0DCB	0DCC	0DCD	0DCE	0DCF
CA	0DD0	0DD1	0DD2	0DD3	0DD4	0DD5	0DD6	0DD7	0DD8	0DD9
CB	0DDA	0DDB	0DDC	0DDD	0DDE	0DDF	0DE0	0DE1	0DE2	0DE3
CC	0DE4	0DE5	0DE6	0DE7	0DE8	0DE9	0DEA	0DEB	0DEC	0DED
CD	0DEE	0DEF	0DF0	0DF1	0DF2	0DF3	0DF4	0DF5	0DF6	0DF7
CE	0DF8	0DF9	0DFA	0DFB	0DFC	0DFD	0DFE	0DFF	0E00	0E01
CF	0E02	0E03	0E04	0E05	0E06	0E07	0E08	0E09	0E0A	0E0B
D0	0E0C	0E0D	0E0E	0E0F	0E10	0E11	0E12	0E13	0E14	0E15
D1	0E16	0E17	0E18	0E19	0E1A	0E1B	0E1C	0E1D	0E1E	0E1F
D2	0E20	0E21	0E22	0E23	0E24	0E25	0E26	0E27	0E28	0E29
D3	0E2A	0E2B	0E2C	0E2D	0E2E	0E2F	0E30	0E31	0E32	0E33
D4	0E34	0E35	0E36	0E37	0E38	0E39	0E3A	0E3B	0E3C	0E3D

8132

	30	31	32	33	34	35	36	37	38	39
D5	0E3E	0E3F	0E40	0E41	0E42	0E43	0E44	0E45	0E46	0E47
D6	0E48	0E49	0E4A	0E4B	0E4C	0E4D	0E4E	0E4F	0E50	0E51
D7	0E52	0E53	0E54	0E55	0E56	0E57	0E58	0E59	0E5A	0E5B
D8	0E5C	0E5D	0E5E	0E5F	0E60	0E61	0E62	0E63	0E64	0E65
D9	0E66	0E67	0E68	0E69	0E6A	0E6B	0E6C	0E6D	0E6E	0E6F
DA	0E70	0E71	0E72	0E73	0E74	0E75	0E76	0E77	0E78	0E79
DB	0E7A	0E7B	0E7C	0E7D	0E7E	0E7F	0E80	0E81	0E82	0E83
DC	0E84	0E85	0E86	0E87	0E88	0E89	0E8A	0E8B	0E8C	0E8D
DD	0E8E	0E8F	0E90	0E91	0E92	0E93	0E94	0E95	0E96	0E97
DE	0E98	0E99	0E9A	0E9B	0E9C	0E9D	0E9E	0E9F	0EA0	0EA1
DF	0EA2	0EA3	0EA4	0EA5	0EA6	0EA7	0EA8	0EA9	0EAA	0EAB
E0	0EAC	0EAD	0EAE	0EAF	0EB0	0EB1	0EB2	0EB3	0EB4	0EB5
E1	0EB6	0EB7	0EB8	0EB9	0EBA	0EBB	0EBC	0EBD	0EBE	0EBF
E2	0EC0	0EC1	0EC2	0EC3	0EC4	0EC5	0EC6	0EC7	0EC8	0EC9
E3	0ECA	0ECB	0ECC	0ECD	0ECE	0ECF	0ED0	0ED1	0ED2	0ED3
E4	0ED4	0ED5	0ED6	0ED7	0ED8	0ED9	0EDA	0EDB	0EDC	0EDD
E5	0EDE	0EDF	0EE0	0EE1	0EE2	0EE3	0EE4	0EE5	0EE6	0EE7
E6	0EE8	0EE9	0EEA	0EEB	0EEC	0EED	0EEE	0EEF	0EF0	0EF1
E7	0EF2	0EF3	0EF4	0EF5	0EF6	0EF7	0EF8	0EF9	0EFA	0EFB
E8	0EFC	0EFD	0EFE	0EFF	ༀ 0F00	༁ 0F01	༂ 0F02	༃ 0F03	༄ 0F04	༅ 0F05
E9	༆ 0F06	༇ 0F07	༈ 0F08	༉ 0F09	༊ 0F0A	་ 0F0B	༌ 0F0C	། 0F0D	༎ 0F0E	༏ 0F0F

8132

	30	31	32	33	34	35	36	37	38	39
EA	0F10	0F11	0F12	0F13	0F14	0F15	0F16	0F17	0F18	0F19
EB	0F1A	0F1B	0F1C	0F1D	0F1E	0F1F	0F20	0F21	0F22	0F23
EC	0F24	0F25	0F26	0F27	0F28	0F29	0F2A	0F2B	0F2C	0F2D
ED	0F2E	0F2F	0F30	0F31	0F32	0F33	0F34	0F35	0F36	0F37
EE	0F38	0F39	0F3A	0F3B	0F3C	0F3D	0F3E	0F3F	0F40	0F41
EF	0F42	0F43	0F44	0F45	0F46	0F47	0F48	0F49	0F4A	0F4B
F0	0F4C	0F4D	0F4E	0F4F	0F50	0F51	0F52	0F53	0F54	0F55
F1	0F56	0F57	0F58	0F59	0F5A	0F5B	0F5C	0F5D	0F5E	0F5F
F2	0F60	0F61	0F62	0F63	0F64	0F65	0F66	0F67	0F68	0F69
F3	0F6A	0F6B	0F6C	0F6D	0F6E	0F6F	0F70	0F71	0F72	0F73
F4	0F74	0F75	0F76	0F77	0F78	0F79	0F7A	0F7B	0F7C	0F7D
F5	0F7E	0F7F	0F80	0F81	0F82	0F83	0F84	0F85	0F86	0F87
F6	0F88	0F89	0F8A	0F8B	0F8C	0F8D	0F8E	0F8F	0F90	0F91
F7	0F92	0F93	0F94	0F95	0F96	0F97	0F98	0F99	0F9A	0F9B
F8	0F9C	0F9D	0F9E	0F9F	0FA0	0FA1	0FA2	0FA3	0FA4	0FA5
F9	0FA6	0FA7	0FA8	0FA9	0FAA	0FAB	0FAC	0FAD	0FAE	0FAF
FA	0FB0	0FB1	0FB2	0FB3	0FB4	0FB5	0FB6	0FB7	0FB8	0FB9
FB	0FBA	0FBB	0FBC	0FBD	0FBE	0FBF	0FC0	0FC1	0FC2	0FC3
FC	0FC4	0FC5	0FC6	0FC7	0FC8	0FC9	0FCA	0FCB	0FCC	0FCD
FD	0FCE	0FCF	0FD0	0FD1	0FD2	0FD3	0FD4	0FD5	0FD6	0FD7
FE	0FD8	0FD9	0FDA	0FDB	0FDC	0FDD	0FDE	0FDF	0FE0	0FE1

8133

	30	31	32	33	34	35	36	37	38	39
81	0FE2	0FE3	0FE4	0FE5	0FE6	0FE7	0FE8	0FE9	0FEA	0FEB
82	0FEC	0FED	0FEE	0FEF	0FF0	0FF1	0FF2	0FF3	0FF4	0FF5
83	0FF6	0FF7	0FF8	0FF9	0FFA	0FFB	0FFC	0FFD	0FFE	0FFF
84	1000	1001	1002	1003	1004	1005	1006	1007	1008	1009
85	100A	100B	100C	100D	100E	100F	1010	1011	1012	1013
86	1014	1015	1016	1017	1018	1019	101A	101B	101C	101D
87	101E	101F	1020	1021	1022	1023	1024	1025	1026	1027
88	1028	1029	102A	102B	102C	102D	102E	102F	1030	1031
89	1032	1033	1034	1035	1036	1037	1038	1039	103A	103B
8A	103C	103D	103E	103F	1040	1041	1042	1043	1044	1045
8B	1046	1047	1048	1049	104A	104B	104C	104D	104E	104F
8C	1050	1051	1052	1053	1054	1055	1056	1057	1058	1059
8D	105A	105B	105C	105D	105E	105F	1060	1061	1062	1063
8E	1064	1065	1066	1067	1068	1069	106A	106B	106C	106D
8F	106E	106F	1070	1071	1072	1073	1074	1075	1076	1077
90	1078	1079	107A	107B	107C	107D	107E	107F	1080	1081
91	1082	1083	1084	1085	1086	1087	1088	1089	108A	108B
92	108C	108D	108E	108F	1090	1091	1092	1093	1094	1095
93	1096	1097	1098	1099	109A	109B	109C	109D	109E	109F
94	10A0	10A1	10A2	10A3	10A4	10A5	10A6	10A7	10A8	10A9
95	10AA	10AB	10AC	10AD	10AE	10AF	10B0	10B1	10B2	10B3

8133

	30	31	32	33	34	35	36	37	38	39
96	10B4	10B5	10B6	10B7	10B8	10B9	10BA	10BB	10BC	10BD
97	10BE	10BF	10C0	10C1	10C2	10C3	10C4	10C5	10C6	10C7
98	10C8	10C9	10CA	10CB	10CC	10CD	10CE	10CF	10D0	10D1
99	10D2	10D3	10D4	10D5	10D6	10D7	10D8	10D9	10DA	10DB
9A	10DC	10DD	10DE	10DF	10E0	10E1	10E2	10E3	10E4	10E5
9B	10E6	10E7	10E8	10E9	10EA	10EB	10EC	10ED	10EE	10EF
9C	10F0	10F1	10F2	10F3	10F4	10F5	10F6	10F7	10F8	10F9
9D	10FA	10FB	10FC	10FD	10FE	10FF	1100	1101	1102	1103
9E	1104	1105	1106	1107	1108	1109	110A	110B	110C	110D
9F	110E	110F	1110	1111	1112	ᄓ 1113	ᄔ 1114	ᄕ 1115	1116	1117
A0	1118	1119	111A	ᄛ 111B	111C	111D	ᄞ 111E	111F	ᄠ 1120	1121
A1	ᄢ 1122	ᄣ 1123	1124	ᄥ 1125	1126	ᄧ 1127	1128	ᄩ 1129	112A	ᄫ 112B
A2	ᄬ 112C	ᄭ 112D	ᄮ 112E	ᄯ 112F	1130	ᄱ 1131	ᄲ 1132	1133	1134	1135
A3	ᄶ 1136	1137	ᄸ 1138	ᄹ 1139	ᄺ 113A	ᄻ 113B	ᄼ 113C	ᄽ 113D	ᄾ 113E	ᄿ 113F
A4	ᅀ 1140	1141	1142	1143	1144	1145	1146	ᅇ 1147	1148	1149
A5	114A	114B	ᅌ 114C	114D	ᅎ 114E	ᅏ 114F	ᅐ 1150	ᅑ 1151	1152	1153
A6	ᅔ 1154	ᅕ 1155	1156	ᅗ 1157	1158	ᅙ 1159	115A	115B	115C	115D
A7	115E	115F	1160	1161	1162	1163	1164	1165	1166	1167
A8	1168	1169	116A	116B	116C	116D	116E	116F	1170	1171
A9	1172	1173	1174	1175	1176	1177	ᅸ 1178	1179	117A	117B
AA	117C	117D	ᅾ 117E	117F	1180	1181	1182	1183	1184	ᆅ 1185

8133

	30	31	32	33	34	35	36	37	38	39
AB	1186	1187	ᆈ 1188	1189	118A	118B	ᆌ 118C	118D	118E	118F
AC	1190	ᆑ 1191	ᆒ 1192	1193	ᆔ 1194	1195	1196	1197	1198	1199
AD	119A	119B	ᆜ 119C	ᆝ 119D	ᆞ 119E	119F	11A0	ᆡ 11A1	11A2	11A3
AE	11A4	11A5	11A6	11A7	11A8	11A9	11AA	11AB	11AC	11AD
AF	11AE	11AF	11B0	11B1	11B2	11B3	11B4	11B5	11B6	11B7
B0	11B8	11B9	11BA	11BB	11BC	11BD	11BE	11BF	11C0	11C1
B1	11C2	11C3	11C4	11C5	11C6	ᇇ 11C7	ᇈ 11C8	11C9	ᇊ 11CA	11CB
B2	ᇌ 11CC	11CD	ᇎ 11CE	11CF	11D0	ᇑ 11D1	11D2	ᇓ 11D3	11D4	ᇕ 11D5
B3	11D6	ᇗ 11D7	11D8	ᇙ 11D9	ᇚ 11DA	11DB	ᇜ 11DC	ᇝ 11DD	11DE	ᇟ 11DF
B4	ᇠ 11E0	11E1	ᇢ 11E2	ᇣ 11E3	11E4	11E5	11E6	11E7	11E8	11E9
B5	11EA	11EB	ᇬ 11EC	11ED	11EE	11EF	11F0	ᇱ 11F1	11F2	11F3
B6	11F4	11F5	11F6	11F7	11F8	11F9	11FA	11FB	11FC	11FD
B7	11FE	11FF	1200	1201	1202	1203	1204	1205	1206	1207
B8	1208	1209	120A	120B	120C	120D	120E	120F	1210	1211
B9	1212	1213	1214	1215	1216	1217	1218	1219	121A	121B
BA	121C	121D	121E	121F	1220	1221	1222	1223	1224	1225
BB	1226	1227	1228	1229	122A	122B	122C	122D	122E	122F
BC	1230	1231	1232	1233	1234	1235	1236	1237	1238	1239
BD	123A	123B	123C	123D	123E	123F	1240	1241	1242	1243
BE	1244	1245	1246	1247	1248	1249	124A	124B	124C	124D
BF	124E	124F	1250	1251	1252	1253	1254	1255	1256	1257

8133

	30	31	32	33	34	35	36	37	38	39
C0	1258	1259	125A	125B	125C	125D	125E	125F	1260	1261
C1	1262	1263	1264	1265	1266	1267	1268	1269	126A	126B
C2	126C	126D	126E	126F	1270	1271	1272	1273	1274	1275
C3	1276	1277	1278	1279	127A	127B	127C	127D	127E	127F
C4	1280	1281	1282	1283	1284	1285	1286	1287	1288	1289
C5	128A	128B	128C	128D	128E	128F	1290	1291	1292	1293
C6	1294	1295	1296	1297	1298	1299	129A	129B	129C	129D
C7	129E	129F	12A0	12A1	12A2	12A3	12A4	12A5	12A6	12A7
C8	12A8	12A9	12AA	12AB	12AC	12AD	12AE	12AF	12B0	12B1
C9	12B2	12B3	12B4	12B5	12B6	12B7	12B8	12B9	12BA	12BB
CA	12BC	12BD	12BE	12BF	12C0	12C1	12C2	12C3	12C4	12C5
CB	12C6	12C7	12C8	12C9	12CA	12CB	12CC	12CD	12CE	12CF
CC	12D0	12D1	12D2	12D3	12D4	12D5	12D6	12D7	12D8	12D9
CD	12DA	12DB	12DC	12DD	12DE	12DF	12E0	12E1	12E2	12E3
CE	12E4	12E5	12E6	12E7	12E8	12E9	12EA	12EB	12EC	12ED
CF	12EE	12EF	12F0	12F1	12F2	12F3	12F4	12F5	12F6	12F7
D0	12F8	12F9	12FA	12FB	12FC	12FD	12FE	12FF	1300	1301
D1	1302	1303	1304	1305	1306	1307	1308	1309	130A	130B
D2	130C	130D	130E	130F	1310	1311	1312	1313	1314	1315
D3	1316	1317	1318	1319	131A	131B	131C	131D	131E	131F
D4	1320	1321	1322	1323	1324	1325	1326	1327	1328	1329

8133

	30	31	32	33	34	35	36	37	38	39
D5	132A	132B	132C	132D	132E	132F	1330	1331	1332	1333
D6	1334	1335	1336	1337	1338	1339	133A	133B	133C	133D
D7	133E	133F	1340	1341	1342	1343	1344	1345	1346	1347
D8	1348	1349	134A	134B	134C	134D	134E	134F	1350	1351
D9	1352	1353	1354	1355	1356	1357	1358	1359	135A	135B
DA	135C	135D	135E	135F	1360	1361	1362	1363	1364	1365
DB	1366	1367	1368	1369	136A	136B	136C	136D	136E	136F
DC	1370	1371	1372	1373	1374	1375	1376	1377	1378	1379
DD	137A	137B	137C	137D	137E	137F	1380	1381	1382	1383
DE	1384	1385	1386	1387	1388	1389	138A	138B	138C	138D
DF	138E	138F	1390	1391	1392	1393	1394	1395	1396	1397
E0	1398	1399	139A	139B	139C	139D	139E	139F	13A0	13A1
E1	13A2	13A3	13A4	13A5	13A6	13A7	13A8	13A9	13AA	13AB
E2	13AC	13AD	13AE	13AF	13B0	13B1	13B2	13B3	13B4	13B5
E3	13B6	13B7	13B8	13B9	13BA	13BB	13BC	13BD	13BE	13BF
E4	13C0	13C1	13C2	13C3	13C4	13C5	13C6	13C7	13C8	13C9
E5	13CA	13CB	13CC	13CD	13CE	13CF	13D0	13D1	13D2	13D3
E6	13D4	13D5	13D6	13D7	13D8	13D9	13DA	13DB	13DC	13DD
E7	13DE	13DF	13E0	13E1	13E2	13E3	13E4	13E5	13E6	13E7
E8	13E8	13E9	13EA	13EB	13EC	13ED	13EE	13EF	13F0	13F1
E9	13F2	13F3	13F4	13F5	13F6	13F7	13F8	13F9	13FA	13FB

8133

	30	31	32	33	34	35	36	37	38	39
EA	13FC	13FD	13FE	13FF	1400	1401	1402	1403	1404	1405
EB	1406	1407	1408	1409	140A	140B	140C	140D	140E	140F
EC	1410	1411	1412	1413	1414	1415	1416	1417	1418	1419
ED	141A	141B	141C	141D	141E	141F	1420	1421	1422	1423
EE	1424	1425	1426	1427	1428	1429	142A	142B	142C	142D
EF	142E	142F	1430	1431	1432	1433	1434	1435	1436	1437
F0	1438	1439	143A	143B	143C	143D	143E	143F	1440	1441
F1	1442	1443	1444	1445	1446	1447	1448	1449	144A	144B
F2	144C	144D	144E	144F	1450	1451	1452	1453	1454	1455
F3	1456	1457	1458	1459	145A	145B	145C	145D	145E	145F
F4	1460	1461	1462	1463	1464	1465	1466	1467	1468	1469
F5	146A	146B	146C	146D	146E	146F	1470	1471	1472	1473
F6	1474	1475	1476	1477	1478	1479	147A	147B	147C	147D
F7	147E	147F	1480	1481	1482	1483	1484	1485	1486	1487
F8	1488	1489	148A	148B	148C	148D	148E	148F	1490	1491
F9	1492	1493	1494	1495	1496	1497	1498	1499	149A	149B
FA	149C	149D	149E	149F	14A0	14A1	14A2	14A3	14A4	14A5
FB	14A6	14A7	14A8	14A9	14AA	14AB	14AC	14AD	14AE	14AF
FC	14B0	14B1	14B2	14B3	14B4	14B5	14B6	14B7	14B8	14B9
FD	14BA	14BB	14BC	14BD	14BE	14BF	14C0	14C1	14C2	14C3
FE	14C4	14C5	14C6	14C7	14C8	14C9	14CA	14CB	14CC	14CD

8134

	30	31	32	33	34	35	36	37	38	39
81	14CE	14CF	14D0	14D1	14D2	14D3	14D4	14D5	14D6	14D7
82	14D8	14D9	14DA	14DB	14DC	14DD	14DE	14DF	14E0	14E1
83	14E2	14E3	14E4	14E5	14E6	14E7	14E8	14E9	14EA	14EB
84	14EC	14ED	14EE	14EF	14F0	14F1	14F2	14F3	14F4	14F5
85	14F6	14F7	14F8	14F9	14FA	14FB	14FC	14FD	14FE	14FF
86	1500	1501	1502	1503	1504	1505	1506	1507	1508	1509
87	150A	150B	150C	150D	150E	150F	1510	1511	1512	1513
88	1514	1515	1516	1517	1518	1519	151A	151B	151C	151D
89	151E	151F	1520	1521	1522	1523	1524	1525	1526	1527
8A	1528	1529	152A	152B	152C	152D	152E	152F	1530	1531
8B	1532	1533	1534	1535	1536	1537	1538	1539	153A	153B
8C	153C	153D	153E	153F	1540	1541	1542	1543	1544	1545
8D	1546	1547	1548	1549	154A	154B	154C	154D	154E	154F
8E	1550	1551	1552	1553	1554	1555	1556	1557	1558	1559
8F	155A	155B	155C	155D	155E	155F	1560	1561	1562	1563
90	1564	1565	1566	1567	1568	1569	156A	156B	156C	156D
91	156E	156F	1570	1571	1572	1573	1574	1575	1576	1577
92	1578	1579	157A	157B	157C	157D	157E	157F	1580	1581
93	1582	1583	1584	1585	1586	1587	1588	1589	158A	158B
94	158C	158D	158E	158F	1590	1591	1592	1593	1594	1595
95	1596	1597	1598	1599	159A	159B	159C	159D	159E	159F

8134

	30	31	32	33	34	35	36	37	38	39
96	15A0	15A1	15A2	15A3	15A4	15A5	15A6	15A7	15A8	15A9
97	15AA	15AB	15AC	15AD	15AE	15AF	15B0	15B1	15B2	15B3
98	15B4	15B5	15B6	15B7	15B8	15B9	15BA	15BB	15BC	15BD
99	15BE	15BF	15C0	15C1	15C2	15C3	15C4	15C5	15C6	15C7
9A	15C8	15C9	15CA	15CB	15CC	15CD	15CE	15CF	15D0	15D1
9B	15D2	15D3	15D4	15D5	15D6	15D7	15D8	15D9	15DA	15DB
9C	15DC	15DD	15DE	15DF	15E0	15E1	15E2	15E3	15E4	15E5
9D	15E6	15E7	15E8	15E9	15EA	15EB	15EC	15ED	15EE	15EF
9E	15F0	15F1	15F2	15F3	15F4	15F5	15F6	15F7	15F8	15F9
9F	15FA	15FB	15FC	15FD	15FE	15FF	1600	1601	1602	1603
A0	1604	1605	1606	1607	1608	1609	160A	160B	160C	160D
A1	160E	160F	1610	1611	1612	1613	1614	1615	1616	1617
A2	1618	1619	161A	161B	161C	161D	161E	161F	1620	1621
A3	1622	1623	1624	1625	1626	1627	1628	1629	162A	162B
A4	162C	162D	162E	162F	1630	1631	1632	1633	1634	1635
A5	1636	1637	1638	1639	163A	163B	163C	163D	163E	163F
A6	1640	1641	1642	1643	1644	1645	1646	1647	1648	1649
A7	164A	164B	164C	164D	164E	164F	1650	1651	1652	1653
A8	1654	1655	1656	1657	1658	1659	165A	165B	165C	165D
A9	165E	165F	1660	1661	1662	1663	1664	1665	1666	1667
AA	1668	1669	166A	166B	166C	166D	166E	166F	1670	1671

8134

	30	31	32	33	34	35	36	37	38	39
AB	1672	1673	1674	1675	1676	1677	1678	1679	167A	167B
AC	167C	167D	167E	167F	1680	1681	1682	1683	1684	1685
AD	1686	1687	1688	1689	168A	168B	168C	168D	168E	168F
AE	1690	1691	1692	1693	1694	1695	1696	1697	1698	1699
AF	169A	169B	169C	169D	169E	169F	16A0	16A1	16A2	16A3
B0	16A4	16A5	16A6	16A7	16A8	16A9	16AA	16AB	16AC	16AD
B1	16AE	16AF	16B0	16B1	16B2	16B3	16B4	16B5	16B6	16B7
B2	16B8	16B9	16BA	16BB	16BC	16BD	16BE	16BF	16C0	16C1
B3	16C2	16C3	16C4	16C5	16C6	16C7	16C8	16C9	16CA	16CB
B4	16CC	16CD	16CE	16CF	16D0	16D1	16D2	16D3	16D4	16D5
B5	16D6	16D7	16D8	16D9	16DA	16DB	16DC	16DD	16DE	16DF
B6	16E0	16E1	16E2	16E3	16E4	16E5	16E6	16E7	16E8	16E9
B7	16EA	16EB	16EC	16ED	16EE	16EF	16F0	16F1	16F2	16F3
B8	16F4	16F5	16F6	16F7	16F8	16F9	16FA	16FB	16FC	16FD
B9	16FE	16FF	1700	1701	1702	1703	1704	1705	1706	1707
BA	1708	1709	170A	170B	170C	170D	170E	170F	1710	1711
BB	1712	1713	1714	1715	1716	1717	1718	1719	171A	171B
BC	171C	171D	171E	171F	1720	1721	1722	1723	1724	1725
BD	1726	1727	1728	1729	172A	172B	172C	172D	172E	172F
BE	1730	1731	1732	1733	1734	1735	1736	1737	1738	1739
BF	173A	173B	173C	173D	173E	173F	1740	1741	1742	1743

8134

	30	31	32	33	34	35	36	37	38	39
C0	1744	1745	1746	1747	1748	1749	174A	174B	174C	174D
C1	174E	174F	1750	1751	1752	1753	1754	1755	1756	1757
C2	1758	1759	175A	175B	175C	175D	175E	175F	1760	1761
C3	1762	1763	1764	1765	1766	1767	1768	1769	176A	176B
C4	176C	176D	176E	176F	1770	1771	1772	1773	1774	1775
C5	1776	1777	1778	1779	177A	177B	177C	177D	177E	177F
C6	1780	1781	1782	1783	1784	1785	1786	1787	1788	1789
C7	178A	178B	178C	178D	178E	178F	1790	1791	1792	1793
C8	1794	1795	1796	1797	1798	1799	179A	179B	179C	179D
C9	179E	179F	17A0	17A1	17A2	17A3	17A4	17A5	17A6	17A7
CA	17A8	17A9	17AA	17AB	17AC	17AD	17AE	17AF	17B0	17B1
CB	17B2	17B3	17B4	17B5	17B6	17B7	17B8	17B9	17BA	17BB
CC	17BC	17BD	17BE	17BF	17C0	17C1	17C2	17C3	17C4	17C5
CD	17C6	17C7	17C8	17C9	17CA	17CB	17CC	17CD	17CE	17CF
CE	17D0	17D1	17D2	17D3	17D4	17D5	17D6	17D7	17D8	17D9
CF	17DA	17DB	17DC	17DD	17DE	17DF	17E0	17E1	17E2	17E3
D0	17E4	17E5	17E6	17E7	17E8	17E9	17EA	17EB	17EC	17ED
D1	17EE	17EF	17F0	17F1	17F2	17F3	17F4	17F5	17F6	17F7
D2	17F8	17F9	17FA	17FB	17FC	17FD	17FE	17FF	᠀ 1800	᠁ 1801
D3	᠂ 1802	᠃ 1803	᠄ 1804	᠅ 1805	᠆ 1806	᠇ 1807	᠈ 1808	᠉ 1809	᠊ 180A	FVS1 180B
D4	FVS2 180C	FVS3 180D	MVS 180E	180F	᠐ 1810	᠑ 1811	᠒ 1812	᠓ 1813	᠔ 1814	᠕ 1815

8134

	30	31	32	33	34	35	36	37	38	39
D5	1816	1817	1818	1819	181A	181B	181C	181D	181E	181F
D6	1820	1821	1822	1823	1824	1825	1826	1827	1828	1829
D7	182A	182B	182C	182D	182E	182F	1830	1831	1832	1833
D8	1834	1835	1836	1837	1838	1839	183A	183B	183C	183D
D9	183E	183F	1840	1841	1842	1843	1844	1845	1846	1847
DA	1848	1849	184A	184B	184C	184D	184E	184F	1850	1851
DB	1852	1853	1854	1855	1856	1857	1858	1859	185A	185B
DC	185C	185D	185E	185F	1860	1861	1862	1863	1864	1865
DD	1866	1867	1868	1869	186A	186B	186C	186D	186E	186F
DE	1870	1871	1872	1873	1874	1875	1876	1877	1878	1879
DF	187A	187B	187C	187D	187E	187F	1880	1881	1882	1883
E0	1884	1885	1886	1887	1888	1889	188A	188B	188C	188D
E1	188E	188F	1890	1891	1892	1893	1894	1895	1896	1897
E2	1898	1899	189A	189B	189C	189D	189E	189F	18A0	18A1
E3	18A2	18A3	18A4	18A5	18A6	18A7	18A8	18A9	18AA	18AB
E4	18AC	18AD	18AE	18AF	18B0	18B1	18B2	18B3	18B4	18B5
E5	18B6	18B7	18B8	18B9	18BA	18BB	18BC	18BD	18BE	18BF
E6	18C0	18C1	18C2	18C3	18C4	18C5	18C6	18C7	18C8	18C9
E7	18CA	18CB	18CC	18CD	18CE	18CF	18D0	18D1	18D2	18D3
E8	18D4	18D5	18D6	18D7	18D8	18D9	18DA	18DB	18DC	18DD
E9	18DE	18DF	18E0	18E1	18E2	18E3	18E4	18E5	18E6	18E7

8134

	30	31	32	33	34	35	36	37	38	39
EA	18E8	18E9	18EA	18EB	18EC	18ED	18EE	18EF	18F0	18F1
EB	18F2	18F3	18F4	18F5	18F6	18F7	18F8	18F9	18FA	18FB
EC	18FC	18FD	18FE	18FF	1900	1901	1902	1903	1904	1905
ED	1906	1907	1908	1909	190A	190B	190C	190D	190E	190F
EE	1910	1911	1912	1913	1914	1915	1916	1917	1918	1919
EF	191A	191B	191C	191D	191E	191F	1920	1921	1922	1923
F0	1924	1925	1926	1927	1928	1929	192A	192B	192C	192D
F1	192E	192F	1930	1931	1932	1933	1934	1935	1936	1937
F2	1938	1939	193A	193B	193C	193D	193E	193F	1940	1941
F3	1942	1943	1944	1945	1946	1947	1948	1949	194A	194B
F4	194C	194D	194E	194F	ᥐ 1950	ᥑ 1951	ᥒ 1952	ᥓ 1953	ᥔ 1954	ᥕ 1955
F5	ᥖ 1956	ᥗ 1957	ᥘ 1958	ᥙ 1959	ᥚ 195A	ᥛ 195B	ᥜ 195C	ᥝ 195D	ᥞ 195E	ᥟ 195F
F6	ᥠ 1960	ᥡ 1961	ᥢ 1962	ᥣ 1963	ᥤ 1964	ᥥ 1965	ᥦ 1966	ᥧ 1967	ᥨ 1968	ᥩ 1969
F7	ᥪ 196A	ᥫ 196B	ᥬ 196C	ᥭ 196D	196E	196F	ᥰ 1970	ᥱ 1971	ᥲ 1972	ᥳ 1973
F8	ᥴ 1974	1975	1976	1977	1978	1979	197A	197B	197C	197D
F9	197E	197F	1980	1981	1982	1983	1984	1985	1986	1987
FA	1988	1989	198A	198B	198C	198D	198E	198F	1990	1991
FB	1992	1993	1994	1995	1996	1997	1998	1999	199A	199B
FC	199C	199D	199E	199F	19A0	19A1	19A2	19A3	19A4	19A5
FD	19A6	19A7	19A8	19A9	19AA	19AB	19AC	19AD	19AE	19AF
FE	19B0	19B1	19B2	19B3	19B4	19B5	19B6	19B7	19B8	19B9

8135

	30	31	32	33	34	35	36	37	38	39
81	19BA	19BB	19BC	19BD	19BE	19BF	19C0	19C1	19C2	19C3
82	19C4	19C5	19C6	19C7	19C8	19C9	19CA	19CB	19CC	19CD
83	19CE	19CF	19D0	19D1	19D2	19D3	19D4	19D5	19D6	19D7
84	19D8	19D9	19DA	19DB	19DC	19DD	19DE	19DF	19E0	19E1
85	19E2	19E3	19E4	19E5	19E6	19E7	19E8	19E9	19EA	19EB
86	19EC	19ED	19EE	19EF	19F0	19F1	19F2	19F3	19F4	19F5
87	19F6	19F7	19F8	19F9	19FA	19FB	19FC	19FD	19FE	19FF
88	1A00	1A01	1A02	1A03	1A04	1A05	1A06	1A07	1A08	1A09
89	1A0A	1A0B	1A0C	1A0D	1A0E	1A0F	1A10	1A11	1A12	1A13
8A	1A14	1A15	1A16	1A17	1A18	1A19	1A1A	1A1B	1A1C	1A1D
8B	1A1E	1A1F	1A20	1A21	1A22	1A23	1A24	1A25	1A26	1A27
8C	1A28	1A29	1A2A	1A2B	1A2C	1A2D	1A2E	1A2F	1A30	1A31
8D	1A32	1A33	1A34	1A35	1A36	1A37	1A38	1A39	1A3A	1A3B
8E	1A3C	1A3D	1A3E	1A3F	1A40	1A41	1A42	1A43	1A44	1A45
8F	1A46	1A47	1A48	1A49	1A4A	1A4B	1A4C	1A4D	1A4E	1A4F
90	1A50	1A51	1A52	1A53	1A54	1A55	1A56	1A57	1A58	1A59
91	1A5A	1A5B	1A5C	1A5D	1A5E	1A5F	1A60	1A61	1A62	1A63
92	1A64	1A65	1A66	1A67	1A68	1A69	1A6A	1A6B	1A6C	1A6D
93	1A6E	1A6F	1A70	1A71	1A72	1A73	1A74	1A75	1A76	1A77
94	1A78	1A79	1A7A	1A7B	1A7C	1A7D	1A7E	1A7F	1A80	1A81
95	1A82	1A83	1A84	1A85	1A86	1A87	1A88	1A89	1A8A	1A8B

8135

	30	31	32	33	34	35	36	37	38	39
96	1A8C	1A8D	1A8E	1A8F	1A90	1A91	1A92	1A93	1A94	1A95
97	1A96	1A97	1A98	1A99	1A9A	1A9B	1A9C	1A9D	1A9E	1A9F
98	1AA0	1AA1	1AA2	1AA3	1AA4	1AA5	1AA6	1AA7	1AA8	1AA9
99	1AAA	1AAB	1AAC	1AAD	1AAE	1AAF	1AB0	1AB1	1AB2	1AB3
9A	1AB4	1AB5	1AB6	1AB7	1AB8	1AB9	1ABA	1ABB	1ABC	1ABD
9B	1ABE	1ABF	1AC0	1AC1	1AC2	1AC3	1AC4	1AC5	1AC6	1AC7
9C	1AC8	1AC9	1ACA	1ACB	1ACC	1ACD	1ACE	1ACF	1AD0	1AD1
9D	1AD2	1AD3	1AD4	1AD5	1AD6	1AD7	1AD8	1AD9	1ADA	1ADB
9E	1ADC	1ADD	1ADE	1ADF	1AE0	1AE1	1AE2	1AE3	1AE4	1AE5
9F	1AE6	1AE7	1AE8	1AE9	1AEA	1AEB	1AEC	1AED	1AEE	1AEF
A0	1AF0	1AF1	1AF2	1AF3	1AF4	1AF5	1AF6	1AF7	1AF8	1AF9
A1	1AFA	1AFB	1AFC	1AFD	1AFE	1AFF	1B00	1B01	1B02	1B03
A2	1B04	1B05	1B06	1B07	1B08	1B09	1B0A	1B0B	1B0C	1B0D
A3	1B0E	1B0F	1B10	1B11	1B12	1B13	1B14	1B15	1B16	1B17
A4	1B18	1B19	1B1A	1B1B	1B1C	1B1D	1B1E	1B1F	1B20	1B21
A5	1B22	1B23	1B24	1B25	1B26	1B27	1B28	1B29	1B2A	1B2B
A6	1B2C	1B2D	1B2E	1B2F	1B30	1B31	1B32	1B33	1B34	1B35
A7	1B36	1B37	1B38	1B39	1B3A	1B3B	1B3C	1B3D	1B3E	1B3F
A8	1B40	1B41	1B42	1B43	1B44	1B45	1B46	1B47	1B48	1B49
A9	1B4A	1B4B	1B4C	1B4D	1B4E	1B4F	1B50	1B51	1B52	1B53
AA	1B54	1B55	1B56	1B57	1B58	1B59	1B5A	1B5B	1B5C	1B5D

8135

	30	31	32	33	34	35	36	37	38	39
AB	1B5E	1B5F	1B60	1B61	1B62	1B63	1B64	1B65	1B66	1B67
AC	1B68	1B69	1B6A	1B6B	1B6C	1B6D	1B6E	1B6F	1B70	1B71
AD	1B72	1B73	1B74	1B75	1B76	1B77	1B78	1B79	1B7A	1B7B
AE	1B7C	1B7D	1B7E	1B7F	1B80	1B81	1B82	1B83	1B84	1B85
AF	1B86	1B87	1B88	1B89	1B8A	1B8B	1B8C	1B8D	1B8E	1B8F
B0	1B90	1B91	1B92	1B93	1B94	1B95	1B96	1B97	1B98	1B99
B1	1B9A	1B9B	1B9C	1B9D	1B9E	1B9F	1BA0	1BA1	1BA2	1BA3
B2	1BA4	1BA5	1BA6	1BA7	1BA8	1BA9	1BAA	1BAB	1BAC	1BAD
B3	1BAE	1BAF	1BB0	1BB1	1BB2	1BB3	1BB4	1BB5	1BB6	1BB7
B4	1BB8	1BB9	1BBA	1BBB	1BBC	1BBD	1BBE	1BBF	1BC0	1BC1
B5	1BC2	1BC3	1BC4	1BC5	1BC6	1BC7	1BC8	1BC9	1BCA	1BCB
B6	1BCC	1BCD	1BCE	1BCF	1BD0	1BD1	1BD2	1BD3	1BD4	1BD5
B7	1BD6	1BD7	1BD8	1BD9	1BDA	1BDB	1BDC	1BDD	1BDE	1BDF
B8	1BE0	1BE1	1BE2	1BE3	1BE4	1BE5	1BE6	1BE7	1BE8	1BE9
B9	1BEA	1BEB	1BEC	1BED	1BEE	1BEF	1BF0	1BF1	1BF2	1BF3
BA	1BF4	1BF5	1BF6	1BF7	1BF8	1BF9	1BFA	1BFB	1BFC	1BFD
BB	1BFE	1BFF	1C00	1C01	1C02	1C03	1C04	1C05	1C06	1C07
BC	1C08	1C09	1C0A	1C0B	1C0C	1C0D	1C0E	1C0F	1C10	1C11
BD	1C12	1C13	1C14	1C15	1C16	1C17	1C18	1C19	1C1A	1C1B
BE	1C1C	1C1D	1C1E	1C1F	1C20	1C21	1C22	1C23	1C24	1C25
BF	1C26	1C27	1C28	1C29	1C2A	1C2B	1C2C	1C2D	1C2E	1C2F

8135

	30	31	32	33	34	35	36	37	38	39
C0	1C30	1C31	1C32	1C33	1C34	1C35	1C36	1C37	1C38	1C39
C1	1C3A	1C3B	1C3C	1C3D	1C3E	1C3F	1C40	1C41	1C42	1C43
C2	1C44	1C45	1C46	1C47	1C48	1C49	1C4A	1C4B	1C4C	1C4D
C3	1C4E	1C4F	1C50	1C51	1C52	1C53	1C54	1C55	1C56	1C57
C4	1C58	1C59	1C5A	1C5B	1C5C	1C5D	1C5E	1C5F	1C60	1C61
C5	1C62	1C63	1C64	1C65	1C66	1C67	1C68	1C69	1C6A	1C6B
C6	1C6C	1C6D	1C6E	1C6F	1C70	1C71	1C72	1C73	1C74	1C75
C7	1C76	1C77	1C78	1C79	1C7A	1C7B	1C7C	1C7D	1C7E	1C7F
C8	1C80	1C81	1C82	1C83	1C84	1C85	1C86	1C87	1C88	1C89
C9	1C8A	1C8B	1C8C	1C8D	1C8E	1C8F	1C90	1C91	1C92	1C93
CA	1C94	1C95	1C96	1C97	1C98	1C99	1C9A	1C9B	1C9C	1C9D
CB	1C9E	1C9F	1CA0	1CA1	1CA2	1CA3	1CA4	1CA5	1CA6	1CA7
CC	1CA8	1CA9	1CAA	1CAB	1CAC	1CAD	1CAE	1CAF	1CB0	1CB1
CD	1CB2	1CB3	1CB4	1CB5	1CB6	1CB7	1CB8	1CB9	1CBA	1CBB
CE	1CBC	1CBD	1CBE	1CBF	1CC0	1CC1	1CC2	1CC3	1CC4	1CC5
CF	1CC6	1CC7	1CC8	1CC9	1CCA	1CCB	1CCC	1CCD	1CCE	1CCF
D0	1CD0	1CD1	1CD2	1CD3	1CD4	1CD5	1CD6	1CD7	1CD8	1CD9
D1	1CDA	1CDB	1CDC	1CDD	1CDE	1CDF	1CE0	1CE1	1CE2	1CE3
D2	1CE4	1CE5	1CE6	1CE7	1CE8	1CE9	1CEA	1CEB	1CEC	1CED
D3	1CEE	1CEF	1CF0	1CF1	1CF2	1CF3	1CF4	1CF5	1CF6	1CF7
D4	1CF8	1CF9	1CFA	1CFB	1CFC	1CFD	1CFE	1CFF	1D00	1D01

8135

	30	31	32	33	34	35	36	37	38	39
D5	1D02	1D03	1D04	1D05	1D06	1D07	1D08	1D09	1D0A	1D0B
D6	1D0C	1D0D	1D0E	1D0F	1D10	1D11	1D12	1D13	1D14	1D15
D7	1D16	1D17	1D18	1D19	1D1A	1D1B	1D1C	1D1D	1D1E	1D1F
D8	1D20	1D21	1D22	1D23	1D24	1D25	1D26	1D27	1D28	1D29
D9	1D2A	1D2B	1D2C	1D2D	1D2E	1D2F	1D30	1D31	1D32	1D33
DA	1D34	1D35	1D36	1D37	1D38	1D39	1D3A	1D3B	1D3C	1D3D
DB	1D3E	1D3F	1D40	1D41	1D42	1D43	1D44	1D45	1D46	1D47
DC	1D48	1D49	1D4A	1D4B	1D4C	1D4D	1D4E	1D4F	1D50	1D51
DD	1D52	1D53	1D54	1D55	1D56	1D57	1D58	1D59	1D5A	1D5B
DE	1D5C	1D5D	1D5E	1D5F	1D60	1D61	1D62	1D63	1D64	1D65
DF	1D66	1D67	1D68	1D69	1D6A	1D6B	1D6C	1D6D	1D6E	1D6F
E0	1D70	1D71	1D72	1D73	1D74	1D75	1D76	1D77	1D78	1D79
E1	1D7A	1D7B	1D7C	1D7D	1D7E	1D7F	1D80	1D81	1D82	1D83
E2	1D84	1D85	1D86	1D87	1D88	1D89	1D8A	1D8B	1D8C	1D8D
E3	1D8E	1D8F	1D90	1D91	1D92	1D93	1D94	1D95	1D96	1D97
E4	1D98	1D99	1D9A	1D9B	1D9C	1D9D	1D9E	1D9F	1DA0	1DA1
E5	1DA2	1DA3	1DA4	1DA5	1DA6	1DA7	1DA8	1DA9	1DAA	1DAB
E6	1DAC	1DAD	1DAE	1DAF	1DB0	1DB1	1DB2	1DB3	1DB4	1DB5
E7	1DB6	1DB7	1DB8	1DB9	1DBA	1DBB	1DBC	1DBD	1DBE	1DBF
E8	1DC0	1DC1	1DC2	1DC3	1DC4	1DC5	1DC6	1DC7	1DC8	1DC9
E9	1DCA	1DCB	1DCC	1DCD	1DCE	1DCF	1DD0	1DD1	1DD2	1DD3

8135

	30	31	32	33	34	35	36	37	38	39
EA	1DD4	1DD5	1DD6	1DD7	1DD8	1DD9	1DDA	1DDB	1DDC	1DDD
EB	1DDE	1DDF	1DE0	1DE1	1DE2	1DE3	1DE4	1DE5	1DE6	1DE7
EC	1DE8	1DE9	1DEA	1DEB	1DEC	1DED	1DEE	1DEF	1DF0	1DF1
ED	1DF2	1DF3	1DF4	1DF5	1DF6	1DF7	1DF8	1DF9	1DFA	1DFB
EE	1DFC	1DFD	1DFE	1DFF	1E00	1E01	1E02	1E03	1E04	1E05
EF	1E06	1E07	1E08	1E09	1E0A	1E0B	1E0C	1E0D	1E0E	1E0F
F0	1E10	1E11	1E12	1E13	1E14	1E15	1E16	1E17	1E18	1E19
F1	1E1A	1E1B	1E1C	1E1D	1E1E	1E1F	1E20	1E21	1E22	1E23
F2	1E24	1E25	1E26	1E27	1E28	1E29	1E2A	1E2B	1E2C	1E2D
F3	1E2E	1E2F	1E30	1E31	1E32	1E33	1E34	1E35	1E36	1E37
F4	1E38	1E39	1E3A	1E3B	1E3C	1E3D	1E3E	E7C7	1E40	1E41
F5	1E42	1E43	1E44	1E45	1E46	1E47	1E48	1E49	1E4A	1E4B
F6	1E4C	1E4D	1E4E	1E4F	1E50	1E51	1E52	1E53	1E54	1E55
F7	1E56	1E57	1E58	1E59	1E5A	1E5B	1E5C	1E5D	1E5E	1E5F
F8	1E60	1E61	1E62	1E63	1E64	1E65	1E66	1E67	1E68	1E69
F9	1E6A	1E6B	1E6C	1E6D	1E6E	1E6F	1E70	1E71	1E72	1E73
FA	1E74	1E75	1E76	1E77	1E78	1E79	1E7A	1E7B	1E7C	1E7D
FB	1E7E	1E7F	1E80	1E81	1E82	1E83	1E84	1E85	1E86	1E87
FC	1E88	1E89	1E8A	1E8B	1E8C	1E8D	1E8E	1E8F	1E90	1E91
FD	1E92	1E93	1E94	1E95	1E96	1E97	1E98	1E99	1E9A	1E9B
FE	1E9C	1E9D	1E9E	1E9F	1EA0	1EA1	1EA2	1EA3	1EA4	1EA5

8136

	30	31	32	33	34	35	36	37	38	39
81	1EA6	1EA7	1EA8	1EA9	1EAA	1EAB	1EAC	1EAD	1EAE	1EAF
82	1EB0	1EB1	1EB2	1EB3	1EB4	1EB5	1EB6	1EB7	1EB8	1EB9
83	1EBA	1EBB	1EBC	1EBD	1EBE	1EBF	1EC0	1EC1	1EC2	1EC3
84	1EC4	1EC5	1EC6	1EC7	1EC8	1EC9	1ECA	1ECB	1ECC	1ECD
85	1ECE	1ECF	1ED0	1ED1	1ED2	1ED3	1ED4	1ED5	1ED6	1ED7
86	1ED8	1ED9	1EDA	1EDB	1EDC	1EDD	1EDE	1EDF	1EE0	1EE1
87	1EE2	1EE3	1EE4	1EE5	1EE6	1EE7	1EE8	1EE9	1EEA	1EEB
88	1EEC	1EED	1EEE	1EEF	1EF0	1EF1	1EF2	1EF3	1EF4	1EF5
89	1EF6	1EF7	1EF8	1EF9	1EFA	1EFB	1EFC	1EFD	1EFE	1EFF
8A	1F00	1F01	1F02	1F03	1F04	1F05	1F06	1F07	1F08	1F09
8B	1F0A	1F0B	1F0C	1F0D	1F0E	1F0F	1F10	1F11	1F12	1F13
8C	1F14	1F15	1F16	1F17	1F18	1F19	1F1A	1F1B	1F1C	1F1D
8D	1F1E	1F1F	1F20	1F21	1F22	1F23	1F24	1F25	1F26	1F27
8E	1F28	1F29	1F2A	1F2B	1F2C	1F2D	1F2E	1F2F	1F30	1F31
8F	1F32	1F33	1F34	1F35	1F36	1F37	1F38	1F39	1F3A	1F3B
90	1F3C	1F3D	1F3E	1F3F	1F40	1F41	1F42	1F43	1F44	1F45
91	1F46	1F47	1F48	1F49	1F4A	1F4B	1F4C	1F4D	1F4E	1F4F
92	1F50	1F51	1F52	1F53	1F54	1F55	1F56	1F57	1F58	1F59
93	1F5A	1F5B	1F5C	1F5D	1F5E	1F5F	1F60	1F61	1F62	1F63
94	1F64	1F65	1F66	1F67	1F68	1F69	1F6A	1F6B	1F6C	1F6D
95	1F6E	1F6F	1F70	1F71	1F72	1F73	1F74	1F75	1F76	1F77

8136

	30	31	32	33	34	35	36	37	38	39
96	1F78	1F79	1F7A	1F7B	1F7C	1F7D	1F7E	1F7F	1F80	1F81
97	1F82	1F83	1F84	1F85	1F86	1F87	1F88	1F89	1F8A	1F8B
98	1F8C	1F8D	1F8E	1F8F	1F90	1F91	1F92	1F93	1F94	1F95
99	1F96	1F97	1F98	1F99	1F9A	1F9B	1F9C	1F9D	1F9E	1F9F
9A	1FA0	1FA1	1FA2	1FA3	1FA4	1FA5	1FA6	1FA7	1FA8	1FA9
9B	1FAA	1FAB	1FAC	1FAD	1FAE	1FAF	1FB0	1FB1	1FB2	1FB3
9C	1FB4	1FB5	1FB6	1FB7	1FB8	1FB9	1FBA	1FBB	1FBC	1FBD
9D	1FBE	1FBF	1FC0	1FC1	1FC2	1FC3	1FC4	1FC5	1FC6	1FC7
9E	1FC8	1FC9	1FCA	1FCB	1FCC	1FCD	1FCE	1FCF	1FD0	1FD1
9F	1FD2	1FD3	1FD4	1FD5	1FD6	1FD7	1FD8	1FD9	1FDA	1FDB
A0	1FDC	1FDD	1FDE	1FDF	1FE0	1FE1	1FE2	1FE3	1FE4	1FE5
A1	1FE6	1FE7	1FE8	1FE9	1FEA	1FEB	1FEC	1FED	1FEE	1FEF
A2	1FF0	1FF1	1FF2	1FF3	1FF4	1FF5	1FF6	1FF7	1FF8	1FF9
A3	1FFA	1FFB	1FFC	1FFD	1FFE	1FFF	2000	2001	2002	2003
A4	2004	2005	2006	2007	2008	2009	200A	200B	200C	200D
A5	200E	200F	2011	2012	2017	201A	201B	201E	201F	2020
A6	2021	2022	2023	2024	2027	2028	2029	202A	202B	202C
A7	202D	202E	202F	2031	2034	2036	2037	2038	2039	203A
A8	203C	203D	203E	203F	2040	2041	2042	2043	2044	2045
A9	2046	2047	2048	2049	204A	204B	204C	204D	204E	204F
AA	2050	2051	2052	2053	2054	2055	2056	2057	2058	2059

8136

	30	31	32	33	34	35	36	37	38	39
AB	205A	205B	205C	205D	205E	205F	2060	2061	2062	2063
AC	2064	2065	2066	2067	2068	2069	206A	206B	206C	206D
AD	206E	206F	2070	2071	2072	2073	2074	2075	2076	2077
AE	2078	2079	207A	207B	207C	207D	207E	207F	2080	2081
AF	2082	2083	2084	2085	2086	2087	2088	2089	208A	208B
B0	208C	208D	208E	208F	2090	2091	2092	2093	2094	2095
B1	2096	2097	2098	2099	209A	209B	209C	209D	209E	209F
B2	20A0	20A1	20A2	20A3	20A4	20A5	20A6	20A7	20A8	20A9
B3	20AA	20AB	20AD	20AE	20AF	20B0	20B1	20B2	20B3	20B4
B4	20B5	20B6	20B7	20B8	20B9	20BA	20BB	20BC	20BD	20BE
B5	20BF	20C0	20C1	20C2	20C3	20C4	20C5	20C6	20C7	20C8
B6	20C9	20CA	20CB	20CC	20CD	20CE	20CF	20D0	20D1	20D2
B7	20D3	20D4	20D5	20D6	20D7	20D8	20D9	20DA	20DB	20DC
B8	20DD	20DE	20DF	20E0	20E1	20E2	20E3	20E4	20E5	20E6
B9	20E7	20E8	20E9	20EA	20EB	20EC	20ED	20EE	20EF	20F0
BA	20F1	20F2	20F3	20F4	20F5	20F6	20F7	20F8	20F9	20FA
BB	20FB	20FC	20FD	20FE	20FF	2100	2101	2102	2104	2106
BC	2107	2108	210A	210B	210C	210D	210E	210F	2110	2111
BD	2112	2113	2114	2115	2117	2118	2119	211A	211B	211C
BE	211D	211E	211F	2120	2122	2123	2124	2125	2126	2127
BF	2128	2129	212A	212B	212C	212D	212E	212F	2130	2131

8136

	30	31	32	33	34	35	36	37	38	39
C0	2132	2133	2134	2135	2136	2137	2138	2139	213A	213B
C1	213C	213D	213E	213F	2140	2141	2142	2143	2144	2145
C2	2146	2147	2148	2149	214A	214B	214C	214D	214E	214F
C3	2150	2151	2152	2153	2154	2155	2156	2157	2158	2159
C4	215A	215B	215C	215D	215E	215F	216C	216D	216E	216F
C5	217A	217B	217C	217D	217E	217F	2180	2181	2182	2183
C6	2184	2185	2186	2187	2188	2189	218A	218B	218C	218D
C7	218E	218F	2194	2195	219A	219B	219C	219D	219E	219F
C8	21A0	21A1	21A2	21A3	21A4	21A5	21A6	21A7	21A8	21A9
C9	21AA	21AB	21AC	21AD	21AE	21AF	21B0	21B1	21B2	21B3
CA	21B4	21B5	21B6	21B7	21B8	21B9	21BA	21BB	21BC	21BD
CB	21BE	21BF	21C0	21C1	21C2	21C3	21C4	21C5	21C6	21C7
CC	21C8	21C9	21CA	21CB	21CC	21CD	21CE	21CF	21D0	21D1
CD	21D2	21D3	21D4	21D5	21D6	21D7	21D8	21D9	21DA	21DB
CE	21DC	21DD	21DE	21DF	21E0	21E1	21E2	21E3	21E4	21E5
CF	21E6	21E7	21E8	21E9	21EA	21EB	21EC	21ED	21EE	21EF
D0	21F0	21F1	21F2	21F3	21F4	21F5	21F6	21F7	21F8	21F9
D1	21FA	21FB	21FC	21FD	21FE	21FF	2200	2201	2202	2203
D2	2204	2205	2206	2207	2209	220A	220B	220C	220D	220E
D3	2210	2212	2213	2214	2216	2217	2218	2219	221B	221C
D4	2221	2222	2224	2226	222C	222D	222F	2230	2231	2232

8136

	30	31	32	33	34	35	36	37	38	39
D5	2233	2238	2239	223A	223B	223C	223E	223F	2240	2241
D6	2242	2243	2244	2245	2246	2247	2249	224A	224B	224D
D7	224E	224F	2250	2251	2253	2254	2255	2256	2257	2258
D8	2259	225A	225B	225C	225D	225E	225F	2262	2263	2268
D9	2269	226A	226B	226C	226D	2270	2271	2272	2273	2274
DA	2275	2276	2277	2278	2279	227A	227B	227C	227D	227E
DB	227F	2280	2281	2282	2283	2284	2285	2286	2287	2288
DC	2289	228A	228B	228C	228D	228E	228F	2290	2291	2292
DD	2293	2294	2296	2297	2298	229A	229B	229C	229D	229E
DE	229F	22A0	22A1	22A2	22A3	22A4	22A6	22A7	22A8	22A9
DF	22AA	22AB	22AC	22AD	22AE	22AF	22B0	22B1	22B2	22B3
E0	22B4	22B5	22B6	22B7	22B8	22B9	22BA	22BB	22BC	22BD
E1	22BE	22C0	22C1	22C2	22C3	22C4	22C5	22C6	22C7	22C8
E2	22C9	22CA	22CB	22CC	22CD	22CE	22CF	22D0	22D1	22D2
E3	22D3	22D4	22D5	22D6	22D7	22D8	22D9	22DA	22DB	22DC
E4	22DD	22DE	22DF	22E0	22E1	22E2	22E3	22E4	22E5	22E6
E5	22E7	22E8	22E9	22EA	22EB	22EC	22ED	22EE	22EF	22F0
E6	22F1	22F2	22F3	22F4	22F5	22F6	22F7	22F8	22F9	22FA
E7	22FB	22FC	22FD	22FE	22FF	2300	2301	2302	2303	2304
E8	2305	2306	2307	2308	2309	230A	230B	230C	230D	230E
E9	230F	2310	2311	2313	2314	2315	2316	2317	2318	2319

8136

	30	31	32	33	34	35	36	37	38	39
EA	231A	231B	231C	231D	231E	231F	2320	2321	2322	2323
EB	2324	2325	2326	2327	2328	2329	232A	232B	232C	232D
EC	232E	232F	2330	2331	2332	2333	2334	2335	2336	2337
ED	2338	2339	233A	233B	233C	233D	233E	233F	2340	2341
EE	2342	2343	2344	2345	2346	2347	2348	2349	234A	234B
EF	234C	234D	234E	234F	2350	2351	2352	2353	2354	2355
F0	2356	2357	2358	2359	235A	235B	235C	235D	235E	235F
F1	2360	2361	2362	2363	2364	2365	2366	2367	2368	2369
F2	236A	236B	236C	236D	236E	236F	2370	2371	2372	2373
F3	2374	2375	2376	2377	2378	2379	237A	237B	237C	237D
F4	237E	237F	2380	2381	2382	2383	2384	2385	2386	2387
F5	2388	2389	238A	238B	238C	238D	238E	238F	2390	2391
F6	2392	2393	2394	2395	2396	2397	2398	2399	239A	239B
F7	239C	239D	239E	239F	23A0	23A1	23A2	23A3	23A4	23A5
F8	23A6	23A7	23A8	23A9	23AA	23AB	23AC	23AD	23AE	23AF
F9	23B0	23B1	23B2	23B3	23B4	23B5	23B6	23B7	23B8	23B9
FA	23BA	23BB	23BC	23BD	23BE	23BF	23C0	23C1	23C2	23C3
FB	23C4	23C5	23C6	23C7	23C8	23C9	23CA	23CB	23CC	23CD
FC	23CE	23CF	23D0	23D1	23D2	23D3	23D4	23D5	23D6	23D7
FD	23D8	23D9	23DA	23DB	23DC	23DD	23DE	23DF	23E0	23E1
FE	23E2	23E3	23E4	23E5	23E6	23E7	23E8	23E9	23EA	23EB

8137

	30	31	32	33	34	35	36	37	38	39
81	23EC	23ED	23EE	23EF	23F0	23F1	23F2	23F3	23F4	23F5
82	23F6	23F7	23F8	23F9	23FA	23FB	23FC	23FD	23FE	23FF
83	2400	2401	2402	2403	2404	2405	2406	2407	2408	2409
84	240A	240B	240C	240D	240E	240F	2410	2411	2412	2413
85	2414	2415	2416	2417	2418	2419	241A	241B	241C	241D
86	241E	241F	2420	2421	2422	2423	2424	2425	2426	2427
87	2428	2429	242A	242B	242C	242D	242E	242F	2430	2431
88	2432	2433	2434	2435	2436	2437	2438	2439	243A	243B
89	243C	243D	243E	243F	2440	2441	2442	2443	2444	2445
8A	2446	2447	2448	2449	244A	244B	244C	244D	244E	244F
8B	2450	2451	2452	2453	2454	2455	2456	2457	2458	2459
8C	245A	245B	245C	245D	245E	245F	246A	246B	246C	246D
8D	246E	246F	2470	2471	2472	2473	249C	249D	249E	249F
8E	24A0	24A1	24A2	24A3	24A4	24A5	24A6	24A7	24A8	24A9
8F	24AA	24AB	24AC	24AD	24AE	24AF	24B0	24B1	24B2	24B3
90	24B4	24B5	24B6	24B7	24B8	24B9	24BA	24BB	24BC	24BD
91	24BE	24BF	24C0	24C1	24C2	24C3	24C4	24C5	24C6	24C7
92	24C8	24C9	24CA	24CB	24CC	24CD	24CE	24CF	24D0	24D1
93	24D2	24D3	24D4	24D5	24D6	24D7	24D8	24D9	24DA	24DB
94	24DC	24DD	24DE	24DF	24E0	24E1	24E2	24E3	24E4	24E5
95	24E6	24E7	24E8	24E9	24EA	24EB	24EC	24ED	24EE	24EF

8137

	30	31	32	33	34	35	36	37	38	39
96	24F0	24F1	24F2	24F3	24F4	24F5	24F6	24F7	24F8	24F9
97	24FA	24FB	24FC	24FD	24FE	24FF	254C	254D	254E	254F
98	2574	2575	2576	2577	2578	2579	257A	257B	257C	257D
99	257E	257F	2580	2590	2591	2592	2596	2597	2598	2599
9A	259A	259B	259C	259D	259E	259F	25A2	25A3	25A4	25A5
9B	25A6	25A7	25A8	25A9	25AA	25AB	25AC	25AD	25AE	25AF
9C	25B0	25B1	25B4	25B5	25B6	25B7	25B8	25B9	25BA	25BB
9D	25BE	25BF	25C0	25C1	25C2	25C3	25C4	25C5	25C8	25C9
9E	25CA	25CC	25CD	25D0	25D1	25D2	25D3	25D4	25D5	25D6
9F	25D7	25D8	25D9	25DA	25DB	25DC	25DD	25DE	25DF	25E0
A0	25E1	25E6	25E7	25E8	25E9	25EA	25EB	25EC	25ED	25EE
A1	25EF	25F0	25F1	25F2	25F3	25F4	25F5	25F6	25F7	25F8
A2	25F9	25FA	25FB	25FC	25FD	25FE	25FF	2600	2601	2602
A3	2603	2604	2607	2608	260A	260B	260C	260D	260E	260F
A4	2610	2611	2612	2613	2614	2615	2616	2617	2618	2619
A5	261A	261B	261C	261D	261E	261F	2620	2621	2622	2623
A6	2624	2625	2626	2627	2628	2629	262A	262B	262C	262D
A7	262E	262F	2630	2631	2632	2633	2634	2635	2636	2637
A8	2638	2639	263A	263B	263C	263D	263E	263F	2641	2643
A9	2644	2645	2646	2647	2648	2649	264A	264B	264C	264D
AA	264E	264F	2650	2651	2652	2653	2654	2655	2656	2657

8137

	30	31	32	33	34	35	36	37	38	39
AB	2658	2659	265A	265B	265C	265D	265E	265F	2660	2661
AC	2662	2663	2664	2665	2666	2667	2668	2669	266A	266B
AD	266C	266D	266E	266F	2670	2671	2672	2673	2674	2675
AE	2676	2677	2678	2679	267A	267B	267C	267D	267E	267F
AF	2680	2681	2682	2683	2684	2685	2686	2687	2688	2689
B0	268A	268B	268C	268D	268E	268F	2690	2691	2692	2693
B1	2694	2695	2696	2697	2698	2699	269A	269B	269C	269D
B2	269E	269F	26A0	26A1	26A2	26A3	26A4	26A5	26A6	26A7
B3	26A8	26A9	26AA	26AB	26AC	26AD	26AE	26AF	26B0	26B1
B4	26B2	26B3	26B4	26B5	26B6	26B7	26B8	26B9	26BA	26BB
B5	26BC	26BD	26BE	26BF	26C0	26C1	26C2	26C3	26C4	26C5
B6	26C6	26C7	26C8	26C9	26CA	26CB	26CC	26CD	26CE	26CF
B7	26D0	26D1	26D2	26D3	26D4	26D5	26D6	26D7	26D8	26D9
B8	26DA	26DB	26DC	26DD	26DE	26DF	26E0	26E1	26E2	26E3
B9	26E4	26E5	26E6	26E7	26E8	26E9	26EA	26EB	26EC	26ED
BA	26EE	26EF	26F0	26F1	26F2	26F3	26F4	26F5	26F6	26F7
BB	26F8	26F9	26FA	26FB	26FC	26FD	26FE	26FF	2700	2701
BC	2702	2703	2704	2705	2706	2707	2708	2709	270A	270B
BD	270C	270D	270E	270F	2710	2711	2712	2713	2714	2715
BE	2716	2717	2718	2719	271A	271B	271C	271D	271E	271F
BF	2720	2721	2722	2723	2724	2725	2726	2727	2728	2729

8137

	30	31	32	33	34	35	36	37	38	39
C0	272A	272B	272C	272D	272E	272F	2730	2731	2732	2733
C1	2734	2735	2736	2737	2738	2739	273A	273B	273C	273D
C2	273E	273F	2740	2741	2742	2743	2744	2745	2746	2747
C3	2748	2749	274A	274B	274C	274D	274E	274F	2750	2751
C4	2752	2753	2754	2755	2756	2757	2758	2759	275A	275B
C5	275C	275D	275E	275F	2760	2761	2762	2763	2764	2765
C6	2766	2767	2768	2769	276A	276B	276C	276D	276E	276F
C7	2770	2771	2772	2773	2774	2775	2776	2777	2778	2779
C8	277A	277B	277C	277D	277E	277F	2780	2781	2782	2783
C9	2784	2785	2786	2787	2788	2789	278A	278B	278C	278D
CA	278E	278F	2790	2791	2792	2793	2794	2795	2796	2797
CB	2798	2799	279A	279B	279C	279D	279E	279F	27A0	27A1
CC	27A2	27A3	27A4	27A5	27A6	27A7	27A8	27A9	27AA	27AB
CD	27AC	27AD	27AE	27AF	27B0	27B1	27B2	27B3	27B4	27B5
CE	27B6	27B7	27B8	27B9	27BA	27BB	27BC	27BD	27BE	27BF
CF	27C0	27C1	27C2	27C3	27C4	27C5	27C6	27C7	27C8	27C9
D0	27CA	27CB	27CC	27CD	27CE	27CF	27D0	27D1	27D2	27D3
D1	27D4	27D5	27D6	27D7	27D8	27D9	27DA	27DB	27DC	27DD
D2	27DE	27DF	27E0	27E1	27E2	27E3	27E4	27E5	27E6	27E7
D3	27E8	27E9	27EA	27EB	27EC	27ED	27EE	27EF	27F0	27F1
D4	27F2	27F3	27F4	27F5	27F6	27F7	27F8	27F9	27FA	27FB

8137

	30	31	32	33	34	35	36	37	38	39
D5	27FC	27FD	27FE	27FF	2800	2801	2802	2803	2804	2805
D6	2806	2807	2808	2809	280A	280B	280C	280D	280E	280F
D7	2810	2811	2812	2813	2814	2815	2816	2817	2818	2819
D8	281A	281B	281C	281D	281E	281F	2820	2821	2822	2823
D9	2824	2825	2826	2827	2828	2829	282A	282B	282C	282D
DA	282E	282F	2830	2831	2832	2833	2834	2835	2836	2837
DB	2838	2839	283A	283B	283C	283D	283E	283F	2840	2841
DC	2842	2843	2844	2845	2846	2847	2848	2849	284A	284B
DD	284C	284D	284E	284F	2850	2851	2852	2853	2854	2855
DE	2856	2857	2858	2859	285A	285B	285C	285D	285E	285F
DF	2860	2861	2862	2863	2864	2865	2866	2867	2868	2869
E0	286A	286B	286C	286D	286E	286F	2870	2871	2872	2873
E1	2874	2875	2876	2877	2878	2879	287A	287B	287C	287D
E2	287E	287F	2880	2881	2882	2883	2884	2885	2886	2887
E3	2888	2889	288A	288B	288C	288D	288E	288F	2890	2891
E4	2892	2893	2894	2895	2896	2897	2898	2899	289A	289B
E5	289C	289D	289E	289F	28A0	28A1	28A2	28A3	28A4	28A5
E6	28A6	28A7	28A8	28A9	28AA	28AB	28AC	28AD	28AE	28AF
E7	28B0	28B1	28B2	28B3	28B4	28B5	28B6	28B7	28B8	28B9
E8	28BA	28BB	28BC	28BD	28BE	28BF	28C0	28C1	28C2	28C3
E9	28C4	28C5	28C6	28C7	28C8	28C9	28CA	28CB	28CC	28CD

8137

	30	31	32	33	34	35	36	37	38	39
EA	28CE	28CF	28D0	28D1	28D2	28D3	28D4	28D5	28D6	28D7
EB	28D8	28D9	28DA	28DB	28DC	28DD	28DE	28DF	28E0	28E1
EC	28E2	28E3	28E4	28E5	28E6	28E7	28E8	28E9	28EA	28EB
ED	28EC	28ED	28EE	28EF	28F0	28F1	28F2	28F3	28F4	28F5
EE	28F6	28F7	28F8	28F9	28FA	28FB	28FC	28FD	28FE	28FF
EF	2900	2901	2902	2903	2904	2905	2906	2907	2908	2909
F0	290A	290B	290C	290D	290E	290F	2910	2911	2912	2913
F1	2914	2915	2916	2917	2918	2919	291A	291B	291C	291D
F2	291E	291F	2920	2921	2922	2923	2924	2925	2926	2927
F3	2928	2929	292A	292B	292C	292D	292E	292F	2930	2931
F4	2932	2933	2934	2935	2936	2937	2938	2939	293A	293B
F5	293C	293D	293E	293F	2940	2941	2942	2943	2944	2945
F6	2946	2947	2948	2949	294A	294B	294C	294D	294E	294F
F7	2950	2951	2952	2953	2954	2955	2956	2957	2958	2959
F8	295A	295B	295C	295D	295E	295F	2960	2961	2962	2963
F9	2964	2965	2966	2967	2968	2969	296A	296B	296C	296D
FA	296E	296F	2970	2971	2972	2973	2974	2975	2976	2977
FB	2978	2979	297A	297B	297C	297D	297E	297F	2980	2981
FC	2982	2983	2984	2985	2986	2987	2988	2989	298A	298B
FD	298C	298D	298E	298F	2990	2991	2992	2993	2994	2995
FE	2996	2997	2998	2999	299A	299B	299C	299D	299E	299F

8138

	30	31	32	33	34	35	36	37	38	39
81	29A0	29A1	29A2	29A3	29A4	29A5	29A6	29A7	29A8	29A9
82	29AA	29AB	29AC	29AD	29AE	29AF	29B0	29B1	29B2	29B3
83	29B4	29B5	29B6	29B7	29B8	29B9	29BA	29BB	29BC	29BD
84	29BE	29BF	29C0	29C1	29C2	29C3	29C4	29C5	29C6	29C7
85	29C8	29C9	29CA	29CB	29CC	29CD	29CE	29CF	29D0	29D1
86	29D2	29D3	29D4	29D5	29D6	29D7	29D8	29D9	29DA	29DB
87	29DC	29DD	29DE	29DF	29E0	29E1	29E2	29E3	29E4	29E5
88	29E6	29E7	29E8	29E9	29EA	29EB	29EC	29ED	29EE	29EF
89	29F0	29F1	29F2	29F3	29F4	29F5	29F6	29F7	29F8	29F9
8A	29FA	29FB	29FC	29FD	29FE	29FF	2A00	2A01	2A02	2A03
8B	2A04	2A05	2A06	2A07	2A08	2A09	2A0A	2A0B	2A0C	2A0D
8C	2A0E	2A0F	2A10	2A11	2A12	2A13	2A14	2A15	2A16	2A17
8D	2A18	2A19	2A1A	2A1B	2A1C	2A1D	2A1E	2A1F	2A20	2A21
8E	2A22	2A23	2A24	2A25	2A26	2A27	2A28	2A29	2A2A	2A2B
8F	2A2C	2A2D	2A2E	2A2F	2A30	2A31	2A32	2A33	2A34	2A35
90	2A36	2A37	2A38	2A39	2A3A	2A3B	2A3C	2A3D	2A3E	2A3F
91	2A40	2A41	2A42	2A43	2A44	2A45	2A46	2A47	2A48	2A49
92	2A4A	2A4B	2A4C	2A4D	2A4E	2A4F	2A50	2A51	2A52	2A53
93	2A54	2A55	2A56	2A57	2A58	2A59	2A5A	2A5B	2A5C	2A5D
94	2A5E	2A5F	2A60	2A61	2A62	2A63	2A64	2A65	2A66	2A67
95	2A68	2A69	2A6A	2A6B	2A6C	2A6D	2A6E	2A6F	2A70	2A71

8138

	30	31	32	33	34	35	36	37	38	39
96	2A72	2A73	2A74	2A75	2A76	2A77	2A78	2A79	2A7A	2A7B
97	2A7C	2A7D	2A7E	2A7F	2A80	2A81	2A82	2A83	2A84	2A85
98	2A86	2A87	2A88	2A89	2A8A	2A8B	2A8C	2A8D	2A8E	2A8F
99	2A90	2A91	2A92	2A93	2A94	2A95	2A96	2A97	2A98	2A99
9A	2A9A	2A9B	2A9C	2A9D	2A9E	2A9F	2AA0	2AA1	2AA2	2AA3
9B	2AA4	2AA5	2AA6	2AA7	2AA8	2AA9	2AAA	2AAB	2AAC	2AAD
9C	2AAE	2AAF	2AB0	2AB1	2AB2	2AB3	2AB4	2AB5	2AB6	2AB7
9D	2AB8	2AB9	2ABA	2ABB	2ABC	2ABD	2ABE	2ABF	2AC0	2AC1
9E	2AC2	2AC3	2AC4	2AC5	2AC6	2AC7	2AC8	2AC9	2ACA	2ACB
9F	2ACC	2ACD	2ACE	2ACF	2AD0	2AD1	2AD2	2AD3	2AD4	2AD5
A0	2AD6	2AD7	2AD8	2AD9	2ADA	2ADB	2ADC	2ADD	2ADE	2ADF
A1	2AE0	2AE1	2AE2	2AE3	2AE4	2AE5	2AE6	2AE7	2AE8	2AE9
A2	2AEA	2AEB	2AEC	2AED	2AEE	2AEF	2AF0	2AF1	2AF2	2AF3
A3	2AF4	2AF5	2AF6	2AF7	2AF8	2AF9	2AFA	2AFB	2AFC	2AFD
A4	2AFE	2AFF	2B00	2B01	2B02	2B03	2B04	2B05	2B06	2B07
A5	2B08	2B09	2B0A	2B0B	2B0C	2B0D	2B0E	2B0F	2B10	2B11
A6	2B12	2B13	2B14	2B15	2B16	2B17	2B18	2B19	2B1A	2B1B
A7	2B1C	2B1D	2B1E	2B1F	2B20	2B21	2B22	2B23	2B24	2B25
A8	2B26	2B27	2B28	2B29	2B2A	2B2B	2B2C	2B2D	2B2E	2B2F
A9	2B30	2B31	2B32	2B33	2B34	2B35	2B36	2B37	2B38	2B39
AA	2B3A	2B3B	2B3C	2B3D	2B3E	2B3F	2B40	2B41	2B42	2B43

8138

	30	31	32	33	34	35	36	37	38	39
AB	2B44	2B45	2B46	2B47	2B48	2B49	2B4A	2B4B	2B4C	2B4D
AC	2B4E	2B4F	2B50	2B51	2B52	2B53	2B54	2B55	2B56	2B57
AD	2B58	2B59	2B5A	2B5B	2B5C	2B5D	2B5E	2B5F	2B60	2B61
AE	2B62	2B63	2B64	2B65	2B66	2B67	2B68	2B69	2B6A	2B6B
AF	2B6C	2B6D	2B6E	2B6F	2B70	2B71	2B72	2B73	2B74	2B75
B0	2B76	2B77	2B78	2B79	2B7A	2B7B	2B7C	2B7D	2B7E	2B7F
B1	2B80	2B81	2B82	2B83	2B84	2B85	2B86	2B87	2B88	2B89
B2	2B8A	2B8B	2B8C	2B8D	2B8E	2B8F	2B90	2B91	2B92	2B93
B3	2B94	2B95	2B96	2B97	2B98	2B99	2B9A	2B9B	2B9C	2B9D
B4	2B9E	2B9F	2BA0	2BA1	2BA2	2BA3	2BA4	2BA5	2BA6	2BA7
B5	2BA8	2BA9	2BAA	2BAB	2BAC	2BAD	2BAE	2BAF	2BB0	2BB1
B6	2BB2	2BB3	2BB4	2BB5	2BB6	2BB7	2BB8	2BB9	2BBA	2BBB
B7	2BBC	2BBD	2BBE	2BBF	2BC0	2BC1	2BC2	2BC3	2BC4	2BC5
B8	2BC6	2BC7	2BC8	2BC9	2BCA	2BCB	2BCC	2BCD	2BCE	2BCF
B9	2BD0	2BD1	2BD2	2BD3	2BD4	2BD5	2BD6	2BD7	2BD8	2BD9
BA	2BDA	2BDB	2BDC	2BDD	2BDE	2BDF	2BE0	2BE1	2BE2	2BE3
BB	2BE4	2BE5	2BE6	2BE7	2BE8	2BE9	2BEA	2BEB	2BEC	2BED
BC	2BEE	2BEF	2BF0	2BF1	2BF2	2BF3	2BF4	2BF5	2BF6	2BF7
BD	2BF8	2BF9	2BFA	2BFB	2BFC	2BFD	2BFE	2BFF	2C00	2C01
BE	2C02	2C03	2C04	2C05	2C06	2C07	2C08	2C09	2C0A	2C0B
BF	2C0C	2C0D	2C0E	2C0F	2C10	2C11	2C12	2C13	2C14	2C15

8138

	30	31	32	33	34	35	36	37	38	39
C0	2C16	2C17	2C18	2C19	2C1A	2C1B	2C1C	2C1D	2C1E	2C1F
C1	2C20	2C21	2C22	2C23	2C24	2C25	2C26	2C27	2C28	2C29
C2	2C2A	2C2B	2C2C	2C2D	2C2E	2C2F	2C30	2C31	2C32	2C33
C3	2C34	2C35	2C36	2C37	2C38	2C39	2C3A	2C3B	2C3C	2C3D
C4	2C3E	2C3F	2C40	2C41	2C42	2C43	2C44	2C45	2C46	2C47
C5	2C48	2C49	2C4A	2C4B	2C4C	2C4D	2C4E	2C4F	2C50	2C51
C6	2C52	2C53	2C54	2C55	2C56	2C57	2C58	2C59	2C5A	2C5B
C7	2C5C	2C5D	2C5E	2C5F	2C60	2C61	2C62	2C63	2C64	2C65
C8	2C66	2C67	2C68	2C69	2C6A	2C6B	2C6C	2C6D	2C6E	2C6F
C9	2C70	2C71	2C72	2C73	2C74	2C75	2C76	2C77	2C78	2C79
CA	2C7A	2C7B	2C7C	2C7D	2C7E	2C7F	2C80	2C81	2C82	2C83
CB	2C84	2C85	2C86	2C87	2C88	2C89	2C8A	2C8B	2C8C	2C8D
CC	2C8E	2C8F	2C90	2C91	2C92	2C93	2C94	2C95	2C96	2C97
CD	2C98	2C99	2C9A	2C9B	2C9C	2C9D	2C9E	2C9F	2CA0	2CA1
CE	2CA2	2CA3	2CA4	2CA5	2CA6	2CA7	2CA8	2CA9	2CAA	2CAB
CF	2CAC	2CAD	2CAE	2CAF	2CB0	2CB1	2CB2	2CB3	2CB4	2CB5
D0	2CB6	2CB7	2CB8	2CB9	2CBA	2CBB	2CBC	2CBD	2CBE	2CBF
D1	2CC0	2CC1	2CC2	2CC3	2CC4	2CC5	2CC6	2CC7	2CC8	2CC9
D2	2CCA	2CCB	2CCC	2CCD	2CCE	2CCF	2CD0	2CD1	2CD2	2CD3
D3	2CD4	2CD5	2CD6	2CD7	2CD8	2CD9	2CDA	2CDB	2CDC	2CDD
D4	2CDE	2CDF	2CE0	2CE1	2CE2	2CE3	2CE4	2CE5	2CE6	2CE7

8138

	30	31	32	33	34	35	36	37	38	39
D5	2CE8	2CE9	2CEA	2CEB	2CEC	2CED	2CEE	2CEF	2CF0	2CF1
D6	2CF2	2CF3	2CF4	2CF5	2CF6	2CF7	2CF8	2CF9	2CFA	2CFB
D7	2CFC	2CFD	2CFE	2CFF	2D00	2D01	2D02	2D03	2D04	2D05
D8	2D06	2D07	2D08	2D09	2D0A	2D0B	2D0C	2D0D	2D0E	2D0F
D9	2D10	2D11	2D12	2D13	2D14	2D15	2D16	2D17	2D18	2D19
DA	2D1A	2D1B	2D1C	2D1D	2D1E	2D1F	2D20	2D21	2D22	2D23
DB	2D24	2D25	2D26	2D27	2D28	2D29	2D2A	2D2B	2D2C	2D2D
DC	2D2E	2D2F	2D30	2D31	2D32	2D33	2D34	2D35	2D36	2D37
DD	2D38	2D39	2D3A	2D3B	2D3C	2D3D	2D3E	2D3F	2D40	2D41
DE	2D42	2D43	2D44	2D45	2D46	2D47	2D48	2D49	2D4A	2D4B
DF	2D4C	2D4D	2D4E	2D4F	2D50	2D51	2D52	2D53	2D54	2D55
E0	2D56	2D57	2D58	2D59	2D5A	2D5B	2D5C	2D5D	2D5E	2D5F
E1	2D60	2D61	2D62	2D63	2D64	2D65	2D66	2D67	2D68	2D69
E2	2D6A	2D6B	2D6C	2D6D	2D6E	2D6F	2D70	2D71	2D72	2D73
E3	2D74	2D75	2D76	2D77	2D78	2D79	2D7A	2D7B	2D7C	2D7D
E4	2D7E	2D7F	2D80	2D81	2D82	2D83	2D84	2D85	2D86	2D87
E5	2D88	2D89	2D8A	2D8B	2D8C	2D8D	2D8E	2D8F	2D90	2D91
E6	2D92	2D93	2D94	2D95	2D96	2D97	2D98	2D99	2D9A	2D9B
E7	2D9C	2D9D	2D9E	2D9F	2DA0	2DA1	2DA2	2DA3	2DA4	2DA5
E8	2DA6	2DA7	2DA8	2DA9	2DAA	2DAB	2DAC	2DAD	2DAE	2DAF
E9	2DB0	2DB1	2DB2	2DB3	2DB4	2DB5	2DB6	2DB7	2DB8	2DB9

8138

	30	31	32	33	34	35	36	37	38	39
EA	2DBA	2DBB	2DBC	2DBD	2DBE	2DBF	2DC0	2DC1	2DC2	2DC3
EB	2DC4	2DC5	2DC6	2DC7	2DC8	2DC9	2DCA	2DCB	2DCC	2DCD
EC	2DCE	2DCF	2DD0	2DD1	2DD2	2DD3	2DD4	2DD5	2DD6	2DD7
ED	2DD8	2DD9	2DDA	2DDB	2DDC	2DDD	2DDE	2DDF	2DE0	2DE1
EE	2DE2	2DE3	2DE4	2DE5	2DE6	2DE7	2DE8	2DE9	2DEA	2DEB
EF	2DEC	2DED	2DEE	2DEF	2DF0	2DF1	2DF2	2DF3	2DF4	2DF5
F0	2DF6	2DF7	2DF8	2DF9	2DFA	2DFB	2DFC	2DFD	2DFE	2DFF
F1	2E00	2E01	2E02	2E03	2E04	2E05	2E06	2E07	2E08	2E09
F2	2E0A	2E0B	2E0C	2E0D	2E0E	2E0F	2E10	2E11	2E12	2E13
F3	2E14	2E15	2E16	2E17	2E18	2E19	2E1A	2E1B	2E1C	2E1D
F4	2E1E	2E1F	2E20	2E21	2E22	2E23	2E24	2E25	2E26	2E27
F5	2E28	2E29	2E2A	2E2B	2E2C	2E2D	2E2E	2E2F	2E30	2E31
F6	2E32	2E33	2E34	2E35	2E36	2E37	2E38	2E39	2E3A	2E3B
F7	2E3C	2E3D	2E3E	2E3F	2E40	2E41	2E42	2E43	2E44	2E45
F8	2E46	2E47	2E48	2E49	2E4A	2E4B	2E4C	2E4D	2E4E	2E4F
F9	2E50	2E51	2E52	2E53	2E54	2E55	2E56	2E57	2E58	2E59
FA	2E5A	2E5B	2E5C	2E5D	2E5E	2E5F	2E60	2E61	2E62	2E63
FB	2E64	2E65	2E66	2E67	2E68	2E69	2E6A	2E6B	2E6C	2E6D
FC	2E6E	2E6F	2E70	2E71	2E72	2E73	2E74	2E75	2E76	2E77
FD	2E78	2E79	2E7A	2E7B	2E7C	2E7D	2E7E	2E7F	2E80	2E82
FE	2E83	2E85	2E86	2E87	2E89	2E8A	2E8D	2E8E	2E8F	2E90

8139

	30	31	32	33	34	35	36	37	38	39
81	2E91	2E92	2E93	2E94	2E95	2E96	2E98	2E99	2E9A	2E9B
82	2E9C	2E9D	2E9E	2E9F	2EA0	2EA1	2EA2	2EA3	2EA4	2EA5
83	2EA6	2EA8	2EA9	2EAB	2EAC	2EAD	2EAF	2EB0	2EB1	2EB2
84	2EB4	2EB5	2EB8	2EB9	2EBA	2EBC	2EBD	2EBE	2EBF	2EC0
85	2EC1	2EC2	2EC3	2EC4	2EC5	2EC6	2EC7	2EC8	2EC9	2ECB
86	2ECC	2ECD	2ECE	2ECF	2ED0	2ED1	2ED2	2ED3	2ED4	2ED5
87	2ED6	2ED7	2ED8	2ED9	2EDA	2EDB	2EDC	2EDD	2EDE	2EDF
88	2EE0	2EE1	2EE2	2EE3	2EE4	2EE5	2EE6	2EE7	2EE8	2EE9
89	2EEA	2EEB	2EEC	2EED	2EEE	2EEF	2EF0	2EF1	2EF2	2EF3
8A	2EF4	2EF5	2EF6	2EF7	2EF8	2EF9	2EFA	2EFB	2EFC	2EFD
8B	2EFE	2EFF	2F00	2F01	2F02	2F03	2F04	2F05	2F06	2F07
8C	2F08	2F09	2F0A	2F0B	2F0C	2F0D	2F0E	2F0F	2F10	2F11
8D	2F12	2F13	2F14	2F15	2F16	2F17	2F18	2F19	2F1A	2F1B
8E	2F1C	2F1D	2F1E	2F1F	2F20	2F21	2F22	2F23	2F24	2F25
8F	2F26	2F27	2F28	2F29	2F2A	2F2B	2F2C	2F2D	2F2E	2F2F
90	2F30	2F31	2F32	2F33	2F34	2F35	2F36	2F37	2F38	2F39
91	2F3A	2F3B	2F3C	2F3D	2F3E	2F3F	2F40	2F41	2F42	2F43
92	2F44	2F45	2F46	2F47	2F48	2F49	2F4A	2F4B	2F4C	2F4D
93	2F4E	2F4F	2F50	2F51	2F52	2F53	2F54	2F55	2F56	2F57
94	2F58	2F59	2F5A	2F5B	2F5C	2F5D	2F5E	2F5F	2F60	2F61
95	2F62	2F63	2F64	2F65	2F66	2F67	2F68	2F69	2F6A	2F6B

8139

	30	31	32	33	34	35	36	37	38	39
96	2F6C	2F6D	2F6E	2F6F	2F70	2F71	2F72	2F73	2F74	2F75
97	2F76	2F77	2F78	2F79	2F7A	2F7B	2F7C	2F7D	2F7E	2F7F
98	2F80	2F81	2F82	2F83	2F84	2F85	2F86	2F87	2F88	2F89
99	2F8A	2F8B	2F8C	2F8D	2F8E	2F8F	2F90	2F91	2F92	2F93
9A	2F94	2F95	2F96	2F97	2F98	2F99	2F9A	2F9B	2F9C	2F9D
9B	2F9E	2F9F	2FA0	2FA1	2FA2	2FA3	2FA4	2FA5	2FA6	2FA7
9C	2FA8	2FA9	2FAA	2FAB	2FAC	2FAD	2FAE	2FAF	2FB0	2FB1
9D	2FB2	2FB3	2FB4	2FB5	2FB6	2FB7	2FB8	2FB9	2FBA	2FBB
9E	2FBC	2FBD	2FBE	2FBF	2FC0	2FC1	2FC2	2FC3	2FC4	2FC5
9F	2FC6	2FC7	2FC8	2FC9	2FCA	2FCB	2FCC	2FCD	2FCE	2FCF
A0	2FD0	2FD1	2FD2	2FD3	2FD4	2FD5	2FD6	2FD7	2FD8	2FD9
A1	2FDA	2FDB	2FDC	2FDD	2FDE	2FDF	2FE0	2FE1	2FE2	2FE3
A2	2FE4	2FE5	2FE6	2FE7	2FE8	2FE9	2FEA	2FEB	2FEC	2FED
A3	2FEE	2FEF	2FFC	2FFD	2FFE	2FFF	3004	3018	3019	301A
A4	301B	301C	301F	3020	302A	302B	302C	302D	302E	302F
A5	3030	3031	3032	3033	3034	3035	3036	3037	3038	3039
A6	303A	303B	303C	303D	303F	3040	3094	3095	3096	3097
A7	3098	3099	309A	309F	30A0	30F7	30F8	30F9	30FA	30FB
A8	30FF	3100	3101	3102	3103	3104	312A	312B	312C	312D
A9	312E	312F	3130	ㄱ 3131	ㄲ 3132	ㄳ 3133	ㄴ 3134	ㄵ 3135	ㄶ 3136	ㄷ 3137
AA	ㄸ 3138	ㄹ 3139	ㄺ 313A	ㄻ 313B	ㄼ 313C	ㄽ 313D	ㄾ 313E	ㄿ 313F	ㅀ 3140	ㅁ 3141

8139

	30	31	32	33	34	35	36	37	38	39
AB	ㅂ 3142	ㅃ 3143	ㅄ 3144	ㅅ 3145	ㅆ 3146	ㅇ 3147	ㅈ 3148	ㅉ 3149	ㅊ 314A	ㅋ 314B
AC	ㅌ 314C	ㅍ 314D	ㅎ 314E	ㅏ 314F	ㅐ 3150	ㅑ 3151	ㅒ 3152	ㅓ 3153	ㅔ 3154	ㅕ 3155
AD	ㅖ 3156	ㅗ 3157	ㅘ 3158	ㅙ 3159	ㅚ 315A	ㅛ 315B	ㅜ 315C	ㅝ 315D	ㅞ 315E	ㅟ 315F
AE	ㅠ 3160	ㅡ 3161	ㅢ 3162	ㅣ 3163	3164	3165	3166	3167	3168	3169
AF	316A	316B	316C	316D	316E	316F	3170	3171	3172	3173
B0	3174	3175	3176	3177	3178	3179	317A	317B	317C	317D
B1	317E	317F	3180	3181	3182	3183	3184	3185	3186	3187
B2	3188	3189	318A	318B	318C	318D	318E	318F	3190	3191
B3	3192	3193	3194	3195	3196	3197	3198	3199	319A	319B
B4	319C	319D	319E	319F	31A0	31A1	31A2	31A3	31A4	31A5
B5	31A6	31A7	31A8	31A9	31AA	31AB	31AC	31AD	31AE	31AF
B6	31B0	31B1	31B2	31B3	31B4	31B5	31B6	31B7	31B8	31B9
B7	31BA	31BB	31BC	31BD	31BE	31BF	31C0	31C1	31C2	31C3
B8	31C4	31C5	31C6	31C7	31C8	31C9	31CA	31CB	31CC	31CD
B9	31CE	31CF	31D0	31D1	31D2	31D3	31D4	31D5	31D6	31D7
BA	31D8	31D9	31DA	31DB	31DC	31DD	31DE	31DF	31E0	31E1
BB	31E2	31E3	31E4	31E5	31E6	31E7	31E8	31E9	31EA	31EB
BC	31EC	31ED	31EE	31EF	31F0	31F1	31F2	31F3	31F4	31F5
BD	31F6	31F7	31F8	31F9	31FA	31FB	31FC	31FD	31FE	31FF
BE	3200	3201	3202	3203	3204	3205	3206	3207	3208	3209
BF	320A	320B	320C	320D	320E	320F	3210	3211	3212	3213

8139

	30	31	32	33	34	35	36	37	38	39
C0	3214	3215	3216	3217	3218	3219	321A	321B	321C	321D
C1	321E	321F	322A	322B	322C	322D	322E	322F	3230	3232
C2	3233	3234	3235	3236	3237	3238	3239	323A	323B	323C
C3	323D	323E	323F	3240	3241	3242	3243	3244	3245	3246
C4	3247	3248	3249	324A	324B	324C	324D	324E	324F	3250
C5	3251	3252	3253	3254	3255	3256	3257	3258	3259	325A
C6	325B	325C	325D	325E	325F	3260	3261	3262	3263	3264
C7	3265	3266	3267	3268	3269	326A	326B	326C	326D	326E
C8	326F	3270	3271	3272	3273	3274	3275	3276	3277	3278
C9	3279	327A	327B	327C	327D	327E	327F	3280	3281	3282
CA	3283	3284	3285	3286	3287	3288	3289	328A	328B	328C
CB	328D	328E	328F	3290	3291	3292	3293	3294	3295	3296
CC	3297	3298	3299	329A	329B	329C	329D	329E	329F	32A0
CD	32A1	32A2	32A4	32A5	32A6	32A7	32A8	32A9	32AA	32AB
CE	32AC	32AD	32AE	32AF	32B0	32B1	32B2	32B3	32B4	32B5
CF	32B6	32B7	32B8	32B9	32BA	32BB	32BC	32BD	32BE	32BF
D0	32C0	32C1	32C2	32C3	32C4	32C5	32C6	32C7	32C8	32C9
D1	32CA	32CB	32CC	32CD	32CE	32CF	32D0	32D1	32D2	32D3
D2	32D4	32D5	32D6	32D7	32D8	32D9	32DA	32DB	32DC	32DD
D3	32DE	32DF	32E0	32E1	32E2	32E3	32E4	32E5	32E6	32E7
D4	32E8	32E9	32EA	32EB	32EC	32ED	32EE	32EF	32F0	32F1

8139

	30	31	32	33	34	35	36	37	38	39
D5	32F2	32F3	32F4	32F5	32F6	32F7	32F8	32F9	32FA	32FB
D6	32FC	32FD	32FE	32FF	3300	3301	3302	3303	3304	3305
D7	3306	3307	3308	3309	330A	330B	330C	330D	330E	330F
D8	3310	3311	3312	3313	3314	3315	3316	3317	3318	3319
D9	331A	331B	331C	331D	331E	331F	3320	3321	3322	3323
DA	3324	3325	3326	3327	3328	3329	332A	332B	332C	332D
DB	332E	332F	3330	3331	3332	3333	3334	3335	3336	3337
DC	3338	3339	333A	333B	333C	333D	333E	333F	3340	3341
DD	3342	3343	3344	3345	3346	3347	3348	3349	334A	334B
DE	334C	334D	334E	334F	3350	3351	3352	3353	3354	3355
DF	3356	3357	3358	3359	335A	335B	335C	335D	335E	335F
E0	3360	3361	3362	3363	3364	3365	3366	3367	3368	3369
E1	336A	336B	336C	336D	336E	336F	3370	3371	3372	3373
E2	3374	3375	3376	3377	3378	3379	337A	337B	337C	337D
E3	337E	337F	3380	3381	3382	3383	3384	3385	3386	3387
E4	3388	3389	338A	338B	338C	338D	3390	3391	3392	3393
E5	3394	3395	3396	3397	3398	3399	339A	339B	339F	33A0
E6	33A2	33A3	33A4	33A5	33A6	33A7	33A8	33A9	33AA	33AB
E7	33AC	33AD	33AE	33AF	33B0	33B1	33B2	33B3	33B4	33B5
E8	33B6	33B7	33B8	33B9	33BA	33BB	33BC	33BD	33BE	33BF
E9	33C0	33C1	33C2	33C3	33C5	33C6	33C7	33C8	33C9	33CA

8139

	30	31	32	33	34	35	36	37	38	39
EA	33CB	33CC	33CD	33CF	33D0	33D3	33D4	33D6	33D7	33D8
EB	33D9	33DA	33DB	33DC	33DD	33DE	33DF	33E0	33E1	33E2
EC	33E3	33E4	33E5	33E6	33E7	33E8	33E9	33EA	33EB	33EC
ED	33ED	33EE	33EF	33F0	33F1	33F2	33F3	33F4	33F5	33F6
EE	33F7	33F8	33F9	33FA	33FB	33FC	33FD	33FE	33FF	㐀 3400
EF	㐁 3401	㐂 3402	㐃 3403	㐄 3404	㐅 3405	㐆 3406	㐇 3407	㐈 3408	㐉 3409	㐊 340A
F0	㐋 340B	㐌 340C	㐍 340D	㐎 340E	㐏 340F	㐐 3410	㐑 3411	㐒 3412	㐓 3413	㐔 3414
F1	㐕 3415	㐖 3416	㐗 3417	㐘 3418	㐙 3419	㐚 341A	㐛 341B	㐜 341C	㐝 341D	㐞 341E
F2	㐟 341F	㐠 3420	㐡 3421	㐢 3422	㐣 3423	㐤 3424	㐥 3425	㐦 3426	㐧 3427	㐨 3428
F3	㐩 3429	㐪 342A	㐫 342B	㐬 342C	㐭 342D	㐮 342E	㐯 342F	㐰 3430	㐱 3431	㐲 3432
F4	㐳 3433	㐴 3434	㐵 3435	㐶 3436	㐷 3437	㐸 3438	㐹 3439	㐺 343A	㐻 343B	㐼 343C
F5	㐽 343D	㐾 343E	㐿 343F	㑀 3440	㑁 3441	㑂 3442	㑃 3443	㑄 3444	㑅 3445	㑆 3446
F6	㑈 3448	㑉 3449	㑊 344A	㑋 344B	㑌 344C	㑍 344D	㑎 344E	㑏 344F	㑐 3450	㑑 3451
F7	㑒 3452	㑓 3453	㑔 3454	㑕 3455	㑖 3456	㑗 3457	㑘 3458	㑙 3459	㑚 345A	㑛 345B
F8	㑜 345C	㑝 345D	㑞 345E	㑟 345F	㑠 3460	㑡 3461	㑢 3462	㑣 3463	㑤 3464	㑥 3465
F9	㑦 3466	㑧 3467	㑨 3468	㑩 3469	㑪 346A	㑫 346B	㑬 346C	㑭 346D	㑮 346E	㑯 346F
FA	㑰 3470	㑱 3471	㑲 3472	㑴 3474	㑵 3475	㑶 3476	㑷 3477	㑸 3478	㑹 3479	㑺 347A
FB	㑻 347B	㑼 347C	㑽 347D	㑾 347E	㑿 347F	㒀 3480	㒁 3481	㒂 3482	㒃 3483	㒄 3484
FC	㒅 3485	㒆 3486	㒇 3487	㒈 3488	㒉 3489	㒊 348A	㒋 348B	㒌 348C	㒍 348D	㒎 348E
FD	㒏 348F	㒐 3490	㒑 3491	㒒 3492	㒓 3493	㒔 3494	㒕 3495	㒖 3496	㒗 3497	㒘 3498
FE	㒙 3499	㒚 349A	㒛 349B	㒜 349C	㒝 349D	㒞 349E	㒟 349F	㒠 34A0	㒡 34A1	㒢 34A2

8230

	30	31	32	33	34	35	36	37	38	39
81	㒣 34A3	㒤 34A4	㒥 34A5	㒦 34A6	㒧 34A7	㒨 34A8	㒩 34A9	㒪 34AA	㒫 34AB	㒬 34AC
82	㒭 34AD	㒮 34AE	㒯 34AF	㒰 34B0	㒱 34B1	㒲 34B2	㒳 34B3	㒴 34B4	㒵 34B5	㒶 34B6
83	㒷 34B7	㒸 34B8	㒹 34B9	㒺 34BA	㒻 34BB	㒼 34BC	㒽 34BD	㒾 34BE	㒿 34BF	㓀 34C0
84	㓁 34C1	㓂 34C2	㓃 34C3	㓄 34C4	㓅 34C5	㓆 34C6	㓇 34C7	㓈 34C8	㓉 34C9	㓊 34CA
85	㓋 34CB	㓌 34CC	㓍 34CD	㓎 34CE	㓏 34CF	㓐 34D0	㓑 34D1	㓒 34D2	㓓 34D3	㓔 34D4
86	㓕 34D5	㓖 34D6	㓗 34D7	㓘 34D8	㓙 34D9	㓚 34DA	㓛 34DB	㓜 34DC	㓝 34DD	㓞 34DE
87	㓟 34DF	㓠 34E0	㓡 34E1	㓢 34E2	㓣 34E3	㓤 34E4	㓥 34E5	㓦 34E6	㓧 34E7	㓨 34E8
88	㓩 34E9	㓪 34EA	㓫 34EB	㓬 34EC	㓭 34ED	㓮 34EE	㓯 34EF	㓰 34F0	㓱 34F1	㓲 34F2
89	㓳 34F3	㓴 34F4	㓵 34F5	㓶 34F6	㓷 34F7	㓸 34F8	㓹 34F9	㓺 34FA	㓻 34FB	㓼 34FC
8A	㓽 34FD	㓾 34FE	㓿 34FF	㔀 3500	㔁 3501	㔂 3502	㔃 3503	㔄 3504	㔅 3505	㔆 3506
8B	㔇 3507	㔈 3508	㔉 3509	㔊 350A	㔋 350B	㔌 350C	㔍 350D	㔎 350E	㔏 350F	㔐 3510
8C	㔑 3511	㔒 3512	㔓 3513	㔔 3514	㔕 3515	㔖 3516	㔗 3517	㔘 3518	㔙 3519	㔚 351A
8D	㔛 351B	㔜 351C	㔝 351D	㔞 351E	㔟 351F	㔠 3520	㔡 3521	㔢 3522	㔣 3523	㔤 3524
8E	㔥 3525	㔦 3526	㔧 3527	㔨 3528	㔩 3529	㔪 352A	㔫 352B	㔬 352C	㔭 352D	㔮 352E
8F	㔯 352F	㔰 3530	㔱 3531	㔲 3532	㔳 3533	㔴 3534	㔵 3535	㔶 3536	㔷 3537	㔸 3538
90	㔹 3539	㔺 353A	㔻 353B	㔼 353C	㔽 353D	㔾 353E	㔿 353F	㕀 3540	㕁 3541	㕂 3542
91	㕃 3543	㕄 3544	㕅 3545	㕆 3546	㕇 3547	㕈 3548	㕉 3549	㕊 354A	㕋 354B	㕌 354C
92	㕍 354D	㕎 354E	㕏 354F	㕐 3550	㕑 3551	㕒 3552	㕓 3553	㕔 3554	㕕 3555	㕖 3556
93	㕗 3557	㕘 3558	㕙 3559	㕚 355A	㕛 355B	㕜 355C	㕝 355D	㕞 355E	㕟 355F	㕠 3560
94	㕡 3561	㕢 3562	㕣 3563	㕤 3564	㕥 3565	㕦 3566	㕧 3567	㕨 3568	㕩 3569	㕪 356A
95	㕫 356B	㕬 356C	㕭 356D	㕮 356E	㕯 356F	㕰 3570	㕱 3571	㕲 3572	㕳 3573	㕴 3574

8230

	30	31	32	33	34	35	36	37	38	39
96	㕵 3575	㕶 3576	㕷 3577	㕸 3578	㕹 3579	㕺 357A	㕻 357B	㕼 357C	㕽 357D	㕾 357E
97	㕿 357F	㖀 3580	㖁 3581	㖂 3582	㖃 3583	㖄 3584	㖅 3585	㖆 3586	㖇 3587	㖈 3588
98	㖉 3589	㖊 358A	㖋 358B	㖌 358C	㖍 358D	㖎 358E	㖏 358F	㖐 3590	㖑 3591	㖒 3592
99	㖓 3593	㖔 3594	㖕 3595	㖖 3596	㖗 3597	㖘 3598	㖙 3599	㖚 359A	㖛 359B	㖜 359C
9A	㖝 359D	㖟 359F	㖠 35A0	㖡 35A1	㖢 35A2	㖣 35A3	㖤 35A4	㖥 35A5	㖦 35A6	㖧 35A7
9B	㖨 35A8	㖩 35A9	㖪 35AA	㖫 35AB	㖬 35AC	㖭 35AD	㖮 35AE	㖯 35AF	㖰 35B0	㖱 35B1
9C	㖲 35B2	㖳 35B3	㖴 35B4	㖵 35B5	㖶 35B6	㖷 35B7	㖸 35B8	㖹 35B9	㖺 35BA	㖻 35BB
9D	㖼 35BC	㖽 35BD	㖾 35BE	㖿 35BF	㗀 35C0	㗁 35C1	㗂 35C2	㗃 35C3	㗄 35C4	㗅 35C5
9E	㗆 35C6	㗇 35C7	㗈 35C8	㗉 35C9	㗊 35CA	㗋 35CB	㗌 35CC	㗍 35CD	㗎 35CE	㗏 35CF
9F	㗐 35D0	㗑 35D1	㗒 35D2	㗓 35D3	㗔 35D4	㗕 35D5	㗖 35D6	㗗 35D7	㗘 35D8	㗙 35D9
A0	㗚 35DA	㗛 35DB	㗜 35DC	㗝 35DD	㗞 35DE	㗟 35DF	㗠 35E0	㗡 35E1	㗢 35E2	㗣 35E3
A1	㗤 35E4	㗥 35E5	㗦 35E6	㗧 35E7	㗨 35E8	㗩 35E9	㗪 35EA	㗫 35EB	㗬 35EC	㗭 35ED
A2	㗮 35EE	㗯 35EF	㗰 35F0	㗱 35F1	㗲 35F2	㗳 35F3	㗴 35F4	㗵 35F5	㗶 35F6	㗷 35F7
A3	㗸 35F8	㗹 35F9	㗺 35FA	㗻 35FB	㗼 35FC	㗽 35FD	㗾 35FE	㗿 35FF	㘀 3600	㘁 3601
A4	㘂 3602	㘃 3603	㘄 3604	㘅 3605	㘆 3606	㘇 3607	㘈 3608	㘉 3609	㘊 360A	㘋 360B
A5	㘌 360C	㘍 360D	㘏 360F	㘐 3610	㘑 3611	㘒 3612	㘓 3613	㘔 3614	㘕 3615	㘖 3616
A6	㘗 3617	㘘 3618	㘙 3619	㘛 361B	㘜 361C	㘝 361D	㘞 361E	㘟 361F	㘠 3620	㘡 3621
A7	㘢 3622	㘣 3623	㘤 3624	㘥 3625	㘦 3626	㘧 3627	㘨 3628	㘩 3629	㘪 362A	㘫 362B
A8	㘬 362C	㘭 362D	㘮 362E	㘯 362F	㘰 3630	㘱 3631	㘲 3632	㘳 3633	㘴 3634	㘵 3635
A9	㘶 3636	㘷 3637	㘸 3638	㘹 3639	㘺 363A	㘻 363B	㘼 363C	㘽 363D	㘾 363E	㘿 363F
AA	㙀 3640	㙁 3641	㙂 3642	㙃 3643	㙄 3644	㙅 3645	㙆 3646	㙇 3647	㙈 3648	㙉 3649

8230

	30	31	32	33	34	35	36	37	38	39
AB	㙊 364A	㙋 364B	㙌 364C	㙍 364D	㙎 364E	㙏 364F	㙐 3650	㙑 3651	㙒 3652	㙓 3653
AC	㙔 3654	㙕 3655	㙖 3656	㙗 3657	㙘 3658	㙙 3659	㙚 365A	㙛 365B	㙜 365C	㙝 365D
AD	㙞 365E	㙟 365F	㙠 3660	㙡 3661	㙢 3662	㙣 3663	㙤 3664	㙥 3665	㙦 3666	㙧 3667
AE	㙨 3668	㙩 3669	㙪 366A	㙫 366B	㙬 366C	㙭 366D	㙮 366E	㙯 366F	㙰 3670	㙱 3671
AF	㙲 3672	㙳 3673	㙴 3674	㙵 3675	㙶 3676	㙷 3677	㙸 3678	㙹 3679	㙺 367A	㙻 367B
B0	㙼 367C	㙽 367D	㙾 367E	㙿 367F	㚀 3680	㚁 3681	㚂 3682	㚃 3683	㚄 3684	㚅 3685
B1	㚆 3686	㚇 3687	㚈 3688	㚉 3689	㚊 368A	㚋 368B	㚌 368C	㚍 368D	㚎 368E	㚏 368F
B2	㚐 3690	㚑 3691	㚒 3692	㚓 3693	㚔 3694	㚕 3695	㚖 3696	㚗 3697	㚘 3698	㚙 3699
B3	㚚 369A	㚛 369B	㚜 369C	㚝 369D	㚞 369E	㚟 369F	㚠 36A0	㚡 36A1	㚢 36A2	㚣 36A3
B4	㚤 36A4	㚥 36A5	㚦 36A6	㚧 36A7	㚨 36A8	㚩 36A9	㚪 36AA	㚫 36AB	㚬 36AC	㚭 36AD
B5	㚮 36AE	㚯 36AF	㚰 36B0	㚱 36B1	㚲 36B2	㚳 36B3	㚴 36B4	㚵 36B5	㚶 36B6	㚷 36B7
B6	㚸 36B8	㚹 36B9	㚺 36BA	㚻 36BB	㚼 36BC	㚽 36BD	㚾 36BE	㚿 36BF	㛀 36C0	㛁 36C1
B7	㛂 36C2	㛃 36C3	㛄 36C4	㛅 36C5	㛆 36C6	㛇 36C7	㛈 36C8	㛉 36C9	㛊 36CA	㛋 36CB
B8	㛌 36CC	㛍 36CD	㛎 36CE	㛏 36CF	㛐 36D0	㛑 36D1	㛒 36D2	㛓 36D3	㛔 36D4	㛕 36D5
B9	㛖 36D6	㛗 36D7	㛘 36D8	㛙 36D9	㛚 36DA	㛛 36DB	㛜 36DC	㛝 36DD	㛞 36DE	㛟 36DF
BA	㛠 36E0	㛡 36E1	㛢 36E2	㛣 36E3	㛤 36E4	㛥 36E5	㛦 36E6	㛧 36E7	㛨 36E8	㛩 36E9
BB	㛪 36EA	㛫 36EB	㛬 36EC	㛭 36ED	㛮 36EE	㛯 36EF	㛰 36F0	㛱 36F1	㛲 36F2	㛳 36F3
BC	㛴 36F4	㛵 36F5	㛶 36F6	㛷 36F7	㛸 36F8	㛹 36F9	㛺 36FA	㛻 36FB	㛼 36FC	㛽 36FD
BD	㛾 36FE	㛿 36FF	㜀 3700	㜁 3701	㜂 3702	㜃 3703	㜄 3704	㜅 3705	㜆 3706	㜇 3707
BE	㜈 3708	㜉 3709	㜊 370A	㜋 370B	㜌 370C	㜍 370D	㜎 370E	㜏 370F	㜐 3710	㜑 3711
BF	㜒 3712	㜓 3713	㜔 3714	㜕 3715	㜖 3716	㜗 3717	㜘 3718	㜙 3719	㜚 371A	㜛 371B

8230

	30	31	32	33	34	35	36	37	38	39
C0	㜜 371C	㜝 371D	㜞 371E	㜟 371F	㜠 3720	㜡 3721	㜢 3722	㜣 3723	㜤 3724	㜥 3725
C1	㜦 3726	㜧 3727	㜨 3728	㜩 3729	㜪 372A	㜫 372B	㜬 372C	㜭 372D	㜮 372E	㜯 372F
C2	㜰 3730	㜱 3731	㜲 3732	㜳 3733	㜴 3734	㜵 3735	㜶 3736	㜷 3737	㜸 3738	㜹 3739
C3	㜺 373A	㜻 373B	㜼 373C	㜽 373D	㜾 373E	㜿 373F	㝀 3740	㝁 3741	㝂 3742	㝃 3743
C4	㝄 3744	㝅 3745	㝆 3746	㝇 3747	㝈 3748	㝉 3749	㝊 374A	㝋 374B	㝌 374C	㝍 374D
C5	㝎 374E	㝏 374F	㝐 3750	㝑 3751	㝒 3752	㝓 3753	㝔 3754	㝕 3755	㝖 3756	㝗 3757
C6	㝘 3758	㝙 3759	㝚 375A	㝛 375B	㝜 375C	㝝 375D	㝞 375E	㝟 375F	㝠 3760	㝡 3761
C7	㝢 3762	㝣 3763	㝤 3764	㝥 3765	㝦 3766	㝧 3767	㝨 3768	㝩 3769	㝪 376A	㝫 376B
C8	㝬 376C	㝭 376D	㝮 376E	㝯 376F	㝰 3770	㝱 3771	㝲 3772	㝳 3773	㝴 3774	㝵 3775
C9	㝶 3776	㝷 3777	㝸 3778	㝹 3779	㝺 377A	㝻 377B	㝼 377C	㝽 377D	㝾 377E	㝿 377F
CA	㞀 3780	㞁 3781	㞂 3782	㞃 3783	㞄 3784	㞅 3785	㞆 3786	㞇 3787	㞈 3788	㞉 3789
CB	㞊 378A	㞋 378B	㞌 378C	㞍 378D	㞎 378E	㞏 378F	㞐 3790	㞑 3791	㞒 3792	㞓 3793
CC	㞔 3794	㞕 3795	㞖 3796	㞗 3797	㞘 3798	㞙 3799	㞚 379A	㞛 379B	㞜 379C	㞝 379D
CD	㞞 379E	㞟 379F	㞠 37A0	㞡 37A1	㞢 37A2	㞣 37A3	㞤 37A4	㞥 37A5	㞦 37A6	㞧 37A7
CE	㞨 37A8	㞩 37A9	㞪 37AA	㞫 37AB	㞬 37AC	㞭 37AD	㞮 37AE	㞯 37AF	㞰 37B0	㞱 37B1
CF	㞲 37B2	㞳 37B3	㞴 37B4	㞵 37B5	㞶 37B6	㞷 37B7	㞸 37B8	㞹 37B9	㞺 37BA	㞻 37BB
D0	㞼 37BC	㞽 37BD	㞾 37BE	㞿 37BF	㟀 37C0	㟁 37C1	㟂 37C2	㟃 37C3	㟄 37C4	㟅 37C5
D1	㟆 37C6	㟇 37C7	㟈 37C8	㟉 37C9	㟊 37CA	㟋 37CB	㟌 37CC	㟍 37CD	㟎 37CE	㟏 37CF
D2	㟐 37D0	㟑 37D1	㟒 37D2	㟓 37D3	㟔 37D4	㟕 37D5	㟖 37D6	㟗 37D7	㟘 37D8	㟙 37D9
D3	㟚 37DA	㟛 37DB	㟜 37DC	㟝 37DD	㟞 37DE	㟟 37DF	㟠 37E0	㟡 37E1	㟢 37E2	㟣 37E3
D4	㟤 37E4	㟥 37E5	㟦 37E6	㟧 37E7	㟨 37E8	㟩 37E9	㟪 37EA	㟫 37EB	㟬 37EC	㟭 37ED

8230

	30	31	32	33	34	35	36	37	38	39
D5	㟮 37EE	㟯 37EF	㟰 37F0	㟱 37F1	㟲 37F2	㟳 37F3	㟴 37F4	㟵 37F5	㟶 37F6	㟷 37F7
D6	㟸 37F8	㟹 37F9	㟺 37FA	㟻 37FB	㟼 37FC	㟽 37FD	㟾 37FE	㟿 37FF	㠀 3800	㠁 3801
D7	㠂 3802	㠃 3803	㠄 3804	㠅 3805	㠆 3806	㠇 3807	㠈 3808	㠉 3809	㠊 380A	㠋 380B
D8	㠌 380C	㠍 380D	㠎 380E	㠏 380F	㠐 3810	㠑 3811	㠒 3812	㠓 3813	㠔 3814	㠕 3815
D9	㠖 3816	㠗 3817	㠘 3818	㠙 3819	㠚 381A	㠛 381B	㠜 381C	㠝 381D	㠞 381E	㠟 381F
DA	㠠 3820	㠡 3821	㠢 3822	㠣 3823	㠤 3824	㠥 3825	㠦 3826	㠧 3827	㠨 3828	㠩 3829
DB	㠪 382A	㠫 382B	㠬 382C	㠭 382D	㠮 382E	㠯 382F	㠰 3830	㠱 3831	㠲 3832	㠳 3833
DC	㠴 3834	㠵 3835	㠶 3836	㠷 3837	㠸 3838	㠹 3839	㠺 383A	㠻 383B	㠼 383C	㠽 383D
DD	㠾 383E	㠿 383F	㡀 3840	㡁 3841	㡂 3842	㡃 3843	㡄 3844	㡅 3845	㡆 3846	㡇 3847
DE	㡈 3848	㡉 3849	㡊 384A	㡋 384B	㡌 384C	㡍 384D	㡎 384E	㡏 384F	㡐 3850	㡑 3851
DF	㡒 3852	㡓 3853	㡔 3854	㡕 3855	㡖 3856	㡗 3857	㡘 3858	㡙 3859	㡚 385A	㡛 385B
E0	㡜 385C	㡝 385D	㡞 385E	㡟 385F	㡠 3860	㡡 3861	㡢 3862	㡣 3863	㡤 3864	㡥 3865
E1	㡦 3866	㡧 3867	㡨 3868	㡩 3869	㡪 386A	㡫 386B	㡬 386C	㡭 386D	㡮 386E	㡯 386F
E2	㡰 3870	㡱 3871	㡲 3872	㡳 3873	㡴 3874	㡵 3875	㡶 3876	㡷 3877	㡸 3878	㡹 3879
E3	㡺 387A	㡻 387B	㡼 387C	㡽 387D	㡾 387E	㡿 387F	㢀 3880	㢁 3881	㢂 3882	㢃 3883
E4	㢄 3884	㢅 3885	㢆 3886	㢇 3887	㢈 3888	㢉 3889	㢊 388A	㢋 388B	㢌 388C	㢍 388D
E5	㢎 388E	㢏 388F	㢐 3890	㢑 3891	㢒 3892	㢓 3893	㢔 3894	㢕 3895	㢖 3896	㢗 3897
E6	㢘 3898	㢙 3899	㢚 389A	㢛 389B	㢜 389C	㢝 389D	㢞 389E	㢟 389F	㢠 38A0	㢡 38A1
E7	㢢 38A2	㢣 38A3	㢤 38A4	㢥 38A5	㢦 38A6	㢧 38A7	㢨 38A8	㢩 38A9	㢪 38AA	㢫 38AB
E8	㢬 38AC	㢭 38AD	㢮 38AE	㢯 38AF	㢰 38B0	㢱 38B1	㢲 38B2	㢳 38B3	㢴 38B4	㢵 38B5
E9	㢶 38B6	㢷 38B7	㢸 38B8	㢹 38B9	㢺 38BA	㢻 38BB	㢼 38BC	㢽 38BD	㢾 38BE	㢿 38BF

8230

	30	31	32	33	34	35	36	37	38	39
EA	㣀 38C0	㣁 38C1	㣂 38C2	㣃 38C3	㣄 38C4	㣅 38C5	㣆 38C6	㣇 38C7	㣈 38C8	㣉 38C9
EB	㣊 38CA	㣋 38CB	㣌 38CC	㣍 38CD	㣎 38CE	㣏 38CF	㣐 38D0	㣑 38D1	㣒 38D2	㣓 38D3
EC	㣔 38D4	㣕 38D5	㣖 38D6	㣗 38D7	㣘 38D8	㣙 38D9	㣚 38DA	㣛 38DB	㣜 38DC	㣝 38DD
ED	㣞 38DE	㣟 38DF	㣠 38E0	㣡 38E1	㣢 38E2	㣣 38E3	㣤 38E4	㣥 38E5	㣦 38E6	㣧 38E7
EE	㣨 38E8	㣩 38E9	㣪 38EA	㣫 38EB	㣬 38EC	㣭 38ED	㣮 38EE	㣯 38EF	㣰 38F0	㣱 38F1
EF	㣲 38F2	㣳 38F3	㣴 38F4	㣵 38F5	㣶 38F6	㣷 38F7	㣸 38F8	㣹 38F9	㣺 38FA	㣻 38FB
F0	㣼 38FC	㣽 38FD	㣾 38FE	㣿 38FF	㤀 3900	㤁 3901	㤂 3902	㤃 3903	㤄 3904	㤅 3905
F1	㤆 3906	㤇 3907	㤈 3908	㤉 3909	㤊 390A	㤋 390B	㤌 390C	㤍 390D	㤎 390E	㤏 390F
F2	㤐 3910	㤑 3911	㤒 3912	㤓 3913	㤔 3914	㤕 3915	㤖 3916	㤗 3917	㤙 3919	㤚 391A
F3	㤛 391B	㤜 391C	㤝 391D	㤞 391E	㤟 391F	㤠 3920	㤡 3921	㤢 3922	㤣 3923	㤤 3924
F4	㤥 3925	㤦 3926	㤧 3927	㤨 3928	㤩 3929	㤪 392A	㤫 392B	㤬 392C	㤭 392D	㤮 392E
F5	㤯 392F	㤰 3930	㤱 3931	㤲 3932	㤳 3933	㤴 3934	㤵 3935	㤶 3936	㤷 3937	㤸 3938
F6	㤹 3939	㤺 393A	㤻 393B	㤼 393C	㤽 393D	㤾 393E	㤿 393F	㥀 3940	㥁 3941	㥂 3942
F7	㥃 3943	㥄 3944	㥅 3945	㥆 3946	㥇 3947	㥈 3948	㥉 3949	㥊 394A	㥋 394B	㥌 394C
F8	㥍 394D	㥎 394E	㥏 394F	㥐 3950	㥑 3951	㥒 3952	㥓 3953	㥔 3954	㥕 3955	㥖 3956
F9	㥗 3957	㥘 3958	㥙 3959	㥚 395A	㥛 395B	㥜 395C	㥝 395D	㥞 395E	㥟 395F	㥠 3960
FA	㥡 3961	㥢 3962	㥣 3963	㥤 3964	㥥 3965	㥦 3966	㥧 3967	㥨 3968	㥩 3969	㥪 396A
FB	㥫 396B	㥬 396C	㥭 396D	㥯 396F	㥰 3970	㥱 3971	㥲 3972	㥳 3973	㥴 3974	㥵 3975
FC	㥶 3976	㥷 3977	㥸 3978	㥹 3979	㥺 397A	㥻 397B	㥼 397C	㥽 397D	㥾 397E	㥿 397F
FD	㦀 3980	㦁 3981	㦂 3982	㦃 3983	㦄 3984	㦅 3985	㦆 3986	㦇 3987	㦈 3988	㦉 3989
FE	㦊 398A	㦋 398B	㦌 398C	㦍 398D	㦎 398E	㦏 398F	㦐 3990	㦑 3991	㦒 3992	㦓 3993

8231

	30	31	32	33	34	35	36	37	38	39
81	㦔 3994	㦕 3995	㦖 3996	㦗 3997	㦘 3998	㦙 3999	㦚 399A	㦛 399B	㦜 399C	㦝 399D
82	㦞 399E	㦟 399F	㦠 39A0	㦡 39A1	㦢 39A2	㦣 39A3	㦤 39A4	㦥 39A5	㦦 39A6	㦧 39A7
83	㦨 39A8	㦩 39A9	㦪 39AA	㦫 39AB	㦬 39AC	㦭 39AD	㦮 39AE	㦯 39AF	㦰 39B0	㦱 39B1
84	㦲 39B2	㦳 39B3	㦴 39B4	㦵 39B5	㦶 39B6	㦷 39B7	㦸 39B8	㦹 39B9	㦺 39BA	㦻 39BB
85	㦼 39BC	㦽 39BD	㦾 39BE	㦿 39BF	㧀 39C0	㧁 39C1	㧂 39C2	㧃 39C3	㧄 39C4	㧅 39C5
86	㧆 39C6	㧇 39C7	㧈 39C8	㧉 39C9	㧊 39CA	㧋 39CB	㧌 39CC	㧍 39CD	㧎 39CE	㧑 39D1
87	㧒 39D2	㧓 39D3	㧔 39D4	㧕 39D5	㧖 39D6	㧗 39D7	㧘 39D8	㧙 39D9	㧚 39DA	㧛 39DB
88	㧜 39DC	㧝 39DD	㧞 39DE	㧠 39E0	㧡 39E1	㧢 39E2	㧣 39E3	㧤 39E4	㧥 39E5	㧦 39E6
89	㧧 39E7	㧨 39E8	㧩 39E9	㧪 39EA	㧫 39EB	㧬 39EC	㧭 39ED	㧮 39EE	㧯 39EF	㧰 39F0
8A	㧱 39F1	㧲 39F2	㧳 39F3	㧴 39F4	㧵 39F5	㧶 39F6	㧷 39F7	㧸 39F8	㧹 39F9	㧺 39FA
8B	㧻 39FB	㧼 39FC	㧽 39FD	㧾 39FE	㧿 39FF	㨀 3A00	㨁 3A01	㨂 3A02	㨃 3A03	㨄 3A04
8C	㨅 3A05	㨆 3A06	㨇 3A07	㨈 3A08	㨉 3A09	㨊 3A0A	㨋 3A0B	㨌 3A0C	㨍 3A0D	㨎 3A0E
8D	㨏 3A0F	㨐 3A10	㨑 3A11	㨒 3A12	㨓 3A13	㨔 3A14	㨕 3A15	㨖 3A16	㨗 3A17	㨘 3A18
8E	㨙 3A19	㨚 3A1A	㨛 3A1B	㨜 3A1C	㨝 3A1D	㨞 3A1E	㨟 3A1F	㨠 3A20	㨡 3A21	㨢 3A22
8F	㨣 3A23	㨤 3A24	㨥 3A25	㨦 3A26	㨧 3A27	㨨 3A28	㨩 3A29	㨪 3A2A	㨫 3A2B	㨬 3A2C
90	㨭 3A2D	㨮 3A2E	㨯 3A2F	㨰 3A30	㨱 3A31	㨲 3A32	㨳 3A33	㨴 3A34	㨵 3A35	㨶 3A36
91	㨷 3A37	㨸 3A38	㨹 3A39	㨺 3A3A	㨻 3A3B	㨼 3A3C	㨽 3A3D	㨾 3A3E	㨿 3A3F	㩀 3A40
92	㩁 3A41	㩂 3A42	㩃 3A43	㩄 3A44	㩅 3A45	㩆 3A46	㩇 3A47	㩈 3A48	㩉 3A49	㩊 3A4A
93	㩋 3A4B	㩌 3A4C	㩍 3A4D	㩎 3A4E	㩏 3A4F	㩐 3A50	㩑 3A51	㩒 3A52	㩓 3A53	㩔 3A54
94	㩕 3A55	㩖 3A56	㩗 3A57	㩘 3A58	㩙 3A59	㩚 3A5A	㩛 3A5B	㩜 3A5C	㩝 3A5D	㩞 3A5E
95	㩟 3A5F	㩠 3A60	㩡 3A61	㩢 3A62	㩣 3A63	㩤 3A64	㩥 3A65	㩦 3A66	㩧 3A67	㩨 3A68

8231

	30	31	32	33	34	35	36	37	38	39
96	㩩 3A69	㩪 3A6A	㩫 3A6B	㩬 3A6C	㩭 3A6D	㩮 3A6E	㩯 3A6F	㩰 3A70	㩱 3A71	㩲 3A72
97	㩴 3A74	㩵 3A75	㩶 3A76	㩷 3A77	㩸 3A78	㩹 3A79	㩺 3A7A	㩻 3A7B	㩼 3A7C	㩽 3A7D
98	㩾 3A7E	㩿 3A7F	㪀 3A80	㪁 3A81	㪂 3A82	㪃 3A83	㪄 3A84	㪅 3A85	㪆 3A86	㪇 3A87
99	㪈 3A88	㪉 3A89	㪊 3A8A	㪋 3A8B	㪌 3A8C	㪍 3A8D	㪎 3A8E	㪏 3A8F	㪐 3A90	㪑 3A91
9A	㪒 3A92	㪓 3A93	㪔 3A94	㪕 3A95	㪖 3A96	㪗 3A97	㪘 3A98	㪙 3A99	㪚 3A9A	㪛 3A9B
9B	㪜 3A9C	㪝 3A9D	㪞 3A9E	㪟 3A9F	㪠 3AA0	㪡 3AA1	㪢 3AA2	㪣 3AA3	㪤 3AA4	㪥 3AA5
9C	㪦 3AA6	㪧 3AA7	㪨 3AA8	㪩 3AA9	㪪 3AAA	㪫 3AAB	㪬 3AAC	㪭 3AAD	㪮 3AAE	㪯 3AAF
9D	㪰 3AB0	㪱 3AB1	㪲 3AB2	㪳 3AB3	㪴 3AB4	㪵 3AB5	㪶 3AB6	㪷 3AB7	㪸 3AB8	㪹 3AB9
9E	㪺 3ABA	㪻 3ABB	㪼 3ABC	㪽 3ABD	㪾 3ABE	㪿 3ABF	㫀 3AC0	㫁 3AC1	㫂 3AC2	㫃 3AC3
9F	㫄 3AC4	㫅 3AC5	㫆 3AC6	㫇 3AC7	㫈 3AC8	㫉 3AC9	㫊 3ACA	㫋 3ACB	㫌 3ACC	㫍 3ACD
A0	㫎 3ACE	㫏 3ACF	㫐 3AD0	㫑 3AD1	㫒 3AD2	㫓 3AD3	㫔 3AD4	㫕 3AD5	㫖 3AD6	㫗 3AD7
A1	㫘 3AD8	㫙 3AD9	㫚 3ADA	㫛 3ADB	㫜 3ADC	㫝 3ADD	㫞 3ADE	㫟 3ADF	㫠 3AE0	㫡 3AE1
A2	㫢 3AE2	㫣 3AE3	㫤 3AE4	㫥 3AE5	㫦 3AE6	㫧 3AE7	㫨 3AE8	㫩 3AE9	㫪 3AEA	㫫 3AEB
A3	㫬 3AEC	㫭 3AED	㫮 3AEE	㫯 3AEF	㫰 3AF0	㫱 3AF1	㫲 3AF2	㫳 3AF3	㫴 3AF4	㫵 3AF5
A4	㫶 3AF6	㫷 3AF7	㫸 3AF8	㫹 3AF9	㫺 3AFA	㫻 3AFB	㫼 3AFC	㫽 3AFD	㫾 3AFE	㫿 3AFF
A5	㬀 3B00	㬁 3B01	㬂 3B02	㬃 3B03	㬄 3B04	㬅 3B05	㬆 3B06	㬇 3B07	㬈 3B08	㬉 3B09
A6	㬊 3B0A	㬋 3B0B	㬌 3B0C	㬍 3B0D	㬎 3B0E	㬏 3B0F	㬐 3B10	㬑 3B11	㬒 3B12	㬓 3B13
A7	㬔 3B14	㬕 3B15	㬖 3B16	㬗 3B17	㬘 3B18	㬙 3B19	㬚 3B1A	㬛 3B1B	㬜 3B1C	㬝 3B1D
A8	㬞 3B1E	㬟 3B1F	㬠 3B20	㬡 3B21	㬢 3B22	㬣 3B23	㬤 3B24	㬥 3B25	㬦 3B26	㬧 3B27
A9	㬨 3B28	㬩 3B29	㬪 3B2A	㬫 3B2B	㬬 3B2C	㬭 3B2D	㬮 3B2E	㬯 3B2F	㬰 3B30	㬱 3B31
AA	㬲 3B32	㬳 3B33	㬴 3B34	㬵 3B35	㬶 3B36	㬷 3B37	㬸 3B38	㬹 3B39	㬺 3B3A	㬻 3B3B

8231

	30	31	32	33	34	35	36	37	38	39
AB	㬼 3B3C	㬽 3B3D	㬾 3B3E	㬿 3B3F	㭀 3B40	㭁 3B41	㭂 3B42	㭃 3B43	㭄 3B44	㭅 3B45
AC	㭆 3B46	㭇 3B47	㭈 3B48	㭉 3B49	㭊 3B4A	㭋 3B4B	㭌 3B4C	㭍 3B4D	㭏 3B4F	㭐 3B50
AD	㭑 3B51	㭒 3B52	㭓 3B53	㭔 3B54	㭕 3B55	㭖 3B56	㭗 3B57	㭘 3B58	㭙 3B59	㭚 3B5A
AE	㭛 3B5B	㭜 3B5C	㭝 3B5D	㭞 3B5E	㭟 3B5F	㭠 3B60	㭡 3B61	㭢 3B62	㭣 3B63	㭤 3B64
AF	㭥 3B65	㭦 3B66	㭧 3B67	㭨 3B68	㭩 3B69	㭪 3B6A	㭫 3B6B	㭬 3B6C	㭭 3B6D	㭮 3B6E
B0	㭯 3B6F	㭰 3B70	㭱 3B71	㭲 3B72	㭳 3B73	㭴 3B74	㭵 3B75	㭶 3B76	㭷 3B77	㭸 3B78
B1	㭹 3B79	㭺 3B7A	㭻 3B7B	㭼 3B7C	㭽 3B7D	㭾 3B7E	㭿 3B7F	㮀 3B80	㮁 3B81	㮂 3B82
B2	㮃 3B83	㮄 3B84	㮅 3B85	㮆 3B86	㮇 3B87	㮈 3B88	㮉 3B89	㮊 3B8A	㮋 3B8B	㮌 3B8C
B3	㮍 3B8D	㮎 3B8E	㮏 3B8F	㮐 3B90	㮑 3B91	㮒 3B92	㮓 3B93	㮔 3B94	㮕 3B95	㮖 3B96
B4	㮗 3B97	㮘 3B98	㮙 3B99	㮚 3B9A	㮛 3B9B	㮜 3B9C	㮝 3B9D	㮞 3B9E	㮟 3B9F	㮠 3BA0
B5	㮡 3BA1	㮢 3BA2	㮣 3BA3	㮤 3BA4	㮥 3BA5	㮦 3BA6	㮧 3BA7	㮨 3BA8	㮩 3BA9	㮪 3BAA
B6	㮫 3BAB	㮬 3BAC	㮭 3BAD	㮮 3BAE	㮯 3BAF	㮰 3BB0	㮱 3BB1	㮲 3BB2	㮳 3BB3	㮴 3BB4
B7	㮵 3BB5	㮶 3BB6	㮷 3BB7	㮸 3BB8	㮹 3BB9	㮺 3BBA	㮻 3BBB	㮼 3BBC	㮽 3BBD	㮾 3BBE
B8	㮿 3BBF	㯀 3BC0	㯁 3BC1	㯂 3BC2	㯃 3BC3	㯄 3BC4	㯅 3BC5	㯆 3BC6	㯇 3BC7	㯈 3BC8
B9	㯉 3BC9	㯊 3BCA	㯋 3BCB	㯌 3BCC	㯍 3BCD	㯎 3BCE	㯏 3BCF	㯐 3BD0	㯑 3BD1	㯒 3BD2
BA	㯓 3BD3	㯔 3BD4	㯕 3BD5	㯖 3BD6	㯗 3BD7	㯘 3BD8	㯙 3BD9	㯚 3BDA	㯛 3BDB	㯜 3BDC
BB	㯝 3BDD	㯞 3BDE	㯟 3BDF	㯠 3BE0	㯡 3BE1	㯢 3BE2	㯣 3BE3	㯤 3BE4	㯥 3BE5	㯦 3BE6
BC	㯧 3BE7	㯨 3BE8	㯩 3BE9	㯪 3BEA	㯫 3BEB	㯬 3BEC	㯭 3BED	㯮 3BEE	㯯 3BEF	㯰 3BF0
BD	㯱 3BF1	㯲 3BF2	㯳 3BF3	㯴 3BF4	㯵 3BF5	㯶 3BF6	㯷 3BF7	㯸 3BF8	㯹 3BF9	㯺 3BFA
BE	㯻 3BFB	㯼 3BFC	㯽 3BFD	㯾 3BFE	㯿 3BFF	㰀 3C00	㰁 3C01	㰂 3C02	㰃 3C03	㰄 3C04
BF	㰅 3C05	㰆 3C06	㰇 3C07	㰈 3C08	㰉 3C09	㰊 3C0A	㰋 3C0B	㰌 3C0C	㰍 3C0D	㰎 3C0E

8231

	30	31	32	33	34	35	36	37	38	39
C0	㰏 3C0F	㰐 3C10	㰑 3C11	㰒 3C12	㰓 3C13	㰔 3C14	㰕 3C15	㰖 3C16	㰗 3C17	㰘 3C18
C1	㰙 3C19	㰚 3C1A	㰛 3C1B	㰜 3C1C	㰝 3C1D	㰞 3C1E	㰟 3C1F	㰠 3C20	㰡 3C21	㰢 3C22
C2	㰣 3C23	㰤 3C24	㰥 3C25	㰦 3C26	㰧 3C27	㰨 3C28	㰩 3C29	㰪 3C2A	㰫 3C2B	㰬 3C2C
C3	㰭 3C2D	㰮 3C2E	㰯 3C2F	㰰 3C30	㰱 3C31	㰲 3C32	㰳 3C33	㰴 3C34	㰵 3C35	㰶 3C36
C4	㰷 3C37	㰸 3C38	㰹 3C39	㰺 3C3A	㰻 3C3B	㰼 3C3C	㰽 3C3D	㰾 3C3E	㰿 3C3F	㱀 3C40
C5	㱁 3C41	㱂 3C42	㱃 3C43	㱄 3C44	㱅 3C45	㱆 3C46	㱇 3C47	㱈 3C48	㱉 3C49	㱊 3C4A
C6	㱋 3C4B	㱌 3C4C	㱍 3C4D	㱎 3C4E	㱏 3C4F	㱐 3C50	㱑 3C51	㱒 3C52	㱓 3C53	㱔 3C54
C7	㱕 3C55	㱖 3C56	㱗 3C57	㱘 3C58	㱙 3C59	㱚 3C5A	㱛 3C5B	㱜 3C5C	㱝 3C5D	㱞 3C5E
C8	㱟 3C5F	㱠 3C60	㱡 3C61	㱢 3C62	㱣 3C63	㱤 3C64	㱥 3C65	㱦 3C66	㱧 3C67	㱨 3C68
C9	㱩 3C69	㱪 3C6A	㱫 3C6B	㱬 3C6C	㱭 3C6D	㱯 3C6F	㱰 3C70	㱱 3C71	㱲 3C72	㱳 3C73
CA	㱴 3C74	㱵 3C75	㱶 3C76	㱷 3C77	㱸 3C78	㱹 3C79	㱺 3C7A	㱻 3C7B	㱼 3C7C	㱽 3C7D
CB	㱾 3C7E	㱿 3C7F	㲀 3C80	㲁 3C81	㲂 3C82	㲃 3C83	㲄 3C84	㲅 3C85	㲆 3C86	㲇 3C87
CC	㲈 3C88	㲉 3C89	㲊 3C8A	㲋 3C8B	㲌 3C8C	㲍 3C8D	㲎 3C8E	㲏 3C8F	㲐 3C90	㲑 3C91
CD	㲒 3C92	㲓 3C93	㲔 3C94	㲕 3C95	㲖 3C96	㲗 3C97	㲘 3C98	㲙 3C99	㲚 3C9A	㲛 3C9B
CE	㲜 3C9C	㲝 3C9D	㲞 3C9E	㲟 3C9F	㲠 3CA0	㲡 3CA1	㲢 3CA2	㲣 3CA3	㲤 3CA4	㲥 3CA5
CF	㲦 3CA6	㲧 3CA7	㲨 3CA8	㲩 3CA9	㲪 3CAA	㲫 3CAB	㲬 3CAC	㲭 3CAD	㲮 3CAE	㲯 3CAF
D0	㲰 3CB0	㲱 3CB1	㲲 3CB2	㲳 3CB3	㲴 3CB4	㲵 3CB5	㲶 3CB6	㲷 3CB7	㲸 3CB8	㲹 3CB9
D1	㲺 3CBA	㲻 3CBB	㲼 3CBC	㲽 3CBD	㲾 3CBE	㲿 3CBF	㳀 3CC0	㳁 3CC1	㳂 3CC2	㳃 3CC3
D2	㳄 3CC4	㳅 3CC5	㳆 3CC6	㳇 3CC7	㳈 3CC8	㳉 3CC9	㳊 3CCA	㳋 3CCB	㳌 3CCC	㳍 3CCD
D3	㳎 3CCE	㳏 3CCF	㳐 3CD0	㳑 3CD1	㳒 3CD2	㳓 3CD3	㳔 3CD4	㳕 3CD5	㳖 3CD6	㳗 3CD7
D4	㳘 3CD8	㳙 3CD9	㳚 3CDA	㳛 3CDB	㳜 3CDC	㳝 3CDD	㳞 3CDE	㳟 3CDF	㳡 3CE1	㳢 3CE2

8231

	30	31	32	33	34	35	36	37	38	39
D5	㳣 3CE3	㳤 3CE4	㳥 3CE5	㳦 3CE6	㳧 3CE7	㳨 3CE8	㳩 3CE9	㳪 3CEA	㳫 3CEB	㳬 3CEC
D6	㳭 3CED	㳮 3CEE	㳯 3CEF	㳰 3CF0	㳱 3CF1	㳲 3CF2	㳳 3CF3	㳴 3CF4	㳵 3CF5	㳶 3CF6
D7	㳷 3CF7	㳸 3CF8	㳹 3CF9	㳺 3CFA	㳻 3CFB	㳼 3CFC	㳽 3CFD	㳾 3CFE	㳿 3CFF	㴀 3D00
D8	㴁 3D01	㴂 3D02	㴃 3D03	㴄 3D04	㴅 3D05	㴆 3D06	㴇 3D07	㴈 3D08	㴉 3D09	㴊 3D0A
D9	㴋 3D0B	㴌 3D0C	㴍 3D0D	㴎 3D0E	㴏 3D0F	㴐 3D10	㴑 3D11	㴒 3D12	㴓 3D13	㴔 3D14
DA	㴕 3D15	㴖 3D16	㴗 3D17	㴘 3D18	㴙 3D19	㴚 3D1A	㴛 3D1B	㴜 3D1C	㴝 3D1D	㴞 3D1E
DB	㴟 3D1F	㴠 3D20	㴡 3D21	㴢 3D22	㴣 3D23	㴤 3D24	㴥 3D25	㴦 3D26	㴧 3D27	㴨 3D28
DC	㴩 3D29	㴪 3D2A	㴫 3D2B	㴬 3D2C	㴭 3D2D	㴮 3D2E	㴯 3D2F	㴰 3D30	㴱 3D31	㴲 3D32
DD	㴳 3D33	㴴 3D34	㴵 3D35	㴶 3D36	㴷 3D37	㴸 3D38	㴹 3D39	㴺 3D3A	㴻 3D3B	㴼 3D3C
DE	㴽 3D3D	㴾 3D3E	㴿 3D3F	㵀 3D40	㵁 3D41	㵂 3D42	㵃 3D43	㵄 3D44	㵅 3D45	㵆 3D46
DF	㵇 3D47	㵈 3D48	㵉 3D49	㵊 3D4A	㵋 3D4B	㵌 3D4C	㵍 3D4D	㵎 3D4E	㵏 3D4F	㵐 3D50
E0	㵑 3D51	㵒 3D52	㵓 3D53	㵔 3D54	㵕 3D55	㵖 3D56	㵗 3D57	㵘 3D58	㵙 3D59	㵚 3D5A
E1	㵛 3D5B	㵜 3D5C	㵝 3D5D	㵞 3D5E	㵟 3D5F	㵠 3D60	㵡 3D61	㵢 3D62	㵣 3D63	㵤 3D64
E2	㵥 3D65	㵦 3D66	㵧 3D67	㵨 3D68	㵩 3D69	㵪 3D6A	㵫 3D6B	㵬 3D6C	㵭 3D6D	㵮 3D6E
E3	㵯 3D6F	㵰 3D70	㵱 3D71	㵲 3D72	㵳 3D73	㵴 3D74	㵵 3D75	㵶 3D76	㵷 3D77	㵸 3D78
E4	㵹 3D79	㵺 3D7A	㵻 3D7B	㵼 3D7C	㵽 3D7D	㵾 3D7E	㵿 3D7F	㶀 3D80	㶁 3D81	㶂 3D82
E5	㶃 3D83	㶄 3D84	㶅 3D85	㶆 3D86	㶇 3D87	㶈 3D88	㶉 3D89	㶊 3D8A	㶋 3D8B	㶌 3D8C
E6	㶍 3D8D	㶎 3D8E	㶏 3D8F	㶐 3D90	㶑 3D91	㶒 3D92	㶓 3D93	㶔 3D94	㶕 3D95	㶖 3D96
E7	㶗 3D97	㶘 3D98	㶙 3D99	㶚 3D9A	㶛 3D9B	㶜 3D9C	㶝 3D9D	㶞 3D9E	㶟 3D9F	㶠 3DA0
E8	㶡 3DA1	㶢 3DA2	㶣 3DA3	㶤 3DA4	㶥 3DA5	㶦 3DA6	㶧 3DA7	㶨 3DA8	㶩 3DA9	㶪 3DAA
E9	㶫 3DAB	㶬 3DAC	㶭 3DAD	㶮 3DAE	㶯 3DAF	㶰 3DB0	㶱 3DB1	㶲 3DB2	㶳 3DB3	㶴 3DB4

8231

	30	31	32	33	34	35	36	37	38	39
EA	㶵 3DB5	㶶 3DB6	㶷 3DB7	㶸 3DB8	㶹 3DB9	㶺 3DBA	㶻 3DBB	㶼 3DBC	㶽 3DBD	㶾 3DBE
EB	㶿 3DBF	㷀 3DC0	㷁 3DC1	㷂 3DC2	㷃 3DC3	㷄 3DC4	㷅 3DC5	㷆 3DC6	㷇 3DC7	㷈 3DC8
EC	㷉 3DC9	㷊 3DCA	㷋 3DCB	㷌 3DCC	㷍 3DCD	㷎 3DCE	㷏 3DCF	㷐 3DD0	㷑 3DD1	㷒 3DD2
ED	㷓 3DD3	㷔 3DD4	㷕 3DD5	㷖 3DD6	㷗 3DD7	㷘 3DD8	㷙 3DD9	㷚 3DDA	㷛 3DDB	㷜 3DDC
EE	㷝 3DDD	㷞 3DDE	㷟 3DDF	㷠 3DE0	㷡 3DE1	㷢 3DE2	㷣 3DE3	㷤 3DE4	㷥 3DE5	㷦 3DE6
EF	㷧 3DE7	㷨 3DE8	㷩 3DE9	㷪 3DEA	㷫 3DEB	㷬 3DEC	㷭 3DED	㷮 3DEE	㷯 3DEF	㷰 3DF0
F0	㷱 3DF1	㷲 3DF2	㷳 3DF3	㷴 3DF4	㷵 3DF5	㷶 3DF6	㷷 3DF7	㷸 3DF8	㷹 3DF9	㷺 3DFA
F1	㷻 3DFB	㷼 3DFC	㷽 3DFD	㷾 3DFE	㷿 3DFF	㸀 3E00	㸁 3E01	㸂 3E02	㸃 3E03	㸄 3E04
F2	㸅 3E05	㸆 3E06	㸇 3E07	㸈 3E08	㸉 3E09	㸊 3E0A	㸋 3E0B	㸌 3E0C	㸍 3E0D	㸎 3E0E
F3	㸏 3E0F	㸐 3E10	㸑 3E11	㸒 3E12	㸓 3E13	㸔 3E14	㸕 3E15	㸖 3E16	㸗 3E17	㸘 3E18
F4	㸙 3E19	㸚 3E1A	㸛 3E1B	㸜 3E1C	㸝 3E1D	㸞 3E1E	㸟 3E1F	㸠 3E20	㸡 3E21	㸢 3E22
F5	㸣 3E23	㸤 3E24	㸥 3E25	㸦 3E26	㸧 3E27	㸨 3E28	㸩 3E29	㸪 3E2A	㸫 3E2B	㸬 3E2C
F6	㸭 3E2D	㸮 3E2E	㸯 3E2F	㸰 3E30	㸱 3E31	㸲 3E32	㸳 3E33	㸴 3E34	㸵 3E35	㸶 3E36
F7	㸷 3E37	㸸 3E38	㸹 3E39	㸺 3E3A	㸻 3E3B	㸼 3E3C	㸽 3E3D	㸾 3E3E	㸿 3E3F	㹀 3E40
F8	㹁 3E41	㹂 3E42	㹃 3E43	㹄 3E44	㹅 3E45	㹆 3E46	㹇 3E47	㹈 3E48	㹉 3E49	㹊 3E4A
F9	㹋 3E4B	㹌 3E4C	㹍 3E4D	㹎 3E4E	㹏 3E4F	㹐 3E50	㹑 3E51	㹒 3E52	㹓 3E53	㹔 3E54
FA	㹕 3E55	㹖 3E56	㹗 3E57	㹘 3E58	㹙 3E59	㹚 3E5A	㹛 3E5B	㹜 3E5C	㹝 3E5D	㹞 3E5E
FB	㹟 3E5F	㹠 3E60	㹡 3E61	㹢 3E62	㹣 3E63	㹤 3E64	㹥 3E65	㹦 3E66	㹧 3E67	㹨 3E68
FC	㹩 3E69	㹪 3E6A	㹫 3E6B	㹬 3E6C	㹭 3E6D	㹮 3E6E	㹯 3E6F	㹰 3E70	㹱 3E71	㹲 3E72
FD	㹳 3E73	㹴 3E74	㹵 3E75	㹶 3E76	㹷 3E77	㹸 3E78	㹹 3E79	㹺 3E7A	㹻 3E7B	㹼 3E7C
FE	㹽 3E7D	㹾 3E7E	㹿 3E7F	㺀 3E80	㺁 3E81	㺂 3E82	㺃 3E83	㺄 3E84	㺅 3E85	㺆 3E86

8232

	30	31	32	33	34	35	36	37	38	39
81	㺇 3E87	㺈 3E88	㺉 3E89	㺊 3E8A	㺋 3E8B	㺌 3E8C	㺍 3E8D	㺎 3E8E	㺏 3E8F	㺐 3E90
82	㺑 3E91	㺒 3E92	㺓 3E93	㺔 3E94	㺕 3E95	㺖 3E96	㺗 3E97	㺘 3E98	㺙 3E99	㺚 3E9A
83	㺛 3E9B	㺜 3E9C	㺝 3E9D	㺞 3E9E	㺟 3E9F	㺠 3EA0	㺡 3EA1	㺢 3EA2	㺣 3EA3	㺤 3EA4
84	㺥 3EA5	㺦 3EA6	㺧 3EA7	㺨 3EA8	㺩 3EA9	㺪 3EAA	㺫 3EAB	㺬 3EAC	㺭 3EAD	㺮 3EAE
85	㺯 3EAF	㺰 3EB0	㺱 3EB1	㺲 3EB2	㺳 3EB3	㺴 3EB4	㺵 3EB5	㺶 3EB6	㺷 3EB7	㺸 3EB8
86	㺹 3EB9	㺺 3EBA	㺻 3EBB	㺼 3EBC	㺽 3EBD	㺾 3EBE	㺿 3EBF	㻀 3EC0	㻁 3EC1	㻂 3EC2
87	㻃 3EC3	㻄 3EC4	㻅 3EC5	㻆 3EC6	㻇 3EC7	㻈 3EC8	㻉 3EC9	㻊 3ECA	㻋 3ECB	㻌 3ECC
88	㻍 3ECD	㻎 3ECE	㻏 3ECF	㻐 3ED0	㻑 3ED1	㻒 3ED2	㻓 3ED3	㻔 3ED4	㻕 3ED5	㻖 3ED6
89	㻗 3ED7	㻘 3ED8	㻙 3ED9	㻚 3EDA	㻛 3EDB	㻜 3EDC	㻝 3EDD	㻞 3EDE	㻟 3EDF	㻠 3EE0
8A	㻡 3EE1	㻢 3EE2	㻣 3EE3	㻤 3EE4	㻥 3EE5	㻦 3EE6	㻧 3EE7	㻨 3EE8	㻩 3EE9	㻪 3EEA
8B	㻫 3EEB	㻬 3EEC	㻭 3EED	㻮 3EEE	㻯 3EEF	㻰 3EF0	㻱 3EF1	㻲 3EF2	㻳 3EF3	㻴 3EF4
8C	㻵 3EF5	㻶 3EF6	㻷 3EF7	㻸 3EF8	㻹 3EF9	㻺 3EFA	㻻 3EFB	㻼 3EFC	㻽 3EFD	㻾 3EFE
8D	㻿 3EFF	㼀 3F00	㼁 3F01	㼂 3F02	㼃 3F03	㼄 3F04	㼅 3F05	㼆 3F06	㼇 3F07	㼈 3F08
8E	㼉 3F09	㼊 3F0A	㼋 3F0B	㼌 3F0C	㼍 3F0D	㼎 3F0E	㼏 3F0F	㼐 3F10	㼑 3F11	㼒 3F12
8F	㼓 3F13	㼔 3F14	㼕 3F15	㼖 3F16	㼗 3F17	㼘 3F18	㼙 3F19	㼚 3F1A	㼛 3F1B	㼜 3F1C
90	㼝 3F1D	㼞 3F1E	㼟 3F1F	㼠 3F20	㼡 3F21	㼢 3F22	㼣 3F23	㼤 3F24	㼥 3F25	㼦 3F26
91	㼧 3F27	㼨 3F28	㼩 3F29	㼪 3F2A	㼫 3F2B	㼬 3F2C	㼭 3F2D	㼮 3F2E	㼯 3F2F	㼰 3F30
92	㼱 3F31	㼲 3F32	㼳 3F33	㼴 3F34	㼵 3F35	㼶 3F36	㼷 3F37	㼸 3F38	㼹 3F39	㼺 3F3A
93	㼻 3F3B	㼼 3F3C	㼽 3F3D	㼾 3F3E	㼿 3F3F	㽀 3F40	㽁 3F41	㽂 3F42	㽃 3F43	㽄 3F44
94	㽅 3F45	㽆 3F46	㽇 3F47	㽈 3F48	㽉 3F49	㽊 3F4A	㽋 3F4B	㽌 3F4C	㽍 3F4D	㽎 3F4E
95	㽏 3F4F	㽐 3F50	㽑 3F51	㽒 3F52	㽓 3F53	㽔 3F54	㽕 3F55	㽖 3F56	㽗 3F57	㽘 3F58

8232

	30	31	32	33	34	35	36	37	38	39
96	㽙 3F59	㽚 3F5A	㽛 3F5B	㽜 3F5C	㽝 3F5D	㽞 3F5E	㽟 3F5F	㽠 3F60	㽡 3F61	㽢 3F62
97	㽣 3F63	㽤 3F64	㽥 3F65	㽦 3F66	㽧 3F67	㽨 3F68	㽩 3F69	㽪 3F6A	㽫 3F6B	㽬 3F6C
98	㽭 3F6D	㽮 3F6E	㽯 3F6F	㽰 3F70	㽱 3F71	㽲 3F72	㽳 3F73	㽴 3F74	㽵 3F75	㽶 3F76
99	㽷 3F77	㽸 3F78	㽹 3F79	㽺 3F7A	㽻 3F7B	㽼 3F7C	㽽 3F7D	㽾 3F7E	㽿 3F7F	㾀 3F80
9A	㾁 3F81	㾂 3F82	㾃 3F83	㾄 3F84	㾅 3F85	㾆 3F86	㾇 3F87	㾈 3F88	㾉 3F89	㾊 3F8A
9B	㾋 3F8B	㾌 3F8C	㾍 3F8D	㾎 3F8E	㾏 3F8F	㾐 3F90	㾑 3F91	㾒 3F92	㾓 3F93	㾔 3F94
9C	㾕 3F95	㾖 3F96	㾗 3F97	㾘 3F98	㾙 3F99	㾚 3F9A	㾛 3F9B	㾜 3F9C	㾝 3F9D	㾞 3F9E
9D	㾟 3F9F	㾠 3FA0	㾡 3FA1	㾢 3FA2	㾣 3FA3	㾤 3FA4	㾥 3FA5	㾦 3FA6	㾧 3FA7	㾨 3FA8
9E	㾩 3FA9	㾪 3FAA	㾫 3FAB	㾬 3FAC	㾭 3FAD	㾮 3FAE	㾯 3FAF	㾰 3FB0	㾱 3FB1	㾲 3FB2
9F	㾳 3FB3	㾴 3FB4	㾵 3FB5	㾶 3FB6	㾷 3FB7	㾸 3FB8	㾹 3FB9	㾺 3FBA	㾻 3FBB	㾼 3FBC
A0	㾽 3FBD	㾾 3FBE	㾿 3FBF	㿀 3FC0	㿁 3FC1	㿂 3FC2	㿃 3FC3	㿄 3FC4	㿅 3FC5	㿆 3FC6
A1	㿇 3FC7	㿈 3FC8	㿉 3FC9	㿊 3FCA	㿋 3FCB	㿌 3FCC	㿍 3FCD	㿎 3FCE	㿏 3FCF	㿐 3FD0
A2	㿑 3FD1	㿒 3FD2	㿓 3FD3	㿔 3FD4	㿕 3FD5	㿖 3FD6	㿗 3FD7	㿘 3FD8	㿙 3FD9	㿚 3FDA
A3	㿛 3FDB	㿜 3FDC	㿝 3FDD	㿞 3FDE	㿟 3FDF	㿠 3FE0	㿡 3FE1	㿢 3FE2	㿣 3FE3	㿤 3FE4
A4	㿥 3FE5	㿦 3FE6	㿧 3FE7	㿨 3FE8	㿩 3FE9	㿪 3FEA	㿫 3FEB	㿬 3FEC	㿭 3FED	㿮 3FEE
A5	㿯 3FEF	㿰 3FF0	㿱 3FF1	㿲 3FF2	㿳 3FF3	㿴 3FF4	㿵 3FF5	㿶 3FF6	㿷 3FF7	㿸 3FF8
A6	㿹 3FF9	㿺 3FFA	㿻 3FFB	㿼 3FFC	㿽 3FFD	㿾 3FFE	㿿 3FFF	䀀 4000	䀁 4001	䀂 4002
A7	䀃 4003	䀄 4004	䀅 4005	䀆 4006	䀇 4007	䀈 4008	䀉 4009	䀊 400A	䀋 400B	䀌 400C
A8	䀍 400D	䀎 400E	䀏 400F	䀐 4010	䀑 4011	䀒 4012	䀓 4013	䀔 4014	䀕 4015	䀖 4016
A9	䀗 4017	䀘 4018	䀙 4019	䀚 401A	䀛 401B	䀜 401C	䀝 401D	䀞 401E	䀟 401F	䀠 4020
AA	䀡 4021	䀢 4022	䀣 4023	䀤 4024	䀥 4025	䀦 4026	䀧 4027	䀨 4028	䀩 4029	䀪 402A

8232

	30	31	32	33	34	35	36	37	38	39
AB	䀫 402B	䀬 402C	䀭 402D	䀮 402E	䀯 402F	䀰 4030	䀱 4031	䀲 4032	䀳 4033	䀴 4034
AC	䀵 4035	䀶 4036	䀷 4037	䀸 4038	䀹 4039	䀺 403A	䀻 403B	䀼 403C	䀽 403D	䀾 403E
AD	䀿 403F	䁀 4040	䁁 4041	䁂 4042	䁃 4043	䁄 4044	䁅 4045	䁆 4046	䁇 4047	䁈 4048
AE	䁉 4049	䁊 404A	䁋 404B	䁌 404C	䁍 404D	䁎 404E	䁏 404F	䁐 4050	䁑 4051	䁒 4052
AF	䁓 4053	䁔 4054	䁕 4055	䁗 4057	䁘 4058	䁙 4059	䁚 405A	䁛 405B	䁜 405C	䁝 405D
B0	䁞 405E	䁟 405F	䁠 4060	䁡 4061	䁢 4062	䁣 4063	䁤 4064	䁥 4065	䁦 4066	䁧 4067
B1	䁨 4068	䁩 4069	䁪 406A	䁫 406B	䁬 406C	䁭 406D	䁮 406E	䁯 406F	䁰 4070	䁱 4071
B2	䁲 4072	䁳 4073	䁴 4074	䁵 4075	䁶 4076	䁷 4077	䁸 4078	䁹 4079	䁺 407A	䁻 407B
B3	䁼 407C	䁽 407D	䁾 407E	䁿 407F	䂀 4080	䂁 4081	䂂 4082	䂃 4083	䂄 4084	䂅 4085
B4	䂆 4086	䂇 4087	䂈 4088	䂉 4089	䂊 408A	䂋 408B	䂌 408C	䂍 408D	䂎 408E	䂏 408F
B5	䂐 4090	䂑 4091	䂒 4092	䂓 4093	䂔 4094	䂕 4095	䂖 4096	䂗 4097	䂘 4098	䂙 4099
B6	䂚 409A	䂛 409B	䂜 409C	䂝 409D	䂞 409E	䂟 409F	䂠 40A0	䂡 40A1	䂢 40A2	䂣 40A3
B7	䂤 40A4	䂥 40A5	䂦 40A6	䂧 40A7	䂨 40A8	䂩 40A9	䂪 40AA	䂫 40AB	䂬 40AC	䂭 40AD
B8	䂮 40AE	䂯 40AF	䂰 40B0	䂱 40B1	䂲 40B2	䂳 40B3	䂴 40B4	䂵 40B5	䂶 40B6	䂷 40B7
B9	䂸 40B8	䂹 40B9	䂺 40BA	䂻 40BB	䂼 40BC	䂽 40BD	䂾 40BE	䂿 40BF	䃀 40C0	䃁 40C1
BA	䃂 40C2	䃃 40C3	䃄 40C4	䃅 40C5	䃆 40C6	䃇 40C7	䃈 40C8	䃉 40C9	䃊 40CA	䃋 40CB
BB	䃌 40CC	䃍 40CD	䃎 40CE	䃏 40CF	䃐 40D0	䃑 40D1	䃒 40D2	䃓 40D3	䃔 40D4	䃕 40D5
BC	䃖 40D6	䃗 40D7	䃘 40D8	䃙 40D9	䃚 40DA	䃛 40DB	䃜 40DC	䃝 40DD	䃞 40DE	䃟 40DF
BD	䃠 40E0	䃡 40E1	䃢 40E2	䃣 40E3	䃤 40E4	䃥 40E5	䃦 40E6	䃧 40E7	䃨 40E8	䃩 40E9
BE	䃪 40EA	䃫 40EB	䃬 40EC	䃭 40ED	䃮 40EE	䃯 40EF	䃰 40F0	䃱 40F1	䃲 40F2	䃳 40F3
BF	䃴 40F4	䃵 40F5	䃶 40F6	䃷 40F7	䃸 40F8	䃹 40F9	䃺 40FA	䃻 40FB	䃼 40FC	䃽 40FD

8232

	30	31	32	33	34	35	36	37	38	39
C0	䃾 40FE	䃿 40FF	䄀 4100	䄁 4101	䄂 4102	䄃 4103	䄄 4104	䄅 4105	䄆 4106	䄇 4107
C1	䄈 4108	䄉 4109	䄊 410A	䄋 410B	䄌 410C	䄍 410D	䄎 410E	䄏 410F	䄐 4110	䄑 4111
C2	䄒 4112	䄓 4113	䄔 4114	䄕 4115	䄖 4116	䄗 4117	䄘 4118	䄙 4119	䄚 411A	䄛 411B
C3	䄜 411C	䄝 411D	䄞 411E	䄟 411F	䄠 4120	䄡 4121	䄢 4122	䄣 4123	䄤 4124	䄥 4125
C4	䄦 4126	䄧 4127	䄨 4128	䄩 4129	䄪 412A	䄫 412B	䄬 412C	䄭 412D	䄮 412E	䄯 412F
C5	䄰 4130	䄱 4131	䄲 4132	䄳 4133	䄴 4134	䄵 4135	䄶 4136	䄷 4137	䄸 4138	䄹 4139
C6	䄺 413A	䄻 413B	䄼 413C	䄽 413D	䄾 413E	䄿 413F	䅀 4140	䅁 4141	䅂 4142	䅃 4143
C7	䅄 4144	䅅 4145	䅆 4146	䅇 4147	䅈 4148	䅉 4149	䅊 414A	䅋 414B	䅌 414C	䅍 414D
C8	䅎 414E	䅏 414F	䅐 4150	䅑 4151	䅒 4152	䅓 4153	䅔 4154	䅕 4155	䅖 4156	䅗 4157
C9	䅘 4158	䅙 4159	䅚 415A	䅛 415B	䅜 415C	䅝 415D	䅞 415E	䅠 4160	䅡 4161	䅢 4162
CA	䅣 4163	䅤 4164	䅥 4165	䅦 4166	䅧 4167	䅨 4168	䅩 4169	䅪 416A	䅫 416B	䅬 416C
CB	䅭 416D	䅮 416E	䅯 416F	䅰 4170	䅱 4171	䅲 4172	䅳 4173	䅴 4174	䅵 4175	䅶 4176
CC	䅷 4177	䅸 4178	䅹 4179	䅺 417A	䅻 417B	䅼 417C	䅽 417D	䅾 417E	䅿 417F	䆀 4180
CD	䆁 4181	䆂 4182	䆃 4183	䆄 4184	䆅 4185	䆆 4186	䆇 4187	䆈 4188	䆉 4189	䆊 418A
CE	䆋 418B	䆌 418C	䆍 418D	䆎 418E	䆏 418F	䆐 4190	䆑 4191	䆒 4192	䆓 4193	䆔 4194
CF	䆕 4195	䆖 4196	䆗 4197	䆘 4198	䆙 4199	䆚 419A	䆛 419B	䆜 419C	䆝 419D	䆞 419E
D0	䆟 419F	䆠 41A0	䆡 41A1	䆢 41A2	䆣 41A3	䆤 41A4	䆥 41A5	䆦 41A6	䆧 41A7	䆨 41A8
D1	䆩 41A9	䆪 41AA	䆫 41AB	䆬 41AC	䆭 41AD	䆮 41AE	䆯 41AF	䆰 41B0	䆱 41B1	䆲 41B2
D2	䆳 41B3	䆴 41B4	䆵 41B5	䆶 41B6	䆷 41B7	䆸 41B8	䆹 41B9	䆺 41BA	䆻 41BB	䆼 41BC
D3	䆽 41BD	䆾 41BE	䆿 41BF	䇀 41C0	䇁 41C1	䇂 41C2	䇃 41C3	䇄 41C4	䇅 41C5	䇆 41C6
D4	䇇 41C7	䇈 41C8	䇉 41C9	䇊 41CA	䇋 41CB	䇌 41CC	䇍 41CD	䇎 41CE	䇏 41CF	䇐 41D0

8232

	30	31	32	33	34	35	36	37	38	39
D5	䇑 41D1	䇒 41D2	䇓 41D3	䇔 41D4	䇕 41D5	䇖 41D6	䇗 41D7	䇘 41D8	䇙 41D9	䇚 41DA
D6	䇛 41DB	䇜 41DC	䇝 41DD	䇞 41DE	䇟 41DF	䇠 41E0	䇡 41E1	䇢 41E2	䇣 41E3	䇤 41E4
D7	䇥 41E5	䇦 41E6	䇧 41E7	䇨 41E8	䇩 41E9	䇪 41EA	䇫 41EB	䇬 41EC	䇭 41ED	䇮 41EE
D8	䇯 41EF	䇰 41F0	䇱 41F1	䇲 41F2	䇳 41F3	䇴 41F4	䇵 41F5	䇶 41F6	䇷 41F7	䇸 41F8
D9	䇹 41F9	䇺 41FA	䇻 41FB	䇼 41FC	䇽 41FD	䇾 41FE	䇿 41FF	䈀 4200	䈁 4201	䈂 4202
DA	䈃 4203	䈄 4204	䈅 4205	䈆 4206	䈇 4207	䈈 4208	䈉 4209	䈊 420A	䈋 420B	䈌 420C
DB	䈍 420D	䈎 420E	䈏 420F	䈐 4210	䈑 4211	䈒 4212	䈓 4213	䈔 4214	䈕 4215	䈖 4216
DC	䈗 4217	䈘 4218	䈙 4219	䈚 421A	䈛 421B	䈜 421C	䈝 421D	䈞 421E	䈟 421F	䈠 4220
DD	䈡 4221	䈢 4222	䈣 4223	䈤 4224	䈥 4225	䈦 4226	䈧 4227	䈨 4228	䈩 4229	䈪 422A
DE	䈫 422B	䈬 422C	䈭 422D	䈮 422E	䈯 422F	䈰 4230	䈱 4231	䈲 4232	䈳 4233	䈴 4234
DF	䈵 4235	䈶 4236	䈷 4237	䈸 4238	䈹 4239	䈺 423A	䈻 423B	䈼 423C	䈽 423D	䈾 423E
E0	䈿 423F	䉀 4240	䉁 4241	䉂 4242	䉃 4243	䉄 4244	䉅 4245	䉆 4246	䉇 4247	䉈 4248
E1	䉉 4249	䉊 424A	䉋 424B	䉌 424C	䉍 424D	䉎 424E	䉏 424F	䉐 4250	䉑 4251	䉒 4252
E2	䉓 4253	䉔 4254	䉕 4255	䉖 4256	䉗 4257	䉘 4258	䉙 4259	䉚 425A	䉛 425B	䉜 425C
E3	䉝 425D	䉞 425E	䉟 425F	䉠 4260	䉡 4261	䉢 4262	䉣 4263	䉤 4264	䉥 4265	䉦 4266
E4	䉧 4267	䉨 4268	䉩 4269	䉪 426A	䉫 426B	䉬 426C	䉭 426D	䉮 426E	䉯 426F	䉰 4270
E5	䉱 4271	䉲 4272	䉳 4273	䉴 4274	䉵 4275	䉶 4276	䉷 4277	䉸 4278	䉹 4279	䉺 427A
E6	䉻 427B	䉼 427C	䉽 427D	䉾 427E	䉿 427F	䊀 4280	䊁 4281	䊂 4282	䊃 4283	䊄 4284
E7	䊅 4285	䊆 4286	䊇 4287	䊈 4288	䊉 4289	䊊 428A	䊋 428B	䊌 428C	䊍 428D	䊎 428E
E8	䊏 428F	䊐 4290	䊑 4291	䊒 4292	䊓 4293	䊔 4294	䊕 4295	䊖 4296	䊗 4297	䊘 4298
E9	䊙 4299	䊚 429A	䊛 429B	䊜 429C	䊝 429D	䊞 429E	䊟 429F	䊠 42A0	䊡 42A1	䊢 42A2

8232

	30	31	32	33	34	35	36	37	38	39
EA	䊣 42A3	䊤 42A4	䊥 42A5	䊦 42A6	䊧 42A7	䊨 42A8	䊩 42A9	䊪 42AA	䊫 42AB	䊬 42AC
EB	䊭 42AD	䊮 42AE	䊯 42AF	䊰 42B0	䊱 42B1	䊲 42B2	䊳 42B3	䊴 42B4	䊵 42B5	䊶 42B6
EC	䊷 42B7	䊸 42B8	䊹 42B9	䊺 42BA	䊻 42BB	䊼 42BC	䊽 42BD	䊾 42BE	䊿 42BF	䋀 42C0
ED	䋁 42C1	䋂 42C2	䋃 42C3	䋄 42C4	䋅 42C5	䋆 42C6	䋇 42C7	䋈 42C8	䋉 42C9	䋊 42CA
EE	䋋 42CB	䋌 42CC	䋍 42CD	䋎 42CE	䋏 42CF	䋐 42D0	䋑 42D1	䋒 42D2	䋓 42D3	䋔 42D4
EF	䋕 42D5	䋖 42D6	䋗 42D7	䋘 42D8	䋙 42D9	䋚 42DA	䋛 42DB	䋜 42DC	䋝 42DD	䋞 42DE
F0	䋟 42DF	䋠 42E0	䋡 42E1	䋢 42E2	䋣 42E3	䋤 42E4	䋥 42E5	䋦 42E6	䋧 42E7	䋨 42E8
F1	䋩 42E9	䋪 42EA	䋫 42EB	䋬 42EC	䋭 42ED	䋮 42EE	䋯 42EF	䋰 42F0	䋱 42F1	䋲 42F2
F2	䋳 42F3	䋴 42F4	䋵 42F5	䋶 42F6	䋷 42F7	䋸 42F8	䋹 42F9	䋺 42FA	䋻 42FB	䋼 42FC
F3	䋽 42FD	䋾 42FE	䋿 42FF	䌀 4300	䌁 4301	䌂 4302	䌃 4303	䌄 4304	䌅 4305	䌆 4306
F4	䌇 4307	䌈 4308	䌉 4309	䌊 430A	䌋 430B	䌌 430C	䌍 430D	䌎 430E	䌏 430F	䌐 4310
F5	䌑 4311	䌒 4312	䌓 4313	䌔 4314	䌕 4315	䌖 4316	䌗 4317	䌘 4318	䌙 4319	䌚 431A
F6	䌛 431B	䌜 431C	䌝 431D	䌞 431E	䌟 431F	䌠 4320	䌡 4321	䌢 4322	䌣 4323	䌤 4324
F7	䌥 4325	䌦 4326	䌧 4327	䌨 4328	䌩 4329	䌪 432A	䌫 432B	䌬 432C	䌭 432D	䌮 432E
F8	䌯 432F	䌰 4330	䌱 4331	䌲 4332	䌳 4333	䌴 4334	䌵 4335	䌶 4336	䌸 4338	䌹 4339
F9	䌺 433A	䌻 433B	䌼 433C	䌽 433D	䌾 433E	䌿 433F	䍀 4340	䍁 4341	䍂 4342	䍃 4343
FA	䍄 4344	䍅 4345	䍆 4346	䍇 4347	䍈 4348	䍉 4349	䍊 434A	䍋 434B	䍌 434C	䍍 434D
FB	䍎 434E	䍏 434F	䍐 4350	䍑 4351	䍒 4352	䍓 4353	䍔 4354	䍕 4355	䍖 4356	䍗 4357
FC	䍘 4358	䍙 4359	䍚 435A	䍛 435B	䍜 435C	䍝 435D	䍞 435E	䍟 435F	䍠 4360	䍡 4361
FD	䍢 4362	䍣 4363	䍤 4364	䍥 4365	䍦 4366	䍧 4367	䍨 4368	䍩 4369	䍪 436A	䍫 436B
FE	䍬 436C	䍭 436D	䍮 436E	䍯 436F	䍰 4370	䍱 4371	䍲 4372	䍳 4373	䍴 4374	䍵 4375

8233

	30	31	32	33	34	35	36	37	38	39
81	䍶 4376	䍷 4377	䍸 4378	䍹 4379	䍺 437A	䍻 437B	䍼 437C	䍽 437D	䍾 437E	䍿 437F
82	䎀 4380	䎁 4381	䎂 4382	䎃 4383	䎄 4384	䎅 4385	䎆 4386	䎇 4387	䎈 4388	䎉 4389
83	䎊 438A	䎋 438B	䎌 438C	䎍 438D	䎎 438E	䎏 438F	䎐 4390	䎑 4391	䎒 4392	䎓 4393
84	䎔 4394	䎕 4395	䎖 4396	䎗 4397	䎘 4398	䎙 4399	䎚 439A	䎛 439B	䎜 439C	䎝 439D
85	䎞 439E	䎟 439F	䎠 43A0	䎡 43A1	䎢 43A2	䎣 43A3	䎤 43A4	䎥 43A5	䎦 43A6	䎧 43A7
86	䎨 43A8	䎩 43A9	䎪 43AA	䎫 43AB	䎭 43AD	䎮 43AE	䎯 43AF	䎰 43B0	䎲 43B2	䎳 43B3
87	䎴 43B4	䎵 43B5	䎶 43B6	䎷 43B7	䎸 43B8	䎹 43B9	䎺 43BA	䎻 43BB	䎼 43BC	䎽 43BD
88	䎾 43BE	䎿 43BF	䏀 43C0	䏁 43C1	䏂 43C2	䏃 43C3	䏄 43C4	䏅 43C5	䏆 43C6	䏇 43C7
89	䏈 43C8	䏉 43C9	䏊 43CA	䏋 43CB	䏌 43CC	䏍 43CD	䏎 43CE	䏏 43CF	䏐 43D0	䏑 43D1
8A	䏒 43D2	䏓 43D3	䏔 43D4	䏕 43D5	䏖 43D6	䏗 43D7	䏘 43D8	䏙 43D9	䏚 43DA	䏛 43DB
8B	䏜 43DC	䏞 43DE	䏟 43DF	䏠 43E0	䏡 43E1	䏢 43E2	䏣 43E3	䏤 43E4	䏥 43E5	䏦 43E6
8C	䏧 43E7	䏨 43E8	䏩 43E9	䏪 43EA	䏫 43EB	䏬 43EC	䏭 43ED	䏮 43EE	䏯 43EF	䏰 43F0
8D	䏱 43F1	䏲 43F2	䏳 43F3	䏴 43F4	䏵 43F5	䏶 43F6	䏷 43F7	䏸 43F8	䏹 43F9	䏺 43FA
8E	䏻 43FB	䏼 43FC	䏽 43FD	䏾 43FE	䏿 43FF	䐀 4400	䐁 4401	䐂 4402	䐃 4403	䐄 4404
8F	䐅 4405	䐆 4406	䐇 4407	䐈 4408	䐉 4409	䐊 440A	䐋 440B	䐌 440C	䐍 440D	䐎 440E
90	䐏 440F	䐐 4410	䐑 4411	䐒 4412	䐓 4413	䐔 4414	䐕 4415	䐖 4416	䐗 4417	䐘 4418
91	䐙 4419	䐚 441A	䐛 441B	䐜 441C	䐝 441D	䐞 441E	䐟 441F	䐠 4420	䐡 4421	䐢 4422
92	䐣 4423	䐤 4424	䐥 4425	䐦 4426	䐧 4427	䐨 4428	䐩 4429	䐪 442A	䐫 442B	䐬 442C
93	䐭 442D	䐮 442E	䐯 442F	䐰 4430	䐱 4431	䐲 4432	䐳 4433	䐴 4434	䐵 4435	䐶 4436
94	䐷 4437	䐸 4438	䐹 4439	䐺 443A	䐻 443B	䐼 443C	䐽 443D	䐾 443E	䐿 443F	䑀 4440
95	䑁 4441	䑂 4442	䑃 4443	䑄 4444	䑅 4445	䑆 4446	䑇 4447	䑈 4448	䑉 4449	䑊 444A

8233

	30	31	32	33	34	35	36	37	38	39
96	䑋 444B	䑌 444C	䑍 444D	䑎 444E	䑏 444F	䑐 4450	䑑 4451	䑒 4452	䑓 4453	䑔 4454
97	䑕 4455	䑖 4456	䑗 4457	䑘 4458	䑙 4459	䑚 445A	䑛 445B	䑜 445C	䑝 445D	䑞 445E
98	䑟 445F	䑠 4460	䑡 4461	䑢 4462	䑣 4463	䑤 4464	䑥 4465	䑦 4466	䑧 4467	䑨 4468
99	䑩 4469	䑪 446A	䑫 446B	䑬 446C	䑭 446D	䑮 446E	䑯 446F	䑰 4470	䑱 4471	䑲 4472
9A	䑳 4473	䑴 4474	䑵 4475	䑶 4476	䑷 4477	䑸 4478	䑹 4479	䑺 447A	䑻 447B	䑼 447C
9B	䑽 447D	䑾 447E	䑿 447F	䒀 4480	䒁 4481	䒂 4482	䒃 4483	䒄 4484	䒅 4485	䒆 4486
9C	䒇 4487	䒈 4488	䒉 4489	䒊 448A	䒋 448B	䒌 448C	䒍 448D	䒎 448E	䒏 448F	䒐 4490
9D	䒑 4491	䒒 4492	䒓 4493	䒔 4494	䒕 4495	䒖 4496	䒗 4497	䒘 4498	䒙 4499	䒚 449A
9E	䒛 449B	䒜 449C	䒝 449D	䒞 449E	䒟 449F	䒠 44A0	䒡 44A1	䒢 44A2	䒣 44A3	䒤 44A4
9F	䒥 44A5	䒦 44A6	䒧 44A7	䒨 44A8	䒩 44A9	䒪 44AA	䒫 44AB	䒬 44AC	䒭 44AD	䒮 44AE
A0	䒯 44AF	䒰 44B0	䒱 44B1	䒲 44B2	䒳 44B3	䒴 44B4	䒵 44B5	䒶 44B6	䒷 44B7	䒸 44B8
A1	䒹 44B9	䒺 44BA	䒻 44BB	䒼 44BC	䒽 44BD	䒾 44BE	䒿 44BF	䓀 44C0	䓁 44C1	䓂 44C2
A2	䓃 44C3	䓄 44C4	䓅 44C5	䓆 44C6	䓇 44C7	䓈 44C8	䓉 44C9	䓊 44CA	䓋 44CB	䓌 44CC
A3	䓍 44CD	䓎 44CE	䓏 44CF	䓐 44D0	䓑 44D1	䓒 44D2	䓓 44D3	䓔 44D4	䓕 44D5	䓗 44D7
A4	䓘 44D8	䓙 44D9	䓚 44DA	䓛 44DB	䓜 44DC	䓝 44DD	䓞 44DE	䓟 44DF	䓠 44E0	䓡 44E1
A5	䓢 44E2	䓣 44E3	䓤 44E4	䓥 44E5	䓦 44E6	䓧 44E7	䓨 44E8	䓩 44E9	䓪 44EA	䓫 44EB
A6	䓬 44EC	䓭 44ED	䓮 44EE	䓯 44EF	䓰 44F0	䓱 44F1	䓲 44F2	䓳 44F3	䓴 44F4	䓵 44F5
A7	䓶 44F6	䓷 44F7	䓸 44F8	䓹 44F9	䓺 44FA	䓻 44FB	䓼 44FC	䓽 44FD	䓾 44FE	䓿 44FF
A8	䔀 4500	䔁 4501	䔂 4502	䔃 4503	䔄 4504	䔅 4505	䔆 4506	䔇 4507	䔈 4508	䔉 4509
A9	䔊 450A	䔋 450B	䔌 450C	䔍 450D	䔎 450E	䔏 450F	䔐 4510	䔑 4511	䔒 4512	䔓 4513
AA	䔔 4514	䔕 4515	䔖 4516	䔗 4517	䔘 4518	䔙 4519	䔚 451A	䔛 451B	䔜 451C	䔝 451D

8233

	30	31	32	33	34	35	36	37	38	39
AB	䔞 451E	䔟 451F	䔠 4520	䔡 4521	䔢 4522	䔣 4523	䔤 4524	䔥 4525	䔦 4526	䔧 4527
AC	䔨 4528	䔩 4529	䔪 452A	䔫 452B	䔬 452C	䔭 452D	䔮 452E	䔯 452F	䔰 4530	䔱 4531
AD	䔲 4532	䔳 4533	䔴 4534	䔵 4535	䔶 4536	䔷 4537	䔸 4538	䔹 4539	䔺 453A	䔻 453B
AE	䔼 453C	䔽 453D	䔾 453E	䔿 453F	䕀 4540	䕁 4541	䕂 4542	䕃 4543	䕄 4544	䕅 4545
AF	䕆 4546	䕇 4547	䕈 4548	䕉 4549	䕊 454A	䕋 454B	䕌 454C	䕍 454D	䕎 454E	䕏 454F
B0	䕐 4550	䕑 4551	䕒 4552	䕓 4553	䕔 4554	䕕 4555	䕖 4556	䕗 4557	䕘 4558	䕙 4559
B1	䕚 455A	䕛 455B	䕜 455C	䕝 455D	䕞 455E	䕟 455F	䕠 4560	䕡 4561	䕢 4562	䕣 4563
B2	䕤 4564	䕥 4565	䕦 4566	䕧 4567	䕨 4568	䕩 4569	䕪 456A	䕫 456B	䕬 456C	䕭 456D
B3	䕮 456E	䕯 456F	䕰 4570	䕱 4571	䕲 4572	䕳 4573	䕴 4574	䕵 4575	䕶 4576	䕷 4577
B4	䕸 4578	䕹 4579	䕺 457A	䕻 457B	䕼 457C	䕽 457D	䕾 457E	䕿 457F	䖀 4580	䖁 4581
B5	䖂 4582	䖃 4583	䖄 4584	䖅 4585	䖆 4586	䖇 4587	䖈 4588	䖉 4589	䖊 458A	䖋 458B
B6	䖌 458C	䖍 458D	䖎 458E	䖏 458F	䖐 4590	䖑 4591	䖒 4592	䖓 4593	䖔 4594	䖕 4595
B7	䖖 4596	䖗 4597	䖘 4598	䖙 4599	䖚 459A	䖛 459B	䖜 459C	䖝 459D	䖞 459E	䖟 459F
B8	䖠 45A0	䖡 45A1	䖢 45A2	䖣 45A3	䖤 45A4	䖥 45A5	䖦 45A6	䖧 45A7	䖨 45A8	䖩 45A9
B9	䖪 45AA	䖫 45AB	䖬 45AC	䖭 45AD	䖮 45AE	䖯 45AF	䖰 45B0	䖱 45B1	䖲 45B2	䖳 45B3
BA	䖴 45B4	䖵 45B5	䖶 45B6	䖷 45B7	䖸 45B8	䖹 45B9	䖺 45BA	䖻 45BB	䖼 45BC	䖽 45BD
BB	䖾 45BE	䖿 45BF	䗀 45C0	䗁 45C1	䗂 45C2	䗃 45C3	䗄 45C4	䗅 45C5	䗆 45C6	䗇 45C7
BC	䗈 45C8	䗉 45C9	䗊 45CA	䗋 45CB	䗌 45CC	䗍 45CD	䗎 45CE	䗏 45CF	䗐 45D0	䗑 45D1
BD	䗒 45D2	䗓 45D3	䗔 45D4	䗕 45D5	䗖 45D6	䗗 45D7	䗘 45D8	䗙 45D9	䗚 45DA	䗛 45DB
BE	䗜 45DC	䗝 45DD	䗞 45DE	䗟 45DF	䗠 45E0	䗡 45E1	䗢 45E2	䗣 45E3	䗤 45E4	䗥 45E5
BF	䗦 45E6	䗧 45E7	䗨 45E8	䗩 45E9	䗪 45EA	䗫 45EB	䗬 45EC	䗭 45ED	䗮 45EE	䗯 45EF

8233

	30	31	32	33	34	35	36	37	38	39
C0	䗰 45F0	䗱 45F1	䗲 45F2	䗳 45F3	䗴 45F4	䗵 45F5	䗶 45F6	䗷 45F7	䗸 45F8	䗹 45F9
C1	䗺 45FA	䗻 45FB	䗼 45FC	䗽 45FD	䗾 45FE	䗿 45FF	䘀 4600	䘁 4601	䘂 4602	䘃 4603
C2	䘄 4604	䘅 4605	䘆 4606	䘇 4607	䘈 4608	䘉 4609	䘊 460A	䘋 460B	䘌 460C	䘍 460D
C3	䘎 460E	䘏 460F	䘐 4610	䘑 4611	䘒 4612	䘓 4613	䘔 4614	䘕 4615	䘖 4616	䘗 4617
C4	䘘 4618	䘙 4619	䘚 461A	䘛 461B	䘜 461C	䘝 461D	䘞 461E	䘟 461F	䘠 4620	䘡 4621
C5	䘢 4622	䘣 4623	䘤 4624	䘥 4625	䘦 4626	䘧 4627	䘨 4628	䘩 4629	䘪 462A	䘫 462B
C6	䘬 462C	䘭 462D	䘮 462E	䘯 462F	䘰 4630	䘱 4631	䘲 4632	䘳 4633	䘴 4634	䘵 4635
C7	䘶 4636	䘷 4637	䘸 4638	䘹 4639	䘺 463A	䘻 463B	䘼 463C	䘽 463D	䘾 463E	䘿 463F
C8	䙀 4640	䙁 4641	䙂 4642	䙃 4643	䙄 4644	䙅 4645	䙆 4646	䙇 4647	䙈 4648	䙉 4649
C9	䙊 464A	䙋 464B	䙍 464D	䙎 464E	䙏 464F	䙐 4650	䙑 4651	䙒 4652	䙓 4653	䙔 4654
CA	䙕 4655	䙖 4656	䙗 4657	䙘 4658	䙙 4659	䙚 465A	䙛 465B	䙜 465C	䙝 465D	䙞 465E
CB	䙟 465F	䙠 4660	䙢 4662	䙣 4663	䙤 4664	䙥 4665	䙦 4666	䙧 4667	䙨 4668	䙩 4669
CC	䙪 466A	䙫 466B	䙬 466C	䙭 466D	䙮 466E	䙯 466F	䙰 4670	䙱 4671	䙲 4672	䙳 4673
CD	䙴 4674	䙵 4675	䙶 4676	䙷 4677	䙸 4678	䙹 4679	䙺 467A	䙻 467B	䙼 467C	䙽 467D
CE	䙾 467E	䙿 467F	䚀 4680	䚁 4681	䚂 4682	䚃 4683	䚄 4684	䚅 4685	䚆 4686	䚇 4687
CF	䚈 4688	䚉 4689	䚊 468A	䚋 468B	䚌 468C	䚍 468D	䚎 468E	䚏 468F	䚐 4690	䚑 4691
D0	䚒 4692	䚓 4693	䚔 4694	䚕 4695	䚖 4696	䚗 4697	䚘 4698	䚙 4699	䚚 469A	䚛 469B
D1	䚜 469C	䚝 469D	䚞 469E	䚟 469F	䚠 46A0	䚡 46A1	䚢 46A2	䚣 46A3	䚤 46A4	䚥 46A5
D2	䚦 46A6	䚧 46A7	䚨 46A8	䚩 46A9	䚪 46AA	䚫 46AB	䚬 46AC	䚭 46AD	䚮 46AE	䚯 46AF
D3	䚰 46B0	䚱 46B1	䚲 46B2	䚳 46B3	䚴 46B4	䚵 46B5	䚶 46B6	䚷 46B7	䚸 46B8	䚹 46B9
D4	䚺 46BA	䚻 46BB	䚼 46BC	䚽 46BD	䚾 46BE	䚿 46BF	䛀 46C0	䛁 46C1	䛂 46C2	䛃 46C3

8233

	30	31	32	33	34	35	36	37	38	39
D5	䛄 46C4	䛅 46C5	䛆 46C6	䛇 46C7	䛈 46C8	䛉 46C9	䛊 46CA	䛋 46CB	䛌 46CC	䛍 46CD
D6	䛎 46CE	䛏 46CF	䛐 46D0	䛑 46D1	䛒 46D2	䛓 46D3	䛔 46D4	䛕 46D5	䛖 46D6	䛗 46D7
D7	䛘 46D8	䛙 46D9	䛚 46DA	䛛 46DB	䛜 46DC	䛝 46DD	䛞 46DE	䛟 46DF	䛠 46E0	䛡 46E1
D8	䛢 46E2	䛣 46E3	䛤 46E4	䛥 46E5	䛦 46E6	䛧 46E7	䛨 46E8	䛩 46E9	䛪 46EA	䛫 46EB
D9	䛬 46EC	䛭 46ED	䛮 46EE	䛯 46EF	䛰 46F0	䛱 46F1	䛲 46F2	䛳 46F3	䛴 46F4	䛵 46F5
DA	䛶 46F6	䛷 46F7	䛸 46F8	䛹 46F9	䛺 46FA	䛻 46FB	䛼 46FC	䛽 46FD	䛾 46FE	䛿 46FF
DB	䜀 4700	䜁 4701	䜂 4702	䜃 4703	䜄 4704	䜅 4705	䜆 4706	䜇 4707	䜈 4708	䜉 4709
DC	䜊 470A	䜋 470B	䜌 470C	䜍 470D	䜎 470E	䜏 470F	䜐 4710	䜑 4711	䜒 4712	䜓 4713
DD	䜔 4714	䜕 4715	䜖 4716	䜗 4717	䜘 4718	䜙 4719	䜚 471A	䜛 471B	䜜 471C	䜝 471D
DE	䜞 471E	䜟 471F	䜠 4720	䜡 4721	䜢 4722	䜤 4724	䜥 4725	䜦 4726	䜧 4727	䜨 4728
DF	䜪 472A	䜫 472B	䜬 472C	䜭 472D	䜮 472E	䜯 472F	䜰 4730	䜱 4731	䜲 4732	䜳 4733
E0	䜴 4734	䜵 4735	䜶 4736	䜷 4737	䜸 4738	䜹 4739	䜺 473A	䜻 473B	䜼 473C	䜽 473D
E1	䜾 473E	䜿 473F	䝀 4740	䝁 4741	䝂 4742	䝃 4743	䝄 4744	䝅 4745	䝆 4746	䝇 4747
E2	䝈 4748	䝉 4749	䝊 474A	䝋 474B	䝌 474C	䝍 474D	䝎 474E	䝏 474F	䝐 4750	䝑 4751
E3	䝒 4752	䝓 4753	䝔 4754	䝕 4755	䝖 4756	䝗 4757	䝘 4758	䝙 4759	䝚 475A	䝛 475B
E4	䝜 475C	䝝 475D	䝞 475E	䝟 475F	䝠 4760	䝡 4761	䝢 4762	䝣 4763	䝤 4764	䝥 4765
E5	䝦 4766	䝧 4767	䝨 4768	䝩 4769	䝪 476A	䝫 476B	䝬 476C	䝭 476D	䝮 476E	䝯 476F
E6	䝰 4770	䝱 4771	䝲 4772	䝳 4773	䝴 4774	䝵 4775	䝶 4776	䝷 4777	䝸 4778	䝹 4779
E7	䝺 477A	䝻 477B	䝽 477D	䝾 477E	䝿 477F	䞀 4780	䞁 4781	䞂 4782	䞃 4783	䞄 4784
E8	䞅 4785	䞆 4786	䞇 4787	䞈 4788	䞉 4789	䞊 478A	䞋 478B	䞌 478C	䞎 478E	䞏 478F
E9	䞐 4790	䞑 4791	䞒 4792	䞓 4793	䞔 4794	䞕 4795	䞖 4796	䞗 4797	䞘 4798	䞙 4799

8233

	30	31	32	33	34	35	36	37	38	39
EA	䞚 479A	䞛 479B	䞜 479C	䞝 479D	䞞 479E	䞟 479F	䞠 47A0	䞡 47A1	䞢 47A2	䞣 47A3
EB	䞤 47A4	䞥 47A5	䞦 47A6	䞧 47A7	䞨 47A8	䞩 47A9	䞪 47AA	䞫 47AB	䞬 47AC	䞭 47AD
EC	䞮 47AE	䞯 47AF	䞰 47B0	䞱 47B1	䞲 47B2	䞳 47B3	䞴 47B4	䞵 47B5	䞶 47B6	䞷 47B7
ED	䞸 47B8	䞹 47B9	䞺 47BA	䞻 47BB	䞼 47BC	䞽 47BD	䞾 47BE	䞿 47BF	䟀 47C0	䟁 47C1
EE	䟂 47C2	䟃 47C3	䟄 47C4	䟅 47C5	䟆 47C6	䟇 47C7	䟈 47C8	䟉 47C9	䟊 47CA	䟋 47CB
EF	䟌 47CC	䟍 47CD	䟎 47CE	䟏 47CF	䟐 47D0	䟑 47D1	䟒 47D2	䟓 47D3	䟔 47D4	䟕 47D5
F0	䟖 47D6	䟗 47D7	䟘 47D8	䟙 47D9	䟚 47DA	䟛 47DB	䟜 47DC	䟝 47DD	䟞 47DE	䟟 47DF
F1	䟠 47E0	䟡 47E1	䟢 47E2	䟣 47E3	䟤 47E4	䟥 47E5	䟦 47E6	䟧 47E7	䟨 47E8	䟩 47E9
F2	䟪 47EA	䟫 47EB	䟬 47EC	䟭 47ED	䟮 47EE	䟯 47EF	䟰 47F0	䟱 47F1	䟲 47F2	䟳 47F3
F3	䟴 47F4	䟵 47F5	䟶 47F6	䟷 47F7	䟸 47F8	䟹 47F9	䟺 47FA	䟻 47FB	䟼 47FC	䟽 47FD
F4	䟾 47FE	䟿 47FF	䠀 4800	䠁 4801	䠂 4802	䠃 4803	䠄 4804	䠅 4805	䠆 4806	䠇 4807
F5	䠈 4808	䠉 4809	䠊 480A	䠋 480B	䠌 480C	䠍 480D	䠎 480E	䠏 480F	䠐 4810	䠑 4811
F6	䠒 4812	䠓 4813	䠔 4814	䠕 4815	䠖 4816	䠗 4817	䠘 4818	䠙 4819	䠚 481A	䠛 481B
F7	䠜 481C	䠝 481D	䠞 481E	䠟 481F	䠠 4820	䠡 4821	䠢 4822	䠣 4823	䠤 4824	䠥 4825
F8	䠦 4826	䠧 4827	䠨 4828	䠩 4829	䠪 482A	䠫 482B	䠬 482C	䠭 482D	䠮 482E	䠯 482F
F9	䠰 4830	䠱 4831	䠲 4832	䠳 4833	䠴 4834	䠵 4835	䠶 4836	䠷 4837	䠸 4838	䠹 4839
FA	䠺 483A	䠻 483B	䠼 483C	䠽 483D	䠾 483E	䠿 483F	䡀 4840	䡁 4841	䡂 4842	䡃 4843
FB	䡄 4844	䡅 4845	䡆 4846	䡇 4847	䡈 4848	䡉 4849	䡊 484A	䡋 484B	䡌 484C	䡍 484D
FC	䡎 484E	䡏 484F	䡐 4850	䡑 4851	䡒 4852	䡓 4853	䡔 4854	䡕 4855	䡖 4856	䡗 4857
FD	䡘 4858	䡙 4859	䡚 485A	䡛 485B	䡜 485C	䡝 485D	䡞 485E	䡟 485F	䡠 4860	䡡 4861
FE	䡢 4862	䡣 4863	䡤 4864	䡥 4865	䡦 4866	䡧 4867	䡨 4868	䡩 4869	䡪 486A	䡫 486B

8234

	30	31	32	33	34	35	36	37	38	39
81	䡬 486C	䡭 486D	䡮 486E	䡯 486F	䡰 4870	䡱 4871	䡲 4872	䡳 4873	䡴 4874	䡵 4875
82	䡶 4876	䡷 4877	䡸 4878	䡹 4879	䡺 487A	䡻 487B	䡼 487C	䡽 487D	䡾 487E	䡿 487F
83	䢀 4880	䢁 4881	䢂 4882	䢃 4883	䢄 4884	䢅 4885	䢆 4886	䢇 4887	䢈 4888	䢉 4889
84	䢊 488A	䢋 488B	䢌 488C	䢍 488D	䢎 488E	䢏 488F	䢐 4890	䢑 4891	䢒 4892	䢓 4893
85	䢔 4894	䢕 4895	䢖 4896	䢗 4897	䢘 4898	䢙 4899	䢚 489A	䢛 489B	䢜 489C	䢝 489D
86	䢞 489E	䢟 489F	䢠 48A0	䢡 48A1	䢢 48A2	䢣 48A3	䢤 48A4	䢥 48A5	䢦 48A6	䢧 48A7
87	䢨 48A8	䢩 48A9	䢪 48AA	䢫 48AB	䢬 48AC	䢭 48AD	䢮 48AE	䢯 48AF	䢰 48B0	䢱 48B1
88	䢲 48B2	䢳 48B3	䢴 48B4	䢵 48B5	䢶 48B6	䢷 48B7	䢸 48B8	䢹 48B9	䢺 48BA	䢻 48BB
89	䢼 48BC	䢽 48BD	䢾 48BE	䢿 48BF	䣀 48C0	䣁 48C1	䣂 48C2	䣃 48C3	䣄 48C4	䣅 48C5
8A	䣆 48C6	䣇 48C7	䣈 48C8	䣉 48C9	䣊 48CA	䣋 48CB	䣌 48CC	䣍 48CD	䣎 48CE	䣏 48CF
8B	䣐 48D0	䣑 48D1	䣒 48D2	䣓 48D3	䣔 48D4	䣕 48D5	䣖 48D6	䣗 48D7	䣘 48D8	䣙 48D9
8C	䣚 48DA	䣛 48DB	䣜 48DC	䣝 48DD	䣞 48DE	䣟 48DF	䣠 48E0	䣡 48E1	䣢 48E2	䣣 48E3
8D	䣤 48E4	䣥 48E5	䣦 48E6	䣧 48E7	䣨 48E8	䣩 48E9	䣪 48EA	䣫 48EB	䣬 48EC	䣭 48ED
8E	䣮 48EE	䣯 48EF	䣰 48F0	䣱 48F1	䣲 48F2	䣳 48F3	䣴 48F4	䣵 48F5	䣶 48F6	䣷 48F7
8F	䣸 48F8	䣹 48F9	䣺 48FA	䣻 48FB	䣼 48FC	䣽 48FD	䣾 48FE	䣿 48FF	䤀 4900	䤁 4901
90	䤂 4902	䤃 4903	䤄 4904	䤅 4905	䤆 4906	䤇 4907	䤈 4908	䤉 4909	䤊 490A	䤋 490B
91	䤌 490C	䤍 490D	䤎 490E	䤏 490F	䤐 4910	䤑 4911	䤒 4912	䤓 4913	䤔 4914	䤕 4915
92	䤖 4916	䤗 4917	䤘 4918	䤙 4919	䤚 491A	䤛 491B	䤜 491C	䤝 491D	䤞 491E	䤟 491F
93	䤠 4920	䤡 4921	䤢 4922	䤣 4923	䤤 4924	䤥 4925	䤦 4926	䤧 4927	䤨 4928	䤩 4929
94	䤪 492A	䤫 492B	䤬 492C	䤭 492D	䤮 492E	䤯 492F	䤰 4930	䤱 4931	䤲 4932	䤳 4933
95	䤴 4934	䤵 4935	䤶 4936	䤷 4937	䤸 4938	䤹 4939	䤺 493A	䤻 493B	䤼 493C	䤽 493D

8234

	30	31	32	33	34	35	36	37	38	39
96	䤾 493E	䤿 493F	䥀 4940	䥁 4941	䥂 4942	䥃 4943	䥄 4944	䥅 4945	䥆 4946	䥈 4948
97	䥉 4949	䥊 494A	䥋 494B	䥌 494C	䥍 494D	䥎 494E	䥏 494F	䥐 4950	䥑 4951	䥒 4952
98	䥓 4953	䥔 4954	䥕 4955	䥖 4956	䥗 4957	䥘 4958	䥙 4959	䥚 495A	䥛 495B	䥜 495C
99	䥝 495D	䥞 495E	䥟 495F	䥠 4960	䥡 4961	䥢 4962	䥣 4963	䥤 4964	䥥 4965	䥦 4966
9A	䥧 4967	䥨 4968	䥩 4969	䥪 496A	䥫 496B	䥬 496C	䥭 496D	䥮 496E	䥯 496F	䥰 4970
9B	䥱 4971	䥲 4972	䥳 4973	䥴 4974	䥵 4975	䥶 4976	䥷 4977	䥸 4978	䥹 4979	䥻 497B
9C	䥼 497C	䥾 497E	䥿 497F	䦀 4980	䦁 4981	䦄 4984	䦇 4987	䦈 4988	䦉 4989	䦊 498A
9D	䦋 498B	䦌 498C	䦍 498D	䦎 498E	䦏 498F	䦐 4990	䦑 4991	䦒 4992	䦓 4993	䦔 4994
9E	䦕 4995	䦖 4996	䦗 4997	䦘 4998	䦙 4999	䦚 499A	䦜 499C	䦝 499D	䦞 499E	䦠 49A0
9F	䦡 49A1	䦢 49A2	䦣 49A3	䦤 49A4	䦥 49A5	䦦 49A6	䦧 49A7	䦨 49A8	䦩 49A9	䦪 49AA
A0	䦫 49AB	䦬 49AC	䦭 49AD	䦮 49AE	䦯 49AF	䦰 49B0	䦱 49B1	䦲 49B2	䦳 49B3	䦴 49B4
A1	䦵 49B5	䦸 49B8	䦹 49B9	䦺 49BA	䦻 49BB	䦼 49BC	䦽 49BD	䦾 49BE	䦿 49BF	䧀 49C0
A2	䧁 49C1	䧂 49C2	䧃 49C3	䧄 49C4	䧅 49C5	䧆 49C6	䧇 49C7	䧈 49C8	䧉 49C9	䧊 49CA
A3	䧋 49CB	䧌 49CC	䧍 49CD	䧎 49CE	䧏 49CF	䧐 49D0	䧑 49D1	䧒 49D2	䧓 49D3	䧔 49D4
A4	䧕 49D5	䧖 49D6	䧗 49D7	䧘 49D8	䧙 49D9	䧚 49DA	䧛 49DB	䧜 49DC	䧝 49DD	䧞 49DE
A5	䧟 49DF	䧠 49E0	䧡 49E1	䧢 49E2	䧣 49E3	䧤 49E4	䧥 49E5	䧦 49E6	䧧 49E7	䧨 49E8
A6	䧩 49E9	䧪 49EA	䧫 49EB	䧬 49EC	䧭 49ED	䧮 49EE	䧯 49EF	䧰 49F0	䧱 49F1	䧲 49F2
A7	䧳 49F3	䧴 49F4	䧵 49F5	䧶 49F6	䧷 49F7	䧸 49F8	䧹 49F9	䧺 49FA	䧻 49FB	䧼 49FC
A8	䧽 49FD	䧾 49FE	䧿 49FF	䨀 4A00	䨁 4A01	䨂 4A02	䨃 4A03	䨄 4A04	䨅 4A05	䨆 4A06
A9	䨇 4A07	䨈 4A08	䨉 4A09	䨊 4A0A	䨋 4A0B	䨌 4A0C	䨍 4A0D	䨎 4A0E	䨏 4A0F	䨐 4A10
AA	䨑 4A11	䨒 4A12	䨓 4A13	䨔 4A14	䨕 4A15	䨖 4A16	䨗 4A17	䨘 4A18	䨙 4A19	䨚 4A1A

8234

	30	31	32	33	34	35	36	37	38	39
AB	䨛 4A1B	䨜 4A1C	䨝 4A1D	䨞 4A1E	䨟 4A1F	䨠 4A20	䨡 4A21	䨢 4A22	䨣 4A23	䨤 4A24
AC	䨥 4A25	䨦 4A26	䨧 4A27	䨨 4A28	䨩 4A29	䨪 4A2A	䨫 4A2B	䨬 4A2C	䨭 4A2D	䨮 4A2E
AD	䨯 4A2F	䨰 4A30	䨱 4A31	䨲 4A32	䨳 4A33	䨴 4A34	䨵 4A35	䨶 4A36	䨷 4A37	䨸 4A38
AE	䨹 4A39	䨺 4A3A	䨻 4A3B	䨼 4A3C	䨽 4A3D	䨾 4A3E	䨿 4A3F	䩀 4A40	䩁 4A41	䩂 4A42
AF	䩃 4A43	䩄 4A44	䩅 4A45	䩆 4A46	䩇 4A47	䩈 4A48	䩉 4A49	䩊 4A4A	䩋 4A4B	䩌 4A4C
B0	䩍 4A4D	䩎 4A4E	䩏 4A4F	䩐 4A50	䩑 4A51	䩒 4A52	䩓 4A53	䩔 4A54	䩕 4A55	䩖 4A56
B1	䩗 4A57	䩘 4A58	䩙 4A59	䩚 4A5A	䩛 4A5B	䩜 4A5C	䩝 4A5D	䩞 4A5E	䩟 4A5F	䩠 4A60
B2	䩡 4A61	䩢 4A62	䩣 4A63	䩤 4A64	䩥 4A65	䩦 4A66	䩧 4A67	䩨 4A68	䩩 4A69	䩪 4A6A
B3	䩫 4A6B	䩬 4A6C	䩭 4A6D	䩮 4A6E	䩯 4A6F	䩰 4A70	䩱 4A71	䩲 4A72	䩳 4A73	䩴 4A74
B4	䩵 4A75	䩶 4A76	䩷 4A77	䩸 4A78	䩹 4A79	䩺 4A7A	䩻 4A7B	䩼 4A7C	䩽 4A7D	䩾 4A7E
B5	䩿 4A7F	䪀 4A80	䪁 4A81	䪂 4A82	䪃 4A83	䪄 4A84	䪅 4A85	䪆 4A86	䪇 4A87	䪈 4A88
B6	䪉 4A89	䪊 4A8A	䪋 4A8B	䪌 4A8C	䪍 4A8D	䪎 4A8E	䪏 4A8F	䪐 4A90	䪑 4A91	䪒 4A92
B7	䪓 4A93	䪔 4A94	䪕 4A95	䪖 4A96	䪗 4A97	䪘 4A98	䪙 4A99	䪚 4A9A	䪛 4A9B	䪜 4A9C
B8	䪝 4A9D	䪞 4A9E	䪟 4A9F	䪠 4AA0	䪡 4AA1	䪢 4AA2	䪣 4AA3	䪤 4AA4	䪥 4AA5	䪦 4AA6
B9	䪧 4AA7	䪨 4AA8	䪩 4AA9	䪪 4AAA	䪫 4AAB	䪬 4AAC	䪭 4AAD	䪮 4AAE	䪯 4AAF	䪰 4AB0
BA	䪱 4AB1	䪲 4AB2	䪳 4AB3	䪴 4AB4	䪵 4AB5	䪶 4AB6	䪷 4AB7	䪸 4AB8	䪹 4AB9	䪺 4ABA
BB	䪻 4ABB	䪼 4ABC	䪽 4ABD	䪾 4ABE	䪿 4ABF	䫀 4AC0	䫁 4AC1	䫂 4AC2	䫃 4AC3	䫄 4AC4
BC	䫅 4AC5	䫆 4AC6	䫇 4AC7	䫈 4AC8	䫉 4AC9	䫊 4ACA	䫋 4ACB	䫌 4ACC	䫍 4ACD	䫎 4ACE
BD	䫏 4ACF	䫐 4AD0	䫑 4AD1	䫒 4AD2	䫓 4AD3	䫔 4AD4	䫕 4AD5	䫖 4AD6	䫗 4AD7	䫘 4AD8
BE	䫙 4AD9	䫚 4ADA	䫛 4ADB	䫜 4ADC	䫝 4ADD	䫞 4ADE	䫟 4ADF	䫠 4AE0	䫡 4AE1	䫢 4AE2
BF	䫣 4AE3	䫤 4AE4	䫥 4AE5	䫦 4AE6	䫧 4AE7	䫨 4AE8	䫩 4AE9	䫪 4AEA	䫫 4AEB	䫬 4AEC

8234

	30	31	32	33	34	35	36	37	38	39
C0	䫭 4AED	䫮 4AEE	䫯 4AEF	䫰 4AF0	䫱 4AF1	䫲 4AF2	䫳 4AF3	䫴 4AF4	䫵 4AF5	䫶 4AF6
C1	䫷 4AF7	䫸 4AF8	䫹 4AF9	䫺 4AFA	䫻 4AFB	䫼 4AFC	䫽 4AFD	䫾 4AFE	䫿 4AFF	䬀 4B00
C2	䬁 4B01	䬂 4B02	䬃 4B03	䬄 4B04	䬅 4B05	䬆 4B06	䬇 4B07	䬈 4B08	䬉 4B09	䬊 4B0A
C3	䬋 4B0B	䬌 4B0C	䬍 4B0D	䬎 4B0E	䬏 4B0F	䬐 4B10	䬑 4B11	䬒 4B12	䬓 4B13	䬔 4B14
C4	䬕 4B15	䬖 4B16	䬗 4B17	䬘 4B18	䬙 4B19	䬚 4B1A	䬛 4B1B	䬜 4B1C	䬝 4B1D	䬞 4B1E
C5	䬟 4B1F	䬠 4B20	䬡 4B21	䬢 4B22	䬣 4B23	䬤 4B24	䬥 4B25	䬦 4B26	䬧 4B27	䬨 4B28
C6	䬩 4B29	䬪 4B2A	䬫 4B2B	䬬 4B2C	䬭 4B2D	䬮 4B2E	䬯 4B2F	䬰 4B30	䬱 4B31	䬲 4B32
C7	䬳 4B33	䬴 4B34	䬵 4B35	䬶 4B36	䬷 4B37	䬸 4B38	䬹 4B39	䬺 4B3A	䬻 4B3B	䬼 4B3C
C8	䬽 4B3D	䬾 4B3E	䬿 4B3F	䭀 4B40	䭁 4B41	䭂 4B42	䭃 4B43	䭄 4B44	䭅 4B45	䭆 4B46
C9	䭇 4B47	䭈 4B48	䭉 4B49	䭊 4B4A	䭋 4B4B	䭌 4B4C	䭍 4B4D	䭎 4B4E	䭏 4B4F	䭐 4B50
CA	䭑 4B51	䭒 4B52	䭓 4B53	䭔 4B54	䭕 4B55	䭖 4B56	䭗 4B57	䭘 4B58	䭙 4B59	䭚 4B5A
CB	䭛 4B5B	䭜 4B5C	䭝 4B5D	䭞 4B5E	䭟 4B5F	䭠 4B60	䭡 4B61	䭢 4B62	䭣 4B63	䭤 4B64
CC	䭥 4B65	䭦 4B66	䭧 4B67	䭨 4B68	䭩 4B69	䭪 4B6A	䭫 4B6B	䭬 4B6C	䭭 4B6D	䭮 4B6E
CD	䭯 4B6F	䭰 4B70	䭱 4B71	䭲 4B72	䭳 4B73	䭴 4B74	䭵 4B75	䭶 4B76	䭷 4B77	䭸 4B78
CE	䭹 4B79	䭺 4B7A	䭻 4B7B	䭼 4B7C	䭽 4B7D	䭾 4B7E	䭿 4B7F	䮀 4B80	䮁 4B81	䮂 4B82
CF	䮃 4B83	䮄 4B84	䮅 4B85	䮆 4B86	䮇 4B87	䮈 4B88	䮉 4B89	䮊 4B8A	䮋 4B8B	䮌 4B8C
D0	䮍 4B8D	䮎 4B8E	䮏 4B8F	䮐 4B90	䮑 4B91	䮒 4B92	䮓 4B93	䮔 4B94	䮕 4B95	䮖 4B96
D1	䮗 4B97	䮘 4B98	䮙 4B99	䮚 4B9A	䮛 4B9B	䮜 4B9C	䮝 4B9D	䮞 4B9E	䮟 4B9F	䮠 4BA0
D2	䮡 4BA1	䮢 4BA2	䮣 4BA3	䮤 4BA4	䮥 4BA5	䮦 4BA6	䮧 4BA7	䮨 4BA8	䮩 4BA9	䮪 4BAA
D3	䮫 4BAB	䮬 4BAC	䮭 4BAD	䮮 4BAE	䮯 4BAF	䮰 4BB0	䮱 4BB1	䮲 4BB2	䮳 4BB3	䮴 4BB4
D4	䮵 4BB5	䮶 4BB6	䮷 4BB7	䮸 4BB8	䮹 4BB9	䮺 4BBA	䮻 4BBB	䮼 4BBC	䮽 4BBD	䮾 4BBE

8234

	30	31	32	33	34	35	36	37	38	39
D5	䮿 4BBF	䯀 4BC0	䯁 4BC1	䯂 4BC2	䯃 4BC3	䯄 4BC4	䯅 4BC5	䯆 4BC6	䯇 4BC7	䯈 4BC8
D6	䯉 4BC9	䯊 4BCA	䯋 4BCB	䯌 4BCC	䯍 4BCD	䯎 4BCE	䯏 4BCF	䯐 4BD0	䯑 4BD1	䯒 4BD2
D7	䯓 4BD3	䯔 4BD4	䯕 4BD5	䯖 4BD6	䯗 4BD7	䯘 4BD8	䯙 4BD9	䯚 4BDA	䯛 4BDB	䯜 4BDC
D8	䯝 4BDD	䯞 4BDE	䯟 4BDF	䯠 4BE0	䯡 4BE1	䯢 4BE2	䯣 4BE3	䯤 4BE4	䯥 4BE5	䯦 4BE6
D9	䯧 4BE7	䯨 4BE8	䯩 4BE9	䯪 4BEA	䯫 4BEB	䯬 4BEC	䯭 4BED	䯮 4BEE	䯯 4BEF	䯰 4BF0
DA	䯱 4BF1	䯲 4BF2	䯳 4BF3	䯴 4BF4	䯵 4BF5	䯶 4BF6	䯷 4BF7	䯸 4BF8	䯹 4BF9	䯺 4BFA
DB	䯻 4BFB	䯼 4BFC	䯽 4BFD	䯾 4BFE	䯿 4BFF	䰀 4C00	䰁 4C01	䰂 4C02	䰃 4C03	䰄 4C04
DC	䰅 4C05	䰆 4C06	䰇 4C07	䰈 4C08	䰉 4C09	䰊 4C0A	䰋 4C0B	䰌 4C0C	䰍 4C0D	䰎 4C0E
DD	䰏 4C0F	䰐 4C10	䰑 4C11	䰒 4C12	䰓 4C13	䰔 4C14	䰕 4C15	䰖 4C16	䰗 4C17	䰘 4C18
DE	䰙 4C19	䰚 4C1A	䰛 4C1B	䰜 4C1C	䰝 4C1D	䰞 4C1E	䰟 4C1F	䰠 4C20	䰡 4C21	䰢 4C22
DF	䰣 4C23	䰤 4C24	䰥 4C25	䰦 4C26	䰧 4C27	䰨 4C28	䰩 4C29	䰪 4C2A	䰫 4C2B	䰬 4C2C
E0	䰭 4C2D	䰮 4C2E	䰯 4C2F	䰰 4C30	䰱 4C31	䰲 4C32	䰳 4C33	䰴 4C34	䰵 4C35	䰶 4C36
E1	䰷 4C37	䰸 4C38	䰹 4C39	䰺 4C3A	䰻 4C3B	䰼 4C3C	䰽 4C3D	䰾 4C3E	䰿 4C3F	䱀 4C40
E2	䱁 4C41	䱂 4C42	䱃 4C43	䱄 4C44	䱅 4C45	䱆 4C46	䱇 4C47	䱈 4C48	䱉 4C49	䱊 4C4A
E3	䱋 4C4B	䱌 4C4C	䱍 4C4D	䱎 4C4E	䱏 4C4F	䱐 4C50	䱑 4C51	䱒 4C52	䱓 4C53	䱔 4C54
E4	䱕 4C55	䱖 4C56	䱗 4C57	䱘 4C58	䱙 4C59	䱚 4C5A	䱛 4C5B	䱜 4C5C	䱝 4C5D	䱞 4C5E
E5	䱟 4C5F	䱠 4C60	䱡 4C61	䱢 4C62	䱣 4C63	䱤 4C64	䱥 4C65	䱦 4C66	䱧 4C67	䱨 4C68
E6	䱩 4C69	䱪 4C6A	䱫 4C6B	䱬 4C6C	䱭 4C6D	䱮 4C6E	䱯 4C6F	䱰 4C70	䱱 4C71	䱲 4C72
E7	䱳 4C73	䱴 4C74	䱵 4C75	䱶 4C76	䱸 4C78	䱹 4C79	䱺 4C7A	䱻 4C7B	䱼 4C7C	䱽 4C7D
E8	䱾 4C7E	䱿 4C7F	䲀 4C80	䲁 4C81	䲂 4C82	䲃 4C83	䲄 4C84	䲅 4C85	䲆 4C86	䲇 4C87
E9	䲈 4C88	䲉 4C89	䲊 4C8A	䲋 4C8B	䲌 4C8C	䲍 4C8D	䲎 4C8E	䲏 4C8F	䲐 4C90	䲑 4C91

8234

	30	31	32	33	34	35	36	37	38	39
EA	䲒 4C92	䲓 4C93	䲔 4C94	䲕 4C95	䲖 4C96	䲗 4C97	䲘 4C98	䲙 4C99	䲚 4C9A	䲛 4C9B
EB	䲜 4C9C	䲝 4C9D	䲞 4C9E	䲤 4CA4	䲥 4CA5	䲦 4CA6	䲧 4CA7	䲨 4CA8	䲩 4CA9	䲪 4CAA
EC	䲫 4CAB	䲬 4CAC	䲭 4CAD	䲮 4CAE	䲯 4CAF	䲰 4CB0	䲱 4CB1	䲲 4CB2	䲳 4CB3	䲴 4CB4
ED	䲵 4CB5	䲶 4CB6	䲷 4CB7	䲸 4CB8	䲹 4CB9	䲺 4CBA	䲻 4CBB	䲼 4CBC	䲽 4CBD	䲾 4CBE
EE	䲿 4CBF	䳀 4CC0	䳁 4CC1	䳂 4CC2	䳃 4CC3	䳄 4CC4	䳅 4CC5	䳆 4CC6	䳇 4CC7	䳈 4CC8
EF	䳉 4CC9	䳊 4CCA	䳋 4CCB	䳌 4CCC	䳍 4CCD	䳎 4CCE	䳏 4CCF	䳐 4CD0	䳑 4CD1	䳒 4CD2
F0	䳓 4CD3	䳔 4CD4	䳕 4CD5	䳖 4CD6	䳗 4CD7	䳘 4CD8	䳙 4CD9	䳚 4CDA	䳛 4CDB	䳜 4CDC
F1	䳝 4CDD	䳞 4CDE	䳟 4CDF	䳠 4CE0	䳡 4CE1	䳢 4CE2	䳣 4CE3	䳤 4CE4	䳥 4CE5	䳦 4CE6
F2	䳧 4CE7	䳨 4CE8	䳩 4CE9	䳪 4CEA	䳫 4CEB	䳬 4CEC	䳭 4CED	䳮 4CEE	䳯 4CEF	䳰 4CF0
F3	䳱 4CF1	䳲 4CF2	䳳 4CF3	䳴 4CF4	䳵 4CF5	䳶 4CF6	䳷 4CF7	䳸 4CF8	䳹 4CF9	䳺 4CFA
F4	䳻 4CFB	䳼 4CFC	䳽 4CFD	䳾 4CFE	䳿 4CFF	䴀 4D00	䴁 4D01	䴂 4D02	䴃 4D03	䴄 4D04
F5	䴅 4D05	䴆 4D06	䴇 4D07	䴈 4D08	䴉 4D09	䴊 4D0A	䴋 4D0B	䴌 4D0C	䴍 4D0D	䴎 4D0E
F6	䴏 4D0F	䴐 4D10	䴑 4D11	䴒 4D12	䴚 4D1A	䴛 4D1B	䴜 4D1C	䴝 4D1D	䴞 4D1E	䴟 4D1F
F7	䴠 4D20	䴡 4D21	䴢 4D22	䴣 4D23	䴤 4D24	䴥 4D25	䴦 4D26	䴧 4D27	䴨 4D28	䴩 4D29
F8	䴪 4D2A	䴫 4D2B	䴬 4D2C	䴭 4D2D	䴮 4D2E	䴯 4D2F	䴰 4D30	䴱 4D31	䴲 4D32	䴳 4D33
F9	䴴 4D34	䴵 4D35	䴶 4D36	䴷 4D37	䴸 4D38	䴹 4D39	䴺 4D3A	䴻 4D3B	䴼 4D3C	䴽 4D3D
FA	䴾 4D3E	䴿 4D3F	䵀 4D40	䵁 4D41	䵂 4D42	䵃 4D43	䵄 4D44	䵅 4D45	䵆 4D46	䵇 4D47
FB	䵈 4D48	䵉 4D49	䵊 4D4A	䵋 4D4B	䵌 4D4C	䵍 4D4D	䵎 4D4E	䵏 4D4F	䵐 4D50	䵑 4D51
FC	䵒 4D52	䵓 4D53	䵔 4D54	䵕 4D55	䵖 4D56	䵗 4D57	䵘 4D58	䵙 4D59	䵚 4D5A	䵛 4D5B
FD	䵜 4D5C	䵝 4D5D	䵞 4D5E	䵟 4D5F	䵠 4D60	䵡 4D61	䵢 4D62	䵣 4D63	䵤 4D64	䵥 4D65
FE	䵦 4D66	䵧 4D67	䵨 4D68	䵩 4D69	䵪 4D6A	䵫 4D6B	䵬 4D6C	䵭 4D6D	䵮 4D6E	䵯 4D6F

8235

	30	31	32	33	34	35	36	37	38	39
81	䵰 4D70	䵱 4D71	䵲 4D72	䵳 4D73	䵴 4D74	䵵 4D75	䵶 4D76	䵷 4D77	䵸 4D78	䵹 4D79
82	䵺 4D7A	䵻 4D7B	䵼 4D7C	䵽 4D7D	䵾 4D7E	䵿 4D7F	䶀 4D80	䶁 4D81	䶂 4D82	䶃 4D83
83	䶄 4D84	䶅 4D85	䶆 4D86	䶇 4D87	䶈 4D88	䶉 4D89	䶊 4D8A	䶋 4D8B	䶌 4D8C	䶍 4D8D
84	䶎 4D8E	䶏 4D8F	䶐 4D90	䶑 4D91	䶒 4D92	䶓 4D93	䶔 4D94	䶕 4D95	䶖 4D96	䶗 4D97
85	䶘 4D98	䶙 4D99	䶚 4D9A	䶛 4D9B	䶜 4D9C	䶝 4D9D	䶞 4D9E	䶟 4D9F	䶠 4DA0	䶡 4DA1
86	䶢 4DA2	䶣 4DA3	䶤 4DA4	䶥 4DA5	䶦 4DA6	䶧 4DA7	䶨 4DA8	䶩 4DA9	䶪 4DAA	䶫 4DAB
87	䶬 4DAC	䶭 4DAD	䶯 4DAF	䶰 4DB0	䶱 4DB1	䶲 4DB2	䶳 4DB3	䶴 4DB4	䶵 4DB5	4DB6
88	4DB7	4DB8	4DB9	4DBA	4DBB	4DBC	4DBD	4DBE	4DBF	4DC0
89	4DC1	4DC2	4DC3	4DC4	4DC5	4DC6	4DC7	4DC8	4DC9	4DCA
8A	4DCB	4DCC	4DCD	4DCE	4DCF	4DD0	4DD1	4DD2	4DD3	4DD4
8B	4DD5	4DD6	4DD7	4DD8	4DD9	4DDA	4DDB	4DDC	4DDD	4DDE
8C	4DDF	4DE0	4DE1	4DE2	4DE3	4DE4	4DE5	4DE6	4DE7	4DE8
8D	4DE9	4DEA	4DEB	4DEC	4DED	4DEE	4DEF	4DF0	4DF1	4DF2
8E	4DF3	4DF4	4DF5	4DF6	4DF7	4DF8	4DF9	4DFA	4DFB	4DFC
8F	4DFD	4DFE	4DFF	9FA6	9FA7	9FA8	9FA9	9FAA	9FAB	9FAC
90	9FAD	9FAE	9FAF	9FB0	9FB1	9FB2	9FB3	9FB4	9FB5	9FB6
91	9FB7	9FB8	9FB9	9FBA	9FBB	9FBC	9FBD	9FBE	9FBF	9FC0
92	9FC1	9FC2	9FC3	9FC4	9FC5	9FC6	9FC7	9FC8	9FC9	9FCA
93	9FCB	9FCC	9FCD	9FCE	9FCF	9FD0	9FD1	9FD2	9FD3	9FD4
94	9FD5	9FD6	9FD7	9FD8	9FD9	9FDA	9FDB	9FDC	9FDD	9FDE
95	9FDF	9FE0	9FE1	9FE2	9FE3	9FE4	9FE5	9FE6	9FE7	9FE8

8235

	30	31	32	33	34	35	36	37	38	39
96	9FE9	9FEA	9FEB	9FEC	9FED	9FEE	9FEF	9FF0	9FF1	9FF2
97	9FF3	9FF4	9FF5	9FF6	9FF7	9FF8	9FF9	9FFA	9FFB	9FFC
98	9FFD	9FFE	9FFF	A000	A001	A002	A003	A004	A005	A006
99	A007	A008	A009	A00A	A00B	A00C	A00D	A00E	A00F	A010
9A	A011	A012	A013	A014	A015	A016	A017	A018	A019	A01A
9B	A01B	A01C	A01D	A01E	A01F	A020	A021	A022	A023	A024
9C	A025	A026	A027	A028	A029	A02A	A02B	A02C	A02D	A02E
9D	A02F	A030	A031	A032	A033	A034	A035	A036	A037	A038
9E	A039	A03A	A03B	A03C	A03D	A03E	A03F	A040	A041	A042
9F	A043	A044	A045	A046	A047	A048	A049	A04A	A04B	A04C
A0	A04D	A04E	A04F	A050	A051	A052	A053	A054	A055	A056
A1	A057	A058	A059	A05A	A05B	A05C	A05D	A05E	A05F	A060
A2	A061	A062	A063	A064	A065	A066	A067	A068	A069	A06A
A3	A06B	A06C	A06D	A06E	A06F	A070	A071	A072	A073	A074
A4	A075	A076	A077	A078	A079	A07A	A07B	A07C	A07D	A07E
A5	A07F	A080	A081	A082	A083	A084	A085	A086	A087	A088
A6	A089	A08A	A08B	A08C	A08D	A08E	A08F	A090	A091	A092
A7	A093	A094	A095	A096	A097	A098	A099	A09A	A09B	A09C
A8	A09D	A09E	A09F	A0A0	A0A1	A0A2	A0A3	A0A4	A0A5	A0A6
A9	A0A7	A0A8	A0A9	A0AA	A0AB	A0AC	A0AD	A0AE	A0AF	A0B0
AA	A0B1	A0B2	A0B3	A0B4	A0B5	A0B6	A0B7	A0B8	A0B9	A0BA

8235

	30	31	32	33	34	35	36	37	38	39
AB	A0BB	A0BC	A0BD	A0BE	A0BF	A0C0	A0C1	A0C2	A0C3	A0C4
AC	A0C5	A0C6	A0C7	A0C8	A0C9	A0CA	A0CB	A0CC	A0CD	A0CE
AD	A0CF	A0D0	A0D1	A0D2	A0D3	A0D4	A0D5	A0D6	A0D7	A0D8
AE	A0D9	A0DA	A0DB	A0DC	A0DD	A0DE	A0DF	A0E0	A0E1	A0E2
AF	A0E3	A0E4	A0E5	A0E6	A0E7	A0E8	A0E9	A0EA	A0EB	A0EC
B0	A0ED	A0EE	A0EF	A0F0	A0F1	A0F2	A0F3	A0F4	A0F5	A0F6
B1	A0F7	A0F8	A0F9	A0FA	A0FB	A0FC	A0FD	A0FE	A0FF	A100
B2	A101	A102	A103	A104	A105	A106	A107	A108	A109	A10A
B3	A10B	A10C	A10D	A10E	A10F	A110	A111	A112	A113	A114
B4	A115	A116	A117	A118	A119	A11A	A11B	A11C	A11D	A11E
B5	A11F	A120	A121	A122	A123	A124	A125	A126	A127	A128
B6	A129	A12A	A12B	A12C	A12D	A12E	A12F	A130	A131	A132
B7	A133	A134	A135	A136	A137	A138	A139	A13A	A13B	A13C
B8	A13D	A13E	A13F	A140	A141	A142	A143	A144	A145	A146
B9	A147	A148	A149	A14A	A14B	A14C	A14D	A14E	A14F	A150
BA	A151	A152	A153	A154	A155	A156	A157	A158	A159	A15A
BB	A15B	A15C	A15D	A15E	A15F	A160	A161	A162	A163	A164
BC	A165	A166	A167	A168	A169	A16A	A16B	A16C	A16D	A16E
BD	A16F	A170	A171	A172	A173	A174	A175	A176	A177	A178
BE	A179	A17A	A17B	A17C	A17D	A17E	A17F	A180	A181	A182
BF	A183	A184	A185	A186	A187	A188	A189	A18A	A18B	A18C

8235

	30	31	32	33	34	35	36	37	38	39
C0	A18D	A18E	A18F	A190	A191	A192	A193	A194	A195	A196
C1	A197	A198	A199	A19A	A19B	A19C	A19D	A19E	A19F	A1A0
C2	A1A1	A1A2	A1A3	A1A4	A1A5	A1A6	A1A7	A1A8	A1A9	A1AA
C3	A1AB	A1AC	A1AD	A1AE	A1AF	A1B0	A1B1	A1B2	A1B3	A1B4
C4	A1B5	A1B6	A1B7	A1B8	A1B9	A1BA	A1BB	A1BC	A1BD	A1BE
C5	A1BF	A1C0	A1C1	A1C2	A1C3	A1C4	A1C5	A1C6	A1C7	A1C8
C6	A1C9	A1CA	A1CB	A1CC	A1CD	A1CE	A1CF	A1D0	A1D1	A1D2
C7	A1D3	A1D4	A1D5	A1D6	A1D7	A1D8	A1D9	A1DA	A1DB	A1DC
C8	A1DD	A1DE	A1DF	A1E0	A1E1	A1E2	A1E3	A1E4	A1E5	A1E6
C9	A1E7	A1E8	A1E9	A1EA	A1EB	A1EC	A1ED	A1EE	A1EF	A1F0
CA	A1F1	A1F2	A1F3	A1F4	A1F5	A1F6	A1F7	A1F8	A1F9	A1FA
CB	A1FB	A1FC	A1FD	A1FE	A1FF	A200	A201	A202	A203	A204
CC	A205	A206	A207	A208	A209	A20A	A20B	A20C	A20D	A20E
CD	A20F	A210	A211	A212	A213	A214	A215	A216	A217	A218
CE	A219	A21A	A21B	A21C	A21D	A21E	A21F	A220	A221	A222
CF	A223	A224	A225	A226	A227	A228	A229	A22A	A22B	A22C
D0	A22D	A22E	A22F	A230	A231	A232	A233	A234	A235	A236
D1	A237	A238	A239	A23A	A23B	A23C	A23D	A23E	A23F	A240
D2	A241	A242	A243	A244	A245	A246	A247	A248	A249	A24A
D3	A24B	A24C	A24D	A24E	A24F	A250	A251	A252	A253	A254
D4	A255	A256	A257	A258	A259	A25A	A25B	A25C	A25D	A25E

8235

	30	31	32	33	34	35	36	37	38	39
D5	A25F	A260	A261	A262	A263	A264	A265	A266	A267	A268
D6	A269	A26A	A26B	A26C	A26D	A26E	A26F	A270	A271	A272
D7	A273	A274	A275	A276	A277	A278	A279	A27A	A27B	A27C
D8	A27D	A27E	A27F	A280	A281	A282	A283	A284	A285	A286
D9	A287	A288	A289	A28A	A28B	A28C	A28D	A28E	A28F	A290
DA	A291	A292	A293	A294	A295	A296	A297	A298	A299	A29A
DB	A29B	A29C	A29D	A29E	A29F	A2A0	A2A1	A2A2	A2A3	A2A4
DC	A2A5	A2A6	A2A7	A2A8	A2A9	A2AA	A2AB	A2AC	A2AD	A2AE
DD	A2AF	A2B0	A2B1	A2B2	A2B3	A2B4	A2B5	A2B6	A2B7	A2B8
DE	A2B9	A2BA	A2BB	A2BC	A2BD	A2BE	A2BF	A2C0	A2C1	A2C2
DF	A2C3	A2C4	A2C5	A2C6	A2C7	A2C8	A2C9	A2CA	A2CB	A2CC
E0	A2CD	A2CE	A2CF	A2D0	A2D1	A2D2	A2D3	A2D4	A2D5	A2D6
E1	A2D7	A2D8	A2D9	A2DA	A2DB	A2DC	A2DD	A2DE	A2DF	A2E0
E2	A2E1	A2E2	A2E3	A2E4	A2E5	A2E6	A2E7	A2E8	A2E9	A2EA
E3	A2EB	A2EC	A2ED	A2EE	A2EF	A2F0	A2F1	A2F2	A2F3	A2F4
E4	A2F5	A2F6	A2F7	A2F8	A2F9	A2FA	A2FB	A2FC	A2FD	A2FE
E5	A2FF	A300	A301	A302	A303	A304	A305	A306	A307	A308
E6	A309	A30A	A30B	A30C	A30D	A30E	A30F	A310	A311	A312
E7	A313	A314	A315	A316	A317	A318	A319	A31A	A31B	A31C
E8	A31D	A31E	A31F	A320	A321	A322	A323	A324	A325	A326
E9	A327	A328	A329	A32A	A32B	A32C	A32D	A32E	A32F	A330

8235

	30	31	32	33	34	35	36	37	38	39
EA	A331	A332	A333	A334	A335	A336	A337	A338	A339	A33A
EB	A33B	A33C	A33D	A33E	A33F	A340	A341	A342	A343	A344
EC	A345	A346	A347	A348	A349	A34A	A34B	A34C	A34D	A34E
ED	A34F	A350	A351	A352	A353	A354	A355	A356	A357	A358
EE	A359	A35A	A35B	A35C	A35D	A35E	A35F	A360	A361	A362
EF	A363	A364	A365	A366	A367	A368	A369	A36A	A36B	A36C
F0	A36D	A36E	A36F	A370	A371	A372	A373	A374	A375	A376
F1	A377	A378	A379	A37A	A37B	A37C	A37D	A37E	A37F	A380
F2	A381	A382	A383	A384	A385	A386	A387	A388	A389	A38A
F3	A38B	A38C	A38D	A38E	A38F	A390	A391	A392	A393	A394
F4	A395	A396	A397	A398	A399	A39A	A39B	A39C	A39D	A39E
F5	A39F	A3A0	A3A1	A3A2	A3A3	A3A4	A3A5	A3A6	A3A7	A3A8
F6	A3A9	A3AA	A3AB	A3AC	A3AD	A3AE	A3AF	A3B0	A3B1	A3B2
F7	A3B3	A3B4	A3B5	A3B6	A3B7	A3B8	A3B9	A3BA	A3BB	A3BC
F8	A3BD	A3BE	A3BF	A3C0	A3C1	A3C2	A3C3	A3C4	A3C5	A3C6
F9	A3C7	A3C8	A3C9	A3CA	A3CB	A3CC	A3CD	A3CE	A3CF	A3D0
FA	A3D1	A3D2	A3D3	A3D4	A3D5	A3D6	A3D7	A3D8	A3D9	A3DA
FB	A3DB	A3DC	A3DD	A3DE	A3DF	A3E0	A3E1	A3E2	A3E3	A3E4
FC	A3E5	A3E6	A3E7	A3E8	A3E9	A3EA	A3EB	A3EC	A3ED	A3EE
FD	A3EF	A3F0	A3F1	A3F2	A3F3	A3F4	A3F5	A3F6	A3F7	A3F8
FE	A3F9	A3FA	A3FB	A3FC	A3FD	A3FE	A3FF	A400	A401	A402

8236

	30	31	32	33	34	35	36	37	38	39
81	A403	A404	A405	A406	A407	A408	A409	A40A	A40B	A40C
82	A40D	A40E	A40F	A410	A411	A412	A413	A414	A415	A416
83	A417	A418	A419	A41A	A41B	A41C	A41D	A41E	A41F	A420
84	A421	A422	A423	A424	A425	A426	A427	A428	A429	A42A
85	A42B	A42C	A42D	A42E	A42F	A430	A431	A432	A433	A434
86	A435	A436	A437	A438	A439	A43A	A43B	A43C	A43D	A43E
87	A43F	A440	A441	A442	A443	A444	A445	A446	A447	A448
88	A449	A44A	A44B	A44C	A44D	A44E	A44F	A450	A451	A452
89	A453	A454	A455	A456	A457	A458	A459	A45A	A45B	A45C
8A	A45D	A45E	A45F	A460	A461	A462	A463	A464	A465	A466
8B	A467	A468	A469	A46A	A46B	A46C	A46D	A46E	A46F	A470
8C	A471	A472	A473	A474	A475	A476	A477	A478	A479	A47A
8D	A47B	A47C	A47D	A47E	A47F	A480	A481	A482	A483	A484
8E	A485	A486	A487	A488	A489	A48A	A48B	A48C	A48D	A48E
8F	A48F	A490	A491	A492	A493	A494	A495	A496	A497	A498
90	A499	A49A	A49B	A49C	A49D	A49E	A49F	A4A0	A4A1	A4A2
91	A4A3	A4A4	A4A5	A4A6	A4A7	A4A8	A4A9	A4AA	A4AB	A4AC
92	A4AD	A4AE	A4AF	A4B0	A4B1	A4B2	A4B3	A4B4	A4B5	A4B6
93	A4B7	A4B8	A4B9	A4BA	A4BB	A4BC	A4BD	A4BE	A4BF	A4C0
94	A4C1	A4C2	A4C3	A4C4	A4C5	A4C6	A4C7	A4C8	A4C9	A4CA
95	A4CB	A4CC	A4CD	A4CE	A4CF	A4D0	A4D1	A4D2	A4D3	A4D4

8236

	30	31	32	33	34	35	36	37	38	39
96	A4D5	A4D6	A4D7	A4D8	A4D9	A4DA	A4DB	A4DC	A4DD	A4DE
97	A4DF	A4E0	A4E1	A4E2	A4E3	A4E4	A4E5	A4E6	A4E7	A4E8
98	A4E9	A4EA	A4EB	A4EC	A4ED	A4EE	A4EF	A4F0	A4F1	A4F2
99	A4F3	A4F4	A4F5	A4F6	A4F7	A4F8	A4F9	A4FA	A4FB	A4FC
9A	A4FD	A4FE	A4FF	A500	A501	A502	A503	A504	A505	A506
9B	A507	A508	A509	A50A	A50B	A50C	A50D	A50E	A50F	A510
9C	A511	A512	A513	A514	A515	A516	A517	A518	A519	A51A
9D	A51B	A51C	A51D	A51E	A51F	A520	A521	A522	A523	A524
9E	A525	A526	A527	A528	A529	A52A	A52B	A52C	A52D	A52E
9F	A52F	A530	A531	A532	A533	A534	A535	A536	A537	A538
A0	A539	A53A	A53B	A53C	A53D	A53E	A53F	A540	A541	A542
A1	A543	A544	A545	A546	A547	A548	A549	A54A	A54B	A54C
A2	A54D	A54E	A54F	A550	A551	A552	A553	A554	A555	A556
A3	A557	A558	A559	A55A	A55B	A55C	A55D	A55E	A55F	A560
A4	A561	A562	A563	A564	A565	A566	A567	A568	A569	A56A
A5	A56B	A56C	A56D	A56E	A56F	A570	A571	A572	A573	A574
A6	A575	A576	A577	A578	A579	A57A	A57B	A57C	A57D	A57E
A7	A57F	A580	A581	A582	A583	A584	A585	A586	A587	A588
A8	A589	A58A	A58B	A58C	A58D	A58E	A58F	A590	A591	A592
A9	A593	A594	A595	A596	A597	A598	A599	A59A	A59B	A59C
AA	A59D	A59E	A59F	A5A0	A5A1	A5A2	A5A3	A5A4	A5A5	A5A6

8236

	30	31	32	33	34	35	36	37	38	39
AB	A5A7	A5A8	A5A9	A5AA	A5AB	A5AC	A5AD	A5AE	A5AF	A5B0
AC	A5B1	A5B2	A5B3	A5B4	A5B5	A5B6	A5B7	A5B8	A5B9	A5BA
AD	A5BB	A5BC	A5BD	A5BE	A5BF	A5C0	A5C1	A5C2	A5C3	A5C4
AE	A5C5	A5C6	A5C7	A5C8	A5C9	A5CA	A5CB	A5CC	A5CD	A5CE
AF	A5CF	A5D0	A5D1	A5D2	A5D3	A5D4	A5D5	A5D6	A5D7	A5D8
B0	A5D9	A5DA	A5DB	A5DC	A5DD	A5DE	A5DF	A5E0	A5E1	A5E2
B1	A5E3	A5E4	A5E5	A5E6	A5E7	A5E8	A5E9	A5EA	A5EB	A5EC
B2	A5ED	A5EE	A5EF	A5F0	A5F1	A5F2	A5F3	A5F4	A5F5	A5F6
B3	A5F7	A5F8	A5F9	A5FA	A5FB	A5FC	A5FD	A5FE	A5FF	A600
B4	A601	A602	A603	A604	A605	A606	A607	A608	A609	A60A
B5	A60B	A60C	A60D	A60E	A60F	A610	A611	A612	A613	A614
B6	A615	A616	A617	A618	A619	A61A	A61B	A61C	A61D	A61E
B7	A61F	A620	A621	A622	A623	A624	A625	A626	A627	A628
B8	A629	A62A	A62B	A62C	A62D	A62E	A62F	A630	A631	A632
B9	A633	A634	A635	A636	A637	A638	A639	A63A	A63B	A63C
BA	A63D	A63E	A63F	A640	A641	A642	A643	A644	A645	A646
BB	A647	A648	A649	A64A	A64B	A64C	A64D	A64E	A64F	A650
BC	A651	A652	A653	A654	A655	A656	A657	A658	A659	A65A
BD	A65B	A65C	A65D	A65E	A65F	A660	A661	A662	A663	A664
BE	A665	A666	A667	A668	A669	A66A	A66B	A66C	A66D	A66E
BF	A66F	A670	A671	A672	A673	A674	A675	A676	A677	A678

8236

	30	31	32	33	34	35	36	37	38	39
C0	A679	A67A	A67B	A67C	A67D	A67E	A67F	A680	A681	A682
C1	A683	A684	A685	A686	A687	A688	A689	A68A	A68B	A68C
C2	A68D	A68E	A68F	A690	A691	A692	A693	A694	A695	A696
C3	A697	A698	A699	A69A	A69B	A69C	A69D	A69E	A69F	A6A0
C4	A6A1	A6A2	A6A3	A6A4	A6A5	A6A6	A6A7	A6A8	A6A9	A6AA
C5	A6AB	A6AC	A6AD	A6AE	A6AF	A6B0	A6B1	A6B2	A6B3	A6B4
C6	A6B5	A6B6	A6B7	A6B8	A6B9	A6BA	A6BB	A6BC	A6BD	A6BE
C7	A6BF	A6C0	A6C1	A6C2	A6C3	A6C4	A6C5	A6C6	A6C7	A6C8
C8	A6C9	A6CA	A6CB	A6CC	A6CD	A6CE	A6CF	A6D0	A6D1	A6D2
C9	A6D3	A6D4	A6D5	A6D6	A6D7	A6D8	A6D9	A6DA	A6DB	A6DC
CA	A6DD	A6DE	A6DF	A6E0	A6E1	A6E2	A6E3	A6E4	A6E5	A6E6
CB	A6E7	A6E8	A6E9	A6EA	A6EB	A6EC	A6ED	A6EE	A6EF	A6F0
CC	A6F1	A6F2	A6F3	A6F4	A6F5	A6F6	A6F7	A6F8	A6F9	A6FA
CD	A6FB	A6FC	A6FD	A6FE	A6FF	A700	A701	A702	A703	A704
CE	A705	A706	A707	A708	A709	A70A	A70B	A70C	A70D	A70E
CF	A70F	A710	A711	A712	A713	A714	A715	A716	A717	A718
D0	A719	A71A	A71B	A71C	A71D	A71E	A71F	A720	A721	A722
D1	A723	A724	A725	A726	A727	A728	A729	A72A	A72B	A72C
D2	A72D	A72E	A72F	A730	A731	A732	A733	A734	A735	A736
D3	A737	A738	A739	A73A	A73B	A73C	A73D	A73E	A73F	A740
D4	A741	A742	A743	A744	A745	A746	A747	A748	A749	A74A

8236

	30	31	32	33	34	35	36	37	38	39
D5	A74B	A74C	A74D	A74E	A74F	A750	A751	A752	A753	A754
D6	A755	A756	A757	A758	A759	A75A	A75B	A75C	A75D	A75E
D7	A75F	A760	A761	A762	A763	A764	A765	A766	A767	A768
D8	A769	A76A	A76B	A76C	A76D	A76E	A76F	A770	A771	A772
D9	A773	A774	A775	A776	A777	A778	A779	A77A	A77B	A77C
DA	A77D	A77E	A77F	A780	A781	A782	A783	A784	A785	A786
DB	A787	A788	A789	A78A	A78B	A78C	A78D	A78E	A78F	A790
DC	A791	A792	A793	A794	A795	A796	A797	A798	A799	A79A
DD	A79B	A79C	A79D	A79E	A79F	A7A0	A7A1	A7A2	A7A3	A7A4
DE	A7A5	A7A6	A7A7	A7A8	A7A9	A7AA	A7AB	A7AC	A7AD	A7AE
DF	A7AF	A7B0	A7B1	A7B2	A7B3	A7B4	A7B5	A7B6	A7B7	A7B8
E0	A7B9	A7BA	A7BB	A7BC	A7BD	A7BE	A7BF	A7C0	A7C1	A7C2
E1	A7C3	A7C4	A7C5	A7C6	A7C7	A7C8	A7C9	A7CA	A7CB	A7CC
E2	A7CD	A7CE	A7CF	A7D0	A7D1	A7D2	A7D3	A7D4	A7D5	A7D6
E3	A7D7	A7D8	A7D9	A7DA	A7DB	A7DC	A7DD	A7DE	A7DF	A7E0
E4	A7E1	A7E2	A7E3	A7E4	A7E5	A7E6	A7E7	A7E8	A7E9	A7EA
E5	A7EB	A7EC	A7ED	A7EE	A7EF	A7F0	A7F1	A7F2	A7F3	A7F4
E6	A7F5	A7F6	A7F7	A7F8	A7F9	A7FA	A7FB	A7FC	A7FD	A7FE
E7	A7FF	A800	A801	A802	A803	A804	A805	A806	A807	A808
E8	A809	A80A	A80B	A80C	A80D	A80E	A80F	A810	A811	A812
E9	A813	A814	A815	A816	A817	A818	A819	A81A	A81B	A81C

8236

	30	31	32	33	34	35	36	37	38	39
EA	A81D	A81E	A81F	A820	A821	A822	A823	A824	A825	A826
EB	A827	A828	A829	A82A	A82B	A82C	A82D	A82E	A82F	A830
EC	A831	A832	A833	A834	A835	A836	A837	A838	A839	A83A
ED	A83B	A83C	A83D	A83E	A83F	A840	A841	A842	A843	A844
EE	A845	A846	A847	A848	A849	A84A	A84B	A84C	A84D	A84E
EF	A84F	A850	A851	A852	A853	A854	A855	A856	A857	A858
F0	A859	A85A	A85B	A85C	A85D	A85E	A85F	A860	A861	A862
F1	A863	A864	A865	A866	A867	A868	A869	A86A	A86B	A86C
F2	A86D	A86E	A86F	A870	A871	A872	A873	A874	A875	A876
F3	A877	A878	A879	A87A	A87B	A87C	A87D	A87E	A87F	A880
F4	A881	A882	A883	A884	A885	A886	A887	A888	A889	A88A
F5	A88B	A88C	A88D	A88E	A88F	A890	A891	A892	A893	A894
F6	A895	A896	A897	A898	A899	A89A	A89B	A89C	A89D	A89E
F7	A89F	A8A0	A8A1	A8A2	A8A3	A8A4	A8A5	A8A6	A8A7	A8A8
F8	A8A9	A8AA	A8AB	A8AC	A8AD	A8AE	A8AF	A8B0	A8B1	A8B2
F9	A8B3	A8B4	A8B5	A8B6	A8B7	A8B8	A8B9	A8BA	A8BB	A8BC
FA	A8BD	A8BE	A8BF	A8C0	A8C1	A8C2	A8C3	A8C4	A8C5	A8C6
FB	A8C7	A8C8	A8C9	A8CA	A8CB	A8CC	A8CD	A8CE	A8CF	A8D0
FC	A8D1	A8D2	A8D3	A8D4	A8D5	A8D6	A8D7	A8D8	A8D9	A8DA
FD	A8DB	A8DC	A8DD	A8DE	A8DF	A8E0	A8E1	A8E2	A8E3	A8E4
FE	A8E5	A8E6	A8E7	A8E8	A8E9	A8EA	A8EB	A8EC	A8ED	A8EE

8237

	30	31	32	33	34	35	36	37	38	39
81	A8EF	A8F0	A8F1	A8F2	A8F3	A8F4	A8F5	A8F6	A8F7	A8F8
82	A8F9	A8FA	A8FB	A8FC	A8FD	A8FE	A8FF	A900	A901	A902
83	A903	A904	A905	A906	A907	A908	A909	A90A	A90B	A90C
84	A90D	A90E	A90F	A910	A911	A912	A913	A914	A915	A916
85	A917	A918	A919	A91A	A91B	A91C	A91D	A91E	A91F	A920
86	A921	A922	A923	A924	A925	A926	A927	A928	A929	A92A
87	A92B	A92C	A92D	A92E	A92F	A930	A931	A932	A933	A934
88	A935	A936	A937	A938	A939	A93A	A93B	A93C	A93D	A93E
89	A93F	A940	A941	A942	A943	A944	A945	A946	A947	A948
8A	A949	A94A	A94B	A94C	A94D	A94E	A94F	A950	A951	A952
8B	A953	A954	A955	A956	A957	A958	A959	A95A	A95B	A95C
8C	A95D	A95E	A95F	A960	A961	A962	A963	A964	A965	A966
8D	A967	A968	A969	A96A	A96B	A96C	A96D	A96E	A96F	A970
8E	A971	A972	A973	A974	A975	A976	A977	A978	A979	A97A
8F	A97B	A97C	A97D	A97E	A97F	A980	A981	A982	A983	A984
90	A985	A986	A987	A988	A989	A98A	A98B	A98C	A98D	A98E
91	A98F	A990	A991	A992	A993	A994	A995	A996	A997	A998
92	A999	A99A	A99B	A99C	A99D	A99E	A99F	A9A0	A9A1	A9A2
93	A9A3	A9A4	A9A5	A9A6	A9A7	A9A8	A9A9	A9AA	A9AB	A9AC
94	A9AD	A9AE	A9AF	A9B0	A9B1	A9B2	A9B3	A9B4	A9B5	A9B6
95	A9B7	A9B8	A9B9	A9BA	A9BB	A9BC	A9BD	A9BE	A9BF	A9C0

8237

	30	31	32	33	34	35	36	37	38	39
96	A9C1	A9C2	A9C3	A9C4	A9C5	A9C6	A9C7	A9C8	A9C9	A9CA
97	A9CB	A9CC	A9CD	A9CE	A9CF	A9D0	A9D1	A9D2	A9D3	A9D4
98	A9D5	A9D6	A9D7	A9D8	A9D9	A9DA	A9DB	A9DC	A9DD	A9DE
99	A9DF	A9E0	A9E1	A9E2	A9E3	A9E4	A9E5	A9E6	A9E7	A9E8
9A	A9E9	A9EA	A9EB	A9EC	A9ED	A9EE	A9EF	A9F0	A9F1	A9F2
9B	A9F3	A9F4	A9F5	A9F6	A9F7	A9F8	A9F9	A9FA	A9FB	A9FC
9C	A9FD	A9FE	A9FF	AA00	AA01	AA02	AA03	AA04	AA05	AA06
9D	AA07	AA08	AA09	AA0A	AA0B	AA0C	AA0D	AA0E	AA0F	AA10
9E	AA11	AA12	AA13	AA14	AA15	AA16	AA17	AA18	AA19	AA1A
9F	AA1B	AA1C	AA1D	AA1E	AA1F	AA20	AA21	AA22	AA23	AA24
A0	AA25	AA26	AA27	AA28	AA29	AA2A	AA2B	AA2C	AA2D	AA2E
A1	AA2F	AA30	AA31	AA32	AA33	AA34	AA35	AA36	AA37	AA38
A2	AA39	AA3A	AA3B	AA3C	AA3D	AA3E	AA3F	AA40	AA41	AA42
A3	AA43	AA44	AA45	AA46	AA47	AA48	AA49	AA4A	AA4B	AA4C
A4	AA4D	AA4E	AA4F	AA50	AA51	AA52	AA53	AA54	AA55	AA56
A5	AA57	AA58	AA59	AA5A	AA5B	AA5C	AA5D	AA5E	AA5F	AA60
A6	AA61	AA62	AA63	AA64	AA65	AA66	AA67	AA68	AA69	AA6A
A7	AA6B	AA6C	AA6D	AA6E	AA6F	AA70	AA71	AA72	AA73	AA74
A8	AA75	AA76	AA77	AA78	AA79	AA7A	AA7B	AA7C	AA7D	AA7E
A9	AA7F	AA80	AA81	AA82	AA83	AA84	AA85	AA86	AA87	AA88
AA	AA89	AA8A	AA8B	AA8C	AA8D	AA8E	AA8F	AA90	AA91	AA92

8237

	30	31	32	33	34	35	36	37	38	39
AB	AA93	AA94	AA95	AA96	AA97	AA98	AA99	AA9A	AA9B	AA9C
AC	AA9D	AA9E	AA9F	AAA0	AAA1	AAA2	AAA3	AAA4	AAA5	AAA6
AD	AAA7	AAA8	AAA9	AAAA	AAAB	AAAC	AAAD	AAAE	AAAF	AAB0
AE	AAB1	AAB2	AAB3	AAB4	AAB5	AAB6	AAB7	AAB8	AAB9	AABA
AF	AABB	AABC	AABD	AABE	AABF	AAC0	AAC1	AAC2	AAC3	AAC4
B0	AAC5	AAC6	AAC7	AAC8	AAC9	AACA	AACB	AACC	AACD	AACE
B1	AACF	AAD0	AAD1	AAD2	AAD3	AAD4	AAD5	AAD6	AAD7	AAD8
B2	AAD9	AADA	AADB	AADC	AADD	AADE	AADF	AAE0	AAE1	AAE2
B3	AAE3	AAE4	AAE5	AAE6	AAE7	AAE8	AAE9	AAEA	AAEB	AAEC
B4	AAED	AAEE	AAEF	AAF0	AAF1	AAF2	AAF3	AAF4	AAF5	AAF6
B5	AAF7	AAF8	AAF9	AAFA	AAFB	AAFC	AAFD	AAFE	AAFF	AB00
B6	AB01	AB02	AB03	AB04	AB05	AB06	AB07	AB08	AB09	AB0A
B7	AB0B	AB0C	AB0D	AB0E	AB0F	AB10	AB11	AB12	AB13	AB14
B8	AB15	AB16	AB17	AB18	AB19	AB1A	AB1B	AB1C	AB1D	AB1E
B9	AB1F	AB20	AB21	AB22	AB23	AB24	AB25	AB26	AB27	AB28
BA	AB29	AB2A	AB2B	AB2C	AB2D	AB2E	AB2F	AB30	AB31	AB32
BB	AB33	AB34	AB35	AB36	AB37	AB38	AB39	AB3A	AB3B	AB3C
BC	AB3D	AB3E	AB3F	AB40	AB41	AB42	AB43	AB44	AB45	AB46
BD	AB47	AB48	AB49	AB4A	AB4B	AB4C	AB4D	AB4E	AB4F	AB50
BE	AB51	AB52	AB53	AB54	AB55	AB56	AB57	AB58	AB59	AB5A
BF	AB5B	AB5C	AB5D	AB5E	AB5F	AB60	AB61	AB62	AB63	AB64

8237

	30	31	32	33	34	35	36	37	38	39
C0	AB65	AB66	AB67	AB68	AB69	AB6A	AB6B	AB6C	AB6D	AB6E
C1	AB6F	AB70	AB71	AB72	AB73	AB74	AB75	AB76	AB77	AB78
C2	AB79	AB7A	AB7B	AB7C	AB7D	AB7E	AB7F	AB80	AB81	AB82
C3	AB83	AB84	AB85	AB86	AB87	AB88	AB89	AB8A	AB8B	AB8C
C4	AB8D	AB8E	AB8F	AB90	AB91	AB92	AB93	AB94	AB95	AB96
C5	AB97	AB98	AB99	AB9A	AB9B	AB9C	AB9D	AB9E	AB9F	ABA0
C6	ABA1	ABA2	ABA3	ABA4	ABA5	ABA6	ABA7	ABA8	ABA9	ABAA
C7	ABAB	ABAC	ABAD	ABAE	ABAF	ABB0	ABB1	ABB2	ABB3	ABB4
C8	ABB5	ABB6	ABB7	ABB8	ABB9	ABBA	ABBB	ABBC	ABBD	ABBE
C9	ABBF	ABC0	ABC1	ABC2	ABC3	ABC4	ABC5	ABC6	ABC7	ABC8
CA	ABC9	ABCA	ABCB	ABCC	ABCD	ABCE	ABCF	ABD0	ABD1	ABD2
CB	ABD3	ABD4	ABD5	ABD6	ABD7	ABD8	ABD9	ABDA	ABDB	ABDC
CC	ABDD	ABDE	ABDF	ABE0	ABE1	ABE2	ABE3	ABE4	ABE5	ABE6
CD	ABE7	ABE8	ABE9	ABEA	ABEB	ABEC	ABED	ABEE	ABEF	ABF0
CE	ABF1	ABF2	ABF3	ABF4	ABF5	ABF6	ABF7	ABF8	ABF9	ABFA
CF	ABFB	ABFC	ABFD	ABFE	ABFF	가 AC00	각 AC01	AC02	갃 AC03	간 AC04
D0	AC05	AC06	갇 AC07	갈 AC08	갉 AC09	갊 AC0A	갋 AC0B	갌 AC0C	AC0D	AC0E
D1	AC0F	감 AC10	갑 AC11	값 AC12	갓 AC13	갔 AC14	강 AC15	갖 AC16	갗 AC17	AC18
D2	같 AC19	갚 AC1A	갛 AC1B	개 AC1C	객 AC1D	AC1E	AC1F	갠 AC20	AC21	갢 AC22
D3	갣 AC23	갤 AC24	AC25	AC26	AC27	AC28	AC29	AC2A	AC2B	갬 AC2C
D4	갭 AC2D	AC2E	갯 AC2F	갰 AC30	갱 AC31	AC32	AC33	AC34	AC35	AC36

8237

	30	31	32	33	34	35	36	37	38	39
D5	AC37	갸 AC38	갹 AC39	AC3A	AC3B	갼 AC3C	AC3D	AC3E	갿 AC3F	걀 AC40
D6	AC41	AC42	AC43	AC44	AC45	AC46	AC47	걈 AC48	AC49	AC4A
D7	걋 AC4B	AC4C	걍 AC4D	AC4E	AC4F	AC50	AC51	AC52	AC53	걔 AC54
D8	AC55	AC56	AC57	걘 AC58	AC59	AC5A	AC5B	걜 AC5C	AC5D	AC5E
D9	AC5F	AC60	AC61	AC62	AC63	걤 AC64	걥 AC65	AC66	AC67	AC68
DA	AC69	AC6A	AC6B	AC6C	AC6D	AC6E	AC6F	거 AC70	걱 AC71	AC72
DB	AC73	건 AC74	AC75	AC76	걷 AC77	걸 AC78	걹 AC79	걺 AC7A	AC7B	AC7C
DC	AC7D	AC7E	AC7F	검 AC80	겁 AC81	AC82	것 AC83	겄 AC84	겅 AC85	겆 AC86
DD	겇 AC87	AC88	겉 AC89	겊 AC8A	겋 AC8B	게 AC8C	AC8D	AC8E	AC8F	겐 AC90
DE	AC91	AC92	겓 AC93	겔 AC94	AC95	AC96	AC97	AC98	AC99	AC9A
DF	AC9B	겜 AC9C	겝 AC9D	AC9E	겟 AC9F	겠 ACA0	겡 ACA1	ACA2	ACA3	ACA4
E0	겥 ACA5	ACA6	ACA7	겨 ACA8	격 ACA9	겪 ACAA	ACAB	견 ACAC	ACAD	ACAE
E1	겯 ACAF	결 ACB0	겱 ACB1	ACB2	ACB3	겴 ACB4	ACB5	ACB6	ACB7	겸 ACB8
E2	겹 ACB9	ACBA	겻 ACBB	겼 ACBC	경 ACBD	겾 ACBE	겿 ACBF	ACC0	곁 ACC1	ACC2
E3	ACC3	계 ACC4	ACC5	ACC6	ACC7	곈 ACC8	ACC9	ACCA	곋 ACCB	곌 ACCC
E4	ACCD	ACCE	ACCF	ACD0	ACD1	ACD2	ACD3	곔 ACD4	곕 ACD5	ACD6
E5	곗 ACD7	ACD8	곙 ACD9	ACDA	ACDB	ACDC	ACDD	ACDE	ACDF	고 ACE0
E6	곡 ACE1	ACE2	ACE3	곤 ACE4	ACE5	ACE6	곧 ACE7	골 ACE8	곩 ACE9	곪 ACEA
E7	ACEB	곬 ACEC	ACED	ACEE	곯 ACEF	곰 ACF0	곱 ACF1	ACF2	곳 ACF3	ACF4
E8	공 ACF5	곶 ACF6	곷 ACF7	ACF8	ACF9	곺 ACFA	ACFB	과 ACFC	곽 ACFD	ACFE
E9	ACFF	관 AD00	AD01	AD02	괃 AD03	괄 AD04	AD05	괆 AD06	AD07	AD08

8237

	30	31	32	33	34	35	36	37	38	39
EA	AD09	AD0A	AD0B	괌 AD0C	괍 AD0D	AD0E	괏 AD0F	괐 AD10	광 AD11	AD12
EB	AD13	AD14	AD15	AD16	AD17	괘 AD18	괙 AD19	AD1A	AD1B	괜 AD1C
EC	AD1D	AD1E	괟 AD1F	괠 AD20	AD21	AD22	AD23	AD24	AD25	AD26
ED	AD27	괨 AD28	괩 AD29	AD2A	괫 AD2B	괬 AD2C	괭 AD2D	AD2E	AD2F	AD30
EE	AD31	AD32	AD33	괴 AD34	괵 AD35	AD36	AD37	괸 AD38	AD39	AD3A
EF	괻 AD3B	괼 AD3C	AD3D	AD3E	AD3F	AD40	AD41	AD42	AD43	굄 AD44
F0	굅 AD45	AD46	굇 AD47	굈 AD48	굉 AD49	AD4A	AD4B	AD4C	AD4D	AD4E
F1	AD4F	교 AD50	굑 AD51	AD52	AD53	굔 AD54	AD55	AD56	굗 AD57	굘 AD58
F2	AD59	AD5A	AD5B	AD5C	AD5D	AD5E	AD5F	굠 AD60	굡 AD61	AD62
F3	굣 AD63	AD64	굥 AD65	AD66	AD67	AD68	AD69	AD6A	AD6B	구 AD6C
F4	국 AD6D	AD6E	AD6F	군 AD70	AD71	AD72	굳 AD73	굴 AD74	굵 AD75	굶 AD76
F5	AD77	굸 AD78	AD79	AD7A	굻 AD7B	굼 AD7C	굽 AD7D	AD7E	굿 AD7F	AD80
F6	궁 AD81	궂 AD82	AD83	AD84	AD85	AD86	AD87	궈 AD88	궉 AD89	AD8A
F7	AD8B	권 AD8C	AD8D	AD8E	궏 AD8F	궐 AD90	AD91	AD92	AD93	AD94
F8	AD95	AD96	AD97	AD98	AD99	AD9A	궛 AD9B	궜 AD9C	궝 AD9D	AD9E
F9	AD9F	ADA0	ADA1	ADA2	ADA3	궤 ADA4	궥 ADA5	ADA6	ADA7	궨 ADA8
FA	ADA9	ADAA	궫 ADAB	궬 ADAC	ADAD	ADAE	ADAF	ADB0	ADB1	ADB2
FB	ADB3	궴 ADB4	궵 ADB5	ADB6	궷 ADB7	궸 ADB8	궹 ADB9	ADBA	ADBB	ADBC
FC	ADBD	ADBE	ADBF	귀 ADC0	귁 ADC1	ADC2	ADC3	귄 ADC4	ADC5	ADC6
FD	귇 ADC7	귈 ADC8	ADC9	ADCA	ADCB	ADCC	ADCD	ADCE	ADCF	귐 ADD0
FE	귑 ADD1	ADD2	귓 ADD3	ADD4	귕 ADD5	ADD6	ADD7	ADD8	ADD9	ADDA

8238

	30	31	32	33	34	35	36	37	38	39
81	ADDB	규 ADDC	귝 ADDD	ADDE	ADDF	균 ADE0	ADE1	ADE2	ADE3	귤 ADE4
82	ADE5	ADE6	ADE7	귨 ADE8	ADE9	ADEA	ADEB	귬 ADEC	귭 ADED	ADEE
83	ADEF	ADF0	귱 ADF1	ADF2	ADF3	ADF4	ADF5	ADF6	ADF7	그 ADF8
84	극 ADF9	ADFA	ADFB	근 ADFC	ADFD	긆 ADFE	긇 ADFF	글 AE00	긁 AE01	긂 AE02
85	긃 AE03	긄 AE04	AE05	AE06	긇 AE07	금 AE08	급 AE09	AE0A	긋 AE0B	AE0C
86	긍 AE0D	AE0E	긏 AE0F	AE10	긑 AE11	AE12	AE13	긔 AE14	AE15	AE16
87	AE17	긘 AE18	AE19	AE1A	AE1B	긜 AE1C	AE1D	AE1E	AE1F	AE20
88	AE21	AE22	AE23	AE24	AE25	AE26	긧 AE27	AE28	긩 AE29	AE2A
89	AE2B	AE2C	AE2D	AE2E	AE2F	기 AE30	긱 AE31	AE32	AE33	긴 AE34
8A	AE35	AE36	긷 AE37	길 AE38	긹 AE39	긺 AE3A	긻 AE3B	긼 AE3C	AE3D	AE3E
8B	AE3F	김 AE40	깁 AE41	AE42	깃 AE43	AE44	깅 AE45	깆 AE46	깇 AE47	AE48
8C	깉 AE49	깊 AE4A	깋 AE4B	까 AE4C	깍 AE4D	깎 AE4E	AE4F	깐 AE50	AE51	AE52
8D	깓 AE53	깔 AE54	AE55	깖 AE56	AE57	AE58	AE59	AE5A	AE5B	깜 AE5C
8E	깝 AE5D	AE5E	깟 AE5F	깠 AE60	깡 AE61	깢 AE62	AE63	AE64	깥 AE65	AE66
8F	AE67	깨 AE68	깩 AE69	AE6A	AE6B	깬 AE6C	AE6D	AE6E	깯 AE6F	깰 AE70
90	AE71	AE72	AE73	AE74	AE75	AE76	AE77	깸 AE78	깹 AE79	AE7A
91	깻 AE7B	깼 AE7C	깽 AE7D	AE7E	AE7F	AE80	AE81	AE82	AE83	꺄 AE84
92	꺅 AE85	AE86	AE87	AE88	AE89	AE8A	AE8B	꺌 AE8C	AE8D	AE8E
93	AE8F	AE90	AE91	AE92	AE93	AE94	AE95	AE96	AE97	AE98
94	꺙 AE99	AE9A	AE9B	AE9C	AE9D	AE9E	AE9F	꺠 AEA0	AEA1	AEA2
95	AEA3	AEA4	AEA5	AEA6	AEA7	AEA8	AEA9	AEAA	AEAB	AEAC

8238

	30	31	32	33	34	35	36	37	38	39
96	AEAD	AEAE	AEAF	AEB0	AEB1	AEB2	AEB3	AEB4	AEB5	AEB6
97	AEB7	AEB8	AEB9	AEBA	AEBB	꺼 AEBC	꺽 AEBD	꺾 AEBE	AEBF	껀 AEC0
98	AEC1	껂 AEC2	껃 AEC3	껄 AEC4	AEC5	AEC6	AEC7	AEC8	AEC9	AECA
99	AECB	껌 AECC	껍 AECD	AECE	껏 AECF	껐 AED0	껑 AED1	AED2	AED3	AED4
9A	껕 AED5	AED6	AED7	께 AED8	껙 AED9	AEDA	AEDB	껜 AEDC	AEDD	AEDE
9B	껟 AEDF	껠 AEE0	AEE1	AEE2	AEE3	AEE4	AEE5	AEE6	AEE7	껨 AEE8
9C	껩 AEE9	AEEA	껫 AEEB	껬 AEEC	껭 AEED	AEEE	AEEF	AEF0	AEF1	AEF2
9D	AEF3	껴 AEF4	껵 AEF5	AEF6	AEF7	껸 AEF8	AEF9	AEFA	껻 AEFB	껼 AEFC
9E	AEFD	AEFE	AEFF	AF00	AF01	AF02	AF03	꼄 AF04	꼅 AF05	AF06
9F	꼇 AF07.	꼈 AF08	꼉 AF09	AF0A	AF0B	AF0C	꼍 AF0D	AF0E	AF0F	꼐 AF10
A0	AF11	AF12	AF13	AF14	AF15	AF16	AF17	AF18	AF19	AF1A
A1	AF1B	AF1C	AF1D	AF1E	AF1F	AF20	AF21	AF22	AF23	AF24
A2	꼥 AF25	AF26	AF27	AF28	AF29	AF2A	AF2B	꼬 AF2C	꼭 AF2D	AF2E
A3	AF2F	꼰 AF30	AF31	꼲 AF32	꼳 AF33	꼴 AF34	AF35	AF36	AF37	꼸 AF38
A4	AF39	AF3A	AF3B	꼼 AF3C	꼽 AF3D	AF3E	꼿 AF3F	AF40	꽁 AF41	꽂 AF42
A5	꽃 AF43	AF44	꽅 AF45	AF46	AF47	꽈 AF48	꽉 AF49	AF4A	AF4B	꽌 AF4C
A6	AF4D	AF4E	꽏 AF4F	꽐 AF50	AF51	AF52	AF53	AF54	AF55	AF56
A7	AF57	꽘 AF58	꽙 AF59	AF5A	꽛 AF5B	꽜 AF5C	꽝 AF5D	AF5E	AF5F	AF60
A8	AF61	AF62	AF63	꽤 AF64	꽥 AF65	AF66	AF67	꽨 AF68	AF69	AF6A
A9	AF6B	꽬 AF6C	AF6D	AF6E	AF6F	AF70	AF71	AF72	AF73	AF74
AA	AF75	AF76	AF77	AF78	꽹 AF79	AF7A	AF7B	AF7C	AF7D	AF7E

8238

	30	31	32	33	34	35	36	37	38	39
AB	AF7F	꾀 AF80	AF81	AF82	AF83	꾄 AF84	AF85	AF86	꾇 AF87	꾈 AF88
AC	AF89	AF8A	AF8B	AF8C	AF8D	AF8E	AF8F	꾐 AF90	꾑 AF91	AF92
AD	꾓 AF93	꾔 AF94	꾕 AF95	AF96	AF97	AF98	AF99	AF9A	AF9B	꾜 AF9C
AE	AF9D	AF9E	AF9F	꾠 AFA0	AFA1	AFA2	꾣 AFA3	꾤 AFA4	AFA5	AFA6
AF	AFA7	AFA8	AFA9	AFAA	AFAB	꾬 AFAC	꾭 AFAD	AFAE	AFAF	AFB0
B0	AFB1	AFB2	AFB3	AFB4	AFB5	AFB6	AFB7	꾸 AFB8	꾹 AFB9	AFBA
B1	AFBB	꾼 AFBC	AFBD	AFBE	꾿 AFBF	꿀 AFC0	꿁 AFC1	AFC2	AFC3	AFC4
B2	AFC5	AFC6	꿇 AFC7	꿈 AFC8	꿉 AFC9	AFCA	꿋 AFCB	AFCC	꿍 AFCD	꿎 AFCE
B3	AFCF	AFD0	AFD1	AFD2	AFD3	꿔 AFD4	꿕 AFD5	AFD6	AFD7	꿘 AFD8
B4	AFD9	AFDA	꿛 AFDB	꿜 AFDC	AFDD	AFDE	AFDF	AFE0	AFE1	AFE2
B5	AFE3	AFE4	AFE5	AFE6	꿧 AFE7	꿨 AFE8	꿩 AFE9	AFEA	AFEB	AFEC
B6	AFED	AFEE	AFEF	꿰 AFF0	꿱 AFF1	AFF2	AFF3	꿴 AFF4	AFF5	AFF6
B7	꿷 AFF7	꿸 AFF8	AFF9	AFFA	AFFB	AFFC	AFFD	AFFE	AFFF	뀀 B000
B8	뀁 B001	B002	뀃 B003	뀄 B004	뀅 B005	B006	B007	B008	B009	B00A
B9	B00B	뀌 B00C	B00D	B00E	B00F	뀐 B010	B011	B012	B013	뀔 B014
BA	B015	B016	B017	B018	B019	B01A	B01B	뀜 B01C	뀝 B01D	B01E
BB	B01F	B020	뀡 B021	B022	B023	B024	B025	B026	B027	뀨 B028
BC	B029	B02A	B02B	뀬 B02C	B02D	B02E	B02F	뀰 B030	B031	B032
BD	B033	B034	B035	B036	B037	뀸 B038	뀹 B039	B03A	B03B	B03C
BE	B03D	B03E	B03F	B040	B041	B042	B043	끄 B044	끅 B045	B046
BF	B047	끈 B048	B049	끊 B04A	끋 B04B	끌 B04C	끍 B04D	끎 B04E	B04F	B050

8238

	30	31	32	33	34	35	36	37	38	39
C0	B051	B052	끓 B053	끔 B054	끕 B055	B056	끗 B057	B058	끙 B059	B05A
C1	끛 B05B	B05C	끝 B05D	B05E	B05F	끠 B060	끡 B061	B062	B063	B064
C2	B065	B066	끧 B067	B068	B069	B06A	B06B	B06C	B06D	B06E
C3	B06F	B070	B071	B072	끳 B073	B074	끵 B075	B076	B077	B078
C4	B079	B07A	B07B	끼 B07C	끽 B07D	B07E	B07F	낀 B080	B081	B082
C5	낃 B083	낄 B084	B085	B086	B087	B088	B089	B08A	B08B	낌 B08C
C6	낍 B08D	B08E	낏 B08F	B090	낑 B091	B092	B093	B094	낕 B095	B096
C7	B097	나 B098	낙 B099	낚 B09A	낛 B09B	난 B09C	B09D	B09E	낟 B09F	날 B0A0
C8	낡 B0A1	낢 B0A2	B0A3	낤 B0A4	B0A5	B0A6	B0A7	남 B0A8	납 B0A9	B0AA
C9	낫 B0AB	났 B0AC	낭 B0AD	낮 B0AE	낯 B0AF	B0B0	낱 B0B1	B0B2	낳 B0B3	내 B0B4
CA	낵 B0B5	B0B6	B0B7	낸 B0B8	B0B9	B0BA	낻 B0BB	낼 B0BC	B0BD	B0BE
CB	B0BF	B0C0	B0C1	B0C2	B0C3	냄 B0C4	냅 B0C5	B0C6	냇 B0C7	냈 B0C8
CC	냉 B0C9	B0CA	B0CB	B0CC	B0CD	B0CE	B0CF	냐 B0D0	냑 B0D1	B0D2
CD	B0D3	냔 B0D4	B0D5	B0D6	냗 B0D7	냘 B0D8	B0D9	B0DA	B0DB	B0DC
CE	B0DD	B0DE	B0DF	냠 B0E0	냡 B0E1	B0E2	B0E3	B0E4	냥 B0E5	B0E6
CF	B0E7	B0E8	냩 B0E9	B0EA	B0EB	냬 B0EC	B0ED	B0EE	B0EF	B0F0
D0	B0F1	B0F2	B0F3	B0F4	B0F5	B0F6	B0F7	B0F8	B0F9	B0FA
D1	B0FB	B0FC	B0FD	B0FE	B0FF	B100	넁 B101	B102	B103	B104
D2	B105	B106	B107	너 B108	넉 B109	B10A	넋 B10B	넌 B10C	B10D	B10E
D3	넏 B10F	널 B110	B111	넒 B112	넓 B113	B114	B115	B116	B117	넘 B118
D4	넙 B119	B11A	넛 B11B	넜 B11C	넝 B11D	B11E	B11F	B120	B121	넢 B122

8238

	30	31	32	33	34	35	36	37	38	39
D5	넣 B123	네 B124	넥 B125	B126	B127	넨 B128	B129	B12A	넫 B12B	넬 B12C
D6	B12D	B12E	B12F	B130	B131	B132	B133	넴 B134	넵 B135	B136
D7	넷 B137	넸 B138	넹 B139	B13A	B13B	B13C	B13D	B13E	B13F	녀 B140
D8	녁 B141	B142	B143	년 B144	B145	B146	녇 B147	녈 B148	B149	B14A
D9	녋 B14B	B14C	B14D	B14E	B14F	념 B150	녑 B151	B152	녓 B153	녔 B154
DA	녕 B155	B156	B157	녘 B158	녙 B159	녚 B15A	녛 B15B	녜 B15C	B15D	B15E
DB	B15F	녠 B160	B161	B162	녣 B163	녤 B164	B165	B166	B167	B168
DC	B169	B16A	B16B	녬 B16C	녭 B16D	B16E	녯 B16F	B170	녱 B171	B172
DD	B173	B174	B175	B176	B177	노 B178	녹 B179	B17A	B17B	논 B17C
DE	B17D	놚 B17E	놇 B17F	놀 B180	B181	놂 B182	B183	B184	B185	B186
DF	B187	놈 B188	놉 B189	B18A	놋 B18B	B18C	농 B18D	B18E	B18F	B190
E0	B191	높 B192	놓 B193	놔 B194	B195	B196	B197	놘 B198	B199	B19A
E1	놛 B19B	놜 B19C	B19D	B19E	B19F	B1A0	B1A1	B1A2	B1A3	B1A4
E2	B1A5	B1A6	놧 B1A7	놨 B1A8	놩 B1A9	B1AA	B1AB	B1AC	B1AD	B1AE
E3	B1AF	놰 B1B0	B1B1	B1B2	B1B3	B1B4	B1B5	B1B6	B1B7	B1B8
E4	B1B9	B1BA	B1BB	B1BC	B1BD	B1BE	B1BF	B1C0	B1C1	B1C2
E5	B1C3	B1C4	B1C5	B1C6	B1C7	B1C8	B1C9	B1CA	B1CB	뇌 B1CC
E6	뇍 B1CD	B1CE	B1CF	뇐 B1D0	B1D1	B1D2	뇓 B1D3	뇔 B1D4	B1D5	B1D6
E7	B1D7	B1D8	B1D9	B1DA	B1DB	뇜 B1DC	뇝 B1DD	B1DE	뇟 B1DF	뇠 B1E0
E8	뇡 B1E1	B1E2	B1E3	B1E4	B1E5	B1E6	B1E7	뇨 B1E8	뇩 B1E9	B1EA
E9	B1EB	뇬 B1EC	B1ED	B1EE	B1EF	뇰 B1F0	B1F1	B1F2	B1F3	B1F4

8238

	30	31	32	33	34	35	36	37	38	39
EA	B1F5	B1F6	B1F7	뇸 B1F8	뇹 B1F9	B1FA	뇻 B1FB	B1FC	뇽 B1FD	B1FE
EB	B1FF	B200	B201	B202	B203	누 B204	눅 B205	B206	B207	눈 B208
EC	B209	B20A	눋 B20B	눌 B20C	B20D	B20E	B20F	B210	B211	B212
ED	B213	눔 B214	눕 B215	B216	눗 B217	B218	눙 B219	B21A	B21B	B21C
EE	B21D	눞 B21E	B21F	눠 B220	B221	B222	B223	눤 B224	B225	B226
EF	눧 B227	눨 B228	B229	B22A	B22B	B22C	B22D	B22E	B22F	B230
F0	B231	B232	B233	눴 B234	B235	B236	B237	B238	B239	B23A
F1	B23B	눼 B23C	B23D	B23E	B23F	눽 B240	B241	B242	눿 B243	뉀 B244
F2	B245	B246	B247	B248	B249	B24A	B24B	뉈 B24C	뉉 B24D	B24E
F3	B24F	뉌 B250	B251	B252	B253	B254	B255	B256	B257	뉘 B258
F4	B259	B25A	B25B	뉜 B25C	B25D	B25E	뉟 B25F	뉠 B260	B261	B262
F5	B263	B264	B265	B266	B267	뉨 B268	뉩 B269	B26A	뉫 B26B	B26C
F6	B26D	B26E	B26F	B270	B271	B272	B273	뉴 B274	뉵 B275	B276
F7	뉷 B277	뉸 B278	B279	B27A	뉻 B27B	뉼 B27C	B27D	B27E	B27F	B280
F8	B281	B282	B283	늄 B284	늅 B285	B286	늇 B287	B288	늉 B289	늊 B28A
F9	B28B	B28C	B28D	B28E	B28F	느 B290	늑 B291	B292	B293	는 B294
FA	B295	B296	늗 B297	늘 B298	늙 B299	늚 B29A	늛 B29B	늜 B29C	B29D	B29E
FB	B29F	늠 B2A0	늡 B2A1	B2A2	늣 B2A3	B2A4	능 B2A5	늦 B2A6	늧 B2A7	B2A8
FC	B2A9	늪 B2AA	늫 B2AB	늬 B2AC	늭 B2AD	B2AE	B2AF	늰 B2B0	B2B1	B2B2
FD	늳 B2B3	늴 B2B4	B2B5	B2B6	B2B7	B2B8	B2B9	B2BA	B2BB	늼 B2BC
FE	늽 B2BD	B2BE	늿 B2BF	B2C0	닁 B2C1	B2C2	B2C3	B2C4	B2C5	B2C6

8239

	30	31	32	33	34	35	36	37	38	39
81	B2C7	니 B2C8	닉 B2C9	B2CA	B2CB	닌 B2CC	B2CD	B2CE	닏 B2CF	닐 B2D0
82	닑 B2D1	닒 B2D2	닓 B2D3	닔 B2D4	B2D5	B2D6	B2D7	님 B2D8	닙 B2D9	B2DA
83	닛 B2DB	B2DC	닝 B2DD	닞 B2DE	B2DF	B2E0	B2E1	닢 B2E2	닣 B2E3	다 B2E4
84	닥 B2E5	닦 B2E6	B2E7	단 B2E8	B2E9	B2EA	닫 B2EB	달 B2EC	닭 B2ED	닮 B2EE
85	닯 B2EF	닰 B2F0	B2F1	닲 B2F2	닳 B2F3	담 B2F4	답 B2F5	닶 B2F6	닷 B2F7	닸 B2F8
86	당 B2F9	닺 B2FA	닻 B2FB	B2FC	B2FD	B2FE	닿 B2FF	대 B300	댁 B301	B302
87	B303	댄 B304	B305	B306	댇 B307	댈 B308	B309	B30A	B30B	B30C
88	B30D	B30E	B30F	댐 B310	댑 B311	B312	댓 B313	댔 B314	댕 B315	B316
89	B317	B318	B319	B31A	B31B	댜 B31C	댝 B31D	B31E	B31F	댠 B320
8A	B321	B322	B323	B324	B325	B326	B327	B328	B329	B32A
8B	B32B	B32C	B32D	B32E	B32F	B330	댱 B331	B332	B333	B334
8C	B335	B336	B337	B338	B339	B33A	B33B	B33C	B33D	B33E
8D	B33F	B340	B341	B342	B343	B344	B345	B346	B347	B348
8E	B349	B34A	B34B	B34C	B34D	B34E	B34F	B350	B351	B352
8F	B353	더 B354	덕 B355	덖 B356	B357	던 B358	B359	B35A	덛 B35B	덜 B35C
90	B35D	덞 B35E	덟 B35F	B360	B361	B362	B363	덤 B364	덥 B365	덦 B366
91	덧 B367	덨 B368	덩 B369	B36A	덫 B36B	B36C	B36D	덮 B36E	B36F	데 B370
92	덱 B371	B372	B373	덴 B374	B375	B376	덷 B377	델 B378	B379	B37A
93	B37B	B37C	B37D	B37E	B37F	뎀 B380	뎁 B381	B382	뎃 B383	뎄 B384
94	뎅 B385	B386	B387	B388	B389	B38A	B38B	뎌 B38C	뎍 B38D	B38E
95	B38F	뎐 B390	B391	B392	뎓 B393	뎔 B394	B395	B396	B397	뎘 B398

8239

	30	31	32	33	34	35	36	37	38	39
96	B399	B39A	B39B	뎜 B39C	뎝 B39D	B39E	뎟 B39F	뎠 B3A0	뎡 B3A1	B3A2
97	B3A3	B3A4	B3A5	B3A6	B3A7	뎨 B3A8	B3A9	B3AA	B3AB	뎬 B3AC
98	B3AD	B3AE	B3AF	B3B0	B3B1	B3B2	B3B3	B3B4	B3B5	B3B6
99	B3B7	B3B8	B3B9	B3BA	뎻 B3BB	B3BC	뎽 B3BD	B3BE	B3BF	B3C0
9A	B3C1	B3C2	B3C3	도 B3C4	독 B3C5	B3C6	돇 B3C7	돈 B3C8	B3C9	B3CA
9B	돋 B3CB	돌 B3CC	B3CD	돎 B3CE	돏 B3CF	돐 B3D0	B3D1	B3D2	B3D3	돔 B3D4
9C	돕 B3D5	B3D6	돗 B3D7	B3D8	동 B3D9	B3DA	돛 B3DB	B3DC	돝 B3DD	B3DE
9D	B3DF	돠 B3E0	돡 B3E1	B3E2	B3E3	돤 B3E4	B3E5	B3E6	B3E7	돨 B3E8
9E	B3E9	B3EA	B3EB	B3EC	B3ED	B3EE	B3EF	B3F0	B3F1	B3F2
9F	B3F3	B3F4	돵 B3F5	B3F6	B3F7	B3F8	B3F9	B3FA	B3FB	돼 B3FC
A0	B3FD	B3FE	B3FF	됀 B400	B401	B402	됃 B403	됄 B404	B405	B406
A1	B407	B408	B409	B40A	B40B	됌 B40C	됍 B40D	B40E	됏 B40F	됐 B410
A2	B411	B412	B413	B414	B415	B416	B417	되 B418	B419	B41A
A3	B41B	된 B41C	B41D	B41E	됟 B41F	될 B420	B421	B422	B423	B424
A4	B425	B426	B427	됨 B428	됩 B429	B42A	됫 B42B	됬 B42C	됭 B42D	B42E
A5	B42F	B430	B431	B432	B433	됴 B434	됵 B435	B436	B437	됸 B438
A6	B439	B43A	됻 B43B	B43C	B43D	B43E	B43F	B440	B441	B442
A7	B443	B444	B445	B446	둇 B447	B448	B449	B44A	B44B	B44C
A8	B44D	B44E	둏 B44F	두 B450	둑 B451	B452	B453	둔 B454	B455	B456
A9	둗 B457	둘 B458	둙 B459	B45A	둛 B45B	둜 B45C	B45D	B45E	B45F	둠 B460
AA	둡 B461	B462	둣 B463	B464	둥 B465	B466	B467	B468	B469	둪 B46A

8239

	30	31	32	33	34	35	36	37	38	39
AB	B46B	둬 B46C	B46D	B46E	B46F	뒨 B470	B471	B472	뒫 B473	뒬 B474
AC	B475	B476	B477	B478	B479	B47A	B47B	뒴 B47C	B47D	B47E
AD	뒷 B47F	뒀 B480	B481	B482	B483	B484	B485	B486	B487	뒈 B488
AE	B489	B48A	B48B	뒌 B48C	B48D	B48E	뒏 B48F	뒐 B490	B491	B492
AF	B493	B494	B495	B496	B497	뒘 B498	뒙 B499	B49A	뒛 B49B	뒜 B49C
B0	뒝 B49D	B49E	B49F	B4A0	B4A1	B4A2	B4A3	뒤 B4A4	B4A5	B4A6
B1	B4A7	뒨 B4A8	B4A9	B4AA	뒫 B4AB	뒬 B4AC	B4AD	B4AE	B4AF	B4B0
B2	B4B1	B4B2	B4B3	뒴 B4B4	뒵 B4B5	B4B6	뒷 B4B7	B4B8	뒹 B4B9	B4BA
B3	B4BB	B4BC	B4BD	B4BE	B4BF	듀 B4C0	듁 B4C1	B4C2	B4C3	듄 B4C4
B4	B4C5	B4C6	B4C7	듈 B4C8	B4C9	B4CA	B4CB	B4CC	B4CD	B4CE
B5	B4CF	듐 B4D0	B4D1	B4D2	듓 B4D3	B4D4	듕 B4D5	B4D6	B4D7	B4D8
B6	B4D9	B4DA	B4DB	드 B4DC	득 B4DD	B4DE	B4DF	든 B4E0	B4E1	B4E2
B7	듣 B4E3	들 B4E4	듥 B4E5	듦 B4E6	듧 B4E7	듨 B4E8	B4E9	B4EA	B4EB	듬 B4EC
B8	듭 B4ED	B4EE	듯 B4EF	B4F0	등 B4F1	B4F2	B4F3	B4F4	B4F5	B4F6
B9	B4F7	듸 B4F8	B4F9	B4FA	B4FB	듼 B4FC	B4FD	B4FE	듿 B4FF	딀 B500
BA	B501	B502	B503	B504	B505	B506	B507	B508	딉 B509	B50A
BB	딋 B50B	B50C	딍 B50D	B50E	B50F	B510	B511	B512	B513	디 B514
BC	딕 B515	B516	B517	딘 B518	B519	B51A	딛 B51B	딜 B51C	B51D	B51E
BD	B51F	B520	B521	B522	B523	딤 B524	딥 B525	B526	딧 B527	딨 B528
BE	딩 B529	딪 B52A	B52B	B52C	B52D	딮 B52E	딯 B52F	따 B530	딱 B531	딲 B532
BF	B533	딴 B534	B535	B536	딷 B537	딸 B538	B539	B53A	땳 B53B	B53C

8239

	30	31	32	33	34	35	36	37	38	39
C0	B53D	B53E	땷 B53F	땀 B540	땁 B541	B542	땃 B543	땄 B544	땅 B545	B546
C1	B547	B548	B549	B54A	땋 B54B	때 B54C	땍 B54D	B54E	B54F	땐 B550
C2	B551	B552	땓 B553	땔 B554	B555	B556	B557	B558	B559	B55A
C3	B55B	땜 B55C	땝 B55D	B55E	땟 B55F	땠 B560	땡 B561	B562	B563	B564
C4	B565	B566	B567	B568	땩 B569	B56A	B56B	땬 B56C	B56D	B56E
C5	B56F	B570	B571	B572	B573	B574	B575	B576	B577	B578
C6	B579	B57A	B57B	B57C	땽 B57D	B57E	B57F	B580	B581	B582
C7	B583	B584	B585	B586	B587	B588	B589	B58A	B58B	B58C
C8	B58D	B58E	B58F	B590	B591	B592	B593	B594	B595	B596
C9	B597	B598	B599	B59A	B59B	B59C	B59D	B59E	B59F	떠 B5A0
CA	떡 B5A1	B5A2	B5A3	떤 B5A4	B5A5	B5A6	떧 B5A7	떨 B5A8	B5A9	떪 B5AA
CB	떫 B5AB	B5AC	B5AD	B5AE	B5AF	떰 B5B0	떱 B5B1	B5B2	떳 B5B3	떴 B5B4
CC	떵 B5B5	B5B6	B5B7	B5B8	B5B9	B5BA	떻 B5BB	떼 B5BC	떽 B5BD	B5BE
CD	B5BF	뗀 B5C0	B5C1	B5C2	뗃 B5C3	뗄 B5C4	B5C5	B5C6	B5C7	B5C8
CE	B5C9	B5CA	B5CB	뗌 B5CC	뗍 B5CD	B5CE	뗏 B5CF	뗐 B5D0	뗑 B5D1	B5D2
CF	B5D3	B5D4	B5D5	B5D6	B5D7	뗘 B5D8	뗙 B5D9	B5DA	B5DB	뗜 B5DC
D0	B5DD	B5DE	B5DF	B5E0	B5E1	B5E2	B5E3	B5E4	B5E5	B5E6
D1	B5E7	뗨 B5E8	뗩 B5E9	B5EA	B5EB	뗬 B5EC	뗭 B5ED	B5EE	B5EF	B5F0
D2	B5F1	B5F2	B5F3	B5F4	B5F5	B5F6	B5F7	뗸 B5F8	B5F9	B5FA
D3	B5FB	B5FC	B5FD	B5FE	B5FF	B600	B601	B602	B603	B604
D4	B605	B606	B607	B608	똉 B609	B60A	B60B	B60C	B60D	B60E

8239

	30	31	32	33	34	35	36	37	38	39
D5	B60F	또 B610	똑 B611	B612	B613	똔 B614	B615	B616	똗 B617	똘 B618
D6	B619	B61A	B61B	B61C	B61D	B61E	B61F	똠 B620	똡 B621	B622
D7	똣 B623	B624	똥 B625	B626	B627	B628	B629	B62A	B62B	똬 B62C
D8	똭 B62D	B62E	B62F	똰 B630	B631	B632	B633	똴 B634	B635	B636
D9	B637	B638	B639	B63A	B63B	B63C	B63D	B63E	B63F	B640
DA	뙁 B641	B642	B643	B644	B645	B646	B647	뙈 B648	뙉 B649	B64A
DB	B64B	뙌 B64C	B64D	B64E	뙏 B64F	뙐 B650	B651	B652	B653	B654
DC	B655	B656	B657	뙘 B658	뙙 B659	B65A	B65B	뙜 B65C	B65D	B65E
DD	B65F	B660	B661	B662	B663	뙤 B664	B665	B666	B667	뙨 B668
DE	B669	B66A	뙫 B66B	뙬 B66C	B66D	B66E	B66F	B670	B671	B672
DF	B673	뙴 B674	뙵 B675	B676	뙷 B677	뙸 B678	뙹 B679	B67A	B67B	B67C
E0	B67D	B67E	B67F	B680	뚁 B681	B682	B683	B684	B685	B686
E1	B687	B688	B689	B68A	B68B	B68C	B68D	B68E	B68F	B690
E2	B691	B692	B693	B694	B695	B696	B697	B698	B699	B69A
E3	B69B	뚜 B69C	뚝 B69D	B69E	B69F	뚠 B6A0	B6A1	B6A2	뚣 B6A3	뚤 B6A4
E4	B6A5	뚦 B6A6	뚧 B6A7	B6A8	B6A9	B6AA	뚫 B6AB	뚬 B6AC	뚭 B6AD	B6AE
E5	뚯 B6AF	B6B0	뚱 B6B1	B6B2	B6B3	B6B4	뚵 B6B5	B6B6	B6B7	B6B8
E6	B6B9	B6BA	B6BB	뚼 B6BC	B6BD	B6BE	B6BF	B6C0	B6C1	B6C2
E7	B6C3	B6C4	B6C5	B6C6	B6C7	B6C8	B6C9	B6CA	B6CB	B6CC
E8	B6CD	B6CE	B6CF	B6D0	B6D1	B6D2	B6D3	뛔 B6D4	B6D5	B6D6
E9	B6D7	뛘 B6D8	B6D9	B6DA	뛛 B6DB	뛜 B6DC	B6DD	B6DE	B6DF	B6E0

8239

	30	31	32	33	34	35	36	37	38	39
EA	B6E1	B6E2	B6E3	뛤 B6E4	뛥 B6E5	B6E6	B6E7	뛨 B6E8	뛩 B6E9	B6EA
EB	B6EB	B6EC	B6ED	B6EE	B6EF	뛰 B6F0	B6F1	B6F2	B6F3	뛴 B6F4
EC	B6F5	B6F6	뛷 B6F7	뛸 B6F8	B6F9	B6FA	B6FB	B6FC	B6FD	B6FE
ED	B6FF	뜀 B700	뜁 B701	B702	뜃 B703	B704	뜅 B705	B706	B707	B708
EE	B709	B70A	B70B	뜌 B70C	뜍 B70D	B70E	B70F	B710	B711	B712
EF	B713	뜔 B714	B715	B716	B717	B718	B719	B71A	B71B	B71C
F0	B71D	B71E	B71F	B720	뜡 B721	B722	B723	B724	B725	B726
F1	B727	뜨 B728	뜩 B729	B72A	B72B	뜬 B72C	B72D	B72E	뜯 B72F	뜰 B730
F2	B731	B732	B733	B734	B735	B736	B737	뜸 B738	뜹 B739	B73A
F3	뜻 B73B	B73C	뜽 B73D	B73E	B73F	B740	B741	B742	B743	띄 B744
F4	B745	B746	B747	띈 B748	B749	B74A	B74B	띌 B74C	B74D	B74E
F5	B74F	B750	B751	B752	B753	띔 B754	띕 B755	B756	B757	B758
F6	띙 B759	B75A	B75B	B75C	B75D	B75E	B75F	띠 B760	띡 B761	B762
F7	B763	띤 B764	B765	B766	띧 B767	띨 B768	B769	B76A	B76B	B76C
F8	B76D	B76E	B76F	띰 B770	띱 B771	B772	띳 B773	B774	띵 B775	B776
F9	B777	B778	B779	B77A	띻 B77B	라 B77C	락 B77D	B77E	B77F	란 B780
FA	B781	B782	랃 B783	랄 B784	B785	B786	B787	랈 B788	B789	B78A
FB	B78B	람 B78C	랍 B78D	B78E	랏 B78F	랐 B790	랑 B791	랒 B792	랓 B793	B794
FC	랕 B795	랖 B796	랗 B797	래 B798	랙 B799	B79A	B79B	랜 B79C	B79D	B79E
FD	랟 B79F	랠 B7A0	B7A1	B7A2	B7A3	B7A4	B7A5	B7A6	B7A7	램 B7A8
FE	랩 B7A9	B7AA	랫 B7AB	랬 B7AC	랭 B7AD	B7AE	B7AF	B7B0	B7B1	B7B2

8330

	30	31	32	33	34	35	36	37	38	39
81	B7B3	랴 B7B4	략 B7B5	B7B6	B7B7	랸 B7B8	B7B9	B7BA	B7BB	랼 B7BC
82	B7BD	B7BE	B7BF	B7C0	B7C1	B7C2	B7C3	럄 B7C4	럅 B7C5	B7C6
83	럇 B7C7	B7C8	량 B7C9	B7CA	B7CB	B7CC	B7CD	B7CE	B7CF	B7D0
84	B7D1	B7D2	B7D3	B7D4	B7D5	B7D6	B7D7	B7D8	B7D9	B7DA
85	B7DB	B7DC	B7DD	B7DE	B7DF	B7E0	B7E1	B7E2	B7E3	B7E4
86	B7E5	B7E6	B7E7	B7E8	B7E9	B7EA	B7EB	러 B7EC	럭 B7ED	B7EE
87	B7EF	런 B7F0	B7F1	B7F2	럳 B7F3	럴 B7F4	B7F5	B7F6	B7F7	B7F8
88	B7F9	B7FA	B7FB	럼 B7FC	럽 B7FD	B7FE	럿 B7FF	렀 B800	렁 B801	렂 B802
89	B803	B804	B805	렆 B806	렇 B807	레 B808	렉 B809	B80A	B80B	렌 B80C
8A	B80D	B80E	렏 B80F	렐 B810	B811	B812	B813	B814	B815	B816
8B	B817	렘 B818	렙 B819	B81A	렛 B81B	B81C	렝 B81D	B81E	B81F	B820
8C	렡 B821	B822	B823	려 B824	력 B825	B826	B827	련 B828	B829	B82A
8D	렫 B82B	렬 B82C	B82D	B82E	B82F	렰 B830	B831	B832	B833	렴 B834
8E	렵 B835	B836	렷 B837	렸 B838	령 B839	B83A	B83B	렼 B83C	B83D	렾 B83E
8F	B83F	례 B840	B841	B842	B843	롄 B844	B845	B846	B847	롈 B848
90	B849	B84A	B84B	B84C	B84D	B84E	B84F	롐 B850	롑 B851	B852
91	롓 B853	B854	롕 B855	B856	B857	B858	B859	B85A	B85B	로 B85C
92	록 B85D	B85E	B85F	론 B860	B861	B862	롣 B863	롤 B864	B865	B866
93	B867	롨 B868	B869	B86A	B86B	롬 B86C	롭 B86D	B86E	롯 B86F	B870
94	롱 B871	B872	B873	B874	B875	롶 B876	B877	롸 B878	롹 B879	B87A
95	B87B	롼 B87C	B87D	B87E	B87F	뢀 B880	B881	B882	B883	B884

8330

	30	31	32	33	34	35	36	37	38	39
96	B885	B886	B887	B888	B889	B88A	B88B	B88C	뢍 B88D	B88E
97	B88F	B890	B891	B892	B893	뢔 B894	B895	B896	B897	B898
98	B899	B89A	B89B	B89C	B89D	B89E	B89F	B8A0	B8A1	B8A2
99	B8A3	B8A4	B8A5	B8A6	B8A7	뢨 B8A8	B8A9	B8AA	B8AB	B8AC
9A	B8AD	B8AE	B8AF	뢰 B8B0	뢱 B8B1	B8B2	B8B3	뢴 B8B4	B8B5	B8B6
9B	뢷 B8B7	뢸 B8B8	B8B9	B8BA	B8BB	B8BC	B8BD	B8BE	B8BF	룀 B8C0
9C	룁 B8C1	B8C2	룃 B8C3	룄 B8C4	룅 B8C5	B8C6	B8C7	B8C8	B8C9	B8CA
9D	B8CB	료 B8CC	룍 B8CD	B8CE	B8CF	룐 B8D0	B8D1	B8D2	B8D3	룔 B8D4
9E	B8D5	B8D6	B8D7	B8D8	B8D9	B8DA	B8DB	룜 B8DC	룝 B8DD	B8DE
9F	룟 B8DF	B8E0	룡 B8E1	B8E2	B8E3	B8E4	B8E5	B8E6	B8E7	루 B8E8
A0	룩 B8E9	B8EA	B8EB	룬 B8EC	B8ED	B8EE	룯 B8EF	룰 B8F0	B8F1	B8F2
A1	B8F3	B8F4	B8F5	B8F6	B8F7	룸 B8F8	룹 B8F9	B8FA	룻 B8FB	B8FC
A2	룽 B8FD	B8FE	B8FF	B900	B901	B902	B903	뤄 B904	B905	B906
A3	B907	뤈 B908	B909	B90A	뤋 B90B	뤌 B90C	B90D	B90E	B90F	B910
A4	B911	B912	B913	B914	B915	B916	B917	뤘 B918	B919	B91A
A5	B91B	B91C	B91D	B91E	B91F	뤠 B920	B921	B922	B923	뤤 B924
A6	B925	B926	B927	뤨 B928	B929	B92A	B92B	B92C	B92D	B92E
A7	B92F	뤰 B930	뤱 B931	B932	뤳 B933	뤴 B934	B935	B936	B937	B938
A8	B939	B93A	B93B	뤼 B93C	뤽 B93D	B93E	B93F	륀 B940	B941	B942
A9	B943	륄 B944	B945	B946	B947	B948	B949	B94A	B94B	륌 B94C
AA	B94D	B94E	륏 B94F	B950	륑 B951	B952	B953	B954	B955	B956

8330

	30	31	32	33	34	35	36	37	38	39
AB	B957	류 B958	륙 B959	B95A	B95B	륜 B95C	B95D	B95E	륟 B95F	률 B960
AC	B961	B962	B963	B964	B965	B966	B967	륨 B968	륩 B969	B96A
AD	륫 B96B	B96C	륭 B96D	B96E	B96F	B970	B971	B972	B973	르 B974
AE	륵 B975	B976	B977	른 B978	B979	B97A	륻 B97B	를 B97C	B97D	B97E
AF	B97F	릀 B980	B981	B982	B983	름 B984	릅 B985	B986	릇 B987	B988
B0	릉 B989	릊 B98A	릋 B98B	B98C	릍 B98D	릎 B98E	B98F	릐 B990	B991	B992
B1	B993	릔 B994	B995	B996	B997	B998	B999	B99A	B99B	B99C
B2	B99D	B99E	B99F	릠 B9A0	B9A1	B9A2	릣 B9A3	B9A4	B9A5	B9A6
B3	B9A7	B9A8	B9A9	B9AA	B9AB	리 B9AC	릭 B9AD	B9AE	B9AF	린 B9B0
B4	B9B1	B9B2	릳 B9B3	릴 B9B4	B9B5	B9B6	B9B7	B9B8	B9B9	B9BA
B5	B9BB	림 B9BC	립 B9BD	B9BE	릿 B9BF	B9C0	링 B9C1	B9C2	B9C3	B9C4
B6	B9C5	릪 B9C6	B9C7	마 B9C8	막 B9C9	B9CA	B9CB	만 B9CC	B9CD	많 B9CE
B7	맏 B9CF	말 B9D0	맑 B9D1	맒 B9D2	B9D3	맔 B9D4	B9D5	B9D6	B9D7	맘 B9D8
B8	맙 B9D9	B9DA	맛 B9DB	B9DC	망 B9DD	맞 B9DE	맟 B9DF	B9E0	맡 B9E1	B9E2
B9	맣 B9E3	매 B9E4	맥 B9E5	B9E6	맧 B9E7	맨 B9E8	B9E9	B9EA	맫 B9EB	맬 B9EC
BA	B9ED	B9EE	B9EF	B9F0	B9F1	B9F2	B9F3	맴 B9F4	맵 B9F5	B9F6
BB	맷 B9F7	맸 B9F8	맹 B9F9	맺 B9FA	B9FB	B9FC	B9FD	B9FE	B9FF	먀 BA00
BC	먁 BA01	BA02	BA03	먄 BA04	BA05	BA06	BA07	먈 BA08	BA09	BA0A
BD	BA0B	BA0C	BA0D	BA0E	BA0F	먐 BA10	BA11	BA12	BA13	BA14
BE	먕 BA15	BA16	BA17	BA18	BA19	BA1A	BA1B	먜 BA1C	BA1D	BA1E
BF	BA1F	BA20	BA21	BA22	BA23	BA24	BA25	BA26	BA27	BA28

8330

	30	31	32	33	34	35	36	37	38	39
C0	BA29	BA2A	BA2B	BA2C	BA2D	BA2E	BA2F	BA30	BA31	BA32
C1	BA33	BA34	BA35	BA36	BA37	머 BA38	먹 BA39	BA3A	BA3B	먼 BA3C
C2	BA3D	BA3E	먿 BA3F	멀 BA40	BA41	멂 BA42	BA43	BA44	BA45	BA46
C3	BA47	멈 BA48	멉 BA49	BA4A	멋 BA4B	BA4C	멍 BA4D	멎 BA4E	BA4F	BA50
C4	BA51	BA52	멓 BA53	메 BA54	멕 BA55	BA56	BA57	멘 BA58	BA59	BA5A
C5	멛 BA5B	멜 BA5C	BA5D	BA5E	BA5F	BA60	BA61	BA62	BA63	멤 BA64
C6	멥 BA65	BA66	멧 BA67	멨 BA68	멩 BA69	BA6A	멫 BA6B	BA6C	BA6D	BA6E
C7	BA6F	며 BA70	멱 BA71	BA72	BA73	면 BA74	BA75	BA76	멷 BA77	멸 BA78
C8	BA79	BA7A	BA7B	BA7C	BA7D	BA7E	BA7F	몀 BA80	몁 BA81	BA82
C9	몃 BA83	몄 BA84	명 BA85	BA86	몇 BA87	BA88	BA89	BA8A	BA8B	몌 BA8C
CA	BA8D	BA8E	BA8F	몐 BA90	BA91	BA92	몓 BA93	몔 BA94	BA95	BA96
CB	BA97	BA98	BA99	BA9A	BA9B	BA9C	BA9D	BA9E	몟 BA9F	BAA0
CC	몡 BAA1	BAA2	BAA3	BAA4	BAA5	BAA6	BAA7	모 BAA8	목 BAA9	BAAA
CD	몫 BAAB	몬 BAAC	BAAD	BAAE	몯 BAAF	몰 BAB0	몱 BAB1	몲 BAB2	BAB3	몴 BAB4
CE	BAB5	BAB6	BAB7	몸 BAB8	몹 BAB9	BABA	못 BABB	BABC	몽 BABD	BABE
CF	BABF	BAC0	BAC1	BAC2	BAC3	뫄 BAC4	BAC5	BAC6	BAC7	뫈 BAC8
D0	BAC9	BACA	BACB	BACC	BACD	BACE	BACF	BAD0	BAD1	BAD2
D1	BAD3	BAD4	BAD5	BAD6	BAD7	뫘 BAD8	뫙 BAD9	BADA	BADB	BADC
D2	BADD	BADE	BADF	뫠 BAE0	BAE1	BAE2	BAE3	BAE4	BAE5	BAE6
D3	BAE7	BAE8	BAE9	BAEA	BAEB	BAEC	BAED	BAEE	BAEF	BAF0
D4	BAF1	BAF2	BAF3	BAF4	BAF5	BAF6	BAF7	BAF8	BAF9	BAFA

8330

	30	31	32	33	34	35	36	37	38	39
D5	BAFB	뫼 BAFC	BAFD	BAFE	BAFF	묀 BB00	BB01	BB02	묃 BB03	묄 BB04
D6	BB05	BB06	BB07	BB08	BB09	BB0A	BB0B	묌 BB0C	묍 BB0D	BB0E
D7	묏 BB0F	BB10	묑 BB11	BB12	BB13	BB14	BB15	BB16	BB17	묘 BB18
D8	묙 BB19	BB1A	BB1B	묜 BB1C	BB1D	BB1E	BB1F	묠 BB20	BB21	BB22
D9	BB23	BB24	BB25	BB26	BB27	묨 BB28	묩 BB29	BB2A	묫 BB2B	BB2C
DA	묭 BB2D	BB2E	BB2F	BB30	BB31	BB32	BB33	무 BB34	묵 BB35	묶 BB36
DB	BB37	문 BB38	BB39	BB3A	묻 BB3B	물 BB3C	묽 BB3D	묾 BB3E	BB3F	묤 BB40
DC	BB41	BB42	BB43	뭄 BB44	뭅 BB45	BB46	뭇 BB47	BB48	뭉 BB49	BB4A
DD	뭋 BB4B	BB4C	뭍 BB4D	BB4E	뭏 BB4F	뭐 BB50	BB51	BB52	BB53	뭔 BB54
DE	BB55	BB56	뭗 BB57	뭘 BB58	BB59	BB5A	BB5B	BB5C	BB5D	BB5E
DF	BB5F	뭠 BB60	뭡 BB61	BB62	뭣 BB63	BB64	BB65	BB66	BB67	BB68
E0	BB69	BB6A	BB6B	뭬 BB6C	BB6D	BB6E	BB6F	뭰 BB70	BB71	BB72
E1	BB73	뭴 BB74	BB75	BB76	BB77	BB78	BB79	BB7A	BB7B	뭼 BB7C
E2	뭽 BB7D	BB7E	뭿 BB7F	BB80	BB81	BB82	BB83	BB84	BB85	BB86
E3	BB87	뮈 BB88	뮉 BB89	BB8A	BB8B	뮌 BB8C	BB8D	BB8E	BB8F	뮐 BB90
E4	BB91	BB92	BB93	BB94	BB95	BB96	BB97	BB98	뮙 BB99	BB9A
E5	BB9B	BB9C	BB9D	BB9E	BB9F	BBA0	BBA1	BBA2	BBA3	뮤 BBA4
E6	뮥 BBA5	BBA6	BBA7	뮨 BBA8	BBA9	BBAA	BBAB	뮬 BBAC	BBAD	BBAE
E7	BBAF	BBB0	BBB1	BBB2	BBB3	뮴 BBB4	뮵 BBB5	BBB6	뮷 BBB7	BBB8
E8	뮹 BBB9	BBBA	BBBB	BBBC	BBBD	BBBE	BBBF	므 BBC0	믁 BBC1	BBC2
E9	BBC3	믄 BBC4	BBC5	BBC6	믇 BBC7	믈 BBC8	BBC9	BBCA	BBCB	믌 BBCC

8330

	30	31	32	33	34	35	36	37	38	39
EA	BBCD	BBCE	BBCF	믐 BBD0	믑 BBD1	BBD2	믓 BBD3	BBD4	믕 BBD5	BBD6
EB	BBD7	BBD8	BBD9	BBDA	BBDB	믜 BBDC	믝 BBDD	BBDE	BBDF	믠 BBE0
EC	BBE1	BBE2	BBE3	믤 BBE4	BBE5	BBE6	BBE7	BBE8	BBE9	BBEA
ED	BBEB	BBEC	믭 BBED	BBEE	믯 BBEF	BBF0	믱 BBF1	믲 BBF2	BBF3	BBF4
EE	BBF5	BBF6	BBF7	미 BBF8	믹 BBF9	BBFA	BBFB	민 BBFC	BBFD	BBFE
EF	믿 BBFF	밀 BC00	BC01	밂 BC02	BC03	밄 BC04	BC05	BC06	BC07	밈 BC08
F0	밉 BC09	BC0A	밋 BC0B	밌 BC0C	밍 BC0D	BC0E	및 BC0F	BC10	밑 BC11	BC12
F1	BC13	바 BC14	박 BC15	밖 BC16	밗 BC17	반 BC18	BC19	BC1A	받 BC1B	발 BC1C
F2	밝 BC1D	밞 BC1E	밟 BC1F	밠 BC20	BC21	BC22	BC23	밤 BC24	밥 BC25	BC26
F3	밧 BC27	BC28	방 BC29	BC2A	밫 BC2B	BC2C	밭 BC2D	BC2E	밯 BC2F	배 BC30
F4	백 BC31	BC32	BC33	밴 BC34	BC35	BC36	밷 BC37	밸 BC38	BC39	BC3A
F5	BC3B	BC3C	BC3D	BC3E	BC3F	뱀 BC40	뱁 BC41	BC42	뱃 BC43	뱄 BC44
F6	뱅 BC45	뱆 BC46	BC47	BC48	뱉 BC49	BC4A	BC4B	뱌 BC4C	뱍 BC4D	BC4E
F7	BC4F	뱐 BC50	BC51	BC52	BC53	뱔 BC54	BC55	BC56	BC57	BC58
F8	BC59	BC5A	BC5B	뱜 BC5C	뱝 BC5D	BC5E	BC5F	BC60	뱡 BC61	BC62
F9	BC63	BC64	BC65	BC66	BC67	BC68	BC69	BC6A	BC6B	BC6C
FA	BC6D	BC6E	BC6F	BC70	BC71	BC72	BC73	BC74	BC75	BC76
FB	BC77	BC78	BC79	BC7A	BC7B	BC7C	BC7D	BC7E	BC7F	BC80
FC	BC81	BC82	BC83	버 BC84	벅 BC85	BC86	BC87	번 BC88	BC89	BC8A
FD	벋 BC8B	벌 BC8C	BC8D	벎 BC8E	BC8F	BC90	BC91	BC92	BC93	범 BC94
FE	법 BC95	BC96	벗 BC97	BC98	벙 BC99	벚 BC9A	BC9B	벜 BC9C	BC9D	BC9E

8331

	30	31	32	33	34	35	36	37	38	39
81	BC9F	베 BCA0	벡 BCA1	BCA2	BCA3	벤 BCA4	BCA5	BCA6	벧 BCA7	벨 BCA8
82	BCA9	BCAA	BCAB	BCAC	BCAD	BCAE	BCAF	벰 BCB0	벱 BCB1	BCB2
83	벳 BCB3	벴 BCB4	벵 BCB5	BCB6	BCB7	벸 BCB8	벹 BCB9	BCBA	BCBB	벼 BCBC
84	벽 BCBD	BCBE	BCBF	변 BCC0	BCC1	BCC2	볃 BCC3	별 BCC4	BCC5	BCC6
85	BCC7	볈 BCC8	BCC9	BCCA	BCCB	볌 BCCC	볍 BCCD	BCCE	볏 BCCF	볐 BCD0
86	병 BCD1	BCD2	볓 BCD3	볔 BCD4	볕 BCD5	BCD6	BCD7	볘 BCD8	BCD9	BCDA
87	BCDB	볜 BCDC	BCDD	BCDE	BCDF	BCE0	BCE1	BCE2	BCE3	BCE4
88	BCE5	BCE6	BCE7	BCE8	BCE9	BCEA	BCEB	BCEC	볭 BCED	BCEE
89	BCEF	BCF0	BCF1	BCF2	BCF3	보 BCF4	복 BCF5	볶 BCF6	볷 BCF7	본 BCF8
8A	BCF9	BCFA	볻 BCFB	볼 BCFC	BCFD	BCFE	볿 BCFF	BD00	BD01	BD02
8B	BD03	봄 BD04	봅 BD05	BD06	봇 BD07	BD08	봉 BD09	봊 BD0A	봋 BD0B	BD0C
8C	BD0D	BD0E	봏 BD0F	봐 BD10	BD11	BD12	BD13	봔 BD14	BD15	BD16
8D	봗 BD17	BD18	BD19	BD1A	BD1B	BD1C	BD1D	BD1E	BD1F	BD20
8E	BD21	BD22	봣 BD23	봤 BD24	봥 BD25	BD26	BD27	BD28	BD29	BD2A
8F	BD2B	봬 BD2C	BD2D	BD2E	BD2F	BD30	BD31	BD32	봳 BD33	BD34
90	BD35	BD36	BD37	BD38	BD39	BD3A	BD3B	BD3C	BD3D	BD3E
91	BD3F	뵀 BD40	BD41	BD42	BD43	BD44	BD45	BD46	BD47	뵈 BD48
92	뵉 BD49	BD4A	BD4B	뵌 BD4C	BD4D	BD4E	뵏 BD4F	뵐 BD50	BD51	BD52
93	BD53	BD54	BD55	BD56	BD57	뵘 BD58	뵙 BD59	BD5A	뵛 BD5B	뵜 BD5C
94	BD5D	BD5E	BD5F	BD60	BD61	BD62	BD63	뵤 BD64	BD65	BD66
95	BD67	뵨 BD68	BD69	BD6A	BD6B	뵬 BD6C	BD6D	BD6E	BD6F	BD70

8331

	30	31	32	33	34	35	36	37	38	39
96	BD71	BD72	BD73	뵴 BD74	BD75	BD76	BD77	BD78	뵹 BD79	BD7A
97	BD7B	BD7C	BD7D	BD7E	BD7F	부 BD80	북 BD81	BD82	BD83	분 BD84
98	BD85	BD86	붇 BD87	불 BD88	붉 BD89	붊 BD8A	붋 BD8B	BD8C	BD8D	BD8E
99	BD8F	붐 BD90	붑 BD91	BD92	붓 BD93	BD94	붕 BD95	BD96	붗 BD97	BD98
9A	붙 BD99	붚 BD9A	BD9B	붜 BD9C	붝 BD9D	BD9E	BD9F	붠 BDA0	BDA1	BDA2
9B	붣 BDA3	붤 BDA4	BDA5	BDA6	BDA7	BDA8	붩 BDA9	붪 BDAA	붫 BDAB	붬 BDAC
9C	BDAD	BDAE	붯 BDAF	붰 BDB0	BDB1	BDB2	BDB3	붴 BDB4	BDB5	BDB6
9D	BDB7	붸 BDB8	BDB9	BDBA	BDBB	붼 BDBC	BDBD	BDBE	붿 BDBF	뷀 BDC0
9E	BDC1	BDC2	BDC3	BDC4	BDC5	BDC6	BDC7	뷈 BDC8	뷉 BDC9	BDCA
9F	BDCB	뷌 BDCC	BDCD	BDCE	BDCF	BDD0	BDD1	BDD2	BDD3	뷔 BDD4
A0	뷕 BDD5	BDD6	BDD7	뷘 BDD8	BDD9	BDDA	뷛 BDDB	뷜 BDDC	BDDD	BDDE
A1	BDDF	BDE0	BDE1	BDE2	BDE3	뷤 BDE4	BDE5	BDE6	뷧 BDE7	BDE8
A2	뷩 BDE9	BDEA	BDEB	BDEC	BDED	BDEE	BDEF	뷰 BDF0	BDF1	BDF2
A3	BDF3	뷴 BDF4	BDF5	BDF6	BDF7	뷸 BDF8	BDF9	BDFA	BDFB	BDFC
A4	BDFD	BDFE	BDFF	븀 BE00	BE01	BE02	븃 BE03	BE04	븅 BE05	BE06
A5	BE07	BE08	BE09	BE0A	BE0B	브 BE0C	븍 BE0D	BE0E	BE0F	븐 BE10
A6	BE11	BE12	븓 BE13	블 BE14	븕 BE15	BE16	븗 BE17	븘 BE18	BE19	BE1A
A7	BE1B	븜 BE1C	븝 BE1D	BE1E	븟 BE1F	BE20	BE21	BE22	BE23	BE24
A8	븥 BE25	BE26	BE27	븨 BE28	븩 BE29	BE2A	BE2B	븬 BE2C	BE2D	BE2E
A9	BE2F	븰 BE30	BE31	BE32	BE33	BE34	BE35	BE36	BE37	BE38
AA	BE39	BE3A	븻 BE3B	BE3C	BE3D	BE3E	BE3F	BE40	BE41	BE42

8331

	30	31	32	33	34	35	36	37	38	39
AB	BE43	비 BE44	빅 BE45	BE46	BE47	빈 BE48	BE49	BE4A	빋 BE4B	빌 BE4C
AC	BE4D	빎 BE4E	BE4F	BE50	BE51	BE52	BE53	빔 BE54	빕 BE55	BE56
AD	빗 BE57	빘 BE58	빙 BE59	빚 BE5A	빛 BE5B	BE5C	빝 BE5D	BE5E	빟 BE5F	빠 BE60
AE	빡 BE61	BE62	BE63	빤 BE64	BE65	BE66	빧 BE67	빨 BE68	BE69	빪 BE6A
AF	BE6B	BE6C	BE6D	BE6E	BE6F	빰 BE70	빱 BE71	BE72	빳 BE73	빴 BE74
B0	빵 BE75	BE76	BE77	BE78	빹 BE79	BE7A	빻 BE7B	빼 BE7C	빽 BE7D	BE7E
B1	BE7F	뺀 BE80	BE81	BE82	뺃 BE83	뺄 BE84	BE85	BE86	BE87	BE88
B2	BE89	BE8A	BE8B	뺌 BE8C	뺍 BE8D	BE8E	뺏 BE8F	뺐 BE90	뺑 BE91	BE92
B3	BE93	BE94	BE95	BE96	BE97	뺘 BE98	뺙 BE99	BE9A	BE9B	뺜 BE9C
B4	BE9D	BE9E	BE9F	BEA0	BEA1	BEA2	BEA3	BEA4	BEA5	BEA6
B5	BEA7	뺨 BEA8	BEA9	BEAA	BEAB	BEAC	BEAD	BEAE	BEAF	BEB0
B6	BEB1	BEB2	BEB3	BEB4	BEB5	BEB6	BEB7	BEB8	BEB9	BEBA
B7	BEBB	BEBC	BEBD	BEBE	BEBF	BEC0	BEC1	BEC2	BEC3	BEC4
B8	BEC5	BEC6	BEC7	BEC8	BEC9	BECA	BECB	BECC	BECD	BECE
B9	BECF	뻐 BED0	뻑 BED1	BED2	BED3	뻔 BED4	BED5	BED6	뻗 BED7	뻘 BED8
BA	BED9	BEDA	BEDB	BEDC	BEDD	BEDE	BEDF	뻠 BEE0	뻡 BEE1	BEE2
BB	뻣 BEE3	뻤 BEE4	뻥 BEE5	BEE6	BEE7	BEE8	BEE9	BEEA	BEEB	뻬 BEEC
BC	뻭 BEED	BEEE	BEEF	뻰 BEF0	BEF1	BEF2	뻳 BEF3	뻴 BEF4	BEF5	BEF6
BD	BEF7	BEF8	BEF9	BEFA	BEFB	뻼 BEFC	뻽 BEFD	BEFE	뻿 BEFF	BF00
BE	뼁 BF01	BF02	BF03	BF04	BF05	BF06	BF07	뼈 BF08	뼉 BF09	BF0A
BF	BF0B	뼌 BF0C	BF0D	BF0E	뼏 BF0F	뼐 BF10	BF11	BF12	BF13	BF14

8331

	30	31	32	33	34	35	36	37	38	39
C0	BF15	BF16	BF17	뼘 BF18	뼙 BF19	BF1A	뼛 BF1B	뼜 BF1C	뼝 BF1D	BF1E
C1	뼟 BF1F	BF20	뼡 BF21	BF22	BF23	BF24	BF25	BF26	BF27	BF28
C2	BF29	BF2A	BF2B	BF2C	BF2D	BF2E	BF2F	BF30	BF31	BF32
C3	BF33	BF34	BF35	BF36	BF37	BF38	뼹 BF39	BF3A	BF3B	BF3C
C4	BF3D	BF3E	BF3F	뽀 BF40	뽁 BF41	BF42	BF43	뽄 BF44	BF45	BF46
C5	BF47	뽈 BF48	BF49	BF4A	BF4B	BF4C	BF4D	BF4E	BF4F	뽐 BF50
C6	뽑 BF51	BF52	BF53	BF54	뽕 BF55	BF56	BF57	BF58	뽙 BF59	BF5A
C7	뽛 BF5B	뽜 BF5C	BF5D	BF5E	BF5F	뽠 BF60	BF61	BF62	BF63	BF64
C8	BF65	BF66	BF67	BF68	BF69	BF6A	BF6B	BF6C	BF6D	BF6E
C9	BF6F	BF70	BF71	BF72	BF73	BF74	BF75	BF76	BF77	BF78
CA	BF79	BF7A	BF7B	BF7C	BF7D	BF7E	BF7F	BF80	BF81	BF82
CB	BF83	BF84	BF85	BF86	BF87	BF88	BF89	BF8A	BF8B	BF8C
CC	BF8D	BF8E	BF8F	BF90	BF91	BF92	BF93	뾔 BF94	BF95	BF96
CD	BF97	BF98	BF99	BF9A	BF9B	BF9C	BF9D	BF9E	BF9F	BFA0
CE	BFA1	BFA2	BFA3	BFA4	BFA5	BFA6	BFA7	BFA8	BFA9	BFAA
CF	BFAB	BFAC	BFAD	BFAE	BFAF	뾰 BFB0	BFB1	BFB2	BFB3	BFB4
D0	BFB5	BFB6	BFB7	BFB8	BFB9	BFBA	BFBB	BFBC	BFBD	BFBE
D1	BFBF	뾤 BFC0	뾥 BFC1	BFC2	BFC3	BFC4	뿅 BFC5	BFC6	BFC7	BFC8
D2	BFC9	BFCA	BFCB	뿌 BFCC	뿍 BFCD	BFCE	BFCF	뿐 BFD0	BFD1	BFD2
D3	뿓 BFD3	뿔 BFD4	뿕 BFD5	BFD6	BFD7	BFD8	BFD9	BFDA	BFDB	뿜 BFDC
D4	뿝 BFDD	BFDE	뿟 BFDF	BFE0	뿡 BFE1	BFE2	BFE3	BFE4	뿥 BFE5	BFE6

8331

	30	31	32	33	34	35	36	37	38	39
D5	BFE7	BFE8	BFE9	BFEA	BFEB	BFEC	BFED	BFEE	BFEF	BFF0
D6	BFF1	BFF2	BFF3	BFF4	BFF5	BFF6	BFF7	BFF8	BFF9	BFFA
D7	BFFB	BFFC	BFFD	BFFE	BFFF	C000	C001	C002	C003	쀄 C004
D8	C005	C006	C007	C008	C009	C00A	C00B	C00C	C00D	C00E
D9	C00F	C010	C011	C012	C013	C014	C015	C016	C017	C018
DA	C019	C01A	C01B	C01C	C01D	C01E	C01F	쀠 C020	C021	C022
DB	C023	C024	C025	C026	C027	C028	C029	C02A	C02B	C02C
DC	C02D	C02E	C02F	C030	C031	C032	C033	C034	C035	C036
DD	C037	C038	C039	C03A	C03B	쀼 C03C	C03D	C03E	C03F	C040
DE	C041	C042	C043	쁄 C044	C045	C046	C047	C048	C049	C04A
DF	C04B	C04C	C04D	C04E	C04F	C050	쁑 C051	C052	C053	C054
E0	C055	C056	C057	쁘 C058	C059	C05A	C05B	쁜 C05C	C05D	C05E
E1	쁟 C05F	쁠 C060	C061	C062	C063	C064	C065	C066	C067	쁨 C068
E2	쁩 C069	C06A	쁫 C06B	C06C	C06D	C06E	C06F	C070	C071	C072
E3	C073	쁴 C074	C075	C076	C077	C078	C079	C07A	C07B	C07C
E4	C07D	C07E	C07F	C080	C081	C082	C083	C084	C085	C086
E5	C087	C088	C089	C08A	C08B	C08C	C08D	C08E	C08F	삐 C090
E6	삑 C091	C092	C093	삔 C094	C095	C096	삗 C097	삘 C098	C099	C09A
E7	C09B	C09C	C09D	C09E	C09F	삠 C0A0	삡 C0A1	C0A2	삣 C0A3	삤 C0A4
E8	삥 C0A5	삦 C0A6	삧 C0A7	C0A8	C0A9	C0AA	삫 C0AB	사 C0AC	삭 C0AD	C0AE
E9	삯 C0AF	산 C0B0	C0B1	C0B2	삳 C0B3	살 C0B4	삵 C0B5	삶 C0B6	삷 C0B7	삸 C0B8

8331

	30	31	32	33	34	35	36	37	38	39
EA	C0B9	C0BA	C0BB	삼 C0BC	삽 C0BD	C0BE	삿 C0BF	샀 C0C0	상 C0C1	샂 C0C2
EB	C0C3	샄 C0C4	샅 C0C5	C0C6	샇 C0C7	새 C0C8	색 C0C9	C0CA	샋 C0CB	샌 C0CC
EC	C0CD	C0CE	샏 C0CF	샐 C0D0	C0D1	C0D2	C0D3	C0D4	C0D5	C0D6
ED	C0D7	샘 C0D8	샙 C0D9	C0DA	샛 C0DB	샜 C0DC	생 C0DD	C0DE	C0DF	C0E0
EE	C0E1	C0E2	C0E3	샤 C0E4	샥 C0E5	C0E6	C0E7	샨 C0E8	C0E9	C0EA
EF	샫 C0EB	샬 C0EC	C0ED	C0EE	C0EF	C0F0	C0F1	C0F2	C0F3	샴 C0F4
F0	샵 C0F5	C0F6	샷 C0F7	샸 C0F8	샹 C0F9	C0FA	C0FB	C0FC	C0FD	C0FE
F1	C0FF	섀 C100	C101	C102	C103	섄 C104	C105	C106	C107	섈 C108
F2	C109	C10A	C10B	C10C	C10D	C10E	C10F	섐 C110	C111	C112
F3	C113	C114	섕 C115	C116	C117	C118	C119	C11A	C11B	서 C11C
F4	석 C11D	섞 C11E	섟 C11F	선 C120	C121	C122	섣 C123	설 C124	섥 C125	섦 C126
F5	섧 C127	섨 C128	C129	C12A	C12B	섬 C12C	섭 C12D	C12E	섯 C12F	섰 C130
F6	성 C131	C132	C133	C134	C135	섶 C136	C137	세 C138	섹 C139	C13A
F7	C13B	센 C13C	C13D	C13E	섿 C13F	셀 C140	C141	C142	C143	C144
F8	C145	C146	C147	셈 C148	셉 C149	C14A	셋 C14B	셌 C14C	셍 C14D	셎 C14E
F9	C14F	C150	C151	C152	C153	셔 C154	셕 C155	C156	셗 C157	션 C158
FA	C159	C15A	C15B	셜 C15C	C15D	C15E	셟 C15F	C160	C161	C162
FB	C163	셤 C164	셥 C165	C166	셧 C167	셨 C168	셩 C169	C16A	C16B	C16C
FC	C16D	C16E	C16F	셰 C170	C171	C172	C173	셴 C174	C175	C176
FD	C177	셸 C178	C179	C17A	C17B	C17C	C17D	C17E	C17F	솀 C180
FE	C181	C182	솃 C183	C184	솅 C185	C186	C187	C188	C189	C18A

8332

	30	31	32	33	34	35	36	37	38	39
81	C18B	소 C18C	속 C18D	솎 C18E	C18F	손 C190	C191	C192	솓 C193	솔 C194
82	솕 C195	솖 C196	솗 C197	솘 C198	C199	C19A	C19B	솜 C19C	솝 C19D	C19E
83	솟 C19F	C1A0	송 C1A1	C1A2	C1A3	C1A4	솥 C1A5	C1A6	C1A7	솨 C1A8
84	솩 C1A9	C1AA	C1AB	솬 C1AC	C1AD	C1AE	C1AF	솰 C1B0	C1B1	C1B2
85	C1B3	C1B4	C1B5	C1B6	C1B7	C1B8	C1B9	C1BA	C1BB	C1BC
86	솽 C1BD	C1BE	C1BF	C1C0	C1C1	C1C2	C1C3	쇄 C1C4	쇅 C1C5	C1C6
87	C1C7	쇈 C1C8	C1C9	C1CA	쇋 C1CB	쇌 C1CC	C1CD	C1CE	C1CF	C1D0
88	C1D1	C1D2	C1D3	쇔 C1D4	C1D5	C1D6	쇗 C1D7	쇘 C1D8	쇙 C1D9	C1DA
89	C1DB	C1DC	C1DD	C1DE	C1DF	쇠 C1E0	쇡 C1E1	C1E2	C1E3	쇤 C1E4
8A	C1E5	C1E6	쇧 C1E7	쇨 C1E8	C1E9	C1EA	C1EB	C1EC	C1ED	C1EE
8B	C1EF	쇰 C1F0	쇱 C1F1	C1F2	쇳 C1F3	쇴 C1F4	쇵 C1F5	C1F6	C1F7	C1F8
8C	C1F9	C1FA	C1FB	쇼 C1FC	쇽 C1FD	C1FE	C1FF	숀 C200	C201	C202
8D	숃 C203	숄 C204	C205	C206	C207	C208	C209	C20A	C20B	숌 C20C
8E	숍 C20D	C20E	숏 C20F	C210	숑 C211	C212	C213	C214	C215	C216
8F	C217	수 C218	숙 C219	C21A	C21B	순 C21C	C21D	C21E	숟 C21F	술 C220
90	C221	C222	C223	숤 C224	C225	C226	C227	숨 C228	숩 C229	C22A
91	숫 C22B	C22C	숭 C22D	C22E	숯 C22F	C230	숱 C231	숲 C232	C233	숴 C234
92	C235	C236	C237	숸 C238	C239	C23A	숻 C23B	C23C	C23D	C23E
93	C23F	C240	C241	C242	C243	C244	C245	C246	C247	쉈 C248
94	C249	C24A	C24B	C24C	C24D	C24E	C24F	쉐 C250	쉑 C251	C252
95	C253	쉔 C254	C255	C256	쉗 C257	쉘 C258	C259	C25A	C25B	C25C

8332

	30	31	32	33	34	35	36	37	38	39
96	C25D	C25E	C25F	쉠 C260	쉡 C261	C262	쉣 C263	쉤 C264	쉥 C265	C266
97	C267	C268	C269	C26A	C26B	쉬 C26C	쉭 C26D	C26E	C26F	쉰 C270
98	C271	C272	쉳 C273	쉴 C274	C275	C276	C277	C278	C279	C27A
99	C27B	쉼 C27C	쉽 C27D	C27E	쉿 C27F	C280	슁 C281	C282	C283	C284
9A	C285	C286	C287	슈 C288	슉 C289	C28A	C28B	슌 C28C	C28D	C28E
9B	슏 C28F	슐 C290	C291	C292	C293	C294	C295	C296	C297	슘 C298
9C	C299	C29A	슛 C29B	C29C	슝 C29D	C29E	C29F	C2A0	C2A1	C2A2
9D	C2A3	스 C2A4	슥 C2A5	C2A6	C2A7	슨 C2A8	C2A9	C2AA	슫 C2AB	슬 C2AC
9E	슭 C2AD	C2AE	슯 C2AF	슰 C2B0	C2B1	슲 C2B2	슳 C2B3	슴 C2B4	습 C2B5	C2B6
9F	슷 C2B7	C2B8	승 C2B9	슺 C2BA	슻 C2BB	C2BC	C2BD	슾 C2BE	C2BF	싀 C2C0
A0	싁 C2C1	C2C2	C2C3	싄 C2C4	C2C5	C2C6	C2C7	싈 C2C8	C2C9	C2CA
A1	C2CB	C2CC	C2CD	C2CE	C2CF	C2D0	C2D1	C2D2	싓 C2D3	C2D4
A2	C2D5	C2D6	C2D7	C2D8	C2D9	C2DA	C2DB	시 C2DC	식 C2DD	싞 C2DE
A3	C2DF	신 C2E0	C2E1	C2E2	싣 C2E3	실 C2E4	싥 C2E5	C2E6	C2E7	싨 C2E8
A4	C2E9	C2EA	싫 C2EB	심 C2EC	십 C2ED	C2EE	싯 C2EF	C2F0	싱 C2F1	C2F2
A5	싳 C2F3	C2F4	C2F5	싶 C2F6	C2F7	싸 C2F8	싹 C2F9	C2FA	싻 C2FB	싼 C2FC
A6	C2FD	C2FE	싿 C2FF	쌀 C300	C301	쌂 C302	C303	C304	C305	C306
A7	C307	쌈 C308	쌉 C309	C30A	쌋 C30B	쌌 C30C	쌍 C30D	C30E	C30F	C310
A8	쌑 C311	C312	쌓 C313	쌔 C314	쌕 C315	C316	C317	쌘 C318	C319	C31A
A9	쌛 C31B	쌜 C31C	C31D	C31E	C31F	C320	C321	C322	C323	쌤 C324
AA	쌥 C325	C326	쌧 C327	쌨 C328	쌩 C329	C32A	C32B	C32C	C32D	C32E

8332

	30	31	32	33	34	35	36	37	38	39
AB	C32F	쌰 C330	쌱 C331	C332	C333	쌴 C334	C335	C336	C337	C338
AC	C339	C33A	C33B	C33C	C33D	C33E	C33F	썀 C340	C341	C342
AD	C343	C344	썅 C345	C346	C347	C348	C349	C34A	C34B	C34C
AE	C34D	C34E	C34F	C350	C351	C352	C353	C354	C355	C356
AF	C357	C358	C359	C35A	C35B	C35C	C35D	C35E	C35F	C360
B0	C361	C362	C363	C364	C365	C366	C367	써 C368	썩 C369	썪 C36A
B1	C36B	썬 C36C	C36D	C36E	썯 C36F	썰 C370	C371	썲 C372	C373	C374
B2	C375	C376	C377	썸 C378	썹 C379	C37A	썻 C37B	썼 C37C	썽 C37D	C37E
B3	C37F	C380	C381	쎂 C382	C383	쎄 C384	쎅 C385	C386	C387	쎈 C388
B4	C389	C38A	쎋 C38B	쎌 C38C	C38D	C38E	C38F	C390	C391	C392
B5	C393	쎔 C394	쎕 C395	C396	쎗 C397	쎘 C398	C399	C39A	C39B	C39C
B6	C39D	C39E	C39F	쎠 C3A0	쎡 C3A1	C3A2	C3A3	쎤 C3A4	C3A5	C3A6
B7	C3A7	C3A8	C3A9	C3AA	C3AB	C3AC	C3AD	C3AE	C3AF	쎰 C3B0
B8	쎱 C3B1	C3B2	C3B3	C3B4	쎵 C3B5	C3B6	C3B7	C3B8	C3B9	C3BA
B9	C3BB	쎼 C3BC	C3BD	C3BE	C3BF	쏀 C3C0	C3C1	C3C2	C3C3	C3C4
BA	C3C5	C3C6	C3C7	C3C8	C3C9	C3CA	C3CB	C3CC	C3CD	C3CE
BB	C3CF	C3D0	쏑 C3D1	C3D2	C3D3	C3D4	C3D5	C3D6	C3D7	쏘 C3D8
BC	쏙 C3D9	C3DA	C3DB	쏜 C3DC	C3DD	C3DE	쏟 C3DF	쏠 C3E0	C3E1	쏢 C3E2
BD	C3E3	C3E4	C3E5	C3E6	C3E7	쏨 C3E8	쏩 C3E9	C3EA	쏫 C3EB	C3EC
BE	쏭 C3ED	C3EE	C3EF	C3F0	C3F1	C3F2	C3F3	쏴 C3F4	쏵 C3F5	C3F6
BF	C3F7	쏸 C3F8	C3F9	C3FA	쏻 C3FB	쏼 C3FC	C3FD	C3FE	C3FF	C400

8332

	30	31	32	33	34	35	36	37	38	39
C0	C401	C402	C403	C404	C405	C406	쐇 C407	쐈 C408	쐉 C409	C40A
C1	C40B	C40C	C40D	C40E	C40F	쐐 C410	쐑 C411	C412	C413	C414
C2	C415	C416	쐗 C417	C418	C419	C41A	C41B	C41C	C41D	C41E
C3	C41F	C420	C421	C422	쐣 C423	쐤 C424	C425	C426	C427	C428
C4	C429	C42A	C42B	쐬 C42C	쐭 C42D	C42E	C42F	쐰 C430	C431	C432
C5	쐳 C433	쐴 C434	C435	C436	C437	C438	C439	C43A	C43B	쐼 C43C
C6	쐽 C43D	C43E	쐿 C43F	쑀 C440	쑁 C441	C442	C443	C444	C445	C446
C7	C447	쑈 C448	쑉 C449	C44A	C44B	쑌 C44C	C44D	C44E	C44F	쑐 C450
C8	C451	C452	C453	C454	C455	C456	C457	C458	C459	C45A
C9	C45B	C45C	C45D	C45E	C45F	C460	C461	C462	C463	쑤 C464
CA	쑥 C465	C466	C467	쑨 C468	C469	C46A	쑫 C46B	쑬 C46C	C46D	C46E
CB	C46F	C470	C471	C472	C473	쑴 C474	쑵 C475	C476	쑷 C477	쑸 C478
CC	쑹 C479	C47A	C47B	C47C	C47D	쑾 C47E	C47F	쒀 C480	C481	C482
CD	C483	C484	C485	C486	쒇 C487	C488	C489	C48A	C48B	C48C
CE	C48D	C48E	C48F	C490	C491	C492	쒓 C493	쒔 C494	C495	C496
CF	C497	C498	C499	C49A	C49B	쒜 C49C	C49D	C49E	C49F	쒠 C4A0
D0	C4A1	C4A2	쒣 C4A3	쒤 C4A4	C4A5	C4A6	C4A7	C4A8	C4A9	C4AA
D1	C4AB	쒬 C4AC	쒭 C4AD	C4AE	C4AF	쒰 C4B0	C4B1	C4B2	C4B3	C4B4
D2	C4B5	C4B6	C4B7	쒸 C4B8	C4B9	C4BA	C4BB	쒼 C4BC	C4BD	C4BE
D3	C4BF	C4C0	C4C1	C4C2	C4C3	C4C4	C4C5	C4C6	C4C7	쓈 C4C8
D4	C4C9	C4CA	C4CB	C4CC	C4CD	C4CE	C4CF	C4D0	C4D1	C4D2

8332

	30	31	32	33	34	35	36	37	38	39
D5	C4D3	쓔 C4D4	C4D5	C4D6	C4D7	쓘 C4D8	C4D9	C4DA	C4DB	쓜 C4DC
D6	C4DD	C4DE	C4DF	C4E0	C4E1	C4E2	C4E3	C4E4	C4E5	C4E6
D7	C4E7	C4E8	쓩 C4E9	C4EA	C4EB	C4EC	C4ED	C4EE	C4EF	쓰 C4F0
D8	쓱 C4F1	C4F2	C4F3	쓴 C4F4	C4F5	C4F6	쓷 C4F7	쓸 C4F8	C4F9	쓺 C4FA
D9	C4FB	C4FC	C4FD	C4FE	쓿 C4FF	씀 C500	씁 C501	C502	씃 C503	C504
DA	씅 C505	C506	C507	C508	C509	C50A	C50B	씌 C50C	C50D	C50E
DB	C50F	씐 C510	C511	C512	C513	씔 C514	C515	C516	C517	C518
DC	C519	C51A	C51B	씜 C51C	씝 C51D	C51E	C51F	C520	씡 C521	C522
DD	C523	C524	C525	C526	C527	씨 C528	씩 C529	C52A	C52B	씬 C52C
DE	C52D	C52E	씯 C52F	씰 C530	씱 C531	C532	C533	C534	C535	C536
DF	C537	씸 C538	씹 C539	C53A	씻 C53B	C53C	씽 C53D	C53E	씿 C53F	C540
E0	C541	C542	C543	아 C544	악 C545	C546	C547	안 C548	앉 C549	않 C54A
E1	앋 C54B	알 C54C	앍 C54D	앎 C54E	앏 C54F	C550	C551	앒 C552	앓 C553	암 C554
E2	압 C555	C556	앗 C557	았 C558	앙 C559	C55A	앛 C55B	C55C	앝 C55D	앞 C55E
E3	앟 C55F	애 C560	액 C561	C562	C563	앤 C564	C565	C566	앧 C567	앨 C568
E4	C569	C56A	C56B	C56C	C56D	C56E	C56F	앰 C570	앱 C571	C572
E5	앳 C573	앴 C574	앵 C575	C576	C577	C578	C579	C57A	C57B	야 C57C
E6	약 C57D	C57E	C57F	얀 C580	C581	C582	얃 C583	얄 C584	C585	C586
E7	얇 C587	C588	C589	C58A	C58B	얌 C58C	얍 C58D	C58E	얏 C58F	C590
E8	양 C591	얒 C592	C593	C594	얕 C595	C596	얗 C597	얘 C598	C599	C59A
E9	C59B	얜 C59C	C59D	C59E	얟 C59F	얠 C5A0	C5A1	C5A2	C5A3	C5A4

8332

	30	31	32	33	34	35	36	37	38	39
EA	C5A5	C5A6	C5A7	얨 C5A8	얩 C5A9	C5AA	얫 C5AB	C5AC	얭 C5AD	C5AE
EB	C5AF	C5B0	C5B1	C5B2	C5B3	어 C5B4	억 C5B5	얶 C5B6	C5B7	언 C5B8
EC	얹 C5B9	얺 C5BA	얻 C5BB	얼 C5BC	얽 C5BD	얾 C5BE	C5BF	C5C0	C5C1	C5C2
ED	C5C3	엄 C5C4	업 C5C5	없 C5C6	엇 C5C7	었 C5C8	엉 C5C9	엊 C5CA	C5CB	엌 C5CC
EE	C5CD	엎 C5CE	엏 C5CF	에 C5D0	엑 C5D1	C5D2	C5D3	엔 C5D4	C5D5	C5D6
EF	엗 C5D7	엘 C5D8	C5D9	C5DA	C5DB	C5DC	C5DD	C5DE	C5DF	엠 C5E0
F0	엡 C5E1	C5E2	엣 C5E3	엤 C5E4	엥 C5E5	C5E6	C5E7	C5E8	C5E9	C5EA
F1	C5EB	여 C5EC	역 C5ED	엮 C5EE	C5EF	연 C5F0	엱 C5F1	C5F2	엳 C5F3	열 C5F4
F2	C5F5	엶 C5F6	엷 C5F7	엸 C5F8	C5F9	C5FA	C5FB	염 C5FC	엽 C5FD	엾 C5FE
F3	엿 C5FF	였 C600	영 C601	C602	C603	C604	옅 C605	옆 C606	옇 C607	예 C608
F4	옉 C609	C60A	C60B	옌 C60C	C60D	C60E	옏 C60F	옐 C610	C611	C612
F5	C613	C614	C615	C616	C617	옘 C618	옙 C619	C61A	옛 C61B	옜 C61C
F6	옝 C61D	C61E	C61F	C620	C621	C622	C623	오 C624	옥 C625	C626
F7	C627	온 C628	C629	C62A	옫 C62B	올 C62C	옭 C62D	옮 C62E	C62F	옰 C630
F8	C631	C632	옳 C633	옴 C634	옵 C635	C636	옷 C637	C638	옹 C639	옺 C63A
F9	옻 C63B	C63C	C63D	C63E	C63F	와 C640	왁 C641	C642	C643	완 C644
FA	C645	C646	왇 C647	왈 C648	C649	C64A	C64B	C64C	C64D	C64E
FB	C64F	왐 C650	왑 C651	C652	왓 C653	왔 C654	왕 C655	C656	C657	C658
FC	왙 C659	C65A	C65B	왜 C65C	왝 C65D	C65E	C65F	왠 C660	C661	C662
FD	왣 C663	왤 C664	C665	C666	C667	C668	C669	C66A	C66B	왬 C66C
FE	C66D	C66E	왯 C66F	왰 C670	왱 C671	C672	C673	C674	C675	C676

8333

	30	31	32	33	34	35	36	37	38	39
81	C677	외 C678	왹 C679	C67A	C67B	왼 C67C	C67D	C67E	왿 C67F	욀 C680
82	C681	C682	C683	C684	C685	C686	C687	욈 C688	욉 C689	C68A
83	욋 C68B	욌 C68C	욍 C68D	C68E	C68F	C690	C691	C692	C693	요 C694
84	욕 C695	C696	C697	욘 C698	C699	C69A	욛 C69B	욜 C69C	C69D	C69E
85	C69F	C6A0	C6A1	C6A2	C6A3	욤 C6A4	욥 C6A5	C6A6	욧 C6A7	C6A8
86	용 C6A9	C6AA	C6AB	C6AC	C6AD	C6AE	C6AF	우 C6B0	욱 C6B1	C6B2
87	C6B3	운 C6B4	C6B5	C6B6	욷 C6B7	울 C6B8	욹 C6B9	욺 C6BA	C6BB	욼 C6BC
88	C6BD	C6BE	C6BF	움 C6C0	웁 C6C1	C6C2	웃 C6C3	C6C4	웅 C6C5	웆 C6C6
89	웇 C6C7	C6C8	웉 C6C9	C6CA	C6CB	워 C6CC	웍 C6CD	C6CE	C6CF	원 C6D0
8A	C6D1	C6D2	웓 C6D3	월 C6D4	C6D5	C6D6	C6D7	웘 C6D8	C6D9	C6DA
8B	C6DB	웜 C6DC	웝 C6DD	C6DE	웟 C6DF	웠 C6E0	웡 C6E1	C6E2	C6E3	C6E4
8C	C6E5	C6E6	C6E7	웨 C6E8	웩 C6E9	C6EA	C6EB	웬 C6EC	C6ED	C6EE
8D	웯 C6EF	웰 C6F0	C6F1	C6F2	C6F3	C6F4	C6F5	C6F6	C6F7	웸 C6F8
8E	웹 C6F9	C6FA	웻 C6FB	웼 C6FC	웽 C6FD	C6FE	C6FF	C700	웥 C701	C702
8F	C703	위 C704	윅 C705	C706	C707	윈 C708	C709	C70A	윋 C70B	윌 C70C
90	C70D	C70E	C70F	C710	C711	C712	C713	윔 C714	윕 C715	C716
91	윗 C717	C718	윙 C719	C71A	C71B	C71C	C71D	C71E	C71F	유 C720
92	육 C721	C722	C723	윤 C724	C725	C726	윧 C727	율 C728	C729	C72A
93	C72B	C72C	C72D	C72E	C72F	윰 C730	윱 C731	C732	윳 C733	C734
94	융 C735	C736	윷 C737	C738	C739	C73A	C73B	으 C73C	윽 C73D	C73E
95	C73F	은 C740	C741	C742	읃 C743	을 C744	읅 C745	읆 C746	읇 C747	C748

8333

	30	31	32	33	34	35	36	37	38	39
96	C749	읊 C74A	C74B	음 C74C	읍 C74D	읎 C74E	읏 C74F	C750	응 C751	읒 C752
97	읓 C753	읔 C754	읕 C755	읖 C756	읗 C757	의 C758	C759	C75A	C75B	읜 C75C
98	C75D	C75E	읟 C75F	읠 C760	C761	C762	C763	C764	C765	C766
99	C767	읨 C768	C769	C76A	읫 C76B	C76C	읭 C76D	C76E	C76F	C770
9A	C771	C772	C773	이 C774	익 C775	C776	C777	인 C778	C779	C77A
9B	읻 C77B	일 C77C	읽 C77D	읾 C77E	C77F	잀 C780	C781	C782	잃 C783	임 C784
9C	입 C785	잆 C786	잇 C787	있 C788	잉 C789	잊 C78A	잋 C78B	C78C	C78D	잎 C78E
9D	C78F	자 C790	작 C791	C792	잓 C793	잔 C794	C795	잖 C796	잗 C797	잘 C798
9E	잙 C799	잚 C79A	C79B	C79C	C79D	C79E	C79F	잠 C7A0	잡 C7A1	C7A2
9F	잣 C7A3	잤 C7A4	장 C7A5	잦 C7A6	C7A7	C7A8	잩 C7A9	C7AA	C7AB	재 C7AC
A0	잭 C7AD	C7AE	C7AF	잰 C7B0	C7B1	잲 C7B2	잳 C7B3	잴 C7B4	C7B5	C7B6
A1	C7B7	C7B8	C7B9	C7BA	C7BB	잼 C7BC	잽 C7BD	C7BE	잿 C7BF	쟀 C7C0
A2	쟁 C7C1	쟂 C7C2	C7C3	C7C4	C7C5	C7C6	C7C7	쟈 C7C8	쟉 C7C9	C7CA
A3	C7CB	쟌 C7CC	C7CD	쟎 C7CE	쟏 C7CF	쟐 C7D0	C7D1	C7D2	C7D3	C7D4
A4	C7D5	C7D6	C7D7	쟘 C7D8	쟙 C7D9	C7DA	쟛 C7DB	C7DC	쟝 C7DD	C7DE
A5	C7DF	C7E0	C7E1	C7E2	C7E3	쟤 C7E4	C7E5	C7E6	C7E7	쟨 C7E8
A6	C7E9	C7EA	C7EB	쟬 C7EC	C7ED	C7EE	C7EF	C7F0	C7F1	C7F2
A7	C7F3	쟴 C7F4	쟵 C7F5	C7F6	C7F7	C7F8	C7F9	C7FA	C7FB	C7FC
A8	C7FD	C7FE	C7FF	저 C800	적 C801	젂 C802	C803	전 C804	C805	젆 C806
A9	젇 C807	절 C808	젉 C809	젊 C80A	C80B	C80C	C80D	C80E	C80F	점 C810
AA	접 C811	C812	젓 C813	졌 C814	정 C815	젖 C816	C817	C818	젙 C819	C81A

8333

	30	31	32	33	34	35	36	37	38	39
AB	젛 C81B	제 C81C	젝 C81D	C81E	C81F	젠 C820	C821	C822	젣 C823	젤 C824
AC	C825	C826	C827	C828	C829	C82A	C82B	젬 C82C	젭 C82D	C82E
AD	젯 C82F	젰 C830	젱 C831	젲 C832	C833	C834	C835	C836	C837	져 C838
AE	젹 C839	C83A	C83B	젼 C83C	C83D	C83E	젿 C83F	졀 C840	졁 C841	졂 C842
AF	졃 C843	C844	C845	C846	C847	졈 C848	졉 C849	C84A	졋 C84B	졌 C84C
B0	졍 C84D	졎 C84E	C84F	C850	졑 C851	C852	졓 C853	졔 C854	C855	C856
B1	C857	졘 C858	C859	C85A	C85B	C85C	C85D	C85E	C85F	C860
B2	C861	C862	C863	C864	C865	C866	졧 C867	C868	졩 C869	C86A
B3	C86B	C86C	C86D	C86E	C86F	조 C870	족 C871	C872	C873	존 C874
B4	C875	C876	졷 C877	졸 C878	C879	졺 C87A	C87B	C87C	C87D	C87E
B5	C87F	좀 C880	좁 C881	C882	좃 C883	C884	종 C885	좆 C886	좇 C887	C888
B6	C889	C88A	좋 C88B	좌 C88C	좍 C88D	C88E	C88F	좐 C890	C891	좒 C892
B7	좓 C893	좔 C894	좕 C895	C896	C897	C898	C899	C89A	C89B	좜 C89C
B8	좝 C89D	C89E	좟 C89F	C8A0	좡 C8A1	C8A2	C8A3	C8A4	C8A5	C8A6
B9	C8A7	좨 C8A8	좩 C8A9	C8AA	C8AB	C8AC	C8AD	C8AE	좯 C8AF	C8B0
BA	C8B1	C8B2	C8B3	C8B4	C8B5	C8B6	C8B7	C8B8	C8B9	C8BA
BB	좻 C8BB	좼 C8BC	좽 C8BD	C8BE	C8BF	C8C0	C8C1	C8C2	C8C3	죄 C8C4
BC	C8C5	C8C6	C8C7	죈 C8C8	C8C9	C8CA	죋 C8CB	죌 C8CC	C8CD	C8CE
BD	C8CF	C8D0	C8D1	C8D2	C8D3	죔 C8D4	죕 C8D5	C8D6	죗 C8D7	죘 C8D8
BE	죙 C8D9	C8DA	C8DB	C8DC	C8DD	C8DE	C8DF	죠 C8E0	죡 C8E1	C8E2
BF	C8E3	죤 C8E4	C8E5	C8E6	C8E7	죨 C8E8	C8E9	C8EA	C8EB	C8EC

8333

	30	31	32	33	34	35	36	37	38	39
C0	C8ED	C8EE	C8EF	죰 C8F0	C8F1	C8F2	C8F3	C8F4	죵 C8F5	C8F6
C1	C8F7	C8F8	C8F9	C8FA	죻 C8FB	주 C8FC	죽 C8FD	C8FE	C8FF	준 C900
C2	C901	C902	줃 C903	줄 C904	줅 C905	줆 C906	C907	줈 C908	C909	C90A
C3	C90B	줌 C90C	줍 C90D	C90E	줏 C90F	C910	중 C911	C912	C913	C914
C4	C915	C916	줗 C917	줘 C918	C919	C91A	C91B	C91C	C91D	C91E
C5	줟 C91F	줠 C920	C921	C922	C923	C924	C925	C926	C927	C928
C6	C929	C92A	줫 C92B	줬 C92C	C92D	C92E	C92F	C930	C931	C932
C7	C933	줴 C934	C935	C936	C937	줸 C938	C939	C93A	줻 C93B	줼 C93C
C8	C93D	C93E	C93F	C940	C941	C942	C943	쥄 C944	쥅 C945	C946
C9	쥇 C947	쥈 C948	쥉 C949	C94A	C94B	C94C	C94D	C94E	C94F	쥐 C950
CA	쥑 C951	C952	C953	쥔 C954	C955	C956	C957	쥘 C958	C959	C95A
CB	C95B	C95C	C95D	C95E	C95F	쥠 C960	쥡 C961	C962	쥣 C963	C964
CC	쥥 C965	C966	C967	C968	C969	C96A	C96B	쥬 C96C	쥭 C96D	C96E
CD	C96F	쥰 C970	C971	C972	C973	쥴 C974	C975	C976	C977	C978
CE	C979	C97A	C97B	쥼 C97C	C97D	C97E	C97F	C980	쥵 C981	C982
CF	C983	C984	C985	C986	C987	즈 C988	즉 C989	C98A	C98B	즌 C98C
D0	C98D	C98E	즏 C98F	즐 C990	즑 C991	즒 C992	C993	즔 C994	C995	C996
D1	C997	즘 C998	즙 C999	C99A	즛 C99B	C99C	증 C99D	즞 C99E	C99F	C9A0
D2	C9A1	C9A2	C9A3	즤 C9A4	즥 C9A5	C9A6	C9A7	C9A8	C9A9	C9AA
D3	C9AB	즬 C9AC	C9AD	C9AE	C9AF	C9B0	C9B1	C9B2	C9B3	C9B4
D4	C9B5	C9B6	즷 C9B7	C9B8	즹 C9B9	C9BA	C9BB	C9BC	C9BD	C9BE

8333

	30	31	32	33	34	35	36	37	38	39
D5	C9BF	지 C9C0	직 C9C1	C9C2	C9C3	진 C9C4	C9C5	C9C6	짇 C9C7	질 C9C8
D6	C9C9	짊 C9CA	C9CB	C9CC	C9CD	C9CE	C9CF	짐 C9D0	집 C9D1	짒 C9D2
D7	짓 C9D3	C9D4	징 C9D5	짖 C9D6	짗 C9D7	C9D8	짙 C9D9	짚 C9DA	짛 C9DB	짜 C9DC
D8	짝 C9DD	짞 C9DE	C9DF	짠 C9E0	C9E1	짢 C9E2	짣 C9E3	짤 C9E4	C9E5	C9E6
D9	짧 C9E7	C9E8	C9E9	C9EA	C9EB	짬 C9EC	짭 C9ED	C9EE	짯 C9EF	짰 C9F0
DA	짱 C9F1	C9F2	C9F3	C9F4	C9F5	C9F6	C9F7	째 C9F8	짹 C9F9	C9FA
DB	C9FB	짼 C9FC	C9FD	C9FE	짿 C9FF	쨀 CA00	CA01	CA02	CA03	CA04
DC	CA05	CA06	CA07	쨈 CA08	쨉 CA09	CA0A	쨋 CA0B	쨌 CA0C	쨍 CA0D	CA0E
DD	CA0F	CA10	CA11	CA12	CA13	쨔 CA14	쨕 CA15	CA16	CA17	쨘 CA18
DE	CA19	CA1A	CA1B	CA1C	CA1D	CA1E	CA1F	CA20	CA21	CA22
DF	CA23	쨤 CA24	쨥 CA25	CA26	CA27	CA28	쨩 CA29	CA2A	CA2B	CA2C
E0	쨭 CA2D	CA2E	CA2F	CA30	CA31	CA32	CA33	CA34	CA35	CA36
E1	CA37	CA38	CA39	CA3A	CA3B	CA3C	CA3D	CA3E	CA3F	CA40
E2	CA41	CA42	CA43	CA44	CA45	CA46	CA47	CA48	CA49	CA4A
E3	CA4B	쩌 CA4C	쩍 CA4D	CA4E	CA4F	쩐 CA50	CA51	CA52	쩓 CA53	쩔 CA54
E4	CA55	CA56	쩗 CA57	CA58	CA59	CA5A	CA5B	쩜 CA5C	쩝 CA5D	CA5E
E5	쩟 CA5F	쩠 CA60	쩡 CA61	CA62	CA63	CA64	CA65	CA66	쩧 CA67	쩨 CA68
E6	쩩 CA69	CA6A	CA6B	쩬 CA6C	CA6D	CA6E	쩯 CA6F	쩰 CA70	CA71	CA72
E7	CA73	CA74	CA75	CA76	CA77	쩸 CA78	쩹 CA79	CA7A	쩻 CA7B	CA7C
E8	쩽 CA7D	CA7E	CA7F	CA80	CA81	CA82	CA83	쪄 CA84	쪅 CA85	CA86
E9	CA87	쪈 CA88	CA89	CA8A	CA8B	쪌 CA8C	CA8D	CA8E	CA8F	CA90

8333

	30	31	32	33	34	35	36	37	38	39
EA	CA91	CA92	CA93	쪔 CA94	쪕 CA95	CA96	CA97	쪘 CA98	쪙 CA99	CA9A
EB	CA9B	CA9C	CA9D	CA9E	CA9F	CAA0	CAA1	CAA2	CAA3	쪤 CAA4
EC	CAA5	CAA6	CAA7	CAA8	CAA9	CAAA	CAAB	CAAC	CAAD	CAAE
ED	CAAF	CAB0	CAB1	CAB2	CAB3	CAB4	쪵 CAB5	CAB6	CAB7	CAB8
EE	CAB9	CABA	CABB	쪼 CABC	쪽 CABD	CABE	CABF	쫀 CAC0	CAC1	CAC2
EF	쫃 CAC3	쫄 CAC4	CAC5	쫆 CAC6	CAC7	CAC8	CAC9	CACA	CACB	쫌 CACC
F0	쫍 CACD	CACE	쫏 CACF	CAD0	쫑 CAD1	쫒 CAD2	쫓 CAD3	CAD4	CAD5	CAD6
F1	쫗 CAD7	쫘 CAD8	쫙 CAD9	CADA	CADB	쫜 CADC	CADD	CADE	CADF	쫠 CAE0
F2	CAE1	CAE2	CAE3	CAE4	CAE5	CAE6	CAE7	CAE8	CAE9	CAEA
F3	CAEB	쫬 CAEC	쫭 CAED	CAEE	CAEF	CAF0	CAF1	CAF2	CAF3	쫴 CAF4
F4	쫵 CAF5	CAF6	CAF7	CAF8	CAF9	CAFA	쫻 CAFB	CAFC	CAFD	CAFE
F5	CAFF	CB00	CB01	CB02	CB03	CB04	CB05	CB06	CB07	쬈 CB08
F6	CB09	CB0A	CB0B	CB0C	CB0D	CB0E	CB0F	쬐 CB10	CB11	CB12
F7	CB13	쬔 CB14	CB15	CB16	쬗 CB17	쬘 CB18	CB19	CB1A	CB1B	CB1C
F8	CB1D	CB1E	CB1F	쬠 CB20	쬡 CB21	CB22	쬣 CB23	쬤 CB24	쬥 CB25	CB26
F9	CB27	CB28	CB29	CB2A	CB2B	쬬 CB2C	쬭 CB2D	CB2E	CB2F	CB30
FA	CB31	CB32	CB33	쬴 CB34	CB35	CB36	CB37	CB38	CB39	CB3A
FB	CB3B	쬼 CB3C	쬽 CB3D	CB3E	CB3F	CB40	쬿 CB41	CB42	CB43	CB44
FC	CB45	CB46	CB47	쭈 CB48	쭉 CB49	CB4A	CB4B	쭌 CB4C	CB4D	CB4E
FD	CB4F	쭐 CB50	CB51	쭒 CB52	CB53	CB54	CB55	CB56	CB57	쭘 CB58
FE	쭙 CB59	CB5A	CB5B	CB5C	쭝 CB5D	CB5E	CB5F	CB60	CB61	CB62

8334

	30	31	32	33	34	35	36	37	38	39
81	CB63	쭤 CB64	CB65	CB66	CB67	CB68	CB69	CB6A	CB6B	CB6C
82	CB6D	CB6E	CB6F	CB70	CB71	CB72	CB73	CB74	CB75	CB76
83	CB77	쭸 CB78	쭹 CB79	CB7A	CB7B	CB7C	CB7D	CB7E	CB7F	쮀 CB80
84	CB81	CB82	CB83	쮄 CB84	CB85	CB86	쮇 CB87	쮈 CB88	CB89	CB8A
85	CB8B	CB8C	CB8D	CB8E	CB8F	쮐 CB90	쮑 CB91	CB92	쮓 CB93	쮔 CB94
86	CB95	CB96	CB97	CB98	CB99	CB9A	CB9B	쮜 CB9C	CB9D	CB9E
87	CB9F	CBA0	CBA1	CBA2	CBA3	CBA4	CBA5	CBA6	CBA7	CBA8
88	CBA9	CBAA	CBAB	CBAC	CBAD	CBAE	CBAF	CBB0	CBB1	CBB2
89	CBB3	CBB4	CBB5	CBB6	CBB7	쮸 CBB8	CBB9	CBBA	CBBB	쮼 CBBC
8A	CBBD	CBBE	CBBF	쯀 CBC0	CBC1	CBC2	CBC3	CBC4	CBC5	CBC6
8B	CBC7	CBC8	CBC9	CBCA	CBCB	CBCC	쯍 CBCD	CBCE	CBCF	CBD0
8C	CBD1	CBD2	CBD3	쯔 CBD4	쯕 CBD5	CBD6	CBD7	쯘 CBD8	CBD9	CBDA
8D	쯛 CBDB	쯜 CBDC	CBDD	CBDE	CBDF	CBE0	CBE1	CBE2	CBE3	쯤 CBE4
8E	쯥 CBE5	CBE6	쯧 CBE7	CBE8	쯩 CBE9	CBEA	CBEB	CBEC	CBED	CBEE
8F	CBEF	쯰 CBF0	CBF1	CBF2	CBF3	CBF4	CBF5	CBF6	CBF7	CBF8
90	CBF9	CBFA	CBFB	CBFC	CBFD	CBFE	CBFF	CC00	CC01	CC02
91	CC03	CC04	CC05	찆 CC06	CC07	CC08	CC09	CC0A	CC0B	찌 CC0C
92	찍 CC0D	CC0E	CC0F	찐 CC10	CC11	CC12	찓 CC13	찔 CC14	CC15	CC16
93	CC17	CC18	CC19	CC1A	CC1B	찜 CC1C	찝 CC1D	CC1E	찟 CC1F	CC20
94	찡 CC21	찢 CC22	CC23	CC24	CC25	찦 CC26	찧 CC27	차 CC28	착 CC29	CC2A
95	CC2B	찬 CC2C	CC2D	찮 CC2E	찯 CC2F	찰 CC30	찱 CC31	CC32	CC33	CC34

8334

	30	31	32	33	34	35	36	37	38	39
96	CC35	CC36	CC37	참 CC38	찹 CC39	CC3A	찻 CC3B	찼 CC3C	창 CC3D	찾 CC3E
97	CC3F	CC40	CC41	CC42	CC43	채 CC44	책 CC45	CC46	CC47	챈 CC48
98	CC49	CC4A	챋 CC4B	챌 CC4C	CC4D	CC4E	CC4F	CC50	CC51	CC52
99	CC53	챔 CC54	챕 CC55	CC56	챗 CC57	챘 CC58	챙 CC59	CC5A	CC5B	CC5C
9A	CC5D	CC5E	CC5F	챠 CC60	챡 CC61	CC62	CC63	챤 CC64	CC65	챦 CC66
9B	CC67	챨 CC68	CC69	CC6A	CC6B	CC6C	CC6D	CC6E	CC6F	챰 CC70
9C	챱 CC71	CC72	CC73	CC74	챵 CC75	CC76	CC77	CC78	CC79	CC7A
9D	CC7B	CC7C	CC7D	CC7E	CC7F	CC80	CC81	CC82	CC83	CC84
9E	CC85	CC86	CC87	CC88	CC89	CC8A	CC8B	CC8C	CC8D	CC8E
9F	CC8F	CC90	CC91	CC92	CC93	CC94	CC95	CC96	CC97	처 CC98
A0	척 CC99	CC9A	CC9B	천 CC9C	CC9D	CC9E	첟 CC9F	철 CCA0	CCA1	CCA2
A1	CCA3	CCA4	CCA5	CCA6	CCA7	첨 CCA8	첩 CCA9	CCAA	첫 CCAB	첬 CCAC
A2	청 CCAD	CCAE	CCAF	CCB0	CCB1	CCB2	CCB3	체 CCB4	첵 CCB5	CCB6
A3	CCB7	첸 CCB8	CCB9	CCBA	첻 CCBB	첼 CCBC	CCBD	CCBE	CCBF	CCC0
A4	CCC1	CCC2	CCC3	쳄 CCC4	쳅 CCC5	CCC6	쳇 CCC7	쳈 CCC8	쳉 CCC9	CCCA
A5	CCCB	CCCC	CCCD	CCCE	CCCF	쳐 CCD0	쳑 CCD1	CCD2	CCD3	쳔 CCD4
A6	CCD5	CCD6	쳗 CCD7	쳘 CCD8	CCD9	CCDA	CCDB	CCDC	CCDD	CCDE
A7	CCDF	쳠 CCE0	쳡 CCE1	CCE2	쳣 CCE3	쳤 CCE4	쳥 CCE5	CCE6	CCE7	CCE8
A8	CCE9	CCEA	CCEB	쳬 CCEC	CCED	CCEE	CCEF	쳰 CCF0	CCF1	CCF2
A9	CCF3	CCF4	CCF5	CCF6	CCF7	CCF8	CCF9	CCFA	CCFB	CCFC
AA	CCFD	CCFE	쳿 CCFF	CD00	촁 CD01	CD02	CD03	CD04	CD05	CD06

8334

	30	31	32	33	34	35	36	37	38	39
AB	CD07	초 CD08	촉 CD09	CD0A	CD0B	촌 CD0C	CD0D	CD0E	촏 CD0F	촐 CD10
AC	CD11	CD12	CD13	CD14	CD15	CD16	CD17	촘 CD18	촙 CD19	CD1A
AD	촛 CD1B	CD1C	총 CD1D	CD1E	CD1F	CD20	CD21	CD22	CD23	촤 CD24
AE	CD25	CD26	CD27	촨 CD28	CD29	CD2A	CD2B	촬 CD2C	CD2D	CD2E
AF	CD2F	CD30	CD31	CD32	CD33	CD34	CD35	CD36	CD37	CD38
B0	촹 CD39	CD3A	CD3B	CD3C	CD3D	CD3E	CD3F	쵀 CD40	CD41	CD42
B1	CD43	CD44	CD45	CD46	CD47	CD48	CD49	CD4A	CD4B	CD4C
B2	CD4D	CD4E	CD4F	CD50	CD51	CD52	CD53	CD54	CD55	CD56
B3	CD57	CD58	CD59	CD5A	CD5B	최 CD5C	CD5D	CD5E	CD5F	쵠 CD60
B4	CD61	CD62	쵣 CD63	쵤 CD64	CD65	CD66	CD67	CD68	CD69	CD6A
B5	CD6B	쵬 CD6C	쵭 CD6D	CD6E	쵯 CD6F	쵰 CD70	쵱 CD71	CD72	CD73	CD74
B6	CD75	CD76	CD77	쵸 CD78	쵹 CD79	CD7A	CD7B	쵼 CD7C	CD7D	CD7E
B7	CD7F	춀 CD80	CD81	CD82	CD83	CD84	CD85	CD86	CD87	춈 CD88
B8	CD89	CD8A	춋 CD8B	CD8C	춍 CD8D	CD8E	CD8F	CD90	CD91	CD92
B9	CD93	추 CD94	축 CD95	CD96	CD97	춘 CD98	CD99	CD9A	춛 CD9B	출 CD9C
BA	CD9D	CD9E	CD9F	CDA0	CDA1	CDA2	CDA3	춤 CDA4	춥 CDA5	CDA6
BB	춧 CDA7	CDA8	충 CDA9	CDAA	CDAB	CDAC	CDAD	CDAE	CDAF	춰 CDB0
BC	CDB1	CDB2	CDB3	CDB4	CDB5	CDB6	춷 CDB7	CDB8	CDB9	CDBA
BD	CDBB	CDBC	CDBD	CDBE	CDBF	CDC0	CDC1	CDC2	CDC3	췄 CDC4
BE	CDC5	CDC6	CDC7	CDC8	CDC9	CDCA	CDCB	췌 CDCC	CDCD	CDCE
BF	CDCF	췐 CDD0	CDD1	CDD2	CDD3	CDD4	CDD5	CDD6	CDD7	CDD8

8334

	30	31	32	33	34	35	36	37	38	39
C0	CDD9	CDDA	CDDB	CDDC	CDDD	CDDE	CDDF	췠 CDE0	췡 CDE1	CDE2
C1	CDE3	CDE4	CDE5	CDE6	CDE7	취 CDE8	CDE9	CDEA	CDEB	췬 CDEC
C2	CDED	CDEE	췯 CDEF	췰 CDF0	CDF1	CDF2	CDF3	CDF4	CDF5	CDF6
C3	CDF7	췸 CDF8	췹 CDF9	CDFA	췻 CDFB	CDFC	췽 CDFD	CDFE	CDFF	CE00
C4	CE01	CE02	CE03	츄 CE04	츅 CE05	CE06	CE07	츈 CE08	CE09	CE0A
C5	CE0B	츌 CE0C	CE0D	CE0E	CE0F	CE10	CE11	CE12	CE13	츔 CE14
C6	CE15	CE16	CE17	CE18	츙 CE19	CE1A	CE1B	CE1C	CE1D	CE1E
C7	CE1F	츠 CE20	측 CE21	CE22	CE23	츤 CE24	CE25	CE26	츧 CE27	츨 CE28
C8	츩 CE29	CE2A	CE2B	츬 CE2C	CE2D	CE2E	CE2F	츰 CE30	츱 CE31	CE32
C9	츳 CE33	CE34	층 CE35	CE36	CE37	CE38	CE39	CE3A	CE3B	츼 CE3C
CA	츽 CE3D	CE3E	CE3F	칀 CE40	CE41	CE42	CE43	칄 CE44	CE45	CE46
CB	CE47	CE48	CE49	CE4A	CE4B	CE4C	CE4D	CE4E	칏 CE4F	CE50
CC	칑 CE51	CE52	CE53	CE54	CE55	CE56	CE57	치 CE58	칙 CE59	CE5A
CD	CE5B	친 CE5C	CE5D	CE5E	칟 CE5F	칠 CE60	칡 CE61	CE62	CE63	CE64
CE	CE65	CE66	CE67	침 CE68	칩 CE69	CE6A	칫 CE6B	CE6C	칭 CE6D	칮 CE6E
CF	CE6F	CE70	CE71	CE72	CE73	카 CE74	칵 CE75	CE76	CE77	칸 CE78
D0	CE79	CE7A	칻 CE7B	칼 CE7C	CE7D	CE7E	CE7F	CE80	CE81	CE82
D1	CE83	캄 CE84	캅 CE85	CE86	캇 CE87	CE88	캉 CE89	CE8A	CE8B	CE8C
D2	캍 CE8D	CE8E	CE8F	캐 CE90	캑 CE91	CE92	CE93	캔 CE94	CE95	CE96
D3	캗 CE97	캘 CE98	CE99	CE9A	CE9B	CE9C	CE9D	CE9E	CE9F	캠 CEA0
D4	캡 CEA1	CEA2	캣 CEA3	캤 CEA4	캥 CEA5	CEA6	CEA7	CEA8	CEA9	CEAA

8334

	30	31	32	33	34	35	36	37	38	39
D5	CEAB	캬 CEAC	캭 CEAD	CEAE	CEAF	캰 CEB0	CEB1	CEB2	CEB3	CEB4
D6	CEB5	CEB6	CEB7	CEB8	CEB9	CEBA	CEBB	CEBC	CEBD	CEBE
D7	CEBF	CEC0	컁 CEC1	CEC2	CEC3	CEC4	CEC5	CEC6	CEC7	CEC8
D8	CEC9	CECA	CECB	CECC	CECD	CECE	CECF	CED0	CED1	CED2
D9	CED3	CED4	CED5	CED6	CED7	CED8	CED9	CEDA	CEDB	CEDC
DA	CEDD	CEDE	CEDF	CEE0	CEE1	CEE2	CEE3	커 CEE4	컥 CEE5	CEE6
DB	CEE7	컨 CEE8	CEE9	CEEA	컫 CEEB	컬 CEEC	CEED	CEEE	CEEF	CEF0
DC	CEF1	CEF2	CEF3	컴 CEF4	컵 CEF5	CEF6	컷 CEF7	컸 CEF8	컹 CEF9	CEFA
DD	CEFB	CEFC	컽 CEFD	CEFE	CEFF	케 CF00	켁 CF01	CF02	CF03	켄 CF04
DE	CF05	CF06	켇 CF07	켈 CF08	CF09	CF0A	CF0B	CF0C	CF0D	CF0E
DF	CF0F	켐 CF10	켑 CF11	CF12	켓 CF13	CF14	켕 CF15	CF16	CF17	CF18
E0	켙 CF19	CF1A	CF1B	켜 CF1C	켝 CF1D	CF1E	CF1F	켠 CF20	CF21	CF22
E1	켣 CF23	켤 CF24	CF25	CF26	CF27	CF28	CF29	CF2A	CF2B	켬 CF2C
E2	켭 CF2D	CF2E	켯 CF2F	켰 CF30	켱 CF31	CF32	CF33	CF34	CF35	CF36
E3	CF37	켸 CF38	CF39	CF3A	CF3B	CF3C	CF3D	CF3E	CF3F	CF40
E4	CF41	CF42	CF43	CF44	CF45	CF46	CF47	CF48	CF49	CF4A
E5	CF4B	CF4C	콍 CF4D	CF4E	CF4F	CF50	CF51	CF52	CF53	코 CF54
E6	콕 CF55	CF56	CF57	콘 CF58	CF59	CF5A	콛 CF5B	콜 CF5C	CF5D	CF5E
E7	CF5F	CF60	CF61	CF62	CF63	콤 CF64	콥 CF65	CF66	콧 CF67	CF68
E8	콩 CF69	콪 CF6A	CF6B	CF6C	CF6D	CF6E	CF6F	콰 CF70	콱 CF71	CF72
E9	CF73	콴 CF74	CF75	CF76	CF77	콸 CF78	CF79	CF7A	CF7B	CF7C

8334

	30	31	32	33	34	35	36	37	38	39
EA	CF7D	CF7E	CF7F	쾀 CF80	쾁 CF81	CF82	CF83	CF84	쾅 CF85	CF86
EB	CF87	CF88	CF89	CF8A	CF8B	쾌 CF8C	CF8D	CF8E	CF8F	CF90
EC	CF91	CF92	쾐 CF93	CF94	CF95	CF96	CF97	CF98	CF99	CF9A
ED	CF9B	CF9C	CF9D	CF9E	쾟 CF9F	CFA0	쾡 CFA1	CFA2	CFA3	CFA4
EE	CFA5	CFA6	CFA7	쾨 CFA8	CFA9	CFAA	CFAB	쾬 CFAC	CFAD	CFAE
EF	CFAF	쾰 CFB0	CFB1	CFB2	CFB3	CFB4	CFB5	CFB6	CFB7	쾸 CFB8
F0	쾹 CFB9	CFBA	CFBB	CFBC	쾽 CFBD	CFBE	CFBF	CFC0	CFC1	CFC2
F1	CFC3	쿄 CFC4	CFC5	CFC6	CFC7	CFC8	CFC9	CFCA	CFCB	CFCC
F2	CFCD	CFCE	CFCF	CFD0	CFD1	CFD2	CFD3	쿔 CFD4	CFD5	CFD6
F3	CFD7	CFD8	CFD9	CFDA	CFDB	CFDC	CFDD	CFDE	CFDF	쿠 CFE0
F4	쿡 CFE1	CFE2	CFE3	쿤 CFE4	CFE5	CFE6	CFE7	쿨 CFE8	CFE9	CFEA
F5	CFEB	CFEC	CFED	CFEE	CFEF	쿰 CFF0	쿱 CFF1	CFF2	쿳 CFF3	CFF4
F6	쿵 CFF5	CFF6	CFF7	CFF8	CFF9	CFFA	CFFB	쿼 CFFC	CFFD	CFFE
F7	CFFF	퀀 D000	D001	D002	D003	퀄 D004	D005	D006	D007	D008
F8	D009	D00A	D00B	D00C	D00D	D00E	D00F	D010	퀑 D011	D012
F9	D013	D014	D015	D016	D017	퀘 D018	퀙 D019	D01A	D01B	퀜 D01C
FA	D01D	D01E	D01F	퀠 D020	D021	D022	D023	D024	D025	D026
FB	D027	퀨 D028	퀩 D029	D02A	D02B	D02C	퀭 D02D	D02E	D02F	D030
FC	D031	D032	D033	퀴 D034	퀵 D035	D036	D037	퀸 D038	D039	D03A
FD	퀻 D03B	퀼 D03C	D03D	D03E	D03F	D040	D041	D042	D043	큄 D044
FE	큅 D045	D046	큇 D047	D048	큉 D049	D04A	D04B	D04C	D04D	D04E

8335

	30	31	32	33	34	35	36	37	38	39
81	D04F	큐 D050	D051	D052	D053	큔 D054	D055	D056	D057	큘 D058
82	D059	D05A	D05B	D05C	D05D	D05E	D05F	큠 D060	D061	D062
83	D063	D064	큥 D065	D066	D067	D068	D069	D06A	D06B	크 D06C
84	큭 D06D	D06E	D06F	큰 D070	D071	D072	D073	클 D074	D075	D076
85	D077	D078	D079	D07A	D07B	큼 D07C	큽 D07D	D07E	D07F	D080
86	킁 D081	D082	D083	D084	D085	D086	D087	킈 D088	D089	D08A
87	D08B	킌 D08C	D08D	D08E	D08F	킐 D090	D091	D092	D093	D094
88	D095	D096	D097	D098	D099	D09A	D09B	D09C	킝 D09D	D09E
89	D09F	D0A0	D0A1	D0A2	D0A3	키 D0A4	킥 D0A5	D0A6	D0A7	킨 D0A8
8A	D0A9	D0AA	킫 D0AB	킬 D0AC	D0AD	D0AE	D0AF	D0B0	D0B1	D0B2
8B	D0B3	킴 D0B4	킵 D0B5	D0B6	킷 D0B7	D0B8	킹 D0B9	D0BA	D0BB	D0BC
8C	D0BD	D0BE	D0BF	타 D0C0	탁 D0C1	D0C2	D0C3	탄 D0C4	D0C5	D0C6
8D	탇 D0C7	탈 D0C8	탉 D0C9	탊 D0CA	D0CB	D0CC	D0CD	D0CE	탏 D0CF	탐 D0D0
8E	탑 D0D1	D0D2	탓 D0D3	탔 D0D4	탕 D0D5	D0D6	D0D7	D0D8	D0D9	D0DA
8F	D0DB	태 D0DC	택 D0DD	D0DE	D0DF	탠 D0E0	D0E1	D0E2	탣 D0E3	탤 D0E4
90	D0E5	D0E6	D0E7	D0E8	D0E9	D0EA	D0EB	탬 D0EC	탭 D0ED	D0EE
91	탯 D0EF	탰 D0F0	탱 D0F1	D0F2	D0F3	D0F4	D0F5	D0F6	D0F7	탸 D0F8
92	탹 D0F9	D0FA	D0FB	탼 D0FC	D0FD	D0FE	D0FF	D100	D101	D102
93	D103	D104	D105	D106	D107	D108	D109	D10A	D10B	D10C
94	턍 D10D	D10E	D10F	D110	D111	D112	D113	D114	D115	D116
95	D117	D118	D119	D11A	D11B	D11C	D11D	D11E	D11F	D120

8335

	30	31	32	33	34	35	36	37	38	39
96	D121	D122	D123	D124	D125	D126	D127	D128	D129	D12A
97	D12B	D12C	D12D	D12E	D12F	터 D130	턱 D131	D132	D133	턴 D134
98	D135	D136	턷 D137	털 D138	D139	턺 D13A	턻 D13B	D13C	D13D	D13E
99	D13F	텀 D140	텁 D141	D142	텃 D143	텄 D144	텅 D145	D146	D147	D148
9A	D149	D14A	D14B	테 D14C	텍 D14D	D14E	D14F	텐 D150	D151	D152
9B	텓 D153	텔 D154	D155	D156	D157	D158	D159	D15A	D15B	템 D15C
9C	텝 D15D	D15E	텟 D15F	D160	텡 D161	D162	D163	D164	D165	텦 D166
9D	D167	텨 D168	텩 D169	D16A	D16B	텬 D16C	D16D	D16E	텯 D16F	텰 D170
9E	D171	D172	D173	D174	D175	D176	D177	텸 D178	텹 D179	D17A
9F	텻 D17B	텼 D17C	텽 D17D	D17E	D17F	D180	D181	D182	D183	톄 D184
A0	D185	D186	D187	톈 D188	D189	D18A	D18B	D18C	D18D	D18E
A1	D18F	D190	D191	D192	D193	D194	D195	D196	톗 D197	D198
A2	톙 D199	D19A	D19B	D19C	D19D	D19E	D19F	토 D1A0	톡 D1A1	D1A2
A3	D1A3	톤 D1A4	D1A5	D1A6	톧 D1A7	톨 D1A8	D1A9	D1AA	D1AB	D1AC
A4	D1AD	D1AE	D1AF	톰 D1B0	톱 D1B1	D1B2	톳 D1B3	D1B4	통 D1B5	D1B6
A5	톷 D1B7	D1B8	톹 D1B9	톺 D1BA	D1BB	톼 D1BC	톽 D1BD	D1BE	D1BF	퇀 D1C0
A6	D1C1	D1C2	D1C3	D1C4	D1C5	D1C6	D1C7	D1C8	D1C9	D1CA
A7	D1CB	D1CC	D1CD	D1CE	D1CF	D1D0	퇑 D1D1	D1D2	D1D3	D1D4
A8	D1D5	D1D6	D1D7	퇘 D1D8	D1D9	D1DA	D1DB	D1DC	D1DD	D1DE
A9	D1DF	D1E0	D1E1	D1E2	D1E3	D1E4	D1E5	D1E6	D1E7	D1E8
AA	D1E9	D1EA	D1EB	D1EC	D1ED	D1EE	D1EF	D1F0	D1F1	D1F2

8335

	30	31	32	33	34	35	36	37	38	39
AB	D1F3	퇴 D1F4	퇵 D1F5	D1F6	D1F7	퇸 D1F8	D1F9	D1FA	퇻 D1FB	퇼 D1FC
AC	D1FD	D1FE	D1FF	D200	D201	D202	D203	툄 D204	툅 D205	D206
AD	툇 D207	D208	툉 D209	D20A	D20B	D20C	D20D	D20E	D20F	툐 D210
AE	툑 D211	D212	D213	툔 D214	D215	D216	D217	D218	D219	D21A
AF	D21B	D21C	D21D	D21E	D21F	툠 D220	D221	D222	툣 D223	D224
B0	툥 D225	D226	D227	D228	D229	D22A	D22B	투 D22C	툭 D22D	D22E
B1	D22F	툰 D230	D231	D232	툳 D233	툴 D234	D235	D236	D237	D238
B2	D239	D23A	D23B	툼 D23C	툽 D23D	D23E	툿 D23F	D240	퉁 D241	D242
B3	D243	D244	D245	D246	D247	퉈 D248	D249	D24A	D24B	D24C
B4	D24D	D24E	퉏 D24F	D250	D251	D252	D253	D254	D255	D256
B5	D257	D258	D259	D25A	D25B	퉜 D25C	퉝 D25D	D25E	D25F	D260
B6	D261	D262	D263	퉤 D264	D265	D266	D267	퉨 D268	D269	D26A
B7	퉫 D26B	퉬 D26C	D26D	D26E	D26F	D270	D271	D272	D273	퉴 D274
B8	퉵 D275	D276	D277	퉸 D278	D279	D27A	D27B	D27C	D27D	D27E
B9	D27F	튀 D280	튁 D281	D282	D283	튄 D284	D285	D286	튇 D287	튈 D288
BA	D289	D28A	D28B	D28C	D28D	D28E	D28F	튐 D290	튑 D291	D292
BB	튓 D293	D294	튕 D295	D296	D297	D298	D299	D29A	D29B	튜 D29C
BC	튝 D29D	D29E	D29F	튠 D2A0	D2A1	D2A2	D2A3	튤 D2A4	D2A5	D2A6
BD	D2A7	D2A8	D2A9	D2AA	D2AB	튬 D2AC	D2AD	D2AE	D2AF	D2B0
BE	튱 D2B1	D2B2	D2B3	D2B4	D2B5	D2B6	D2B7	트 D2B8	특 D2B9	D2BA
BF	D2BB	튼 D2BC	D2BD	D2BE	튿 D2BF	틀 D2C0	D2C1	틂 D2C2	D2C3	틄 D2C4

8335

	30	31	32	33	34	35	36	37	38	39
C0	D2C5	D2C6	D2C7	틈 D2C8	틉 D2C9	D2CA	틋 D2CB	D2CC	틍 D2CD	D2CE
C1	D2CF	D2D0	D2D1	D2D2	D2D3	틔 D2D4	D2D5	D2D6	D2D7	틘 D2D8
C2	D2D9	D2DA	D2DB	틜 D2DC	D2DD	D2DE	D2DF	D2E0	D2E1	D2E2
C3	D2E3	틤 D2E4	틥 D2E5	D2E6	틧 D2E7	D2E8	D2E9	D2EA	D2EB	D2EC
C4	D2ED	D2EE	D2EF	티 D2F0	틱 D2F1	D2F2	D2F3	틴 D2F4	D2F5	D2F6
C5	틷 D2F7	틸 D2F8	D2F9	D2FA	D2FB	D2FC	D2FD	D2FE	D2FF	팀 D300
C6	팁 D301	D302	팃 D303	D304	팅 D305	D306	D307	D308	D309	D30A
C7	D30B	파 D30C	팍 D30D	팎 D30E	D30F	판 D310	D311	D312	팓 D313	팔 D314
C8	D315	팖 D316	D317	D318	D319	D31A	D31B	팜 D31C	팝 D31D	D31E
C9	팟 D31F	팠 D320	팡 D321	D322	팣 D323	D324	팥 D325	D326	D327	패 D328
CA	팩 D329	D32A	D32B	팬 D32C	D32D	D32E	팯 D32F	팰 D330	D331	D332
CB	D333	D334	D335	D336	D337	팸 D338	팹 D339	D33A	팻 D33B	팼 D33C
CC	팽 D33D	D33E	D33F	D340	D341	D342	D343	퍄 D344	퍅 D345	D346
CD	D347	퍈 D348	D349	D34A	D34B	D34C	D34D	D34E	D34F	D350
CE	D351	D352	D353	D354	D355	D356	D357	D358	퍙 D359	D35A
CF	D35B	D35C	D35D	D35E	D35F	D360	D361	D362	D363	D364
D0	D365	D366	D367	D368	D369	D36A	D36B	D36C	D36D	D36E
D1	D36F	D370	D371	D372	D373	D374	D375	D376	D377	D378
D2	D379	D37A	D37B	퍼 D37C	퍽 D37D	D37E	D37F	펀 D380	D381	D382
D3	펃 D383	펄 D384	D385	D386	D387	D388	D389	D38A	D38B	펌 D38C
D4	펍 D38D	D38E	펏 D38F	펐 D390	펑 D391	D392	D393	D394	펕 D395	D396

8335

	30	31	32	33	34	35	36	37	38	39
D5	D397	페 D398	펙 D399	D39A	D39B	펜 D39C	D39D	D39E	펟 D39F	펠 D3A0
D6	D3A1	D3A2	D3A3	D3A4	D3A5	D3A6	D3A7	펨 D3A8	펩 D3A9	D3AA
D7	펫 D3AB	펬 D3AC	펭 D3AD	D3AE	D3AF	D3B0	D3B1	D3B2	D3B3	펴 D3B4
D8	펵 D3B5	D3B6	D3B7	편 D3B8	펹 D3B9	D3BA	펻 D3BB	펼 D3BC	D3BD	D3BE
D9	D3BF	D3C0	D3C1	D3C2	D3C3	폄 D3C4	폅 D3C5	D3C6	폇 D3C7	폈 D3C8
DA	평 D3C9	D3CA	D3CB	D3CC	D3CD	D3CE	D3CF	폐 D3D0	D3D1	D3D2
DB	D3D3	폔 D3D4	D3D5	D3D6	폗 D3D7	폘 D3D8	D3D9	D3DA	D3DB	D3DC
DC	D3DD	D3DE	D3DF	폠 D3E0	폡 D3E1	D3E2	폣 D3E3	D3E4	폥 D3E5	D3E6
DD	D3E7	D3E8	D3E9	D3EA	D3EB	포 D3EC	폭 D3ED	D3EE	D3EF	폰 D3F0
DE	D3F1	D3F2	폳 D3F3	폴 D3F4	D3F5	D3F6	D3F7	D3F8	D3F9	D3FA
DF	D3FB	폼 D3FC	폽 D3FD	D3FE	폿 D3FF	D400	퐁 D401	D402	D403	D404
E0	퐅 D405	D406	D407	퐈 D408	D409	D40A	D40B	퐌 D40C	D40D	D40E
E1	D40F	퐐 D410	D411	D412	D413	D414	D415	D416	D417	퐘 D418
E2	퐙 D419	D41A	D41B	D41C	퐝 D41D	D41E	D41F	D420	D421	D422
E3	D423	D424	D425	D426	D427	D428	D429	D42A	D42B	D42C
E4	D42D	D42E	D42F	D430	D431	D432	D433	D434	D435	D436
E5	D437	D438	D439	D43A	D43B	D43C	D43D	D43E	D43F	푀 D440
E6	D441	D442	D443	푄 D444	D445	D446	D447	푈 D448	D449	D44A
E7	D44B	D44C	D44D	D44E	D44F	푐 D450	푑 D451	D452	D453	D454
E8	D455	D456	D457	D458	D459	D45A	D45B	표 D45C	D45D	D45E
E9	D45F	푠 D460	D461	D462	푣 D463	푤 D464	D465	D466	D467	D468

8335

	30	31	32	33	34	35	36	37	38	39
EA	D469	D46A	D46B	푬 D46C	푭 D46D	D46E	푯 D46F	D470	푱 D471	D472
EB	D473	D474	D475	D476	D477	푸 D478	푹 D479	D47A	D47B	푼 D47C
EC	D47D	D47E	푿 D47F	풀 D480	D481	풂 D482	D483	D484	D485	D486
ED	D487	품 D488	풉 D489	D48A	풋 D48B	D48C	풍 D48D	D48E	D48F	D490
EE	D491	D492	D493	풔 D494	D495	D496	D497	풘 D498	D499	D49A
EF	D49B	D49C	D49D	D49E	D49F	D4A0	D4A1	D4A2	D4A3	D4A4
F0	D4A5	D4A6	D4A7	D4A8	풩 D4A9	D4AA	D4AB	D4AC	D4AD	D4AE
F1	D4AF	풰 D4B0	D4B1	D4B2	D4B3	풴 D4B4	D4B5	D4B6	D4B7	풸 D4B8
F2	D4B9	D4BA	D4BB	D4BC	D4BD	D4BE	D4BF	퓀 D4C0	퓁 D4C1	D4C2
F3	D4C3	D4C4	D4C5	D4C6	D4C7	D4C8	D4C9	D4CA	D4CB	퓌 D4CC
F4	D4CD	D4CE	D4CF	퓐 D4D0	D4D1	D4D2	D4D3	퓔 D4D4	D4D5	D4D6
F5	D4D7	D4D8	D4D9	D4DA	D4DB	퓜 D4DC	D4DD	D4DE	퓟 D4DF	D4E0
F6	퓡 D4E1	D4E2	D4E3	D4E4	D4E5	D4E6	D4E7	퓨 D4E8	D4E9	D4EA
F7	D4EB	퓬 D4EC	D4ED	D4EE	D4EF	퓰 D4F0	D4F1	D4F2	D4F3	D4F4
F8	D4F5	D4F6	D4F7	퓸 D4F8	D4F9	D4FA	퓻 D4FB	D4FC	퓽 D4FD	D4FE
F9	D4FF	D500	D501	D502	D503	프 D504	D505	D506	D507	픈 D508
FA	D509	D50A	픋 D50B	플 D50C	D50D	D50E	D50F	픐 D510	D511	D512
FB	D513	픔 D514	픕 D515	D516	픗 D517	D518	픙 D519	D51A	D51B	D51C
FC	D51D	D51E	D51F	픠 D520	D521	D522	D523	픤 D524	D525	D526
FD	D527	픨 D528	D529	D52A	D52B	D52C	D52D	D52E	D52F	D530
FE	D531	D532	픳 D533	D534	D535	D536	D537	D538	D539	D53A

8336

	30	31	32	33	34	35	36	37	38	39
81	D53B	피 D53C	픽 D53D	D53E	D53F	핀 D540	D541	D542	핃 D543	필 D544
82	D545	D546	D547	D548	D549	D54A	D54B	핌 D54C	핍 D54D	D54E
83	핏 D54F	D550	핑 D551	D552	D553	D554	D555	D556	D557	하 D558
84	학 D559	D55A	D55B	한 D55C	D55D	D55E	핟 D55F	할 D560	핡 D561	D562
85	D563	D564	핥 D565	D566	핧 D567	함 D568	합 D569	D56A	핫 D56B	D56C
86	항 D56D	D56E	D56F	D570	D571	D572	D573	해 D574	핵 D575	D576
87	D577	핸 D578	D579	D57A	핻 D57B	핼 D57C	D57D	D57E	D57F	D580
88	D581	D582	D583	햄 D584	햅 D585	D586	햇 D587	했 D588	행 D589	D58A
89	D58B	D58C	D58D	D58E	D58F	햐 D590	햑 D591	D592	D593	D594
8A	D595	D596	D597	D598	D599	D59A	D59B	D59C	D59D	D59E
8B	D59F	D5A0	D5A1	D5A2	D5A3	D5A4	향 D5A5	D5A6	D5A7	D5A8
8C	D5A9	D5AA	D5AB	D5AC	D5AD	D5AE	D5AF	D5B0	D5B1	D5B2
8D	D5B3	D5B4	D5B5	D5B6	D5B7	D5B8	D5B9	D5BA	D5BB	D5BC
8E	D5BD	D5BE	D5BF	D5C0	D5C1	D5C2	D5C3	D5C4	D5C5	D5C6
8F	D5C7	허 D5C8	헉 D5C9	D5CA	D5CB	헌 D5CC	D5CD	D5CE	헏 D5CF	헐 D5D0
90	헑 D5D1	헒 D5D2	D5D3	D5D4	D5D5	D5D6	헗 D5D7	험 D5D8	헙 D5D9	D5DA
91	헛 D5DB	D5DC	헝 D5DD	D5DE	D5DF	D5E0	헡 D5E1	헢 D5E2	D5E3	헤 D5E4
92	헥 D5E5	D5E6	D5E7	헨 D5E8	D5E9	D5EA	헫 D5EB	헬 D5EC	D5ED	D5EE
93	D5EF	D5F0	D5F1	D5F2	D5F3	헴 D5F4	헵 D5F5	D5F6	헷 D5F7	헸 D5F8
94	헹 D5F9	D5FA	D5FB	D5FC	D5FD	헾 D5FE	D5FF	혀 D600	혁 D601	D602
95	D603	현 D604	D605	D606	혇 D607	혈 D608	D609	D60A	D60B	D60C

8336

	30	31	32	33	34	35	36	37	38	39
96	D60D	D60E	D60F	혐 D610	협 D611	D612	혓 D613	혔 D614	형 D615	D616
97	D617	D618	D619	D61A	D61B	혜 D61C	D61D	D61E	D61F	혠 D620
98	D621	D622	D623	혤 D624	D625	D626	D627	D628	D629	D62A
99	D62B	혬 D62C	혭 D62D	D62E	혯 D62F	D630	혱 D631	D632	D633	D634
9A	D635	D636	D637	호 D638	혹 D639	D63A	혻 D63B	혼 D63C	D63D	D63E
9B	혿 D63F	홀 D640	D641	D642	D643	D644	홅 D645	D646	D647	홈 D648
9C	홉 D649	D64A	홋 D64B	D64C	홍 D64D	D64E	D64F	D650	홑 D651	D652
9D	D653	화 D654	확 D655	D656	D657	환 D658	D659	D65A	홛 D65B	활 D65C
9E	D65D	D65E	D65F	홠 D660	D661	D662	D663	홤 D664	홥 D665	D666
9F	홧 D667	홨 D668	황 D669	D66A	D66B	D66C	D66D	D66E	D66F	홰 D670
A0	홱 D671	D672	D673	홴 D674	D675	D676	홷 D677	홸 D678	D679	D67A
A1	D67B	D67C	D67D	D67E	D67F	홼 D680	홽 D681	D682	홿 D683	D684
A2	횅 D685	D686	D687	D688	D689	D68A	D68B	회 D68C	획 D68D	D68E
A3	D68F	횐 D690	D691	D692	횓 D693	횔 D694	D695	D696	D697	D698
A4	D699	D69A	D69B	횜 D69C	횝 D69D	D69E	횟 D69F	D6A0	횡 D6A1	D6A2
A5	D6A3	D6A4	D6A5	D6A6	D6A7	효 D6A8	횩 D6A9	D6AA	D6AB	횬 D6AC
A6	D6AD	D6AE	D6AF	횰 D6B0	D6B1	D6B2	D6B3	D6B4	D6B5	D6B6
A7	D6B7	횸 D6B8	횹 D6B9	D6BA	횻 D6BB	D6BC	D6BD	D6BE	D6BF	D6C0
A8	D6C1	D6C2	D6C3	후 D6C4	훅 D6C5	D6C6	D6C7	훈 D6C8	D6C9	D6CA
A9	훋 D6CB	훌 D6CC	훍 D6CD	훎 D6CE	D6CF	D6D0	훑 D6D1	D6D2	D6D3	훔 D6D4
AA	훕 D6D5	D6D6	훗 D6D7	D6D8	훙 D6D9	D6DA	D6DB	D6DC	D6DD	D6DE

8336

	30	31	32	33	34	35	36	37	38	39
AB	D6DF	훠 D6E0	훡 D6E1	D6E2	D6E3	훤 D6E4	D6E5	D6E6	D6E7	훨 D6E8
AC	D6E9	D6EA	D6EB	D6EC	D6ED	D6EE	D6EF	훰 D6F0	D6F1	D6F2
AD	훳 D6F3	D6F4	훵 D6F5	D6F6	D6F7	D6F8	D6F9	D6FA	D6FB	훼 D6FC
AE	훽 D6FD	D6FE	D6FF	휀 D700	D701	D702	휃 D703	휄 D704	D705	D706
AF	D707	D708	D709	D70A	D70B	휌 D70C	휍 D70D	D70E	휏 D70F	휐 D710
B0	휑 D711	D712	D713	D714	D715	D716	D717	휘 D718	휙 D719	D71A
B1	D71B	휜 D71C	D71D	D71E	휟 D71F	휠 D720	D721	D722	D723	D724
B2	D725	D726	D727	휨 D728	휩 D729	D72A	휫 D72B	D72C	휭 D72D	D72E
B3	D72F	D730	D731	D732	D733	휴 D734	휵 D735	D736	D737	휸 D738
B4	D739	D73A	D73B	휼 D73C	D73D	D73E	D73F	D740	D741	D742
B5	D743	흄 D744	흅 D745	D746	흇 D747	D748	흉 D749	D74A	D74B	D74C
B6	D74D	D74E	D74F	흐 D750	흑 D751	D752	D753	흔 D754	D755	흖 D756
B7	흗 D757	흘 D758	흙 D759	D75A	D75B	D75C	D75D	D75E	D75F	흠 D760
B8	흡 D761	D762	흣 D763	D764	흥 D765	D766	D767	D768	흩 D769	D76A
B9	D76B	희 D76C	D76D	D76E	D76F	흰 D770	D771	D772	흳 D773	흴 D774
BA	D775	D776	D777	D778	D779	D77A	D77B	흼 D77C	흽 D77D	D77E
BB	흿 D77F	D780	힁 D781	D782	D783	D784	D785	D786	D787	히 D788
BC	힉 D789	D78A	D78B	힌 D78C	D78D	D78E	힏 D78F	힐 D790	D791	D792
BD	D793	D794	D795	D796	힗 D797	힘 D798	힙 D799	D79A	힛 D79B	D79C
BE	힝 D79D	D79E	D79F	D7A0	D7A1	D7A2	D7A3	D7A4	D7A5	D7A6
BF	D7A7	D7A8	D7A9	D7AA	D7AB	D7AC	D7AD	D7AE	D7AF	D7B0

8336

	30	31	32	33	34	35	36	37	38	39
C0	D7B1	D7B2	D7B3	D7B4	D7B5	D7B6	D7B7	D7B8	D7B9	D7BA
C1	D7BB	D7BC	D7BD	D7BE	D7BF	D7C0	D7C1	D7C2	D7C3	D7C4
C2	D7C5	D7C6	D7C7	D7C8	D7C9	D7CA	D7CB	D7CC	D7CD	D7CE
C3	D7CF	D7D0	D7D1	D7D2	D7D3	D7D4	D7D5	D7D6	D7D7	D7D8
C4	D7D9	D7DA	D7DB	D7DC	D7DD	D7DE	D7DF	D7E0	D7E1	D7E2
C5	D7E3	D7E4	D7E5	D7E6	D7E7	D7E8	D7E9	D7EA	D7EB	D7EC
C6	D7ED	D7EE	D7EF	D7F0	D7F1	D7F2	D7F3	D7F4	D7F5	D7F6
C7	D7F7	D7F8	D7F9	D7FA	D7FB	D7FC	D7FD	D7FE	D7FF	E76C
C8	E7C8	E7E7	E7E8	E7E9	E7EA	E7EB	E7EC	E7ED	E7EE	E7EF
C9	E7F0	E7F1	E7F2	E7F3	E815	E819	E81A	E81B	E81C	E81D
CA	E81F	E820	E821	E822	E823	E824	E825	E827	E828	E829
CB	E82A	E82D	E82E	E82F	E830	E833	E834	E835	E836	E837
CC	E838	E839	E83A	E83C	E83D	E83E	E83F	E840	E841	E842
CD	E844	E845	E846	E847	E848	E849	E84A	E84B	E84C	E84D
CE	E84E	E84F	E850	E851	E852	E853	E856	E857	E858	E859
CF	E85A	E85B	E85C	E85D	E85E	E85F	E860	E861	E862	E863
D0	E865	E866	E867	E868	E869	E86A	E86B	E86C	E86D	E86E
D1	E86F	E870	E871	E872	E873	E874	E875	E876	E877	E878
D2	E879	E87A	E87B	E87C	E87D	E87E	E87F	E880	E881	E882
D3	E883	E884	E885	E886	E887	E888	E889	E88A	E88B	E88C
D4	E88D	E88E	E88F	E890	E891	E892	E893	E894	E895	E896
D5	E897	E898	E899	E89A	E89B	E89C	E89D	E89E	E89F	E8A0
D6	E8A1	E8A2	E8A3	E8A4	E8A5	E8A6	E8A7	E8A8	E8A9	E8AA
D7	E8AB	E8AC	E8AD	E8AE	E8AF	E8B0	E8B1	E8B2	E8B3	E8B4
D8	E8B5	E8B6	E8B7	E8B8	E8B9	E8BA	E8BB	E8BC	E8BD	E8BE
D9	E8BF	E8C0	E8C1	E8C2	E8C3	E8C4	E8C5	E8C6	E8C7	E8C8
DA	E8C9	E8CA	E8CB	E8CC	E8CD	E8CE	E8CF	E8D0	E8D1	E8D2
DB	E8D3	E8D4	E8D5	E8D6	E8D7	E8D8	E8D9	E8DA	E8DB	E8DC
DC	E8DD	E8DE	E8DF	E8E0	E8E1	E8E2	E8E3	E8E4	E8E5	E8E6
DD	E8E7	E8E8	E8E9	E8EA	E8EB	E8EC	E8ED	E8EE	E8EF	E8F0
DE	E8F1	E8F2	E8F3	E8F4	E8F5	E8F6	E8F7	E8F8	E8F9	E8FA
DF	E8FB	E8FC	E8FD	E8FE	E8FF	E900	E901	E902	E903	E904
E0	E905	E906	E907	E908	E909	E90A	E90B	E90C	E90D	E90E
E1	E90F	E910	E911	E912	E913	E914	E915	E916	E917	E918
E2	E919	E91A	E91B	E91C	E91D	E91E	E91F	E920	E921	E922
E3	E923	E924	E925	E926	E927	E928	E929	E92A	E92B	E92C
E4	E92D	E92E	E92F	E930	E931	E932	E933	E934	E935	E936
E5	E937	E938	E939	E93A	E93B	E93C	E93D	E93E	E93F	E940
E6	E941	E942	E943	E944	E945	E946	E947	E948	E949	E94A
E7	E94B	E94C	E94D	E94E	E94F	E950	E951	E952	E953	E954
E8	E955	E956	E957	E958	E959	E95A	E95B	E95C	E95D	E95E
E9	E95F	E960	E961	E962	E963	E964	E965	E966	E967	E968

8336

	30	31	32	33	34	35	36	37	38	39
EA	E969	E96A	E96B	E96C	E96D	E96E	E96F	E970	E971	E972
EB	E973	E974	E975	E976	E977	E978	E979	E97A	E97B	E97C
EC	E97D	E97E	E97F	E980	E981	E982	E983	E984	E985	E986
ED	E987	E988	E989	E98A	E98B	E98C	E98D	E98E	E98F	E990
EE	E991	E992	E993	E994	E995	E996	E997	E998	E999	E99A
EF	E99B	E99C	E99D	E99E	E99F	E9A0	E9A1	E9A2	E9A3	E9A4
F0	E9A5	E9A6	E9A7	E9A8	E9A9	E9AA	E9AB	E9AC	E9AD	E9AE
F1	E9AF	E9B0	E9B1	E9B2	E9B3	E9B4	E9B5	E9B6	E9B7	E9B8
F2	E9B9	E9BA	E9BB	E9BC	E9BD	E9BE	E9BF	E9C0	E9C1	E9C2
F3	E9C3	E9C4	E9C5	E9C6	E9C7	E9C8	E9C9	E9CA	E9CB	E9CC
F4	E9CD	E9CE	E9CF	E9D0	E9D1	E9D2	E9D3	E9D4	E9D5	E9D6
F5	E9D7	E9D8	E9D9	E9DA	E9DB	E9DC	E9DD	E9DE	E9DF	E9E0
F6	E9E1	E9E2	E9E3	E9E4	E9E5	E9E6	E9E7	E9E8	E9E9	E9EA
F7	E9EB	E9EC	E9ED	E9EE	E9EF	E9F0	E9F1	E9F2	E9F3	E9F4
F8	E9F5	E9F6	E9F7	E9F8	E9F9	E9FA	E9FB	E9FC	E9FD	E9FE
F9	E9FF	EA00	EA01	EA02	EA03	EA04	EA05	EA06	EA07	EA08
FA	EA09	EA0A	EA0B	EA0C	EA0D	EA0E	EA0F	EA10	EA11	EA12
FB	EA13	EA14	EA15	EA16	EA17	EA18	EA19	EA1A	EA1B	EA1C
FC	EA1D	EA1E	EA1F	EA20	EA21	EA22	EA23	EA24	EA25	EA26
FD	EA27	EA28	EA29	EA2A	EA2B	EA2C	EA2D	EA2E	EA2F	EA30
FE	EA31	EA32	EA33	EA34	EA35	EA36	EA37	EA38	EA39	EA3A

8337

	30	31	32	33	34	35	36	37	38	39
81	EA3B	EA3C	EA3D	EA3E	EA3F	EA40	EA41	EA42	EA43	EA44
82	EA45	EA46	EA47	EA48	EA49	EA4A	EA4B	EA4C	EA4D	EA4E
83	EA4F	EA50	EA51	EA52	EA53	EA54	EA55	EA56	EA57	EA58
84	EA59	EA5A	EA5B	EA5C	EA5D	EA5E	EA5F	EA60	EA61	EA62
85	EA63	EA64	EA65	EA66	EA67	EA68	EA69	EA6A	EA6B	EA6C
86	EA6D	EA6E	EA6F	EA70	EA71	EA72	EA73	EA74	EA75	EA76
87	EA77	EA78	EA79	EA7A	EA7B	EA7C	EA7D	EA7E	EA7F	EA80
88	EA81	EA82	EA83	EA84	EA85	EA86	EA87	EA88	EA89	EA8A
89	EA8B	EA8C	EA8D	EA8E	EA8F	EA90	EA91	EA92	EA93	EA94
8A	EA95	EA96	EA97	EA98	EA99	EA9A	EA9B	EA9C	EA9D	EA9E
8B	EA9F	EAA0	EAA1	EAA2	EAA3	EAA4	EAA5	EAA6	EAA7	EAA8
8C	EAA9	EAAA	EAAB	EAAC	EAAD	EAAE	EAAF	EAB0	EAB1	EAB2
8D	EAB3	EAB4	EAB5	EAB6	EAB7	EAB8	EAB9	EABA	EABB	EABC
8E	EABD	EABE	EABF	EAC0	EAC1	EAC2	EAC3	EAC4	EAC5	EAC6
8F	EAC7	EAC8	EAC9	EACA	EACB	EACC	EACD	EACE	EACF	EAD0
90	EAD1	EAD2	EAD3	EAD4	EAD5	EAD6	EAD7	EAD8	EAD9	EADA
91	EADB	EADC	EADD	EADE	EADF	EAE0	EAE1	EAE2	EAE3	EAE4
92	EAE5	EAE6	EAE7	EAE8	EAE9	EAEA	EAEB	EAEC	EAED	EAEE
93	EAEF	EAF0	EAF1	EAF2	EAF3	EAF4	EAF5	EAF6	EAF7	EAF8
94	EAF9	EAFA	EAFB	EAFC	EAFD	EAFE	EAFF	EB00	EB01	EB02
95	EB03	EB04	EB05	EB06	EB07	EB08	EB09	EB0A	EB0B	EB0C

8337

	30	31	32	33	34	35	36	37	38	39
96	EB0D	EB0E	EB0F	EB10	EB11	EB12	EB13	EB14	EB15	EB16
97	EB17	EB18	EB19	EB1A	EB1B	EB1C	EB1D	EB1E	EB1F	EB20
98	EB21	EB22	EB23	EB24	EB25	EB26	EB27	EB28	EB29	EB2A
99	EB2B	EB2C	EB2D	EB2E	EB2F	EB30	EB31	EB32	EB33	EB34
9A	EB35	EB36	EB37	EB38	EB39	EB3A	EB3B	EB3C	EB3D	EB3E
9B	EB3F	EB40	EB41	EB42	EB43	EB44	EB45	EB46	EB47	EB48
9C	EB49	EB4A	EB4B	EB4C	EB4D	EB4E	EB4F	EB50	EB51	EB52
9D	EB53	EB54	EB55	EB56	EB57	EB58	EB59	EB5A	EB5B	EB5C
9E	EB5D	EB5E	EB5F	EB60	EB61	EB62	EB63	EB64	EB65	EB66
9F	EB67	EB68	EB69	EB6A	EB6B	EB6C	EB6D	EB6E	EB6F	EB70
A0	EB71	EB72	EB73	EB74	EB75	EB76	EB77	EB78	EB79	EB7A
A1	EB7B	EB7C	EB7D	EB7E	EB7F	EB80	EB81	EB82	EB83	EB84
A2	EB85	EB86	EB87	EB88	EB89	EB8A	EB8B	EB8C	EB8D	EB8E
A3	EB8F	EB90	EB91	EB92	EB93	EB94	EB95	EB96	EB97	EB98
A4	EB99	EB9A	EB9B	EB9C	EB9D	EB9E	EB9F	EBA0	EBA1	EBA2
A5	EBA3	EBA4	EBA5	EBA6	EBA7	EBA8	EBA9	EBAA	EBAB	EBAC
A6	EBAD	EBAE	EBAF	EBB0	EBB1	EBB2	EBB3	EBB4	EBB5	EBB6
A7	EBB7	EBB8	EBB9	EBBA	EBBB	EBBC	EBBD	EBBE	EBBF	EBC0
A8	EBC1	EBC2	EBC3	EBC4	EBC5	EBC6	EBC7	EBC8	EBC9	EBCA
A9	EBCB	EBCC	EBCD	EBCE	EBCF	EBD0	EBD1	EBD2	EBD3	EBD4
AA	EBD5	EBD6	EBD7	EBD8	EBD9	EBDA	EBDB	EBDC	EBDD	EBDE

8337

	30	31	32	33	34	35	36	37	38	39
AB	EBDF	EBE0	EBE1	EBE2	EBE3	EBE4	EBE5	EBE6	EBE7	EBE8
AC	EBE9	EBEA	EBEB	EBEC	EBED	EBEE	EBEF	EBF0	EBF1	EBF2
AD	EBF3	EBF4	EBF5	EBF6	EBF7	EBF8	EBF9	EBFA	EBFB	EBFC
AE	EBFD	EBFE	EBFF	EC00	EC01	EC02	EC03	EC04	EC05	EC06
AF	EC07	EC08	EC09	EC0A	EC0B	EC0C	EC0D	EC0E	EC0F	EC10
B0	EC11	EC12	EC13	EC14	EC15	EC16	EC17	EC18	EC19	EC1A
B1	EC1B	EC1C	EC1D	EC1E	EC1F	EC20	EC21	EC22	EC23	EC24
B2	EC25	EC26	EC27	EC28	EC29	EC2A	EC2B	EC2C	EC2D	EC2E
B3	EC2F	EC30	EC31	EC32	EC33	EC34	EC35	EC36	EC37	EC38
B4	EC39	EC3A	EC3B	EC3C	EC3D	EC3E	EC3F	EC40	EC41	EC42
B5	EC43	EC44	EC45	EC46	EC47	EC48	EC49	EC4A	EC4B	EC4C
B6	EC4D	EC4E	EC4F	EC50	EC51	EC52	EC53	EC54	EC55	EC56
B7	EC57	EC58	EC59	EC5A	EC5B	EC5C	EC5D	EC5E	EC5F	EC60
B8	EC61	EC62	EC63	EC64	EC65	EC66	EC67	EC68	EC69	EC6A
B9	EC6B	EC6C	EC6D	EC6E	EC6F	EC70	EC71	EC72	EC73	EC74
BA	EC75	EC76	EC77	EC78	EC79	EC7A	EC7B	EC7C	EC7D	EC7E
BB	EC7F	EC80	EC81	EC82	EC83	EC84	EC85	EC86	EC87	EC88
BC	EC89	EC8A	EC8B	EC8C	EC8D	EC8E	EC8F	EC90	EC91	EC92
BD	EC93	EC94	EC95	EC96	EC97	EC98	EC99	EC9A	EC9B	EC9C
BE	EC9D	EC9E	EC9F	ECA0	ECA1	ECA2	ECA3	ECA4	ECA5	ECA6
BF	ECA7	ECA8	ECA9	ECAA	ECAB	ECAC	ECAD	ECAE	ECAF	ECB0

8337

	30	31	32	33	34	35	36	37	38	39
C0	ECB1	ECB2	ECB3	ECB4	ECB5	ECB6	ECB7	ECB8	ECB9	ECBA
C1	ECBB	ECBC	ECBD	ECBE	ECBF	ECC0	ECC1	ECC2	ECC3	ECC4
C2	ECC5	ECC6	ECC7	ECC8	ECC9	ECCA	ECCB	ECCC	ECCD	ECCE
C3	ECCF	ECD0	ECD1	ECD2	ECD3	ECD4	ECD5	ECD6	ECD7	ECD8
C4	ECD9	ECDA	ECDB	ECDC	ECDD	ECDE	ECDF	ECE0	ECE1	ECE2
C5	ECE3	ECE4	ECE5	ECE6	ECE7	ECE8	ECE9	ECEA	ECEB	ECEC
C6	ECED	ECEE	ECEF	ECF0	ECF1	ECF2	ECF3	ECF4	ECF5	ECF6
C7	ECF7	ECF8	ECF9	ECFA	ECFB	ECFC	ECFD	ECFE	ECFF	ED00
C8	ED01	ED02	ED03	ED04	ED05	ED06	ED07	ED08	ED09	ED0A
C9	ED0B	ED0C	ED0D	ED0E	ED0F	ED10	ED11	ED12	ED13	ED14
CA	ED15	ED16	ED17	ED18	ED19	ED1A	ED1B	ED1C	ED1D	ED1E
CB	ED1F	ED20	ED21	ED22	ED23	ED24	ED25	ED26	ED27	ED28
CC	ED29	ED2A	ED2B	ED2C	ED2D	ED2E	ED2F	ED30	ED31	ED32
CD	ED33	ED34	ED35	ED36	ED37	ED38	ED39	ED3A	ED3B	ED3C
CE	ED3D	ED3E	ED3F	ED40	ED41	ED42	ED43	ED44	ED45	ED46
CF	ED47	ED48	ED49	ED4A	ED4B	ED4C	ED4D	ED4E	ED4F	ED50
D0	ED51	ED52	ED53	ED54	ED55	ED56	ED57	ED58	ED59	ED5A
D1	ED5B	ED5C	ED5D	ED5E	ED5F	ED60	ED61	ED62	ED63	ED64
D2	ED65	ED66	ED67	ED68	ED69	ED6A	ED6B	ED6C	ED6D	ED6E
D3	ED6F	ED70	ED71	ED72	ED73	ED74	ED75	ED76	ED77	ED78
D4	ED79	ED7A	ED7B	ED7C	ED7D	ED7E	ED7F	ED80	ED81	ED82

8337

	30	31	32	33	34	35	36	37	38	39
D5	ED83	ED84	ED85	ED86	ED87	ED88	ED89	ED8A	ED8B	ED8C
D6	ED8D	ED8E	ED8F	ED90	ED91	ED92	ED93	ED94	ED95	ED96
D7	ED97	ED98	ED99	ED9A	ED9B	ED9C	ED9D	ED9E	ED9F	EDA0
D8	EDA1	EDA2	EDA3	EDA4	EDA5	EDA6	EDA7	EDA8	EDA9	EDAA
D9	EDAB	EDAC	EDAD	EDAE	EDAF	EDB0	EDB1	EDB2	EDB3	EDB4
DA	EDB5	EDB6	EDB7	EDB8	EDB9	EDBA	EDBB	EDBC	EDBD	EDBE
DB	EDBF	EDC0	EDC1	EDC2	EDC3	EDC4	EDC5	EDC6	EDC7	EDC8
DC	EDC9	EDCA	EDCB	EDCC	EDCD	EDCE	EDCF	EDD0	EDD1	EDD2
DD	EDD3	EDD4	EDD5	EDD6	EDD7	EDD8	EDD9	EDDA	EDDB	EDDC
DE	EDDD	EDDE	EDDF	EDE0	EDE1	EDE2	EDE3	EDE4	EDE5	EDE6
DF	EDE7	EDE8	EDE9	EDEA	EDEB	EDEC	EDED	EDEE	EDEF	EDF0
E0	EDF1	EDF2	EDF3	EDF4	EDF5	EDF6	EDF7	EDF8	EDF9	EDFA
E1	EDFB	EDFC	EDFD	EDFE	EDFF	EE00	EE01	EE02	EE03	EE04
E2	EE05	EE06	EE07	EE08	EE09	EE0A	EE0B	EE0C	EE0D	EE0E
E3	EE0F	EE10	EE11	EE12	EE13	EE14	EE15	EE16	EE17	EE18
E4	EE19	EE1A	EE1B	EE1C	EE1D	EE1E	EE1F	EE20	EE21	EE22
E5	EE23	EE24	EE25	EE26	EE27	EE28	EE29	EE2A	EE2B	EE2C
E6	EE2D	EE2E	EE2F	EE30	EE31	EE32	EE33	EE34	EE35	EE36
E7	EE37	EE38	EE39	EE3A	EE3B	EE3C	EE3D	EE3E	EE3F	EE40
E8	EE41	EE42	EE43	EE44	EE45	EE46	EE47	EE48	EE49	EE4A
E9	EE4B	EE4C	EE4D	EE4E	EE4F	EE50	EE51	EE52	EE53	EE54

8337

	30	31	32	33	34	35	36	37	38	39
EA	EE55	EE56	EE57	EE58	EE59	EE5A	EE5B	EE5C	EE5D	EE5E
EB	EE5F	EE60	EE61	EE62	EE63	EE64	EE65	EE66	EE67	EE68
EC	EE69	EE6A	EE6B	EE6C	EE6D	EE6E	EE6F	EE70	EE71	EE72
ED	EE73	EE74	EE75	EE76	EE77	EE78	EE79	EE7A	EE7B	EE7C
EE	EE7D	EE7E	EE7F	EE80	EE81	EE82	EE83	EE84	EE85	EE86
EF	EE87	EE88	EE89	EE8A	EE8B	EE8C	EE8D	EE8E	EE8F	EE90
F0	EE91	EE92	EE93	EE94	EE95	EE96	EE97	EE98	EE99	EE9A
F1	EE9B	EE9C	EE9D	EE9E	EE9F	EEA0	EEA1	EEA2	EEA3	EEA4
F2	EEA5	EEA6	EEA7	EEA8	EEA9	EEAA	EEAB	EEAC	EEAD	EEAE
F3	EEAF	EEB0	EEB1	EEB2	EEB3	EEB4	EEB5	EEB6	EEB7	EEB8
F4	EEB9	EEBA	EEBB	EEBC	EEBD	EEBE	EEBF	EEC0	EEC1	EEC2
F5	EEC3	EEC4	EEC5	EEC6	EEC7	EEC8	EEC9	EECA	EECB	EECC
F6	EECD	EECE	EECF	EED0	EED1	EED2	EED3	EED4	EED5	EED6
F7	EED7	EED8	EED9	EEDA	EEDB	EEDC	EEDD	EEDE	EEDF	EEE0
F8	EEE1	EEE2	EEE3	EEE4	EEE5	EEE6	EEE7	EEE8	EEE9	EEEA
F9	EEEB	EEEC	EEED	EEEE	EEEF	EEF0	EEF1	EEF2	EEF3	EEF4
FA	EEF5	EEF6	EEF7	EEF8	EEF9	EEFA	EEFB	EEFC	EEFD	EEFE
FB	EEFF	EF00	EF01	EF02	EF03	EF04	EF05	EF06	EF07	EF08
FC	EF09	EF0A	EF0B	EF0C	EF0D	EF0E	EF0F	EF10	EF11	EF12
FD	EF13	EF14	EF15	EF16	EF17	EF18	EF19	EF1A	EF1B	EF1C
FE	EF1D	EF1E	EF1F	EF20	EF21	EF22	EF23	EF24	EF25	EF26

8338

	30	31	32	33	34	35	36	37	38	39
81	EF27	EF28	EF29	EF2A	EF2B	EF2C	EF2D	EF2E	EF2F	EF30
82	EF31	EF32	EF33	EF34	EF35	EF36	EF37	EF38	EF39	EF3A
83	EF3B	EF3C	EF3D	EF3E	EF3F	EF40	EF41	EF42	EF43	EF44
84	EF45	EF46	EF47	EF48	EF49	EF4A	EF4B	EF4C	EF4D	EF4E
85	EF4F	EF50	EF51	EF52	EF53	EF54	EF55	EF56	EF57	EF58
86	EF59	EF5A	EF5B	EF5C	EF5D	EF5E	EF5F	EF60	EF61	EF62
87	EF63	EF64	EF65	EF66	EF67	EF68	EF69	EF6A	EF6B	EF6C
88	EF6D	EF6E	EF6F	EF70	EF71	EF72	EF73	EF74	EF75	EF76
89	EF77	EF78	EF79	EF7A	EF7B	EF7C	EF7D	EF7E	EF7F	EF80
8A	EF81	EF82	EF83	EF84	EF85	EF86	EF87	EF88	EF89	EF8A
8B	EF8B	EF8C	EF8D	EF8E	EF8F	EF90	EF91	EF92	EF93	EF94
8C	EF95	EF96	EF97	EF98	EF99	EF9A	EF9B	EF9C	EF9D	EF9E
8D	EF9F	EFA0	EFA1	EFA2	EFA3	EFA4	EFA5	EFA6	EFA7	EFA8
8E	EFA9	EFAA	EFAB	EFAC	EFAD	EFAE	EFAF	EFB0	EFB1	EFB2
8F	EFB3	EFB4	EFB5	EFB6	EFB7	EFB8	EFB9	EFBA	EFBB	EFBC
90	EFBD	EFBE	EFBF	EFC0	EFC1	EFC2	EFC3	EFC4	EFC5	EFC6
91	EFC7	EFC8	EFC9	EFCA	EFCB	EFCC	EFCD	EFCE	EFCF	EFD0
92	EFD1	EFD2	EFD3	EFD4	EFD5	EFD6	EFD7	EFD8	EFD9	EFDA
93	EFDB	EFDC	EFDD	EFDE	EFDF	EFE0	EFE1	EFE2	EFE3	EFE4
94	EFE5	EFE6	EFE7	EFE8	EFE9	EFEA	EFEB	EFEC	EFED	EFEE
95	EFEF	EFF0	EFF1	EFF2	EFF3	EFF4	EFF5	EFF6	EFF7	EFF8

8338

	30	31	32	33	34	35	36	37	38	39
96	EFF9	EFFA	EFFB	EFFC	EFFD	EFFE	EFFF	F000	F001	F002
97	F003	F004	F005	F006	F007	F008	F009	F00A	F00B	F00C
98	F00D	F00E	F00F	F010	F011	F012	F013	F014	F015	F016
99	F017	F018	F019	F01A	F01B	F01C	F01D	F01E	F01F	F020
9A	F021	F022	F023	F024	F025	F026	F027	F028	F029	F02A
9B	F02B	F02C	F02D	F02E	F02F	F030	F031	F032	F033	F034
9C	F035	F036	F037	F038	F039	F03A	F03B	F03C	F03D	F03E
9D	F03F	F040	F041	F042	F043	F044	F045	F046	F047	F048
9E	F049	F04A	F04B	F04C	F04D	F04E	F04F	F050	F051	F052
9F	F053	F054	F055	F056	F057	F058	F059	F05A	F05B	F05C
A0	F05D	F05E	F05F	F060	F061	F062	F063	F064	F065	F066
A1	F067	F068	F069	F06A	F06B	F06C	F06D	F06E	F06F	F070
A2	F071	F072	F073	F074	F075	F076	F077	F078	F079	F07A
A3	F07B	F07C	F07D	F07E	F07F	F080	F081	F082	F083	F084
A4	F085	F086	F087	F088	F089	F08A	F08B	F08C	F08D	F08E
A5	F08F	F090	F091	F092	F093	F094	F095	F096	F097	F098
A6	F099	F09A	F09B	F09C	F09D	F09E	F09F	F0A0	F0A1	F0A2
A7	F0A3	F0A4	F0A5	F0A6	F0A7	F0A8	F0A9	F0AA	F0AB	F0AC
A8	F0AD	F0AE	F0AF	F0B0	F0B1	F0B2	F0B3	F0B4	F0B5	F0B6
A9	F0B7	F0B8	F0B9	F0BA	F0BB	F0BC	F0BD	F0BE	F0BF	F0C0
AA	F0C1	F0C2	F0C3	F0C4	F0C5	F0C6	F0C7	F0C8	F0C9	F0CA

8338

	30	31	32	33	34	35	36	37	38	39
AB	F0CB	F0CC	F0CD	F0CE	F0CF	F0D0	F0D1	F0D2	F0D3	F0D4
AC	F0D5	F0D6	F0D7	F0D8	F0D9	F0DA	F0DB	F0DC	F0DD	F0DE
AD	F0DF	F0E0	F0E1	F0E2	F0E3	F0E4	F0E5	F0E6	F0E7	F0E8
AE	F0E9	F0EA	F0EB	F0EC	F0ED	F0EE	F0EF	F0F0	F0F1	F0F2
AF	F0F3	F0F4	F0F5	F0F6	F0F7	F0F8	F0F9	F0FA	F0FB	F0FC
B0	F0FD	F0FE	F0FF	F100	F101	F102	F103	F104	F105	F106
B1	F107	F108	F109	F10A	F10B	F10C	F10D	F10E	F10F	F110
B2	F111	F112	F113	F114	F115	F116	F117	F118	F119	F11A
B3	F11B	F11C	F11D	F11E	F11F	F120	F121	F122	F123	F124
B4	F125	F126	F127	F128	F129	F12A	F12B	F12C	F12D	F12E
B5	F12F	F130	F131	F132	F133	F134	F135	F136	F137	F138
B6	F139	F13A	F13B	F13C	F13D	F13E	F13F	F140	F141	F142
B7	F143	F144	F145	F146	F147	F148	F149	F14A	F14B	F14C
B8	F14D	F14E	F14F	F150	F151	F152	F153	F154	F155	F156
B9	F157	F158	F159	F15A	F15B	F15C	F15D	F15E	F15F	F160
BA	F161	F162	F163	F164	F165	F166	F167	F168	F169	F16A
BB	F16B	F16C	F16D	F16E	F16F	F170	F171	F172	F173	F174
BC	F175	F176	F177	F178	F179	F17A	F17B	F17C	F17D	F17E
BD	F17F	F180	F181	F182	F183	F184	F185	F186	F187	F188
BE	F189	F18A	F18B	F18C	F18D	F18E	F18F	F190	F191	F192
BF	F193	F194	F195	F196	F197	F198	F199	F19A	F19B	F19C

8338

	30	31	32	33	34	35	36	37	38	39
C0	F19D	F19E	F19F	F1A0	F1A1	F1A2	F1A3	F1A4	F1A5	F1A6
C1	F1A7	F1A8	F1A9	F1AA	F1AB	F1AC	F1AD	F1AE	F1AF	F1B0
C2	F1B1	F1B2	F1B3	F1B4	F1B5	F1B6	F1B7	F1B8	F1B9	F1BA
C3	F1BB	F1BC	F1BD	F1BE	F1BF	F1C0	F1C1	F1C2	F1C3	F1C4
C4	F1C5	F1C6	F1C7	F1C8	F1C9	F1CA	F1CB	F1CC	F1CD	F1CE
C5	F1CF	F1D0	F1D1	F1D2	F1D3	F1D4	F1D5	F1D6	F1D7	F1D8
C6	F1D9	F1DA	F1DB	F1DC	F1DD	F1DE	F1DF	F1E0	F1E1	F1E2
C7	F1E3	F1E4	F1E5	F1E6	F1E7	F1E8	F1E9	F1EA	F1EB	F1EC
C8	F1ED	F1EE	F1EF	F1F0	F1F1	F1F2	F1F3	F1F4	F1F5	F1F6
C9	F1F7	F1F8	F1F9	F1FA	F1FB	F1FC	F1FD	F1FE	F1FF	F200
CA	F201	F202	F203	F204	F205	F206	F207	F208	F209	F20A
CB	F20B	F20C	F20D	F20E	F20F	F210	F211	F212	F213	F214
CC	F215	F216	F217	F218	F219	F21A	F21B	F21C	F21D	F21E
CD	F21F	F220	F221	F222	F223	F224	F225	F226	F227	F228
CE	F229	F22A	F22B	F22C	F22D	F22E	F22F	F230	F231	F232
CF	F233	F234	F235	F236	F237	F238	F239	F23A	F23B	F23C
D0	F23D	F23E	F23F	F240	F241	F242	F243	F244	F245	F246
D1	F247	F248	F249	F24A	F24B	F24C	F24D	F24E	F24F	F250
D2	F251	F252	F253	F254	F255	F256	F257	F258	F259	F25A
D3	F25B	F25C	F25D	F25E	F25F	F260	F261	F262	F263	F264
D4	F265	F266	F267	F268	F269	F26A	F26B	F26C	F26D	F26E

8338

	30	31	32	33	34	35	36	37	38	39
D5	F26F	F270	F271	F272	F273	F274	F275	F276	F277	F278
D6	F279	F27A	F27B	F27C	F27D	F27E	F27F	F280	F281	F282
D7	F283	F284	F285	F286	F287	F288	F289	F28A	F28B	F28C
D8	F28D	F28E	F28F	F290	F291	F292	F293	F294	F295	F296
D9	F297	F298	F299	F29A	F29B	F29C	F29D	F29E	F29F	F2A0
DA	F2A1	F2A2	F2A3	F2A4	F2A5	F2A6	F2A7	F2A8	F2A9	F2AA
DB	F2AB	F2AC	F2AD	F2AE	F2AF	F2B0	F2B1	F2B2	F2B3	F2B4
DC	F2B5	F2B6	F2B7	F2B8	F2B9	F2BA	F2BB	F2BC	F2BD	F2BE
DD	F2BF	F2C0	F2C1	F2C2	F2C3	F2C4	F2C5	F2C6	F2C7	F2C8
DE	F2C9	F2CA	F2CB	F2CC	F2CD	F2CE	F2CF	F2D0	F2D1	F2D2
DF	F2D3	F2D4	F2D5	F2D6	F2D7	F2D8	F2D9	F2DA	F2DB	F2DC
E0	F2DD	F2DE	F2DF	F2E0	F2E1	F2E2	F2E3	F2E4	F2E5	F2E6
E1	F2E7	F2E8	F2E9	F2EA	F2EB	F2EC	F2ED	F2EE	F2EF	F2F0
E2	F2F1	F2F2	F2F3	F2F4	F2F5	F2F6	F2F7	F2F8	F2F9	F2FA
E3	F2FB	F2FC	F2FD	F2FE	F2FF	F300	F301	F302	F303	F304
E4	F305	F306	F307	F308	F309	F30A	F30B	F30C	F30D	F30E
E5	F30F	F310	F311	F312	F313	F314	F315	F316	F317	F318
E6	F319	F31A	F31B	F31C	F31D	F31E	F31F	F320	F321	F322
E7	F323	F324	F325	F326	F327	F328	F329	F32A	F32B	F32C
E8	F32D	F32E	F32F	F330	F331	F332	F333	F334	F335	F336
E9	F337	F338	F339	F33A	F33B	F33C	F33D	F33E	F33F	F340

8338

	30	31	32	33	34	35	36	37	38	39
EA	F341	F342	F343	F344	F345	F346	F347	F348	F349	F34A
EB	F34B	F34C	F34D	F34E	F34F	F350	F351	F352	F353	F354
EC	F355	F356	F357	F358	F359	F35A	F35B	F35C	F35D	F35E
ED	F35F	F360	F361	F362	F363	F364	F365	F366	F367	F368
EE	F369	F36A	F36B	F36C	F36D	F36E	F36F	F370	F371	F372
EF	F373	F374	F375	F376	F377	F378	F379	F37A	F37B	F37C
F0	F37D	F37E	F37F	F380	F381	F382	F383	F384	F385	F386
F1	F387	F388	F389	F38A	F38B	F38C	F38D	F38E	F38F	F390
F2	F391	F392	F393	F394	F395	F396	F397	F398	F399	F39A
F3	F39B	F39C	F39D	F39E	F39F	F3A0	F3A1	F3A2	F3A3	F3A4
F4	F3A5	F3A6	F3A7	F3A8	F3A9	F3AA	F3AB	F3AC	F3AD	F3AE
F5	F3AF	F3B0	F3B1	F3B2	F3B3	F3B4	F3B5	F3B6	F3B7	F3B8
F6	F3B9	F3BA	F3BB	F3BC	F3BD	F3BE	F3BF	F3C0	F3C1	F3C2
F7	F3C3	F3C4	F3C5	F3C6	F3C7	F3C8	F3C9	F3CA	F3CB	F3CC
F8	F3CD	F3CE	F3CF	F3D0	F3D1	F3D2	F3D3	F3D4	F3D5	F3D6
F9	F3D7	F3D8	F3D9	F3DA	F3DB	F3DC	F3DD	F3DE	F3DF	F3E0
FA	F3E1	F3E2	F3E3	F3E4	F3E5	F3E6	F3E7	F3E8	F3E9	F3EA
FB	F3EB	F3EC	F3ED	F3EE	F3EF	F3F0	F3F1	F3F2	F3F3	F3F4
FC	F3F5	F3F6	F3F7	F3F8	F3F9	F3FA	F3FB	F3FC	F3FD	F3FE
FD	F3FF	F400	F401	F402	F403	F404	F405	F406	F407	F408
FE	F409	F40A	F40B	F40C	F40D	F40E	F40F	F410	F411	F412

8339

	30	31	32	33	34	35	36	37	38	39
81	F413	F414	F415	F416	F417	F418	F419	F41A	F41B	F41C
82	F41D	F41E	F41F	F420	F421	F422	F423	F424	F425	F426
83	F427	F428	F429	F42A	F42B	F42C	F42D	F42E	F42F	F430
84	F431	F432	F433	F434	F435	F436	F437	F438	F439	F43A
85	F43B	F43C	F43D	F43E	F43F	F440	F441	F442	F443	F444
86	F445	F446	F447	F448	F449	F44A	F44B	F44C	F44D	F44E
87	F44F	F450	F451	F452	F453	F454	F455	F456	F457	F458
88	F459	F45A	F45B	F45C	F45D	F45E	F45F	F460	F461	F462
89	F463	F464	F465	F466	F467	F468	F469	F46A	F46B	F46C
8A	F46D	F46E	F46F	F470	F471	F472	F473	F474	F475	F476
8B	F477	F478	F479	F47A	F47B	F47C	F47D	F47E	F47F	F480
8C	F481	F482	F483	F484	F485	F486	F487	F488	F489	F48A
8D	F48B	F48C	F48D	F48E	F48F	F490	F491	F492	F493	F494
8E	F495	F496	F497	F498	F499	F49A	F49B	F49C	F49D	F49E
8F	F49F	F4A0	F4A1	F4A2	F4A3	F4A4	F4A5	F4A6	F4A7	F4A8
90	F4A9	F4AA	F4AB	F4AC	F4AD	F4AE	F4AF	F4B0	F4B1	F4B2
91	F4B3	F4B4	F4B5	F4B6	F4B7	F4B8	F4B9	F4BA	F4BB	F4BC
92	F4BD	F4BE	F4BF	F4C0	F4C1	F4C2	F4C3	F4C4	F4C5	F4C6
93	F4C7	F4C8	F4C9	F4CA	F4CB	F4CC	F4CD	F4CE	F4CF	F4D0
94	F4D1	F4D2	F4D3	F4D4	F4D5	F4D6	F4D7	F4D8	F4D9	F4DA
95	F4DB	F4DC	F4DD	F4DE	F4DF	F4E0	F4E1	F4E2	F4E3	F4E4

8339

	30	31	32	33	34	35	36	37	38	39
96	F4E5	F4E6	F4E7	F4E8	F4E9	F4EA	F4EB	F4EC	F4ED	F4EE
97	F4EF	F4F0	F4F1	F4F2	F4F3	F4F4	F4F5	F4F6	F4F7	F4F8
98	F4F9	F4FA	F4FB	F4FC	F4FD	F4FE	F4FF	F500	F501	F502
99	F503	F504	F505	F506	F507	F508	F509	F50A	F50B	F50C
9A	F50D	F50E	F50F	F510	F511	F512	F513	F514	F515	F516
9B	F517	F518	F519	F51A	F51B	F51C	F51D	F51E	F51F	F520
9C	F521	F522	F523	F524	F525	F526	F527	F528	F529	F52A
9D	F52B	F52C	F52D	F52E	F52F	F530	F531	F532	F533	F534
9E	F535	F536	F537	F538	F539	F53A	F53B	F53C	F53D	F53E
9F	F53F	F540	F541	F542	F543	F544	F545	F546	F547	F548
A0	F549	F54A	F54B	F54C	F54D	F54E	F54F	F550	F551	F552
A1	F553	F554	F555	F556	F557	F558	F559	F55A	F55B	F55C
A2	F55D	F55E	F55F	F560	F561	F562	F563	F564	F565	F566
A3	F567	F568	F569	F56A	F56B	F56C	F56D	F56E	F56F	F570
A4	F571	F572	F573	F574	F575	F576	F577	F578	F579	F57A
A5	F57B	F57C	F57D	F57E	F57F	F580	F581	F582	F583	F584
A6	F585	F586	F587	F588	F589	F58A	F58B	F58C	F58D	F58E
A7	F58F	F590	F591	F592	F593	F594	F595	F596	F597	F598
A8	F599	F59A	F59B	F59C	F59D	F59E	F59F	F5A0	F5A1	F5A2
A9	F5A3	F5A4	F5A5	F5A6	F5A7	F5A8	F5A9	F5AA	F5AB	F5AC
AA	F5AD	F5AE	F5AF	F5B0	F5B1	F5B2	F5B3	F5B4	F5B5	F5B6

8339

	30	31	32	33	34	35	36	37	38	39
AB	F5B7	F5B8	F5B9	F5BA	F5BB	F5BC	F5BD	F5BE	F5BF	F5C0
AC	F5C1	F5C2	F5C3	F5C4	F5C5	F5C6	F5C7	F5C8	F5C9	F5CA
AD	F5CB	F5CC	F5CD	F5CE	F5CF	F5D0	F5D1	F5D2	F5D3	F5D4
AE	F5D5	F5D6	F5D7	F5D8	F5D9	F5DA	F5DB	F5DC	F5DD	F5DE
AF	F5DF	F5E0	F5E1	F5E2	F5E3	F5E4	F5E5	F5E6	F5E7	F5E8
B0	F5E9	F5EA	F5EB	F5EC	F5ED	F5EE	F5EF	F5F0	F5F1	F5F2
B1	F5F3	F5F4	F5F5	F5F6	F5F7	F5F8	F5F9	F5FA	F5FB	F5FC
B2	F5FD	F5FE	F5FF	F600	F601	F602	F603	F604	F605	F606
B3	F607	F608	F609	F60A	F60B	F60C	F60D	F60E	F60F	F610
B4	F611	F612	F613	F614	F615	F616	F617	F618	F619	F61A
B5	F61B	F61C	F61D	F61E	F61F	F620	F621	F622	F623	F624
B6	F625	F626	F627	F628	F629	F62A	F62B	F62C	F62D	F62E
B7	F62F	F630	F631	F632	F633	F634	F635	F636	F637	F638
B8	F639	F63A	F63B	F63C	F63D	F63E	F63F	F640	F641	F642
B9	F643	F644	F645	F646	F647	F648	F649	F64A	F64B	F64C
BA	F64D	F64E	F64F	F650	F651	F652	F653	F654	F655	F656
BB	F657	F658	F659	F65A	F65B	F65C	F65D	F65E	F65F	F660
BC	F661	F662	F663	F664	F665	F666	F667	F668	F669	F66A
BD	F66B	F66C	F66D	F66E	F66F	F670	F671	F672	F673	F674
BE	F675	F676	F677	F678	F679	F67A	F67B	F67C	F67D	F67E
BF	F67F	F680	F681	F682	F683	F684	F685	F686	F687	F688

8339

	30	31	32	33	34	35	36	37	38	39
C0	F689	F68A	F68B	F68C	F68D	F68E	F68F	F690	F691	F692
C1	F693	F694	F695	F696	F697	F698	F699	F69A	F69B	F69C
C2	F69D	F69E	F69F	F6A0	F6A1	F6A2	F6A3	F6A4	F6A5	F6A6
C3	F6A7	F6A8	F6A9	F6AA	F6AB	F6AC	F6AD	F6AE	F6AF	F6B0
C4	F6B1	F6B2	F6B3	F6B4	F6B5	F6B6	F6B7	F6B8	F6B9	F6BA
C5	F6BB	F6BC	F6BD	F6BE	F6BF	F6C0	F6C1	F6C2	F6C3	F6C4
C6	F6C5	F6C6	F6C7	F6C8	F6C9	F6CA	F6CB	F6CC	F6CD	F6CE
C7	F6CF	F6D0	F6D1	F6D2	F6D3	F6D4	F6D5	F6D6	F6D7	F6D8
C8	F6D9	F6DA	F6DB	F6DC	F6DD	F6DE	F6DF	F6E0	F6E1	F6E2
C9	F6E3	F6E4	F6E5	F6E6	F6E7	F6E8	F6E9	F6EA	F6EB	F6EC
CA	F6ED	F6EE	F6EF	F6F0	F6F1	F6F2	F6F3	F6F4	F6F5	F6F6
CB	F6F7	F6F8	F6F9	F6FA	F6FB	F6FC	F6FD	F6FE	F6FF	F700
CC	F701	F702	F703	F704	F705	F706	F707	F708	F709	F70A
CD	F70B	F70C	F70D	F70E	F70F	F710	F711	F712	F713	F714
CE	F715	F716	F717	F718	F719	F71A	F71B	F71C	F71D	F71E
CF	F71F	F720	F721	F722	F723	F724	F725	F726	F727	F728
D0	F729	F72A	F72B	F72C	F72D	F72E	F72F	F730	F731	F732
D1	F733	F734	F735	F736	F737	F738	F739	F73A	F73B	F73C
D2	F73D	F73E	F73F	F740	F741	F742	F743	F744	F745	F746
D3	F747	F748	F749	F74A	F74B	F74C	F74D	F74E	F74F	F750
D4	F751	F752	F753	F754	F755	F756	F757	F758	F759	F75A

8339

	30	31	32	33	34	35	36	37	38	39
D5	F75B	F75C	F75D	F75E	F75F	F760	F761	F762	F763	F764
D6	F765	F766	F767	F768	F769	F76A	F76B	F76C	F76D	F76E
D7	F76F	F770	F771	F772	F773	F774	F775	F776	F777	F778
D8	F779	F77A	F77B	F77C	F77D	F77E	F77F	F780	F781	F782
D9	F783	F784	F785	F786	F787	F788	F789	F78A	F78B	F78C
DA	F78D	F78E	F78F	F790	F791	F792	F793	F794	F795	F796
DB	F797	F798	F799	F79A	F79B	F79C	F79D	F79E	F79F	F7A0
DC	F7A1	F7A2	F7A3	F7A4	F7A5	F7A6	F7A7	F7A8	F7A9	F7AA
DD	F7AB	F7AC	F7AD	F7AE	F7AF	F7B0	F7B1	F7B2	F7B3	F7B4
DE	F7B5	F7B6	F7B7	F7B8	F7B9	F7BA	F7BB	F7BC	F7BD	F7BE
DF	F7BF	F7C0	F7C1	F7C2	F7C3	F7C4	F7C5	F7C6	F7C7	F7C8
E0	F7C9	F7CA	F7CB	F7CC	F7CD	F7CE	F7CF	F7D0	F7D1	F7D2
E1	F7D3	F7D4	F7D5	F7D6	F7D7	F7D8	F7D9	F7DA	F7DB	F7DC
E2	F7DD	F7DE	F7DF	F7E0	F7E1	F7E2	F7E3	F7E4	F7E5	F7E6
E3	F7E7	F7E8	F7E9	F7EA	F7EB	F7EC	F7ED	F7EE	F7EF	F7F0
E4	F7F1	F7F2	F7F3	F7F4	F7F5	F7F6	F7F7	F7F8	F7F9	F7FA
E5	F7FB	F7FC	F7FD	F7FE	F7FF	F800	F801	F802	F803	F804
E6	F805	F806	F807	F808	F809	F80A	F80B	F80C	F80D	F80E
E7	F80F	F810	F811	F812	F813	F814	F815	F816	F817	F818
E8	F819	F81A	F81B	F81C	F81D	F81E	F81F	F820	F821	F822
E9	F823	F824	F825	F826	F827	F828	F829	F82A	F82B	F82C

8339

	30	31	32	33	34	35	36	37	38	39
EA	F82D	F82E	F82F	F830	F831	F832	F833	F834	F835	F836
EB	F837	F838	F839	F83A	F83B	F83C	F83D	F83E	F83F	F840
EC	F841	F842	F843	F844	F845	F846	F847	F848	F849	F84A
ED	F84B	F84C	F84D	F84E	F84F	F850	F851	F852	F853	F854
EE	F855	F856	F857	F858	F859	F85A	F85B	F85C	F85D	F85E
EF	F85F	F860	F861	F862	F863	F864	F865	F866	F867	F868
F0	F869	F86A	F86B	F86C	F86D	F86E	F86F	F870	F871	F872
F1	F873	F874	F875	F876	F877	F878	F879	F87A	F87B	F87C
F2	F87D	F87E	F87F	F880	F881	F882	F883	F884	F885	F886
F3	F887	F888	F889	F88A	F88B	F88C	F88D	F88E	F88F	F890
F4	F891	F892	F893	F894	F895	F896	F897	F898	F899	F89A
F5	F89B	F89C	F89D	F89E	F89F	F8A0	F8A1	F8A2	F8A3	F8A4
F6	F8A5	F8A6	F8A7	F8A8	F8A9	F8AA	F8AB	F8AC	F8AD	F8AE
F7	F8AF	F8B0	F8B1	F8B2	F8B3	F8B4	F8B5	F8B6	F8B7	F8B8
F8	F8B9	F8BA	F8BB	F8BC	F8BD	F8BE	F8BF	F8C0	F8C1	F8C2
F9	F8C3	F8C4	F8C5	F8C6	F8C7	F8C8	F8C9	F8CA	F8CB	F8CC
FA	F8CD	F8CE	F8CF	F8D0	F8D1	F8D2	F8D3	F8D4	F8D5	F8D6
FB	F8D7	F8D8	F8D9	F8DA	F8DB	F8DC	F8DD	F8DE	F8DF	F8E0
FC	F8E1	F8E2	F8E3	F8E4	F8E5	F8E6	F8E7	F8E8	F8E9	F8EA
FD	F8EB	F8EC	F8ED	F8EE	F8EF	F8F0	F8F1	F8F2	F8F3	F8F4
FE	F8F5	F8F6	F8F7	F8F8	F8F9	F8FA	F8FB	F8FC	F8FD	F8FE

8430

	30	31	32	33	34	35	36	37	38	39
81	F8FF	F900	F901	F902	F903	F904	F905	F906	F907	F908
82	F909	F90A	F90B	F90C	F90D	F90E	F90F	F910	F911	F912
83	F913	F914	F915	F916	F917	F918	F919	F91A	F91B	F91C
84	F91D	F91E	F91F	F920	F921	F922	F923	F924	F925	F926
85	F927	F928	F929	F92A	F92B	F92D	F92E	F92F	F930	F931
86	F932	F933	F934	F935	F936	F937	F938	F939	F93A	F93B
87	F93C	F93D	F93E	F93F	F940	F941	F942	F943	F944	F945
88	F946	F947	F948	F949	F94A	F94B	F94C	F94D	F94E	F94F
89	F950	F951	F952	F953	F954	F955	F956	F957	F958	F959
8A	F95A	F95B	F95C	F95D	F95E	F95F	F960	F961	F962	F963
8B	F964	F965	F966	F967	F968	F969	F96A	F96B	F96C	F96D
8C	F96E	F96F	F970	F971	F972	F973	F974	F975	F976	F977
8D	F978	F97A	F97B	F97C	F97D	F97E	F97F	F980	F981	F982
8E	F983	F984	F985	F986	F987	F988	F989	F98A	F98B	F98C
8F	F98D	F98E	F98F	F990	F991	F992	F993	F994	F996	F997
90	F998	F999	F99A	F99B	F99C	F99D	F99E	F99F	F9A0	F9A1
91	F9A2	F9A3	F9A4	F9A5	F9A6	F9A7	F9A8	F9A9	F9AA	F9AB
92	F9AC	F9AD	F9AE	F9AF	F9B0	F9B1	F9B2	F9B3	F9B4	F9B5
93	F9B6	F9B7	F9B8	F9B9	F9BA	F9BB	F9BC	F9BD	F9BE	F9BF
94	F9C0	F9C1	F9C2	F9C3	F9C4	F9C5	F9C6	F9C7	F9C8	F9C9
95	F9CA	F9CB	F9CC	F9CD	F9CE	F9CF	F9D0	F9D1	F9D2	F9D3

8430

	30	31	32	33	34	35	36	37	38	39
96	F9D4	F9D5	F9D6	F9D7	F9D8	F9D9	F9DA	F9DB	F9DC	F9DD
97	F9DE	F9DF	F9E0	F9E1	F9E2	F9E3	F9E4	F9E5	F9E6	F9E8
98	F9E9	F9EA	F9EB	F9EC	F9ED	F9EE	F9EF	F9F0	F9F2	F9F3
99	F9F4	F9F5	F9F6	F9F7	F9F8	F9F9	F9FA	F9FB	F9FC	F9FD
9A	F9FE	F9FF	FA00	FA01	FA02	FA03	FA04	FA05	FA06	FA07
9B	FA08	FA09	FA0A	FA0B	FA10	FA12	FA15	FA16	FA17	FA19
9C	FA1A	FA1B	FA1C	FA1D	FA1E	FA22	FA25	FA26	FA2A	FA2B
9D	FA2C	FA2D	FA2E	FA2F	FA30	FA31	FA32	FA33	FA34	FA35
9E	FA36	FA37	FA38	FA39	FA3A	FA3B	FA3C	FA3D	FA3E	FA3F
9F	FA40	FA41	FA42	FA43	FA44	FA45	FA46	FA47	FA48	FA49
A0	FA4A	FA4B	FA4C	FA4D	FA4E	FA4F	FA50	FA51	FA52	FA53
A1	FA54	FA55	FA56	FA57	FA58	FA59	FA5A	FA5B	FA5C	FA5D
A2	FA5E	FA5F	FA60	FA61	FA62	FA63	FA64	FA65	FA66	FA67
A3	FA68	FA69	FA6A	FA6B	FA6C	FA6D	FA6E	FA6F	FA70	FA71
A4	FA72	FA73	FA74	FA75	FA76	FA77	FA78	FA79	FA7A	FA7B
A5	FA7C	FA7D	FA7E	FA7F	FA80	FA81	FA82	FA83	FA84	FA85
A6	FA86	FA87	FA88	FA89	FA8A	FA8B	FA8C	FA8D	FA8E	FA8F
A7	FA90	FA91	FA92	FA93	FA94	FA95	FA96	FA97	FA98	FA99
A8	FA9A	FA9B	FA9C	FA9D	FA9E	FA9F	FAA0	FAA1	FAA2	FAA3
A9	FAA4	FAA5	FAA6	FAA7	FAA8	FAA9	FAAA	FAAB	FAAC	FAAD
AA	FAAE	FAAF	FAB0	FAB1	FAB2	FAB3	FAB4	FAB5	FAB6	FAB7

8430

	30	31	32	33	34	35	36	37	38	39
AB	FAB8	FAB9	FABA	FABB	FABC	FABD	FABE	FABF	FAC0	FAC1
AC	FAC2	FAC3	FAC4	FAC5	FAC6	FAC7	FAC8	FAC9	FACA	FACB
AD	FACC	FACD	FACE	FACF	FAD0	FAD1	FAD2	FAD3	FAD4	FAD5
AE	FAD6	FAD7	FAD8	FAD9	FADA	FADB	FADC	FADD	FADE	FADF
AF	FAE0	FAE1	FAE2	FAE3	FAE4	FAE5	FAE6	FAE7	FAE8	FAE9
B0	FAEA	FAEB	FAEC	FAED	FAEE	FAEF	FAF0	FAF1	FAF2	FAF3
B1	FAF4	FAF5	FAF6	FAF7	FAF8	FAF9	FAFA	FAFB	FAFC	FAFD
B2	FAFE	FAFF	FB00	FB01	FB02	FB03	FB04	FB05	FB06	FB07
B3	FB08	FB09	FB0A	FB0B	FB0C	FB0D	FB0E	FB0F	FB10	FB11
B4	FB12	FB13	FB14	FB15	FB16	FB17	FB18	FB19	FB1A	FB1B
B5	FB1C	FB1D	FB1E	FB1F	FB20	FB21	FB22	FB23	FB24	FB25
B6	FB26	FB27	FB28	FB29	FB2A	FB2B	FB2C	FB2D	FB2E	FB2F
B7	FB30	FB31	FB32	FB33	FB34	FB35	FB36	FB37	FB38	FB39
B8	FB3A	FB3B	FB3C	FB3D	FB3E	FB3F	FB40	FB41	FB42	FB43
B9	FB44	FB45	FB46	FB47	FB48	FB49	FB4A	FB4B	FB4C	FB4D
BA	FB4E	FB4F	FB50	FB51	FB52	FB53	FB54	FB55	ﭖ FB56	ﭗ FB57
BB	ﭘ FB58	ﭙ FB59	FB5A	FB5B	FB5C	FB5D	FB5E	FB5F	FB60	FB61
BC	FB62	FB63	FB64	FB65	FB66	FB67	FB68	FB69	FB6A	FB6B
BD	FB6C	FB6D	FB6E	FB6F	FB70	FB71	FB72	FB73	FB74	FB75
BE	FB76	FB77	FB78	FB79	ﭺ FB7A	ﭻ FB7B	ﭼ FB7C	ﭽ FB7D	FB7E	FB7F
BF	FB80	FB81	FB82	FB83	FB84	FB85	FB86	FB87	FB88	FB89

8430

	30	31	32	33	34	35	36	37	38	39
C0	ﮊ FB8A	ﮋ FB8B	FB8C	FB8D	ﮎ FB8E	ﮏ FB8F	ﮐ FB90	ﮑ FB91	ﮒ FB92	ﮓ FB93
C1	ﮔ FB94	ﮕ FB95	FB96	FB97	FB98	FB99	FB9A	FB9B	FB9C	FB9D
C2	FB9E	FB9F	FBA0	FBA1	FBA2	FBA3	FBA4	FBA5	FBA6	FBA7
C3	FBA8	FBA9	ﮪ FBAA	ﮫ FBAB	ﮬ FBAC	ﮭ FBAD	FBAE	FBAF	FBB0	FBB1
C4	FBB2	FBB3	FBB4	FBB5	FBB6	FBB7	FBB8	FBB9	FBBA	FBBB
C5	FBBC	FBBD	FBBE	FBBF	FBC0	FBC1	FBC2	FBC3	FBC4	FBC5
C6	FBC6	FBC7	FBC8	FBC9	FBCA	FBCB	FBCC	FBCD	FBCE	FBCF
C7	FBD0	FBD1	FBD2	ﯓ FBD3	ﯔ FBD4	ﯕ FBD5	ﯖ FBD6	ﯗ FBD7	ﯘ FBD8	ﯙ FBD9
C8	ﯚ FBDA	ﯛ FBDB	ﯜ FBDC	ﯝ FBDD	ﯞ FBDE	ﯟ FBDF	ﯠ FBE0	ﯡ FBE1	ﯢ FBE2	ﯣ FBE3
C9	ﯤ FBE4	ﯥ FBE5	ﯦ FBE6	ﯧ FBE7	ﯨ FBE8	ﯩ FBE9	ﯪ FBEA	ﯫ FBEB	ﯬ FBEC	ﯭ FBED
CA	ﯮ FBEE	ﯯ FBEF	ﯰ FBF0	ﯱ FBF1	ﯲ FBF2	ﯳ FBF3	ﯴ FBF4	ﯵ FBF5	ﯶ FBF6	ﯷ FBF7
CB	ﯸ FBF8	ﯹ FBF9	ﯺ FBFA	ﯻ FBFB	ﯼ FBFC	ﯽ FBFD	ﯾ FBFE	ﯿ FBFF	FC00	FC01
CC	FC02	FC03	FC04	FC05	FC06	FC07	FC08	FC09	FC0A	FC0B
CD	FC0C	FC0D	FC0E	FC0F	FC10	FC11	FC12	FC13	FC14	FC15
CE	FC16	FC17	FC18	FC19	FC1A	FC1B	FC1C	FC1D	FC1E	FC1F
CF	FC20	FC21	FC22	FC23	FC24	FC25	FC26	FC27	FC28	FC29
D0	FC2A	FC2B	FC2C	FC2D	FC2E	FC2F	FC30	FC31	FC32	FC33
D1	FC34	FC35	FC36	FC37	FC38	FC39	FC3A	FC3B	FC3C	FC3D
D2	FC3E	FC3F	FC40	FC41	FC42	FC43	FC44	FC45	FC46	FC47
D3	FC48	FC49	FC4A	FC4B	FC4C	FC4D	FC4E	FC4F	FC50	FC51
D4	FC52	FC53	FC54	FC55	FC56	FC57	FC58	FC59	FC5A	FC5B

8430

	30	31	32	33	34	35	36	37	38	39
D5	FC5C	FC5D	FC5E	FC5F	FC60	FC61	FC62	FC63	FC64	FC65
D6	FC66	FC67	FC68	FC69	FC6A	FC6B	FC6C	FC6D	FC6E	FC6F
D7	FC70	FC71	FC72	FC73	FC74	FC75	FC76	FC77	FC78	FC79
D8	FC7A	FC7B	FC7C	FC7D	FC7E	FC7F	FC80	FC81	FC82	FC83
D9	FC84	FC85	FC86	FC87	FC88	FC89	FC8A	FC8B	FC8C	FC8D
DA	FC8E	FC8F	FC90	FC91	FC92	FC93	FC94	FC95	FC96	FC97
DB	FC98	FC99	FC9A	FC9B	FC9C	FC9D	FC9E	FC9F	FCA0	FCA1
DC	FCA2	FCA3	FCA4	FCA5	FCA6	FCA7	FCA8	FCA9	FCAA	FCAB
DD	FCAC	FCAD	FCAE	FCAF	FCB0	FCB1	FCB2	FCB3	FCB4	FCB5
DE	FCB6	FCB7	FCB8	FCB9	FCBA	FCBB	FCBC	FCBD	FCBE	FCBF
DF	FCC0	FCC1	FCC2	FCC3	FCC4	FCC5	FCC6	FCC7	FCC8	FCC9
E0	FCCA	FCCB	FCCC	FCCD	FCCE	FCCF	FCD0	FCD1	FCD2	FCD3
E1	FCD4	FCD5	FCD6	FCD7	FCD8	FCD9	FCDA	FCDB	FCDC	FCDD
E2	FCDE	FCDF	FCE0	FCE1	FCE2	FCE3	FCE4	FCE5	FCE6	FCE7
E3	FCE8	FCE9	FCEA	FCEB	FCEC	FCED	FCEE	FCEF	FCF0	FCF1
E4	FCF2	FCF3	FCF4	FCF5	FCF6	FCF7	FCF8	FCF9	FCFA	FCFB
E5	FCFC	FCFD	FCFE	FCFF	FD00	FD01	FD02	FD03	FD04	FD05
E6	FD06	FD07	FD08	FD09	FD0A	FD0B	FD0C	FD0D	FD0E	FD0F
E7	FD10	FD11	FD12	FD13	FD14	FD15	FD16	FD17	FD18	FD19
E8	FD1A	FD1B	FD1C	FD1D	FD1E	FD1F	FD20	FD21	FD22	FD23
E9	FD24	FD25	FD26	FD27	FD28	FD29	FD2A	FD2B	FD2C	FD2D

8430

	30	31	32	33	34	35	36	37	38	39
EA	FD2E	FD2F	FD30	FD31	FD32	FD33	FD34	FD35	FD36	FD37
EB	FD38	FD39	FD3A	FD3B	FD3C	FD3D	FD3E	FD3F	FD40	FD41
EC	FD42	FD43	FD44	FD45	FD46	FD47	FD48	FD49	FD4A	FD4B
ED	FD4C	FD4D	FD4E	FD4F	FD50	FD51	FD52	FD53	FD54	FD55
EE	FD56	FD57	FD58	FD59	FD5A	FD5B	FD5C	FD5D	FD5E	FD5F
EF	FD60	FD61	FD62	FD63	FD64	FD65	FD66	FD67	FD68	FD69
F0	FD6A	FD6B	FD6C	FD6D	FD6E	FD6F	FD70	FD71	FD72	FD73
F1	FD74	FD75	FD76	FD77	FD78	FD79	FD7A	FD7B	FD7C	FD7D
F2	FD7E	FD7F	FD80	FD81	FD82	FD83	FD84	FD85	FD86	FD87
F3	FD88	FD89	FD8A	FD8B	FD8C	FD8D	FD8E	FD8F	FD90	FD91
F4	FD92	FD93	FD94	FD95	FD96	FD97	FD98	FD99	FD9A	FD9B
F5	FD9C	FD9D	FD9E	FD9F	FDA0	FDA1	FDA2	FDA3	FDA4	FDA5
F6	FDA6	FDA7	FDA8	FDA9	FDAA	FDAB	FDAC	FDAD	FDAE	FDAF
F7	FDB0	FDB1	FDB2	FDB3	FDB4	FDB5	FDB6	FDB7	FDB8	FDB9
F8	FDBA	FDBB	FDBC	FDBD	FDBE	FDBF	FDC0	FDC1	FDC2	FDC3
F9	FDC4	FDC5	FDC6	FDC7	FDC8	FDC9	FDCA	FDCB	FDCC	FDCD
FA	FDCE	FDCF	FDD0	FDD1	FDD2	FDD3	FDD4	FDD5	FDD6	FDD7
FB	FDD8	FDD9	FDDA	FDDB	FDDC	FDDD	FDDE	FDDF	FDE0	FDE1
FC	FDE2	FDE3	FDE4	FDE5	FDE6	FDE7	FDE8	FDE9	FDEA	FDEB
FD	FDEC	FDED	FDEE	FDEF	FDF0	FDF1	FDF2	FDF3	FDF4	FDF5
FE	FDF6	FDF7	FDF8	FDF9	FDFA	FDFB	FDFC	FDFD	FDFE	FDFF

8431

	30	31	32	33	34	35	36	37	38	39
81	FE00	FE01	FE02	FE03	FE04	FE05	FE06	FE07	FE08	FE09
82	FE0A	FE0B	FE0C	FE0D	FE0E	FE0F	FE10	FE11	FE12	FE13
83	FE14	FE15	FE16	FE17	FE18	FE19	FE1A	FE1B	FE1C	FE1D
84	FE1E	FE1F	FE20	FE21	FE22	FE23	FE24	FE25	FE26	FE27
85	FE28	FE29	FE2A	FE2B	FE2C	FE2D	FE2E	FE2F	FE32	FE45
86	FE46	FE47	FE48	FE53	FE58	FE67	FE6C	FE6D	FE6E	FE6F
87	FE70	FE71	FE72	FE73	FE74	FE75	FE76	FE77	FE78	FE79
88	FE7A	FE7B	FE7C	FE7D	FE7E	FE7F	FE80	FE81	FE82	FE83
89	FE84	FE85	FE86	FE87	FE88	ﺉ FE89	ﺊ FE8A	ﺋ FE8B	ﺌ FE8C	ﺍ FE8D
8A	ﺎ FE8E	ﺏ FE8F	ﺐ FE90	ﺑ FE91	ﺒ FE92	FE93	FE94	ﺕ FE95	ﺖ FE96	ﺗ FE97
8B	ﺘ FE98	FE99	FE9A	FE9B	FE9C	ﺝ FE9D	ﺞ FE9E	ﺟ FE9F	ﺠ FEA0	ﺡ FEA1
8C	ﺢ FEA2	ﺣ FEA3	ﺤ FEA4	ﺥ FEA5	ﺦ FEA6	ﺧ FEA7	ﺨ FEA8	ﺩ FEA9	ﺪ FEAA	FEAB
8D	FEAC	ﺭ FEAD	ﺮ FEAE	ﺯ FEAF	ﺰ FEB0	ﺱ FEB1	ﺲ FEB2	ﺳ FEB3	ﺴ FEB4	ﺵ FEB5
8E	ﺶ FEB6	ﺷ FEB7	ﺸ FEB8	FEB9	FEBA	FEBB	FEBC	FEBD	FEBE	FEBF
8F	FEC0	FEC1	FEC2	FEC3	FEC4	FEC5	FEC6	FEC7	FEC8	ﻉ FEC9
90	ﻊ FECA	ﻋ FECB	ﻌ FECC	ﻍ FECD	ﻎ FECE	ﻏ FECF	ﻐ FED0	ﻑ FED1	ﻒ FED2	ﻓ FED3
91	ﻔ FED4	ﻕ FED5	ﻖ FED6	ﻗ FED7	ﻘ FED8	ﻙ FED9	ﻚ FEDA	ﻛ FEDB	ﻜ FEDC	ﻝ FEDD
92	ﻞ FEDE	ﻟ FEDF	ﻠ FEE0	ﻡ FEE1	ﻢ FEE2	ﻣ FEE3	ﻤ FEE4	ﻥ FEE5	ﻦ FEE6	ﻧ FEE7
93	ﻨ FEE8	ﻩ FEE9	ﻪ FEEA	ﻫ FEEB	ﻬ FEEC	ﻭ FEED	ﻮ FEEE	ﻯ FEEF	ﻰ FEF0	ﻱ FEF1
94	ﻲ FEF2	ﻳ FEF3	ﻴ FEF4	FEF5	FEF6	FEF7	FEF8	FEF9	FEFA	ﻻ FEFB
95	ﻼ FEFC	FEFD	FEFE	FEFF	FF00	FF5F	FF60	FF61	FF62	FF63

8431

	30	31	32	33	34	35	36	37	38	39
96	FF64	FF65	FF66	FF67	FF68	FF69	FF6A	FF6B	FF6C	FF6D
97	FF6E	FF6F	FF70	FF71	FF72	FF73	FF74	FF75	FF76	FF77
98	FF78	FF79	FF7A	FF7B	FF7C	FF7D	FF7E	FF7F	FF80	FF81
99	FF82	FF83	FF84	FF85	FF86	FF87	FF88	FF89	FF8A	FF8B
9A	FF8C	FF8D	FF8E	FF8F	FF90	FF91	FF92	FF93	FF94	FF95
9B	FF96	FF97	FF98	FF99	FF9A	FF9B	FF9C	FF9D	FF9E	FF9F
9C	FFA0	FFA1	FFA2	FFA3	FFA4	FFA5	FFA6	FFA7	FFA8	FFA9
9D	FFAA	FFAB	FFAC	FFAD	FFAE	FFAF	FFB0	FFB1	FFB2	FFB3
9E	FFB4	FFB5	FFB6	FFB7	FFB8	FFB9	FFBA	FFBB	FFBC	FFBD
9F	FFBE	FFBF	FFC0	FFC1	FFC2	FFC3	FFC4	FFC5	FFC6	FFC7
A0	FFC8	FFC9	FFCA	FFCB	FFCC	FFCD	FFCE	FFCF	FFD0	FFD1
A1	FFD2	FFD3	FFD4	FFD5	FFD6	FFD7	FFD8	FFD9	FFDA	FFDB
A2	FFDC	FFDD	FFDE	FFDF	FFE6	FFE7	FFE8	FFE9	FFEA	FFEB
A3	FFEC	FFED	FFEE	FFEF	FFF0	FFF1	FFF2	FFF3	FFF4	FFF5
A4	FFF6	FFF7	FFF8	FFF9	FFFA	FFFB	FFFC	FFFD	FFFE	FFFF

9532

	30	31	32	33	34	35	36	37	38	39
82							𠀀 20000	𠀁 20001	𠀂 20002	𠀃 20003
83	𠀄 20004	𠀅 20005	𠀆 20006	𠀇 20007	𠀈 20008	𠀉 20009	𠀊 2000A	𠀋 2000B	𠀌 2000C	𠀍 2000D
84	𠀎 2000E	𠀏 2000F	𠀐 20010	𠀑 20011	𠀒 20012	𠀓 20013	𠀔 20014	𠀕 20015	𠀖 20016	𠀗 20017
85	𠀘 20018	𠀙 20019	𠀚 2001A	𠀛 2001B	𠀜 2001C	𠀝 2001D	𠀞 2001E	𠀟 2001F	𠀠 20020	𠀡 20021
86	𠀢 20022	𠀣 20023	𠀤 20024	𠀥 20025	𠀦 20026	𠀧 20027	𠀨 20028	𠀩 20029	𠀪 2002A	𠀫 2002B
87	𠀬 2002C	𠀭 2002D	𠀮 2002E	𠀯 2002F	𠀰 20030	𠀱 20031	𠀲 20032	𠀳 20033	𠀴 20034	𠀵 20035
88	𠀶 20036	𠀷 20037	𠀸 20038	𠀹 20039	𠀺 2003A	𠀻 2003B	𠀼 2003C	𠀽 2003D	𠀾 2003E	𠀿 2003F
89	𠁀 20040	𠁁 20041	𠁂 20042	𠁃 20043	𠁄 20044	𠁅 20045	𠁆 20046	𠁇 20047	𠁈 20048	𠁉 20049
8A	𠁊 2004A	𠁋 2004B	𠁌 2004C	𠁍 2004D	𠁎 2004E	𠁏 2004F	𠁐 20050	𠁑 20051	𠁒 20052	𠁓 20053
8B	𠁔 20054	𠁕 20055	𠁖 20056	𠁗 20057	𠁘 20058	𠁙 20059	𠁚 2005A	𠁛 2005B	𠁜 2005C	𠁝 2005D
8C	𠁞 2005E	𠁟 2005F	𠁠 20060	𠁡 20061	𠁢 20062	𠁣 20063	𠁤 20064	𠁥 20065	𠁦 20066	𠁧 20067
8D	𠁨 20068	𠁩 20069	𠁪 2006A	𠁫 2006B	𠁬 2006C	𠁭 2006D	𠁮 2006E	𠁯 2006F	𠁰 20070	𠁱 20071
8E	𠁲 20072	𠁳 20073	𠁴 20074	𠁵 20075	𠁶 20076	𠁷 20077	𠁸 20078	𠁹 20079	𠁺 2007A	𠁻 2007B
8F	𠁼 2007C	𠁽 2007D	𠁾 2007E	𠁿 2007F	𠂀 20080	𠂁 20081	𠂂 20082	𠂃 20083	𠂄 20084	𠂅 20085
90	𠂆 20086	𠂇 20087	𠂈 20088	𠂉 20089	𠂊 2008A	𠂋 2008B	𠂌 2008C	𠂍 2008D	𠂎 2008E	𠂏 2008F
91	𠂐 20090	𠂑 20091	𠂒 20092	𠂓 20093	𠂔 20094	𠂕 20095	𠂖 20096	𠂗 20097	𠂘 20098	𠂙 20099
92	𠂚 2009A	𠂛 2009B	𠂜 2009C	𠂝 2009D	𠂞 2009E	𠂟 2009F	𠂠 200A0	𠂡 200A1	𠂢 200A2	𠂣 200A3
93	𠂤 200A4	𠂥 200A5	𠂦 200A6	𠂧 200A7	𠂨 200A8	𠂩 200A9	𠂪 200AA	𠂫 200AB	𠂬 200AC	𠂭 200AD
94	𠂮 200AE	𠂯 200AF	𠂰 200B0	𠂱 200B1	𠂲 200B2	𠂳 200B3	𠂴 200B4	𠂵 200B5	𠂶 200B6	𠂷 200B7
95	𠂸 200B8	𠂹 200B9	𠂺 200BA	𠂻 200BB	𠂼 200BC	𠂽 200BD	𠂾 200BE	𠂿 200BF	𠃀 200C0	𠃁 200C1
96	𠃂 200C2	𠃃 200C3	𠃄 200C4	𠃅 200C5	𠃆 200C6	𠃇 200C7	𠃈 200C8	𠃉 200C9	𠃊 200CA	𠃋 200CB

9532

	30	31	32	33	34	35	36	37	38	39
97	𠃌 200CC	𠃍 200CD	𠃎 200CE	𠃏 200CF	𠃐 200D0	𠃑 200D1	𠃒 200D2	𠃓 200D3	𠃔 200D4	𠃕 200D5
98	𠃖 200D6	𠃗 200D7	𠃘 200D8	𠃙 200D9	𠃚 200DA	𠃛 200DB	𠃜 200DC	𠃝 200DD	𠃞 200DE	𠃟 200DF
99	𠃠 200E0	𠃡 200E1	𠃢 200E2	𠃣 200E3	𠃤 200E4	𠃥 200E5	𠃦 200E6	𠃧 200E7	𠃨 200E8	𠃩 200E9
9A	𠃪 200EA	𠃫 200EB	𠃬 200EC	𠃭 200ED	𠃮 200EE	𠃯 200EF	𠃰 200F0	𠃱 200F1	𠃲 200F2	𠃳 200F3
9B	𠃴 200F4	𠃵 200F5	𠃶 200F6	𠃷 200F7	𠃸 200F8	𠃹 200F9	𠃺 200FA	𠃻 200FB	𠃼 200FC	𠃽 200FD
9C	𠃾 200FE	𠃿 200FF	𠄀 20100	𠄁 20101	𠄂 20102	𠄃 20103	𠄄 20104	𠄅 20105	𠄆 20106	𠄇 20107
9D	𠄈 20108	𠄉 20109	𠄊 2010A	𠄋 2010B	𠄌 2010C	𠄍 2010D	𠄎 2010E	𠄏 2010F	𠄐 20110	𠄑 20111
9E	𠄒 20112	𠄓 20113	𠄔 20114	𠄕 20115	𠄖 20116	𠄗 20117	𠄘 20118	𠄙 20119	𠄚 2011A	𠄛 2011B
9F	𠄜 2011C	𠄝 2011D	𠄞 2011E	𠄟 2011F	𠄠 20120	𠄡 20121	𠄢 20122	𠄣 20123	𠄤 20124	𠄥 20125
A0	𠄦 20126	𠄧 20127	𠄨 20128	𠄩 20129	𠄪 2012A	𠄫 2012B	𠄬 2012C	𠄭 2012D	𠄮 2012E	𠄯 2012F
A1	𠄰 20130	𠄱 20131	𠄲 20132	𠄳 20133	𠄴 20134	𠄵 20135	𠄶 20136	𠄷 20137	𠄸 20138	𠄹 20139
A2	𠄺 2013A	𠄻 2013B	𠄼 2013C	𠄽 2013D	𠄾 2013E	𠄿 2013F	𠅀 20140	𠅁 20141	𠅂 20142	𠅃 20143
A3	𠅄 20144	𠅅 20145	𠅆 20146	𠅇 20147	𠅈 20148	𠅉 20149	𠅊 2014A	𠅋 2014B	𠅌 2014C	𠅍 2014D
A4	𠅎 2014E	𠅏 2014F	𠅐 20150	𠅑 20151	𠅒 20152	𠅓 20153	𠅔 20154	𠅕 20155	𠅖 20156	𠅗 20157
A5	𠅘 20158	𠅙 20159	𠅚 2015A	𠅛 2015B	𠅜 2015C	𠅝 2015D	𠅞 2015E	𠅟 2015F	𠅠 20160	𠅡 20161
A6	𠅢 20162	𠅣 20163	𠅤 20164	𠅥 20165	𠅦 20166	𠅧 20167	𠅨 20168	𠅩 20169	𠅪 2016A	𠅫 2016B
A7	𠅬 2016C	𠅭 2016D	𠅮 2016E	𠅯 2016F	𠅰 20170	𠅱 20171	𠅲 20172	𠅳 20173	𠅴 20174	𠅵 20175
A8	𠅶 20176	𠅷 20177	𠅸 20178	𠅹 20179	𠅺 2017A	𠅻 2017B	𠅼 2017C	𠅽 2017D	𠅾 2017E	𠅿 2017F
A9	𠆀 20180	𠆁 20181	𠆂 20182	𠆃 20183	𠆄 20184	𠆅 20185	𠆆 20186	𠆇 20187	𠆈 20188	𠆉 20189
AA	𠆊 2018A	𠆋 2018B	𠆌 2018C	𠆍 2018D	𠆎 2018E	𠆏 2018F	𠆐 20190	𠆑 20191	𠆒 20192	𠆓 20193
AB	𠆔 20194	𠆕 20195	𠆖 20196	𠆗 20197	𠆘 20198	𠆙 20199	𠆚 2019A	𠆛 2019B	𠆜 2019C	𠆝 2019D

9532

	30	31	32	33	34	35	36	37	38	39
AC	𠆞 2019E	𠆟 2019F	𠆠 201A0	𠆡 201A1	𠆢 201A2	𠆣 201A3	𠆤 201A4	𠆥 201A5	𠆦 201A6	𠆧 201A7
AD	𠆨 201A8	𠆩 201A9	𠆪 201AA	𠆫 201AB	𠆬 201AC	𠆭 201AD	𠆮 201AE	𠆯 201AF	𠆰 201B0	𠆱 201B1
AE	𠆲 201B2	𠆳 201B3	𠆴 201B4	𠆵 201B5	𠆶 201B6	𠆷 201B7	𠆸 201B8	𠆹 201B9	𠆺 201BA	𠆻 201BB
AF	𠆼 201BC	𠆽 201BD	𠆾 201BE	𠆿 201BF	𠇀 201C0	𠇁 201C1	𠇂 201C2	𠇃 201C3	𠇄 201C4	𠇅 201C5
B0	𠇆 201C6	𠇇 201C7	𠇈 201C8	𠇉 201C9	𠇊 201CA	𠇋 201CB	𠇌 201CC	𠇍 201CD	𠇎 201CE	𠇏 201CF
B1	𠇐 201D0	𠇑 201D1	𠇒 201D2	𠇓 201D3	𠇔 201D4	𠇕 201D5	𠇖 201D6	𠇗 201D7	𠇘 201D8	𠇙 201D9
B2	𠇚 201DA	𠇛 201DB	𠇜 201DC	𠇝 201DD	𠇞 201DE	𠇟 201DF	𠇠 201E0	𠇡 201E1	𠇢 201E2	𠇣 201E3
B3	𠇤 201E4	𠇥 201E5	𠇦 201E6	𠇧 201E7	𠇨 201E8	𠇩 201E9	𠇪 201EA	𠇫 201EB	𠇬 201EC	𠇭 201ED
B4	𠇮 201EE	𠇯 201EF	𠇰 201F0	𠇱 201F1	𠇲 201F2	𠇳 201F3	𠇴 201F4	𠇵 201F5	𠇶 201F6	𠇷 201F7
B5	𠇸 201F8	𠇹 201F9	𠇺 201FA	𠇻 201FB	𠇼 201FC	𠇽 201FD	𠇾 201FE	𠇿 201FF	𠈀 20200	𠈁 20201
B6	𠈂 20202	𠈃 20203	𠈄 20204	𠈅 20205	𠈆 20206	𠈇 20207	𠈈 20208	𠈉 20209	𠈊 2020A	𠈋 2020B
B7	𠈌 2020C	𠈍 2020D	𠈎 2020E	𠈏 2020F	𠈐 20210	𠈑 20211	𠈒 20212	𠈓 20213	𠈔 20214	𠈕 20215
B8	𠈖 20216	𠈗 20217	𠈘 20218	𠈙 20219	𠈚 2021A	𠈛 2021B	𠈜 2021C	𠈝 2021D	𠈞 2021E	𠈟 2021F
B9	𠈠 20220	𠈡 20221	𠈢 20222	𠈣 20223	𠈤 20224	𠈥 20225	𠈦 20226	𠈧 20227	𠈨 20228	𠈩 20229
BA	𠈪 2022A	𠈫 2022B	𠈬 2022C	𠈭 2022D	𠈮 2022E	𠈯 2022F	𠈰 20230	𠈱 20231	𠈲 20232	𠈳 20233
BB	𠈴 20234	𠈵 20235	𠈶 20236	𠈷 20237	𠈸 20238	𠈹 20239	𠈺 2023A	𠈻 2023B	𠈼 2023C	𠈽 2023D
BC	𠈾 2023E	𠈿 2023F	𠉀 20240	𠉁 20241	𠉂 20242	𠉃 20243	𠉄 20244	𠉅 20245	𠉆 20246	𠉇 20247
BD	𠉈 20248	𠉉 20249	𠉊 2024A	𠉋 2024B	𠉌 2024C	𠉍 2024D	𠉎 2024E	𠉏 2024F	𠉐 20250	𠉑 20251
BE	𠉒 20252	𠉓 20253	𠉔 20254	𠉕 20255	𠉖 20256	𠉗 20257	𠉘 20258	𠉙 20259	𠉚 2025A	𠉛 2025B
BF	𠉜 2025C	𠉝 2025D	𠉞 2025E	𠉟 2025F	𠉠 20260	𠉡 20261	𠉢 20262	𠉣 20263	𠉤 20264	𠉥 20265
C0	𠉦 20266	𠉧 20267	𠉨 20268	𠉩 20269	𠉪 2026A	𠉫 2026B	𠉬 2026C	𠉭 2026D	𠉮 2026E	𠉯 2026F

9532

	30	31	32	33	34	35	36	37	38	39
C1	𠉰 20270	𠉱 20271	𠉲 20272	𠉳 20273	𠉴 20274	𠉵 20275	𠉶 20276	𠉷 20277	𠉸 20278	𠉹 20279
C2	𠉺 2027A	𠉻 2027B	𠉼 2027C	𠉽 2027D	𠉾 2027E	𠉿 2027F	𠊀 20280	𠊁 20281	𠊂 20282	𠊃 20283
C3	𠊄 20284	𠊅 20285	𠊆 20286	𠊇 20287	𠊈 20288	𠊉 20289	𠊊 2028A	𠊋 2028B	𠊌 2028C	𠊍 2028D
C4	𠊎 2028E	𠊏 2028F	𠊐 20290	𠊑 20291	𠊒 20292	𠊓 20293	𠊔 20294	𠊕 20295	𠊖 20296	𠊗 20297
C5	𠊘 20298	𠊙 20299	𠊚 2029A	𠊛 2029B	𠊜 2029C	𠊝 2029D	𠊞 2029E	𠊟 2029F	𠊠 202A0	𠊡 202A1
C6	𠊢 202A2	𠊣 202A3	𠊤 202A4	𠊥 202A5	𠊦 202A6	𠊧 202A7	𠊨 202A8	𠊩 202A9	𠊪 202AA	𠊫 202AB
C7	𠊬 202AC	𠊭 202AD	𠊮 202AE	𠊯 202AF	𠊰 202B0	𠊱 202B1	𠊲 202B2	𠊳 202B3	𠊴 202B4	𠊵 202B5
C8	𠊶 202B6	𠊷 202B7	𠊸 202B8	𠊹 202B9	𠊺 202BA	𠊻 202BB	𠊼 202BC	𠊽 202BD	𠊾 202BE	𠊿 202BF
C9	𠋀 202C0	𠋁 202C1	𠋂 202C2	𠋃 202C3	𠋄 202C4	𠋅 202C5	𠋆 202C6	𠋇 202C7	𠋈 202C8	𠋉 202C9
CA	𠋊 202CA	𠋋 202CB	𠋌 202CC	𠋍 202CD	𠋎 202CE	𠋏 202CF	𠋐 202D0	𠋑 202D1	𠋒 202D2	𠋓 202D3
CB	𠋔 202D4	𠋕 202D5	𠋖 202D6	𠋗 202D7	𠋘 202D8	𠋙 202D9	𠋚 202DA	𠋛 202DB	𠋜 202DC	𠋝 202DD
CC	𠋞 202DE	𠋟 202DF	𠋠 202E0	𠋡 202E1	𠋢 202E2	𠋣 202E3	𠋤 202E4	𠋥 202E5	𠋦 202E6	𠋧 202E7
CD	𠋨 202E8	𠋩 202E9	𠋪 202EA	𠋫 202EB	𠋬 202EC	𠋭 202ED	𠋮 202EE	𠋯 202EF	𠋰 202F0	𠋱 202F1
CE	𠋲 202F2	𠋳 202F3	𠋴 202F4	𠋵 202F5	𠋶 202F6	𠋷 202F7	𠋸 202F8	𠋹 202F9	𠋺 202FA	𠋻 202FB
CF	𠋼 202FC	𠋽 202FD	𠋾 202FE	𠋿 202FF	𠌀 20300	𠌁 20301	𠌂 20302	𠌃 20303	𠌄 20304	𠌅 20305
D0	𠌆 20306	𠌇 20307	𠌈 20308	𠌉 20309	𠌊 2030A	𠌋 2030B	𠌌 2030C	𠌍 2030D	𠌎 2030E	𠌏 2030F
D1	𠌐 20310	𠌑 20311	𠌒 20312	𠌓 20313	𠌔 20314	𠌕 20315	𠌖 20316	𠌗 20317	𠌘 20318	𠌙 20319
D2	𠌚 2031A	𠌛 2031B	𠌜 2031C	𠌝 2031D	𠌞 2031E	𠌟 2031F	𠌠 20320	𠌡 20321	𠌢 20322	𠌣 20323
D3	𠌤 20324	𠌥 20325	𠌦 20326	𠌧 20327	𠌨 20328	𠌩 20329	𠌪 2032A	𠌫 2032B	𠌬 2032C	𠌭 2032D
D4	𠌮 2032E	𠌯 2032F	𠌰 20330	𠌱 20331	𠌲 20332	𠌳 20333	𠌴 20334	𠌵 20335	𠌶 20336	𠌷 20337
D5	𠌸 20338	𠌹 20339	𠌺 2033A	𠌻 2033B	𠌼 2033C	𠌽 2033D	𠌾 2033E	𠌿 2033F	𠍀 20340	𠍁 20341

9532

	30	31	32	33	34	35	36	37	38	39
D6	𠍂 20342	𠍃 20343	𠍄 20344	𠍅 20345	𠍆 20346	𠍇 20347	𠍈 20348	𠍉 20349	𠍊 2034A	𠍋 2034B
D7	𠍌 2034C	𠍍 2034D	𠍎 2034E	𠍏 2034F	𠍐 20350	𠍑 20351	𠍒 20352	𠍓 20353	𠍔 20354	𠍕 20355
D8	𠍖 20356	𠍗 20357	𠍘 20358	𠍙 20359	𠍚 2035A	𠍛 2035B	𠍜 2035C	𠍝 2035D	𠍞 2035E	𠍟 2035F
D9	𠍠 20360	𠍡 20361	𠍢 20362	𠍣 20363	𠍤 20364	𠍥 20365	𠍦 20366	𠍧 20367	𠍨 20368	𠍩 20369
DA	𠍪 2036A	𠍫 2036B	𠍬 2036C	𠍭 2036D	𠍮 2036E	𠍯 2036F	𠍰 20370	𠍱 20371	𠍲 20372	𠍳 20373
DB	𠍴 20374	𠍵 20375	𠍶 20376	𠍷 20377	𠍸 20378	𠍹 20379	𠍺 2037A	𠍻 2037B	𠍼 2037C	𠍽 2037D
DC	𠍾 2037E	𠍿 2037F	𠎀 20380	𠎁 20381	𠎂 20382	𠎃 20383	𠎄 20384	𠎅 20385	𠎆 20386	𠎇 20387
DD	𠎈 20388	𠎉 20389	𠎊 2038A	𠎋 2038B	𠎌 2038C	𠎍 2038D	𠎎 2038E	𠎏 2038F	𠎐 20390	𠎑 20391
DE	𠎒 20392	𠎓 20393	𠎔 20394	𠎕 20395	𠎖 20396	𠎗 20397	𠎘 20398	𠎙 20399	𠎚 2039A	𠎛 2039B
DF	𠎜 2039C	𠎝 2039D	𠎞 2039E	𠎟 2039F	𠎠 203A0	𠎡 203A1	𠎢 203A2	𠎣 203A3	𠎤 203A4	𠎥 203A5
E0	𠎦 203A6	𠎧 203A7	𠎨 203A8	𠎩 203A9	𠎪 203AA	𠎫 203AB	𠎬 203AC	𠎭 203AD	𠎮 203AE	𠎯 203AF
E1	𠎰 203B0	𠎱 203B1	𠎲 203B2	𠎳 203B3	𠎴 203B4	𠎵 203B5	𠎶 203B6	𠎷 203B7	𠎸 203B8	𠎹 203B9
E2	𠎺 203BA	𠎻 203BB	𠎼 203BC	𠎽 203BD	𠎾 203BE	𠎿 203BF	𠏀 203C0	𠏁 203C1	𠏂 203C2	𠏃 203C3
E3	𠏄 203C4	𠏅 203C5	𠏆 203C6	𠏇 203C7	𠏈 203C8	𠏉 203C9	𠏊 203CA	𠏋 203CB	𠏌 203CC	𠏍 203CD
E4	𠏎 203CE	𠏏 203CF	𠏐 203D0	𠏑 203D1	𠏒 203D2	𠏓 203D3	𠏔 203D4	𠏕 203D5	𠏖 203D6	𠏗 203D7
E5	𠏘 203D8	𠏙 203D9	𠏚 203DA	𠏛 203DB	𠏜 203DC	𠏝 203DD	𠏞 203DE	𠏟 203DF	𠏠 203E0	𠏡 203E1
E6	𠏢 203E2	𠏣 203E3	𠏤 203E4	𠏥 203E5	𠏦 203E6	𠏧 203E7	𠏨 203E8	𠏩 203E9	𠏪 203EA	𠏫 203EB
E7	𠏬 203EC	𠏭 203ED	𠏮 203EE	𠏯 203EF	𠏰 203F0	𠏱 203F1	𠏲 203F2	𠏳 203F3	𠏴 203F4	𠏵 203F5
E8	𠏶 203F6	𠏷 203F7	𠏸 203F8	𠏹 203F9	𠏺 203FA	𠏻 203FB	𠏼 203FC	𠏽 203FD	𠏾 203FE	𠏿 203FF
E9	𠐀 20400	𠐁 20401	𠐂 20402	𠐃 20403	𠐄 20404	𠐅 20405	𠐆 20406	𠐇 20407	𠐈 20408	𠐉 20409
EA	𠐊 2040A	𠐋 2040B	𠐌 2040C	𠐍 2040D	𠐎 2040E	𠐏 2040F	𠐐 20410	𠐑 20411	𠐒 20412	𠐓 20413

9532

	30	31	32	33	34	35	36	37	38	39
EB	20414	20415	20416	20417	20418	20419	2041A	2041B	2041C	2041D
EC	2041E	2041F	20420	20421	20422	20423	20424	20425	20426	20427
ED	20428	20429	2042A	2042B	2042C	2042D	2042E	2042F	20430	20431
EE	20432	20433	20434	20435	20436	20437	20438	20439	2043A	2043B
EF	2043C	2043D	2043E	2043F	20440	20441	20442	20443	20444	20445
F0	20446	20447	20448	20449	2044A	2044B	2044C	2044D	2044E	2044F
F1	20450	20451	20452	20453	20454	20455	20456	20457	20458	20459
F2	2045A	2045B	2045C	2045D	2045E	2045F	20460	20461	20462	20463
F3	20464	20465	20466	20467	20468	20469	2046A	2046B	2046C	2046D
F4	2046E	2046F	20470	20471	20472	20473	20474	20475	20476	20477
F5	20478	20479	2047A	2047B	2047C	2047D	2047E	2047F	20480	20481
F6	20482	20483	20484	20485	20486	20487	20488	20489	2048A	2048B
F7	2048C	2048D	2048E	2048F	20490	20491	20492	20493	20494	20495
F8	20496	20497	20498	20499	2049A	2049B	2049C	2049D	2049E	2049F
F9	204A0	204A1	204A2	204A3	204A4	204A5	204A6	204A7	204A8	204A9
FA	204AA	204AB	204AC	204AD	204AE	204AF	204B0	204B1	204B2	204B3
FB	204B4	204B5	204B6	204B7	204B8	204B9	204BA	204BB	204BC	204BD
FC	204BE	204BF	204C0	204C1	204C2	204C3	204C4	204C5	204C6	204C7
FD	204C8	204C9	204CA	204CB	204CC	204CD	204CE	204CF	204D0	204D1
FE	204D2	204D3	204D4	204D5	204D6	204D7	204D8	204D9	204DA	204DB

9533

	30	31	32	33	34	35	36	37	38	39
81	𠓜 204DC	𠓝 204DD	𠓞 204DE	𠓟 204DF	𠓠 204E0	𠓡 204E1	𠓢 204E2	𠓣 204E3	𠓤 204E4	𠓥 204E5
82	𠓦 204E6	𠓧 204E7	𠓨 204E8	𠓩 204E9	𠓪 204EA	𠓫 204EB	𠓬 204EC	𠓭 204ED	𠓮 204EE	𠓯 204EF
83	𠓰 204F0	𠓱 204F1	𠓲 204F2	𠓳 204F3	𠓴 204F4	𠓵 204F5	𠓶 204F6	𠓷 204F7	𠓸 204F8	𠓹 204F9
84	𠓺 204FA	𠓻 204FB	𠓼 204FC	𠓽 204FD	𠓾 204FE	𠓿 204FF	𠔀 20500	𠔁 20501	𠔂 20502	𠔃 20503
85	𠔄 20504	𠔅 20505	𠔆 20506	𠔇 20507	𠔈 20508	𠔉 20509	𠔊 2050A	𠔋 2050B	𠔌 2050C	𠔍 2050D
86	𠔎 2050E	𠔏 2050F	𠔐 20510	𠔑 20511	𠔒 20512	𠔓 20513	𠔔 20514	𠔕 20515	𠔖 20516	𠔗 20517
87	𠔘 20518	𠔙 20519	𠔚 2051A	𠔛 2051B	𠔜 2051C	𠔝 2051D	𠔞 2051E	𠔟 2051F	𠔠 20520	𠔡 20521
88	𠔢 20522	𠔣 20523	𠔤 20524	𠔥 20525	𠔦 20526	𠔧 20527	𠔨 20528	𠔩 20529	𠔪 2052A	𠔫 2052B
89	𠔬 2052C	𠔭 2052D	𠔮 2052E	𠔯 2052F	𠔰 20530	𠔱 20531	𠔲 20532	𠔳 20533	𠔴 20534	𠔵 20535
8A	𠔶 20536	𠔷 20537	𠔸 20538	𠔹 20539	𠔺 2053A	𠔻 2053B	𠔼 2053C	𠔽 2053D	𠔾 2053E	𠔿 2053F
8B	𠕀 20540	𠕁 20541	𠕂 20542	𠕃 20543	𠕄 20544	𠕅 20545	𠕆 20546	𠕇 20547	𠕈 20548	𠕉 20549
8C	𠕊 2054A	𠕋 2054B	𠕌 2054C	𠕍 2054D	𠕎 2054E	𠕏 2054F	𠕐 20550	𠕑 20551	𠕒 20552	𠕓 20553
8D	𠕔 20554	𠕕 20555	𠕖 20556	𠕗 20557	𠕘 20558	𠕙 20559	𠕚 2055A	𠕛 2055B	𠕜 2055C	𠕝 2055D
8E	𠕞 2055E	𠕟 2055F	𠕠 20560	𠕡 20561	𠕢 20562	𠕣 20563	𠕤 20564	𠕥 20565	𠕦 20566	𠕧 20567
8F	𠕨 20568	𠕩 20569	𠕪 2056A	𠕫 2056B	𠕬 2056C	𠕭 2056D	𠕮 2056E	𠕯 2056F	𠕰 20570	𠕱 20571
90	𠕲 20572	𠕳 20573	𠕴 20574	𠕵 20575	𠕶 20576	𠕷 20577	𠕸 20578	𠕹 20579	𠕺 2057A	𠕻 2057B
91	𠕼 2057C	𠕽 2057D	𠕾 2057E	𠕿 2057F	𠖀 20580	𠖁 20581	𠖂 20582	𠖃 20583	𠖄 20584	𠖅 20585
92	𠖆 20586	𠖇 20587	𠖈 20588	𠖉 20589	𠖊 2058A	𠖋 2058B	𠖌 2058C	𠖍 2058D	𠖎 2058E	𠖏 2058F
93	𠖐 20590	𠖑 20591	𠖒 20592	𠖓 20593	𠖔 20594	𠖕 20595	𠖖 20596	𠖗 20597	𠖘 20598	𠖙 20599
94	𠖚 2059A	𠖛 2059B	𠖜 2059C	𠖝 2059D	𠖞 2059E	𠖟 2059F	𠖠 205A0	𠖡 205A1	𠖢 205A2	𠖣 205A3
95	𠖤 205A4	𠖥 205A5	𠖦 205A6	𠖧 205A7	𠖨 205A8	𠖩 205A9	𠖪 205AA	𠖫 205AB	𠖬 205AC	𠖭 205AD

9533

	30	31	32	33	34	35	36	37	38	39
96	𠖮 205AE	𠖯 205AF	𠖰 205B0	𠖱 205B1	𠖲 205B2	𠖳 205B3	𠖴 205B4	𠖵 205B5	𠖶 205B6	𠖷 205B7
97	𠖸 205B8	𠖹 205B9	𠖺 205BA	𠖻 205BB	𠖼 205BC	𠖽 205BD	𠖾 205BE	𠖿 205BF	𠗀 205C0	𠗁 205C1
98	𠗂 205C2	𠗃 205C3	𠗄 205C4	𠗅 205C5	𠗆 205C6	𠗇 205C7	𠗈 205C8	𠗉 205C9	𠗊 205CA	𠗋 205CB
99	𠗌 205CC	𠗍 205CD	𠗎 205CE	𠗏 205CF	𠗐 205D0	𠗑 205D1	𠗒 205D2	𠗓 205D3	𠗔 205D4	𠗕 205D5
9A	𠗖 205D6	𠗗 205D7	𠗘 205D8	𠗙 205D9	𠗚 205DA	𠗛 205DB	𠗜 205DC	𠗝 205DD	𠗞 205DE	𠗟 205DF
9B	𠗠 205E0	𠗡 205E1	𠗢 205E2	𠗣 205E3	𠗤 205E4	𠗥 205E5	𠗦 205E6	𠗧 205E7	𠗨 205E8	𠗩 205E9
9C	𠗪 205EA	𠗫 205EB	𠗬 205EC	𠗭 205ED	𠗮 205EE	𠗯 205EF	𠗰 205F0	𠗱 205F1	𠗲 205F2	𠗳 205F3
9D	𠗴 205F4	𠗵 205F5	𠗶 205F6	𠗷 205F7	𠗸 205F8	𠗹 205F9	𠗺 205FA	𠗻 205FB	𠗼 205FC	𠗽 205FD
9E	𠗾 205FE	𠗿 205FF	𠘀 20600	𠘁 20601	𠘂 20602	𠘃 20603	𠘄 20604	𠘅 20605	𠘆 20606	𠘇 20607
9F	𠘈 20608	𠘉 20609	𠘊 2060A	𠘋 2060B	𠘌 2060C	𠘍 2060D	𠘎 2060E	𠘏 2060F	𠘐 20610	𠘑 20611
A0	𠘒 20612	𠘓 20613	𠘔 20614	𠘕 20615	𠘖 20616	𠘗 20617	𠘘 20618	𠘙 20619	𠘚 2061A	𠘛 2061B
A1	𠘜 2061C	𠘝 2061D	𠘞 2061E	𠘟 2061F	𠘠 20620	𠘡 20621	𠘢 20622	𠘣 20623	𠘤 20624	𠘥 20625
A2	𠘦 20626	𠘧 20627	𠘨 20628	𠘩 20629	𠘪 2062A	𠘫 2062B	𠘬 2062C	𠘭 2062D	𠘮 2062E	𠘯 2062F
A3	𠘰 20630	𠘱 20631	𠘲 20632	𠘳 20633	𠘴 20634	𠘵 20635	𠘶 20636	𠘷 20637	𠘸 20638	𠘹 20639
A4	𠘺 2063A	𠘻 2063B	𠘼 2063C	𠘽 2063D	𠘾 2063E	𠘿 2063F	𠙀 20640	𠙁 20641	𠙂 20642	𠙃 20643
A5	𠙄 20644	𠙅 20645	𠙆 20646	𠙇 20647	𠙈 20648	𠙉 20649	𠙊 2064A	𠙋 2064B	𠙌 2064C	𠙍 2064D
A6	𠙎 2064E	𠙏 2064F	𠙐 20650	𠙑 20651	𠙒 20652	𠙓 20653	𠙔 20654	𠙕 20655	𠙖 20656	𠙗 20657
A7	𠙘 20658	𠙙 20659	𠙚 2065A	𠙛 2065B	𠙜 2065C	𠙝 2065D	𠙞 2065E	𠙟 2065F	𠙠 20660	𠙡 20661
A8	𠙢 20662	𠙣 20663	𠙤 20664	𠙥 20665	𠙦 20666	𠙧 20667	𠙨 20668	𠙩 20669	𠙪 2066A	𠙫 2066B
A9	𠙬 2066C	𠙭 2066D	𠙮 2066E	𠙯 2066F	𠙰 20670	𠙱 20671	𠙲 20672	𠙳 20673	𠙴 20674	𠙵 20675
AA	𠙶 20676	𠙷 20677	𠙸 20678	𠙹 20679	𠙺 2067A	𠙻 2067B	𠙼 2067C	𠙽 2067D	𠙾 2067E	𠙿 2067F

9533

	30	31	32	33	34	35	36	37	38	39
AB	𠚀 20680	𠚁 20681	𠚂 20682	𠚃 20683	𠚄 20684	𠚅 20685	𠚆 20686	𠚇 20687	𠚈 20688	𠚉 20689
AC	𠚊 2068A	𠚋 2068B	𠚌 2068C	𠚍 2068D	𠚎 2068E	𠚏 2068F	𠚐 20690	𠚑 20691	𠚒 20692	𠚓 20693
AD	𠚔 20694	𠚕 20695	𠚖 20696	𠚗 20697	𠚘 20698	𠚙 20699	𠚚 2069A	𠚛 2069B	𠚜 2069C	𠚝 2069D
AE	𠚞 2069E	𠚟 2069F	𠚠 206A0	𠚡 206A1	𠚢 206A2	𠚣 206A3	𠚤 206A4	𠚥 206A5	𠚦 206A6	𠚧 206A7
AF	𠚨 206A8	𠚩 206A9	𠚪 206AA	𠚫 206AB	𠚬 206AC	𠚭 206AD	𠚮 206AE	𠚯 206AF	𠚰 206B0	𠚱 206B1
B0	𠚲 206B2	𠚳 206B3	𠚴 206B4	𠚵 206B5	𠚶 206B6	𠚷 206B7	𠚸 206B8	𠚹 206B9	𠚺 206BA	𠚻 206BB
B1	𠚼 206BC	𠚽 206BD	𠚾 206BE	𠚿 206BF	𠛀 206C0	𠛁 206C1	𠛂 206C2	𠛃 206C3	𠛄 206C4	𠛅 206C5
B2	𠛆 206C6	𠛇 206C7	𠛈 206C8	𠛉 206C9	𠛊 206CA	𠛋 206CB	𠛌 206CC	𠛍 206CD	𠛎 206CE	𠛏 206CF
B3	𠛐 206D0	𠛑 206D1	𠛒 206D2	𠛓 206D3	𠛔 206D4	𠛕 206D5	𠛖 206D6	𠛗 206D7	𠛘 206D8	𠛙 206D9
B4	𠛚 206DA	𠛛 206DB	𠛜 206DC	𠛝 206DD	𠛞 206DE	𠛟 206DF	𠛠 206E0	𠛡 206E1	𠛢 206E2	𠛣 206E3
B5	𠛤 206E4	𠛥 206E5	𠛦 206E6	𠛧 206E7	𠛨 206E8	𠛩 206E9	𠛪 206EA	𠛫 206EB	𠛬 206EC	𠛭 206ED
B6	𠛮 206EE	𠛯 206EF	𠛰 206F0	𠛱 206F1	𠛲 206F2	𠛳 206F3	𠛴 206F4	𠛵 206F5	𠛶 206F6	𠛷 206F7
B7	𠛸 206F8	𠛹 206F9	𠛺 206FA	𠛻 206FB	𠛼 206FC	𠛽 206FD	𠛾 206FE	𠛿 206FF	𠜀 20700	𠜁 20701
B8	𠜂 20702	𠜃 20703	𠜄 20704	𠜅 20705	𠜆 20706	𠜇 20707	𠜈 20708	𠜉 20709	𠜊 2070A	𠜋 2070B
B9	𠜌 2070C	𠜍 2070D	𠜎 2070E	𠜏 2070F	𠜐 20710	𠜑 20711	𠜒 20712	𠜓 20713	𠜔 20714	𠜕 20715
BA	𠜖 20716	𠜗 20717	𠜘 20718	𠜙 20719	𠜚 2071A	𠜛 2071B	𠜜 2071C	𠜝 2071D	𠜞 2071E	𠜟 2071F
BB	𠜠 20720	𠜡 20721	𠜢 20722	𠜣 20723	𠜤 20724	𠜥 20725	𠜦 20726	𠜧 20727	𠜨 20728	𠜩 20729
BC	𠜪 2072A	𠜫 2072B	𠜬 2072C	𠜭 2072D	𠜮 2072E	𠜯 2072F	𠜰 20730	𠜱 20731	𠜲 20732	𠜳 20733
BD	𠜴 20734	𠜵 20735	𠜶 20736	𠜷 20737	𠜸 20738	𠜹 20739	𠜺 2073A	𠜻 2073B	𠜼 2073C	𠜽 2073D
BE	𠜾 2073E	𠜿 2073F	𠝀 20740	𠝁 20741	𠝂 20742	𠝃 20743	𠝄 20744	𠝅 20745	𠝆 20746	𠝇 20747
BF	𠝈 20748	𠝉 20749	𠝊 2074A	𠝋 2074B	𠝌 2074C	𠝍 2074D	𠝎 2074E	𠝏 2074F	𠝐 20750	𠝑 20751

9533

	30	31	32	33	34	35	36	37	38	39
C0	𠝒 20752	𠝓 20753	𠝔 20754	𠝕 20755	𠝖 20756	𠝗 20757	𠝘 20758	𠝙 20759	𠝚 2075A	𠝛 2075B
C1	𠝜 2075C	𠝝 2075D	𠝞 2075E	𠝟 2075F	𠝠 20760	𠝡 20761	𠝢 20762	𠝣 20763	𠝤 20764	𠝥 20765
C2	𠝦 20766	𠝧 20767	𠝨 20768	𠝩 20769	𠝪 2076A	𠝫 2076B	𠝬 2076C	𠝭 2076D	𠝮 2076E	𠝯 2076F
C3	𠝰 20770	𠝱 20771	𠝲 20772	𠝳 20773	𠝴 20774	𠝵 20775	𠝶 20776	𠝷 20777	𠝸 20778	𠝹 20779
C4	𠝺 2077A	𠝻 2077B	𠝼 2077C	𠝽 2077D	𠝾 2077E	𠝿 2077F	𠞀 20780	𠞁 20781	𠞂 20782	𠞃 20783
C5	𠞄 20784	𠞅 20785	𠞆 20786	𠞇 20787	𠞈 20788	𠞉 20789	𠞊 2078A	𠞋 2078B	𠞌 2078C	𠞍 2078D
C6	𠞎 2078E	𠞏 2078F	𠞐 20790	𠞑 20791	𠞒 20792	𠞓 20793	𠞔 20794	𠞕 20795	𠞖 20796	𠞗 20797
C7	𠞘 20798	𠞙 20799	𠞚 2079A	𠞛 2079B	𠞜 2079C	𠞝 2079D	𠞞 2079E	𠞟 2079F	𠞠 207A0	𠞡 207A1
C8	𠞢 207A2	𠞣 207A3	𠞤 207A4	𠞥 207A5	𠞦 207A6	𠞧 207A7	𠞨 207A8	𠞩 207A9	𠞪 207AA	𠞫 207AB
C9	𠞬 207AC	𠞭 207AD	𠞮 207AE	𠞯 207AF	𠞰 207B0	𠞱 207B1	𠞲 207B2	𠞳 207B3	𠞴 207B4	𠞵 207B5
CA	𠞶 207B6	𠞷 207B7	𠞸 207B8	𠞹 207B9	𠞺 207BA	𠞻 207BB	𠞼 207BC	𠞽 207BD	𠞾 207BE	𠞿 207BF
CB	𠟀 207C0	𠟁 207C1	𠟂 207C2	𠟃 207C3	𠟄 207C4	𠟅 207C5	𠟆 207C6	𠟇 207C7	𠟈 207C8	𠟉 207C9
CC	𠟊 207CA	𠟋 207CB	𠟌 207CC	𠟍 207CD	𠟎 207CE	𠟏 207CF	𠟐 207D0	𠟑 207D1	𠟒 207D2	𠟓 207D3
CD	𠟔 207D4	𠟕 207D5	𠟖 207D6	𠟗 207D7	𠟘 207D8	𠟙 207D9	𠟚 207DA	𠟛 207DB	𠟜 207DC	𠟝 207DD
CE	𠟞 207DE	𠟟 207DF	𠟠 207E0	𠟡 207E1	𠟢 207E2	𠟣 207E3	𠟤 207E4	𠟥 207E5	𠟦 207E6	𠟧 207E7
CF	𠟨 207E8	𠟩 207E9	𠟪 207EA	𠟫 207EB	𠟬 207EC	𠟭 207ED	𠟮 207EE	𠟯 207EF	𠟰 207F0	𠟱 207F1
D0	𠟲 207F2	𠟳 207F3	𠟴 207F4	𠟵 207F5	𠟶 207F6	𠟷 207F7	𠟸 207F8	𠟹 207F9	𠟺 207FA	𠟻 207FB
D1	𠟼 207FC	𠟽 207FD	𠟾 207FE	𠟿 207FF	𠠀 20800	𠠁 20801	𠠂 20802	𠠃 20803	𠠄 20804	𠠅 20805
D2	𠠆 20806	𠠇 20807	𠠈 20808	𠠉 20809	𠠊 2080A	𠠋 2080B	𠠌 2080C	𠠍 2080D	𠠎 2080E	𠠏 2080F
D3	𠠐 20810	𠠑 20811	𠠒 20812	𠠓 20813	𠠔 20814	𠠕 20815	𠠖 20816	𠠗 20817	𠠘 20818	𠠙 20819
D4	𠠚 2081A	𠠛 2081B	𠠜 2081C	𠠝 2081D	𠠞 2081E	𠠟 2081F	𠠠 20820	𠠡 20821	𠠢 20822	𠠣 20823

9533

	30	31	32	33	34	35	36	37	38	39
D5	𠠤 20824	𠠥 20825	𠠦 20826	𠠧 20827	𠠨 20828	𠠩 20829	𠠪 2082A	𠠫 2082B	𠠬 2082C	𠠭 2082D
D6	𠠮 2082E	𠠯 2082F	𠠰 20830	𠠱 20831	𠠲 20832	𠠳 20833	𠠴 20834	𠠵 20835	𠠶 20836	𠠷 20837
D7	𠠸 20838	𠠹 20839	𠠺 2083A	𠠻 2083B	𠠼 2083C	𠠽 2083D	𠠾 2083E	𠠿 2083F	𠡀 20840	𠡁 20841
D8	𠡂 20842	𠡃 20843	𠡄 20844	𠡅 20845	𠡆 20846	𠡇 20847	𠡈 20848	𠡉 20849	𠡊 2084A	𠡋 2084B
D9	𠡌 2084C	𠡍 2084D	𠡎 2084E	𠡏 2084F	𠡐 20850	𠡑 20851	𠡒 20852	𠡓 20853	𠡔 20854	𠡕 20855
DA	𠡖 20856	𠡗 20857	𠡘 20858	𠡙 20859	𠡚 2085A	𠡛 2085B	𠡜 2085C	𠡝 2085D	𠡞 2085E	𠡟 2085F
DB	𠡠 20860	𠡡 20861	𠡢 20862	𠡣 20863	𠡤 20864	𠡥 20865	𠡦 20866	𠡧 20867	𠡨 20868	𠡩 20869
DC	𠡪 2086A	𠡫 2086B	𠡬 2086C	𠡭 2086D	𠡮 2086E	𠡯 2086F	𠡰 20870	𠡱 20871	𠡲 20872	𠡳 20873
DD	𠡴 20874	𠡵 20875	𠡶 20876	𠡷 20877	𠡸 20878	𠡹 20879	𠡺 2087A	𠡻 2087B	𠡼 2087C	𠡽 2087D
DE	𠡾 2087E	𠡿 2087F	𠢀 20880	𠢁 20881	𠢂 20882	𠢃 20883	𠢄 20884	𠢅 20885	𠢆 20886	𠢇 20887
DF	𠢈 20888	𠢉 20889	𠢊 2088A	𠢋 2088B	𠢌 2088C	𠢍 2088D	𠢎 2088E	𠢏 2088F	𠢐 20890	𠢑 20891
E0	𠢒 20892	𠢓 20893	𠢔 20894	𠢕 20895	𠢖 20896	𠢗 20897	𠢘 20898	𠢙 20899	𠢚 2089A	𠢛 2089B
E1	𠢜 2089C	𠢝 2089D	𠢞 2089E	𠢟 2089F	𠢠 208A0	𠢡 208A1	𠢢 208A2	𠢣 208A3	𠢤 208A4	𠢥 208A5
E2	𠢦 208A6	𠢧 208A7	𠢨 208A8	𠢩 208A9	𠢪 208AA	𠢫 208AB	𠢬 208AC	𠢭 208AD	𠢮 208AE	𠢯 208AF
E3	𠢰 208B0	𠢱 208B1	𠢲 208B2	𠢳 208B3	𠢴 208B4	𠢵 208B5	𠢶 208B6	𠢷 208B7	𠢸 208B8	𠢹 208B9
E4	𠢺 208BA	𠢻 208BB	𠢼 208BC	𠢽 208BD	𠢾 208BE	𠢿 208BF	𠣀 208C0	𠣁 208C1	𠣂 208C2	𠣃 208C3
E5	𠣄 208C4	𠣅 208C5	𠣆 208C6	𠣇 208C7	𠣈 208C8	𠣉 208C9	𠣊 208CA	𠣋 208CB	𠣌 208CC	𠣍 208CD
E6	𠣎 208CE	𠣏 208CF	𠣐 208D0	𠣑 208D1	𠣒 208D2	𠣓 208D3	𠣔 208D4	𠣕 208D5	𠣖 208D6	𠣗 208D7
E7	𠣘 208D8	𠣙 208D9	𠣚 208DA	𠣛 208DB	𠣜 208DC	𠣝 208DD	𠣞 208DE	𠣟 208DF	𠣠 208E0	𠣡 208E1
E8	𠣢 208E2	𠣣 208E3	𠣤 208E4	𠣥 208E5	𠣦 208E6	𠣧 208E7	𠣨 208E8	𠣩 208E9	𠣪 208EA	𠣫 208EB
E9	𠣬 208EC	𠣭 208ED	𠣮 208EE	𠣯 208EF	𠣰 208F0	𠣱 208F1	𠣲 208F2	𠣳 208F3	𠣴 208F4	𠣵 208F5

9533

	30	31	32	33	34	35	36	37	38	39
EA	208F6	208F7	208F8	208F9	208FA	208FB	208FC	208FD	208FE	208FF
EB	20900	20901	20902	20903	20904	20905	20906	20907	20908	20909
EC	2090A	2090B	2090C	2090D	2090E	2090F	20910	20911	20912	20913
ED	20914	20915	20916	20917	20918	20919	2091A	2091B	2091C	2091D
EE	2091E	2091F	20920	20921	20922	20923	20924	20925	20926	20927
EF	20928	20929	2092A	2092B	2092C	2092D	2092E	2092F	20930	20931
F0	20932	20933	20934	20935	20936	20937	20938	20939	2093A	2093B
F1	2093C	2093D	2093E	2093F	20940	20941	20942	20943	20944	20945
F2	20946	20947	20948	20949	2094A	2094B	2094C	2094D	2094E	2094F
F3	20950	20951	20952	20953	20954	20955	20956	20957	20958	20959
F4	2095A	2095B	2095C	2095D	2095E	2095F	20960	20961	20962	20963
F5	20964	20965	20966	20967	20968	20969	2096A	2096B	2096C	2096D
F6	2096E	2096F	20970	20971	20972	20973	20974	20975	20976	20977
F7	20978	20979	2097A	2097B	2097C	2097D	2097E	2097F	20980	20981
F8	20982	20983	20984	20985	20986	20987	20988	20989	2098A	2098B
F9	2098C	2098D	2098E	2098F	20990	20991	20992	20993	20994	20995
FA	20996	20997	20998	20999	2099A	2099B	2099C	2099D	2099E	2099F
FB	209A0	209A1	209A2	209A3	209A4	209A5	209A6	209A7	209A8	209A9
FC	209AA	209AB	209AC	209AD	209AE	209AF	209B0	209B1	209B2	209B3
FD	209B4	209B5	209B6	209B7	209B8	209B9	209BA	209BB	209BC	209BD
FE	209BE	209BF	209C0	209C1	209C2	209C3	209C4	209C5	209C6	209C7

9534

	30	31	32	33	34	35	36	37	38	39
81	209C8	209C9	209CA	209CB	209CC	209CD	209CE	209CF	209D0	209D1
82	209D2	209D3	209D4	209D5	209D6	209D7	209D8	209D9	209DA	209DB
83	209DC	209DD	209DE	209DF	209E0	209E1	209E2	209E3	209E4	209E5
84	209E6	209E7	209E8	209E9	209EA	209EB	209EC	209ED	209EE	209EF
85	209F0	209F1	209F2	209F3	209F4	209F5	209F6	209F7	209F8	209F9
86	209FA	209FB	209FC	209FD	209FE	209FF	20A00	20A01	20A02	20A03
87	20A04	20A05	20A06	20A07	20A08	20A09	20A0A	20A0B	20A0C	20A0D
88	20A0E	20A0F	20A10	20A11	20A12	20A13	20A14	20A15	20A16	20A17
89	20A18	20A19	20A1A	20A1B	20A1C	20A1D	20A1E	20A1F	20A20	20A21
8A	20A22	20A23	20A24	20A25	20A26	20A27	20A28	20A29	20A2A	20A2B
8B	20A2C	20A2D	20A2E	20A2F	20A30	20A31	20A32	20A33	20A34	20A35
8C	20A36	20A37	20A38	20A39	20A3A	20A3B	20A3C	20A3D	20A3E	20A3F
8D	20A40	20A41	20A42	20A43	20A44	20A45	20A46	20A47	20A48	20A49
8E	20A4A	20A4B	20A4C	20A4D	20A4E	20A4F	20A50	20A51	20A52	20A53
8F	20A54	20A55	20A56	20A57	20A58	20A59	20A5A	20A5B	20A5C	20A5D
90	20A5E	20A5F	20A60	20A61	20A62	20A63	20A64	20A65	20A66	20A67
91	20A68	20A69	20A6A	20A6B	20A6C	20A6D	20A6E	20A6F	20A70	20A71
92	20A72	20A73	20A74	20A75	20A76	20A77	20A78	20A79	20A7A	20A7B
93	20A7C	20A7D	20A7E	20A7F	20A80	20A81	20A82	20A83	20A84	20A85
94	20A86	20A87	20A88	20A89	20A8A	20A8B	20A8C	20A8D	20A8E	20A8F
95	20A90	20A91	20A92	20A93	20A94	20A95	20A96	20A97	20A98	20A99

9534

	30	31	32	33	34	35	36	37	38	39
96	20A9A	20A9B	20A9C	20A9D	20A9E	20A9F	20AA0	20AA1	20AA2	20AA3
97	20AA4	20AA5	20AA6	20AA7	20AA8	20AA9	20AAA	20AAB	20AAC	20AAD
98	20AAE	20AAF	20AB0	20AB1	20AB2	20AB3	20AB4	20AB5	20AB6	20AB7
99	20AB8	20AB9	20ABA	20ABB	20ABC	20ABD	20ABE	20ABF	20AC0	20AC1
9A	20AC2	20AC3	20AC4	20AC5	20AC6	20AC7	20AC8	20AC9	20ACA	20ACB
9B	20ACC	20ACD	20ACE	20ACF	20AD0	20AD1	20AD2	20AD3	20AD4	20AD5
9C	20AD6	20AD7	20AD8	20AD9	20ADA	20ADB	20ADC	20ADD	20ADE	20ADF
9D	20AE0	20AE1	20AE2	20AE3	20AE4	20AE5	20AE6	20AE7	20AE8	20AE9
9E	20AEA	20AEB	20AEC	20AED	20AEE	20AEF	20AF0	20AF1	20AF2	20AF3
9F	20AF4	20AF5	20AF6	20AF7	20AF8	20AF9	20AFA	20AFB	20AFC	20AFD
A0	20AFE	20AFF	20B00	20B01	20B02	20B03	20B04	20B05	20B06	20B07
A1	20B08	20B09	20B0A	20B0B	20B0C	20B0D	20B0E	20B0F	20B10	20B11
A2	20B12	20B13	20B14	20B15	20B16	20B17	20B18	20B19	20B1A	20B1B
A3	20B1C	20B1D	20B1E	20B1F	20B20	20B21	20B22	20B23	20B24	20B25
A4	20B26	20B27	20B28	20B29	20B2A	20B2B	20B2C	20B2D	20B2E	20B2F
A5	20B30	20B31	20B32	20B33	20B34	20B35	20B36	20B37	20B38	20B39
A6	20B3A	20B3B	20B3C	20B3D	20B3E	20B3F	20B40	20B41	20B42	20B43
A7	20B44	20B45	20B46	20B47	20B48	20B49	20B4A	20B4B	20B4C	20B4D
A8	20B4E	20B4F	20B50	20B51	20B52	20B53	20B54	20B55	20B56	20B57
A9	20B58	20B59	20B5A	20B5B	20B5C	20B5D	20B5E	20B5F	20B60	20B61
AA	20B62	20B63	20B64	20B65	20B66	20B67	20B68	20B69	20B6A	20B6B

9534

	30	31	32	33	34	35	36	37	38	39
AB	𠭬 20B6C	𠭭 20B6D	𠭮 20B6E	𠭯 20B6F	𠭰 20B70	𠭱 20B71	𠭲 20B72	𠭳 20B73	𠭴 20B74	𠭵 20B75
AC	𠭶 20B76	𠭷 20B77	𠭸 20B78	𠭹 20B79	𠭺 20B7A	𠭻 20B7B	𠭼 20B7C	𠭽 20B7D	𠭾 20B7E	𠭿 20B7F
AD	𠮀 20B80	𠮁 20B81	𠮂 20B82	𠮃 20B83	𠮄 20B84	𠮅 20B85	𠮆 20B86	𠮇 20B87	𠮈 20B88	𠮉 20B89
AE	𠮊 20B8A	𠮋 20B8B	𠮌 20B8C	𠮍 20B8D	𠮎 20B8E	𠮏 20B8F	𠮐 20B90	𠮑 20B91	𠮒 20B92	𠮓 20B93
AF	𠮔 20B94	𠮕 20B95	𠮖 20B96	𠮗 20B97	𠮘 20B98	𠮙 20B99	𠮚 20B9A	𠮛 20B9B	𠮜 20B9C	𠮝 20B9D
B0	𠮞 20B9E	𠮟 20B9F	𠮠 20BA0	𠮡 20BA1	𠮢 20BA2	𠮣 20BA3	𠮤 20BA4	𠮥 20BA5	𠮦 20BA6	𠮧 20BA7
B1	𠮨 20BA8	𠮩 20BA9	𠮪 20BAA	𠮫 20BAB	𠮬 20BAC	𠮭 20BAD	𠮮 20BAE	𠮯 20BAF	𠮰 20BB0	𠮱 20BB1
B2	𠮲 20BB2	𠮳 20BB3	𠮴 20BB4	𠮵 20BB5	𠮶 20BB6	𠮷 20BB7	𠮸 20BB8	𠮹 20BB9	𠮺 20BBA	𠮻 20BBB
B3	𠮼 20BBC	𠮽 20BBD	𠮾 20BBE	𠮿 20BBF	𠯀 20BC0	𠯁 20BC1	𠯂 20BC2	𠯃 20BC3	𠯄 20BC4	𠯅 20BC5
B4	𠯆 20BC6	𠯇 20BC7	𠯈 20BC8	𠯉 20BC9	𠯊 20BCA	𠯋 20BCB	𠯌 20BCC	𠯍 20BCD	𠯎 20BCE	𠯏 20BCF
B5	𠯐 20BD0	𠯑 20BD1	𠯒 20BD2	𠯓 20BD3	𠯔 20BD4	𠯕 20BD5	𠯖 20BD6	𠯗 20BD7	𠯘 20BD8	𠯙 20BD9
B6	𠯚 20BDA	𠯛 20BDB	𠯜 20BDC	𠯝 20BDD	𠯞 20BDE	𠯟 20BDF	𠯠 20BE0	𠯡 20BE1	𠯢 20BE2	𠯣 20BE3
B7	𠯤 20BE4	𠯥 20BE5	𠯦 20BE6	𠯧 20BE7	𠯨 20BE8	𠯩 20BE9	𠯪 20BEA	𠯫 20BEB	𠯬 20BEC	𠯭 20BED
B8	𠯮 20BEE	𠯯 20BEF	𠯰 20BF0	𠯱 20BF1	𠯲 20BF2	𠯳 20BF3	𠯴 20BF4	𠯵 20BF5	𠯶 20BF6	𠯷 20BF7
B9	𠯸 20BF8	𠯹 20BF9	𠯺 20BFA	𠯻 20BFB	𠯼 20BFC	𠯽 20BFD	𠯾 20BFE	𠯿 20BFF	𠰀 20C00	𠰁 20C01
BA	𠰂 20C02	𠰃 20C03	𠰄 20C04	𠰅 20C05	𠰆 20C06	𠰇 20C07	𠰈 20C08	𠰉 20C09	𠰊 20C0A	𠰋 20C0B
BB	𠰌 20C0C	𠰍 20C0D	𠰎 20C0E	𠰏 20C0F	𠰐 20C10	𠰑 20C11	𠰒 20C12	𠰓 20C13	𠰔 20C14	𠰕 20C15
BC	𠰖 20C16	𠰗 20C17	𠰘 20C18	𠰙 20C19	𠰚 20C1A	𠰛 20C1B	𠰜 20C1C	𠰝 20C1D	𠰞 20C1E	𠰟 20C1F
BD	𠰠 20C20	𠰡 20C21	𠰢 20C22	𠰣 20C23	𠰤 20C24	𠰥 20C25	𠰦 20C26	𠰧 20C27	𠰨 20C28	𠰩 20C29
BE	𠰪 20C2A	𠰫 20C2B	𠰬 20C2C	𠰭 20C2D	𠰮 20C2E	𠰯 20C2F	𠰰 20C30	𠰱 20C31	𠰲 20C32	𠰳 20C33
BF	𠰴 20C34	𠰵 20C35	𠰶 20C36	𠰷 20C37	𠰸 20C38	𠰹 20C39	𠰺 20C3A	𠰻 20C3B	𠰼 20C3C	𠰽 20C3D

9534

	30	31	32	33	34	35	36	37	38	39
C0	20C3E	20C3F	20C40	20C41	20C42	20C43	20C44	20C45	20C46	20C47
C1	20C48	20C49	20C4A	20C4B	20C4C	20C4D	20C4E	20C4F	20C50	20C51
C2	20C52	20C53	20C54	20C55	20C56	20C57	20C58	20C59	20C5A	20C5B
C3	20C5C	20C5D	20C5E	20C5F	20C60	20C61	20C62	20C63	20C64	20C65
C4	20C66	20C67	20C68	20C69	20C6A	20C6B	20C6C	20C6D	20C6E	20C6F
C5	20C70	20C71	20C72	20C73	20C74	20C75	20C76	20C77	20C78	20C79
C6	20C7A	20C7B	20C7C	20C7D	20C7E	20C7F	20C80	20C81	20C82	20C83
C7	20C84	20C85	20C86	20C87	20C88	20C89	20C8A	20C8B	20C8C	20C8D
C8	20C8E	20C8F	20C90	20C91	20C92	20C93	20C94	20C95	20C96	20C97
C9	20C98	20C99	20C9A	20C9B	20C9C	20C9D	20C9E	20C9F	20CA0	20CA1
CA	20CA2	20CA3	20CA4	20CA5	20CA6	20CA7	20CA8	20CA9	20CAA	20CAB
CB	20CAC	20CAD	20CAE	20CAF	20CB0	20CB1	20CB2	20CB3	20CB4	20CB5
CC	20CB6	20CB7	20CB8	20CB9	20CBA	20CBB	20CBC	20CBD	20CBE	20CBF
CD	20CC0	20CC1	20CC2	20CC3	20CC4	20CC5	20CC6	20CC7	20CC8	20CC9
CE	20CCA	20CCB	20CCC	20CCD	20CCE	20CCF	20CD0	20CD1	20CD2	20CD3
CF	20CD4	20CD5	20CD6	20CD7	20CD8	20CD9	20CDA	20CDB	20CDC	20CDD
D0	20CDE	20CDF	20CE0	20CE1	20CE2	20CE3	20CE4	20CE5	20CE6	20CE7
D1	20CE8	20CE9	20CEA	20CEB	20CEC	20CED	20CEE	20CEF	20CF0	20CF1
D2	20CF2	20CF3	20CF4	20CF5	20CF6	20CF7	20CF8	20CF9	20CFA	20CFB
D3	20CFC	20CFD	20CFE	20CFF	20D00	20D01	20D02	20D03	20D04	20D05
D4	20D06	20D07	20D08	20D09	20D0A	20D0B	20D0C	20D0D	20D0E	20D0F

9534

	30	31	32	33	34	35	36	37	38	39
D5	𠴐 20D10	唛 20D11	呤 20D12	呧 20D13	哢 20D14	吵 20D15	啦 20D16	咔 20D17	咐 20D18	吧 20D19
D6	咋 20D1A	哰 20D1B	哎 20D1C	哐 20D1D	咩 20D1E	哔 20D1F	哊 20D20	哾 20D21	哠 20D22	哟 20D23
D7	呲 20D24	哾 20D25	哐 20D26	哙 20D27	唁 20D28	𠴩 20D29	啹 20D2A	啾 20D2B	哧 20D2C	啺 20D2D
D8	哤 20D2E	唖 20D2F	咯 20D30	咽 20D31	咯 20D32	唷 20D33	哑 20D34	唲 20D35	啘 20D36	啷 20D37
D9	涔 20D38	啦 20D39	唲 20D3A	唵 20D3B	啣 20D3C	哆 20D3D	唱 20D3E	畾 20D3F	𠵀 20D40	周 20D41
DA	杏 20D42	啐 20D43	哱 20D44	哤 20D45	唨 20D46	啇 20D47	啉 20D48	唬 20D49	善 20D4A	啤 20D4B
DB	喧 20D4C	哲 20D4D	啪 20D4E	啞 20D4F	唻 20D50	喁 20D51	啐 20D52	𠵓 20D53	啦 20D54	唗 20D55
DC	唭 20D56	號 20D57	們 20D58	咚 20D59	喘 20D5A	粤 20D5B	咽 20D5C	哶 20D5D	㘞 20D5E	啡 20D5F
DD	唔 20D60	喐 20D61	哧 20D62	唪 20D63	喜 20D64	喜 20D65	啎 20D66	唇 20D67	喝 20D68	喂 20D69
DE	毀 20D6A	喝 20D6B	曼 20D6C	唱 20D6D	啭 20D6E	唰 20D6F	唍 20D70	啾 20D71	唰 20D72	啹 20D73
DF	喻 20D74	𠵵 20D75	㬅 20D76	哓 20D77	嗦 20D78	嗵 20D79	唈 20D7A	啋 20D7B	嗑 20D7C	唗 20D7D
E0	嗢 20D7E	啵 20D7F	嗏 20D80	哄 20D81	嗷 20D82	啶 20D83	啊 20D84	嗂 20D85	嗤 20D86	𠶇 20D87
E1	咁 20D88	唴 20D89	啵 20D8A	唦 20D8B	嗵 20D8C	嗽 20D8D	啵 20D8E	嗉 20D8F	唧 20D90	嘝 20D91
E2	啪 20D92	啛 20D93	喹 20D94	嗂 20D95	哐 20D96	喧 20D97	哥 20D98	唻 20D99	啊 20D9A	喨 20D9B
E3	喇 20D9C	嗙 20D9D	啙 20D9E	唧 20D9F	咍 20DA0	唲 20DA1	嗤 20DA2	啾 20DA3	喘 20DA4	嘮 20DA5
E4	喃 20DA6	喏 20DA7	咚 20DA8	啶 20DA9	唬 20DAA	嗦 20DAB	罡 20DAC	嘍 20DAD	喜 20DAE	嗤 20DAF
E5	禽 20DB0	喀 20DB1	嗫 20DB2	啓 20DB3	啼 20DB4	吴 20DB5	戢 20DB6	啻 20DB7	嗯 20DB8	嗞 20DB9
E6	嗄 20DBA	喁 20DBB	嘿 20DBC	嘩 20DBD	嗬 20DBE	啐 20DBF	嗅 20DC0	喻 20DC1	嗆 20DC2	嗖 20DC3
E7	嗨 20DC4	喵 20DC5	唯 20DC6	嗁 20DC7	嗶 20DC8	咖 20DC9	嗖 20DCA	嘐 20DCB	唄 20DCC	嗟 20DCD
E8	鬲 20DCE	嗝 20DCF	嗰 20DD0	嗖 20DD1	嗰 20DD2	嗥 20DD3	嗇 20DD4	嘳 20DD5	嗔 20DD6	詹 20DD7
E9	嘛 20DD8	嗄 20DD9	嘿 20DDA	嗇 20DDB	嗃 20DDC	嗨 20DDD	嘛 20DDE	嘚 20DDF	嘗 20DE0	嘉 20DE1

9534

	30	31	32	33	34	35	36	37	38	39
EA	𠷢 20DE2	𠷣 20DE3	𠷤 20DE4	𠷥 20DE5	𠷦 20DE6	𠷧 20DE7	𠷨 20DE8	𠷩 20DE9	𠷪 20DEA	𠷫 20DEB
EB	𠷬 20DEC	𠷭 20DED	𠷮 20DEE	𠷯 20DEF	𠷰 20DF0	𠷱 20DF1	𠷲 20DF2	𠷳 20DF3	𠷴 20DF4	𠷵 20DF5
EC	𠷶 20DF6	𠷷 20DF7	𠷸 20DF8	𠷹 20DF9	𠷺 20DFA	𠷻 20DFB	𠷼 20DFC	𠷽 20DFD	𠷾 20DFE	𠷿 20DFF
ED	𠸀 20E00	𠸁 20E01	𠸂 20E02	𠸃 20E03	𠸄 20E04	𠸅 20E05	𠸆 20E06	𠸇 20E07	𠸈 20E08	𠸉 20E09
EE	𠸊 20E0A	𠸋 20E0B	𠸌 20E0C	𠸍 20E0D	𠸎 20E0E	𠸏 20E0F	𠸐 20E10	𠸑 20E11	𠸒 20E12	𠸓 20E13
EF	𠸔 20E14	𠸕 20E15	𠸖 20E16	𠸗 20E17	𠸘 20E18	𠸙 20E19	𠸚 20E1A	𠸛 20E1B	𠸜 20E1C	𠸝 20E1D
F0	𠸞 20E1E	𠸟 20E1F	𠸠 20E20	𠸡 20E21	𠸢 20E22	𠸣 20E23	𠸤 20E24	𠸥 20E25	𠸦 20E26	𠸧 20E27
F1	𠸨 20E28	𠸩 20E29	𠸪 20E2A	𠸫 20E2B	𠸬 20E2C	𠸭 20E2D	𠸮 20E2E	𠸯 20E2F	𠸰 20E30	𠸱 20E31
F2	𠸲 20E32	𠸳 20E33	𠸴 20E34	𠸵 20E35	𠸶 20E36	𠸷 20E37	𠸸 20E38	𠸹 20E39	𠸺 20E3A	𠸻 20E3B
F3	𠸼 20E3C	𠸽 20E3D	𠸾 20E3E	𠸿 20E3F	𠹀 20E40	𠹁 20E41	𠹂 20E42	𠹃 20E43	𠹄 20E44	𠹅 20E45
F4	𠹆 20E46	𠹇 20E47	𠹈 20E48	𠹉 20E49	𠹊 20E4A	𠹋 20E4B	𠹌 20E4C	𠹍 20E4D	𠹎 20E4E	𠹏 20E4F
F5	𠹐 20E50	𠹑 20E51	𠹒 20E52	𠹓 20E53	𠹔 20E54	𠹕 20E55	𠹖 20E56	𠹗 20E57	𠹘 20E58	𠹙 20E59
F6	𠹚 20E5A	𠹛 20E5B	𠹜 20E5C	𠹝 20E5D	𠹞 20E5E	𠹟 20E5F	𠹠 20E60	𠹡 20E61	𠹢 20E62	𠹣 20E63
F7	𠹤 20E64	𠹥 20E65	𠹦 20E66	𠹧 20E67	𠹨 20E68	𠹩 20E69	𠹪 20E6A	𠹫 20E6B	𠹬 20E6C	𠹭 20E6D
F8	𠹮 20E6E	𠹯 20E6F	𠹰 20E70	𠹱 20E71	𠹲 20E72	𠹳 20E73	𠹴 20E74	𠹵 20E75	𠹶 20E76	𠹷 20E77
F9	𠹸 20E78	𠹹 20E79	𠹺 20E7A	𠹻 20E7B	𠹼 20E7C	𠹽 20E7D	𠹾 20E7E	𠹿 20E7F	𠺀 20E80	𠺁 20E81
FA	𠺂 20E82	𠺃 20E83	𠺄 20E84	𠺅 20E85	𠺆 20E86	𠺇 20E87	𠺈 20E88	𠺉 20E89	𠺊 20E8A	𠺋 20E8B
FB	𠺌 20E8C	𠺍 20E8D	𠺎 20E8E	𠺏 20E8F	𠺐 20E90	𠺑 20E91	𠺒 20E92	𠺓 20E93	𠺔 20E94	𠺕 20E95
FC	𠺖 20E96	𠺗 20E97	𠺘 20E98	𠺙 20E99	𠺚 20E9A	𠺛 20E9B	𠺜 20E9C	𠺝 20E9D	𠺞 20E9E	𠺟 20E9F
FD	𠺠 20EA0	𠺡 20EA1	𠺢 20EA2	𠺣 20EA3	𠺤 20EA4	𠺥 20EA5	𠺦 20EA6	𠺧 20EA7	𠺨 20EA8	𠺩 20EA9
FE	𠺪 20EAA	𠺫 20EAB	𠺬 20EAC	𠺭 20EAD	𠺮 20EAE	𠺯 20EAF	𠺰 20EB0	𠺱 20EB1	𠺲 20EB2	𠺳 20EB3

9535

	30	31	32	33	34	35	36	37	38	39
81	𠺴 20EB4	𠺵 20EB5	𠺶 20EB6	𠺷 20EB7	𠺸 20EB8	𠺹 20EB9	𠺺 20EBA	𠺻 20EBB	𠺼 20EBC	𠺽 20EBD
82	𠺾 20EBE	𠺿 20EBF	𠻀 20EC0	𠻁 20EC1	𠻂 20EC2	𠻃 20EC3	𠻄 20EC4	𠻅 20EC5	𠻆 20EC6	𠻇 20EC7
83	𠻈 20EC8	𠻉 20EC9	𠻊 20ECA	𠻋 20ECB	𠻌 20ECC	𠻍 20ECD	𠻎 20ECE	𠻏 20ECF	𠻐 20ED0	𠻑 20ED1
84	𠻒 20ED2	𠻓 20ED3	𠻔 20ED4	𠻕 20ED5	𠻖 20ED6	𠻗 20ED7	𠻘 20ED8	𠻙 20ED9	𠻚 20EDA	𠻛 20EDB
85	𠻜 20EDC	𠻝 20EDD	𠻞 20EDE	𠻟 20EDF	𠻠 20EE0	𠻡 20EE1	𠻢 20EE2	𠻣 20EE3	𠻤 20EE4	𠻥 20EE5
86	𠻦 20EE6	𠻧 20EE7	𠻨 20EE8	𠻩 20EE9	𠻪 20EEA	𠻫 20EEB	𠻬 20EEC	𠻭 20EED	𠻮 20EEE	𠻯 20EEF
87	𠻰 20EF0	𠻱 20EF1	𠻲 20EF2	𠻳 20EF3	𠻴 20EF4	𠻵 20EF5	𠻶 20EF6	𠻷 20EF7	𠻸 20EF8	𠻹 20EF9
88	𠻺 20EFA	𠻻 20EFB	𠻼 20EFC	𠻽 20EFD	𠻾 20EFE	𠻿 20EFF	𠼀 20F00	𠼁 20F01	𠼂 20F02	𠼃 20F03
89	𠼄 20F04	𠼅 20F05	𠼆 20F06	𠼇 20F07	𠼈 20F08	𠼉 20F09	𠼊 20F0A	𠼋 20F0B	𠼌 20F0C	𠼍 20F0D
8A	𠼎 20F0E	𠼏 20F0F	𠼐 20F10	𠼑 20F11	𠼒 20F12	𠼓 20F13	𠼔 20F14	𠼕 20F15	𠼖 20F16	𠼗 20F17
8B	𠼘 20F18	𠼙 20F19	𠼚 20F1A	𠼛 20F1B	𠼜 20F1C	𠼝 20F1D	𠼞 20F1E	𠼟 20F1F	𠼠 20F20	𠼡 20F21
8C	𠼢 20F22	𠼣 20F23	𠼤 20F24	𠼥 20F25	𠼦 20F26	𠼧 20F27	𠼨 20F28	𠼩 20F29	𠼪 20F2A	𠼫 20F2B
8D	𠼬 20F2C	𠼭 20F2D	𠼮 20F2E	𠼯 20F2F	𠼰 20F30	𠼱 20F31	𠼲 20F32	𠼳 20F33	𠼴 20F34	𠼵 20F35
8E	𠼶 20F36	𠼷 20F37	𠼸 20F38	𠼹 20F39	𠼺 20F3A	𠼻 20F3B	𠼼 20F3C	𠼽 20F3D	𠼾 20F3E	𠼿 20F3F
8F	𠽀 20F40	𠽁 20F41	𠽂 20F42	𠽃 20F43	𠽄 20F44	𠽅 20F45	𠽆 20F46	𠽇 20F47	𠽈 20F48	𠽉 20F49
90	𠽊 20F4A	𠽋 20F4B	𠽌 20F4C	𠽍 20F4D	𠽎 20F4E	𠽏 20F4F	𠽐 20F50	𠽑 20F51	𠽒 20F52	𠽓 20F53
91	𠽔 20F54	𠽕 20F55	𠽖 20F56	𠽗 20F57	𠽘 20F58	𠽙 20F59	𠽚 20F5A	𠽛 20F5B	𠽜 20F5C	𠽝 20F5D
92	𠽞 20F5E	𠽟 20F5F	𠽠 20F60	𠽡 20F61	𠽢 20F62	𠽣 20F63	𠽤 20F64	𠽥 20F65	𠽦 20F66	𠽧 20F67
93	𠽨 20F68	𠽩 20F69	𠽪 20F6A	𠽫 20F6B	𠽬 20F6C	𠽭 20F6D	𠽮 20F6E	𠽯 20F6F	𠽰 20F70	𠽱 20F71
94	𠽲 20F72	𠽳 20F73	𠽴 20F74	𠽵 20F75	𠽶 20F76	𠽷 20F77	𠽸 20F78	𠽹 20F79	𠽺 20F7A	𠽻 20F7B
95	𠽼 20F7C	𠽽 20F7D	𠽾 20F7E	𠽿 20F7F	𠾀 20F80	𠾁 20F81	𠾂 20F82	𠾃 20F83	𠾄 20F84	𠾅 20F85

9535

	30	31	32	33	34	35	36	37	38	39
96	𠾆 20F86	𠾇 20F87	𠾈 20F88	𠾉 20F89	𠾊 20F8A	𠾋 20F8B	𠾌 20F8C	𠾍 20F8D	𠾎 20F8E	𠾏 20F8F
97	𠾐 20F90	𠾑 20F91	𠾒 20F92	𠾓 20F93	𠾔 20F94	𠾕 20F95	𠾖 20F96	𠾗 20F97	𠾘 20F98	𠾙 20F99
98	𠾚 20F9A	𠾛 20F9B	𠾜 20F9C	𠾝 20F9D	𠾞 20F9E	𠾟 20F9F	𠾠 20FA0	𠾡 20FA1	𠾢 20FA2	𠾣 20FA3
99	𠾤 20FA4	𠾥 20FA5	𠾦 20FA6	𠾧 20FA7	𠾨 20FA8	𠾩 20FA9	𠾪 20FAA	𠾫 20FAB	𠾬 20FAC	𠾭 20FAD
9A	𠾮 20FAE	𠾯 20FAF	𠾰 20FB0	𠾱 20FB1	𠾲 20FB2	𠾳 20FB3	𠾴 20FB4	𠾵 20FB5	𠾶 20FB6	𠾷 20FB7
9B	𠾸 20FB8	𠾹 20FB9	𠾺 20FBA	𠾻 20FBB	𠾼 20FBC	𠾽 20FBD	𠾾 20FBE	𠾿 20FBF	𠿀 20FC0	𠿁 20FC1
9C	𠿂 20FC2	𠿃 20FC3	𠿄 20FC4	𠿅 20FC5	𠿆 20FC6	𠿇 20FC7	𠿈 20FC8	𠿉 20FC9	𠿊 20FCA	𠿋 20FCB
9D	𠿌 20FCC	𠿍 20FCD	𠿎 20FCE	𠿏 20FCF	𠿐 20FD0	𠿑 20FD1	𠿒 20FD2	𠿓 20FD3	𠿔 20FD4	𠿕 20FD5
9E	𠿖 20FD6	𠿗 20FD7	𠿘 20FD8	𠿙 20FD9	𠿚 20FDA	𠿛 20FDB	𠿜 20FDC	𠿝 20FDD	𠿞 20FDE	𠿟 20FDF
9F	𠿠 20FE0	𠿡 20FE1	𠿢 20FE2	𠿣 20FE3	𠿤 20FE4	𠿥 20FE5	𠿦 20FE6	𠿧 20FE7	𠿨 20FE8	𠿩 20FE9
A0	𠿪 20FEA	𠿫 20FEB	𠿬 20FEC	𠿭 20FED	𠿮 20FEE	𠿯 20FEF	𠿰 20FF0	𠿱 20FF1	𠿲 20FF2	𠿳 20FF3
A1	𠿴 20FF4	𠿵 20FF5	𠿶 20FF6	𠿷 20FF7	𠿸 20FF8	𠿹 20FF9	𠿺 20FFA	𠿻 20FFB	𠿼 20FFC	𠿽 20FFD
A2	𠿾 20FFE	𠿿 20FFF	𡀀 21000	𡀁 21001	𡀂 21002	𡀃 21003	𡀄 21004	𡀅 21005	𡀆 21006	𡀇 21007
A3	𡀈 21008	𡀉 21009	𡀊 2100A	𡀋 2100B	𡀌 2100C	𡀍 2100D	𡀎 2100E	𡀏 2100F	𡀐 21010	𡀑 21011
A4	𡀒 21012	𡀓 21013	𡀔 21014	𡀕 21015	𡀖 21016	𡀗 21017	𡀘 21018	𡀙 21019	𡀚 2101A	𡀛 2101B
A5	𡀜 2101C	𡀝 2101D	𡀞 2101E	𡀟 2101F	𡀠 21020	𡀡 21021	𡀢 21022	𡀣 21023	𡀤 21024	𡀥 21025
A6	𡀦 21026	𡀧 21027	𡀨 21028	𡀩 21029	𡀪 2102A	𡀫 2102B	𡀬 2102C	𡀭 2102D	𡀮 2102E	𡀯 2102F
A7	𡀰 21030	𡀱 21031	𡀲 21032	𡀳 21033	𡀴 21034	𡀵 21035	𡀶 21036	𡀷 21037	𡀸 21038	𡀹 21039
A8	𡀺 2103A	𡀻 2103B	𡀼 2103C	𡀽 2103D	𡀾 2103E	𡀿 2103F	𡁀 21040	𡁁 21041	𡁂 21042	𡁃 21043
A9	𡁄 21044	𡁅 21045	𡁆 21046	𡁇 21047	𡁈 21048	𡁉 21049	𡁊 2104A	𡁋 2104B	𡁌 2104C	𡁍 2104D
AA	𡁎 2104E	𡁏 2104F	𡁐 21050	𡁑 21051	𡁒 21052	𡁓 21053	𡁔 21054	𡁕 21055	𡁖 21056	𡁗 21057

9535

	30	31	32	33	34	35	36	37	38	39
AB	𡁘 21058	𡁙 21059	𡁚 2105A	𡁛 2105B	𡁜 2105C	𡁝 2105D	𡁞 2105E	𡁟 2105F	𡁠 21060	𡁡 21061
AC	𡁢 21062	𡁣 21063	𡁤 21064	𡁥 21065	𡁦 21066	𡁧 21067	𡁨 21068	𡁩 21069	𡁪 2106A	𡁫 2106B
AD	𡁬 2106C	𡁭 2106D	𡁮 2106E	𡁯 2106F	𡁰 21070	𡁱 21071	𡁲 21072	𡁳 21073	𡁴 21074	𡁵 21075
AE	𡁶 21076	𡁷 21077	𡁸 21078	𡁹 21079	𡁺 2107A	𡁻 2107B	𡁼 2107C	𡁽 2107D	𡁾 2107E	𡁿 2107F
AF	𡂀 21080	𡂁 21081	𡂂 21082	𡂃 21083	𡂄 21084	𡂅 21085	𡂆 21086	𡂇 21087	𡂈 21088	𡂉 21089
B0	𡂊 2108A	𡂋 2108B	𡂌 2108C	𡂍 2108D	𡂎 2108E	𡂏 2108F	𡂐 21090	𡂑 21091	𡂒 21092	𡂓 21093
B1	𡂔 21094	𡂕 21095	𡂖 21096	𡂗 21097	𡂘 21098	𡂙 21099	𡂚 2109A	𡂛 2109B	𡂜 2109C	𡂝 2109D
B2	𡂞 2109E	𡂟 2109F	𡂠 210A0	𡂡 210A1	𡂢 210A2	𡂣 210A3	𡂤 210A4	𡂥 210A5	𡂦 210A6	𡂧 210A7
B3	𡂨 210A8	𡂩 210A9	𡂪 210AA	𡂫 210AB	𡂬 210AC	𡂭 210AD	𡂮 210AE	𡂯 210AF	𡂰 210B0	𡂱 210B1
B4	𡂲 210B2	𡂳 210B3	𡂴 210B4	𡂵 210B5	𡂶 210B6	𡂷 210B7	𡂸 210B8	𡂹 210B9	𡂺 210BA	𡂻 210BB
B5	𡂼 210BC	𡂽 210BD	𡂾 210BE	𡂿 210BF	𡃀 210C0	𡃁 210C1	𡃂 210C2	𡃃 210C3	𡃄 210C4	𡃅 210C5
B6	𡃆 210C6	𡃇 210C7	𡃈 210C8	𡃉 210C9	𡃊 210CA	𡃋 210CB	𡃌 210CC	𡃍 210CD	𡃎 210CE	𡃏 210CF
B7	𡃐 210D0	𡃑 210D1	𡃒 210D2	𡃓 210D3	𡃔 210D4	𡃕 210D5	𡃖 210D6	𡃗 210D7	𡃘 210D8	𡃙 210D9
B8	𡃚 210DA	𡃛 210DB	𡃜 210DC	𡃝 210DD	𡃞 210DE	𡃟 210DF	𡃠 210E0	𡃡 210E1	𡃢 210E2	𡃣 210E3
B9	𡃤 210E4	𡃥 210E5	𡃦 210E6	𡃧 210E7	𡃨 210E8	𡃩 210E9	𡃪 210EA	𡃫 210EB	𡃬 210EC	𡃭 210ED
BA	𡃮 210EE	𡃯 210EF	𡃰 210F0	𡃱 210F1	𡃲 210F2	𡃳 210F3	𡃴 210F4	𡃵 210F5	𡃶 210F6	𡃷 210F7
BB	𡃸 210F8	𡃹 210F9	𡃺 210FA	𡃻 210FB	𡃼 210FC	𡃽 210FD	𡃾 210FE	𡃿 210FF	𡄀 21100	𡄁 21101
BC	𡄂 21102	𡄃 21103	𡄄 21104	𡄅 21105	𡄆 21106	𡄇 21107	𡄈 21108	𡄉 21109	𡄊 2110A	𡄋 2110B
BD	𡄌 2110C	𡄍 2110D	𡄎 2110E	𡄏 2110F	𡄐 21110	𡄑 21111	𡄒 21112	𡄓 21113	𡄔 21114	𡄕 21115
BE	𡄖 21116	𡄗 21117	𡄘 21118	𡄙 21119	𡄚 2111A	𡄛 2111B	𡄜 2111C	𡄝 2111D	𡄞 2111E	𡄟 2111F
BF	𡄠 21120	𡄡 21121	𡄢 21122	𡄣 21123	𡄤 21124	𡄥 21125	𡄦 21126	𡄧 21127	𡄨 21128	𡄩 21129

9535

	30	31	32	33	34	35	36	37	38	39
C0	2112A	2112B	2112C	2112D	2112E	2112F	21130	21131	21132	21133
C1	21134	21135	21136	21137	21138	21139	2113A	2113B	2113C	2113D
C2	2113E	2113F	21140	21141	21142	21143	21144	21145	21146	21147
C3	21148	21149	2114A	2114B	2114C	2114D	2114E	2114F	21150	21151
C4	21152	21153	21154	21155	21156	21157	21158	21159	2115A	2115B
C5	2115C	2115D	2115E	2115F	21160	21161	21162	21163	21164	21165
C6	21166	21167	21168	21169	2116A	2116B	2116C	2116D	2116E	2116F
C7	21170	21171	21172	21173	21174	21175	21176	21177	21178	21179
C8	2117A	2117B	2117C	2117D	2117E	2117F	21180	21181	21182	21183
C9	21184	21185	21186	21187	21188	21189	2118A	2118B	2118C	2118D
CA	2118E	2118F	21190	21191	21192	21193	21194	21195	21196	21197
CB	21198	21199	2119A	2119B	2119C	2119D	2119E	2119F	211A0	211A1
CC	211A2	211A3	211A4	211A5	211A6	211A7	211A8	211A9	211AA	211AB
CD	211AC	211AD	211AE	211AF	211B0	211B1	211B2	211B3	211B4	211B5
CE	211B6	211B7	211B8	211B9	211BA	211BB	211BC	211BD	211BE	211BF
CF	211C0	211C1	211C2	211C3	211C4	211C5	211C6	211C7	211C8	211C9
D0	211CA	211CB	211CC	211CD	211CE	211CF	211D0	211D1	211D2	211D3
D1	211D4	211D5	211D6	211D7	211D8	211D9	211DA	211DB	211DC	211DD
D2	211DE	211DF	211E0	211E1	211E2	211E3	211E4	211E5	211E6	211E7
D3	211E8	211E9	211EA	211EB	211EC	211ED	211EE	211EF	211F0	211F1
D4	211F2	211F3	211F4	211F5	211F6	211F7	211F8	211F9	211FA	211FB

9535

	30	31	32	33	34	35	36	37	38	39
D5	𡇼 211FC	𡇽 211FD	𡇾 211FE	𡇿 211FF	𡈀 21200	𡈁 21201	𡈂 21202	𡈃 21203	𡈄 21204	𡈅 21205
D6	𡈆 21206	𡈇 21207	𡈈 21208	𡈉 21209	𡈊 2120A	𡈋 2120B	𡈌 2120C	𡈍 2120D	𡈎 2120E	𡈏 2120F
D7	𡈐 21210	𡈑 21211	𡈒 21212	𡈓 21213	𡈔 21214	𡈕 21215	𡈖 21216	𡈗 21217	𡈘 21218	𡈙 21219
D8	𡈚 2121A	𡈛 2121B	𡈜 2121C	𡈝 2121D	𡈞 2121E	𡈟 2121F	𡈠 21220	𡈡 21221	𡈢 21222	𡈣 21223
D9	𡈤 21224	𡈥 21225	𡈦 21226	𡈧 21227	𡈨 21228	𡈩 21229	𡈪 2122A	𡈫 2122B	𡈬 2122C	𡈭 2122D
DA	𡈮 2122E	𡈯 2122F	𡈰 21230	𡈱 21231	𡈲 21232	𡈳 21233	𡈴 21234	𡈵 21235	𡈶 21236	𡈷 21237
DB	𡈸 21238	𡈹 21239	𡈺 2123A	𡈻 2123B	𡈼 2123C	𡈽 2123D	𡈾 2123E	𡈿 2123F	𡉀 21240	𡉁 21241
DC	𡉂 21242	𡉃 21243	𡉄 21244	𡉅 21245	𡉆 21246	𡉇 21247	𡉈 21248	𡉉 21249	𡉊 2124A	𡉋 2124B
DD	𡉌 2124C	𡉍 2124D	𡉎 2124E	𡉏 2124F	𡉐 21250	𡉑 21251	𡉒 21252	𡉓 21253	𡉔 21254	𡉕 21255
DE	𡉖 21256	𡉗 21257	𡉘 21258	𡉙 21259	𡉚 2125A	𡉛 2125B	𡉜 2125C	𡉝 2125D	𡉞 2125E	𡉟 2125F
DF	𡉠 21260	𡉡 21261	𡉢 21262	𡉣 21263	𡉤 21264	𡉥 21265	𡉦 21266	𡉧 21267	𡉨 21268	𡉩 21269
E0	𡉪 2126A	𡉫 2126B	𡉬 2126C	𡉭 2126D	𡉮 2126E	𡉯 2126F	𡉰 21270	𡉱 21271	𡉲 21272	𡉳 21273
E1	𡉴 21274	𡉵 21275	𡉶 21276	𡉷 21277	𡉸 21278	𡉹 21279	𡉺 2127A	𡉻 2127B	𡉼 2127C	𡉽 2127D
E2	𡉾 2127E	𡉿 2127F	𡊀 21280	𡊁 21281	𡊂 21282	𡊃 21283	𡊄 21284	𡊅 21285	𡊆 21286	𡊇 21287
E3	𡊈 21288	𡊉 21289	𡊊 2128A	𡊋 2128B	𡊌 2128C	𡊍 2128D	𡊎 2128E	𡊏 2128F	𡊐 21290	𡊑 21291
E4	𡊒 21292	𡊓 21293	𡊔 21294	𡊕 21295	𡊖 21296	𡊗 21297	𡊘 21298	𡊙 21299	𡊚 2129A	𡊛 2129B
E5	𡊜 2129C	𡊝 2129D	𡊞 2129E	𡊟 2129F	𡊠 212A0	𡊡 212A1	𡊢 212A2	𡊣 212A3	𡊤 212A4	𡊥 212A5
E6	𡊦 212A6	𡊧 212A7	𡊨 212A8	𡊩 212A9	𡊪 212AA	𡊫 212AB	𡊬 212AC	𡊭 212AD	𡊮 212AE	𡊯 212AF
E7	𡊰 212B0	𡊱 212B1	𡊲 212B2	𡊳 212B3	𡊴 212B4	𡊵 212B5	𡊶 212B6	𡊷 212B7	𡊸 212B8	𡊹 212B9
E8	𡊺 212BA	𡊻 212BB	𡊼 212BC	𡊽 212BD	𡊾 212BE	𡊿 212BF	𡋀 212C0	𡋁 212C1	𡋂 212C2	𡋃 212C3
E9	𡋄 212C4	𡋅 212C5	𡋆 212C6	𡋇 212C7	𡋈 212C8	𡋉 212C9	𡋊 212CA	𡋋 212CB	𡋌 212CC	𡋍 212CD

9535

	30	31	32	33	34	35	36	37	38	39
EA	𡋎 212CE	𡋏 212CF	𡋐 212D0	𡋑 212D1	𡋒 212D2	𡋓 212D3	𡋔 212D4	𡋕 212D5	𡋖 212D6	𡋗 212D7
EB	𡋘 212D8	𡋙 212D9	𡋚 212DA	𡋛 212DB	𡋜 212DC	𡋝 212DD	𡋞 212DE	𡋟 212DF	𡋠 212E0	𡋡 212E1
EC	𡋢 212E2	𡋣 212E3	𡋤 212E4	𡋥 212E5	𡋦 212E6	𡋧 212E7	𡋨 212E8	𡋩 212E9	𡋪 212EA	𡋫 212EB
ED	𡋬 212EC	𡋭 212ED	𡋮 212EE	𡋯 212EF	𡋰 212F0	𡋱 212F1	𡋲 212F2	𡋳 212F3	𡋴 212F4	𡋵 212F5
EE	𡋶 212F6	𡋷 212F7	𡋸 212F8	𡋹 212F9	𡋺 212FA	𡋻 212FB	𡋼 212FC	𡋽 212FD	𡋾 212FE	𡋿 212FF
EF	𡌀 21300	𡌁 21301	𡌂 21302	𡌃 21303	𡌄 21304	𡌅 21305	𡌆 21306	𡌇 21307	𡌈 21308	𡌉 21309
F0	𡌊 2130A	𡌋 2130B	𡌌 2130C	𡌍 2130D	𡌎 2130E	𡌏 2130F	𡌐 21310	𡌑 21311	𡌒 21312	𡌓 21313
F1	𡌔 21314	𡌕 21315	𡌖 21316	𡌗 21317	𡌘 21318	𡌙 21319	𡌚 2131A	𡌛 2131B	𡌜 2131C	𡌝 2131D
F2	𡌞 2131E	𡌟 2131F	𡌠 21320	𡌡 21321	𡌢 21322	𡌣 21323	𡌤 21324	𡌥 21325	𡌦 21326	𡌧 21327
F3	𡌨 21328	𡌩 21329	𡌪 2132A	𡌫 2132B	𡌬 2132C	𡌭 2132D	𡌮 2132E	𡌯 2132F	𡌰 21330	𡌱 21331
F4	𡌲 21332	𡌳 21333	𡌴 21334	𡌵 21335	𡌶 21336	𡌷 21337	𡌸 21338	𡌹 21339	𡌺 2133A	𡌻 2133B
F5	𡌼 2133C	𡌽 2133D	𡌾 2133E	𡌿 2133F	𡍀 21340	𡍁 21341	𡍂 21342	𡍃 21343	𡍄 21344	𡍅 21345
F6	𡍆 21346	𡍇 21347	𡍈 21348	𡍉 21349	𡍊 2134A	𡍋 2134B	𡍌 2134C	𡍍 2134D	𡍎 2134E	𡍏 2134F
F7	𡍐 21350	𡍑 21351	𡍒 21352	𡍓 21353	𡍔 21354	𡍕 21355	𡍖 21356	𡍗 21357	𡍘 21358	𡍙 21359
F8	𡍚 2135A	𡍛 2135B	𡍜 2135C	𡍝 2135D	𡍞 2135E	𡍟 2135F	𡍠 21360	𡍡 21361	𡍢 21362	𡍣 21363
F9	𡍤 21364	𡍥 21365	𡍦 21366	𡍧 21367	𡍨 21368	𡍩 21369	𡍪 2136A	𡍫 2136B	𡍬 2136C	𡍭 2136D
FA	𡍮 2136E	𡍯 2136F	𡍰 21370	𡍱 21371	𡍲 21372	𡍳 21373	𡍴 21374	𡍵 21375	𡍶 21376	𡍷 21377
FB	𡍸 21378	𡍹 21379	𡍺 2137A	𡍻 2137B	𡍼 2137C	𡍽 2137D	𡍾 2137E	𡍿 2137F	𡎀 21380	𡎁 21381
FC	𡎂 21382	𡎃 21383	𡎄 21384	𡎅 21385	𡎆 21386	𡎇 21387	𡎈 21388	𡎉 21389	𡎊 2138A	𡎋 2138B
FD	𡎌 2138C	𡎍 2138D	𡎎 2138E	𡎏 2138F	𡎐 21390	𡎑 21391	𡎒 21392	𡎓 21393	𡎔 21394	𡎕 21395
FE	𡎖 21396	𡎗 21397	𡎘 21398	𡎙 21399	𡎚 2139A	𡎛 2139B	𡎜 2139C	𡎝 2139D	𡎞 2139E	𡎟 2139F

9536

	30	31	32	33	34	35	36	37	38	39
81	𡎠 213A0	𡎡 213A1	𡎢 213A2	𡎣 213A3	𡎤 213A4	𡎥 213A5	𡎦 213A6	𡎧 213A7	𡎨 213A8	𡎩 213A9
82	𡎪 213AA	𡎫 213AB	𡎬 213AC	𡎭 213AD	𡎮 213AE	𡎯 213AF	𡎰 213B0	𡎱 213B1	𡎲 213B2	𡎳 213B3
83	𡎴 213B4	𡎵 213B5	𡎶 213B6	𡎷 213B7	𡎸 213B8	𡎹 213B9	𡎺 213BA	𡎻 213BB	𡎼 213BC	𡎽 213BD
84	𡎾 213BE	𡎿 213BF	𡏀 213C0	𡏁 213C1	𡏂 213C2	𡏃 213C3	𡏄 213C4	𡏅 213C5	𡏆 213C6	𡏇 213C7
85	𡏈 213C8	𡏉 213C9	𡏊 213CA	𡏋 213CB	𡏌 213CC	𡏍 213CD	𡏎 213CE	𡏏 213CF	𡏐 213D0	𡏑 213D1
86	𡏒 213D2	𡏓 213D3	𡏔 213D4	𡏕 213D5	𡏖 213D6	𡏗 213D7	𡏘 213D8	𡏙 213D9	𡏚 213DA	𡏛 213DB
87	𡏜 213DC	𡏝 213DD	𡏞 213DE	𡏟 213DF	𡏠 213E0	𡏡 213E1	𡏢 213E2	𡏣 213E3	𡏤 213E4	𡏥 213E5
88	𡏦 213E6	𡏧 213E7	𡏨 213E8	𡏩 213E9	𡏪 213EA	𡏫 213EB	𡏬 213EC	𡏭 213ED	𡏮 213EE	𡏯 213EF
89	𡏰 213F0	𡏱 213F1	𡏲 213F2	𡏳 213F3	𡏴 213F4	𡏵 213F5	𡏶 213F6	𡏷 213F7	𡏸 213F8	𡏹 213F9
8A	𡏺 213FA	𡏻 213FB	𡏼 213FC	𡏽 213FD	𡏾 213FE	𡏿 213FF	𡐀 21400	𡐁 21401	𡐂 21402	𡐃 21403
8B	𡐄 21404	𡐅 21405	𡐆 21406	𡐇 21407	𡐈 21408	𡐉 21409	𡐊 2140A	𡐋 2140B	𡐌 2140C	𡐍 2140D
8C	𡐎 2140E	𡐏 2140F	𡐐 21410	𡐑 21411	𡐒 21412	𡐓 21413	𡐔 21414	𡐕 21415	𡐖 21416	𡐗 21417
8D	𡐘 21418	𡐙 21419	𡐚 2141A	𡐛 2141B	𡐜 2141C	𡐝 2141D	𡐞 2141E	𡐟 2141F	𡐠 21420	𡐡 21421
8E	𡐢 21422	𡐣 21423	𡐤 21424	𡐥 21425	𡐦 21426	𡐧 21427	𡐨 21428	𡐩 21429	𡐪 2142A	𡐫 2142B
8F	𡐬 2142C	𡐭 2142D	𡐮 2142E	𡐯 2142F	𡐰 21430	𡐱 21431	𡐲 21432	𡐳 21433	𡐴 21434	𡐵 21435
90	𡐶 21436	𡐷 21437	𡐸 21438	𡐹 21439	𡐺 2143A	𡐻 2143B	𡐼 2143C	𡐽 2143D	𡐾 2143E	𡐿 2143F
91	𡑀 21440	𡑁 21441	𡑂 21442	𡑃 21443	𡑄 21444	𡑅 21445	𡑆 21446	𡑇 21447	𡑈 21448	𡑉 21449
92	𡑊 2144A	𡑋 2144B	𡑌 2144C	𡑍 2144D	𡑎 2144E	𡑏 2144F	𡑐 21450	𡑑 21451	𡑒 21452	𡑓 21453
93	𡑔 21454	𡑕 21455	𡑖 21456	𡑗 21457	𡑘 21458	𡑙 21459	𡑚 2145A	𡑛 2145B	𡑜 2145C	𡑝 2145D
94	𡑞 2145E	𡑟 2145F	𡑠 21460	𡑡 21461	𡑢 21462	𡑣 21463	𡑤 21464	𡑥 21465	𡑦 21466	𡑧 21467
95	𡑨 21468	𡑩 21469	𡑪 2146A	𡑫 2146B	𡑬 2146C	𡑭 2146D	𡑮 2146E	𡑯 2146F	𡑰 21470	𡑱 21471

9536

	30	31	32	33	34	35	36	37	38	39
96	𡑲 21472	𡑳 21473	𡑴 21474	𡑵 21475	𡑶 21476	𡑷 21477	𡑸 21478	𡑹 21479	𡑺 2147A	𡑻 2147B
97	𡑼 2147C	𡑽 2147D	𡑾 2147E	𡑿 2147F	𡒀 21480	𡒁 21481	𡒂 21482	𡒃 21483	𡒄 21484	𡒅 21485
98	𡒆 21486	𡒇 21487	𡒈 21488	𡒉 21489	𡒊 2148A	𡒋 2148B	𡒌 2148C	𡒍 2148D	𡒎 2148E	𡒏 2148F
99	𡒐 21490	𡒑 21491	𡒒 21492	𡒓 21493	𡒔 21494	𡒕 21495	𡒖 21496	𡒗 21497	𡒘 21498	𡒙 21499
9A	𡒚 2149A	𡒛 2149B	𡒜 2149C	𡒝 2149D	𡒞 2149E	𡒟 2149F	𡒠 214A0	𡒡 214A1	𡒢 214A2	𡒣 214A3
9B	𡒤 214A4	𡒥 214A5	𡒦 214A6	𡒧 214A7	𡒨 214A8	𡒩 214A9	𡒪 214AA	𡒫 214AB	𡒬 214AC	𡒭 214AD
9C	𡒮 214AE	𡒯 214AF	𡒰 214B0	𡒱 214B1	𡒲 214B2	𡒳 214B3	𡒴 214B4	𡒵 214B5	𡒶 214B6	𡒷 214B7
9D	𡒸 214B8	𡒹 214B9	𡒺 214BA	𡒻 214BB	𡒼 214BC	𡒽 214BD	𡒾 214BE	𡒿 214BF	𡓀 214C0	𡓁 214C1
9E	𡓂 214C2	𡓃 214C3	𡓄 214C4	𡓅 214C5	𡓆 214C6	𡓇 214C7	𡓈 214C8	𡓉 214C9	𡓊 214CA	𡓋 214CB
9F	𡓌 214CC	𡓍 214CD	𡓎 214CE	𡓏 214CF	𡓐 214D0	𡓑 214D1	𡓒 214D2	𡓓 214D3	𡓔 214D4	𡓕 214D5
A0	𡓖 214D6	𡓗 214D7	𡓘 214D8	𡓙 214D9	𡓚 214DA	𡓛 214DB	𡓜 214DC	𡓝 214DD	𡓞 214DE	𡓟 214DF
A1	𡓠 214E0	𡓡 214E1	𡓢 214E2	𡓣 214E3	𡓤 214E4	𡓥 214E5	𡓦 214E6	𡓧 214E7	𡓨 214E8	𡓩 214E9
A2	𡓪 214EA	𡓫 214EB	𡓬 214EC	𡓭 214ED	𡓮 214EE	𡓯 214EF	𡓰 214F0	𡓱 214F1	𡓲 214F2	𡓳 214F3
A3	𡓴 214F4	𡓵 214F5	𡓶 214F6	𡓷 214F7	𡓸 214F8	𡓹 214F9	𡓺 214FA	𡓻 214FB	𡓼 214FC	𡓽 214FD
A4	𡓾 214FE	𡓿 214FF	𡔀 21500	𡔁 21501	𡔂 21502	𡔃 21503	𡔄 21504	𡔅 21505	𡔆 21506	𡔇 21507
A5	𡔈 21508	𡔉 21509	𡔊 2150A	𡔋 2150B	𡔌 2150C	𡔍 2150D	𡔎 2150E	𡔏 2150F	𡔐 21510	𡔑 21511
A6	𡔒 21512	𡔓 21513	𡔔 21514	𡔕 21515	𡔖 21516	𡔗 21517	𡔘 21518	𡔙 21519	𡔚 2151A	𡔛 2151B
A7	𡔜 2151C	𡔝 2151D	𡔞 2151E	𡔟 2151F	𡔠 21520	𡔡 21521	𡔢 21522	𡔣 21523	𡔤 21524	𡔥 21525
A8	𡔦 21526	𡔧 21527	𡔨 21528	𡔩 21529	𡔪 2152A	𡔫 2152B	𡔬 2152C	𡔭 2152D	𡔮 2152E	𡔯 2152F
A9	𡔰 21530	𡔱 21531	𡔲 21532	𡔳 21533	𡔴 21534	𡔵 21535	𡔶 21536	𡔷 21537	𡔸 21538	𡔹 21539
AA	𡔺 2153A	𡔻 2153B	𡔼 2153C	𡔽 2153D	𡔾 2153E	𡔿 2153F	𡕀 21540	𡕁 21541	𡕂 21542	𡕃 21543

9536

	30	31	32	33	34	35	36	37	38	39
AB	𡕄 21544	𡕅 21545	𡕆 21546	𡕇 21547	𡕈 21548	𡕉 21549	𡕊 2154A	𡕋 2154B	𡕌 2154C	𡕍 2154D
AC	𡕎 2154E	𡕏 2154F	𡕐 21550	𡕑 21551	𡕒 21552	𡕓 21553	𡕔 21554	𡕕 21555	𡕖 21556	𡕗 21557
AD	𡕘 21558	𡕙 21559	𡕚 2155A	𡕛 2155B	𡕜 2155C	𡕝 2155D	𡕞 2155E	𡕟 2155F	𡕠 21560	𡕡 21561
AE	𡕢 21562	𡕣 21563	𡕤 21564	𡕥 21565	𡕦 21566	𡕧 21567	𡕨 21568	𡕩 21569	𡕪 2156A	𡕫 2156B
AF	𡕬 2156C	𡕭 2156D	𡕮 2156E	𡕯 2156F	𡕰 21570	𡕱 21571	𡕲 21572	𡕳 21573	𡕴 21574	𡕵 21575
B0	𡕶 21576	𡕷 21577	𡕸 21578	𡕹 21579	𡕺 2157A	𡕻 2157B	𡕼 2157C	𡕽 2157D	𡕾 2157E	𡕿 2157F
B1	𡖀 21580	𡖁 21581	𡖂 21582	𡖃 21583	𡖄 21584	𡖅 21585	𡖆 21586	𡖇 21587	𡖈 21588	𡖉 21589
B2	𡖊 2158A	𡖋 2158B	𡖌 2158C	𡖍 2158D	𡖎 2158E	𡖏 2158F	𡖐 21590	𡖑 21591	𡖒 21592	𡖓 21593
B3	𡖔 21594	𡖕 21595	𡖖 21596	𡖗 21597	𡖘 21598	𡖙 21599	𡖚 2159A	𡖛 2159B	𡖜 2159C	𡖝 2159D
B4	𡖞 2159E	𡖟 2159F	𡖠 215A0	𡖡 215A1	𡖢 215A2	𡖣 215A3	𡖤 215A4	𡖥 215A5	𡖦 215A6	𡖧 215A7
B5	𡖨 215A8	𡖩 215A9	𡖪 215AA	𡖫 215AB	𡖬 215AC	𡖭 215AD	𡖮 215AE	𡖯 215AF	𡖰 215B0	𡖱 215B1
B6	𡖲 215B2	𡖳 215B3	𡖴 215B4	𡖵 215B5	𡖶 215B6	𡖷 215B7	𡖸 215B8	𡖹 215B9	𡖺 215BA	𡖻 215BB
B7	𡖼 215BC	𡖽 215BD	𡖾 215BE	𡖿 215BF	𡗀 215C0	𡗁 215C1	𡗂 215C2	𡗃 215C3	𡗄 215C4	𡗅 215C5
B8	𡗆 215C6	𡗇 215C7	𡗈 215C8	𡗉 215C9	𡗊 215CA	𡗋 215CB	𡗌 215CC	𡗍 215CD	𡗎 215CE	𡗏 215CF
B9	𡗐 215D0	𡗑 215D1	𡗒 215D2	𡗓 215D3	𡗔 215D4	𡗕 215D5	𡗖 215D6	𡗗 215D7	𡗘 215D8	𡗙 215D9
BA	𡗚 215DA	𡗛 215DB	𡗜 215DC	𡗝 215DD	𡗞 215DE	𡗟 215DF	𡗠 215E0	𡗡 215E1	𡗢 215E2	𡗣 215E3
BB	𡗤 215E4	𡗥 215E5	𡗦 215E6	𡗧 215E7	𡗨 215E8	𡗩 215E9	𡗪 215EA	𡗫 215EB	𡗬 215EC	𡗭 215ED
BC	𡗮 215EE	𡗯 215EF	𡗰 215F0	𡗱 215F1	𡗲 215F2	𡗳 215F3	𡗴 215F4	𡗵 215F5	𡗶 215F6	𡗷 215F7
BD	𡗸 215F8	𡗹 215F9	𡗺 215FA	𡗻 215FB	𡗼 215FC	𡗽 215FD	𡗾 215FE	𡗿 215FF	𡘀 21600	𡘁 21601
BE	𡘂 21602	𡘃 21603	𡘄 21604	𡘅 21605	𡘆 21606	𡘇 21607	𡘈 21608	𡘉 21609	𡘊 2160A	𡘋 2160B
BF	𡘌 2160C	𡘍 2160D	𡘎 2160E	𡘏 2160F	𡘐 21610	𡘑 21611	𡘒 21612	𡘓 21613	𡘔 21614	𡘕 21615

9536

	30	31	32	33	34	35	36	37	38	39
C0	𡘖 21616	𡘗 21617	𡘘 21618	𡘙 21619	𡘚 2161A	𡘛 2161B	𡘜 2161C	𡘝 2161D	𡘞 2161E	𡘟 2161F
C1	𡘠 21620	𡘡 21621	𡘢 21622	𡘣 21623	𡘤 21624	𡘥 21625	𡘦 21626	𡘧 21627	𡘨 21628	𡘩 21629
C2	𡘪 2162A	𡘫 2162B	𡘬 2162C	𡘭 2162D	𡘮 2162E	𡘯 2162F	𡘰 21630	𡘱 21631	𡘲 21632	𡘳 21633
C3	𡘴 21634	𡘵 21635	𡘶 21636	𡘷 21637	𡘸 21638	𡘹 21639	𡘺 2163A	𡘻 2163B	𡘼 2163C	𡘽 2163D
C4	𡘾 2163E	𡘿 2163F	𡙀 21640	𡙁 21641	𡙂 21642	𡙃 21643	𡙄 21644	𡙅 21645	𡙆 21646	𡙇 21647
C5	𡙈 21648	𡙉 21649	𡙊 2164A	𡙋 2164B	𡙌 2164C	𡙍 2164D	𡙎 2164E	𡙏 2164F	𡙐 21650	𡙑 21651
C6	𡙒 21652	𡙓 21653	𡙔 21654	𡙕 21655	𡙖 21656	𡙗 21657	𡙘 21658	𡙙 21659	𡙚 2165A	𡙛 2165B
C7	𡙜 2165C	𡙝 2165D	𡙞 2165E	𡙟 2165F	𡙠 21660	𡙡 21661	𡙢 21662	𡙣 21663	𡙤 21664	𡙥 21665
C8	𡙦 21666	𡙧 21667	𡙨 21668	𡙩 21669	𡙪 2166A	𡙫 2166B	𡙬 2166C	𡙭 2166D	𡙮 2166E	𡙯 2166F
C9	𡙰 21670	𡙱 21671	𡙲 21672	𡙳 21673	𡙴 21674	𡙵 21675	𡙶 21676	𡙷 21677	𡙸 21678	𡙹 21679
CA	𡙺 2167A	𡙻 2167B	𡙼 2167C	𡙽 2167D	𡙾 2167E	𡙿 2167F	𡚀 21680	𡚁 21681	𡚂 21682	𡚃 21683
CB	𡚄 21684	𡚅 21685	𡚆 21686	𡚇 21687	𡚈 21688	𡚉 21689	𡚊 2168A	𡚋 2168B	𡚌 2168C	𡚍 2168D
CC	𡚎 2168E	𡚏 2168F	𡚐 21690	𡚑 21691	𡚒 21692	𡚓 21693	𡚔 21694	𡚕 21695	𡚖 21696	𡚗 21697
CD	𡚘 21698	𡚙 21699	𡚚 2169A	𡚛 2169B	𡚜 2169C	𡚝 2169D	𡚞 2169E	𡚟 2169F	𡚠 216A0	𡚡 216A1
CE	𡚢 216A2	𡚣 216A3	𡚤 216A4	𡚥 216A5	𡚦 216A6	𡚧 216A7	𡚨 216A8	𡚩 216A9	𡚪 216AA	𡚫 216AB
CF	𡚬 216AC	𡚭 216AD	𡚮 216AE	𡚯 216AF	𡚰 216B0	𡚱 216B1	𡚲 216B2	𡚳 216B3	𡚴 216B4	𡚵 216B5
D0	𡚶 216B6	𡚷 216B7	𡚸 216B8	𡚹 216B9	𡚺 216BA	𡚻 216BB	𡚼 216BC	𡚽 216BD	𡚾 216BE	𡚿 216BF
D1	𡛀 216C0	𡛁 216C1	𡛂 216C2	𡛃 216C3	𡛄 216C4	𡛅 216C5	𡛆 216C6	𡛇 216C7	𡛈 216C8	𡛉 216C9
D2	𡛊 216CA	𡛋 216CB	𡛌 216CC	𡛍 216CD	𡛎 216CE	𡛏 216CF	𡛐 216D0	𡛑 216D1	𡛒 216D2	𡛓 216D3
D3	𡛔 216D4	𡛕 216D5	𡛖 216D6	𡛗 216D7	𡛘 216D8	𡛙 216D9	𡛚 216DA	𡛛 216DB	𡛜 216DC	𡛝 216DD
D4	𡛞 216DE	𡛟 216DF	𡛠 216E0	𡛡 216E1	𡛢 216E2	𡛣 216E3	𡛤 216E4	𡛥 216E5	𡛦 216E6	𡛧 216E7

9536

	30	31	32	33	34	35	36	37	38	39
D5	𡛨 216E8	𡛩 216E9	𡛪 216EA	𡛫 216EB	𡛬 216EC	𡛭 216ED	𡛮 216EE	𡛯 216EF	𡛰 216F0	𡛱 216F1
D6	𡛲 216F2	𡛳 216F3	𡛴 216F4	𡛵 216F5	𡛶 216F6	𡛷 216F7	𡛸 216F8	𡛹 216F9	𡛺 216FA	𡛻 216FB
D7	𡛼 216FC	𡛽 216FD	𡛾 216FE	𡛿 216FF	𡜀 21700	𡜁 21701	𡜂 21702	𡜃 21703	𡜄 21704	𡜅 21705
D8	𡜆 21706	𡜇 21707	𡜈 21708	𡜉 21709	𡜊 2170A	𡜋 2170B	𡜌 2170C	𡜍 2170D	𡜎 2170E	𡜏 2170F
D9	𡜐 21710	𡜑 21711	𡜒 21712	𡜓 21713	𡜔 21714	𡜕 21715	𡜖 21716	𡜗 21717	𡜘 21718	𡜙 21719
DA	𡜚 2171A	𡜛 2171B	𡜜 2171C	𡜝 2171D	𡜞 2171E	𡜟 2171F	𡜠 21720	𡜡 21721	𡜢 21722	𡜣 21723
DB	𡜤 21724	𡜥 21725	𡜦 21726	𡜧 21727	𡜨 21728	𡜩 21729	𡜪 2172A	𡜫 2172B	𡜬 2172C	𡜭 2172D
DC	𡜮 2172E	𡜯 2172F	𡜰 21730	𡜱 21731	𡜲 21732	𡜳 21733	𡜴 21734	𡜵 21735	𡜶 21736	𡜷 21737
DD	𡜸 21738	𡜹 21739	𡜺 2173A	𡜻 2173B	𡜼 2173C	𡜽 2173D	𡜾 2173E	𡜿 2173F	𡝀 21740	𡝁 21741
DE	𡝂 21742	𡝃 21743	𡝄 21744	𡝅 21745	𡝆 21746	𡝇 21747	𡝈 21748	𡝉 21749	𡝊 2174A	𡝋 2174B
DF	𡝌 2174C	𡝍 2174D	𡝎 2174E	𡝏 2174F	𡝐 21750	𡝑 21751	𡝒 21752	𡝓 21753	𡝔 21754	𡝕 21755
E0	𡝖 21756	𡝗 21757	𡝘 21758	𡝙 21759	𡝚 2175A	𡝛 2175B	𡝜 2175C	𡝝 2175D	𡝞 2175E	𡝟 2175F
E1	𡝠 21760	𡝡 21761	𡝢 21762	𡝣 21763	𡝤 21764	𡝥 21765	𡝦 21766	𡝧 21767	𡝨 21768	𡝩 21769
E2	𡝪 2176A	𡝫 2176B	𡝬 2176C	𡝭 2176D	𡝮 2176E	𡝯 2176F	𡝰 21770	𡝱 21771	𡝲 21772	𡝳 21773
E3	𡝴 21774	𡝵 21775	𡝶 21776	𡝷 21777	𡝸 21778	𡝹 21779	𡝺 2177A	𡝻 2177B	𡝼 2177C	𡝽 2177D
E4	𡝾 2177E	𡝿 2177F	𡞀 21780	𡞁 21781	𡞂 21782	𡞃 21783	𡞄 21784	𡞅 21785	𡞆 21786	𡞇 21787
E5	𡞈 21788	𡞉 21789	𡞊 2178A	𡞋 2178B	𡞌 2178C	𡞍 2178D	𡞎 2178E	𡞏 2178F	𡞐 21790	𡞑 21791
E6	𡞒 21792	𡞓 21793	𡞔 21794	𡞕 21795	𡞖 21796	𡞗 21797	𡞘 21798	𡞙 21799	𡞚 2179A	𡞛 2179B
E7	𡞜 2179C	𡞝 2179D	𡞞 2179E	𡞟 2179F	𡞠 217A0	𡞡 217A1	𡞢 217A2	𡞣 217A3	𡞤 217A4	𡞥 217A5
E8	𡞦 217A6	𡞧 217A7	𡞨 217A8	𡞩 217A9	𡞪 217AA	𡞫 217AB	𡞬 217AC	𡞭 217AD	𡞮 217AE	𡞯 217AF
E9	𡞰 217B0	𡞱 217B1	𡞲 217B2	𡞳 217B3	𡞴 217B4	𡞵 217B5	𡞶 217B6	𡞷 217B7	𡞸 217B8	𡞹 217B9

9536

	30	31	32	33	34	35	36	37	38	39
EA	217BA	217BB	217BC	217BD	217BE	217BF	217C0	217C1	217C2	217C3
EB	217C4	217C5	217C6	217C7	217C8	217C9	217CA	217CB	217CC	217CD
EC	217CE	217CF	217D0	217D1	217D2	217D3	217D4	217D5	217D6	217D7
ED	217D8	217D9	217DA	217DB	217DC	217DD	217DE	217DF	217E0	217E1
EE	217E2	217E3	217E4	217E5	217E6	217E7	217E8	217E9	217EA	217EB
EF	217EC	217ED	217EE	217EF	217F0	217F1	217F2	217F3	217F4	217F5
F0	217F6	217F7	217F8	217F9	217FA	217FB	217FC	217FD	217FE	217FF
F1	21800	21801	21802	21803	21804	21805	21806	21807	21808	21809
F2	2180A	2180B	2180C	2180D	2180E	2180F	21810	21811	21812	21813
F3	21814	21815	21816	21817	21818	21819	2181A	2181B	2181C	2181D
F4	2181E	2181F	21820	21821	21822	21823	21824	21825	21826	21827
F5	21828	21829	2182A	2182B	2182C	2182D	2182E	2182F	21830	21831
F6	21832	21833	21834	21835	21836	21837	21838	21839	2183A	2183B
F7	2183C	2183D	2183E	2183F	21840	21841	21842	21843	21844	21845
F8	21846	21847	21848	21849	2184A	2184B	2184C	2184D	2184E	2184F
F9	21850	21851	21852	21853	21854	21855	21856	21857	21858	21859
FA	2185A	2185B	2185C	2185D	2185E	2185F	21860	21861	21862	21863
FB	21864	21865	21866	21867	21868	21869	2186A	2186B	2186C	2186D
FC	2186E	2186F	21870	21871	21872	21873	21874	21875	21876	21877
FD	21878	21879	2187A	2187B	2187C	2187D	2187E	2187F	21880	21881
FE	21882	21883	21884	21885	21886	21887	21888	21889	2188A	2188B

9537

	30	31	32	33	34	35	36	37	38	39
81	𡢌 2188C	𡢍 2188D	𡢎 2188E	𡢏 2188F	𡢐 21890	𡢑 21891	𡢒 21892	𡢓 21893	𡢔 21894	𡢕 21895
82	𡢖 21896	𡢗 21897	𡢘 21898	𡢙 21899	𡢚 2189A	𡢛 2189B	𡢜 2189C	𡢝 2189D	𡢞 2189E	𡢟 2189F
83	𡢠 218A0	𡢡 218A1	𡢢 218A2	𡢣 218A3	𡢤 218A4	𡢥 218A5	𡢦 218A6	𡢧 218A7	𡢨 218A8	𡢩 218A9
84	𡢪 218AA	𡢫 218AB	𡢬 218AC	𡢭 218AD	𡢮 218AE	𡢯 218AF	𡢰 218B0	𡢱 218B1	𡢲 218B2	𡢳 218B3
85	𡢴 218B4	𡢵 218B5	𡢶 218B6	𡢷 218B7	𡢸 218B8	𡢹 218B9	𡢺 218BA	𡢻 218BB	𡢼 218BC	𡢽 218BD
86	𡢾 218BE	𡢿 218BF	𡣀 218C0	𡣁 218C1	𡣂 218C2	𡣃 218C3	𡣄 218C4	𡣅 218C5	𡣆 218C6	𡣇 218C7
87	𡣈 218C8	𡣉 218C9	𡣊 218CA	𡣋 218CB	𡣌 218CC	𡣍 218CD	𡣎 218CE	𡣏 218CF	𡣐 218D0	𡣑 218D1
88	𡣒 218D2	𡣓 218D3	𡣔 218D4	𡣕 218D5	𡣖 218D6	𡣗 218D7	𡣘 218D8	𡣙 218D9	𡣚 218DA	𡣛 218DB
89	𡣜 218DC	𡣝 218DD	𡣞 218DE	𡣟 218DF	𡣠 218E0	𡣡 218E1	𡣢 218E2	𡣣 218E3	𡣤 218E4	𡣥 218E5
8A	𡣦 218E6	𡣧 218E7	𡣨 218E8	𡣩 218E9	𡣪 218EA	𡣫 218EB	𡣬 218EC	𡣭 218ED	𡣮 218EE	𡣯 218EF
8B	𡣰 218F0	𡣱 218F1	𡣲 218F2	𡣳 218F3	𡣴 218F4	𡣵 218F5	𡣶 218F6	𡣷 218F7	𡣸 218F8	𡣹 218F9
8C	𡣺 218FA	𡣻 218FB	𡣼 218FC	𡣽 218FD	𡣾 218FE	𡣿 218FF	𡤀 21900	𡤁 21901	𡤂 21902	𡤃 21903
8D	𡤄 21904	𡤅 21905	𡤆 21906	𡤇 21907	𡤈 21908	𡤉 21909	𡤊 2190A	𡤋 2190B	𡤌 2190C	𡤍 2190D
8E	𡤎 2190E	𡤏 2190F	𡤐 21910	𡤑 21911	𡤒 21912	𡤓 21913	𡤔 21914	𡤕 21915	𡤖 21916	𡤗 21917
8F	𡤘 21918	𡤙 21919	𡤚 2191A	𡤛 2191B	𡤜 2191C	𡤝 2191D	𡤞 2191E	𡤟 2191F	𡤠 21920	𡤡 21921
90	𡤢 21922	𡤣 21923	𡤤 21924	𡤥 21925	𡤦 21926	𡤧 21927	𡤨 21928	𡤩 21929	𡤪 2192A	𡤫 2192B
91	𡤬 2192C	𡤭 2192D	𡤮 2192E	𡤯 2192F	𡤰 21930	𡤱 21931	𡤲 21932	𡤳 21933	𡤴 21934	𡤵 21935
92	𡤶 21936	𡤷 21937	𡤸 21938	𡤹 21939	𡤺 2193A	𡤻 2193B	𡤼 2193C	𡤽 2193D	𡤾 2193E	𡤿 2193F
93	𡥀 21940	𡥁 21941	𡥂 21942	𡥃 21943	𡥄 21944	𡥅 21945	𡥆 21946	𡥇 21947	𡥈 21948	𡥉 21949
94	𡥊 2194A	𡥋 2194B	𡥌 2194C	𡥍 2194D	𡥎 2194E	𡥏 2194F	𡥐 21950	𡥑 21951	𡥒 21952	𡥓 21953
95	𡥔 21954	𡥕 21955	𡥖 21956	𡥗 21957	𡥘 21958	𡥙 21959	𡥚 2195A	𡥛 2195B	𡥜 2195C	𡥝 2195D

9537

	30	31	32	33	34	35	36	37	38	39
96	2195E	2195F	21960	21961	21962	21963	21964	21965	21966	21967
97	21968	21969	2196A	2196B	2196C	2196D	2196E	2196F	21970	21971
98	21972	21973	21974	21975	21976	21977	21978	21979	2197A	2197B
99	2197C	2197D	2197E	2197F	21980	21981	21982	21983	21984	21985
9A	21986	21987	21988	21989	2198A	2198B	2198C	2198D	2198E	2198F
9B	21990	21991	21992	21993	21994	21995	21996	21997	21998	21999
9C	2199A	2199B	2199C	2199D	2199E	2199F	219A0	219A1	219A2	219A3
9D	219A4	219A5	219A6	219A7	219A8	219A9	219AA	219AB	219AC	219AD
9E	219AE	219AF	219B0	219B1	219B2	219B3	219B4	219B5	219B6	219B7
9F	219B8	219B9	219BA	219BB	219BC	219BD	219BE	219BF	219C0	219C1
A0	219C2	219C3	219C4	219C5	219C6	219C7	219C8	219C9	219CA	219CB
A1	219CC	219CD	219CE	219CF	219D0	219D1	219D2	219D3	219D4	219D5
A2	219D6	219D7	219D8	219D9	219DA	219DB	219DC	219DD	219DE	219DF
A3	219E0	219E1	219E2	219E3	219E4	219E5	219E6	219E7	219E8	219E9
A4	219EA	219EB	219EC	219ED	219EE	219EF	219F0	219F1	219F2	219F3
A5	219F4	219F5	219F6	219F7	219F8	219F9	219FA	219FB	219FC	219FD
A6	219FE	219FF	21A00	21A01	21A02	21A03	21A04	21A05	21A06	21A07
A7	21A08	21A09	21A0A	21A0B	21A0C	21A0D	21A0E	21A0F	21A10	21A11
A8	21A12	21A13	21A14	21A15	21A16	21A17	21A18	21A19	21A1A	21A1B
A9	21A1C	21A1D	21A1E	21A1F	21A20	21A21	21A22	21A23	21A24	21A25
AA	21A26	21A27	21A28	21A29	21A2A	21A2B	21A2C	21A2D	21A2E	21A2F

9537

	30	31	32	33	34	35	36	37	38	39
AB	𡨰 21A30	𡨱 21A31	𡨲 21A32	𡨳 21A33	𡨴 21A34	𡨵 21A35	𡨶 21A36	𡨷 21A37	𡨸 21A38	𡨹 21A39
AC	𡨺 21A3A	𡨻 21A3B	𡨼 21A3C	𡨽 21A3D	𡨾 21A3E	𡨿 21A3F	𡩀 21A40	𡩁 21A41	𡩂 21A42	𡩃 21A43
AD	𡩄 21A44	𡩅 21A45	𡩆 21A46	𡩇 21A47	𡩈 21A48	𡩉 21A49	𡩊 21A4A	𡩋 21A4B	𡩌 21A4C	𡩍 21A4D
AE	𡩎 21A4E	𡩏 21A4F	𡩐 21A50	𡩑 21A51	𡩒 21A52	𡩓 21A53	𡩔 21A54	𡩕 21A55	𡩖 21A56	𡩗 21A57
AF	𡩘 21A58	𡩙 21A59	𡩚 21A5A	𡩛 21A5B	𡩜 21A5C	𡩝 21A5D	𡩞 21A5E	𡩟 21A5F	𡩠 21A60	𡩡 21A61
B0	𡩢 21A62	𡩣 21A63	𡩤 21A64	𡩥 21A65	𡩦 21A66	𡩧 21A67	𡩨 21A68	𡩩 21A69	𡩪 21A6A	𡩫 21A6B
B1	𡩬 21A6C	𡩭 21A6D	𡩮 21A6E	𡩯 21A6F	𡩰 21A70	𡩱 21A71	𡩲 21A72	𡩳 21A73	𡩴 21A74	𡩵 21A75
B2	𡩶 21A76	𡩷 21A77	𡩸 21A78	𡩹 21A79	𡩺 21A7A	𡩻 21A7B	𡩼 21A7C	𡩽 21A7D	𡩾 21A7E	𡩿 21A7F
B3	𡪀 21A80	𡪁 21A81	𡪂 21A82	𡪃 21A83	𡪄 21A84	𡪅 21A85	𡪆 21A86	𡪇 21A87	𡪈 21A88	𡪉 21A89
B4	𡪊 21A8A	𡪋 21A8B	𡪌 21A8C	𡪍 21A8D	𡪎 21A8E	𡪏 21A8F	𡪐 21A90	𡪑 21A91	𡪒 21A92	𡪓 21A93
B5	𡪔 21A94	𡪕 21A95	𡪖 21A96	𡪗 21A97	𡪘 21A98	𡪙 21A99	𡪚 21A9A	𡪛 21A9B	𡪜 21A9C	𡪝 21A9D
B6	𡪞 21A9E	𡪟 21A9F	𡪠 21AA0	𡪡 21AA1	𡪢 21AA2	𡪣 21AA3	𡪤 21AA4	𡪥 21AA5	𡪦 21AA6	𡪧 21AA7
B7	𡪨 21AA8	𡪩 21AA9	𡪪 21AAA	𡪫 21AAB	𡪬 21AAC	𡪭 21AAD	𡪮 21AAE	𡪯 21AAF	𡪰 21AB0	𡪱 21AB1
B8	𡪲 21AB2	𡪳 21AB3	𡪴 21AB4	𡪵 21AB5	𡪶 21AB6	𡪷 21AB7	𡪸 21AB8	𡪹 21AB9	𡪺 21ABA	𡪻 21ABB
B9	𡪼 21ABC	𡪽 21ABD	𡪾 21ABE	𡪿 21ABF	𡫀 21AC0	𡫁 21AC1	𡫂 21AC2	𡫃 21AC3	𡫄 21AC4	𡫅 21AC5
BA	𡫆 21AC6	𡫇 21AC7	𡫈 21AC8	𡫉 21AC9	𡫊 21ACA	𡫋 21ACB	𡫌 21ACC	𡫍 21ACD	𡫎 21ACE	𡫏 21ACF
BB	𡫐 21AD0	𡫑 21AD1	𡫒 21AD2	𡫓 21AD3	𡫔 21AD4	𡫕 21AD5	𡫖 21AD6	𡫗 21AD7	𡫘 21AD8	𡫙 21AD9
BC	𡫚 21ADA	𡫛 21ADB	𡫜 21ADC	𡫝 21ADD	𡫞 21ADE	𡫟 21ADF	𡫠 21AE0	𡫡 21AE1	𡫢 21AE2	𡫣 21AE3
BD	𡫤 21AE4	𡫥 21AE5	𡫦 21AE6	𡫧 21AE7	𡫨 21AE8	𡫩 21AE9	𡫪 21AEA	𡫫 21AEB	𡫬 21AEC	𡫭 21AED
BE	𡫮 21AEE	𡫯 21AEF	𡫰 21AF0	𡫱 21AF1	𡫲 21AF2	𡫳 21AF3	𡫴 21AF4	𡫵 21AF5	𡫶 21AF6	𡫷 21AF7
BF	𡫸 21AF8	𡫹 21AF9	𡫺 21AFA	𡫻 21AFB	𡫼 21AFC	𡫽 21AFD	𡫾 21AFE	𡫿 21AFF	𡬀 21B00	𡬁 21B01

9537

	30	31	32	33	34	35	36	37	38	39
C0	21B02	21B03	21B04	21B05	21B06	21B07	21B08	21B09	21B0A	21B0B
C1	21B0C	21B0D	21B0E	21B0F	21B10	21B11	21B12	21B13	21B14	21B15
C2	21B16	21B17	21B18	21B19	21B1A	21B1B	21B1C	21B1D	21B1E	21B1F
C3	21B20	21B21	21B22	21B23	21B24	21B25	21B26	21B27	21B28	21B29
C4	21B2A	21B2B	21B2C	21B2D	21B2E	21B2F	21B30	21B31	21B32	21B33
C5	21B34	21B35	21B36	21B37	21B38	21B39	21B3A	21B3B	21B3C	21B3D
C6	21B3E	21B3F	21B40	21B41	21B42	21B43	21B44	21B45	21B46	21B47
C7	21B48	21B49	21B4A	21B4B	21B4C	21B4D	21B4E	21B4F	21B50	21B51
C8	21B52	21B53	21B54	21B55	21B56	21B57	21B58	21B59	21B5A	21B5B
C9	21B5C	21B5D	21B5E	21B5F	21B60	21B61	21B62	21B63	21B64	21B65
CA	21B66	21B67	21B68	21B69	21B6A	21B6B	21B6C	21B6D	21B6E	21B6F
CB	21B70	21B71	21B72	21B73	21B74	21B75	21B76	21B77	21B78	21B79
CC	21B7A	21B7B	21B7C	21B7D	21B7E	21B7F	21B80	21B81	21B82	21B83
CD	21B84	21B85	21B86	21B87	21B88	21B89	21B8A	21B8B	21B8C	21B8D
CE	21B8E	21B8F	21B90	21B91	21B92	21B93	21B94	21B95	21B96	21B97
CF	21B98	21B99	21B9A	21B9B	21B9C	21B9D	21B9E	21B9F	21BA0	21BA1
D0	21BA2	21BA3	21BA4	21BA5	21BA6	21BA7	21BA8	21BA9	21BAA	21BAB
D1	21BAC	21BAD	21BAE	21BAF	21BB0	21BB1	21BB2	21BB3	21BB4	21BB5
D2	21BB6	21BB7	21BB8	21BB9	21BBA	21BBB	21BBC	21BBD	21BBE	21BBF
D3	21BC0	21BC1	21BC2	21BC3	21BC4	21BC5	21BC6	21BC7	21BC8	21BC9
D4	21BCA	21BCB	21BCC	21BCD	21BCE	21BCF	21BD0	21BD1	21BD2	21BD3

9537

	30	31	32	33	34	35	36	37	38	39
D5	𡯔 21BD4	𡯕 21BD5	𡯖 21BD6	𡯗 21BD7	𡯘 21BD8	𡯙 21BD9	𡯚 21BDA	𡯛 21BDB	𡯜 21BDC	𡯝 21BDD
D6	𡯞 21BDE	𡯟 21BDF	𡯠 21BE0	𡯡 21BE1	𡯢 21BE2	𡯣 21BE3	𡯤 21BE4	𡯥 21BE5	𡯦 21BE6	𡯧 21BE7
D7	𡯨 21BE8	𡯩 21BE9	𡯪 21BEA	𡯫 21BEB	𡯬 21BEC	𡯭 21BED	𡯮 21BEE	𡯯 21BEF	𡯰 21BF0	𡯱 21BF1
D8	𡯲 21BF2	𡯳 21BF3	𡯴 21BF4	𡯵 21BF5	𡯶 21BF6	𡯷 21BF7	𡯸 21BF8	𡯹 21BF9	𡯺 21BFA	𡯻 21BFB
D9	𡯼 21BFC	𡯽 21BFD	𡯾 21BFE	𡯿 21BFF	𡰀 21C00	𡰁 21C01	𡰂 21C02	𡰃 21C03	𡰄 21C04	𡰅 21C05
DA	𡰆 21C06	𡰇 21C07	𡰈 21C08	𡰉 21C09	𡰊 21C0A	𡰋 21C0B	𡰌 21C0C	𡰍 21C0D	𡰎 21C0E	𡰏 21C0F
DB	𡰐 21C10	𡰑 21C11	𡰒 21C12	𡰓 21C13	𡰔 21C14	𡰕 21C15	𡰖 21C16	𡰗 21C17	𡰘 21C18	𡰙 21C19
DC	𡰚 21C1A	𡰛 21C1B	𡰜 21C1C	𡰝 21C1D	𡰞 21C1E	𡰟 21C1F	𡰠 21C20	𡰡 21C21	𡰢 21C22	𡰣 21C23
DD	𡰤 21C24	𡰥 21C25	𡰦 21C26	𡰧 21C27	𡰨 21C28	𡰩 21C29	𡰪 21C2A	𡰫 21C2B	𡰬 21C2C	𡰭 21C2D
DE	𡰮 21C2E	𡰯 21C2F	𡰰 21C30	𡰱 21C31	𡰲 21C32	𡰳 21C33	𡰴 21C34	𡰵 21C35	𡰶 21C36	𡰷 21C37
DF	𡰸 21C38	𡰹 21C39	𡰺 21C3A	𡰻 21C3B	𡰼 21C3C	𡰽 21C3D	𡰾 21C3E	𡰿 21C3F	𡱀 21C40	𡱁 21C41
E0	𡱂 21C42	𡱃 21C43	𡱄 21C44	𡱅 21C45	𡱆 21C46	𡱇 21C47	𡱈 21C48	𡱉 21C49	𡱊 21C4A	𡱋 21C4B
E1	𡱌 21C4C	𡱍 21C4D	𡱎 21C4E	𡱏 21C4F	𡱐 21C50	𡱑 21C51	𡱒 21C52	𡱓 21C53	𡱔 21C54	𡱕 21C55
E2	𡱖 21C56	𡱗 21C57	𡱘 21C58	𡱙 21C59	𡱚 21C5A	𡱛 21C5B	𡱜 21C5C	𡱝 21C5D	𡱞 21C5E	𡱟 21C5F
E3	𡱠 21C60	𡱡 21C61	𡱢 21C62	𡱣 21C63	𡱤 21C64	𡱥 21C65	𡱦 21C66	𡱧 21C67	𡱨 21C68	𡱩 21C69
E4	𡱪 21C6A	𡱫 21C6B	𡱬 21C6C	𡱭 21C6D	𡱮 21C6E	𡱯 21C6F	𡱰 21C70	𡱱 21C71	𡱲 21C72	𡱳 21C73
E5	𡱴 21C74	𡱵 21C75	𡱶 21C76	𡱷 21C77	𡱸 21C78	𡱹 21C79	𡱺 21C7A	𡱻 21C7B	𡱼 21C7C	𡱽 21C7D
E6	𡱾 21C7E	𡱿 21C7F	𡲀 21C80	𡲁 21C81	𡲂 21C82	𡲃 21C83	𡲄 21C84	𡲅 21C85	𡲆 21C86	𡲇 21C87
E7	𡲈 21C88	𡲉 21C89	𡲊 21C8A	𡲋 21C8B	𡲌 21C8C	𡲍 21C8D	𡲎 21C8E	𡲏 21C8F	𡲐 21C90	𡲑 21C91
E8	𡲒 21C92	𡲓 21C93	𡲔 21C94	𡲕 21C95	𡲖 21C96	𡲗 21C97	𡲘 21C98	𡲙 21C99	𡲚 21C9A	𡲛 21C9B
E9	𡲜 21C9C	𡲝 21C9D	𡲞 21C9E	𡲟 21C9F	𡲠 21CA0	𡲡 21CA1	𡲢 21CA2	𡲣 21CA3	𡲤 21CA4	𡲥 21CA5

9537

	30	31	32	33	34	35	36	37	38	39
EA	21CA6	21CA7	21CA8	21CA9	21CAA	21CAB	21CAC	21CAD	21CAE	21CAF
EB	21CB0	21CB1	21CB2	21CB3	21CB4	21CB5	21CB6	21CB7	21CB8	21CB9
EC	21CBA	21CBB	21CBC	21CBD	21CBE	21CBF	21CC0	21CC1	21CC2	21CC3
ED	21CC4	21CC5	21CC6	21CC7	21CC8	21CC9	21CCA	21CCB	21CCC	21CCD
EE	21CCE	21CCF	21CD0	21CD1	21CD2	21CD3	21CD4	21CD5	21CD6	21CD7
EF	21CD8	21CD9	21CDA	21CDB	21CDC	21CDD	21CDE	21CDF	21CE0	21CE1
F0	21CE2	21CE3	21CE4	21CE5	21CE6	21CE7	21CE8	21CE9	21CEA	21CEB
F1	21CEC	21CED	21CEE	21CEF	21CF0	21CF1	21CF2	21CF3	21CF4	21CF5
F2	21CF6	21CF7	21CF8	21CF9	21CFA	21CFB	21CFC	21CFD	21CFE	21CFF
F3	21D00	21D01	21D02	21D03	21D04	21D05	21D06	21D07	21D08	21D09
F4	21D0A	21D0B	21D0C	21D0D	21D0E	21D0F	21D10	21D11	21D12	21D13
F5	21D14	21D15	21D16	21D17	21D18	21D19	21D1A	21D1B	21D1C	21D1D
F6	21D1E	21D1F	21D20	21D21	21D22	21D23	21D24	21D25	21D26	21D27
F7	21D28	21D29	21D2A	21D2B	21D2C	21D2D	21D2E	21D2F	21D30	21D31
F8	21D32	21D33	21D34	21D35	21D36	21D37	21D38	21D39	21D3A	21D3B
F9	21D3C	21D3D	21D3E	21D3F	21D40	21D41	21D42	21D43	21D44	21D45
FA	21D46	21D47	21D48	21D49	21D4A	21D4B	21D4C	21D4D	21D4E	21D4F
FB	21D50	21D51	21D52	21D53	21D54	21D55	21D56	21D57	21D58	21D59
FC	21D5A	21D5B	21D5C	21D5D	21D5E	21D5F	21D60	21D61	21D62	21D63
FD	21D64	21D65	21D66	21D67	21D68	21D69	21D6A	21D6B	21D6C	21D6D
FE	21D6E	21D6F	21D70	21D71	21D72	21D73	21D74	21D75	21D76	21D77

9538

	30	31	32	33	34	35	36	37	38	39
81	𡵸 21D78	𡵹 21D79	𡵺 21D7A	𡵻 21D7B	𡵼 21D7C	𡵽 21D7D	𡵾 21D7E	𡵿 21D7F	𡶀 21D80	𡶁 21D81
82	𡶂 21D82	𡶃 21D83	𡶄 21D84	𡶅 21D85	𡶆 21D86	𡶇 21D87	𡶈 21D88	𡶉 21D89	𡶊 21D8A	𡶋 21D8B
83	𡶌 21D8C	𡶍 21D8D	𡶎 21D8E	𡶏 21D8F	𡶐 21D90	𡶑 21D91	𡶒 21D92	𡶓 21D93	𡶔 21D94	𡶕 21D95
84	𡶖 21D96	𡶗 21D97	𡶘 21D98	𡶙 21D99	𡶚 21D9A	𡶛 21D9B	𡶜 21D9C	𡶝 21D9D	𡶞 21D9E	𡶟 21D9F
85	𡶠 21DA0	𡶡 21DA1	𡶢 21DA2	𡶣 21DA3	𡶤 21DA4	𡶥 21DA5	𡶦 21DA6	𡶧 21DA7	𡶨 21DA8	𡶩 21DA9
86	𡶪 21DAA	𡶫 21DAB	𡶬 21DAC	𡶭 21DAD	𡶮 21DAE	𡶯 21DAF	𡶰 21DB0	𡶱 21DB1	𡶲 21DB2	𡶳 21DB3
87	𡶴 21DB4	𡶵 21DB5	𡶶 21DB6	𡶷 21DB7	𡶸 21DB8	𡶹 21DB9	𡶺 21DBA	𡶻 21DBB	𡶼 21DBC	𡶽 21DBD
88	𡶾 21DBE	𡶿 21DBF	𡷀 21DC0	𡷁 21DC1	𡷂 21DC2	𡷃 21DC3	𡷄 21DC4	𡷅 21DC5	𡷆 21DC6	𡷇 21DC7
89	𡷈 21DC8	𡷉 21DC9	𡷊 21DCA	𡷋 21DCB	𡷌 21DCC	𡷍 21DCD	𡷎 21DCE	𡷏 21DCF	𡷐 21DD0	𡷑 21DD1
8A	𡷒 21DD2	𡷓 21DD3	𡷔 21DD4	𡷕 21DD5	𡷖 21DD6	𡷗 21DD7	𡷘 21DD8	𡷙 21DD9	𡷚 21DDA	𡷛 21DDB
8B	𡷜 21DDC	𡷝 21DDD	𡷞 21DDE	𡷟 21DDF	𡷠 21DE0	𡷡 21DE1	𡷢 21DE2	𡷣 21DE3	𡷤 21DE4	𡷥 21DE5
8C	𡷦 21DE6	𡷧 21DE7	𡷨 21DE8	𡷩 21DE9	𡷪 21DEA	𡷫 21DEB	𡷬 21DEC	𡷭 21DED	𡷮 21DEE	𡷯 21DEF
8D	𡷰 21DF0	𡷱 21DF1	𡷲 21DF2	𡷳 21DF3	𡷴 21DF4	𡷵 21DF5	𡷶 21DF6	𡷷 21DF7	𡷸 21DF8	𡷹 21DF9
8E	𡷺 21DFA	𡷻 21DFB	𡷼 21DFC	𡷽 21DFD	𡷾 21DFE	𡷿 21DFF	𡸀 21E00	𡸁 21E01	𡸂 21E02	𡸃 21E03
8F	𡸄 21E04	𡸅 21E05	𡸆 21E06	𡸇 21E07	𡸈 21E08	𡸉 21E09	𡸊 21E0A	𡸋 21E0B	𡸌 21E0C	𡸍 21E0D
90	𡸎 21E0E	𡸏 21E0F	𡸐 21E10	𡸑 21E11	𡸒 21E12	𡸓 21E13	𡸔 21E14	𡸕 21E15	𡸖 21E16	𡸗 21E17
91	𡸘 21E18	𡸙 21E19	𡸚 21E1A	𡸛 21E1B	𡸜 21E1C	𡸝 21E1D	𡸞 21E1E	𡸟 21E1F	𡸠 21E20	𡸡 21E21
92	𡸢 21E22	𡸣 21E23	𡸤 21E24	𡸥 21E25	𡸦 21E26	𡸧 21E27	𡸨 21E28	𡸩 21E29	𡸪 21E2A	𡸫 21E2B
93	𡸬 21E2C	𡸭 21E2D	𡸮 21E2E	𡸯 21E2F	𡸰 21E30	𡸱 21E31	𡸲 21E32	𡸳 21E33	𡸴 21E34	𡸵 21E35
94	𡸶 21E36	𡸷 21E37	𡸸 21E38	𡸹 21E39	𡸺 21E3A	𡸻 21E3B	𡸼 21E3C	𡸽 21E3D	𡸾 21E3E	𡸿 21E3F
95	𡹀 21E40	𡹁 21E41	𡹂 21E42	𡹃 21E43	𡹄 21E44	𡹅 21E45	𡹆 21E46	𡹇 21E47	𡹈 21E48	𡹉 21E49

9538

	30	31	32	33	34	35	36	37	38	39
96	𡹊 21E4A	𡹋 21E4B	𡹌 21E4C	𡹍 21E4D	𡹎 21E4E	𡹏 21E4F	𡹐 21E50	𡹑 21E51	𡹒 21E52	𡹓 21E53
97	𡹔 21E54	𡹕 21E55	𡹖 21E56	𡹗 21E57	𡹘 21E58	𡹙 21E59	𡹚 21E5A	𡹛 21E5B	𡹜 21E5C	𡹝 21E5D
98	𡹞 21E5E	𡹟 21E5F	𡹠 21E60	𡹡 21E61	𡹢 21E62	𡹣 21E63	𡹤 21E64	𡹥 21E65	𡹦 21E66	𡹧 21E67
99	𡹨 21E68	𡹩 21E69	𡹪 21E6A	𡹫 21E6B	𡹬 21E6C	𡹭 21E6D	𡹮 21E6E	𡹯 21E6F	𡹰 21E70	𡹱 21E71
9A	𡹲 21E72	𡹳 21E73	𡹴 21E74	𡹵 21E75	𡹶 21E76	𡹷 21E77	𡹸 21E78	𡹹 21E79	𡹺 21E7A	𡹻 21E7B
9B	𡹼 21E7C	𡹽 21E7D	𡹾 21E7E	𡹿 21E7F	𡺀 21E80	𡺁 21E81	𡺂 21E82	𡺃 21E83	𡺄 21E84	𡺅 21E85
9C	𡺆 21E86	𡺇 21E87	𡺈 21E88	𡺉 21E89	𡺊 21E8A	𡺋 21E8B	𡺌 21E8C	𡺍 21E8D	𡺎 21E8E	𡺏 21E8F
9D	𡺐 21E90	𡺑 21E91	𡺒 21E92	𡺓 21E93	𡺔 21E94	𡺕 21E95	𡺖 21E96	𡺗 21E97	𡺘 21E98	𡺙 21E99
9E	𡺚 21E9A	𡺛 21E9B	𡺜 21E9C	𡺝 21E9D	𡺞 21E9E	𡺟 21E9F	𡺠 21EA0	𡺡 21EA1	𡺢 21EA2	𡺣 21EA3
9F	𡺤 21EA4	𡺥 21EA5	𡺦 21EA6	𡺧 21EA7	𡺨 21EA8	𡺩 21EA9	𡺪 21EAA	𡺫 21EAB	𡺬 21EAC	𡺭 21EAD
A0	𡺮 21EAE	𡺯 21EAF	𡺰 21EB0	𡺱 21EB1	𡺲 21EB2	𡺳 21EB3	𡺴 21EB4	𡺵 21EB5	𡺶 21EB6	𡺷 21EB7
A1	𡺸 21EB8	𡺹 21EB9	𡺺 21EBA	𡺻 21EBB	𡺼 21EBC	𡺽 21EBD	𡺾 21EBE	𡺿 21EBF	𡻀 21EC0	𡻁 21EC1
A2	𡻂 21EC2	𡻃 21EC3	𡻄 21EC4	𡻅 21EC5	𡻆 21EC6	𡻇 21EC7	𡻈 21EC8	𡻉 21EC9	𡻊 21ECA	𡻋 21ECB
A3	𡻌 21ECC	𡻍 21ECD	𡻎 21ECE	𡻏 21ECF	𡻐 21ED0	𡻑 21ED1	𡻒 21ED2	𡻓 21ED3	𡻔 21ED4	𡻕 21ED5
A4	𡻖 21ED6	𡻗 21ED7	𡻘 21ED8	𡻙 21ED9	𡻚 21EDA	𡻛 21EDB	𡻜 21EDC	𡻝 21EDD	𡻞 21EDE	𡻟 21EDF
A5	𡻠 21EE0	𡻡 21EE1	𡻢 21EE2	𡻣 21EE3	𡻤 21EE4	𡻥 21EE5	𡻦 21EE6	𡻧 21EE7	𡻨 21EE8	𡻩 21EE9
A6	𡻪 21EEA	𡻫 21EEB	𡻬 21EEC	𡻭 21EED	𡻮 21EEE	𡻯 21EEF	𡻰 21EF0	𡻱 21EF1	𡻲 21EF2	𡻳 21EF3
A7	𡻴 21EF4	𡻵 21EF5	𡻶 21EF6	𡻷 21EF7	𡻸 21EF8	𡻹 21EF9	𡻺 21EFA	𡻻 21EFB	𡻼 21EFC	𡻽 21EFD
A8	𡻾 21EFE	𡻿 21EFF	𡼀 21F00	𡼁 21F01	𡼂 21F02	𡼃 21F03	𡼄 21F04	𡼅 21F05	𡼆 21F06	𡼇 21F07
A9	𡼈 21F08	𡼉 21F09	𡼊 21F0A	𡼋 21F0B	𡼌 21F0C	𡼍 21F0D	𡼎 21F0E	𡼏 21F0F	𡼐 21F10	𡼑 21F11
AA	𡼒 21F12	𡼓 21F13	𡼔 21F14	𡼕 21F15	𡼖 21F16	𡼗 21F17	𡼘 21F18	𡼙 21F19	𡼚 21F1A	𡼛 21F1B

9538

	30	31	32	33	34	35	36	37	38	39
AB	21F1C	21F1D	21F1E	21F1F	21F20	21F21	21F22	21F23	21F24	21F25
AC	21F26	21F27	21F28	21F29	21F2A	21F2B	21F2C	21F2D	21F2E	21F2F
AD	21F30	21F31	21F32	21F33	21F34	21F35	21F36	21F37	21F38	21F39
AE	21F3A	21F3B	21F3C	21F3D	21F3E	21F3F	21F40	21F41	21F42	21F43
AF	21F44	21F45	21F46	21F47	21F48	21F49	21F4A	21F4B	21F4C	21F4D
B0	21F4E	21F4F	21F50	21F51	21F52	21F53	21F54	21F55	21F56	21F57
B1	21F58	21F59	21F5A	21F5B	21F5C	21F5D	21F5E	21F5F	21F60	21F61
B2	21F62	21F63	21F64	21F65	21F66	21F67	21F68	21F69	21F6A	21F6B
B3	21F6C	21F6D	21F6E	21F6F	21F70	21F71	21F72	21F73	21F74	21F75
B4	21F76	21F77	21F78	21F79	21F7A	21F7B	21F7C	21F7D	21F7E	21F7F
B5	21F80	21F81	21F82	21F83	21F84	21F85	21F86	21F87	21F88	21F89
B6	21F8A	21F8B	21F8C	21F8D	21F8E	21F8F	21F90	21F91	21F92	21F93
B7	21F94	21F95	21F96	21F97	21F98	21F99	21F9A	21F9B	21F9C	21F9D
B8	21F9E	21F9F	21FA0	21FA1	21FA2	21FA3	21FA4	21FA5	21FA6	21FA7
B9	21FA8	21FA9	21FAA	21FAB	21FAC	21FAD	21FAE	21FAF	21FB0	21FB1
BA	21FB2	21FB3	21FB4	21FB5	21FB6	21FB7	21FB8	21FB9	21FBA	21FBB
BB	21FBC	21FBD	21FBE	21FBF	21FC0	21FC1	21FC2	21FC3	21FC4	21FC5
BC	21FC6	21FC7	21FC8	21FC9	21FCA	21FCB	21FCC	21FCD	21FCE	21FCF
BD	21FD0	21FD1	21FD2	21FD3	21FD4	21FD5	21FD6	21FD7	21FD8	21FD9
BE	21FDA	21FDB	21FDC	21FDD	21FDE	21FDF	21FE0	21FE1	21FE2	21FE3
BF	21FE4	21FE5	21FE6	21FE7	21FE8	21FE9	21FEA	21FEB	21FEC	21FED

9538

	30	31	32	33	34	35	36	37	38	39
C0	21FEE	21FEF	21FF0	21FF1	21FF2	21FF3	21FF4	21FF5	21FF6	21FF7
C1	21FF8	21FF9	21FFA	21FFB	21FFC	21FFD	21FFE	21FFF	22000	22001
C2	22002	22003	22004	22005	22006	22007	22008	22009	2200A	2200B
C3	2200C	2200D	2200E	2200F	22010	22011	22012	22013	22014	22015
C4	22016	22017	22018	22019	2201A	2201B	2201C	2201D	2201E	2201F
C5	22020	22021	22022	22023	22024	22025	22026	22027	22028	22029
C6	2202A	2202B	2202C	2202D	2202E	2202F	22030	22031	22032	22033
C7	22034	22035	22036	22037	22038	22039	2203A	2203B	2203C	2203D
C8	2203E	2203F	22040	22041	22042	22043	22044	22045	22046	22047
C9	22048	22049	2204A	2204B	2204C	2204D	2204E	2204F	22050	22051
CA	22052	22053	22054	22055	22056	22057	22058	22059	2205A	2205B
CB	2205C	2205D	2205E	2205F	22060	22061	22062	22063	22064	22065
CC	22066	22067	22068	22069	2206A	2206B	2206C	2206D	2206E	2206F
CD	22070	22071	22072	22073	22074	22075	22076	22077	22078	22079
CE	2207A	2207B	2207C	2207D	2207E	2207F	22080	22081	22082	22083
CF	22084	22085	22086	22087	22088	22089	2208A	2208B	2208C	2208D
D0	2208E	2208F	22090	22091	22092	22093	22094	22095	22096	22097
D1	22098	22099	2209A	2209B	2209C	2209D	2209E	2209F	220A0	220A1
D2	220A2	220A3	220A4	220A5	220A6	220A7	220A8	220A9	220AA	220AB
D3	220AC	220AD	220AE	220AF	220B0	220B1	220B2	220B3	220B4	220B5
D4	220B6	220B7	220B8	220B9	220BA	220BB	220BC	220BD	220BE	220BF

9538

	30	31	32	33	34	35	36	37	38	39
D5	220C0	220C1	220C2	220C3	220C4	220C5	220C6	220C7	220C8	220C9
D6	220CA	220CB	220CC	220CD	220CE	220CF	220D0	220D1	220D2	220D3
D7	220D4	220D5	220D6	220D7	220D8	220D9	220DA	220DB	220DC	220DD
D8	220DE	220DF	220E0	220E1	220E2	220E3	220E4	220E5	220E6	220E7
D9	220E8	220E9	220EA	220EB	220EC	220ED	220EE	220EF	220F0	220F1
DA	220F2	220F3	220F4	220F5	220F6	220F7	220F8	220F9	220FA	220FB
DB	220FC	220FD	220FE	220FF	22100	22101	22102	22103	22104	22105
DC	22106	22107	22108	22109	2210A	2210B	2210C	2210D	2210E	2210F
DD	22110	22111	22112	22113	22114	22115	22116	22117	22118	22119
DE	2211A	2211B	2211C	2211D	2211E	2211F	22120	22121	22122	22123
DF	22124	22125	22126	22127	22128	22129	2212A	2212B	2212C	2212D
E0	2212E	2212F	22130	22131	22132	22133	22134	22135	22136	22137
E1	22138	22139	2213A	2213B	2213C	2213D	2213E	2213F	22140	22141
E2	22142	22143	22144	22145	22146	22147	22148	22149	2214A	2214B
E3	2214C	2214D	2214E	2214F	22150	22151	22152	22153	22154	22155
E4	22156	22157	22158	22159	2215A	2215B	2215C	2215D	2215E	2215F
E5	22160	22161	22162	22163	22164	22165	22166	22167	22168	22169
E6	2216A	2216B	2216C	2216D	2216E	2216F	22170	22171	22172	22173
E7	22174	22175	22176	22177	22178	22179	2217A	2217B	2217C	2217D
E8	2217E	2217F	22180	22181	22182	22183	22184	22185	22186	22187
E9	22188	22189	2218A	2218B	2218C	2218D	2218E	2218F	22190	22191

9538

	30	31	32	33	34	35	36	37	38	39
EA	22192	22193	22194	22195	22196	22197	22198	22199	2219A	2219B
EB	2219C	2219D	2219E	2219F	221A0	221A1	221A2	221A3	221A4	221A5
EC	221A6	221A7	221A8	221A9	221AA	221AB	221AC	221AD	221AE	221AF
ED	221B0	221B1	221B2	221B3	221B4	221B5	221B6	221B7	221B8	221B9
EE	221BA	221BB	221BC	221BD	221BE	221BF	221C0	221C1	221C2	221C3
EF	221C4	221C5	221C6	221C7	221C8	221C9	221CA	221CB	221CC	221CD
F0	221CE	221CF	221D0	221D1	221D2	221D3	221D4	221D5	221D6	221D7
F1	221D8	221D9	221DA	221DB	221DC	221DD	221DE	221DF	221E0	221E1
F2	221E2	221E3	221E4	221E5	221E6	221E7	221E8	221E9	221EA	221EB
F3	221EC	221ED	221EE	221EF	221F0	221F1	221F2	221F3	221F4	221F5
F4	221F6	221F7	221F8	221F9	221FA	221FB	221FC	221FD	221FE	221FF
F5	22200	22201	22202	22203	22204	22205	22206	22207	22208	22209
F6	2220A	2220B	2220C	2220D	2220E	2220F	22210	22211	22212	22213
F7	22214	22215	22216	22217	22218	22219	2221A	2221B	2221C	2221D
F8	2221E	2221F	22220	22221	22222	22223	22224	22225	22226	22227
F9	22228	22229	2222A	2222B	2222C	2222D	2222E	2222F	22230	22231
FA	22232	22233	22234	22235	22236	22237	22238	22239	2223A	2223B
FB	2223C	2223D	2223E	2223F	22240	22241	22242	22243	22244	22245
FC	22246	22247	22248	22249	2224A	2224B	2224C	2224D	2224E	2224F
FD	22250	22251	22252	22253	22254	22255	22256	22257	22258	22259
FE	2225A	2225B	2225C	2225D	2225E	2225F	22260	22261	22262	22263

9539

	30	31	32	33	34	35	36	37	38	39
81	𢉤 22264	𢉥 22265	𢉦 22266	𢉧 22267	𢉨 22268	𢉩 22269	𢉪 2226A	𢉫 2226B	𢉬 2226C	𢉭 2226D
82	𢉮 2226E	𢉯 2226F	𢉰 22270	𢉱 22271	𢉲 22272	𢉳 22273	𢉴 22274	𢉵 22275	𢉶 22276	𢉷 22277
83	𢉸 22278	𢉹 22279	𢉺 2227A	𢉻 2227B	𢉼 2227C	𢉽 2227D	𢉾 2227E	𢉿 2227F	𢊀 22280	𢊁 22281
84	𢊂 22282	𢊃 22283	𢊄 22284	𢊅 22285	𢊆 22286	𢊇 22287	𢊈 22288	𢊉 22289	𢊊 2228A	𢊋 2228B
85	𢊌 2228C	𢊍 2228D	𢊎 2228E	𢊏 2228F	𢊐 22290	𢊑 22291	𢊒 22292	𢊓 22293	𢊔 22294	𢊕 22295
86	𢊖 22296	𢊗 22297	𢊘 22298	𢊙 22299	𢊚 2229A	𢊛 2229B	𢊜 2229C	𢊝 2229D	𢊞 2229E	𢊟 2229F
87	𢊠 222A0	𢊡 222A1	𢊢 222A2	𢊣 222A3	𢊤 222A4	𢊥 222A5	𢊦 222A6	𢊧 222A7	𢊨 222A8	𢊩 222A9
88	𢊪 222AA	𢊫 222AB	𢊬 222AC	𢊭 222AD	𢊮 222AE	𢊯 222AF	𢊰 222B0	𢊱 222B1	𢊲 222B2	𢊳 222B3
89	𢊴 222B4	𢊵 222B5	𢊶 222B6	𢊷 222B7	𢊸 222B8	𢊹 222B9	𢊺 222BA	𢊻 222BB	𢊼 222BC	𢊽 222BD
8A	𢊾 222BE	𢊿 222BF	𢋀 222C0	𢋁 222C1	𢋂 222C2	𢋃 222C3	𢋄 222C4	𢋅 222C5	𢋆 222C6	𢋇 222C7
8B	𢋈 222C8	𢋉 222C9	𢋊 222CA	𢋋 222CB	𢋌 222CC	𢋍 222CD	𢋎 222CE	𢋏 222CF	𢋐 222D0	𢋑 222D1
8C	𢋒 222D2	𢋓 222D3	𢋔 222D4	𢋕 222D5	𢋖 222D6	𢋗 222D7	𢋘 222D8	𢋙 222D9	𢋚 222DA	𢋛 222DB
8D	𢋜 222DC	𢋝 222DD	𢋞 222DE	𢋟 222DF	𢋠 222E0	𢋡 222E1	𢋢 222E2	𢋣 222E3	𢋤 222E4	𢋥 222E5
8E	𢋦 222E6	𢋧 222E7	𢋨 222E8	𢋩 222E9	𢋪 222EA	𢋫 222EB	𢋬 222EC	𢋭 222ED	𢋮 222EE	𢋯 222EF
8F	𢋰 222F0	𢋱 222F1	𢋲 222F2	𢋳 222F3	𢋴 222F4	𢋵 222F5	𢋶 222F6	𢋷 222F7	𢋸 222F8	𢋹 222F9
90	𢋺 222FA	𢋻 222FB	𢋼 222FC	𢋽 222FD	𢋾 222FE	𢋿 222FF	𢌀 22300	𢌁 22301	𢌂 22302	𢌃 22303
91	𢌄 22304	𢌅 22305	𢌆 22306	𢌇 22307	𢌈 22308	𢌉 22309	𢌊 2230A	𢌋 2230B	𢌌 2230C	𢌍 2230D
92	𢌎 2230E	𢌏 2230F	𢌐 22310	𢌑 22311	𢌒 22312	𢌓 22313	𢌔 22314	𢌕 22315	𢌖 22316	𢌗 22317
93	𢌘 22318	𢌙 22319	𢌚 2231A	𢌛 2231B	𢌜 2231C	𢌝 2231D	𢌞 2231E	𢌟 2231F	𢌠 22320	𢌡 22321
94	𢌢 22322	𢌣 22323	𢌤 22324	𢌥 22325	𢌦 22326	𢌧 22327	𢌨 22328	𢌩 22329	𢌪 2232A	𢌫 2232B
95	𢌬 2232C	𢌭 2232D	𢌮 2232E	𢌯 2232F	𢌰 22330	𢌱 22331	𢌲 22332	𢌳 22333	𢌴 22334	𢌵 22335

9539

	30	31	32	33	34	35	36	37	38	39
96	夰 22336	弆 22337	弃 22338	弁 22339	㚘 2233A	奔 2233B	弈 2233C	卅 2233D	弃 2233E	畀 2233F
97	异 22340	弇 22341	畁 22342	弆 22343	弊 22344	弇 22345	契 22346	坪 22347	弈 22348	畀 22349
98	弮 2234A	舁 2234B	葬 2234C	奥 2234D	弇 2234E	弆 2234F	弼 22350	舁 22351	弆 22352	鼻 22353
99	弇 22354	弮 22355	弊 22356	弊 22357	弊 22358	舁 22359	弇 2235A	弇 2235B	弇 2235C	彝 2235D
9A	弇 2235E	彝 2235F	弊 22360	弇 22361	弊 22362	彝 22363	弊 22364	弊 22365	弊 22366	弊 22367
9B	弊 22368	弊 22369	彝 2236A	弊 2236B	弊 2236C	弊 2236D	弊 2236E	弊 2236F	弊 22370	弊 22371
9C	弊 22372	弊 22373	弊 22374	彝 22375	弊 22376	弊 22377	弊 22378	弊 22379	弋 2237A	式 2237B
9D	弋 2237C	弋 2237D	弎 2237E	弐 2237F	弐 22380	武 22381	弐 22382	弐 22383	弐 22384	弐 22385
9E	弑 22386	弑 22387	弑 22388	弑 22389	弑 2238A	弑 2238B	弑 2238C	弑 2238D	弑 2238E	弑 2238F
9F	弑 22390	弑 22391	弑 22392	弑 22393	弑 22394	弑 22395	弑 22396	弓 22397	弓 22398	弓 22399
A0	弓 2239A	弓 2239B	弓 2239C	弓 2239D	弘 2239E	弓 2239F	弓 223A0	弘 223A1	弘 223A2	弔 223A3
A1	弘 223A4	弓 223A5	弓 223A6	弓 223A7	弟 223A8	弘 223A9	弘 223AA	弘 223AB	弘 223AC	弛 223AD
A2	弚 223AE	弚 223AF	弜 223B0	弟 223B1	弘 223B2	弘 223B3	弚 223B4	弗 223B5	弚 223B6	弜 223B7
A3	弡 223B8	弡 223B9	弥 223BA	弦 223BB	弢 223BC	弢 223BD	弦 223BE	弦 223BF	弦 223C0	弦 223C1
A4	弡 223C2	弡 223C3	弨 223C4	弩 223C5	弪 223C6	弫 223C7	弭 223C8	弮 223C9	弯 223CA	弰 223CB
A5	弱 223CC	弲 223CD	弳 223CE	弴 223CF	弦 223D0	弹 223D1	强 223D2	弻 223D3	弼 223D4	弽 223D5
A6	弾 223D6	弿 223D7	彀 223D8	彁 223D9	彂 223DA	彃 223DB	彄 223DC	彅 223DD	彆 223DE	彇 223DF
A7	彈 223E0	彉 223E1	彊 223E2	彋 223E3	彌 223E4	彍 223E5	彎 223E6	彏 223E7	彐 223E8	彑 223E9
A8	彔 223EA	彗 223EB	彘 223EC	彙 223ED	彚 223EE	彛 223EF	彜 223F0	彝 223F1	彞 223F2	彟 223F3
A9	彠 223F4	彡 223F5	形 223F6	彣 223F7	彤 223F8	彥 223F9	彦 223FA	彧 223FB	彨 223FC	彩 223FD
AA	張 223FE	彫 223FF	彬 22400	彭 22401	彮 22402	彯 22403	彰 22404	影 22405	彲 22406	彳 22407

9539

	30	31	32	33	34	35	36	37	38	39
AB	𢐈 22408	𢐉 22409	𢐊 2240A	𢐋 2240B	𢐌 2240C	𢐍 2240D	𢐎 2240E	𢐏 2240F	𢐐 22410	𢐑 22411
AC	𢐒 22412	𢐓 22413	𢐔 22414	𢐕 22415	𢐖 22416	𢐗 22417	𢐘 22418	𢐙 22419	𢐚 2241A	𢐛 2241B
AD	𢐜 2241C	𢐝 2241D	𢐞 2241E	𢐟 2241F	𢐠 22420	𢐡 22421	𢐢 22422	𢐣 22423	𢐤 22424	𢐥 22425
AE	𢐦 22426	𢐧 22427	𢐨 22428	𢐩 22429	𢐪 2242A	𢐫 2242B	𢐬 2242C	𢐭 2242D	𢐮 2242E	𢐯 2242F
AF	𢐰 22430	𢐱 22431	𢐲 22432	𢐳 22433	𢐴 22434	𢐵 22435	𢐶 22436	𢐷 22437	𢐸 22438	𢐹 22439
B0	𢐺 2243A	𢐻 2243B	𢐼 2243C	𢐽 2243D	𢐾 2243E	𢐿 2243F	𢑀 22440	𢑁 22441	𢑂 22442	𢑃 22443
B1	𢑄 22444	𢑅 22445	𢑆 22446	𢑇 22447	𢑈 22448	𢑉 22449	𢑊 2244A	𢑋 2244B	𢑌 2244C	𢑍 2244D
B2	𢑎 2244E	𢑏 2244F	𢑐 22450	𢑑 22451	𢑒 22452	𢑓 22453	𢑔 22454	𢑕 22455	𢑖 22456	𢑗 22457
B3	𢑘 22458	𢑙 22459	𢑚 2245A	𢑛 2245B	𢑜 2245C	𢑝 2245D	𢑞 2245E	𢑟 2245F	𢑠 22460	𢑡 22461
B4	𢑢 22462	𢑣 22463	𢑤 22464	𢑥 22465	𢑦 22466	𢑧 22467	𢑨 22468	𢑩 22469	𢑪 2246A	𢑫 2246B
B5	𢑬 2246C	𢑭 2246D	𢑮 2246E	𢑯 2246F	𢑰 22470	𢑱 22471	𢑲 22472	𢑳 22473	𢑴 22474	𢑵 22475
B6	𢑶 22476	𢑷 22477	𢑸 22478	𢑹 22479	𢑺 2247A	𢑻 2247B	𢑼 2247C	𢑽 2247D	𢑾 2247E	𢑿 2247F
B7	𢒀 22480	𢒁 22481	𢒂 22482	𢒃 22483	𢒄 22484	𢒅 22485	𢒆 22486	𢒇 22487	𢒈 22488	𢒉 22489
B8	𢒊 2248A	𢒋 2248B	𢒌 2248C	𢒍 2248D	𢒎 2248E	𢒏 2248F	𢒐 22490	𢒑 22491	𢒒 22492	𢒓 22493
B9	𢒔 22494	𢒕 22495	𢒖 22496	𢒗 22497	𢒘 22498	𢒙 22499	𢒚 2249A	𢒛 2249B	𢒜 2249C	𢒝 2249D
BA	𢒞 2249E	𢒟 2249F	𢒠 224A0	𢒡 224A1	𢒢 224A2	𢒣 224A3	𢒤 224A4	𢒥 224A5	𢒦 224A6	𢒧 224A7
BB	𢒨 224A8	𢒩 224A9	𢒪 224AA	𢒫 224AB	𢒬 224AC	𢒭 224AD	𢒮 224AE	𢒯 224AF	𢒰 224B0	𢒱 224B1
BC	𢒲 224B2	𢒳 224B3	𢒴 224B4	𢒵 224B5	𢒶 224B6	𢒷 224B7	𢒸 224B8	𢒹 224B9	𢒺 224BA	𢒻 224BB
BD	𢒼 224BC	𢒽 224BD	𢒾 224BE	𢒿 224BF	𢓀 224C0	𢓁 224C1	𢓂 224C2	𢓃 224C3	𢓄 224C4	𢓅 224C5
BE	𢓆 224C6	𢓇 224C7	𢓈 224C8	𢓉 224C9	𢓊 224CA	𢓋 224CB	𢓌 224CC	𢓍 224CD	𢓎 224CE	𢓏 224CF
BF	𢓐 224D0	𢓑 224D1	𢓒 224D2	𢓓 224D3	𢓔 224D4	𢓕 224D5	𢓖 224D6	𢓗 224D7	𢓘 224D8	𢓙 224D9

9539

	30	31	32	33	34	35	36	37	38	39
C0	𢓚 224DA	𢓛 224DB	𢓜 224DC	𢓝 224DD	𢓞 224DE	𢓟 224DF	𢓠 224E0	𢓡 224E1	𢓢 224E2	𢓣 224E3
C1	𢓤 224E4	𢓥 224E5	𢓦 224E6	𢓧 224E7	𢓨 224E8	𢓩 224E9	𢓪 224EA	𢓫 224EB	𢓬 224EC	𢓭 224ED
C2	𢓮 224EE	𢓯 224EF	𢓰 224F0	𢓱 224F1	𢓲 224F2	𢓳 224F3	𢓴 224F4	𢓵 224F5	𢓶 224F6	𢓷 224F7
C3	𢓸 224F8	𢓹 224F9	𢓺 224FA	𢓻 224FB	𢓼 224FC	𢓽 224FD	𢓾 224FE	𢓿 224FF	𢔀 22500	𢔁 22501
C4	𢔂 22502	𢔃 22503	𢔄 22504	𢔅 22505	𢔆 22506	𢔇 22507	𢔈 22508	𢔉 22509	𢔊 2250A	𢔋 2250B
C5	𢔌 2250C	𢔍 2250D	𢔎 2250E	𢔏 2250F	𢔐 22510	𢔑 22511	𢔒 22512	𢔓 22513	𢔔 22514	𢔕 22515
C6	𢔖 22516	𢔗 22517	𢔘 22518	𢔙 22519	𢔚 2251A	𢔛 2251B	𢔜 2251C	𢔝 2251D	𢔞 2251E	𢔟 2251F
C7	𢔠 22520	𢔡 22521	𢔢 22522	𢔣 22523	𢔤 22524	𢔥 22525	𢔦 22526	𢔧 22527	𢔨 22528	𢔩 22529
C8	𢔪 2252A	𢔫 2252B	𢔬 2252C	𢔭 2252D	𢔮 2252E	𢔯 2252F	𢔰 22530	𢔱 22531	𢔲 22532	𢔳 22533
C9	𢔴 22534	𢔵 22535	𢔶 22536	𢔷 22537	𢔸 22538	𢔹 22539	𢔺 2253A	𢔻 2253B	𢔼 2253C	𢔽 2253D
CA	𢔾 2253E	𢔿 2253F	𢕀 22540	𢕁 22541	𢕂 22542	𢕃 22543	𢕄 22544	𢕅 22545	𢕆 22546	𢕇 22547
CB	𢕈 22548	𢕉 22549	𢕊 2254A	𢕋 2254B	𢕌 2254C	𢕍 2254D	𢕎 2254E	𢕏 2254F	𢕐 22550	𢕑 22551
CC	𢕒 22552	𢕓 22553	𢕔 22554	𢕕 22555	𢕖 22556	𢕗 22557	𢕘 22558	𢕙 22559	𢕚 2255A	𢕛 2255B
CD	𢕜 2255C	𢕝 2255D	𢕞 2255E	𢕟 2255F	𢕠 22560	𢕡 22561	𢕢 22562	𢕣 22563	𢕤 22564	𢕥 22565
CE	𢕦 22566	𢕧 22567	𢕨 22568	𢕩 22569	𢕪 2256A	𢕫 2256B	𢕬 2256C	𢕭 2256D	𢕮 2256E	𢕯 2256F
CF	𢕰 22570	𢕱 22571	𢕲 22572	𢕳 22573	𢕴 22574	𢕵 22575	𢕶 22576	𢕷 22577	𢕸 22578	𢕹 22579
D0	𢕺 2257A	𢕻 2257B	𢕼 2257C	𢕽 2257D	𢕾 2257E	𢕿 2257F	𢖀 22580	𢖁 22581	𢖂 22582	𢖃 22583
D1	𢖄 22584	𢖅 22585	𢖆 22586	𢖇 22587	𢖈 22588	𢖉 22589	𢖊 2258A	𢖋 2258B	𢖌 2258C	𢖍 2258D
D2	𢖎 2258E	𢖏 2258F	𢖐 22590	𢖑 22591	𢖒 22592	𢖓 22593	𢖔 22594	𢖕 22595	𢖖 22596	𢖗 22597
D3	𢖘 22598	𢖙 22599	𢖚 2259A	𢖛 2259B	𢖜 2259C	𢖝 2259D	𢖞 2259E	𢖟 2259F	𢖠 225A0	𢖡 225A1
D4	𢖢 225A2	𢖣 225A3	𢖤 225A4	𢖥 225A5	𢖦 225A6	𢖧 225A7	𢖨 225A8	𢖩 225A9	𢖪 225AA	𢖫 225AB

9539

	30	31	32	33	34	35	36	37	38	39
D5	225AC	225AD	225AE	225AF	225B0	225B1	225B2	225B3	225B4	225B5
D6	225B6	225B7	225B8	225B9	225BA	225BB	225BC	225BD	225BE	225BF
D7	225C0	225C1	225C2	225C3	225C4	225C5	225C6	225C7	225C8	225C9
D8	225CA	225CB	225CC	225CD	225CE	225CF	225D0	225D1	225D2	225D3
D9	225D4	225D5	225D6	225D7	225D8	225D9	225DA	225DB	225DC	225DD
DA	225DE	225DF	225E0	225E1	225E2	225E3	225E4	225E5	225E6	225E7
DB	225E8	225E9	225EA	225EB	225EC	225ED	225EE	225EF	225F0	225F1
DC	225F2	225F3	225F4	225F5	225F6	225F7	225F8	225F9	225FA	225FB
DD	225FC	225FD	225FE	225FF	22600	22601	22602	22603	22604	22605
DE	22606	22607	22608	22609	2260A	2260B	2260C	2260D	2260E	2260F
DF	22610	22611	22612	22613	22614	22615	22616	22617	22618	22619
E0	2261A	2261B	2261C	2261D	2261E	2261F	22620	22621	22622	22623
E1	22624	22625	22626	22627	22628	22629	2262A	2262B	2262C	2262D
E2	2262E	2262F	22630	22631	22632	22633	22634	22635	22636	22637
E3	22638	22639	2263A	2263B	2263C	2263D	2263E	2263F	22640	22641
E4	22642	22643	22644	22645	22646	22647	22648	22649	2264A	2264B
E5	2264C	2264D	2264E	2264F	22650	22651	22652	22653	22654	22655
E6	22656	22657	22658	22659	2265A	2265B	2265C	2265D	2265E	2265F
E7	22660	22661	22662	22663	22664	22665	22666	22667	22668	22669
E8	2266A	2266B	2266C	2266D	2266E	2266F	22670	22671	22672	22673
E9	22674	22675	22676	22677	22678	22679	2267A	2267B	2267C	2267D

9539

	30	31	32	33	34	35	36	37	38	39
EA	𢙾 2267E	𢙿 2267F	𢚀 22680	𢚁 22681	𢚂 22682	𢚃 22683	𢚄 22684	𢚅 22685	𢚆 22686	𢚇 22687
EB	𢚈 22688	𢚉 22689	𢚊 2268A	𢚋 2268B	𢚌 2268C	𢚍 2268D	𢚎 2268E	𢚏 2268F	𢚐 22690	𢚑 22691
EC	𢚒 22692	𢚓 22693	𢚔 22694	𢚕 22695	𢚖 22696	𢚗 22697	𢚘 22698	𢚙 22699	𢚚 2269A	𢚛 2269B
ED	𢚜 2269C	𢚝 2269D	𢚞 2269E	𢚟 2269F	𢚠 226A0	𢚡 226A1	𢚢 226A2	𢚣 226A3	𢚤 226A4	𢚥 226A5
EE	𢚦 226A6	𢚧 226A7	𢚨 226A8	𢚩 226A9	𢚪 226AA	𢚫 226AB	𢚬 226AC	𢚭 226AD	𢚮 226AE	𢚯 226AF
EF	𢚰 226B0	𢚱 226B1	𢚲 226B2	𢚳 226B3	𢚴 226B4	𢚵 226B5	𢚶 226B6	𢚷 226B7	𢚸 226B8	𢚹 226B9
F0	𢚺 226BA	𢚻 226BB	𢚼 226BC	𢚽 226BD	𢚾 226BE	𢚿 226BF	𢛀 226C0	𢛁 226C1	𢛂 226C2	𢛃 226C3
F1	𢛄 226C4	𢛅 226C5	𢛆 226C6	𢛇 226C7	𢛈 226C8	𢛉 226C9	𢛊 226CA	𢛋 226CB	𢛌 226CC	𢛍 226CD
F2	𢛎 226CE	𢛏 226CF	𢛐 226D0	𢛑 226D1	𢛒 226D2	𢛓 226D3	𢛔 226D4	𢛕 226D5	𢛖 226D6	𢛗 226D7
F3	𢛘 226D8	𢛙 226D9	𢛚 226DA	𢛛 226DB	𢛜 226DC	𢛝 226DD	𢛞 226DE	𢛟 226DF	𢛠 226E0	𢛡 226E1
F4	𢛢 226E2	𢛣 226E3	𢛤 226E4	𢛥 226E5	𢛦 226E6	𢛧 226E7	𢛨 226E8	𢛩 226E9	𢛪 226EA	𢛫 226EB
F5	𢛬 226EC	𢛭 226ED	𢛮 226EE	𢛯 226EF	𢛰 226F0	𢛱 226F1	𢛲 226F2	𢛳 226F3	𢛴 226F4	𢛵 226F5
F6	𢛶 226F6	𢛷 226F7	𢛸 226F8	𢛹 226F9	𢛺 226FA	𢛻 226FB	𢛼 226FC	𢛽 226FD	𢛾 226FE	𢛿 226FF
F7	𢜀 22700	𢜁 22701	𢜂 22702	𢜃 22703	𢜄 22704	𢜅 22705	𢜆 22706	𢜇 22707	𢜈 22708	𢜉 22709
F8	𢜊 2270A	𢜋 2270B	𢜌 2270C	𢜍 2270D	𢜎 2270E	𢜏 2270F	𢜐 22710	𢜑 22711	𢜒 22712	𢜓 22713
F9	𢜔 22714	𢜕 22715	𢜖 22716	𢜗 22717	𢜘 22718	𢜙 22719	𢜚 2271A	𢜛 2271B	𢜜 2271C	𢜝 2271D
FA	𢜞 2271E	𢜟 2271F	𢜠 22720	𢜡 22721	𢜢 22722	𢜣 22723	𢜤 22724	𢜥 22725	𢜦 22726	𢜧 22727
FB	𢜨 22728	𢜩 22729	𢜪 2272A	𢜫 2272B	𢜬 2272C	𢜭 2272D	𢜮 2272E	𢜯 2272F	𢜰 22730	𢜱 22731
FC	𢜲 22732	𢜳 22733	𢜴 22734	𢜵 22735	𢜶 22736	𢜷 22737	𢜸 22738	𢜹 22739	𢜺 2273A	𢜻 2273B
FD	𢜼 2273C	𢜽 2273D	𢜾 2273E	𢜿 2273F	𢝀 22740	𢝁 22741	𢝂 22742	𢝃 22743	𢝄 22744	𢝅 22745
FE	𢝆 22746	𢝇 22747	𢝈 22748	𢝉 22749	𢝊 2274A	𢝋 2274B	𢝌 2274C	𢝍 2274D	𢝎 2274E	𢝏 2274F

9630

	30	31	32	33	34	35	36	37	38	39
81	𢝐 22750	𢝑 22751	𢝒 22752	𢝓 22753	𢝔 22754	𢝕 22755	𢝖 22756	𢝗 22757	𢝘 22758	𢝙 22759
82	𢝚 2275A	𢝛 2275B	𢝜 2275C	𢝝 2275D	𢝞 2275E	𢝟 2275F	𢝠 22760	𢝡 22761	𢝢 22762	𢝣 22763
83	𢝤 22764	𢝥 22765	𢝦 22766	𢝧 22767	𢝨 22768	𢝩 22769	𢝪 2276A	𢝫 2276B	𢝬 2276C	𢝭 2276D
84	𢝮 2276E	𢝯 2276F	𢝰 22770	𢝱 22771	𢝲 22772	𢝳 22773	𢝴 22774	𢝵 22775	𢝶 22776	𢝷 22777
85	𢝸 22778	𢝹 22779	𢝺 2277A	𢝻 2277B	𢝼 2277C	𢝽 2277D	𢝾 2277E	𢝿 2277F	𢞀 22780	𢞁 22781
86	𢞂 22782	𢞃 22783	𢞄 22784	𢞅 22785	𢞆 22786	𢞇 22787	𢞈 22788	𢞉 22789	𢞊 2278A	𢞋 2278B
87	𢞌 2278C	𢞍 2278D	𢞎 2278E	𢞏 2278F	𢞐 22790	𢞑 22791	𢞒 22792	𢞓 22793	𢞔 22794	𢞕 22795
88	𢞖 22796	𢞗 22797	𢞘 22798	𢞙 22799	𢞚 2279A	𢞛 2279B	𢞜 2279C	𢞝 2279D	𢞞 2279E	𢞟 2279F
89	𢞠 227A0	𢞡 227A1	𢞢 227A2	𢞣 227A3	𢞤 227A4	𢞥 227A5	𢞦 227A6	𢞧 227A7	𢞨 227A8	𢞩 227A9
8A	𢞪 227AA	𢞫 227AB	𢞬 227AC	𢞭 227AD	𢞮 227AE	𢞯 227AF	𢞰 227B0	𢞱 227B1	𢞲 227B2	𢞳 227B3
8B	𢞴 227B4	𢞵 227B5	𢞶 227B6	𢞷 227B7	𢞸 227B8	𢞹 227B9	𢞺 227BA	𢞻 227BB	𢞼 227BC	𢞽 227BD
8C	𢞾 227BE	𢞿 227BF	𢟀 227C0	𢟁 227C1	𢟂 227C2	𢟃 227C3	𢟄 227C4	𢟅 227C5	𢟆 227C6	𢟇 227C7
8D	𢟈 227C8	𢟉 227C9	𢟊 227CA	𢟋 227CB	𢟌 227CC	𢟍 227CD	𢟎 227CE	𢟏 227CF	𢟐 227D0	𢟑 227D1
8E	𢟒 227D2	𢟓 227D3	𢟔 227D4	𢟕 227D5	𢟖 227D6	𢟗 227D7	𢟘 227D8	𢟙 227D9	𢟚 227DA	𢟛 227DB
8F	𢟜 227DC	𢟝 227DD	𢟞 227DE	𢟟 227DF	𢟠 227E0	𢟡 227E1	𢟢 227E2	𢟣 227E3	𢟤 227E4	𢟥 227E5
90	𢟦 227E6	𢟧 227E7	𢟨 227E8	𢟩 227E9	𢟪 227EA	𢟫 227EB	𢟬 227EC	𢟭 227ED	𢟮 227EE	𢟯 227EF
91	𢟰 227F0	𢟱 227F1	𢟲 227F2	𢟳 227F3	𢟴 227F4	𢟵 227F5	𢟶 227F6	𢟷 227F7	𢟸 227F8	𢟹 227F9
92	𢟺 227FA	𢟻 227FB	𢟼 227FC	𢟽 227FD	𢟾 227FE	𢟿 227FF	𢠀 22800	𢠁 22801	𢠂 22802	𢠃 22803
93	𢠄 22804	𢠅 22805	𢠆 22806	𢠇 22807	𢠈 22808	𢠉 22809	𢠊 2280A	𢠋 2280B	𢠌 2280C	𢠍 2280D
94	𢠎 2280E	𢠏 2280F	𢠐 22810	𢠑 22811	𢠒 22812	𢠓 22813	𢠔 22814	𢠕 22815	𢠖 22816	𢠗 22817
95	𢠘 22818	𢠙 22819	𢠚 2281A	𢠛 2281B	𢠜 2281C	𢠝 2281D	𢠞 2281E	𢠟 2281F	𢠠 22820	𢠡 22821

9630

	30	31	32	33	34	35	36	37	38	39
96	𢠢 22822	𢠣 22823	𢠤 22824	𢠥 22825	𢠦 22826	𢠧 22827	𢠨 22828	𢠩 22829	𢠪 2282A	𢠫 2282B
97	𢠬 2282C	𢠭 2282D	𢠮 2282E	𢠯 2282F	𢠰 22830	𢠱 22831	𢠲 22832	𢠳 22833	𢠴 22834	𢠵 22835
98	𢠶 22836	𢠷 22837	𢠸 22838	𢠹 22839	𢠺 2283A	𢠻 2283B	𢠼 2283C	𢠽 2283D	𢠾 2283E	𢠿 2283F
99	𢡀 22840	𢡁 22841	𢡂 22842	𢡃 22843	𢡄 22844	𢡅 22845	𢡆 22846	𢡇 22847	𢡈 22848	𢡉 22849
9A	𢡊 2284A	𢡋 2284B	𢡌 2284C	𢡍 2284D	𢡎 2284E	𢡏 2284F	𢡐 22850	𢡑 22851	𢡒 22852	𢡓 22853
9B	𢡔 22854	𢡕 22855	𢡖 22856	𢡗 22857	𢡘 22858	𢡙 22859	𢡚 2285A	𢡛 2285B	𢡜 2285C	𢡝 2285D
9C	𢡞 2285E	𢡟 2285F	𢡠 22860	𢡡 22861	𢡢 22862	𢡣 22863	𢡤 22864	𢡥 22865	𢡦 22866	𢡧 22867
9D	𢡨 22868	𢡩 22869	𢡪 2286A	𢡫 2286B	𢡬 2286C	𢡭 2286D	𢡮 2286E	𢡯 2286F	𢡰 22870	𢡱 22871
9E	𢡲 22872	𢡳 22873	𢡴 22874	𢡵 22875	𢡶 22876	𢡷 22877	𢡸 22878	𢡹 22879	𢡺 2287A	𢡻 2287B
9F	𢡼 2287C	𢡽 2287D	𢡾 2287E	𢡿 2287F	𢢀 22880	𢢁 22881	𢢂 22882	𢢃 22883	𢢄 22884	𢢅 22885
A0	𢢆 22886	𢢇 22887	𢢈 22888	𢢉 22889	𢢊 2288A	𢢋 2288B	𢢌 2288C	𢢍 2288D	𢢎 2288E	𢢏 2288F
A1	𢢐 22890	𢢑 22891	𢢒 22892	𢢓 22893	𢢔 22894	𢢕 22895	𢢖 22896	𢢗 22897	𢢘 22898	𢢙 22899
A2	𢢚 2289A	𢢛 2289B	𢢜 2289C	𢢝 2289D	𢢞 2289E	𢢟 2289F	𢢠 228A0	𢢡 228A1	𢢢 228A2	𢢣 228A3
A3	𢢤 228A4	𢢥 228A5	𢢦 228A6	𢢧 228A7	𢢨 228A8	𢢩 228A9	𢢪 228AA	𢢫 228AB	𢢬 228AC	𢢭 228AD
A4	𢢮 228AE	𢢯 228AF	𢢰 228B0	𢢱 228B1	𢢲 228B2	𢢳 228B3	𢢴 228B4	𢢵 228B5	𢢶 228B6	𢢷 228B7
A5	𢢸 228B8	𢢹 228B9	𢢺 228BA	𢢻 228BB	𢢼 228BC	𢢽 228BD	𢢾 228BE	𢢿 228BF	𢣀 228C0	𢣁 228C1
A6	𢣂 228C2	𢣃 228C3	𢣄 228C4	𢣅 228C5	𢣆 228C6	𢣇 228C7	𢣈 228C8	𢣉 228C9	𢣊 228CA	𢣋 228CB
A7	𢣌 228CC	𢣍 228CD	𢣎 228CE	𢣏 228CF	𢣐 228D0	𢣑 228D1	𢣒 228D2	𢣓 228D3	𢣔 228D4	𢣕 228D5
A8	𢣖 228D6	𢣗 228D7	𢣘 228D8	𢣙 228D9	𢣚 228DA	𢣛 228DB	𢣜 228DC	𢣝 228DD	𢣞 228DE	𢣟 228DF
A9	𢣠 228E0	𢣡 228E1	𢣢 228E2	𢣣 228E3	𢣤 228E4	𢣥 228E5	𢣦 228E6	𢣧 228E7	𢣨 228E8	𢣩 228E9
AA	𢣪 228EA	𢣫 228EB	𢣬 228EC	𢣭 228ED	𢣮 228EE	𢣯 228EF	𢣰 228F0	𢣱 228F1	𢣲 228F2	𢣳 228F3

9630

	30	31	32	33	34	35	36	37	38	39
AB	228F4	228F5	228F6	228F7	228F8	228F9	228FA	228FB	228FC	228FD
AC	228FE	228FF	22900	22901	22902	22903	22904	22905	22906	22907
AD	22908	22909	2290A	2290B	2290C	2290D	2290E	2290F	22910	22911
AE	22912	22913	22914	22915	22916	22917	22918	22919	2291A	2291B
AF	2291C	2291D	2291E	2291F	22920	22921	22922	22923	22924	22925
B0	22926	22927	22928	22929	2292A	2292B	2292C	2292D	2292E	2292F
B1	22930	22931	22932	22933	22934	22935	22936	22937	22938	22939
B2	2293A	2293B	2293C	2293D	2293E	2293F	22940	22941	22942	22943
B3	22944	22945	22946	22947	22948	22949	2294A	2294B	2294C	2294D
B4	2294E	2294F	22950	22951	22952	22953	22954	22955	22956	22957
B5	22958	22959	2295A	2295B	2295C	2295D	2295E	2295F	22960	22961
B6	22962	22963	22964	22965	22966	22967	22968	22969	2296A	2296B
B7	2296C	2296D	2296E	2296F	22970	22971	22972	22973	22974	22975
B8	22976	22977	22978	22979	2297A	2297B	2297C	2297D	2297E	2297F
B9	22980	22981	22982	22983	22984	22985	22986	22987	22988	22989
BA	2298A	2298B	2298C	2298D	2298E	2298F	22990	22991	22992	22993
BB	22994	22995	22996	22997	22998	22999	2299A	2299B	2299C	2299D
BC	2299E	2299F	229A0	229A1	229A2	229A3	229A4	229A5	229A6	229A7
BD	229A8	229A9	229AA	229AB	229AC	229AD	229AE	229AF	229B0	229B1
BE	229B2	229B3	229B4	229B5	229B6	229B7	229B8	229B9	229BA	229BB
BF	229BC	229BD	229BE	229BF	229C0	229C1	229C2	229C3	229C4	229C5

9630

	30	31	32	33	34	35	36	37	38	39
C0	𢧆 229C6	𢧇 229C7	𢧈 229C8	𢧉 229C9	𢧊 229CA	𢧋 229CB	𢧌 229CC	𢧍 229CD	𢧎 229CE	𢧏 229CF
C1	𢧐 229D0	𢧑 229D1	𢧒 229D2	𢧓 229D3	𢧔 229D4	𢧕 229D5	𢧖 229D6	𢧗 229D7	𢧘 229D8	𢧙 229D9
C2	𢧚 229DA	𢧛 229DB	𢧜 229DC	𢧝 229DD	𢧞 229DE	𢧟 229DF	𢧠 229E0	𢧡 229E1	𢧢 229E2	𢧣 229E3
C3	𢧤 229E4	𢧥 229E5	𢧦 229E6	𢧧 229E7	𢧨 229E8	𢧩 229E9	𢧪 229EA	𢧫 229EB	𢧬 229EC	𢧭 229ED
C4	𢧮 229EE	𢧯 229EF	𢧰 229F0	𢧱 229F1	𢧲 229F2	𢧳 229F3	𢧴 229F4	𢧵 229F5	𢧶 229F6	𢧷 229F7
C5	𢧸 229F8	𢧹 229F9	𢧺 229FA	𢧻 229FB	𢧼 229FC	𢧽 229FD	𢧾 229FE	𢧿 229FF	𢨀 22A00	𢨁 22A01
C6	𢨂 22A02	𢨃 22A03	𢨄 22A04	𢨅 22A05	𢨆 22A06	𢨇 22A07	𢨈 22A08	𢨉 22A09	𢨊 22A0A	𢨋 22A0B
C7	𢨌 22A0C	𢨍 22A0D	𢨎 22A0E	𢨏 22A0F	𢨐 22A10	𢨑 22A11	𢨒 22A12	𢨓 22A13	𢨔 22A14	𢨕 22A15
C8	𢨖 22A16	𢨗 22A17	𢨘 22A18	𢨙 22A19	𢨚 22A1A	𢨛 22A1B	𢨜 22A1C	𢨝 22A1D	𢨞 22A1E	𢨟 22A1F
C9	𢨠 22A20	𢨡 22A21	𢨢 22A22	𢨣 22A23	𢨤 22A24	𢨥 22A25	𢨦 22A26	𢨧 22A27	𢨨 22A28	𢨩 22A29
CA	𢨪 22A2A	𢨫 22A2B	𢨬 22A2C	𢨭 22A2D	𢨮 22A2E	𢨯 22A2F	𢨰 22A30	𢨱 22A31	𢨲 22A32	𢨳 22A33
CB	𢨴 22A34	𢨵 22A35	𢨶 22A36	𢨷 22A37	𢨸 22A38	𢨹 22A39	𢨺 22A3A	𢨻 22A3B	𢨼 22A3C	𢨽 22A3D
CC	𢨾 22A3E	𢨿 22A3F	𢩀 22A40	𢩁 22A41	𢩂 22A42	𢩃 22A43	𢩄 22A44	𢩅 22A45	𢩆 22A46	𢩇 22A47
CD	𢩈 22A48	𢩉 22A49	𢩊 22A4A	𢩋 22A4B	𢩌 22A4C	𢩍 22A4D	𢩎 22A4E	𢩏 22A4F	𢩐 22A50	𢩑 22A51
CE	𢩒 22A52	𢩓 22A53	𢩔 22A54	𢩕 22A55	𢩖 22A56	𢩗 22A57	𢩘 22A58	𢩙 22A59	𢩚 22A5A	𢩛 22A5B
CF	𢩜 22A5C	𢩝 22A5D	𢩞 22A5E	𢩟 22A5F	𢩠 22A60	𢩡 22A61	𢩢 22A62	𢩣 22A63	𢩤 22A64	𢩥 22A65
D0	𢩦 22A66	𢩧 22A67	𢩨 22A68	𢩩 22A69	𢩪 22A6A	𢩫 22A6B	𢩬 22A6C	𢩭 22A6D	𢩮 22A6E	𢩯 22A6F
D1	𢩰 22A70	𢩱 22A71	𢩲 22A72	𢩳 22A73	𢩴 22A74	𢩵 22A75	𢩶 22A76	𢩷 22A77	𢩸 22A78	𢩹 22A79
D2	𢩺 22A7A	𢩻 22A7B	𢩼 22A7C	𢩽 22A7D	𢩾 22A7E	𢩿 22A7F	𢪀 22A80	𢪁 22A81	𢪂 22A82	𢪃 22A83
D3	𢪄 22A84	𢪅 22A85	𢪆 22A86	𢪇 22A87	𢪈 22A88	𢪉 22A89	𢪊 22A8A	𢪋 22A8B	𢪌 22A8C	𢪍 22A8D
D4	𢪎 22A8E	𢪏 22A8F	𢪐 22A90	𢪑 22A91	𢪒 22A92	𢪓 22A93	𢪔 22A94	𢪕 22A95	𢪖 22A96	𢪗 22A97

9630

	30	31	32	33	34	35	36	37	38	39
D5	22A98	22A99	22A9A	22A9B	22A9C	22A9D	22A9E	22A9F	22AA0	22AA1
D6	22AA2	22AA3	22AA4	22AA5	22AA6	22AA7	22AA8	22AA9	22AAA	22AAB
D7	22AAC	22AAD	22AAE	22AAF	22AB0	22AB1	22AB2	22AB3	22AB4	22AB5
D8	22AB6	22AB7	22AB8	22AB9	22ABA	22ABB	22ABC	22ABD	22ABE	22ABF
D9	22AC0	22AC1	22AC2	22AC3	22AC4	22AC5	22AC6	22AC7	22AC8	22AC9
DA	22ACA	22ACB	22ACC	22ACD	22ACE	22ACF	22AD0	22AD1	22AD2	22AD3
DB	22AD4	22AD5	22AD6	22AD7	22AD8	22AD9	22ADA	22ADB	22ADC	22ADD
DC	22ADE	22ADF	22AE0	22AE1	22AE2	22AE3	22AE4	22AE5	22AE6	22AE7
DD	22AE8	22AE9	22AEA	22AEB	22AEC	22AED	22AEE	22AEF	22AF0	22AF1
DE	22AF2	22AF3	22AF4	22AF5	22AF6	22AF7	22AF8	22AF9	22AFA	22AFB
DF	22AFC	22AFD	22AFE	22AFF	22B00	22B01	22B02	22B03	22B04	22B05
E0	22B06	22B07	22B08	22B09	22B0A	22B0B	22B0C	22B0D	22B0E	22B0F
E1	22B10	22B11	22B12	22B13	22B14	22B15	22B16	22B17	22B18	22B19
E2	22B1A	22B1B	22B1C	22B1D	22B1E	22B1F	22B20	22B21	22B22	22B23
E3	22B24	22B25	22B26	22B27	22B28	22B29	22B2A	22B2B	22B2C	22B2D
E4	22B2E	22B2F	22B30	22B31	22B32	22B33	22B34	22B35	22B36	22B37
E5	22B38	22B39	22B3A	22B3B	22B3C	22B3D	22B3E	22B3F	22B40	22B41
E6	22B42	22B43	22B44	22B45	22B46	22B47	22B48	22B49	22B4A	22B4B
E7	22B4C	22B4D	22B4E	22B4F	22B50	22B51	22B52	22B53	22B54	22B55
E8	22B56	22B57	22B58	22B59	22B5A	22B5B	22B5C	22B5D	22B5E	22B5F
E9	22B60	22B61	22B62	22B63	22B64	22B65	22B66	22B67	22B68	22B69

9630

	30	31	32	33	34	35	36	37	38	39
EA	22B6A	22B6B	22B6C	22B6D	22B6E	22B6F	22B70	22B71	22B72	22B73
EB	22B74	22B75	22B76	22B77	22B78	22B79	22B7A	22B7B	22B7C	22B7D
EC	22B7E	22B7F	22B80	22B81	22B82	22B83	22B84	22B85	22B86	22B87
ED	22B88	22B89	22B8A	22B8B	22B8C	22B8D	22B8E	22B8F	22B90	22B91
EE	22B92	22B93	22B94	22B95	22B96	22B97	22B98	22B99	22B9A	22B9B
EF	22B9C	22B9D	22B9E	22B9F	22BA0	22BA1	22BA2	22BA3	22BA4	22BA5
F0	22BA6	22BA7	22BA8	22BA9	22BAA	22BAB	22BAC	22BAD	22BAE	22BAF
F1	22BB0	22BB1	22BB2	22BB3	22BB4	22BB5	22BB6	22BB7	22BB8	22BB9
F2	22BBA	22BBB	22BBC	22BBD	22BBE	22BBF	22BC0	22BC1	22BC2	22BC3
F3	22BC4	22BC5	22BC6	22BC7	22BC8	22BC9	22BCA	22BCB	22BCC	22BCD
F4	22BCE	22BCF	22BD0	22BD1	22BD2	22BD3	22BD4	22BD5	22BD6	22BD7
F5	22BD8	22BD9	22BDA	22BDB	22BDC	22BDD	22BDE	22BDF	22BE0	22BE1
F6	22BE2	22BE3	22BE4	22BE5	22BE6	22BE7	22BE8	22BE9	22BEA	22BEB
F7	22BEC	22BED	22BEE	22BEF	22BF0	22BF1	22BF2	22BF3	22BF4	22BF5
F8	22BF6	22BF7	22BF8	22BF9	22BFA	22BFB	22BFC	22BFD	22BFE	22BFF
F9	22C00	22C01	22C02	22C03	22C04	22C05	22C06	22C07	22C08	22C09
FA	22C0A	22C0B	22C0C	22C0D	22C0E	22C0F	22C10	22C11	22C12	22C13
FB	22C14	22C15	22C16	22C17	22C18	22C19	22C1A	22C1B	22C1C	22C1D
FC	22C1E	22C1F	22C20	22C21	22C22	22C23	22C24	22C25	22C26	22C27
FD	22C28	22C29	22C2A	22C2B	22C2C	22C2D	22C2E	22C2F	22C30	22C31
FE	22C32	22C33	22C34	22C35	22C36	22C37	22C38	22C39	22C3A	22C3B

9631

	30	31	32	33	34	35	36	37	38	39
81	𢰼 22C3C	𢰽 22C3D	𢰾 22C3E	𢰿 22C3F	𢱀 22C40	𢱁 22C41	𢱂 22C42	𢱃 22C43	𢱄 22C44	𢱅 22C45
82	𢱆 22C46	𢱇 22C47	𢱈 22C48	𢱉 22C49	𢱊 22C4A	𢱋 22C4B	𢱌 22C4C	𢱍 22C4D	𢱎 22C4E	𢱏 22C4F
83	𢱐 22C50	𢱑 22C51	𢱒 22C52	𢱓 22C53	𢱔 22C54	𢱕 22C55	𢱖 22C56	𢱗 22C57	𢱘 22C58	𢱙 22C59
84	𢱚 22C5A	𢱛 22C5B	𢱜 22C5C	𢱝 22C5D	𢱞 22C5E	𢱟 22C5F	𢱠 22C60	𢱡 22C61	𢱢 22C62	𢱣 22C63
85	𢱤 22C64	𢱥 22C65	𢱦 22C66	𢱧 22C67	𢱨 22C68	𢱩 22C69	𢱪 22C6A	𢱫 22C6B	𢱬 22C6C	𢱭 22C6D
86	𢱮 22C6E	𢱯 22C6F	𢱰 22C70	𢱱 22C71	𢱲 22C72	𢱳 22C73	𢱴 22C74	𢱵 22C75	𢱶 22C76	𢱷 22C77
87	𢱸 22C78	𢱹 22C79	𢱺 22C7A	𢱻 22C7B	𢱼 22C7C	𢱽 22C7D	𢱾 22C7E	𢱿 22C7F	𢲀 22C80	𢲁 22C81
88	𢲂 22C82	𢲃 22C83	𢲄 22C84	𢲅 22C85	𢲆 22C86	𢲇 22C87	𢲈 22C88	𢲉 22C89	𢲊 22C8A	𢲋 22C8B
89	𢲌 22C8C	𢲍 22C8D	𢲎 22C8E	𢲏 22C8F	𢲐 22C90	𢲑 22C91	𢲒 22C92	𢲓 22C93	𢲔 22C94	𢲕 22C95
8A	𢲖 22C96	𢲗 22C97	𢲘 22C98	𢲙 22C99	𢲚 22C9A	𢲛 22C9B	𢲜 22C9C	𢲝 22C9D	𢲞 22C9E	𢲟 22C9F
8B	𢲠 22CA0	𢲡 22CA1	𢲢 22CA2	𢲣 22CA3	𢲤 22CA4	𢲥 22CA5	𢲦 22CA6	𢲧 22CA7	𢲨 22CA8	𢲩 22CA9
8C	𢲪 22CAA	𢲫 22CAB	𢲬 22CAC	𢲭 22CAD	𢲮 22CAE	𢲯 22CAF	𢲰 22CB0	𢲱 22CB1	𢲲 22CB2	𢲳 22CB3
8D	𢲴 22CB4	𢲵 22CB5	𢲶 22CB6	𢲷 22CB7	𢲸 22CB8	𢲹 22CB9	𢲺 22CBA	𢲻 22CBB	𢲼 22CBC	𢲽 22CBD
8E	𢲾 22CBE	𢲿 22CBF	𢳀 22CC0	𢳁 22CC1	𢳂 22CC2	𢳃 22CC3	𢳄 22CC4	𢳅 22CC5	𢳆 22CC6	𢳇 22CC7
8F	𢳈 22CC8	𢳉 22CC9	𢳊 22CCA	𢳋 22CCB	𢳌 22CCC	𢳍 22CCD	𢳎 22CCE	𢳏 22CCF	𢳐 22CD0	𢳑 22CD1
90	𢳒 22CD2	𢳓 22CD3	𢳔 22CD4	𢳕 22CD5	𢳖 22CD6	𢳗 22CD7	𢳘 22CD8	𢳙 22CD9	𢳚 22CDA	𢳛 22CDB
91	𢳜 22CDC	𢳝 22CDD	𢳞 22CDE	𢳟 22CDF	𢳠 22CE0	𢳡 22CE1	𢳢 22CE2	𢳣 22CE3	𢳤 22CE4	𢳥 22CE5
92	𢳦 22CE6	𢳧 22CE7	𢳨 22CE8	𢳩 22CE9	𢳪 22CEA	𢳫 22CEB	𢳬 22CEC	𢳭 22CED	𢳮 22CEE	𢳯 22CEF
93	𢳰 22CF0	𢳱 22CF1	𢳲 22CF2	𢳳 22CF3	𢳴 22CF4	𢳵 22CF5	𢳶 22CF6	𢳷 22CF7	𢳸 22CF8	𢳹 22CF9
94	𢳺 22CFA	𢳻 22CFB	𢳼 22CFC	𢳽 22CFD	𢳾 22CFE	𢳿 22CFF	𢴀 22D00	𢴁 22D01	𢴂 22D02	𢴃 22D03
95	𢴄 22D04	𢴅 22D05	𢴆 22D06	𢴇 22D07	𢴈 22D08	𢴉 22D09	𢴊 22D0A	𢴋 22D0B	𢴌 22D0C	𢴍 22D0D

9631

	30	31	32	33	34	35	36	37	38	39
96	22D0E	22D0F	22D10	22D11	22D12	22D13	22D14	22D15	22D16	22D17
97	22D18	22D19	22D1A	22D1B	22D1C	22D1D	22D1E	22D1F	22D20	22D21
98	22D22	22D23	22D24	22D25	22D26	22D27	22D28	22D29	22D2A	22D2B
99	22D2C	22D2D	22D2E	22D2F	22D30	22D31	22D32	22D33	22D34	22D35
9A	22D36	22D37	22D38	22D39	22D3A	22D3B	22D3C	22D3D	22D3E	22D3F
9B	22D40	22D41	22D42	22D43	22D44	22D45	22D46	22D47	22D48	22D49
9C	22D4A	22D4B	22D4C	22D4D	22D4E	22D4F	22D50	22D51	22D52	22D53
9D	22D54	22D55	22D56	22D57	22D58	22D59	22D5A	22D5B	22D5C	22D5D
9E	22D5E	22D5F	22D60	22D61	22D62	22D63	22D64	22D65	22D66	22D67
9F	22D68	22D69	22D6A	22D6B	22D6C	22D6D	22D6E	22D6F	22D70	22D71
A0	22D72	22D73	22D74	22D75	22D76	22D77	22D78	22D79	22D7A	22D7B
A1	22D7C	22D7D	22D7E	22D7F	22D80	22D81	22D82	22D83	22D84	22D85
A2	22D86	22D87	22D88	22D89	22D8A	22D8B	22D8C	22D8D	22D8E	22D8F
A3	22D90	22D91	22D92	22D93	22D94	22D95	22D96	22D97	22D98	22D99
A4	22D9A	22D9B	22D9C	22D9D	22D9E	22D9F	22DA0	22DA1	22DA2	22DA3
A5	22DA4	22DA5	22DA6	22DA7	22DA8	22DA9	22DAA	22DAB	22DAC	22DAD
A6	22DAE	22DAF	22DB0	22DB1	22DB2	22DB3	22DB4	22DB5	22DB6	22DB7
A7	22DB8	22DB9	22DBA	22DBB	22DBC	22DBD	22DBE	22DBF	22DC0	22DC1
A8	22DC2	22DC3	22DC4	22DC5	22DC6	22DC7	22DC8	22DC9	22DCA	22DCB
A9	22DCC	22DCD	22DCE	22DCF	22DD0	22DD1	22DD2	22DD3	22DD4	22DD5
AA	22DD6	22DD7	22DD8	22DD9	22DDA	22DDB	22DDC	22DDD	22DDE	22DDF

9631

	30	31	32	33	34	35	36	37	38	39
AB	22DE0	22DE1	22DE2	22DE3	22DE4	22DE5	22DE6	22DE7	22DE8	22DE9
AC	22DEA	22DEB	22DEC	22DED	22DEE	22DEF	22DF0	22DF1	22DF2	22DF3
AD	22DF4	22DF5	22DF6	22DF7	22DF8	22DF9	22DFA	22DFB	22DFC	22DFD
AE	22DFE	22DFF	22E00	22E01	22E02	22E03	22E04	22E05	22E06	22E07
AF	22E08	22E09	22E0A	22E0B	22E0C	22E0D	22E0E	22E0F	22E10	22E11
B0	22E12	22E13	22E14	22E15	22E16	22E17	22E18	22E19	22E1A	22E1B
B1	22E1C	22E1D	22E1E	22E1F	22E20	22E21	22E22	22E23	22E24	22E25
B2	22E26	22E27	22E28	22E29	22E2A	22E2B	22E2C	22E2D	22E2E	22E2F
B3	22E30	22E31	22E32	22E33	22E34	22E35	22E36	22E37	22E38	22E39
B4	22E3A	22E3B	22E3C	22E3D	22E3E	22E3F	22E40	22E41	22E42	22E43
B5	22E44	22E45	22E46	22E47	22E48	22E49	22E4A	22E4B	22E4C	22E4D
B6	22E4E	22E4F	22E50	22E51	22E52	22E53	22E54	22E55	22E56	22E57
B7	22E58	22E59	22E5A	22E5B	22E5C	22E5D	22E5E	22E5F	22E60	22E61
B8	22E62	22E63	22E64	22E65	22E66	22E67	22E68	22E69	22E6A	22E6B
B9	22E6C	22E6D	22E6E	22E6F	22E70	22E71	22E72	22E73	22E74	22E75
BA	22E76	22E77	22E78	22E79	22E7A	22E7B	22E7C	22E7D	22E7E	22E7F
BB	22E80	22E81	22E82	22E83	22E84	22E85	22E86	22E87	22E88	22E89
BC	22E8A	22E8B	22E8C	22E8D	22E8E	22E8F	22E90	22E91	22E92	22E93
BD	22E94	22E95	22E96	22E97	22E98	22E99	22E9A	22E9B	22E9C	22E9D
BE	22E9E	22E9F	22EA0	22EA1	22EA2	22EA3	22EA4	22EA5	22EA6	22EA7
BF	22EA8	22EA9	22EAA	22EAB	22EAC	22EAD	22EAE	22EAF	22EB0	22EB1

9631

	30	31	32	33	34	35	36	37	38	39
C0	𢺲 22EB2	𢺳 22EB3	𢺴 22EB4	𢺵 22EB5	𢺶 22EB6	𢺷 22EB7	𢺸 22EB8	𢺹 22EB9	𢺺 22EBA	𢺻 22EBB
C1	𢺼 22EBC	𢺽 22EBD	𢺾 22EBE	𢺿 22EBF	𢻀 22EC0	𢻁 22EC1	𢻂 22EC2	𢻃 22EC3	𢻄 22EC4	𢻅 22EC5
C2	𢻆 22EC6	𢻇 22EC7	𢻈 22EC8	𢻉 22EC9	𢻊 22ECA	𢻋 22ECB	𢻌 22ECC	𢻍 22ECD	𢻎 22ECE	𢻏 22ECF
C3	𢻐 22ED0	𢻑 22ED1	𢻒 22ED2	𢻓 22ED3	𢻔 22ED4	𢻕 22ED5	𢻖 22ED6	𢻗 22ED7	𢻘 22ED8	𢻙 22ED9
C4	𢻚 22EDA	𢻛 22EDB	𢻜 22EDC	𢻝 22EDD	𢻞 22EDE	𢻟 22EDF	𢻠 22EE0	𢻡 22EE1	𢻢 22EE2	𢻣 22EE3
C5	𢻤 22EE4	𢻥 22EE5	𢻦 22EE6	𢻧 22EE7	𢻨 22EE8	𢻩 22EE9	𢻪 22EEA	𢻫 22EEB	𢻬 22EEC	𢻭 22EED
C6	𢻮 22EEE	𢻯 22EEF	𢻰 22EF0	𢻱 22EF1	𢻲 22EF2	𢻳 22EF3	𢻴 22EF4	𢻵 22EF5	𢻶 22EF6	𢻷 22EF7
C7	𢻸 22EF8	𢻹 22EF9	𢻺 22EFA	𢻻 22EFB	𢻼 22EFC	𢻽 22EFD	𢻾 22EFE	𢻿 22EFF	𢼀 22F00	𢼁 22F01
C8	𢼂 22F02	𢼃 22F03	𢼄 22F04	𢼅 22F05	𢼆 22F06	𢼇 22F07	𢼈 22F08	𢼉 22F09	𢼊 22F0A	𢼋 22F0B
C9	𢼌 22F0C	𢼍 22F0D	𢼎 22F0E	𢼏 22F0F	𢼐 22F10	𢼑 22F11	𢼒 22F12	𢼓 22F13	𢼔 22F14	𢼕 22F15
CA	𢼖 22F16	𢼗 22F17	𢼘 22F18	𢼙 22F19	𢼚 22F1A	𢼛 22F1B	𢼜 22F1C	𢼝 22F1D	𢼞 22F1E	𢼟 22F1F
CB	𢼠 22F20	𢼡 22F21	𢼢 22F22	𢼣 22F23	𢼤 22F24	𢼥 22F25	𢼦 22F26	𢼧 22F27	𢼨 22F28	𢼩 22F29
CC	𢼪 22F2A	𢼫 22F2B	𢼬 22F2C	𢼭 22F2D	𢼮 22F2E	𢼯 22F2F	𢼰 22F30	𢼱 22F31	𢼲 22F32	𢼳 22F33
CD	𢼴 22F34	𢼵 22F35	𢼶 22F36	𢼷 22F37	𢼸 22F38	𢼹 22F39	𢼺 22F3A	𢼻 22F3B	𢼼 22F3C	𢼽 22F3D
CE	𢼾 22F3E	𢼿 22F3F	𢽀 22F40	𢽁 22F41	𢽂 22F42	𢽃 22F43	𢽄 22F44	𢽅 22F45	𢽆 22F46	𢽇 22F47
CF	𢽈 22F48	𢽉 22F49	𢽊 22F4A	𢽋 22F4B	𢽌 22F4C	𢽍 22F4D	𢽎 22F4E	𢽏 22F4F	𢽐 22F50	𢽑 22F51
D0	𢽒 22F52	𢽓 22F53	𢽔 22F54	𢽕 22F55	𢽖 22F56	𢽗 22F57	𢽘 22F58	𢽙 22F59	𢽚 22F5A	𢽛 22F5B
D1	𢽜 22F5C	𢽝 22F5D	𢽞 22F5E	𢽟 22F5F	𢽠 22F60	𢽡 22F61	𢽢 22F62	𢽣 22F63	𢽤 22F64	𢽥 22F65
D2	𢽦 22F66	𢽧 22F67	𢽨 22F68	𢽩 22F69	𢽪 22F6A	𢽫 22F6B	𢽬 22F6C	𢽭 22F6D	𢽮 22F6E	𢽯 22F6F
D3	𢽰 22F70	𢽱 22F71	𢽲 22F72	𢽳 22F73	𢽴 22F74	𢽵 22F75	𢽶 22F76	𢽷 22F77	𢽸 22F78	𢽹 22F79
D4	𢽺 22F7A	𢽻 22F7B	𢽼 22F7C	𢽽 22F7D	𢽾 22F7E	𢽿 22F7F	𢾀 22F80	𢾁 22F81	𢾂 22F82	𢾃 22F83

9631

	30	31	32	33	34	35	36	37	38	39
D5	𢾄 22F84	𢾅 22F85	𢾆 22F86	𢾇 22F87	𢾈 22F88	𢾉 22F89	𢾊 22F8A	𢾋 22F8B	𢾌 22F8C	𢾍 22F8D
D6	𢾎 22F8E	𢾏 22F8F	𢾐 22F90	𢾑 22F91	𢾒 22F92	𢾓 22F93	𢾔 22F94	𢾕 22F95	𢾖 22F96	𢾗 22F97
D7	𢾘 22F98	𢾙 22F99	𢾚 22F9A	𢾛 22F9B	𢾜 22F9C	𢾝 22F9D	𢾞 22F9E	𢾟 22F9F	𢾠 22FA0	𢾡 22FA1
D8	𢾢 22FA2	𢾣 22FA3	𢾤 22FA4	𢾥 22FA5	𢾦 22FA6	𢾧 22FA7	𢾨 22FA8	𢾩 22FA9	𢾪 22FAA	𢾫 22FAB
D9	𢾬 22FAC	𢾭 22FAD	𢾮 22FAE	𢾯 22FAF	𢾰 22FB0	𢾱 22FB1	𢾲 22FB2	𢾳 22FB3	𢾴 22FB4	𢾵 22FB5
DA	𢾶 22FB6	𢾷 22FB7	𢾸 22FB8	𢾹 22FB9	𢾺 22FBA	𢾻 22FBB	𢾼 22FBC	𢾽 22FBD	𢾾 22FBE	𢾿 22FBF
DB	𢿀 22FC0	𢿁 22FC1	𢿂 22FC2	𢿃 22FC3	𢿄 22FC4	𢿅 22FC5	𢿆 22FC6	𢿇 22FC7	𢿈 22FC8	𢿉 22FC9
DC	𢿊 22FCA	𢿋 22FCB	𢿌 22FCC	𢿍 22FCD	𢿎 22FCE	𢿏 22FCF	𢿐 22FD0	𢿑 22FD1	𢿒 22FD2	𢿓 22FD3
DD	𢿔 22FD4	𢿕 22FD5	𢿖 22FD6	𢿗 22FD7	𢿘 22FD8	𢿙 22FD9	𢿚 22FDA	𢿛 22FDB	𢿜 22FDC	𢿝 22FDD
DE	𢿞 22FDE	𢿟 22FDF	𢿠 22FE0	𢿡 22FE1	𢿢 22FE2	𢿣 22FE3	𢿤 22FE4	𢿥 22FE5	𢿦 22FE6	𢿧 22FE7
DF	𢿨 22FE8	𢿩 22FE9	𢿪 22FEA	𢿫 22FEB	𢿬 22FEC	𢿭 22FED	𢿮 22FEE	𢿯 22FEF	𢿰 22FF0	𢿱 22FF1
E0	𢿲 22FF2	𢿳 22FF3	𢿴 22FF4	𢿵 22FF5	𢿶 22FF6	𢿷 22FF7	𢿸 22FF8	𢿹 22FF9	𢿺 22FFA	𢿻 22FFB
E1	𢿼 22FFC	𢿽 22FFD	𢿾 22FFE	𢿿 22FFF	𣀀 23000	𣀁 23001	𣀂 23002	𣀃 23003	𣀄 23004	𣀅 23005
E2	𣀆 23006	𣀇 23007	𣀈 23008	𣀉 23009	𣀊 2300A	𣀋 2300B	𣀌 2300C	𣀍 2300D	𣀎 2300E	𣀏 2300F
E3	𣀐 23010	𣀑 23011	𣀒 23012	𣀓 23013	𣀔 23014	𣀕 23015	𣀖 23016	𣀗 23017	𣀘 23018	𣀙 23019
E4	𣀚 2301A	𣀛 2301B	𣀜 2301C	𣀝 2301D	𣀞 2301E	𣀟 2301F	𣀠 23020	𣀡 23021	𣀢 23022	𣀣 23023
E5	𣀤 23024	𣀥 23025	𣀦 23026	𣀧 23027	𣀨 23028	𣀩 23029	𣀪 2302A	𣀫 2302B	𣀬 2302C	𣀭 2302D
E6	𣀮 2302E	𣀯 2302F	𣀰 23030	𣀱 23031	𣀲 23032	𣀳 23033	𣀴 23034	𣀵 23035	𣀶 23036	𣀷 23037
E7	𣀸 23038	𣀹 23039	𣀺 2303A	𣀻 2303B	𣀼 2303C	𣀽 2303D	𣀾 2303E	𣀿 2303F	𣁀 23040	𣁁 23041
E8	𣁂 23042	𣁃 23043	𣁄 23044	𣁅 23045	𣁆 23046	𣁇 23047	𣁈 23048	𣁉 23049	𣁊 2304A	𣁋 2304B
E9	𣁌 2304C	𣁍 2304D	𣁎 2304E	𣁏 2304F	𣁐 23050	𣁑 23051	𣁒 23052	𣁓 23053	𣁔 23054	𣁕 23055

9631

	30	31	32	33	34	35	36	37	38	39
EA	𣁖 23056	𣁗 23057	𣁘 23058	𣁙 23059	𣁚 2305A	𣁛 2305B	𣁜 2305C	𣁝 2305D	𣁞 2305E	𣁟 2305F
EB	𣁠 23060	𣁡 23061	𣁢 23062	𣁣 23063	𣁤 23064	𣁥 23065	𣁦 23066	𣁧 23067	𣁨 23068	𣁩 23069
EC	𣁪 2306A	𣁫 2306B	𣁬 2306C	𣁭 2306D	𣁮 2306E	𣁯 2306F	𣁰 23070	𣁱 23071	𣁲 23072	𣁳 23073
ED	𣁴 23074	𣁵 23075	𣁶 23076	𣁷 23077	𣁸 23078	𣁹 23079	𣁺 2307A	𣁻 2307B	𣁼 2307C	𣁽 2307D
EE	𣁾 2307E	𣁿 2307F	𣂀 23080	𣂁 23081	𣂂 23082	𣂃 23083	𣂄 23084	𣂅 23085	𣂆 23086	𣂇 23087
EF	𣂈 23088	𣂉 23089	𣂊 2308A	𣂋 2308B	𣂌 2308C	𣂍 2308D	𣂎 2308E	𣂏 2308F	𣂐 23090	𣂑 23091
F0	𣂒 23092	𣂓 23093	𣂔 23094	𣂕 23095	𣂖 23096	𣂗 23097	𣂘 23098	𣂙 23099	𣂚 2309A	𣂛 2309B
F1	𣂜 2309C	𣂝 2309D	𣂞 2309E	𣂟 2309F	𣂠 230A0	𣂡 230A1	𣂢 230A2	𣂣 230A3	𣂤 230A4	𣂥 230A5
F2	𣂦 230A6	𣂧 230A7	𣂨 230A8	𣂩 230A9	𣂪 230AA	𣂫 230AB	𣂬 230AC	𣂭 230AD	𣂮 230AE	𣂯 230AF
F3	𣂰 230B0	𣂱 230B1	𣂲 230B2	𣂳 230B3	𣂴 230B4	𣂵 230B5	𣂶 230B6	𣂷 230B7	𣂸 230B8	𣂹 230B9
F4	𣂺 230BA	𣂻 230BB	𣂼 230BC	𣂽 230BD	𣂾 230BE	𣂿 230BF	𣃀 230C0	𣃁 230C1	𣃂 230C2	𣃃 230C3
F5	𣃄 230C4	𣃅 230C5	𣃆 230C6	𣃇 230C7	𣃈 230C8	𣃉 230C9	𣃊 230CA	𣃋 230CB	𣃌 230CC	𣃍 230CD
F6	𣃎 230CE	𣃏 230CF	𣃐 230D0	𣃑 230D1	𣃒 230D2	𣃓 230D3	𣃔 230D4	𣃕 230D5	𣃖 230D6	𣃗 230D7
F7	𣃘 230D8	𣃙 230D9	𣃚 230DA	𣃛 230DB	𣃜 230DC	𣃝 230DD	𣃞 230DE	𣃟 230DF	𣃠 230E0	𣃡 230E1
F8	𣃢 230E2	𣃣 230E3	𣃤 230E4	𣃥 230E5	𣃦 230E6	𣃧 230E7	𣃨 230E8	𣃩 230E9	𣃪 230EA	𣃫 230EB
F9	𣃬 230EC	𣃭 230ED	𣃮 230EE	𣃯 230EF	𣃰 230F0	𣃱 230F1	𣃲 230F2	𣃳 230F3	𣃴 230F4	𣃵 230F5
FA	𣃶 230F6	𣃷 230F7	𣃸 230F8	𣃹 230F9	𣃺 230FA	𣃻 230FB	𣃼 230FC	𣃽 230FD	𣃾 230FE	𣃿 230FF
FB	𣄀 23100	𣄁 23101	𣄂 23102	𣄃 23103	𣄄 23104	𣄅 23105	𣄆 23106	𣄇 23107	𣄈 23108	𣄉 23109
FC	𣄊 2310A	𣄋 2310B	𣄌 2310C	𣄍 2310D	𣄎 2310E	𣄏 2310F	𣄐 23110	𣄑 23111	𣄒 23112	𣄓 23113
FD	𣄔 23114	𣄕 23115	𣄖 23116	𣄗 23117	𣄘 23118	𣄙 23119	𣄚 2311A	𣄛 2311B	𣄜 2311C	𣄝 2311D
FE	𣄞 2311E	𣄟 2311F	𣄠 23120	𣄡 23121	𣄢 23122	𣄣 23123	𣄤 23124	𣄥 23125	𣄦 23126	𣄧 23127

9632

	30	31	32	33	34	35	36	37	38	39
81	23128	23129	2312A	2312B	2312C	2312D	2312E	2312F	23130	23131
82	23132	23133	23134	23135	23136	23137	23138	23139	2313A	2313B
83	2313C	2313D	2313E	2313F	23140	23141	23142	23143	23144	23145
84	23146	23147	23148	23149	2314A	2314B	2314C	2314D	2314E	2314F
85	23150	23151	23152	23153	23154	23155	23156	23157	23158	23159
86	2315A	2315B	2315C	2315D	2315E	2315F	23160	23161	23162	23163
87	23164	23165	23166	23167	23168	23169	2316A	2316B	2316C	2316D
88	2316E	2316F	23170	23171	23172	23173	23174	23175	23176	23177
89	23178	23179	2317A	2317B	2317C	2317D	2317E	2317F	23180	23181
8A	23182	23183	23184	23185	23186	23187	23188	23189	2318A	2318B
8B	2318C	2318D	2318E	2318F	23190	23191	23192	23193	23194	23195
8C	23196	23197	23198	23199	2319A	2319B	2319C	2319D	2319E	2319F
8D	231A0	231A1	231A2	231A3	231A4	231A5	231A6	231A7	231A8	231A9
8E	231AA	231AB	231AC	231AD	231AE	231AF	231B0	231B1	231B2	231B3
8F	231B4	231B5	231B6	231B7	231B8	231B9	231BA	231BB	231BC	231BD
90	231BE	231BF	231C0	231C1	231C2	231C3	231C4	231C5	231C6	231C7
91	231C8	231C9	231CA	231CB	231CC	231CD	231CE	231CF	231D0	231D1
92	231D2	231D3	231D4	231D5	231D6	231D7	231D8	231D9	231DA	231DB
93	231DC	231DD	231DE	231DF	231E0	231E1	231E2	231E3	231E4	231E5
94	231E6	231E7	231E8	231E9	231EA	231EB	231EC	231ED	231EE	231EF
95	231F0	231F1	231F2	231F3	231F4	231F5	231F6	231F7	231F8	231F9

9632

	30	31	32	33	34	35	36	37	38	39
96	𣇺 231FA	𣇻 231FB	𣇼 231FC	𣇽 231FD	𣇾 231FE	𣇿 231FF	𣈀 23200	𣈁 23201	𣈂 23202	𣈃 23203
97	𣈄 23204	𣈅 23205	𣈆 23206	𣈇 23207	𣈈 23208	𣈉 23209	𣈊 2320A	𣈋 2320B	𣈌 2320C	𣈍 2320D
98	𣈎 2320E	𣈏 2320F	𣈐 23210	𣈑 23211	𣈒 23212	𣈓 23213	𣈔 23214	𣈕 23215	𣈖 23216	𣈗 23217
99	𣈘 23218	𣈙 23219	𣈚 2321A	𣈛 2321B	𣈜 2321C	𣈝 2321D	𣈞 2321E	𣈟 2321F	𣈠 23220	𣈡 23221
9A	𣈢 23222	𣈣 23223	𣈤 23224	𣈥 23225	𣈦 23226	𣈧 23227	𣈨 23228	𣈩 23229	𣈪 2322A	𣈫 2322B
9B	𣈬 2322C	𣈭 2322D	𣈮 2322E	𣈯 2322F	𣈰 23230	𣈱 23231	𣈲 23232	𣈳 23233	𣈴 23234	𣈵 23235
9C	𣈶 23236	𣈷 23237	𣈸 23238	𣈹 23239	𣈺 2323A	𣈻 2323B	𣈼 2323C	𣈽 2323D	𣈾 2323E	𣈿 2323F
9D	𣉀 23240	𣉁 23241	𣉂 23242	𣉃 23243	𣉄 23244	𣉅 23245	𣉆 23246	𣉇 23247	𣉈 23248	𣉉 23249
9E	𣉊 2324A	𣉋 2324B	𣉌 2324C	𣉍 2324D	𣉎 2324E	𣉏 2324F	𣉐 23250	𣉑 23251	𣉒 23252	𣉓 23253
9F	𣉔 23254	𣉕 23255	𣉖 23256	𣉗 23257	𣉘 23258	𣉙 23259	𣉚 2325A	𣉛 2325B	𣉜 2325C	𣉝 2325D
A0	𣉞 2325E	𣉟 2325F	𣉠 23260	𣉡 23261	𣉢 23262	𣉣 23263	𣉤 23264	𣉥 23265	𣉦 23266	𣉧 23267
A1	𣉨 23268	𣉩 23269	𣉪 2326A	𣉫 2326B	𣉬 2326C	𣉭 2326D	𣉮 2326E	𣉯 2326F	𣉰 23270	𣉱 23271
A2	𣉲 23272	𣉳 23273	𣉴 23274	𣉵 23275	𣉶 23276	𣉷 23277	𣉸 23278	𣉹 23279	𣉺 2327A	𣉻 2327B
A3	𣉼 2327C	𣉽 2327D	𣉾 2327E	𣉿 2327F	𣊀 23280	𣊁 23281	𣊂 23282	𣊃 23283	𣊄 23284	𣊅 23285
A4	𣊆 23286	𣊇 23287	𣊈 23288	𣊉 23289	𣊊 2328A	𣊋 2328B	𣊌 2328C	𣊍 2328D	𣊎 2328E	𣊏 2328F
A5	𣊐 23290	𣊑 23291	𣊒 23292	𣊓 23293	𣊔 23294	𣊕 23295	𣊖 23296	𣊗 23297	𣊘 23298	𣊙 23299
A6	𣊚 2329A	𣊛 2329B	𣊜 2329C	𣊝 2329D	𣊞 2329E	𣊟 2329F	𣊠 232A0	𣊡 232A1	𣊢 232A2	𣊣 232A3
A7	𣊤 232A4	𣊥 232A5	𣊦 232A6	𣊧 232A7	𣊨 232A8	𣊩 232A9	𣊪 232AA	𣊫 232AB	𣊬 232AC	𣊭 232AD
A8	𣊮 232AE	𣊯 232AF	𣊰 232B0	𣊱 232B1	𣊲 232B2	𣊳 232B3	𣊴 232B4	𣊵 232B5	𣊶 232B6	𣊷 232B7
A9	𣊸 232B8	𣊹 232B9	𣊺 232BA	𣊻 232BB	𣊼 232BC	𣊽 232BD	𣊾 232BE	𣊿 232BF	𣋀 232C0	𣋁 232C1
AA	𣋂 232C2	𣋃 232C3	𣋄 232C4	𣋅 232C5	𣋆 232C6	𣋇 232C7	𣋈 232C8	𣋉 232C9	𣋊 232CA	𣋋 232CB

9632

	30	31	32	33	34	35	36	37	38	39
AB	232CC	232CD	232CE	232CF	232D0	232D1	232D2	232D3	232D4	232D5
AC	232D6	232D7	232D8	232D9	232DA	232DB	232DC	232DD	232DE	232DF
AD	232E0	232E1	232E2	232E3	232E4	232E5	232E6	232E7	232E8	232E9
AE	232EA	232EB	232EC	232ED	232EE	232EF	232F0	232F1	232F2	232F3
AF	232F4	232F5	232F6	232F7	232F8	232F9	232FA	232FB	232FC	232FD
B0	232FE	232FF	23300	23301	23302	23303	23304	23305	23306	23307
B1	23308	23309	2330A	2330B	2330C	2330D	2330E	2330F	23310	23311
B2	23312	23313	23314	23315	23316	23317	23318	23319	2331A	2331B
B3	2331C	2331D	2331E	2331F	23320	23321	23322	23323	23324	23325
B4	23326	23327	23328	23329	2332A	2332B	2332C	2332D	2332E	2332F
B5	23330	23331	23332	23333	23334	23335	23336	23337	23338	23339
B6	2333A	2333B	2333C	2333D	2333E	2333F	23340	23341	23342	23343
B7	23344	23345	23346	23347	23348	23349	2334A	2334B	2334C	2334D
B8	2334E	2334F	23350	23351	23352	23353	23354	23355	23356	23357
B9	23358	23359	2335A	2335B	2335C	2335D	2335E	2335F	23360	23361
BA	23362	23363	23364	23365	23366	23367	23368	23369	2336A	2336B
BB	2336C	2336D	2336E	2336F	23370	23371	23372	23373	23374	23375
BC	23376	23377	23378	23379	2337A	2337B	2337C	2337D	2337E	2337F
BD	23380	23381	23382	23383	23384	23385	23386	23387	23388	23389
BE	2338A	2338B	2338C	2338D	2338E	2338F	23390	23391	23392	23393
BF	23394	23395	23396	23397	23398	23399	2339A	2339B	2339C	2339D

9632

	30	31	32	33	34	35	36	37	38	39
C0	2339E	2339F	233A0	233A1	233A2	233A3	233A4	233A5	233A6	233A7
C1	233A8	233A9	233AA	233AB	233AC	233AD	233AE	233AF	233B0	233B1
C2	233B2	233B3	233B4	233B5	233B6	233B7	233B8	233B9	233BA	233BB
C3	233BC	233BD	233BE	233BF	233C0	233C1	233C2	233C3	233C4	233C5
C4	233C6	233C7	233C8	233C9	233CA	233CB	233CC	233CD	233CE	233CF
C5	233D0	233D1	233D2	233D3	233D4	233D5	233D6	233D7	233D8	233D9
C6	233DA	233DB	233DC	233DD	233DE	233DF	233E0	233E1	233E2	233E3
C7	233E4	233E5	233E6	233E7	233E8	233E9	233EA	233EB	233EC	233ED
C8	233EE	233EF	233F0	233F1	233F2	233F3	233F4	233F5	233F6	233F7
C9	233F8	233F9	233FA	233FB	233FC	233FD	233FE	233FF	23400	23401
CA	23402	23403	23404	23405	23406	23407	23408	23409	2340A	2340B
CB	2340C	2340D	2340E	2340F	23410	23411	23412	23413	23414	23415
CC	23416	23417	23418	23419	2341A	2341B	2341C	2341D	2341E	2341F
CD	23420	23421	23422	23423	23424	23425	23426	23427	23428	23429
CE	2342A	2342B	2342C	2342D	2342E	2342F	23430	23431	23432	23433
CF	23434	23435	23436	23437	23438	23439	2343A	2343B	2343C	2343D
D0	2343E	2343F	23440	23441	23442	23443	23444	23445	23446	23447
D1	23448	23449	2344A	2344B	2344C	2344D	2344E	2344F	23450	23451
D2	23452	23453	23454	23455	23456	23457	23458	23459	2345A	2345B
D3	2345C	2345D	2345E	2345F	23460	23461	23462	23463	23464	23465
D4	23466	23467	23468	23469	2346A	2346B	2346C	2346D	2346E	2346F

9632

	30	31	32	33	34	35	36	37	38	39
D5	𣑰 23470	𣑱 23471	𣑲 23472	𣑳 23473	𣑴 23474	𣑵 23475	𣑶 23476	𣑷 23477	𣑸 23478	𣑹 23479
D6	𣑺 2347A	𣑻 2347B	𣑼 2347C	𣑽 2347D	𣑾 2347E	𣑿 2347F	𣒀 23480	𣒁 23481	𣒂 23482	𣒃 23483
D7	𣒄 23484	𣒅 23485	𣒆 23486	𣒇 23487	𣒈 23488	𣒉 23489	𣒊 2348A	𣒋 2348B	𣒌 2348C	𣒍 2348D
D8	𣒎 2348E	𣒏 2348F	𣒐 23490	𣒑 23491	𣒒 23492	𣒓 23493	𣒔 23494	𣒕 23495	𣒖 23496	𣒗 23497
D9	𣒘 23498	𣒙 23499	𣒚 2349A	𣒛 2349B	𣒜 2349C	𣒝 2349D	𣒞 2349E	𣒟 2349F	𣒠 234A0	𣒡 234A1
DA	𣒢 234A2	𣒣 234A3	𣒤 234A4	𣒥 234A5	𣒦 234A6	𣒧 234A7	𣒨 234A8	𣒩 234A9	𣒪 234AA	𣒫 234AB
DB	𣒬 234AC	𣒭 234AD	𣒮 234AE	𣒯 234AF	𣒰 234B0	𣒱 234B1	𣒲 234B2	𣒳 234B3	𣒴 234B4	𣒵 234B5
DC	𣒶 234B6	𣒷 234B7	𣒸 234B8	𣒹 234B9	𣒺 234BA	𣒻 234BB	𣒼 234BC	𣒽 234BD	𣒾 234BE	𣒿 234BF
DD	𣓀 234C0	𣓁 234C1	𣓂 234C2	𣓃 234C3	𣓄 234C4	𣓅 234C5	𣓆 234C6	𣓇 234C7	𣓈 234C8	𣓉 234C9
DE	𣓊 234CA	𣓋 234CB	𣓌 234CC	𣓍 234CD	𣓎 234CE	𣓏 234CF	𣓐 234D0	𣓑 234D1	𣓒 234D2	𣓓 234D3
DF	𣓔 234D4	𣓕 234D5	𣓖 234D6	𣓗 234D7	𣓘 234D8	𣓙 234D9	𣓚 234DA	𣓛 234DB	𣓜 234DC	𣓝 234DD
E0	𣓞 234DE	𣓟 234DF	𣓠 234E0	𣓡 234E1	𣓢 234E2	𣓣 234E3	𣓤 234E4	𣓥 234E5	𣓦 234E6	𣓧 234E7
E1	𣓨 234E8	𣓩 234E9	𣓪 234EA	𣓫 234EB	𣓬 234EC	𣓭 234ED	𣓮 234EE	𣓯 234EF	𣓰 234F0	𣓱 234F1
E2	𣓲 234F2	𣓳 234F3	𣓴 234F4	𣓵 234F5	𣓶 234F6	𣓷 234F7	𣓸 234F8	𣓹 234F9	𣓺 234FA	𣓻 234FB
E3	𣓼 234FC	𣓽 234FD	𣓾 234FE	𣓿 234FF	𣔀 23500	𣔁 23501	𣔂 23502	𣔃 23503	𣔄 23504	𣔅 23505
E4	𣔆 23506	𣔇 23507	𣔈 23508	𣔉 23509	𣔊 2350A	𣔋 2350B	𣔌 2350C	𣔍 2350D	𣔎 2350E	𣔏 2350F
E5	𣔐 23510	𣔑 23511	𣔒 23512	𣔓 23513	𣔔 23514	𣔕 23515	𣔖 23516	𣔗 23517	𣔘 23518	𣔙 23519
E6	𣔚 2351A	𣔛 2351B	𣔜 2351C	𣔝 2351D	𣔞 2351E	𣔟 2351F	𣔠 23520	𣔡 23521	𣔢 23522	𣔣 23523
E7	𣔤 23524	𣔥 23525	𣔦 23526	𣔧 23527	𣔨 23528	𣔩 23529	𣔪 2352A	𣔫 2352B	𣔬 2352C	𣔭 2352D
E8	𣔮 2352E	𣔯 2352F	𣔰 23530	𣔱 23531	𣔲 23532	𣔳 23533	𣔴 23534	𣔵 23535	𣔶 23536	𣔷 23537
E9	𣔸 23538	𣔹 23539	𣔺 2353A	𣔻 2353B	𣔼 2353C	𣔽 2353D	𣔾 2353E	𣔿 2353F	𣕀 23540	𣕁 23541

9632

	30	31	32	33	34	35	36	37	38	39
EA	𣕂 23542	𣕃 23543	𣕄 23544	𣕅 23545	𣕆 23546	𣕇 23547	𣕈 23548	𣕉 23549	𣕊 2354A	𣕋 2354B
EB	𣕌 2354C	𣕍 2354D	𣕎 2354E	𣕏 2354F	𣕐 23550	𣕑 23551	𣕒 23552	𣕓 23553	𣕔 23554	𣕕 23555
EC	𣕖 23556	𣕗 23557	𣕘 23558	𣕙 23559	𣕚 2355A	𣕛 2355B	𣕜 2355C	𣕝 2355D	𣕞 2355E	𣕟 2355F
ED	𣕠 23560	𣕡 23561	𣕢 23562	𣕣 23563	𣕤 23564	𣕥 23565	𣕦 23566	𣕧 23567	𣕨 23568	𣕩 23569
EE	𣕪 2356A	𣕫 2356B	𣕬 2356C	𣕭 2356D	𣕮 2356E	𣕯 2356F	𣕰 23570	𣕱 23571	𣕲 23572	𣕳 23573
EF	𣕴 23574	𣕵 23575	𣕶 23576	𣕷 23577	𣕸 23578	𣕹 23579	𣕺 2357A	𣕻 2357B	𣕼 2357C	𣕽 2357D
F0	𣕾 2357E	𣕿 2357F	𣖀 23580	𣖁 23581	𣖂 23582	𣖃 23583	𣖄 23584	𣖅 23585	𣖆 23586	𣖇 23587
F1	𣖈 23588	𣖉 23589	𣖊 2358A	𣖋 2358B	𣖌 2358C	𣖍 2358D	𣖎 2358E	𣖏 2358F	𣖐 23590	𣖑 23591
F2	𣖒 23592	𣖓 23593	𣖔 23594	𣖕 23595	𣖖 23596	𣖗 23597	𣖘 23598	𣖙 23599	𣖚 2359A	𣖛 2359B
F3	𣖜 2359C	𣖝 2359D	𣖞 2359E	𣖟 2359F	𣖠 235A0	𣖡 235A1	𣖢 235A2	𣖣 235A3	𣖤 235A4	𣖥 235A5
F4	𣖦 235A6	𣖧 235A7	𣖨 235A8	𣖩 235A9	𣖪 235AA	𣖫 235AB	𣖬 235AC	𣖭 235AD	𣖮 235AE	𣖯 235AF
F5	𣖰 235B0	𣖱 235B1	𣖲 235B2	𣖳 235B3	𣖴 235B4	𣖵 235B5	𣖶 235B6	𣖷 235B7	𣖸 235B8	𣖹 235B9
F6	𣖺 235BA	𣖻 235BB	𣖼 235BC	𣖽 235BD	𣖾 235BE	𣖿 235BF	𣗀 235C0	𣗁 235C1	𣗂 235C2	𣗃 235C3
F7	𣗄 235C4	𣗅 235C5	𣗆 235C6	𣗇 235C7	𣗈 235C8	𣗉 235C9	𣗊 235CA	𣗋 235CB	𣗌 235CC	𣗍 235CD
F8	𣗎 235CE	𣗏 235CF	𣗐 235D0	𣗑 235D1	𣗒 235D2	𣗓 235D3	𣗔 235D4	𣗕 235D5	𣗖 235D6	𣗗 235D7
F9	𣗘 235D8	𣗙 235D9	𣗚 235DA	𣗛 235DB	𣗜 235DC	𣗝 235DD	𣗞 235DE	𣗟 235DF	𣗠 235E0	𣗡 235E1
FA	𣗢 235E2	𣗣 235E3	𣗤 235E4	𣗥 235E5	𣗦 235E6	𣗧 235E7	𣗨 235E8	𣗩 235E9	𣗪 235EA	𣗫 235EB
FB	𣗬 235EC	𣗭 235ED	𣗮 235EE	𣗯 235EF	𣗰 235F0	𣗱 235F1	𣗲 235F2	𣗳 235F3	𣗴 235F4	𣗵 235F5
FC	𣗶 235F6	𣗷 235F7	𣗸 235F8	𣗹 235F9	𣗺 235FA	𣗻 235FB	𣗼 235FC	𣗽 235FD	𣗾 235FE	𣗿 235FF
FD	𣘀 23600	𣘁 23601	𣘂 23602	𣘃 23603	𣘄 23604	𣘅 23605	𣘆 23606	𣘇 23607	𣘈 23608	𣘉 23609
FE	𣘊 2360A	𣘋 2360B	𣘌 2360C	𣘍 2360D	𣘎 2360E	𣘏 2360F	𣘐 23610	𣘑 23611	𣘒 23612	𣘓 23613

9633

	30	31	32	33	34	35	36	37	38	39
81	23614	23615	23616	23617	23618	23619	2361A	2361B	2361C	2361D
82	2361E	2361F	23620	23621	23622	23623	23624	23625	23626	23627
83	23628	23629	2362A	2362B	2362C	2362D	2362E	2362F	23630	23631
84	23632	23633	23634	23635	23636	23637	23638	23639	2363A	2363B
85	2363C	2363D	2363E	2363F	23640	23641	23642	23643	23644	23645
86	23646	23647	23648	23649	2364A	2364B	2364C	2364D	2364E	2364F
87	23650	23651	23652	23653	23654	23655	23656	23657	23658	23659
88	2365A	2365B	2365C	2365D	2365E	2365F	23660	23661	23662	23663
89	23664	23665	23666	23667	23668	23669	2366A	2366B	2366C	2366D
8A	2366E	2366F	23670	23671	23672	23673	23674	23675	23676	23677
8B	23678	23679	2367A	2367B	2367C	2367D	2367E	2367F	23680	23681
8C	23682	23683	23684	23685	23686	23687	23688	23689	2368A	2368B
8D	2368C	2368D	2368E	2368F	23690	23691	23692	23693	23694	23695
8E	23696	23697	23698	23699	2369A	2369B	2369C	2369D	2369E	2369F
8F	236A0	236A1	236A2	236A3	236A4	236A5	236A6	236A7	236A8	236A9
90	236AA	236AB	236AC	236AD	236AE	236AF	236B0	236B1	236B2	236B3
91	236B4	236B5	236B6	236B7	236B8	236B9	236BA	236BB	236BC	236BD
92	236BE	236BF	236C0	236C1	236C2	236C3	236C4	236C5	236C6	236C7
93	236C8	236C9	236CA	236CB	236CC	236CD	236CE	236CF	236D0	236D1
94	236D2	236D3	236D4	236D5	236D6	236D7	236D8	236D9	236DA	236DB
95	236DC	236DD	236DE	236DF	236E0	236E1	236E2	236E3	236E4	236E5

9633

	30	31	32	33	34	35	36	37	38	39
96	236E6	236E7	236E8	236E9	236EA	236EB	236EC	236ED	236EE	236EF
97	236F0	236F1	236F2	236F3	236F4	236F5	236F6	236F7	236F8	236F9
98	236FA	236FB	236FC	236FD	236FE	236FF	23700	23701	23702	23703
99	23704	23705	23706	23707	23708	23709	2370A	2370B	2370C	2370D
9A	2370E	2370F	23710	23711	23712	23713	23714	23715	23716	23717
9B	23718	23719	2371A	2371B	2371C	2371D	2371E	2371F	23720	23721
9C	23722	23723	23724	23725	23726	23727	23728	23729	2372A	2372B
9D	2372C	2372D	2372E	2372F	23730	23731	23732	23733	23734	23735
9E	23736	23737	23738	23739	2373A	2373B	2373C	2373D	2373E	2373F
9F	23740	23741	23742	23743	23744	23745	23746	23747	23748	23749
A0	2374A	2374B	2374C	2374D	2374E	2374F	23750	23751	23752	23753
A1	23754	23755	23756	23757	23758	23759	2375A	2375B	2375C	2375D
A2	2375E	2375F	23760	23761	23762	23763	23764	23765	23766	23767
A3	23768	23769	2376A	2376B	2376C	2376D	2376E	2376F	23770	23771
A4	23772	23773	23774	23775	23776	23777	23778	23779	2377A	2377B
A5	2377C	2377D	2377E	2377F	23780	23781	23782	23783	23784	23785
A6	23786	23787	23788	23789	2378A	2378B	2378C	2378D	2378E	2378F
A7	23790	23791	23792	23793	23794	23795	23796	23797	23798	23799
A8	2379A	2379B	2379C	2379D	2379E	2379F	237A0	237A1	237A2	237A3
A9	237A4	237A5	237A6	237A7	237A8	237A9	237AA	237AB	237AC	237AD
AA	237AE	237AF	237B0	237B1	237B2	237B3	237B4	237B5	237B6	237B7

9633

	30	31	32	33	34	35	36	37	38	39
AB	237B8	237B9	237BA	237BB	237BC	237BD	237BE	237BF	237C0	237C1
AC	237C2	237C3	237C4	237C5	237C6	237C7	237C8	237C9	237CA	237CB
AD	237CC	237CD	237CE	237CF	237D0	237D1	237D2	237D3	237D4	237D5
AE	237D6	237D7	237D8	237D9	237DA	237DB	237DC	237DD	237DE	237DF
AF	237E0	237E1	237E2	237E3	237E4	237E5	237E6	237E7	237E8	237E9
B0	237EA	237EB	237EC	237ED	237EE	237EF	237F0	237F1	237F2	237F3
B1	237F4	237F5	237F6	237F7	237F8	237F9	237FA	237FB	237FC	237FD
B2	237FE	237FF	23800	23801	23802	23803	23804	23805	23806	23807
B3	23808	23809	2380A	2380B	2380C	2380D	2380E	2380F	23810	23811
B4	23812	23813	23814	23815	23816	23817	23818	23819	2381A	2381B
B5	2381C	2381D	2381E	2381F	23820	23821	23822	23823	23824	23825
B6	23826	23827	23828	23829	2382A	2382B	2382C	2382D	2382E	2382F
B7	23830	23831	23832	23833	23834	23835	23836	23837	23838	23839
B8	2383A	2383B	2383C	2383D	2383E	2383F	23840	23841	23842	23843
B9	23844	23845	23846	23847	23848	23849	2384A	2384B	2384C	2384D
BA	2384E	2384F	23850	23851	23852	23853	23854	23855	23856	23857
BB	23858	23859	2385A	2385B	2385C	2385D	2385E	2385F	23860	23861
BC	23862	23863	23864	23865	23866	23867	23868	23869	2386A	2386B
BD	2386C	2386D	2386E	2386F	23870	23871	23872	23873	23874	23875
BE	23876	23877	23878	23879	2387A	2387B	2387C	2387D	2387E	2387F
BF	23880	23881	23882	23883	23884	23885	23886	23887	23888	23889

9633

	30	31	32	33	34	35	36	37	38	39
C0	𣢊 2388A	𣢋 2388B	𣢌 2388C	𣢍 2388D	𣢎 2388E	𣢏 2388F	𣢐 23890	𣢑 23891	𣢒 23892	𣢓 23893
C1	𣢔 23894	𣢕 23895	𣢖 23896	𣢗 23897	𣢘 23898	𣢙 23899	𣢚 2389A	𣢛 2389B	𣢜 2389C	𣢝 2389D
C2	𣢞 2389E	𣢟 2389F	𣢠 238A0	𣢡 238A1	𣢢 238A2	𣢣 238A3	𣢤 238A4	𣢥 238A5	𣢦 238A6	𣢧 238A7
C3	𣢨 238A8	𣢩 238A9	𣢪 238AA	𣢫 238AB	𣢬 238AC	𣢭 238AD	𣢮 238AE	𣢯 238AF	𣢰 238B0	𣢱 238B1
C4	𣢲 238B2	𣢳 238B3	𣢴 238B4	𣢵 238B5	𣢶 238B6	𣢷 238B7	𣢸 238B8	𣢹 238B9	𣢺 238BA	𣢻 238BB
C5	𣢼 238BC	𣢽 238BD	𣢾 238BE	𣢿 238BF	𣣀 238C0	𣣁 238C1	𣣂 238C2	𣣃 238C3	𣣄 238C4	𣣅 238C5
C6	𣣆 238C6	𣣇 238C7	𣣈 238C8	𣣉 238C9	𣣊 238CA	𣣋 238CB	𣣌 238CC	𣣍 238CD	𣣎 238CE	𣣏 238CF
C7	𣣐 238D0	𣣑 238D1	𣣒 238D2	𣣓 238D3	𣣔 238D4	𣣕 238D5	𣣖 238D6	𣣗 238D7	𣣘 238D8	𣣙 238D9
C8	𣣚 238DA	𣣛 238DB	𣣜 238DC	𣣝 238DD	𣣞 238DE	𣣟 238DF	𣣠 238E0	𣣡 238E1	𣣢 238E2	𣣣 238E3
C9	𣣤 238E4	𣣥 238E5	𣣦 238E6	𣣧 238E7	𣣨 238E8	𣣩 238E9	𣣪 238EA	𣣫 238EB	𣣬 238EC	𣣭 238ED
CA	𣣮 238EE	𣣯 238EF	𣣰 238F0	𣣱 238F1	𣣲 238F2	𣣳 238F3	𣣴 238F4	𣣵 238F5	𣣶 238F6	𣣷 238F7
CB	𣣸 238F8	𣣹 238F9	𣣺 238FA	𣣻 238FB	𣣼 238FC	𣣽 238FD	𣣾 238FE	𣣿 238FF	𣤀 23900	𣤁 23901
CC	𣤂 23902	𣤃 23903	𣤄 23904	𣤅 23905	𣤆 23906	𣤇 23907	𣤈 23908	𣤉 23909	𣤊 2390A	𣤋 2390B
CD	𣤌 2390C	𣤍 2390D	𣤎 2390E	𣤏 2390F	𣤐 23910	𣤑 23911	𣤒 23912	𣤓 23913	𣤔 23914	𣤕 23915
CE	𣤖 23916	𣤗 23917	𣤘 23918	𣤙 23919	𣤚 2391A	𣤛 2391B	𣤜 2391C	𣤝 2391D	𣤞 2391E	𣤟 2391F
CF	𣤠 23920	𣤡 23921	𣤢 23922	𣤣 23923	𣤤 23924	𣤥 23925	𣤦 23926	𣤧 23927	𣤨 23928	𣤩 23929
D0	𣤪 2392A	𣤫 2392B	𣤬 2392C	𣤭 2392D	𣤮 2392E	𣤯 2392F	𣤰 23930	𣤱 23931	𣤲 23932	𣤳 23933
D1	𣤴 23934	𣤵 23935	𣤶 23936	𣤷 23937	𣤸 23938	𣤹 23939	𣤺 2393A	𣤻 2393B	𣤼 2393C	𣤽 2393D
D2	𣤾 2393E	𣤿 2393F	𣥀 23940	𣥁 23941	𣥂 23942	𣥃 23943	𣥄 23944	𣥅 23945	𣥆 23946	𣥇 23947
D3	𣥈 23948	𣥉 23949	𣥊 2394A	𣥋 2394B	𣥌 2394C	𣥍 2394D	𣥎 2394E	𣥏 2394F	𣥐 23950	𣥑 23951
D4	𣥒 23952	𣥓 23953	𣥔 23954	𣥕 23955	𣥖 23956	𣥗 23957	𣥘 23958	𣥙 23959	𣥚 2395A	𣥛 2395B

9633

	30	31	32	33	34	35	36	37	38	39
D5	𣥜 2395C	𣥝 2395D	𣥞 2395E	𣥟 2395F	𣥠 23960	𣥡 23961	𣥢 23962	𣥣 23963	𣥤 23964	𣥥 23965
D6	𣥦 23966	𣥧 23967	𣥨 23968	𣥩 23969	𣥪 2396A	𣥫 2396B	𣥬 2396C	𣥭 2396D	𣥮 2396E	𣥯 2396F
D7	𣥰 23970	𣥱 23971	𣥲 23972	𣥳 23973	𣥴 23974	𣥵 23975	𣥶 23976	𣥷 23977	𣥸 23978	𣥹 23979
D8	𣥺 2397A	𣥻 2397B	𣥼 2397C	𣥽 2397D	𣥾 2397E	𣥿 2397F	𣦀 23980	𣦁 23981	𣦂 23982	𣦃 23983
D9	𣦄 23984	𣦅 23985	𣦆 23986	𣦇 23987	𣦈 23988	𣦉 23989	𣦊 2398A	𣦋 2398B	𣦌 2398C	𣦍 2398D
DA	𣦎 2398E	𣦏 2398F	𣦐 23990	𣦑 23991	𣦒 23992	𣦓 23993	𣦔 23994	𣦕 23995	𣦖 23996	𣦗 23997
DB	𣦘 23998	𣦙 23999	𣦚 2399A	𣦛 2399B	𣦜 2399C	𣦝 2399D	𣦞 2399E	𣦟 2399F	𣦠 239A0	𣦡 239A1
DC	𣦢 239A2	𣦣 239A3	𣦤 239A4	𣦥 239A5	𣦦 239A6	𣦧 239A7	𣦨 239A8	𣦩 239A9	𣦪 239AA	𣦫 239AB
DD	𣦬 239AC	𣦭 239AD	𣦮 239AE	𣦯 239AF	𣦰 239B0	𣦱 239B1	𣦲 239B2	𣦳 239B3	𣦴 239B4	𣦵 239B5
DE	𣦶 239B6	𣦷 239B7	𣦸 239B8	𣦹 239B9	𣦺 239BA	𣦻 239BB	𣦼 239BC	𣦽 239BD	𣦾 239BE	𣦿 239BF
DF	𣧀 239C0	𣧁 239C1	𣧂 239C2	𣧃 239C3	𣧄 239C4	𣧅 239C5	𣧆 239C6	𣧇 239C7	𣧈 239C8	𣧉 239C9
E0	𣧊 239CA	𣧋 239CB	𣧌 239CC	𣧍 239CD	𣧎 239CE	𣧏 239CF	𣧐 239D0	𣧑 239D1	𣧒 239D2	𣧓 239D3
E1	𣧔 239D4	𣧕 239D5	𣧖 239D6	𣧗 239D7	𣧘 239D8	𣧙 239D9	𣧚 239DA	𣧛 239DB	𣧜 239DC	𣧝 239DD
E2	𣧞 239DE	𣧟 239DF	𣧠 239E0	𣧡 239E1	𣧢 239E2	𣧣 239E3	𣧤 239E4	𣧥 239E5	𣧦 239E6	𣧧 239E7
E3	𣧨 239E8	𣧩 239E9	𣧪 239EA	𣧫 239EB	𣧬 239EC	𣧭 239ED	𣧮 239EE	𣧯 239EF	𣧰 239F0	𣧱 239F1
E4	𣧲 239F2	𣧳 239F3	𣧴 239F4	𣧵 239F5	𣧶 239F6	𣧷 239F7	𣧸 239F8	𣧹 239F9	𣧺 239FA	𣧻 239FB
E5	𣧼 239FC	𣧽 239FD	𣧾 239FE	𣧿 239FF	𣨀 23A00	𣨁 23A01	𣨂 23A02	𣨃 23A03	𣨄 23A04	𣨅 23A05
E6	𣨆 23A06	𣨇 23A07	𣨈 23A08	𣨉 23A09	𣨊 23A0A	𣨋 23A0B	𣨌 23A0C	𣨍 23A0D	𣨎 23A0E	𣨏 23A0F
E7	𣨐 23A10	𣨑 23A11	𣨒 23A12	𣨓 23A13	𣨔 23A14	𣨕 23A15	𣨖 23A16	𣨗 23A17	𣨘 23A18	𣨙 23A19
E8	𣨚 23A1A	𣨛 23A1B	𣨜 23A1C	𣨝 23A1D	𣨞 23A1E	𣨟 23A1F	𣨠 23A20	𣨡 23A21	𣨢 23A22	𣨣 23A23
E9	𣨤 23A24	𣨥 23A25	𣨦 23A26	𣨧 23A27	𣨨 23A28	𣨩 23A29	𣨪 23A2A	𣨫 23A2B	𣨬 23A2C	𣨭 23A2D

9633

	30	31	32	33	34	35	36	37	38	39
EA	23A2E	23A2F	23A30	23A31	23A32	23A33	23A34	23A35	23A36	23A37
EB	23A38	23A39	23A3A	23A3B	23A3C	23A3D	23A3E	23A3F	23A40	23A41
EC	23A42	23A43	23A44	23A45	23A46	23A47	23A48	23A49	23A4A	23A4B
ED	23A4C	23A4D	23A4E	23A4F	23A50	23A51	23A52	23A53	23A54	23A55
EE	23A56	23A57	23A58	23A59	23A5A	23A5B	23A5C	23A5D	23A5E	23A5F
EF	23A60	23A61	23A62	23A63	23A64	23A65	23A66	23A67	23A68	23A69
F0	23A6A	23A6B	23A6C	23A6D	23A6E	23A6F	23A70	23A71	23A72	23A73
F1	23A74	23A75	23A76	23A77	23A78	23A79	23A7A	23A7B	23A7C	23A7D
F2	23A7E	23A7F	23A80	23A81	23A82	23A83	23A84	23A85	23A86	23A87
F3	23A88	23A89	23A8A	23A8B	23A8C	23A8D	23A8E	23A8F	23A90	23A91
F4	23A92	23A93	23A94	23A95	23A96	23A97	23A98	23A99	23A9A	23A9B
F5	23A9C	23A9D	23A9E	23A9F	23AA0	23AA1	23AA2	23AA3	23AA4	23AA5
F6	23AA6	23AA7	23AA8	23AA9	23AAA	23AAB	23AAC	23AAD	23AAE	23AAF
F7	23AB0	23AB1	23AB2	23AB3	23AB4	23AB5	23AB6	23AB7	23AB8	23AB9
F8	23ABA	23ABB	23ABC	23ABD	23ABE	23ABF	23AC0	23AC1	23AC2	23AC3
F9	23AC4	23AC5	23AC6	23AC7	23AC8	23AC9	23ACA	23ACB	23ACC	23ACD
FA	23ACE	23ACF	23AD0	23AD1	23AD2	23AD3	23AD4	23AD5	23AD6	23AD7
FB	23AD8	23AD9	23ADA	23ADB	23ADC	23ADD	23ADE	23ADF	23AE0	23AE1
FC	23AE2	23AE3	23AE4	23AE5	23AE6	23AE7	23AE8	23AE9	23AEA	23AEB
FD	23AEC	23AED	23AEE	23AEF	23AF0	23AF1	23AF2	23AF3	23AF4	23AF5
FE	23AF6	23AF7	23AF8	23AF9	23AFA	23AFB	23AFC	23AFD	23AFE	23AFF

9634

	30	31	32	33	34	35	36	37	38	39
81	𣬀 23B00	𣬁 23B01	𣬂 23B02	𣬃 23B03	𣬄 23B04	𣬅 23B05	𣬆 23B06	𣬇 23B07	𣬈 23B08	𣬉 23B09
82	𣬊 23B0A	𣬋 23B0B	𣬌 23B0C	𣬍 23B0D	𣬎 23B0E	𣬏 23B0F	𣬐 23B10	𣬑 23B11	𣬒 23B12	𣬓 23B13
83	𣬔 23B14	𣬕 23B15	𣬖 23B16	𣬗 23B17	𣬘 23B18	𣬙 23B19	𣬚 23B1A	𣬛 23B1B	𣬜 23B1C	𣬝 23B1D
84	𣬞 23B1E	𣬟 23B1F	𣬠 23B20	𣬡 23B21	𣬢 23B22	𣬣 23B23	𣬤 23B24	𣬥 23B25	𣬦 23B26	𣬧 23B27
85	𣬨 23B28	𣬩 23B29	𣬪 23B2A	𣬫 23B2B	𣬬 23B2C	𣬭 23B2D	𣬮 23B2E	𣬯 23B2F	𣬰 23B30	𣬱 23B31
86	𣬲 23B32	𣬳 23B33	𣬴 23B34	𣬵 23B35	𣬶 23B36	𣬷 23B37	𣬸 23B38	𣬹 23B39	𣬺 23B3A	𣬻 23B3B
87	𣬼 23B3C	𣬽 23B3D	𣬾 23B3E	𣬿 23B3F	𣭀 23B40	𣭁 23B41	𣭂 23B42	𣭃 23B43	𣭄 23B44	𣭅 23B45
88	𣭆 23B46	𣭇 23B47	𣭈 23B48	𣭉 23B49	𣭊 23B4A	𣭋 23B4B	𣭌 23B4C	𣭍 23B4D	𣭎 23B4E	𣭏 23B4F
89	𣭐 23B50	𣭑 23B51	𣭒 23B52	𣭓 23B53	𣭔 23B54	𣭕 23B55	𣭖 23B56	𣭗 23B57	𣭘 23B58	𣭙 23B59
8A	𣭚 23B5A	𣭛 23B5B	𣭜 23B5C	𣭝 23B5D	𣭞 23B5E	𣭟 23B5F	𣭠 23B60	𣭡 23B61	𣭢 23B62	𣭣 23B63
8B	𣭤 23B64	𣭥 23B65	𣭦 23B66	𣭧 23B67	𣭨 23B68	𣭩 23B69	𣭪 23B6A	𣭫 23B6B	𣭬 23B6C	𣭭 23B6D
8C	𣭮 23B6E	𣭯 23B6F	𣭰 23B70	𣭱 23B71	𣭲 23B72	𣭳 23B73	𣭴 23B74	𣭵 23B75	𣭶 23B76	𣭷 23B77
8D	𣭸 23B78	𣭹 23B79	𣭺 23B7A	𣭻 23B7B	𣭼 23B7C	𣭽 23B7D	𣭾 23B7E	𣭿 23B7F	𣮀 23B80	𣮁 23B81
8E	𣮂 23B82	𣮃 23B83	𣮄 23B84	𣮅 23B85	𣮆 23B86	𣮇 23B87	𣮈 23B88	𣮉 23B89	𣮊 23B8A	𣮋 23B8B
8F	𣮌 23B8C	𣮍 23B8D	𣮎 23B8E	𣮏 23B8F	𣮐 23B90	𣮑 23B91	𣮒 23B92	𣮓 23B93	𣮔 23B94	𣮕 23B95
90	𣮖 23B96	𣮗 23B97	𣮘 23B98	𣮙 23B99	𣮚 23B9A	𣮛 23B9B	𣮜 23B9C	𣮝 23B9D	𣮞 23B9E	𣮟 23B9F
91	𣮠 23BA0	𣮡 23BA1	𣮢 23BA2	𣮣 23BA3	𣮤 23BA4	𣮥 23BA5	𣮦 23BA6	𣮧 23BA7	𣮨 23BA8	𣮩 23BA9
92	𣮪 23BAA	𣮫 23BAB	𣮬 23BAC	𣮭 23BAD	𣮮 23BAE	𣮯 23BAF	𣮰 23BB0	𣮱 23BB1	𣮲 23BB2	𣮳 23BB3
93	𣮴 23BB4	𣮵 23BB5	𣮶 23BB6	𣮷 23BB7	𣮸 23BB8	𣮹 23BB9	𣮺 23BBA	𣮻 23BBB	𣮼 23BBC	𣮽 23BBD
94	𣮾 23BBE	𣮿 23BBF	𣯀 23BC0	𣯁 23BC1	𣯂 23BC2	𣯃 23BC3	𣯄 23BC4	𣯅 23BC5	𣯆 23BC6	𣯇 23BC7
95	𣯈 23BC8	𣯉 23BC9	𣯊 23BCA	𣯋 23BCB	𣯌 23BCC	𣯍 23BCD	𣯎 23BCE	𣯏 23BCF	𣯐 23BD0	𣯑 23BD1

9634

	30	31	32	33	34	35	36	37	38	39
96	23BD2	23BD3	23BD4	23BD5	23BD6	23BD7	23BD8	23BD9	23BDA	23BDB
97	23BDC	23BDD	23BDE	23BDF	23BE0	23BE1	23BE2	23BE3	23BE4	23BE5
98	23BE6	23BE7	23BE8	23BE9	23BEA	23BEB	23BEC	23BED	23BEE	23BEF
99	23BF0	23BF1	23BF2	23BF3	23BF4	23BF5	23BF6	23BF7	23BF8	23BF9
9A	23BFA	23BFB	23BFC	23BFD	23BFE	23BFF	23C00	23C01	23C02	23C03
9B	23C04	23C05	23C06	23C07	23C08	23C09	23C0A	23C0B	23C0C	23C0D
9C	23C0E	23C0F	23C10	23C11	23C12	23C13	23C14	23C15	23C16	23C17
9D	23C18	23C19	23C1A	23C1B	23C1C	23C1D	23C1E	23C1F	23C20	23C21
9E	23C22	23C23	23C24	23C25	23C26	23C27	23C28	23C29	23C2A	23C2B
9F	23C2C	23C2D	23C2E	23C2F	23C30	23C31	23C32	23C33	23C34	23C35
A0	23C36	23C37	23C38	23C39	23C3A	23C3B	23C3C	23C3D	23C3E	23C3F
A1	23C40	23C41	23C42	23C43	23C44	23C45	23C46	23C47	23C48	23C49
A2	23C4A	23C4B	23C4C	23C4D	23C4E	23C4F	23C50	23C51	23C52	23C53
A3	23C54	23C55	23C56	23C57	23C58	23C59	23C5A	23C5B	23C5C	23C5D
A4	23C5E	23C5F	23C60	23C61	23C62	23C63	23C64	23C65	23C66	23C67
A5	23C68	23C69	23C6A	23C6B	23C6C	23C6D	23C6E	23C6F	23C70	23C71
A6	23C72	23C73	23C74	23C75	23C76	23C77	23C78	23C79	23C7A	23C7B
A7	23C7C	23C7D	23C7E	23C7F	23C80	23C81	23C82	23C83	23C84	23C85
A8	23C86	23C87	23C88	23C89	23C8A	23C8B	23C8C	23C8D	23C8E	23C8F
A9	23C90	23C91	23C92	23C93	23C94	23C95	23C96	23C97	23C98	23C99
AA	23C9A	23C9B	23C9C	23C9D	23C9E	23C9F	23CA0	23CA1	23CA2	23CA3

9634

	30	31	32	33	34	35	36	37	38	39
AB	𣲤 23CA4	𣲥 23CA5	𣲦 23CA6	𣲧 23CA7	𣲨 23CA8	𣲩 23CA9	𣲪 23CAA	𣲫 23CAB	𣲬 23CAC	𣲭 23CAD
AC	𣲮 23CAE	𣲯 23CAF	𣲰 23CB0	𣲱 23CB1	𣲲 23CB2	𣲳 23CB3	𣲴 23CB4	𣲵 23CB5	𣲶 23CB6	𣲷 23CB7
AD	𣲸 23CB8	𣲹 23CB9	𣲺 23CBA	𣲻 23CBB	𣲼 23CBC	𣲽 23CBD	𣲾 23CBE	𣲿 23CBF	𣳀 23CC0	𣳁 23CC1
AE	𣳂 23CC2	𣳃 23CC3	𣳄 23CC4	𣳅 23CC5	𣳆 23CC6	𣳇 23CC7	𣳈 23CC8	𣳉 23CC9	𣳊 23CCA	𣳋 23CCB
AF	𣳌 23CCC	𣳍 23CCD	𣳎 23CCE	𣳏 23CCF	𣳐 23CD0	𣳑 23CD1	𣳒 23CD2	𣳓 23CD3	𣳔 23CD4	𣳕 23CD5
B0	𣳖 23CD6	𣳗 23CD7	𣳘 23CD8	𣳙 23CD9	𣳚 23CDA	𣳛 23CDB	𣳜 23CDC	𣳝 23CDD	𣳞 23CDE	𣳟 23CDF
B1	𣳠 23CE0	𣳡 23CE1	𣳢 23CE2	𣳣 23CE3	𣳤 23CE4	𣳥 23CE5	𣳦 23CE6	𣳧 23CE7	𣳨 23CE8	𣳩 23CE9
B2	𣳪 23CEA	𣳫 23CEB	𣳬 23CEC	𣳭 23CED	𣳮 23CEE	𣳯 23CEF	𣳰 23CF0	𣳱 23CF1	𣳲 23CF2	𣳳 23CF3
B3	𣳴 23CF4	𣳵 23CF5	𣳶 23CF6	𣳷 23CF7	𣳸 23CF8	𣳹 23CF9	𣳺 23CFA	𣳻 23CFB	𣳼 23CFC	𣳽 23CFD
B4	𣳾 23CFE	𣳿 23CFF	𣴀 23D00	𣴁 23D01	𣴂 23D02	𣴃 23D03	𣴄 23D04	𣴅 23D05	𣴆 23D06	𣴇 23D07
B5	𣴈 23D08	𣴉 23D09	𣴊 23D0A	𣴋 23D0B	𣴌 23D0C	𣴍 23D0D	𣴎 23D0E	𣴏 23D0F	𣴐 23D10	𣴑 23D11
B6	𣴒 23D12	𣴓 23D13	𣴔 23D14	𣴕 23D15	𣴖 23D16	𣴗 23D17	𣴘 23D18	𣴙 23D19	𣴚 23D1A	𣴛 23D1B
B7	𣴜 23D1C	𣴝 23D1D	𣴞 23D1E	𣴟 23D1F	𣴠 23D20	𣴡 23D21	𣴢 23D22	𣴣 23D23	𣴤 23D24	𣴥 23D25
B8	𣴦 23D26	𣴧 23D27	𣴨 23D28	𣴩 23D29	𣴪 23D2A	𣴫 23D2B	𣴬 23D2C	𣴭 23D2D	𣴮 23D2E	𣴯 23D2F
B9	𣴰 23D30	𣴱 23D31	𣴲 23D32	𣴳 23D33	𣴴 23D34	𣴵 23D35	𣴶 23D36	𣴷 23D37	𣴸 23D38	𣴹 23D39
BA	𣴺 23D3A	𣴻 23D3B	𣴼 23D3C	𣴽 23D3D	𣴾 23D3E	𣴿 23D3F	𣵀 23D40	𣵁 23D41	𣵂 23D42	𣵃 23D43
BB	𣵄 23D44	𣵅 23D45	𣵆 23D46	𣵇 23D47	𣵈 23D48	𣵉 23D49	𣵊 23D4A	𣵋 23D4B	𣵌 23D4C	𣵍 23D4D
BC	𣵎 23D4E	𣵏 23D4F	𣵐 23D50	𣵑 23D51	𣵒 23D52	𣵓 23D53	𣵔 23D54	𣵕 23D55	𣵖 23D56	𣵗 23D57
BD	𣵘 23D58	𣵙 23D59	𣵚 23D5A	𣵛 23D5B	𣵜 23D5C	𣵝 23D5D	𣵞 23D5E	𣵟 23D5F	𣵠 23D60	𣵡 23D61
BE	𣵢 23D62	𣵣 23D63	𣵤 23D64	𣵥 23D65	𣵦 23D66	𣵧 23D67	𣵨 23D68	𣵩 23D69	𣵪 23D6A	𣵫 23D6B
BF	𣵬 23D6C	𣵭 23D6D	𣵮 23D6E	𣵯 23D6F	𣵰 23D70	𣵱 23D71	𣵲 23D72	𣵳 23D73	𣵴 23D74	𣵵 23D75

9634

	30	31	32	33	34	35	36	37	38	39
C0	23D76	23D77	23D78	23D79	23D7A	23D7B	23D7C	23D7D	23D7E	23D7F
C1	23D80	23D81	23D82	23D83	23D84	23D85	23D86	23D87	23D88	23D89
C2	23D8A	23D8B	23D8C	23D8D	23D8E	23D8F	23D90	23D91	23D92	23D93
C3	23D94	23D95	23D96	23D97	23D98	23D99	23D9A	23D9B	23D9C	23D9D
C4	23D9E	23D9F	23DA0	23DA1	23DA2	23DA3	23DA4	23DA5	23DA6	23DA7
C5	23DA8	23DA9	23DAA	23DAB	23DAC	23DAD	23DAE	23DAF	23DB0	23DB1
C6	23DB2	23DB3	23DB4	23DB5	23DB6	23DB7	23DB8	23DB9	23DBA	23DBB
C7	23DBC	23DBD	23DBE	23DBF	23DC0	23DC1	23DC2	23DC3	23DC4	23DC5
C8	23DC6	23DC7	23DC8	23DC9	23DCA	23DCB	23DCC	23DCD	23DCE	23DCF
C9	23DD0	23DD1	23DD2	23DD3	23DD4	23DD5	23DD6	23DD7	23DD8	23DD9
CA	23DDA	23DDB	23DDC	23DDD	23DDE	23DDF	23DE0	23DE1	23DE2	23DE3
CB	23DE4	23DE5	23DE6	23DE7	23DE8	23DE9	23DEA	23DEB	23DEC	23DED
CC	23DEE	23DEF	23DF0	23DF1	23DF2	23DF3	23DF4	23DF5	23DF6	23DF7
CD	23DF8	23DF9	23DFA	23DFB	23DFC	23DFD	23DFE	23DFF	23E00	23E01
CE	23E02	23E03	23E04	23E05	23E06	23E07	23E08	23E09	23E0A	23E0B
CF	23E0C	23E0D	23E0E	23E0F	23E10	23E11	23E12	23E13	23E14	23E15
D0	23E16	23E17	23E18	23E19	23E1A	23E1B	23E1C	23E1D	23E1E	23E1F
D1	23E20	23E21	23E22	23E23	23E24	23E25	23E26	23E27	23E28	23E29
D2	23E2A	23E2B	23E2C	23E2D	23E2E	23E2F	23E30	23E31	23E32	23E33
D3	23E34	23E35	23E36	23E37	23E38	23E39	23E3A	23E3B	23E3C	23E3D
D4	23E3E	23E3F	23E40	23E41	23E42	23E43	23E44	23E45	23E46	23E47

9634

	30	31	32	33	34	35	36	37	38	39
D5	淐 23E48	溘 23E49	澎 23E4A	滉 23E4B	洓 23E4C	滆 23E4D	潩 23E4E	涍 23E4F	溨 23E50	湦 23E51
D6	溜 23E52	潪 23E53	洄 23E54	津 23E55	洌 23E56	渗 23E57	渏 23E58	滷 23E59	湃 23E5A	㴱 23E5B
D7	渞 23E5C	湞 23E5D	涿 23E5E	湏 23E5F	涴 23E60	渚 23E61	涌 23E62	溼 23E63	滜 23E64	清 23E65
D8	浸 23E66	溶 23E67	測 23E68	淯 23E69	漉 23E6A	湅 23E6B	縠 23E6C	淋 23E6D	混 23E6E	湾 23E6F
D9	浸 23E70	溦 23E71	湃 23E72	漸 23E73	漕 23E74	湍 23E75	淩 23E76	湘 23E77	淵 23E78	㵌 23E79
DA	渌 23E7A	臯 23E7B	湘 23E7C	湦 23E7D	淳 23E7E	滴 23E7F	淍 23E80	減 23E81	湲 23E82	滑 23E83
DB	湴 23E84	湯 23E85	渙 23E86	湷 23E87	渏 23E88	淋 23E89	家 23E8A	満 23E8B	渺 23E8C	湀 23E8D
DC	漫 23E8E	滿 23E8F	湖 23E90	溶 23E91	滚 23E92	滾 23E93	澄 23E94	漸 23E95	滦 23E96	溧 23E97
DD	漏 23E98	溝 23E99	滾 23E9A	澤 23E9B	溹 23E9C	濕 23E9D	漳 23E9E	滃 23E9F	澍 23EA0	湩 23EA1
DE	滌 23EA2	滬 23EA3	瀏 23EA4	潞 23EA5	漊 23EA6	滔 23EA7	逢 23EA8	溯 23EA9	賫 23EAA	滲 23EAB
DF	流 23EAC	滅 23EAD	滏 23EAE	湿 23EAF	消 23EB0	淨 23EB1	潑 23EB2	涮 23EB3	濟 23EB4	潒 23EB5
E0	漦 23EB6	瀆 23EB7	湫 23EB8	湚 23EB9	漄 23EBA	溢 23EBB	浣 23EBC	澐 23EBD	洳 23EBE	澿 23EBF
E1	渊 23EC0	澍 23EC1	浙 23EC2	涪 23EC3	涂 23EC4	渺 23EC5	濨 23EC6	湿 23EC7	湊 23EC8	滞 23EC9
E2	黎 23ECA	溆 23ECB	漾 23ECC	潙 23ECD	淀 23ECE	澡 23ECF	濾 23ED0	溌 23ED1	游 23ED2	漨 23ED3
E3	漂 23ED4	滽 23ED5	浇 23ED6	溡 23ED7	湔 23ED8	渢 23ED9	淅 23EDA	渚 23EDB	淤 23EDC	澅 23EDD
E4	溎 23EDE	滅 23EDF	溆 23EE0	滾 23EE1	通 23EE2	漸 23EE3	瀶 23EE4	涓 23EE5	滄 23EE6	潨 23EE7
E5	瀑 23EE8	滷 23EE9	漱 23EEA	瀰 23EEB	深 23EEC	溢 23EED	黜 23EEE	褱 23EEF	滙 23EF0	澾 23EF1
E6	濇 23EF2	瀕 23EF3	瀼 23EF4	灣 23EF5	漣 23EF6	澍 23EF7	漭 23EF8	瀅 23EF9	湛 23EFA	漧 23EFB
E7	瀧 23EFC	灑 23EFD	瀏 23EFE	滓 23EFF	濾 23F00	濼 23F01	濬 23F02	濼 23F03	瀌 23F04	濴 23F05
E8	瀝 23F06	瀛 23F07	灌 23F08	瀏 23F09	瀴 23F0A	瀲 23F0B	灄 23F0C	灕 23F0D	灈 23F0E	灦 23F0F
E9	灛 23F10	灤 23F11	灩 23F12	灝 23F13	灪 23F14	灡 23F15	灢 23F16	灣 23F17	爨 23F18	纍 23F19

9634

	30	31	32	33	34	35	36	37	38	39
EA	23F1A	23F1B	23F1C	23F1D	23F1E	23F1F	23F20	23F21	23F22	23F23
EB	23F24	23F25	23F26	23F27	23F28	23F29	23F2A	23F2B	23F2C	23F2D
EC	23F2E	23F2F	23F30	23F31	23F32	23F33	23F34	23F35	23F36	23F37
ED	23F38	23F39	23F3A	23F3B	23F3C	23F3D	23F3E	23F3F	23F40	23F41
EE	23F42	23F43	23F44	23F45	23F46	23F47	23F48	23F49	23F4A	23F4B
EF	23F4C	23F4D	23F4E	23F4F	23F50	23F51	23F52	23F53	23F54	23F55
F0	23F56	23F57	23F58	23F59	23F5A	23F5B	23F5C	23F5D	23F5E	23F5F
F1	23F60	23F61	23F62	23F63	23F64	23F65	23F66	23F67	23F68	23F69
F2	23F6A	23F6B	23F6C	23F6D	23F6E	23F6F	23F70	23F71	23F72	23F73
F3	23F74	23F75	23F76	23F77	23F78	23F79	23F7A	23F7B	23F7C	23F7D
F4	23F7E	23F7F	23F80	23F81	23F82	23F83	23F84	23F85	23F86	23F87
F5	23F88	23F89	23F8A	23F8B	23F8C	23F8D	23F8E	23F8F	23F90	23F91
F6	23F92	23F93	23F94	23F95	23F96	23F97	23F98	23F99	23F9A	23F9B
F7	23F9C	23F9D	23F9E	23F9F	23FA0	23FA1	23FA2	23FA3	23FA4	23FA5
F8	23FA6	23FA7	23FA8	23FA9	23FAA	23FAB	23FAC	23FAD	23FAE	23FAF
F9	23FB0	23FB1	23FB2	23FB3	23FB4	23FB5	23FB6	23FB7	23FB8	23FB9
FA	23FBA	23FBB	23FBC	23FBD	23FBE	23FBF	23FC0	23FC1	23FC2	23FC3
FB	23FC4	23FC5	23FC6	23FC7	23FC8	23FC9	23FCA	23FCB	23FCC	23FCD
FC	23FCE	23FCF	23FD0	23FD1	23FD2	23FD3	23FD4	23FD5	23FD6	23FD7
FD	23FD8	23FD9	23FDA	23FDB	23FDC	23FDD	23FDE	23FDF	23FE0	23FE1
FE	23FE2	23FE3	23FE4	23FE5	23FE6	23FE7	23FE8	23FE9	23FEA	23FEB

9635

	30	31	32	33	34	35	36	37	38	39
81	𣿬 23FEC	𣿭 23FED	𣿮 23FEE	𣿯 23FEF	𣿰 23FF0	𣿱 23FF1	𣿲 23FF2	𣿳 23FF3	𣿴 23FF4	𣿵 23FF5
82	𣿶 23FF6	𣿷 23FF7	𣿸 23FF8	𣿹 23FF9	𣿺 23FFA	𣿻 23FFB	𣿼 23FFC	𣿽 23FFD	𣿾 23FFE	𣿿 23FFF
83	𤀀 24000	𤀁 24001	𤀂 24002	𤀃 24003	𤀄 24004	𤀅 24005	𤀆 24006	𤀇 24007	𤀈 24008	𤀉 24009
84	𤀊 2400A	𤀋 2400B	𤀌 2400C	𤀍 2400D	𤀎 2400E	𤀏 2400F	𤀐 24010	𤀑 24011	𤀒 24012	𤀓 24013
85	𤀔 24014	𤀕 24015	𤀖 24016	𤀗 24017	𤀘 24018	𤀙 24019	𤀚 2401A	𤀛 2401B	𤀜 2401C	𤀝 2401D
86	𤀞 2401E	𤀟 2401F	𤀠 24020	𤀡 24021	𤀢 24022	𤀣 24023	𤀤 24024	𤀥 24025	𤀦 24026	𤀧 24027
87	𤀨 24028	𤀩 24029	𤀪 2402A	𤀫 2402B	𤀬 2402C	𤀭 2402D	𤀮 2402E	𤀯 2402F	𤀰 24030	𤀱 24031
88	𤀲 24032	𤀳 24033	𤀴 24034	𤀵 24035	𤀶 24036	𤀷 24037	𤀸 24038	𤀹 24039	𤀺 2403A	𤀻 2403B
89	𤀼 2403C	𤀽 2403D	𤀾 2403E	𤀿 2403F	𤁀 24040	𤁁 24041	𤁂 24042	𤁃 24043	𤁄 24044	𤁅 24045
8A	𤁆 24046	𤁇 24047	𤁈 24048	𤁉 24049	𤁊 2404A	𤁋 2404B	𤁌 2404C	𤁍 2404D	𤁎 2404E	𤁏 2404F
8B	𤁐 24050	𤁑 24051	𤁒 24052	𤁓 24053	𤁔 24054	𤁕 24055	𤁖 24056	𤁗 24057	𤁘 24058	𤁙 24059
8C	𤁚 2405A	𤁛 2405B	𤁜 2405C	𤁝 2405D	𤁞 2405E	𤁟 2405F	𤁠 24060	𤁡 24061	𤁢 24062	𤁣 24063
8D	𤁤 24064	𤁥 24065	𤁦 24066	𤁧 24067	𤁨 24068	𤁩 24069	𤁪 2406A	𤁫 2406B	𤁬 2406C	𤁭 2406D
8E	𤁮 2406E	𤁯 2406F	𤁰 24070	𤁱 24071	𤁲 24072	𤁳 24073	𤁴 24074	𤁵 24075	𤁶 24076	𤁷 24077
8F	𤁸 24078	𤁹 24079	𤁺 2407A	𤁻 2407B	𤁼 2407C	𤁽 2407D	𤁾 2407E	𤁿 2407F	𤂀 24080	𤂁 24081
90	𤂂 24082	𤂃 24083	𤂄 24084	𤂅 24085	𤂆 24086	𤂇 24087	𤂈 24088	𤂉 24089	𤂊 2408A	𤂋 2408B
91	𤂌 2408C	𤂍 2408D	𤂎 2408E	𤂏 2408F	𤂐 24090	𤂑 24091	𤂒 24092	𤂓 24093	𤂔 24094	𤂕 24095
92	𤂖 24096	𤂗 24097	𤂘 24098	𤂙 24099	𤂚 2409A	𤂛 2409B	𤂜 2409C	𤂝 2409D	𤂞 2409E	𤂟 2409F
93	𤂠 240A0	𤂡 240A1	𤂢 240A2	𤂣 240A3	𤂤 240A4	𤂥 240A5	𤂦 240A6	𤂧 240A7	𤂨 240A8	𤂩 240A9
94	𤂪 240AA	𤂫 240AB	𤂬 240AC	𤂭 240AD	𤂮 240AE	𤂯 240AF	𤂰 240B0	𤂱 240B1	𤂲 240B2	𤂳 240B3
95	𤂴 240B4	𤂵 240B5	𤂶 240B6	𤂷 240B7	𤂸 240B8	𤂹 240B9	𤂺 240BA	𤂻 240BB	𤂼 240BC	𤂽 240BD

9635

	30	31	32	33	34	35	36	37	38	39
96	240BE	240BF	240C0	240C1	240C2	240C3	240C4	240C5	240C6	240C7
97	240C8	240C9	240CA	240CB	240CC	240CD	240CE	240CF	240D0	240D1
98	240D2	240D3	240D4	240D5	240D6	240D7	240D8	240D9	240DA	240DB
99	240DC	240DD	240DE	240DF	240E0	240E1	240E2	240E3	240E4	240E5
9A	240E6	240E7	240E8	240E9	240EA	240EB	240EC	240ED	240EE	240EF
9B	240F0	240F1	240F2	240F3	240F4	240F5	240F6	240F7	240F8	240F9
9C	240FA	240FB	240FC	240FD	240FE	240FF	24100	24101	24102	24103
9D	24104	24105	24106	24107	24108	24109	2410A	2410B	2410C	2410D
9E	2410E	2410F	24110	24111	24112	24113	24114	24115	24116	24117
9F	24118	24119	2411A	2411B	2411C	2411D	2411E	2411F	24120	24121
A0	24122	24123	24124	24125	24126	24127	24128	24129	2412A	2412B
A1	2412C	2412D	2412E	2412F	24130	24131	24132	24133	24134	24135
A2	24136	24137	24138	24139	2413A	2413B	2413C	2413D	2413E	2413F
A3	24140	24141	24142	24143	24144	24145	24146	24147	24148	24149
A4	2414A	2414B	2414C	2414D	2414E	2414F	24150	24151	24152	24153
A5	24154	24155	24156	24157	24158	24159	2415A	2415B	2415C	2415D
A6	2415E	2415F	24160	24161	24162	24163	24164	24165	24166	24167
A7	24168	24169	2416A	2416B	2416C	2416D	2416E	2416F	24170	24171
A8	24172	24173	24174	24175	24176	24177	24178	24179	2417A	2417B
A9	2417C	2417D	2417E	2417F	24180	24181	24182	24183	24184	24185
AA	24186	24187	24188	24189	2418A	2418B	2418C	2418D	2418E	2418F

9635

	30	31	32	33	34	35	36	37	38	39
AB	𤆐 24190	𤆑 24191	𤆒 24192	𤆓 24193	𤆔 24194	𤆕 24195	𤆖 24196	𤆗 24197	𤆘 24198	𤆙 24199
AC	𤆚 2419A	𤆛 2419B	𤆜 2419C	𤆝 2419D	𤆞 2419E	𤆟 2419F	𤆠 241A0	𤆡 241A1	𤆢 241A2	𤆣 241A3
AD	𤆤 241A4	𤆥 241A5	𤆦 241A6	𤆧 241A7	𤆨 241A8	𤆩 241A9	𤆪 241AA	𤆫 241AB	𤆬 241AC	𤆭 241AD
AE	𤆮 241AE	𤆯 241AF	𤆰 241B0	𤆱 241B1	𤆲 241B2	𤆳 241B3	𤆴 241B4	𤆵 241B5	𤆶 241B6	𤆷 241B7
AF	𤆸 241B8	𤆹 241B9	𤆺 241BA	𤆻 241BB	𤆼 241BC	𤆽 241BD	𤆾 241BE	𤆿 241BF	𤇀 241C0	𤇁 241C1
B0	𤇂 241C2	𤇃 241C3	𤇄 241C4	𤇅 241C5	𤇆 241C6	𤇇 241C7	𤇈 241C8	𤇉 241C9	𤇊 241CA	𤇋 241CB
B1	𤇌 241CC	𤇍 241CD	𤇎 241CE	𤇏 241CF	𤇐 241D0	𤇑 241D1	𤇒 241D2	𤇓 241D3	𤇔 241D4	𤇕 241D5
B2	𤇖 241D6	𤇗 241D7	𤇘 241D8	𤇙 241D9	𤇚 241DA	𤇛 241DB	𤇜 241DC	𤇝 241DD	𤇞 241DE	𤇟 241DF
B3	𤇠 241E0	𤇡 241E1	𤇢 241E2	𤇣 241E3	𤇤 241E4	𤇥 241E5	𤇦 241E6	𤇧 241E7	𤇨 241E8	𤇩 241E9
B4	𤇪 241EA	𤇫 241EB	𤇬 241EC	𤇭 241ED	𤇮 241EE	𤇯 241EF	𤇰 241F0	𤇱 241F1	𤇲 241F2	𤇳 241F3
B5	𤇴 241F4	𤇵 241F5	𤇶 241F6	𤇷 241F7	𤇸 241F8	𤇹 241F9	𤇺 241FA	𤇻 241FB	𤇼 241FC	𤇽 241FD
B6	𤇾 241FE	𤇿 241FF	𤈀 24200	𤈁 24201	𤈂 24202	𤈃 24203	𤈄 24204	𤈅 24205	𤈆 24206	𤈇 24207
B7	𤈈 24208	𤈉 24209	𤈊 2420A	𤈋 2420B	𤈌 2420C	𤈍 2420D	𤈎 2420E	𤈏 2420F	𤈐 24210	𤈑 24211
B8	𤈒 24212	𤈓 24213	𤈔 24214	𤈕 24215	𤈖 24216	𤈗 24217	𤈘 24218	𤈙 24219	𤈚 2421A	𤈛 2421B
B9	𤈜 2421C	𤈝 2421D	𤈞 2421E	𤈟 2421F	𤈠 24220	𤈡 24221	𤈢 24222	𤈣 24223	𤈤 24224	𤈥 24225
BA	𤈦 24226	𤈧 24227	𤈨 24228	𤈩 24229	𤈪 2422A	𤈫 2422B	𤈬 2422C	𤈭 2422D	𤈮 2422E	𤈯 2422F
BB	𤈰 24230	𤈱 24231	𤈲 24232	𤈳 24233	𤈴 24234	𤈵 24235	𤈶 24236	𤈷 24237	𤈸 24238	𤈹 24239
BC	𤈺 2423A	𤈻 2423B	𤈼 2423C	𤈽 2423D	𤈾 2423E	𤈿 2423F	𤉀 24240	𤉁 24241	𤉂 24242	𤉃 24243
BD	𤉄 24244	𤉅 24245	𤉆 24246	𤉇 24247	𤉈 24248	𤉉 24249	𤉊 2424A	𤉋 2424B	𤉌 2424C	𤉍 2424D
BE	𤉎 2424E	𤉏 2424F	𤉐 24250	𤉑 24251	𤉒 24252	𤉓 24253	𤉔 24254	𤉕 24255	𤉖 24256	𤉗 24257
BF	𤉘 24258	𤉙 24259	𤉚 2425A	𤉛 2425B	𤉜 2425C	𤉝 2425D	𤉞 2425E	𤉟 2425F	𤉠 24260	𤉡 24261

9635

	30	31	32	33	34	35	36	37	38	39
C0	𤉢 24262	𤉣 24263	𤉤 24264	𤉥 24265	𤉦 24266	𤉧 24267	𤉨 24268	𤉩 24269	𤉪 2426A	𤉫 2426B
C1	𤉬 2426C	𤉭 2426D	𤉮 2426E	𤉯 2426F	𤉰 24270	𤉱 24271	𤉲 24272	𤉳 24273	𤉴 24274	𤉵 24275
C2	𤉶 24276	𤉷 24277	𤉸 24278	𤉹 24279	𤉺 2427A	𤉻 2427B	𤉼 2427C	𤉽 2427D	𤉾 2427E	𤉿 2427F
C3	𤊀 24280	𤊁 24281	𤊂 24282	𤊃 24283	𤊄 24284	𤊅 24285	𤊆 24286	𤊇 24287	𤊈 24288	𤊉 24289
C4	𤊊 2428A	𤊋 2428B	𤊌 2428C	𤊍 2428D	𤊎 2428E	𤊏 2428F	𤊐 24290	𤊑 24291	𤊒 24292	𤊓 24293
C5	𤊔 24294	𤊕 24295	𤊖 24296	𤊗 24297	𤊘 24298	𤊙 24299	𤊚 2429A	𤊛 2429B	𤊜 2429C	𤊝 2429D
C6	𤊞 2429E	𤊟 2429F	𤊠 242A0	𤊡 242A1	𤊢 242A2	𤊣 242A3	𤊤 242A4	𤊥 242A5	𤊦 242A6	𤊧 242A7
C7	𤊨 242A8	𤊩 242A9	𤊪 242AA	𤊫 242AB	𤊬 242AC	𤊭 242AD	𤊮 242AE	𤊯 242AF	𤊰 242B0	𤊱 242B1
C8	𤊲 242B2	𤊳 242B3	𤊴 242B4	𤊵 242B5	𤊶 242B6	𤊷 242B7	𤊸 242B8	𤊹 242B9	𤊺 242BA	𤊻 242BB
C9	𤊼 242BC	𤊽 242BD	𤊾 242BE	𤊿 242BF	𤋀 242C0	𤋁 242C1	𤋂 242C2	𤋃 242C3	𤋄 242C4	𤋅 242C5
CA	𤋆 242C6	𤋇 242C7	𤋈 242C8	𤋉 242C9	𤋊 242CA	𤋋 242CB	𤋌 242CC	𤋍 242CD	𤋎 242CE	𤋏 242CF
CB	𤋐 242D0	𤋑 242D1	𤋒 242D2	𤋓 242D3	𤋔 242D4	𤋕 242D5	𤋖 242D6	𤋗 242D7	𤋘 242D8	𤋙 242D9
CC	𤋚 242DA	𤋛 242DB	𤋜 242DC	𤋝 242DD	𤋞 242DE	𤋟 242DF	𤋠 242E0	𤋡 242E1	𤋢 242E2	𤋣 242E3
CD	𤋤 242E4	𤋥 242E5	𤋦 242E6	𤋧 242E7	𤋨 242E8	𤋩 242E9	𤋪 242EA	𤋫 242EB	𤋬 242EC	𤋭 242ED
CE	𤋮 242EE	𤋯 242EF	𤋰 242F0	𤋱 242F1	𤋲 242F2	𤋳 242F3	𤋴 242F4	𤋵 242F5	𤋶 242F6	𤋷 242F7
CF	𤋸 242F8	𤋹 242F9	𤋺 242FA	𤋻 242FB	𤋼 242FC	𤋽 242FD	𤋾 242FE	𤋿 242FF	𤌀 24300	𤌁 24301
D0	𤌂 24302	𤌃 24303	𤌄 24304	𤌅 24305	𤌆 24306	𤌇 24307	𤌈 24308	𤌉 24309	𤌊 2430A	𤌋 2430B
D1	𤌌 2430C	𤌍 2430D	𤌎 2430E	𤌏 2430F	𤌐 24310	𤌑 24311	𤌒 24312	𤌓 24313	𤌔 24314	𤌕 24315
D2	𤌖 24316	𤌗 24317	𤌘 24318	𤌙 24319	𤌚 2431A	𤌛 2431B	𤌜 2431C	𤌝 2431D	𤌞 2431E	𤌟 2431F
D3	𤌠 24320	𤌡 24321	𤌢 24322	𤌣 24323	𤌤 24324	𤌥 24325	𤌦 24326	𤌧 24327	𤌨 24328	𤌩 24329
D4	𤌪 2432A	𤌫 2432B	𤌬 2432C	𤌭 2432D	𤌮 2432E	𤌯 2432F	𤌰 24330	𤌱 24331	𤌲 24332	𤌳 24333

9635

	30	31	32	33	34	35	36	37	38	39
D5	24334	24335	24336	24337	24338	24339	2433A	2433B	2433C	2433D
D6	2433E	2433F	24340	24341	24342	24343	24344	24345	24346	24347
D7	24348	24349	2434A	2434B	2434C	2434D	2434E	2434F	24350	24351
D8	24352	24353	24354	24355	24356	24357	24358	24359	2435A	2435B
D9	2435C	2435D	2435E	2435F	24360	24361	24362	24363	24364	24365
DA	24366	24367	24368	24369	2436A	2436B	2436C	2436D	2436E	2436F
DB	24370	24371	24372	24373	24374	24375	24376	24377	24378	24379
DC	2437A	2437B	2437C	2437D	2437E	2437F	24380	24381	24382	24383
DD	24384	24385	24386	24387	24388	24389	2438A	2438B	2438C	2438D
DE	2438E	2438F	24390	24391	24392	24393	24394	24395	24396	24397
DF	24398	24399	2439A	2439B	2439C	2439D	2439E	2439F	243A0	243A1
E0	243A2	243A3	243A4	243A5	243A6	243A7	243A8	243A9	243AA	243AB
E1	243AC	243AD	243AE	243AF	243B0	243B1	243B2	243B3	243B4	243B5
E2	243B6	243B7	243B8	243B9	243BA	243BB	243BC	243BD	243BE	243BF
E3	243C0	243C1	243C2	243C3	243C4	243C5	243C6	243C7	243C8	243C9
E4	243CA	243CB	243CC	243CD	243CE	243CF	243D0	243D1	243D2	243D3
E5	243D4	243D5	243D6	243D7	243D8	243D9	243DA	243DB	243DC	243DD
E6	243DE	243DF	243E0	243E1	243E2	243E3	243E4	243E5	243E6	243E7
E7	243E8	243E9	243EA	243EB	243EC	243ED	243EE	243EF	243F0	243F1
E8	243F2	243F3	243F4	243F5	243F6	243F7	243F8	243F9	243FA	243FB
E9	243FC	243FD	243FE	243FF	24400	24401	24402	24403	24404	24405

9635

	30	31	32	33	34	35	36	37	38	39
EA	24406	24407	24408	24409	2440A	2440B	2440C	2440D	2440E	2440F
EB	24410	24411	24412	24413	24414	24415	24416	24417	24418	24419
EC	2441A	2441B	2441C	2441D	2441E	2441F	24420	24421	24422	24423
ED	24424	24425	24426	24427	24428	24429	2442A	2442B	2442C	2442D
EE	2442E	2442F	24430	24431	24432	24433	24434	24435	24436	24437
EF	24438	24439	2443A	2443B	2443C	2443D	2443E	2443F	24440	24441
F0	24442	24443	24444	24445	24446	24447	24448	24449	2444A	2444B
F1	2444C	2444D	2444E	2444F	24450	24451	24452	24453	24454	24455
F2	24456	24457	24458	24459	2445A	2445B	2445C	2445D	2445E	2445F
F3	24460	24461	24462	24463	24464	24465	24466	24467	24468	24469
F4	2446A	2446B	2446C	2446D	2446E	2446F	24470	24471	24472	24473
F5	24474	24475	24476	24477	24478	24479	2447A	2447B	2447C	2447D
F6	2447E	2447F	24480	24481	24482	24483	24484	24485	24486	24487
F7	24488	24489	2448A	2448B	2448C	2448D	2448E	2448F	24490	24491
F8	24492	24493	24494	24495	24496	24497	24498	24499	2449A	2449B
F9	2449C	2449D	2449E	2449F	244A0	244A1	244A2	244A3	244A4	244A5
FA	244A6	244A7	244A8	244A9	244AA	244AB	244AC	244AD	244AE	244AF
FB	244B0	244B1	244B2	244B3	244B4	244B5	244B6	244B7	244B8	244B9
FC	244BA	244BB	244BC	244BD	244BE	244BF	244C0	244C1	244C2	244C3
FD	244C4	244C5	244C6	244C7	244C8	244C9	244CA	244CB	244CC	244CD
FE	244CE	244CF	244D0	244D1	244D2	244D3	244D4	244D5	244D6	244D7

9636

	30	31	32	33	34	35	36	37	38	39
81	244D8	244D9	244DA	244DB	244DC	244DD	244DE	244DF	244E0	244E1
82	244E2	244E3	244E4	244E5	244E6	244E7	244E8	244E9	244EA	244EB
83	244EC	244ED	244EE	244EF	244F0	244F1	244F2	244F3	244F4	244F5
84	244F6	244F7	244F8	244F9	244FA	244FB	244FC	244FD	244FE	244FF
85	24500	24501	24502	24503	24504	24505	24506	24507	24508	24509
86	2450A	2450B	2450C	2450D	2450E	2450F	24510	24511	24512	24513
87	24514	24515	24516	24517	24518	24519	2451A	2451B	2451C	2451D
88	2451E	2451F	24520	24521	24522	24523	24524	24525	24526	24527
89	24528	24529	2452A	2452B	2452C	2452D	2452E	2452F	24530	24531
8A	24532	24533	24534	24535	24536	24537	24538	24539	2453A	2453B
8B	2453C	2453D	2453E	2453F	24540	24541	24542	24543	24544	24545
8C	24546	24547	24548	24549	2454A	2454B	2454C	2454D	2454E	2454F
8D	24550	24551	24552	24553	24554	24555	24556	24557	24558	24559
8E	2455A	2455B	2455C	2455D	2455E	2455F	24560	24561	24562	24563
8F	24564	24565	24566	24567	24568	24569	2456A	2456B	2456C	2456D
90	2456E	2456F	24570	24571	24572	24573	24574	24575	24576	24577
91	24578	24579	2457A	2457B	2457C	2457D	2457E	2457F	24580	24581
92	24582	24583	24584	24585	24586	24587	24588	24589	2458A	2458B
93	2458C	2458D	2458E	2458F	24590	24591	24592	24593	24594	24595
94	24596	24597	24598	24599	2459A	2459B	2459C	2459D	2459E	2459F
95	245A0	245A1	245A2	245A3	245A4	245A5	245A6	245A7	245A8	245A9

9636

	30	31	32	33	34	35	36	37	38	39
96	245AA	245AB	245AC	245AD	245AE	245AF	245B0	245B1	245B2	245B3
97	245B4	245B5	245B6	245B7	245B8	245B9	245BA	245BB	245BC	245BD
98	245BE	245BF	245C0	245C1	245C2	245C3	245C4	245C5	245C6	245C7
99	245C8	245C9	245CA	245CB	245CC	245CD	245CE	245CF	245D0	245D1
9A	245D2	245D3	245D4	245D5	245D6	245D7	245D8	245D9	245DA	245DB
9B	245DC	245DD	245DE	245DF	245E0	245E1	245E2	245E3	245E4	245E5
9C	245E6	245E7	245E8	245E9	245EA	245EB	245EC	245ED	245EE	245EF
9D	245F0	245F1	245F2	245F3	245F4	245F5	245F6	245F7	245F8	245F9
9E	245FA	245FB	245FC	245FD	245FE	245FF	24600	24601	24602	24603
9F	24604	24605	24606	24607	24608	24609	2460A	2460B	2460C	2460D
A0	2460E	2460F	24610	24611	24612	24613	24614	24615	24616	24617
A1	24618	24619	2461A	2461B	2461C	2461D	2461E	2461F	24620	24621
A2	24622	24623	24624	24625	24626	24627	24628	24629	2462A	2462B
A3	2462C	2462D	2462E	2462F	24630	24631	24632	24633	24634	24635
A4	24636	24637	24638	24639	2463A	2463B	2463C	2463D	2463E	2463F
A5	24640	24641	24642	24643	24644	24645	24646	24647	24648	24649
A6	2464A	2464B	2464C	2464D	2464E	2464F	24650	24651	24652	24653
A7	24654	24655	24656	24657	24658	24659	2465A	2465B	2465C	2465D
A8	2465E	2465F	24660	24661	24662	24663	24664	24665	24666	24667
A9	24668	24669	2466A	2466B	2466C	2466D	2466E	2466F	24670	24671
AA	24672	24673	24674	24675	24676	24677	24678	24679	2467A	2467B

9636

	30	31	32	33	34	35	36	37	38	39
AB	𤙼 2467C	𤙽 2467D	𤙾 2467E	𤙿 2467F	𤚀 24680	𤚁 24681	𤚂 24682	𤚃 24683	𤚄 24684	𤚅 24685
AC	𤚆 24686	𤚇 24687	𤚈 24688	𤚉 24689	𤚊 2468A	𤚋 2468B	𤚌 2468C	𤚍 2468D	𤚎 2468E	𤚏 2468F
AD	𤚐 24690	𤚑 24691	𤚒 24692	𤚓 24693	𤚔 24694	𤚕 24695	𤚖 24696	𤚗 24697	𤚘 24698	𤚙 24699
AE	𤚚 2469A	𤚛 2469B	𤚜 2469C	𤚝 2469D	𤚞 2469E	𤚟 2469F	𤚠 246A0	𤚡 246A1	𤚢 246A2	𤚣 246A3
AF	𤚤 246A4	𤚥 246A5	𤚦 246A6	𤚧 246A7	𤚨 246A8	𤚩 246A9	𤚪 246AA	𤚫 246AB	𤚬 246AC	𤚭 246AD
B0	𤚮 246AE	𤚯 246AF	𤚰 246B0	𤚱 246B1	𤚲 246B2	𤚳 246B3	𤚴 246B4	𤚵 246B5	𤚶 246B6	𤚷 246B7
B1	𤚸 246B8	𤚹 246B9	𤚺 246BA	𤚻 246BB	𤚼 246BC	𤚽 246BD	𤚾 246BE	𤚿 246BF	𤛀 246C0	𤛁 246C1
B2	𤛂 246C2	𤛃 246C3	𤛄 246C4	𤛅 246C5	𤛆 246C6	𤛇 246C7	𤛈 246C8	𤛉 246C9	𤛊 246CA	𤛋 246CB
B3	𤛌 246CC	𤛍 246CD	𤛎 246CE	𤛏 246CF	𤛐 246D0	𤛑 246D1	𤛒 246D2	𤛓 246D3	𤛔 246D4	𤛕 246D5
B4	𤛖 246D6	𤛗 246D7	𤛘 246D8	𤛙 246D9	𤛚 246DA	𤛛 246DB	𤛜 246DC	𤛝 246DD	𤛞 246DE	𤛟 246DF
B5	𤛠 246E0	𤛡 246E1	𤛢 246E2	𤛣 246E3	𤛤 246E4	𤛥 246E5	𤛦 246E6	𤛧 246E7	𤛨 246E8	𤛩 246E9
B6	𤛪 246EA	𤛫 246EB	𤛬 246EC	𤛭 246ED	𤛮 246EE	𤛯 246EF	𤛰 246F0	𤛱 246F1	𤛲 246F2	𤛳 246F3
B7	𤛴 246F4	𤛵 246F5	𤛶 246F6	𤛷 246F7	𤛸 246F8	𤛹 246F9	𤛺 246FA	𤛻 246FB	𤛼 246FC	𤛽 246FD
B8	𤛾 246FE	𤛿 246FF	𤜀 24700	𤜁 24701	𤜂 24702	𤜃 24703	𤜄 24704	𤜅 24705	𤜆 24706	𤜇 24707
B9	𤜈 24708	𤜉 24709	𤜊 2470A	𤜋 2470B	𤜌 2470C	𤜍 2470D	𤜎 2470E	𤜏 2470F	𤜐 24710	𤜑 24711
BA	𤜒 24712	𤜓 24713	𤜔 24714	𤜕 24715	𤜖 24716	𤜗 24717	𤜘 24718	𤜙 24719	𤜚 2471A	𤜛 2471B
BB	𤜜 2471C	𤜝 2471D	𤜞 2471E	𤜟 2471F	𤜠 24720	𤜡 24721	𤜢 24722	𤜣 24723	𤜤 24724	𤜥 24725
BC	𤜦 24726	𤜧 24727	𤜨 24728	𤜩 24729	𤜪 2472A	𤜫 2472B	𤜬 2472C	𤜭 2472D	𤜮 2472E	𤜯 2472F
BD	𤜰 24730	𤜱 24731	𤜲 24732	𤜳 24733	𤜴 24734	𤜵 24735	𤜶 24736	𤜷 24737	𤜸 24738	𤜹 24739
BE	𤜺 2473A	𤜻 2473B	𤜼 2473C	𤜽 2473D	𤜾 2473E	𤜿 2473F	𤝀 24740	𤝁 24741	𤝂 24742	𤝃 24743
BF	𤝄 24744	𤝅 24745	𤝆 24746	𤝇 24747	𤝈 24748	𤝉 24749	𤝊 2474A	𤝋 2474B	𤝌 2474C	𤝍 2474D

9636

	30	31	32	33	34	35	36	37	38	39
C0	犾 2474E	狝 2474F	犸 24750	犽 24751	狆 24752	狜 24753	狲 24754	狫 24755	狈 24756	狚 24757
C1	犼 24758	狟 24759	狆 2475A	狏 2475B	犮 2475C	狳 2475D	犻 2475E	猒 2475F	狒 24760	猷 24761
C2	狰 24762	狹 24763	狔 24764	狄 24765	犲 24766	狗 24767	狁 24768	犽 24769	狭 2476A	狦 2476B
C3	狋 2476C	狣 2476D	狘 2476E	狱 2476F	狢 24770	狪 24771	狊 24772	狎 24773	狣 24774	狴 24775
C4	狀 24776	狰 24777	狳 24778	狶 24779	狸 2477A	狢 2477B	狛 2477C	狷 2477D	猫 2477E	狴 2477F
C5	狁 24780	狐 24781	狃 24782	狡 24783	狣 24784	狘 24785	狞 24786	狌 24787	狉 24788	狨 24789
C6	狣 2478A	狠 2478B	狞 2478C	狸 2478D	狳 2478E	狦 2478F	狩 24790	狪 24791	狫 24792	狤 24793
C7	狱 24794	狮 24795	狭 24796	狭 24797	狂 24798	狩 24799	狷 2479A	狵 2479B	狺 2479C	狻 2479D
C8	狢 2479E	狟 2479F	狳 247A0	猚 247A1	猞 247A2	猒 247A3	猐 247A4	猒 247A5	猇 247A6	猎 247A7
C9	猵 247A8	猛 247A9	猖 247AA	猘 247AB	猇 247AC	猊 247AD	猗 247AE	猥 247AF	猭 247B0	猑 247B1
CA	猍 247B2	猓 247B3	猘 247B4	猡 247B5	猙 247B6	猈 247B7	猏 247B8	猵 247B9	猞 247BA	猛 247BB
CB	猰 247BC	猱 247BD	猬 247BE	猘 247BF	猒 247C0	猫 247C1	猾 247C2	猥 247C3	猤 247C4	猪 247C5
CC	猁 247C6	猤 247C7	猌 247C8	猇 247C9	猈 247CA	猎 247CB	猋 247CC	猐 247CD	猢 247CE	猰 247CF
CD	猲 247D0	猴 247D1	猍 247D2	猒 247D3	猖 247D4	猾 247D5	猱 247D6	猳 247D7	猻 247D8	猷 247D9
CE	猺 247DA	猼 247DB	猷 247DC	猿 247DD	獀 247DE	獁 247DF	獂 247E0	獃 247E1	獄 247E2	獅 247E3
CF	獆 247E4	獇 247E5	獈 247E6	獉 247E7	獊 247E8	獋 247E9	獌 247EA	獍 247EB	獎 247EC	獏 247ED
D0	獐 247EE	獑 247EF	獒 247F0	獓 247F1	獔 247F2	獕 247F3	獖 247F4	獗 247F5	獘 247F6	獙 247F7
D1	獚 247F8	獛 247F9	獜 247FA	獝 247FB	獞 247FC	獟 247FD	獠 247FE	獡 247FF	獢 24800	獣 24801
D2	獤 24802	獥 24803	獦 24804	獧 24805	獨 24806	獩 24807	獪 24808	獫 24809	獬 2480A	獭 2480B
D3	獮 2480C	獯 2480D	獰 2480E	獱 2480F	獲 24810	獳 24811	獴 24812	獵 24813	獶 24814	獷 24815
D4	獸 24816	獹 24817	獺 24818	獻 24819	獼 2481A	獽 2481B	獾 2481C	獿 2481D	玀 2481E	玁 2481F

9636

	30	31	32	33	34	35	36	37	38	39
D5	𤠠 24820	𤠡 24821	𤠢 24822	𤠣 24823	𤠤 24824	𤠥 24825	𤠦 24826	𤠧 24827	𤠨 24828	𤠩 24829
D6	𤠪 2482A	𤠫 2482B	𤠬 2482C	𤠭 2482D	𤠮 2482E	𤠯 2482F	𤠰 24830	𤠱 24831	𤠲 24832	𤠳 24833
D7	𤠴 24834	𤠵 24835	𤠶 24836	𤠷 24837	𤠸 24838	𤠹 24839	𤠺 2483A	𤠻 2483B	𤠼 2483C	𤠽 2483D
D8	𤠾 2483E	𤠿 2483F	𤡀 24840	𤡁 24841	𤡂 24842	𤡃 24843	𤡄 24844	𤡅 24845	𤡆 24846	𤡇 24847
D9	𤡈 24848	𤡉 24849	𤡊 2484A	𤡋 2484B	𤡌 2484C	𤡍 2484D	𤡎 2484E	𤡏 2484F	𤡐 24850	𤡑 24851
DA	𤡒 24852	𤡓 24853	𤡔 24854	𤡕 24855	𤡖 24856	𤡗 24857	𤡘 24858	𤡙 24859	𤡚 2485A	𤡛 2485B
DB	𤡜 2485C	𤡝 2485D	𤡞 2485E	𤡟 2485F	𤡠 24860	𤡡 24861	𤡢 24862	𤡣 24863	𤡤 24864	𤡥 24865
DC	𤡦 24866	𤡧 24867	𤡨 24868	𤡩 24869	𤡪 2486A	𤡫 2486B	𤡬 2486C	𤡭 2486D	𤡮 2486E	𤡯 2486F
DD	𤡰 24870	𤡱 24871	𤡲 24872	𤡳 24873	𤡴 24874	𤡵 24875	𤡶 24876	𤡷 24877	𤡸 24878	𤡹 24879
DE	𤡺 2487A	𤡻 2487B	𤡼 2487C	𤡽 2487D	𤡾 2487E	𤡿 2487F	𤢀 24880	𤢁 24881	𤢂 24882	𤢃 24883
DF	𤢄 24884	𤢅 24885	𤢆 24886	𤢇 24887	𤢈 24888	𤢉 24889	𤢊 2488A	𤢋 2488B	𤢌 2488C	𤢍 2488D
E0	𤢎 2488E	𤢏 2488F	𤢐 24890	𤢑 24891	𤢒 24892	𤢓 24893	𤢔 24894	𤢕 24895	𤢖 24896	𤢗 24897
E1	𤢘 24898	𤢙 24899	𤢚 2489A	𤢛 2489B	𤢜 2489C	𤢝 2489D	𤢞 2489E	𤢟 2489F	𤢠 248A0	𤢡 248A1
E2	𤢢 248A2	𤢣 248A3	𤢤 248A4	𤢥 248A5	𤢦 248A6	𤢧 248A7	𤢨 248A8	𤢩 248A9	𤢪 248AA	𤢫 248AB
E3	𤢬 248AC	𤢭 248AD	𤢮 248AE	𤢯 248AF	𤢰 248B0	𤢱 248B1	𤢲 248B2	𤢳 248B3	𤢴 248B4	𤢵 248B5
E4	𤢶 248B6	𤢷 248B7	𤢸 248B8	𤢹 248B9	𤢺 248BA	𤢻 248BB	𤢼 248BC	𤢽 248BD	𤢾 248BE	𤢿 248BF
E5	𤣀 248C0	𤣁 248C1	𤣂 248C2	𤣃 248C3	𤣄 248C4	𤣅 248C5	𤣆 248C6	𤣇 248C7	𤣈 248C8	𤣉 248C9
E6	𤣊 248CA	𤣋 248CB	𤣌 248CC	𤣍 248CD	𤣎 248CE	𤣏 248CF	𤣐 248D0	𤣑 248D1	𤣒 248D2	𤣓 248D3
E7	𤣔 248D4	𤣕 248D5	𤣖 248D6	𤣗 248D7	𤣘 248D8	𤣙 248D9	𤣚 248DA	𤣛 248DB	𤣜 248DC	𤣝 248DD
E8	𤣞 248DE	𤣟 248DF	𤣠 248E0	𤣡 248E1	𤣢 248E2	𤣣 248E3	𤣤 248E4	𤣥 248E5	𤣦 248E6	𤣧 248E7
E9	𤣨 248E8	𤣩 248E9	𤣪 248EA	𤣫 248EB	𤣬 248EC	𤣭 248ED	𤣮 248EE	𤣯 248EF	𤣰 248F0	𤣱 248F1

9636

	30	31	32	33	34	35	36	37	38	39
EA	𤣲 248F2	𤣳 248F3	𤣴 248F4	𤣵 248F5	𤣶 248F6	𤣷 248F7	𤣸 248F8	𤣹 248F9	𤣺 248FA	𤣻 248FB
EB	𤣼 248FC	𤣽 248FD	𤣾 248FE	𤣿 248FF	𤤀 24900	𤤁 24901	𤤂 24902	𤤃 24903	𤤄 24904	𤤅 24905
EC	𤤆 24906	𤤇 24907	𤤈 24908	𤤉 24909	𤤊 2490A	𤤋 2490B	𤤌 2490C	𤤍 2490D	𤤎 2490E	𤤏 2490F
ED	𤤐 24910	𤤑 24911	𤤒 24912	𤤓 24913	𤤔 24914	𤤕 24915	𤤖 24916	𤤗 24917	𤤘 24918	𤤙 24919
EE	𤤚 2491A	𤤛 2491B	𤤜 2491C	𤤝 2491D	𤤞 2491E	𤤟 2491F	𤤠 24920	𤤡 24921	𤤢 24922	𤤣 24923
EF	𤤤 24924	𤤥 24925	𤤦 24926	𤤧 24927	𤤨 24928	𤤩 24929	𤤪 2492A	𤤫 2492B	𤤬 2492C	𤤭 2492D
F0	𤤮 2492E	𤤯 2492F	𤤰 24930	𤤱 24931	𤤲 24932	𤤳 24933	𤤴 24934	𤤵 24935	𤤶 24936	𤤷 24937
F1	𤤸 24938	𤤹 24939	𤤺 2493A	𤤻 2493B	𤤼 2493C	𤤽 2493D	𤤾 2493E	𤤿 2493F	𤥀 24940	𤥁 24941
F2	𤥂 24942	𤥃 24943	𤥄 24944	𤥅 24945	𤥆 24946	𤥇 24947	𤥈 24948	𤥉 24949	𤥊 2494A	𤥋 2494B
F3	𤥌 2494C	𤥍 2494D	𤥎 2494E	𤥏 2494F	𤥐 24950	𤥑 24951	𤥒 24952	𤥓 24953	𤥔 24954	𤥕 24955
F4	𤥖 24956	𤥗 24957	𤥘 24958	𤥙 24959	𤥚 2495A	𤥛 2495B	𤥜 2495C	𤥝 2495D	𤥞 2495E	𤥟 2495F
F5	𤥠 24960	𤥡 24961	𤥢 24962	𤥣 24963	𤥤 24964	𤥥 24965	𤥦 24966	𤥧 24967	𤥨 24968	𤥩 24969
F6	𤥪 2496A	𤥫 2496B	𤥬 2496C	𤥭 2496D	𤥮 2496E	𤥯 2496F	𤥰 24970	𤥱 24971	𤥲 24972	𤥳 24973
F7	𤥴 24974	𤥵 24975	𤥶 24976	𤥷 24977	𤥸 24978	𤥹 24979	𤥺 2497A	𤥻 2497B	𤥼 2497C	𤥽 2497D
F8	𤥾 2497E	𤥿 2497F	𤦀 24980	𤦁 24981	𤦂 24982	𤦃 24983	𤦄 24984	𤦅 24985	𤦆 24986	𤦇 24987
F9	𤦈 24988	𤦉 24989	𤦊 2498A	𤦋 2498B	𤦌 2498C	𤦍 2498D	𤦎 2498E	𤦏 2498F	𤦐 24990	𤦑 24991
FA	𤦒 24992	𤦓 24993	𤦔 24994	𤦕 24995	𤦖 24996	𤦗 24997	𤦘 24998	𤦙 24999	𤦚 2499A	𤦛 2499B
FB	𤦜 2499C	𤦝 2499D	𤦞 2499E	𤦟 2499F	𤦠 249A0	𤦡 249A1	𤦢 249A2	𤦣 249A3	𤦤 249A4	𤦥 249A5
FC	𤦦 249A6	𤦧 249A7	𤦨 249A8	𤦩 249A9	𤦪 249AA	𤦫 249AB	𤦬 249AC	𤦭 249AD	𤦮 249AE	𤦯 249AF
FD	𤦰 249B0	𤦱 249B1	𤦲 249B2	𤦳 249B3	𤦴 249B4	𤦵 249B5	𤦶 249B6	𤦷 249B7	𤦸 249B8	𤦹 249B9
FE	𤦺 249BA	𤦻 249BB	𤦼 249BC	𤦽 249BD	𤦾 249BE	𤦿 249BF	𤧀 249C0	𤧁 249C1	𤧂 249C2	𤧃 249C3

9637

	30	31	32	33	34	35	36	37	38	39
81	𤧄 249C4	𤧅 249C5	𤧆 249C6	𤧇 249C7	𤧈 249C8	𤧉 249C9	𤧊 249CA	𤧋 249CB	𤧌 249CC	𤧍 249CD
82	𤧎 249CE	𤧏 249CF	𤧐 249D0	𤧑 249D1	𤧒 249D2	𤧓 249D3	𤧔 249D4	𤧕 249D5	𤧖 249D6	𤧗 249D7
83	𤧘 249D8	𤧙 249D9	𤧚 249DA	𤧛 249DB	𤧜 249DC	𤧝 249DD	𤧞 249DE	𤧟 249DF	𤧠 249E0	𤧡 249E1
84	𤧢 249E2	𤧣 249E3	𤧤 249E4	𤧥 249E5	𤧦 249E6	𤧧 249E7	𤧨 249E8	𤧩 249E9	𤧪 249EA	𤧫 249EB
85	𤧬 249EC	𤧭 249ED	𤧮 249EE	𤧯 249EF	𤧰 249F0	𤧱 249F1	𤧲 249F2	𤧳 249F3	𤧴 249F4	𤧵 249F5
86	𤧶 249F6	𤧷 249F7	𤧸 249F8	𤧹 249F9	𤧺 249FA	𤧻 249FB	𤧼 249FC	𤧽 249FD	𤧾 249FE	𤧿 249FF
87	𤨀 24A00	𤨁 24A01	𤨂 24A02	𤨃 24A03	𤨄 24A04	𤨅 24A05	𤨆 24A06	𤨇 24A07	𤨈 24A08	𤨉 24A09
88	𤨊 24A0A	𤨋 24A0B	𤨌 24A0C	𤨍 24A0D	𤨎 24A0E	𤨏 24A0F	𤨐 24A10	𤨑 24A11	𤨒 24A12	𤨓 24A13
89	𤨔 24A14	𤨕 24A15	𤨖 24A16	𤨗 24A17	𤨘 24A18	𤨙 24A19	𤨚 24A1A	𤨛 24A1B	𤨜 24A1C	𤨝 24A1D
8A	𤨞 24A1E	𤨟 24A1F	𤨠 24A20	𤨡 24A21	𤨢 24A22	𤨣 24A23	𤨤 24A24	𤨥 24A25	𤨦 24A26	𤨧 24A27
8B	𤨨 24A28	𤨩 24A29	𤨪 24A2A	𤨫 24A2B	𤨬 24A2C	𤨭 24A2D	𤨮 24A2E	𤨯 24A2F	𤨰 24A30	𤨱 24A31
8C	𤨲 24A32	𤨳 24A33	𤨴 24A34	𤨵 24A35	𤨶 24A36	𤨷 24A37	𤨸 24A38	𤨹 24A39	𤨺 24A3A	𤨻 24A3B
8D	𤨼 24A3C	𤨽 24A3D	𤨾 24A3E	𤨿 24A3F	𤩀 24A40	𤩁 24A41	𤩂 24A42	𤩃 24A43	𤩄 24A44	𤩅 24A45
8E	𤩆 24A46	𤩇 24A47	𤩈 24A48	𤩉 24A49	𤩊 24A4A	𤩋 24A4B	𤩌 24A4C	𤩍 24A4D	𤩎 24A4E	𤩏 24A4F
8F	𤩐 24A50	𤩑 24A51	𤩒 24A52	𤩓 24A53	𤩔 24A54	𤩕 24A55	𤩖 24A56	𤩗 24A57	𤩘 24A58	𤩙 24A59
90	𤩚 24A5A	𤩛 24A5B	𤩜 24A5C	𤩝 24A5D	𤩞 24A5E	𤩟 24A5F	𤩠 24A60	𤩡 24A61	𤩢 24A62	𤩣 24A63
91	𤩤 24A64	𤩥 24A65	𤩦 24A66	𤩧 24A67	𤩨 24A68	𤩩 24A69	𤩪 24A6A	𤩫 24A6B	𤩬 24A6C	𤩭 24A6D
92	𤩮 24A6E	𤩯 24A6F	𤩰 24A70	𤩱 24A71	𤩲 24A72	𤩳 24A73	𤩴 24A74	𤩵 24A75	𤩶 24A76	𤩷 24A77
93	𤩸 24A78	𤩹 24A79	𤩺 24A7A	𤩻 24A7B	𤩼 24A7C	𤩽 24A7D	𤩾 24A7E	𤩿 24A7F	𤪀 24A80	𤪁 24A81
94	𤪂 24A82	𤪃 24A83	𤪄 24A84	𤪅 24A85	𤪆 24A86	𤪇 24A87	𤪈 24A88	𤪉 24A89	𤪊 24A8A	𤪋 24A8B
95	𤪌 24A8C	𤪍 24A8D	𤪎 24A8E	𤪏 24A8F	𤪐 24A90	𤪑 24A91	𤪒 24A92	𤪓 24A93	𤪔 24A94	𤪕 24A95

9637

	30	31	32	33	34	35	36	37	38	39
96	24A96	24A97	24A98	24A99	24A9A	24A9B	24A9C	24A9D	24A9E	24A9F
97	24AA0	24AA1	24AA2	24AA3	24AA4	24AA5	24AA6	24AA7	24AA8	24AA9
98	24AAA	24AAB	24AAC	24AAD	24AAE	24AAF	24AB0	24AB1	24AB2	24AB3
99	24AB4	24AB5	24AB6	24AB7	24AB8	24AB9	24ABA	24ABB	24ABC	24ABD
9A	24ABE	24ABF	24AC0	24AC1	24AC2	24AC3	24AC4	24AC5	24AC6	24AC7
9B	24AC8	24AC9	24ACA	24ACB	24ACC	24ACD	24ACE	24ACF	24AD0	24AD1
9C	24AD2	24AD3	24AD4	24AD5	24AD6	24AD7	24AD8	24AD9	24ADA	24ADB
9D	24ADC	24ADD	24ADE	24ADF	24AE0	24AE1	24AE2	24AE3	24AE4	24AE5
9E	24AE6	24AE7	24AE8	24AE9	24AEA	24AEB	24AEC	24AED	24AEE	24AEF
9F	24AF0	24AF1	24AF2	24AF3	24AF4	24AF5	24AF6	24AF7	24AF8	24AF9
A0	24AFA	24AFB	24AFC	24AFD	24AFE	24AFF	24B00	24B01	24B02	24B03
A1	24B04	24B05	24B06	24B07	24B08	24B09	24B0A	24B0B	24B0C	24B0D
A2	24B0E	24B0F	24B10	24B11	24B12	24B13	24B14	24B15	24B16	24B17
A3	24B18	24B19	24B1A	24B1B	24B1C	24B1D	24B1E	24B1F	24B20	24B21
A4	24B22	24B23	24B24	24B25	24B26	24B27	24B28	24B29	24B2A	24B2B
A5	24B2C	24B2D	24B2E	24B2F	24B30	24B31	24B32	24B33	24B34	24B35
A6	24B36	24B37	24B38	24B39	24B3A	24B3B	24B3C	24B3D	24B3E	24B3F
A7	24B40	24B41	24B42	24B43	24B44	24B45	24B46	24B47	24B48	24B49
A8	24B4A	24B4B	24B4C	24B4D	24B4E	24B4F	24B50	24B51	24B52	24B53
A9	24B54	24B55	24B56	24B57	24B58	24B59	24B5A	24B5B	24B5C	24B5D
AA	24B5E	24B5F	24B60	24B61	24B62	24B63	24B64	24B65	24B66	24B67

9637

	30	31	32	33	34	35	36	37	38	39
AB	24B68	24B69	24B6A	24B6B	24B6C	24B6D	24B6E	24B6F	24B70	24B71
AC	24B72	24B73	24B74	24B75	24B76	24B77	24B78	24B79	24B7A	24B7B
AD	24B7C	24B7D	24B7E	24B7F	24B80	24B81	24B82	24B83	24B84	24B85
AE	24B86	24B87	24B88	24B89	24B8A	24B8B	24B8C	24B8D	24B8E	24B8F
AF	24B90	24B91	24B92	24B93	24B94	24B95	24B96	24B97	24B98	24B99
B0	24B9A	24B9B	24B9C	24B9D	24B9E	24B9F	24BA0	24BA1	24BA2	24BA3
B1	24BA4	24BA5	24BA6	24BA7	24BA8	24BA9	24BAA	24BAB	24BAC	24BAD
B2	24BAE	24BAF	24BB0	24BB1	24BB2	24BB3	24BB4	24BB5	24BB6	24BB7
B3	24BB8	24BB9	24BBA	24BBB	24BBC	24BBD	24BBE	24BBF	24BC0	24BC1
B4	24BC2	24BC3	24BC4	24BC5	24BC6	24BC7	24BC8	24BC9	24BCA	24BCB
B5	24BCC	24BCD	24BCE	24BCF	24BD0	24BD1	24BD2	24BD3	24BD4	24BD5
B6	24BD6	24BD7	24BD8	24BD9	24BDA	24BDB	24BDC	24BDD	24BDE	24BDF
B7	24BE0	24BE1	24BE2	24BE3	24BE4	24BE5	24BE6	24BE7	24BE8	24BE9
B8	24BEA	24BEB	24BEC	24BED	24BEE	24BEF	24BF0	24BF1	24BF2	24BF3
B9	24BF4	24BF5	24BF6	24BF7	24BF8	24BF9	24BFA	24BFB	24BFC	24BFD
BA	24BFE	24BFF	24C00	24C01	24C02	24C03	24C04	24C05	24C06	24C07
BB	24C08	24C09	24C0A	24C0B	24C0C	24C0D	24C0E	24C0F	24C10	24C11
BC	24C12	24C13	24C14	24C15	24C16	24C17	24C18	24C19	24C1A	24C1B
BD	24C1C	24C1D	24C1E	24C1F	24C20	24C21	24C22	24C23	24C24	24C25
BE	24C26	24C27	24C28	24C29	24C2A	24C2B	24C2C	24C2D	24C2E	24C2F
BF	24C30	24C31	24C32	24C33	24C34	24C35	24C36	24C37	24C38	24C39

9637

	30	31	32	33	34	35	36	37	38	39
C0	𤰺 24C3A	𤰻 24C3B	𤰼 24C3C	𤰽 24C3D	𤰾 24C3E	𤰿 24C3F	𤱀 24C40	𤱁 24C41	𤱂 24C42	𤱃 24C43
C1	𤱄 24C44	𤱅 24C45	𤱆 24C46	𤱇 24C47	𤱈 24C48	𤱉 24C49	𤱊 24C4A	𤱋 24C4B	𤱌 24C4C	𤱍 24C4D
C2	𤱎 24C4E	𤱏 24C4F	𤱐 24C50	𤱑 24C51	𤱒 24C52	𤱓 24C53	𤱔 24C54	𤱕 24C55	𤱖 24C56	𤱗 24C57
C3	𤱘 24C58	𤱙 24C59	𤱚 24C5A	𤱛 24C5B	𤱜 24C5C	𤱝 24C5D	𤱞 24C5E	𤱟 24C5F	𤱠 24C60	𤱡 24C61
C4	𤱢 24C62	𤱣 24C63	𤱤 24C64	𤱥 24C65	𤱦 24C66	𤱧 24C67	𤱨 24C68	𤱩 24C69	𤱪 24C6A	𤱫 24C6B
C5	𤱬 24C6C	𤱭 24C6D	𤱮 24C6E	𤱯 24C6F	𤱰 24C70	𤱱 24C71	𤱲 24C72	𤱳 24C73	𤱴 24C74	𤱵 24C75
C6	𤱶 24C76	𤱷 24C77	𤱸 24C78	𤱹 24C79	𤱺 24C7A	𤱻 24C7B	𤱼 24C7C	𤱽 24C7D	𤱾 24C7E	𤱿 24C7F
C7	𤲀 24C80	𤲁 24C81	𤲂 24C82	𤲃 24C83	𤲄 24C84	𤲅 24C85	𤲆 24C86	𤲇 24C87	𤲈 24C88	𤲉 24C89
C8	𤲊 24C8A	𤲋 24C8B	𤲌 24C8C	𤲍 24C8D	𤲎 24C8E	𤲏 24C8F	𤲐 24C90	𤲑 24C91	𤲒 24C92	𤲓 24C93
C9	𤲔 24C94	𤲕 24C95	𤲖 24C96	𤲗 24C97	𤲘 24C98	𤲙 24C99	𤲚 24C9A	𤲛 24C9B	𤲜 24C9C	𤲝 24C9D
CA	𤲞 24C9E	𤲟 24C9F	𤲠 24CA0	𤲡 24CA1	𤲢 24CA2	𤲣 24CA3	𤲤 24CA4	𤲥 24CA5	𤲦 24CA6	𤲧 24CA7
CB	𤲨 24CA8	𤲩 24CA9	𤲪 24CAA	𤲫 24CAB	𤲬 24CAC	𤲭 24CAD	𤲮 24CAE	𤲯 24CAF	𤲰 24CB0	𤲱 24CB1
CC	𤲲 24CB2	𤲳 24CB3	𤲴 24CB4	𤲵 24CB5	𤲶 24CB6	𤲷 24CB7	𤲸 24CB8	𤲹 24CB9	𤲺 24CBA	𤲻 24CBB
CD	𤲼 24CBC	𤲽 24CBD	𤲾 24CBE	𤲿 24CBF	𤳀 24CC0	𤳁 24CC1	𤳂 24CC2	𤳃 24CC3	𤳄 24CC4	𤳅 24CC5
CE	𤳆 24CC6	𤳇 24CC7	𤳈 24CC8	𤳉 24CC9	𤳊 24CCA	𤳋 24CCB	𤳌 24CCC	𤳍 24CCD	𤳎 24CCE	𤳏 24CCF
CF	𤳐 24CD0	𤳑 24CD1	𤳒 24CD2	𤳓 24CD3	𤳔 24CD4	𤳕 24CD5	𤳖 24CD6	𤳗 24CD7	𤳘 24CD8	𤳙 24CD9
D0	𤳚 24CDA	𤳛 24CDB	𤳜 24CDC	𤳝 24CDD	𤳞 24CDE	𤳟 24CDF	𤳠 24CE0	𤳡 24CE1	𤳢 24CE2	𤳣 24CE3
D1	𤳤 24CE4	𤳥 24CE5	𤳦 24CE6	𤳧 24CE7	𤳨 24CE8	𤳩 24CE9	𤳪 24CEA	𤳫 24CEB	𤳬 24CEC	𤳭 24CED
D2	𤳮 24CEE	𤳯 24CEF	𤳰 24CF0	𤳱 24CF1	𤳲 24CF2	𤳳 24CF3	𤳴 24CF4	𤳵 24CF5	𤳶 24CF6	𤳷 24CF7
D3	𤳸 24CF8	𤳹 24CF9	𤳺 24CFA	𤳻 24CFB	𤳼 24CFC	𤳽 24CFD	𤳾 24CFE	𤳿 24CFF	𤴀 24D00	𤴁 24D01
D4	𤴂 24D02	𤴃 24D03	𤴄 24D04	𤴅 24D05	𤴆 24D06	𤴇 24D07	𤴈 24D08	𤴉 24D09	𤴊 24D0A	𤴋 24D0B

9637

	30	31	32	33	34	35	36	37	38	39
D5	𤴌 24D0C	𤴍 24D0D	𤴎 24D0E	𤴏 24D0F	𤴐 24D10	𤴑 24D11	𤴒 24D12	𤴓 24D13	𤴔 24D14	𤴕 24D15
D6	𤴖 24D16	𤴗 24D17	𤴘 24D18	𤴙 24D19	𤴚 24D1A	𤴛 24D1B	𤴜 24D1C	𤴝 24D1D	𤴞 24D1E	𤴟 24D1F
D7	𤴠 24D20	𤴡 24D21	𤴢 24D22	𤴣 24D23	𤴤 24D24	𤴥 24D25	𤴦 24D26	𤴧 24D27	𤴨 24D28	𤴩 24D29
D8	𤴪 24D2A	𤴫 24D2B	𤴬 24D2C	𤴭 24D2D	𤴮 24D2E	𤴯 24D2F	𤴰 24D30	𤴱 24D31	𤴲 24D32	𤴳 24D33
D9	𤴴 24D34	𤴵 24D35	𤴶 24D36	𤴷 24D37	𤴸 24D38	𤴹 24D39	𤴺 24D3A	𤴻 24D3B	𤴼 24D3C	𤴽 24D3D
DA	𤴾 24D3E	𤴿 24D3F	𤵀 24D40	𤵁 24D41	𤵂 24D42	𤵃 24D43	𤵄 24D44	𤵅 24D45	𤵆 24D46	𤵇 24D47
DB	𤵈 24D48	𤵉 24D49	𤵊 24D4A	𤵋 24D4B	𤵌 24D4C	𤵍 24D4D	𤵎 24D4E	𤵏 24D4F	𤵐 24D50	𤵑 24D51
DC	𤵒 24D52	𤵓 24D53	𤵔 24D54	𤵕 24D55	𤵖 24D56	𤵗 24D57	𤵘 24D58	𤵙 24D59	𤵚 24D5A	𤵛 24D5B
DD	𤵜 24D5C	𤵝 24D5D	𤵞 24D5E	𤵟 24D5F	𤵠 24D60	𤵡 24D61	𤵢 24D62	𤵣 24D63	𤵤 24D64	𤵥 24D65
DE	𤵦 24D66	𤵧 24D67	𤵨 24D68	𤵩 24D69	𤵪 24D6A	𤵫 24D6B	𤵬 24D6C	𤵭 24D6D	𤵮 24D6E	𤵯 24D6F
DF	𤵰 24D70	𤵱 24D71	𤵲 24D72	𤵳 24D73	𤵴 24D74	𤵵 24D75	𤵶 24D76	𤵷 24D77	𤵸 24D78	𤵹 24D79
E0	𤵺 24D7A	𤵻 24D7B	𤵼 24D7C	𤵽 24D7D	𤵾 24D7E	𤵿 24D7F	𤶀 24D80	𤶁 24D81	𤶂 24D82	𤶃 24D83
E1	𤶄 24D84	𤶅 24D85	𤶆 24D86	𤶇 24D87	𤶈 24D88	𤶉 24D89	𤶊 24D8A	𤶋 24D8B	𤶌 24D8C	𤶍 24D8D
E2	𤶎 24D8E	𤶏 24D8F	𤶐 24D90	𤶑 24D91	𤶒 24D92	𤶓 24D93	𤶔 24D94	𤶕 24D95	𤶖 24D96	𤶗 24D97
E3	𤶘 24D98	𤶙 24D99	𤶚 24D9A	𤶛 24D9B	𤶜 24D9C	𤶝 24D9D	𤶞 24D9E	𤶟 24D9F	𤶠 24DA0	𤶡 24DA1
E4	𤶢 24DA2	𤶣 24DA3	𤶤 24DA4	𤶥 24DA5	𤶦 24DA6	𤶧 24DA7	𤶨 24DA8	𤶩 24DA9	𤶪 24DAA	𤶫 24DAB
E5	𤶬 24DAC	𤶭 24DAD	𤶮 24DAE	𤶯 24DAF	𤶰 24DB0	𤶱 24DB1	𤶲 24DB2	𤶳 24DB3	𤶴 24DB4	𤶵 24DB5
E6	𤶶 24DB6	𤶷 24DB7	𤶸 24DB8	𤶹 24DB9	𤶺 24DBA	𤶻 24DBB	𤶼 24DBC	𤶽 24DBD	𤶾 24DBE	𤶿 24DBF
E7	𤷀 24DC0	𤷁 24DC1	𤷂 24DC2	𤷃 24DC3	𤷄 24DC4	𤷅 24DC5	𤷆 24DC6	𤷇 24DC7	𤷈 24DC8	𤷉 24DC9
E8	𤷊 24DCA	𤷋 24DCB	𤷌 24DCC	𤷍 24DCD	𤷎 24DCE	𤷏 24DCF	𤷐 24DD0	𤷑 24DD1	𤷒 24DD2	𤷓 24DD3
E9	𤷔 24DD4	𤷕 24DD5	𤷖 24DD6	𤷗 24DD7	𤷘 24DD8	𤷙 24DD9	𤷚 24DDA	𤷛 24DDB	𤷜 24DDC	𤷝 24DDD

9637

	30	31	32	33	34	35	36	37	38	39
EA	24DDE	24DDF	24DE0	24DE1	24DE2	24DE3	24DE4	24DE5	24DE6	24DE7
EB	24DE8	24DE9	24DEA	24DEB	24DEC	24DED	24DEE	24DEF	24DF0	24DF1
EC	24DF2	24DF3	24DF4	24DF5	24DF6	24DF7	24DF8	24DF9	24DFA	24DFB
ED	24DFC	24DFD	24DFE	24DFF	24E00	24E01	24E02	24E03	24E04	24E05
EE	24E06	24E07	24E08	24E09	24E0A	24E0B	24E0C	24E0D	24E0E	24E0F
EF	24E10	24E11	24E12	24E13	24E14	24E15	24E16	24E17	24E18	24E19
F0	24E1A	24E1B	24E1C	24E1D	24E1E	24E1F	24E20	24E21	24E22	24E23
F1	24E24	24E25	24E26	24E27	24E28	24E29	24E2A	24E2B	24E2C	24E2D
F2	24E2E	24E2F	24E30	24E31	24E32	24E33	24E34	24E35	24E36	24E37
F3	24E38	24E39	24E3A	24E3B	24E3C	24E3D	24E3E	24E3F	24E40	24E41
F4	24E42	24E43	24E44	24E45	24E46	24E47	24E48	24E49	24E4A	24E4B
F5	24E4C	24E4D	24E4E	24E4F	24E50	24E51	24E52	24E53	24E54	24E55
F6	24E56	24E57	24E58	24E59	24E5A	24E5B	24E5C	24E5D	24E5E	24E5F
F7	24E60	24E61	24E62	24E63	24E64	24E65	24E66	24E67	24E68	24E69
F8	24E6A	24E6B	24E6C	24E6D	24E6E	24E6F	24E70	24E71	24E72	24E73
F9	24E74	24E75	24E76	24E77	24E78	24E79	24E7A	24E7B	24E7C	24E7D
FA	24E7E	24E7F	24E80	24E81	24E82	24E83	24E84	24E85	24E86	24E87
FB	24E88	24E89	24E8A	24E8B	24E8C	24E8D	24E8E	24E8F	24E90	24E91
FC	24E92	24E93	24E94	24E95	24E96	24E97	24E98	24E99	24E9A	24E9B
FD	24E9C	24E9D	24E9E	24E9F	24EA0	24EA1	24EA2	24EA3	24EA4	24EA5
FE	24EA6	24EA7	24EA8	24EA9	24EAA	24EAB	24EAC	24EAD	24EAE	24EAF

9638

	30	31	32	33	34	35	36	37	38	39
81	𤺰 24EB0	𤺱 24EB1	𤺲 24EB2	𤺳 24EB3	𤺴 24EB4	𤺵 24EB5	𤺶 24EB6	𤺷 24EB7	𤺸 24EB8	𤺹 24EB9
82	𤺺 24EBA	𤺻 24EBB	𤺼 24EBC	𤺽 24EBD	𤺾 24EBE	𤺿 24EBF	𤻀 24EC0	𤻁 24EC1	𤻂 24EC2	𤻃 24EC3
83	𤻄 24EC4	𤻅 24EC5	𤻆 24EC6	𤻇 24EC7	𤻈 24EC8	𤻉 24EC9	𤻊 24ECA	𤻋 24ECB	𤻌 24ECC	𤻍 24ECD
84	𤻎 24ECE	𤻏 24ECF	𤻐 24ED0	𤻑 24ED1	𤻒 24ED2	𤻓 24ED3	𤻔 24ED4	𤻕 24ED5	𤻖 24ED6	𤻗 24ED7
85	𤻘 24ED8	𤻙 24ED9	𤻚 24EDA	𤻛 24EDB	𤻜 24EDC	𤻝 24EDD	𤻞 24EDE	𤻟 24EDF	𤻠 24EE0	𤻡 24EE1
86	𤻢 24EE2	𤻣 24EE3	𤻤 24EE4	𤻥 24EE5	𤻦 24EE6	𤻧 24EE7	𤻨 24EE8	𤻩 24EE9	𤻪 24EEA	𤻫 24EEB
87	𤻬 24EEC	𤻭 24EED	𤻮 24EEE	𤻯 24EEF	𤻰 24EF0	𤻱 24EF1	𤻲 24EF2	𤻳 24EF3	𤻴 24EF4	𤻵 24EF5
88	𤻶 24EF6	𤻷 24EF7	𤻸 24EF8	𤻹 24EF9	𤻺 24EFA	𤻻 24EFB	𤻼 24EFC	𤻽 24EFD	𤻾 24EFE	𤻿 24EFF
89	𤼀 24F00	𤼁 24F01	𤼂 24F02	𤼃 24F03	𤼄 24F04	𤼅 24F05	𤼆 24F06	𤼇 24F07	𤼈 24F08	𤼉 24F09
8A	𤼊 24F0A	𤼋 24F0B	𤼌 24F0C	𤼍 24F0D	𤼎 24F0E	𤼏 24F0F	𤼐 24F10	𤼑 24F11	𤼒 24F12	𤼓 24F13
8B	𤼔 24F14	𤼕 24F15	𤼖 24F16	𤼗 24F17	𤼘 24F18	𤼙 24F19	𤼚 24F1A	𤼛 24F1B	𤼜 24F1C	𤼝 24F1D
8C	𤼞 24F1E	𤼟 24F1F	𤼠 24F20	𤼡 24F21	𤼢 24F22	𤼣 24F23	𤼤 24F24	𤼥 24F25	𤼦 24F26	𤼧 24F27
8D	𤼨 24F28	𤼩 24F29	𤼪 24F2A	𤼫 24F2B	𤼬 24F2C	𤼭 24F2D	𤼮 24F2E	𤼯 24F2F	𤼰 24F30	𤼱 24F31
8E	𤼲 24F32	𤼳 24F33	𤼴 24F34	𤼵 24F35	𤼶 24F36	𤼷 24F37	𤼸 24F38	𤼹 24F39	𤼺 24F3A	𤼻 24F3B
8F	𤼼 24F3C	𤼽 24F3D	𤼾 24F3E	𤼿 24F3F	𤽀 24F40	𤽁 24F41	𤽂 24F42	𤽃 24F43	𤽄 24F44	𤽅 24F45
90	𤽆 24F46	𤽇 24F47	𤽈 24F48	𤽉 24F49	𤽊 24F4A	𤽋 24F4B	𤽌 24F4C	𤽍 24F4D	𤽎 24F4E	𤽏 24F4F
91	𤽐 24F50	𤽑 24F51	𤽒 24F52	𤽓 24F53	𤽔 24F54	𤽕 24F55	𤽖 24F56	𤽗 24F57	𤽘 24F58	𤽙 24F59
92	𤽚 24F5A	𤽛 24F5B	𤽜 24F5C	𤽝 24F5D	𤽞 24F5E	𤽟 24F5F	𤽠 24F60	𤽡 24F61	𤽢 24F62	𤽣 24F63
93	𤽤 24F64	𤽥 24F65	𤽦 24F66	𤽧 24F67	𤽨 24F68	𤽩 24F69	𤽪 24F6A	𤽫 24F6B	𤽬 24F6C	𤽭 24F6D
94	𤽮 24F6E	𤽯 24F6F	𤽰 24F70	𤽱 24F71	𤽲 24F72	𤽳 24F73	𤽴 24F74	𤽵 24F75	𤽶 24F76	𤽷 24F77
95	𤽸 24F78	𤽹 24F79	𤽺 24F7A	𤽻 24F7B	𤽼 24F7C	𤽽 24F7D	𤽾 24F7E	𤽿 24F7F	𤾀 24F80	𤾁 24F81

9638

	30	31	32	33	34	35	36	37	38	39
96	𤾂 24F82	𤾃 24F83	𤾄 24F84	𤾅 24F85	𤾆 24F86	𤾇 24F87	𤾈 24F88	𤾉 24F89	𤾊 24F8A	𤾋 24F8B
97	𤾌 24F8C	𤾍 24F8D	𤾎 24F8E	𤾏 24F8F	𤾐 24F90	𤾑 24F91	𤾒 24F92	𤾓 24F93	𤾔 24F94	𤾕 24F95
98	𤾖 24F96	𤾗 24F97	𤾘 24F98	𤾙 24F99	𤾚 24F9A	𤾛 24F9B	𤾜 24F9C	𤾝 24F9D	𤾞 24F9E	𤾟 24F9F
99	𤾠 24FA0	𤾡 24FA1	𤾢 24FA2	𤾣 24FA3	𤾤 24FA4	𤾥 24FA5	𤾦 24FA6	𤾧 24FA7	𤾨 24FA8	𤾩 24FA9
9A	𤾪 24FAA	𤾫 24FAB	𤾬 24FAC	𤾭 24FAD	𤾮 24FAE	𤾯 24FAF	𤾰 24FB0	𤾱 24FB1	𤾲 24FB2	𤾳 24FB3
9B	𤾴 24FB4	𤾵 24FB5	𤾶 24FB6	𤾷 24FB7	𤾸 24FB8	𤾹 24FB9	𤾺 24FBA	𤾻 24FBB	𤾼 24FBC	𤾽 24FBD
9C	𤾾 24FBE	𤾿 24FBF	𤿀 24FC0	𤿁 24FC1	𤿂 24FC2	𤿃 24FC3	𤿄 24FC4	𤿅 24FC5	𤿆 24FC6	𤿇 24FC7
9D	𤿈 24FC8	𤿉 24FC9	𤿊 24FCA	𤿋 24FCB	𤿌 24FCC	𤿍 24FCD	𤿎 24FCE	𤿏 24FCF	𤿐 24FD0	𤿑 24FD1
9E	𤿒 24FD2	𤿓 24FD3	𤿔 24FD4	𤿕 24FD5	𤿖 24FD6	𤿗 24FD7	𤿘 24FD8	𤿙 24FD9	𤿚 24FDA	𤿛 24FDB
9F	𤿜 24FDC	𤿝 24FDD	𤿞 24FDE	𤿟 24FDF	𤿠 24FE0	𤿡 24FE1	𤿢 24FE2	𤿣 24FE3	𤿤 24FE4	𤿥 24FE5
A0	𤿦 24FE6	𤿧 24FE7	𤿨 24FE8	𤿩 24FE9	𤿪 24FEA	𤿫 24FEB	𤿬 24FEC	𤿭 24FED	𤿮 24FEE	𤿯 24FEF
A1	𤿰 24FF0	𤿱 24FF1	𤿲 24FF2	𤿳 24FF3	𤿴 24FF4	𤿵 24FF5	𤿶 24FF6	𤿷 24FF7	𤿸 24FF8	𤿹 24FF9
A2	𤿺 24FFA	𤿻 24FFB	𤿼 24FFC	𤿽 24FFD	𤿾 24FFE	𤿿 24FFF	𥀀 25000	𥀁 25001	𥀂 25002	𥀃 25003
A3	𥀄 25004	𥀅 25005	𥀆 25006	𥀇 25007	𥀈 25008	𥀉 25009	𥀊 2500A	𥀋 2500B	𥀌 2500C	𥀍 2500D
A4	𥀎 2500E	𥀏 2500F	𥀐 25010	𥀑 25011	𥀒 25012	𥀓 25013	𥀔 25014	𥀕 25015	𥀖 25016	𥀗 25017
A5	𥀘 25018	𥀙 25019	𥀚 2501A	𥀛 2501B	𥀜 2501C	𥀝 2501D	𥀞 2501E	𥀟 2501F	𥀠 25020	𥀡 25021
A6	𥀢 25022	𥀣 25023	𥀤 25024	𥀥 25025	𥀦 25026	𥀧 25027	𥀨 25028	𥀩 25029	𥀪 2502A	𥀫 2502B
A7	𥀬 2502C	𥀭 2502D	𥀮 2502E	𥀯 2502F	𥀰 25030	𥀱 25031	𥀲 25032	𥀳 25033	𥀴 25034	𥀵 25035
A8	𥀶 25036	𥀷 25037	𥀸 25038	𥀹 25039	𥀺 2503A	𥀻 2503B	𥀼 2503C	𥀽 2503D	𥀾 2503E	𥀿 2503F
A9	𥁀 25040	𥁁 25041	𥁂 25042	𥁃 25043	𥁄 25044	𥁅 25045	𥁆 25046	𥁇 25047	𥁈 25048	𥁉 25049
AA	𥁊 2504A	𥁋 2504B	𥁌 2504C	𥁍 2504D	𥁎 2504E	𥁏 2504F	𥁐 25050	𥁑 25051	𥁒 25052	𥁓 25053

9638

	30	31	32	33	34	35	36	37	38	39
AB	25054	25055	25056	25057	25058	25059	2505A	2505B	2505C	2505D
AC	2505E	2505F	25060	25061	25062	25063	25064	25065	25066	25067
AD	25068	25069	2506A	2506B	2506C	2506D	2506E	2506F	25070	25071
AE	25072	25073	25074	25075	25076	25077	25078	25079	2507A	2507B
AF	2507C	2507D	2507E	2507F	25080	25081	25082	25083	25084	25085
B0	25086	25087	25088	25089	2508A	2508B	2508C	2508D	2508E	2508F
B1	25090	25091	25092	25093	25094	25095	25096	25097	25098	25099
B2	2509A	2509B	2509C	2509D	2509E	2509F	250A0	250A1	250A2	250A3
B3	250A4	250A5	250A6	250A7	250A8	250A9	250AA	250AB	250AC	250AD
B4	250AE	250AF	250B0	250B1	250B2	250B3	250B4	250B5	250B6	250B7
B5	250B8	250B9	250BA	250BB	250BC	250BD	250BE	250BF	250C0	250C1
B6	250C2	250C3	250C4	250C5	250C6	250C7	250C8	250C9	250CA	250CB
B7	250CC	250CD	250CE	250CF	250D0	250D1	250D2	250D3	250D4	250D5
B8	250D6	250D7	250D8	250D9	250DA	250DB	250DC	250DD	250DE	250DF
B9	250E0	250E1	250E2	250E3	250E4	250E5	250E6	250E7	250E8	250E9
BA	250EA	250EB	250EC	250ED	250EE	250EF	250F0	250F1	250F2	250F3
BB	250F4	250F5	250F6	250F7	250F8	250F9	250FA	250FB	250FC	250FD
BC	250FE	250FF	25100	25101	25102	25103	25104	25105	25106	25107
BD	25108	25109	2510A	2510B	2510C	2510D	2510E	2510F	25110	25111
BE	25112	25113	25114	25115	25116	25117	25118	25119	2511A	2511B
BF	2511C	2511D	2511E	2511F	25120	25121	25122	25123	25124	25125

9638

	30	31	32	33	34	35	36	37	38	39
C0	𥄦 25126	𥄧 25127	𥄨 25128	𥄩 25129	𥄪 2512A	𥄫 2512B	𥄬 2512C	𥄭 2512D	𥄮 2512E	𥄯 2512F
C1	𥄰 25130	𥄱 25131	𥄲 25132	𥄳 25133	𥄴 25134	𥄵 25135	𥄶 25136	𥄷 25137	𥄸 25138	𥄹 25139
C2	𥄺 2513A	𥄻 2513B	𥄼 2513C	𥄽 2513D	𥄾 2513E	𥄿 2513F	𥅀 25140	𥅁 25141	𥅂 25142	𥅃 25143
C3	𥅄 25144	𥅅 25145	𥅆 25146	𥅇 25147	𥅈 25148	𥅉 25149	𥅊 2514A	𥅋 2514B	𥅌 2514C	𥅍 2514D
C4	𥅎 2514E	𥅏 2514F	𥅐 25150	𥅑 25151	𥅒 25152	𥅓 25153	𥅔 25154	𥅕 25155	𥅖 25156	𥅗 25157
C5	𥅘 25158	𥅙 25159	𥅚 2515A	𥅛 2515B	𥅜 2515C	𥅝 2515D	𥅞 2515E	𥅟 2515F	𥅠 25160	𥅡 25161
C6	𥅢 25162	𥅣 25163	𥅤 25164	𥅥 25165	𥅦 25166	𥅧 25167	𥅨 25168	𥅩 25169	𥅪 2516A	𥅫 2516B
C7	𥅬 2516C	𥅭 2516D	𥅮 2516E	𥅯 2516F	𥅰 25170	𥅱 25171	𥅲 25172	𥅳 25173	𥅴 25174	𥅵 25175
C8	𥅶 25176	𥅷 25177	𥅸 25178	𥅹 25179	𥅺 2517A	𥅻 2517B	𥅼 2517C	𥅽 2517D	𥅾 2517E	𥅿 2517F
C9	𥆀 25180	𥆁 25181	𥆂 25182	𥆃 25183	𥆄 25184	𥆅 25185	𥆆 25186	𥆇 25187	𥆈 25188	𥆉 25189
CA	𥆊 2518A	𥆋 2518B	𥆌 2518C	𥆍 2518D	𥆎 2518E	𥆏 2518F	𥆐 25190	𥆑 25191	𥆒 25192	𥆓 25193
CB	𥆔 25194	𥆕 25195	𥆖 25196	𥆗 25197	𥆘 25198	𥆙 25199	𥆚 2519A	𥆛 2519B	𥆜 2519C	𥆝 2519D
CC	𥆞 2519E	𥆟 2519F	𥆠 251A0	𥆡 251A1	𥆢 251A2	𥆣 251A3	𥆤 251A4	𥆥 251A5	𥆦 251A6	𥆧 251A7
CD	𥆨 251A8	𥆩 251A9	𥆪 251AA	𥆫 251AB	𥆬 251AC	𥆭 251AD	𥆮 251AE	𥆯 251AF	𥆰 251B0	𥆱 251B1
CE	𥆲 251B2	𥆳 251B3	𥆴 251B4	𥆵 251B5	𥆶 251B6	𥆷 251B7	𥆸 251B8	𥆹 251B9	𥆺 251BA	𥆻 251BB
CF	𥆼 251BC	𥆽 251BD	𥆾 251BE	𥆿 251BF	𥇀 251C0	𥇁 251C1	𥇂 251C2	𥇃 251C3	𥇄 251C4	𥇅 251C5
D0	𥇆 251C6	𥇇 251C7	𥇈 251C8	𥇉 251C9	𥇊 251CA	𥇋 251CB	𥇌 251CC	𥇍 251CD	𥇎 251CE	𥇏 251CF
D1	𥇐 251D0	𥇑 251D1	𥇒 251D2	𥇓 251D3	𥇔 251D4	𥇕 251D5	𥇖 251D6	𥇗 251D7	𥇘 251D8	𥇙 251D9
D2	𥇚 251DA	𥇛 251DB	𥇜 251DC	𥇝 251DD	𥇞 251DE	𥇟 251DF	𥇠 251E0	𥇡 251E1	𥇢 251E2	𥇣 251E3
D3	𥇤 251E4	𥇥 251E5	𥇦 251E6	𥇧 251E7	𥇨 251E8	𥇩 251E9	𥇪 251EA	𥇫 251EB	𥇬 251EC	𥇭 251ED
D4	𥇮 251EE	𥇯 251EF	𥇰 251F0	𥇱 251F1	𥇲 251F2	𥇳 251F3	𥇴 251F4	𥇵 251F5	𥇶 251F6	𥇷 251F7

9638

	30	31	32	33	34	35	36	37	38	39
D5	𥇸 251F8	𥇹 251F9	𥇺 251FA	𥇻 251FB	𥇼 251FC	𥇽 251FD	𥇾 251FE	𥇿 251FF	𥈀 25200	𥈁 25201
D6	𥈂 25202	𥈃 25203	𥈄 25204	𥈅 25205	𥈆 25206	𥈇 25207	𥈈 25208	𥈉 25209	𥈊 2520A	𥈋 2520B
D7	𥈌 2520C	𥈍 2520D	𥈎 2520E	𥈏 2520F	𥈐 25210	𥈑 25211	𥈒 25212	𥈓 25213	𥈔 25214	𥈕 25215
D8	𥈖 25216	𥈗 25217	𥈘 25218	𥈙 25219	𥈚 2521A	𥈛 2521B	𥈜 2521C	𥈝 2521D	𥈞 2521E	𥈟 2521F
D9	𥈠 25220	𥈡 25221	𥈢 25222	𥈣 25223	𥈤 25224	𥈥 25225	𥈦 25226	𥈧 25227	𥈨 25228	𥈩 25229
DA	𥈪 2522A	𥈫 2522B	𥈬 2522C	𥈭 2522D	𥈮 2522E	𥈯 2522F	𥈰 25230	𥈱 25231	𥈲 25232	𥈳 25233
DB	𥈴 25234	𥈵 25235	𥈶 25236	𥈷 25237	𥈸 25238	𥈹 25239	𥈺 2523A	𥈻 2523B	𥈼 2523C	𥈽 2523D
DC	𥈾 2523E	𥈿 2523F	𥉀 25240	𥉁 25241	𥉂 25242	𥉃 25243	𥉄 25244	𥉅 25245	𥉆 25246	𥉇 25247
DD	𥉈 25248	𥉉 25249	𥉊 2524A	𥉋 2524B	𥉌 2524C	𥉍 2524D	𥉎 2524E	𥉏 2524F	𥉐 25250	𥉑 25251
DE	𥉒 25252	𥉓 25253	𥉔 25254	𥉕 25255	𥉖 25256	𥉗 25257	𥉘 25258	𥉙 25259	𥉚 2525A	𥉛 2525B
DF	𥉜 2525C	𥉝 2525D	𥉞 2525E	𥉟 2525F	𥉠 25260	𥉡 25261	𥉢 25262	𥉣 25263	𥉤 25264	𥉥 25265
E0	𥉦 25266	𥉧 25267	𥉨 25268	𥉩 25269	𥉪 2526A	𥉫 2526B	𥉬 2526C	𥉭 2526D	𥉮 2526E	𥉯 2526F
E1	𥉰 25270	𥉱 25271	𥉲 25272	𥉳 25273	𥉴 25274	𥉵 25275	𥉶 25276	𥉷 25277	𥉸 25278	𥉹 25279
E2	𥉺 2527A	𥉻 2527B	𥉼 2527C	𥉽 2527D	𥉾 2527E	𥉿 2527F	𥊀 25280	𥊁 25281	𥊂 25282	𥊃 25283
E3	𥊄 25284	𥊅 25285	𥊆 25286	𥊇 25287	𥊈 25288	𥊉 25289	𥊊 2528A	𥊋 2528B	𥊌 2528C	𥊍 2528D
E4	𥊎 2528E	𥊏 2528F	𥊐 25290	𥊑 25291	𥊒 25292	𥊓 25293	𥊔 25294	𥊕 25295	𥊖 25296	𥊗 25297
E5	𥊘 25298	𥊙 25299	𥊚 2529A	𥊛 2529B	𥊜 2529C	𥊝 2529D	𥊞 2529E	𥊟 2529F	𥊠 252A0	𥊡 252A1
E6	𥊢 252A2	𥊣 252A3	𥊤 252A4	𥊥 252A5	𥊦 252A6	𥊧 252A7	𥊨 252A8	𥊩 252A9	𥊪 252AA	𥊫 252AB
E7	𥊬 252AC	𥊭 252AD	𥊮 252AE	𥊯 252AF	𥊰 252B0	𥊱 252B1	𥊲 252B2	𥊳 252B3	𥊴 252B4	𥊵 252B5
E8	𥊶 252B6	𥊷 252B7	𥊸 252B8	𥊹 252B9	𥊺 252BA	𥊻 252BB	𥊼 252BC	𥊽 252BD	𥊾 252BE	𥊿 252BF
E9	𥋀 252C0	𥋁 252C1	𥋂 252C2	𥋃 252C3	𥋄 252C4	𥋅 252C5	𥋆 252C6	𥋇 252C7	𥋈 252C8	𥋉 252C9

9638

	30	31	32	33	34	35	36	37	38	39
EA	252CA	252CB	252CC	252CD	252CE	252CF	252D0	252D1	252D2	252D3
EB	252D4	252D5	252D6	252D7	252D8	252D9	252DA	252DB	252DC	252DD
EC	252DE	252DF	252E0	252E1	252E2	252E3	252E4	252E5	252E6	252E7
ED	252E8	252E9	252EA	252EB	252EC	252ED	252EE	252EF	252F0	252F1
EE	252F2	252F3	252F4	252F5	252F6	252F7	252F8	252F9	252FA	252FB
EF	252FC	252FD	252FE	252FF	25300	25301	25302	25303	25304	25305
F0	25306	25307	25308	25309	2530A	2530B	2530C	2530D	2530E	2530F
F1	25310	25311	25312	25313	25314	25315	25316	25317	25318	25319
F2	2531A	2531B	2531C	2531D	2531E	2531F	25320	25321	25322	25323
F3	25324	25325	25326	25327	25328	25329	2532A	2532B	2532C	2532D
F4	2532E	2532F	25330	25331	25332	25333	25334	25335	25336	25337
F5	25338	25339	2533A	2533B	2533C	2533D	2533E	2533F	25340	25341
F6	25342	25343	25344	25345	25346	25347	25348	25349	2534A	2534B
F7	2534C	2534D	2534E	2534F	25350	25351	25352	25353	25354	25355
F8	25356	25357	25358	25359	2535A	2535B	2535C	2535D	2535E	2535F
F9	25360	25361	25362	25363	25364	25365	25366	25367	25368	25369
FA	2536A	2536B	2536C	2536D	2536E	2536F	25370	25371	25372	25373
FB	25374	25375	25376	25377	25378	25379	2537A	2537B	2537C	2537D
FC	2537E	2537F	25380	25381	25382	25383	25384	25385	25386	25387
FD	25388	25389	2538A	2538B	2538C	2538D	2538E	2538F	25390	25391
FE	25392	25393	25394	25395	25396	25397	25398	25399	2539A	2539B

9639

	30	31	32	33	34	35	36	37	38	39
81	2539C	2539D	2539E	2539F	253A0	253A1	253A2	253A3	253A4	253A5
82	253A6	253A7	253A8	253A9	253AA	253AB	253AC	253AD	253AE	253AF
83	253B0	253B1	253B2	253B3	253B4	253B5	253B6	253B7	253B8	253B9
84	253BA	253BB	253BC	253BD	253BE	253BF	253C0	253C1	253C2	253C3
85	253C4	253C5	253C6	253C7	253C8	253C9	253CA	253CB	253CC	253CD
86	253CE	253CF	253D0	253D1	253D2	253D3	253D4	253D5	253D6	253D7
87	253D8	253D9	253DA	253DB	253DC	253DD	253DE	253DF	253E0	253E1
88	253E2	253E3	253E4	253E5	253E6	253E7	253E8	253E9	253EA	253EB
89	253EC	253ED	253EE	253EF	253F0	253F1	253F2	253F3	253F4	253F5
8A	253F6	253F7	253F8	253F9	253FA	253FB	253FC	253FD	253FE	253FF
8B	25400	25401	25402	25403	25404	25405	25406	25407	25408	25409
8C	2540A	2540B	2540C	2540D	2540E	2540F	25410	25411	25412	25413
8D	25414	25415	25416	25417	25418	25419	2541A	2541B	2541C	2541D
8E	2541E	2541F	25420	25421	25422	25423	25424	25425	25426	25427
8F	25428	25429	2542A	2542B	2542C	2542D	2542E	2542F	25430	25431
90	25432	25433	25434	25435	25436	25437	25438	25439	2543A	2543B
91	2543C	2543D	2543E	2543F	25440	25441	25442	25443	25444	25445
92	25446	25447	25448	25449	2544A	2544B	2544C	2544D	2544E	2544F
93	25450	25451	25452	25453	25454	25455	25456	25457	25458	25459
94	2545A	2545B	2545C	2545D	2545E	2545F	25460	25461	25462	25463
95	25464	25465	25466	25467	25468	25469	2546A	2546B	2546C	2546D

9639

	30	31	32	33	34	35	36	37	38	39
96	2546E	2546F	25470	25471	25472	25473	25474	25475	25476	25477
97	25478	25479	2547A	2547B	2547C	2547D	2547E	2547F	25480	25481
98	25482	25483	25484	25485	25486	25487	25488	25489	2548A	2548B
99	2548C	2548D	2548E	2548F	25490	25491	25492	25493	25494	25495
9A	25496	25497	25498	25499	2549A	2549B	2549C	2549D	2549E	2549F
9B	254A0	254A1	254A2	254A3	254A4	254A5	254A6	254A7	254A8	254A9
9C	254AA	254AB	254AC	254AD	254AE	254AF	254B0	254B1	254B2	254B3
9D	254B4	254B5	254B6	254B7	254B8	254B9	254BA	254BB	254BC	254BD
9E	254BE	254BF	254C0	254C1	254C2	254C3	254C4	254C5	254C6	254C7
9F	254C8	254C9	254CA	254CB	254CC	254CD	254CE	254CF	254D0	254D1
A0	254D2	254D3	254D4	254D5	254D6	254D7	254D8	254D9	254DA	254DB
A1	254DC	254DD	254DE	254DF	254E0	254E1	254E2	254E3	254E4	254E5
A2	254E6	254E7	254E8	254E9	254EA	254EB	254EC	254ED	254EE	254EF
A3	254F0	254F1	254F2	254F3	254F4	254F5	254F6	254F7	254F8	254F9
A4	254FA	254FB	254FC	254FD	254FE	254FF	25500	25501	25502	25503
A5	25504	25505	25506	25507	25508	25509	2550A	2550B	2550C	2550D
A6	2550E	2550F	25510	25511	25512	25513	25514	25515	25516	25517
A7	25518	25519	2551A	2551B	2551C	2551D	2551E	2551F	25520	25521
A8	25522	25523	25524	25525	25526	25527	25528	25529	2552A	2552B
A9	2552C	2552D	2552E	2552F	25530	25531	25532	25533	25534	25535
AA	25536	25537	25538	25539	2553A	2553B	2553C	2553D	2553E	2553F

9639

	30	31	32	33	34	35	36	37	38	39
AB	𥕀 25540	𥕁 25541	𥕂 25542	𥕃 25543	𥕄 25544	𥕅 25545	𥕆 25546	𥕇 25547	𥕈 25548	𥕉 25549
AC	𥕊 2554A	𥕋 2554B	𥕌 2554C	𥕍 2554D	𥕎 2554E	𥕏 2554F	𥕐 25550	𥕑 25551	𥕒 25552	𥕓 25553
AD	𥕔 25554	𥕕 25555	𥕖 25556	𥕗 25557	𥕘 25558	𥕙 25559	𥕚 2555A	𥕛 2555B	𥕜 2555C	𥕝 2555D
AE	𥕞 2555E	𥕟 2555F	𥕠 25560	𥕡 25561	𥕢 25562	𥕣 25563	𥕤 25564	𥕥 25565	𥕦 25566	𥕧 25567
AF	𥕨 25568	𥕩 25569	𥕪 2556A	𥕫 2556B	𥕬 2556C	𥕭 2556D	𥕮 2556E	𥕯 2556F	𥕰 25570	𥕱 25571
B0	𥕲 25572	𥕳 25573	𥕴 25574	𥕵 25575	𥕶 25576	𥕷 25577	𥕸 25578	𥕹 25579	𥕺 2557A	𥕻 2557B
B1	𥕼 2557C	𥕽 2557D	𥕾 2557E	𥕿 2557F	𥖀 25580	𥖁 25581	𥖂 25582	𥖃 25583	𥖄 25584	𥖅 25585
B2	𥖆 25586	𥖇 25587	𥖈 25588	𥖉 25589	𥖊 2558A	𥖋 2558B	𥖌 2558C	𥖍 2558D	𥖎 2558E	𥖏 2558F
B3	𥖐 25590	𥖑 25591	𥖒 25592	𥖓 25593	𥖔 25594	𥖕 25595	𥖖 25596	𥖗 25597	𥖘 25598	𥖙 25599
B4	𥖚 2559A	𥖛 2559B	𥖜 2559C	𥖝 2559D	𥖞 2559E	𥖟 2559F	𥖠 255A0	𥖡 255A1	𥖢 255A2	𥖣 255A3
B5	𥖤 255A4	𥖥 255A5	𥖦 255A6	𥖧 255A7	𥖨 255A8	𥖩 255A9	𥖪 255AA	𥖫 255AB	𥖬 255AC	𥖭 255AD
B6	𥖮 255AE	𥖯 255AF	𥖰 255B0	𥖱 255B1	𥖲 255B2	𥖳 255B3	𥖴 255B4	𥖵 255B5	𥖶 255B6	𥖷 255B7
B7	𥖸 255B8	𥖹 255B9	𥖺 255BA	𥖻 255BB	𥖼 255BC	𥖽 255BD	𥖾 255BE	𥖿 255BF	𥗀 255C0	𥗁 255C1
B8	𥗂 255C2	𥗃 255C3	𥗄 255C4	𥗅 255C5	𥗆 255C6	𥗇 255C7	𥗈 255C8	𥗉 255C9	𥗊 255CA	𥗋 255CB
B9	𥗌 255CC	𥗍 255CD	𥗎 255CE	𥗏 255CF	𥗐 255D0	𥗑 255D1	𥗒 255D2	𥗓 255D3	𥗔 255D4	𥗕 255D5
BA	𥗖 255D6	𥗗 255D7	𥗘 255D8	𥗙 255D9	𥗚 255DA	𥗛 255DB	𥗜 255DC	𥗝 255DD	𥗞 255DE	𥗟 255DF
BB	𥗠 255E0	𥗡 255E1	𥗢 255E2	𥗣 255E3	𥗤 255E4	𥗥 255E5	𥗦 255E6	𥗧 255E7	𥗨 255E8	𥗩 255E9
BC	𥗪 255EA	𥗫 255EB	𥗬 255EC	𥗭 255ED	𥗮 255EE	𥗯 255EF	𥗰 255F0	𥗱 255F1	𥗲 255F2	𥗳 255F3
BD	𥗴 255F4	𥗵 255F5	𥗶 255F6	𥗷 255F7	𥗸 255F8	𥗹 255F9	𥗺 255FA	𥗻 255FB	𥗼 255FC	𥗽 255FD
BE	𥗾 255FE	𥗿 255FF	𥘀 25600	𥘁 25601	𥘂 25602	𥘃 25603	𥘄 25604	𥘅 25605	𥘆 25606	𥘇 25607
BF	𥘈 25608	𥘉 25609	𥘊 2560A	𥘋 2560B	𥘌 2560C	𥘍 2560D	𥘎 2560E	𥘏 2560F	𥘐 25610	𥘑 25611

9639

	30	31	32	33	34	35	36	37	38	39
C0	25612	25613	25614	25615	25616	25617	25618	25619	2561A	2561B
C1	2561C	2561D	2561E	2561F	25620	25621	25622	25623	25624	25625
C2	25626	25627	25628	25629	2562A	2562B	2562C	2562D	2562E	2562F
C3	25630	25631	25632	25633	25634	25635	25636	25637	25638	25639
C4	2563A	2563B	2563C	2563D	2563E	2563F	25640	25641	25642	25643
C5	25644	25645	25646	25647	25648	25649	2564A	2564B	2564C	2564D
C6	2564E	2564F	25650	25651	25652	25653	25654	25655	25656	25657
C7	25658	25659	2565A	2565B	2565C	2565D	2565E	2565F	25660	25661
C8	25662	25663	25664	25665	25666	25667	25668	25669	2566A	2566B
C9	2566C	2566D	2566E	2566F	25670	25671	25672	25673	25674	25675
CA	25676	25677	25678	25679	2567A	2567B	2567C	2567D	2567E	2567F
CB	25680	25681	25682	25683	25684	25685	25686	25687	25688	25689
CC	2568A	2568B	2568C	2568D	2568E	2568F	25690	25691	25692	25693
CD	25694	25695	25696	25697	25698	25699	2569A	2569B	2569C	2569D
CE	2569E	2569F	256A0	256A1	256A2	256A3	256A4	256A5	256A6	256A7
CF	256A8	256A9	256AA	256AB	256AC	256AD	256AE	256AF	256B0	256B1
D0	256B2	256B3	256B4	256B5	256B6	256B7	256B8	256B9	256BA	256BB
D1	256BC	256BD	256BE	256BF	256C0	256C1	256C2	256C3	256C4	256C5
D2	256C6	256C7	256C8	256C9	256CA	256CB	256CC	256CD	256CE	256CF
D3	256D0	256D1	256D2	256D3	256D4	256D5	256D6	256D7	256D8	256D9
D4	256DA	256DB	256DC	256DD	256DE	256DF	256E0	256E1	256E2	256E3

9639

	30	31	32	33	34	35	36	37	38	39
D5	鼰 256E4	禣 256E5	禵 256E6	禩 256E7	禨 256E8	禴 256E9	禯 256EA	禶 256EB	鼷 256EC	禬 256ED
D6	禙 256EE	禞 256EF	禚 256F0	鬃 256F1	禚 256F2	禠 256F3	禩 256F4	禪 256F5	禪 256F6	禬 256F7
D7	禠 256F8	禡 256F9	禛 256FA	禮 256FB	禜 256FC	禤 256FD	禢 256FE	禣 256FF	䫻 25700	禥 25701
D8	鼳 25702	禪 25703	禦 25704	禨 25705	禩 25706	禪 25707	禫 25708	禬 25709	禭 2570A	禰 2570B
D9	禨 2570C	禱 2570D	禲 2570E	禳 2570F	禴 25710	禵 25711	禶 25712	禷 25713	禸 25714	禹 25715
DA	禺 25716	离 25717	禼 25718	禽 25719	禾 2571A	禿 2571B	秀 2571C	私 2571D	秂 2571E	秃 2571F
DB	禮 25720	禰 25721	禱 25722	禲 25723	禳 25724	禶 25725	禷 25726	禷 25727	禮 25728	禮 25729
DC	禮 2572A	禬 2572B	禷 2572C	禱 2572D	禱 2572E	禫 2572F	禷 25730	鼸 25731	禰 25732	禶 25733
DD	禳 25734	禶 25735	禶 25736	鼹 25737	禷 25738	鼺 25739	鼺 2573A	禸 2573B	禹 2573C	禼 2573D
DE	离 2573E	禺 2573F	禺 25740	禺 25741	禺 25742	禺 25743	禺 25744	禺 25745	禺 25746	禺 25747
DF	禼 25748	禺 25749	禺 2574A	禼 2574B	禾 2574C	秃 2574D	秂 2574E	私 2574F	秄 25750	秅 25751
E0	秆 25752	秇 25753	秈 25754	秉 25755	秊 25756	秋 25757	秌 25758	种 25759	秎 2575A	秏 2575B
E1	秐 2575C	科 2575D	秒 2575E	秓 2575F	秔 25760	秕 25761	秖 25762	秗 25763	秘 25764	秙 25765
E2	秚 25766	秛 25767	秜 25768	秝 25769	秞 2576A	租 2576B	秠 2576C	秡 2576D	秢 2576E	秣 2576F
E3	秤 25770	秥 25771	秦 25772	秧 25773	秨 25774	秩 25775	秪 25776	秫 25777	秬 25778	秭 25779
E4	秮 2577A	积 2577B	称 2577C	秱 2577D	秲 2577E	秳 2577F	秴 25780	秵 25781	秶 25782	秷 25783
E5	秸 25784	秹 25785	秺 25786	移 25787	秼 25788	秽 25789	秾 2578A	秿 2578B	稀 2578C	稁 2578D
E6	稂 2578E	稃 2578F	稄 25790	稅 25791	稆 25792	稇 25793	稈 25794	稉 25795	稊 25796	程 25797
E7	稌 25798	稍 25799	税 2579A	稏 2579B	稐 2579C	稑 2579D	稒 2579E	稓 2579F	稔 257A0	稕 257A1
E8	稖 257A2	稗 257A3	稘 257A4	稙 257A5	稚 257A6	稛 257A7	稜 257A8	稝 257A9	稞 257AA	稟 257AB
E9	稠 257AC	稡 257AD	稢 257AE	稣 257AF	稤 257B0	稥 257B1	稦 257B2	稧 257B3	稨 257B4	稩 257B5

9639

	30	31	32	33	34	35	36	37	38	39
EA	257B6	257B7	257B8	257B9	257BA	257BB	257BC	257BD	257BE	257BF
EB	257C0	257C1	257C2	257C3	257C4	257C5	257C6	257C7	257C8	257C9
EC	257CA	257CB	257CC	257CD	257CE	257CF	257D0	257D1	257D2	257D3
ED	257D4	257D5	257D6	257D7	257D8	257D9	257DA	257DB	257DC	257DD
EE	257DE	257DF	257E0	257E1	257E2	257E3	257E4	257E5	257E6	257E7
EF	257E8	257E9	257EA	257EB	257EC	257ED	257EE	257EF	257F0	257F1
F0	257F2	257F3	257F4	257F5	257F6	257F7	257F8	257F9	257FA	257FB
F1	257FC	257FD	257FE	257FF	25800	25801	25802	25803	25804	25805
F2	25806	25807	25808	25809	2580A	2580B	2580C	2580D	2580E	2580F
F3	25810	25811	25812	25813	25814	25815	25816	25817	25818	25819
F4	2581A	2581B	2581C	2581D	2581E	2581F	25820	25821	25822	25823
F5	25824	25825	25826	25827	25828	25829	2582A	2582B	2582C	2582D
F6	2582E	2582F	25830	25831	25832	25833	25834	25835	25836	25837
F7	25838	25839	2583A	2583B	2583C	2583D	2583E	2583F	25840	25841
F8	25842	25843	25844	25845	25846	25847	25848	25849	2584A	2584B
F9	2584C	2584D	2584E	2584F	25850	25851	25852	25853	25854	25855
FA	25856	25857	25858	25859	2585A	2585B	2585C	2585D	2585E	2585F
FB	25860	25861	25862	25863	25864	25865	25866	25867	25868	25869
FC	2586A	2586B	2586C	2586D	2586E	2586F	25870	25871	25872	25873
FD	25874	25875	25876	25877	25878	25879	2587A	2587B	2587C	2587D
FE	2587E	2587F	25880	25881	25882	25883	25884	25885	25886	25887

9730

	30	31	32	33	34	35	36	37	38	39
81	𥢈 25888	𥢉 25889	𥢊 2588A	𥢋 2588B	𥢌 2588C	𥢍 2588D	𥢎 2588E	𥢏 2588F	𥢐 25890	𥢑 25891
82	𥢒 25892	𥢓 25893	𥢔 25894	𥢕 25895	𥢖 25896	𥢗 25897	𥢘 25898	𥢙 25899	𥢚 2589A	𥢛 2589B
83	𥢜 2589C	𥢝 2589D	𥢞 2589E	𥢟 2589F	𥢠 258A0	𥢡 258A1	𥢢 258A2	𥢣 258A3	𥢤 258A4	𥢥 258A5
84	𥢦 258A6	𥢧 258A7	𥢨 258A8	𥢩 258A9	𥢪 258AA	𥢫 258AB	𥢬 258AC	𥢭 258AD	𥢮 258AE	𥢯 258AF
85	𥢰 258B0	𥢱 258B1	𥢲 258B2	𥢳 258B3	𥢴 258B4	𥢵 258B5	𥢶 258B6	𥢷 258B7	𥢸 258B8	𥢹 258B9
86	𥢺 258BA	𥢻 258BB	𥢼 258BC	𥢽 258BD	𥢾 258BE	𥢿 258BF	𥣀 258C0	𥣁 258C1	𥣂 258C2	𥣃 258C3
87	𥣄 258C4	𥣅 258C5	𥣆 258C6	𥣇 258C7	𥣈 258C8	𥣉 258C9	𥣊 258CA	𥣋 258CB	𥣌 258CC	𥣍 258CD
88	𥣎 258CE	𥣏 258CF	𥣐 258D0	𥣑 258D1	𥣒 258D2	𥣓 258D3	𥣔 258D4	𥣕 258D5	𥣖 258D6	𥣗 258D7
89	𥣘 258D8	𥣙 258D9	𥣚 258DA	𥣛 258DB	𥣜 258DC	𥣝 258DD	𥣞 258DE	𥣟 258DF	𥣠 258E0	𥣡 258E1
8A	𥣢 258E2	𥣣 258E3	𥣤 258E4	𥣥 258E5	𥣦 258E6	𥣧 258E7	𥣨 258E8	𥣩 258E9	𥣪 258EA	𥣫 258EB
8B	𥣬 258EC	𥣭 258ED	𥣮 258EE	𥣯 258EF	𥣰 258F0	𥣱 258F1	𥣲 258F2	𥣳 258F3	𥣴 258F4	𥣵 258F5
8C	𥣶 258F6	𥣷 258F7	𥣸 258F8	𥣹 258F9	𥣺 258FA	𥣻 258FB	𥣼 258FC	𥣽 258FD	𥣾 258FE	𥣿 258FF
8D	𥤀 25900	𥤁 25901	𥤂 25902	𥤃 25903	𥤄 25904	𥤅 25905	𥤆 25906	𥤇 25907	𥤈 25908	𥤉 25909
8E	𥤊 2590A	𥤋 2590B	𥤌 2590C	𥤍 2590D	𥤎 2590E	𥤏 2590F	𥤐 25910	𥤑 25911	𥤒 25912	𥤓 25913
8F	𥤔 25914	𥤕 25915	𥤖 25916	𥤗 25917	𥤘 25918	𥤙 25919	𥤚 2591A	𥤛 2591B	𥤜 2591C	𥤝 2591D
90	𥤞 2591E	𥤟 2591F	𥤠 25920	𥤡 25921	𥤢 25922	𥤣 25923	𥤤 25924	𥤥 25925	𥤦 25926	𥤧 25927
91	𥤨 25928	𥤩 25929	𥤪 2592A	𥤫 2592B	𥤬 2592C	𥤭 2592D	𥤮 2592E	𥤯 2592F	𥤰 25930	𥤱 25931
92	𥤲 25932	𥤳 25933	𥤴 25934	𥤵 25935	𥤶 25936	𥤷 25937	𥤸 25938	𥤹 25939	𥤺 2593A	𥤻 2593B
93	𥤼 2593C	𥤽 2593D	𥤾 2593E	𥤿 2593F	𥥀 25940	𥥁 25941	𥥂 25942	𥥃 25943	𥥄 25944	𥥅 25945
94	𥥆 25946	𥥇 25947	𥥈 25948	𥥉 25949	𥥊 2594A	𥥋 2594B	𥥌 2594C	𥥍 2594D	𥥎 2594E	𥥏 2594F
95	𥥐 25950	𥥑 25951	𥥒 25952	𥥓 25953	𥥔 25954	𥥕 25955	𥥖 25956	𥥗 25957	𥥘 25958	𥥙 25959

9730

	30	31	32	33	34	35	36	37	38	39
96	2595A	2595B	2595C	2595D	2595E	2595F	25960	25961	25962	25963
97	25964	25965	25966	25967	25968	25969	2596A	2596B	2596C	2596D
98	2596E	2596F	25970	25971	25972	25973	25974	25975	25976	25977
99	25978	25979	2597A	2597B	2597C	2597D	2597E	2597F	25980	25981
9A	25982	25983	25984	25985	25986	25987	25988	25989	2598A	2598B
9B	2598C	2598D	2598E	2598F	25990	25991	25992	25993	25994	25995
9C	25996	25997	25998	25999	2599A	2599B	2599C	2599D	2599E	2599F
9D	259A0	259A1	259A2	259A3	259A4	259A5	259A6	259A7	259A8	259A9
9E	259AA	259AB	259AC	259AD	259AE	259AF	259B0	259B1	259B2	259B3
9F	259B4	259B5	259B6	259B7	259B8	259B9	259BA	259BB	259BC	259BD
A0	259BE	259BF	259C0	259C1	259C2	259C3	259C4	259C5	259C6	259C7
A1	259C8	259C9	259CA	259CB	259CC	259CD	259CE	259CF	259D0	259D1
A2	259D2	259D3	259D4	259D5	259D6	259D7	259D8	259D9	259DA	259DB
A3	259DC	259DD	259DE	259DF	259E0	259E1	259E2	259E3	259E4	259E5
A4	259E6	259E7	259E8	259E9	259EA	259EB	259EC	259ED	259EE	259EF
A5	259F0	259F1	259F2	259F3	259F4	259F5	259F6	259F7	259F8	259F9
A6	259FA	259FB	259FC	259FD	259FE	259FF	25A00	25A01	25A02	25A03
A7	25A04	25A05	25A06	25A07	25A08	25A09	25A0A	25A0B	25A0C	25A0D
A8	25A0E	25A0F	25A10	25A11	25A12	25A13	25A14	25A15	25A16	25A17
A9	25A18	25A19	25A1A	25A1B	25A1C	25A1D	25A1E	25A1F	25A20	25A21
AA	25A22	25A23	25A24	25A25	25A26	25A27	25A28	25A29	25A2A	25A2B

9730

	30	31	32	33	34	35	36	37	38	39
AB	𥨬 25A2C	𥨭 25A2D	𥨮 25A2E	𥨯 25A2F	𥨰 25A30	𥨱 25A31	𥨲 25A32	𥨳 25A33	𥨴 25A34	𥨵 25A35
AC	𥨶 25A36	𥨷 25A37	𥨸 25A38	𥨹 25A39	𥨺 25A3A	𥨻 25A3B	𥨼 25A3C	𥨽 25A3D	𥨾 25A3E	𥨿 25A3F
AD	𥩀 25A40	𥩁 25A41	𥩂 25A42	𥩃 25A43	𥩄 25A44	𥩅 25A45	𥩆 25A46	𥩇 25A47	𥩈 25A48	𥩉 25A49
AE	𥩊 25A4A	𥩋 25A4B	𥩌 25A4C	𥩍 25A4D	𥩎 25A4E	𥩏 25A4F	𥩐 25A50	𥩑 25A51	𥩒 25A52	𥩓 25A53
AF	𥩔 25A54	𥩕 25A55	𥩖 25A56	𥩗 25A57	𥩘 25A58	𥩙 25A59	𥩚 25A5A	𥩛 25A5B	𥩜 25A5C	𥩝 25A5D
B0	𥩞 25A5E	𥩟 25A5F	𥩠 25A60	𥩡 25A61	𥩢 25A62	𥩣 25A63	𥩤 25A64	𥩥 25A65	𥩦 25A66	𥩧 25A67
B1	𥩨 25A68	𥩩 25A69	𥩪 25A6A	𥩫 25A6B	𥩬 25A6C	𥩭 25A6D	𥩮 25A6E	𥩯 25A6F	𥩰 25A70	𥩱 25A71
B2	𥩲 25A72	𥩳 25A73	𥩴 25A74	𥩵 25A75	𥩶 25A76	𥩷 25A77	𥩸 25A78	𥩹 25A79	𥩺 25A7A	𥩻 25A7B
B3	𥩼 25A7C	𥩽 25A7D	𥩾 25A7E	𥩿 25A7F	𥪀 25A80	𥪁 25A81	𥪂 25A82	𥪃 25A83	𥪄 25A84	𥪅 25A85
B4	𥪆 25A86	𥪇 25A87	𥪈 25A88	𥪉 25A89	𥪊 25A8A	𥪋 25A8B	𥪌 25A8C	𥪍 25A8D	𥪎 25A8E	𥪏 25A8F
B5	𥪐 25A90	𥪑 25A91	𥪒 25A92	𥪓 25A93	𥪔 25A94	𥪕 25A95	𥪖 25A96	𥪗 25A97	𥪘 25A98	𥪙 25A99
B6	𥪚 25A9A	𥪛 25A9B	𥪜 25A9C	𥪝 25A9D	𥪞 25A9E	𥪟 25A9F	𥪠 25AA0	𥪡 25AA1	𥪢 25AA2	𥪣 25AA3
B7	𥪤 25AA4	𥪥 25AA5	𥪦 25AA6	𥪧 25AA7	𥪨 25AA8	𥪩 25AA9	𥪪 25AAA	𥪫 25AAB	𥪬 25AAC	𥪭 25AAD
B8	𥪮 25AAE	𥪯 25AAF	𥪰 25AB0	𥪱 25AB1	𥪲 25AB2	𥪳 25AB3	𥪴 25AB4	𥪵 25AB5	𥪶 25AB6	𥪷 25AB7
B9	𥪸 25AB8	𥪹 25AB9	𥪺 25ABA	𥪻 25ABB	𥪼 25ABC	𥪽 25ABD	𥪾 25ABE	𥪿 25ABF	𥫀 25AC0	𥫁 25AC1
BA	𥫂 25AC2	𥫃 25AC3	𥫄 25AC4	𥫅 25AC5	𥫆 25AC6	𥫇 25AC7	𥫈 25AC8	𥫉 25AC9	𥫊 25ACA	𥫋 25ACB
BB	𥫌 25ACC	𥫍 25ACD	𥫎 25ACE	𥫏 25ACF	𥫐 25AD0	𥫑 25AD1	𥫒 25AD2	𥫓 25AD3	𥫔 25AD4	𥫕 25AD5
BC	𥫖 25AD6	𥫗 25AD7	𥫘 25AD8	𥫙 25AD9	𥫚 25ADA	𥫛 25ADB	𥫜 25ADC	𥫝 25ADD	𥫞 25ADE	𥫟 25ADF
BD	𥫠 25AE0	𥫡 25AE1	𥫢 25AE2	𥫣 25AE3	𥫤 25AE4	𥫥 25AE5	𥫦 25AE6	𥫧 25AE7	𥫨 25AE8	𥫩 25AE9
BE	𥫪 25AEA	𥫫 25AEB	𥫬 25AEC	𥫭 25AED	𥫮 25AEE	𥫯 25AEF	𥫰 25AF0	𥫱 25AF1	𥫲 25AF2	𥫳 25AF3
BF	𥫴 25AF4	𥫵 25AF5	𥫶 25AF6	𥫷 25AF7	𥫸 25AF8	𥫹 25AF9	𥫺 25AFA	𥫻 25AFB	𥫼 25AFC	𥫽 25AFD

9730

	30	31	32	33	34	35	36	37	38	39
C0	25AFE	25AFF	25B00	25B01	25B02	25B03	25B04	25B05	25B06	25B07
C1	25B08	25B09	25B0A	25B0B	25B0C	25B0D	25B0E	25B0F	25B10	25B11
C2	25B12	25B13	25B14	25B15	25B16	25B17	25B18	25B19	25B1A	25B1B
C3	25B1C	25B1D	25B1E	25B1F	25B20	25B21	25B22	25B23	25B24	25B25
C4	25B26	25B27	25B28	25B29	25B2A	25B2B	25B2C	25B2D	25B2E	25B2F
C5	25B30	25B31	25B32	25B33	25B34	25B35	25B36	25B37	25B38	25B39
C6	25B3A	25B3B	25B3C	25B3D	25B3E	25B3F	25B40	25B41	25B42	25B43
C7	25B44	25B45	25B46	25B47	25B48	25B49	25B4A	25B4B	25B4C	25B4D
C8	25B4E	25B4F	25B50	25B51	25B52	25B53	25B54	25B55	25B56	25B57
C9	25B58	25B59	25B5A	25B5B	25B5C	25B5D	25B5E	25B5F	25B60	25B61
CA	25B62	25B63	25B64	25B65	25B66	25B67	25B68	25B69	25B6A	25B6B
CB	25B6C	25B6D	25B6E	25B6F	25B70	25B71	25B72	25B73	25B74	25B75
CC	25B76	25B77	25B78	25B79	25B7A	25B7B	25B7C	25B7D	25B7E	25B7F
CD	25B80	25B81	25B82	25B83	25B84	25B85	25B86	25B87	25B88	25B89
CE	25B8A	25B8B	25B8C	25B8D	25B8E	25B8F	25B90	25B91	25B92	25B93
CF	25B94	25B95	25B96	25B97	25B98	25B99	25B9A	25B9B	25B9C	25B9D
D0	25B9E	25B9F	25BA0	25BA1	25BA2	25BA3	25BA4	25BA5	25BA6	25BA7
D1	25BA8	25BA9	25BAA	25BAB	25BAC	25BAD	25BAE	25BAF	25BB0	25BB1
D2	25BB2	25BB3	25BB4	25BB5	25BB6	25BB7	25BB8	25BB9	25BBA	25BBB
D3	25BBC	25BBD	25BBE	25BBF	25BC0	25BC1	25BC2	25BC3	25BC4	25BC5
D4	25BC6	25BC7	25BC8	25BC9	25BCA	25BCB	25BCC	25BCD	25BCE	25BCF

9730

	30	31	32	33	34	35	36	37	38	39
D5	25BD0	25BD1	25BD2	25BD3	25BD4	25BD5	25BD6	25BD7	25BD8	25BD9
D6	25BDA	25BDB	25BDC	25BDD	25BDE	25BDF	25BE0	25BE1	25BE2	25BE3
D7	25BE4	25BE5	25BE6	25BE7	25BE8	25BE9	25BEA	25BEB	25BEC	25BED
D8	25BEE	25BEF	25BF0	25BF1	25BF2	25BF3	25BF4	25BF5	25BF6	25BF7
D9	25BF8	25BF9	25BFA	25BFB	25BFC	25BFD	25BFE	25BFF	25C00	25C01
DA	25C02	25C03	25C04	25C05	25C06	25C07	25C08	25C09	25C0A	25C0B
DB	25C0C	25C0D	25C0E	25C0F	25C10	25C11	25C12	25C13	25C14	25C15
DC	25C16	25C17	25C18	25C19	25C1A	25C1B	25C1C	25C1D	25C1E	25C1F
DD	25C20	25C21	25C22	25C23	25C24	25C25	25C26	25C27	25C28	25C29
DE	25C2A	25C2B	25C2C	25C2D	25C2E	25C2F	25C30	25C31	25C32	25C33
DF	25C34	25C35	25C36	25C37	25C38	25C39	25C3A	25C3B	25C3C	25C3D
E0	25C3E	25C3F	25C40	25C41	25C42	25C43	25C44	25C45	25C46	25C47
E1	25C48	25C49	25C4A	25C4B	25C4C	25C4D	25C4E	25C4F	25C50	25C51
E2	25C52	25C53	25C54	25C55	25C56	25C57	25C58	25C59	25C5A	25C5B
E3	25C5C	25C5D	25C5E	25C5F	25C60	25C61	25C62	25C63	25C64	25C65
E4	25C66	25C67	25C68	25C69	25C6A	25C6B	25C6C	25C6D	25C6E	25C6F
E5	25C70	25C71	25C72	25C73	25C74	25C75	25C76	25C77	25C78	25C79
E6	25C7A	25C7B	25C7C	25C7D	25C7E	25C7F	25C80	25C81	25C82	25C83
E7	25C84	25C85	25C86	25C87	25C88	25C89	25C8A	25C8B	25C8C	25C8D
E8	25C8E	25C8F	25C90	25C91	25C92	25C93	25C94	25C95	25C96	25C97
E9	25C98	25C99	25C9A	25C9B	25C9C	25C9D	25C9E	25C9F	25CA0	25CA1

9730

	30	31	32	33	34	35	36	37	38	39
EA	25CA2	25CA3	25CA4	25CA5	25CA6	25CA7	25CA8	25CA9	25CAA	25CAB
EB	25CAC	25CAD	25CAE	25CAF	25CB0	25CB1	25CB2	25CB3	25CB4	25CB5
EC	25CB6	25CB7	25CB8	25CB9	25CBA	25CBB	25CBC	25CBD	25CBE	25CBF
ED	25CC0	25CC1	25CC2	25CC3	25CC4	25CC5	25CC6	25CC7	25CC8	25CC9
EE	25CCA	25CCB	25CCC	25CCD	25CCE	25CCF	25CD0	25CD1	25CD2	25CD3
EF	25CD4	25CD5	25CD6	25CD7	25CD8	25CD9	25CDA	25CDB	25CDC	25CDD
F0	25CDE	25CDF	25CE0	25CE1	25CE2	25CE3	25CE4	25CE5	25CE6	25CE7
F1	25CE8	25CE9	25CEA	25CEB	25CEC	25CED	25CEE	25CEF	25CF0	25CF1
F2	25CF2	25CF3	25CF4	25CF5	25CF6	25CF7	25CF8	25CF9	25CFA	25CFB
F3	25CFC	25CFD	25CFE	25CFF	25D00	25D01	25D02	25D03	25D04	25D05
F4	25D06	25D07	25D08	25D09	25D0A	25D0B	25D0C	25D0D	25D0E	25D0F
F5	25D10	25D11	25D12	25D13	25D14	25D15	25D16	25D17	25D18	25D19
F6	25D1A	25D1B	25D1C	25D1D	25D1E	25D1F	25D20	25D21	25D22	25D23
F7	25D24	25D25	25D26	25D27	25D28	25D29	25D2A	25D2B	25D2C	25D2D
F8	25D2E	25D2F	25D30	25D31	25D32	25D33	25D34	25D35	25D36	25D37
F9	25D38	25D39	25D3A	25D3B	25D3C	25D3D	25D3E	25D3F	25D40	25D41
FA	25D42	25D43	25D44	25D45	25D46	25D47	25D48	25D49	25D4A	25D4B
FB	25D4C	25D4D	25D4E	25D4F	25D50	25D51	25D52	25D53	25D54	25D55
FC	25D56	25D57	25D58	25D59	25D5A	25D5B	25D5C	25D5D	25D5E	25D5F
FD	25D60	25D61	25D62	25D63	25D64	25D65	25D66	25D67	25D68	25D69
FE	25D6A	25D6B	25D6C	25D6D	25D6E	25D6F	25D70	25D71	25D72	25D73

9731

	30	31	32	33	34	35	36	37	38	39
81	𥵴 25D74	𥵵 25D75	𥵶 25D76	𥵷 25D77	𥵸 25D78	𥵹 25D79	𥵺 25D7A	𥵻 25D7B	𥵼 25D7C	𥵽 25D7D
82	𥵾 25D7E	𥵿 25D7F	𥶀 25D80	𥶁 25D81	𥶂 25D82	𥶃 25D83	𥶄 25D84	𥶅 25D85	𥶆 25D86	𥶇 25D87
83	𥶈 25D88	𥶉 25D89	𥶊 25D8A	𥶋 25D8B	𥶌 25D8C	𥶍 25D8D	𥶎 25D8E	𥶏 25D8F	𥶐 25D90	𥶑 25D91
84	𥶒 25D92	𥶓 25D93	𥶔 25D94	𥶕 25D95	𥶖 25D96	𥶗 25D97	𥶘 25D98	𥶙 25D99	𥶚 25D9A	𥶛 25D9B
85	𥶜 25D9C	𥶝 25D9D	𥶞 25D9E	𥶟 25D9F	𥶠 25DA0	𥶡 25DA1	𥶢 25DA2	𥶣 25DA3	𥶤 25DA4	𥶥 25DA5
86	𥶦 25DA6	𥶧 25DA7	𥶨 25DA8	𥶩 25DA9	𥶪 25DAA	𥶫 25DAB	𥶬 25DAC	𥶭 25DAD	𥶮 25DAE	𥶯 25DAF
87	𥶰 25DB0	𥶱 25DB1	𥶲 25DB2	𥶳 25DB3	𥶴 25DB4	𥶵 25DB5	𥶶 25DB6	𥶷 25DB7	𥶸 25DB8	𥶹 25DB9
88	𥶺 25DBA	𥶻 25DBB	𥶼 25DBC	𥶽 25DBD	𥶾 25DBE	𥶿 25DBF	𥷀 25DC0	𥷁 25DC1	𥷂 25DC2	𥷃 25DC3
89	𥷄 25DC4	𥷅 25DC5	𥷆 25DC6	𥷇 25DC7	𥷈 25DC8	𥷉 25DC9	𥷊 25DCA	𥷋 25DCB	𥷌 25DCC	𥷍 25DCD
8A	𥷎 25DCE	𥷏 25DCF	𥷐 25DD0	𥷑 25DD1	𥷒 25DD2	𥷓 25DD3	𥷔 25DD4	𥷕 25DD5	𥷖 25DD6	𥷗 25DD7
8B	𥷘 25DD8	𥷙 25DD9	𥷚 25DDA	𥷛 25DDB	𥷜 25DDC	𥷝 25DDD	𥷞 25DDE	𥷟 25DDF	𥷠 25DE0	𥷡 25DE1
8C	𥷢 25DE2	𥷣 25DE3	𥷤 25DE4	𥷥 25DE5	𥷦 25DE6	𥷧 25DE7	𥷨 25DE8	𥷩 25DE9	𥷪 25DEA	𥷫 25DEB
8D	𥷬 25DEC	𥷭 25DED	𥷮 25DEE	𥷯 25DEF	𥷰 25DF0	𥷱 25DF1	𥷲 25DF2	𥷳 25DF3	𥷴 25DF4	𥷵 25DF5
8E	𥷶 25DF6	𥷷 25DF7	𥷸 25DF8	𥷹 25DF9	𥷺 25DFA	𥷻 25DFB	𥷼 25DFC	𥷽 25DFD	𥷾 25DFE	𥷿 25DFF
8F	𥸀 25E00	𥸁 25E01	𥸂 25E02	𥸃 25E03	𥸄 25E04	𥸅 25E05	𥸆 25E06	𥸇 25E07	𥸈 25E08	𥸉 25E09
90	𥸊 25E0A	𥸋 25E0B	𥸌 25E0C	𥸍 25E0D	𥸎 25E0E	𥸏 25E0F	𥸐 25E10	𥸑 25E11	𥸒 25E12	𥸓 25E13
91	𥸔 25E14	𥸕 25E15	𥸖 25E16	𥸗 25E17	𥸘 25E18	𥸙 25E19	𥸚 25E1A	𥸛 25E1B	𥸜 25E1C	𥸝 25E1D
92	𥸞 25E1E	𥸟 25E1F	𥸠 25E20	𥸡 25E21	𥸢 25E22	𥸣 25E23	𥸤 25E24	𥸥 25E25	𥸦 25E26	𥸧 25E27
93	𥸨 25E28	𥸩 25E29	𥸪 25E2A	𥸫 25E2B	𥸬 25E2C	𥸭 25E2D	𥸮 25E2E	𥸯 25E2F	𥸰 25E30	𥸱 25E31
94	𥸲 25E32	𥸳 25E33	𥸴 25E34	𥸵 25E35	𥸶 25E36	𥸷 25E37	𥸸 25E38	𥸹 25E39	𥸺 25E3A	𥸻 25E3B
95	𥸼 25E3C	𥸽 25E3D	𥸾 25E3E	𥸿 25E3F	𥹀 25E40	𥹁 25E41	𥹂 25E42	𥹃 25E43	𥹄 25E44	𥹅 25E45

9731

	30	31	32	33	34	35	36	37	38	39
96	𥹆 25E46	𥹇 25E47	𥹈 25E48	𥹉 25E49	𥹊 25E4A	𥹋 25E4B	𥹌 25E4C	𥹍 25E4D	𥹎 25E4E	𥹏 25E4F
97	𥹐 25E50	𥹑 25E51	𥹒 25E52	𥹓 25E53	𥹔 25E54	𥹕 25E55	𥹖 25E56	𥹗 25E57	𥹘 25E58	𥹙 25E59
98	𥹚 25E5A	𥹛 25E5B	𥹜 25E5C	𥹝 25E5D	𥹞 25E5E	𥹟 25E5F	𥹠 25E60	𥹡 25E61	𥹢 25E62	𥹣 25E63
99	𥹤 25E64	𥹥 25E65	𥹦 25E66	𥹧 25E67	𥹨 25E68	𥹩 25E69	𥹪 25E6A	𥹫 25E6B	𥹬 25E6C	𥹭 25E6D
9A	𥹮 25E6E	𥹯 25E6F	𥹰 25E70	𥹱 25E71	𥹲 25E72	𥹳 25E73	𥹴 25E74	𥹵 25E75	𥹶 25E76	𥹷 25E77
9B	𥹸 25E78	𥹹 25E79	𥹺 25E7A	𥹻 25E7B	𥹼 25E7C	𥹽 25E7D	𥹾 25E7E	𥹿 25E7F	𥺀 25E80	𥺁 25E81
9C	𥺂 25E82	𥺃 25E83	𥺄 25E84	𥺅 25E85	𥺆 25E86	𥺇 25E87	𥺈 25E88	𥺉 25E89	𥺊 25E8A	𥺋 25E8B
9D	𥺌 25E8C	𥺍 25E8D	𥺎 25E8E	𥺏 25E8F	𥺐 25E90	𥺑 25E91	𥺒 25E92	𥺓 25E93	𥺔 25E94	𥺕 25E95
9E	𥺖 25E96	𥺗 25E97	𥺘 25E98	𥺙 25E99	𥺚 25E9A	𥺛 25E9B	𥺜 25E9C	𥺝 25E9D	𥺞 25E9E	𥺟 25E9F
9F	𥺠 25EA0	𥺡 25EA1	𥺢 25EA2	𥺣 25EA3	𥺤 25EA4	𥺥 25EA5	𥺦 25EA6	𥺧 25EA7	𥺨 25EA8	𥺩 25EA9
A0	𥺪 25EAA	𥺫 25EAB	𥺬 25EAC	𥺭 25EAD	𥺮 25EAE	𥺯 25EAF	𥺰 25EB0	𥺱 25EB1	𥺲 25EB2	𥺳 25EB3
A1	𥺴 25EB4	𥺵 25EB5	𥺶 25EB6	𥺷 25EB7	𥺸 25EB8	𥺹 25EB9	𥺺 25EBA	𥺻 25EBB	𥺼 25EBC	𥺽 25EBD
A2	𥺾 25EBE	𥺿 25EBF	𥻀 25EC0	𥻁 25EC1	𥻂 25EC2	𥻃 25EC3	𥻄 25EC4	𥻅 25EC5	𥻆 25EC6	𥻇 25EC7
A3	𥻈 25EC8	𥻉 25EC9	𥻊 25ECA	𥻋 25ECB	𥻌 25ECC	𥻍 25ECD	𥻎 25ECE	𥻏 25ECF	𥻐 25ED0	𥻑 25ED1
A4	𥻒 25ED2	𥻓 25ED3	𥻔 25ED4	𥻕 25ED5	𥻖 25ED6	𥻗 25ED7	𥻘 25ED8	𥻙 25ED9	𥻚 25EDA	𥻛 25EDB
A5	𥻜 25EDC	𥻝 25EDD	𥻞 25EDE	𥻟 25EDF	𥻠 25EE0	𥻡 25EE1	𥻢 25EE2	𥻣 25EE3	𥻤 25EE4	𥻥 25EE5
A6	𥻦 25EE6	𥻧 25EE7	𥻨 25EE8	𥻩 25EE9	𥻪 25EEA	𥻫 25EEB	𥻬 25EEC	𥻭 25EED	𥻮 25EEE	𥻯 25EEF
A7	𥻰 25EF0	𥻱 25EF1	𥻲 25EF2	𥻳 25EF3	𥻴 25EF4	𥻵 25EF5	𥻶 25EF6	𥻷 25EF7	𥻸 25EF8	𥻹 25EF9
A8	𥻺 25EFA	𥻻 25EFB	𥻼 25EFC	𥻽 25EFD	𥻾 25EFE	𥻿 25EFF	𥼀 25F00	𥼁 25F01	𥼂 25F02	𥼃 25F03
A9	𥼄 25F04	𥼅 25F05	𥼆 25F06	𥼇 25F07	𥼈 25F08	𥼉 25F09	𥼊 25F0A	𥼋 25F0B	𥼌 25F0C	𥼍 25F0D
AA	𥼎 25F0E	𥼏 25F0F	𥼐 25F10	𥼑 25F11	𥼒 25F12	𥼓 25F13	𥼔 25F14	𥼕 25F15	𥼖 25F16	𥼗 25F17

9731

	30	31	32	33	34	35	36	37	38	39
AB	25F18	25F19	25F1A	25F1B	25F1C	25F1D	25F1E	25F1F	25F20	25F21
AC	25F22	25F23	25F24	25F25	25F26	25F27	25F28	25F29	25F2A	25F2B
AD	25F2C	25F2D	25F2E	25F2F	25F30	25F31	25F32	25F33	25F34	25F35
AE	25F36	25F37	25F38	25F39	25F3A	25F3B	25F3C	25F3D	25F3E	25F3F
AF	25F40	25F41	25F42	25F43	25F44	25F45	25F46	25F47	25F48	25F49
B0	25F4A	25F4B	25F4C	25F4D	25F4E	25F4F	25F50	25F51	25F52	25F53
B1	25F54	25F55	25F56	25F57	25F58	25F59	25F5A	25F5B	25F5C	25F5D
B2	25F5E	25F5F	25F60	25F61	25F62	25F63	25F64	25F65	25F66	25F67
B3	25F68	25F69	25F6A	25F6B	25F6C	25F6D	25F6E	25F6F	25F70	25F71
B4	25F72	25F73	25F74	25F75	25F76	25F77	25F78	25F79	25F7A	25F7B
B5	25F7C	25F7D	25F7E	25F7F	25F80	25F81	25F82	25F83	25F84	25F85
B6	25F86	25F87	25F88	25F89	25F8A	25F8B	25F8C	25F8D	25F8E	25F8F
B7	25F90	25F91	25F92	25F93	25F94	25F95	25F96	25F97	25F98	25F99
B8	25F9A	25F9B	25F9C	25F9D	25F9E	25F9F	25FA0	25FA1	25FA2	25FA3
B9	25FA4	25FA5	25FA6	25FA7	25FA8	25FA9	25FAA	25FAB	25FAC	25FAD
BA	25FAE	25FAF	25FB0	25FB1	25FB2	25FB3	25FB4	25FB5	25FB6	25FB7
BB	25FB8	25FB9	25FBA	25FBB	25FBC	25FBD	25FBE	25FBF	25FC0	25FC1
BC	25FC2	25FC3	25FC4	25FC5	25FC6	25FC7	25FC8	25FC9	25FCA	25FCB
BD	25FCC	25FCD	25FCE	25FCF	25FD0	25FD1	25FD2	25FD3	25FD4	25FD5
BE	25FD6	25FD7	25FD8	25FD9	25FDA	25FDB	25FDC	25FDD	25FDE	25FDF
BF	25FE0	25FE1	25FE2	25FE3	25FE4	25FE5	25FE6	25FE7	25FE8	25FE9

9731

	30	31	32	33	34	35	36	37	38	39
C0	𥿪 25FEA	𥿫 25FEB	𥿬 25FEC	𥿭 25FED	𥿮 25FEE	𥿯 25FEF	𥿰 25FF0	𥿱 25FF1	𥿲 25FF2	𥿳 25FF3
C1	𥿴 25FF4	𥿵 25FF5	𥿶 25FF6	𥿷 25FF7	𥿸 25FF8	𥿹 25FF9	𥿺 25FFA	𥿻 25FFB	𥿼 25FFC	𥿽 25FFD
C2	𥿾 25FFE	𥿿 25FFF	𦀀 26000	𦀁 26001	𦀂 26002	𦀃 26003	𦀄 26004	𦀅 26005	𦀆 26006	𦀇 26007
C3	𦀈 26008	𦀉 26009	𦀊 2600A	𦀋 2600B	𦀌 2600C	𦀍 2600D	𦀎 2600E	𦀏 2600F	𦀐 26010	𦀑 26011
C4	𦀒 26012	𦀓 26013	𦀔 26014	𦀕 26015	𦀖 26016	𦀗 26017	𦀘 26018	𦀙 26019	𦀚 2601A	𦀛 2601B
C5	𦀜 2601C	𦀝 2601D	𦀞 2601E	𦀟 2601F	𦀠 26020	𦀡 26021	𦀢 26022	𦀣 26023	𦀤 26024	𦀥 26025
C6	𦀦 26026	𦀧 26027	𦀨 26028	𦀩 26029	𦀪 2602A	𦀫 2602B	𦀬 2602C	𦀭 2602D	𦀮 2602E	𦀯 2602F
C7	𦀰 26030	𦀱 26031	𦀲 26032	𦀳 26033	𦀴 26034	𦀵 26035	𦀶 26036	𦀷 26037	𦀸 26038	𦀹 26039
C8	𦀺 2603A	𦀻 2603B	𦀼 2603C	𦀽 2603D	𦀾 2603E	𦀿 2603F	𦁀 26040	𦁁 26041	𦁂 26042	𦁃 26043
C9	𦁄 26044	𦁅 26045	𦁆 26046	𦁇 26047	𦁈 26048	𦁉 26049	𦁊 2604A	𦁋 2604B	𦁌 2604C	𦁍 2604D
CA	𦁎 2604E	𦁏 2604F	𦁐 26050	𦁑 26051	𦁒 26052	𦁓 26053	𦁔 26054	𦁕 26055	𦁖 26056	𦁗 26057
CB	𦁘 26058	𦁙 26059	𦁚 2605A	𦁛 2605B	𦁜 2605C	𦁝 2605D	𦁞 2605E	𦁟 2605F	𦁠 26060	𦁡 26061
CC	𦁢 26062	𦁣 26063	𦁤 26064	𦁥 26065	𦁦 26066	𦁧 26067	𦁨 26068	𦁩 26069	𦁪 2606A	𦁫 2606B
CD	𦁬 2606C	𦁭 2606D	𦁮 2606E	𦁯 2606F	𦁰 26070	𦁱 26071	𦁲 26072	𦁳 26073	𦁴 26074	𦁵 26075
CE	𦁶 26076	𦁷 26077	𦁸 26078	𦁹 26079	𦁺 2607A	𦁻 2607B	𦁼 2607C	𦁽 2607D	𦁾 2607E	𦁿 2607F
CF	𦂀 26080	𦂁 26081	𦂂 26082	𦂃 26083	𦂄 26084	𦂅 26085	𦂆 26086	𦂇 26087	𦂈 26088	𦂉 26089
D0	𦂊 2608A	𦂋 2608B	𦂌 2608C	𦂍 2608D	𦂎 2608E	𦂏 2608F	𦂐 26090	𦂑 26091	𦂒 26092	𦂓 26093
D1	𦂔 26094	𦂕 26095	𦂖 26096	𦂗 26097	𦂘 26098	𦂙 26099	𦂚 2609A	𦂛 2609B	𦂜 2609C	𦂝 2609D
D2	𦂞 2609E	𦂟 2609F	𦂠 260A0	𦂡 260A1	𦂢 260A2	𦂣 260A3	𦂤 260A4	𦂥 260A5	𦂦 260A6	𦂧 260A7
D3	𦂨 260A8	𦂩 260A9	𦂪 260AA	𦂫 260AB	𦂬 260AC	𦂭 260AD	𦂮 260AE	𦂯 260AF	𦂰 260B0	𦂱 260B1
D4	𦂲 260B2	𦂳 260B3	𦂴 260B4	𦂵 260B5	𦂶 260B6	𦂷 260B7	𦂸 260B8	𦂹 260B9	𦂺 260BA	𦂻 260BB

9731

	30	31	32	33	34	35	36	37	38	39
D5	𦂼 260BC	𦂽 260BD	𦂾 260BE	𦂿 260BF	𦃀 260C0	𦃁 260C1	𦃂 260C2	𦃃 260C3	𦃄 260C4	𦃅 260C5
D6	𦃆 260C6	𦃇 260C7	𦃈 260C8	𦃉 260C9	𦃊 260CA	𦃋 260CB	𦃌 260CC	𦃍 260CD	𦃎 260CE	𦃏 260CF
D7	𦃐 260D0	𦃑 260D1	𦃒 260D2	𦃓 260D3	𦃔 260D4	𦃕 260D5	𦃖 260D6	𦃗 260D7	𦃘 260D8	𦃙 260D9
D8	𦃚 260DA	𦃛 260DB	𦃜 260DC	𦃝 260DD	𦃞 260DE	𦃟 260DF	𦃠 260E0	𦃡 260E1	𦃢 260E2	𦃣 260E3
D9	𦃤 260E4	𦃥 260E5	𦃦 260E6	𦃧 260E7	𦃨 260E8	𦃩 260E9	𦃪 260EA	𦃫 260EB	𦃬 260EC	𦃭 260ED
DA	𦃮 260EE	𦃯 260EF	𦃰 260F0	𦃱 260F1	𦃲 260F2	𦃳 260F3	𦃴 260F4	𦃵 260F5	𦃶 260F6	𦃷 260F7
DB	𦃸 260F8	𦃹 260F9	𦃺 260FA	𦃻 260FB	𦃼 260FC	𦃽 260FD	𦃾 260FE	𦃿 260FF	𦄀 26100	𦄁 26101
DC	𦄂 26102	𦄃 26103	𦄄 26104	𦄅 26105	𦄆 26106	𦄇 26107	𦄈 26108	𦄉 26109	𦄊 2610A	𦄋 2610B
DD	𦄌 2610C	𦄍 2610D	𦄎 2610E	𦄏 2610F	𦄐 26110	𦄑 26111	𦄒 26112	𦄓 26113	𦄔 26114	𦄕 26115
DE	𦄖 26116	𦄗 26117	𦄘 26118	𦄙 26119	𦄚 2611A	𦄛 2611B	𦄜 2611C	𦄝 2611D	𦄞 2611E	𦄟 2611F
DF	𦄠 26120	𦄡 26121	𦄢 26122	𦄣 26123	𦄤 26124	𦄥 26125	𦄦 26126	𦄧 26127	𦄨 26128	𦄩 26129
E0	𦄪 2612A	𦄫 2612B	𦄬 2612C	𦄭 2612D	𦄮 2612E	𦄯 2612F	𦄰 26130	𦄱 26131	𦄲 26132	𦄳 26133
E1	𦄴 26134	𦄵 26135	𦄶 26136	𦄷 26137	𦄸 26138	𦄹 26139	𦄺 2613A	𦄻 2613B	𦄼 2613C	𦄽 2613D
E2	𦄾 2613E	𦄿 2613F	𦅀 26140	𦅁 26141	𦅂 26142	𦅃 26143	𦅄 26144	𦅅 26145	𦅆 26146	𦅇 26147
E3	𦅈 26148	𦅉 26149	𦅊 2614A	𦅋 2614B	𦅌 2614C	𦅍 2614D	𦅎 2614E	𦅏 2614F	𦅐 26150	𦅑 26151
E4	𦅒 26152	𦅓 26153	𦅔 26154	𦅕 26155	𦅖 26156	𦅗 26157	𦅘 26158	𦅙 26159	𦅚 2615A	𦅛 2615B
E5	𦅜 2615C	𦅝 2615D	𦅞 2615E	𦅟 2615F	𦅠 26160	𦅡 26161	𦅢 26162	𦅣 26163	𦅤 26164	𦅥 26165
E6	𦅦 26166	𦅧 26167	𦅨 26168	𦅩 26169	𦅪 2616A	𦅫 2616B	𦅬 2616C	𦅭 2616D	𦅮 2616E	𦅯 2616F
E7	𦅰 26170	𦅱 26171	𦅲 26172	𦅳 26173	𦅴 26174	𦅵 26175	𦅶 26176	𦅷 26177	𦅸 26178	𦅹 26179
E8	𦅺 2617A	𦅻 2617B	𦅼 2617C	𦅽 2617D	𦅾 2617E	𦅿 2617F	𦆀 26180	𦆁 26181	𦆂 26182	𦆃 26183
E9	𦆄 26184	𦆅 26185	𦆆 26186	𦆇 26187	𦆈 26188	𦆉 26189	𦆊 2618A	𦆋 2618B	𦆌 2618C	𦆍 2618D

9731

	30	31	32	33	34	35	36	37	38	39
EA	2618E	2618F	26190	26191	26192	26193	26194	26195	26196	26197
EB	26198	26199	2619A	2619B	2619C	2619D	2619E	2619F	261A0	261A1
EC	261A2	261A3	261A4	261A5	261A6	261A7	261A8	261A9	261AA	261AB
ED	261AC	261AD	261AE	261AF	261B0	261B1	261B2	261B3	261B4	261B5
EE	261B6	261B7	261B8	261B9	261BA	261BB	261BC	261BD	261BE	261BF
EF	261C0	261C1	261C2	261C3	261C4	261C5	261C6	261C7	261C8	261C9
F0	261CA	261CB	261CC	261CD	261CE	261CF	261D0	261D1	261D2	261D3
F1	261D4	261D5	261D6	261D7	261D8	261D9	261DA	261DB	261DC	261DD
F2	261DE	261DF	261E0	261E1	261E2	261E3	261E4	261E5	261E6	261E7
F3	261E8	261E9	261EA	261EB	261EC	261ED	261EE	261EF	261F0	261F1
F4	261F2	261F3	261F4	261F5	261F6	261F7	261F8	261F9	261FA	261FB
F5	261FC	261FD	261FE	261FF	26200	26201	26202	26203	26204	26205
F6	26206	26207	26208	26209	2620A	2620B	2620C	2620D	2620E	2620F
F7	26210	26211	26212	26213	26214	26215	26216	26217	26218	26219
F8	2621A	2621B	2621C	2621D	2621E	2621F	26220	26221	26222	26223
F9	26224	26225	26226	26227	26228	26229	2622A	2622B	2622C	2622D
FA	2622E	2622F	26230	26231	26232	26233	26234	26235	26236	26237
FB	26238	26239	2623A	2623B	2623C	2623D	2623E	2623F	26240	26241
FC	26242	26243	26244	26245	26246	26247	26248	26249	2624A	2624B
FD	2624C	2624D	2624E	2624F	26250	26251	26252	26253	26254	26255
FE	26256	26257	26258	26259	2625A	2625B	2625C	2625D	2625E	2625F

9732

	30	31	32	33	34	35	36	37	38	39
81	𦉠 26260	𦉡 26261	𦉢 26262	𦉣 26263	𦉤 26264	𦉥 26265	𦉦 26266	𦉧 26267	𦉨 26268	𦉩 26269
82	𦉪 2626A	𦉫 2626B	𦉬 2626C	𦉭 2626D	𦉮 2626E	𦉯 2626F	𦉰 26270	𦉱 26271	𦉲 26272	𦉳 26273
83	𦉴 26274	𦉵 26275	𦉶 26276	𦉷 26277	𦉸 26278	𦉹 26279	𦉺 2627A	𦉻 2627B	𦉼 2627C	𦉽 2627D
84	𦉾 2627E	𦉿 2627F	𦊀 26280	𦊁 26281	𦊂 26282	𦊃 26283	𦊄 26284	𦊅 26285	𦊆 26286	𦊇 26287
85	𦊈 26288	𦊉 26289	𦊊 2628A	𦊋 2628B	𦊌 2628C	𦊍 2628D	𦊎 2628E	𦊏 2628F	𦊐 26290	𦊑 26291
86	𦊒 26292	𦊓 26293	𦊔 26294	𦊕 26295	𦊖 26296	𦊗 26297	𦊘 26298	𦊙 26299	𦊚 2629A	𦊛 2629B
87	𦊜 2629C	𦊝 2629D	𦊞 2629E	𦊟 2629F	𦊠 262A0	𦊡 262A1	𦊢 262A2	𦊣 262A3	𦊤 262A4	𦊥 262A5
88	𦊦 262A6	𦊧 262A7	𦊨 262A8	𦊩 262A9	𦊪 262AA	𦊫 262AB	𦊬 262AC	𦊭 262AD	𦊮 262AE	𦊯 262AF
89	𦊰 262B0	𦊱 262B1	𦊲 262B2	𦊳 262B3	𦊴 262B4	𦊵 262B5	𦊶 262B6	𦊷 262B7	𦊸 262B8	𦊹 262B9
8A	𦊺 262BA	𦊻 262BB	𦊼 262BC	𦊽 262BD	𦊾 262BE	𦊿 262BF	𦋀 262C0	𦋁 262C1	𦋂 262C2	𦋃 262C3
8B	𦋄 262C4	𦋅 262C5	𦋆 262C6	𦋇 262C7	𦋈 262C8	𦋉 262C9	𦋊 262CA	𦋋 262CB	𦋌 262CC	𦋍 262CD
8C	𦋎 262CE	𦋏 262CF	𦋐 262D0	𦋑 262D1	𦋒 262D2	𦋓 262D3	𦋔 262D4	𦋕 262D5	𦋖 262D6	𦋗 262D7
8D	𦋘 262D8	𦋙 262D9	𦋚 262DA	𦋛 262DB	𦋜 262DC	𦋝 262DD	𦋞 262DE	𦋟 262DF	𦋠 262E0	𦋡 262E1
8E	𦋢 262E2	𦋣 262E3	𦋤 262E4	𦋥 262E5	𦋦 262E6	𦋧 262E7	𦋨 262E8	𦋩 262E9	𦋪 262EA	𦋫 262EB
8F	𦋬 262EC	𦋭 262ED	𦋮 262EE	𦋯 262EF	𦋰 262F0	𦋱 262F1	𦋲 262F2	𦋳 262F3	𦋴 262F4	𦋵 262F5
90	𦋶 262F6	𦋷 262F7	𦋸 262F8	𦋹 262F9	𦋺 262FA	𦋻 262FB	𦋼 262FC	𦋽 262FD	𦋾 262FE	𦋿 262FF
91	𦌀 26300	𦌁 26301	𦌂 26302	𦌃 26303	𦌄 26304	𦌅 26305	𦌆 26306	𦌇 26307	𦌈 26308	𦌉 26309
92	𦌊 2630A	𦌋 2630B	𦌌 2630C	𦌍 2630D	𦌎 2630E	𦌏 2630F	𦌐 26310	𦌑 26311	𦌒 26312	𦌓 26313
93	𦌔 26314	𦌕 26315	𦌖 26316	𦌗 26317	𦌘 26318	𦌙 26319	𦌚 2631A	𦌛 2631B	𦌜 2631C	𦌝 2631D
94	𦌞 2631E	𦌟 2631F	𦌠 26320	𦌡 26321	𦌢 26322	𦌣 26323	𦌤 26324	𦌥 26325	𦌦 26326	𦌧 26327
95	𦌨 26328	𦌩 26329	𦌪 2632A	𦌫 2632B	𦌬 2632C	𦌭 2632D	𦌮 2632E	𦌯 2632F	𦌰 26330	𦌱 26331

9732

	30	31	32	33	34	35	36	37	38	39
96	26332	26333	26334	26335	26336	26337	26338	26339	2633A	2633B
97	2633C	2633D	2633E	2633F	26340	26341	26342	26343	26344	26345
98	26346	26347	26348	26349	2634A	2634B	2634C	2634D	2634E	2634F
99	26350	26351	26352	26353	26354	26355	26356	26357	26358	26359
9A	2635A	2635B	2635C	2635D	2635E	2635F	26360	26361	26362	26363
9B	26364	26365	26366	26367	26368	26369	2636A	2636B	2636C	2636D
9C	2636E	2636F	26370	26371	26372	26373	26374	26375	26376	26377
9D	26378	26379	2637A	2637B	2637C	2637D	2637E	2637F	26380	26381
9E	26382	26383	26384	26385	26386	26387	26388	26389	2638A	2638B
9F	2638C	2638D	2638E	2638F	26390	26391	26392	26393	26394	26395
A0	26396	26397	26398	26399	2639A	2639B	2639C	2639D	2639E	2639F
A1	263A0	263A1	263A2	263A3	263A4	263A5	263A6	263A7	263A8	263A9
A2	263AA	263AB	263AC	263AD	263AE	263AF	263B0	263B1	263B2	263B3
A3	263B4	263B5	263B6	263B7	263B8	263B9	263BA	263BB	263BC	263BD
A4	263BE	263BF	263C0	263C1	263C2	263C3	263C4	263C5	263C6	263C7
A5	263C8	263C9	263CA	263CB	263CC	263CD	263CE	263CF	263D0	263D1
A6	263D2	263D3	263D4	263D5	263D6	263D7	263D8	263D9	263DA	263DB
A7	263DC	263DD	263DE	263DF	263E0	263E1	263E2	263E3	263E4	263E5
A8	263E6	263E7	263E8	263E9	263EA	263EB	263EC	263ED	263EE	263EF
A9	263F0	263F1	263F2	263F3	263F4	263F5	263F6	263F7	263F8	263F9
AA	263FA	263FB	263FC	263FD	263FE	263FF	26400	26401	26402	26403

9732

	30	31	32	33	34	35	36	37	38	39
AB	𦐄 26404	𦐅 26405	𦐆 26406	𦐇 26407	𦐈 26408	𦐉 26409	𦐊 2640A	𦐋 2640B	𦐌 2640C	𦐍 2640D
AC	𦐎 2640E	𦐏 2640F	𦐐 26410	𦐑 26411	𦐒 26412	𦐓 26413	𦐔 26414	𦐕 26415	𦐖 26416	𦐗 26417
AD	𦐘 26418	𦐙 26419	𦐚 2641A	𦐛 2641B	𦐜 2641C	𦐝 2641D	𦐞 2641E	𦐟 2641F	𦐠 26420	𦐡 26421
AE	𦐢 26422	𦐣 26423	𦐤 26424	𦐥 26425	𦐦 26426	𦐧 26427	𦐨 26428	𦐩 26429	𦐪 2642A	𦐫 2642B
AF	𦐬 2642C	𦐭 2642D	𦐮 2642E	𦐯 2642F	𦐰 26430	𦐱 26431	𦐲 26432	𦐳 26433	𦐴 26434	𦐵 26435
B0	𦐶 26436	𦐷 26437	𦐸 26438	𦐹 26439	𦐺 2643A	𦐻 2643B	𦐼 2643C	𦐽 2643D	𦐾 2643E	𦐿 2643F
B1	𦑀 26440	𦑁 26441	𦑂 26442	𦑃 26443	𦑄 26444	𦑅 26445	𦑆 26446	𦑇 26447	𦑈 26448	𦑉 26449
B2	𦑊 2644A	𦑋 2644B	𦑌 2644C	𦑍 2644D	𦑎 2644E	𦑏 2644F	𦑐 26450	𦑑 26451	𦑒 26452	𦑓 26453
B3	𦑔 26454	𦑕 26455	𦑖 26456	𦑗 26457	𦑘 26458	𦑙 26459	𦑚 2645A	𦑛 2645B	𦑜 2645C	𦑝 2645D
B4	𦑞 2645E	𦑟 2645F	𦑠 26460	𦑡 26461	𦑢 26462	𦑣 26463	𦑤 26464	𦑥 26465	𦑦 26466	𦑧 26467
B5	𦑨 26468	𦑩 26469	𦑪 2646A	𦑫 2646B	𦑬 2646C	𦑭 2646D	𦑮 2646E	𦑯 2646F	𦑰 26470	𦑱 26471
B6	𦑲 26472	𦑳 26473	𦑴 26474	𦑵 26475	𦑶 26476	𦑷 26477	𦑸 26478	𦑹 26479	𦑺 2647A	𦑻 2647B
B7	𦑼 2647C	𦑽 2647D	𦑾 2647E	𦑿 2647F	𦒀 26480	𦒁 26481	𦒂 26482	𦒃 26483	𦒄 26484	𦒅 26485
B8	𦒆 26486	𦒇 26487	𦒈 26488	𦒉 26489	𦒊 2648A	𦒋 2648B	𦒌 2648C	𦒍 2648D	𦒎 2648E	𦒏 2648F
B9	𦒐 26490	𦒑 26491	𦒒 26492	𦒓 26493	𦒔 26494	𦒕 26495	𦒖 26496	𦒗 26497	𦒘 26498	𦒙 26499
BA	𦒚 2649A	𦒛 2649B	𦒜 2649C	𦒝 2649D	𦒞 2649E	𦒟 2649F	𦒠 264A0	𦒡 264A1	𦒢 264A2	𦒣 264A3
BB	𦒤 264A4	𦒥 264A5	𦒦 264A6	𦒧 264A7	𦒨 264A8	𦒩 264A9	𦒪 264AA	𦒫 264AB	𦒬 264AC	𦒭 264AD
BC	𦒮 264AE	𦒯 264AF	𦒰 264B0	𦒱 264B1	𦒲 264B2	𦒳 264B3	𦒴 264B4	𦒵 264B5	𦒶 264B6	𦒷 264B7
BD	𦒸 264B8	𦒹 264B9	𦒺 264BA	𦒻 264BB	𦒼 264BC	𦒽 264BD	𦒾 264BE	𦒿 264BF	𦓀 264C0	𦓁 264C1
BE	𦓂 264C2	𦓃 264C3	𦓄 264C4	𦓅 264C5	𦓆 264C6	𦓇 264C7	𦓈 264C8	𦓉 264C9	𦓊 264CA	𦓋 264CB
BF	𦓌 264CC	𦓍 264CD	𦓎 264CE	𦓏 264CF	𦓐 264D0	𦓑 264D1	𦓒 264D2	𦓓 264D3	𦓔 264D4	𦓕 264D5

9732

	30	31	32	33	34	35	36	37	38	39
C0	𦓖 264D6	𦓗 264D7	𦓘 264D8	𦓙 264D9	𦓚 264DA	𦓛 264DB	𦓜 264DC	𦓝 264DD	𦓞 264DE	𦓟 264DF
C1	𦓠 264E0	𦓡 264E1	𦓢 264E2	𦓣 264E3	𦓤 264E4	𦓥 264E5	𦓦 264E6	𦓧 264E7	𦓨 264E8	𦓩 264E9
C2	𦓪 264EA	𦓫 264EB	𦓬 264EC	𦓭 264ED	𦓮 264EE	𦓯 264EF	𦓰 264F0	𦓱 264F1	𦓲 264F2	𦓳 264F3
C3	𦓴 264F4	𦓵 264F5	𦓶 264F6	𦓷 264F7	𦓸 264F8	𦓹 264F9	𦓺 264FA	𦓻 264FB	𦓼 264FC	𦓽 264FD
C4	𦓾 264FE	𦓿 264FF	𦔀 26500	𦔁 26501	𦔂 26502	𦔃 26503	𦔄 26504	𦔅 26505	𦔆 26506	𦔇 26507
C5	𦔈 26508	𦔉 26509	𦔊 2650A	𦔋 2650B	𦔌 2650C	𦔍 2650D	𦔎 2650E	𦔏 2650F	𦔐 26510	𦔑 26511
C6	𦔒 26512	𦔓 26513	𦔔 26514	𦔕 26515	𦔖 26516	𦔗 26517	𦔘 26518	𦔙 26519	𦔚 2651A	𦔛 2651B
C7	𦔜 2651C	𦔝 2651D	𦔞 2651E	𦔟 2651F	𦔠 26520	𦔡 26521	𦔢 26522	𦔣 26523	𦔤 26524	𦔥 26525
C8	𦔦 26526	𦔧 26527	𦔨 26528	𦔩 26529	𦔪 2652A	𦔫 2652B	𦔬 2652C	𦔭 2652D	𦔮 2652E	𦔯 2652F
C9	𦔰 26530	𦔱 26531	𦔲 26532	𦔳 26533	𦔴 26534	𦔵 26535	𦔶 26536	𦔷 26537	𦔸 26538	𦔹 26539
CA	𦔺 2653A	𦔻 2653B	𦔼 2653C	𦔽 2653D	𦔾 2653E	𦔿 2653F	𦕀 26540	𦕁 26541	𦕂 26542	𦕃 26543
CB	𦕄 26544	𦕅 26545	𦕆 26546	𦕇 26547	𦕈 26548	𦕉 26549	𦕊 2654A	𦕋 2654B	𦕌 2654C	𦕍 2654D
CC	𦕎 2654E	𦕏 2654F	𦕐 26550	𦕑 26551	𦕒 26552	𦕓 26553	𦕔 26554	𦕕 26555	𦕖 26556	𦕗 26557
CD	𦕘 26558	𦕙 26559	𦕚 2655A	𦕛 2655B	𦕜 2655C	𦕝 2655D	𦕞 2655E	𦕟 2655F	𦕠 26560	𦕡 26561
CE	𦕢 26562	𦕣 26563	𦕤 26564	𦕥 26565	𦕦 26566	𦕧 26567	𦕨 26568	𦕩 26569	𦕪 2656A	𦕫 2656B
CF	𦕬 2656C	𦕭 2656D	𦕮 2656E	𦕯 2656F	𦕰 26570	𦕱 26571	𦕲 26572	𦕳 26573	𦕴 26574	𦕵 26575
D0	𦕶 26576	𦕷 26577	𦕸 26578	𦕹 26579	𦕺 2657A	𦕻 2657B	𦕼 2657C	𦕽 2657D	𦕾 2657E	𦕿 2657F
D1	𦖀 26580	𦖁 26581	𦖂 26582	𦖃 26583	𦖄 26584	𦖅 26585	𦖆 26586	𦖇 26587	𦖈 26588	𦖉 26589
D2	𦖊 2658A	𦖋 2658B	𦖌 2658C	𦖍 2658D	𦖎 2658E	𦖏 2658F	𦖐 26590	𦖑 26591	𦖒 26592	𦖓 26593
D3	𦖔 26594	𦖕 26595	𦖖 26596	𦖗 26597	𦖘 26598	𦖙 26599	𦖚 2659A	𦖛 2659B	𦖜 2659C	𦖝 2659D
D4	𦖞 2659E	𦖟 2659F	𦖠 265A0	𦖡 265A1	𦖢 265A2	𦖣 265A3	𦖤 265A4	𦖥 265A5	𦖦 265A6	𦖧 265A7

9732

	30	31	32	33	34	35	36	37	38	39
D5	𦖨 265A8	𦖩 265A9	𦖪 265AA	𦖫 265AB	𦖬 265AC	𦖭 265AD	𦖮 265AE	𦖯 265AF	𦖰 265B0	𦖱 265B1
D6	𦖲 265B2	𦖳 265B3	𦖴 265B4	𦖵 265B5	𦖶 265B6	𦖷 265B7	𦖸 265B8	𦖹 265B9	𦖺 265BA	𦖻 265BB
D7	𦖼 265BC	𦖽 265BD	𦖾 265BE	𦖿 265BF	𦗀 265C0	𦗁 265C1	𦗂 265C2	𦗃 265C3	𦗄 265C4	𦗅 265C5
D8	𦗆 265C6	𦗇 265C7	𦗈 265C8	𦗉 265C9	𦗊 265CA	𦗋 265CB	𦗌 265CC	𦗍 265CD	𦗎 265CE	𦗏 265CF
D9	𦗐 265D0	𦗑 265D1	𦗒 265D2	𦗓 265D3	𦗔 265D4	𦗕 265D5	𦗖 265D6	𦗗 265D7	𦗘 265D8	𦗙 265D9
DA	𦗚 265DA	𦗛 265DB	𦗜 265DC	𦗝 265DD	𦗞 265DE	𦗟 265DF	𦗠 265E0	𦗡 265E1	𦗢 265E2	𦗣 265E3
DB	𦗤 265E4	𦗥 265E5	𦗦 265E6	𦗧 265E7	𦗨 265E8	𦗩 265E9	𦗪 265EA	𦗫 265EB	𦗬 265EC	𦗭 265ED
DC	𦗮 265EE	𦗯 265EF	𦗰 265F0	𦗱 265F1	𦗲 265F2	𦗳 265F3	𦗴 265F4	𦗵 265F5	𦗶 265F6	𦗷 265F7
DD	𦗸 265F8	𦗹 265F9	𦗺 265FA	𦗻 265FB	𦗼 265FC	𦗽 265FD	𦗾 265FE	𦗿 265FF	𦘀 26600	𦘁 26601
DE	𦘂 26602	𦘃 26603	𦘄 26604	𦘅 26605	𦘆 26606	𦘇 26607	𦘈 26608	𦘉 26609	𦘊 2660A	𦘋 2660B
DF	𦘌 2660C	𦘍 2660D	𦘎 2660E	𦘏 2660F	𦘐 26610	𦘑 26611	𦘒 26612	𦘓 26613	𦘔 26614	𦘕 26615
E0	𦘖 26616	𦘗 26617	𦘘 26618	𦘙 26619	𦘚 2661A	𦘛 2661B	𦘜 2661C	𦘝 2661D	𦘞 2661E	𦘟 2661F
E1	𦘠 26620	𦘡 26621	𦘢 26622	𦘣 26623	𦘤 26624	𦘥 26625	𦘦 26626	𦘧 26627	𦘨 26628	𦘩 26629
E2	𦘪 2662A	𦘫 2662B	𦘬 2662C	𦘭 2662D	𦘮 2662E	𦘯 2662F	𦘰 26630	𦘱 26631	𦘲 26632	𦘳 26633
E3	𦘴 26634	𦘵 26635	𦘶 26636	𦘷 26637	𦘸 26638	𦘹 26639	𦘺 2663A	𦘻 2663B	𦘼 2663C	𦘽 2663D
E4	𦘾 2663E	𦘿 2663F	𦙀 26640	𦙁 26641	𦙂 26642	𦙃 26643	𦙄 26644	𦙅 26645	𦙆 26646	𦙇 26647
E5	𦙈 26648	𦙉 26649	𦙊 2664A	𦙋 2664B	𦙌 2664C	𦙍 2664D	𦙎 2664E	𦙏 2664F	𦙐 26650	𦙑 26651
E6	𦙒 26652	𦙓 26653	𦙔 26654	𦙕 26655	𦙖 26656	𦙗 26657	𦙘 26658	𦙙 26659	𦙚 2665A	𦙛 2665B
E7	𦙜 2665C	𦙝 2665D	𦙞 2665E	𦙟 2665F	𦙠 26660	𦙡 26661	𦙢 26662	𦙣 26663	𦙤 26664	𦙥 26665
E8	𦙦 26666	𦙧 26667	𦙨 26668	𦙩 26669	𦙪 2666A	𦙫 2666B	𦙬 2666C	𦙭 2666D	𦙮 2666E	𦙯 2666F
E9	𦙰 26670	𦙱 26671	𦙲 26672	𦙳 26673	𦙴 26674	𦙵 26675	𦙶 26676	𦙷 26677	𦙸 26678	𦙹 26679

9732

	30	31	32	33	34	35	36	37	38	39
EA	胷 2667A	脉 2667B	肻 2667C	𦙽 2667D	胫 2667E	脱 2667F	胑 26680	脍 26681	胶 26682	胱 26683
EB	脺 26684	脊 26685	皱 26686	脔 26687	脴 26688	脊 26689	脟 2668A	胃 2668B	肩 2668C	育 2668D
EC	胡 2668E	育 2668F	舵 26690	肩 26691	胠 26692	脌 26693	脁 26694	腊 26695	胫 26696	脠 26697
ED	脩 26698	脔 26699	朏 2669A	朒 2669B	脒 2669C	脉 2669D	脏 2669E	脏 2669F	脏 266A0	脑 266A1
EE	脮 266A2	朖 266A3	腴 266A4	脇 266A5	胫 266A6	朐 266A7	脔 266A8	脎 266A9	脟 266AA	朕 266AB
EF	脖 266AC	朏 266AD	脩 266AE	胤 266AF	脇 266B0	脦 266B1	脛 266B2	脘 266B3	脊 266B4	脜 266B5
F0	脔 266B6	脔 266B7	脰 266B8	脰 266B9	脡 266BA	腗 266BB	腀 266BC	脗 266BD	脊 266BE	腓 266BF
F1	腇 266C0	腦 266C1	腐 266C2	胳 266C3	离 266C4	胺 266C5	脔 266C6	脔 266C7	腴 266C8	腓 266C9
F2	腑 266CA	腊 266CB	腱 266CC	腨 266CD	腓 266CE	腔 266CF	腋 266D0	腒 266D1	腩 266D2	腹 266D3
F3	腚 266D4	腳 266D5	腪 266D6	腽 266D7	膀 266D8	腻 266D9	腦 266DA	腣 266DB	腍 266DC	禽 266DD
F4	腮 266DE	腰 266DF	腥 266E0	脒 266E1	腘 266E2	腱 266E3	腒 266E4	膖 266E5	腸 266E6	腠 266E7
F5	膀 266E8	腊 266E9	脚 266EA	脊 266EB	脊 266EC	腖 266ED	腉 266EE	脊 266EF	腔 266F0	腷 266F1
F6	腑 266F2	胸 266F3	腑 266F4	腊 266F5	脚 266F6	腂 266F7	腡 266F8	胾 266F9	膷 266FA	腑 266FB
F7	膑 266FC	胗 266FD	腷 266FE	膗 266FF	腿 26700	膣 26701	膎 26702	膜 26703	腹 26704	膦 26705
F8	腼 26706	膒 26707	膝 26708	膊 26709	膘 2670A	膞 2670B	膟 2670C	膨 2670D	膠 2670E	膹 2670F
F9	膾 26710	膬 26711	膫 26712	膩 26713	膱 26714	膴 26715	膷 26716	膳 26717	膺 26718	膸 26719
FA	膂 2671A	膇 2671B	膂 2671C	臍 2671D	臏 2671E	臑 2671F	臓 26720	臗 26721	臜 26722	臚 26723
FB	臢 26724	臝 26725	臓 26726	臡 26727	臢 26728	臘 26729	臙 2672A	臕 2672B	臛 2672C	臜 2672D
FC	胯 2672E	膔 2672F	膊 26730	脸 26731	膾 26732	扁 26733	臀 26734	膳 26735	膑 26736	膴 26737
FD	膨 26738	脊 26739	膢 2673A	膃 2673B	膝 2673C	腌 2673D	臋 2673E	腧 2673F	膵 26740	膜 26741
FE	朋 26742	膦 26743	腾 26744	脍 26745	膦 26746	胞 26747	膤 26748	臃 26749	臟 2674A	腡 2674B

9733

	30	31	32	33	34	35	36	37	38	39
81	𦝌 2674C	𦝍 2674D	𦝎 2674E	𦝏 2674F	𦝐 26750	𦝑 26751	𦝒 26752	𦝓 26753	𦝔 26754	𦝕 26755
82	𦝖 26756	𦝗 26757	𦝘 26758	𦝙 26759	𦝚 2675A	𦝛 2675B	𦝜 2675C	𦝝 2675D	𦝞 2675E	𦝟 2675F
83	𦝠 26760	𦝡 26761	𦝢 26762	𦝣 26763	𦝤 26764	𦝥 26765	𦝦 26766	𦝧 26767	𦝨 26768	𦝩 26769
84	𦝪 2676A	𦝫 2676B	𦝬 2676C	𦝭 2676D	𦝮 2676E	𦝯 2676F	𦝰 26770	𦝱 26771	𦝲 26772	𦝳 26773
85	𦝴 26774	𦝵 26775	𦝶 26776	𦝷 26777	𦝸 26778	𦝹 26779	𦝺 2677A	𦝻 2677B	𦝼 2677C	𦝽 2677D
86	𦝾 2677E	𦝿 2677F	𦞀 26780	𦞁 26781	𦞂 26782	𦞃 26783	𦞄 26784	𦞅 26785	𦞆 26786	𦞇 26787
87	𦞈 26788	𦞉 26789	𦞊 2678A	𦞋 2678B	𦞌 2678C	𦞍 2678D	𦞎 2678E	𦞏 2678F	𦞐 26790	𦞑 26791
88	𦞒 26792	𦞓 26793	𦞔 26794	𦞕 26795	𦞖 26796	𦞗 26797	𦞘 26798	𦞙 26799	𦞚 2679A	𦞛 2679B
89	𦞜 2679C	𦞝 2679D	𦞞 2679E	𦞟 2679F	𦞠 267A0	𦞡 267A1	𦞢 267A2	𦞣 267A3	𦞤 267A4	𦞥 267A5
8A	𦞦 267A6	𦞧 267A7	𦞨 267A8	𦞩 267A9	𦞪 267AA	𦞫 267AB	𦞬 267AC	𦞭 267AD	𦞮 267AE	𦞯 267AF
8B	𦞰 267B0	𦞱 267B1	𦞲 267B2	𦞳 267B3	𦞴 267B4	𦞵 267B5	𦞶 267B6	𦞷 267B7	𦞸 267B8	𦞹 267B9
8C	𦞺 267BA	𦞻 267BB	𦞼 267BC	𦞽 267BD	𦞾 267BE	𦞿 267BF	𦟀 267C0	𦟁 267C1	𦟂 267C2	𦟃 267C3
8D	𦟄 267C4	𦟅 267C5	𦟆 267C6	𦟇 267C7	𦟈 267C8	𦟉 267C9	𦟊 267CA	𦟋 267CB	𦟌 267CC	𦟍 267CD
8E	𦟎 267CE	𦟏 267CF	𦟐 267D0	𦟑 267D1	𦟒 267D2	𦟓 267D3	𦟔 267D4	𦟕 267D5	𦟖 267D6	𦟗 267D7
8F	𦟘 267D8	𦟙 267D9	𦟚 267DA	𦟛 267DB	𦟜 267DC	𦟝 267DD	𦟞 267DE	𦟟 267DF	𦟠 267E0	𦟡 267E1
90	𦟢 267E2	𦟣 267E3	𦟤 267E4	𦟥 267E5	𦟦 267E6	𦟧 267E7	𦟨 267E8	𦟩 267E9	𦟪 267EA	𦟫 267EB
91	𦟬 267EC	𦟭 267ED	𦟮 267EE	𦟯 267EF	𦟰 267F0	𦟱 267F1	𦟲 267F2	𦟳 267F3	𦟴 267F4	𦟵 267F5
92	𦟶 267F6	𦟷 267F7	𦟸 267F8	𦟹 267F9	𦟺 267FA	𦟻 267FB	𦟼 267FC	𦟽 267FD	𦟾 267FE	𦟿 267FF
93	𦠀 26800	𦠁 26801	𦠂 26802	𦠃 26803	𦠄 26804	𦠅 26805	𦠆 26806	𦠇 26807	𦠈 26808	𦠉 26809
94	𦠊 2680A	𦠋 2680B	𦠌 2680C	𦠍 2680D	𦠎 2680E	𦠏 2680F	𦠐 26810	𦠑 26811	𦠒 26812	𦠓 26813
95	𦠔 26814	𦠕 26815	𦠖 26816	𦠗 26817	𦠘 26818	𦠙 26819	𦠚 2681A	𦠛 2681B	𦠜 2681C	𦠝 2681D

9733

	30	31	32	33	34	35	36	37	38	39
96	2681E	2681F	26820	26821	26822	26823	26824	26825	26826	26827
97	26828	26829	2682A	2682B	2682C	2682D	2682E	2682F	26830	26831
98	26832	26833	26834	26835	26836	26837	26838	26839	2683A	2683B
99	2683C	2683D	2683E	2683F	26840	26841	26842	26843	26844	26845
9A	26846	26847	26848	26849	2684A	2684B	2684C	2684D	2684E	2684F
9B	26850	26851	26852	26853	26854	26855	26856	26857	26858	26859
9C	2685A	2685B	2685C	2685D	2685E	2685F	26860	26861	26862	26863
9D	26864	26865	26866	26867	26868	26869	2686A	2686B	2686C	2686D
9E	2686E	2686F	26870	26871	26872	26873	26874	26875	26876	26877
9F	26878	26879	2687A	2687B	2687C	2687D	2687E	2687F	26880	26881
A0	26882	26883	26884	26885	26886	26887	26888	26889	2688A	2688B
A1	2688C	2688D	2688E	2688F	26890	26891	26892	26893	26894	26895
A2	26896	26897	26898	26899	2689A	2689B	2689C	2689D	2689E	2689F
A3	268A0	268A1	268A2	268A3	268A4	268A5	268A6	268A7	268A8	268A9
A4	268AA	268AB	268AC	268AD	268AE	268AF	268B0	268B1	268B2	268B3
A5	268B4	268B5	268B6	268B7	268B8	268B9	268BA	268BB	268BC	268BD
A6	268BE	268BF	268C0	268C1	268C2	268C3	268C4	268C5	268C6	268C7
A7	268C8	268C9	268CA	268CB	268CC	268CD	268CE	268CF	268D0	268D1
A8	268D2	268D3	268D4	268D5	268D6	268D7	268D8	268D9	268DA	268DB
A9	268DC	268DD	268DE	268DF	268E0	268E1	268E2	268E3	268E4	268E5
AA	268E6	268E7	268E8	268E9	268EA	268EB	268EC	268ED	268EE	268EF

9733

	30	31	32	33	34	35	36	37	38	39
AB	𦣰 268F0	𦣱 268F1	𦣲 268F2	𦣳 268F3	𦣴 268F4	𦣵 268F5	𦣶 268F6	𦣷 268F7	𦣸 268F8	𦣹 268F9
AC	𦣺 268FA	𦣻 268FB	𦣼 268FC	𦣽 268FD	𦣾 268FE	𦣿 268FF	𦤀 26900	𦤁 26901	𦤂 26902	𦤃 26903
AD	𦤄 26904	𦤅 26905	𦤆 26906	𦤇 26907	𦤈 26908	𦤉 26909	𦤊 2690A	𦤋 2690B	𦤌 2690C	𦤍 2690D
AE	𦤎 2690E	𦤏 2690F	𦤐 26910	𦤑 26911	𦤒 26912	𦤓 26913	𦤔 26914	𦤕 26915	𦤖 26916	𦤗 26917
AF	𦤘 26918	𦤙 26919	𦤚 2691A	𦤛 2691B	𦤜 2691C	𦤝 2691D	𦤞 2691E	𦤟 2691F	𦤠 26920	𦤡 26921
B0	𦤢 26922	𦤣 26923	𦤤 26924	𦤥 26925	𦤦 26926	𦤧 26927	𦤨 26928	𦤩 26929	𦤪 2692A	𦤫 2692B
B1	𦤬 2692C	𦤭 2692D	𦤮 2692E	𦤯 2692F	𦤰 26930	𦤱 26931	𦤲 26932	𦤳 26933	𦤴 26934	𦤵 26935
B2	𦤶 26936	𦤷 26937	𦤸 26938	𦤹 26939	𦤺 2693A	𦤻 2693B	𦤼 2693C	𦤽 2693D	𦤾 2693E	𦤿 2693F
B3	𦥀 26940	𦥁 26941	𦥂 26942	𦥃 26943	𦥄 26944	𦥅 26945	𦥆 26946	𦥇 26947	𦥈 26948	𦥉 26949
B4	𦥊 2694A	𦥋 2694B	𦥌 2694C	𦥍 2694D	𦥎 2694E	𦥏 2694F	𦥐 26950	𦥑 26951	𦥒 26952	𦥓 26953
B5	𦥔 26954	𦥕 26955	𦥖 26956	𦥗 26957	𦥘 26958	𦥙 26959	𦥚 2695A	𦥛 2695B	𦥜 2695C	𦥝 2695D
B6	𦥞 2695E	𦥟 2695F	𦥠 26960	𦥡 26961	𦥢 26962	𦥣 26963	𦥤 26964	𦥥 26965	𦥦 26966	𦥧 26967
B7	𦥨 26968	𦥩 26969	𦥪 2696A	𦥫 2696B	𦥬 2696C	𦥭 2696D	𦥮 2696E	𦥯 2696F	𦥰 26970	𦥱 26971
B8	𦥲 26972	𦥳 26973	𦥴 26974	𦥵 26975	𦥶 26976	𦥷 26977	𦥸 26978	𦥹 26979	𦥺 2697A	𦥻 2697B
B9	𦥼 2697C	𦥽 2697D	𦥾 2697E	𦥿 2697F	𦦀 26980	𦦁 26981	𦦂 26982	𦦃 26983	𦦄 26984	𦦅 26985
BA	𦦆 26986	𦦇 26987	𦦈 26988	𦦉 26989	𦦊 2698A	𦦋 2698B	𦦌 2698C	𦦍 2698D	𦦎 2698E	𦦏 2698F
BB	𦦐 26990	𦦑 26991	𦦒 26992	𦦓 26993	𦦔 26994	𦦕 26995	𦦖 26996	𦦗 26997	𦦘 26998	𦦙 26999
BC	𦦚 2699A	𦦛 2699B	𦦜 2699C	𦦝 2699D	𦦞 2699E	𦦟 2699F	𦦠 269A0	𦦡 269A1	𦦢 269A2	𦦣 269A3
BD	𦦤 269A4	𦦥 269A5	𦦦 269A6	𦦧 269A7	𦦨 269A8	𦦩 269A9	𦦪 269AA	𦦫 269AB	𦦬 269AC	𦦭 269AD
BE	𦦮 269AE	𦦯 269AF	𦦰 269B0	𦦱 269B1	𦦲 269B2	𦦳 269B3	𦦴 269B4	𦦵 269B5	𦦶 269B6	𦦷 269B7
BF	𦦸 269B8	𦦹 269B9	𦦺 269BA	𦦻 269BB	𦦼 269BC	𦦽 269BD	𦦾 269BE	𦦿 269BF	𦧀 269C0	𦧁 269C1

9733

	30	31	32	33	34	35	36	37	38	39
C0	𦧂 269C2	𦧃 269C3	𦧄 269C4	𦧅 269C5	𦧆 269C6	𦧇 269C7	𦧈 269C8	𦧉 269C9	𦧊 269CA	𦧋 269CB
C1	𦧌 269CC	𦧍 269CD	𦧎 269CE	𦧏 269CF	𦧐 269D0	𦧑 269D1	𦧒 269D2	𦧓 269D3	𦧔 269D4	𦧕 269D5
C2	𦧖 269D6	𦧗 269D7	𦧘 269D8	𦧙 269D9	𦧚 269DA	𦧛 269DB	𦧜 269DC	𦧝 269DD	𦧞 269DE	𦧟 269DF
C3	𦧠 269E0	𦧡 269E1	𦧢 269E2	𦧣 269E3	𦧤 269E4	𦧥 269E5	𦧦 269E6	𦧧 269E7	𦧨 269E8	𦧩 269E9
C4	𦧪 269EA	𦧫 269EB	𦧬 269EC	𦧭 269ED	𦧮 269EE	𦧯 269EF	𦧰 269F0	𦧱 269F1	𦧲 269F2	𦧳 269F3
C5	𦧴 269F4	𦧵 269F5	𦧶 269F6	𦧷 269F7	𦧸 269F8	𦧹 269F9	𦧺 269FA	𦧻 269FB	𦧼 269FC	𦧽 269FD
C6	𦧾 269FE	𦧿 269FF	𦨀 26A00	𦨁 26A01	𦨂 26A02	𦨃 26A03	𦨄 26A04	𦨅 26A05	𦨆 26A06	𦨇 26A07
C7	𦨈 26A08	𦨉 26A09	𦨊 26A0A	𦨋 26A0B	𦨌 26A0C	𦨍 26A0D	𦨎 26A0E	𦨏 26A0F	𦨐 26A10	𦨑 26A11
C8	𦨒 26A12	𦨓 26A13	𦨔 26A14	𦨕 26A15	𦨖 26A16	𦨗 26A17	𦨘 26A18	𦨙 26A19	𦨚 26A1A	𦨛 26A1B
C9	𦨜 26A1C	𦨝 26A1D	𦨞 26A1E	𦨟 26A1F	𦨠 26A20	𦨡 26A21	𦨢 26A22	𦨣 26A23	𦨤 26A24	𦨥 26A25
CA	𦨦 26A26	𦨧 26A27	𦨨 26A28	𦨩 26A29	𦨪 26A2A	𦨫 26A2B	𦨬 26A2C	𦨭 26A2D	𦨮 26A2E	𦨯 26A2F
CB	𦨰 26A30	𦨱 26A31	𦨲 26A32	𦨳 26A33	𦨴 26A34	𦨵 26A35	𦨶 26A36	𦨷 26A37	𦨸 26A38	𦨹 26A39
CC	𦨺 26A3A	𦨻 26A3B	𦨼 26A3C	𦨽 26A3D	𦨾 26A3E	𦨿 26A3F	𦩀 26A40	𦩁 26A41	𦩂 26A42	𦩃 26A43
CD	𦩄 26A44	𦩅 26A45	𦩆 26A46	𦩇 26A47	𦩈 26A48	𦩉 26A49	𦩊 26A4A	𦩋 26A4B	𦩌 26A4C	𦩍 26A4D
CE	𦩎 26A4E	𦩏 26A4F	𦩐 26A50	𦩑 26A51	𦩒 26A52	𦩓 26A53	𦩔 26A54	𦩕 26A55	𦩖 26A56	𦩗 26A57
CF	𦩘 26A58	𦩙 26A59	𦩚 26A5A	𦩛 26A5B	𦩜 26A5C	𦩝 26A5D	𦩞 26A5E	𦩟 26A5F	𦩠 26A60	𦩡 26A61
D0	𦩢 26A62	𦩣 26A63	𦩤 26A64	𦩥 26A65	𦩦 26A66	𦩧 26A67	𦩨 26A68	𦩩 26A69	𦩪 26A6A	𦩫 26A6B
D1	𦩬 26A6C	𦩭 26A6D	𦩮 26A6E	𦩯 26A6F	𦩰 26A70	𦩱 26A71	𦩲 26A72	𦩳 26A73	𦩴 26A74	𦩵 26A75
D2	𦩶 26A76	𦩷 26A77	𦩸 26A78	𦩹 26A79	𦩺 26A7A	𦩻 26A7B	𦩼 26A7C	𦩽 26A7D	𦩾 26A7E	𦩿 26A7F
D3	𦪀 26A80	𦪁 26A81	𦪂 26A82	𦪃 26A83	𦪄 26A84	𦪅 26A85	𦪆 26A86	𦪇 26A87	𦪈 26A88	𦪉 26A89
D4	𦪊 26A8A	𦪋 26A8B	𦪌 26A8C	𦪍 26A8D	𦪎 26A8E	𦪏 26A8F	𦪐 26A90	𦪑 26A91	𦪒 26A92	𦪓 26A93

9733

	30	31	32	33	34	35	36	37	38	39
D5	𦪔 26A94	𦪕 26A95	𦪖 26A96	𦪗 26A97	𦪘 26A98	𦪙 26A99	𦪚 26A9A	𦪛 26A9B	𦪜 26A9C	𦪝 26A9D
D6	𦪞 26A9E	𦪟 26A9F	𦪠 26AA0	𦪡 26AA1	𦪢 26AA2	𦪣 26AA3	𦪤 26AA4	𦪥 26AA5	𦪦 26AA6	𦪧 26AA7
D7	𦪨 26AA8	𦪩 26AA9	𦪪 26AAA	𦪫 26AAB	𦪬 26AAC	𦪭 26AAD	𦪮 26AAE	𦪯 26AAF	𦪰 26AB0	𦪱 26AB1
D8	𦪲 26AB2	𦪳 26AB3	𦪴 26AB4	𦪵 26AB5	𦪶 26AB6	𦪷 26AB7	𦪸 26AB8	𦪹 26AB9	𦪺 26ABA	𦪻 26ABB
D9	𦪼 26ABC	𦪽 26ABD	𦪾 26ABE	𦪿 26ABF	𦫀 26AC0	𦫁 26AC1	𦫂 26AC2	𦫃 26AC3	𦫄 26AC4	𦫅 26AC5
DA	𦫆 26AC6	𦫇 26AC7	𦫈 26AC8	𦫉 26AC9	𦫊 26ACA	𦫋 26ACB	𦫌 26ACC	𦫍 26ACD	𦫎 26ACE	𦫏 26ACF
DB	𦫐 26AD0	𦫑 26AD1	𦫒 26AD2	𦫓 26AD3	𦫔 26AD4	𦫕 26AD5	𦫖 26AD6	𦫗 26AD7	𦫘 26AD8	𦫙 26AD9
DC	𦫚 26ADA	𦫛 26ADB	𦫜 26ADC	𦫝 26ADD	𦫞 26ADE	𦫟 26ADF	𦫠 26AE0	𦫡 26AE1	𦫢 26AE2	𦫣 26AE3
DD	𦫤 26AE4	𦫥 26AE5	𦫦 26AE6	𦫧 26AE7	𦫨 26AE8	𦫩 26AE9	𦫪 26AEA	𦫫 26AEB	𦫬 26AEC	𦫭 26AED
DE	𦫮 26AEE	𦫯 26AEF	𦫰 26AF0	𦫱 26AF1	𦫲 26AF2	𦫳 26AF3	𦫴 26AF4	𦫵 26AF5	𦫶 26AF6	𦫷 26AF7
DF	𦫸 26AF8	𦫹 26AF9	𦫺 26AFA	𦫻 26AFB	𦫼 26AFC	𦫽 26AFD	𦫾 26AFE	𦫿 26AFF	𦬀 26B00	𦬁 26B01
E0	𦬂 26B02	𦬃 26B03	𦬄 26B04	𦬅 26B05	𦬆 26B06	𦬇 26B07	𦬈 26B08	𦬉 26B09	𦬊 26B0A	𦬋 26B0B
E1	𦬌 26B0C	𦬍 26B0D	𦬎 26B0E	𦬏 26B0F	𦬐 26B10	𦬑 26B11	𦬒 26B12	𦬓 26B13	𦬔 26B14	𦬕 26B15
E2	𦬖 26B16	𦬗 26B17	𦬘 26B18	𦬙 26B19	𦬚 26B1A	𦬛 26B1B	𦬜 26B1C	𦬝 26B1D	𦬞 26B1E	𦬟 26B1F
E3	𦬠 26B20	𦬡 26B21	𦬢 26B22	𦬣 26B23	𦬤 26B24	𦬥 26B25	𦬦 26B26	𦬧 26B27	𦬨 26B28	𦬩 26B29
E4	𦬪 26B2A	𦬫 26B2B	𦬬 26B2C	𦬭 26B2D	𦬮 26B2E	𦬯 26B2F	𦬰 26B30	𦬱 26B31	𦬲 26B32	𦬳 26B33
E5	𦬴 26B34	𦬵 26B35	𦬶 26B36	𦬷 26B37	𦬸 26B38	𦬹 26B39	𦬺 26B3A	𦬻 26B3B	𦬼 26B3C	𦬽 26B3D
E6	𦬾 26B3E	𦬿 26B3F	𦭀 26B40	𦭁 26B41	𦭂 26B42	𦭃 26B43	𦭄 26B44	𦭅 26B45	𦭆 26B46	𦭇 26B47
E7	𦭈 26B48	𦭉 26B49	𦭊 26B4A	𦭋 26B4B	𦭌 26B4C	𦭍 26B4D	𦭎 26B4E	𦭏 26B4F	𦭐 26B50	𦭑 26B51
E8	𦭒 26B52	𦭓 26B53	𦭔 26B54	𦭕 26B55	𦭖 26B56	𦭗 26B57	𦭘 26B58	𦭙 26B59	𦭚 26B5A	𦭛 26B5B
E9	𦭜 26B5C	𦭝 26B5D	𦭞 26B5E	𦭟 26B5F	𦭠 26B60	𦭡 26B61	𦭢 26B62	𦭣 26B63	𦭤 26B64	𦭥 26B65

9733

	30	31	32	33	34	35	36	37	38	39
EA	26B66	26B67	26B68	26B69	26B6A	26B6B	26B6C	26B6D	26B6E	26B6F
EB	26B70	26B71	26B72	26B73	26B74	26B75	26B76	26B77	26B78	26B79
EC	26B7A	26B7B	26B7C	26B7D	26B7E	26B7F	26B80	26B81	26B82	26B83
ED	26B84	26B85	26B86	26B87	26B88	26B89	26B8A	26B8B	26B8C	26B8D
EE	26B8E	26B8F	26B90	26B91	26B92	26B93	26B94	26B95	26B96	26B97
EF	26B98	26B99	26B9A	26B9B	26B9C	26B9D	26B9E	26B9F	26BA0	26BA1
F0	26BA2	26BA3	26BA4	26BA5	26BA6	26BA7	26BA8	26BA9	26BAA	26BAB
F1	26BAC	26BAD	26BAE	26BAF	26BB0	26BB1	26BB2	26BB3	26BB4	26BB5
F2	26BB6	26BB7	26BB8	26BB9	26BBA	26BBB	26BBC	26BBD	26BBE	26BBF
F3	26BC0	26BC1	26BC2	26BC3	26BC4	26BC5	26BC6	26BC7	26BC8	26BC9
F4	26BCA	26BCB	26BCC	26BCD	26BCE	26BCF	26BD0	26BD1	26BD2	26BD3
F5	26BD4	26BD5	26BD6	26BD7	26BD8	26BD9	26BDA	26BDB	26BDC	26BDD
F6	26BDE	26BDF	26BE0	26BE1	26BE2	26BE3	26BE4	26BE5	26BE6	26BE7
F7	26BE8	26BE9	26BEA	26BEB	26BEC	26BED	26BEE	26BEF	26BF0	26BF1
F8	26BF2	26BF3	26BF4	26BF5	26BF6	26BF7	26BF8	26BF9	26BFA	26BFB
F9	26BFC	26BFD	26BFE	26BFF	26C00	26C01	26C02	26C03	26C04	26C05
FA	26C06	26C07	26C08	26C09	26C0A	26C0B	26C0C	26C0D	26C0E	26C0F
FB	26C10	26C11	26C12	26C13	26C14	26C15	26C16	26C17	26C18	26C19
FC	26C1A	26C1B	26C1C	26C1D	26C1E	26C1F	26C20	26C21	26C22	26C23
FD	26C24	26C25	26C26	26C27	26C28	26C29	26C2A	26C2B	26C2C	26C2D
FE	26C2E	26C2F	26C30	26C31	26C32	26C33	26C34	26C35	26C36	26C37

9734

	30	31	32	33	34	35	36	37	38	39
81	𦰸 26C38	𦰹 26C39	𦰺 26C3A	𦰻 26C3B	𦰼 26C3C	𦰽 26C3D	𦰾 26C3E	𦰿 26C3F	𦱀 26C40	𦱁 26C41
82	𦱂 26C42	𦱃 26C43	𦱄 26C44	𦱅 26C45	𦱆 26C46	𦱇 26C47	𦱈 26C48	𦱉 26C49	𦱊 26C4A	𦱋 26C4B
83	𦱌 26C4C	𦱍 26C4D	𦱎 26C4E	𦱏 26C4F	𦱐 26C50	𦱑 26C51	𦱒 26C52	𦱓 26C53	𦱔 26C54	𦱕 26C55
84	𦱖 26C56	𦱗 26C57	𦱘 26C58	𦱙 26C59	𦱚 26C5A	𦱛 26C5B	𦱜 26C5C	𦱝 26C5D	𦱞 26C5E	𦱟 26C5F
85	𦱠 26C60	𦱡 26C61	𦱢 26C62	𦱣 26C63	𦱤 26C64	𦱥 26C65	𦱦 26C66	𦱧 26C67	𦱨 26C68	𦱩 26C69
86	𦱪 26C6A	𦱫 26C6B	𦱬 26C6C	𦱭 26C6D	𦱮 26C6E	𦱯 26C6F	𦱰 26C70	𦱱 26C71	𦱲 26C72	𦱳 26C73
87	𦱴 26C74	𦱵 26C75	𦱶 26C76	𦱷 26C77	𦱸 26C78	𦱹 26C79	𦱺 26C7A	𦱻 26C7B	𦱼 26C7C	𦱽 26C7D
88	𦱾 26C7E	𦱿 26C7F	𦲀 26C80	𦲁 26C81	𦲂 26C82	𦲃 26C83	𦲄 26C84	𦲅 26C85	𦲆 26C86	𦲇 26C87
89	𦲈 26C88	𦲉 26C89	𦲊 26C8A	𦲋 26C8B	𦲌 26C8C	𦲍 26C8D	𦲎 26C8E	𦲏 26C8F	𦲐 26C90	𦲑 26C91
8A	𦲒 26C92	𦲓 26C93	𦲔 26C94	𦲕 26C95	𦲖 26C96	𦲗 26C97	𦲘 26C98	𦲙 26C99	𦲚 26C9A	𦲛 26C9B
8B	𦲜 26C9C	𦲝 26C9D	𦲞 26C9E	𦲟 26C9F	𦲠 26CA0	𦲡 26CA1	𦲢 26CA2	𦲣 26CA3	𦲤 26CA4	𦲥 26CA5
8C	𦲦 26CA6	𦲧 26CA7	𦲨 26CA8	𦲩 26CA9	𦲪 26CAA	𦲫 26CAB	𦲬 26CAC	𦲭 26CAD	𦲮 26CAE	𦲯 26CAF
8D	𦲰 26CB0	𦲱 26CB1	𦲲 26CB2	𦲳 26CB3	𦲴 26CB4	𦲵 26CB5	𦲶 26CB6	𦲷 26CB7	𦲸 26CB8	𦲹 26CB9
8E	𦲺 26CBA	𦲻 26CBB	𦲼 26CBC	𦲽 26CBD	𦲾 26CBE	𦲿 26CBF	𦳀 26CC0	𦳁 26CC1	𦳂 26CC2	𦳃 26CC3
8F	𦳄 26CC4	𦳅 26CC5	𦳆 26CC6	𦳇 26CC7	𦳈 26CC8	𦳉 26CC9	𦳊 26CCA	𦳋 26CCB	𦳌 26CCC	𦳍 26CCD
90	𦳎 26CCE	𦳏 26CCF	𦳐 26CD0	𦳑 26CD1	𦳒 26CD2	𦳓 26CD3	𦳔 26CD4	𦳕 26CD5	𦳖 26CD6	𦳗 26CD7
91	𦳘 26CD8	𦳙 26CD9	𦳚 26CDA	𦳛 26CDB	𦳜 26CDC	𦳝 26CDD	𦳞 26CDE	𦳟 26CDF	𦳠 26CE0	𦳡 26CE1
92	𦳢 26CE2	𦳣 26CE3	𦳤 26CE4	𦳥 26CE5	𦳦 26CE6	𦳧 26CE7	𦳨 26CE8	𦳩 26CE9	𦳪 26CEA	𦳫 26CEB
93	𦳬 26CEC	𦳭 26CED	𦳮 26CEE	𦳯 26CEF	𦳰 26CF0	𦳱 26CF1	𦳲 26CF2	𦳳 26CF3	𦳴 26CF4	𦳵 26CF5
94	𦳶 26CF6	𦳷 26CF7	𦳸 26CF8	𦳹 26CF9	𦳺 26CFA	𦳻 26CFB	𦳼 26CFC	𦳽 26CFD	𦳾 26CFE	𦳿 26CFF
95	𦴀 26D00	𦴁 26D01	𦴂 26D02	𦴃 26D03	𦴄 26D04	𦴅 26D05	𦴆 26D06	𦴇 26D07	𦴈 26D08	𦴉 26D09

9734

	30	31	32	33	34	35	36	37	38	39
96	26D0A	26D0B	26D0C	26D0D	26D0E	26D0F	26D10	26D11	26D12	26D13
97	26D14	26D15	26D16	26D17	26D18	26D19	26D1A	26D1B	26D1C	26D1D
98	26D1E	26D1F	26D20	26D21	26D22	26D23	26D24	26D25	26D26	26D27
99	26D28	26D29	26D2A	26D2B	26D2C	26D2D	26D2E	26D2F	26D30	26D31
9A	26D32	26D33	26D34	26D35	26D36	26D37	26D38	26D39	26D3A	26D3B
9B	26D3C	26D3D	26D3E	26D3F	26D40	26D41	26D42	26D43	26D44	26D45
9C	26D46	26D47	26D48	26D49	26D4A	26D4B	26D4C	26D4D	26D4E	26D4F
9D	26D50	26D51	26D52	26D53	26D54	26D55	26D56	26D57	26D58	26D59
9E	26D5A	26D5B	26D5C	26D5D	26D5E	26D5F	26D60	26D61	26D62	26D63
9F	26D64	26D65	26D66	26D67	26D68	26D69	26D6A	26D6B	26D6C	26D6D
A0	26D6E	26D6F	26D70	26D71	26D72	26D73	26D74	26D75	26D76	26D77
A1	26D78	26D79	26D7A	26D7B	26D7C	26D7D	26D7E	26D7F	26D80	26D81
A2	26D82	26D83	26D84	26D85	26D86	26D87	26D88	26D89	26D8A	26D8B
A3	26D8C	26D8D	26D8E	26D8F	26D90	26D91	26D92	26D93	26D94	26D95
A4	26D96	26D97	26D98	26D99	26D9A	26D9B	26D9C	26D9D	26D9E	26D9F
A5	26DA0	26DA1	26DA2	26DA3	26DA4	26DA5	26DA6	26DA7	26DA8	26DA9
A6	26DAA	26DAB	26DAC	26DAD	26DAE	26DAF	26DB0	26DB1	26DB2	26DB3
A7	26DB4	26DB5	26DB6	26DB7	26DB8	26DB9	26DBA	26DBB	26DBC	26DBD
A8	26DBE	26DBF	26DC0	26DC1	26DC2	26DC3	26DC4	26DC5	26DC6	26DC7
A9	26DC8	26DC9	26DCA	26DCB	26DCC	26DCD	26DCE	26DCF	26DD0	26DD1
AA	26DD2	26DD3	26DD4	26DD5	26DD6	26DD7	26DD8	26DD9	26DDA	26DDB

9734

	30	31	32	33	34	35	36	37	38	39
AB	𦷜 26DDC	𦷝 26DDD	𦷞 26DDE	𦷟 26DDF	𦷠 26DE0	𦷡 26DE1	𦷢 26DE2	𦷣 26DE3	𦷤 26DE4	𦷥 26DE5
AC	𦷦 26DE6	𦷧 26DE7	𦷨 26DE8	𦷩 26DE9	𦷪 26DEA	𦷫 26DEB	𦷬 26DEC	𦷭 26DED	𦷮 26DEE	𦷯 26DEF
AD	𦷰 26DF0	𦷱 26DF1	𦷲 26DF2	𦷳 26DF3	𦷴 26DF4	𦷵 26DF5	𦷶 26DF6	𦷷 26DF7	𦷸 26DF8	𦷹 26DF9
AE	𦷺 26DFA	𦷻 26DFB	𦷼 26DFC	𦷽 26DFD	𦷾 26DFE	𦷿 26DFF	𦸀 26E00	𦸁 26E01	𦸂 26E02	𦸃 26E03
AF	𦸄 26E04	𦸅 26E05	𦸆 26E06	𦸇 26E07	𦸈 26E08	𦸉 26E09	𦸊 26E0A	𦸋 26E0B	𦸌 26E0C	𦸍 26E0D
B0	𦸎 26E0E	𦸏 26E0F	𦸐 26E10	𦸑 26E11	𦸒 26E12	𦸓 26E13	𦸔 26E14	𦸕 26E15	𦸖 26E16	𦸗 26E17
B1	𦸘 26E18	𦸙 26E19	𦸚 26E1A	𦸛 26E1B	𦸜 26E1C	𦸝 26E1D	𦸞 26E1E	𦸟 26E1F	𦸠 26E20	𦸡 26E21
B2	𦸢 26E22	𦸣 26E23	𦸤 26E24	𦸥 26E25	𦸦 26E26	𦸧 26E27	𦸨 26E28	𦸩 26E29	𦸪 26E2A	𦸫 26E2B
B3	𦸬 26E2C	𦸭 26E2D	𦸮 26E2E	𦸯 26E2F	𦸰 26E30	𦸱 26E31	𦸲 26E32	𦸳 26E33	𦸴 26E34	𦸵 26E35
B4	𦸶 26E36	𦸷 26E37	𦸸 26E38	𦸹 26E39	𦸺 26E3A	𦸻 26E3B	𦸼 26E3C	𦸽 26E3D	𦸾 26E3E	𦸿 26E3F
B5	𦹀 26E40	𦹁 26E41	𦹂 26E42	𦹃 26E43	𦹄 26E44	𦹅 26E45	𦹆 26E46	𦹇 26E47	𦹈 26E48	𦹉 26E49
B6	𦹊 26E4A	𦹋 26E4B	𦹌 26E4C	𦹍 26E4D	𦹎 26E4E	𦹏 26E4F	𦹐 26E50	𦹑 26E51	𦹒 26E52	𦹓 26E53
B7	𦹔 26E54	𦹕 26E55	𦹖 26E56	𦹗 26E57	𦹘 26E58	𦹙 26E59	𦹚 26E5A	𦹛 26E5B	𦹜 26E5C	𦹝 26E5D
B8	𦹞 26E5E	𦹟 26E5F	𦹠 26E60	𦹡 26E61	𦹢 26E62	𦹣 26E63	𦹤 26E64	𦹥 26E65	𦹦 26E66	𦹧 26E67
B9	𦹨 26E68	𦹩 26E69	𦹪 26E6A	𦹫 26E6B	𦹬 26E6C	𦹭 26E6D	𦹮 26E6E	𦹯 26E6F	𦹰 26E70	𦹱 26E71
BA	𦹲 26E72	𦹳 26E73	𦹴 26E74	𦹵 26E75	𦹶 26E76	𦹷 26E77	𦹸 26E78	𦹹 26E79	𦹺 26E7A	𦹻 26E7B
BB	𦹼 26E7C	𦹽 26E7D	𦹾 26E7E	𦹿 26E7F	𦺀 26E80	𦺁 26E81	𦺂 26E82	𦺃 26E83	𦺄 26E84	𦺅 26E85
BC	𦺆 26E86	𦺇 26E87	𦺈 26E88	𦺉 26E89	𦺊 26E8A	𦺋 26E8B	𦺌 26E8C	𦺍 26E8D	𦺎 26E8E	𦺏 26E8F
BD	𦺐 26E90	𦺑 26E91	𦺒 26E92	𦺓 26E93	𦺔 26E94	𦺕 26E95	𦺖 26E96	𦺗 26E97	𦺘 26E98	𦺙 26E99
BE	𦺚 26E9A	𦺛 26E9B	𦺜 26E9C	𦺝 26E9D	𦺞 26E9E	𦺟 26E9F	𦺠 26EA0	𦺡 26EA1	𦺢 26EA2	𦺣 26EA3
BF	𦺤 26EA4	𦺥 26EA5	𦺦 26EA6	𦺧 26EA7	𦺨 26EA8	𦺩 26EA9	𦺪 26EAA	𦺫 26EAB	𦺬 26EAC	𦺭 26EAD

9734

	30	31	32	33	34	35	36	37	38	39
C0	𦺮 26EAE	𦺯 26EAF	𦺰 26EB0	𦺱 26EB1	𦺲 26EB2	𦺳 26EB3	𦺴 26EB4	𦺵 26EB5	𦺶 26EB6	𦺷 26EB7
C1	𦺸 26EB8	𦺹 26EB9	𦺺 26EBA	𦺻 26EBB	𦺼 26EBC	𦺽 26EBD	𦺾 26EBE	𦺿 26EBF	𦻀 26EC0	𦻁 26EC1
C2	𦻂 26EC2	𦻃 26EC3	𦻄 26EC4	𦻅 26EC5	𦻆 26EC6	𦻇 26EC7	𦻈 26EC8	𦻉 26EC9	𦻊 26ECA	𦻋 26ECB
C3	𦻌 26ECC	𦻍 26ECD	𦻎 26ECE	𦻏 26ECF	𦻐 26ED0	𦻑 26ED1	𦻒 26ED2	𦻓 26ED3	𦻔 26ED4	𦻕 26ED5
C4	𦻖 26ED6	𦻗 26ED7	𦻘 26ED8	𦻙 26ED9	𦻚 26EDA	𦻛 26EDB	𦻜 26EDC	𦻝 26EDD	𦻞 26EDE	𦻟 26EDF
C5	𦻠 26EE0	𦻡 26EE1	𦻢 26EE2	𦻣 26EE3	𦻤 26EE4	𦻥 26EE5	𦻦 26EE6	𦻧 26EE7	𦻨 26EE8	𦻩 26EE9
C6	𦻪 26EEA	𦻫 26EEB	𦻬 26EEC	𦻭 26EED	𦻮 26EEE	𦻯 26EEF	𦻰 26EF0	𦻱 26EF1	𦻲 26EF2	𦻳 26EF3
C7	𦻴 26EF4	𦻵 26EF5	𦻶 26EF6	𦻷 26EF7	𦻸 26EF8	𦻹 26EF9	𦻺 26EFA	𦻻 26EFB	𦻼 26EFC	𦻽 26EFD
C8	𦻾 26EFE	𦻿 26EFF	𦼀 26F00	𦼁 26F01	𦼂 26F02	𦼃 26F03	𦼄 26F04	𦼅 26F05	𦼆 26F06	𦼇 26F07
C9	𦼈 26F08	𦼉 26F09	𦼊 26F0A	𦼋 26F0B	𦼌 26F0C	𦼍 26F0D	𦼎 26F0E	𦼏 26F0F	𦼐 26F10	𦼑 26F11
CA	𦼒 26F12	𦼓 26F13	𦼔 26F14	𦼕 26F15	𦼖 26F16	𦼗 26F17	𦼘 26F18	𦼙 26F19	𦼚 26F1A	𦼛 26F1B
CB	𦼜 26F1C	𦼝 26F1D	𦼞 26F1E	𦼟 26F1F	𦼠 26F20	𦼡 26F21	𦼢 26F22	𦼣 26F23	𦼤 26F24	𦼥 26F25
CC	𦼦 26F26	𦼧 26F27	𦼨 26F28	𦼩 26F29	𦼪 26F2A	𦼫 26F2B	𦼬 26F2C	𦼭 26F2D	𦼮 26F2E	𦼯 26F2F
CD	𦼰 26F30	𦼱 26F31	𦼲 26F32	𦼳 26F33	𦼴 26F34	𦼵 26F35	𦼶 26F36	𦼷 26F37	𦼸 26F38	𦼹 26F39
CE	𦼺 26F3A	𦼻 26F3B	𦼼 26F3C	𦼽 26F3D	𦼾 26F3E	𦼿 26F3F	𦽀 26F40	𦽁 26F41	𦽂 26F42	𦽃 26F43
CF	𦽄 26F44	𦽅 26F45	𦽆 26F46	𦽇 26F47	𦽈 26F48	𦽉 26F49	𦽊 26F4A	𦽋 26F4B	𦽌 26F4C	𦽍 26F4D
D0	𦽎 26F4E	𦽏 26F4F	𦽐 26F50	𦽑 26F51	𦽒 26F52	𦽓 26F53	𦽔 26F54	𦽕 26F55	𦽖 26F56	𦽗 26F57
D1	𦽘 26F58	𦽙 26F59	𦽚 26F5A	𦽛 26F5B	𦽜 26F5C	𦽝 26F5D	𦽞 26F5E	𦽟 26F5F	𦽠 26F60	𦽡 26F61
D2	𦽢 26F62	𦽣 26F63	𦽤 26F64	𦽥 26F65	𦽦 26F66	𦽧 26F67	𦽨 26F68	𦽩 26F69	𦽪 26F6A	𦽫 26F6B
D3	𦽬 26F6C	𦽭 26F6D	𦽮 26F6E	𦽯 26F6F	𦽰 26F70	𦽱 26F71	𦽲 26F72	𦽳 26F73	𦽴 26F74	𦽵 26F75
D4	𦽶 26F76	𦽷 26F77	𦽸 26F78	𦽹 26F79	𦽺 26F7A	𦽻 26F7B	𦽼 26F7C	𦽽 26F7D	𦽾 26F7E	𦽿 26F7F

9734

	30	31	32	33	34	35	36	37	38	39
D5	26F80	26F81	26F82	26F83	26F84	26F85	26F86	26F87	26F88	26F89
D6	26F8A	26F8B	26F8C	26F8D	26F8E	26F8F	26F90	26F91	26F92	26F93
D7	26F94	26F95	26F96	26F97	26F98	26F99	26F9A	26F9B	26F9C	26F9D
D8	26F9E	26F9F	26FA0	26FA1	26FA2	26FA3	26FA4	26FA5	26FA6	26FA7
D9	26FA8	26FA9	26FAA	26FAB	26FAC	26FAD	26FAE	26FAF	26FB0	26FB1
DA	26FB2	26FB3	26FB4	26FB5	26FB6	26FB7	26FB8	26FB9	26FBA	26FBB
DB	26FBC	26FBD	26FBE	26FBF	26FC0	26FC1	26FC2	26FC3	26FC4	26FC5
DC	26FC6	26FC7	26FC8	26FC9	26FCA	26FCB	26FCC	26FCD	26FCE	26FCF
DD	26FD0	26FD1	26FD2	26FD3	26FD4	26FD5	26FD6	26FD7	26FD8	26FD9
DE	26FDA	26FDB	26FDC	26FDD	26FDE	26FDF	26FE0	26FE1	26FE2	26FE3
DF	26FE4	26FE5	26FE6	26FE7	26FE8	26FE9	26FEA	26FEB	26FEC	26FED
E0	26FEE	26FEF	26FF0	26FF1	26FF2	26FF3	26FF4	26FF5	26FF6	26FF7
E1	26FF8	26FF9	26FFA	26FFB	26FFC	26FFD	26FFE	26FFF	27000	27001
E2	27002	27003	27004	27005	27006	27007	27008	27009	2700A	2700B
E3	2700C	2700D	2700E	2700F	27010	27011	27012	27013	27014	27015
E4	27016	27017	27018	27019	2701A	2701B	2701C	2701D	2701E	2701F
E5	27020	27021	27022	27023	27024	27025	27026	27027	27028	27029
E6	2702A	2702B	2702C	2702D	2702E	2702F	27030	27031	27032	27033
E7	27034	27035	27036	27037	27038	27039	2703A	2703B	2703C	2703D
E8	2703E	2703F	27040	27041	27042	27043	27044	27045	27046	27047
E9	27048	27049	2704A	2704B	2704C	2704D	2704E	2704F	27050	27051

9734

	30	31	32	33	34	35	36	37	38	39
EA	27052	27053	27054	27055	27056	27057	27058	27059	2705A	2705B
EB	2705C	2705D	2705E	2705F	27060	27061	27062	27063	27064	27065
EC	27066	27067	27068	27069	2706A	2706B	2706C	2706D	2706E	2706F
ED	27070	27071	27072	27073	27074	27075	27076	27077	27078	27079
EE	2707A	2707B	2707C	2707D	2707E	2707F	27080	27081	27082	27083
EF	27084	27085	27086	27087	27088	27089	2708A	2708B	2708C	2708D
F0	2708E	2708F	27090	27091	27092	27093	27094	27095	27096	27097
F1	27098	27099	2709A	2709B	2709C	2709D	2709E	2709F	270A0	270A1
F2	270A2	270A3	270A4	270A5	270A6	270A7	270A8	270A9	270AA	270AB
F3	270AC	270AD	270AE	270AF	270B0	270B1	270B2	270B3	270B4	270B5
F4	270B6	270B7	270B8	270B9	270BA	270BB	270BC	270BD	270BE	270BF
F5	270C0	270C1	270C2	270C3	270C4	270C5	270C6	270C7	270C8	270C9
F6	270CA	270CB	270CC	270CD	270CE	270CF	270D0	270D1	270D2	270D3
F7	270D4	270D5	270D6	270D7	270D8	270D9	270DA	270DB	270DC	270DD
F8	270DE	270DF	270E0	270E1	270E2	270E3	270E4	270E5	270E6	270E7
F9	270E8	270E9	270EA	270EB	270EC	270ED	270EE	270EF	270F0	270F1
FA	270F2	270F3	270F4	270F5	270F6	270F7	270F8	270F9	270FA	270FB
FB	270FC	270FD	270FE	270FF	27100	27101	27102	27103	27104	27105
FC	27106	27107	27108	27109	2710A	2710B	2710C	2710D	2710E	2710F
FD	27110	27111	27112	27113	27114	27115	27116	27117	27118	27119
FE	2711A	2711B	2711C	2711D	2711E	2711F	27120	27121	27122	27123

9735

	30	31	32	33	34	35	36	37	38	39
81	27124	27125	27126	27127	27128	27129	2712A	2712B	2712C	2712D
82	2712E	2712F	27130	27131	27132	27133	27134	27135	27136	27137
83	27138	27139	2713A	2713B	2713C	2713D	2713E	2713F	27140	27141
84	27142	27143	27144	27145	27146	27147	27148	27149	2714A	2714B
85	2714C	2714D	2714E	2714F	27150	27151	27152	27153	27154	27155
86	27156	27157	27158	27159	2715A	2715B	2715C	2715D	2715E	2715F
87	27160	27161	27162	27163	27164	27165	27166	27167	27168	27169
88	2716A	2716B	2716C	2716D	2716E	2716F	27170	27171	27172	27173
89	27174	27175	27176	27177	27178	27179	2717A	2717B	2717C	2717D
8A	2717E	2717F	27180	27181	27182	27183	27184	27185	27186	27187
8B	27188	27189	2718A	2718B	2718C	2718D	2718E	2718F	27190	27191
8C	27192	27193	27194	27195	27196	27197	27198	27199	2719A	2719B
8D	2719C	2719D	2719E	2719F	271A0	271A1	271A2	271A3	271A4	271A5
8E	271A6	271A7	271A8	271A9	271AA	271AB	271AC	271AD	271AE	271AF
8F	271B0	271B1	271B2	271B3	271B4	271B5	271B6	271B7	271B8	271B9
90	271BA	271BB	271BC	271BD	271BE	271BF	271C0	271C1	271C2	271C3
91	271C4	271C5	271C6	271C7	271C8	271C9	271CA	271CB	271CC	271CD
92	271CE	271CF	271D0	271D1	271D2	271D3	271D4	271D5	271D6	271D7
93	271D8	271D9	271DA	271DB	271DC	271DD	271DE	271DF	271E0	271E1
94	271E2	271E3	271E4	271E5	271E6	271E7	271E8	271E9	271EA	271EB
95	271EC	271ED	271EE	271EF	271F0	271F1	271F2	271F3	271F4	271F5

9735

	30	31	32	33	34	35	36	37	38	39
96	𧇶 271F6	𧇷 271F7	𧇸 271F8	𧇹 271F9	𧇺 271FA	𧇻 271FB	𧇼 271FC	𧇽 271FD	𧇾 271FE	𧇿 271FF
97	𧈀 27200	𧈁 27201	𧈂 27202	𧈃 27203	𧈄 27204	𧈅 27205	𧈆 27206	𧈇 27207	𧈈 27208	𧈉 27209
98	𧈊 2720A	𧈋 2720B	𧈌 2720C	𧈍 2720D	𧈎 2720E	𧈏 2720F	𧈐 27210	𧈑 27211	𧈒 27212	𧈓 27213
99	𧈔 27214	𧈕 27215	𧈖 27216	𧈗 27217	𧈘 27218	𧈙 27219	𧈚 2721A	𧈛 2721B	𧈜 2721C	𧈝 2721D
9A	𧈞 2721E	𧈟 2721F	𧈠 27220	𧈡 27221	𧈢 27222	𧈣 27223	𧈤 27224	𧈥 27225	𧈦 27226	𧈧 27227
9B	𧈨 27228	𧈩 27229	𧈪 2722A	𧈫 2722B	𧈬 2722C	𧈭 2722D	𧈮 2722E	𧈯 2722F	𧈰 27230	𧈱 27231
9C	𧈲 27232	𧈳 27233	𧈴 27234	𧈵 27235	𧈶 27236	𧈷 27237	𧈸 27238	𧈹 27239	𧈺 2723A	𧈻 2723B
9D	𧈼 2723C	𧈽 2723D	𧈾 2723E	𧈿 2723F	𧉀 27240	𧉁 27241	𧉂 27242	𧉃 27243	𧉄 27244	𧉅 27245
9E	𧉆 27246	𧉇 27247	𧉈 27248	𧉉 27249	𧉊 2724A	𧉋 2724B	𧉌 2724C	𧉍 2724D	𧉎 2724E	𧉏 2724F
9F	𧉐 27250	𧉑 27251	𧉒 27252	𧉓 27253	𧉔 27254	𧉕 27255	𧉖 27256	𧉗 27257	𧉘 27258	𧉙 27259
A0	𧉚 2725A	𧉛 2725B	𧉜 2725C	𧉝 2725D	𧉞 2725E	𧉟 2725F	𧉠 27260	𧉡 27261	𧉢 27262	𧉣 27263
A1	𧉤 27264	𧉥 27265	𧉦 27266	𧉧 27267	𧉨 27268	𧉩 27269	𧉪 2726A	𧉫 2726B	𧉬 2726C	𧉭 2726D
A2	𧉮 2726E	𧉯 2726F	𧉰 27270	𧉱 27271	𧉲 27272	𧉳 27273	𧉴 27274	𧉵 27275	𧉶 27276	𧉷 27277
A3	𧉸 27278	𧉹 27279	𧉺 2727A	𧉻 2727B	𧉼 2727C	𧉽 2727D	𧉾 2727E	𧉿 2727F	𧊀 27280	𧊁 27281
A4	𧊂 27282	𧊃 27283	𧊄 27284	𧊅 27285	𧊆 27286	𧊇 27287	𧊈 27288	𧊉 27289	𧊊 2728A	𧊋 2728B
A5	𧊌 2728C	𧊍 2728D	𧊎 2728E	𧊏 2728F	𧊐 27290	𧊑 27291	𧊒 27292	𧊓 27293	𧊔 27294	𧊕 27295
A6	𧊖 27296	𧊗 27297	𧊘 27298	𧊙 27299	𧊚 2729A	𧊛 2729B	𧊜 2729C	𧊝 2729D	𧊞 2729E	𧊟 2729F
A7	𧊠 272A0	𧊡 272A1	𧊢 272A2	𧊣 272A3	𧊤 272A4	𧊥 272A5	𧊦 272A6	𧊧 272A7	𧊨 272A8	𧊩 272A9
A8	𧊪 272AA	𧊫 272AB	𧊬 272AC	𧊭 272AD	𧊮 272AE	𧊯 272AF	𧊰 272B0	𧊱 272B1	𧊲 272B2	𧊳 272B3
A9	𧊴 272B4	𧊵 272B5	𧊶 272B6	𧊷 272B7	𧊸 272B8	𧊹 272B9	𧊺 272BA	𧊻 272BB	𧊼 272BC	𧊽 272BD
AA	𧊾 272BE	𧊿 272BF	𧋀 272C0	𧋁 272C1	𧋂 272C2	𧋃 272C3	𧋄 272C4	𧋅 272C5	𧋆 272C6	𧋇 272C7

9735

	30	31	32	33	34	35	36	37	38	39
AB	蚄 272C8	蚠 272C9	蚃 272CA	蚦 272CB	蚩 272CC	蚯 272CD	蛵 272CE	蚾 272CF	蛷 272D0	蛃 272D1
AC	蛌 272D2	蛒 272D3	蛬 272D4	蛡 272D5	蚚 272D6	蜓 272D7	蛯 272D8	蚼 272D9	蜑 272DA	蜇 272DB
AD	蜪 272DC	蜶 272DD	蝊 272DE	蜭 272DF	蝨 272E0	蝈 272E1	蝏 272E2	蝐 272E3	蝴 272E4	蝷 272E5
AE	蜫 272E6	蜛 272E7	蜨 272E8	蜰 272E9	蜳 272EA	蜴 272EB	蜵 272EC	蜹 272ED	蜂 272EE	蝨 272EF
AF	蝱 272F0	螄 272F1	蝵 272F2	蝹 272F3	螁 272F4	蝅 272F5	螃 272F6	螅 272F7	蝭 272F8	螛 272F9
B0	蛙 272FA	蛒 272FB	蛴 272FC	蛰 272FD	蛯 272FE	蛱 272FF	蛥 27300	蛮 27301	蛵 27302	蛶 27303
B1	蜷 27304	蝬 27305	蝰 27306	蝴 27307	蝷 27308	蝰 27309	蝜 2730A	蝍 2730B	螌 2730C	蝾 2730D
B2	蝙 2730E	蝤 2730F	螄 27310	螐 27311	螛 27312	螔 27313	螙 27314	螏 27315	螒 27316	螖 27317
B3	螢 27318	螣 27319	螟 2731A	螰 2731B	螭 2731C	螾 2731D	螷 2731E	螸 2731F	螽 27320	蟀 27321
B4	蟂 27322	蟁 27323	蟃 27324	蟆 27325	蟈 27326	蟉 27327	蟊 27328	蟋 27329	蟌 2732A	蟎 2732B
B5	蟏 2732C	蟐 2732D	蟑 2732E	蟒 2732F	蟓 27330	蟔 27331	蟕 27332	蟖 27333	蟗 27334	蟘 27335
B6	蟙 27336	蟚 27337	蟛 27338	蟜 27339	蟝 2733A	蟞 2733B	蟟 2733C	蟠 2733D	蟡 2733E	蟢 2733F
B7	蟣 27340	蟤 27341	蟥 27342	蟦 27343	蟧 27344	蟨 27345	蟩 27346	蟪 27347	蟫 27348	蟬 27349
B8	蟭 2734A	蟮 2734B	蟯 2734C	蟰 2734D	蟱 2734E	蟲 2734F	蟳 27350	蟴 27351	蟵 27352	蟶 27353
B9	蟷 27354	蟸 27355	蟹 27356	蟺 27357	蟻 27358	蟼 27359	蟽 2735A	蟾 2735B	蟿 2735C	蠀 2735D
BA	蠁 2735E	蠂 2735F	蠃 27360	蠄 27361	蠅 27362	蠆 27363	蠇 27364	蠈 27365	蠉 27366	蠊 27367
BB	蠋 27368	蠌 27369	蠍 2736A	蠎 2736B	蠏 2736C	蠐 2736D	蠑 2736E	蠒 2736F	蠓 27370	蠔 27371
BC	蠕 27372	蠖 27373	蠗 27374	蠘 27375	蠙 27376	蠚 27377	蠛 27378	蠜 27379	蠝 2737A	蠞 2737B
BD	蠟 2737C	蠠 2737D	蠡 2737E	蠢 2737F	蠣 27380	蠤 27381	蠥 27382	蠦 27383	蠧 27384	蠨 27385
BE	蠩 27386	蠪 27387	蠫 27388	蠬 27389	蠭 2738A	蠮 2738B	蠯 2738C	蠰 2738D	蠱 2738E	融 2738F
BF	蝵 27390	蝶 27391	蝷 27392	蝸 27393	蝹 27394	蝺 27395	螺 27396	蝼 27397	蝽 27398	蝾 27399

9735

	30	31	32	33	34	35	36	37	38	39
C0	2739A	2739B	2739C	2739D	2739E	2739F	273A0	273A1	273A2	273A3
C1	273A4	273A5	273A6	273A7	273A8	273A9	273AA	273AB	273AC	273AD
C2	273AE	273AF	273B0	273B1	273B2	273B3	273B4	273B5	273B6	273B7
C3	273B8	273B9	273BA	273BB	273BC	273BD	273BE	273BF	273C0	273C1
C4	273C2	273C3	273C4	273C5	273C6	273C7	273C8	273C9	273CA	273CB
C5	273CC	273CD	273CE	273CF	273D0	273D1	273D2	273D3	273D4	273D5
C6	273D6	273D7	273D8	273D9	273DA	273DB	273DC	273DD	273DE	273DF
C7	273E0	273E1	273E2	273E3	273E4	273E5	273E6	273E7	273E8	273E9
C8	273EA	273EB	273EC	273ED	273EE	273EF	273F0	273F1	273F2	273F3
C9	273F4	273F5	273F6	273F7	273F8	273F9	273FA	273FB	273FC	273FD
CA	273FE	273FF	27400	27401	27402	27403	27404	27405	27406	27407
CB	27408	27409	2740A	2740B	2740C	2740D	2740E	2740F	27410	27411
CC	27412	27413	27414	27415	27416	27417	27418	27419	2741A	2741B
CD	2741C	2741D	2741E	2741F	27420	27421	27422	27423	27424	27425
CE	27426	27427	27428	27429	2742A	2742B	2742C	2742D	2742E	2742F
CF	27430	27431	27432	27433	27434	27435	27436	27437	27438	27439
D0	2743A	2743B	2743C	2743D	2743E	2743F	27440	27441	27442	27443
D1	27444	27445	27446	27447	27448	27449	2744A	2744B	2744C	2744D
D2	2744E	2744F	27450	27451	27452	27453	27454	27455	27456	27457
D3	27458	27459	2745A	2745B	2745C	2745D	2745E	2745F	27460	27461
D4	27462	27463	27464	27465	27466	27467	27468	27469	2746A	2746B

9735

	30	31	32	33	34	35	36	37	38	39
D5	2746C	2746D	2746E	2746F	27470	27471	27472	27473	27474	27475
D6	27476	27477	27478	27479	2747A	2747B	2747C	2747D	2747E	2747F
D7	27480	27481	27482	27483	27484	27485	27486	27487	27488	27489
D8	2748A	2748B	2748C	2748D	2748E	2748F	27490	27491	27492	27493
D9	27494	27495	27496	27497	27498	27499	2749A	2749B	2749C	2749D
DA	2749E	2749F	274A0	274A1	274A2	274A3	274A4	274A5	274A6	274A7
DB	274A8	274A9	274AA	274AB	274AC	274AD	274AE	274AF	274B0	274B1
DC	274B2	274B3	274B4	274B5	274B6	274B7	274B8	274B9	274BA	274BB
DD	274BC	274BD	274BE	274BF	274C0	274C1	274C2	274C3	274C4	274C5
DE	274C6	274C7	274C8	274C9	274CA	274CB	274CC	274CD	274CE	274CF
DF	274D0	274D1	274D2	274D3	274D4	274D5	274D6	274D7	274D8	274D9
E0	274DA	274DB	274DC	274DD	274DE	274DF	274E0	274E1	274E2	274E3
E1	274E4	274E5	274E6	274E7	274E8	274E9	274EA	274EB	274EC	274ED
E2	274EE	274EF	274F0	274F1	274F2	274F3	274F4	274F5	274F6	274F7
E3	274F8	274F9	274FA	274FB	274FC	274FD	274FE	274FF	27500	27501
E4	27502	27503	27504	27505	27506	27507	27508	27509	2750A	2750B
E5	2750C	2750D	2750E	2750F	27510	27511	27512	27513	27514	27515
E6	27516	27517	27518	27519	2751A	2751B	2751C	2751D	2751E	2751F
E7	27520	27521	27522	27523	27524	27525	27526	27527	27528	27529
E8	2752A	2752B	2752C	2752D	2752E	2752F	27530	27531	27532	27533
E9	27534	27535	27536	27537	27538	27539	2753A	2753B	2753C	2753D

9735

	30	31	32	33	34	35	36	37	38	39
EA	2753E	2753F	27540	27541	27542	27543	27544	27545	27546	27547
EB	27548	27549	2754A	2754B	2754C	2754D	2754E	2754F	27550	27551
EC	27552	27553	27554	27555	27556	27557	27558	27559	2755A	2755B
ED	2755C	2755D	2755E	2755F	27560	27561	27562	27563	27564	27565
EE	27566	27567	27568	27569	2756A	2756B	2756C	2756D	2756E	2756F
EF	27570	27571	27572	27573	27574	27575	27576	27577	27578	27579
F0	2757A	2757B	2757C	2757D	2757E	2757F	27580	27581	27582	27583
F1	27584	27585	27586	27587	27588	27589	2758A	2758B	2758C	2758D
F2	2758E	2758F	27590	27591	27592	27593	27594	27595	27596	27597
F3	27598	27599	2759A	2759B	2759C	2759D	2759E	2759F	275A0	275A1
F4	275A2	275A3	275A4	275A5	275A6	275A7	275A8	275A9	275AA	275AB
F5	275AC	275AD	275AE	275AF	275B0	275B1	275B2	275B3	275B4	275B5
F6	275B6	275B7	275B8	275B9	275BA	275BB	275BC	275BD	275BE	275BF
F7	275C0	275C1	275C2	275C3	275C4	275C5	275C6	275C7	275C8	275C9
F8	275CA	275CB	275CC	275CD	275CE	275CF	275D0	275D1	275D2	275D3
F9	275D4	275D5	275D6	275D7	275D8	275D9	275DA	275DB	275DC	275DD
FA	275DE	275DF	275E0	275E1	275E2	275E3	275E4	275E5	275E6	275E7
FB	275E8	275E9	275EA	275EB	275EC	275ED	275EE	275EF	275F0	275F1
FC	275F2	275F3	275F4	275F5	275F6	275F7	275F8	275F9	275FA	275FB
FD	275FC	275FD	275FE	275FF	27600	27601	27602	27603	27604	27605
FE	27606	27607	27608	27609	2760A	2760B	2760C	2760D	2760E	2760F

9736

	30	31	32	33	34	35	36	37	38	39
81	𧘐 27610	𧘑 27611	𧘒 27612	𧘓 27613	𧘔 27614	𧘕 27615	𧘖 27616	𧘗 27617	𧘘 27618	𧘙 27619
82	𧘚 2761A	𧘛 2761B	𧘜 2761C	𧘝 2761D	𧘞 2761E	𧘟 2761F	𧘠 27620	𧘡 27621	𧘢 27622	𧘣 27623
83	𧘤 27624	𧘥 27625	𧘦 27626	𧘧 27627	𧘨 27628	𧘩 27629	𧘪 2762A	𧘫 2762B	𧘬 2762C	𧘭 2762D
84	𧘮 2762E	𧘯 2762F	𧘰 27630	𧘱 27631	𧘲 27632	𧘳 27633	𧘴 27634	𧘵 27635	𧘶 27636	𧘷 27637
85	𧘸 27638	𧘹 27639	𧘺 2763A	𧘻 2763B	𧘼 2763C	𧘽 2763D	𧘾 2763E	𧘿 2763F	𧙀 27640	𧙁 27641
86	𧙂 27642	𧙃 27643	𧙄 27644	𧙅 27645	𧙆 27646	𧙇 27647	𧙈 27648	𧙉 27649	𧙊 2764A	𧙋 2764B
87	𧙌 2764C	𧙍 2764D	𧙎 2764E	𧙏 2764F	𧙐 27650	𧙑 27651	𧙒 27652	𧙓 27653	𧙔 27654	𧙕 27655
88	𧙖 27656	𧙗 27657	𧙘 27658	𧙙 27659	𧙚 2765A	𧙛 2765B	𧙜 2765C	𧙝 2765D	𧙞 2765E	𧙟 2765F
89	𧙠 27660	𧙡 27661	𧙢 27662	𧙣 27663	𧙤 27664	𧙥 27665	𧙦 27666	𧙧 27667	𧙨 27668	𧙩 27669
8A	𧙪 2766A	𧙫 2766B	𧙬 2766C	𧙭 2766D	𧙮 2766E	𧙯 2766F	𧙰 27670	𧙱 27671	𧙲 27672	𧙳 27673
8B	𧙴 27674	𧙵 27675	𧙶 27676	𧙷 27677	𧙸 27678	𧙹 27679	𧙺 2767A	𧙻 2767B	𧙼 2767C	𧙽 2767D
8C	𧙾 2767E	𧙿 2767F	𧚀 27680	𧚁 27681	𧚂 27682	𧚃 27683	𧚄 27684	𧚅 27685	𧚆 27686	𧚇 27687
8D	𧚈 27688	𧚉 27689	𧚊 2768A	𧚋 2768B	𧚌 2768C	𧚍 2768D	𧚎 2768E	𧚏 2768F	𧚐 27690	𧚑 27691
8E	𧚒 27692	𧚓 27693	𧚔 27694	𧚕 27695	𧚖 27696	𧚗 27697	𧚘 27698	𧚙 27699	𧚚 2769A	𧚛 2769B
8F	𧚜 2769C	𧚝 2769D	𧚞 2769E	𧚟 2769F	𧚠 276A0	𧚡 276A1	𧚢 276A2	𧚣 276A3	𧚤 276A4	𧚥 276A5
90	𧚦 276A6	𧚧 276A7	𧚨 276A8	𧚩 276A9	𧚪 276AA	𧚫 276AB	𧚬 276AC	𧚭 276AD	𧚮 276AE	𧚯 276AF
91	𧚰 276B0	𧚱 276B1	𧚲 276B2	𧚳 276B3	𧚴 276B4	𧚵 276B5	𧚶 276B6	𧚷 276B7	𧚸 276B8	𧚹 276B9
92	𧚺 276BA	𧚻 276BB	𧚼 276BC	𧚽 276BD	𧚾 276BE	𧚿 276BF	𧛀 276C0	𧛁 276C1	𧛂 276C2	𧛃 276C3
93	𧛄 276C4	𧛅 276C5	𧛆 276C6	𧛇 276C7	𧛈 276C8	𧛉 276C9	𧛊 276CA	𧛋 276CB	𧛌 276CC	𧛍 276CD
94	𧛎 276CE	𧛏 276CF	𧛐 276D0	𧛑 276D1	𧛒 276D2	𧛓 276D3	𧛔 276D4	𧛕 276D5	𧛖 276D6	𧛗 276D7
95	𧛘 276D8	𧛙 276D9	𧛚 276DA	𧛛 276DB	𧛜 276DC	𧛝 276DD	𧛞 276DE	𧛟 276DF	𧛠 276E0	𧛡 276E1

9736

	30	31	32	33	34	35	36	37	38	39
96	276E2	276E3	276E4	276E5	276E6	276E7	276E8	276E9	276EA	276EB
97	276EC	276ED	276EE	276EF	276F0	276F1	276F2	276F3	276F4	276F5
98	276F6	276F7	276F8	276F9	276FA	276FB	276FC	276FD	276FE	276FF
99	27700	27701	27702	27703	27704	27705	27706	27707	27708	27709
9A	2770A	2770B	2770C	2770D	2770E	2770F	27710	27711	27712	27713
9B	27714	27715	27716	27717	27718	27719	2771A	2771B	2771C	2771D
9C	2771E	2771F	27720	27721	27722	27723	27724	27725	27726	27727
9D	27728	27729	2772A	2772B	2772C	2772D	2772E	2772F	27730	27731
9E	27732	27733	27734	27735	27736	27737	27738	27739	2773A	2773B
9F	2773C	2773D	2773E	2773F	27740	27741	27742	27743	27744	27745
A0	27746	27747	27748	27749	2774A	2774B	2774C	2774D	2774E	2774F
A1	27750	27751	27752	27753	27754	27755	27756	27757	27758	27759
A2	2775A	2775B	2775C	2775D	2775E	2775F	27760	27761	27762	27763
A3	27764	27765	27766	27767	27768	27769	2776A	2776B	2776C	2776D
A4	2776E	2776F	27770	27771	27772	27773	27774	27775	27776	27777
A5	27778	27779	2777A	2777B	2777C	2777D	2777E	2777F	27780	27781
A6	27782	27783	27784	27785	27786	27787	27788	27789	2778A	2778B
A7	2778C	2778D	2778E	2778F	27790	27791	27792	27793	27794	27795
A8	27796	27797	27798	27799	2779A	2779B	2779C	2779D	2779E	2779F
A9	277A0	277A1	277A2	277A3	277A4	277A5	277A6	277A7	277A8	277A9
AA	277AA	277AB	277AC	277AD	277AE	277AF	277B0	277B1	277B2	277B3

9736

	30	31	32	33	34	35	36	37	38	39
AB	𧞴 277B4	𧞵 277B5	𧞶 277B6	𧞷 277B7	𧞸 277B8	𧞹 277B9	𧞺 277BA	𧞻 277BB	𧞼 277BC	𧞽 277BD
AC	𧞾 277BE	𧞿 277BF	𧟀 277C0	𧟁 277C1	𧟂 277C2	𧟃 277C3	𧟄 277C4	𧟅 277C5	𧟆 277C6	𧟇 277C7
AD	𧟈 277C8	𧟉 277C9	𧟊 277CA	𧟋 277CB	𧟌 277CC	𧟍 277CD	𧟎 277CE	𧟏 277CF	𧟐 277D0	𧟑 277D1
AE	𧟒 277D2	𧟓 277D3	𧟔 277D4	𧟕 277D5	𧟖 277D6	𧟗 277D7	𧟘 277D8	𧟙 277D9	𧟚 277DA	𧟛 277DB
AF	𧟜 277DC	𧟝 277DD	𧟞 277DE	𧟟 277DF	𧟠 277E0	𧟡 277E1	𧟢 277E2	𧟣 277E3	𧟤 277E4	𧟥 277E5
B0	𧟦 277E6	𧟧 277E7	𧟨 277E8	𧟩 277E9	𧟪 277EA	𧟫 277EB	𧟬 277EC	𧟭 277ED	𧟮 277EE	𧟯 277EF
B1	𧟰 277F0	𧟱 277F1	𧟲 277F2	𧟳 277F3	𧟴 277F4	𧟵 277F5	𧟶 277F6	𧟷 277F7	𧟸 277F8	𧟹 277F9
B2	𧟺 277FA	𧟻 277FB	𧟼 277FC	𧟽 277FD	𧟾 277FE	𧟿 277FF	𧠀 27800	𧠁 27801	𧠂 27802	𧠃 27803
B3	𧠄 27804	𧠅 27805	𧠆 27806	𧠇 27807	𧠈 27808	𧠉 27809	𧠊 2780A	𧠋 2780B	𧠌 2780C	𧠍 2780D
B4	𧠎 2780E	𧠏 2780F	𧠐 27810	𧠑 27811	𧠒 27812	𧠓 27813	𧠔 27814	𧠕 27815	𧠖 27816	𧠗 27817
B5	𧠘 27818	𧠙 27819	𧠚 2781A	𧠛 2781B	𧠜 2781C	𧠝 2781D	𧠞 2781E	𧠟 2781F	𧠠 27820	𧠡 27821
B6	𧠢 27822	𧠣 27823	𧠤 27824	𧠥 27825	𧠦 27826	𧠧 27827	𧠨 27828	𧠩 27829	𧠪 2782A	𧠫 2782B
B7	𧠬 2782C	𧠭 2782D	𧠮 2782E	𧠯 2782F	𧠰 27830	𧠱 27831	𧠲 27832	𧠳 27833	𧠴 27834	𧠵 27835
B8	𧠶 27836	𧠷 27837	𧠸 27838	𧠹 27839	𧠺 2783A	𧠻 2783B	𧠼 2783C	𧠽 2783D	𧠾 2783E	𧠿 2783F
B9	𧡀 27840	𧡁 27841	𧡂 27842	𧡃 27843	𧡄 27844	𧡅 27845	𧡆 27846	𧡇 27847	𧡈 27848	𧡉 27849
BA	𧡊 2784A	𧡋 2784B	𧡌 2784C	𧡍 2784D	𧡎 2784E	𧡏 2784F	𧡐 27850	𧡑 27851	𧡒 27852	𧡓 27853
BB	𧡔 27854	𧡕 27855	𧡖 27856	𧡗 27857	𧡘 27858	𧡙 27859	𧡚 2785A	𧡛 2785B	𧡜 2785C	𧡝 2785D
BC	𧡞 2785E	𧡟 2785F	𧡠 27860	𧡡 27861	𧡢 27862	𧡣 27863	𧡤 27864	𧡥 27865	𧡦 27866	𧡧 27867
BD	𧡨 27868	𧡩 27869	𧡪 2786A	𧡫 2786B	𧡬 2786C	𧡭 2786D	𧡮 2786E	𧡯 2786F	𧡰 27870	𧡱 27871
BE	𧡲 27872	𧡳 27873	𧡴 27874	𧡵 27875	𧡶 27876	𧡷 27877	𧡸 27878	𧡹 27879	𧡺 2787A	𧡻 2787B
BF	𧡼 2787C	𧡽 2787D	𧡾 2787E	𧡿 2787F	𧢀 27880	𧢁 27881	𧢂 27882	𧢃 27883	𧢄 27884	𧢅 27885

9736

	30	31	32	33	34	35	36	37	38	39
C0	𧢆 27886	𧢇 27887	𧢈 27888	𧢉 27889	𧢊 2788A	𧢋 2788B	𧢌 2788C	𧢍 2788D	𧢎 2788E	𧢏 2788F
C1	𧢐 27890	𧢑 27891	𧢒 27892	𧢓 27893	𧢔 27894	𧢕 27895	𧢖 27896	𧢗 27897	𧢘 27898	𧢙 27899
C2	𧢚 2789A	𧢛 2789B	𧢜 2789C	𧢝 2789D	𧢞 2789E	𧢟 2789F	𧢠 278A0	𧢡 278A1	𧢢 278A2	𧢣 278A3
C3	𧢤 278A4	𧢥 278A5	𧢦 278A6	𧢧 278A7	𧢨 278A8	𧢩 278A9	𧢪 278AA	𧢫 278AB	𧢬 278AC	𧢭 278AD
C4	𧢮 278AE	𧢯 278AF	𧢰 278B0	𧢱 278B1	𧢲 278B2	𧢳 278B3	𧢴 278B4	𧢵 278B5	𧢶 278B6	𧢷 278B7
C5	𧢸 278B8	𧢹 278B9	𧢺 278BA	𧢻 278BB	𧢼 278BC	𧢽 278BD	𧢾 278BE	𧢿 278BF	𧣀 278C0	𧣁 278C1
C6	𧣂 278C2	𧣃 278C3	𧣄 278C4	𧣅 278C5	𧣆 278C6	𧣇 278C7	𧣈 278C8	𧣉 278C9	𧣊 278CA	𧣋 278CB
C7	𧣌 278CC	𧣍 278CD	𧣎 278CE	𧣏 278CF	𧣐 278D0	𧣑 278D1	𧣒 278D2	𧣓 278D3	𧣔 278D4	𧣕 278D5
C8	𧣖 278D6	𧣗 278D7	𧣘 278D8	𧣙 278D9	𧣚 278DA	𧣛 278DB	𧣜 278DC	𧣝 278DD	𧣞 278DE	𧣟 278DF
C9	𧣠 278E0	𧣡 278E1	𧣢 278E2	𧣣 278E3	𧣤 278E4	𧣥 278E5	𧣦 278E6	𧣧 278E7	𧣨 278E8	𧣩 278E9
CA	𧣪 278EA	𧣫 278EB	𧣬 278EC	𧣭 278ED	𧣮 278EE	𧣯 278EF	𧣰 278F0	𧣱 278F1	𧣲 278F2	𧣳 278F3
CB	𧣴 278F4	𧣵 278F5	𧣶 278F6	𧣷 278F7	𧣸 278F8	𧣹 278F9	𧣺 278FA	𧣻 278FB	𧣼 278FC	𧣽 278FD
CC	𧣾 278FE	𧣿 278FF	𧤀 27900	𧤁 27901	𧤂 27902	𧤃 27903	𧤄 27904	𧤅 27905	𧤆 27906	𧤇 27907
CD	𧤈 27908	𧤉 27909	𧤊 2790A	𧤋 2790B	𧤌 2790C	𧤍 2790D	𧤎 2790E	𧤏 2790F	𧤐 27910	𧤑 27911
CE	𧤒 27912	𧤓 27913	𧤔 27914	𧤕 27915	𧤖 27916	𧤗 27917	𧤘 27918	𧤙 27919	𧤚 2791A	𧤛 2791B
CF	𧤜 2791C	𧤝 2791D	𧤞 2791E	𧤟 2791F	𧤠 27920	𧤡 27921	𧤢 27922	𧤣 27923	𧤤 27924	𧤥 27925
D0	𧤦 27926	𧤧 27927	𧤨 27928	𧤩 27929	𧤪 2792A	𧤫 2792B	𧤬 2792C	𧤭 2792D	𧤮 2792E	𧤯 2792F
D1	𧤰 27930	𧤱 27931	𧤲 27932	𧤳 27933	𧤴 27934	𧤵 27935	𧤶 27936	𧤷 27937	𧤸 27938	𧤹 27939
D2	𧤺 2793A	𧤻 2793B	𧤼 2793C	𧤽 2793D	𧤾 2793E	𧤿 2793F	𧥀 27940	𧥁 27941	𧥂 27942	𧥃 27943
D3	𧥄 27944	𧥅 27945	𧥆 27946	𧥇 27947	𧥈 27948	𧥉 27949	𧥊 2794A	𧥋 2794B	𧥌 2794C	𧥍 2794D
D4	𧥎 2794E	𧥏 2794F	𧥐 27950	𧥑 27951	𧥒 27952	𧥓 27953	𧥔 27954	𧥕 27955	𧥖 27956	𧥗 27957

9736

	30	31	32	33	34	35	36	37	38	39
D5	𧥘 27958	𧥙 27959	𧥚 2795A	𧥛 2795B	𧥜 2795C	𧥝 2795D	𧥞 2795E	𧥟 2795F	𧥠 27960	𧥡 27961
D6	𧥢 27962	𧥣 27963	𧥤 27964	𧥥 27965	𧥦 27966	𧥧 27967	𧥨 27968	𧥩 27969	𧥪 2796A	𧥫 2796B
D7	𧥬 2796C	𧥭 2796D	𧥮 2796E	𧥯 2796F	𧥰 27970	𧥱 27971	𧥲 27972	𧥳 27973	𧥴 27974	𧥵 27975
D8	𧥶 27976	𧥷 27977	𧥸 27978	𧥹 27979	𧥺 2797A	𧥻 2797B	𧥼 2797C	𧥽 2797D	𧥾 2797E	𧥿 2797F
D9	𧦀 27980	𧦁 27981	𧦂 27982	𧦃 27983	𧦄 27984	𧦅 27985	𧦆 27986	𧦇 27987	𧦈 27988	𧦉 27989
DA	𧦊 2798A	𧦋 2798B	𧦌 2798C	𧦍 2798D	𧦎 2798E	𧦏 2798F	𧦐 27990	𧦑 27991	𧦒 27992	𧦓 27993
DB	𧦔 27994	𧦕 27995	𧦖 27996	𧦗 27997	𧦘 27998	𧦙 27999	𧦚 2799A	𧦛 2799B	𧦜 2799C	𧦝 2799D
DC	𧦞 2799E	𧦟 2799F	𧦠 279A0	𧦡 279A1	𧦢 279A2	𧦣 279A3	𧦤 279A4	𧦥 279A5	𧦦 279A6	𧦧 279A7
DD	𧦨 279A8	𧦩 279A9	𧦪 279AA	𧦫 279AB	𧦬 279AC	𧦭 279AD	𧦮 279AE	𧦯 279AF	𧦰 279B0	𧦱 279B1
DE	𧦲 279B2	𧦳 279B3	𧦴 279B4	𧦵 279B5	𧦶 279B6	𧦷 279B7	𧦸 279B8	𧦹 279B9	𧦺 279BA	𧦻 279BB
DF	𧦼 279BC	𧦽 279BD	𧦾 279BE	𧦿 279BF	𧧀 279C0	𧧁 279C1	𧧂 279C2	𧧃 279C3	𧧄 279C4	𧧅 279C5
E0	𧧆 279C6	𧧇 279C7	𧧈 279C8	𧧉 279C9	𧧊 279CA	𧧋 279CB	𧧌 279CC	𧧍 279CD	𧧎 279CE	𧧏 279CF
E1	𧧐 279D0	𧧑 279D1	𧧒 279D2	𧧓 279D3	𧧔 279D4	𧧕 279D5	𧧖 279D6	𧧗 279D7	𧧘 279D8	𧧙 279D9
E2	𧧚 279DA	𧧛 279DB	𧧜 279DC	𧧝 279DD	𧧞 279DE	𧧟 279DF	𧧠 279E0	𧧡 279E1	𧧢 279E2	𧧣 279E3
E3	𧧤 279E4	𧧥 279E5	𧧦 279E6	𧧧 279E7	𧧨 279E8	𧧩 279E9	𧧪 279EA	𧧫 279EB	𧧬 279EC	𧧭 279ED
E4	𧧮 279EE	𧧯 279EF	𧧰 279F0	𧧱 279F1	𧧲 279F2	𧧳 279F3	𧧴 279F4	𧧵 279F5	𧧶 279F6	𧧷 279F7
E5	𧧸 279F8	𧧹 279F9	𧧺 279FA	𧧻 279FB	𧧼 279FC	𧧽 279FD	𧧾 279FE	𧧿 279FF	𧨀 27A00	𧨁 27A01
E6	𧨂 27A02	𧨃 27A03	𧨄 27A04	𧨅 27A05	𧨆 27A06	𧨇 27A07	𧨈 27A08	𧨉 27A09	𧨊 27A0A	𧨋 27A0B
E7	𧨌 27A0C	𧨍 27A0D	𧨎 27A0E	𧨏 27A0F	𧨐 27A10	𧨑 27A11	𧨒 27A12	𧨓 27A13	𧨔 27A14	𧨕 27A15
E8	𧨖 27A16	𧨗 27A17	𧨘 27A18	𧨙 27A19	𧨚 27A1A	𧨛 27A1B	𧨜 27A1C	𧨝 27A1D	𧨞 27A1E	𧨟 27A1F
E9	𧨠 27A20	𧨡 27A21	𧨢 27A22	𧨣 27A23	𧨤 27A24	𧨥 27A25	𧨦 27A26	𧨧 27A27	𧨨 27A28	𧨩 27A29

9736

	30	31	32	33	34	35	36	37	38	39
EA	諸 27A2A	誶 27A2B	諤 27A2C	謍 27A2D	諱 27A2E	諫 27A2F	謝 27A30	詆 27A31	嘗 27A32	諄 27A33
EB	諌 27A34	謳 27A35	諜 27A36	請 27A37	諛 27A38	諑 27A39	戠 27A3A	訾 27A3B	諭 27A3C	謝 27A3D
EC	誺 27A3E	話 27A3F	諺 27A40	䜌 27A41	謗 27A42	諓 27A43	誙 27A44	諕 27A45	諟 27A46	誐 27A47
ED	諉 27A48	諫 27A49	誇 27A4A	䜊 27A4B	謚 27A4C	諛 27A4D	諹 27A4E	詹 27A4F	諕 27A50	諿 27A51
EE	誨 27A52	謅 27A53	諦 27A54	諓 27A55	諳 27A56	謊 27A57	謅 27A58	誕 27A59	諒 27A5A	謅 27A5B
EF	謀 27A5C	謝 27A5D	謦 27A5E	諗 27A5F	諷 27A60	謅 27A61	諧 27A62	謟 27A63	諞 27A64	謷 27A65
F0	誣 27A66	謏 27A67	誒 27A68	謎 27A69	謥 27A6A	謬 27A6B	誫 27A6C	請 27A6D	謣 27A6E	謗 27A6F
F1	謥 27A70	謆 27A71	謵 27A72	諾 27A73	謜 27A74	謧 27A75	謨 27A76	謥 27A77	謪 27A78	謶 27A79
F2	謉 27A7A	謱 27A7B	謸 27A7C	諄 27A7D	謦 27A7E	謨 27A7F	謳 27A80	謠 27A81	謘 27A82	謒 27A83
F3	諳 27A84	謖 27A85	謓 27A86	諠 27A87	諵 27A88	謪 27A89	謫 27A8A	謐 27A8B	謯 27A8C	譄 27A8D
F4	諢 27A8E	謾 27A8F	譁 27A90	諎 27A91	諒 27A92	謂 27A93	謈 27A94	謭 27A95	諴 27A96	譃 27A97
F5	謎 27A98	譒 27A99	譆 27A9A	譅 27A9B	譈 27A9C	譖 27A9D	譕 27A9E	譓 27A9F	譔 27AA0	諸 27AA1
F6	譏 27AA2	譐 27AA3	譃 27AA4	譝 27AA5	譅 27AA6	譞 27AA7	譄 27AA8	譜 27AA9	譣 27AAA	譧 27AAB
F7	繇 27AAC	譎 27AAD	譐 27AAE	譈 27AAF	譋 27AB0	譍 27AB1	譓 27AB2	譗 27AB3	譙 27AB4	譟 27AB5
F8	譛 27AB6	斸 27AB7	講 27AB8	譚 27AB9	譥 27ABA	譧 27ABB	譩 27ABC	譪 27ABD	譫 27ABE	講 27ABF
F9	譴 27AC0	譞 27AC1	譵 27AC2	譹 27AC3	譻 27AC4	譼 27AC5	讀 27AC6	譾 27AC7	譿 27AC8	讁 27AC9
FA	蟢 27ACA	讋 27ACB	讌 27ACC	讍 27ACD	讎 27ACE	讐 27ACF	讑 27AD0	讒 27AD1	讓 27AD2	讕 27AD3
FB	讖 27AD4	讘 27AD5	讙 27AD6	讚 27AD7	競 27AD8	競 27AD9	讛 27ADA	讜 27ADB	讝 27ADC	讞 27ADD
FC	讟 27ADE	讙 27ADF	諶 27AE0	諠 27AE1	謵 27AE2	謷 27AE3	譯 27AE4	譴 27AE5	譽 27AE6	譎 27AE7
FD	譄 27AE8	譎 27AE9	譏 27AEA	識 27AEB	譬 27AEC	譜 27AED	譔 27AEE	譫 27AEF	譢 27AF0	譂 27AF1
FE	論 27AF2	譀 27AF3	謹 27AF4	譁 27AF5	譡 27AF6	警 27AF7	譤 27AF8	譥 27AF9	譣 27AFA	譧 27AFB

9737

	30	31	32	33	34	35	36	37	38	39
81	𧫼 27AFC	𧫽 27AFD	𧫾 27AFE	𧫿 27AFF	𧬀 27B00	𧬁 27B01	𧬂 27B02	𧬃 27B03	𧬄 27B04	𧬅 27B05
82	𧬆 27B06	𧬇 27B07	𧬈 27B08	𧬉 27B09	𧬊 27B0A	𧬋 27B0B	𧬌 27B0C	𧬍 27B0D	𧬎 27B0E	𧬏 27B0F
83	𧬐 27B10	𧬑 27B11	𧬒 27B12	𧬓 27B13	𧬔 27B14	𧬕 27B15	𧬖 27B16	𧬗 27B17	𧬘 27B18	𧬙 27B19
84	𧬚 27B1A	𧬛 27B1B	𧬜 27B1C	𧬝 27B1D	𧬞 27B1E	𧬟 27B1F	𧬠 27B20	𧬡 27B21	𧬢 27B22	𧬣 27B23
85	𧬤 27B24	𧬥 27B25	𧬦 27B26	𧬧 27B27	𧬨 27B28	𧬩 27B29	𧬪 27B2A	𧬫 27B2B	𧬬 27B2C	𧬭 27B2D
86	𧬮 27B2E	𧬯 27B2F	𧬰 27B30	𧬱 27B31	𧬲 27B32	𧬳 27B33	𧬴 27B34	𧬵 27B35	𧬶 27B36	𧬷 27B37
87	𧬸 27B38	𧬹 27B39	𧬺 27B3A	𧬻 27B3B	𧬼 27B3C	𧬽 27B3D	𧬾 27B3E	𧬿 27B3F	𧭀 27B40	𧭁 27B41
88	𧭂 27B42	𧭃 27B43	𧭄 27B44	𧭅 27B45	𧭆 27B46	𧭇 27B47	𧭈 27B48	𧭉 27B49	𧭊 27B4A	𧭋 27B4B
89	𧭌 27B4C	𧭍 27B4D	𧭎 27B4E	𧭏 27B4F	𧭐 27B50	𧭑 27B51	𧭒 27B52	𧭓 27B53	𧭔 27B54	𧭕 27B55
8A	𧭖 27B56	𧭗 27B57	𧭘 27B58	𧭙 27B59	𧭚 27B5A	𧭛 27B5B	𧭜 27B5C	𧭝 27B5D	𧭞 27B5E	𧭟 27B5F
8B	𧭠 27B60	𧭡 27B61	𧭢 27B62	𧭣 27B63	𧭤 27B64	𧭥 27B65	𧭦 27B66	𧭧 27B67	𧭨 27B68	𧭩 27B69
8C	𧭪 27B6A	𧭫 27B6B	𧭬 27B6C	𧭭 27B6D	𧭮 27B6E	𧭯 27B6F	𧭰 27B70	𧭱 27B71	𧭲 27B72	𧭳 27B73
8D	𧭴 27B74	𧭵 27B75	𧭶 27B76	𧭷 27B77	𧭸 27B78	𧭹 27B79	𧭺 27B7A	𧭻 27B7B	𧭼 27B7C	𧭽 27B7D
8E	𧭾 27B7E	𧭿 27B7F	𧮀 27B80	𧮁 27B81	𧮂 27B82	𧮃 27B83	𧮄 27B84	𧮅 27B85	𧮆 27B86	𧮇 27B87
8F	𧮈 27B88	𧮉 27B89	𧮊 27B8A	𧮋 27B8B	𧮌 27B8C	𧮍 27B8D	𧮎 27B8E	𧮏 27B8F	𧮐 27B90	𧮑 27B91
90	𧮒 27B92	𧮓 27B93	𧮔 27B94	𧮕 27B95	𧮖 27B96	𧮗 27B97	𧮘 27B98	𧮙 27B99	𧮚 27B9A	𧮛 27B9B
91	𧮜 27B9C	𧮝 27B9D	𧮞 27B9E	𧮟 27B9F	𧮠 27BA0	𧮡 27BA1	𧮢 27BA2	𧮣 27BA3	𧮤 27BA4	𧮥 27BA5
92	𧮦 27BA6	𧮧 27BA7	𧮨 27BA8	𧮩 27BA9	𧮪 27BAA	𧮫 27BAB	𧮬 27BAC	𧮭 27BAD	𧮮 27BAE	𧮯 27BAF
93	𧮰 27BB0	𧮱 27BB1	𧮲 27BB2	𧮳 27BB3	𧮴 27BB4	𧮵 27BB5	𧮶 27BB6	𧮷 27BB7	𧮸 27BB8	𧮹 27BB9
94	𧮺 27BBA	𧮻 27BBB	𧮼 27BBC	𧮽 27BBD	𧮾 27BBE	𧮿 27BBF	𧯀 27BC0	𧯁 27BC1	𧯂 27BC2	𧯃 27BC3
95	𧯄 27BC4	𧯅 27BC5	𧯆 27BC6	𧯇 27BC7	𧯈 27BC8	𧯉 27BC9	𧯊 27BCA	𧯋 27BCB	𧯌 27BCC	𧯍 27BCD

9737

	30	31	32	33	34	35	36	37	38	39
96	27BCE	27BCF	27BD0	27BD1	27BD2	27BD3	27BD4	27BD5	27BD6	27BD7
97	27BD8	27BD9	27BDA	27BDB	27BDC	27BDD	27BDE	27BDF	27BE0	27BE1
98	27BE2	27BE3	27BE4	27BE5	27BE6	27BE7	27BE8	27BE9	27BEA	27BEB
99	27BEC	27BED	27BEE	27BEF	27BF0	27BF1	27BF2	27BF3	27BF4	27BF5
9A	27BF6	27BF7	27BF8	27BF9	27BFA	27BFB	27BFC	27BFD	27BFE	27BFF
9B	27C00	27C01	27C02	27C03	27C04	27C05	27C06	27C07	27C08	27C09
9C	27C0A	27C0B	27C0C	27C0D	27C0E	27C0F	27C10	27C11	27C12	27C13
9D	27C14	27C15	27C16	27C17	27C18	27C19	27C1A	27C1B	27C1C	27C1D
9E	27C1E	27C1F	27C20	27C21	27C22	27C23	27C24	27C25	27C26	27C27
9F	27C28	27C29	27C2A	27C2B	27C2C	27C2D	27C2E	27C2F	27C30	27C31
A0	27C32	27C33	27C34	27C35	27C36	27C37	27C38	27C39	27C3A	27C3B
A1	27C3C	27C3D	27C3E	27C3F	27C40	27C41	27C42	27C43	27C44	27C45
A2	27C46	27C47	27C48	27C49	27C4A	27C4B	27C4C	27C4D	27C4E	27C4F
A3	27C50	27C51	27C52	27C53	27C54	27C55	27C56	27C57	27C58	27C59
A4	27C5A	27C5B	27C5C	27C5D	27C5E	27C5F	27C60	27C61	27C62	27C63
A5	27C64	27C65	27C66	27C67	27C68	27C69	27C6A	27C6B	27C6C	27C6D
A6	27C6E	27C6F	27C70	27C71	27C72	27C73	27C74	27C75	27C76	27C77
A7	27C78	27C79	27C7A	27C7B	27C7C	27C7D	27C7E	27C7F	27C80	27C81
A8	27C82	27C83	27C84	27C85	27C86	27C87	27C88	27C89	27C8A	27C8B
A9	27C8C	27C8D	27C8E	27C8F	27C90	27C91	27C92	27C93	27C94	27C95
AA	27C96	27C97	27C98	27C99	27C9A	27C9B	27C9C	27C9D	27C9E	27C9F

9737

	30	31	32	33	34	35	36	37	38	39
AB	𧲠 27CA0	𧲡 27CA1	𧲢 27CA2	𧲣 27CA3	𧲤 27CA4	𧲥 27CA5	𧲦 27CA6	𧲧 27CA7	𧲨 27CA8	𧲩 27CA9
AC	𧲪 27CAA	𧲫 27CAB	𧲬 27CAC	𧲭 27CAD	𧲮 27CAE	𧲯 27CAF	𧲰 27CB0	𧲱 27CB1	𧲲 27CB2	𧲳 27CB3
AD	𧲴 27CB4	𧲵 27CB5	𧲶 27CB6	𧲷 27CB7	𧲸 27CB8	𧲹 27CB9	𧲺 27CBA	𧲻 27CBB	𧲼 27CBC	𧲽 27CBD
AE	𧲾 27CBE	𧲿 27CBF	𧳀 27CC0	𧳁 27CC1	𧳂 27CC2	𧳃 27CC3	𧳄 27CC4	𧳅 27CC5	𧳆 27CC6	𧳇 27CC7
AF	𧳈 27CC8	𧳉 27CC9	𧳊 27CCA	𧳋 27CCB	𧳌 27CCC	𧳍 27CCD	𧳎 27CCE	𧳏 27CCF	𧳐 27CD0	𧳑 27CD1
B0	𧳒 27CD2	𧳓 27CD3	𧳔 27CD4	𧳕 27CD5	𧳖 27CD6	𧳗 27CD7	𧳘 27CD8	𧳙 27CD9	𧳚 27CDA	𧳛 27CDB
B1	𧳜 27CDC	𧳝 27CDD	𧳞 27CDE	𧳟 27CDF	𧳠 27CE0	𧳡 27CE1	𧳢 27CE2	𧳣 27CE3	𧳤 27CE4	𧳥 27CE5
B2	𧳦 27CE6	𧳧 27CE7	𧳨 27CE8	𧳩 27CE9	𧳪 27CEA	𧳫 27CEB	𧳬 27CEC	𧳭 27CED	𧳮 27CEE	𧳯 27CEF
B3	𧳰 27CF0	𧳱 27CF1	𧳲 27CF2	𧳳 27CF3	𧳴 27CF4	𧳵 27CF5	𧳶 27CF6	𧳷 27CF7	𧳸 27CF8	𧳹 27CF9
B4	𧳺 27CFA	𧳻 27CFB	𧳼 27CFC	𧳽 27CFD	𧳾 27CFE	𧳿 27CFF	𧴀 27D00	𧴁 27D01	𧴂 27D02	𧴃 27D03
B5	𧴄 27D04	𧴅 27D05	𧴆 27D06	𧴇 27D07	𧴈 27D08	𧴉 27D09	𧴊 27D0A	𧴋 27D0B	𧴌 27D0C	𧴍 27D0D
B6	𧴎 27D0E	𧴏 27D0F	𧴐 27D10	𧴑 27D11	𧴒 27D12	𧴓 27D13	𧴔 27D14	𧴕 27D15	𧴖 27D16	𧴗 27D17
B7	𧴘 27D18	𧴙 27D19	𧴚 27D1A	𧴛 27D1B	𧴜 27D1C	𧴝 27D1D	𧴞 27D1E	𧴟 27D1F	𧴠 27D20	𧴡 27D21
B8	𧴢 27D22	𧴣 27D23	𧴤 27D24	𧴥 27D25	𧴦 27D26	𧴧 27D27	𧴨 27D28	𧴩 27D29	𧴪 27D2A	𧴫 27D2B
B9	𧴬 27D2C	𧴭 27D2D	𧴮 27D2E	𧴯 27D2F	𧴰 27D30	𧴱 27D31	𧴲 27D32	𧴳 27D33	𧴴 27D34	𧴵 27D35
BA	𧴶 27D36	𧴷 27D37	𧴸 27D38	𧴹 27D39	𧴺 27D3A	𧴻 27D3B	𧴼 27D3C	𧴽 27D3D	𧴾 27D3E	𧴿 27D3F
BB	𧵀 27D40	𧵁 27D41	𧵂 27D42	𧵃 27D43	𧵄 27D44	𧵅 27D45	𧵆 27D46	𧵇 27D47	𧵈 27D48	𧵉 27D49
BC	𧵊 27D4A	𧵋 27D4B	𧵌 27D4C	𧵍 27D4D	𧵎 27D4E	𧵏 27D4F	𧵐 27D50	𧵑 27D51	𧵒 27D52	𧵓 27D53
BD	𧵔 27D54	𧵕 27D55	𧵖 27D56	𧵗 27D57	𧵘 27D58	𧵙 27D59	𧵚 27D5A	𧵛 27D5B	𧵜 27D5C	𧵝 27D5D
BE	𧵞 27D5E	𧵟 27D5F	𧵠 27D60	𧵡 27D61	𧵢 27D62	𧵣 27D63	𧵤 27D64	𧵥 27D65	𧵦 27D66	𧵧 27D67
BF	𧵨 27D68	𧵩 27D69	𧵪 27D6A	𧵫 27D6B	𧵬 27D6C	𧵭 27D6D	𧵮 27D6E	𧵯 27D6F	𧵰 27D70	𧵱 27D71

9737

	30	31	32	33	34	35	36	37	38	39
C0	27D72	27D73	27D74	27D75	27D76	27D77	27D78	27D79	27D7A	27D7B
C1	27D7C	27D7D	27D7E	27D7F	27D80	27D81	27D82	27D83	27D84	27D85
C2	27D86	27D87	27D88	27D89	27D8A	27D8B	27D8C	27D8D	27D8E	27D8F
C3	27D90	27D91	27D92	27D93	27D94	27D95	27D96	27D97	27D98	27D99
C4	27D9A	27D9B	27D9C	27D9D	27D9E	27D9F	27DA0	27DA1	27DA2	27DA3
C5	27DA4	27DA5	27DA6	27DA7	27DA8	27DA9	27DAA	27DAB	27DAC	27DAD
C6	27DAE	27DAF	27DB0	27DB1	27DB2	27DB3	27DB4	27DB5	27DB6	27DB7
C7	27DB8	27DB9	27DBA	27DBB	27DBC	27DBD	27DBE	27DBF	27DC0	27DC1
C8	27DC2	27DC3	27DC4	27DC5	27DC6	27DC7	27DC8	27DC9	27DCA	27DCB
C9	27DCC	27DCD	27DCE	27DCF	27DD0	27DD1	27DD2	27DD3	27DD4	27DD5
CA	27DD6	27DD7	27DD8	27DD9	27DDA	27DDB	27DDC	27DDD	27DDE	27DDF
CB	27DE0	27DE1	27DE2	27DE3	27DE4	27DE5	27DE6	27DE7	27DE8	27DE9
CC	27DEA	27DEB	27DEC	27DED	27DEE	27DEF	27DF0	27DF1	27DF2	27DF3
CD	27DF4	27DF5	27DF6	27DF7	27DF8	27DF9	27DFA	27DFB	27DFC	27DFD
CE	27DFE	27DFF	27E00	27E01	27E02	27E03	27E04	27E05	27E06	27E07
CF	27E08	27E09	27E0A	27E0B	27E0C	27E0D	27E0E	27E0F	27E10	27E11
D0	27E12	27E13	27E14	27E15	27E16	27E17	27E18	27E19	27E1A	27E1B
D1	27E1C	27E1D	27E1E	27E1F	27E20	27E21	27E22	27E23	27E24	27E25
D2	27E26	27E27	27E28	27E29	27E2A	27E2B	27E2C	27E2D	27E2E	27E2F
D3	27E30	27E31	27E32	27E33	27E34	27E35	27E36	27E37	27E38	27E39
D4	27E3A	27E3B	27E3C	27E3D	27E3E	27E3F	27E40	27E41	27E42	27E43

9737

	30	31	32	33	34	35	36	37	38	39
D5	𧹄 27E44	𧹅 27E45	𧹆 27E46	𧹇 27E47	𧹈 27E48	𧹉 27E49	𧹊 27E4A	𧹋 27E4B	𧹌 27E4C	𧹍 27E4D
D6	𧹎 27E4E	𧹏 27E4F	𧹐 27E50	𧹑 27E51	𧹒 27E52	𧹓 27E53	𧹔 27E54	𧹕 27E55	𧹖 27E56	𧹗 27E57
D7	𧹘 27E58	𧹙 27E59	𧹚 27E5A	𧹛 27E5B	𧹜 27E5C	𧹝 27E5D	𧹞 27E5E	𧹟 27E5F	𧹠 27E60	𧹡 27E61
D8	𧹢 27E62	𧹣 27E63	𧹤 27E64	𧹥 27E65	𧹦 27E66	𧹧 27E67	𧹨 27E68	𧹩 27E69	𧹪 27E6A	𧹫 27E6B
D9	𧹬 27E6C	𧹭 27E6D	𧹮 27E6E	𧹯 27E6F	𧹰 27E70	𧹱 27E71	𧹲 27E72	𧹳 27E73	𧹴 27E74	𧹵 27E75
DA	𧹶 27E76	𧹷 27E77	𧹸 27E78	𧹹 27E79	𧹺 27E7A	𧹻 27E7B	𧹼 27E7C	𧹽 27E7D	𧹾 27E7E	𧹿 27E7F
DB	𧺀 27E80	𧺁 27E81	𧺂 27E82	𧺃 27E83	𧺄 27E84	𧺅 27E85	𧺆 27E86	𧺇 27E87	𧺈 27E88	𧺉 27E89
DC	𧺊 27E8A	𧺋 27E8B	𧺌 27E8C	𧺍 27E8D	𧺎 27E8E	𧺏 27E8F	𧺐 27E90	𧺑 27E91	𧺒 27E92	𧺓 27E93
DD	𧺔 27E94	𧺕 27E95	𧺖 27E96	𧺗 27E97	𧺘 27E98	𧺙 27E99	𧺚 27E9A	𧺛 27E9B	𧺜 27E9C	𧺝 27E9D
DE	𧺞 27E9E	𧺟 27E9F	𧺠 27EA0	𧺡 27EA1	𧺢 27EA2	𧺣 27EA3	𧺤 27EA4	𧺥 27EA5	𧺦 27EA6	𧺧 27EA7
DF	𧺨 27EA8	𧺩 27EA9	𧺪 27EAA	𧺫 27EAB	𧺬 27EAC	𧺭 27EAD	𧺮 27EAE	𧺯 27EAF	𧺰 27EB0	𧺱 27EB1
E0	𧺲 27EB2	𧺳 27EB3	𧺴 27EB4	𧺵 27EB5	𧺶 27EB6	𧺷 27EB7	𧺸 27EB8	𧺹 27EB9	𧺺 27EBA	𧺻 27EBB
E1	𧺼 27EBC	𧺽 27EBD	𧺾 27EBE	𧺿 27EBF	𧻀 27EC0	𧻁 27EC1	𧻂 27EC2	𧻃 27EC3	𧻄 27EC4	𧻅 27EC5
E2	𧻆 27EC6	𧻇 27EC7	𧻈 27EC8	𧻉 27EC9	𧻊 27ECA	𧻋 27ECB	𧻌 27ECC	𧻍 27ECD	𧻎 27ECE	𧻏 27ECF
E3	𧻐 27ED0	𧻑 27ED1	𧻒 27ED2	𧻓 27ED3	𧻔 27ED4	𧻕 27ED5	𧻖 27ED6	𧻗 27ED7	𧻘 27ED8	𧻙 27ED9
E4	𧻚 27EDA	𧻛 27EDB	𧻜 27EDC	𧻝 27EDD	𧻞 27EDE	𧻟 27EDF	𧻠 27EE0	𧻡 27EE1	𧻢 27EE2	𧻣 27EE3
E5	𧻤 27EE4	𧻥 27EE5	𧻦 27EE6	𧻧 27EE7	𧻨 27EE8	𧻩 27EE9	𧻪 27EEA	𧻫 27EEB	𧻬 27EEC	𧻭 27EED
E6	𧻮 27EEE	𧻯 27EEF	𧻰 27EF0	𧻱 27EF1	𧻲 27EF2	𧻳 27EF3	𧻴 27EF4	𧻵 27EF5	𧻶 27EF6	𧻷 27EF7
E7	𧻸 27EF8	𧻹 27EF9	𧻺 27EFA	𧻻 27EFB	𧻼 27EFC	𧻽 27EFD	𧻾 27EFE	𧻿 27EFF	𧼀 27F00	𧼁 27F01
E8	𧼂 27F02	𧼃 27F03	𧼄 27F04	𧼅 27F05	𧼆 27F06	𧼇 27F07	𧼈 27F08	𧼉 27F09	𧼊 27F0A	𧼋 27F0B
E9	𧼌 27F0C	𧼍 27F0D	𧼎 27F0E	𧼏 27F0F	𧼐 27F10	𧼑 27F11	𧼒 27F12	𧼓 27F13	𧼔 27F14	𧼕 27F15

9737

	30	31	32	33	34	35	36	37	38	39
EA	𧼖 27F16	𧼗 27F17	𧼘 27F18	𧼙 27F19	𧼚 27F1A	𧼛 27F1B	𧼜 27F1C	𧼝 27F1D	𧼞 27F1E	𧼟 27F1F
EB	𧼠 27F20	𧼡 27F21	𧼢 27F22	𧼣 27F23	𧼤 27F24	𧼥 27F25	𧼦 27F26	𧼧 27F27	𧼨 27F28	𧼩 27F29
EC	𧼪 27F2A	𧼫 27F2B	𧼬 27F2C	𧼭 27F2D	𧼮 27F2E	𧼯 27F2F	𧼰 27F30	𧼱 27F31	𧼲 27F32	𧼳 27F33
ED	𧼴 27F34	𧼵 27F35	𧼶 27F36	𧼷 27F37	𧼸 27F38	𧼹 27F39	𧼺 27F3A	𧼻 27F3B	𧼼 27F3C	𧼽 27F3D
EE	𧼾 27F3E	𧼿 27F3F	𧽀 27F40	𧽁 27F41	𧽂 27F42	𧽃 27F43	𧽄 27F44	𧽅 27F45	𧽆 27F46	𧽇 27F47
EF	𧽈 27F48	𧽉 27F49	𧽊 27F4A	𧽋 27F4B	𧽌 27F4C	𧽍 27F4D	𧽎 27F4E	𧽏 27F4F	𧽐 27F50	𧽑 27F51
F0	𧽒 27F52	𧽓 27F53	𧽔 27F54	𧽕 27F55	𧽖 27F56	𧽗 27F57	𧽘 27F58	𧽙 27F59	𧽚 27F5A	𧽛 27F5B
F1	𧽜 27F5C	𧽝 27F5D	𧽞 27F5E	𧽟 27F5F	𧽠 27F60	𧽡 27F61	𧽢 27F62	𧽣 27F63	𧽤 27F64	𧽥 27F65
F2	𧽦 27F66	𧽧 27F67	𧽨 27F68	𧽩 27F69	𧽪 27F6A	𧽫 27F6B	𧽬 27F6C	𧽭 27F6D	𧽮 27F6E	𧽯 27F6F
F3	𧽰 27F70	𧽱 27F71	𧽲 27F72	𧽳 27F73	𧽴 27F74	𧽵 27F75	𧽶 27F76	𧽷 27F77	𧽸 27F78	𧽹 27F79
F4	𧽺 27F7A	𧽻 27F7B	𧽼 27F7C	𧽽 27F7D	𧽾 27F7E	𧽿 27F7F	𧾀 27F80	𧾁 27F81	𧾂 27F82	𧾃 27F83
F5	𧾄 27F84	𧾅 27F85	𧾆 27F86	𧾇 27F87	𧾈 27F88	𧾉 27F89	𧾊 27F8A	𧾋 27F8B	𧾌 27F8C	𧾍 27F8D
F6	𧾎 27F8E	𧾏 27F8F	𧾐 27F90	𧾑 27F91	𧾒 27F92	𧾓 27F93	𧾔 27F94	𧾕 27F95	𧾖 27F96	𧾗 27F97
F7	𧾘 27F98	𧾙 27F99	𧾚 27F9A	𧾛 27F9B	𧾜 27F9C	𧾝 27F9D	𧾞 27F9E	𧾟 27F9F	𧾠 27FA0	𧾡 27FA1
F8	𧾢 27FA2	𧾣 27FA3	𧾤 27FA4	𧾥 27FA5	𧾦 27FA6	𧾧 27FA7	𧾨 27FA8	𧾩 27FA9	𧾪 27FAA	𧾫 27FAB
F9	𧾬 27FAC	𧾭 27FAD	𧾮 27FAE	𧾯 27FAF	𧾰 27FB0	𧾱 27FB1	𧾲 27FB2	𧾳 27FB3	𧾴 27FB4	𧾵 27FB5
FA	𧾶 27FB6	𧾷 27FB7	𧾸 27FB8	𧾹 27FB9	𧾺 27FBA	𧾻 27FBB	𧾼 27FBC	𧾽 27FBD	𧾾 27FBE	𧾿 27FBF
FB	𧿀 27FC0	𧿁 27FC1	𧿂 27FC2	𧿃 27FC3	𧿄 27FC4	𧿅 27FC5	𧿆 27FC6	𧿇 27FC7	𧿈 27FC8	𧿉 27FC9
FC	𧿊 27FCA	𧿋 27FCB	𧿌 27FCC	𧿍 27FCD	𧿎 27FCE	𧿏 27FCF	𧿐 27FD0	𧿑 27FD1	𧿒 27FD2	𧿓 27FD3
FD	𧿔 27FD4	𧿕 27FD5	𧿖 27FD6	𧿗 27FD7	𧿘 27FD8	𧿙 27FD9	𧿚 27FDA	𧿛 27FDB	𧿜 27FDC	𧿝 27FDD
FE	𧿞 27FDE	𧿟 27FDF	𧿠 27FE0	𧿡 27FE1	𧿢 27FE2	𧿣 27FE3	𧿤 27FE4	𧿥 27FE5	𧿦 27FE6	𧿧 27FE7

9738

	30	31	32	33	34	35	36	37	38	39
81	𧿨 27FE8	𧿩 27FE9	𧿪 27FEA	𧿫 27FEB	𧿬 27FEC	𧿭 27FED	𧿮 27FEE	𧿯 27FEF	𧿰 27FF0	𧿱 27FF1
82	𧿲 27FF2	𧿳 27FF3	𧿴 27FF4	𧿵 27FF5	𧿶 27FF6	𧿷 27FF7	𧿸 27FF8	𧿹 27FF9	𧿺 27FFA	𧿻 27FFB
83	𧿼 27FFC	𧿽 27FFD	𧿾 27FFE	𧿿 27FFF	𨀀 28000	𨀁 28001	𨀂 28002	𨀃 28003	𨀄 28004	𨀅 28005
84	𨀆 28006	𨀇 28007	𨀈 28008	𨀉 28009	𨀊 2800A	𨀋 2800B	𨀌 2800C	𨀍 2800D	𨀎 2800E	𨀏 2800F
85	𨀐 28010	𨀑 28011	𨀒 28012	𨀓 28013	𨀔 28014	𨀕 28015	𨀖 28016	𨀗 28017	𨀘 28018	𨀙 28019
86	𨀚 2801A	𨀛 2801B	𨀜 2801C	𨀝 2801D	𨀞 2801E	𨀟 2801F	𨀠 28020	𨀡 28021	𨀢 28022	𨀣 28023
87	𨀤 28024	𨀥 28025	𨀦 28026	𨀧 28027	𨀨 28028	𨀩 28029	𨀪 2802A	𨀫 2802B	𨀬 2802C	𨀭 2802D
88	𨀮 2802E	𨀯 2802F	𨀰 28030	𨀱 28031	𨀲 28032	𨀳 28033	𨀴 28034	𨀵 28035	𨀶 28036	𨀷 28037
89	𨀸 28038	𨀹 28039	𨀺 2803A	𨀻 2803B	𨀼 2803C	𨀽 2803D	𨀾 2803E	𨀿 2803F	𨁀 28040	𨁁 28041
8A	𨁂 28042	𨁃 28043	𨁄 28044	𨁅 28045	𨁆 28046	𨁇 28047	𨁈 28048	𨁉 28049	𨁊 2804A	𨁋 2804B
8B	𨁌 2804C	𨁍 2804D	𨁎 2804E	𨁏 2804F	𨁐 28050	𨁑 28051	𨁒 28052	𨁓 28053	𨁔 28054	𨁕 28055
8C	𨁖 28056	𨁗 28057	𨁘 28058	𨁙 28059	𨁚 2805A	𨁛 2805B	𨁜 2805C	𨁝 2805D	𨁞 2805E	𨁟 2805F
8D	𨁠 28060	𨁡 28061	𨁢 28062	𨁣 28063	𨁤 28064	𨁥 28065	𨁦 28066	𨁧 28067	𨁨 28068	𨁩 28069
8E	𨁪 2806A	𨁫 2806B	𨁬 2806C	𨁭 2806D	𨁮 2806E	𨁯 2806F	𨁰 28070	𨁱 28071	𨁲 28072	𨁳 28073
8F	𨁴 28074	𨁵 28075	𨁶 28076	𨁷 28077	𨁸 28078	𨁹 28079	𨁺 2807A	𨁻 2807B	𨁼 2807C	𨁽 2807D
90	𨁾 2807E	𨁿 2807F	𨂀 28080	𨂁 28081	𨂂 28082	𨂃 28083	𨂄 28084	𨂅 28085	𨂆 28086	𨂇 28087
91	𨂈 28088	𨂉 28089	𨂊 2808A	𨂋 2808B	𨂌 2808C	𨂍 2808D	𨂎 2808E	𨂏 2808F	𨂐 28090	𨂑 28091
92	𨂒 28092	𨂓 28093	𨂔 28094	𨂕 28095	𨂖 28096	𨂗 28097	𨂘 28098	𨂙 28099	𨂚 2809A	𨂛 2809B
93	𨂜 2809C	𨂝 2809D	𨂞 2809E	𨂟 2809F	𨂠 280A0	𨂡 280A1	𨂢 280A2	𨂣 280A3	𨂤 280A4	𨂥 280A5
94	𨂦 280A6	𨂧 280A7	𨂨 280A8	𨂩 280A9	𨂪 280AA	𨂫 280AB	𨂬 280AC	𨂭 280AD	𨂮 280AE	𨂯 280AF
95	𨂰 280B0	𨂱 280B1	𨂲 280B2	𨂳 280B3	𨂴 280B4	𨂵 280B5	𨂶 280B6	𨂷 280B7	𨂸 280B8	𨂹 280B9

9738

	30	31	32	33	34	35	36	37	38	39
96	280BA	280BB	280BC	280BD	280BE	280BF	280C0	280C1	280C2	280C3
97	280C4	280C5	280C6	280C7	280C8	280C9	280CA	280CB	280CC	280CD
98	280CE	280CF	280D0	280D1	280D2	280D3	280D4	280D5	280D6	280D7
99	280D8	280D9	280DA	280DB	280DC	280DD	280DE	280DF	280E0	280E1
9A	280E2	280E3	280E4	280E5	280E6	280E7	280E8	280E9	280EA	280EB
9B	280EC	280ED	280EE	280EF	280F0	280F1	280F2	280F3	280F4	280F5
9C	280F6	280F7	280F8	280F9	280FA	280FB	280FC	280FD	280FE	280FF
9D	28100	28101	28102	28103	28104	28105	28106	28107	28108	28109
9E	2810A	2810B	2810C	2810D	2810E	2810F	28110	28111	28112	28113
9F	28114	28115	28116	28117	28118	28119	2811A	2811B	2811C	2811D
A0	2811E	2811F	28120	28121	28122	28123	28124	28125	28126	28127
A1	28128	28129	2812A	2812B	2812C	2812D	2812E	2812F	28130	28131
A2	28132	28133	28134	28135	28136	28137	28138	28139	2813A	2813B
A3	2813C	2813D	2813E	2813F	28140	28141	28142	28143	28144	28145
A4	28146	28147	28148	28149	2814A	2814B	2814C	2814D	2814E	2814F
A5	28150	28151	28152	28153	28154	28155	28156	28157	28158	28159
A6	2815A	2815B	2815C	2815D	2815E	2815F	28160	28161	28162	28163
A7	28164	28165	28166	28167	28168	28169	2816A	2816B	2816C	2816D
A8	2816E	2816F	28170	28171	28172	28173	28174	28175	28176	28177
A9	28178	28179	2817A	2817B	2817C	2817D	2817E	2817F	28180	28181
AA	28182	28183	28184	28185	28186	28187	28188	28189	2818A	2818B

9738

	30	31	32	33	34	35	36	37	38	39
AB	𨆌 2818C	𨆍 2818D	𨆎 2818E	𨆏 2818F	𨆐 28190	𨆑 28191	𨆒 28192	𨆓 28193	𨆔 28194	𨆕 28195
AC	𨆖 28196	𨆗 28197	𨆘 28198	𨆙 28199	𨆚 2819A	𨆛 2819B	𨆜 2819C	𨆝 2819D	𨆞 2819E	𨆟 2819F
AD	𨆠 281A0	𨆡 281A1	𨆢 281A2	𨆣 281A3	𨆤 281A4	𨆥 281A5	𨆦 281A6	𨆧 281A7	𨆨 281A8	𨆩 281A9
AE	𨆪 281AA	𨆫 281AB	𨆬 281AC	𨆭 281AD	𨆮 281AE	𨆯 281AF	𨆰 281B0	𨆱 281B1	𨆲 281B2	𨆳 281B3
AF	𨆴 281B4	𨆵 281B5	𨆶 281B6	𨆷 281B7	𨆸 281B8	𨆹 281B9	𨆺 281BA	𨆻 281BB	𨆼 281BC	𨆽 281BD
B0	𨆾 281BE	𨆿 281BF	𨇀 281C0	𨇁 281C1	𨇂 281C2	𨇃 281C3	𨇄 281C4	𨇅 281C5	𨇆 281C6	𨇇 281C7
B1	𨇈 281C8	𨇉 281C9	𨇊 281CA	𨇋 281CB	𨇌 281CC	𨇍 281CD	𨇎 281CE	𨇏 281CF	𨇐 281D0	𨇑 281D1
B2	𨇒 281D2	𨇓 281D3	𨇔 281D4	𨇕 281D5	𨇖 281D6	𨇗 281D7	𨇘 281D8	𨇙 281D9	𨇚 281DA	𨇛 281DB
B3	𨇜 281DC	𨇝 281DD	𨇞 281DE	𨇟 281DF	𨇠 281E0	𨇡 281E1	𨇢 281E2	𨇣 281E3	𨇤 281E4	𨇥 281E5
B4	𨇦 281E6	𨇧 281E7	𨇨 281E8	𨇩 281E9	𨇪 281EA	𨇫 281EB	𨇬 281EC	𨇭 281ED	𨇮 281EE	𨇯 281EF
B5	𨇰 281F0	𨇱 281F1	𨇲 281F2	𨇳 281F3	𨇴 281F4	𨇵 281F5	𨇶 281F6	𨇷 281F7	𨇸 281F8	𨇹 281F9
B6	𨇺 281FA	𨇻 281FB	𨇼 281FC	𨇽 281FD	𨇾 281FE	𨇿 281FF	𨈀 28200	𨈁 28201	𨈂 28202	𨈃 28203
B7	𨈄 28204	𨈅 28205	𨈆 28206	𨈇 28207	𨈈 28208	𨈉 28209	𨈊 2820A	𨈋 2820B	𨈌 2820C	𨈍 2820D
B8	𨈎 2820E	𨈏 2820F	𨈐 28210	𨈑 28211	𨈒 28212	𨈓 28213	𨈔 28214	𨈕 28215	𨈖 28216	𨈗 28217
B9	𨈘 28218	𨈙 28219	𨈚 2821A	𨈛 2821B	𨈜 2821C	𨈝 2821D	𨈞 2821E	𨈟 2821F	𨈠 28220	𨈡 28221
BA	𨈢 28222	𨈣 28223	𨈤 28224	𨈥 28225	𨈦 28226	𨈧 28227	𨈨 28228	𨈩 28229	𨈪 2822A	𨈫 2822B
BB	𨈬 2822C	𨈭 2822D	𨈮 2822E	𨈯 2822F	𨈰 28230	𨈱 28231	𨈲 28232	𨈳 28233	𨈴 28234	𨈵 28235
BC	𨈶 28236	𨈷 28237	𨈸 28238	𨈹 28239	𨈺 2823A	𨈻 2823B	𨈼 2823C	𨈽 2823D	𨈾 2823E	𨈿 2823F
BD	𨉀 28240	𨉁 28241	𨉂 28242	𨉃 28243	𨉄 28244	𨉅 28245	𨉆 28246	𨉇 28247	𨉈 28248	𨉉 28249
BE	𨉊 2824A	𨉋 2824B	𨉌 2824C	𨉍 2824D	𨉎 2824E	𨉏 2824F	𨉐 28250	𨉑 28251	𨉒 28252	𨉓 28253
BF	𨉔 28254	𨉕 28255	𨉖 28256	𨉗 28257	𨉘 28258	𨉙 28259	𨉚 2825A	𨉛 2825B	𨉜 2825C	𨉝 2825D

9738

	30	31	32	33	34	35	36	37	38	39
C0	𨉞 2825E	𨉟 2825F	𨉠 28260	𨉡 28261	𨉢 28262	𨉣 28263	𨉤 28264	𨉥 28265	𨉦 28266	𨉧 28267
C1	𨉨 28268	𨉩 28269	𨉪 2826A	𨉫 2826B	𨉬 2826C	𨉭 2826D	𨉮 2826E	𨉯 2826F	𨉰 28270	𨉱 28271
C2	𨉲 28272	𨉳 28273	𨉴 28274	𨉵 28275	𨉶 28276	𨉷 28277	𨉸 28278	𨉹 28279	𨉺 2827A	𨉻 2827B
C3	𨉼 2827C	𨉽 2827D	𨉾 2827E	𨉿 2827F	𨊀 28280	𨊁 28281	𨊂 28282	𨊃 28283	𨊄 28284	𨊅 28285
C4	𨊆 28286	𨊇 28287	𨊈 28288	𨊉 28289	𨊊 2828A	𨊋 2828B	𨊌 2828C	𨊍 2828D	𨊎 2828E	𨊏 2828F
C5	𨊐 28290	𨊑 28291	𨊒 28292	𨊓 28293	𨊔 28294	𨊕 28295	𨊖 28296	𨊗 28297	𨊘 28298	𨊙 28299
C6	𨊚 2829A	𨊛 2829B	𨊜 2829C	𨊝 2829D	𨊞 2829E	𨊟 2829F	𨊠 282A0	𨊡 282A1	𨊢 282A2	𨊣 282A3
C7	𨊤 282A4	𨊥 282A5	𨊦 282A6	𨊧 282A7	𨊨 282A8	𨊩 282A9	𨊪 282AA	𨊫 282AB	𨊬 282AC	𨊭 282AD
C8	𨊮 282AE	𨊯 282AF	𨊰 282B0	𨊱 282B1	𨊲 282B2	𨊳 282B3	𨊴 282B4	𨊵 282B5	𨊶 282B6	𨊷 282B7
C9	𨊸 282B8	𨊹 282B9	𨊺 282BA	𨊻 282BB	𨊼 282BC	𨊽 282BD	𨊾 282BE	𨊿 282BF	𨋀 282C0	𨋁 282C1
CA	𨋂 282C2	𨋃 282C3	𨋄 282C4	𨋅 282C5	𨋆 282C6	𨋇 282C7	𨋈 282C8	𨋉 282C9	𨋊 282CA	𨋋 282CB
CB	𨋌 282CC	𨋍 282CD	𨋎 282CE	𨋏 282CF	𨋐 282D0	𨋑 282D1	𨋒 282D2	𨋓 282D3	𨋔 282D4	𨋕 282D5
CC	𨋖 282D6	𨋗 282D7	𨋘 282D8	𨋙 282D9	𨋚 282DA	𨋛 282DB	𨋜 282DC	𨋝 282DD	𨋞 282DE	𨋟 282DF
CD	𨋠 282E0	𨋡 282E1	𨋢 282E2	𨋣 282E3	𨋤 282E4	𨋥 282E5	𨋦 282E6	𨋧 282E7	𨋨 282E8	𨋩 282E9
CE	𨋪 282EA	𨋫 282EB	𨋬 282EC	𨋭 282ED	𨋮 282EE	𨋯 282EF	𨋰 282F0	𨋱 282F1	𨋲 282F2	𨋳 282F3
CF	𨋴 282F4	𨋵 282F5	𨋶 282F6	𨋷 282F7	𨋸 282F8	𨋹 282F9	𨋺 282FA	𨋻 282FB	𨋼 282FC	𨋽 282FD
D0	𨋾 282FE	𨋿 282FF	𨌀 28300	𨌁 28301	𨌂 28302	𨌃 28303	𨌄 28304	𨌅 28305	𨌆 28306	𨌇 28307
D1	𨌈 28308	𨌉 28309	𨌊 2830A	𨌋 2830B	𨌌 2830C	𨌍 2830D	𨌎 2830E	𨌏 2830F	𨌐 28310	𨌑 28311
D2	𨌒 28312	𨌓 28313	𨌔 28314	𨌕 28315	𨌖 28316	𨌗 28317	𨌘 28318	𨌙 28319	𨌚 2831A	𨌛 2831B
D3	𨌜 2831C	𨌝 2831D	𨌞 2831E	𨌟 2831F	𨌠 28320	𨌡 28321	𨌢 28322	𨌣 28323	𨌤 28324	𨌥 28325
D4	𨌦 28326	𨌧 28327	𨌨 28328	𨌩 28329	𨌪 2832A	𨌫 2832B	𨌬 2832C	𨌭 2832D	𨌮 2832E	𨌯 2832F

9738

	30	31	32	33	34	35	36	37	38	39
D5	28330	28331	28332	28333	28334	28335	28336	28337	28338	28339
D6	2833A	2833B	2833C	2833D	2833E	2833F	28340	28341	28342	28343
D7	28344	28345	28346	28347	28348	28349	2834A	2834B	2834C	2834D
D8	2834E	2834F	28350	28351	28352	28353	28354	28355	28356	28357
D9	28358	28359	2835A	2835B	2835C	2835D	2835E	2835F	28360	28361
DA	28362	28363	28364	28365	28366	28367	28368	28369	2836A	2836B
DB	2836C	2836D	2836E	2836F	28370	28371	28372	28373	28374	28375
DC	28376	28377	28378	28379	2837A	2837B	2837C	2837D	2837E	2837F
DD	28380	28381	28382	28383	28384	28385	28386	28387	28388	28389
DE	2838A	2838B	2838C	2838D	2838E	2838F	28390	28391	28392	28393
DF	28394	28395	28396	28397	28398	28399	2839A	2839B	2839C	2839D
E0	2839E	2839F	283A0	283A1	283A2	283A3	283A4	283A5	283A6	283A7
E1	283A8	283A9	283AA	283AB	283AC	283AD	283AE	283AF	283B0	283B1
E2	283B2	283B3	283B4	283B5	283B6	283B7	283B8	283B9	283BA	283BB
E3	283BC	283BD	283BE	283BF	283C0	283C1	283C2	283C3	283C4	283C5
E4	283C6	283C7	283C8	283C9	283CA	283CB	283CC	283CD	283CE	283CF
E5	283D0	283D1	283D2	283D3	283D4	283D5	283D6	283D7	283D8	283D9
E6	283DA	283DB	283DC	283DD	283DE	283DF	283E0	283E1	283E2	283E3
E7	283E4	283E5	283E6	283E7	283E8	283E9	283EA	283EB	283EC	283ED
E8	283EE	283EF	283F0	283F1	283F2	283F3	283F4	283F5	283F6	283F7
E9	283F8	283F9	283FA	283FB	283FC	283FD	283FE	283FF	28400	28401

9738

	30	31	32	33	34	35	36	37	38	39
EA	𨐂 28402	𨐃 28403	𨐄 28404	𨐅 28405	𨐆 28406	𨐇 28407	𨐈 28408	𨐉 28409	𨐊 2840A	𨐋 2840B
EB	𨐌 2840C	𨐍 2840D	𨐎 2840E	𨐏 2840F	𨐐 28410	𨐑 28411	𨐒 28412	𨐓 28413	𨐔 28414	𨐕 28415
EC	𨐖 28416	𨐗 28417	𨐘 28418	𨐙 28419	𨐚 2841A	𨐛 2841B	𨐜 2841C	𨐝 2841D	𨐞 2841E	𨐟 2841F
ED	𨐠 28420	𨐡 28421	𨐢 28422	𨐣 28423	𨐤 28424	𨐥 28425	𨐦 28426	𨐧 28427	𨐨 28428	𨐩 28429
EE	𨐪 2842A	𨐫 2842B	𨐬 2842C	𨐭 2842D	𨐮 2842E	𨐯 2842F	𨐰 28430	𨐱 28431	𨐲 28432	𨐳 28433
EF	𨐴 28434	𨐵 28435	𨐶 28436	𨐷 28437	𨐸 28438	𨐹 28439	𨐺 2843A	𨐻 2843B	𨐼 2843C	𨐽 2843D
F0	𨐾 2843E	𨐿 2843F	𨑀 28440	𨑁 28441	𨑂 28442	𨑃 28443	𨑄 28444	𨑅 28445	𨑆 28446	𨑇 28447
F1	𨑈 28448	𨑉 28449	𨑊 2844A	𨑋 2844B	𨑌 2844C	𨑍 2844D	𨑎 2844E	𨑏 2844F	𨑐 28450	𨑑 28451
F2	𨑒 28452	𨑓 28453	𨑔 28454	𨑕 28455	𨑖 28456	𨑗 28457	𨑘 28458	𨑙 28459	𨑚 2845A	𨑛 2845B
F3	𨑜 2845C	𨑝 2845D	𨑞 2845E	𨑟 2845F	𨑠 28460	𨑡 28461	𨑢 28462	𨑣 28463	𨑤 28464	𨑥 28465
F4	𨑦 28466	𨑧 28467	𨑨 28468	𨑩 28469	𨑪 2846A	𨑫 2846B	𨑬 2846C	𨑭 2846D	𨑮 2846E	𨑯 2846F
F5	𨑰 28470	𨑱 28471	𨑲 28472	𨑳 28473	𨑴 28474	𨑵 28475	𨑶 28476	𨑷 28477	𨑸 28478	𨑹 28479
F6	𨑺 2847A	𨑻 2847B	𨑼 2847C	𨑽 2847D	𨑾 2847E	𨑿 2847F	𨒀 28480	𨒁 28481	𨒂 28482	𨒃 28483
F7	𨒄 28484	𨒅 28485	𨒆 28486	𨒇 28487	𨒈 28488	𨒉 28489	𨒊 2848A	𨒋 2848B	𨒌 2848C	𨒍 2848D
F8	𨒎 2848E	𨒏 2848F	𨒐 28490	𨒑 28491	𨒒 28492	𨒓 28493	𨒔 28494	𨒕 28495	𨒖 28496	𨒗 28497
F9	𨒘 28498	𨒙 28499	𨒚 2849A	𨒛 2849B	𨒜 2849C	𨒝 2849D	𨒞 2849E	𨒟 2849F	𨒠 284A0	𨒡 284A1
FA	𨒢 284A2	𨒣 284A3	𨒤 284A4	𨒥 284A5	𨒦 284A6	𨒧 284A7	𨒨 284A8	𨒩 284A9	𨒪 284AA	𨒫 284AB
FB	𨒬 284AC	𨒭 284AD	𨒮 284AE	𨒯 284AF	𨒰 284B0	𨒱 284B1	𨒲 284B2	𨒳 284B3	𨒴 284B4	𨒵 284B5
FC	𨒶 284B6	𨒷 284B7	𨒸 284B8	𨒹 284B9	𨒺 284BA	𨒻 284BB	𨒼 284BC	𨒽 284BD	𨒾 284BE	𨒿 284BF
FD	𨓀 284C0	𨓁 284C1	𨓂 284C2	𨓃 284C3	𨓄 284C4	𨓅 284C5	𨓆 284C6	𨓇 284C7	𨓈 284C8	𨓉 284C9
FE	𨓊 284CA	𨓋 284CB	𨓌 284CC	𨓍 284CD	𨓎 284CE	𨓏 284CF	𨓐 284D0	𨓑 284D1	𨓒 284D2	𨓓 284D3

9739

	30	31	32	33	34	35	36	37	38	39
81	𨓔 284D4	𨓕 284D5	𨓖 284D6	𨓗 284D7	𨓘 284D8	𨓙 284D9	𨓚 284DA	𨓛 284DB	𨓜 284DC	𨓝 284DD
82	𨓞 284DE	𨓟 284DF	𨓠 284E0	𨓡 284E1	𨓢 284E2	𨓣 284E3	𨓤 284E4	𨓥 284E5	𨓦 284E6	𨓧 284E7
83	𨓨 284E8	𨓩 284E9	𨓪 284EA	𨓫 284EB	𨓬 284EC	𨓭 284ED	𨓮 284EE	𨓯 284EF	𨓰 284F0	𨓱 284F1
84	𨓲 284F2	𨓳 284F3	𨓴 284F4	𨓵 284F5	𨓶 284F6	𨓷 284F7	𨓸 284F8	𨓹 284F9	𨓺 284FA	𨓻 284FB
85	𨓼 284FC	𨓽 284FD	𨓾 284FE	𨓿 284FF	𨔀 28500	𨔁 28501	𨔂 28502	𨔃 28503	𨔄 28504	𨔅 28505
86	𨔆 28506	𨔇 28507	𨔈 28508	𨔉 28509	𨔊 2850A	𨔋 2850B	𨔌 2850C	𨔍 2850D	𨔎 2850E	𨔏 2850F
87	𨔐 28510	𨔑 28511	𨔒 28512	𨔓 28513	𨔔 28514	𨔕 28515	𨔖 28516	𨔗 28517	𨔘 28518	𨔙 28519
88	𨔚 2851A	𨔛 2851B	𨔜 2851C	𨔝 2851D	𨔞 2851E	𨔟 2851F	𨔠 28520	𨔡 28521	𨔢 28522	𨔣 28523
89	𨔤 28524	𨔥 28525	𨔦 28526	𨔧 28527	𨔨 28528	𨔩 28529	𨔪 2852A	𨔫 2852B	𨔬 2852C	𨔭 2852D
8A	𨔮 2852E	𨔯 2852F	𨔰 28530	𨔱 28531	𨔲 28532	𨔳 28533	𨔴 28534	𨔵 28535	𨔶 28536	𨔷 28537
8B	𨔸 28538	𨔹 28539	𨔺 2853A	𨔻 2853B	𨔼 2853C	𨔽 2853D	𨔾 2853E	𨔿 2853F	𨕀 28540	𨕁 28541
8C	𨕂 28542	𨕃 28543	𨕄 28544	𨕅 28545	𨕆 28546	𨕇 28547	𨕈 28548	𨕉 28549	𨕊 2854A	𨕋 2854B
8D	𨕌 2854C	𨕍 2854D	𨕎 2854E	𨕏 2854F	𨕐 28550	𨕑 28551	𨕒 28552	𨕓 28553	𨕔 28554	𨕕 28555
8E	𨕖 28556	𨕗 28557	𨕘 28558	𨕙 28559	𨕚 2855A	𨕛 2855B	𨕜 2855C	𨕝 2855D	𨕞 2855E	𨕟 2855F
8F	𨕠 28560	𨕡 28561	𨕢 28562	𨕣 28563	𨕤 28564	𨕥 28565	𨕦 28566	𨕧 28567	𨕨 28568	𨕩 28569
90	𨕪 2856A	𨕫 2856B	𨕬 2856C	𨕭 2856D	𨕮 2856E	𨕯 2856F	𨕰 28570	𨕱 28571	𨕲 28572	𨕳 28573
91	𨕴 28574	𨕵 28575	𨕶 28576	𨕷 28577	𨕸 28578	𨕹 28579	𨕺 2857A	𨕻 2857B	𨕼 2857C	𨕽 2857D
92	𨕾 2857E	𨕿 2857F	𨖀 28580	𨖁 28581	𨖂 28582	𨖃 28583	𨖄 28584	𨖅 28585	𨖆 28586	𨖇 28587
93	𨖈 28588	𨖉 28589	𨖊 2858A	𨖋 2858B	𨖌 2858C	𨖍 2858D	𨖎 2858E	𨖏 2858F	𨖐 28590	𨖑 28591
94	𨖒 28592	𨖓 28593	𨖔 28594	𨖕 28595	𨖖 28596	𨖗 28597	𨖘 28598	𨖙 28599	𨖚 2859A	𨖛 2859B
95	𨖜 2859C	𨖝 2859D	𨖞 2859E	𨖟 2859F	𨖠 285A0	𨖡 285A1	𨖢 285A2	𨖣 285A3	𨖤 285A4	𨖥 285A5

9739

	30	31	32	33	34	35	36	37	38	39
96	285A6	285A7	285A8	285A9	285AA	285AB	285AC	285AD	285AE	285AF
97	285B0	285B1	285B2	285B3	285B4	285B5	285B6	285B7	285B8	285B9
98	285BA	285BB	285BC	285BD	285BE	285BF	285C0	285C1	285C2	285C3
99	285C4	285C5	285C6	285C7	285C8	285C9	285CA	285CB	285CC	285CD
9A	285CE	285CF	285D0	285D1	285D2	285D3	285D4	285D5	285D6	285D7
9B	285D8	285D9	285DA	285DB	285DC	285DD	285DE	285DF	285E0	285E1
9C	285E2	285E3	285E4	285E5	285E6	285E7	285E8	285E9	285EA	285EB
9D	285EC	285ED	285EE	285EF	285F0	285F1	285F2	285F3	285F4	285F5
9E	285F6	285F7	285F8	285F9	285FA	285FB	285FC	285FD	285FE	285FF
9F	28600	28601	28602	28603	28604	28605	28606	28607	28608	28609
A0	2860A	2860B	2860C	2860D	2860E	2860F	28610	28611	28612	28613
A1	28614	28615	28616	28617	28618	28619	2861A	2861B	2861C	2861D
A2	2861E	2861F	28620	28621	28622	28623	28624	28625	28626	28627
A3	28628	28629	2862A	2862B	2862C	2862D	2862E	2862F	28630	28631
A4	28632	28633	28634	28635	28636	28637	28638	28639	2863A	2863B
A5	2863C	2863D	2863E	2863F	28640	28641	28642	28643	28644	28645
A6	28646	28647	28648	28649	2864A	2864B	2864C	2864D	2864E	2864F
A7	28650	28651	28652	28653	28654	28655	28656	28657	28658	28659
A8	2865A	2865B	2865C	2865D	2865E	2865F	28660	28661	28662	28663
A9	28664	28665	28666	28667	28668	28669	2866A	2866B	2866C	2866D
AA	2866E	2866F	28670	28671	28672	28673	28674	28675	28676	28677

9739

	30	31	32	33	34	35	36	37	38	39
AB	𨙸 28678	𨙹 28679	𨙺 2867A	𨙻 2867B	𨙼 2867C	𨙽 2867D	𨙾 2867E	𨙿 2867F	𨚀 28680	𨚁 28681
AC	𨚂 28682	𨚃 28683	𨚄 28684	𨚅 28685	𨚆 28686	𨚇 28687	𨚈 28688	𨚉 28689	𨚊 2868A	𨚋 2868B
AD	𨚌 2868C	𨚍 2868D	𨚎 2868E	𨚏 2868F	𨚐 28690	𨚑 28691	𨚒 28692	𨚓 28693	𨚔 28694	𨚕 28695
AE	𨚖 28696	𨚗 28697	𨚘 28698	𨚙 28699	𨚚 2869A	𨚛 2869B	𨚜 2869C	𨚝 2869D	𨚞 2869E	𨚟 2869F
AF	𨚠 286A0	𨚡 286A1	𨚢 286A2	𨚣 286A3	𨚤 286A4	𨚥 286A5	𨚦 286A6	𨚧 286A7	𨚨 286A8	𨚩 286A9
B0	𨚪 286AA	𨚫 286AB	𨚬 286AC	𨚭 286AD	𨚮 286AE	𨚯 286AF	𨚰 286B0	𨚱 286B1	𨚲 286B2	𨚳 286B3
B1	𨚴 286B4	𨚵 286B5	𨚶 286B6	𨚷 286B7	𨚸 286B8	𨚹 286B9	𨚺 286BA	𨚻 286BB	𨚼 286BC	𨚽 286BD
B2	𨚾 286BE	𨚿 286BF	𨛀 286C0	𨛁 286C1	𨛂 286C2	𨛃 286C3	𨛄 286C4	𨛅 286C5	𨛆 286C6	𨛇 286C7
B3	𨛈 286C8	𨛉 286C9	𨛊 286CA	𨛋 286CB	𨛌 286CC	𨛍 286CD	𨛎 286CE	𨛏 286CF	𨛐 286D0	𨛑 286D1
B4	𨛒 286D2	𨛓 286D3	𨛔 286D4	𨛕 286D5	𨛖 286D6	𨛗 286D7	𨛘 286D8	𨛙 286D9	𨛚 286DA	𨛛 286DB
B5	𨛜 286DC	𨛝 286DD	𨛞 286DE	𨛟 286DF	𨛠 286E0	𨛡 286E1	𨛢 286E2	𨛣 286E3	𨛤 286E4	𨛥 286E5
B6	𨛦 286E6	𨛧 286E7	𨛨 286E8	𨛩 286E9	𨛪 286EA	𨛫 286EB	𨛬 286EC	𨛭 286ED	𨛮 286EE	𨛯 286EF
B7	𨛰 286F0	𨛱 286F1	𨛲 286F2	𨛳 286F3	𨛴 286F4	𨛵 286F5	𨛶 286F6	𨛷 286F7	𨛸 286F8	𨛹 286F9
B8	𨛺 286FA	𨛻 286FB	𨛼 286FC	𨛽 286FD	𨛾 286FE	𨛿 286FF	𨜀 28700	𨜁 28701	𨜂 28702	𨜃 28703
B9	𨜄 28704	𨜅 28705	𨜆 28706	𨜇 28707	𨜈 28708	𨜉 28709	𨜊 2870A	𨜋 2870B	𨜌 2870C	𨜍 2870D
BA	𨜎 2870E	𨜏 2870F	𨜐 28710	𨜑 28711	𨜒 28712	𨜓 28713	𨜔 28714	𨜕 28715	𨜖 28716	𨜗 28717
BB	𨜘 28718	𨜙 28719	𨜚 2871A	𨜛 2871B	𨜜 2871C	𨜝 2871D	𨜞 2871E	𨜟 2871F	𨜠 28720	𨜡 28721
BC	𨜢 28722	𨜣 28723	𨜤 28724	𨜥 28725	𨜦 28726	𨜧 28727	𨜨 28728	𨜩 28729	𨜪 2872A	𨜫 2872B
BD	𨜬 2872C	𨜭 2872D	𨜮 2872E	𨜯 2872F	𨜰 28730	𨜱 28731	𨜲 28732	𨜳 28733	𨜴 28734	𨜵 28735
BE	𨜶 28736	𨜷 28737	𨜸 28738	𨜹 28739	𨜺 2873A	𨜻 2873B	𨜼 2873C	𨜽 2873D	𨜾 2873E	𨜿 2873F
BF	𨝀 28740	𨝁 28741	𨝂 28742	𨝃 28743	𨝄 28744	𨝅 28745	𨝆 28746	𨝇 28747	𨝈 28748	𨝉 28749

9739

	30	31	32	33	34	35	36	37	38	39
C0	𨝊 2874A	𨝋 2874B	𨝌 2874C	𨝍 2874D	𨝎 2874E	𨝏 2874F	𨝐 28750	𨝑 28751	𨝒 28752	𨝓 28753
C1	𨝔 28754	𨝕 28755	𨝖 28756	𨝗 28757	𨝘 28758	𨝙 28759	𨝚 2875A	𨝛 2875B	𨝜 2875C	𨝝 2875D
C2	𨝞 2875E	𨝟 2875F	𨝠 28760	𨝡 28761	𨝢 28762	𨝣 28763	𨝤 28764	𨝥 28765	𨝦 28766	𨝧 28767
C3	𨝨 28768	𨝩 28769	𨝪 2876A	𨝫 2876B	𨝬 2876C	𨝭 2876D	𨝮 2876E	𨝯 2876F	𨝰 28770	𨝱 28771
C4	𨝲 28772	𨝳 28773	𨝴 28774	𨝵 28775	𨝶 28776	𨝷 28777	𨝸 28778	𨝹 28779	𨝺 2877A	𨝻 2877B
C5	𨝼 2877C	𨝽 2877D	𨝾 2877E	𨝿 2877F	𨞀 28780	𨞁 28781	𨞂 28782	𨞃 28783	𨞄 28784	𨞅 28785
C6	𨞆 28786	𨞇 28787	𨞈 28788	𨞉 28789	𨞊 2878A	𨞋 2878B	𨞌 2878C	𨞍 2878D	𨞎 2878E	𨞏 2878F
C7	𨞐 28790	𨞑 28791	𨞒 28792	𨞓 28793	𨞔 28794	𨞕 28795	𨞖 28796	𨞗 28797	𨞘 28798	𨞙 28799
C8	𨞚 2879A	𨞛 2879B	𨞜 2879C	𨞝 2879D	𨞞 2879E	𨞟 2879F	𨞠 287A0	𨞡 287A1	𨞢 287A2	𨞣 287A3
C9	𨞤 287A4	𨞥 287A5	𨞦 287A6	𨞧 287A7	𨞨 287A8	𨞩 287A9	𨞪 287AA	𨞫 287AB	𨞬 287AC	𨞭 287AD
CA	𨞮 287AE	𨞯 287AF	𨞰 287B0	𨞱 287B1	𨞲 287B2	𨞳 287B3	𨞴 287B4	𨞵 287B5	𨞶 287B6	𨞷 287B7
CB	𨞸 287B8	𨞹 287B9	𨞺 287BA	𨞻 287BB	𨞼 287BC	𨞽 287BD	𨞾 287BE	𨞿 287BF	𨟀 287C0	𨟁 287C1
CC	𨟂 287C2	𨟃 287C3	𨟄 287C4	𨟅 287C5	𨟆 287C6	𨟇 287C7	𨟈 287C8	𨟉 287C9	𨟊 287CA	𨟋 287CB
CD	𨟌 287CC	𨟍 287CD	𨟎 287CE	𨟏 287CF	𨟐 287D0	𨟑 287D1	𨟒 287D2	𨟓 287D3	𨟔 287D4	𨟕 287D5
CE	𨟖 287D6	𨟗 287D7	𨟘 287D8	𨟙 287D9	𨟚 287DA	𨟛 287DB	𨟜 287DC	𨟝 287DD	𨟞 287DE	𨟟 287DF
CF	𨟠 287E0	𨟡 287E1	𨟢 287E2	𨟣 287E3	𨟤 287E4	𨟥 287E5	𨟦 287E6	𨟧 287E7	𨟨 287E8	𨟩 287E9
D0	𨟪 287EA	𨟫 287EB	𨟬 287EC	𨟭 287ED	𨟮 287EE	𨟯 287EF	𨟰 287F0	𨟱 287F1	𨟲 287F2	𨟳 287F3
D1	𨟴 287F4	𨟵 287F5	𨟶 287F6	𨟷 287F7	𨟸 287F8	𨟹 287F9	𨟺 287FA	𨟻 287FB	𨟼 287FC	𨟽 287FD
D2	𨟾 287FE	𨟿 287FF	𨠀 28800	𨠁 28801	𨠂 28802	𨠃 28803	𨠄 28804	𨠅 28805	𨠆 28806	𨠇 28807
D3	𨠈 28808	𨠉 28809	𨠊 2880A	𨠋 2880B	𨠌 2880C	𨠍 2880D	𨠎 2880E	𨠏 2880F	𨠐 28810	𨠑 28811
D4	𨠒 28812	𨠓 28813	𨠔 28814	𨠕 28815	𨠖 28816	𨠗 28817	𨠘 28818	𨠙 28819	𨠚 2881A	𨠛 2881B

9739

	30	31	32	33	34	35	36	37	38	39
D5	𨠜 2881C	𨠝 2881D	𨠞 2881E	𨠟 2881F	𨠠 28820	𨠡 28821	𨠢 28822	𨠣 28823	𨠤 28824	𨠥 28825
D6	𨠦 28826	𨠧 28827	𨠨 28828	𨠩 28829	𨠪 2882A	𨠫 2882B	𨠬 2882C	𨠭 2882D	𨠮 2882E	𨠯 2882F
D7	𨠰 28830	𨠱 28831	𨠲 28832	𨠳 28833	𨠴 28834	𨠵 28835	𨠶 28836	𨠷 28837	𨠸 28838	𨠹 28839
D8	𨠺 2883A	𨠻 2883B	𨠼 2883C	𨠽 2883D	𨠾 2883E	𨠿 2883F	𨡀 28840	𨡁 28841	𨡂 28842	𨡃 28843
D9	𨡄 28844	𨡅 28845	𨡆 28846	𨡇 28847	𨡈 28848	𨡉 28849	𨡊 2884A	𨡋 2884B	𨡌 2884C	𨡍 2884D
DA	𨡎 2884E	𨡏 2884F	𨡐 28850	𨡑 28851	𨡒 28852	𨡓 28853	𨡔 28854	𨡕 28855	𨡖 28856	𨡗 28857
DB	𨡘 28858	𨡙 28859	𨡚 2885A	𨡛 2885B	𨡜 2885C	𨡝 2885D	𨡞 2885E	𨡟 2885F	𨡠 28860	𨡡 28861
DC	𨡢 28862	𨡣 28863	𨡤 28864	𨡥 28865	𨡦 28866	𨡧 28867	𨡨 28868	𨡩 28869	𨡪 2886A	𨡫 2886B
DD	𨡬 2886C	𨡭 2886D	𨡮 2886E	𨡯 2886F	𨡰 28870	𨡱 28871	𨡲 28872	𨡳 28873	𨡴 28874	𨡵 28875
DE	𨡶 28876	𨡷 28877	𨡸 28878	𨡹 28879	𨡺 2887A	𨡻 2887B	𨡼 2887C	𨡽 2887D	𨡾 2887E	𨡿 2887F
DF	𨢀 28880	𨢁 28881	𨢂 28882	𨢃 28883	𨢄 28884	𨢅 28885	𨢆 28886	𨢇 28887	𨢈 28888	𨢉 28889
E0	𨢊 2888A	𨢋 2888B	𨢌 2888C	𨢍 2888D	𨢎 2888E	𨢏 2888F	𨢐 28890	𨢑 28891	𨢒 28892	𨢓 28893
E1	𨢔 28894	𨢕 28895	𨢖 28896	𨢗 28897	𨢘 28898	𨢙 28899	𨢚 2889A	𨢛 2889B	𨢜 2889C	𨢝 2889D
E2	𨢞 2889E	𨢟 2889F	𨢠 288A0	𨢡 288A1	𨢢 288A2	𨢣 288A3	𨢤 288A4	𨢥 288A5	𨢦 288A6	𨢧 288A7
E3	𨢨 288A8	𨢩 288A9	𨢪 288AA	𨢫 288AB	𨢬 288AC	𨢭 288AD	𨢮 288AE	𨢯 288AF	𨢰 288B0	𨢱 288B1
E4	𨢲 288B2	𨢳 288B3	𨢴 288B4	𨢵 288B5	𨢶 288B6	𨢷 288B7	𨢸 288B8	𨢹 288B9	𨢺 288BA	𨢻 288BB
E5	𨢼 288BC	𨢽 288BD	𨢾 288BE	𨢿 288BF	𨣀 288C0	𨣁 288C1	𨣂 288C2	𨣃 288C3	𨣄 288C4	𨣅 288C5
E6	𨣆 288C6	𨣇 288C7	𨣈 288C8	𨣉 288C9	𨣊 288CA	𨣋 288CB	𨣌 288CC	𨣍 288CD	𨣎 288CE	𨣏 288CF
E7	𨣐 288D0	𨣑 288D1	𨣒 288D2	𨣓 288D3	𨣔 288D4	𨣕 288D5	𨣖 288D6	𨣗 288D7	𨣘 288D8	𨣙 288D9
E8	𨣚 288DA	𨣛 288DB	𨣜 288DC	𨣝 288DD	𨣞 288DE	𨣟 288DF	𨣠 288E0	𨣡 288E1	𨣢 288E2	𨣣 288E3
E9	𨣤 288E4	𨣥 288E5	𨣦 288E6	𨣧 288E7	𨣨 288E8	𨣩 288E9	𨣪 288EA	𨣫 288EB	𨣬 288EC	𨣭 288ED

9739

	30	31	32	33	34	35	36	37	38	39
EA	288EE	288EF	288F0	288F1	288F2	288F3	288F4	288F5	288F6	288F7
EB	288F8	288F9	288FA	288FB	288FC	288FD	288FE	288FF	28900	28901
EC	28902	28903	28904	28905	28906	28907	28908	28909	2890A	2890B
ED	2890C	2890D	2890E	2890F	28910	28911	28912	28913	28914	28915
EE	28916	28917	28918	28919	2891A	2891B	2891C	2891D	2891E	2891F
EF	28920	28921	28922	28923	28924	28925	28926	28927	28928	28929
F0	2892A	2892B	2892C	2892D	2892E	2892F	28930	28931	28932	28933
F1	28934	28935	28936	28937	28938	28939	2893A	2893B	2893C	2893D
F2	2893E	2893F	28940	28941	28942	28943	28944	28945	28946	28947
F3	28948	28949	2894A	2894B	2894C	2894D	2894E	2894F	28950	28951
F4	28952	28953	28954	28955	28956	28957	28958	28959	2895A	2895B
F5	2895C	2895D	2895E	2895F	28960	28961	28962	28963	28964	28965
F6	28966	28967	28968	28969	2896A	2896B	2896C	2896D	2896E	2896F
F7	28970	28971	28972	28973	28974	28975	28976	28977	28978	28979
F8	2897A	2897B	2897C	2897D	2897E	2897F	28980	28981	28982	28983
F9	28984	28985	28986	28987	28988	28989	2898A	2898B	2898C	2898D
FA	2898E	2898F	28990	28991	28992	28993	28994	28995	28996	28997
FB	28998	28999	2899A	2899B	2899C	2899D	2899E	2899F	289A0	289A1
FC	289A2	289A3	289A4	289A5	289A6	289A7	289A8	289A9	289AA	289AB
FD	289AC	289AD	289AE	289AF	289B0	289B1	289B2	289B3	289B4	289B5
FE	289B6	289B7	289B8	289B9	289BA	289BB	289BC	289BD	289BE	289BF

9830

	30	31	32	33	34	35	36	37	38	39
81	289C0	289C1	289C2	289C3	289C4	289C5	289C6	289C7	289C8	289C9
82	289CA	289CB	289CC	289CD	289CE	289CF	289D0	289D1	289D2	289D3
83	289D4	289D5	289D6	289D7	289D8	289D9	289DA	289DB	289DC	289DD
84	289DE	289DF	289E0	289E1	289E2	289E3	289E4	289E5	289E6	289E7
85	289E8	289E9	289EA	289EB	289EC	289ED	289EE	289EF	289F0	289F1
86	289F2	289F3	289F4	289F5	289F6	289F7	289F8	289F9	289FA	289FB
87	289FC	289FD	289FE	289FF	28A00	28A01	28A02	28A03	28A04	28A05
88	28A06	28A07	28A08	28A09	28A0A	28A0B	28A0C	28A0D	28A0E	28A0F
89	28A10	28A11	28A12	28A13	28A14	28A15	28A16	28A17	28A18	28A19
8A	28A1A	28A1B	28A1C	28A1D	28A1E	28A1F	28A20	28A21	28A22	28A23
8B	28A24	28A25	28A26	28A27	28A28	28A29	28A2A	28A2B	28A2C	28A2D
8C	28A2E	28A2F	28A30	28A31	28A32	28A33	28A34	28A35	28A36	28A37
8D	28A38	28A39	28A3A	28A3B	28A3C	28A3D	28A3E	28A3F	28A40	28A41
8E	28A42	28A43	28A44	28A45	28A46	28A47	28A48	28A49	28A4A	28A4B
8F	28A4C	28A4D	28A4E	28A4F	28A50	28A51	28A52	28A53	28A54	28A55
90	28A56	28A57	28A58	28A59	28A5A	28A5B	28A5C	28A5D	28A5E	28A5F
91	28A60	28A61	28A62	28A63	28A64	28A65	28A66	28A67	28A68	28A69
92	28A6A	28A6B	28A6C	28A6D	28A6E	28A6F	28A70	28A71	28A72	28A73
93	28A74	28A75	28A76	28A77	28A78	28A79	28A7A	28A7B	28A7C	28A7D
94	28A7E	28A7F	28A80	28A81	28A82	28A83	28A84	28A85	28A86	28A87
95	28A88	28A89	28A8A	28A8B	28A8C	28A8D	28A8E	28A8F	28A90	28A91

9830

	30	31	32	33	34	35	36	37	38	39
96	28A92	28A93	28A94	28A95	28A96	28A97	28A98	28A99	28A9A	28A9B
97	28A9C	28A9D	28A9E	28A9F	28AA0	28AA1	28AA2	28AA3	28AA4	28AA5
98	28AA6	28AA7	28AA8	28AA9	28AAA	28AAB	28AAC	28AAD	28AAE	28AAF
99	28AB0	28AB1	28AB2	28AB3	28AB4	28AB5	28AB6	28AB7	28AB8	28AB9
9A	28ABA	28ABB	28ABC	28ABD	28ABE	28ABF	28AC0	28AC1	28AC2	28AC3
9B	28AC4	28AC5	28AC6	28AC7	28AC8	28AC9	28ACA	28ACB	28ACC	28ACD
9C	28ACE	28ACF	28AD0	28AD1	28AD2	28AD3	28AD4	28AD5	28AD6	28AD7
9D	28AD8	28AD9	28ADA	28ADB	28ADC	28ADD	28ADE	28ADF	28AE0	28AE1
9E	28AE2	28AE3	28AE4	28AE5	28AE6	28AE7	28AE8	28AE9	28AEA	28AEB
9F	28AEC	28AED	28AEE	28AEF	28AF0	28AF1	28AF2	28AF3	28AF4	28AF5
A0	28AF6	28AF7	28AF8	28AF9	28AFA	28AFB	28AFC	28AFD	28AFE	28AFF
A1	28B00	28B01	28B02	28B03	28B04	28B05	28B06	28B07	28B08	28B09
A2	28B0A	28B0B	28B0C	28B0D	28B0E	28B0F	28B10	28B11	28B12	28B13
A3	28B14	28B15	28B16	28B17	28B18	28B19	28B1A	28B1B	28B1C	28B1D
A4	28B1E	28B1F	28B20	28B21	28B22	28B23	28B24	28B25	28B26	28B27
A5	28B28	28B29	28B2A	28B2B	28B2C	28B2D	28B2E	28B2F	28B30	28B31
A6	28B32	28B33	28B34	28B35	28B36	28B37	28B38	28B39	28B3A	28B3B
A7	28B3C	28B3D	28B3E	28B3F	28B40	28B41	28B42	28B43	28B44	28B45
A8	28B46	28B47	28B48	28B49	28B4A	28B4B	28B4C	28B4D	28B4E	28B4F
A9	28B50	28B51	28B52	28B53	28B54	28B55	28B56	28B57	28B58	28B59
AA	28B5A	28B5B	28B5C	28B5D	28B5E	28B5F	28B60	28B61	28B62	28B63

9830

	30	31	32	33	34	35	36	37	38	39
AB	28B64	28B65	28B66	28B67	28B68	28B69	28B6A	28B6B	28B6C	28B6D
AC	28B6E	28B6F	28B70	28B71	28B72	28B73	28B74	28B75	28B76	28B77
AD	28B78	28B79	28B7A	28B7B	28B7C	28B7D	28B7E	28B7F	28B80	28B81
AE	28B82	28B83	28B84	28B85	28B86	28B87	28B88	28B89	28B8A	28B8B
AF	28B8C	28B8D	28B8E	28B8F	28B90	28B91	28B92	28B93	28B94	28B95
B0	28B96	28B97	28B98	28B99	28B9A	28B9B	28B9C	28B9D	28B9E	28B9F
B1	28BA0	28BA1	28BA2	28BA3	28BA4	28BA5	28BA6	28BA7	28BA8	28BA9
B2	28BAA	28BAB	28BAC	28BAD	28BAE	28BAF	28BB0	28BB1	28BB2	28BB3
B3	28BB4	28BB5	28BB6	28BB7	28BB8	28BB9	28BBA	28BBB	28BBC	28BBD
B4	28BBE	28BBF	28BC0	28BC1	28BC2	28BC3	28BC4	28BC5	28BC6	28BC7
B5	28BC8	28BC9	28BCA	28BCB	28BCC	28BCD	28BCE	28BCF	28BD0	28BD1
B6	28BD2	28BD3	28BD4	28BD5	28BD6	28BD7	28BD8	28BD9	28BDA	28BDB
B7	28BDC	28BDD	28BDE	28BDF	28BE0	28BE1	28BE2	28BE3	28BE4	28BE5
B8	28BE6	28BE7	28BE8	28BE9	28BEA	28BEB	28BEC	28BED	28BEE	28BEF
B9	28BF0	28BF1	28BF2	28BF3	28BF4	28BF5	28BF6	28BF7	28BF8	28BF9
BA	28BFA	28BFB	28BFC	28BFD	28BFE	28BFF	28C00	28C01	28C02	28C03
BB	28C04	28C05	28C06	28C07	28C08	28C09	28C0A	28C0B	28C0C	28C0D
BC	28C0E	28C0F	28C10	28C11	28C12	28C13	28C14	28C15	28C16	28C17
BD	28C18	28C19	28C1A	28C1B	28C1C	28C1D	28C1E	28C1F	28C20	28C21
BE	28C22	28C23	28C24	28C25	28C26	28C27	28C28	28C29	28C2A	28C2B
BF	28C2C	28C2D	28C2E	28C2F	28C30	28C31	28C32	28C33	28C34	28C35

9830

	30	31	32	33	34	35	36	37	38	39
C0	𨰶 28C36	𨰷 28C37	𨰸 28C38	𨰹 28C39	𨰺 28C3A	𨰻 28C3B	𨰼 28C3C	𨰽 28C3D	𨰾 28C3E	𨰿 28C3F
C1	𨱀 28C40	𨱁 28C41	𨱂 28C42	𨱃 28C43	𨱄 28C44	𨱅 28C45	𨱆 28C46	𨱇 28C47	𨱈 28C48	𨱉 28C49
C2	𨱊 28C4A	𨱋 28C4B	𨱌 28C4C	𨱍 28C4D	𨱎 28C4E	𨱏 28C4F	𨱐 28C50	𨱑 28C51	𨱒 28C52	𨱓 28C53
C3	𨱔 28C54	𨱕 28C55	𨱖 28C56	𨱗 28C57	𨱘 28C58	𨱙 28C59	𨱚 28C5A	𨱛 28C5B	𨱜 28C5C	𨱝 28C5D
C4	𨱞 28C5E	𨱟 28C5F	𨱠 28C60	𨱡 28C61	𨱢 28C62	𨱣 28C63	𨱤 28C64	𨱥 28C65	𨱦 28C66	𨱧 28C67
C5	𨱨 28C68	𨱩 28C69	𨱪 28C6A	𨱫 28C6B	𨱬 28C6C	𨱭 28C6D	𨱮 28C6E	𨱯 28C6F	𨱰 28C70	𨱱 28C71
C6	𨱲 28C72	𨱳 28C73	𨱴 28C74	𨱵 28C75	𨱶 28C76	𨱷 28C77	𨱸 28C78	𨱹 28C79	𨱺 28C7A	𨱻 28C7B
C7	𨱼 28C7C	𨱽 28C7D	𨱾 28C7E	𨱿 28C7F	𨲀 28C80	𨲁 28C81	𨲂 28C82	𨲃 28C83	𨲄 28C84	𨲅 28C85
C8	𨲆 28C86	𨲇 28C87	𨲈 28C88	𨲉 28C89	𨲊 28C8A	𨲋 28C8B	𨲌 28C8C	𨲍 28C8D	𨲎 28C8E	𨲏 28C8F
C9	𨲐 28C90	𨲑 28C91	𨲒 28C92	𨲓 28C93	𨲔 28C94	𨲕 28C95	𨲖 28C96	𨲗 28C97	𨲘 28C98	𨲙 28C99
CA	𨲚 28C9A	𨲛 28C9B	𨲜 28C9C	𨲝 28C9D	𨲞 28C9E	𨲟 28C9F	𨲠 28CA0	𨲡 28CA1	𨲢 28CA2	𨲣 28CA3
CB	𨲤 28CA4	𨲥 28CA5	𨲦 28CA6	𨲧 28CA7	𨲨 28CA8	𨲩 28CA9	𨲪 28CAA	𨲫 28CAB	𨲬 28CAC	𨲭 28CAD
CC	𨲮 28CAE	𨲯 28CAF	𨲰 28CB0	𨲱 28CB1	𨲲 28CB2	𨲳 28CB3	𨲴 28CB4	𨲵 28CB5	𨲶 28CB6	𨲷 28CB7
CD	𨲸 28CB8	𨲹 28CB9	𨲺 28CBA	𨲻 28CBB	𨲼 28CBC	𨲽 28CBD	𨲾 28CBE	𨲿 28CBF	𨳀 28CC0	𨳁 28CC1
CE	𨳂 28CC2	𨳃 28CC3	𨳄 28CC4	𨳅 28CC5	𨳆 28CC6	𨳇 28CC7	𨳈 28CC8	𨳉 28CC9	𨳊 28CCA	𨳋 28CCB
CF	𨳌 28CCC	𨳍 28CCD	𨳎 28CCE	𨳏 28CCF	𨳐 28CD0	𨳑 28CD1	𨳒 28CD2	𨳓 28CD3	𨳔 28CD4	𨳕 28CD5
D0	𨳖 28CD6	𨳗 28CD7	𨳘 28CD8	𨳙 28CD9	𨳚 28CDA	𨳛 28CDB	𨳜 28CDC	𨳝 28CDD	𨳞 28CDE	𨳟 28CDF
D1	𨳠 28CE0	𨳡 28CE1	𨳢 28CE2	𨳣 28CE3	𨳤 28CE4	𨳥 28CE5	𨳦 28CE6	𨳧 28CE7	𨳨 28CE8	𨳩 28CE9
D2	𨳪 28CEA	𨳫 28CEB	𨳬 28CEC	𨳭 28CED	𨳮 28CEE	𨳯 28CEF	𨳰 28CF0	𨳱 28CF1	𨳲 28CF2	𨳳 28CF3
D3	𨳴 28CF4	𨳵 28CF5	𨳶 28CF6	𨳷 28CF7	𨳸 28CF8	𨳹 28CF9	𨳺 28CFA	𨳻 28CFB	𨳼 28CFC	𨳽 28CFD
D4	𨳾 28CFE	𨳿 28CFF	𨴀 28D00	𨴁 28D01	𨴂 28D02	𨴃 28D03	𨴄 28D04	𨴅 28D05	𨴆 28D06	𨴇 28D07

9830

	30	31	32	33	34	35	36	37	38	39
D5	28D08	28D09	28D0A	28D0B	28D0C	28D0D	28D0E	28D0F	28D10	28D11
D6	28D12	28D13	28D14	28D15	28D16	28D17	28D18	28D19	28D1A	28D1B
D7	28D1C	28D1D	28D1E	28D1F	28D20	28D21	28D22	28D23	28D24	28D25
D8	28D26	28D27	28D28	28D29	28D2A	28D2B	28D2C	28D2D	28D2E	28D2F
D9	28D30	28D31	28D32	28D33	28D34	28D35	28D36	28D37	28D38	28D39
DA	28D3A	28D3B	28D3C	28D3D	28D3E	28D3F	28D40	28D41	28D42	28D43
DB	28D44	28D45	28D46	28D47	28D48	28D49	28D4A	28D4B	28D4C	28D4D
DC	28D4E	28D4F	28D50	28D51	28D52	28D53	28D54	28D55	28D56	28D57
DD	28D58	28D59	28D5A	28D5B	28D5C	28D5D	28D5E	28D5F	28D60	28D61
DE	28D62	28D63	28D64	28D65	28D66	28D67	28D68	28D69	28D6A	28D6B
DF	28D6C	28D6D	28D6E	28D6F	28D70	28D71	28D72	28D73	28D74	28D75
E0	28D76	28D77	28D78	28D79	28D7A	28D7B	28D7C	28D7D	28D7E	28D7F
E1	28D80	28D81	28D82	28D83	28D84	28D85	28D86	28D87	28D88	28D89
E2	28D8A	28D8B	28D8C	28D8D	28D8E	28D8F	28D90	28D91	28D92	28D93
E3	28D94	28D95	28D96	28D97	28D98	28D99	28D9A	28D9B	28D9C	28D9D
E4	28D9E	28D9F	28DA0	28DA1	28DA2	28DA3	28DA4	28DA5	28DA6	28DA7
E5	28DA8	28DA9	28DAA	28DAB	28DAC	28DAD	28DAE	28DAF	28DB0	28DB1
E6	28DB2	28DB3	28DB4	28DB5	28DB6	28DB7	28DB8	28DB9	28DBA	28DBB
E7	28DBC	28DBD	28DBE	28DBF	28DC0	28DC1	28DC2	28DC3	28DC4	28DC5
E8	28DC6	28DC7	28DC8	28DC9	28DCA	28DCB	28DCC	28DCD	28DCE	28DCF
E9	28DD0	28DD1	28DD2	28DD3	28DD4	28DD5	28DD6	28DD7	28DD8	28DD9

9830

	30	31	32	33	34	35	36	37	38	39
EA	28DDA	28DDB	28DDC	28DDD	28DDE	28DDF	28DE0	28DE1	28DE2	28DE3
EB	28DE4	28DE5	28DE6	28DE7	28DE8	28DE9	28DEA	28DEB	28DEC	28DED
EC	28DEE	28DEF	28DF0	28DF1	28DF2	28DF3	28DF4	28DF5	28DF6	28DF7
ED	28DF8	28DF9	28DFA	28DFB	28DFC	28DFD	28DFE	28DFF	28E00	28E01
EE	28E02	28E03	28E04	28E05	28E06	28E07	28E08	28E09	28E0A	28E0B
EF	28E0C	28E0D	28E0E	28E0F	28E10	28E11	28E12	28E13	28E14	28E15
F0	28E16	28E17	28E18	28E19	28E1A	28E1B	28E1C	28E1D	28E1E	28E1F
F1	28E20	28E21	28E22	28E23	28E24	28E25	28E26	28E27	28E28	28E29
F2	28E2A	28E2B	28E2C	28E2D	28E2E	28E2F	28E30	28E31	28E32	28E33
F3	28E34	28E35	28E36	28E37	28E38	28E39	28E3A	28E3B	28E3C	28E3D
F4	28E3E	28E3F	28E40	28E41	28E42	28E43	28E44	28E45	28E46	28E47
F5	28E48	28E49	28E4A	28E4B	28E4C	28E4D	28E4E	28E4F	28E50	28E51
F6	28E52	28E53	28E54	28E55	28E56	28E57	28E58	28E59	28E5A	28E5B
F7	28E5C	28E5D	28E5E	28E5F	28E60	28E61	28E62	28E63	28E64	28E65
F8	28E66	28E67	28E68	28E69	28E6A	28E6B	28E6C	28E6D	28E6E	28E6F
F9	28E70	28E71	28E72	28E73	28E74	28E75	28E76	28E77	28E78	28E79
FA	28E7A	28E7B	28E7C	28E7D	28E7E	28E7F	28E80	28E81	28E82	28E83
FB	28E84	28E85	28E86	28E87	28E88	28E89	28E8A	28E8B	28E8C	28E8D
FC	28E8E	28E8F	28E90	28E91	28E92	28E93	28E94	28E95	28E96	28E97
FD	28E98	28E99	28E9A	28E9B	28E9C	28E9D	28E9E	28E9F	28EA0	28EA1
FE	28EA2	28EA3	28EA4	28EA5	28EA6	28EA7	28EA8	28EA9	28EAA	28EAB

9831

	30	31	32	33	34	35	36	37	38	39
81	28EAC	28EAD	28EAE	28EAF	28EB0	28EB1	28EB2	28EB3	28EB4	28EB5
82	28EB6	28EB7	28EB8	28EB9	28EBA	28EBB	28EBC	28EBD	28EBE	28EBF
83	28EC0	28EC1	28EC2	28EC3	28EC4	28EC5	28EC6	28EC7	28EC8	28EC9
84	28ECA	28ECB	28ECC	28ECD	28ECE	28ECF	28ED0	28ED1	28ED2	28ED3
85	28ED4	28ED5	28ED6	28ED7	28ED8	28ED9	28EDA	28EDB	28EDC	28EDD
86	28EDE	28EDF	28EE0	28EE1	28EE2	28EE3	28EE4	28EE5	28EE6	28EE7
87	28EE8	28EE9	28EEA	28EEB	28EEC	28EED	28EEE	28EEF	28EF0	28EF1
88	28EF2	28EF3	28EF4	28EF5	28EF6	28EF7	28EF8	28EF9	28EFA	28EFB
89	28EFC	28EFD	28EFE	28EFF	28F00	28F01	28F02	28F03	28F04	28F05
8A	28F06	28F07	28F08	28F09	28F0A	28F0B	28F0C	28F0D	28F0E	28F0F
8B	28F10	28F11	28F12	28F13	28F14	28F15	28F16	28F17	28F18	28F19
8C	28F1A	28F1B	28F1C	28F1D	28F1E	28F1F	28F20	28F21	28F22	28F23
8D	28F24	28F25	28F26	28F27	28F28	28F29	28F2A	28F2B	28F2C	28F2D
8E	28F2E	28F2F	28F30	28F31	28F32	28F33	28F34	28F35	28F36	28F37
8F	28F38	28F39	28F3A	28F3B	28F3C	28F3D	28F3E	28F3F	28F40	28F41
90	28F42	28F43	28F44	28F45	28F46	28F47	28F48	28F49	28F4A	28F4B
91	28F4C	28F4D	28F4E	28F4F	28F50	28F51	28F52	28F53	28F54	28F55
92	28F56	28F57	28F58	28F59	28F5A	28F5B	28F5C	28F5D	28F5E	28F5F
93	28F60	28F61	28F62	28F63	28F64	28F65	28F66	28F67	28F68	28F69
94	28F6A	28F6B	28F6C	28F6D	28F6E	28F6F	28F70	28F71	28F72	28F73
95	28F74	28F75	28F76	28F77	28F78	28F79	28F7A	28F7B	28F7C	28F7D

9831

	30	31	32	33	34	35	36	37	38	39
96	28F7E	28F7F	28F80	28F81	28F82	28F83	28F84	28F85	28F86	28F87
97	28F88	28F89	28F8A	28F8B	28F8C	28F8D	28F8E	28F8F	28F90	28F91
98	28F92	28F93	28F94	28F95	28F96	28F97	28F98	28F99	28F9A	28F9B
99	28F9C	28F9D	28F9E	28F9F	28FA0	28FA1	28FA2	28FA3	28FA4	28FA5
9A	28FA6	28FA7	28FA8	28FA9	28FAA	28FAB	28FAC	28FAD	28FAE	28FAF
9B	28FB0	28FB1	28FB2	28FB3	28FB4	28FB5	28FB6	28FB7	28FB8	28FB9
9C	28FBA	28FBB	28FBC	28FBD	28FBE	28FBF	28FC0	28FC1	28FC2	28FC3
9D	28FC4	28FC5	28FC6	28FC7	28FC8	28FC9	28FCA	28FCB	28FCC	28FCD
9E	28FCE	28FCF	28FD0	28FD1	28FD2	28FD3	28FD4	28FD5	28FD6	28FD7
9F	28FD8	28FD9	28FDA	28FDB	28FDC	28FDD	28FDE	28FDF	28FE0	28FE1
A0	28FE2	28FE3	28FE4	28FE5	28FE6	28FE7	28FE8	28FE9	28FEA	28FEB
A1	28FEC	28FED	28FEE	28FEF	28FF0	28FF1	28FF2	28FF3	28FF4	28FF5
A2	28FF6	28FF7	28FF8	28FF9	28FFA	28FFB	28FFC	28FFD	28FFE	28FFF
A3	29000	29001	29002	29003	29004	29005	29006	29007	29008	29009
A4	2900A	2900B	2900C	2900D	2900E	2900F	29010	29011	29012	29013
A5	29014	29015	29016	29017	29018	29019	2901A	2901B	2901C	2901D
A6	2901E	2901F	29020	29021	29022	29023	29024	29025	29026	29027
A7	29028	29029	2902A	2902B	2902C	2902D	2902E	2902F	29030	29031
A8	29032	29033	29034	29035	29036	29037	29038	29039	2903A	2903B
A9	2903C	2903D	2903E	2903F	29040	29041	29042	29043	29044	29045
AA	29046	29047	29048	29049	2904A	2904B	2904C	2904D	2904E	2904F

9831

	30	31	32	33	34	35	36	37	38	39
AB	𩁐 29050	𩁑 29051	𩁒 29052	𩁓 29053	𩁔 29054	𩁕 29055	𩁖 29056	𩁗 29057	𩁘 29058	𩁙 29059
AC	𩁚 2905A	𩁛 2905B	𩁜 2905C	𩁝 2905D	𩁞 2905E	𩁟 2905F	𩁠 29060	𩁡 29061	𩁢 29062	𩁣 29063
AD	𩁤 29064	𩁥 29065	𩁦 29066	𩁧 29067	𩁨 29068	𩁩 29069	𩁪 2906A	𩁫 2906B	𩁬 2906C	𩁭 2906D
AE	𩁮 2906E	𩁯 2906F	𩁰 29070	𩁱 29071	𩁲 29072	𩁳 29073	𩁴 29074	𩁵 29075	𩁶 29076	𩁷 29077
AF	𩁸 29078	𩁹 29079	𩁺 2907A	𩁻 2907B	𩁼 2907C	𩁽 2907D	𩁾 2907E	𩁿 2907F	𩂀 29080	𩂁 29081
B0	𩂂 29082	𩂃 29083	𩂄 29084	𩂅 29085	𩂆 29086	𩂇 29087	𩂈 29088	𩂉 29089	𩂊 2908A	𩂋 2908B
B1	𩂌 2908C	𩂍 2908D	𩂎 2908E	𩂏 2908F	𩂐 29090	𩂑 29091	𩂒 29092	𩂓 29093	𩂔 29094	𩂕 29095
B2	𩂖 29096	𩂗 29097	𩂘 29098	𩂙 29099	𩂚 2909A	𩂛 2909B	𩂜 2909C	𩂝 2909D	𩂞 2909E	𩂟 2909F
B3	𩂠 290A0	𩂡 290A1	𩂢 290A2	𩂣 290A3	𩂤 290A4	𩂥 290A5	𩂦 290A6	𩂧 290A7	𩂨 290A8	𩂩 290A9
B4	𩂪 290AA	𩂫 290AB	𩂬 290AC	𩂭 290AD	𩂮 290AE	𩂯 290AF	𩂰 290B0	𩂱 290B1	𩂲 290B2	𩂳 290B3
B5	𩂴 290B4	𩂵 290B5	𩂶 290B6	𩂷 290B7	𩂸 290B8	𩂹 290B9	𩂺 290BA	𩂻 290BB	𩂼 290BC	𩂽 290BD
B6	𩂾 290BE	𩂿 290BF	𩃀 290C0	𩃁 290C1	𩃂 290C2	𩃃 290C3	𩃄 290C4	𩃅 290C5	𩃆 290C6	𩃇 290C7
B7	𩃈 290C8	𩃉 290C9	𩃊 290CA	𩃋 290CB	𩃌 290CC	𩃍 290CD	𩃎 290CE	𩃏 290CF	𩃐 290D0	𩃑 290D1
B8	𩃒 290D2	𩃓 290D3	𩃔 290D4	𩃕 290D5	𩃖 290D6	𩃗 290D7	𩃘 290D8	𩃙 290D9	𩃚 290DA	𩃛 290DB
B9	𩃜 290DC	𩃝 290DD	𩃞 290DE	𩃟 290DF	𩃠 290E0	𩃡 290E1	𩃢 290E2	𩃣 290E3	𩃤 290E4	𩃥 290E5
BA	𩃦 290E6	𩃧 290E7	𩃨 290E8	𩃩 290E9	𩃪 290EA	𩃫 290EB	𩃬 290EC	𩃭 290ED	𩃮 290EE	𩃯 290EF
BB	𩃰 290F0	𩃱 290F1	𩃲 290F2	𩃳 290F3	𩃴 290F4	𩃵 290F5	𩃶 290F6	𩃷 290F7	𩃸 290F8	𩃹 290F9
BC	𩃺 290FA	𩃻 290FB	𩃼 290FC	𩃽 290FD	𩃾 290FE	𩃿 290FF	𩄀 29100	𩄁 29101	𩄂 29102	𩄃 29103
BD	𩄄 29104	𩄅 29105	𩄆 29106	𩄇 29107	𩄈 29108	𩄉 29109	𩄊 2910A	𩄋 2910B	𩄌 2910C	𩄍 2910D
BE	𩄎 2910E	𩄏 2910F	𩄐 29110	𩄑 29111	𩄒 29112	𩄓 29113	𩄔 29114	𩄕 29115	𩄖 29116	𩄗 29117
BF	𩄘 29118	𩄙 29119	𩄚 2911A	𩄛 2911B	𩄜 2911C	𩄝 2911D	𩄞 2911E	𩄟 2911F	𩄠 29120	𩄡 29121

9831

	30	31	32	33	34	35	36	37	38	39
C0	29122	29123	29124	29125	29126	29127	29128	29129	2912A	2912B
C1	2912C	2912D	2912E	2912F	29130	29131	29132	29133	29134	29135
C2	29136	29137	29138	29139	2913A	2913B	2913C	2913D	2913E	2913F
C3	29140	29141	29142	29143	29144	29145	29146	29147	29148	29149
C4	2914A	2914B	2914C	2914D	2914E	2914F	29150	29151	29152	29153
C5	29154	29155	29156	29157	29158	29159	2915A	2915B	2915C	2915D
C6	2915E	2915F	29160	29161	29162	29163	29164	29165	29166	29167
C7	29168	29169	2916A	2916B	2916C	2916D	2916E	2916F	29170	29171
C8	29172	29173	29174	29175	29176	29177	29178	29179	2917A	2917B
C9	2917C	2917D	2917E	2917F	29180	29181	29182	29183	29184	29185
CA	29186	29187	29188	29189	2918A	2918B	2918C	2918D	2918E	2918F
CB	29190	29191	29192	29193	29194	29195	29196	29197	29198	29199
CC	2919A	2919B	2919C	2919D	2919E	2919F	291A0	291A1	291A2	291A3
CD	291A4	291A5	291A6	291A7	291A8	291A9	291AA	291AB	291AC	291AD
CE	291AE	291AF	291B0	291B1	291B2	291B3	291B4	291B5	291B6	291B7
CF	291B8	291B9	291BA	291BB	291BC	291BD	291BE	291BF	291C0	291C1
D0	291C2	291C3	291C4	291C5	291C6	291C7	291C8	291C9	291CA	291CB
D1	291CC	291CD	291CE	291CF	291D0	291D1	291D2	291D3	291D4	291D5
D2	291D6	291D7	291D8	291D9	291DA	291DB	291DC	291DD	291DE	291DF
D3	291E0	291E1	291E2	291E3	291E4	291E5	291E6	291E7	291E8	291E9
D4	291EA	291EB	291EC	291ED	291EE	291EF	291F0	291F1	291F2	291F3

9831

	30	31	32	33	34	35	36	37	38	39
D5	291F4	291F5	291F6	291F7	291F8	291F9	291FA	291FB	291FC	291FD
D6	291FE	291FF	29200	29201	29202	29203	29204	29205	29206	29207
D7	29208	29209	2920A	2920B	2920C	2920D	2920E	2920F	29210	29211
D8	29212	29213	29214	29215	29216	29217	29218	29219	2921A	2921B
D9	2921C	2921D	2921E	2921F	29220	29221	29222	29223	29224	29225
DA	29226	29227	29228	29229	2922A	2922B	2922C	2922D	2922E	2922F
DB	29230	29231	29232	29233	29234	29235	29236	29237	29238	29239
DC	2923A	2923B	2923C	2923D	2923E	2923F	29240	29241	29242	29243
DD	29244	29245	29246	29247	29248	29249	2924A	2924B	2924C	2924D
DE	2924E	2924F	29250	29251	29252	29253	29254	29255	29256	29257
DF	29258	29259	2925A	2925B	2925C	2925D	2925E	2925F	29260	29261
E0	29262	29263	29264	29265	29266	29267	29268	29269	2926A	2926B
E1	2926C	2926D	2926E	2926F	29270	29271	29272	29273	29274	29275
E2	29276	29277	29278	29279	2927A	2927B	2927C	2927D	2927E	2927F
E3	29280	29281	29282	29283	29284	29285	29286	29287	29288	29289
E4	2928A	2928B	2928C	2928D	2928E	2928F	29290	29291	29292	29293
E5	29294	29295	29296	29297	29298	29299	2929A	2929B	2929C	2929D
E6	2929E	2929F	292A0	292A1	292A2	292A3	292A4	292A5	292A6	292A7
E7	292A8	292A9	292AA	292AB	292AC	292AD	292AE	292AF	292B0	292B1
E8	292B2	292B3	292B4	292B5	292B6	292B7	292B8	292B9	292BA	292BB
E9	292BC	292BD	292BE	292BF	292C0	292C1	292C2	292C3	292C4	292C5

9831

	30	31	32	33	34	35	36	37	38	39
EA	𩋆 292C6	𩋇 292C7	𩋈 292C8	𩋉 292C9	𩋊 292CA	𩋋 292CB	𩋌 292CC	𩋍 292CD	𩋎 292CE	𩋏 292CF
EB	𩋐 292D0	𩋑 292D1	𩋒 292D2	𩋓 292D3	𩋔 292D4	𩋕 292D5	𩋖 292D6	𩋗 292D7	𩋘 292D8	𩋙 292D9
EC	𩋚 292DA	𩋛 292DB	𩋜 292DC	𩋝 292DD	𩋞 292DE	𩋟 292DF	𩋠 292E0	𩋡 292E1	𩋢 292E2	𩋣 292E3
ED	𩋤 292E4	𩋥 292E5	𩋦 292E6	𩋧 292E7	𩋨 292E8	𩋩 292E9	𩋪 292EA	𩋫 292EB	𩋬 292EC	𩋭 292ED
EE	𩋮 292EE	𩋯 292EF	𩋰 292F0	𩋱 292F1	𩋲 292F2	𩋳 292F3	𩋴 292F4	𩋵 292F5	𩋶 292F6	𩋷 292F7
EF	𩋸 292F8	𩋹 292F9	𩋺 292FA	𩋻 292FB	𩋼 292FC	𩋽 292FD	𩋾 292FE	𩋿 292FF	𩌀 29300	𩌁 29301
F0	𩌂 29302	𩌃 29303	𩌄 29304	𩌅 29305	𩌆 29306	𩌇 29307	𩌈 29308	𩌉 29309	𩌊 2930A	𩌋 2930B
F1	𩌌 2930C	𩌍 2930D	𩌎 2930E	𩌏 2930F	𩌐 29310	𩌑 29311	𩌒 29312	𩌓 29313	𩌔 29314	𩌕 29315
F2	𩌖 29316	𩌗 29317	𩌘 29318	𩌙 29319	𩌚 2931A	𩌛 2931B	𩌜 2931C	𩌝 2931D	𩌞 2931E	𩌟 2931F
F3	𩌠 29320	𩌡 29321	𩌢 29322	𩌣 29323	𩌤 29324	𩌥 29325	𩌦 29326	𩌧 29327	𩌨 29328	𩌩 29329
F4	𩌪 2932A	𩌫 2932B	𩌬 2932C	𩌭 2932D	𩌮 2932E	𩌯 2932F	𩌰 29330	𩌱 29331	𩌲 29332	𩌳 29333
F5	𩌴 29334	𩌵 29335	𩌶 29336	𩌷 29337	𩌸 29338	𩌹 29339	𩌺 2933A	𩌻 2933B	𩌼 2933C	𩌽 2933D
F6	𩌾 2933E	𩌿 2933F	𩍀 29340	𩍁 29341	𩍂 29342	𩍃 29343	𩍄 29344	𩍅 29345	𩍆 29346	𩍇 29347
F7	𩍈 29348	𩍉 29349	𩍊 2934A	𩍋 2934B	𩍌 2934C	𩍍 2934D	𩍎 2934E	𩍏 2934F	𩍐 29350	𩍑 29351
F8	𩍒 29352	𩍓 29353	𩍔 29354	𩍕 29355	𩍖 29356	𩍗 29357	𩍘 29358	𩍙 29359	𩍚 2935A	𩍛 2935B
F9	𩍜 2935C	𩍝 2935D	𩍞 2935E	𩍟 2935F	𩍠 29360	𩍡 29361	𩍢 29362	𩍣 29363	𩍤 29364	𩍥 29365
FA	𩍦 29366	𩍧 29367	𩍨 29368	𩍩 29369	𩍪 2936A	𩍫 2936B	𩍬 2936C	𩍭 2936D	𩍮 2936E	𩍯 2936F
FB	𩍰 29370	𩍱 29371	𩍲 29372	𩍳 29373	𩍴 29374	𩍵 29375	𩍶 29376	𩍷 29377	𩍸 29378	𩍹 29379
FC	𩍺 2937A	𩍻 2937B	𩍼 2937C	𩍽 2937D	𩍾 2937E	𩍿 2937F	𩎀 29380	𩎁 29381	𩎂 29382	𩎃 29383
FD	𩎄 29384	𩎅 29385	𩎆 29386	𩎇 29387	𩎈 29388	𩎉 29389	𩎊 2938A	𩎋 2938B	𩎌 2938C	𩎍 2938D
FE	𩎎 2938E	𩎏 2938F	𩎐 29390	𩎑 29391	𩎒 29392	𩎓 29393	𩎔 29394	𩎕 29395	𩎖 29396	𩎗 29397

9832

	30	31	32	33	34	35	36	37	38	39
81	𩎘 29398	𩎙 29399	𩎚 2939A	𩎛 2939B	𩎜 2939C	𩎝 2939D	𩎞 2939E	𩎟 2939F	𩎠 293A0	𩎡 293A1
82	𩎢 293A2	𩎣 293A3	𩎤 293A4	𩎥 293A5	𩎦 293A6	𩎧 293A7	𩎨 293A8	𩎩 293A9	𩎪 293AA	𩎫 293AB
83	𩎬 293AC	𩎭 293AD	𩎮 293AE	𩎯 293AF	𩎰 293B0	𩎱 293B1	𩎲 293B2	𩎳 293B3	𩎴 293B4	𩎵 293B5
84	𩎶 293B6	𩎷 293B7	𩎸 293B8	𩎹 293B9	𩎺 293BA	𩎻 293BB	𩎼 293BC	𩎽 293BD	𩎾 293BE	𩎿 293BF
85	𩏀 293C0	𩏁 293C1	𩏂 293C2	𩏃 293C3	𩏄 293C4	𩏅 293C5	𩏆 293C6	𩏇 293C7	𩏈 293C8	𩏉 293C9
86	𩏊 293CA	𩏋 293CB	𩏌 293CC	𩏍 293CD	𩏎 293CE	𩏏 293CF	𩏐 293D0	𩏑 293D1	𩏒 293D2	𩏓 293D3
87	𩏔 293D4	𩏕 293D5	𩏖 293D6	𩏗 293D7	𩏘 293D8	𩏙 293D9	𩏚 293DA	𩏛 293DB	𩏜 293DC	𩏝 293DD
88	𩏞 293DE	𩏟 293DF	𩏠 293E0	𩏡 293E1	𩏢 293E2	𩏣 293E3	𩏤 293E4	𩏥 293E5	𩏦 293E6	𩏧 293E7
89	𩏨 293E8	𩏩 293E9	𩏪 293EA	𩏫 293EB	𩏬 293EC	𩏭 293ED	𩏮 293EE	𩏯 293EF	𩏰 293F0	𩏱 293F1
8A	𩏲 293F2	𩏳 293F3	𩏴 293F4	𩏵 293F5	𩏶 293F6	𩏷 293F7	𩏸 293F8	𩏹 293F9	𩏺 293FA	𩏻 293FB
8B	𩏼 293FC	𩏽 293FD	𩏾 293FE	𩏿 293FF	𩐀 29400	𩐁 29401	𩐂 29402	𩐃 29403	𩐄 29404	𩐅 29405
8C	𩐆 29406	𩐇 29407	𩐈 29408	𩐉 29409	𩐊 2940A	𩐋 2940B	𩐌 2940C	𩐍 2940D	𩐎 2940E	𩐏 2940F
8D	𩐐 29410	𩐑 29411	𩐒 29412	𩐓 29413	𩐔 29414	𩐕 29415	𩐖 29416	𩐗 29417	𩐘 29418	𩐙 29419
8E	𩐚 2941A	𩐛 2941B	𩐜 2941C	𩐝 2941D	𩐞 2941E	𩐟 2941F	𩐠 29420	𩐡 29421	𩐢 29422	𩐣 29423
8F	𩐤 29424	𩐥 29425	𩐦 29426	𩐧 29427	𩐨 29428	𩐩 29429	𩐪 2942A	𩐫 2942B	𩐬 2942C	𩐭 2942D
90	𩐮 2942E	𩐯 2942F	𩐰 29430	𩐱 29431	𩐲 29432	𩐳 29433	𩐴 29434	𩐵 29435	𩐶 29436	𩐷 29437
91	𩐸 29438	𩐹 29439	𩐺 2943A	𩐻 2943B	𩐼 2943C	𩐽 2943D	𩐾 2943E	𩐿 2943F	𩑀 29440	𩑁 29441
92	𩑂 29442	𩑃 29443	𩑄 29444	𩑅 29445	𩑆 29446	𩑇 29447	𩑈 29448	𩑉 29449	𩑊 2944A	𩑋 2944B
93	𩑌 2944C	𩑍 2944D	𩑎 2944E	𩑏 2944F	𩑐 29450	𩑑 29451	𩑒 29452	𩑓 29453	𩑔 29454	𩑕 29455
94	𩑖 29456	𩑗 29457	𩑘 29458	𩑙 29459	𩑚 2945A	𩑛 2945B	𩑜 2945C	𩑝 2945D	𩑞 2945E	𩑟 2945F
95	𩑠 29460	𩑡 29461	𩑢 29462	𩑣 29463	𩑤 29464	𩑥 29465	𩑦 29466	𩑧 29467	𩑨 29468	𩑩 29469

9832

	30	31	32	33	34	35	36	37	38	39
96	2946A	2946B	2946C	2946D	2946E	2946F	29470	29471	29472	29473
97	29474	29475	29476	29477	29478	29479	2947A	2947B	2947C	2947D
98	2947E	2947F	29480	29481	29482	29483	29484	29485	29486	29487
99	29488	29489	2948A	2948B	2948C	2948D	2948E	2948F	29490	29491
9A	29492	29493	29494	29495	29496	29497	29498	29499	2949A	2949B
9B	2949C	2949D	2949E	2949F	294A0	294A1	294A2	294A3	294A4	294A5
9C	294A6	294A7	294A8	294A9	294AA	294AB	294AC	294AD	294AE	294AF
9D	294B0	294B1	294B2	294B3	294B4	294B5	294B6	294B7	294B8	294B9
9E	294BA	294BB	294BC	294BD	294BE	294BF	294C0	294C1	294C2	294C3
9F	294C4	294C5	294C6	294C7	294C8	294C9	294CA	294CB	294CC	294CD
A0	294CE	294CF	294D0	294D1	294D2	294D3	294D4	294D5	294D6	294D7
A1	294D8	294D9	294DA	294DB	294DC	294DD	294DE	294DF	294E0	294E1
A2	294E2	294E3	294E4	294E5	294E6	294E7	294E8	294E9	294EA	294EB
A3	294EC	294ED	294EE	294EF	294F0	294F1	294F2	294F3	294F4	294F5
A4	294F6	294F7	294F8	294F9	294FA	294FB	294FC	294FD	294FE	294FF
A5	29500	29501	29502	29503	29504	29505	29506	29507	29508	29509
A6	2950A	2950B	2950C	2950D	2950E	2950F	29510	29511	29512	29513
A7	29514	29515	29516	29517	29518	29519	2951A	2951B	2951C	2951D
A8	2951E	2951F	29520	29521	29522	29523	29524	29525	29526	29527
A9	29528	29529	2952A	2952B	2952C	2952D	2952E	2952F	29530	29531
AA	29532	29533	29534	29535	29536	29537	29538	29539	2953A	2953B

9832

	30	31	32	33	34	35	36	37	38	39
AB	2953C	2953D	2953E	2953F	29540	29541	29542	29543	29544	29545
AC	29546	29547	29548	29549	2954A	2954B	2954C	2954D	2954E	2954F
AD	29550	29551	29552	29553	29554	29555	29556	29557	29558	29559
AE	2955A	2955B	2955C	2955D	2955E	2955F	29560	29561	29562	29563
AF	29564	29565	29566	29567	29568	29569	2956A	2956B	2956C	2956D
B0	2956E	2956F	29570	29571	29572	29573	29574	29575	29576	29577
B1	29578	29579	2957A	2957B	2957C	2957D	2957E	2957F	29580	29581
B2	29582	29583	29584	29585	29586	29587	29588	29589	2958A	2958B
B3	2958C	2958D	2958E	2958F	29590	29591	29592	29593	29594	29595
B4	29596	29597	29598	29599	2959A	2959B	2959C	2959D	2959E	2959F
B5	295A0	295A1	295A2	295A3	295A4	295A5	295A6	295A7	295A8	295A9
B6	295AA	295AB	295AC	295AD	295AE	295AF	295B0	295B1	295B2	295B3
B7	295B4	295B5	295B6	295B7	295B8	295B9	295BA	295BB	295BC	295BD
B8	295BE	295BF	295C0	295C1	295C2	295C3	295C4	295C5	295C6	295C7
B9	295C8	295C9	295CA	295CB	295CC	295CD	295CE	295CF	295D0	295D1
BA	295D2	295D3	295D4	295D5	295D6	295D7	295D8	295D9	295DA	295DB
BB	295DC	295DD	295DE	295DF	295E0	295E1	295E2	295E3	295E4	295E5
BC	295E6	295E7	295E8	295E9	295EA	295EB	295EC	295ED	295EE	295EF
BD	295F0	295F1	295F2	295F3	295F4	295F5	295F6	295F7	295F8	295F9
BE	295FA	295FB	295FC	295FD	295FE	295FF	29600	29601	29602	29603
BF	29604	29605	29606	29607	29608	29609	2960A	2960B	2960C	2960D

9832

	30	31	32	33	34	35	36	37	38	39
C0	2960E	2960F	29610	29611	29612	29613	29614	29615	29616	29617
C1	29618	29619	2961A	2961B	2961C	2961D	2961E	2961F	29620	29621
C2	29622	29623	29624	29625	29626	29627	29628	29629	2962A	2962B
C3	2962C	2962D	2962E	2962F	29630	29631	29632	29633	29634	29635
C4	29636	29637	29638	29639	2963A	2963B	2963C	2963D	2963E	2963F
C5	29640	29641	29642	29643	29644	29645	29646	29647	29648	29649
C6	2964A	2964B	2964C	2964D	2964E	2964F	29650	29651	29652	29653
C7	29654	29655	29656	29657	29658	29659	2965A	2965B	2965C	2965D
C8	2965E	2965F	29660	29661	29662	29663	29664	29665	29666	29667
C9	29668	29669	2966A	2966B	2966C	2966D	2966E	2966F	29670	29671
CA	29672	29673	29674	29675	29676	29677	29678	29679	2967A	2967B
CB	2967C	2967D	2967E	2967F	29680	29681	29682	29683	29684	29685
CC	29686	29687	29688	29689	2968A	2968B	2968C	2968D	2968E	2968F
CD	29690	29691	29692	29693	29694	29695	29696	29697	29698	29699
CE	2969A	2969B	2969C	2969D	2969E	2969F	296A0	296A1	296A2	296A3
CF	296A4	296A5	296A6	296A7	296A8	296A9	296AA	296AB	296AC	296AD
D0	296AE	296AF	296B0	296B1	296B2	296B3	296B4	296B5	296B6	296B7
D1	296B8	296B9	296BA	296BB	296BC	296BD	296BE	296BF	296C0	296C1
D2	296C2	296C3	296C4	296C5	296C6	296C7	296C8	296C9	296CA	296CB
D3	296CC	296CD	296CE	296CF	296D0	296D1	296D2	296D3	296D4	296D5
D4	296D6	296D7	296D8	296D9	296DA	296DB	296DC	296DD	296DE	296DF

9832

	30	31	32	33	34	35	36	37	38	39
D5	𩛠 296E0	𩛡 296E1	𩛢 296E2	𩛣 296E3	𩛤 296E4	𩛥 296E5	𩛦 296E6	𩛧 296E7	𩛨 296E8	𩛩 296E9
D6	𩛪 296EA	𩛫 296EB	𩛬 296EC	𩛭 296ED	𩛮 296EE	𩛯 296EF	𩛰 296F0	𩛱 296F1	𩛲 296F2	𩛳 296F3
D7	𩛴 296F4	𩛵 296F5	𩛶 296F6	𩛷 296F7	𩛸 296F8	𩛹 296F9	𩛺 296FA	𩛻 296FB	𩛼 296FC	𩛽 296FD
D8	𩛾 296FE	𩛿 296FF	𩜀 29700	𩜁 29701	𩜂 29702	𩜃 29703	𩜄 29704	𩜅 29705	𩜆 29706	𩜇 29707
D9	𩜈 29708	𩜉 29709	𩜊 2970A	𩜋 2970B	𩜌 2970C	𩜍 2970D	𩜎 2970E	𩜏 2970F	𩜐 29710	𩜑 29711
DA	𩜒 29712	𩜓 29713	𩜔 29714	𩜕 29715	𩜖 29716	𩜗 29717	𩜘 29718	𩜙 29719	𩜚 2971A	𩜛 2971B
DB	𩜜 2971C	𩜝 2971D	𩜞 2971E	𩜟 2971F	𩜠 29720	𩜡 29721	𩜢 29722	𩜣 29723	𩜤 29724	𩜥 29725
DC	𩜦 29726	𩜧 29727	𩜨 29728	𩜩 29729	𩜪 2972A	𩜫 2972B	𩜬 2972C	𩜭 2972D	𩜮 2972E	𩜯 2972F
DD	𩜰 29730	𩜱 29731	𩜲 29732	𩜳 29733	𩜴 29734	𩜵 29735	𩜶 29736	𩜷 29737	𩜸 29738	𩜹 29739
DE	𩜺 2973A	𩜻 2973B	𩜼 2973C	𩜽 2973D	𩜾 2973E	𩜿 2973F	𩝀 29740	𩝁 29741	𩝂 29742	𩝃 29743
DF	𩝄 29744	𩝅 29745	𩝆 29746	𩝇 29747	𩝈 29748	𩝉 29749	𩝊 2974A	𩝋 2974B	𩝌 2974C	𩝍 2974D
E0	𩝎 2974E	𩝏 2974F	𩝐 29750	𩝑 29751	𩝒 29752	𩝓 29753	𩝔 29754	𩝕 29755	𩝖 29756	𩝗 29757
E1	𩝘 29758	𩝙 29759	𩝚 2975A	𩝛 2975B	𩝜 2975C	𩝝 2975D	𩝞 2975E	𩝟 2975F	𩝠 29760	𩝡 29761
E2	𩝢 29762	𩝣 29763	𩝤 29764	𩝥 29765	𩝦 29766	𩝧 29767	𩝨 29768	𩝩 29769	𩝪 2976A	𩝫 2976B
E3	𩝬 2976C	𩝭 2976D	𩝮 2976E	𩝯 2976F	𩝰 29770	𩝱 29771	𩝲 29772	𩝳 29773	𩝴 29774	𩝵 29775
E4	𩝶 29776	𩝷 29777	𩝸 29778	𩝹 29779	𩝺 2977A	𩝻 2977B	𩝼 2977C	𩝽 2977D	𩝾 2977E	𩝿 2977F
E5	𩞀 29780	𩞁 29781	𩞂 29782	𩞃 29783	𩞄 29784	𩞅 29785	𩞆 29786	𩞇 29787	𩞈 29788	𩞉 29789
E6	𩞊 2978A	𩞋 2978B	𩞌 2978C	𩞍 2978D	𩞎 2978E	𩞏 2978F	𩞐 29790	𩞑 29791	𩞒 29792	𩞓 29793
E7	𩞔 29794	𩞕 29795	𩞖 29796	𩞗 29797	𩞘 29798	𩞙 29799	𩞚 2979A	𩞛 2979B	𩞜 2979C	𩞝 2979D
E8	𩞞 2979E	𩞟 2979F	𩞠 297A0	𩞡 297A1	𩞢 297A2	𩞣 297A3	𩞤 297A4	𩞥 297A5	𩞦 297A6	𩞧 297A7
E9	𩞨 297A8	𩞩 297A9	𩞪 297AA	𩞫 297AB	𩞬 297AC	𩞭 297AD	𩞮 297AE	𩞯 297AF	𩞰 297B0	𩞱 297B1

9832

	30	31	32	33	34	35	36	37	38	39
EA	297B2	297B3	297B4	297B5	297B6	297B7	297B8	297B9	297BA	297BB
EB	297BC	297BD	297BE	297BF	297C0	297C1	297C2	297C3	297C4	297C5
EC	297C6	297C7	297C8	297C9	297CA	297CB	297CC	297CD	297CE	297CF
ED	297D0	297D1	297D2	297D3	297D4	297D5	297D6	297D7	297D8	297D9
EE	297DA	297DB	297DC	297DD	297DE	297DF	297E0	297E1	297E2	297E3
EF	297E4	297E5	297E6	297E7	297E8	297E9	297EA	297EB	297EC	297ED
F0	297EE	297EF	297F0	297F1	297F2	297F3	297F4	297F5	297F6	297F7
F1	297F8	297F9	297FA	297FB	297FC	297FD	297FE	297FF	29800	29801
F2	29802	29803	29804	29805	29806	29807	29808	29809	2980A	2980B
F3	2980C	2980D	2980E	2980F	29810	29811	29812	29813	29814	29815
F4	29816	29817	29818	29819	2981A	2981B	2981C	2981D	2981E	2981F
F5	29820	29821	29822	29823	29824	29825	29826	29827	29828	29829
F6	2982A	2982B	2982C	2982D	2982E	2982F	29830	29831	29832	29833
F7	29834	29835	29836	29837	29838	29839	2983A	2983B	2983C	2983D
F8	2983E	2983F	29840	29841	29842	29843	29844	29845	29846	29847
F9	29848	29849	2984A	2984B	2984C	2984D	2984E	2984F	29850	29851
FA	29852	29853	29854	29855	29856	29857	29858	29859	2985A	2985B
FB	2985C	2985D	2985E	2985F	29860	29861	29862	29863	29864	29865
FC	29866	29867	29868	29869	2986A	2986B	2986C	2986D	2986E	2986F
FD	29870	29871	29872	29873	29874	29875	29876	29877	29878	29879
FE	2987A	2987B	2987C	2987D	2987E	2987F	29880	29881	29882	29883

9833

	30	31	32	33	34	35	36	37	38	39
81	𩢄 29884	𩢅 29885	𩢆 29886	𩢇 29887	𩢈 29888	𩢉 29889	𩢊 2988A	𩢋 2988B	𩢌 2988C	𩢍 2988D
82	𩢎 2988E	𩢏 2988F	𩢐 29890	𩢑 29891	𩢒 29892	𩢓 29893	𩢔 29894	𩢕 29895	𩢖 29896	𩢗 29897
83	𩢘 29898	𩢙 29899	𩢚 2989A	𩢛 2989B	𩢜 2989C	𩢝 2989D	𩢞 2989E	𩢟 2989F	𩢠 298A0	𩢡 298A1
84	𩢢 298A2	𩢣 298A3	𩢤 298A4	𩢥 298A5	𩢦 298A6	𩢧 298A7	𩢨 298A8	𩢩 298A9	𩢪 298AA	𩢫 298AB
85	𩢬 298AC	𩢭 298AD	𩢮 298AE	𩢯 298AF	𩢰 298B0	𩢱 298B1	𩢲 298B2	𩢳 298B3	𩢴 298B4	𩢵 298B5
86	𩢶 298B6	𩢷 298B7	𩢸 298B8	𩢹 298B9	𩢺 298BA	𩢻 298BB	𩢼 298BC	𩢽 298BD	𩢾 298BE	𩢿 298BF
87	𩣀 298C0	𩣁 298C1	𩣂 298C2	𩣃 298C3	𩣄 298C4	𩣅 298C5	𩣆 298C6	𩣇 298C7	𩣈 298C8	𩣉 298C9
88	𩣊 298CA	𩣋 298CB	𩣌 298CC	𩣍 298CD	𩣎 298CE	𩣏 298CF	𩣐 298D0	𩣑 298D1	𩣒 298D2	𩣓 298D3
89	𩣔 298D4	𩣕 298D5	𩣖 298D6	𩣗 298D7	𩣘 298D8	𩣙 298D9	𩣚 298DA	𩣛 298DB	𩣜 298DC	𩣝 298DD
8A	𩣞 298DE	𩣟 298DF	𩣠 298E0	𩣡 298E1	𩣢 298E2	𩣣 298E3	𩣤 298E4	𩣥 298E5	𩣦 298E6	𩣧 298E7
8B	𩣨 298E8	𩣩 298E9	𩣪 298EA	𩣫 298EB	𩣬 298EC	𩣭 298ED	𩣮 298EE	𩣯 298EF	𩣰 298F0	𩣱 298F1
8C	𩣲 298F2	𩣳 298F3	𩣴 298F4	𩣵 298F5	𩣶 298F6	𩣷 298F7	𩣸 298F8	𩣹 298F9	𩣺 298FA	𩣻 298FB
8D	𩣼 298FC	𩣽 298FD	𩣾 298FE	𩣿 298FF	𩤀 29900	𩤁 29901	𩤂 29902	𩤃 29903	𩤄 29904	𩤅 29905
8E	𩤆 29906	𩤇 29907	𩤈 29908	𩤉 29909	𩤊 2990A	𩤋 2990B	𩤌 2990C	𩤍 2990D	𩤎 2990E	𩤏 2990F
8F	𩤐 29910	𩤑 29911	𩤒 29912	𩤓 29913	𩤔 29914	𩤕 29915	𩤖 29916	𩤗 29917	𩤘 29918	𩤙 29919
90	𩤚 2991A	𩤛 2991B	𩤜 2991C	𩤝 2991D	𩤞 2991E	𩤟 2991F	𩤠 29920	𩤡 29921	𩤢 29922	𩤣 29923
91	𩤤 29924	𩤥 29925	𩤦 29926	𩤧 29927	𩤨 29928	𩤩 29929	𩤪 2992A	𩤫 2992B	𩤬 2992C	𩤭 2992D
92	𩤮 2992E	𩤯 2992F	𩤰 29930	𩤱 29931	𩤲 29932	𩤳 29933	𩤴 29934	𩤵 29935	𩤶 29936	𩤷 29937
93	𩤸 29938	𩤹 29939	𩤺 2993A	𩤻 2993B	𩤼 2993C	𩤽 2993D	𩤾 2993E	𩤿 2993F	𩥀 29940	𩥁 29941
94	𩥂 29942	𩥃 29943	𩥄 29944	𩥅 29945	𩥆 29946	𩥇 29947	𩥈 29948	𩥉 29949	𩥊 2994A	𩥋 2994B
95	𩥌 2994C	𩥍 2994D	𩥎 2994E	𩥏 2994F	𩥐 29950	𩥑 29951	𩥒 29952	𩥓 29953	𩥔 29954	𩥕 29955

9833

	30	31	32	33	34	35	36	37	38	39
96	29956	29957	29958	29959	2995A	2995B	2995C	2995D	2995E	2995F
97	29960	29961	29962	29963	29964	29965	29966	29967	29968	29969
98	2996A	2996B	2996C	2996D	2996E	2996F	29970	29971	29972	29973
99	29974	29975	29976	29977	29978	29979	2997A	2997B	2997C	2997D
9A	2997E	2997F	29980	29981	29982	29983	29984	29985	29986	29987
9B	29988	29989	2998A	2998B	2998C	2998D	2998E	2998F	29990	29991
9C	29992	29993	29994	29995	29996	29997	29998	29999	2999A	2999B
9D	2999C	2999D	2999E	2999F	299A0	299A1	299A2	299A3	299A4	299A5
9E	299A6	299A7	299A8	299A9	299AA	299AB	299AC	299AD	299AE	299AF
9F	299B0	299B1	299B2	299B3	299B4	299B5	299B6	299B7	299B8	299B9
A0	299BA	299BB	299BC	299BD	299BE	299BF	299C0	299C1	299C2	299C3
A1	299C4	299C5	299C6	299C7	299C8	299C9	299CA	299CB	299CC	299CD
A2	299CE	299CF	299D0	299D1	299D2	299D3	299D4	299D5	299D6	299D7
A3	299D8	299D9	299DA	299DB	299DC	299DD	299DE	299DF	299E0	299E1
A4	299E2	299E3	299E4	299E5	299E6	299E7	299E8	299E9	299EA	299EB
A5	299EC	299ED	299EE	299EF	299F0	299F1	299F2	299F3	299F4	299F5
A6	299F6	299F7	299F8	299F9	299FA	299FB	299FC	299FD	299FE	299FF
A7	29A00	29A01	29A02	29A03	29A04	29A05	29A06	29A07	29A08	29A09
A8	29A0A	29A0B	29A0C	29A0D	29A0E	29A0F	29A10	29A11	29A12	29A13
A9	29A14	29A15	29A16	29A17	29A18	29A19	29A1A	29A1B	29A1C	29A1D
AA	29A1E	29A1F	29A20	29A21	29A22	29A23	29A24	29A25	29A26	29A27

9833

	30	31	32	33	34	35	36	37	38	39
AB	29A28	29A29	29A2A	29A2B	29A2C	29A2D	29A2E	29A2F	29A30	29A31
AC	29A32	29A33	29A34	29A35	29A36	29A37	29A38	29A39	29A3A	29A3B
AD	29A3C	29A3D	29A3E	29A3F	29A40	29A41	29A42	29A43	29A44	29A45
AE	29A46	29A47	29A48	29A49	29A4A	29A4B	29A4C	29A4D	29A4E	29A4F
AF	29A50	29A51	29A52	29A53	29A54	29A55	29A56	29A57	29A58	29A59
B0	29A5A	29A5B	29A5C	29A5D	29A5E	29A5F	29A60	29A61	29A62	29A63
B1	29A64	29A65	29A66	29A67	29A68	29A69	29A6A	29A6B	29A6C	29A6D
B2	29A6E	29A6F	29A70	29A71	29A72	29A73	29A74	29A75	29A76	29A77
B3	29A78	29A79	29A7A	29A7B	29A7C	29A7D	29A7E	29A7F	29A80	29A81
B4	29A82	29A83	29A84	29A85	29A86	29A87	29A88	29A89	29A8A	29A8B
B5	29A8C	29A8D	29A8E	29A8F	29A90	29A91	29A92	29A93	29A94	29A95
B6	29A96	29A97	29A98	29A99	29A9A	29A9B	29A9C	29A9D	29A9E	29A9F
B7	29AA0	29AA1	29AA2	29AA3	29AA4	29AA5	29AA6	29AA7	29AA8	29AA9
B8	29AAA	29AAB	29AAC	29AAD	29AAE	29AAF	29AB0	29AB1	29AB2	29AB3
B9	29AB4	29AB5	29AB6	29AB7	29AB8	29AB9	29ABA	29ABB	29ABC	29ABD
BA	29ABE	29ABF	29AC0	29AC1	29AC2	29AC3	29AC4	29AC5	29AC6	29AC7
BB	29AC8	29AC9	29ACA	29ACB	29ACC	29ACD	29ACE	29ACF	29AD0	29AD1
BC	29AD2	29AD3	29AD4	29AD5	29AD6	29AD7	29AD8	29AD9	29ADA	29ADB
BD	29ADC	29ADD	29ADE	29ADF	29AE0	29AE1	29AE2	29AE3	29AE4	29AE5
BE	29AE6	29AE7	29AE8	29AE9	29AEA	29AEB	29AEC	29AED	29AEE	29AEF
BF	29AF0	29AF1	29AF2	29AF3	29AF4	29AF5	29AF6	29AF7	29AF8	29AF9

9833

	30	31	32	33	34	35	36	37	38	39
C0	29AFA	29AFB	29AFC	29AFD	29AFE	29AFF	29B00	29B01	29B02	29B03
C1	29B04	29B05	29B06	29B07	29B08	29B09	29B0A	29B0B	29B0C	29B0D
C2	29B0E	29B0F	29B10	29B11	29B12	29B13	29B14	29B15	29B16	29B17
C3	29B18	29B19	29B1A	29B1B	29B1C	29B1D	29B1E	29B1F	29B20	29B21
C4	29B22	29B23	29B24	29B25	29B26	29B27	29B28	29B29	29B2A	29B2B
C5	29B2C	29B2D	29B2E	29B2F	29B30	29B31	29B32	29B33	29B34	29B35
C6	29B36	29B37	29B38	29B39	29B3A	29B3B	29B3C	29B3D	29B3E	29B3F
C7	29B40	29B41	29B42	29B43	29B44	29B45	29B46	29B47	29B48	29B49
C8	29B4A	29B4B	29B4C	29B4D	29B4E	29B4F	29B50	29B51	29B52	29B53
C9	29B54	29B55	29B56	29B57	29B58	29B59	29B5A	29B5B	29B5C	29B5D
CA	29B5E	29B5F	29B60	29B61	29B62	29B63	29B64	29B65	29B66	29B67
CB	29B68	29B69	29B6A	29B6B	29B6C	29B6D	29B6E	29B6F	29B70	29B71
CC	29B72	29B73	29B74	29B75	29B76	29B77	29B78	29B79	29B7A	29B7B
CD	29B7C	29B7D	29B7E	29B7F	29B80	29B81	29B82	29B83	29B84	29B85
CE	29B86	29B87	29B88	29B89	29B8A	29B8B	29B8C	29B8D	29B8E	29B8F
CF	29B90	29B91	29B92	29B93	29B94	29B95	29B96	29B97	29B98	29B99
D0	29B9A	29B9B	29B9C	29B9D	29B9E	29B9F	29BA0	29BA1	29BA2	29BA3
D1	29BA4	29BA5	29BA6	29BA7	29BA8	29BA9	29BAA	29BAB	29BAC	29BAD
D2	29BAE	29BAF	29BB0	29BB1	29BB2	29BB3	29BB4	29BB5	29BB6	29BB7
D3	29BB8	29BB9	29BBA	29BBB	29BBC	29BBD	29BBE	29BBF	29BC0	29BC1
D4	29BC2	29BC3	29BC4	29BC5	29BC6	29BC7	29BC8	29BC9	29BCA	29BCB

9833

	30	31	32	33	34	35	36	37	38	39
D5	29BCC	29BCD	29BCE	29BCF	29BD0	29BD1	29BD2	29BD3	29BD4	29BD5
D6	29BD6	29BD7	29BD8	29BD9	29BDA	29BDB	29BDC	29BDD	29BDE	29BDF
D7	29BE0	29BE1	29BE2	29BE3	29BE4	29BE5	29BE6	29BE7	29BE8	29BE9
D8	29BEA	29BEB	29BEC	29BED	29BEE	29BEF	29BF0	29BF1	29BF2	29BF3
D9	29BF4	29BF5	29BF6	29BF7	29BF8	29BF9	29BFA	29BFB	29BFC	29BFD
DA	29BFE	29BFF	29C00	29C01	29C02	29C03	29C04	29C05	29C06	29C07
DB	29C08	29C09	29C0A	29C0B	29C0C	29C0D	29C0E	29C0F	29C10	29C11
DC	29C12	29C13	29C14	29C15	29C16	29C17	29C18	29C19	29C1A	29C1B
DD	29C1C	29C1D	29C1E	29C1F	29C20	29C21	29C22	29C23	29C24	29C25
DE	29C26	29C27	29C28	29C29	29C2A	29C2B	29C2C	29C2D	29C2E	29C2F
DF	29C30	29C31	29C32	29C33	29C34	29C35	29C36	29C37	29C38	29C39
E0	29C3A	29C3B	29C3C	29C3D	29C3E	29C3F	29C40	29C41	29C42	29C43
E1	29C44	29C45	29C46	29C47	29C48	29C49	29C4A	29C4B	29C4C	29C4D
E2	29C4E	29C4F	29C50	29C51	29C52	29C53	29C54	29C55	29C56	29C57
E3	29C58	29C59	29C5A	29C5B	29C5C	29C5D	29C5E	29C5F	29C60	29C61
E4	29C62	29C63	29C64	29C65	29C66	29C67	29C68	29C69	29C6A	29C6B
E5	29C6C	29C6D	29C6E	29C6F	29C70	29C71	29C72	29C73	29C74	29C75
E6	29C76	29C77	29C78	29C79	29C7A	29C7B	29C7C	29C7D	29C7E	29C7F
E7	29C80	29C81	29C82	29C83	29C84	29C85	29C86	29C87	29C88	29C89
E8	29C8A	29C8B	29C8C	29C8D	29C8E	29C8F	29C90	29C91	29C92	29C93
E9	29C94	29C95	29C96	29C97	29C98	29C99	29C9A	29C9B	29C9C	29C9D

9833

	30	31	32	33	34	35	36	37	38	39
EA	29C9E	29C9F	29CA0	29CA1	29CA2	29CA3	29CA4	29CA5	29CA6	29CA7
EB	29CA8	29CA9	29CAA	29CAB	29CAC	29CAD	29CAE	29CAF	29CB0	29CB1
EC	29CB2	29CB3	29CB4	29CB5	29CB6	29CB7	29CB8	29CB9	29CBA	29CBB
ED	29CBC	29CBD	29CBE	29CBF	29CC0	29CC1	29CC2	29CC3	29CC4	29CC5
EE	29CC6	29CC7	29CC8	29CC9	29CCA	29CCB	29CCC	29CCD	29CCE	29CCF
EF	29CD0	29CD1	29CD2	29CD3	29CD4	29CD5	29CD6	29CD7	29CD8	29CD9
F0	29CDA	29CDB	29CDC	29CDD	29CDE	29CDF	29CE0	29CE1	29CE2	29CE3
F1	29CE4	29CE5	29CE6	29CE7	29CE8	29CE9	29CEA	29CEB	29CEC	29CED
F2	29CEE	29CEF	29CF0	29CF1	29CF2	29CF3	29CF4	29CF5	29CF6	29CF7
F3	29CF8	29CF9	29CFA	29CFB	29CFC	29CFD	29CFE	29CFF	29D00	29D01
F4	29D02	29D03	29D04	29D05	29D06	29D07	29D08	29D09	29D0A	29D0B
F5	29D0C	29D0D	29D0E	29D0F	29D10	29D11	29D12	29D13	29D14	29D15
F6	29D16	29D17	29D18	29D19	29D1A	29D1B	29D1C	29D1D	29D1E	29D1F
F7	29D20	29D21	29D22	29D23	29D24	29D25	29D26	29D27	29D28	29D29
F8	29D2A	29D2B	29D2C	29D2D	29D2E	29D2F	29D30	29D31	29D32	29D33
F9	29D34	29D35	29D36	29D37	29D38	29D39	29D3A	29D3B	29D3C	29D3D
FA	29D3E	29D3F	29D40	29D41	29D42	29D43	29D44	29D45	29D46	29D47
FB	29D48	29D49	29D4A	29D4B	29D4C	29D4D	29D4E	29D4F	29D50	29D51
FC	29D52	29D53	29D54	29D55	29D56	29D57	29D58	29D59	29D5A	29D5B
FD	29D5C	29D5D	29D5E	29D5F	29D60	29D61	29D62	29D63	29D64	29D65
FE	29D66	29D67	29D68	29D69	29D6A	29D6B	29D6C	29D6D	29D6E	29D6F

9834

	30	31	32	33	34	35	36	37	38	39
81	𩵰 29D70	𩵱 29D71	𩵲 29D72	𩵳 29D73	𩵴 29D74	𩵵 29D75	𩵶 29D76	𩵷 29D77	𩵸 29D78	𩵹 29D79
82	𩵺 29D7A	𩵻 29D7B	𩵼 29D7C	𩵽 29D7D	𩵾 29D7E	𩵿 29D7F	𩶀 29D80	𩶁 29D81	𩶂 29D82	𩶃 29D83
83	𩶄 29D84	𩶅 29D85	𩶆 29D86	𩶇 29D87	𩶈 29D88	𩶉 29D89	𩶊 29D8A	𩶋 29D8B	𩶌 29D8C	𩶍 29D8D
84	𩶎 29D8E	𩶏 29D8F	𩶐 29D90	𩶑 29D91	𩶒 29D92	𩶓 29D93	𩶔 29D94	𩶕 29D95	𩶖 29D96	𩶗 29D97
85	𩶘 29D98	𩶙 29D99	𩶚 29D9A	𩶛 29D9B	𩶜 29D9C	𩶝 29D9D	𩶞 29D9E	𩶟 29D9F	𩶠 29DA0	𩶡 29DA1
86	𩶢 29DA2	𩶣 29DA3	𩶤 29DA4	𩶥 29DA5	𩶦 29DA6	𩶧 29DA7	𩶨 29DA8	𩶩 29DA9	𩶪 29DAA	𩶫 29DAB
87	𩶬 29DAC	𩶭 29DAD	𩶮 29DAE	𩶯 29DAF	𩶰 29DB0	𩶱 29DB1	𩶲 29DB2	𩶳 29DB3	𩶴 29DB4	𩶵 29DB5
88	𩶶 29DB6	𩶷 29DB7	𩶸 29DB8	𩶹 29DB9	𩶺 29DBA	𩶻 29DBB	𩶼 29DBC	𩶽 29DBD	𩶾 29DBE	𩶿 29DBF
89	𩷀 29DC0	𩷁 29DC1	𩷂 29DC2	𩷃 29DC3	𩷄 29DC4	𩷅 29DC5	𩷆 29DC6	𩷇 29DC7	𩷈 29DC8	𩷉 29DC9
8A	𩷊 29DCA	𩷋 29DCB	𩷌 29DCC	𩷍 29DCD	𩷎 29DCE	𩷏 29DCF	𩷐 29DD0	𩷑 29DD1	𩷒 29DD2	𩷓 29DD3
8B	𩷔 29DD4	𩷕 29DD5	𩷖 29DD6	𩷗 29DD7	𩷘 29DD8	𩷙 29DD9	𩷚 29DDA	𩷛 29DDB	𩷜 29DDC	𩷝 29DDD
8C	𩷞 29DDE	𩷟 29DDF	𩷠 29DE0	𩷡 29DE1	𩷢 29DE2	𩷣 29DE3	𩷤 29DE4	𩷥 29DE5	𩷦 29DE6	𩷧 29DE7
8D	𩷨 29DE8	𩷩 29DE9	𩷪 29DEA	𩷫 29DEB	𩷬 29DEC	𩷭 29DED	𩷮 29DEE	𩷯 29DEF	𩷰 29DF0	𩷱 29DF1
8E	𩷲 29DF2	𩷳 29DF3	𩷴 29DF4	𩷵 29DF5	𩷶 29DF6	𩷷 29DF7	𩷸 29DF8	𩷹 29DF9	𩷺 29DFA	𩷻 29DFB
8F	𩷼 29DFC	𩷽 29DFD	𩷾 29DFE	𩷿 29DFF	𩸀 29E00	𩸁 29E01	𩸂 29E02	𩸃 29E03	𩸄 29E04	𩸅 29E05
90	𩸆 29E06	𩸇 29E07	𩸈 29E08	𩸉 29E09	𩸊 29E0A	𩸋 29E0B	𩸌 29E0C	𩸍 29E0D	𩸎 29E0E	𩸏 29E0F
91	𩸐 29E10	𩸑 29E11	𩸒 29E12	𩸓 29E13	𩸔 29E14	𩸕 29E15	𩸖 29E16	𩸗 29E17	𩸘 29E18	𩸙 29E19
92	𩸚 29E1A	𩸛 29E1B	𩸜 29E1C	𩸝 29E1D	𩸞 29E1E	𩸟 29E1F	𩸠 29E20	𩸡 29E21	𩸢 29E22	𩸣 29E23
93	𩸤 29E24	𩸥 29E25	𩸦 29E26	𩸧 29E27	𩸨 29E28	𩸩 29E29	𩸪 29E2A	𩸫 29E2B	𩸬 29E2C	𩸭 29E2D
94	𩸮 29E2E	𩸯 29E2F	𩸰 29E30	𩸱 29E31	𩸲 29E32	𩸳 29E33	𩸴 29E34	𩸵 29E35	𩸶 29E36	𩸷 29E37
95	𩸸 29E38	𩸹 29E39	𩸺 29E3A	𩸻 29E3B	𩸼 29E3C	𩸽 29E3D	𩸾 29E3E	𩸿 29E3F	𩹀 29E40	𩹁 29E41

9834

	30	31	32	33	34	35	36	37	38	39
96	29E42	29E43	29E44	29E45	29E46	29E47	29E48	29E49	29E4A	29E4B
97	29E4C	29E4D	29E4E	29E4F	29E50	29E51	29E52	29E53	29E54	29E55
98	29E56	29E57	29E58	29E59	29E5A	29E5B	29E5C	29E5D	29E5E	29E5F
99	29E60	29E61	29E62	29E63	29E64	29E65	29E66	29E67	29E68	29E69
9A	29E6A	29E6B	29E6C	29E6D	29E6E	29E6F	29E70	29E71	29E72	29E73
9B	29E74	29E75	29E76	29E77	29E78	29E79	29E7A	29E7B	29E7C	29E7D
9C	29E7E	29E7F	29E80	29E81	29E82	29E83	29E84	29E85	29E86	29E87
9D	29E88	29E89	29E8A	29E8B	29E8C	29E8D	29E8E	29E8F	29E90	29E91
9E	29E92	29E93	29E94	29E95	29E96	29E97	29E98	29E99	29E9A	29E9B
9F	29E9C	29E9D	29E9E	29E9F	29EA0	29EA1	29EA2	29EA3	29EA4	29EA5
A0	29EA6	29EA7	29EA8	29EA9	29EAA	29EAB	29EAC	29EAD	29EAE	29EAF
A1	29EB0	29EB1	29EB2	29EB3	29EB4	29EB5	29EB6	29EB7	29EB8	29EB9
A2	29EBA	29EBB	29EBC	29EBD	29EBE	29EBF	29EC0	29EC1	29EC2	29EC3
A3	29EC4	29EC5	29EC6	29EC7	29EC8	29EC9	29ECA	29ECB	29ECC	29ECD
A4	29ECE	29ECF	29ED0	29ED1	29ED2	29ED3	29ED4	29ED5	29ED6	29ED7
A5	29ED8	29ED9	29EDA	29EDB	29EDC	29EDD	29EDE	29EDF	29EE0	29EE1
A6	29EE2	29EE3	29EE4	29EE5	29EE6	29EE7	29EE8	29EE9	29EEA	29EEB
A7	29EEC	29EED	29EEE	29EEF	29EF0	29EF1	29EF2	29EF3	29EF4	29EF5
A8	29EF6	29EF7	29EF8	29EF9	29EFA	29EFB	29EFC	29EFD	29EFE	29EFF
A9	29F00	29F01	29F02	29F03	29F04	29F05	29F06	29F07	29F08	29F09
AA	29F0A	29F0B	29F0C	29F0D	29F0E	29F0F	29F10	29F11	29F12	29F13

9834

	30	31	32	33	34	35	36	37	38	39
AB	29F14	29F15	29F16	29F17	29F18	29F19	29F1A	29F1B	29F1C	29F1D
AC	29F1E	29F1F	29F20	29F21	29F22	29F23	29F24	29F25	29F26	29F27
AD	29F28	29F29	29F2A	29F2B	29F2C	29F2D	29F2E	29F2F	29F30	29F31
AE	29F32	29F33	29F34	29F35	29F36	29F37	29F38	29F39	29F3A	29F3B
AF	29F3C	29F3D	29F3E	29F3F	29F40	29F41	29F42	29F43	29F44	29F45
B0	29F46	29F47	29F48	29F49	29F4A	29F4B	29F4C	29F4D	29F4E	29F4F
B1	29F50	29F51	29F52	29F53	29F54	29F55	29F56	29F57	29F58	29F59
B2	29F5A	29F5B	29F5C	29F5D	29F5E	29F5F	29F60	29F61	29F62	29F63
B3	29F64	29F65	29F66	29F67	29F68	29F69	29F6A	29F6B	29F6C	29F6D
B4	29F6E	29F6F	29F70	29F71	29F72	29F73	29F74	29F75	29F76	29F77
B5	29F78	29F79	29F7A	29F7B	29F7C	29F7D	29F7E	29F7F	29F80	29F81
B6	29F82	29F83	29F84	29F85	29F86	29F87	29F88	29F89	29F8A	29F8B
B7	29F8C	29F8D	29F8E	29F8F	29F90	29F91	29F92	29F93	29F94	29F95
B8	29F96	29F97	29F98	29F99	29F9A	29F9B	29F9C	29F9D	29F9E	29F9F
B9	29FA0	29FA1	29FA2	29FA3	29FA4	29FA5	29FA6	29FA7	29FA8	29FA9
BA	29FAA	29FAB	29FAC	29FAD	29FAE	29FAF	29FB0	29FB1	29FB2	29FB3
BB	29FB4	29FB5	29FB6	29FB7	29FB8	29FB9	29FBA	29FBB	29FBC	29FBD
BC	29FBE	29FBF	29FC0	29FC1	29FC2	29FC3	29FC4	29FC5	29FC6	29FC7
BD	29FC8	29FC9	29FCA	29FCB	29FCC	29FCD	29FCE	29FCF	29FD0	29FD1
BE	29FD2	29FD3	29FD4	29FD5	29FD6	29FD7	29FD8	29FD9	29FDA	29FDB
BF	29FDC	29FDD	29FDE	29FDF	29FE0	29FE1	29FE2	29FE3	29FE4	29FE5

9834

	30	31	32	33	34	35	36	37	38	39
C0	29FE6	29FE7	29FE8	29FE9	29FEA	29FEB	29FEC	29FED	29FEE	29FEF
C1	29FF0	29FF1	29FF2	29FF3	29FF4	29FF5	29FF6	29FF7	29FF8	29FF9
C2	29FFA	29FFB	29FFC	29FFD	29FFE	29FFF	2A000	2A001	2A002	2A003
C3	2A004	2A005	2A006	2A007	2A008	2A009	2A00A	2A00B	2A00C	2A00D
C4	2A00E	2A00F	2A010	2A011	2A012	2A013	2A014	2A015	2A016	2A017
C5	2A018	2A019	2A01A	2A01B	2A01C	2A01D	2A01E	2A01F	2A020	2A021
C6	2A022	2A023	2A024	2A025	2A026	2A027	2A028	2A029	2A02A	2A02B
C7	2A02C	2A02D	2A02E	2A02F	2A030	2A031	2A032	2A033	2A034	2A035
C8	2A036	2A037	2A038	2A039	2A03A	2A03B	2A03C	2A03D	2A03E	2A03F
C9	2A040	2A041	2A042	2A043	2A044	2A045	2A046	2A047	2A048	2A049
CA	2A04A	2A04B	2A04C	2A04D	2A04E	2A04F	2A050	2A051	2A052	2A053
CB	2A054	2A055	2A056	2A057	2A058	2A059	2A05A	2A05B	2A05C	2A05D
CC	2A05E	2A05F	2A060	2A061	2A062	2A063	2A064	2A065	2A066	2A067
CD	2A068	2A069	2A06A	2A06B	2A06C	2A06D	2A06E	2A06F	2A070	2A071
CE	2A072	2A073	2A074	2A075	2A076	2A077	2A078	2A079	2A07A	2A07B
CF	2A07C	2A07D	2A07E	2A07F	2A080	2A081	2A082	2A083	2A084	2A085
D0	2A086	2A087	2A088	2A089	2A08A	2A08B	2A08C	2A08D	2A08E	2A08F
D1	2A090	2A091	2A092	2A093	2A094	2A095	2A096	2A097	2A098	2A099
D2	2A09A	2A09B	2A09C	2A09D	2A09E	2A09F	2A0A0	2A0A1	2A0A2	2A0A3
D3	2A0A4	2A0A5	2A0A6	2A0A7	2A0A8	2A0A9	2A0AA	2A0AB	2A0AC	2A0AD
D4	2A0AE	2A0AF	2A0B0	2A0B1	2A0B2	2A0B3	2A0B4	2A0B5	2A0B6	2A0B7

9834

	30	31	32	33	34	35	36	37	38	39
D5	2A0B8	2A0B9	2A0BA	2A0BB	2A0BC	2A0BD	2A0BE	2A0BF	2A0C0	2A0C1
D6	2A0C2	2A0C3	2A0C4	2A0C5	2A0C6	2A0C7	2A0C8	2A0C9	2A0CA	2A0CB
D7	2A0CC	2A0CD	2A0CE	2A0CF	2A0D0	2A0D1	2A0D2	2A0D3	2A0D4	2A0D5
D8	2A0D6	2A0D7	2A0D8	2A0D9	2A0DA	2A0DB	2A0DC	2A0DD	2A0DE	2A0DF
D9	2A0E0	2A0E1	2A0E2	2A0E3	2A0E4	2A0E5	2A0E6	2A0E7	2A0E8	2A0E9
DA	2A0EA	2A0EB	2A0EC	2A0ED	2A0EE	2A0EF	2A0F0	2A0F1	2A0F2	2A0F3
DB	2A0F4	2A0F5	2A0F6	2A0F7	2A0F8	2A0F9	2A0FA	2A0FB	2A0FC	2A0FD
DC	2A0FE	2A0FF	2A100	2A101	2A102	2A103	2A104	2A105	2A106	2A107
DD	2A108	2A109	2A10A	2A10B	2A10C	2A10D	2A10E	2A10F	2A110	2A111
DE	2A112	2A113	2A114	2A115	2A116	2A117	2A118	2A119	2A11A	2A11B
DF	2A11C	2A11D	2A11E	2A11F	2A120	2A121	2A122	2A123	2A124	2A125
E0	2A126	2A127	2A128	2A129	2A12A	2A12B	2A12C	2A12D	2A12E	2A12F
E1	2A130	2A131	2A132	2A133	2A134	2A135	2A136	2A137	2A138	2A139
E2	2A13A	2A13B	2A13C	2A13D	2A13E	2A13F	2A140	2A141	2A142	2A143
E3	2A144	2A145	2A146	2A147	2A148	2A149	2A14A	2A14B	2A14C	2A14D
E4	2A14E	2A14F	2A150	2A151	2A152	2A153	2A154	2A155	2A156	2A157
E5	2A158	2A159	2A15A	2A15B	2A15C	2A15D	2A15E	2A15F	2A160	2A161
E6	2A162	2A163	2A164	2A165	2A166	2A167	2A168	2A169	2A16A	2A16B
E7	2A16C	2A16D	2A16E	2A16F	2A170	2A171	2A172	2A173	2A174	2A175
E8	2A176	2A177	2A178	2A179	2A17A	2A17B	2A17C	2A17D	2A17E	2A17F
E9	2A180	2A181	2A182	2A183	2A184	2A185	2A186	2A187	2A188	2A189

9834

	30	31	32	33	34	35	36	37	38	39
EA	2A18A	2A18B	2A18C	2A18D	2A18E	2A18F	2A190	2A191	2A192	2A193
EB	2A194	2A195	2A196	2A197	2A198	2A199	2A19A	2A19B	2A19C	2A19D
EC	2A19E	2A19F	2A1A0	2A1A1	2A1A2	2A1A3	2A1A4	2A1A5	2A1A6	2A1A7
ED	2A1A8	2A1A9	2A1AA	2A1AB	2A1AC	2A1AD	2A1AE	2A1AF	2A1B0	2A1B1
EE	2A1B2	2A1B3	2A1B4	2A1B5	2A1B6	2A1B7	2A1B8	2A1B9	2A1BA	2A1BB
EF	2A1BC	2A1BD	2A1BE	2A1BF	2A1C0	2A1C1	2A1C2	2A1C3	2A1C4	2A1C5
F0	2A1C6	2A1C7	2A1C8	2A1C9	2A1CA	2A1CB	2A1CC	2A1CD	2A1CE	2A1CF
F1	2A1D0	2A1D1	2A1D2	2A1D3	2A1D4	2A1D5	2A1D6	2A1D7	2A1D8	2A1D9
F2	2A1DA	2A1DB	2A1DC	2A1DD	2A1DE	2A1DF	2A1E0	2A1E1	2A1E2	2A1E3
F3	2A1E4	2A1E5	2A1E6	2A1E7	2A1E8	2A1E9	2A1EA	2A1EB	2A1EC	2A1ED
F4	2A1EE	2A1EF	2A1F0	2A1F1	2A1F2	2A1F3	2A1F4	2A1F5	2A1F6	2A1F7
F5	2A1F8	2A1F9	2A1FA	2A1FB	2A1FC	2A1FD	2A1FE	2A1FF	2A200	2A201
F6	2A202	2A203	2A204	2A205	2A206	2A207	2A208	2A209	2A20A	2A20B
F7	2A20C	2A20D	2A20E	2A20F	2A210	2A211	2A212	2A213	2A214	2A215
F8	2A216	2A217	2A218	2A219	2A21A	2A21B	2A21C	2A21D	2A21E	2A21F
F9	2A220	2A221	2A222	2A223	2A224	2A225	2A226	2A227	2A228	2A229
FA	2A22A	2A22B	2A22C	2A22D	2A22E	2A22F	2A230	2A231	2A232	2A233
FB	2A234	2A235	2A236	2A237	2A238	2A239	2A23A	2A23B	2A23C	2A23D
FC	2A23E	2A23F	2A240	2A241	2A242	2A243	2A244	2A245	2A246	2A247
FD	2A248	2A249	2A24A	2A24B	2A24C	2A24D	2A24E	2A24F	2A250	2A251
FE	2A252	2A253	2A254	2A255	2A256	2A257	2A258	2A259	2A25A	2A25B

9835

	30	31	32	33	34	35	36	37	38	39
81	𪉜 2A25C	𪉝 2A25D	𪉞 2A25E	𪉟 2A25F	𪉠 2A260	𪉡 2A261	𪉢 2A262	𪉣 2A263	𪉤 2A264	𪉥 2A265
82	𪉦 2A266	𪉧 2A267	𪉨 2A268	𪉩 2A269	𪉪 2A26A	𪉫 2A26B	𪉬 2A26C	𪉭 2A26D	𪉮 2A26E	𪉯 2A26F
83	𪉰 2A270	𪉱 2A271	𪉲 2A272	𪉳 2A273	𪉴 2A274	𪉵 2A275	𪉶 2A276	𪉷 2A277	𪉸 2A278	𪉹 2A279
84	𪉺 2A27A	𪉻 2A27B	𪉼 2A27C	𪉽 2A27D	𪉾 2A27E	𪉿 2A27F	𪊀 2A280	𪊁 2A281	𪊂 2A282	𪊃 2A283
85	𪊄 2A284	𪊅 2A285	𪊆 2A286	𪊇 2A287	𪊈 2A288	𪊉 2A289	𪊊 2A28A	𪊋 2A28B	𪊌 2A28C	𪊍 2A28D
86	𪊎 2A28E	𪊏 2A28F	𪊐 2A290	𪊑 2A291	𪊒 2A292	𪊓 2A293	𪊔 2A294	𪊕 2A295	𪊖 2A296	𪊗 2A297
87	𪊘 2A298	𪊙 2A299	𪊚 2A29A	𪊛 2A29B	𪊜 2A29C	𪊝 2A29D	𪊞 2A29E	𪊟 2A29F	𪊠 2A2A0	𪊡 2A2A1
88	𪊢 2A2A2	𪊣 2A2A3	𪊤 2A2A4	𪊥 2A2A5	𪊦 2A2A6	𪊧 2A2A7	𪊨 2A2A8	𪊩 2A2A9	𪊪 2A2AA	𪊫 2A2AB
89	𪊬 2A2AC	𪊭 2A2AD	𪊮 2A2AE	𪊯 2A2AF	𪊰 2A2B0	𪊱 2A2B1	𪊲 2A2B2	𪊳 2A2B3	𪊴 2A2B4	𪊵 2A2B5
8A	𪊶 2A2B6	𪊷 2A2B7	𪊸 2A2B8	𪊹 2A2B9	𪊺 2A2BA	𪊻 2A2BB	𪊼 2A2BC	𪊽 2A2BD	𪊾 2A2BE	𪊿 2A2BF
8B	𪋀 2A2C0	𪋁 2A2C1	𪋂 2A2C2	𪋃 2A2C3	𪋄 2A2C4	𪋅 2A2C5	𪋆 2A2C6	𪋇 2A2C7	𪋈 2A2C8	𪋉 2A2C9
8C	𪋊 2A2CA	𪋋 2A2CB	𪋌 2A2CC	𪋍 2A2CD	𪋎 2A2CE	𪋏 2A2CF	𪋐 2A2D0	𪋑 2A2D1	𪋒 2A2D2	𪋓 2A2D3
8D	𪋔 2A2D4	𪋕 2A2D5	𪋖 2A2D6	𪋗 2A2D7	𪋘 2A2D8	𪋙 2A2D9	𪋚 2A2DA	𪋛 2A2DB	𪋜 2A2DC	𪋝 2A2DD
8E	𪋞 2A2DE	𪋟 2A2DF	𪋠 2A2E0	𪋡 2A2E1	𪋢 2A2E2	𪋣 2A2E3	𪋤 2A2E4	𪋥 2A2E5	𪋦 2A2E6	𪋧 2A2E7
8F	𪋨 2A2E8	𪋩 2A2E9	𪋪 2A2EA	𪋫 2A2EB	𪋬 2A2EC	𪋭 2A2ED	𪋮 2A2EE	𪋯 2A2EF	𪋰 2A2F0	𪋱 2A2F1
90	𪋲 2A2F2	𪋳 2A2F3	𪋴 2A2F4	𪋵 2A2F5	𪋶 2A2F6	𪋷 2A2F7	𪋸 2A2F8	𪋹 2A2F9	𪋺 2A2FA	𪋻 2A2FB
91	𪋼 2A2FC	𪋽 2A2FD	𪋾 2A2FE	𪋿 2A2FF	𪌀 2A300	𪌁 2A301	𪌂 2A302	𪌃 2A303	𪌄 2A304	𪌅 2A305
92	𪌆 2A306	𪌇 2A307	𪌈 2A308	𪌉 2A309	𪌊 2A30A	𪌋 2A30B	𪌌 2A30C	𪌍 2A30D	𪌎 2A30E	𪌏 2A30F
93	𪌐 2A310	𪌑 2A311	𪌒 2A312	𪌓 2A313	𪌔 2A314	𪌕 2A315	𪌖 2A316	𪌗 2A317	𪌘 2A318	𪌙 2A319
94	𪌚 2A31A	𪌛 2A31B	𪌜 2A31C	𪌝 2A31D	𪌞 2A31E	𪌟 2A31F	𪌠 2A320	𪌡 2A321	𪌢 2A322	𪌣 2A323
95	𪌤 2A324	𪌥 2A325	𪌦 2A326	𪌧 2A327	𪌨 2A328	𪌩 2A329	𪌪 2A32A	𪌫 2A32B	𪌬 2A32C	𪌭 2A32D

9835

	30	31	32	33	34	35	36	37	38	39
96	2A32E	2A32F	2A330	2A331	2A332	2A333	2A334	2A335	2A336	2A337
97	2A338	2A339	2A33A	2A33B	2A33C	2A33D	2A33E	2A33F	2A340	2A341
98	2A342	2A343	2A344	2A345	2A346	2A347	2A348	2A349	2A34A	2A34B
99	2A34C	2A34D	2A34E	2A34F	2A350	2A351	2A352	2A353	2A354	2A355
9A	2A356	2A357	2A358	2A359	2A35A	2A35B	2A35C	2A35D	2A35E	2A35F
9B	2A360	2A361	2A362	2A363	2A364	2A365	2A366	2A367	2A368	2A369
9C	2A36A	2A36B	2A36C	2A36D	2A36E	2A36F	2A370	2A371	2A372	2A373
9D	2A374	2A375	2A376	2A377	2A378	2A379	2A37A	2A37B	2A37C	2A37D
9E	2A37E	2A37F	2A380	2A381	2A382	2A383	2A384	2A385	2A386	2A387
9F	2A388	2A389	2A38A	2A38B	2A38C	2A38D	2A38E	2A38F	2A390	2A391
A0	2A392	2A393	2A394	2A395	2A396	2A397	2A398	2A399	2A39A	2A39B
A1	2A39C	2A39D	2A39E	2A39F	2A3A0	2A3A1	2A3A2	2A3A3	2A3A4	2A3A5
A2	2A3A6	2A3A7	2A3A8	2A3A9	2A3AA	2A3AB	2A3AC	2A3AD	2A3AE	2A3AF
A3	2A3B0	2A3B1	2A3B2	2A3B3	2A3B4	2A3B5	2A3B6	2A3B7	2A3B8	2A3B9
A4	2A3BA	2A3BB	2A3BC	2A3BD	2A3BE	2A3BF	2A3C0	2A3C1	2A3C2	2A3C3
A5	2A3C4	2A3C5	2A3C6	2A3C7	2A3C8	2A3C9	2A3CA	2A3CB	2A3CC	2A3CD
A6	2A3CE	2A3CF	2A3D0	2A3D1	2A3D2	2A3D3	2A3D4	2A3D5	2A3D6	2A3D7
A7	2A3D8	2A3D9	2A3DA	2A3DB	2A3DC	2A3DD	2A3DE	2A3DF	2A3E0	2A3E1
A8	2A3E2	2A3E3	2A3E4	2A3E5	2A3E6	2A3E7	2A3E8	2A3E9	2A3EA	2A3EB
A9	2A3EC	2A3ED	2A3EE	2A3EF	2A3F0	2A3F1	2A3F2	2A3F3	2A3F4	2A3F5
AA	2A3F6	2A3F7	2A3F8	2A3F9	2A3FA	2A3FB	2A3FC	2A3FD	2A3FE	2A3FF

9835

	30	31	32	33	34	35	36	37	38	39
AB	𪐀 2A400	𪐁 2A401	𪐂 2A402	𪐃 2A403	𪐄 2A404	𪐅 2A405	𪐆 2A406	𪐇 2A407	𪐈 2A408	𪐉 2A409
AC	𪐊 2A40A	𪐋 2A40B	𪐌 2A40C	𪐍 2A40D	𪐎 2A40E	𪐏 2A40F	𪐐 2A410	𪐑 2A411	𪐒 2A412	𪐓 2A413
AD	𪐔 2A414	𪐕 2A415	𪐖 2A416	𪐗 2A417	𪐘 2A418	𪐙 2A419	𪐚 2A41A	𪐛 2A41B	𪐜 2A41C	𪐝 2A41D
AE	𪐞 2A41E	𪐟 2A41F	𪐠 2A420	𪐡 2A421	𪐢 2A422	𪐣 2A423	𪐤 2A424	𪐥 2A425	𪐦 2A426	𪐧 2A427
AF	𪐨 2A428	𪐩 2A429	𪐪 2A42A	𪐫 2A42B	𪐬 2A42C	𪐭 2A42D	𪐮 2A42E	𪐯 2A42F	𪐰 2A430	𪐱 2A431
B0	𪐲 2A432	𪐳 2A433	𪐴 2A434	𪐵 2A435	𪐶 2A436	𪐷 2A437	𪐸 2A438	𪐹 2A439	𪐺 2A43A	𪐻 2A43B
B1	𪐼 2A43C	𪐽 2A43D	𪐾 2A43E	𪐿 2A43F	𪑀 2A440	𪑁 2A441	𪑂 2A442	𪑃 2A443	𪑄 2A444	𪑅 2A445
B2	𪑆 2A446	𪑇 2A447	𪑈 2A448	𪑉 2A449	𪑊 2A44A	𪑋 2A44B	𪑌 2A44C	𪑍 2A44D	𪑎 2A44E	𪑏 2A44F
B3	𪑐 2A450	𪑑 2A451	𪑒 2A452	𪑓 2A453	𪑔 2A454	𪑕 2A455	𪑖 2A456	𪑗 2A457	𪑘 2A458	𪑙 2A459
B4	𪑚 2A45A	𪑛 2A45B	𪑜 2A45C	𪑝 2A45D	𪑞 2A45E	𪑟 2A45F	𪑠 2A460	𪑡 2A461	𪑢 2A462	𪑣 2A463
B5	𪑤 2A464	𪑥 2A465	𪑦 2A466	𪑧 2A467	𪑨 2A468	𪑩 2A469	𪑪 2A46A	𪑫 2A46B	𪑬 2A46C	𪑭 2A46D
B6	𪑮 2A46E	𪑯 2A46F	𪑰 2A470	𪑱 2A471	𪑲 2A472	𪑳 2A473	𪑴 2A474	𪑵 2A475	𪑶 2A476	𪑷 2A477
B7	𪑸 2A478	𪑹 2A479	𪑺 2A47A	𪑻 2A47B	𪑼 2A47C	𪑽 2A47D	𪑾 2A47E	𪑿 2A47F	𪒀 2A480	𪒁 2A481
B8	𪒂 2A482	𪒃 2A483	𪒄 2A484	𪒅 2A485	𪒆 2A486	𪒇 2A487	𪒈 2A488	𪒉 2A489	𪒊 2A48A	𪒋 2A48B
B9	𪒌 2A48C	𪒍 2A48D	𪒎 2A48E	𪒏 2A48F	𪒐 2A490	𪒑 2A491	𪒒 2A492	𪒓 2A493	𪒔 2A494	𪒕 2A495
BA	𪒖 2A496	𪒗 2A497	𪒘 2A498	𪒙 2A499	𪒚 2A49A	𪒛 2A49B	𪒜 2A49C	𪒝 2A49D	𪒞 2A49E	𪒟 2A49F
BB	𪒠 2A4A0	𪒡 2A4A1	𪒢 2A4A2	𪒣 2A4A3	𪒤 2A4A4	𪒥 2A4A5	𪒦 2A4A6	𪒧 2A4A7	𪒨 2A4A8	𪒩 2A4A9
BC	𪒪 2A4AA	𪒫 2A4AB	𪒬 2A4AC	𪒭 2A4AD	𪒮 2A4AE	𪒯 2A4AF	𪒰 2A4B0	𪒱 2A4B1	𪒲 2A4B2	𪒳 2A4B3
BD	𪒴 2A4B4	𪒵 2A4B5	𪒶 2A4B6	𪒷 2A4B7	𪒸 2A4B8	𪒹 2A4B9	𪒺 2A4BA	𪒻 2A4BB	𪒼 2A4BC	𪒽 2A4BD
BE	𪒾 2A4BE	𪒿 2A4BF	𪓀 2A4C0	𪓁 2A4C1	𪓂 2A4C2	𪓃 2A4C3	𪓄 2A4C4	𪓅 2A4C5	𪓆 2A4C6	𪓇 2A4C7
BF	𪓈 2A4C8	𪓉 2A4C9	𪓊 2A4CA	𪓋 2A4CB	𪓌 2A4CC	𪓍 2A4CD	𪓎 2A4CE	𪓏 2A4CF	𪓐 2A4D0	𪓑 2A4D1

9835

	30	31	32	33	34	35	36	37	38	39
C0	2A4D2	2A4D3	2A4D4	2A4D5	2A4D6	2A4D7	2A4D8	2A4D9	2A4DA	2A4DB
C1	2A4DC	2A4DD	2A4DE	2A4DF	2A4E0	2A4E1	2A4E2	2A4E3	2A4E4	2A4E5
C2	2A4E6	2A4E7	2A4E8	2A4E9	2A4EA	2A4EB	2A4EC	2A4ED	2A4EE	2A4EF
C3	2A4F0	2A4F1	2A4F2	2A4F3	2A4F4	2A4F5	2A4F6	2A4F7	2A4F8	2A4F9
C4	2A4FA	2A4FB	2A4FC	2A4FD	2A4FE	2A4FF	2A500	2A501	2A502	2A503
C5	2A504	2A505	2A506	2A507	2A508	2A509	2A50A	2A50B	2A50C	2A50D
C6	2A50E	2A50F	2A510	2A511	2A512	2A513	2A514	2A515	2A516	2A517
C7	2A518	2A519	2A51A	2A51B	2A51C	2A51D	2A51E	2A51F	2A520	2A521
C8	2A522	2A523	2A524	2A525	2A526	2A527	2A528	2A529	2A52A	2A52B
C9	2A52C	2A52D	2A52E	2A52F	2A530	2A531	2A532	2A533	2A534	2A535
CA	2A536	2A537	2A538	2A539	2A53A	2A53B	2A53C	2A53D	2A53E	2A53F
CB	2A540	2A541	2A542	2A543	2A544	2A545	2A546	2A547	2A548	2A549
CC	2A54A	2A54B	2A54C	2A54D	2A54E	2A54F	2A550	2A551	2A552	2A553
CD	2A554	2A555	2A556	2A557	2A558	2A559	2A55A	2A55B	2A55C	2A55D
CE	2A55E	2A55F	2A560	2A561	2A562	2A563	2A564	2A565	2A566	2A567
CF	2A568	2A569	2A56A	2A56B	2A56C	2A56D	2A56E	2A56F	2A570	2A571
D0	2A572	2A573	2A574	2A575	2A576	2A577	2A578	2A579	2A57A	2A57B
D1	2A57C	2A57D	2A57E	2A57F	2A580	2A581	2A582	2A583	2A584	2A585
D2	2A586	2A587	2A588	2A589	2A58A	2A58B	2A58C	2A58D	2A58E	2A58F
D3	2A590	2A591	2A592	2A593	2A594	2A595	2A596	2A597	2A598	2A599
D4	2A59A	2A59B	2A59C	2A59D	2A59E	2A59F	2A5A0	2A5A1	2A5A2	2A5A3

9835

	30	31	32	33	34	35	36	37	38	39
D5	𪖤 2A5A4	𪖥 2A5A5	𪖦 2A5A6	𪖧 2A5A7	𪖨 2A5A8	𪖩 2A5A9	𪖪 2A5AA	𪖫 2A5AB	𪖬 2A5AC	𪖭 2A5AD
D6	𪖮 2A5AE	𪖯 2A5AF	𪖰 2A5B0	𪖱 2A5B1	𪖲 2A5B2	𪖳 2A5B3	𪖴 2A5B4	𪖵 2A5B5	𪖶 2A5B6	𪖷 2A5B7
D7	𪖸 2A5B8	𪖹 2A5B9	𪖺 2A5BA	𪖻 2A5BB	𪖼 2A5BC	𪖽 2A5BD	𪖾 2A5BE	𪖿 2A5BF	𪗀 2A5C0	𪗁 2A5C1
D8	𪗂 2A5C2	𪗃 2A5C3	𪗄 2A5C4	𪗅 2A5C5	𪗆 2A5C6	𪗇 2A5C7	𪗈 2A5C8	𪗉 2A5C9	𪗊 2A5CA	𪗋 2A5CB
D9	𪗌 2A5CC	𪗍 2A5CD	𪗎 2A5CE	𪗏 2A5CF	𪗐 2A5D0	𪗑 2A5D1	𪗒 2A5D2	𪗓 2A5D3	𪗔 2A5D4	𪗕 2A5D5
DA	𪗖 2A5D6	𪗗 2A5D7	𪗘 2A5D8	𪗙 2A5D9	𪗚 2A5DA	𪗛 2A5DB	𪗜 2A5DC	𪗝 2A5DD	𪗞 2A5DE	𪗟 2A5DF
DB	𪗠 2A5E0	𪗡 2A5E1	𪗢 2A5E2	𪗣 2A5E3	𪗤 2A5E4	𪗥 2A5E5	𪗦 2A5E6	𪗧 2A5E7	𪗨 2A5E8	𪗩 2A5E9
DC	𪗪 2A5EA	𪗫 2A5EB	𪗬 2A5EC	𪗭 2A5ED	𪗮 2A5EE	𪗯 2A5EF	𪗰 2A5F0	𪗱 2A5F1	𪗲 2A5F2	𪗳 2A5F3
DD	𪗴 2A5F4	𪗵 2A5F5	𪗶 2A5F6	𪗷 2A5F7	𪗸 2A5F8	𪗹 2A5F9	𪗺 2A5FA	𪗻 2A5FB	𪗼 2A5FC	𪗽 2A5FD
DE	𪗾 2A5FE	𪗿 2A5FF	𪘀 2A600	𪘁 2A601	𪘂 2A602	𪘃 2A603	𪘄 2A604	𪘅 2A605	𪘆 2A606	𪘇 2A607
DF	𪘈 2A608	𪘉 2A609	𪘊 2A60A	𪘋 2A60B	𪘌 2A60C	𪘍 2A60D	𪘎 2A60E	𪘏 2A60F	𪘐 2A610	𪘑 2A611
E0	𪘒 2A612	𪘓 2A613	𪘔 2A614	𪘕 2A615	𪘖 2A616	𪘗 2A617	𪘘 2A618	𪘙 2A619	𪘚 2A61A	𪘛 2A61B
E1	𪘜 2A61C	𪘝 2A61D	𪘞 2A61E	𪘟 2A61F	𪘠 2A620	𪘡 2A621	𪘢 2A622	𪘣 2A623	𪘤 2A624	𪘥 2A625
E2	𪘦 2A626	𪘧 2A627	𪘨 2A628	𪘩 2A629	𪘪 2A62A	𪘫 2A62B	𪘬 2A62C	𪘭 2A62D	𪘮 2A62E	𪘯 2A62F
E3	𪘰 2A630	𪘱 2A631	𪘲 2A632	𪘳 2A633	𪘴 2A634	𪘵 2A635	𪘶 2A636	𪘷 2A637	𪘸 2A638	𪘹 2A639
E4	𪘺 2A63A	𪘻 2A63B	𪘼 2A63C	𪘽 2A63D	𪘾 2A63E	𪘿 2A63F	𪙀 2A640	𪙁 2A641	𪙂 2A642	𪙃 2A643
E5	𪙄 2A644	𪙅 2A645	𪙆 2A646	𪙇 2A647	𪙈 2A648	𪙉 2A649	𪙊 2A64A	𪙋 2A64B	𪙌 2A64C	𪙍 2A64D
E6	𪙎 2A64E	𪙏 2A64F	𪙐 2A650	𪙑 2A651	𪙒 2A652	𪙓 2A653	𪙔 2A654	𪙕 2A655	𪙖 2A656	𪙗 2A657
E7	𪙘 2A658	𪙙 2A659	𪙚 2A65A	𪙛 2A65B	𪙜 2A65C	𪙝 2A65D	𪙞 2A65E	𪙟 2A65F	𪙠 2A660	𪙡 2A661
E8	𪙢 2A662	𪙣 2A663	𪙤 2A664	𪙥 2A665	𪙦 2A666	𪙧 2A667	𪙨 2A668	𪙩 2A669	𪙪 2A66A	𪙫 2A66B
E9	𪙬 2A66C	𪙭 2A66D	𪙮 2A66E	𪙯 2A66F	𪙰 2A670	𪙱 2A671	𪙲 2A672	𪙳 2A673	𪙴 2A674	𪙵 2A675

9835

	30	31	32	33	34	35	36	37	38	39
EA	2A676	2A677	2A678	2A679	2A67A	2A67B	2A67C	2A67D	2A67E	2A67F
EB	2A680	2A681	2A682	2A683	2A684	2A685	2A686	2A687	2A688	2A689
EC	2A68A	2A68B	2A68C	2A68D	2A68E	2A68F	2A690	2A691	2A692	2A693
ED	2A694	2A695	2A696	2A697	2A698	2A699	2A69A	2A69B	2A69C	2A69D
EE	2A69E	2A69F	2A6A0	2A6A1	2A6A2	2A6A3	2A6A4	2A6A5	2A6A6	2A6A7
EF	2A6A8	2A6A9	2A6AA	2A6AB	2A6AC	2A6AD	2A6AE	2A6AF	2A6B0	2A6B1
F0	2A6B2	2A6B3	2A6B4	2A6B5	2A6B6	2A6B7	2A6B8	2A6B9	2A6BA	2A6BB
F1	2A6BC	2A6BD	2A6BE	2A6BF	2A6C0	2A6C1	2A6C2	2A6C3	2A6C4	2A6C5
F2	2A6C6	2A6C7	2A6C8	2A6C9	2A6CA	2A6CB	2A6CC	2A6CD	2A6CE	2A6CF
F3	2A6D0	2A6D1	2A6D2	2A6D3	2A6D4	2A6D5	2A6D6	2A6D7	2A6D8	2A6D9
F4	2A6DA	2A6DB	2A6DC	2A6DD	2A6DE	2A6DF	2A6E0	2A6E1	2A6E2	2A6E3
F5	2A6E4	2A6E5	2A6E6	2A6E7	2A6E8	2A6E9	2A6EA	2A6EB	2A6EC	2A6ED
F6	2A6EE	2A6EF	2A6F0	2A6F1	2A6F2	2A6F3	2A6F4	2A6F5	2A6F6	2A6F7
F7	2A6F8	2A6F9	2A6FA	2A6FB	2A6FC	2A6FD	2A6FE	2A6FF	2A700	2A701
F8	2A702	2A703	2A704	2A705	2A706	2A707	2A708	2A709	2A70A	2A70B
F9	2A70C	2A70D	2A70E	2A70F	2A710	2A711	2A712	2A713	2A714	2A715
FA	2A716	2A717	2A718	2A719	2A71A	2A71B	2A71C	2A71D	2A71E	2A71F
FB	2A720	2A721	2A722	2A723	2A724	2A725	2A726	2A727	2A728	2A729
FC	2A72A	2A72B	2A72C	2A72D	2A72E	2A72F	2A730	2A731	2A732	2A733
FD	2A734	2A735	2A736	2A737	2A738	2A739	2A73A	2A73B	2A73C	2A73D
FE	2A73E	2A73F	2A740	2A741	2A742	2A743	2A744	2A745	2A746	2A747

9836

	30	31	32	33	34	35	36	37	38	39
81	2A748	2A749	2A74A	2A74B	2A74C	2A74D	2A74E	2A74F	2A750	2A751
82	2A752	2A753	2A754	2A755	2A756	2A757	2A758	2A759	2A75A	2A75B
83	2A75C	2A75D	2A75E	2A75F	2A760	2A761	2A762	2A763	2A764	2A765
84	2A766	2A767	2A768	2A769	2A76A	2A76B	2A76C	2A76D	2A76E	2A76F
85	2A770	2A771	2A772	2A773	2A774	2A775	2A776	2A777	2A778	2A779
86	2A77A	2A77B	2A77C	2A77D	2A77E	2A77F	2A780	2A781	2A782	2A783
87	2A784	2A785	2A786	2A787	2A788	2A789	2A78A	2A78B	2A78C	2A78D
88	2A78E	2A78F	2A790	2A791	2A792	2A793	2A794	2A795	2A796	2A797
89	2A798	2A799	2A79A	2A79B	2A79C	2A79D	2A79E	2A79F	2A7A0	2A7A1
8A	2A7A2	2A7A3	2A7A4	2A7A5	2A7A6	2A7A7	2A7A8	2A7A9	2A7AA	2A7AB
8B	2A7AC	2A7AD	2A7AE	2A7AF	2A7B0	2A7B1	2A7B2	2A7B3	2A7B4	2A7B5
8C	2A7B6	2A7B7	2A7B8	2A7B9	2A7BA	2A7BB	2A7BC	2A7BD	2A7BE	2A7BF
8D	2A7C0	2A7C1	2A7C2	2A7C3	2A7C4	2A7C5	2A7C6	2A7C7	2A7C8	2A7C9
8E	2A7CA	2A7CB	2A7CC	2A7CD	2A7CE	2A7CF	2A7D0	2A7D1	2A7D2	2A7D3
8F	2A7D4	2A7D5	2A7D6	2A7D7	2A7D8	2A7D9	2A7DA	2A7DB	2A7DC	2A7DD
90	2A7DE	2A7DF	2A7E0	2A7E1	2A7E2	2A7E3	2A7E4	2A7E5	2A7E6	2A7E7
91	2A7E8	2A7E9	2A7EA	2A7EB	2A7EC	2A7ED	2A7EE	2A7EF	2A7F0	2A7F1
92	2A7F2	2A7F3	2A7F4	2A7F5	2A7F6	2A7F7	2A7F8	2A7F9	2A7FA	2A7FB
93	2A7FC	2A7FD	2A7FE	2A7FF	2A800	2A801	2A802	2A803	2A804	2A805
94	2A806	2A807	2A808	2A809	2A80A	2A80B	2A80C	2A80D	2A80E	2A80F
95	2A810	2A811	2A812	2A813	2A814	2A815	2A816	2A817	2A818	2A819

9836

	30	31	32	33	34	35	36	37	38	39
96	2A81A	2A81B	2A81C	2A81D	2A81E	2A81F	2A820	2A821	2A822	2A823
97	2A824	2A825	2A826	2A827	2A828	2A829	2A82A	2A82B	2A82C	2A82D
98	2A82E	2A82F	2A830	2A831	2A832	2A833	2A834	2A835	2A836	2A837
99	2A838	2A839	2A83A	2A83B	2A83C	2A83D	2A83E	2A83F	2A840	2A841
9A	2A842	2A843	2A844	2A845	2A846	2A847	2A848	2A849	2A84A	2A84B
9B	2A84C	2A84D	2A84E	2A84F	2A850	2A851	2A852	2A853	2A854	2A855
9C	2A856	2A857	2A858	2A859	2A85A	2A85B	2A85C	2A85D	2A85E	2A85F
9D	2A860	2A861	2A862	2A863	2A864	2A865	2A866	2A867	2A868	2A869
9E	2A86A	2A86B	2A86C	2A86D	2A86E	2A86F	2A870	2A871	2A872	2A873
9F	2A874	2A875	2A876	2A877	2A878	2A879	2A87A	2A87B	2A87C	2A87D
A0	2A87E	2A87F	2A880	2A881	2A882	2A883	2A884	2A885	2A886	2A887
A1	2A888	2A889	2A88A	2A88B	2A88C	2A88D	2A88E	2A88F	2A890	2A891
A2	2A892	2A893	2A894	2A895	2A896	2A897	2A898	2A899	2A89A	2A89B
A3	2A89C	2A89D	2A89E	2A89F	2A8A0	2A8A1	2A8A2	2A8A3	2A8A4	2A8A5
A4	2A8A6	2A8A7	2A8A8	2A8A9	2A8AA	2A8AB	2A8AC	2A8AD	2A8AE	2A8AF
A5	2A8B0	2A8B1	2A8B2	2A8B3	2A8B4	2A8B5	2A8B6	2A8B7	2A8B8	2A8B9
A6	2A8BA	2A8BB	2A8BC	2A8BD	2A8BE	2A8BF	2A8C0	2A8C1	2A8C2	2A8C3
A7	2A8C4	2A8C5	2A8C6	2A8C7	2A8C8	2A8C9	2A8CA	2A8CB	2A8CC	2A8CD
A8	2A8CE	2A8CF	2A8D0	2A8D1	2A8D2	2A8D3	2A8D4	2A8D5	2A8D6	2A8D7
A9	2A8D8	2A8D9	2A8DA	2A8DB	2A8DC	2A8DD	2A8DE	2A8DF	2A8E0	2A8E1
AA	2A8E2	2A8E3	2A8E4	2A8E5	2A8E6	2A8E7	2A8E8	2A8E9	2A8EA	2A8EB

9836

	30	31	32	33	34	35	36	37	38	39
AB	2A8EC	2A8ED	2A8EE	2A8EF	2A8F0	2A8F1	2A8F2	2A8F3	2A8F4	2A8F5
AC	2A8F6	2A8F7	2A8F8	2A8F9	2A8FA	2A8FB	2A8FC	2A8FD	2A8FE	2A8FF
AD	2A900	2A901	2A902	2A903	2A904	2A905	2A906	2A907	2A908	2A909
AE	2A90A	2A90B	2A90C	2A90D	2A90E	2A90F	2A910	2A911	2A912	2A913
AF	2A914	2A915	2A916	2A917	2A918	2A919	2A91A	2A91B	2A91C	2A91D
B0	2A91E	2A91F	2A920	2A921	2A922	2A923	2A924	2A925	2A926	2A927
B1	2A928	2A929	2A92A	2A92B	2A92C	2A92D	2A92E	2A92F	2A930	2A931
B2	2A932	2A933	2A934	2A935	2A936	2A937	2A938	2A939	2A93A	2A93B
B3	2A93C	2A93D	2A93E	2A93F	2A940	2A941	2A942	2A943	2A944	2A945
B4	2A946	2A947	2A948	2A949	2A94A	2A94B	2A94C	2A94D	2A94E	2A94F
B5	2A950	2A951	2A952	2A953	2A954	2A955	2A956	2A957	2A958	2A959
B6	2A95A	2A95B	2A95C	2A95D	2A95E	2A95F	2A960	2A961	2A962	2A963
B7	2A964	2A965	2A966	2A967	2A968	2A969	2A96A	2A96B	2A96C	2A96D
B8	2A96E	2A96F	2A970	2A971	2A972	2A973	2A974	2A975	2A976	2A977
B9	2A978	2A979	2A97A	2A97B	2A97C	2A97D	2A97E	2A97F	2A980	2A981
BA	2A982	2A983	2A984	2A985	2A986	2A987	2A988	2A989	2A98A	2A98B
BB	2A98C	2A98D	2A98E	2A98F	2A990	2A991	2A992	2A993	2A994	2A995
BC	2A996	2A997	2A998	2A999	2A99A	2A99B	2A99C	2A99D	2A99E	2A99F
BD	2A9A0	2A9A1	2A9A2	2A9A3	2A9A4	2A9A5	2A9A6	2A9A7	2A9A8	2A9A9
BE	2A9AA	2A9AB	2A9AC	2A9AD	2A9AE	2A9AF	2A9B0	2A9B1	2A9B2	2A9B3
BF	2A9B4	2A9B5	2A9B6	2A9B7	2A9B8	2A9B9	2A9BA	2A9BB	2A9BC	2A9BD

9836

	30	31	32	33	34	35	36	37	38	39
C0	2A9BE	2A9BF	2A9C0	2A9C1	2A9C2	2A9C3	2A9C4	2A9C5	2A9C6	2A9C7
C1	2A9C8	2A9C9	2A9CA	2A9CB	2A9CC	2A9CD	2A9CE	2A9CF	2A9D0	2A9D1
C2	2A9D2	2A9D3	2A9D4	2A9D5	2A9D6	2A9D7	2A9D8	2A9D9	2A9DA	2A9DB
C3	2A9DC	2A9DD	2A9DE	2A9DF	2A9E0	2A9E1	2A9E2	2A9E3	2A9E4	2A9E5
C4	2A9E6	2A9E7	2A9E8	2A9E9	2A9EA	2A9EB	2A9EC	2A9ED	2A9EE	2A9EF
C5	2A9F0	2A9F1	2A9F2	2A9F3	2A9F4	2A9F5	2A9F6	2A9F7	2A9F8	2A9F9
C6	2A9FA	2A9FB	2A9FC	2A9FD	2A9FE	2A9FF	2AA00	2AA01	2AA02	2AA03
C7	2AA04	2AA05	2AA06	2AA07	2AA08	2AA09	2AA0A	2AA0B	2AA0C	2AA0D
C8	2AA0E	2AA0F	2AA10	2AA11	2AA12	2AA13	2AA14	2AA15	2AA16	2AA17
C9	2AA18	2AA19	2AA1A	2AA1B	2AA1C	2AA1D	2AA1E	2AA1F	2AA20	2AA21
CA	2AA22	2AA23	2AA24	2AA25	2AA26	2AA27	2AA28	2AA29	2AA2A	2AA2B
CB	2AA2C	2AA2D	2AA2E	2AA2F	2AA30	2AA31	2AA32	2AA33	2AA34	2AA35
CC	2AA36	2AA37	2AA38	2AA39	2AA3A	2AA3B	2AA3C	2AA3D	2AA3E	2AA3F
CD	2AA40	2AA41	2AA42	2AA43	2AA44	2AA45	2AA46	2AA47	2AA48	2AA49
CE	2AA4A	2AA4B	2AA4C	2AA4D	2AA4E	2AA4F	2AA50	2AA51	2AA52	2AA53
CF	2AA54	2AA55	2AA56	2AA57	2AA58	2AA59	2AA5A	2AA5B	2AA5C	2AA5D
D0	2AA5E	2AA5F	2AA60	2AA61	2AA62	2AA63	2AA64	2AA65	2AA66	2AA67
D1	2AA68	2AA69	2AA6A	2AA6B	2AA6C	2AA6D	2AA6E	2AA6F	2AA70	2AA71
D2	2AA72	2AA73	2AA74	2AA75	2AA76	2AA77	2AA78	2AA79	2AA7A	2AA7B
D3	2AA7C	2AA7D	2AA7E	2AA7F	2AA80	2AA81	2AA82	2AA83	2AA84	2AA85
D4	2AA86	2AA87	2AA88	2AA89	2AA8A	2AA8B	2AA8C	2AA8D	2AA8E	2AA8F

9836

	30	31	32	33	34	35	36	37	38	39
D5	2AA90	2AA91	2AA92	2AA93	2AA94	2AA95	2AA96	2AA97	2AA98	2AA99
D6	2AA9A	2AA9B	2AA9C	2AA9D	2AA9E	2AA9F	2AAA0	2AAA1	2AAA2	2AAA3
D7	2AAA4	2AAA5	2AAA6	2AAA7	2AAA8	2AAA9	2AAAA	2AAAB	2AAAC	2AAAD
D8	2AAAE	2AAAF	2AAB0	2AAB1	2AAB2	2AAB3	2AAB4	2AAB5	2AAB6	2AAB7
D9	2AAB8	2AAB9	2AABA	2AABB	2AABC	2AABD	2AABE	2AABF	2AAC0	2AAC1
DA	2AAC2	2AAC3	2AAC4	2AAC5	2AAC6	2AAC7	2AAC8	2AAC9	2AACA	2AACB
DB	2AACC	2AACD	2AACE	2AACF	2AAD0	2AAD1	2AAD2	2AAD3	2AAD4	2AAD5
DC	2AAD6	2AAD7	2AAD8	2AAD9	2AADA	2AADB	2AADC	2AADD	2AADE	2AADF
DD	2AAE0	2AAE1	2AAE2	2AAE3	2AAE4	2AAE5	2AAE6	2AAE7	2AAE8	2AAE9
DE	2AAEA	2AAEB	2AAEC	2AAED	2AAEE	2AAEF	2AAF0	2AAF1	2AAF2	2AAF3
DF	2AAF4	2AAF5	2AAF6	2AAF7	2AAF8	2AAF9	2AAFA	2AAFB	2AAFC	2AAFD
E0	2AAFE	2AAFF	2AB00	2AB01	2AB02	2AB03	2AB04	2AB05	2AB06	2AB07
E1	2AB08	2AB09	2AB0A	2AB0B	2AB0C	2AB0D	2AB0E	2AB0F	2AB10	2AB11
E2	2AB12	2AB13	2AB14	2AB15	2AB16	2AB17	2AB18	2AB19	2AB1A	2AB1B
E3	2AB1C	2AB1D	2AB1E	2AB1F	2AB20	2AB21	2AB22	2AB23	2AB24	2AB25
E4	2AB26	2AB27	2AB28	2AB29	2AB2A	2AB2B	2AB2C	2AB2D	2AB2E	2AB2F
E5	2AB30	2AB31	2AB32	2AB33	2AB34	2AB35	2AB36	2AB37	2AB38	2AB39
E6	2AB3A	2AB3B	2AB3C	2AB3D	2AB3E	2AB3F	2AB40	2AB41	2AB42	2AB43
E7	2AB44	2AB45	2AB46	2AB47	2AB48	2AB49	2AB4A	2AB4B	2AB4C	2AB4D
E8	2AB4E	2AB4F	2AB50	2AB51	2AB52	2AB53	2AB54	2AB55	2AB56	2AB57
E9	2AB58	2AB59	2AB5A	2AB5B	2AB5C	2AB5D	2AB5E	2AB5F	2AB60	2AB61

9836

	30	31	32	33	34	35	36	37	38	39
EA	2AB62	2AB63	2AB64	2AB65	2AB66	2AB67	2AB68	2AB69	2AB6A	2AB6B
EB	2AB6C	2AB6D	2AB6E	2AB6F	2AB70	2AB71	2AB72	2AB73	2AB74	2AB75
EC	2AB76	2AB77	2AB78	2AB79	2AB7A	2AB7B	2AB7C	2AB7D	2AB7E	2AB7F
ED	2AB80	2AB81	2AB82	2AB83	2AB84	2AB85	2AB86	2AB87	2AB88	2AB89
EE	2AB8A	2AB8B	2AB8C	2AB8D	2AB8E	2AB8F	2AB90	2AB91	2AB92	2AB93
EF	2AB94	2AB95	2AB96	2AB97	2AB98	2AB99	2AB9A	2AB9B	2AB9C	2AB9D
F0	2AB9E	2AB9F	2ABA0	2ABA1	2ABA2	2ABA3	2ABA4	2ABA5	2ABA6	2ABA7
F1	2ABA8	2ABA9	2ABAA	2ABAB	2ABAC	2ABAD	2ABAE	2ABAF	2ABB0	2ABB1
F2	2ABB2	2ABB3	2ABB4	2ABB5	2ABB6	2ABB7	2ABB8	2ABB9	2ABBA	2ABBB
F3	2ABBC	2ABBD	2ABBE	2ABBF	2ABC0	2ABC1	2ABC2	2ABC3	2ABC4	2ABC5
F4	2ABC6	2ABC7	2ABC8	2ABC9	2ABCA	2ABCB	2ABCC	2ABCD	2ABCE	2ABCF
F5	2ABD0	2ABD1	2ABD2	2ABD3	2ABD4	2ABD5	2ABD6	2ABD7	2ABD8	2ABD9
F6	2ABDA	2ABDB	2ABDC	2ABDD	2ABDE	2ABDF	2ABE0	2ABE1	2ABE2	2ABE3
F7	2ABE4	2ABE5	2ABE6	2ABE7	2ABE8	2ABE9	2ABEA	2ABEB	2ABEC	2ABED
F8	2ABEE	2ABEF	2ABF0	2ABF1	2ABF2	2ABF3	2ABF4	2ABF5	2ABF6	2ABF7
F9	2ABF8	2ABF9	2ABFA	2ABFB	2ABFC	2ABFD	2ABFE	2ABFF	2AC00	2AC01
FA	2AC02	2AC03	2AC04	2AC05	2AC06	2AC07	2AC08	2AC09	2AC0A	2AC0B
FB	2AC0C	2AC0D	2AC0E	2AC0F	2AC10	2AC11	2AC12	2AC13	2AC14	2AC15
FC	2AC16	2AC17	2AC18	2AC19	2AC1A	2AC1B	2AC1C	2AC1D	2AC1E	2AC1F
FD	2AC20	2AC21	2AC22	2AC23	2AC24	2AC25	2AC26	2AC27	2AC28	2AC29
FE	2AC2A	2AC2B	2AC2C	2AC2D	2AC2E	2AC2F	2AC30	2AC31	2AC32	2AC33

9837

	30	31	32	33	34	35	36	37	38	39
81	2AC34	2AC35	2AC36	2AC37	2AC38	2AC39	2AC3A	2AC3B	2AC3C	2AC3D
82	2AC3E	2AC3F	2AC40	2AC41	2AC42	2AC43	2AC44	2AC45	2AC46	2AC47
83	2AC48	2AC49	2AC4A	2AC4B	2AC4C	2AC4D	2AC4E	2AC4F	2AC50	2AC51
84	2AC52	2AC53	2AC54	2AC55	2AC56	2AC57	2AC58	2AC59	2AC5A	2AC5B
85	2AC5C	2AC5D	2AC5E	2AC5F	2AC60	2AC61	2AC62	2AC63	2AC64	2AC65
86	2AC66	2AC67	2AC68	2AC69	2AC6A	2AC6B	2AC6C	2AC6D	2AC6E	2AC6F
87	2AC70	2AC71	2AC72	2AC73	2AC74	2AC75	2AC76	2AC77	2AC78	2AC79
88	2AC7A	2AC7B	2AC7C	2AC7D	2AC7E	2AC7F	2AC80	2AC81	2AC82	2AC83
89	2AC84	2AC85	2AC86	2AC87	2AC88	2AC89	2AC8A	2AC8B	2AC8C	2AC8D
8A	2AC8E	2AC8F	2AC90	2AC91	2AC92	2AC93	2AC94	2AC95	2AC96	2AC97
8B	2AC98	2AC99	2AC9A	2AC9B	2AC9C	2AC9D	2AC9E	2AC9F	2ACA0	2ACA1
8C	2ACA2	2ACA3	2ACA4	2ACA5	2ACA6	2ACA7	2ACA8	2ACA9	2ACAA	2ACAB
8D	2ACAC	2ACAD	2ACAE	2ACAF	2ACB0	2ACB1	2ACB2	2ACB3	2ACB4	2ACB5
8E	2ACB6	2ACB7	2ACB8	2ACB9	2ACBA	2ACBB	2ACBC	2ACBD	2ACBE	2ACBF
8F	2ACC0	2ACC1	2ACC2	2ACC3	2ACC4	2ACC5	2ACC6	2ACC7	2ACC8	2ACC9
90	2ACCA	2ACCB	2ACCC	2ACCD	2ACCE	2ACCF	2ACD0	2ACD1	2ACD2	2ACD3
91	2ACD4	2ACD5	2ACD6	2ACD7	2ACD8	2ACD9	2ACDA	2ACDB	2ACDC	2ACDD
92	2ACDE	2ACDF	2ACE0	2ACE1	2ACE2	2ACE3	2ACE4	2ACE5	2ACE6	2ACE7
93	2ACE8	2ACE9	2ACEA	2ACEB	2ACEC	2ACED	2ACEE	2ACEF	2ACF0	2ACF1
94	2ACF2	2ACF3	2ACF4	2ACF5	2ACF6	2ACF7	2ACF8	2ACF9	2ACFA	2ACFB
95	2ACFC	2ACFD	2ACFE	2ACFF	2AD00	2AD01	2AD02	2AD03	2AD04	2AD05

9837

	30	31	32	33	34	35	36	37	38	39
96	2AD06	2AD07	2AD08	2AD09	2AD0A	2AD0B	2AD0C	2AD0D	2AD0E	2AD0F
97	2AD10	2AD11	2AD12	2AD13	2AD14	2AD15	2AD16	2AD17	2AD18	2AD19
98	2AD1A	2AD1B	2AD1C	2AD1D	2AD1E	2AD1F	2AD20	2AD21	2AD22	2AD23
99	2AD24	2AD25	2AD26	2AD27	2AD28	2AD29	2AD2A	2AD2B	2AD2C	2AD2D
9A	2AD2E	2AD2F	2AD30	2AD31	2AD32	2AD33	2AD34	2AD35	2AD36	2AD37
9B	2AD38	2AD39	2AD3A	2AD3B	2AD3C	2AD3D	2AD3E	2AD3F	2AD40	2AD41
9C	2AD42	2AD43	2AD44	2AD45	2AD46	2AD47	2AD48	2AD49	2AD4A	2AD4B
9D	2AD4C	2AD4D	2AD4E	2AD4F	2AD50	2AD51	2AD52	2AD53	2AD54	2AD55
9E	2AD56	2AD57	2AD58	2AD59	2AD5A	2AD5B	2AD5C	2AD5D	2AD5E	2AD5F
9F	2AD60	2AD61	2AD62	2AD63	2AD64	2AD65	2AD66	2AD67	2AD68	2AD69
A0	2AD6A	2AD6B	2AD6C	2AD6D	2AD6E	2AD6F	2AD70	2AD71	2AD72	2AD73
A1	2AD74	2AD75	2AD76	2AD77	2AD78	2AD79	2AD7A	2AD7B	2AD7C	2AD7D
A2	2AD7E	2AD7F	2AD80	2AD81	2AD82	2AD83	2AD84	2AD85	2AD86	2AD87
A3	2AD88	2AD89	2AD8A	2AD8B	2AD8C	2AD8D	2AD8E	2AD8F	2AD90	2AD91
A4	2AD92	2AD93	2AD94	2AD95	2AD96	2AD97	2AD98	2AD99	2AD9A	2AD9B
A5	2AD9C	2AD9D	2AD9E	2AD9F	2ADA0	2ADA1	2ADA2	2ADA3	2ADA4	2ADA5
A6	2ADA6	2ADA7	2ADA8	2ADA9	2ADAA	2ADAB	2ADAC	2ADAD	2ADAE	2ADAF
A7	2ADB0	2ADB1	2ADB2	2ADB3	2ADB4	2ADB5	2ADB6	2ADB7	2ADB8	2ADB9
A8	2ADBA	2ADBB	2ADBC	2ADBD	2ADBE	2ADBF	2ADC0	2ADC1	2ADC2	2ADC3
A9	2ADC4	2ADC5	2ADC6	2ADC7	2ADC8	2ADC9	2ADCA	2ADCB	2ADCC	2ADCD
AA	2ADCE	2ADCF	2ADD0	2ADD1	2ADD2	2ADD3	2ADD4	2ADD5	2ADD6	2ADD7

9837

	30	31	32	33	34	35	36	37	38	39
AB	2ADD8	2ADD9	2ADDA	2ADDB	2ADDC	2ADDD	2ADDE	2ADDF	2ADE0	2ADE1
AC	2ADE2	2ADE3	2ADE4	2ADE5	2ADE6	2ADE7	2ADE8	2ADE9	2ADEA	2ADEB
AD	2ADEC	2ADED	2ADEE	2ADEF	2ADF0	2ADF1	2ADF2	2ADF3	2ADF4	2ADF5
AE	2ADF6	2ADF7	2ADF8	2ADF9	2ADFA	2ADFB	2ADFC	2ADFD	2ADFE	2ADFF
AF	2AE00	2AE01	2AE02	2AE03	2AE04	2AE05	2AE06	2AE07	2AE08	2AE09
B0	2AE0A	2AE0B	2AE0C	2AE0D	2AE0E	2AE0F	2AE10	2AE11	2AE12	2AE13
B1	2AE14	2AE15	2AE16	2AE17	2AE18	2AE19	2AE1A	2AE1B	2AE1C	2AE1D
B2	2AE1E	2AE1F	2AE20	2AE21	2AE22	2AE23	2AE24	2AE25	2AE26	2AE27
B3	2AE28	2AE29	2AE2A	2AE2B	2AE2C	2AE2D	2AE2E	2AE2F	2AE30	2AE31
B4	2AE32	2AE33	2AE34	2AE35	2AE36	2AE37	2AE38	2AE39	2AE3A	2AE3B
B5	2AE3C	2AE3D	2AE3E	2AE3F	2AE40	2AE41	2AE42	2AE43	2AE44	2AE45
B6	2AE46	2AE47	2AE48	2AE49	2AE4A	2AE4B	2AE4C	2AE4D	2AE4E	2AE4F
B7	2AE50	2AE51	2AE52	2AE53	2AE54	2AE55	2AE56	2AE57	2AE58	2AE59
B8	2AE5A	2AE5B	2AE5C	2AE5D	2AE5E	2AE5F	2AE60	2AE61	2AE62	2AE63
B9	2AE64	2AE65	2AE66	2AE67	2AE68	2AE69	2AE6A	2AE6B	2AE6C	2AE6D
BA	2AE6E	2AE6F	2AE70	2AE71	2AE72	2AE73	2AE74	2AE75	2AE76	2AE77
BB	2AE78	2AE79	2AE7A	2AE7B	2AE7C	2AE7D	2AE7E	2AE7F	2AE80	2AE81
BC	2AE82	2AE83	2AE84	2AE85	2AE86	2AE87	2AE88	2AE89	2AE8A	2AE8B
BD	2AE8C	2AE8D	2AE8E	2AE8F	2AE90	2AE91	2AE92	2AE93	2AE94	2AE95
BE	2AE96	2AE97	2AE98	2AE99	2AE9A	2AE9B	2AE9C	2AE9D	2AE9E	2AE9F
BF	2AEA0	2AEA1	2AEA2	2AEA3	2AEA4	2AEA5	2AEA6	2AEA7	2AEA8	2AEA9

9837

	30	31	32	33	34	35	36	37	38	39
C0	2AEAA	2AEAB	2AEAC	2AEAD	2AEAE	2AEAF	2AEB0	2AEB1	2AEB2	2AEB3
C1	2AEB4	2AEB5	2AEB6	2AEB7	2AEB8	2AEB9	2AEBA	2AEBB	2AEBC	2AEBD
C2	2AEBE	2AEBF	2AEC0	2AEC1	2AEC2	2AEC3	2AEC4	2AEC5	2AEC6	2AEC7
C3	2AEC8	2AEC9	2AECA	2AECB	2AECC	2AECD	2AECE	2AECF	2AED0	2AED1
C4	2AED2	2AED3	2AED4	2AED5	2AED6	2AED7	2AED8	2AED9	2AEDA	2AEDB
C5	2AEDC	2AEDD	2AEDE	2AEDF	2AEE0	2AEE1	2AEE2	2AEE3	2AEE4	2AEE5
C6	2AEE6	2AEE7	2AEE8	2AEE9	2AEEA	2AEEB	2AEEC	2AEED	2AEEE	2AEEF
C7	2AEF0	2AEF1	2AEF2	2AEF3	2AEF4	2AEF5	2AEF6	2AEF7	2AEF8	2AEF9
C8	2AEFA	2AEFB	2AEFC	2AEFD	2AEFE	2AEFF	2AF00	2AF01	2AF02	2AF03
C9	2AF04	2AF05	2AF06	2AF07	2AF08	2AF09	2AF0A	2AF0B	2AF0C	2AF0D
CA	2AF0E	2AF0F	2AF10	2AF11	2AF12	2AF13	2AF14	2AF15	2AF16	2AF17
CB	2AF18	2AF19	2AF1A	2AF1B	2AF1C	2AF1D	2AF1E	2AF1F	2AF20	2AF21
CC	2AF22	2AF23	2AF24	2AF25	2AF26	2AF27	2AF28	2AF29	2AF2A	2AF2B
CD	2AF2C	2AF2D	2AF2E	2AF2F	2AF30	2AF31	2AF32	2AF33	2AF34	2AF35
CE	2AF36	2AF37	2AF38	2AF39	2AF3A	2AF3B	2AF3C	2AF3D	2AF3E	2AF3F
CF	2AF40	2AF41	2AF42	2AF43	2AF44	2AF45	2AF46	2AF47	2AF48	2AF49
D0	2AF4A	2AF4B	2AF4C	2AF4D	2AF4E	2AF4F	2AF50	2AF51	2AF52	2AF53
D1	2AF54	2AF55	2AF56	2AF57	2AF58	2AF59	2AF5A	2AF5B	2AF5C	2AF5D
D2	2AF5E	2AF5F	2AF60	2AF61	2AF62	2AF63	2AF64	2AF65	2AF66	2AF67
D3	2AF68	2AF69	2AF6A	2AF6B	2AF6C	2AF6D	2AF6E	2AF6F	2AF70	2AF71
D4	2AF72	2AF73	2AF74	2AF75	2AF76	2AF77	2AF78	2AF79	2AF7A	2AF7B

9837

	30	31	32	33	34	35	36	37	38	39
D5	2AF7C	2AF7D	2AF7E	2AF7F	2AF80	2AF81	2AF82	2AF83	2AF84	2AF85
D6	2AF86	2AF87	2AF88	2AF89	2AF8A	2AF8B	2AF8C	2AF8D	2AF8E	2AF8F
D7	2AF90	2AF91	2AF92	2AF93	2AF94	2AF95	2AF96	2AF97	2AF98	2AF99
D8	2AF9A	2AF9B	2AF9C	2AF9D	2AF9E	2AF9F	2AFA0	2AFA1	2AFA2	2AFA3
D9	2AFA4	2AFA5	2AFA6	2AFA7	2AFA8	2AFA9	2AFAA	2AFAB	2AFAC	2AFAD
DA	2AFAE	2AFAF	2AFB0	2AFB1	2AFB2	2AFB3	2AFB4	2AFB5	2AFB6	2AFB7
DB	2AFB8	2AFB9	2AFBA	2AFBB	2AFBC	2AFBD	2AFBE	2AFBF	2AFC0	2AFC1
DC	2AFC2	2AFC3	2AFC4	2AFC5	2AFC6	2AFC7	2AFC8	2AFC9	2AFCA	2AFCB
DD	2AFCC	2AFCD	2AFCE	2AFCF	2AFD0	2AFD1	2AFD2	2AFD3	2AFD4	2AFD5
DE	2AFD6	2AFD7	2AFD8	2AFD9	2AFDA	2AFDB	2AFDC	2AFDD	2AFDE	2AFDF
DF	2AFE0	2AFE1	2AFE2	2AFE3	2AFE4	2AFE5	2AFE6	2AFE7	2AFE8	2AFE9
E0	2AFEA	2AFEB	2AFEC	2AFED	2AFEE	2AFEF	2AFF0	2AFF1	2AFF2	2AFF3
E1	2AFF4	2AFF5	2AFF6	2AFF7	2AFF8	2AFF9	2AFFA	2AFFB	2AFFC	2AFFD
E2	2AFFE	2AFFF	2B000	2B001	2B002	2B003	2B004	2B005	2B006	2B007
E3	2B008	2B009	2B00A	2B00B	2B00C	2B00D	2B00E	2B00F	2B010	2B011
E4	2B012	2B013	2B014	2B015	2B016	2B017	2B018	2B019	2B01A	2B01B
E5	2B01C	2B01D	2B01E	2B01F	2B020	2B021	2B022	2B023	2B024	2B025
E6	2B026	2B027	2B028	2B029	2B02A	2B02B	2B02C	2B02D	2B02E	2B02F
E7	2B030	2B031	2B032	2B033	2B034	2B035	2B036	2B037	2B038	2B039
E8	2B03A	2B03B	2B03C	2B03D	2B03E	2B03F	2B040	2B041	2B042	2B043
E9	2B044	2B045	2B046	2B047	2B048	2B049	2B04A	2B04B	2B04C	2B04D

9837

	30	31	32	33	34	35	36	37	38	39
EA	2B04E	2B04F	2B050	2B051	2B052	2B053	2B054	2B055	2B056	2B057
EB	2B058	2B059	2B05A	2B05B	2B05C	2B05D	2B05E	2B05F	2B060	2B061
EC	2B062	2B063	2B064	2B065	2B066	2B067	2B068	2B069	2B06A	2B06B
ED	2B06C	2B06D	2B06E	2B06F	2B070	2B071	2B072	2B073	2B074	2B075
EE	2B076	2B077	2B078	2B079	2B07A	2B07B	2B07C	2B07D	2B07E	2B07F
EF	2B080	2B081	2B082	2B083	2B084	2B085	2B086	2B087	2B088	2B089
F0	2B08A	2B08B	2B08C	2B08D	2B08E	2B08F	2B090	2B091	2B092	2B093
F1	2B094	2B095	2B096	2B097	2B098	2B099	2B09A	2B09B	2B09C	2B09D
F2	2B09E	2B09F	2B0A0	2B0A1	2B0A2	2B0A3	2B0A4	2B0A5	2B0A6	2B0A7
F3	2B0A8	2B0A9	2B0AA	2B0AB	2B0AC	2B0AD	2B0AE	2B0AF	2B0B0	2B0B1
F4	2B0B2	2B0B3	2B0B4	2B0B5	2B0B6	2B0B7	2B0B8	2B0B9	2B0BA	2B0BB
F5	2B0BC	2B0BD	2B0BE	2B0BF	2B0C0	2B0C1	2B0C2	2B0C3	2B0C4	2B0C5
F6	2B0C6	2B0C7	2B0C8	2B0C9	2B0CA	2B0CB	2B0CC	2B0CD	2B0CE	2B0CF
F7	2B0D0	2B0D1	2B0D2	2B0D3	2B0D4	2B0D5	2B0D6	2B0D7	2B0D8	2B0D9
F8	2B0DA	2B0DB	2B0DC	2B0DD	2B0DE	2B0DF	2B0E0	2B0E1	2B0E2	2B0E3
F9	2B0E4	2B0E5	2B0E6	2B0E7	2B0E8	2B0E9	2B0EA	2B0EB	2B0EC	2B0ED
FA	2B0EE	2B0EF	2B0F0	2B0F1	2B0F2	2B0F3	2B0F4	2B0F5	2B0F6	2B0F7
FB	2B0F8	2B0F9	2B0FA	2B0FB	2B0FC	2B0FD	2B0FE	2B0FF	2B100	2B101
FC	2B102	2B103	2B104	2B105	2B106	2B107	2B108	2B109	2B10A	2B10B
FD	2B10C	2B10D	2B10E	2B10F	2B110	2B111	2B112	2B113	2B114	2B115
FE	2B116	2B117	2B118	2B119	2B11A	2B11B	2B11C	2B11D	2B11E	2B11F

9838

	30	31	32	33	34	35	36	37	38	39
81	2B120	2B121	2B122	2B123	2B124	2B125	2B126	2B127	2B128	2B129
82	2B12A	2B12B	2B12C	2B12D	2B12E	2B12F	2B130	2B131	2B132	2B133
83	2B134	2B135	2B136	2B137	2B138	2B139	2B13A	2B13B	2B13C	2B13D
84	2B13E	2B13F	2B140	2B141	2B142	2B143	2B144	2B145	2B146	2B147
85	2B148	2B149	2B14A	2B14B	2B14C	2B14D	2B14E	2B14F	2B150	2B151
86	2B152	2B153	2B154	2B155	2B156	2B157	2B158	2B159	2B15A	2B15B
87	2B15C	2B15D	2B15E	2B15F	2B160	2B161	2B162	2B163	2B164	2B165
88	2B166	2B167	2B168	2B169	2B16A	2B16B	2B16C	2B16D	2B16E	2B16F
89	2B170	2B171	2B172	2B173	2B174	2B175	2B176	2B177	2B178	2B179
8A	2B17A	2B17B	2B17C	2B17D	2B17E	2B17F	2B180	2B181	2B182	2B183
8B	2B184	2B185	2B186	2B187	2B188	2B189	2B18A	2B18B	2B18C	2B18D
8C	2B18E	2B18F	2B190	2B191	2B192	2B193	2B194	2B195	2B196	2B197
8D	2B198	2B199	2B19A	2B19B	2B19C	2B19D	2B19E	2B19F	2B1A0	2B1A1
8E	2B1A2	2B1A3	2B1A4	2B1A5	2B1A6	2B1A7	2B1A8	2B1A9	2B1AA	2B1AB
8F	2B1AC	2B1AD	2B1AE	2B1AF	2B1B0	2B1B1	2B1B2	2B1B3	2B1B4	2B1B5
90	2B1B6	2B1B7	2B1B8	2B1B9	2B1BA	2B1BB	2B1BC	2B1BD	2B1BE	2B1BF
91	2B1C0	2B1C1	2B1C2	2B1C3	2B1C4	2B1C5	2B1C6	2B1C7	2B1C8	2B1C9
92	2B1CA	2B1CB	2B1CC	2B1CD	2B1CE	2B1CF	2B1D0	2B1D1	2B1D2	2B1D3
93	2B1D4	2B1D5	2B1D6	2B1D7	2B1D8	2B1D9	2B1DA	2B1DB	2B1DC	2B1DD
94	2B1DE	2B1DF	2B1E0	2B1E1	2B1E2	2B1E3	2B1E4	2B1E5	2B1E6	2B1E7
95	2B1E8	2B1E9	2B1EA	2B1EB	2B1EC	2B1ED	2B1EE	2B1EF	2B1F0	2B1F1

9838

	30	31	32	33	34	35	36	37	38	39
96	2B1F2	2B1F3	2B1F4	2B1F5	2B1F6	2B1F7	2B1F8	2B1F9	2B1FA	2B1FB
97	2B1FC	2B1FD	2B1FE	2B1FF	2B200	2B201	2B202	2B203	2B204	2B205
98	2B206	2B207	2B208	2B209	2B20A	2B20B	2B20C	2B20D	2B20E	2B20F
99	2B210	2B211	2B212	2B213	2B214	2B215	2B216	2B217	2B218	2B219
9A	2B21A	2B21B	2B21C	2B21D	2B21E	2B21F	2B220	2B221	2B222	2B223
9B	2B224	2B225	2B226	2B227	2B228	2B229	2B22A	2B22B	2B22C	2B22D
9C	2B22E	2B22F	2B230	2B231	2B232	2B233	2B234	2B235	2B236	2B237
9D	2B238	2B239	2B23A	2B23B	2B23C	2B23D	2B23E	2B23F	2B240	2B241
9E	2B242	2B243	2B244	2B245	2B246	2B247	2B248	2B249	2B24A	2B24B
9F	2B24C	2B24D	2B24E	2B24F	2B250	2B251	2B252	2B253	2B254	2B255
A0	2B256	2B257	2B258	2B259	2B25A	2B25B	2B25C	2B25D	2B25E	2B25F
A1	2B260	2B261	2B262	2B263	2B264	2B265	2B266	2B267	2B268	2B269
A2	2B26A	2B26B	2B26C	2B26D	2B26E	2B26F	2B270	2B271	2B272	2B273
A3	2B274	2B275	2B276	2B277	2B278	2B279	2B27A	2B27B	2B27C	2B27D
A4	2B27E	2B27F	2B280	2B281	2B282	2B283	2B284	2B285	2B286	2B287
A5	2B288	2B289	2B28A	2B28B	2B28C	2B28D	2B28E	2B28F	2B290	2B291
A6	2B292	2B293	2B294	2B295	2B296	2B297	2B298	2B299	2B29A	2B29B
A7	2B29C	2B29D	2B29E	2B29F	2B2A0	2B2A1	2B2A2	2B2A3	2B2A4	2B2A5
A8	2B2A6	2B2A7	2B2A8	2B2A9	2B2AA	2B2AB	2B2AC	2B2AD	2B2AE	2B2AF
A9	2B2B0	2B2B1	2B2B2	2B2B3	2B2B4	2B2B5	2B2B6	2B2B7	2B2B8	2B2B9
AA	2B2BA	2B2BB	2B2BC	2B2BD	2B2BE	2B2BF	2B2C0	2B2C1	2B2C2	2B2C3

9838

	30	31	32	33	34	35	36	37	38	39
AB	2B2C4	2B2C5	2B2C6	2B2C7	2B2C8	2B2C9	2B2CA	2B2CB	2B2CC	2B2CD
AC	2B2CE	2B2CF	2B2D0	2B2D1	2B2D2	2B2D3	2B2D4	2B2D5	2B2D6	2B2D7
AD	2B2D8	2B2D9	2B2DA	2B2DB	2B2DC	2B2DD	2B2DE	2B2DF	2B2E0	2B2E1
AE	2B2E2	2B2E3	2B2E4	2B2E5	2B2E6	2B2E7	2B2E8	2B2E9	2B2EA	2B2EB
AF	2B2EC	2B2ED	2B2EE	2B2EF	2B2F0	2B2F1	2B2F2	2B2F3	2B2F4	2B2F5
B0	2B2F6	2B2F7	2B2F8	2B2F9	2B2FA	2B2FB	2B2FC	2B2FD	2B2FE	2B2FF
B1	2B300	2B301	2B302	2B303	2B304	2B305	2B306	2B307	2B308	2B309
B2	2B30A	2B30B	2B30C	2B30D	2B30E	2B30F	2B310	2B311	2B312	2B313
B3	2B314	2B315	2B316	2B317	2B318	2B319	2B31A	2B31B	2B31C	2B31D
B4	2B31E	2B31F	2B320	2B321	2B322	2B323	2B324	2B325	2B326	2B327
B5	2B328	2B329	2B32A	2B32B	2B32C	2B32D	2B32E	2B32F	2B330	2B331
B6	2B332	2B333	2B334	2B335	2B336	2B337	2B338	2B339	2B33A	2B33B
B7	2B33C	2B33D	2B33E	2B33F	2B340	2B341	2B342	2B343	2B344	2B345
B8	2B346	2B347	2B348	2B349	2B34A	2B34B	2B34C	2B34D	2B34E	2B34F
B9	2B350	2B351	2B352	2B353	2B354	2B355	2B356	2B357	2B358	2B359
BA	2B35A	2B35B	2B35C	2B35D	2B35E	2B35F	2B360	2B361	2B362	2B363
BB	2B364	2B365	2B366	2B367	2B368	2B369	2B36A	2B36B	2B36C	2B36D
BC	2B36E	2B36F	2B370	2B371	2B372	2B373	2B374	2B375	2B376	2B377
BD	2B378	2B379	2B37A	2B37B	2B37C	2B37D	2B37E	2B37F	2B380	2B381
BE	2B382	2B383	2B384	2B385	2B386	2B387	2B388	2B389	2B38A	2B38B
BF	2B38C	2B38D	2B38E	2B38F	2B390	2B391	2B392	2B393	2B394	2B395

9838

	30	31	32	33	34	35	36	37	38	39
C0	2B396	2B397	2B398	2B399	2B39A	2B39B	2B39C	2B39D	2B39E	2B39F
C1	2B3A0	2B3A1	2B3A2	2B3A3	2B3A4	2B3A5	2B3A6	2B3A7	2B3A8	2B3A9
C2	2B3AA	2B3AB	2B3AC	2B3AD	2B3AE	2B3AF	2B3B0	2B3B1	2B3B2	2B3B3
C3	2B3B4	2B3B5	2B3B6	2B3B7	2B3B8	2B3B9	2B3BA	2B3BB	2B3BC	2B3BD
C4	2B3BE	2B3BF	2B3C0	2B3C1	2B3C2	2B3C3	2B3C4	2B3C5	2B3C6	2B3C7
C5	2B3C8	2B3C9	2B3CA	2B3CB	2B3CC	2B3CD	2B3CE	2B3CF	2B3D0	2B3D1
C6	2B3D2	2B3D3	2B3D4	2B3D5	2B3D6	2B3D7	2B3D8	2B3D9	2B3DA	2B3DB
C7	2B3DC	2B3DD	2B3DE	2B3DF	2B3E0	2B3E1	2B3E2	2B3E3	2B3E4	2B3E5
C8	2B3E6	2B3E7	2B3E8	2B3E9	2B3EA	2B3EB	2B3EC	2B3ED	2B3EE	2B3EF
C9	2B3F0	2B3F1	2B3F2	2B3F3	2B3F4	2B3F5	2B3F6	2B3F7	2B3F8	2B3F9
CA	2B3FA	2B3FB	2B3FC	2B3FD	2B3FE	2B3FF	2B400	2B401	2B402	2B403
CB	2B404	2B405	2B406	2B407	2B408	2B409	2B40A	2B40B	2B40C	2B40D
CC	2B40E	2B40F	2B410	2B411	2B412	2B413	2B414	2B415	2B416	2B417
CD	2B418	2B419	2B41A	2B41B	2B41C	2B41D	2B41E	2B41F	2B420	2B421
CE	2B422	2B423	2B424	2B425	2B426	2B427	2B428	2B429	2B42A	2B42B
CF	2B42C	2B42D	2B42E	2B42F	2B430	2B431	2B432	2B433	2B434	2B435
D0	2B436	2B437	2B438	2B439	2B43A	2B43B	2B43C	2B43D	2B43E	2B43F
D1	2B440	2B441	2B442	2B443	2B444	2B445	2B446	2B447	2B448	2B449
D2	2B44A	2B44B	2B44C	2B44D	2B44E	2B44F	2B450	2B451	2B452	2B453
D3	2B454	2B455	2B456	2B457	2B458	2B459	2B45A	2B45B	2B45C	2B45D
D4	2B45E	2B45F	2B460	2B461	2B462	2B463	2B464	2B465	2B466	2B467

9838

	30	31	32	33	34	35	36	37	38	39
D5	2B468	2B469	2B46A	2B46B	2B46C	2B46D	2B46E	2B46F	2B470	2B471
D6	2B472	2B473	2B474	2B475	2B476	2B477	2B478	2B479	2B47A	2B47B
D7	2B47C	2B47D	2B47E	2B47F	2B480	2B481	2B482	2B483	2B484	2B485
D8	2B486	2B487	2B488	2B489	2B48A	2B48B	2B48C	2B48D	2B48E	2B48F
D9	2B490	2B491	2B492	2B493	2B494	2B495	2B496	2B497	2B498	2B499
DA	2B49A	2B49B	2B49C	2B49D	2B49E	2B49F	2B4A0	2B4A1	2B4A2	2B4A3
DB	2B4A4	2B4A5	2B4A6	2B4A7	2B4A8	2B4A9	2B4AA	2B4AB	2B4AC	2B4AD
DC	2B4AE	2B4AF	2B4B0	2B4B1	2B4B2	2B4B3	2B4B4	2B4B5	2B4B6	2B4B7
DD	2B4B8	2B4B9	2B4BA	2B4BB	2B4BC	2B4BD	2B4BE	2B4BF	2B4C0	2B4C1
DE	2B4C2	2B4C3	2B4C4	2B4C5	2B4C6	2B4C7	2B4C8	2B4C9	2B4CA	2B4CB
DF	2B4CC	2B4CD	2B4CE	2B4CF	2B4D0	2B4D1	2B4D2	2B4D3	2B4D4	2B4D5
E0	2B4D6	2B4D7	2B4D8	2B4D9	2B4DA	2B4DB	2B4DC	2B4DD	2B4DE	2B4DF
E1	2B4E0	2B4E1	2B4E2	2B4E3	2B4E4	2B4E5	2B4E6	2B4E7	2B4E8	2B4E9
E2	2B4EA	2B4EB	2B4EC	2B4ED	2B4EE	2B4EF	2B4F0	2B4F1	2B4F2	2B4F3
E3	2B4F4	2B4F5	2B4F6	2B4F7	2B4F8	2B4F9	2B4FA	2B4FB	2B4FC	2B4FD
E4	2B4FE	2B4FF	2B500	2B501	2B502	2B503	2B504	2B505	2B506	2B507
E5	2B508	2B509	2B50A	2B50B	2B50C	2B50D	2B50E	2B50F	2B510	2B511
E6	2B512	2B513	2B514	2B515	2B516	2B517	2B518	2B519	2B51A	2B51B
E7	2B51C	2B51D	2B51E	2B51F	2B520	2B521	2B522	2B523	2B524	2B525
E8	2B526	2B527	2B528	2B529	2B52A	2B52B	2B52C	2B52D	2B52E	2B52F
E9	2B530	2B531	2B532	2B533	2B534	2B535	2B536	2B537	2B538	2B539

9838

	30	31	32	33	34	35	36	37	38	39
EA	2B53A	2B53B	2B53C	2B53D	2B53E	2B53F	2B540	2B541	2B542	2B543
EB	2B544	2B545	2B546	2B547	2B548	2B549	2B54A	2B54B	2B54C	2B54D
EC	2B54E	2B54F	2B550	2B551	2B552	2B553	2B554	2B555	2B556	2B557
ED	2B558	2B559	2B55A	2B55B	2B55C	2B55D	2B55E	2B55F	2B560	2B561
EE	2B562	2B563	2B564	2B565	2B566	2B567	2B568	2B569	2B56A	2B56B
EF	2B56C	2B56D	2B56E	2B56F	2B570	2B571	2B572	2B573	2B574	2B575
F0	2B576	2B577	2B578	2B579	2B57A	2B57B	2B57C	2B57D	2B57E	2B57F
F1	2B580	2B581	2B582	2B583	2B584	2B585	2B586	2B587	2B588	2B589
F2	2B58A	2B58B	2B58C	2B58D	2B58E	2B58F	2B590	2B591	2B592	2B593
F3	2B594	2B595	2B596	2B597	2B598	2B599	2B59A	2B59B	2B59C	2B59D
F4	2B59E	2B59F	2B5A0	2B5A1	2B5A2	2B5A3	2B5A4	2B5A5	2B5A6	2B5A7
F5	2B5A8	2B5A9	2B5AA	2B5AB	2B5AC	2B5AD	2B5AE	2B5AF	2B5B0	2B5B1
F6	2B5B2	2B5B3	2B5B4	2B5B5	2B5B6	2B5B7	2B5B8	2B5B9	2B5BA	2B5BB
F7	2B5BC	2B5BD	2B5BE	2B5BF	2B5C0	2B5C1	2B5C2	2B5C3	2B5C4	2B5C5
F8	2B5C6	2B5C7	2B5C8	2B5C9	2B5CA	2B5CB	2B5CC	2B5CD	2B5CE	2B5CF
F9	2B5D0	2B5D1	2B5D2	2B5D3	2B5D4	2B5D5	2B5D6	2B5D7	2B5D8	2B5D9
FA	2B5DA	2B5DB	2B5DC	2B5DD	2B5DE	2B5DF	2B5E0	2B5E1	2B5E2	2B5E3
FB	2B5E4	2B5E5	2B5E6	2B5E7	2B5E8	2B5E9	2B5EA	2B5EB	2B5EC	2B5ED
FC	2B5EE	2B5EF	2B5F0	2B5F1	2B5F2	2B5F3	2B5F4	2B5F5	2B5F6	2B5F7
FD	2B5F8	2B5F9	2B5FA	2B5FB	2B5FC	2B5FD	2B5FE	2B5FF	2B600	2B601
FE	2B602	2B603	2B604	2B605	2B606	2B607	2B608	2B609	2B60A	2B60B

9839

	30	31	32	33	34	35	36	37	38	39
81	2B60C	2B60D	2B60E	2B60F	2B610	2B611	2B612	2B613	2B614	2B615
82	2B616	2B617	2B618	2B619	2B61A	2B61B	2B61C	2B61D	2B61E	2B61F
83	2B620	2B621	2B622	2B623	2B624	2B625	2B626	2B627	2B628	2B629
84	2B62A	2B62B	2B62C	2B62D	2B62E	2B62F	2B630	2B631	2B632	2B633
85	2B634	2B635	2B636	2B637	2B638	2B639	2B63A	2B63B	2B63C	2B63D
86	2B63E	2B63F	2B640	2B641	2B642	2B643	2B644	2B645	2B646	2B647
87	2B648	2B649	2B64A	2B64B	2B64C	2B64D	2B64E	2B64F	2B650	2B651
88	2B652	2B653	2B654	2B655	2B656	2B657	2B658	2B659	2B65A	2B65B
89	2B65C	2B65D	2B65E	2B65F	2B660	2B661	2B662	2B663	2B664	2B665
8A	2B666	2B667	2B668	2B669	2B66A	2B66B	2B66C	2B66D	2B66E	2B66F
8B	2B670	2B671	2B672	2B673	2B674	2B675	2B676	2B677	2B678	2B679
8C	2B67A	2B67B	2B67C	2B67D	2B67E	2B67F	2B680	2B681	2B682	2B683
8D	2B684	2B685	2B686	2B687	2B688	2B689	2B68A	2B68B	2B68C	2B68D
8E	2B68E	2B68F	2B690	2B691	2B692	2B693	2B694	2B695	2B696	2B697
8F	2B698	2B699	2B69A	2B69B	2B69C	2B69D	2B69E	2B69F	2B6A0	2B6A1
90	2B6A2	2B6A3	2B6A4	2B6A5	2B6A6	2B6A7	2B6A8	2B6A9	2B6AA	2B6AB
91	2B6AC	2B6AD	2B6AE	2B6AF	2B6B0	2B6B1	2B6B2	2B6B3	2B6B4	2B6B5
92	2B6B6	2B6B7	2B6B8	2B6B9	2B6BA	2B6BB	2B6BC	2B6BD	2B6BE	2B6BF
93	2B6C0	2B6C1	2B6C2	2B6C3	2B6C4	2B6C5	2B6C6	2B6C7	2B6C8	2B6C9
94	2B6CA	2B6CB	2B6CC	2B6CD	2B6CE	2B6CF	2B6D0	2B6D1	2B6D2	2B6D3
95	2B6D4	2B6D5	2B6D6	2B6D7	2B6D8	2B6D9	2B6DA	2B6DB	2B6DC	2B6DD

9839

	30	31	32	33	34	35	36	37	38	39
96	2B6DE	2B6DF	2B6E0	2B6E1	2B6E2	2B6E3	2B6E4	2B6E5	2B6E6	2B6E7
97	2B6E8	2B6E9	2B6EA	2B6EB	2B6EC	2B6ED	2B6EE	2B6EF	2B6F0	2B6F1
98	2B6F2	2B6F3	2B6F4	2B6F5	2B6F6	2B6F7	2B6F8	2B6F9	2B6FA	2B6FB
99	2B6FC	2B6FD	2B6FE	2B6FF	2B700	2B701	2B702	2B703	2B704	2B705
9A	2B706	2B707	2B708	2B709	2B70A	2B70B	2B70C	2B70D	2B70E	2B70F
9B	2B710	2B711	2B712	2B713	2B714	2B715	2B716	2B717	2B718	2B719
9C	2B71A	2B71B	2B71C	2B71D	2B71E	2B71F	2B720	2B721	2B722	2B723
9D	2B724	2B725	2B726	2B727	2B728	2B729	2B72A	2B72B	2B72C	2B72D
9E	2B72E	2B72F	2B730	2B731	2B732	2B733	2B734	2B735	2B736	2B737
9F	2B738	2B739	2B73A	2B73B	2B73C	2B73D	2B73E	2B73F	2B740	2B741
A0	2B742	2B743	2B744	2B745	2B746	2B747	2B748	2B749	2B74A	2B74B
A1	2B74C	2B74D	2B74E	2B74F	2B750	2B751	2B752	2B753	2B754	2B755
A2	2B756	2B757	2B758	2B759	2B75A	2B75B	2B75C	2B75D	2B75E	2B75F
A3	2B760	2B761	2B762	2B763	2B764	2B765	2B766	2B767	2B768	2B769
A4	2B76A	2B76B	2B76C	2B76D	2B76E	2B76F	2B770	2B771	2B772	2B773
A5	2B774	2B775	2B776	2B777	2B778	2B779	2B77A	2B77B	2B77C	2B77D
A6	2B77E	2B77F	2B780	2B781	2B782	2B783	2B784	2B785	2B786	2B787
A7	2B788	2B789	2B78A	2B78B	2B78C	2B78D	2B78E	2B78F	2B790	2B791
A8	2B792	2B793	2B794	2B795	2B796	2B797	2B798	2B799	2B79A	2B79B
A9	2B79C	2B79D	2B79E	2B79F	2B7A0	2B7A1	2B7A2	2B7A3	2B7A4	2B7A5
AA	2B7A6	2B7A7	2B7A8	2B7A9	2B7AA	2B7AB	2B7AC	2B7AD	2B7AE	2B7AF

9839

	30	31	32	33	34	35	36	37	38	39
AB	2B7B0	2B7B1	2B7B2	2B7B3	2B7B4	2B7B5	2B7B6	2B7B7	2B7B8	2B7B9
AC	2B7BA	2B7BB	2B7BC	2B7BD	2B7BE	2B7BF	2B7C0	2B7C1	2B7C2	2B7C3
AD	2B7C4	2B7C5	2B7C6	2B7C7	2B7C8	2B7C9	2B7CA	2B7CB	2B7CC	2B7CD
AE	2B7CE	2B7CF	2B7D0	2B7D1	2B7D2	2B7D3	2B7D4	2B7D5	2B7D6	2B7D7
AF	2B7D8	2B7D9	2B7DA	2B7DB	2B7DC	2B7DD	2B7DE	2B7DF	2B7E0	2B7E1
B0	2B7E2	2B7E3	2B7E4	2B7E5	2B7E6	2B7E7	2B7E8	2B7E9	2B7EA	2B7EB
B1	2B7EC	2B7ED	2B7EE	2B7EF	2B7F0	2B7F1	2B7F2	2B7F3	2B7F4	2B7F5
B2	2B7F6	2B7F7	2B7F8	2B7F9	2B7FA	2B7FB	2B7FC	2B7FD	2B7FE	2B7FF
B3	2B800	2B801	2B802	2B803	2B804	2B805	2B806	2B807	2B808	2B809
B4	2B80A	2B80B	2B80C	2B80D	2B80E	2B80F	2B810	2B811	2B812	2B813
B5	2B814	2B815	2B816	2B817	2B818	2B819	2B81A	2B81B	2B81C	2B81D
B6	2B81E	2B81F	2B820	2B821	2B822	2B823	2B824	2B825	2B826	2B827
B7	2B828	2B829	2B82A	2B82B	2B82C	2B82D	2B82E	2B82F	2B830	2B831
B8	2B832	2B833	2B834	2B835	2B836	2B837	2B838	2B839	2B83A	2B83B
B9	2B83C	2B83D	2B83E	2B83F	2B840	2B841	2B842	2B843	2B844	2B845
BA	2B846	2B847	2B848	2B849	2B84A	2B84B	2B84C	2B84D	2B84E	2B84F
BB	2B850	2B851	2B852	2B853	2B854	2B855	2B856	2B857	2B858	2B859
BC	2B85A	2B85B	2B85C	2B85D	2B85E	2B85F	2B860	2B861	2B862	2B863
BD	2B864	2B865	2B866	2B867	2B868	2B869	2B86A	2B86B	2B86C	2B86D
BE	2B86E	2B86F	2B870	2B871	2B872	2B873	2B874	2B875	2B876	2B877
BF	2B878	2B879	2B87A	2B87B	2B87C	2B87D	2B87E	2B87F	2B880	2B881

9839

	30	31	32	33	34	35	36	37	38	39
C0	2B882	2B883	2B884	2B885	2B886	2B887	2B888	2B889	2B88A	2B88B
C1	2B88C	2B88D	2B88E	2B88F	2B890	2B891	2B892	2B893	2B894	2B895
C2	2B896	2B897	2B898	2B899	2B89A	2B89B	2B89C	2B89D	2B89E	2B89F
C3	2B8A0	2B8A1	2B8A2	2B8A3	2B8A4	2B8A5	2B8A6	2B8A7	2B8A8	2B8A9
C4	2B8AA	2B8AB	2B8AC	2B8AD	2B8AE	2B8AF	2B8B0	2B8B1	2B8B2	2B8B3
C5	2B8B4	2B8B5	2B8B6	2B8B7	2B8B8	2B8B9	2B8BA	2B8BB	2B8BC	2B8BD
C6	2B8BE	2B8BF	2B8C0	2B8C1	2B8C2	2B8C3	2B8C4	2B8C5	2B8C6	2B8C7
C7	2B8C8	2B8C9	2B8CA	2B8CB	2B8CC	2B8CD	2B8CE	2B8CF	2B8D0	2B8D1
C8	2B8D2	2B8D3	2B8D4	2B8D5	2B8D6	2B8D7	2B8D8	2B8D9	2B8DA	2B8DB
C9	2B8DC	2B8DD	2B8DE	2B8DF	2B8E0	2B8E1	2B8E2	2B8E3	2B8E4	2B8E5
CA	2B8E6	2B8E7	2B8E8	2B8E9	2B8EA	2B8EB	2B8EC	2B8ED	2B8EE	2B8EF
CB	2B8F0	2B8F1	2B8F2	2B8F3	2B8F4	2B8F5	2B8F6	2B8F7	2B8F8	2B8F9
CC	2B8FA	2B8FB	2B8FC	2B8FD	2B8FE	2B8FF	2B900	2B901	2B902	2B903
CD	2B904	2B905	2B906	2B907	2B908	2B909	2B90A	2B90B	2B90C	2B90D
CE	2B90E	2B90F	2B910	2B911	2B912	2B913	2B914	2B915	2B916	2B917
CF	2B918	2B919	2B91A	2B91B	2B91C	2B91D	2B91E	2B91F	2B920	2B921
D0	2B922	2B923	2B924	2B925	2B926	2B927	2B928	2B929	2B92A	2B92B
D1	2B92C	2B92D	2B92E	2B92F	2B930	2B931	2B932	2B933	2B934	2B935
D2	2B936	2B937	2B938	2B939	2B93A	2B93B	2B93C	2B93D	2B93E	2B93F
D3	2B940	2B941	2B942	2B943	2B944	2B945	2B946	2B947	2B948	2B949
D4	2B94A	2B94B	2B94C	2B94D	2B94E	2B94F	2B950	2B951	2B952	2B953

9839

	30	31	32	33	34	35	36	37	38	39
D5	2B954	2B955	2B956	2B957	2B958	2B959	2B95A	2B95B	2B95C	2B95D
D6	2B95E	2B95F	2B960	2B961	2B962	2B963	2B964	2B965	2B966	2B967
D7	2B968	2B969	2B96A	2B96B	2B96C	2B96D	2B96E	2B96F	2B970	2B971
D8	2B972	2B973	2B974	2B975	2B976	2B977	2B978	2B979	2B97A	2B97B
D9	2B97C	2B97D	2B97E	2B97F	2B980	2B981	2B982	2B983	2B984	2B985
DA	2B986	2B987	2B988	2B989	2B98A	2B98B	2B98C	2B98D	2B98E	2B98F
DB	2B990	2B991	2B992	2B993	2B994	2B995	2B996	2B997	2B998	2B999
DC	2B99A	2B99B	2B99C	2B99D	2B99E	2B99F	2B9A0	2B9A1	2B9A2	2B9A3
DD	2B9A4	2B9A5	2B9A6	2B9A7	2B9A8	2B9A9	2B9AA	2B9AB	2B9AC	2B9AD
DE	2B9AE	2B9AF	2B9B0	2B9B1	2B9B2	2B9B3	2B9B4	2B9B5	2B9B6	2B9B7
DF	2B9B8	2B9B9	2B9BA	2B9BB	2B9BC	2B9BD	2B9BE	2B9BF	2B9C0	2B9C1
E0	2B9C2	2B9C3	2B9C4	2B9C5	2B9C6	2B9C7	2B9C8	2B9C9	2B9CA	2B9CB
E1	2B9CC	2B9CD	2B9CE	2B9CF	2B9D0	2B9D1	2B9D2	2B9D3	2B9D4	2B9D5
E2	2B9D6	2B9D7	2B9D8	2B9D9	2B9DA	2B9DB	2B9DC	2B9DD	2B9DE	2B9DF
E3	2B9E0	2B9E1	2B9E2	2B9E3	2B9E4	2B9E5	2B9E6	2B9E7	2B9E8	2B9E9
E4	2B9EA	2B9EB	2B9EC	2B9ED	2B9EE	2B9EF	2B9F0	2B9F1	2B9F2	2B9F3
E5	2B9F4	2B9F5	2B9F6	2B9F7	2B9F8	2B9F9	2B9FA	2B9FB	2B9FC	2B9FD
E6	2B9FE	2B9FF	2BA00	2BA01	2BA02	2BA03	2BA04	2BA05	2BA06	2BA07
E7	2BA08	2BA09	2BA0A	2BA0B	2BA0C	2BA0D	2BA0E	2BA0F	2BA10	2BA11
E8	2BA12	2BA13	2BA14	2BA15	2BA16	2BA17	2BA18	2BA19	2BA1A	2BA1B
E9	2BA1C	2BA1D	2BA1E	2BA1F	2BA20	2BA21	2BA22	2BA23	2BA24	2BA25

9839

	30	31	32	33	34	35	36	37	38	39
EA	2BA26	2BA27	2BA28	2BA29	2BA2A	2BA2B	2BA2C	2BA2D	2BA2E	2BA2F
EB	2BA30	2BA31	2BA32	2BA33	2BA34	2BA35	2BA36	2BA37	2BA38	2BA39
EC	2BA3A	2BA3B	2BA3C	2BA3D	2BA3E	2BA3F	2BA40	2BA41	2BA42	2BA43
ED	2BA44	2BA45	2BA46	2BA47	2BA48	2BA49	2BA4A	2BA4B	2BA4C	2BA4D
EE	2BA4E	2BA4F	2BA50	2BA51	2BA52	2BA53	2BA54	2BA55	2BA56	2BA57
EF	2BA58	2BA59	2BA5A	2BA5B	2BA5C	2BA5D	2BA5E	2BA5F	2BA60	2BA61
F0	2BA62	2BA63	2BA64	2BA65	2BA66	2BA67	2BA68	2BA69	2BA6A	2BA6B
F1	2BA6C	2BA6D	2BA6E	2BA6F	2BA70	2BA71	2BA72	2BA73	2BA74	2BA75
F2	2BA76	2BA77	2BA78	2BA79	2BA7A	2BA7B	2BA7C	2BA7D	2BA7E	2BA7F
F3	2BA80	2BA81	2BA82	2BA83	2BA84	2BA85	2BA86	2BA87	2BA88	2BA89
F4	2BA8A	2BA8B	2BA8C	2BA8D	2BA8E	2BA8F	2BA90	2BA91	2BA92	2BA93
F5	2BA94	2BA95	2BA96	2BA97	2BA98	2BA99	2BA9A	2BA9B	2BA9C	2BA9D
F6	2BA9E	2BA9F	2BAA0	2BAA1	2BAA2	2BAA3	2BAA4	2BAA5	2BAA6	2BAA7
F7	2BAA8	2BAA9	2BAAA	2BAAB	2BAAC	2BAAD	2BAAE	2BAAF	2BAB0	2BAB1
F8	2BAB2	2BAB3	2BAB4	2BAB5	2BAB6	2BAB7	2BAB8	2BAB9	2BABA	2BABB
F9	2BABC	2BABD	2BABE	2BABF	2BAC0	2BAC1	2BAC2	2BAC3	2BAC4	2BAC5
FA	2BAC6	2BAC7	2BAC8	2BAC9	2BACA	2BACB	2BACC	2BACD	2BACE	2BACF
FB	2BAD0	2BAD1	2BAD2	2BAD3	2BAD4	2BAD5	2BAD6	2BAD7	2BAD8	2BAD9
FC	2BADA	2BADB	2BADC	2BADD	2BADE	2BADF	2BAE0	2BAE1	2BAE2	2BAE3
FD	2BAE4	2BAE5	2BAE6	2BAE7	2BAE8	2BAE9	2BAEA	2BAEB	2BAEC	2BAED
FE	2BAEE	2BAEF	2BAF0	2BAF1	2BAF2	2BAF3	2BAF4	2BAF5	2BAF6	2BAF7

9930

	30	31	32	33	34	35	36	37	38	39
81	2BAF8	2BAF9	2BAFA	2BAFB	2BAFC	2BAFD	2BAFE	2BAFF	2BB00	2BB01
82	2BB02	2BB03	2BB04	2BB05	2BB06	2BB07	2BB08	2BB09	2BB0A	2BB0B
83	2BB0C	2BB0D	2BB0E	2BB0F	2BB10	2BB11	2BB12	2BB13	2BB14	2BB15
84	2BB16	2BB17	2BB18	2BB19	2BB1A	2BB1B	2BB1C	2BB1D	2BB1E	2BB1F
85	2BB20	2BB21	2BB22	2BB23	2BB24	2BB25	2BB26	2BB27	2BB28	2BB29
86	2BB2A	2BB2B	2BB2C	2BB2D	2BB2E	2BB2F	2BB30	2BB31	2BB32	2BB33
87	2BB34	2BB35	2BB36	2BB37	2BB38	2BB39	2BB3A	2BB3B	2BB3C	2BB3D
88	2BB3E	2BB3F	2BB40	2BB41	2BB42	2BB43	2BB44	2BB45	2BB46	2BB47
89	2BB48	2BB49	2BB4A	2BB4B	2BB4C	2BB4D	2BB4E	2BB4F	2BB50	2BB51
8A	2BB52	2BB53	2BB54	2BB55	2BB56	2BB57	2BB58	2BB59	2BB5A	2BB5B
8B	2BB5C	2BB5D	2BB5E	2BB5F	2BB60	2BB61	2BB62	2BB63	2BB64	2BB65
8C	2BB66	2BB67	2BB68	2BB69	2BB6A	2BB6B	2BB6C	2BB6D	2BB6E	2BB6F
8D	2BB70	2BB71	2BB72	2BB73	2BB74	2BB75	2BB76	2BB77	2BB78	2BB79
8E	2BB7A	2BB7B	2BB7C	2BB7D	2BB7E	2BB7F	2BB80	2BB81	2BB82	2BB83
8F	2BB84	2BB85	2BB86	2BB87	2BB88	2BB89	2BB8A	2BB8B	2BB8C	2BB8D
90	2BB8E	2BB8F	2BB90	2BB91	2BB92	2BB93	2BB94	2BB95	2BB96	2BB97
91	2BB98	2BB99	2BB9A	2BB9B	2BB9C	2BB9D	2BB9E	2BB9F	2BBA0	2BBA1
92	2BBA2	2BBA3	2BBA4	2BBA5	2BBA6	2BBA7	2BBA8	2BBA9	2BBAA	2BBAB
93	2BBAC	2BBAD	2BBAE	2BBAF	2BBB0	2BBB1	2BBB2	2BBB3	2BBB4	2BBB5
94	2BBB6	2BBB7	2BBB8	2BBB9	2BBBA	2BBBB	2BBBC	2BBBD	2BBBE	2BBBF
95	2BBC0	2BBC1	2BBC2	2BBC3	2BBC4	2BBC5	2BBC6	2BBC7	2BBC8	2BBC9

9930

	30	31	32	33	34	35	36	37	38	39
96	2BBCA	2BBCB	2BBCC	2BBCD	2BBCE	2BBCF	2BBD0	2BBD1	2BBD2	2BBD3
97	2BBD4	2BBD5	2BBD6	2BBD7	2BBD8	2BBD9	2BBDA	2BBDB	2BBDC	2BBDD
98	2BBDE	2BBDF	2BBE0	2BBE1	2BBE2	2BBE3	2BBE4	2BBE5	2BBE6	2BBE7
99	2BBE8	2BBE9	2BBEA	2BBEB	2BBEC	2BBED	2BBEE	2BBEF	2BBF0	2BBF1
9A	2BBF2	2BBF3	2BBF4	2BBF5	2BBF6	2BBF7	2BBF8	2BBF9	2BBFA	2BBFB
9B	2BBFC	2BBFD	2BBFE	2BBFF	2BC00	2BC01	2BC02	2BC03	2BC04	2BC05
9C	2BC06	2BC07	2BC08	2BC09	2BC0A	2BC0B	2BC0C	2BC0D	2BC0E	2BC0F
9D	2BC10	2BC11	2BC12	2BC13	2BC14	2BC15	2BC16	2BC17	2BC18	2BC19
9E	2BC1A	2BC1B	2BC1C	2BC1D	2BC1E	2BC1F	2BC20	2BC21	2BC22	2BC23
9F	2BC24	2BC25	2BC26	2BC27	2BC28	2BC29	2BC2A	2BC2B	2BC2C	2BC2D
A0	2BC2E	2BC2F	2BC30	2BC31	2BC32	2BC33	2BC34	2BC35	2BC36	2BC37
A1	2BC38	2BC39	2BC3A	2BC3B	2BC3C	2BC3D	2BC3E	2BC3F	2BC40	2BC41
A2	2BC42	2BC43	2BC44	2BC45	2BC46	2BC47	2BC48	2BC49	2BC4A	2BC4B
A3	2BC4C	2BC4D	2BC4E	2BC4F	2BC50	2BC51	2BC52	2BC53	2BC54	2BC55
A4	2BC56	2BC57	2BC58	2BC59	2BC5A	2BC5B	2BC5C	2BC5D	2BC5E	2BC5F
A5	2BC60	2BC61	2BC62	2BC63	2BC64	2BC65	2BC66	2BC67	2BC68	2BC69
A6	2BC6A	2BC6B	2BC6C	2BC6D	2BC6E	2BC6F	2BC70	2BC71	2BC72	2BC73
A7	2BC74	2BC75	2BC76	2BC77	2BC78	2BC79	2BC7A	2BC7B	2BC7C	2BC7D
A8	2BC7E	2BC7F	2BC80	2BC81	2BC82	2BC83	2BC84	2BC85	2BC86	2BC87
A9	2BC88	2BC89	2BC8A	2BC8B	2BC8C	2BC8D	2BC8E	2BC8F	2BC90	2BC91
AA	2BC92	2BC93	2BC94	2BC95	2BC96	2BC97	2BC98	2BC99	2BC9A	2BC9B

9930

	30	31	32	33	34	35	36	37	38	39
AB	2BC9C	2BC9D	2BC9E	2BC9F	2BCA0	2BCA1	2BCA2	2BCA3	2BCA4	2BCA5
AC	2BCA6	2BCA7	2BCA8	2BCA9	2BCAA	2BCAB	2BCAC	2BCAD	2BCAE	2BCAF
AD	2BCB0	2BCB1	2BCB2	2BCB3	2BCB4	2BCB5	2BCB6	2BCB7	2BCB8	2BCB9
AE	2BCBA	2BCBB	2BCBC	2BCBD	2BCBE	2BCBF	2BCC0	2BCC1	2BCC2	2BCC3
AF	2BCC4	2BCC5	2BCC6	2BCC7	2BCC8	2BCC9	2BCCA	2BCCB	2BCCC	2BCCD
B0	2BCCE	2BCCF	2BCD0	2BCD1	2BCD2	2BCD3	2BCD4	2BCD5	2BCD6	2BCD7
B1	2BCD8	2BCD9	2BCDA	2BCDB	2BCDC	2BCDD	2BCDE	2BCDF	2BCE0	2BCE1
B2	2BCE2	2BCE3	2BCE4	2BCE5	2BCE6	2BCE7	2BCE8	2BCE9	2BCEA	2BCEB
B3	2BCEC	2BCED	2BCEE	2BCEF	2BCF0	2BCF1	2BCF2	2BCF3	2BCF4	2BCF5
B4	2BCF6	2BCF7	2BCF8	2BCF9	2BCFA	2BCFB	2BCFC	2BCFD	2BCFE	2BCFF
B5	2BD00	2BD01	2BD02	2BD03	2BD04	2BD05	2BD06	2BD07	2BD08	2BD09
B6	2BD0A	2BD0B	2BD0C	2BD0D	2BD0E	2BD0F	2BD10	2BD11	2BD12	2BD13
B7	2BD14	2BD15	2BD16	2BD17	2BD18	2BD19	2BD1A	2BD1B	2BD1C	2BD1D
B8	2BD1E	2BD1F	2BD20	2BD21	2BD22	2BD23	2BD24	2BD25	2BD26	2BD27
B9	2BD28	2BD29	2BD2A	2BD2B	2BD2C	2BD2D	2BD2E	2BD2F	2BD30	2BD31
BA	2BD32	2BD33	2BD34	2BD35	2BD36	2BD37	2BD38	2BD39	2BD3A	2BD3B
BB	2BD3C	2BD3D	2BD3E	2BD3F	2BD40	2BD41	2BD42	2BD43	2BD44	2BD45
BC	2BD46	2BD47	2BD48	2BD49	2BD4A	2BD4B	2BD4C	2BD4D	2BD4E	2BD4F
BD	2BD50	2BD51	2BD52	2BD53	2BD54	2BD55	2BD56	2BD57	2BD58	2BD59
BE	2BD5A	2BD5B	2BD5C	2BD5D	2BD5E	2BD5F	2BD60	2BD61	2BD62	2BD63
BF	2BD64	2BD65	2BD66	2BD67	2BD68	2BD69	2BD6A	2BD6B	2BD6C	2BD6D

9930

	30	31	32	33	34	35	36	37	38	39
C0	2BD6E	2BD6F	2BD70	2BD71	2BD72	2BD73	2BD74	2BD75	2BD76	2BD77
C1	2BD78	2BD79	2BD7A	2BD7B	2BD7C	2BD7D	2BD7E	2BD7F	2BD80	2BD81
C2	2BD82	2BD83	2BD84	2BD85	2BD86	2BD87	2BD88	2BD89	2BD8A	2BD8B
C3	2BD8C	2BD8D	2BD8E	2BD8F	2BD90	2BD91	2BD92	2BD93	2BD94	2BD95
C4	2BD96	2BD97	2BD98	2BD99	2BD9A	2BD9B	2BD9C	2BD9D	2BD9E	2BD9F
C5	2BDA0	2BDA1	2BDA2	2BDA3	2BDA4	2BDA5	2BDA6	2BDA7	2BDA8	2BDA9
C6	2BDAA	2BDAB	2BDAC	2BDAD	2BDAE	2BDAF	2BDB0	2BDB1	2BDB2	2BDB3
C7	2BDB4	2BDB5	2BDB6	2BDB7	2BDB8	2BDB9	2BDBA	2BDBB	2BDBC	2BDBD
C8	2BDBE	2BDBF	2BDC0	2BDC1	2BDC2	2BDC3	2BDC4	2BDC5	2BDC6	2BDC7
C9	2BDC8	2BDC9	2BDCA	2BDCB	2BDCC	2BDCD	2BDCE	2BDCF	2BDD0	2BDD1
CA	2BDD2	2BDD3	2BDD4	2BDD5	2BDD6	2BDD7	2BDD8	2BDD9	2BDDA	2BDDB
CB	2BDDC	2BDDD	2BDDE	2BDDF	2BDE0	2BDE1	2BDE2	2BDE3	2BDE4	2BDE5
CC	2BDE6	2BDE7	2BDE8	2BDE9	2BDEA	2BDEB	2BDEC	2BDED	2BDEE	2BDEF
CD	2BDF0	2BDF1	2BDF2	2BDF3	2BDF4	2BDF5	2BDF6	2BDF7	2BDF8	2BDF9
CE	2BDFA	2BDFB	2BDFC	2BDFD	2BDFE	2BDFF	2BE00	2BE01	2BE02	2BE03
CF	2BE04	2BE05	2BE06	2BE07	2BE08	2BE09	2BE0A	2BE0B	2BE0C	2BE0D
D0	2BE0E	2BE0F	2BE10	2BE11	2BE12	2BE13	2BE14	2BE15	2BE16	2BE17
D1	2BE18	2BE19	2BE1A	2BE1B	2BE1C	2BE1D	2BE1E	2BE1F	2BE20	2BE21
D2	2BE22	2BE23	2BE24	2BE25	2BE26	2BE27	2BE28	2BE29	2BE2A	2BE2B
D3	2BE2C	2BE2D	2BE2E	2BE2F	2BE30	2BE31	2BE32	2BE33	2BE34	2BE35
D4	2BE36	2BE37	2BE38	2BE39	2BE3A	2BE3B	2BE3C	2BE3D	2BE3E	2BE3F

9930

	30	31	32	33	34	35	36	37	38	39
D5	2BE40	2BE41	2BE42	2BE43	2BE44	2BE45	2BE46	2BE47	2BE48	2BE49
D6	2BE4A	2BE4B	2BE4C	2BE4D	2BE4E	2BE4F	2BE50	2BE51	2BE52	2BE53
D7	2BE54	2BE55	2BE56	2BE57	2BE58	2BE59	2BE5A	2BE5B	2BE5C	2BE5D
D8	2BE5E	2BE5F	2BE60	2BE61	2BE62	2BE63	2BE64	2BE65	2BE66	2BE67
D9	2BE68	2BE69	2BE6A	2BE6B	2BE6C	2BE6D	2BE6E	2BE6F	2BE70	2BE71
DA	2BE72	2BE73	2BE74	2BE75	2BE76	2BE77	2BE78	2BE79	2BE7A	2BE7B
DB	2BE7C	2BE7D	2BE7E	2BE7F	2BE80	2BE81	2BE82	2BE83	2BE84	2BE85
DC	2BE86	2BE87	2BE88	2BE89	2BE8A	2BE8B	2BE8C	2BE8D	2BE8E	2BE8F
DD	2BE90	2BE91	2BE92	2BE93	2BE94	2BE95	2BE96	2BE97	2BE98	2BE99
DE	2BE9A	2BE9B	2BE9C	2BE9D	2BE9E	2BE9F	2BEA0	2BEA1	2BEA2	2BEA3
DF	2BEA4	2BEA5	2BEA6	2BEA7	2BEA8	2BEA9	2BEAA	2BEAB	2BEAC	2BEAD
E0	2BEAE	2BEAF	2BEB0	2BEB1	2BEB2	2BEB3	2BEB4	2BEB5	2BEB6	2BEB7
E1	2BEB8	2BEB9	2BEBA	2BEBB	2BEBC	2BEBD	2BEBE	2BEBF	2BEC0	2BEC1
E2	2BEC2	2BEC3	2BEC4	2BEC5	2BEC6	2BEC7	2BEC8	2BEC9	2BECA	2BECB
E3	2BECC	2BECD	2BECE	2BECF	2BED0	2BED1	2BED2	2BED3	2BED4	2BED5
E4	2BED6	2BED7	2BED8	2BED9	2BEDA	2BEDB	2BEDC	2BEDD	2BEDE	2BEDF
E5	2BEE0	2BEE1	2BEE2	2BEE3	2BEE4	2BEE5	2BEE6	2BEE7	2BEE8	2BEE9
E6	2BEEA	2BEEB	2BEEC	2BEED	2BEEE	2BEEF	2BEF0	2BEF1	2BEF2	2BEF3
E7	2BEF4	2BEF5	2BEF6	2BEF7	2BEF8	2BEF9	2BEFA	2BEFB	2BEFC	2BEFD
E8	2BEFE	2BEFF	2BF00	2BF01	2BF02	2BF03	2BF04	2BF05	2BF06	2BF07
E9	2BF08	2BF09	2BF0A	2BF0B	2BF0C	2BF0D	2BF0E	2BF0F	2BF10	2BF11

9930

	30	31	32	33	34	35	36	37	38	39
EA	2BF12	2BF13	2BF14	2BF15	2BF16	2BF17	2BF18	2BF19	2BF1A	2BF1B
EB	2BF1C	2BF1D	2BF1E	2BF1F	2BF20	2BF21	2BF22	2BF23	2BF24	2BF25
EC	2BF26	2BF27	2BF28	2BF29	2BF2A	2BF2B	2BF2C	2BF2D	2BF2E	2BF2F
ED	2BF30	2BF31	2BF32	2BF33	2BF34	2BF35	2BF36	2BF37	2BF38	2BF39
EE	2BF3A	2BF3B	2BF3C	2BF3D	2BF3E	2BF3F	2BF40	2BF41	2BF42	2BF43
EF	2BF44	2BF45	2BF46	2BF47	2BF48	2BF49	2BF4A	2BF4B	2BF4C	2BF4D
F0	2BF4E	2BF4F	2BF50	2BF51	2BF52	2BF53	2BF54	2BF55	2BF56	2BF57
F1	2BF58	2BF59	2BF5A	2BF5B	2BF5C	2BF5D	2BF5E	2BF5F	2BF60	2BF61
F2	2BF62	2BF63	2BF64	2BF65	2BF66	2BF67	2BF68	2BF69	2BF6A	2BF6B
F3	2BF6C	2BF6D	2BF6E	2BF6F	2BF70	2BF71	2BF72	2BF73	2BF74	2BF75
F4	2BF76	2BF77	2BF78	2BF79	2BF7A	2BF7B	2BF7C	2BF7D	2BF7E	2BF7F
F5	2BF80	2BF81	2BF82	2BF83	2BF84	2BF85	2BF86	2BF87	2BF88	2BF89
F6	2BF8A	2BF8B	2BF8C	2BF8D	2BF8E	2BF8F	2BF90	2BF91	2BF92	2BF93
F7	2BF94	2BF95	2BF96	2BF97	2BF98	2BF99	2BF9A	2BF9B	2BF9C	2BF9D
F8	2BF9E	2BF9F	2BFA0	2BFA1	2BFA2	2BFA3	2BFA4	2BFA5	2BFA6	2BFA7
F9	2BFA8	2BFA9	2BFAA	2BFAB	2BFAC	2BFAD	2BFAE	2BFAF	2BFB0	2BFB1
FA	2BFB2	2BFB3	2BFB4	2BFB5	2BFB6	2BFB7	2BFB8	2BFB9	2BFBA	2BFBB
FB	2BFBC	2BFBD	2BFBE	2BFBF	2BFC0	2BFC1	2BFC2	2BFC3	2BFC4	2BFC5
FC	2BFC6	2BFC7	2BFC8	2BFC9	2BFCA	2BFCB	2BFCC	2BFCD	2BFCE	2BFCF
FD	2BFD0	2BFD1	2BFD2	2BFD3	2BFD4	2BFD5	2BFD6	2BFD7	2BFD8	2BFD9
FE	2BFDA	2BFDB	2BFDC	2BFDD	2BFDE	2BFDF	2BFE0	2BFE1	2BFE2	2BFE3

9931

	30	31	32	33	34	35	36	37	38	39
81	2BFE4	2BFE5	2BFE6	2BFE7	2BFE8	2BFE9	2BFEA	2BFEB	2BFEC	2BFED
82	2BFEE	2BFEF	2BFF0	2BFF1	2BFF2	2BFF3	2BFF4	2BFF5	2BFF6	2BFF7
83	2BFF8	2BFF9	2BFFA	2BFFB	2BFFC	2BFFD	2BFFE	2BFFF	2C000	2C001
84	2C002	2C003	2C004	2C005	2C006	2C007	2C008	2C009	2C00A	2C00B
85	2C00C	2C00D	2C00E	2C00F	2C010	2C011	2C012	2C013	2C014	2C015
86	2C016	2C017	2C018	2C019	2C01A	2C01B	2C01C	2C01D	2C01E	2C01F
87	2C020	2C021	2C022	2C023	2C024	2C025	2C026	2C027	2C028	2C029
88	2C02A	2C02B	2C02C	2C02D	2C02E	2C02F	2C030	2C031	2C032	2C033
89	2C034	2C035	2C036	2C037	2C038	2C039	2C03A	2C03B	2C03C	2C03D
8A	2C03E	2C03F	2C040	2C041	2C042	2C043	2C044	2C045	2C046	2C047
8B	2C048	2C049	2C04A	2C04B	2C04C	2C04D	2C04E	2C04F	2C050	2C051
8C	2C052	2C053	2C054	2C055	2C056	2C057	2C058	2C059	2C05A	2C05B
8D	2C05C	2C05D	2C05E	2C05F	2C060	2C061	2C062	2C063	2C064	2C065
8E	2C066	2C067	2C068	2C069	2C06A	2C06B	2C06C	2C06D	2C06E	2C06F
8F	2C070	2C071	2C072	2C073	2C074	2C075	2C076	2C077	2C078	2C079
90	2C07A	2C07B	2C07C	2C07D	2C07E	2C07F	2C080	2C081	2C082	2C083
91	2C084	2C085	2C086	2C087	2C088	2C089	2C08A	2C08B	2C08C	2C08D
92	2C08E	2C08F	2C090	2C091	2C092	2C093	2C094	2C095	2C096	2C097
93	2C098	2C099	2C09A	2C09B	2C09C	2C09D	2C09E	2C09F	2C0A0	2C0A1
94	2C0A2	2C0A3	2C0A4	2C0A5	2C0A6	2C0A7	2C0A8	2C0A9	2C0AA	2C0AB
95	2C0AC	2C0AD	2C0AE	2C0AF	2C0B0	2C0B1	2C0B2	2C0B3	2C0B4	2C0B5

9931

	30	31	32	33	34	35	36	37	38	39
96	2C0B6	2C0B7	2C0B8	2C0B9	2C0BA	2C0BB	2C0BC	2C0BD	2C0BE	2C0BF
97	2C0C0	2C0C1	2C0C2	2C0C3	2C0C4	2C0C5	2C0C6	2C0C7	2C0C8	2C0C9
98	2C0CA	2C0CB	2C0CC	2C0CD	2C0CE	2C0CF	2C0D0	2C0D1	2C0D2	2C0D3
99	2C0D4	2C0D5	2C0D6	2C0D7	2C0D8	2C0D9	2C0DA	2C0DB	2C0DC	2C0DD
9A	2C0DE	2C0DF	2C0E0	2C0E1	2C0E2	2C0E3	2C0E4	2C0E5	2C0E6	2C0E7
9B	2C0E8	2C0E9	2C0EA	2C0EB	2C0EC	2C0ED	2C0EE	2C0EF	2C0F0	2C0F1
9C	2C0F2	2C0F3	2C0F4	2C0F5	2C0F6	2C0F7	2C0F8	2C0F9	2C0FA	2C0FB
9D	2C0FC	2C0FD	2C0FE	2C0FF	2C100	2C101	2C102	2C103	2C104	2C105
9E	2C106	2C107	2C108	2C109	2C10A	2C10B	2C10C	2C10D	2C10E	2C10F
9F	2C110	2C111	2C112	2C113	2C114	2C115	2C116	2C117	2C118	2C119
A0	2C11A	2C11B	2C11C	2C11D	2C11E	2C11F	2C120	2C121	2C122	2C123
A1	2C124	2C125	2C126	2C127	2C128	2C129	2C12A	2C12B	2C12C	2C12D
A2	2C12E	2C12F	2C130	2C131	2C132	2C133	2C134	2C135	2C136	2C137
A3	2C138	2C139	2C13A	2C13B	2C13C	2C13D	2C13E	2C13F	2C140	2C141
A4	2C142	2C143	2C144	2C145	2C146	2C147	2C148	2C149	2C14A	2C14B
A5	2C14C	2C14D	2C14E	2C14F	2C150	2C151	2C152	2C153	2C154	2C155
A6	2C156	2C157	2C158	2C159	2C15A	2C15B	2C15C	2C15D	2C15E	2C15F
A7	2C160	2C161	2C162	2C163	2C164	2C165	2C166	2C167	2C168	2C169
A8	2C16A	2C16B	2C16C	2C16D	2C16E	2C16F	2C170	2C171	2C172	2C173
A9	2C174	2C175	2C176	2C177	2C178	2C179	2C17A	2C17B	2C17C	2C17D
AA	2C17E	2C17F	2C180	2C181	2C182	2C183	2C184	2C185	2C186	2C187

9931

	30	31	32	33	34	35	36	37	38	39
AB	2C188	2C189	2C18A	2C18B	2C18C	2C18D	2C18E	2C18F	2C190	2C191
AC	2C192	2C193	2C194	2C195	2C196	2C197	2C198	2C199	2C19A	2C19B
AD	2C19C	2C19D	2C19E	2C19F	2C1A0	2C1A1	2C1A2	2C1A3	2C1A4	2C1A5
AE	2C1A6	2C1A7	2C1A8	2C1A9	2C1AA	2C1AB	2C1AC	2C1AD	2C1AE	2C1AF
AF	2C1B0	2C1B1	2C1B2	2C1B3	2C1B4	2C1B5	2C1B6	2C1B7	2C1B8	2C1B9
B0	2C1BA	2C1BB	2C1BC	2C1BD	2C1BE	2C1BF	2C1C0	2C1C1	2C1C2	2C1C3
B1	2C1C4	2C1C5	2C1C6	2C1C7	2C1C8	2C1C9	2C1CA	2C1CB	2C1CC	2C1CD
B2	2C1CE	2C1CF	2C1D0	2C1D1	2C1D2	2C1D3	2C1D4	2C1D5	2C1D6	2C1D7
B3	2C1D8	2C1D9	2C1DA	2C1DB	2C1DC	2C1DD	2C1DE	2C1DF	2C1E0	2C1E1
B4	2C1E2	2C1E3	2C1E4	2C1E5	2C1E6	2C1E7	2C1E8	2C1E9	2C1EA	2C1EB
B5	2C1EC	2C1ED	2C1EE	2C1EF	2C1F0	2C1F1	2C1F2	2C1F3	2C1F4	2C1F5
B6	2C1F6	2C1F7	2C1F8	2C1F9	2C1FA	2C1FB	2C1FC	2C1FD	2C1FE	2C1FF
B7	2C200	2C201	2C202	2C203	2C204	2C205	2C206	2C207	2C208	2C209
B8	2C20A	2C20B	2C20C	2C20D	2C20E	2C20F	2C210	2C211	2C212	2C213
B9	2C214	2C215	2C216	2C217	2C218	2C219	2C21A	2C21B	2C21C	2C21D
BA	2C21E	2C21F	2C220	2C221	2C222	2C223	2C224	2C225	2C226	2C227
BB	2C228	2C229	2C22A	2C22B	2C22C	2C22D	2C22E	2C22F	2C230	2C231
BC	2C232	2C233	2C234	2C235	2C236	2C237	2C238	2C239	2C23A	2C23B
BD	2C23C	2C23D	2C23E	2C23F	2C240	2C241	2C242	2C243	2C244	2C245
BE	2C246	2C247	2C248	2C249	2C24A	2C24B	2C24C	2C24D	2C24E	2C24F
BF	2C250	2C251	2C252	2C253	2C254	2C255	2C256	2C257	2C258	2C259

9931

	30	31	32	33	34	35	36	37	38	39
C0	2C25A	2C25B	2C25C	2C25D	2C25E	2C25F	2C260	2C261	2C262	2C263
C1	2C264	2C265	2C266	2C267	2C268	2C269	2C26A	2C26B	2C26C	2C26D
C2	2C26E	2C26F	2C270	2C271	2C272	2C273	2C274	2C275	2C276	2C277
C3	2C278	2C279	2C27A	2C27B	2C27C	2C27D	2C27E	2C27F	2C280	2C281
C4	2C282	2C283	2C284	2C285	2C286	2C287	2C288	2C289	2C28A	2C28B
C5	2C28C	2C28D	2C28E	2C28F	2C290	2C291	2C292	2C293	2C294	2C295
C6	2C296	2C297	2C298	2C299	2C29A	2C29B	2C29C	2C29D	2C29E	2C29F
C7	2C2A0	2C2A1	2C2A2	2C2A3	2C2A4	2C2A5	2C2A6	2C2A7	2C2A8	2C2A9
C8	2C2AA	2C2AB	2C2AC	2C2AD	2C2AE	2C2AF	2C2B0	2C2B1	2C2B2	2C2B3
C9	2C2B4	2C2B5	2C2B6	2C2B7	2C2B8	2C2B9	2C2BA	2C2BB	2C2BC	2C2BD
CA	2C2BE	2C2BF	2C2C0	2C2C1	2C2C2	2C2C3	2C2C4	2C2C5	2C2C6	2C2C7
CB	2C2C8	2C2C9	2C2CA	2C2CB	2C2CC	2C2CD	2C2CE	2C2CF	2C2D0	2C2D1
CC	2C2D2	2C2D3	2C2D4	2C2D5	2C2D6	2C2D7	2C2D8	2C2D9	2C2DA	2C2DB
CD	2C2DC	2C2DD	2C2DE	2C2DF	2C2E0	2C2E1	2C2E2	2C2E3	2C2E4	2C2E5
CE	2C2E6	2C2E7	2C2E8	2C2E9	2C2EA	2C2EB	2C2EC	2C2ED	2C2EE	2C2EF
CF	2C2F0	2C2F1	2C2F2	2C2F3	2C2F4	2C2F5	2C2F6	2C2F7	2C2F8	2C2F9
D0	2C2FA	2C2FB	2C2FC	2C2FD	2C2FE	2C2FF	2C300	2C301	2C302	2C303
D1	2C304	2C305	2C306	2C307	2C308	2C309	2C30A	2C30B	2C30C	2C30D
D2	2C30E	2C30F	2C310	2C311	2C312	2C313	2C314	2C315	2C316	2C317
D3	2C318	2C319	2C31A	2C31B	2C31C	2C31D	2C31E	2C31F	2C320	2C321
D4	2C322	2C323	2C324	2C325	2C326	2C327	2C328	2C329	2C32A	2C32B

9931

	30	31	32	33	34	35	36	37	38	39
D5	2C32C	2C32D	2C32E	2C32F	2C330	2C331	2C332	2C333	2C334	2C335
D6	2C336	2C337	2C338	2C339	2C33A	2C33B	2C33C	2C33D	2C33E	2C33F
D7	2C340	2C341	2C342	2C343	2C344	2C345	2C346	2C347	2C348	2C349
D8	2C34A	2C34B	2C34C	2C34D	2C34E	2C34F	2C350	2C351	2C352	2C353
D9	2C354	2C355	2C356	2C357	2C358	2C359	2C35A	2C35B	2C35C	2C35D
DA	2C35E	2C35F	2C360	2C361	2C362	2C363	2C364	2C365	2C366	2C367
DB	2C368	2C369	2C36A	2C36B	2C36C	2C36D	2C36E	2C36F	2C370	2C371
DC	2C372	2C373	2C374	2C375	2C376	2C377	2C378	2C379	2C37A	2C37B
DD	2C37C	2C37D	2C37E	2C37F	2C380	2C381	2C382	2C383	2C384	2C385
DE	2C386	2C387	2C388	2C389	2C38A	2C38B	2C38C	2C38D	2C38E	2C38F
DF	2C390	2C391	2C392	2C393	2C394	2C395	2C396	2C397	2C398	2C399
E0	2C39A	2C39B	2C39C	2C39D	2C39E	2C39F	2C3A0	2C3A1	2C3A2	2C3A3
E1	2C3A4	2C3A5	2C3A6	2C3A7	2C3A8	2C3A9	2C3AA	2C3AB	2C3AC	2C3AD
E2	2C3AE	2C3AF	2C3B0	2C3B1	2C3B2	2C3B3	2C3B4	2C3B5	2C3B6	2C3B7
E3	2C3B8	2C3B9	2C3BA	2C3BB	2C3BC	2C3BD	2C3BE	2C3BF	2C3C0	2C3C1
E4	2C3C2	2C3C3	2C3C4	2C3C5	2C3C6	2C3C7	2C3C8	2C3C9	2C3CA	2C3CB
E5	2C3CC	2C3CD	2C3CE	2C3CF	2C3D0	2C3D1	2C3D2	2C3D3	2C3D4	2C3D5
E6	2C3D6	2C3D7	2C3D8	2C3D9	2C3DA	2C3DB	2C3DC	2C3DD	2C3DE	2C3DF
E7	2C3E0	2C3E1	2C3E2	2C3E3	2C3E4	2C3E5	2C3E6	2C3E7	2C3E8	2C3E9
E8	2C3EA	2C3EB	2C3EC	2C3ED	2C3EE	2C3EF	2C3F0	2C3F1	2C3F2	2C3F3
E9	2C3F4	2C3F5	2C3F6	2C3F7	2C3F8	2C3F9	2C3FA	2C3FB	2C3FC	2C3FD

9931

	30	31	32	33	34	35	36	37	38	39
EA	2C3FE	2C3FF	2C400	2C401	2C402	2C403	2C404	2C405	2C406	2C407
EB	2C408	2C409	2C40A	2C40B	2C40C	2C40D	2C40E	2C40F	2C410	2C411
EC	2C412	2C413	2C414	2C415	2C416	2C417	2C418	2C419	2C41A	2C41B
ED	2C41C	2C41D	2C41E	2C41F	2C420	2C421	2C422	2C423	2C424	2C425
EE	2C426	2C427	2C428	2C429	2C42A	2C42B	2C42C	2C42D	2C42E	2C42F
EF	2C430	2C431	2C432	2C433	2C434	2C435	2C436	2C437	2C438	2C439
F0	2C43A	2C43B	2C43C	2C43D	2C43E	2C43F	2C440	2C441	2C442	2C443
F1	2C444	2C445	2C446	2C447	2C448	2C449	2C44A	2C44B	2C44C	2C44D
F2	2C44E	2C44F	2C450	2C451	2C452	2C453	2C454	2C455	2C456	2C457
F3	2C458	2C459	2C45A	2C45B	2C45C	2C45D	2C45E	2C45F	2C460	2C461
F4	2C462	2C463	2C464	2C465	2C466	2C467	2C468	2C469	2C46A	2C46B
F5	2C46C	2C46D	2C46E	2C46F	2C470	2C471	2C472	2C473	2C474	2C475
F6	2C476	2C477	2C478	2C479	2C47A	2C47B	2C47C	2C47D	2C47E	2C47F
F7	2C480	2C481	2C482	2C483	2C484	2C485	2C486	2C487	2C488	2C489
F8	2C48A	2C48B	2C48C	2C48D	2C48E	2C48F	2C490	2C491	2C492	2C493
F9	2C494	2C495	2C496	2C497	2C498	2C499	2C49A	2C49B	2C49C	2C49D
FA	2C49E	2C49F	2C4A0	2C4A1	2C4A2	2C4A3	2C4A4	2C4A5	2C4A6	2C4A7
FB	2C4A8	2C4A9	2C4AA	2C4AB	2C4AC	2C4AD	2C4AE	2C4AF	2C4B0	2C4B1
FC	2C4B2	2C4B3	2C4B4	2C4B5	2C4B6	2C4B7	2C4B8	2C4B9	2C4BA	2C4BB
FD	2C4BC	2C4BD	2C4BE	2C4BF	2C4C0	2C4C1	2C4C2	2C4C3	2C4C4	2C4C5
FE	2C4C6	2C4C7	2C4C8	2C4C9	2C4CA	2C4CB	2C4CC	2C4CD	2C4CE	2C4CF

9932

	30	31	32	33	34	35	36	37	38	39
81	2C4D0	2C4D1	2C4D2	2C4D3	2C4D4	2C4D5	2C4D6	2C4D7	2C4D8	2C4D9
82	2C4DA	2C4DB	2C4DC	2C4DD	2C4DE	2C4DF	2C4E0	2C4E1	2C4E2	2C4E3
83	2C4E4	2C4E5	2C4E6	2C4E7	2C4E8	2C4E9	2C4EA	2C4EB	2C4EC	2C4ED
84	2C4EE	2C4EF	2C4F0	2C4F1	2C4F2	2C4F3	2C4F4	2C4F5	2C4F6	2C4F7
85	2C4F8	2C4F9	2C4FA	2C4FB	2C4FC	2C4FD	2C4FE	2C4FF	2C500	2C501
86	2C502	2C503	2C504	2C505	2C506	2C507	2C508	2C509	2C50A	2C50B
87	2C50C	2C50D	2C50E	2C50F	2C510	2C511	2C512	2C513	2C514	2C515
88	2C516	2C517	2C518	2C519	2C51A	2C51B	2C51C	2C51D	2C51E	2C51F
89	2C520	2C521	2C522	2C523	2C524	2C525	2C526	2C527	2C528	2C529
8A	2C52A	2C52B	2C52C	2C52D	2C52E	2C52F	2C530	2C531	2C532	2C533
8B	2C534	2C535	2C536	2C537	2C538	2C539	2C53A	2C53B	2C53C	2C53D
8C	2C53E	2C53F	2C540	2C541	2C542	2C543	2C544	2C545	2C546	2C547
8D	2C548	2C549	2C54A	2C54B	2C54C	2C54D	2C54E	2C54F	2C550	2C551
8E	2C552	2C553	2C554	2C555	2C556	2C557	2C558	2C559	2C55A	2C55B
8F	2C55C	2C55D	2C55E	2C55F	2C560	2C561	2C562	2C563	2C564	2C565
90	2C566	2C567	2C568	2C569	2C56A	2C56B	2C56C	2C56D	2C56E	2C56F
91	2C570	2C571	2C572	2C573	2C574	2C575	2C576	2C577	2C578	2C579
92	2C57A	2C57B	2C57C	2C57D	2C57E	2C57F	2C580	2C581	2C582	2C583
93	2C584	2C585	2C586	2C587	2C588	2C589	2C58A	2C58B	2C58C	2C58D
94	2C58E	2C58F	2C590	2C591	2C592	2C593	2C594	2C595	2C596	2C597
95	2C598	2C599	2C59A	2C59B	2C59C	2C59D	2C59E	2C59F	2C5A0	2C5A1

9932

	30	31	32	33	34	35	36	37	38	39
96	2C5A2	2C5A3	2C5A4	2C5A5	2C5A6	2C5A7	2C5A8	2C5A9	2C5AA	2C5AB
97	2C5AC	2C5AD	2C5AE	2C5AF	2C5B0	2C5B1	2C5B2	2C5B3	2C5B4	2C5B5
98	2C5B6	2C5B7	2C5B8	2C5B9	2C5BA	2C5BB	2C5BC	2C5BD	2C5BE	2C5BF
99	2C5C0	2C5C1	2C5C2	2C5C3	2C5C4	2C5C5	2C5C6	2C5C7	2C5C8	2C5C9
9A	2C5CA	2C5CB	2C5CC	2C5CD	2C5CE	2C5CF	2C5D0	2C5D1	2C5D2	2C5D3
9B	2C5D4	2C5D5	2C5D6	2C5D7	2C5D8	2C5D9	2C5DA	2C5DB	2C5DC	2C5DD
9C	2C5DE	2C5DF	2C5E0	2C5E1	2C5E2	2C5E3	2C5E4	2C5E5	2C5E6	2C5E7
9D	2C5E8	2C5E9	2C5EA	2C5EB	2C5EC	2C5ED	2C5EE	2C5EF	2C5F0	2C5F1
9E	2C5F2	2C5F3	2C5F4	2C5F5	2C5F6	2C5F7	2C5F8	2C5F9	2C5FA	2C5FB
9F	2C5FC	2C5FD	2C5FE	2C5FF	2C600	2C601	2C602	2C603	2C604	2C605
A0	2C606	2C607	2C608	2C609	2C60A	2C60B	2C60C	2C60D	2C60E	2C60F
A1	2C610	2C611	2C612	2C613	2C614	2C615	2C616	2C617	2C618	2C619
A2	2C61A	2C61B	2C61C	2C61D	2C61E	2C61F	2C620	2C621	2C622	2C623
A3	2C624	2C625	2C626	2C627	2C628	2C629	2C62A	2C62B	2C62C	2C62D
A4	2C62E	2C62F	2C630	2C631	2C632	2C633	2C634	2C635	2C636	2C637
A5	2C638	2C639	2C63A	2C63B	2C63C	2C63D	2C63E	2C63F	2C640	2C641
A6	2C642	2C643	2C644	2C645	2C646	2C647	2C648	2C649	2C64A	2C64B
A7	2C64C	2C64D	2C64E	2C64F	2C650	2C651	2C652	2C653	2C654	2C655
A8	2C656	2C657	2C658	2C659	2C65A	2C65B	2C65C	2C65D	2C65E	2C65F
A9	2C660	2C661	2C662	2C663	2C664	2C665	2C666	2C667	2C668	2C669
AA	2C66A	2C66B	2C66C	2C66D	2C66E	2C66F	2C670	2C671	2C672	2C673

9932

	30	31	32	33	34	35	36	37	38	39
AB	2C674	2C675	2C676	2C677	2C678	2C679	2C67A	2C67B	2C67C	2C67D
AC	2C67E	2C67F	2C680	2C681	2C682	2C683	2C684	2C685	2C686	2C687
AD	2C688	2C689	2C68A	2C68B	2C68C	2C68D	2C68E	2C68F	2C690	2C691
AE	2C692	2C693	2C694	2C695	2C696	2C697	2C698	2C699	2C69A	2C69B
AF	2C69C	2C69D	2C69E	2C69F	2C6A0	2C6A1	2C6A2	2C6A3	2C6A4	2C6A5
B0	2C6A6	2C6A7	2C6A8	2C6A9	2C6AA	2C6AB	2C6AC	2C6AD	2C6AE	2C6AF
B1	2C6B0	2C6B1	2C6B2	2C6B3	2C6B4	2C6B5	2C6B6	2C6B7	2C6B8	2C6B9
B2	2C6BA	2C6BB	2C6BC	2C6BD	2C6BE	2C6BF	2C6C0	2C6C1	2C6C2	2C6C3
B3	2C6C4	2C6C5	2C6C6	2C6C7	2C6C8	2C6C9	2C6CA	2C6CB	2C6CC	2C6CD
B4	2C6CE	2C6CF	2C6D0	2C6D1	2C6D2	2C6D3	2C6D4	2C6D5	2C6D6	2C6D7
B5	2C6D8	2C6D9	2C6DA	2C6DB	2C6DC	2C6DD	2C6DE	2C6DF	2C6E0	2C6E1
B6	2C6E2	2C6E3	2C6E4	2C6E5	2C6E6	2C6E7	2C6E8	2C6E9	2C6EA	2C6EB
B7	2C6EC	2C6ED	2C6EE	2C6EF	2C6F0	2C6F1	2C6F2	2C6F3	2C6F4	2C6F5
B8	2C6F6	2C6F7	2C6F8	2C6F9	2C6FA	2C6FB	2C6FC	2C6FD	2C6FE	2C6FF
B9	2C700	2C701	2C702	2C703	2C704	2C705	2C706	2C707	2C708	2C709
BA	2C70A	2C70B	2C70C	2C70D	2C70E	2C70F	2C710	2C711	2C712	2C713
BB	2C714	2C715	2C716	2C717	2C718	2C719	2C71A	2C71B	2C71C	2C71D
BC	2C71E	2C71F	2C720	2C721	2C722	2C723	2C724	2C725	2C726	2C727
BD	2C728	2C729	2C72A	2C72B	2C72C	2C72D	2C72E	2C72F	2C730	2C731
BE	2C732	2C733	2C734	2C735	2C736	2C737	2C738	2C739	2C73A	2C73B
BF	2C73C	2C73D	2C73E	2C73F	2C740	2C741	2C742	2C743	2C744	2C745

9932

	30	31	32	33	34	35	36	37	38	39
C0	2C746	2C747	2C748	2C749	2C74A	2C74B	2C74C	2C74D	2C74E	2C74F
C1	2C750	2C751	2C752	2C753	2C754	2C755	2C756	2C757	2C758	2C759
C2	2C75A	2C75B	2C75C	2C75D	2C75E	2C75F	2C760	2C761	2C762	2C763
C3	2C764	2C765	2C766	2C767	2C768	2C769	2C76A	2C76B	2C76C	2C76D
C4	2C76E	2C76F	2C770	2C771	2C772	2C773	2C774	2C775	2C776	2C777
C5	2C778	2C779	2C77A	2C77B	2C77C	2C77D	2C77E	2C77F	2C780	2C781
C6	2C782	2C783	2C784	2C785	2C786	2C787	2C788	2C789	2C78A	2C78B
C7	2C78C	2C78D	2C78E	2C78F	2C790	2C791	2C792	2C793	2C794	2C795
C8	2C796	2C797	2C798	2C799	2C79A	2C79B	2C79C	2C79D	2C79E	2C79F
C9	2C7A0	2C7A1	2C7A2	2C7A3	2C7A4	2C7A5	2C7A6	2C7A7	2C7A8	2C7A9
CA	2C7AA	2C7AB	2C7AC	2C7AD	2C7AE	2C7AF	2C7B0	2C7B1	2C7B2	2C7B3
CB	2C7B4	2C7B5	2C7B6	2C7B7	2C7B8	2C7B9	2C7BA	2C7BB	2C7BC	2C7BD
CC	2C7BE	2C7BF	2C7C0	2C7C1	2C7C2	2C7C3	2C7C4	2C7C5	2C7C6	2C7C7
CD	2C7C8	2C7C9	2C7CA	2C7CB	2C7CC	2C7CD	2C7CE	2C7CF	2C7D0	2C7D1
CE	2C7D2	2C7D3	2C7D4	2C7D5	2C7D6	2C7D7	2C7D8	2C7D9	2C7DA	2C7DB
CF	2C7DC	2C7DD	2C7DE	2C7DF	2C7E0	2C7E1	2C7E2	2C7E3	2C7E4	2C7E5
D0	2C7E6	2C7E7	2C7E8	2C7E9	2C7EA	2C7EB	2C7EC	2C7ED	2C7EE	2C7EF
D1	2C7F0	2C7F1	2C7F2	2C7F3	2C7F4	2C7F5	2C7F6	2C7F7	2C7F8	2C7F9
D2	2C7FA	2C7FB	2C7FC	2C7FD	2C7FE	2C7FF	2C800	2C801	2C802	2C803
D3	2C804	2C805	2C806	2C807	2C808	2C809	2C80A	2C80B	2C80C	2C80D
D4	2C80E	2C80F	2C810	2C811	2C812	2C813	2C814	2C815	2C816	2C817

9932

	30	31	32	33	34	35	36	37	38	39
D5	2C818	2C819	2C81A	2C81B	2C81C	2C81D	2C81E	2C81F	2C820	2C821
D6	2C822	2C823	2C824	2C825	2C826	2C827	2C828	2C829	2C82A	2C82B
D7	2C82C	2C82D	2C82E	2C82F	2C830	2C831	2C832	2C833	2C834	2C835
D8	2C836	2C837	2C838	2C839	2C83A	2C83B	2C83C	2C83D	2C83E	2C83F
D9	2C840	2C841	2C842	2C843	2C844	2C845	2C846	2C847	2C848	2C849
DA	2C84A	2C84B	2C84C	2C84D	2C84E	2C84F	2C850	2C851	2C852	2C853
DB	2C854	2C855	2C856	2C857	2C858	2C859	2C85A	2C85B	2C85C	2C85D
DC	2C85E	2C85F	2C860	2C861	2C862	2C863	2C864	2C865	2C866	2C867
DD	2C868	2C869	2C86A	2C86B	2C86C	2C86D	2C86E	2C86F	2C870	2C871
DE	2C872	2C873	2C874	2C875	2C876	2C877	2C878	2C879	2C87A	2C87B
DF	2C87C	2C87D	2C87E	2C87F	2C880	2C881	2C882	2C883	2C884	2C885
E0	2C886	2C887	2C888	2C889	2C88A	2C88B	2C88C	2C88D	2C88E	2C88F
E1	2C890	2C891	2C892	2C893	2C894	2C895	2C896	2C897	2C898	2C899
E2	2C89A	2C89B	2C89C	2C89D	2C89E	2C89F	2C8A0	2C8A1	2C8A2	2C8A3
E3	2C8A4	2C8A5	2C8A6	2C8A7	2C8A8	2C8A9	2C8AA	2C8AB	2C8AC	2C8AD
E4	2C8AE	2C8AF	2C8B0	2C8B1	2C8B2	2C8B3	2C8B4	2C8B5	2C8B6	2C8B7
E5	2C8B8	2C8B9	2C8BA	2C8BB	2C8BC	2C8BD	2C8BE	2C8BF	2C8C0	2C8C1
E6	2C8C2	2C8C3	2C8C4	2C8C5	2C8C6	2C8C7	2C8C8	2C8C9	2C8CA	2C8CB
E7	2C8CC	2C8CD	2C8CE	2C8CF	2C8D0	2C8D1	2C8D2	2C8D3	2C8D4	2C8D5
E8	2C8D6	2C8D7	2C8D8	2C8D9	2C8DA	2C8DB	2C8DC	2C8DD	2C8DE	2C8DF
E9	2C8E0	2C8E1	2C8E2	2C8E3	2C8E4	2C8E5	2C8E6	2C8E7	2C8E8	2C8E9

9932

	30	31	32	33	34	35	36	37	38	39
EA	2C8EA	2C8EB	2C8EC	2C8ED	2C8EE	2C8EF	2C8F0	2C8F1	2C8F2	2C8F3
EB	2C8F4	2C8F5	2C8F6	2C8F7	2C8F8	2C8F9	2C8FA	2C8FB	2C8FC	2C8FD
EC	2C8FE	2C8FF	2C900	2C901	2C902	2C903	2C904	2C905	2C906	2C907
ED	2C908	2C909	2C90A	2C90B	2C90C	2C90D	2C90E	2C90F	2C910	2C911
EE	2C912	2C913	2C914	2C915	2C916	2C917	2C918	2C919	2C91A	2C91B
EF	2C91C	2C91D	2C91E	2C91F	2C920	2C921	2C922	2C923	2C924	2C925
F0	2C926	2C927	2C928	2C929	2C92A	2C92B	2C92C	2C92D	2C92E	2C92F
F1	2C930	2C931	2C932	2C933	2C934	2C935	2C936	2C937	2C938	2C939
F2	2C93A	2C93B	2C93C	2C93D	2C93E	2C93F	2C940	2C941	2C942	2C943
F3	2C944	2C945	2C946	2C947	2C948	2C949	2C94A	2C94B	2C94C	2C94D
F4	2C94E	2C94F	2C950	2C951	2C952	2C953	2C954	2C955	2C956	2C957
F5	2C958	2C959	2C95A	2C95B	2C95C	2C95D	2C95E	2C95F	2C960	2C961
F6	2C962	2C963	2C964	2C965	2C966	2C967	2C968	2C969	2C96A	2C96B
F7	2C96C	2C96D	2C96E	2C96F	2C970	2C971	2C972	2C973	2C974	2C975
F8	2C976	2C977	2C978	2C979	2C97A	2C97B	2C97C	2C97D	2C97E	2C97F
F9	2C980	2C981	2C982	2C983	2C984	2C985	2C986	2C987	2C988	2C989
FA	2C98A	2C98B	2C98C	2C98D	2C98E	2C98F	2C990	2C991	2C992	2C993
FB	2C994	2C995	2C996	2C997	2C998	2C999	2C99A	2C99B	2C99C	2C99D
FC	2C99E	2C99F	2C9A0	2C9A1	2C9A2	2C9A3	2C9A4	2C9A5	2C9A6	2C9A7
FD	2C9A8	2C9A9	2C9AA	2C9AB	2C9AC	2C9AD	2C9AE	2C9AF	2C9B0	2C9B1
FE	2C9B2	2C9B3	2C9B4	2C9B5	2C9B6	2C9B7	2C9B8	2C9B9	2C9BA	2C9BB

9933

	30	31	32	33	34	35	36	37	38	39
81	2C9BC	2C9BD	2C9BE	2C9BF	2C9C0	2C9C1	2C9C2	2C9C3	2C9C4	2C9C5
82	2C9C6	2C9C7	2C9C8	2C9C9	2C9CA	2C9CB	2C9CC	2C9CD	2C9CE	2C9CF
83	2C9D0	2C9D1	2C9D2	2C9D3	2C9D4	2C9D5	2C9D6	2C9D7	2C9D8	2C9D9
84	2C9DA	2C9DB	2C9DC	2C9DD	2C9DE	2C9DF	2C9E0	2C9E1	2C9E2	2C9E3
85	2C9E4	2C9E5	2C9E6	2C9E7	2C9E8	2C9E9	2C9EA	2C9EB	2C9EC	2C9ED
86	2C9EE	2C9EF	2C9F0	2C9F1	2C9F2	2C9F3	2C9F4	2C9F5	2C9F6	2C9F7
87	2C9F8	2C9F9	2C9FA	2C9FB	2C9FC	2C9FD	2C9FE	2C9FF	2CA00	2CA01
88	2CA02	2CA03	2CA04	2CA05	2CA06	2CA07	2CA08	2CA09	2CA0A	2CA0B
89	2CA0C	2CA0D	2CA0E	2CA0F	2CA10	2CA11	2CA12	2CA13	2CA14	2CA15
8A	2CA16	2CA17	2CA18	2CA19	2CA1A	2CA1B	2CA1C	2CA1D	2CA1E	2CA1F
8B	2CA20	2CA21	2CA22	2CA23	2CA24	2CA25	2CA26	2CA27	2CA28	2CA29
8C	2CA2A	2CA2B	2CA2C	2CA2D	2CA2E	2CA2F	2CA30	2CA31	2CA32	2CA33
8D	2CA34	2CA35	2CA36	2CA37	2CA38	2CA39	2CA3A	2CA3B	2CA3C	2CA3D
8E	2CA3E	2CA3F	2CA40	2CA41	2CA42	2CA43	2CA44	2CA45	2CA46	2CA47
8F	2CA48	2CA49	2CA4A	2CA4B	2CA4C	2CA4D	2CA4E	2CA4F	2CA50	2CA51
90	2CA52	2CA53	2CA54	2CA55	2CA56	2CA57	2CA58	2CA59	2CA5A	2CA5B
91	2CA5C	2CA5D	2CA5E	2CA5F	2CA60	2CA61	2CA62	2CA63	2CA64	2CA65
92	2CA66	2CA67	2CA68	2CA69	2CA6A	2CA6B	2CA6C	2CA6D	2CA6E	2CA6F
93	2CA70	2CA71	2CA72	2CA73	2CA74	2CA75	2CA76	2CA77	2CA78	2CA79
94	2CA7A	2CA7B	2CA7C	2CA7D	2CA7E	2CA7F	2CA80	2CA81	2CA82	2CA83
95	2CA84	2CA85	2CA86	2CA87	2CA88	2CA89	2CA8A	2CA8B	2CA8C	2CA8D

9933

	30	31	32	33	34	35	36	37	38	39
96	2CA8E	2CA8F	2CA90	2CA91	2CA92	2CA93	2CA94	2CA95	2CA96	2CA97
97	2CA98	2CA99	2CA9A	2CA9B	2CA9C	2CA9D	2CA9E	2CA9F	2CAA0	2CAA1
98	2CAA2	2CAA3	2CAA4	2CAA5	2CAA6	2CAA7	2CAA8	2CAA9	2CAAA	2CAAB
99	2CAAC	2CAAD	2CAAE	2CAAF	2CAB0	2CAB1	2CAB2	2CAB3	2CAB4	2CAB5
9A	2CAB6	2CAB7	2CAB8	2CAB9	2CABA	2CABB	2CABC	2CABD	2CABE	2CABF
9B	2CAC0	2CAC1	2CAC2	2CAC3	2CAC4	2CAC5	2CAC6	2CAC7	2CAC8	2CAC9
9C	2CACA	2CACB	2CACC	2CACD	2CACE	2CACF	2CAD0	2CAD1	2CAD2	2CAD3
9D	2CAD4	2CAD5	2CAD6	2CAD7	2CAD8	2CAD9	2CADA	2CADB	2CADC	2CADD
9E	2CADE	2CADF	2CAE0	2CAE1	2CAE2	2CAE3	2CAE4	2CAE5	2CAE6	2CAE7
9F	2CAE8	2CAE9	2CAEA	2CAEB	2CAEC	2CAED	2CAEE	2CAEF	2CAF0	2CAF1
A0	2CAF2	2CAF3	2CAF4	2CAF5	2CAF6	2CAF7	2CAF8	2CAF9	2CAFA	2CAFB
A1	2CAFC	2CAFD	2CAFE	2CAFF	2CB00	2CB01	2CB02	2CB03	2CB04	2CB05
A2	2CB06	2CB07	2CB08	2CB09	2CB0A	2CB0B	2CB0C	2CB0D	2CB0E	2CB0F
A3	2CB10	2CB11	2CB12	2CB13	2CB14	2CB15	2CB16	2CB17	2CB18	2CB19
A4	2CB1A	2CB1B	2CB1C	2CB1D	2CB1E	2CB1F	2CB20	2CB21	2CB22	2CB23
A5	2CB24	2CB25	2CB26	2CB27	2CB28	2CB29	2CB2A	2CB2B	2CB2C	2CB2D
A6	2CB2E	2CB2F	2CB30	2CB31	2CB32	2CB33	2CB34	2CB35	2CB36	2CB37
A7	2CB38	2CB39	2CB3A	2CB3B	2CB3C	2CB3D	2CB3E	2CB3F	2CB40	2CB41
A8	2CB42	2CB43	2CB44	2CB45	2CB46	2CB47	2CB48	2CB49	2CB4A	2CB4B
A9	2CB4C	2CB4D	2CB4E	2CB4F	2CB50	2CB51	2CB52	2CB53	2CB54	2CB55
AA	2CB56	2CB57	2CB58	2CB59	2CB5A	2CB5B	2CB5C	2CB5D	2CB5E	2CB5F

9933

	30	31	32	33	34	35	36	37	38	39
AB	2CB60	2CB61	2CB62	2CB63	2CB64	2CB65	2CB66	2CB67	2CB68	2CB69
AC	2CB6A	2CB6B	2CB6C	2CB6D	2CB6E	2CB6F	2CB70	2CB71	2CB72	2CB73
AD	2CB74	2CB75	2CB76	2CB77	2CB78	2CB79	2CB7A	2CB7B	2CB7C	2CB7D
AE	2CB7E	2CB7F	2CB80	2CB81	2CB82	2CB83	2CB84	2CB85	2CB86	2CB87
AF	2CB88	2CB89	2CB8A	2CB8B	2CB8C	2CB8D	2CB8E	2CB8F	2CB90	2CB91
B0	2CB92	2CB93	2CB94	2CB95	2CB96	2CB97	2CB98	2CB99	2CB9A	2CB9B
B1	2CB9C	2CB9D	2CB9E	2CB9F	2CBA0	2CBA1	2CBA2	2CBA3	2CBA4	2CBA5
B2	2CBA6	2CBA7	2CBA8	2CBA9	2CBAA	2CBAB	2CBAC	2CBAD	2CBAE	2CBAF
B3	2CBB0	2CBB1	2CBB2	2CBB3	2CBB4	2CBB5	2CBB6	2CBB7	2CBB8	2CBB9
B4	2CBBA	2CBBB	2CBBC	2CBBD	2CBBE	2CBBF	2CBC0	2CBC1	2CBC2	2CBC3
B5	2CBC4	2CBC5	2CBC6	2CBC7	2CBC8	2CBC9	2CBCA	2CBCB	2CBCC	2CBCD
B6	2CBCE	2CBCF	2CBD0	2CBD1	2CBD2	2CBD3	2CBD4	2CBD5	2CBD6	2CBD7
B7	2CBD8	2CBD9	2CBDA	2CBDB	2CBDC	2CBDD	2CBDE	2CBDF	2CBE0	2CBE1
B8	2CBE2	2CBE3	2CBE4	2CBE5	2CBE6	2CBE7	2CBE8	2CBE9	2CBEA	2CBEB
B9	2CBEC	2CBED	2CBEE	2CBEF	2CBF0	2CBF1	2CBF2	2CBF3	2CBF4	2CBF5
BA	2CBF6	2CBF7	2CBF8	2CBF9	2CBFA	2CBFB	2CBFC	2CBFD	2CBFE	2CBFF
BB	2CC00	2CC01	2CC02	2CC03	2CC04	2CC05	2CC06	2CC07	2CC08	2CC09
BC	2CC0A	2CC0B	2CC0C	2CC0D	2CC0E	2CC0F	2CC10	2CC11	2CC12	2CC13
BD	2CC14	2CC15	2CC16	2CC17	2CC18	2CC19	2CC1A	2CC1B	2CC1C	2CC1D
BE	2CC1E	2CC1F	2CC20	2CC21	2CC22	2CC23	2CC24	2CC25	2CC26	2CC27
BF	2CC28	2CC29	2CC2A	2CC2B	2CC2C	2CC2D	2CC2E	2CC2F	2CC30	2CC31

9933

	30	31	32	33	34	35	36	37	38	39
C0	2CC32	2CC33	2CC34	2CC35	2CC36	2CC37	2CC38	2CC39	2CC3A	2CC3B
C1	2CC3C	2CC3D	2CC3E	2CC3F	2CC40	2CC41	2CC42	2CC43	2CC44	2CC45
C2	2CC46	2CC47	2CC48	2CC49	2CC4A	2CC4B	2CC4C	2CC4D	2CC4E	2CC4F
C3	2CC50	2CC51	2CC52	2CC53	2CC54	2CC55	2CC56	2CC57	2CC58	2CC59
C4	2CC5A	2CC5B	2CC5C	2CC5D	2CC5E	2CC5F	2CC60	2CC61	2CC62	2CC63
C5	2CC64	2CC65	2CC66	2CC67	2CC68	2CC69	2CC6A	2CC6B	2CC6C	2CC6D
C6	2CC6E	2CC6F	2CC70	2CC71	2CC72	2CC73	2CC74	2CC75	2CC76	2CC77
C7	2CC78	2CC79	2CC7A	2CC7B	2CC7C	2CC7D	2CC7E	2CC7F	2CC80	2CC81
C8	2CC82	2CC83	2CC84	2CC85	2CC86	2CC87	2CC88	2CC89	2CC8A	2CC8B
C9	2CC8C	2CC8D	2CC8E	2CC8F	2CC90	2CC91	2CC92	2CC93	2CC94	2CC95
CA	2CC96	2CC97	2CC98	2CC99	2CC9A	2CC9B	2CC9C	2CC9D	2CC9E	2CC9F
CB	2CCA0	2CCA1	2CCA2	2CCA3	2CCA4	2CCA5	2CCA6	2CCA7	2CCA8	2CCA9
CC	2CCAA	2CCAB	2CCAC	2CCAD	2CCAE	2CCAF	2CCB0	2CCB1	2CCB2	2CCB3
CD	2CCB4	2CCB5	2CCB6	2CCB7	2CCB8	2CCB9	2CCBA	2CCBB	2CCBC	2CCBD
CE	2CCBE	2CCBF	2CCC0	2CCC1	2CCC2	2CCC3	2CCC4	2CCC5	2CCC6	2CCC7
CF	2CCC8	2CCC9	2CCCA	2CCCB	2CCCC	2CCCD	2CCCE	2CCCF	2CCD0	2CCD1
D0	2CCD2	2CCD3	2CCD4	2CCD5	2CCD6	2CCD7	2CCD8	2CCD9	2CCDA	2CCDB
D1	2CCDC	2CCDD	2CCDE	2CCDF	2CCE0	2CCE1	2CCE2	2CCE3	2CCE4	2CCE5
D2	2CCE6	2CCE7	2CCE8	2CCE9	2CCEA	2CCEB	2CCEC	2CCED	2CCEE	2CCEF
D3	2CCF0	2CCF1	2CCF2	2CCF3	2CCF4	2CCF5	2CCF6	2CCF7	2CCF8	2CCF9
D4	2CCFA	2CCFB	2CCFC	2CCFD	2CCFE	2CCFF	2CD00	2CD01	2CD02	2CD03

9933

	30	31	32	33	34	35	36	37	38	39
D5	2CD04	2CD05	2CD06	2CD07	2CD08	2CD09	2CD0A	2CD0B	2CD0C	2CD0D
D6	2CD0E	2CD0F	2CD10	2CD11	2CD12	2CD13	2CD14	2CD15	2CD16	2CD17
D7	2CD18	2CD19	2CD1A	2CD1B	2CD1C	2CD1D	2CD1E	2CD1F	2CD20	2CD21
D8	2CD22	2CD23	2CD24	2CD25	2CD26	2CD27	2CD28	2CD29	2CD2A	2CD2B
D9	2CD2C	2CD2D	2CD2E	2CD2F	2CD30	2CD31	2CD32	2CD33	2CD34	2CD35
DA	2CD36	2CD37	2CD38	2CD39	2CD3A	2CD3B	2CD3C	2CD3D	2CD3E	2CD3F
DB	2CD40	2CD41	2CD42	2CD43	2CD44	2CD45	2CD46	2CD47	2CD48	2CD49
DC	2CD4A	2CD4B	2CD4C	2CD4D	2CD4E	2CD4F	2CD50	2CD51	2CD52	2CD53
DD	2CD54	2CD55	2CD56	2CD57	2CD58	2CD59	2CD5A	2CD5B	2CD5C	2CD5D
DE	2CD5E	2CD5F	2CD60	2CD61	2CD62	2CD63	2CD64	2CD65	2CD66	2CD67
DF	2CD68	2CD69	2CD6A	2CD6B	2CD6C	2CD6D	2CD6E	2CD6F	2CD70	2CD71
E0	2CD72	2CD73	2CD74	2CD75	2CD76	2CD77	2CD78	2CD79	2CD7A	2CD7B
E1	2CD7C	2CD7D	2CD7E	2CD7F	2CD80	2CD81	2CD82	2CD83	2CD84	2CD85
E2	2CD86	2CD87	2CD88	2CD89	2CD8A	2CD8B	2CD8C	2CD8D	2CD8E	2CD8F
E3	2CD90	2CD91	2CD92	2CD93	2CD94	2CD95	2CD96	2CD97	2CD98	2CD99
E4	2CD9A	2CD9B	2CD9C	2CD9D	2CD9E	2CD9F	2CDA0	2CDA1	2CDA2	2CDA3
E5	2CDA4	2CDA5	2CDA6	2CDA7	2CDA8	2CDA9	2CDAA	2CDAB	2CDAC	2CDAD
E6	2CDAE	2CDAF	2CDB0	2CDB1	2CDB2	2CDB3	2CDB4	2CDB5	2CDB6	2CDB7
E7	2CDB8	2CDB9	2CDBA	2CDBB	2CDBC	2CDBD	2CDBE	2CDBF	2CDC0	2CDC1
E8	2CDC2	2CDC3	2CDC4	2CDC5	2CDC6	2CDC7	2CDC8	2CDC9	2CDCA	2CDCB
E9	2CDCC	2CDCD	2CDCE	2CDCF	2CDD0	2CDD1	2CDD2	2CDD3	2CDD4	2CDD5

9933

	30	31	32	33	34	35	36	37	38	39
EA	2CDD6	2CDD7	2CDD8	2CDD9	2CDDA	2CDDB	2CDDC	2CDDD	2CDDE	2CDDF
EB	2CDE0	2CDE1	2CDE2	2CDE3	2CDE4	2CDE5	2CDE6	2CDE7	2CDE8	2CDE9
EC	2CDEA	2CDEB	2CDEC	2CDED	2CDEE	2CDEF	2CDF0	2CDF1	2CDF2	2CDF3
ED	2CDF4	2CDF5	2CDF6	2CDF7	2CDF8	2CDF9	2CDFA	2CDFB	2CDFC	2CDFD
EE	2CDFE	2CDFF	2CE00	2CE01	2CE02	2CE03	2CE04	2CE05	2CE06	2CE07
EF	2CE08	2CE09	2CE0A	2CE0B	2CE0C	2CE0D	2CE0E	2CE0F	2CE10	2CE11
F0	2CE12	2CE13	2CE14	2CE15	2CE16	2CE17	2CE18	2CE19	2CE1A	2CE1B
F1	2CE1C	2CE1D	2CE1E	2CE1F	2CE20	2CE21	2CE22	2CE23	2CE24	2CE25
F2	2CE26	2CE27	2CE28	2CE29	2CE2A	2CE2B	2CE2C	2CE2D	2CE2E	2CE2F
F3	2CE30	2CE31	2CE32	2CE33	2CE34	2CE35	2CE36	2CE37	2CE38	2CE39
F4	2CE3A	2CE3B	2CE3C	2CE3D	2CE3E	2CE3F	2CE40	2CE41	2CE42	2CE43
F5	2CE44	2CE45	2CE46	2CE47	2CE48	2CE49	2CE4A	2CE4B	2CE4C	2CE4D
F6	2CE4E	2CE4F	2CE50	2CE51	2CE52	2CE53	2CE54	2CE55	2CE56	2CE57
F7	2CE58	2CE59	2CE5A	2CE5B	2CE5C	2CE5D	2CE5E	2CE5F	2CE60	2CE61
F8	2CE62	2CE63	2CE64	2CE65	2CE66	2CE67	2CE68	2CE69	2CE6A	2CE6B
F9	2CE6C	2CE6D	2CE6E	2CE6F	2CE70	2CE71	2CE72	2CE73	2CE74	2CE75
FA	2CE76	2CE77	2CE78	2CE79	2CE7A	2CE7B	2CE7C	2CE7D	2CE7E	2CE7F
FB	2CE80	2CE81	2CE82	2CE83	2CE84	2CE85	2CE86	2CE87	2CE88	2CE89
FC	2CE8A	2CE8B	2CE8C	2CE8D	2CE8E	2CE8F	2CE90	2CE91	2CE92	2CE93
FD	2CE94	2CE95	2CE96	2CE97	2CE98	2CE99	2CE9A	2CE9B	2CE9C	2CE9D
FE	2CE9E	2CE9F	2CEA0	2CEA1	2CEA2	2CEA3	2CEA4	2CEA5	2CEA6	2CEA7

9934

	30	31	32	33	34	35	36	37	38	39
81	2CEA8	2CEA9	2CEAA	2CEAB	2CEAC	2CEAD	2CEAE	2CEAF	2CEB0	2CEB1
82	2CEB2	2CEB3	2CEB4	2CEB5	2CEB6	2CEB7	2CEB8	2CEB9	2CEBA	2CEBB
83	2CEBC	2CEBD	2CEBE	2CEBF	2CEC0	2CEC1	2CEC2	2CEC3	2CEC4	2CEC5
84	2CEC6	2CEC7	2CEC8	2CEC9	2CECA	2CECB	2CECC	2CECD	2CECE	2CECF
85	2CED0	2CED1	2CED2	2CED3	2CED4	2CED5	2CED6	2CED7	2CED8	2CED9
86	2CEDA	2CEDB	2CEDC	2CEDD	2CEDE	2CEDF	2CEE0	2CEE1	2CEE2	2CEE3
87	2CEE4	2CEE5	2CEE6	2CEE7	2CEE8	2CEE9	2CEEA	2CEEB	2CEEC	2CEED
88	2CEEE	2CEEF	2CEF0	2CEF1	2CEF2	2CEF3	2CEF4	2CEF5	2CEF6	2CEF7
89	2CEF8	2CEF9	2CEFA	2CEFB	2CEFC	2CEFD	2CEFE	2CEFF	2CF00	2CF01
8A	2CF02	2CF03	2CF04	2CF05	2CF06	2CF07	2CF08	2CF09	2CF0A	2CF0B
8B	2CF0C	2CF0D	2CF0E	2CF0F	2CF10	2CF11	2CF12	2CF13	2CF14	2CF15
8C	2CF16	2CF17	2CF18	2CF19	2CF1A	2CF1B	2CF1C	2CF1D	2CF1E	2CF1F
8D	2CF20	2CF21	2CF22	2CF23	2CF24	2CF25	2CF26	2CF27	2CF28	2CF29
8E	2CF2A	2CF2B	2CF2C	2CF2D	2CF2E	2CF2F	2CF30	2CF31	2CF32	2CF33
8F	2CF34	2CF35	2CF36	2CF37	2CF38	2CF39	2CF3A	2CF3B	2CF3C	2CF3D
90	2CF3E	2CF3F	2CF40	2CF41	2CF42	2CF43	2CF44	2CF45	2CF46	2CF47
91	2CF48	2CF49	2CF4A	2CF4B	2CF4C	2CF4D	2CF4E	2CF4F	2CF50	2CF51
92	2CF52	2CF53	2CF54	2CF55	2CF56	2CF57	2CF58	2CF59	2CF5A	2CF5B
93	2CF5C	2CF5D	2CF5E	2CF5F	2CF60	2CF61	2CF62	2CF63	2CF64	2CF65
94	2CF66	2CF67	2CF68	2CF69	2CF6A	2CF6B	2CF6C	2CF6D	2CF6E	2CF6F
95	2CF70	2CF71	2CF72	2CF73	2CF74	2CF75	2CF76	2CF77	2CF78	2CF79

9934

	30	31	32	33	34	35	36	37	38	39
96	2CF7A	2CF7B	2CF7C	2CF7D	2CF7E	2CF7F	2CF80	2CF81	2CF82	2CF83
97	2CF84	2CF85	2CF86	2CF87	2CF88	2CF89	2CF8A	2CF8B	2CF8C	2CF8D
98	2CF8E	2CF8F	2CF90	2CF91	2CF92	2CF93	2CF94	2CF95	2CF96	2CF97
99	2CF98	2CF99	2CF9A	2CF9B	2CF9C	2CF9D	2CF9E	2CF9F	2CFA0	2CFA1
9A	2CFA2	2CFA3	2CFA4	2CFA5	2CFA6	2CFA7	2CFA8	2CFA9	2CFAA	2CFAB
9B	2CFAC	2CFAD	2CFAE	2CFAF	2CFB0	2CFB1	2CFB2	2CFB3	2CFB4	2CFB5
9C	2CFB6	2CFB7	2CFB8	2CFB9	2CFBA	2CFBB	2CFBC	2CFBD	2CFBE	2CFBF
9D	2CFC0	2CFC1	2CFC2	2CFC3	2CFC4	2CFC5	2CFC6	2CFC7	2CFC8	2CFC9
9E	2CFCA	2CFCB	2CFCC	2CFCD	2CFCE	2CFCF	2CFD0	2CFD1	2CFD2	2CFD3
9F	2CFD4	2CFD5	2CFD6	2CFD7	2CFD8	2CFD9	2CFDA	2CFDB	2CFDC	2CFDD
A0	2CFDE	2CFDF	2CFE0	2CFE1	2CFE2	2CFE3	2CFE4	2CFE5	2CFE6	2CFE7
A1	2CFE8	2CFE9	2CFEA	2CFEB	2CFEC	2CFED	2CFEE	2CFEF	2CFF0	2CFF1
A2	2CFF2	2CFF3	2CFF4	2CFF5	2CFF6	2CFF7	2CFF8	2CFF9	2CFFA	2CFFB
A3	2CFFC	2CFFD	2CFFE	2CFFF	2D000	2D001	2D002	2D003	2D004	2D005
A4	2D006	2D007	2D008	2D009	2D00A	2D00B	2D00C	2D00D	2D00E	2D00F
A5	2D010	2D011	2D012	2D013	2D014	2D015	2D016	2D017	2D018	2D019
A6	2D01A	2D01B	2D01C	2D01D	2D01E	2D01F	2D020	2D021	2D022	2D023
A7	2D024	2D025	2D026	2D027	2D028	2D029	2D02A	2D02B	2D02C	2D02D
A8	2D02E	2D02F	2D030	2D031	2D032	2D033	2D034	2D035	2D036	2D037
A9	2D038	2D039	2D03A	2D03B	2D03C	2D03D	2D03E	2D03F	2D040	2D041
AA	2D042	2D043	2D044	2D045	2D046	2D047	2D048	2D049	2D04A	2D04B

9934

	30	31	32	33	34	35	36	37	38	39
AB	2D04C	2D04D	2D04E	2D04F	2D050	2D051	2D052	2D053	2D054	2D055
AC	2D056	2D057	2D058	2D059	2D05A	2D05B	2D05C	2D05D	2D05E	2D05F
AD	2D060	2D061	2D062	2D063	2D064	2D065	2D066	2D067	2D068	2D069
AE	2D06A	2D06B	2D06C	2D06D	2D06E	2D06F	2D070	2D071	2D072	2D073
AF	2D074	2D075	2D076	2D077	2D078	2D079	2D07A	2D07B	2D07C	2D07D
B0	2D07E	2D07F	2D080	2D081	2D082	2D083	2D084	2D085	2D086	2D087
B1	2D088	2D089	2D08A	2D08B	2D08C	2D08D	2D08E	2D08F	2D090	2D091
B2	2D092	2D093	2D094	2D095	2D096	2D097	2D098	2D099	2D09A	2D09B
B3	2D09C	2D09D	2D09E	2D09F	2D0A0	2D0A1	2D0A2	2D0A3	2D0A4	2D0A5
B4	2D0A6	2D0A7	2D0A8	2D0A9	2D0AA	2D0AB	2D0AC	2D0AD	2D0AE	2D0AF
B5	2D0B0	2D0B1	2D0B2	2D0B3	2D0B4	2D0B5	2D0B6	2D0B7	2D0B8	2D0B9
B6	2D0BA	2D0BB	2D0BC	2D0BD	2D0BE	2D0BF	2D0C0	2D0C1	2D0C2	2D0C3
B7	2D0C4	2D0C5	2D0C6	2D0C7	2D0C8	2D0C9	2D0CA	2D0CB	2D0CC	2D0CD
B8	2D0CE	2D0CF	2D0D0	2D0D1	2D0D2	2D0D3	2D0D4	2D0D5	2D0D6	2D0D7
B9	2D0D8	2D0D9	2D0DA	2D0DB	2D0DC	2D0DD	2D0DE	2D0DF	2D0E0	2D0E1
BA	2D0E2	2D0E3	2D0E4	2D0E5	2D0E6	2D0E7	2D0E8	2D0E9	2D0EA	2D0EB
BB	2D0EC	2D0ED	2D0EE	2D0EF	2D0F0	2D0F1	2D0F2	2D0F3	2D0F4	2D0F5
BC	2D0F6	2D0F7	2D0F8	2D0F9	2D0FA	2D0FB	2D0FC	2D0FD	2D0FE	2D0FF
BD	2D100	2D101	2D102	2D103	2D104	2D105	2D106	2D107	2D108	2D109
BE	2D10A	2D10B	2D10C	2D10D	2D10E	2D10F	2D110	2D111	2D112	2D113
BF	2D114	2D115	2D116	2D117	2D118	2D119	2D11A	2D11B	2D11C	2D11D

9934

	30	31	32	33	34	35	36	37	38	39
C0	2D11E	2D11F	2D120	2D121	2D122	2D123	2D124	2D125	2D126	2D127
C1	2D128	2D129	2D12A	2D12B	2D12C	2D12D	2D12E	2D12F	2D130	2D131
C2	2D132	2D133	2D134	2D135	2D136	2D137	2D138	2D139	2D13A	2D13B
C3	2D13C	2D13D	2D13E	2D13F	2D140	2D141	2D142	2D143	2D144	2D145
C4	2D146	2D147	2D148	2D149	2D14A	2D14B	2D14C	2D14D	2D14E	2D14F
C5	2D150	2D151	2D152	2D153	2D154	2D155	2D156	2D157	2D158	2D159
C6	2D15A	2D15B	2D15C	2D15D	2D15E	2D15F	2D160	2D161	2D162	2D163
C7	2D164	2D165	2D166	2D167	2D168	2D169	2D16A	2D16B	2D16C	2D16D
C8	2D16E	2D16F	2D170	2D171	2D172	2D173	2D174	2D175	2D176	2D177
C9	2D178	2D179	2D17A	2D17B	2D17C	2D17D	2D17E	2D17F	2D180	2D181
CA	2D182	2D183	2D184	2D185	2D186	2D187	2D188	2D189	2D18A	2D18B
CB	2D18C	2D18D	2D18E	2D18F	2D190	2D191	2D192	2D193	2D194	2D195
CC	2D196	2D197	2D198	2D199	2D19A	2D19B	2D19C	2D19D	2D19E	2D19F
CD	2D1A0	2D1A1	2D1A2	2D1A3	2D1A4	2D1A5	2D1A6	2D1A7	2D1A8	2D1A9
CE	2D1AA	2D1AB	2D1AC	2D1AD	2D1AE	2D1AF	2D1B0	2D1B1	2D1B2	2D1B3
CF	2D1B4	2D1B5	2D1B6	2D1B7	2D1B8	2D1B9	2D1BA	2D1BB	2D1BC	2D1BD
D0	2D1BE	2D1BF	2D1C0	2D1C1	2D1C2	2D1C3	2D1C4	2D1C5	2D1C6	2D1C7
D1	2D1C8	2D1C9	2D1CA	2D1CB	2D1CC	2D1CD	2D1CE	2D1CF	2D1D0	2D1D1
D2	2D1D2	2D1D3	2D1D4	2D1D5	2D1D6	2D1D7	2D1D8	2D1D9	2D1DA	2D1DB
D3	2D1DC	2D1DD	2D1DE	2D1DF	2D1E0	2D1E1	2D1E2	2D1E3	2D1E4	2D1E5
D4	2D1E6	2D1E7	2D1E8	2D1E9	2D1EA	2D1EB	2D1EC	2D1ED	2D1EE	2D1EF

9934

	30	31	32	33	34	35	36	37	38	39
D5	2D1F0	2D1F1	2D1F2	2D1F3	2D1F4	2D1F5	2D1F6	2D1F7	2D1F8	2D1F9
D6	2D1FA	2D1FB	2D1FC	2D1FD	2D1FE	2D1FF	2D200	2D201	2D202	2D203
D7	2D204	2D205	2D206	2D207	2D208	2D209	2D20A	2D20B	2D20C	2D20D
D8	2D20E	2D20F	2D210	2D211	2D212	2D213	2D214	2D215	2D216	2D217
D9	2D218	2D219	2D21A	2D21B	2D21C	2D21D	2D21E	2D21F	2D220	2D221
DA	2D222	2D223	2D224	2D225	2D226	2D227	2D228	2D229	2D22A	2D22B
DB	2D22C	2D22D	2D22E	2D22F	2D230	2D231	2D232	2D233	2D234	2D235
DC	2D236	2D237	2D238	2D239	2D23A	2D23B	2D23C	2D23D	2D23E	2D23F
DD	2D240	2D241	2D242	2D243	2D244	2D245	2D246	2D247	2D248	2D249
DE	2D24A	2D24B	2D24C	2D24D	2D24E	2D24F	2D250	2D251	2D252	2D253
DF	2D254	2D255	2D256	2D257	2D258	2D259	2D25A	2D25B	2D25C	2D25D
E0	2D25E	2D25F	2D260	2D261	2D262	2D263	2D264	2D265	2D266	2D267
E1	2D268	2D269	2D26A	2D26B	2D26C	2D26D	2D26E	2D26F	2D270	2D271
E2	2D272	2D273	2D274	2D275	2D276	2D277	2D278	2D279	2D27A	2D27B
E3	2D27C	2D27D	2D27E	2D27F	2D280	2D281	2D282	2D283	2D284	2D285
E4	2D286	2D287	2D288	2D289	2D28A	2D28B	2D28C	2D28D	2D28E	2D28F
E5	2D290	2D291	2D292	2D293	2D294	2D295	2D296	2D297	2D298	2D299
E6	2D29A	2D29B	2D29C	2D29D	2D29E	2D29F	2D2A0	2D2A1	2D2A2	2D2A3
E7	2D2A4	2D2A5	2D2A6	2D2A7	2D2A8	2D2A9	2D2AA	2D2AB	2D2AC	2D2AD
E8	2D2AE	2D2AF	2D2B0	2D2B1	2D2B2	2D2B3	2D2B4	2D2B5	2D2B6	2D2B7
E9	2D2B8	2D2B9	2D2BA	2D2BB	2D2BC	2D2BD	2D2BE	2D2BF	2D2C0	2D2C1

9934

	30	31	32	33	34	35	36	37	38	39
EA	2D2C2	2D2C3	2D2C4	2D2C5	2D2C6	2D2C7	2D2C8	2D2C9	2D2CA	2D2CB
EB	2D2CC	2D2CD	2D2CE	2D2CF	2D2D0	2D2D1	2D2D2	2D2D3	2D2D4	2D2D5
EC	2D2D6	2D2D7	2D2D8	2D2D9	2D2DA	2D2DB	2D2DC	2D2DD	2D2DE	2D2DF
ED	2D2E0	2D2E1	2D2E2	2D2E3	2D2E4	2D2E5	2D2E6	2D2E7	2D2E8	2D2E9
EE	2D2EA	2D2EB	2D2EC	2D2ED	2D2EE	2D2EF	2D2F0	2D2F1	2D2F2	2D2F3
EF	2D2F4	2D2F5	2D2F6	2D2F7	2D2F8	2D2F9	2D2FA	2D2FB	2D2FC	2D2FD
F0	2D2FE	2D2FF	2D300	2D301	2D302	2D303	2D304	2D305	2D306	2D307
F1	2D308	2D309	2D30A	2D30B	2D30C	2D30D	2D30E	2D30F	2D310	2D311
F2	2D312	2D313	2D314	2D315	2D316	2D317	2D318	2D319	2D31A	2D31B
F3	2D31C	2D31D	2D31E	2D31F	2D320	2D321	2D322	2D323	2D324	2D325
F4	2D326	2D327	2D328	2D329	2D32A	2D32B	2D32C	2D32D	2D32E	2D32F
F5	2D330	2D331	2D332	2D333	2D334	2D335	2D336	2D337	2D338	2D339
F6	2D33A	2D33B	2D33C	2D33D	2D33E	2D33F	2D340	2D341	2D342	2D343
F7	2D344	2D345	2D346	2D347	2D348	2D349	2D34A	2D34B	2D34C	2D34D
F8	2D34E	2D34F	2D350	2D351	2D352	2D353	2D354	2D355	2D356	2D357
F9	2D358	2D359	2D35A	2D35B	2D35C	2D35D	2D35E	2D35F	2D360	2D361
FA	2D362	2D363	2D364	2D365	2D366	2D367	2D368	2D369	2D36A	2D36B
FB	2D36C	2D36D	2D36E	2D36F	2D370	2D371	2D372	2D373	2D374	2D375
FC	2D376	2D377	2D378	2D379	2D37A	2D37B	2D37C	2D37D	2D37E	2D37F
FD	2D380	2D381	2D382	2D383	2D384	2D385	2D386	2D387	2D388	2D389
FE	2D38A	2D38B	2D38C	2D38D	2D38E	2D38F	2D390	2D391	2D392	2D393

9935

	30	31	32	33	34	35	36	37	38	39
81	2D394	2D395	2D396	2D397	2D398	2D399	2D39A	2D39B	2D39C	2D39D
82	2D39E	2D39F	2D3A0	2D3A1	2D3A2	2D3A3	2D3A4	2D3A5	2D3A6	2D3A7
83	2D3A8	2D3A9	2D3AA	2D3AB	2D3AC	2D3AD	2D3AE	2D3AF	2D3B0	2D3B1
84	2D3B2	2D3B3	2D3B4	2D3B5	2D3B6	2D3B7	2D3B8	2D3B9	2D3BA	2D3BB
85	2D3BC	2D3BD	2D3BE	2D3BF	2D3C0	2D3C1	2D3C2	2D3C3	2D3C4	2D3C5
86	2D3C6	2D3C7	2D3C8	2D3C9	2D3CA	2D3CB	2D3CC	2D3CD	2D3CE	2D3CF
87	2D3D0	2D3D1	2D3D2	2D3D3	2D3D4	2D3D5	2D3D6	2D3D7	2D3D8	2D3D9
88	2D3DA	2D3DB	2D3DC	2D3DD	2D3DE	2D3DF	2D3E0	2D3E1	2D3E2	2D3E3
89	2D3E4	2D3E5	2D3E6	2D3E7	2D3E8	2D3E9	2D3EA	2D3EB	2D3EC	2D3ED
8A	2D3EE	2D3EF	2D3F0	2D3F1	2D3F2	2D3F3	2D3F4	2D3F5	2D3F6	2D3F7
8B	2D3F8	2D3F9	2D3FA	2D3FB	2D3FC	2D3FD	2D3FE	2D3FF	2D400	2D401
8C	2D402	2D403	2D404	2D405	2D406	2D407	2D408	2D409	2D40A	2D40B
8D	2D40C	2D40D	2D40E	2D40F	2D410	2D411	2D412	2D413	2D414	2D415
8E	2D416	2D417	2D418	2D419	2D41A	2D41B	2D41C	2D41D	2D41E	2D41F
8F	2D420	2D421	2D422	2D423	2D424	2D425	2D426	2D427	2D428	2D429
90	2D42A	2D42B	2D42C	2D42D	2D42E	2D42F	2D430	2D431	2D432	2D433
91	2D434	2D435	2D436	2D437	2D438	2D439	2D43A	2D43B	2D43C	2D43D
92	2D43E	2D43F	2D440	2D441	2D442	2D443	2D444	2D445	2D446	2D447
93	2D448	2D449	2D44A	2D44B	2D44C	2D44D	2D44E	2D44F	2D450	2D451
94	2D452	2D453	2D454	2D455	2D456	2D457	2D458	2D459	2D45A	2D45B
95	2D45C	2D45D	2D45E	2D45F	2D460	2D461	2D462	2D463	2D464	2D465

9935

	30	31	32	33	34	35	36	37	38	39
96	2D466	2D467	2D468	2D469	2D46A	2D46B	2D46C	2D46D	2D46E	2D46F
97	2D470	2D471	2D472	2D473	2D474	2D475	2D476	2D477	2D478	2D479
98	2D47A	2D47B	2D47C	2D47D	2D47E	2D47F	2D480	2D481	2D482	2D483
99	2D484	2D485	2D486	2D487	2D488	2D489	2D48A	2D48B	2D48C	2D48D
9A	2D48E	2D48F	2D490	2D491	2D492	2D493	2D494	2D495	2D496	2D497
9B	2D498	2D499	2D49A	2D49B	2D49C	2D49D	2D49E	2D49F	2D4A0	2D4A1
9C	2D4A2	2D4A3	2D4A4	2D4A5	2D4A6	2D4A7	2D4A8	2D4A9	2D4AA	2D4AB
9D	2D4AC	2D4AD	2D4AE	2D4AF	2D4B0	2D4B1	2D4B2	2D4B3	2D4B4	2D4B5
9E	2D4B6	2D4B7	2D4B8	2D4B9	2D4BA	2D4BB	2D4BC	2D4BD	2D4BE	2D4BF
9F	2D4C0	2D4C1	2D4C2	2D4C3	2D4C4	2D4C5	2D4C6	2D4C7	2D4C8	2D4C9
A0	2D4CA	2D4CB	2D4CC	2D4CD	2D4CE	2D4CF	2D4D0	2D4D1	2D4D2	2D4D3
A1	2D4D4	2D4D5	2D4D6	2D4D7	2D4D8	2D4D9	2D4DA	2D4DB	2D4DC	2D4DD
A2	2D4DE	2D4DF	2D4E0	2D4E1	2D4E2	2D4E3	2D4E4	2D4E5	2D4E6	2D4E7
A3	2D4E8	2D4E9	2D4EA	2D4EB	2D4EC	2D4ED	2D4EE	2D4EF	2D4F0	2D4F1
A4	2D4F2	2D4F3	2D4F4	2D4F5	2D4F6	2D4F7	2D4F8	2D4F9	2D4FA	2D4FB
A5	2D4FC	2D4FD	2D4FE	2D4FF	2D500	2D501	2D502	2D503	2D504	2D505
A6	2D506	2D507	2D508	2D509	2D50A	2D50B	2D50C	2D50D	2D50E	2D50F
A7	2D510	2D511	2D512	2D513	2D514	2D515	2D516	2D517	2D518	2D519
A8	2D51A	2D51B	2D51C	2D51D	2D51E	2D51F	2D520	2D521	2D522	2D523
A9	2D524	2D525	2D526	2D527	2D528	2D529	2D52A	2D52B	2D52C	2D52D
AA	2D52E	2D52F	2D530	2D531	2D532	2D533	2D534	2D535	2D536	2D537

9935

	30	31	32	33	34	35	36	37	38	39
AB	2D538	2D539	2D53A	2D53B	2D53C	2D53D	2D53E	2D53F	2D540	2D541
AC	2D542	2D543	2D544	2D545	2D546	2D547	2D548	2D549	2D54A	2D54B
AD	2D54C	2D54D	2D54E	2D54F	2D550	2D551	2D552	2D553	2D554	2D555
AE	2D556	2D557	2D558	2D559	2D55A	2D55B	2D55C	2D55D	2D55E	2D55F
AF	2D560	2D561	2D562	2D563	2D564	2D565	2D566	2D567	2D568	2D569
B0	2D56A	2D56B	2D56C	2D56D	2D56E	2D56F	2D570	2D571	2D572	2D573
B1	2D574	2D575	2D576	2D577	2D578	2D579	2D57A	2D57B	2D57C	2D57D
B2	2D57E	2D57F	2D580	2D581	2D582	2D583	2D584	2D585	2D586	2D587
B3	2D588	2D589	2D58A	2D58B	2D58C	2D58D	2D58E	2D58F	2D590	2D591
B4	2D592	2D593	2D594	2D595	2D596	2D597	2D598	2D599	2D59A	2D59B
B5	2D59C	2D59D	2D59E	2D59F	2D5A0	2D5A1	2D5A2	2D5A3	2D5A4	2D5A5
B6	2D5A6	2D5A7	2D5A8	2D5A9	2D5AA	2D5AB	2D5AC	2D5AD	2D5AE	2D5AF
B7	2D5B0	2D5B1	2D5B2	2D5B3	2D5B4	2D5B5	2D5B6	2D5B7	2D5B8	2D5B9
B8	2D5BA	2D5BB	2D5BC	2D5BD	2D5BE	2D5BF	2D5C0	2D5C1	2D5C2	2D5C3
B9	2D5C4	2D5C5	2D5C6	2D5C7	2D5C8	2D5C9	2D5CA	2D5CB	2D5CC	2D5CD
BA	2D5CE	2D5CF	2D5D0	2D5D1	2D5D2	2D5D3	2D5D4	2D5D5	2D5D6	2D5D7
BB	2D5D8	2D5D9	2D5DA	2D5DB	2D5DC	2D5DD	2D5DE	2D5DF	2D5E0	2D5E1
BC	2D5E2	2D5E3	2D5E4	2D5E5	2D5E6	2D5E7	2D5E8	2D5E9	2D5EA	2D5EB
BD	2D5EC	2D5ED	2D5EE	2D5EF	2D5F0	2D5F1	2D5F2	2D5F3	2D5F4	2D5F5
BE	2D5F6	2D5F7	2D5F8	2D5F9	2D5FA	2D5FB	2D5FC	2D5FD	2D5FE	2D5FF
BF	2D600	2D601	2D602	2D603	2D604	2D605	2D606	2D607	2D608	2D609

9935

	30	31	32	33	34	35	36	37	38	39
C0	2D60A	2D60B	2D60C	2D60D	2D60E	2D60F	2D610	2D611	2D612	2D613
C1	2D614	2D615	2D616	2D617	2D618	2D619	2D61A	2D61B	2D61C	2D61D
C2	2D61E	2D61F	2D620	2D621	2D622	2D623	2D624	2D625	2D626	2D627
C3	2D628	2D629	2D62A	2D62B	2D62C	2D62D	2D62E	2D62F	2D630	2D631
C4	2D632	2D633	2D634	2D635	2D636	2D637	2D638	2D639	2D63A	2D63B
C5	2D63C	2D63D	2D63E	2D63F	2D640	2D641	2D642	2D643	2D644	2D645
C6	2D646	2D647	2D648	2D649	2D64A	2D64B	2D64C	2D64D	2D64E	2D64F
C7	2D650	2D651	2D652	2D653	2D654	2D655	2D656	2D657	2D658	2D659
C8	2D65A	2D65B	2D65C	2D65D	2D65E	2D65F	2D660	2D661	2D662	2D663
C9	2D664	2D665	2D666	2D667	2D668	2D669	2D66A	2D66B	2D66C	2D66D
CA	2D66E	2D66F	2D670	2D671	2D672	2D673	2D674	2D675	2D676	2D677
CB	2D678	2D679	2D67A	2D67B	2D67C	2D67D	2D67E	2D67F	2D680	2D681
CC	2D682	2D683	2D684	2D685	2D686	2D687	2D688	2D689	2D68A	2D68B
CD	2D68C	2D68D	2D68E	2D68F	2D690	2D691	2D692	2D693	2D694	2D695
CE	2D696	2D697	2D698	2D699	2D69A	2D69B	2D69C	2D69D	2D69E	2D69F
CF	2D6A0	2D6A1	2D6A2	2D6A3	2D6A4	2D6A5	2D6A6	2D6A7	2D6A8	2D6A9
D0	2D6AA	2D6AB	2D6AC	2D6AD	2D6AE	2D6AF	2D6B0	2D6B1	2D6B2	2D6B3
D1	2D6B4	2D6B5	2D6B6	2D6B7	2D6B8	2D6B9	2D6BA	2D6BB	2D6BC	2D6BD
D2	2D6BE	2D6BF	2D6C0	2D6C1	2D6C2	2D6C3	2D6C4	2D6C5	2D6C6	2D6C7
D3	2D6C8	2D6C9	2D6CA	2D6CB	2D6CC	2D6CD	2D6CE	2D6CF	2D6D0	2D6D1
D4	2D6D2	2D6D3	2D6D4	2D6D5	2D6D6	2D6D7	2D6D8	2D6D9	2D6DA	2D6DB

9935

	30	31	32	33	34	35	36	37	38	39
D5	2D6DC	2D6DD	2D6DE	2D6DF	2D6E0	2D6E1	2D6E2	2D6E3	2D6E4	2D6E5
D6	2D6E6	2D6E7	2D6E8	2D6E9	2D6EA	2D6EB	2D6EC	2D6ED	2D6EE	2D6EF
D7	2D6F0	2D6F1	2D6F2	2D6F3	2D6F4	2D6F5	2D6F6	2D6F7	2D6F8	2D6F9
D8	2D6FA	2D6FB	2D6FC	2D6FD	2D6FE	2D6FF	2D700	2D701	2D702	2D703
D9	2D704	2D705	2D706	2D707	2D708	2D709	2D70A	2D70B	2D70C	2D70D
DA	2D70E	2D70F	2D710	2D711	2D712	2D713	2D714	2D715	2D716	2D717
DB	2D718	2D719	2D71A	2D71B	2D71C	2D71D	2D71E	2D71F	2D720	2D721
DC	2D722	2D723	2D724	2D725	2D726	2D727	2D728	2D729	2D72A	2D72B
DD	2D72C	2D72D	2D72E	2D72F	2D730	2D731	2D732	2D733	2D734	2D735
DE	2D736	2D737	2D738	2D739	2D73A	2D73B	2D73C	2D73D	2D73E	2D73F
DF	2D740	2D741	2D742	2D743	2D744	2D745	2D746	2D747	2D748	2D749
E0	2D74A	2D74B	2D74C	2D74D	2D74E	2D74F	2D750	2D751	2D752	2D753
E1	2D754	2D755	2D756	2D757	2D758	2D759	2D75A	2D75B	2D75C	2D75D
E2	2D75E	2D75F	2D760	2D761	2D762	2D763	2D764	2D765	2D766	2D767
E3	2D768	2D769	2D76A	2D76B	2D76C	2D76D	2D76E	2D76F	2D770	2D771
E4	2D772	2D773	2D774	2D775	2D776	2D777	2D778	2D779	2D77A	2D77B
E5	2D77C	2D77D	2D77E	2D77F	2D780	2D781	2D782	2D783	2D784	2D785
E6	2D786	2D787	2D788	2D789	2D78A	2D78B	2D78C	2D78D	2D78E	2D78F
E7	2D790	2D791	2D792	2D793	2D794	2D795	2D796	2D797	2D798	2D799
E8	2D79A	2D79B	2D79C	2D79D	2D79E	2D79F	2D7A0	2D7A1	2D7A2	2D7A3
E9	2D7A4	2D7A5	2D7A6	2D7A7	2D7A8	2D7A9	2D7AA	2D7AB	2D7AC	2D7AD

9935

	30	31	32	33	34	35	36	37	38	39
EA	2D7AE	2D7AF	2D7B0	2D7B1	2D7B2	2D7B3	2D7B4	2D7B5	2D7B6	2D7B7
EB	2D7B8	2D7B9	2D7BA	2D7BB	2D7BC	2D7BD	2D7BE	2D7BF	2D7C0	2D7C1
EC	2D7C2	2D7C3	2D7C4	2D7C5	2D7C6	2D7C7	2D7C8	2D7C9	2D7CA	2D7CB
ED	2D7CC	2D7CD	2D7CE	2D7CF	2D7D0	2D7D1	2D7D2	2D7D3	2D7D4	2D7D5
EE	2D7D6	2D7D7	2D7D8	2D7D9	2D7DA	2D7DB	2D7DC	2D7DD	2D7DE	2D7DF
EF	2D7E0	2D7E1	2D7E2	2D7E3	2D7E4	2D7E5	2D7E6	2D7E7	2D7E8	2D7E9
F0	2D7EA	2D7EB	2D7EC	2D7ED	2D7EE	2D7EF	2D7F0	2D7F1	2D7F2	2D7F3
F1	2D7F4	2D7F5	2D7F6	2D7F7	2D7F8	2D7F9	2D7FA	2D7FB	2D7FC	2D7FD
F2	2D7FE	2D7FF	2D800	2D801	2D802	2D803	2D804	2D805	2D806	2D807
F3	2D808	2D809	2D80A	2D80B	2D80C	2D80D	2D80E	2D80F	2D810	2D811
F4	2D812	2D813	2D814	2D815	2D816	2D817	2D818	2D819	2D81A	2D81B
F5	2D81C	2D81D	2D81E	2D81F	2D820	2D821	2D822	2D823	2D824	2D825
F6	2D826	2D827	2D828	2D829	2D82A	2D82B	2D82C	2D82D	2D82E	2D82F
F7	2D830	2D831	2D832	2D833	2D834	2D835	2D836	2D837	2D838	2D839
F8	2D83A	2D83B	2D83C	2D83D	2D83E	2D83F	2D840	2D841	2D842	2D843
F9	2D844	2D845	2D846	2D847	2D848	2D849	2D84A	2D84B	2D84C	2D84D
FA	2D84E	2D84F	2D850	2D851	2D852	2D853	2D854	2D855	2D856	2D857
FB	2D858	2D859	2D85A	2D85B	2D85C	2D85D	2D85E	2D85F	2D860	2D861
FC	2D862	2D863	2D864	2D865	2D866	2D867	2D868	2D869	2D86A	2D86B
FD	2D86C	2D86D	2D86E	2D86F	2D870	2D871	2D872	2D873	2D874	2D875
FE	2D876	2D877	2D878	2D879	2D87A	2D87B	2D87C	2D87D	2D87E	2D87F

9936

	30	31	32	33	34	35	36	37	38	39
81	2D880	2D881	2D882	2D883	2D884	2D885	2D886	2D887	2D888	2D889
82	2D88A	2D88B	2D88C	2D88D	2D88E	2D88F	2D890	2D891	2D892	2D893
83	2D894	2D895	2D896	2D897	2D898	2D899	2D89A	2D89B	2D89C	2D89D
84	2D89E	2D89F	2D8A0	2D8A1	2D8A2	2D8A3	2D8A4	2D8A5	2D8A6	2D8A7
85	2D8A8	2D8A9	2D8AA	2D8AB	2D8AC	2D8AD	2D8AE	2D8AF	2D8B0	2D8B1
86	2D8B2	2D8B3	2D8B4	2D8B5	2D8B6	2D8B7	2D8B8	2D8B9	2D8BA	2D8BB
87	2D8BC	2D8BD	2D8BE	2D8BF	2D8C0	2D8C1	2D8C2	2D8C3	2D8C4	2D8C5
88	2D8C6	2D8C7	2D8C8	2D8C9	2D8CA	2D8CB	2D8CC	2D8CD	2D8CE	2D8CF
89	2D8D0	2D8D1	2D8D2	2D8D3	2D8D4	2D8D5	2D8D6	2D8D7	2D8D8	2D8D9
8A	2D8DA	2D8DB	2D8DC	2D8DD	2D8DE	2D8DF	2D8E0	2D8E1	2D8E2	2D8E3
8B	2D8E4	2D8E5	2D8E6	2D8E7	2D8E8	2D8E9	2D8EA	2D8EB	2D8EC	2D8ED
8C	2D8EE	2D8EF	2D8F0	2D8F1	2D8F2	2D8F3	2D8F4	2D8F5	2D8F6	2D8F7
8D	2D8F8	2D8F9	2D8FA	2D8FB	2D8FC	2D8FD	2D8FE	2D8FF	2D900	2D901
8E	2D902	2D903	2D904	2D905	2D906	2D907	2D908	2D909	2D90A	2D90B
8F	2D90C	2D90D	2D90E	2D90F	2D910	2D911	2D912	2D913	2D914	2D915
90	2D916	2D917	2D918	2D919	2D91A	2D91B	2D91C	2D91D	2D91E	2D91F
91	2D920	2D921	2D922	2D923	2D924	2D925	2D926	2D927	2D928	2D929
92	2D92A	2D92B	2D92C	2D92D	2D92E	2D92F	2D930	2D931	2D932	2D933
93	2D934	2D935	2D936	2D937	2D938	2D939	2D93A	2D93B	2D93C	2D93D
94	2D93E	2D93F	2D940	2D941	2D942	2D943	2D944	2D945	2D946	2D947
95	2D948	2D949	2D94A	2D94B	2D94C	2D94D	2D94E	2D94F	2D950	2D951

9936

	30	31	32	33	34	35	36	37	38	39
96	2D952	2D953	2D954	2D955	2D956	2D957	2D958	2D959	2D95A	2D95B
97	2D95C	2D95D	2D95E	2D95F	2D960	2D961	2D962	2D963	2D964	2D965
98	2D966	2D967	2D968	2D969	2D96A	2D96B	2D96C	2D96D	2D96E	2D96F
99	2D970	2D971	2D972	2D973	2D974	2D975	2D976	2D977	2D978	2D979
9A	2D97A	2D97B	2D97C	2D97D	2D97E	2D97F	2D980	2D981	2D982	2D983
9B	2D984	2D985	2D986	2D987	2D988	2D989	2D98A	2D98B	2D98C	2D98D
9C	2D98E	2D98F	2D990	2D991	2D992	2D993	2D994	2D995	2D996	2D997
9D	2D998	2D999	2D99A	2D99B	2D99C	2D99D	2D99E	2D99F	2D9A0	2D9A1
9E	2D9A2	2D9A3	2D9A4	2D9A5	2D9A6	2D9A7	2D9A8	2D9A9	2D9AA	2D9AB
9F	2D9AC	2D9AD	2D9AE	2D9AF	2D9B0	2D9B1	2D9B2	2D9B3	2D9B4	2D9B5
A0	2D9B6	2D9B7	2D9B8	2D9B9	2D9BA	2D9BB	2D9BC	2D9BD	2D9BE	2D9BF
A1	2D9C0	2D9C1	2D9C2	2D9C3	2D9C4	2D9C5	2D9C6	2D9C7	2D9C8	2D9C9
A2	2D9CA	2D9CB	2D9CC	2D9CD	2D9CE	2D9CF	2D9D0	2D9D1	2D9D2	2D9D3
A3	2D9D4	2D9D5	2D9D6	2D9D7	2D9D8	2D9D9	2D9DA	2D9DB	2D9DC	2D9DD
A4	2D9DE	2D9DF	2D9E0	2D9E1	2D9E2	2D9E3	2D9E4	2D9E5	2D9E6	2D9E7
A5	2D9E8	2D9E9	2D9EA	2D9EB	2D9EC	2D9ED	2D9EE	2D9EF	2D9F0	2D9F1
A6	2D9F2	2D9F3	2D9F4	2D9F5	2D9F6	2D9F7	2D9F8	2D9F9	2D9FA	2D9FB
A7	2D9FC	2D9FD	2D9FE	2D9FF	2DA00	2DA01	2DA02	2DA03	2DA04	2DA05
A8	2DA06	2DA07	2DA08	2DA09	2DA0A	2DA0B	2DA0C	2DA0D	2DA0E	2DA0F
A9	2DA10	2DA11	2DA12	2DA13	2DA14	2DA15	2DA16	2DA17	2DA18	2DA19
AA	2DA1A	2DA1B	2DA1C	2DA1D	2DA1E	2DA1F	2DA20	2DA21	2DA22	2DA23

9936

	30	31	32	33	34	35	36	37	38	39
AB	2DA24	2DA25	2DA26	2DA27	2DA28	2DA29	2DA2A	2DA2B	2DA2C	2DA2D
AC	2DA2E	2DA2F	2DA30	2DA31	2DA32	2DA33	2DA34	2DA35	2DA36	2DA37
AD	2DA38	2DA39	2DA3A	2DA3B	2DA3C	2DA3D	2DA3E	2DA3F	2DA40	2DA41
AE	2DA42	2DA43	2DA44	2DA45	2DA46	2DA47	2DA48	2DA49	2DA4A	2DA4B
AF	2DA4C	2DA4D	2DA4E	2DA4F	2DA50	2DA51	2DA52	2DA53	2DA54	2DA55
B0	2DA56	2DA57	2DA58	2DA59	2DA5A	2DA5B	2DA5C	2DA5D	2DA5E	2DA5F
B1	2DA60	2DA61	2DA62	2DA63	2DA64	2DA65	2DA66	2DA67	2DA68	2DA69
B2	2DA6A	2DA6B	2DA6C	2DA6D	2DA6E	2DA6F	2DA70	2DA71	2DA72	2DA73
B3	2DA74	2DA75	2DA76	2DA77	2DA78	2DA79	2DA7A	2DA7B	2DA7C	2DA7D
B4	2DA7E	2DA7F	2DA80	2DA81	2DA82	2DA83	2DA84	2DA85	2DA86	2DA87
B5	2DA88	2DA89	2DA8A	2DA8B	2DA8C	2DA8D	2DA8E	2DA8F	2DA90	2DA91
B6	2DA92	2DA93	2DA94	2DA95	2DA96	2DA97	2DA98	2DA99	2DA9A	2DA9B
B7	2DA9C	2DA9D	2DA9E	2DA9F	2DAA0	2DAA1	2DAA2	2DAA3	2DAA4	2DAA5
B8	2DAA6	2DAA7	2DAA8	2DAA9	2DAAA	2DAAB	2DAAC	2DAAD	2DAAE	2DAAF
B9	2DAB0	2DAB1	2DAB2	2DAB3	2DAB4	2DAB5	2DAB6	2DAB7	2DAB8	2DAB9
BA	2DABA	2DABB	2DABC	2DABD	2DABE	2DABF	2DAC0	2DAC1	2DAC2	2DAC3
BB	2DAC4	2DAC5	2DAC6	2DAC7	2DAC8	2DAC9	2DACA	2DACB	2DACC	2DACD
BC	2DACE	2DACF	2DAD0	2DAD1	2DAD2	2DAD3	2DAD4	2DAD5	2DAD6	2DAD7
BD	2DAD8	2DAD9	2DADA	2DADB	2DADC	2DADD	2DADE	2DADF	2DAE0	2DAE1
BE	2DAE2	2DAE3	2DAE4	2DAE5	2DAE6	2DAE7	2DAE8	2DAE9	2DAEA	2DAEB
BF	2DAEC	2DAED	2DAEE	2DAEF	2DAF0	2DAF1	2DAF2	2DAF3	2DAF4	2DAF5

9936

	30	31	32	33	34	35	36	37	38	39
C0	2DAF6	2DAF7	2DAF8	2DAF9	2DAFA	2DAFB	2DAFC	2DAFD	2DAFE	2DAFF
C1	2DB00	2DB01	2DB02	2DB03	2DB04	2DB05	2DB06	2DB07	2DB08	2DB09
C2	2DB0A	2DB0B	2DB0C	2DB0D	2DB0E	2DB0F	2DB10	2DB11	2DB12	2DB13
C3	2DB14	2DB15	2DB16	2DB17	2DB18	2DB19	2DB1A	2DB1B	2DB1C	2DB1D
C4	2DB1E	2DB1F	2DB20	2DB21	2DB22	2DB23	2DB24	2DB25	2DB26	2DB27
C5	2DB28	2DB29	2DB2A	2DB2B	2DB2C	2DB2D	2DB2E	2DB2F	2DB30	2DB31
C6	2DB32	2DB33	2DB34	2DB35	2DB36	2DB37	2DB38	2DB39	2DB3A	2DB3B
C7	2DB3C	2DB3D	2DB3E	2DB3F	2DB40	2DB41	2DB42	2DB43	2DB44	2DB45
C8	2DB46	2DB47	2DB48	2DB49	2DB4A	2DB4B	2DB4C	2DB4D	2DB4E	2DB4F
C9	2DB50	2DB51	2DB52	2DB53	2DB54	2DB55	2DB56	2DB57	2DB58	2DB59
CA	2DB5A	2DB5B	2DB5C	2DB5D	2DB5E	2DB5F	2DB60	2DB61	2DB62	2DB63
CB	2DB64	2DB65	2DB66	2DB67	2DB68	2DB69	2DB6A	2DB6B	2DB6C	2DB6D
CC	2DB6E	2DB6F	2DB70	2DB71	2DB72	2DB73	2DB74	2DB75	2DB76	2DB77
CD	2DB78	2DB79	2DB7A	2DB7B	2DB7C	2DB7D	2DB7E	2DB7F	2DB80	2DB81
CE	2DB82	2DB83	2DB84	2DB85	2DB86	2DB87	2DB88	2DB89	2DB8A	2DB8B
CF	2DB8C	2DB8D	2DB8E	2DB8F	2DB90	2DB91	2DB92	2DB93	2DB94	2DB95
D0	2DB96	2DB97	2DB98	2DB99	2DB9A	2DB9B	2DB9C	2DB9D	2DB9E	2DB9F
D1	2DBA0	2DBA1	2DBA2	2DBA3	2DBA4	2DBA5	2DBA6	2DBA7	2DBA8	2DBA9
D2	2DBAA	2DBAB	2DBAC	2DBAD	2DBAE	2DBAF	2DBB0	2DBB1	2DBB2	2DBB3
D3	2DBB4	2DBB5	2DBB6	2DBB7	2DBB8	2DBB9	2DBBA	2DBBB	2DBBC	2DBBD
D4	2DBBE	2DBBF	2DBC0	2DBC1	2DBC2	2DBC3	2DBC4	2DBC5	2DBC6	2DBC7

9936

	30	31	32	33	34	35	36	37	38	39
D5	2DBC8	2DBC9	2DBCA	2DBCB	2DBCC	2DBCD	2DBCE	2DBCF	2DBD0	2DBD1
D6	2DBD2	2DBD3	2DBD4	2DBD5	2DBD6	2DBD7	2DBD8	2DBD9	2DBDA	2DBDB
D7	2DBDC	2DBDD	2DBDE	2DBDF	2DBE0	2DBE1	2DBE2	2DBE3	2DBE4	2DBE5
D8	2DBE6	2DBE7	2DBE8	2DBE9	2DBEA	2DBEB	2DBEC	2DBED	2DBEE	2DBEF
D9	2DBF0	2DBF1	2DBF2	2DBF3	2DBF4	2DBF5	2DBF6	2DBF7	2DBF8	2DBF9
DA	2DBFA	2DBFB	2DBFC	2DBFD	2DBFE	2DBFF	2DC00	2DC01	2DC02	2DC03
DB	2DC04	2DC05	2DC06	2DC07	2DC08	2DC09	2DC0A	2DC0B	2DC0C	2DC0D
DC	2DC0E	2DC0F	2DC10	2DC11	2DC12	2DC13	2DC14	2DC15	2DC16	2DC17
DD	2DC18	2DC19	2DC1A	2DC1B	2DC1C	2DC1D	2DC1E	2DC1F	2DC20	2DC21
DE	2DC22	2DC23	2DC24	2DC25	2DC26	2DC27	2DC28	2DC29	2DC2A	2DC2B
DF	2DC2C	2DC2D	2DC2E	2DC2F	2DC30	2DC31	2DC32	2DC33	2DC34	2DC35
E0	2DC36	2DC37	2DC38	2DC39	2DC3A	2DC3B	2DC3C	2DC3D	2DC3E	2DC3F
E1	2DC40	2DC41	2DC42	2DC43	2DC44	2DC45	2DC46	2DC47	2DC48	2DC49
E2	2DC4A	2DC4B	2DC4C	2DC4D	2DC4E	2DC4F	2DC50	2DC51	2DC52	2DC53
E3	2DC54	2DC55	2DC56	2DC57	2DC58	2DC59	2DC5A	2DC5B	2DC5C	2DC5D
E4	2DC5E	2DC5F	2DC60	2DC61	2DC62	2DC63	2DC64	2DC65	2DC66	2DC67
E5	2DC68	2DC69	2DC6A	2DC6B	2DC6C	2DC6D	2DC6E	2DC6F	2DC70	2DC71
E6	2DC72	2DC73	2DC74	2DC75	2DC76	2DC77	2DC78	2DC79	2DC7A	2DC7B
E7	2DC7C	2DC7D	2DC7E	2DC7F	2DC80	2DC81	2DC82	2DC83	2DC84	2DC85
E8	2DC86	2DC87	2DC88	2DC89	2DC8A	2DC8B	2DC8C	2DC8D	2DC8E	2DC8F
E9	2DC90	2DC91	2DC92	2DC93	2DC94	2DC95	2DC96	2DC97	2DC98	2DC99

9936

	30	31	32	33	34	35	36	37	38	39
EA	2DC9A	2DC9B	2DC9C	2DC9D	2DC9E	2DC9F	2DCA0	2DCA1	2DCA2	2DCA3
EB	2DCA4	2DCA5	2DCA6	2DCA7	2DCA8	2DCA9	2DCAA	2DCAB	2DCAC	2DCAD
EC	2DCAE	2DCAF	2DCB0	2DCB1	2DCB2	2DCB3	2DCB4	2DCB5	2DCB6	2DCB7
ED	2DCB8	2DCB9	2DCBA	2DCBB	2DCBC	2DCBD	2DCBE	2DCBF	2DCC0	2DCC1
EE	2DCC2	2DCC3	2DCC4	2DCC5	2DCC6	2DCC7	2DCC8	2DCC9	2DCCA	2DCCB
EF	2DCCC	2DCCD	2DCCE	2DCCF	2DCD0	2DCD1	2DCD2	2DCD3	2DCD4	2DCD5
F0	2DCD6	2DCD7	2DCD8	2DCD9	2DCDA	2DCDB	2DCDC	2DCDD	2DCDE	2DCDF
F1	2DCE0	2DCE1	2DCE2	2DCE3	2DCE4	2DCE5	2DCE6	2DCE7	2DCE8	2DCE9
F2	2DCEA	2DCEB	2DCEC	2DCED	2DCEE	2DCEF	2DCF0	2DCF1	2DCF2	2DCF3
F3	2DCF4	2DCF5	2DCF6	2DCF7	2DCF8	2DCF9	2DCFA	2DCFB	2DCFC	2DCFD
F4	2DCFE	2DCFF	2DD00	2DD01	2DD02	2DD03	2DD04	2DD05	2DD06	2DD07
F5	2DD08	2DD09	2DD0A	2DD0B	2DD0C	2DD0D	2DD0E	2DD0F	2DD10	2DD11
F6	2DD12	2DD13	2DD14	2DD15	2DD16	2DD17	2DD18	2DD19	2DD1A	2DD1B
F7	2DD1C	2DD1D	2DD1E	2DD1F	2DD20	2DD21	2DD22	2DD23	2DD24	2DD25
F8	2DD26	2DD27	2DD28	2DD29	2DD2A	2DD2B	2DD2C	2DD2D	2DD2E	2DD2F
F9	2DD30	2DD31	2DD32	2DD33	2DD34	2DD35	2DD36	2DD37	2DD38	2DD39
FA	2DD3A	2DD3B	2DD3C	2DD3D	2DD3E	2DD3F	2DD40	2DD41	2DD42	2DD43
FB	2DD44	2DD45	2DD46	2DD47	2DD48	2DD49	2DD4A	2DD4B	2DD4C	2DD4D
FC	2DD4E	2DD4F	2DD50	2DD51	2DD52	2DD53	2DD54	2DD55	2DD56	2DD57
FD	2DD58	2DD59	2DD5A	2DD5B	2DD5C	2DD5D	2DD5E	2DD5F	2DD60	2DD61
FE	2DD62	2DD63	2DD64	2DD65	2DD66	2DD67	2DD68	2DD69	2DD6A	2DD6B

9937

	30	31	32	33	34	35	36	37	38	39
81	2DD6C	2DD6D	2DD6E	2DD6F	2DD70	2DD71	2DD72	2DD73	2DD74	2DD75
82	2DD76	2DD77	2DD78	2DD79	2DD7A	2DD7B	2DD7C	2DD7D	2DD7E	2DD7F
83	2DD80	2DD81	2DD82	2DD83	2DD84	2DD85	2DD86	2DD87	2DD88	2DD89
84	2DD8A	2DD8B	2DD8C	2DD8D	2DD8E	2DD8F	2DD90	2DD91	2DD92	2DD93
85	2DD94	2DD95	2DD96	2DD97	2DD98	2DD99	2DD9A	2DD9B	2DD9C	2DD9D
86	2DD9E	2DD9F	2DDA0	2DDA1	2DDA2	2DDA3	2DDA4	2DDA5	2DDA6	2DDA7
87	2DDA8	2DDA9	2DDAA	2DDAB	2DDAC	2DDAD	2DDAE	2DDAF	2DDB0	2DDB1
88	2DDB2	2DDB3	2DDB4	2DDB5	2DDB6	2DDB7	2DDB8	2DDB9	2DDBA	2DDBB
89	2DDBC	2DDBD	2DDBE	2DDBF	2DDC0	2DDC1	2DDC2	2DDC3	2DDC4	2DDC5
8A	2DDC6	2DDC7	2DDC8	2DDC9	2DDCA	2DDCB	2DDCC	2DDCD	2DDCE	2DDCF
8B	2DDD0	2DDD1	2DDD2	2DDD3	2DDD4	2DDD5	2DDD6	2DDD7	2DDD8	2DDD9
8C	2DDDA	2DDDB	2DDDC	2DDDD	2DDDE	2DDDF	2DDE0	2DDE1	2DDE2	2DDE3
8D	2DDE4	2DDE5	2DDE6	2DDE7	2DDE8	2DDE9	2DDEA	2DDEB	2DDEC	2DDED
8E	2DDEE	2DDEF	2DDF0	2DDF1	2DDF2	2DDF3	2DDF4	2DDF5	2DDF6	2DDF7
8F	2DDF8	2DDF9	2DDFA	2DDFB	2DDFC	2DDFD	2DDFE	2DDFF	2DE00	2DE01
90	2DE02	2DE03	2DE04	2DE05	2DE06	2DE07	2DE08	2DE09	2DE0A	2DE0B
91	2DE0C	2DE0D	2DE0E	2DE0F	2DE10	2DE11	2DE12	2DE13	2DE14	2DE15
92	2DE16	2DE17	2DE18	2DE19	2DE1A	2DE1B	2DE1C	2DE1D	2DE1E	2DE1F
93	2DE20	2DE21	2DE22	2DE23	2DE24	2DE25	2DE26	2DE27	2DE28	2DE29
94	2DE2A	2DE2B	2DE2C	2DE2D	2DE2E	2DE2F	2DE30	2DE31	2DE32	2DE33
95	2DE34	2DE35	2DE36	2DE37	2DE38	2DE39	2DE3A	2DE3B	2DE3C	2DE3D

9937

	30	31	32	33	34	35	36	37	38	39
96	2DE3E	2DE3F	2DE40	2DE41	2DE42	2DE43	2DE44	2DE45	2DE46	2DE47
97	2DE48	2DE49	2DE4A	2DE4B	2DE4C	2DE4D	2DE4E	2DE4F	2DE50	2DE51
98	2DE52	2DE53	2DE54	2DE55	2DE56	2DE57	2DE58	2DE59	2DE5A	2DE5B
99	2DE5C	2DE5D	2DE5E	2DE5F	2DE60	2DE61	2DE62	2DE63	2DE64	2DE65
9A	2DE66	2DE67	2DE68	2DE69	2DE6A	2DE6B	2DE6C	2DE6D	2DE6E	2DE6F
9B	2DE70	2DE71	2DE72	2DE73	2DE74	2DE75	2DE76	2DE77	2DE78	2DE79
9C	2DE7A	2DE7B	2DE7C	2DE7D	2DE7E	2DE7F	2DE80	2DE81	2DE82	2DE83
9D	2DE84	2DE85	2DE86	2DE87	2DE88	2DE89	2DE8A	2DE8B	2DE8C	2DE8D
9E	2DE8E	2DE8F	2DE90	2DE91	2DE92	2DE93	2DE94	2DE95	2DE96	2DE97
9F	2DE98	2DE99	2DE9A	2DE9B	2DE9C	2DE9D	2DE9E	2DE9F	2DEA0	2DEA1
A0	2DEA2	2DEA3	2DEA4	2DEA5	2DEA6	2DEA7	2DEA8	2DEA9	2DEAA	2DEAB
A1	2DEAC	2DEAD	2DEAE	2DEAF	2DEB0	2DEB1	2DEB2	2DEB3	2DEB4	2DEB5
A2	2DEB6	2DEB7	2DEB8	2DEB9	2DEBA	2DEBB	2DEBC	2DEBD	2DEBE	2DEBF
A3	2DEC0	2DEC1	2DEC2	2DEC3	2DEC4	2DEC5	2DEC6	2DEC7	2DEC8	2DEC9
A4	2DECA	2DECB	2DECC	2DECD	2DECE	2DECF	2DED0	2DED1	2DED2	2DED3
A5	2DED4	2DED5	2DED6	2DED7	2DED8	2DED9	2DEDA	2DEDB	2DEDC	2DEDD
A6	2DEDE	2DEDF	2DEE0	2DEE1	2DEE2	2DEE3	2DEE4	2DEE5	2DEE6	2DEE7
A7	2DEE8	2DEE9	2DEEA	2DEEB	2DEEC	2DEED	2DEEE	2DEEF	2DEF0	2DEF1
A8	2DEF2	2DEF3	2DEF4	2DEF5	2DEF6	2DEF7	2DEF8	2DEF9	2DEFA	2DEFB
A9	2DEFC	2DEFD	2DEFE	2DEFF	2DF00	2DF01	2DF02	2DF03	2DF04	2DF05
AA	2DF06	2DF07	2DF08	2DF09	2DF0A	2DF0B	2DF0C	2DF0D	2DF0E	2DF0F

9937

	30	31	32	33	34	35	36	37	38	39
AB	2DF10	2DF11	2DF12	2DF13	2DF14	2DF15	2DF16	2DF17	2DF18	2DF19
AC	2DF1A	2DF1B	2DF1C	2DF1D	2DF1E	2DF1F	2DF20	2DF21	2DF22	2DF23
AD	2DF24	2DF25	2DF26	2DF27	2DF28	2DF29	2DF2A	2DF2B	2DF2C	2DF2D
AE	2DF2E	2DF2F	2DF30	2DF31	2DF32	2DF33	2DF34	2DF35	2DF36	2DF37
AF	2DF38	2DF39	2DF3A	2DF3B	2DF3C	2DF3D	2DF3E	2DF3F	2DF40	2DF41
B0	2DF42	2DF43	2DF44	2DF45	2DF46	2DF47	2DF48	2DF49	2DF4A	2DF4B
B1	2DF4C	2DF4D	2DF4E	2DF4F	2DF50	2DF51	2DF52	2DF53	2DF54	2DF55
B2	2DF56	2DF57	2DF58	2DF59	2DF5A	2DF5B	2DF5C	2DF5D	2DF5E	2DF5F
B3	2DF60	2DF61	2DF62	2DF63	2DF64	2DF65	2DF66	2DF67	2DF68	2DF69
B4	2DF6A	2DF6B	2DF6C	2DF6D	2DF6E	2DF6F	2DF70	2DF71	2DF72	2DF73
B5	2DF74	2DF75	2DF76	2DF77	2DF78	2DF79	2DF7A	2DF7B	2DF7C	2DF7D
B6	2DF7E	2DF7F	2DF80	2DF81	2DF82	2DF83	2DF84	2DF85	2DF86	2DF87
B7	2DF88	2DF89	2DF8A	2DF8B	2DF8C	2DF8D	2DF8E	2DF8F	2DF90	2DF91
B8	2DF92	2DF93	2DF94	2DF95	2DF96	2DF97	2DF98	2DF99	2DF9A	2DF9B
B9	2DF9C	2DF9D	2DF9E	2DF9F	2DFA0	2DFA1	2DFA2	2DFA3	2DFA4	2DFA5
BA	2DFA6	2DFA7	2DFA8	2DFA9	2DFAA	2DFAB	2DFAC	2DFAD	2DFAE	2DFAF
BB	2DFB0	2DFB1	2DFB2	2DFB3	2DFB4	2DFB5	2DFB6	2DFB7	2DFB8	2DFB9
BC	2DFBA	2DFBB	2DFBC	2DFBD	2DFBE	2DFBF	2DFC0	2DFC1	2DFC2	2DFC3
BD	2DFC4	2DFC5	2DFC6	2DFC7	2DFC8	2DFC9	2DFCA	2DFCB	2DFCC	2DFCD
BE	2DFCE	2DFCF	2DFD0	2DFD1	2DFD2	2DFD3	2DFD4	2DFD5	2DFD6	2DFD7
BF	2DFD8	2DFD9	2DFDA	2DFDB	2DFDC	2DFDD	2DFDE	2DFDF	2DFE0	2DFE1

9937

	30	31	32	33	34	35	36	37	38	39
C0	2DFE2	2DFE3	2DFE4	2DFE5	2DFE6	2DFE7	2DFE8	2DFE9	2DFEA	2DFEB
C1	2DFEC	2DFED	2DFEE	2DFEF	2DFF0	2DFF1	2DFF2	2DFF3	2DFF4	2DFF5
C2	2DFF6	2DFF7	2DFF8	2DFF9	2DFFA	2DFFB	2DFFC	2DFFD	2DFFE	2DFFF
C3	2E000	2E001	2E002	2E003	2E004	2E005	2E006	2E007	2E008	2E009
C4	2E00A	2E00B	2E00C	2E00D	2E00E	2E00F	2E010	2E011	2E012	2E013
C5	2E014	2E015	2E016	2E017	2E018	2E019	2E01A	2E01B	2E01C	2E01D
C6	2E01E	2E01F	2E020	2E021	2E022	2E023	2E024	2E025	2E026	2E027
C7	2E028	2E029	2E02A	2E02B	2E02C	2E02D	2E02E	2E02F	2E030	2E031
C8	2E032	2E033	2E034	2E035	2E036	2E037	2E038	2E039	2E03A	2E03B
C9	2E03C	2E03D	2E03E	2E03F	2E040	2E041	2E042	2E043	2E044	2E045
CA	2E046	2E047	2E048	2E049	2E04A	2E04B	2E04C	2E04D	2E04E	2E04F
CB	2E050	2E051	2E052	2E053	2E054	2E055	2E056	2E057	2E058	2E059
CC	2E05A	2E05B	2E05C	2E05D	2E05E	2E05F	2E060	2E061	2E062	2E063
CD	2E064	2E065	2E066	2E067	2E068	2E069	2E06A	2E06B	2E06C	2E06D
CE	2E06E	2E06F	2E070	2E071	2E072	2E073	2E074	2E075	2E076	2E077
CF	2E078	2E079	2E07A	2E07B	2E07C	2E07D	2E07E	2E07F	2E080	2E081
D0	2E082	2E083	2E084	2E085	2E086	2E087	2E088	2E089	2E08A	2E08B
D1	2E08C	2E08D	2E08E	2E08F	2E090	2E091	2E092	2E093	2E094	2E095
D2	2E096	2E097	2E098	2E099	2E09A	2E09B	2E09C	2E09D	2E09E	2E09F
D3	2E0A0	2E0A1	2E0A2	2E0A3	2E0A4	2E0A5	2E0A6	2E0A7	2E0A8	2E0A9
D4	2E0AA	2E0AB	2E0AC	2E0AD	2E0AE	2E0AF	2E0B0	2E0B1	2E0B2	2E0B3

9937

	30	31	32	33	34	35	36	37	38	39
D5	2E0B4	2E0B5	2E0B6	2E0B7	2E0B8	2E0B9	2E0BA	2E0BB	2E0BC	2E0BD
D6	2E0BE	2E0BF	2E0C0	2E0C1	2E0C2	2E0C3	2E0C4	2E0C5	2E0C6	2E0C7
D7	2E0C8	2E0C9	2E0CA	2E0CB	2E0CC	2E0CD	2E0CE	2E0CF	2E0D0	2E0D1
D8	2E0D2	2E0D3	2E0D4	2E0D5	2E0D6	2E0D7	2E0D8	2E0D9	2E0DA	2E0DB
D9	2E0DC	2E0DD	2E0DE	2E0DF	2E0E0	2E0E1	2E0E2	2E0E3	2E0E4	2E0E5
DA	2E0E6	2E0E7	2E0E8	2E0E9	2E0EA	2E0EB	2E0EC	2E0ED	2E0EE	2E0EF
DB	2E0F0	2E0F1	2E0F2	2E0F3	2E0F4	2E0F5	2E0F6	2E0F7	2E0F8	2E0F9
DC	2E0FA	2E0FB	2E0FC	2E0FD	2E0FE	2E0FF	2E100	2E101	2E102	2E103
DD	2E104	2E105	2E106	2E107	2E108	2E109	2E10A	2E10B	2E10C	2E10D
DE	2E10E	2E10F	2E110	2E111	2E112	2E113	2E114	2E115	2E116	2E117
DF	2E118	2E119	2E11A	2E11B	2E11C	2E11D	2E11E	2E11F	2E120	2E121
E0	2E122	2E123	2E124	2E125	2E126	2E127	2E128	2E129	2E12A	2E12B
E1	2E12C	2E12D	2E12E	2E12F	2E130	2E131	2E132	2E133	2E134	2E135
E2	2E136	2E137	2E138	2E139	2E13A	2E13B	2E13C	2E13D	2E13E	2E13F
E3	2E140	2E141	2E142	2E143	2E144	2E145	2E146	2E147	2E148	2E149
E4	2E14A	2E14B	2E14C	2E14D	2E14E	2E14F	2E150	2E151	2E152	2E153
E5	2E154	2E155	2E156	2E157	2E158	2E159	2E15A	2E15B	2E15C	2E15D
E6	2E15E	2E15F	2E160	2E161	2E162	2E163	2E164	2E165	2E166	2E167
E7	2E168	2E169	2E16A	2E16B	2E16C	2E16D	2E16E	2E16F	2E170	2E171
E8	2E172	2E173	2E174	2E175	2E176	2E177	2E178	2E179	2E17A	2E17B
E9	2E17C	2E17D	2E17E	2E17F	2E180	2E181	2E182	2E183	2E184	2E185

9937

	30	31	32	33	34	35	36	37	38	39
EA	2E186	2E187	2E188	2E189	2E18A	2E18B	2E18C	2E18D	2E18E	2E18F
EB	2E190	2E191	2E192	2E193	2E194	2E195	2E196	2E197	2E198	2E199
EC	2E19A	2E19B	2E19C	2E19D	2E19E	2E19F	2E1A0	2E1A1	2E1A2	2E1A3
ED	2E1A4	2E1A5	2E1A6	2E1A7	2E1A8	2E1A9	2E1AA	2E1AB	2E1AC	2E1AD
EE	2E1AE	2E1AF	2E1B0	2E1B1	2E1B2	2E1B3	2E1B4	2E1B5	2E1B6	2E1B7
EF	2E1B8	2E1B9	2E1BA	2E1BB	2E1BC	2E1BD	2E1BE	2E1BF	2E1C0	2E1C1
F0	2E1C2	2E1C3	2E1C4	2E1C5	2E1C6	2E1C7	2E1C8	2E1C9	2E1CA	2E1CB
F1	2E1CC	2E1CD	2E1CE	2E1CF	2E1D0	2E1D1	2E1D2	2E1D3	2E1D4	2E1D5
F2	2E1D6	2E1D7	2E1D8	2E1D9	2E1DA	2E1DB	2E1DC	2E1DD	2E1DE	2E1DF
F3	2E1E0	2E1E1	2E1E2	2E1E3	2E1E4	2E1E5	2E1E6	2E1E7	2E1E8	2E1E9
F4	2E1EA	2E1EB	2E1EC	2E1ED	2E1EE	2E1EF	2E1F0	2E1F1	2E1F2	2E1F3
F5	2E1F4	2E1F5	2E1F6	2E1F7	2E1F8	2E1F9	2E1FA	2E1FB	2E1FC	2E1FD
F6	2E1FE	2E1FF	2E200	2E201	2E202	2E203	2E204	2E205	2E206	2E207
F7	2E208	2E209	2E20A	2E20B	2E20C	2E20D	2E20E	2E20F	2E210	2E211
F8	2E212	2E213	2E214	2E215	2E216	2E217	2E218	2E219	2E21A	2E21B
F9	2E21C	2E21D	2E21E	2E21F	2E220	2E221	2E222	2E223	2E224	2E225
FA	2E226	2E227	2E228	2E229	2E22A	2E22B	2E22C	2E22D	2E22E	2E22F
FB	2E230	2E231	2E232	2E233	2E234	2E235	2E236	2E237	2E238	2E239
FC	2E23A	2E23B	2E23C	2E23D	2E23E	2E23F	2E240	2E241	2E242	2E243
FD	2E244	2E245	2E246	2E247	2E248	2E249	2E24A	2E24B	2E24C	2E24D
FE	2E24E	2E24F	2E250	2E251	2E252	2E253	2E254	2E255	2E256	2E257

9938

	30	31	32	33	34	35	36	37	38	39
81	2E258	2E259	2E25A	2E25B	2E25C	2E25D	2E25E	2E25F	2E260	2E261
82	2E262	2E263	2E264	2E265	2E266	2E267	2E268	2E269	2E26A	2E26B
83	2E26C	2E26D	2E26E	2E26F	2E270	2E271	2E272	2E273	2E274	2E275
84	2E276	2E277	2E278	2E279	2E27A	2E27B	2E27C	2E27D	2E27E	2E27F
85	2E280	2E281	2E282	2E283	2E284	2E285	2E286	2E287	2E288	2E289
86	2E28A	2E28B	2E28C	2E28D	2E28E	2E28F	2E290	2E291	2E292	2E293
87	2E294	2E295	2E296	2E297	2E298	2E299	2E29A	2E29B	2E29C	2E29D
88	2E29E	2E29F	2E2A0	2E2A1	2E2A2	2E2A3	2E2A4	2E2A5	2E2A6	2E2A7
89	2E2A8	2E2A9	2E2AA	2E2AB	2E2AC	2E2AD	2E2AE	2E2AF	2E2B0	2E2B1
8A	2E2B2	2E2B3	2E2B4	2E2B5	2E2B6	2E2B7	2E2B8	2E2B9	2E2BA	2E2BB
8B	2E2BC	2E2BD	2E2BE	2E2BF	2E2C0	2E2C1	2E2C2	2E2C3	2E2C4	2E2C5
8C	2E2C6	2E2C7	2E2C8	2E2C9	2E2CA	2E2CB	2E2CC	2E2CD	2E2CE	2E2CF
8D	2E2D0	2E2D1	2E2D2	2E2D3	2E2D4	2E2D5	2E2D6	2E2D7	2E2D8	2E2D9
8E	2E2DA	2E2DB	2E2DC	2E2DD	2E2DE	2E2DF	2E2E0	2E2E1	2E2E2	2E2E3
8F	2E2E4	2E2E5	2E2E6	2E2E7	2E2E8	2E2E9	2E2EA	2E2EB	2E2EC	2E2ED
90	2E2EE	2E2EF	2E2F0	2E2F1	2E2F2	2E2F3	2E2F4	2E2F5	2E2F6	2E2F7
91	2E2F8	2E2F9	2E2FA	2E2FB	2E2FC	2E2FD	2E2FE	2E2FF	2E300	2E301
92	2E302	2E303	2E304	2E305	2E306	2E307	2E308	2E309	2E30A	2E30B
93	2E30C	2E30D	2E30E	2E30F	2E310	2E311	2E312	2E313	2E314	2E315
94	2E316	2E317	2E318	2E319	2E31A	2E31B	2E31C	2E31D	2E31E	2E31F
95	2E320	2E321	2E322	2E323	2E324	2E325	2E326	2E327	2E328	2E329

9938

	30	31	32	33	34	35	36	37	38	39
96	2E32A	2E32B	2E32C	2E32D	2E32E	2E32F	2E330	2E331	2E332	2E333
97	2E334	2E335	2E336	2E337	2E338	2E339	2E33A	2E33B	2E33C	2E33D
98	2E33E	2E33F	2E340	2E341	2E342	2E343	2E344	2E345	2E346	2E347
99	2E348	2E349	2E34A	2E34B	2E34C	2E34D	2E34E	2E34F	2E350	2E351
9A	2E352	2E353	2E354	2E355	2E356	2E357	2E358	2E359	2E35A	2E35B
9B	2E35C	2E35D	2E35E	2E35F	2E360	2E361	2E362	2E363	2E364	2E365
9C	2E366	2E367	2E368	2E369	2E36A	2E36B	2E36C	2E36D	2E36E	2E36F
9D	2E370	2E371	2E372	2E373	2E374	2E375	2E376	2E377	2E378	2E379
9E	2E37A	2E37B	2E37C	2E37D	2E37E	2E37F	2E380	2E381	2E382	2E383
9F	2E384	2E385	2E386	2E387	2E388	2E389	2E38A	2E38B	2E38C	2E38D
A0	2E38E	2E38F	2E390	2E391	2E392	2E393	2E394	2E395	2E396	2E397
A1	2E398	2E399	2E39A	2E39B	2E39C	2E39D	2E39E	2E39F	2E3A0	2E3A1
A2	2E3A2	2E3A3	2E3A4	2E3A5	2E3A6	2E3A7	2E3A8	2E3A9	2E3AA	2E3AB
A3	2E3AC	2E3AD	2E3AE	2E3AF	2E3B0	2E3B1	2E3B2	2E3B3	2E3B4	2E3B5
A4	2E3B6	2E3B7	2E3B8	2E3B9	2E3BA	2E3BB	2E3BC	2E3BD	2E3BE	2E3BF
A5	2E3C0	2E3C1	2E3C2	2E3C3	2E3C4	2E3C5	2E3C6	2E3C7	2E3C8	2E3C9
A6	2E3CA	2E3CB	2E3CC	2E3CD	2E3CE	2E3CF	2E3D0	2E3D1	2E3D2	2E3D3
A7	2E3D4	2E3D5	2E3D6	2E3D7	2E3D8	2E3D9	2E3DA	2E3DB	2E3DC	2E3DD
A8	2E3DE	2E3DF	2E3E0	2E3E1	2E3E2	2E3E3	2E3E4	2E3E5	2E3E6	2E3E7
A9	2E3E8	2E3E9	2E3EA	2E3EB	2E3EC	2E3ED	2E3EE	2E3EF	2E3F0	2E3F1
AA	2E3F2	2E3F3	2E3F4	2E3F5	2E3F6	2E3F7	2E3F8	2E3F9	2E3FA	2E3FB

9938

	30	31	32	33	34	35	36	37	38	39
AB	2E3FC	2E3FD	2E3FE	2E3FF	2E400	2E401	2E402	2E403	2E404	2E405
AC	2E406	2E407	2E408	2E409	2E40A	2E40B	2E40C	2E40D	2E40E	2E40F
AD	2E410	2E411	2E412	2E413	2E414	2E415	2E416	2E417	2E418	2E419
AE	2E41A	2E41B	2E41C	2E41D	2E41E	2E41F	2E420	2E421	2E422	2E423
AF	2E424	2E425	2E426	2E427	2E428	2E429	2E42A	2E42B	2E42C	2E42D
B0	2E42E	2E42F	2E430	2E431	2E432	2E433	2E434	2E435	2E436	2E437
B1	2E438	2E439	2E43A	2E43B	2E43C	2E43D	2E43E	2E43F	2E440	2E441
B2	2E442	2E443	2E444	2E445	2E446	2E447	2E448	2E449	2E44A	2E44B
B3	2E44C	2E44D	2E44E	2E44F	2E450	2E451	2E452	2E453	2E454	2E455
B4	2E456	2E457	2E458	2E459	2E45A	2E45B	2E45C	2E45D	2E45E	2E45F
B5	2E460	2E461	2E462	2E463	2E464	2E465	2E466	2E467	2E468	2E469
B6	2E46A	2E46B	2E46C	2E46D	2E46E	2E46F	2E470	2E471	2E472	2E473
B7	2E474	2E475	2E476	2E477	2E478	2E479	2E47A	2E47B	2E47C	2E47D
B8	2E47E	2E47F	2E480	2E481	2E482	2E483	2E484	2E485	2E486	2E487
B9	2E488	2E489	2E48A	2E48B	2E48C	2E48D	2E48E	2E48F	2E490	2E491
BA	2E492	2E493	2E494	2E495	2E496	2E497	2E498	2E499	2E49A	2E49B
BB	2E49C	2E49D	2E49E	2E49F	2E4A0	2E4A1	2E4A2	2E4A3	2E4A4	2E4A5
BC	2E4A6	2E4A7	2E4A8	2E4A9	2E4AA	2E4AB	2E4AC	2E4AD	2E4AE	2E4AF
BD	2E4B0	2E4B1	2E4B2	2E4B3	2E4B4	2E4B5	2E4B6	2E4B7	2E4B8	2E4B9
BE	2E4BA	2E4BB	2E4BC	2E4BD	2E4BE	2E4BF	2E4C0	2E4C1	2E4C2	2E4C3
BF	2E4C4	2E4C5	2E4C6	2E4C7	2E4C8	2E4C9	2E4CA	2E4CB	2E4CC	2E4CD

9938

	30	31	32	33	34	35	36	37	38	39
C0	2E4CE	2E4CF	2E4D0	2E4D1	2E4D2	2E4D3	2E4D4	2E4D5	2E4D6	2E4D7
C1	2E4D8	2E4D9	2E4DA	2E4DB	2E4DC	2E4DD	2E4DE	2E4DF	2E4E0	2E4E1
C2	2E4E2	2E4E3	2E4E4	2E4E5	2E4E6	2E4E7	2E4E8	2E4E9	2E4EA	2E4EB
C3	2E4EC	2E4ED	2E4EE	2E4EF	2E4F0	2E4F1	2E4F2	2E4F3	2E4F4	2E4F5
C4	2E4F6	2E4F7	2E4F8	2E4F9	2E4FA	2E4FB	2E4FC	2E4FD	2E4FE	2E4FF
C5	2E500	2E501	2E502	2E503	2E504	2E505	2E506	2E507	2E508	2E509
C6	2E50A	2E50B	2E50C	2E50D	2E50E	2E50F	2E510	2E511	2E512	2E513
C7	2E514	2E515	2E516	2E517	2E518	2E519	2E51A	2E51B	2E51C	2E51D
C8	2E51E	2E51F	2E520	2E521	2E522	2E523	2E524	2E525	2E526	2E527
C9	2E528	2E529	2E52A	2E52B	2E52C	2E52D	2E52E	2E52F	2E530	2E531
CA	2E532	2E533	2E534	2E535	2E536	2E537	2E538	2E539	2E53A	2E53B
CB	2E53C	2E53D	2E53E	2E53F	2E540	2E541	2E542	2E543	2E544	2E545
CC	2E546	2E547	2E548	2E549	2E54A	2E54B	2E54C	2E54D	2E54E	2E54F
CD	2E550	2E551	2E552	2E553	2E554	2E555	2E556	2E557	2E558	2E559
CE	2E55A	2E55B	2E55C	2E55D	2E55E	2E55F	2E560	2E561	2E562	2E563
CF	2E564	2E565	2E566	2E567	2E568	2E569	2E56A	2E56B	2E56C	2E56D
D0	2E56E	2E56F	2E570	2E571	2E572	2E573	2E574	2E575	2E576	2E577
D1	2E578	2E579	2E57A	2E57B	2E57C	2E57D	2E57E	2E57F	2E580	2E581
D2	2E582	2E583	2E584	2E585	2E586	2E587	2E588	2E589	2E58A	2E58B
D3	2E58C	2E58D	2E58E	2E58F	2E590	2E591	2E592	2E593	2E594	2E595
D4	2E596	2E597	2E598	2E599	2E59A	2E59B	2E59C	2E59D	2E59E	2E59F

9938

	30	31	32	33	34	35	36	37	38	39
D5	2E5A0	2E5A1	2E5A2	2E5A3	2E5A4	2E5A5	2E5A6	2E5A7	2E5A8	2E5A9
D6	2E5AA	2E5AB	2E5AC	2E5AD	2E5AE	2E5AF	2E5B0	2E5B1	2E5B2	2E5B3
D7	2E5B4	2E5B5	2E5B6	2E5B7	2E5B8	2E5B9	2E5BA	2E5BB	2E5BC	2E5BD
D8	2E5BE	2E5BF	2E5C0	2E5C1	2E5C2	2E5C3	2E5C4	2E5C5	2E5C6	2E5C7
D9	2E5C8	2E5C9	2E5CA	2E5CB	2E5CC	2E5CD	2E5CE	2E5CF	2E5D0	2E5D1
DA	2E5D2	2E5D3	2E5D4	2E5D5	2E5D6	2E5D7	2E5D8	2E5D9	2E5DA	2E5DB
DB	2E5DC	2E5DD	2E5DE	2E5DF	2E5E0	2E5E1	2E5E2	2E5E3	2E5E4	2E5E5
DC	2E5E6	2E5E7	2E5E8	2E5E9	2E5EA	2E5EB	2E5EC	2E5ED	2E5EE	2E5EF
DD	2E5F0	2E5F1	2E5F2	2E5F3	2E5F4	2E5F5	2E5F6	2E5F7	2E5F8	2E5F9
DE	2E5FA	2E5FB	2E5FC	2E5FD	2E5FE	2E5FF	2E600	2E601	2E602	2E603
DF	2E604	2E605	2E606	2E607	2E608	2E609	2E60A	2E60B	2E60C	2E60D
E0	2E60E	2E60F	2E610	2E611	2E612	2E613	2E614	2E615	2E616	2E617
E1	2E618	2E619	2E61A	2E61B	2E61C	2E61D	2E61E	2E61F	2E620	2E621
E2	2E622	2E623	2E624	2E625	2E626	2E627	2E628	2E629	2E62A	2E62B
E3	2E62C	2E62D	2E62E	2E62F	2E630	2E631	2E632	2E633	2E634	2E635
E4	2E636	2E637	2E638	2E639	2E63A	2E63B	2E63C	2E63D	2E63E	2E63F
E5	2E640	2E641	2E642	2E643	2E644	2E645	2E646	2E647	2E648	2E649
E6	2E64A	2E64B	2E64C	2E64D	2E64E	2E64F	2E650	2E651	2E652	2E653
E7	2E654	2E655	2E656	2E657	2E658	2E659	2E65A	2E65B	2E65C	2E65D
E8	2E65E	2E65F	2E660	2E661	2E662	2E663	2E664	2E665	2E666	2E667
E9	2E668	2E669	2E66A	2E66B	2E66C	2E66D	2E66E	2E66F	2E670	2E671

9938

	30	31	32	33	34	35	36	37	38	39
EA	2E672	2E673	2E674	2E675	2E676	2E677	2E678	2E679	2E67A	2E67B
EB	2E67C	2E67D	2E67E	2E67F	2E680	2E681	2E682	2E683	2E684	2E685
EC	2E686	2E687	2E688	2E689	2E68A	2E68B	2E68C	2E68D	2E68E	2E68F
ED	2E690	2E691	2E692	2E693	2E694	2E695	2E696	2E697	2E698	2E699
EE	2E69A	2E69B	2E69C	2E69D	2E69E	2E69F	2E6A0	2E6A1	2E6A2	2E6A3
EF	2E6A4	2E6A5	2E6A6	2E6A7	2E6A8	2E6A9	2E6AA	2E6AB	2E6AC	2E6AD
F0	2E6AE	2E6AF	2E6B0	2E6B1	2E6B2	2E6B3	2E6B4	2E6B5	2E6B6	2E6B7
F1	2E6B8	2E6B9	2E6BA	2E6BB	2E6BC	2E6BD	2E6BE	2E6BF	2E6C0	2E6C1
F2	2E6C2	2E6C3	2E6C4	2E6C5	2E6C6	2E6C7	2E6C8	2E6C9	2E6CA	2E6CB
F3	2E6CC	2E6CD	2E6CE	2E6CF	2E6D0	2E6D1	2E6D2	2E6D3	2E6D4	2E6D5
F4	2E6D6	2E6D7	2E6D8	2E6D9	2E6DA	2E6DB	2E6DC	2E6DD	2E6DE	2E6DF
F5	2E6E0	2E6E1	2E6E2	2E6E3	2E6E4	2E6E5	2E6E6	2E6E7	2E6E8	2E6E9
F6	2E6EA	2E6EB	2E6EC	2E6ED	2E6EE	2E6EF	2E6F0	2E6F1	2E6F2	2E6F3
F7	2E6F4	2E6F5	2E6F6	2E6F7	2E6F8	2E6F9	2E6FA	2E6FB	2E6FC	2E6FD
F8	2E6FE	2E6FF	2E700	2E701	2E702	2E703	2E704	2E705	2E706	2E707
F9	2E708	2E709	2E70A	2E70B	2E70C	2E70D	2E70E	2E70F	2E710	2E711
FA	2E712	2E713	2E714	2E715	2E716	2E717	2E718	2E719	2E71A	2E71B
FB	2E71C	2E71D	2E71E	2E71F	2E720	2E721	2E722	2E723	2E724	2E725
FC	2E726	2E727	2E728	2E729	2E72A	2E72B	2E72C	2E72D	2E72E	2E72F
FD	2E730	2E731	2E732	2E733	2E734	2E735	2E736	2E737	2E738	2E739
FE	2E73A	2E73B	2E73C	2E73D	2E73E	2E73F	2E740	2E741	2E742	2E743

9939

	30	31	32	33	34	35	36	37	38	39
81	2E744	2E745	2E746	2E747	2E748	2E749	2E74A	2E74B	2E74C	2E74D
82	2E74E	2E74F	2E750	2E751	2E752	2E753	2E754	2E755	2E756	2E757
83	2E758	2E759	2E75A	2E75B	2E75C	2E75D	2E75E	2E75F	2E760	2E761
84	2E762	2E763	2E764	2E765	2E766	2E767	2E768	2E769	2E76A	2E76B
85	2E76C	2E76D	2E76E	2E76F	2E770	2E771	2E772	2E773	2E774	2E775
86	2E776	2E777	2E778	2E779	2E77A	2E77B	2E77C	2E77D	2E77E	2E77F
87	2E780	2E781	2E782	2E783	2E784	2E785	2E786	2E787	2E788	2E789
88	2E78A	2E78B	2E78C	2E78D	2E78E	2E78F	2E790	2E791	2E792	2E793
89	2E794	2E795	2E796	2E797	2E798	2E799	2E79A	2E79B	2E79C	2E79D
8A	2E79E	2E79F	2E7A0	2E7A1	2E7A2	2E7A3	2E7A4	2E7A5	2E7A6	2E7A7
8B	2E7A8	2E7A9	2E7AA	2E7AB	2E7AC	2E7AD	2E7AE	2E7AF	2E7B0	2E7B1
8C	2E7B2	2E7B3	2E7B4	2E7B5	2E7B6	2E7B7	2E7B8	2E7B9	2E7BA	2E7BB
8D	2E7BC	2E7BD	2E7BE	2E7BF	2E7C0	2E7C1	2E7C2	2E7C3	2E7C4	2E7C5
8E	2E7C6	2E7C7	2E7C8	2E7C9	2E7CA	2E7CB	2E7CC	2E7CD	2E7CE	2E7CF
8F	2E7D0	2E7D1	2E7D2	2E7D3	2E7D4	2E7D5	2E7D6	2E7D7	2E7D8	2E7D9
90	2E7DA	2E7DB	2E7DC	2E7DD	2E7DE	2E7DF	2E7E0	2E7E1	2E7E2	2E7E3
91	2E7E4	2E7E5	2E7E6	2E7E7	2E7E8	2E7E9	2E7EA	2E7EB	2E7EC	2E7ED
92	2E7EE	2E7EF	2E7F0	2E7F1	2E7F2	2E7F3	2E7F4	2E7F5	2E7F6	2E7F7
93	2E7F8	2E7F9	2E7FA	2E7FB	2E7FC	2E7FD	2E7FE	2E7FF	2E800	2E801
94	2E802	2E803	2E804	2E805	2E806	2E807	2E808	2E809	2E80A	2E80B
95	2E80C	2E80D	2E80E	2E80F	2E810	2E811	2E812	2E813	2E814	2E815

9939

	30	31	32	33	34	35	36	37	38	39
96	2E816	2E817	2E818	2E819	2E81A	2E81B	2E81C	2E81D	2E81E	2E81F
97	2E820	2E821	2E822	2E823	2E824	2E825	2E826	2E827	2E828	2E829
98	2E82A	2E82B	2E82C	2E82D	2E82E	2E82F	2E830	2E831	2E832	2E833
99	2E834	2E835	2E836	2E837	2E838	2E839	2E83A	2E83B	2E83C	2E83D
9A	2E83E	2E83F	2E840	2E841	2E842	2E843	2E844	2E845	2E846	2E847
9B	2E848	2E849	2E84A	2E84B	2E84C	2E84D	2E84E	2E84F	2E850	2E851
9C	2E852	2E853	2E854	2E855	2E856	2E857	2E858	2E859	2E85A	2E85B
9D	2E85C	2E85D	2E85E	2E85F	2E860	2E861	2E862	2E863	2E864	2E865
9E	2E866	2E867	2E868	2E869	2E86A	2E86B	2E86C	2E86D	2E86E	2E86F
9F	2E870	2E871	2E872	2E873	2E874	2E875	2E876	2E877	2E878	2E879
A0	2E87A	2E87B	2E87C	2E87D	2E87E	2E87F	2E880	2E881	2E882	2E883
A1	2E884	2E885	2E886	2E887	2E888	2E889	2E88A	2E88B	2E88C	2E88D
A2	2E88E	2E88F	2E890	2E891	2E892	2E893	2E894	2E895	2E896	2E897
A3	2E898	2E899	2E89A	2E89B	2E89C	2E89D	2E89E	2E89F	2E8A0	2E8A1
A4	2E8A2	2E8A3	2E8A4	2E8A5	2E8A6	2E8A7	2E8A8	2E8A9	2E8AA	2E8AB
A5	2E8AC	2E8AD	2E8AE	2E8AF	2E8B0	2E8B1	2E8B2	2E8B3	2E8B4	2E8B5
A6	2E8B6	2E8B7	2E8B8	2E8B9	2E8BA	2E8BB	2E8BC	2E8BD	2E8BE	2E8BF
A7	2E8C0	2E8C1	2E8C2	2E8C3	2E8C4	2E8C5	2E8C6	2E8C7	2E8C8	2E8C9
A8	2E8CA	2E8CB	2E8CC	2E8CD	2E8CE	2E8CF	2E8D0	2E8D1	2E8D2	2E8D3
A9	2E8D4	2E8D5	2E8D6	2E8D7	2E8D8	2E8D9	2E8DA	2E8DB	2E8DC	2E8DD
AA	2E8DE	2E8DF	2E8E0	2E8E1	2E8E2	2E8E3	2E8E4	2E8E5	2E8E6	2E8E7

9939

	30	31	32	33	34	35	36	37	38	39
AB	2E8E8	2E8E9	2E8EA	2E8EB	2E8EC	2E8ED	2E8EE	2E8EF	2E8F0	2E8F1
AC	2E8F2	2E8F3	2E8F4	2E8F5	2E8F6	2E8F7	2E8F8	2E8F9	2E8FA	2E8FB
AD	2E8FC	2E8FD	2E8FE	2E8FF	2E900	2E901	2E902	2E903	2E904	2E905
AE	2E906	2E907	2E908	2E909	2E90A	2E90B	2E90C	2E90D	2E90E	2E90F
AF	2E910	2E911	2E912	2E913	2E914	2E915	2E916	2E917	2E918	2E919
B0	2E91A	2E91B	2E91C	2E91D	2E91E	2E91F	2E920	2E921	2E922	2E923
B1	2E924	2E925	2E926	2E927	2E928	2E929	2E92A	2E92B	2E92C	2E92D
B2	2E92E	2E92F	2E930	2E931	2E932	2E933	2E934	2E935	2E936	2E937
B3	2E938	2E939	2E93A	2E93B	2E93C	2E93D	2E93E	2E93F	2E940	2E941
B4	2E942	2E943	2E944	2E945	2E946	2E947	2E948	2E949	2E94A	2E94B
B5	2E94C	2E94D	2E94E	2E94F	2E950	2E951	2E952	2E953	2E954	2E955
B6	2E956	2E957	2E958	2E959	2E95A	2E95B	2E95C	2E95D	2E95E	2E95F
B7	2E960	2E961	2E962	2E963	2E964	2E965	2E966	2E967	2E968	2E969
B8	2E96A	2E96B	2E96C	2E96D	2E96E	2E96F	2E970	2E971	2E972	2E973
B9	2E974	2E975	2E976	2E977	2E978	2E979	2E97A	2E97B	2E97C	2E97D
BA	2E97E	2E97F	2E980	2E981	2E982	2E983	2E984	2E985	2E986	2E987
BB	2E988	2E989	2E98A	2E98B	2E98C	2E98D	2E98E	2E98F	2E990	2E991
BC	2E992	2E993	2E994	2E995	2E996	2E997	2E998	2E999	2E99A	2E99B
BD	2E99C	2E99D	2E99E	2E99F	2E9A0	2E9A1	2E9A2	2E9A3	2E9A4	2E9A5
BE	2E9A6	2E9A7	2E9A8	2E9A9	2E9AA	2E9AB	2E9AC	2E9AD	2E9AE	2E9AF
BF	2E9B0	2E9B1	2E9B2	2E9B3	2E9B4	2E9B5	2E9B6	2E9B7	2E9B8	2E9B9

9939

	30	31	32	33	34	35	36	37	38	39
C0	2E9BA	2E9BB	2E9BC	2E9BD	2E9BE	2E9BF	2E9C0	2E9C1	2E9C2	2E9C3
C1	2E9C4	2E9C5	2E9C6	2E9C7	2E9C8	2E9C9	2E9CA	2E9CB	2E9CC	2E9CD
C2	2E9CE	2E9CF	2E9D0	2E9D1	2E9D2	2E9D3	2E9D4	2E9D5	2E9D6	2E9D7
C3	2E9D8	2E9D9	2E9DA	2E9DB	2E9DC	2E9DD	2E9DE	2E9DF	2E9E0	2E9E1
C4	2E9E2	2E9E3	2E9E4	2E9E5	2E9E6	2E9E7	2E9E8	2E9E9	2E9EA	2E9EB
C5	2E9EC	2E9ED	2E9EE	2E9EF	2E9F0	2E9F1	2E9F2	2E9F3	2E9F4	2E9F5
C6	2E9F6	2E9F7	2E9F8	2E9F9	2E9FA	2E9FB	2E9FC	2E9FD	2E9FE	2E9FF
C7	2EA00	2EA01	2EA02	2EA03	2EA04	2EA05	2EA06	2EA07	2EA08	2EA09
C8	2EA0A	2EA0B	2EA0C	2EA0D	2EA0E	2EA0F	2EA10	2EA11	2EA12	2EA13
C9	2EA14	2EA15	2EA16	2EA17	2EA18	2EA19	2EA1A	2EA1B	2EA1C	2EA1D
CA	2EA1E	2EA1F	2EA20	2EA21	2EA22	2EA23	2EA24	2EA25	2EA26	2EA27
CB	2EA28	2EA29	2EA2A	2EA2B	2EA2C	2EA2D	2EA2E	2EA2F	2EA30	2EA31
CC	2EA32	2EA33	2EA34	2EA35	2EA36	2EA37	2EA38	2EA39	2EA3A	2EA3B
CD	2EA3C	2EA3D	2EA3E	2EA3F	2EA40	2EA41	2EA42	2EA43	2EA44	2EA45
CE	2EA46	2EA47	2EA48	2EA49	2EA4A	2EA4B	2EA4C	2EA4D	2EA4E	2EA4F
CF	2EA50	2EA51	2EA52	2EA53	2EA54	2EA55	2EA56	2EA57	2EA58	2EA59
D0	2EA5A	2EA5B	2EA5C	2EA5D	2EA5E	2EA5F	2EA60	2EA61	2EA62	2EA63
D1	2EA64	2EA65	2EA66	2EA67	2EA68	2EA69	2EA6A	2EA6B	2EA6C	2EA6D
D2	2EA6E	2EA6F	2EA70	2EA71	2EA72	2EA73	2EA74	2EA75	2EA76	2EA77
D3	2EA78	2EA79	2EA7A	2EA7B	2EA7C	2EA7D	2EA7E	2EA7F	2EA80	2EA81
D4	2EA82	2EA83	2EA84	2EA85	2EA86	2EA87	2EA88	2EA89	2EA8A	2EA8B

9939

	30	31	32	33	34	35	36	37	38	39
D5	2EA8C	2EA8D	2EA8E	2EA8F	2EA90	2EA91	2EA92	2EA93	2EA94	2EA95
D6	2EA96	2EA97	2EA98	2EA99	2EA9A	2EA9B	2EA9C	2EA9D	2EA9E	2EA9F
D7	2EAA0	2EAA1	2EAA2	2EAA3	2EAA4	2EAA5	2EAA6	2EAA7	2EAA8	2EAA9
D8	2EAAA	2EAAB	2EAAC	2EAAD	2EAAE	2EAAF	2EAB0	2EAB1	2EAB2	2EAB3
D9	2EAB4	2EAB5	2EAB6	2EAB7	2EAB8	2EAB9	2EABA	2EABB	2EABC	2EABD
DA	2EABE	2EABF	2EAC0	2EAC1	2EAC2	2EAC3	2EAC4	2EAC5	2EAC6	2EAC7
DB	2EAC8	2EAC9	2EACA	2EACB	2EACC	2EACD	2EACE	2EACF	2EAD0	2EAD1
DC	2EAD2	2EAD3	2EAD4	2EAD5	2EAD6	2EAD7	2EAD8	2EAD9	2EADA	2EADB
DD	2EADC	2EADD	2EADE	2EADF	2EAE0	2EAE1	2EAE2	2EAE3	2EAE4	2EAE5
DE	2EAE6	2EAE7	2EAE8	2EAE9	2EAEA	2EAEB	2EAEC	2EAED	2EAEE	2EAEF
DF	2EAF0	2EAF1	2EAF2	2EAF3	2EAF4	2EAF5	2EAF6	2EAF7	2EAF8	2EAF9
E0	2EAFA	2EAFB	2EAFC	2EAFD	2EAFE	2EAFF	2EB00	2EB01	2EB02	2EB03
E1	2EB04	2EB05	2EB06	2EB07	2EB08	2EB09	2EB0A	2EB0B	2EB0C	2EB0D
E2	2EB0E	2EB0F	2EB10	2EB11	2EB12	2EB13	2EB14	2EB15	2EB16	2EB17
E3	2EB18	2EB19	2EB1A	2EB1B	2EB1C	2EB1D	2EB1E	2EB1F	2EB20	2EB21
E4	2EB22	2EB23	2EB24	2EB25	2EB26	2EB27	2EB28	2EB29	2EB2A	2EB2B
E5	2EB2C	2EB2D	2EB2E	2EB2F	2EB30	2EB31	2EB32	2EB33	2EB34	2EB35
E6	2EB36	2EB37	2EB38	2EB39	2EB3A	2EB3B	2EB3C	2EB3D	2EB3E	2EB3F
E7	2EB40	2EB41	2EB42	2EB43	2EB44	2EB45	2EB46	2EB47	2EB48	2EB49
E8	2EB4A	2EB4B	2EB4C	2EB4D	2EB4E	2EB4F	2EB50	2EB51	2EB52	2EB53
E9	2EB54	2EB55	2EB56	2EB57	2EB58	2EB59	2EB5A	2EB5B	2EB5C	2EB5D

9939

	30	31	32	33	34	35	36	37	38	39
EA	2EB5E	2EB5F	2EB60	2EB61	2EB62	2EB63	2EB64	2EB65	2EB66	2EB67
EB	2EB68	2EB69	2EB6A	2EB6B	2EB6C	2EB6D	2EB6E	2EB6F	2EB70	2EB71
EC	2EB72	2EB73	2EB74	2EB75	2EB76	2EB77	2EB78	2EB79	2EB7A	2EB7B
ED	2EB7C	2EB7D	2EB7E	2EB7F	2EB80	2EB81	2EB82	2EB83	2EB84	2EB85
EE	2EB86	2EB87	2EB88	2EB89	2EB8A	2EB8B	2EB8C	2EB8D	2EB8E	2EB8F
EF	2EB90	2EB91	2EB92	2EB93	2EB94	2EB95	2EB96	2EB97	2EB98	2EB99
F0	2EB9A	2EB9B	2EB9C	2EB9D	2EB9E	2EB9F	2EBA0	2EBA1	2EBA2	2EBA3
F1	2EBA4	2EBA5	2EBA6	2EBA7	2EBA8	2EBA9	2EBAA	2EBAB	2EBAC	2EBAD
F2	2EBAE	2EBAF	2EBB0	2EBB1	2EBB2	2EBB3	2EBB4	2EBB5	2EBB6	2EBB7
F3	2EBB8	2EBB9	2EBBA	2EBBB	2EBBC	2EBBD	2EBBE	2EBBF	2EBC0	2EBC1
F4	2EBC2	2EBC3	2EBC4	2EBC5	2EBC6	2EBC7	2EBC8	2EBC9	2EBCA	2EBCB
F5	2EBCC	2EBCD	2EBCE	2EBCF	2EBD0	2EBD1	2EBD2	2EBD3	2EBD4	2EBD5
F6	2EBD6	2EBD7	2EBD8	2EBD9	2EBDA	2EBDB	2EBDC	2EBDD	2EBDE	2EBDF
F7	2EBE0	2EBE1	2EBE2	2EBE3	2EBE4	2EBE5	2EBE6	2EBE7	2EBE8	2EBE9
F8	2EBEA	2EBEB	2EBEC	2EBED	2EBEE	2EBEF	2EBF0	2EBF1	2EBF2	2EBF3
F9	2EBF4	2EBF5	2EBF6	2EBF7	2EBF8	2EBF9	2EBFA	2EBFB	2EBFC	2EBFD
FA	2EBFE	2EBFF	2EC00	2EC01	2EC02	2EC03	2EC04	2EC05	2EC06	2EC07
FB	2EC08	2EC09	2EC0A	2EC0B	2EC0C	2EC0D	2EC0E	2EC0F	2EC10	2EC11
FC	2EC12	2EC13	2EC14	2EC15	2EC16	2EC17	2EC18	2EC19	2EC1A	2EC1B
FD	2EC1C	2EC1D	2EC1E	2EC1F	2EC20	2EC21	2EC22	2EC23	2EC24	2EC25
FE	2EC26	2EC27	2EC28	2EC29	2EC2A	2EC2B	2EC2C	2EC2D	2EC2E	2EC2F

9A30

	30	31	32	33	34	35	36	37	38	39
81	2EC30	2EC31	2EC32	2EC33	2EC34	2EC35	2EC36	2EC37	2EC38	2EC39
82	2EC3A	2EC3B	2EC3C	2EC3D	2EC3E	2EC3F	2EC40	2EC41	2EC42	2EC43
83	2EC44	2EC45	2EC46	2EC47	2EC48	2EC49	2EC4A	2EC4B	2EC4C	2EC4D
84	2EC4E	2EC4F	2EC50	2EC51	2EC52	2EC53	2EC54	2EC55	2EC56	2EC57
85	2EC58	2EC59	2EC5A	2EC5B	2EC5C	2EC5D	2EC5E	2EC5F	2EC60	2EC61
86	2EC62	2EC63	2EC64	2EC65	2EC66	2EC67	2EC68	2EC69	2EC6A	2EC6B
87	2EC6C	2EC6D	2EC6E	2EC6F	2EC70	2EC71	2EC72	2EC73	2EC74	2EC75
88	2EC76	2EC77	2EC78	2EC79	2EC7A	2EC7B	2EC7C	2EC7D	2EC7E	2EC7F
89	2EC80	2EC81	2EC82	2EC83	2EC84	2EC85	2EC86	2EC87	2EC88	2EC89
8A	2EC8A	2EC8B	2EC8C	2EC8D	2EC8E	2EC8F	2EC90	2EC91	2EC92	2EC93
8B	2EC94	2EC95	2EC96	2EC97	2EC98	2EC99	2EC9A	2EC9B	2EC9C	2EC9D
8C	2EC9E	2EC9F	2ECA0	2ECA1	2ECA2	2ECA3	2ECA4	2ECA5	2ECA6	2ECA7
8D	2ECA8	2ECA9	2ECAA	2ECAB	2ECAC	2ECAD	2ECAE	2ECAF	2ECB0	2ECB1
8E	2ECB2	2ECB3	2ECB4	2ECB5	2ECB6	2ECB7	2ECB8	2ECB9	2ECBA	2ECBB
8F	2ECBC	2ECBD	2ECBE	2ECBF	2ECC0	2ECC1	2ECC2	2ECC3	2ECC4	2ECC5
90	2ECC6	2ECC7	2ECC8	2ECC9	2ECCA	2ECCB	2ECCC	2ECCD	2ECCE	2ECCF
91	2ECD0	2ECD1	2ECD2	2ECD3	2ECD4	2ECD5	2ECD6	2ECD7	2ECD8	2ECD9
92	2ECDA	2ECDB	2ECDC	2ECDD	2ECDE	2ECDF	2ECE0	2ECE1	2ECE2	2ECE3
93	2ECE4	2ECE5	2ECE6	2ECE7	2ECE8	2ECE9	2ECEA	2ECEB	2ECEC	2ECED
94	2ECEE	2ECEF	2ECF0	2ECF1	2ECF2	2ECF3	2ECF4	2ECF5	2ECF6	2ECF7
95	2ECF8	2ECF9	2ECFA	2ECFB	2ECFC	2ECFD	2ECFE	2ECFF	2ED00	2ED01

9A30

	30	31	32	33	34	35	36	37	38	39
96	2ED02	2ED03	2ED04	2ED05	2ED06	2ED07	2ED08	2ED09	2ED0A	2ED0B
97	2ED0C	2ED0D	2ED0E	2ED0F	2ED10	2ED11	2ED12	2ED13	2ED14	2ED15
98	2ED16	2ED17	2ED18	2ED19	2ED1A	2ED1B	2ED1C	2ED1D	2ED1E	2ED1F
99	2ED20	2ED21	2ED22	2ED23	2ED24	2ED25	2ED26	2ED27	2ED28	2ED29
9A	2ED2A	2ED2B	2ED2C	2ED2D	2ED2E	2ED2F	2ED30	2ED31	2ED32	2ED33
9B	2ED34	2ED35	2ED36	2ED37	2ED38	2ED39	2ED3A	2ED3B	2ED3C	2ED3D
9C	2ED3E	2ED3F	2ED40	2ED41	2ED42	2ED43	2ED44	2ED45	2ED46	2ED47
9D	2ED48	2ED49	2ED4A	2ED4B	2ED4C	2ED4D	2ED4E	2ED4F	2ED50	2ED51
9E	2ED52	2ED53	2ED54	2ED55	2ED56	2ED57	2ED58	2ED59	2ED5A	2ED5B
9F	2ED5C	2ED5D	2ED5E	2ED5F	2ED60	2ED61	2ED62	2ED63	2ED64	2ED65
A0	2ED66	2ED67	2ED68	2ED69	2ED6A	2ED6B	2ED6C	2ED6D	2ED6E	2ED6F
A1	2ED70	2ED71	2ED72	2ED73	2ED74	2ED75	2ED76	2ED77	2ED78	2ED79
A2	2ED7A	2ED7B	2ED7C	2ED7D	2ED7E	2ED7F	2ED80	2ED81	2ED82	2ED83
A3	2ED84	2ED85	2ED86	2ED87	2ED88	2ED89	2ED8A	2ED8B	2ED8C	2ED8D
A4	2ED8E	2ED8F	2ED90	2ED91	2ED92	2ED93	2ED94	2ED95	2ED96	2ED97
A5	2ED98	2ED99	2ED9A	2ED9B	2ED9C	2ED9D	2ED9E	2ED9F	2EDA0	2EDA1
A6	2EDA2	2EDA3	2EDA4	2EDA5	2EDA6	2EDA7	2EDA8	2EDA9	2EDAA	2EDAB
A7	2EDAC	2EDAD	2EDAE	2EDAF	2EDB0	2EDB1	2EDB2	2EDB3	2EDB4	2EDB5
A8	2EDB6	2EDB7	2EDB8	2EDB9	2EDBA	2EDBB	2EDBC	2EDBD	2EDBE	2EDBF
A9	2EDC0	2EDC1	2EDC2	2EDC3	2EDC4	2EDC5	2EDC6	2EDC7	2EDC8	2EDC9
AA	2EDCA	2EDCB	2EDCC	2EDCD	2EDCE	2EDCF	2EDD0	2EDD1	2EDD2	2EDD3

9A30

	30	31	32	33	34	35	36	37	38	39
AB	2EDD4	2EDD5	2EDD6	2EDD7	2EDD8	2EDD9	2EDDA	2EDDB	2EDDC	2EDDD
AC	2EDDE	2EDDF	2EDE0	2EDE1	2EDE2	2EDE3	2EDE4	2EDE5	2EDE6	2EDE7
AD	2EDE8	2EDE9	2EDEA	2EDEB	2EDEC	2EDED	2EDEE	2EDEF	2EDF0	2EDF1
AE	2EDF2	2EDF3	2EDF4	2EDF5	2EDF6	2EDF7	2EDF8	2EDF9	2EDFA	2EDFB
AF	2EDFC	2EDFD	2EDFE	2EDFF	2EE00	2EE01	2EE02	2EE03	2EE04	2EE05
B0	2EE06	2EE07	2EE08	2EE09	2EE0A	2EE0B	2EE0C	2EE0D	2EE0E	2EE0F
B1	2EE10	2EE11	2EE12	2EE13	2EE14	2EE15	2EE16	2EE17	2EE18	2EE19
B2	2EE1A	2EE1B	2EE1C	2EE1D	2EE1E	2EE1F	2EE20	2EE21	2EE22	2EE23
B3	2EE24	2EE25	2EE26	2EE27	2EE28	2EE29	2EE2A	2EE2B	2EE2C	2EE2D
B4	2EE2E	2EE2F	2EE30	2EE31	2EE32	2EE33	2EE34	2EE35	2EE36	2EE37
B5	2EE38	2EE39	2EE3A	2EE3B	2EE3C	2EE3D	2EE3E	2EE3F	2EE40	2EE41
B6	2EE42	2EE43	2EE44	2EE45	2EE46	2EE47	2EE48	2EE49	2EE4A	2EE4B
B7	2EE4C	2EE4D	2EE4E	2EE4F	2EE50	2EE51	2EE52	2EE53	2EE54	2EE55
B8	2EE56	2EE57	2EE58	2EE59	2EE5A	2EE5B	2EE5C	2EE5D	2EE5E	2EE5F
B9	2EE60	2EE61	2EE62	2EE63	2EE64	2EE65	2EE66	2EE67	2EE68	2EE69
BA	2EE6A	2EE6B	2EE6C	2EE6D	2EE6E	2EE6F	2EE70	2EE71	2EE72	2EE73
BB	2EE74	2EE75	2EE76	2EE77	2EE78	2EE79	2EE7A	2EE7B	2EE7C	2EE7D
BC	2EE7E	2EE7F	2EE80	2EE81	2EE82	2EE83	2EE84	2EE85	2EE86	2EE87
BD	2EE88	2EE89	2EE8A	2EE8B	2EE8C	2EE8D	2EE8E	2EE8F	2EE90	2EE91
BE	2EE92	2EE93	2EE94	2EE95	2EE96	2EE97	2EE98	2EE99	2EE9A	2EE9B
BF	2EE9C	2EE9D	2EE9E	2EE9F	2EEA0	2EEA1	2EEA2	2EEA3	2EEA4	2EEA5

9A30

	30	31	32	33	34	35	36	37	38	39
C0	2EEA6	2EEA7	2EEA8	2EEA9	2EEAA	2EEAB	2EEAC	2EEAD	2EEAE	2EEAF
C1	2EEB0	2EEB1	2EEB2	2EEB3	2EEB4	2EEB5	2EEB6	2EEB7	2EEB8	2EEB9
C2	2EEBA	2EEBB	2EEBC	2EEBD	2EEBE	2EEBF	2EEC0	2EEC1	2EEC2	2EEC3
C3	2EEC4	2EEC5	2EEC6	2EEC7	2EEC8	2EEC9	2EECA	2EECB	2EECC	2EECD
C4	2EECE	2EECF	2EED0	2EED1	2EED2	2EED3	2EED4	2EED5	2EED6	2EED7
C5	2EED8	2EED9	2EEDA	2EEDB	2EEDC	2EEDD	2EEDE	2EEDF	2EEE0	2EEE1
C6	2EEE2	2EEE3	2EEE4	2EEE5	2EEE6	2EEE7	2EEE8	2EEE9	2EEEA	2EEEB
C7	2EEEC	2EEED	2EEEE	2EEEF	2EEF0	2EEF1	2EEF2	2EEF3	2EEF4	2EEF5
C8	2EEF6	2EEF7	2EEF8	2EEF9	2EEFA	2EEFB	2EEFC	2EEFD	2EEFE	2EEFF
C9	2EF00	2EF01	2EF02	2EF03	2EF04	2EF05	2EF06	2EF07	2EF08	2EF09
CA	2EF0A	2EF0B	2EF0C	2EF0D	2EF0E	2EF0F	2EF10	2EF11	2EF12	2EF13
CB	2EF14	2EF15	2EF16	2EF17	2EF18	2EF19	2EF1A	2EF1B	2EF1C	2EF1D
CC	2EF1E	2EF1F	2EF20	2EF21	2EF22	2EF23	2EF24	2EF25	2EF26	2EF27
CD	2EF28	2EF29	2EF2A	2EF2B	2EF2C	2EF2D	2EF2E	2EF2F	2EF30	2EF31
CE	2EF32	2EF33	2EF34	2EF35	2EF36	2EF37	2EF38	2EF39	2EF3A	2EF3B
CF	2EF3C	2EF3D	2EF3E	2EF3F	2EF40	2EF41	2EF42	2EF43	2EF44	2EF45
D0	2EF46	2EF47	2EF48	2EF49	2EF4A	2EF4B	2EF4C	2EF4D	2EF4E	2EF4F
D1	2EF50	2EF51	2EF52	2EF53	2EF54	2EF55	2EF56	2EF57	2EF58	2EF59
D2	2EF5A	2EF5B	2EF5C	2EF5D	2EF5E	2EF5F	2EF60	2EF61	2EF62	2EF63
D3	2EF64	2EF65	2EF66	2EF67	2EF68	2EF69	2EF6A	2EF6B	2EF6C	2EF6D
D4	2EF6E	2EF6F	2EF70	2EF71	2EF72	2EF73	2EF74	2EF75	2EF76	2EF77

9A30

	30	31	32	33	34	35	36	37	38	39
D5	2EF78	2EF79	2EF7A	2EF7B	2EF7C	2EF7D	2EF7E	2EF7F	2EF80	2EF81
D6	2EF82	2EF83	2EF84	2EF85	2EF86	2EF87	2EF88	2EF89	2EF8A	2EF8B
D7	2EF8C	2EF8D	2EF8E	2EF8F	2EF90	2EF91	2EF92	2EF93	2EF94	2EF95
D8	2EF96	2EF97	2EF98	2EF99	2EF9A	2EF9B	2EF9C	2EF9D	2EF9E	2EF9F
D9	2EFA0	2EFA1	2EFA2	2EFA3	2EFA4	2EFA5	2EFA6	2EFA7	2EFA8	2EFA9
DA	2EFAA	2EFAB	2EFAC	2EFAD	2EFAE	2EFAF	2EFB0	2EFB1	2EFB2	2EFB3
DB	2EFB4	2EFB5	2EFB6	2EFB7	2EFB8	2EFB9	2EFBA	2EFBB	2EFBC	2EFBD
DC	2EFBE	2EFBF	2EFC0	2EFC1	2EFC2	2EFC3	2EFC4	2EFC5	2EFC6	2EFC7
DD	2EFC8	2EFC9	2EFCA	2EFCB	2EFCC	2EFCD	2EFCE	2EFCF	2EFD0	2EFD1
DE	2EFD2	2EFD3	2EFD4	2EFD5	2EFD6	2EFD7	2EFD8	2EFD9	2EFDA	2EFDB
DF	2EFDC	2EFDD	2EFDE	2EFDF	2EFE0	2EFE1	2EFE2	2EFE3	2EFE4	2EFE5
E0	2EFE6	2EFE7	2EFE8	2EFE9	2EFEA	2EFEB	2EFEC	2EFED	2EFEE	2EFEF
E1	2EFF0	2EFF1	2EFF2	2EFF3	2EFF4	2EFF5	2EFF6	2EFF7	2EFF8	2EFF9
E2	2EFFA	2EFFB	2EFFC	2EFFD	2EFFE	2EFFF	2F000	2F001	2F002	2F003
E3	2F004	2F005	2F006	2F007	2F008	2F009	2F00A	2F00B	2F00C	2F00D
E4	2F00E	2F00F	2F010	2F011	2F012	2F013	2F014	2F015	2F016	2F017
E5	2F018	2F019	2F01A	2F01B	2F01C	2F01D	2F01E	2F01F	2F020	2F021
E6	2F022	2F023	2F024	2F025	2F026	2F027	2F028	2F029	2F02A	2F02B
E7	2F02C	2F02D	2F02E	2F02F	2F030	2F031	2F032	2F033	2F034	2F035
E8	2F036	2F037	2F038	2F039	2F03A	2F03B	2F03C	2F03D	2F03E	2F03F
E9	2F040	2F041	2F042	2F043	2F044	2F045	2F046	2F047	2F048	2F049

9A30

	30	31	32	33	34	35	36	37	38	39
EA	2F04A	2F04B	2F04C	2F04D	2F04E	2F04F	2F050	2F051	2F052	2F053
EB	2F054	2F055	2F056	2F057	2F058	2F059	2F05A	2F05B	2F05C	2F05D
EC	2F05E	2F05F	2F060	2F061	2F062	2F063	2F064	2F065	2F066	2F067
ED	2F068	2F069	2F06A	2F06B	2F06C	2F06D	2F06E	2F06F	2F070	2F071
EE	2F072	2F073	2F074	2F075	2F076	2F077	2F078	2F079	2F07A	2F07B
EF	2F07C	2F07D	2F07E	2F07F	2F080	2F081	2F082	2F083	2F084	2F085
F0	2F086	2F087	2F088	2F089	2F08A	2F08B	2F08C	2F08D	2F08E	2F08F
F1	2F090	2F091	2F092	2F093	2F094	2F095	2F096	2F097	2F098	2F099
F2	2F09A	2F09B	2F09C	2F09D	2F09E	2F09F	2F0A0	2F0A1	2F0A2	2F0A3
F3	2F0A4	2F0A5	2F0A6	2F0A7	2F0A8	2F0A9	2F0AA	2F0AB	2F0AC	2F0AD
F4	2F0AE	2F0AF	2F0B0	2F0B1	2F0B2	2F0B3	2F0B4	2F0B5	2F0B6	2F0B7
F5	2F0B8	2F0B9	2F0BA	2F0BB	2F0BC	2F0BD	2F0BE	2F0BF	2F0C0	2F0C1
F6	2F0C2	2F0C3	2F0C4	2F0C5	2F0C6	2F0C7	2F0C8	2F0C9	2F0CA	2F0CB
F7	2F0CC	2F0CD	2F0CE	2F0CF	2F0D0	2F0D1	2F0D2	2F0D3	2F0D4	2F0D5
F8	2F0D6	2F0D7	2F0D8	2F0D9	2F0DA	2F0DB	2F0DC	2F0DD	2F0DE	2F0DF
F9	2F0E0	2F0E1	2F0E2	2F0E3	2F0E4	2F0E5	2F0E6	2F0E7	2F0E8	2F0E9
FA	2F0EA	2F0EB	2F0EC	2F0ED	2F0EE	2F0EF	2F0F0	2F0F1	2F0F2	2F0F3
FB	2F0F4	2F0F5	2F0F6	2F0F7	2F0F8	2F0F9	2F0FA	2F0FB	2F0FC	2F0FD
FC	2F0FE	2F0FF	2F100	2F101	2F102	2F103	2F104	2F105	2F106	2F107
FD	2F108	2F109	2F10A	2F10B	2F10C	2F10D	2F10E	2F10F	2F110	2F111
FE	2F112	2F113	2F114	2F115	2F116	2F117	2F118	2F119	2F11A	2F11B

9A31

	30	31	32	33	34	35	36	37	38	39
81	2F11C	2F11D	2F11E	2F11F	2F120	2F121	2F122	2F123	2F124	2F125
82	2F126	2F127	2F128	2F129	2F12A	2F12B	2F12C	2F12D	2F12E	2F12F
83	2F130	2F131	2F132	2F133	2F134	2F135	2F136	2F137	2F138	2F139
84	2F13A	2F13B	2F13C	2F13D	2F13E	2F13F	2F140	2F141	2F142	2F143
85	2F144	2F145	2F146	2F147	2F148	2F149	2F14A	2F14B	2F14C	2F14D
86	2F14E	2F14F	2F150	2F151	2F152	2F153	2F154	2F155	2F156	2F157
87	2F158	2F159	2F15A	2F15B	2F15C	2F15D	2F15E	2F15F	2F160	2F161
88	2F162	2F163	2F164	2F165	2F166	2F167	2F168	2F169	2F16A	2F16B
89	2F16C	2F16D	2F16E	2F16F	2F170	2F171	2F172	2F173	2F174	2F175
8A	2F176	2F177	2F178	2F179	2F17A	2F17B	2F17C	2F17D	2F17E	2F17F
8B	2F180	2F181	2F182	2F183	2F184	2F185	2F186	2F187	2F188	2F189
8C	2F18A	2F18B	2F18C	2F18D	2F18E	2F18F	2F190	2F191	2F192	2F193
8D	2F194	2F195	2F196	2F197	2F198	2F199	2F19A	2F19B	2F19C	2F19D
8E	2F19E	2F19F	2F1A0	2F1A1	2F1A2	2F1A3	2F1A4	2F1A5	2F1A6	2F1A7
8F	2F1A8	2F1A9	2F1AA	2F1AB	2F1AC	2F1AD	2F1AE	2F1AF	2F1B0	2F1B1
90	2F1B2	2F1B3	2F1B4	2F1B5	2F1B6	2F1B7	2F1B8	2F1B9	2F1BA	2F1BB
91	2F1BC	2F1BD	2F1BE	2F1BF	2F1C0	2F1C1	2F1C2	2F1C3	2F1C4	2F1C5
92	2F1C6	2F1C7	2F1C8	2F1C9	2F1CA	2F1CB	2F1CC	2F1CD	2F1CE	2F1CF
93	2F1D0	2F1D1	2F1D2	2F1D3	2F1D4	2F1D5	2F1D6	2F1D7	2F1D8	2F1D9
94	2F1DA	2F1DB	2F1DC	2F1DD	2F1DE	2F1DF	2F1E0	2F1E1	2F1E2	2F1E3
95	2F1E4	2F1E5	2F1E6	2F1E7	2F1E8	2F1E9	2F1EA	2F1EB	2F1EC	2F1ED

9A31

	30	31	32	33	34	35	36	37	38	39
96	2F1EE	2F1EF	2F1F0	2F1F1	2F1F2	2F1F3	2F1F4	2F1F5	2F1F6	2F1F7
97	2F1F8	2F1F9	2F1FA	2F1FB	2F1FC	2F1FD	2F1FE	2F1FF	2F200	2F201
98	2F202	2F203	2F204	2F205	2F206	2F207	2F208	2F209	2F20A	2F20B
99	2F20C	2F20D	2F20E	2F20F	2F210	2F211	2F212	2F213	2F214	2F215
9A	2F216	2F217	2F218	2F219	2F21A	2F21B	2F21C	2F21D	2F21E	2F21F
9B	2F220	2F221	2F222	2F223	2F224	2F225	2F226	2F227	2F228	2F229
9C	2F22A	2F22B	2F22C	2F22D	2F22E	2F22F	2F230	2F231	2F232	2F233
9D	2F234	2F235	2F236	2F237	2F238	2F239	2F23A	2F23B	2F23C	2F23D
9E	2F23E	2F23F	2F240	2F241	2F242	2F243	2F244	2F245	2F246	2F247
9F	2F248	2F249	2F24A	2F24B	2F24C	2F24D	2F24E	2F24F	2F250	2F251
A0	2F252	2F253	2F254	2F255	2F256	2F257	2F258	2F259	2F25A	2F25B
A1	2F25C	2F25D	2F25E	2F25F	2F260	2F261	2F262	2F263	2F264	2F265
A2	2F266	2F267	2F268	2F269	2F26A	2F26B	2F26C	2F26D	2F26E	2F26F
A3	2F270	2F271	2F272	2F273	2F274	2F275	2F276	2F277	2F278	2F279
A4	2F27A	2F27B	2F27C	2F27D	2F27E	2F27F	2F280	2F281	2F282	2F283
A5	2F284	2F285	2F286	2F287	2F288	2F289	2F28A	2F28B	2F28C	2F28D
A6	2F28E	2F28F	2F290	2F291	2F292	2F293	2F294	2F295	2F296	2F297
A7	2F298	2F299	2F29A	2F29B	2F29C	2F29D	2F29E	2F29F	2F2A0	2F2A1
A8	2F2A2	2F2A3	2F2A4	2F2A5	2F2A6	2F2A7	2F2A8	2F2A9	2F2AA	2F2AB
A9	2F2AC	2F2AD	2F2AE	2F2AF	2F2B0	2F2B1	2F2B2	2F2B3	2F2B4	2F2B5
AA	2F2B6	2F2B7	2F2B8	2F2B9	2F2BA	2F2BB	2F2BC	2F2BD	2F2BE	2F2BF

9A31

	30	31	32	33	34	35	36	37	38	39
AB	2F2C0	2F2C1	2F2C2	2F2C3	2F2C4	2F2C5	2F2C6	2F2C7	2F2C8	2F2C9
AC	2F2CA	2F2CB	2F2CC	2F2CD	2F2CE	2F2CF	2F2D0	2F2D1	2F2D2	2F2D3
AD	2F2D4	2F2D5	2F2D6	2F2D7	2F2D8	2F2D9	2F2DA	2F2DB	2F2DC	2F2DD
AE	2F2DE	2F2DF	2F2E0	2F2E1	2F2E2	2F2E3	2F2E4	2F2E5	2F2E6	2F2E7
AF	2F2E8	2F2E9	2F2EA	2F2EB	2F2EC	2F2ED	2F2EE	2F2EF	2F2F0	2F2F1
B0	2F2F2	2F2F3	2F2F4	2F2F5	2F2F6	2F2F7	2F2F8	2F2F9	2F2FA	2F2FB
B1	2F2FC	2F2FD	2F2FE	2F2FF	2F300	2F301	2F302	2F303	2F304	2F305
B2	2F306	2F307	2F308	2F309	2F30A	2F30B	2F30C	2F30D	2F30E	2F30F
B3	2F310	2F311	2F312	2F313	2F314	2F315	2F316	2F317	2F318	2F319
B4	2F31A	2F31B	2F31C	2F31D	2F31E	2F31F	2F320	2F321	2F322	2F323
B5	2F324	2F325	2F326	2F327	2F328	2F329	2F32A	2F32B	2F32C	2F32D
B6	2F32E	2F32F	2F330	2F331	2F332	2F333	2F334	2F335	2F336	2F337
B7	2F338	2F339	2F33A	2F33B	2F33C	2F33D	2F33E	2F33F	2F340	2F341
B8	2F342	2F343	2F344	2F345	2F346	2F347	2F348	2F349	2F34A	2F34B
B9	2F34C	2F34D	2F34E	2F34F	2F350	2F351	2F352	2F353	2F354	2F355
BA	2F356	2F357	2F358	2F359	2F35A	2F35B	2F35C	2F35D	2F35E	2F35F
BB	2F360	2F361	2F362	2F363	2F364	2F365	2F366	2F367	2F368	2F369
BC	2F36A	2F36B	2F36C	2F36D	2F36E	2F36F	2F370	2F371	2F372	2F373
BD	2F374	2F375	2F376	2F377	2F378	2F379	2F37A	2F37B	2F37C	2F37D
BE	2F37E	2F37F	2F380	2F381	2F382	2F383	2F384	2F385	2F386	2F387
BF	2F388	2F389	2F38A	2F38B	2F38C	2F38D	2F38E	2F38F	2F390	2F391

9A31

	30	31	32	33	34	35	36	37	38	39
C0	2F392	2F393	2F394	2F395	2F396	2F397	2F398	2F399	2F39A	2F39B
C1	2F39C	2F39D	2F39E	2F39F	2F3A0	2F3A1	2F3A2	2F3A3	2F3A4	2F3A5
C2	2F3A6	2F3A7	2F3A8	2F3A9	2F3AA	2F3AB	2F3AC	2F3AD	2F3AE	2F3AF
C3	2F3B0	2F3B1	2F3B2	2F3B3	2F3B4	2F3B5	2F3B6	2F3B7	2F3B8	2F3B9
C4	2F3BA	2F3BB	2F3BC	2F3BD	2F3BE	2F3BF	2F3C0	2F3C1	2F3C2	2F3C3
C5	2F3C4	2F3C5	2F3C6	2F3C7	2F3C8	2F3C9	2F3CA	2F3CB	2F3CC	2F3CD
C6	2F3CE	2F3CF	2F3D0	2F3D1	2F3D2	2F3D3	2F3D4	2F3D5	2F3D6	2F3D7
C7	2F3D8	2F3D9	2F3DA	2F3DB	2F3DC	2F3DD	2F3DE	2F3DF	2F3E0	2F3E1
C8	2F3E2	2F3E3	2F3E4	2F3E5	2F3E6	2F3E7	2F3E8	2F3E9	2F3EA	2F3EB
C9	2F3EC	2F3ED	2F3EE	2F3EF	2F3F0	2F3F1	2F3F2	2F3F3	2F3F4	2F3F5
CA	2F3F6	2F3F7	2F3F8	2F3F9	2F3FA	2F3FB	2F3FC	2F3FD	2F3FE	2F3FF
CB	2F400	2F401	2F402	2F403	2F404	2F405	2F406	2F407	2F408	2F409
CC	2F40A	2F40B	2F40C	2F40D	2F40E	2F40F	2F410	2F411	2F412	2F413
CD	2F414	2F415	2F416	2F417	2F418	2F419	2F41A	2F41B	2F41C	2F41D
CE	2F41E	2F41F	2F420	2F421	2F422	2F423	2F424	2F425	2F426	2F427
CF	2F428	2F429	2F42A	2F42B	2F42C	2F42D	2F42E	2F42F	2F430	2F431
D0	2F432	2F433	2F434	2F435	2F436	2F437	2F438	2F439	2F43A	2F43B
D1	2F43C	2F43D	2F43E	2F43F	2F440	2F441	2F442	2F443	2F444	2F445
D2	2F446	2F447	2F448	2F449	2F44A	2F44B	2F44C	2F44D	2F44E	2F44F
D3	2F450	2F451	2F452	2F453	2F454	2F455	2F456	2F457	2F458	2F459
D4	2F45A	2F45B	2F45C	2F45D	2F45E	2F45F	2F460	2F461	2F462	2F463

9A31

	30	31	32	33	34	35	36	37	38	39
D5	2F464	2F465	2F466	2F467	2F468	2F469	2F46A	2F46B	2F46C	2F46D
D6	2F46E	2F46F	2F470	2F471	2F472	2F473	2F474	2F475	2F476	2F477
D7	2F478	2F479	2F47A	2F47B	2F47C	2F47D	2F47E	2F47F	2F480	2F481
D8	2F482	2F483	2F484	2F485	2F486	2F487	2F488	2F489	2F48A	2F48B
D9	2F48C	2F48D	2F48E	2F48F	2F490	2F491	2F492	2F493	2F494	2F495
DA	2F496	2F497	2F498	2F499	2F49A	2F49B	2F49C	2F49D	2F49E	2F49F
DB	2F4A0	2F4A1	2F4A2	2F4A3	2F4A4	2F4A5	2F4A6	2F4A7	2F4A8	2F4A9
DC	2F4AA	2F4AB	2F4AC	2F4AD	2F4AE	2F4AF	2F4B0	2F4B1	2F4B2	2F4B3
DD	2F4B4	2F4B5	2F4B6	2F4B7	2F4B8	2F4B9	2F4BA	2F4BB	2F4BC	2F4BD
DE	2F4BE	2F4BF	2F4C0	2F4C1	2F4C2	2F4C3	2F4C4	2F4C5	2F4C6	2F4C7
DF	2F4C8	2F4C9	2F4CA	2F4CB	2F4CC	2F4CD	2F4CE	2F4CF	2F4D0	2F4D1
E0	2F4D2	2F4D3	2F4D4	2F4D5	2F4D6	2F4D7	2F4D8	2F4D9	2F4DA	2F4DB
E1	2F4DC	2F4DD	2F4DE	2F4DF	2F4E0	2F4E1	2F4E2	2F4E3	2F4E4	2F4E5
E2	2F4E6	2F4E7	2F4E8	2F4E9	2F4EA	2F4EB	2F4EC	2F4ED	2F4EE	2F4EF
E3	2F4F0	2F4F1	2F4F2	2F4F3	2F4F4	2F4F5	2F4F6	2F4F7	2F4F8	2F4F9
E4	2F4FA	2F4FB	2F4FC	2F4FD	2F4FE	2F4FF	2F500	2F501	2F502	2F503
E5	2F504	2F505	2F506	2F507	2F508	2F509	2F50A	2F50B	2F50C	2F50D
E6	2F50E	2F50F	2F510	2F511	2F512	2F513	2F514	2F515	2F516	2F517
E7	2F518	2F519	2F51A	2F51B	2F51C	2F51D	2F51E	2F51F	2F520	2F521
E8	2F522	2F523	2F524	2F525	2F526	2F527	2F528	2F529	2F52A	2F52B
E9	2F52C	2F52D	2F52E	2F52F	2F530	2F531	2F532	2F533	2F534	2F535

9A31

	30	31	32	33	34	35	36	37	38	39
EA	2F536	2F537	2F538	2F539	2F53A	2F53B	2F53C	2F53D	2F53E	2F53F
EB	2F540	2F541	2F542	2F543	2F544	2F545	2F546	2F547	2F548	2F549
EC	2F54A	2F54B	2F54C	2F54D	2F54E	2F54F	2F550	2F551	2F552	2F553
ED	2F554	2F555	2F556	2F557	2F558	2F559	2F55A	2F55B	2F55C	2F55D
EE	2F55E	2F55F	2F560	2F561	2F562	2F563	2F564	2F565	2F566	2F567
EF	2F568	2F569	2F56A	2F56B	2F56C	2F56D	2F56E	2F56F	2F570	2F571
F0	2F572	2F573	2F574	2F575	2F576	2F577	2F578	2F579	2F57A	2F57B
F1	2F57C	2F57D	2F57E	2F57F	2F580	2F581	2F582	2F583	2F584	2F585
F2	2F586	2F587	2F588	2F589	2F58A	2F58B	2F58C	2F58D	2F58E	2F58F
F3	2F590	2F591	2F592	2F593	2F594	2F595	2F596	2F597	2F598	2F599
F4	2F59A	2F59B	2F59C	2F59D	2F59E	2F59F	2F5A0	2F5A1	2F5A2	2F5A3
F5	2F5A4	2F5A5	2F5A6	2F5A7	2F5A8	2F5A9	2F5AA	2F5AB	2F5AC	2F5AD
F6	2F5AE	2F5AF	2F5B0	2F5B1	2F5B2	2F5B3	2F5B4	2F5B5	2F5B6	2F5B7
F7	2F5B8	2F5B9	2F5BA	2F5BB	2F5BC	2F5BD	2F5BE	2F5BF	2F5C0	2F5C1
F8	2F5C2	2F5C3	2F5C4	2F5C5	2F5C6	2F5C7	2F5C8	2F5C9	2F5CA	2F5CB
F9	2F5CC	2F5CD	2F5CE	2F5CF	2F5D0	2F5D1	2F5D2	2F5D3	2F5D4	2F5D5
FA	2F5D6	2F5D7	2F5D8	2F5D9	2F5DA	2F5DB	2F5DC	2F5DD	2F5DE	2F5DF
FB	2F5E0	2F5E1	2F5E2	2F5E3	2F5E4	2F5E5	2F5E6	2F5E7	2F5E8	2F5E9
FC	2F5EA	2F5EB	2F5EC	2F5ED	2F5EE	2F5EF	2F5F0	2F5F1	2F5F2	2F5F3
FD	2F5F4	2F5F5	2F5F6	2F5F7	2F5F8	2F5F9	2F5FA	2F5FB	2F5FC	2F5FD
FE	2F5FE	2F5FF	2F600	2F601	2F602	2F603	2F604	2F605	2F606	2F607

9A32

	30	31	32	33	34	35	36	37	38	39
81	2F608	2F609	2F60A	2F60B	2F60C	2F60D	2F60E	2F60F	2F610	2F611
82	2F612	2F613	2F614	2F615	2F616	2F617	2F618	2F619	2F61A	2F61B
83	2F61C	2F61D	2F61E	2F61F	2F620	2F621	2F622	2F623	2F624	2F625
84	2F626	2F627	2F628	2F629	2F62A	2F62B	2F62C	2F62D	2F62E	2F62F
85	2F630	2F631	2F632	2F633	2F634	2F635	2F636	2F637	2F638	2F639
86	2F63A	2F63B	2F63C	2F63D	2F63E	2F63F	2F640	2F641	2F642	2F643
87	2F644	2F645	2F646	2F647	2F648	2F649	2F64A	2F64B	2F64C	2F64D
88	2F64E	2F64F	2F650	2F651	2F652	2F653	2F654	2F655	2F656	2F657
89	2F658	2F659	2F65A	2F65B	2F65C	2F65D	2F65E	2F65F	2F660	2F661
8A	2F662	2F663	2F664	2F665	2F666	2F667	2F668	2F669	2F66A	2F66B
8B	2F66C	2F66D	2F66E	2F66F	2F670	2F671	2F672	2F673	2F674	2F675
8C	2F676	2F677	2F678	2F679	2F67A	2F67B	2F67C	2F67D	2F67E	2F67F
8D	2F680	2F681	2F682	2F683	2F684	2F685	2F686	2F687	2F688	2F689
8E	2F68A	2F68B	2F68C	2F68D	2F68E	2F68F	2F690	2F691	2F692	2F693
8F	2F694	2F695	2F696	2F697	2F698	2F699	2F69A	2F69B	2F69C	2F69D
90	2F69E	2F69F	2F6A0	2F6A1	2F6A2	2F6A3	2F6A4	2F6A5	2F6A6	2F6A7
91	2F6A8	2F6A9	2F6AA	2F6AB	2F6AC	2F6AD	2F6AE	2F6AF	2F6B0	2F6B1
92	2F6B2	2F6B3	2F6B4	2F6B5	2F6B6	2F6B7	2F6B8	2F6B9	2F6BA	2F6BB
93	2F6BC	2F6BD	2F6BE	2F6BF	2F6C0	2F6C1	2F6C2	2F6C3	2F6C4	2F6C5
94	2F6C6	2F6C7	2F6C8	2F6C9	2F6CA	2F6CB	2F6CC	2F6CD	2F6CE	2F6CF
95	2F6D0	2F6D1	2F6D2	2F6D3	2F6D4	2F6D5	2F6D6	2F6D7	2F6D8	2F6D9

9A32

	30	31	32	33	34	35	36	37	38	39
96	2F6DA	2F6DB	2F6DC	2F6DD	2F6DE	2F6DF	2F6E0	2F6E1	2F6E2	2F6E3
97	2F6E4	2F6E5	2F6E6	2F6E7	2F6E8	2F6E9	2F6EA	2F6EB	2F6EC	2F6ED
98	2F6EE	2F6EF	2F6F0	2F6F1	2F6F2	2F6F3	2F6F4	2F6F5	2F6F6	2F6F7
99	2F6F8	2F6F9	2F6FA	2F6FB	2F6FC	2F6FD	2F6FE	2F6FF	2F700	2F701
9A	2F702	2F703	2F704	2F705	2F706	2F707	2F708	2F709	2F70A	2F70B
9B	2F70C	2F70D	2F70E	2F70F	2F710	2F711	2F712	2F713	2F714	2F715
9C	2F716	2F717	2F718	2F719	2F71A	2F71B	2F71C	2F71D	2F71E	2F71F
9D	2F720	2F721	2F722	2F723	2F724	2F725	2F726	2F727	2F728	2F729
9E	2F72A	2F72B	2F72C	2F72D	2F72E	2F72F	2F730	2F731	2F732	2F733
9F	2F734	2F735	2F736	2F737	2F738	2F739	2F73A	2F73B	2F73C	2F73D
A0	2F73E	2F73F	2F740	2F741	2F742	2F743	2F744	2F745	2F746	2F747
A1	2F748	2F749	2F74A	2F74B	2F74C	2F74D	2F74E	2F74F	2F750	2F751
A2	2F752	2F753	2F754	2F755	2F756	2F757	2F758	2F759	2F75A	2F75B
A3	2F75C	2F75D	2F75E	2F75F	2F760	2F761	2F762	2F763	2F764	2F765
A4	2F766	2F767	2F768	2F769	2F76A	2F76B	2F76C	2F76D	2F76E	2F76F
A5	2F770	2F771	2F772	2F773	2F774	2F775	2F776	2F777	2F778	2F779
A6	2F77A	2F77B	2F77C	2F77D	2F77E	2F77F	2F780	2F781	2F782	2F783
A7	2F784	2F785	2F786	2F787	2F788	2F789	2F78A	2F78B	2F78C	2F78D
A8	2F78E	2F78F	2F790	2F791	2F792	2F793	2F794	2F795	2F796	2F797
A9	2F798	2F799	2F79A	2F79B	2F79C	2F79D	2F79E	2F79F	2F7A0	2F7A1
AA	2F7A2	2F7A3	2F7A4	2F7A5	2F7A6	2F7A7	2F7A8	2F7A9	2F7AA	2F7AB

9A32

	30	31	32	33	34	35	36	37	38	39
AB	2F7AC	2F7AD	2F7AE	2F7AF	2F7B0	2F7B1	2F7B2	2F7B3	2F7B4	2F7B5
AC	2F7B6	2F7B7	2F7B8	2F7B9	2F7BA	2F7BB	2F7BC	2F7BD	2F7BE	2F7BF
AD	2F7C0	2F7C1	2F7C2	2F7C3	2F7C4	2F7C5	2F7C6	2F7C7	2F7C8	2F7C9
AE	2F7CA	2F7CB	2F7CC	2F7CD	2F7CE	2F7CF	2F7D0	2F7D1	2F7D2	2F7D3
AF	2F7D4	2F7D5	2F7D6	2F7D7	2F7D8	2F7D9	2F7DA	2F7DB	2F7DC	2F7DD
B0	2F7DE	2F7DF	2F7E0	2F7E1	2F7E2	2F7E3	2F7E4	2F7E5	2F7E6	2F7E7
B1	2F7E8	2F7E9	2F7EA	2F7EB	2F7EC	2F7ED	2F7EE	2F7EF	2F7F0	2F7F1
B2	2F7F2	2F7F3	2F7F4	2F7F5	2F7F6	2F7F7	2F7F8	2F7F9	2F7FA	2F7FB
B3	2F7FC	2F7FD	2F7FE	2F7FF	2F800	2F801	2F802	2F803	2F804	2F805
B4	2F806	2F807	2F808	2F809	2F80A	2F80B	2F80C	2F80D	2F80E	2F80F
B5	2F810	2F811	2F812	2F813	2F814	2F815	2F816	2F817	2F818	2F819
B6	2F81A	2F81B	2F81C	2F81D	2F81E	2F81F	2F820	2F821	2F822	2F823
B7	2F824	2F825	2F826	2F827	2F828	2F829	2F82A	2F82B	2F82C	2F82D
B8	2F82E	2F82F	2F830	2F831	2F832	2F833	2F834	2F835	2F836	2F837
B9	2F838	2F839	2F83A	2F83B	2F83C	2F83D	2F83E	2F83F	2F840	2F841
BA	2F842	2F843	2F844	2F845	2F846	2F847	2F848	2F849	2F84A	2F84B
BB	2F84C	2F84D	2F84E	2F84F	2F850	2F851	2F852	2F853	2F854	2F855
BC	2F856	2F857	2F858	2F859	2F85A	2F85B	2F85C	2F85D	2F85E	2F85F
BD	2F860	2F861	2F862	2F863	2F864	2F865	2F866	2F867	2F868	2F869
BE	2F86A	2F86B	2F86C	2F86D	2F86E	2F86F	2F870	2F871	2F872	2F873
BF	2F874	2F875	2F876	2F877	2F878	2F879	2F87A	2F87B	2F87C	2F87D

9A32

	30	31	32	33	34	35	36	37	38	39
C0	2F87E	2F87F	2F880	2F881	2F882	2F883	2F884	2F885	2F886	2F887
C1	2F888	2F889	2F88A	2F88B	2F88C	2F88D	2F88E	2F88F	2F890	2F891
C2	2F892	2F893	2F894	2F895	2F896	2F897	2F898	2F899	2F89A	2F89B
C3	2F89C	2F89D	2F89E	2F89F	2F8A0	2F8A1	2F8A2	2F8A3	2F8A4	2F8A5
C4	2F8A6	2F8A7	2F8A8	2F8A9	2F8AA	2F8AB	2F8AC	2F8AD	2F8AE	2F8AF
C5	2F8B0	2F8B1	2F8B2	2F8B3	2F8B4	2F8B5	2F8B6	2F8B7	2F8B8	2F8B9
C6	2F8BA	2F8BB	2F8BC	2F8BD	2F8BE	2F8BF	2F8C0	2F8C1	2F8C2	2F8C3
C7	2F8C4	2F8C5	2F8C6	2F8C7	2F8C8	2F8C9	2F8CA	2F8CB	2F8CC	2F8CD
C8	2F8CE	2F8CF	2F8D0	2F8D1	2F8D2	2F8D3	2F8D4	2F8D5	2F8D6	2F8D7
C9	2F8D8	2F8D9	2F8DA	2F8DB	2F8DC	2F8DD	2F8DE	2F8DF	2F8E0	2F8E1
CA	2F8E2	2F8E3	2F8E4	2F8E5	2F8E6	2F8E7	2F8E8	2F8E9	2F8EA	2F8EB
CB	2F8EC	2F8ED	2F8EE	2F8EF	2F8F0	2F8F1	2F8F2	2F8F3	2F8F4	2F8F5
CC	2F8F6	2F8F7	2F8F8	2F8F9	2F8FA	2F8FB	2F8FC	2F8FD	2F8FE	2F8FF
CD	2F900	2F901	2F902	2F903	2F904	2F905	2F906	2F907	2F908	2F909
CE	2F90A	2F90B	2F90C	2F90D	2F90E	2F90F	2F910	2F911	2F912	2F913
CF	2F914	2F915	2F916	2F917	2F918	2F919	2F91A	2F91B	2F91C	2F91D
D0	2F91E	2F91F	2F920	2F921	2F922	2F923	2F924	2F925	2F926	2F927
D1	2F928	2F929	2F92A	2F92B	2F92C	2F92D	2F92E	2F92F	2F930	2F931
D2	2F932	2F933	2F934	2F935	2F936	2F937	2F938	2F939	2F93A	2F93B
D3	2F93C	2F93D	2F93E	2F93F	2F940	2F941	2F942	2F943	2F944	2F945
D4	2F946	2F947	2F948	2F949	2F94A	2F94B	2F94C	2F94D	2F94E	2F94F

9A32

	30	31	32	33	34	35	36	37	38	39
D5	2F950	2F951	2F952	2F953	2F954	2F955	2F956	2F957	2F958	2F959
D6	2F95A	2F95B	2F95C	2F95D	2F95E	2F95F	2F960	2F961	2F962	2F963
D7	2F964	2F965	2F966	2F967	2F968	2F969	2F96A	2F96B	2F96C	2F96D
D8	2F96E	2F96F	2F970	2F971	2F972	2F973	2F974	2F975	2F976	2F977
D9	2F978	2F979	2F97A	2F97B	2F97C	2F97D	2F97E	2F97F	2F980	2F981
DA	2F982	2F983	2F984	2F985	2F986	2F987	2F988	2F989	2F98A	2F98B
DB	2F98C	2F98D	2F98E	2F98F	2F990	2F991	2F992	2F993	2F994	2F995
DC	2F996	2F997	2F998	2F999	2F99A	2F99B	2F99C	2F99D	2F99E	2F99F
DD	2F9A0	2F9A1	2F9A2	2F9A3	2F9A4	2F9A5	2F9A6	2F9A7	2F9A8	2F9A9
DE	2F9AA	2F9AB	2F9AC	2F9AD	2F9AE	2F9AF	2F9B0	2F9B1	2F9B2	2F9B3
DF	2F9B4	2F9B5	2F9B6	2F9B7	2F9B8	2F9B9	2F9BA	2F9BB	2F9BC	2F9BD
E0	2F9BE	2F9BF	2F9C0	2F9C1	2F9C2	2F9C3	2F9C4	2F9C5	2F9C6	2F9C7
E1	2F9C8	2F9C9	2F9CA	2F9CB	2F9CC	2F9CD	2F9CE	2F9CF	2F9D0	2F9D1
E2	2F9D2	2F9D3	2F9D4	2F9D5	2F9D6	2F9D7	2F9D8	2F9D9	2F9DA	2F9DB
E3	2F9DC	2F9DD	2F9DE	2F9DF	2F9E0	2F9E1	2F9E2	2F9E3	2F9E4	2F9E5
E4	2F9E6	2F9E7	2F9E8	2F9E9	2F9EA	2F9EB	2F9EC	2F9ED	2F9EE	2F9EF
E5	2F9F0	2F9F1	2F9F2	2F9F3	2F9F4	2F9F5	2F9F6	2F9F7	2F9F8	2F9F9
E6	2F9FA	2F9FB	2F9FC	2F9FD	2F9FE	2F9FF	2FA00	2FA01	2FA02	2FA03
E7	2FA04	2FA05	2FA06	2FA07	2FA08	2FA09	2FA0A	2FA0B	2FA0C	2FA0D
E8	2FA0E	2FA0F	2FA10	2FA11	2FA12	2FA13	2FA14	2FA15	2FA16	2FA17
E9	2FA18	2FA19	2FA1A	2FA1B	2FA1C	2FA1D	2FA1E	2FA1F	2FA20	2FA21

9A32

	30	31	32	33	34	35	36	37	38	39
EA	2FA22	2FA23	2FA24	2FA25	2FA26	2FA27	2FA28	2FA29	2FA2A	2FA2B
EB	2FA2C	2FA2D	2FA2E	2FA2F	2FA30	2FA31	2FA32	2FA33	2FA34	2FA35
EC	2FA36	2FA37	2FA38	2FA39	2FA3A	2FA3B	2FA3C	2FA3D	2FA3E	2FA3F
ED	2FA40	2FA41	2FA42	2FA43	2FA44	2FA45	2FA46	2FA47	2FA48	2FA49
EE	2FA4A	2FA4B	2FA4C	2FA4D	2FA4E	2FA4F	2FA50	2FA51	2FA52	2FA53
EF	2FA54	2FA55	2FA56	2FA57	2FA58	2FA59	2FA5A	2FA5B	2FA5C	2FA5D
F0	2FA5E	2FA5F	2FA60	2FA61	2FA62	2FA63	2FA64	2FA65	2FA66	2FA67
F1	2FA68	2FA69	2FA6A	2FA6B	2FA6C	2FA6D	2FA6E	2FA6F	2FA70	2FA71
F2	2FA72	2FA73	2FA74	2FA75	2FA76	2FA77	2FA78	2FA79	2FA7A	2FA7B
F3	2FA7C	2FA7D	2FA7E	2FA7F	2FA80	2FA81	2FA82	2FA83	2FA84	2FA85
F4	2FA86	2FA87	2FA88	2FA89	2FA8A	2FA8B	2FA8C	2FA8D	2FA8E	2FA8F
F5	2FA90	2FA91	2FA92	2FA93	2FA94	2FA95	2FA96	2FA97	2FA98	2FA99
F6	2FA9A	2FA9B	2FA9C	2FA9D	2FA9E	2FA9F	2FAA0	2FAA1	2FAA2	2FAA3
F7	2FAA4	2FAA5	2FAA6	2FAA7	2FAA8	2FAA9	2FAAA	2FAAB	2FAAC	2FAAD
F8	2FAAE	2FAAF	2FAB0	2FAB1	2FAB2	2FAB3	2FAB4	2FAB5	2FAB6	2FAB7
F9	2FAB8	2FAB9	2FABA	2FABB	2FABC	2FABD	2FABE	2FABF	2FAC0	2FAC1
FA	2FAC2	2FAC3	2FAC4	2FAC5	2FAC6	2FAC7	2FAC8	2FAC9	2FACA	2FACB
FB	2FACC	2FACD	2FACE	2FACF	2FAD0	2FAD1	2FAD2	2FAD3	2FAD4	2FAD5
FC	2FAD6	2FAD7	2FAD8	2FAD9	2FADA	2FADB	2FADC	2FADD	2FADE	2FADF
FD	2FAE0	2FAE1	2FAE2	2FAE3	2FAE4	2FAE5	2FAE6	2FAE7	2FAE8	2FAE9
FE	2FAEA	2FAEB	2FAEC	2FAED	2FAEE	2FAEF	2FAF0	2FAF1	2FAF2	2FAF3

9A33

	30	31	32	33	34	35	36	37	38	39
81	2FAF4	2FAF5	2FAF6	2FAF7	2FAF8	2FAF9	2FAFA	2FAFB	2FAFC	2FAFD
82	2FAFE	2FAFF	2FB00	2FB01	2FB02	2FB03	2FB04	2FB05	2FB06	2FB07
83	2FB08	2FB09	2FB0A	2FB0B	2FB0C	2FB0D	2FB0E	2FB0F	2FB10	2FB11
84	2FB12	2FB13	2FB14	2FB15	2FB16	2FB17	2FB18	2FB19	2FB1A	2FB1B
85	2FB1C	2FB1D	2FB1E	2FB1F	2FB20	2FB21	2FB22	2FB23	2FB24	2FB25
86	2FB26	2FB27	2FB28	2FB29	2FB2A	2FB2B	2FB2C	2FB2D	2FB2E	2FB2F
87	2FB30	2FB31	2FB32	2FB33	2FB34	2FB35	2FB36	2FB37	2FB38	2FB39
88	2FB3A	2FB3B	2FB3C	2FB3D	2FB3E	2FB3F	2FB40	2FB41	2FB42	2FB43
89	2FB44	2FB45	2FB46	2FB47	2FB48	2FB49	2FB4A	2FB4B	2FB4C	2FB4D
8A	2FB4E	2FB4F	2FB50	2FB51	2FB52	2FB53	2FB54	2FB55	2FB56	2FB57
8B	2FB58	2FB59	2FB5A	2FB5B	2FB5C	2FB5D	2FB5E	2FB5F	2FB60	2FB61
8C	2FB62	2FB63	2FB64	2FB65	2FB66	2FB67	2FB68	2FB69	2FB6A	2FB6B
8D	2FB6C	2FB6D	2FB6E	2FB6F	2FB70	2FB71	2FB72	2FB73	2FB74	2FB75
8E	2FB76	2FB77	2FB78	2FB79	2FB7A	2FB7B	2FB7C	2FB7D	2FB7E	2FB7F
8F	2FB80	2FB81	2FB82	2FB83	2FB84	2FB85	2FB86	2FB87	2FB88	2FB89
90	2FB8A	2FB8B	2FB8C	2FB8D	2FB8E	2FB8F	2FB90	2FB91	2FB92	2FB93
91	2FB94	2FB95	2FB96	2FB97	2FB98	2FB99	2FB9A	2FB9B	2FB9C	2FB9D
92	2FB9E	2FB9F	2FBA0	2FBA1	2FBA2	2FBA3	2FBA4	2FBA5	2FBA6	2FBA7
93	2FBA8	2FBA9	2FBAA	2FBAB	2FBAC	2FBAD	2FBAE	2FBAF	2FBB0	2FBB1
94	2FBB2	2FBB3	2FBB4	2FBB5	2FBB6	2FBB7	2FBB8	2FBB9	2FBBA	2FBBB
95	2FBBC	2FBBD	2FBBE	2FBBF	2FBC0	2FBC1	2FBC2	2FBC3	2FBC4	2FBC5

9A33

	30	31	32	33	34	35	36	37	38	39
96	2FBC6	2FBC7	2FBC8	2FBC9	2FBCA	2FBCB	2FBCC	2FBCD	2FBCE	2FBCF
97	2FBD0	2FBD1	2FBD2	2FBD3	2FBD4	2FBD5	2FBD6	2FBD7	2FBD8	2FBD9
98	2FBDA	2FBDB	2FBDC	2FBDD	2FBDE	2FBDF	2FBE0	2FBE1	2FBE2	2FBE3
99	2FBE4	2FBE5	2FBE6	2FBE7	2FBE8	2FBE9	2FBEA	2FBEB	2FBEC	2FBED
9A	2FBEE	2FBEF	2FBF0	2FBF1	2FBF2	2FBF3	2FBF4	2FBF5	2FBF6	2FBF7
9B	2FBF8	2FBF9	2FBFA	2FBFB	2FBFC	2FBFD	2FBFE	2FBFF	2FC00	2FC01
9C	2FC02	2FC03	2FC04	2FC05	2FC06	2FC07	2FC08	2FC09	2FC0A	2FC0B
9D	2FC0C	2FC0D	2FC0E	2FC0F	2FC10	2FC11	2FC12	2FC13	2FC14	2FC15
9E	2FC16	2FC17	2FC18	2FC19	2FC1A	2FC1B	2FC1C	2FC1D	2FC1E	2FC1F
9F	2FC20	2FC21	2FC22	2FC23	2FC24	2FC25	2FC26	2FC27	2FC28	2FC29
A0	2FC2A	2FC2B	2FC2C	2FC2D	2FC2E	2FC2F	2FC30	2FC31	2FC32	2FC33
A1	2FC34	2FC35	2FC36	2FC37	2FC38	2FC39	2FC3A	2FC3B	2FC3C	2FC3D
A2	2FC3E	2FC3F	2FC40	2FC41	2FC42	2FC43	2FC44	2FC45	2FC46	2FC47
A3	2FC48	2FC49	2FC4A	2FC4B	2FC4C	2FC4D	2FC4E	2FC4F	2FC50	2FC51
A4	2FC52	2FC53	2FC54	2FC55	2FC56	2FC57	2FC58	2FC59	2FC5A	2FC5B
A5	2FC5C	2FC5D	2FC5E	2FC5F	2FC60	2FC61	2FC62	2FC63	2FC64	2FC65
A6	2FC66	2FC67	2FC68	2FC69	2FC6A	2FC6B	2FC6C	2FC6D	2FC6E	2FC6F
A7	2FC70	2FC71	2FC72	2FC73	2FC74	2FC75	2FC76	2FC77	2FC78	2FC79
A8	2FC7A	2FC7B	2FC7C	2FC7D	2FC7E	2FC7F	2FC80	2FC81	2FC82	2FC83
A9	2FC84	2FC85	2FC86	2FC87	2FC88	2FC89	2FC8A	2FC8B	2FC8C	2FC8D
AA	2FC8E	2FC8F	2FC90	2FC91	2FC92	2FC93	2FC94	2FC95	2FC96	2FC97

9A33

	30	31	32	33	34	35	36	37	38	39
AB	2FC98	2FC99	2FC9A	2FC9B	2FC9C	2FC9D	2FC9E	2FC9F	2FCA0	2FCA1
AC	2FCA2	2FCA3	2FCA4	2FCA5	2FCA6	2FCA7	2FCA8	2FCA9	2FCAA	2FCAB
AD	2FCAC	2FCAD	2FCAE	2FCAF	2FCB0	2FCB1	2FCB2	2FCB3	2FCB4	2FCB5
AE	2FCB6	2FCB7	2FCB8	2FCB9	2FCBA	2FCBB	2FCBC	2FCBD	2FCBE	2FCBF
AF	2FCC0	2FCC1	2FCC2	2FCC3	2FCC4	2FCC5	2FCC6	2FCC7	2FCC8	2FCC9
B0	2FCCA	2FCCB	2FCCC	2FCCD	2FCCE	2FCCF	2FCD0	2FCD1	2FCD2	2FCD3
B1	2FCD4	2FCD5	2FCD6	2FCD7	2FCD8	2FCD9	2FCDA	2FCDB	2FCDC	2FCDD
B2	2FCDE	2FCDF	2FCE0	2FCE1	2FCE2	2FCE3	2FCE4	2FCE5	2FCE6	2FCE7
B3	2FCE8	2FCE9	2FCEA	2FCEB	2FCEC	2FCED	2FCEE	2FCEF	2FCF0	2FCF1
B4	2FCF2	2FCF3	2FCF4	2FCF5	2FCF6	2FCF7	2FCF8	2FCF9	2FCFA	2FCFB
B5	2FCFC	2FCFD	2FCFE	2FCFF	2FD00	2FD01	2FD02	2FD03	2FD04	2FD05
B6	2FD06	2FD07	2FD08	2FD09	2FD0A	2FD0B	2FD0C	2FD0D	2FD0E	2FD0F
B7	2FD10	2FD11	2FD12	2FD13	2FD14	2FD15	2FD16	2FD17	2FD18	2FD19
B8	2FD1A	2FD1B	2FD1C	2FD1D	2FD1E	2FD1F	2FD20	2FD21	2FD22	2FD23
B9	2FD24	2FD25	2FD26	2FD27	2FD28	2FD29	2FD2A	2FD2B	2FD2C	2FD2D
BA	2FD2E	2FD2F	2FD30	2FD31	2FD32	2FD33	2FD34	2FD35	2FD36	2FD37
BB	2FD38	2FD39	2FD3A	2FD3B	2FD3C	2FD3D	2FD3E	2FD3F	2FD40	2FD41
BC	2FD42	2FD43	2FD44	2FD45	2FD46	2FD47	2FD48	2FD49	2FD4A	2FD4B
BD	2FD4C	2FD4D	2FD4E	2FD4F	2FD50	2FD51	2FD52	2FD53	2FD54	2FD55
BE	2FD56	2FD57	2FD58	2FD59	2FD5A	2FD5B	2FD5C	2FD5D	2FD5E	2FD5F
BF	2FD60	2FD61	2FD62	2FD63	2FD64	2FD65	2FD66	2FD67	2FD68	2FD69

9A33

	30	31	32	33	34	35	36	37	38	39
C0	2FD6A	2FD6B	2FD6C	2FD6D	2FD6E	2FD6F	2FD70	2FD71	2FD72	2FD73
C1	2FD74	2FD75	2FD76	2FD77	2FD78	2FD79	2FD7A	2FD7B	2FD7C	2FD7D
C2	2FD7E	2FD7F	2FD80	2FD81	2FD82	2FD83	2FD84	2FD85	2FD86	2FD87
C3	2FD88	2FD89	2FD8A	2FD8B	2FD8C	2FD8D	2FD8E	2FD8F	2FD90	2FD91
C4	2FD92	2FD93	2FD94	2FD95	2FD96	2FD97	2FD98	2FD99	2FD9A	2FD9B
C5	2FD9C	2FD9D	2FD9E	2FD9F	2FDA0	2FDA1	2FDA2	2FDA3	2FDA4	2FDA5
C6	2FDA6	2FDA7	2FDA8	2FDA9	2FDAA	2FDAB	2FDAC	2FDAD	2FDAE	2FDAF
C7	2FDB0	2FDB1	2FDB2	2FDB3	2FDB4	2FDB5	2FDB6	2FDB7	2FDB8	2FDB9
C8	2FDBA	2FDBB	2FDBC	2FDBD	2FDBE	2FDBF	2FDC0	2FDC1	2FDC2	2FDC3
C9	2FDC4	2FDC5	2FDC6	2FDC7	2FDC8	2FDC9	2FDCA	2FDCB	2FDCC	2FDCD
CA	2FDCE	2FDCF	2FDD0	2FDD1	2FDD2	2FDD3	2FDD4	2FDD5	2FDD6	2FDD7
CB	2FDD8	2FDD9	2FDDA	2FDDB	2FDDC	2FDDD	2FDDE	2FDDF	2FDE0	2FDE1
CC	2FDE2	2FDE3	2FDE4	2FDE5	2FDE6	2FDE7	2FDE8	2FDE9	2FDEA	2FDEB
CD	2FDEC	2FDED	2FDEE	2FDEF	2FDF0	2FDF1	2FDF2	2FDF3	2FDF4	2FDF5
CE	2FDF6	2FDF7	2FDF8	2FDF9	2FDFA	2FDFB	2FDFC	2FDFD	2FDFE	2FDFF
CF	2FE00	2FE01	2FE02	2FE03	2FE04	2FE05	2FE06	2FE07	2FE08	2FE09
D0	2FE0A	2FE0B	2FE0C	2FE0D	2FE0E	2FE0F	2FE10	2FE11	2FE12	2FE13
D1	2FE14	2FE15	2FE16	2FE17	2FE18	2FE19	2FE1A	2FE1B	2FE1C	2FE1D
D2	2FE1E	2FE1F	2FE20	2FE21	2FE22	2FE23	2FE24	2FE25	2FE26	2FE27
D3	2FE28	2FE29	2FE2A	2FE2B	2FE2C	2FE2D	2FE2E	2FE2F	2FE30	2FE31
D4	2FE32	2FE33	2FE34	2FE35	2FE36	2FE37	2FE38	2FE39	2FE3A	2FE3B

9A33

	30	31	32	33	34	35	36	37	38	39
D5	2FE3C	2FE3D	2FE3E	2FE3F	2FE40	2FE41	2FE42	2FE43	2FE44	2FE45
D6	2FE46	2FE47	2FE48	2FE49	2FE4A	2FE4B	2FE4C	2FE4D	2FE4E	2FE4F
D7	2FE50	2FE51	2FE52	2FE53	2FE54	2FE55	2FE56	2FE57	2FE58	2FE59
D8	2FE5A	2FE5B	2FE5C	2FE5D	2FE5E	2FE5F	2FE60	2FE61	2FE62	2FE63
D9	2FE64	2FE65	2FE66	2FE67	2FE68	2FE69	2FE6A	2FE6B	2FE6C	2FE6D
DA	2FE6E	2FE6F	2FE70	2FE71	2FE72	2FE73	2FE74	2FE75	2FE76	2FE77
DB	2FE78	2FE79	2FE7A	2FE7B	2FE7C	2FE7D	2FE7E	2FE7F	2FE80	2FE81
DC	2FE82	2FE83	2FE84	2FE85	2FE86	2FE87	2FE88	2FE89	2FE8A	2FE8B
DD	2FE8C	2FE8D	2FE8E	2FE8F	2FE90	2FE91	2FE92	2FE93	2FE94	2FE95
DE	2FE96	2FE97	2FE98	2FE99	2FE9A	2FE9B	2FE9C	2FE9D	2FE9E	2FE9F
DF	2FEA0	2FEA1	2FEA2	2FEA3	2FEA4	2FEA5	2FEA6	2FEA7	2FEA8	2FEA9
E0	2FEAA	2FEAB	2FEAC	2FEAD	2FEAE	2FEAF	2FEB0	2FEB1	2FEB2	2FEB3
E1	2FEB4	2FEB5	2FEB6	2FEB7	2FEB8	2FEB9	2FEBA	2FEBB	2FEBC	2FEBD
E2	2FEBE	2FEBF	2FEC0	2FEC1	2FEC2	2FEC3	2FEC4	2FEC5	2FEC6	2FEC7
E3	2FEC8	2FEC9	2FECA	2FECB	2FECC	2FECD	2FECE	2FECF	2FED0	2FED1
E4	2FED2	2FED3	2FED4	2FED5	2FED6	2FED7	2FED8	2FED9	2FEDA	2FEDB
E5	2FEDC	2FEDD	2FEDE	2FEDF	2FEE0	2FEE1	2FEE2	2FEE3	2FEE4	2FEE5
E6	2FEE6	2FEE7	2FEE8	2FEE9	2FEEA	2FEEB	2FEEC	2FEED	2FEEE	2FEEF
E7	2FEF0	2FEF1	2FEF2	2FEF3	2FEF4	2FEF5	2FEF6	2FEF7	2FEF8	2FEF9
E8	2FEFA	2FEFB	2FEFC	2FEFD	2FEFE	2FEFF	2FF00	2FF01	2FF02	2FF03
E9	2FF04	2FF05	2FF06	2FF07	2FF08	2FF09	2FF0A	2FF0B	2FF0C	2FF0D

9A33

	30	31	32	33	34	35	36	37	38	39
EA	2FF0E	2FF0F	2FF10	2FF11	2FF12	2FF13	2FF14	2FF15	2FF16	2FF17
EB	2FF18	2FF19	2FF1A	2FF1B	2FF1C	2FF1D	2FF1E	2FF1F	2FF20	2FF21
EC	2FF22	2FF23	2FF24	2FF25	2FF26	2FF27	2FF28	2FF29	2FF2A	2FF2B
ED	2FF2C	2FF2D	2FF2E	2FF2F	2FF30	2FF31	2FF32	2FF33	2FF34	2FF35
EE	2FF36	2FF37	2FF38	2FF39	2FF3A	2FF3B	2FF3C	2FF3D	2FF3E	2FF3F
EF	2FF40	2FF41	2FF42	2FF43	2FF44	2FF45	2FF46	2FF47	2FF48	2FF49
F0	2FF4A	2FF4B	2FF4C	2FF4D	2FF4E	2FF4F	2FF50	2FF51	2FF52	2FF53
F1	2FF54	2FF55	2FF56	2FF57	2FF58	2FF59	2FF5A	2FF5B	2FF5C	2FF5D
F2	2FF5E	2FF5F	2FF60	2FF61	2FF62	2FF63	2FF64	2FF65	2FF66	2FF67
F3	2FF68	2FF69	2FF6A	2FF6B	2FF6C	2FF6D	2FF6E	2FF6F	2FF70	2FF71
F4	2FF72	2FF73	2FF74	2FF75	2FF76	2FF77	2FF78	2FF79	2FF7A	2FF7B
F5	2FF7C	2FF7D	2FF7E	2FF7F	2FF80	2FF81	2FF82	2FF83	2FF84	2FF85
F6	2FF86	2FF87	2FF88	2FF89	2FF8A	2FF8B	2FF8C	2FF8D	2FF8E	2FF8F
F7	2FF90	2FF91	2FF92	2FF93	2FF94	2FF95	2FF96	2FF97	2FF98	2FF99
F8	2FF9A	2FF9B	2FF9C	2FF9D	2FF9E	2FF9F	2FFA0	2FFA1	2FFA2	2FFA3
F9	2FFA4	2FFA5	2FFA6	2FFA7	2FFA8	2FFA9	2FFAA	2FFAB	2FFAC	2FFAD
FA	2FFAE	2FFAF	2FFB0	2FFB1	2FFB2	2FFB3	2FFB4	2FFB5	2FFB6	2FFB7
FB	2FFB8	2FFB9	2FFBA	2FFBB	2FFBC	2FFBD	2FFBE	2FFBF	2FFC0	2FFC1
FC	2FFC2	2FFC3	2FFC4	2FFC5	2FFC6	2FFC7	2FFC8	2FFC9	2FFCA	2FFCB
FD	2FFCC	2FFCD	2FFCE	2FFCF	2FFD0	2FFD1	2FFD2	2FFD3	2FFD4	2FFD5
FE	2FFD6	2FFD7	2FFD8	2FFD9	2FFDA	2FFDB	2FFDC	2FFDD	2FFDE	2FFDF

9A34

	30	31	32	33	34	35	36	37	38	39
81	2FFE0	2FFE1	2FFE2	2FFE3	2FFE4	2FFE5	2FFE6	2FFE7	2FFE8	2FFE9
82	2FFEA	2FFEB	2FFEC	2FFED	2FFEE	2FFEF	2FFF0	2FFF1	2FFF2	2FFF3
83	2FFF4	2FFF5	2FFF6	2FFF7	2FFF8	2FFF9	2FFFA	2FFFB	2FFFC	2FFFD
84	2FFFE	2FFFF								

附 录 E
（规范性附录）
部分字符代码的说明

本附录收录了 GB 13000.1—1993 未收录的汉字部首 14 个、汉字 52 个、表意文字描述符 13 个、带音调的汉语拼音字母 ǹ。在 GB 13000.1 的下一版本的研制过程中，这些字符已经被收录到其中，安排了适当的码位。考虑到本标准与原《汉字内码扩展规范(GBK)》1.0 版的特殊关系，表 E.1 中列出这些字符在原《汉字内码扩展规范(GBK)》1.0 版中所安排的 GB 13000.1 临时代码位置和他们在 GB 13000.1的下一版中的代码位置，以便于使用。

表 E.1

GB 18030 代码	GBK 中的 GB 13000.1 临时代码	GB 13000.1 代码	字 形
0xA989	0xE7E7	0x303E	〾
0xA98A	0xE7E8	0x2FF0	⿰
0xA98B	0xE7E9	0x2FF1	⿱
0xA98C	0xE7EA	0x2FF2	⿲
0xA98D	0xE7EB	0x2FF3	⿳
0xA98E	0xE7EC	0x2FF4	⿴
0xA98F	0xE7ED	0x2FF5	⿵
0xA990	0xE7EE	0x2FF6	⿶
0xA991	0xE7EF	0x2FF7	⿷
0xA992	0xE7F0	0x2FF8	⿸
0xA993	0xE7F1	0x2FF9	⿹
0xA994	0xE7F2	0x2FFA	⿺
0xA995	0xE7F3	0x2FFB	⿻
0xA8BF	0xE7C8	0x01F9	ǹ
0xFE50	0xE815	0x2E81	⺁
0xFE54	0xE819	0x2E84	⺄
0xFE55	0xE81A	0x3473	㑳
0xFE56	0xE81B	0x3447	㑇
0xFE57	0xE81C	0x2E88	⺈
0xFE58	0xE81D	0x2E8B	⺋
0xFE5A	0xE81F	0x359E	㖞
0xFE5B	0xE820	0x361A	㘚
0xFE5C	0xE821	0x360E	㘎
0xFE5D	0xE822	0x2E8C	⺌
0xFE5E	0xE823	0x2E97	⺗
0xFE5F	0xE824	0x396E	㥮

表 E.1（续）

GB 18030 代码	GBK 中的 GB 13000.1 临时代码	GB 13000.1 代码	字 形
0xFE60	0xE825	0x3918	㤘
0xFE62	0xE827	0x39CF	㧏
0xFE63	0xE828	0x39DF	㧟
0xFE64	0xE829	0x3A73	㩳
0xFE65	0xE82A	0x39D0	㧐
0xFE68	0xE82D	0x3B4E	㭎
0xFE69	0xE82E	0x3C6E	㱮
0xFE6A	0xE82F	0x3CE0	㳠
0xFE6B	0xE830	0x2EA7	⺧
0xFE6E	0xE833	0x2EAA	⺪
0xFE6F	0xE834	0x4056	䁖
0xFE70	0xE835	0x415F	䅟
0xFE71	0xE836	0x2EAE	⺮
0xFE72	0xE837	0x4337	䌷
0xFE73	0xE838	0x2EB3	⺳
0xFE74	0xE839	0x2EB6	⺶
0xFE75	0xE83A	0x2EB7	⺷
0xFE77	0xE83C	0x43B1	䎱
0xFE78	0xE83D	0x43AC	䎬
0xFE79	0xE83E	0x2EBB	⺻
0xFE7A	0xE83F	0x43DD	䏝
0xFE7B	0xE840	0x44D6	䓖
0xFE7C	0xE841	0x4661	䙡
0xFE7D	0xE842	0x464C	䙌
0xFE80	0xE844	0x4723	䜣
0xFE81	0xE845	0x4729	䜩
0xFE82	0xE846	0x477C	䝼
0xFE83	0xE847	0x478D	䞍
0xFE84	0xE848	0x2ECA	⻊
0xFE85	0xE849	0x4947	䥇
0xFE86	0xE84A	0x497A	䥺
0xFE87	0xE84B	0x497D	䥽
0xFE88	0xE84C	0x4982	䦂
0xFE89	0xE84D	0x4983	䦃
0xFE8A	0xE84E	0x4985	䦅

表 E.1（续）

GB 18030 代码	GBK 中的 GB 13000.1 临时代码	GB 13000.1 代码	字　形
0xFE8B	0xE84F	0x4986	䦆
0xFE8C	0xE850	0x499F	䦟
0xFE8D	0xE851	0x499B	䦛
0xFE8E	0xE852	0x49B7	䦷
0xFE8F	0xE853	0x49B6	䦶
0xFE92	0xE856	0x4CA3	䲣
0xFE93	0xE857	0x4C9F	䲟
0xFE94	0xE858	0x4CA0	䲠
0xFE95	0xE859	0x4CA1	䲡
0xFE96	0xE85A	0x4C77	䱷
0xFE97	0xE85B	0x4CA2	䲢
0xFE98	0xE85C	0x4D13	䴓
0xFE99	0xE85D	0x4D14	䴔
0xFE9A	0xE85E	0x4D15	䴕
0xFE9B	0xE85F	0x4D16	䴖
0xFE9C	0xE860	0x4D17	䴗
0xFE9D	0xE861	0x4D18	䴘
0xFE9E	0xE862	0x4D19	䴙
0xFE9F	0xE863	0x4DAE	䶮

与本标准上一版（即 GB 18030—2000）不同的是，本标准重新规定了字符“ḿ”的代码位置。在本标准当前版本中，“ḿ”的代码位置为 A8BC，对应的 GB 13000.1 代码位置由 0xE7C7 改作 1E3F。相应地，本标准代码位置 8135F437 所对应的 GB 13000.1 的代码位置由 1E3F 改作 0xE7C7。见表 E.2。

表 E.2

GB 18030 代码	GB 18030 当前版本中的 GB 13000.1 代码	GB 18030—2000 中的 GB 13000.1 代码	字　形
0xA8BC	0x1E3F	0xE7C7	ḿ
0x8135F437	0xE7C7	0x1E3F	

ICS 33.100
L 06

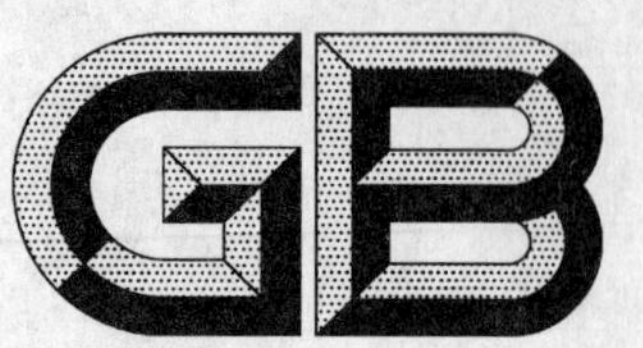

中华人民共和国国家标准化指导性技术文件

GB/Z 18039.6—2005/IEC 61000-2-7:1998

电磁兼容 环境
各种环境中的低频磁场

Electromagnetic compatibility—Environment—
Low frequency magnetic fields in various environments

(IEC 61000-2-7:1998,IDT)

2005-02-06 发布 2005-12-01 实施

中华人民共和国国家质量监督检验检疫总局
中国国家标准化管理委员会 发布

前言

本标准化指导性技术文件等同采用IEC 61000-2-7 :1998《电磁兼容 环境 第2-7部分:各种环境中的低频磁场》。

本指导性技术文件是《电磁兼容 环境》系列国家标准化文件之一,该系列目前包括以下标准化文件:

GB/Z 18039.1—2000 电磁兼容 环境 电磁环境的分类(idt IEC 61000-2-5:1996)

GB/Z 18039.2—2000 电磁兼容 环境 工业设备电源低频传导骚扰发射水平的评估(idt IEC 61000-2-6:1996)

GB/Z 18039.3—2003 电磁兼容 环境 公用低压供电系统低频传导骚扰及信号传输的电磁环境(IEC 61000-2-2:1990,IDT)

GB/T 18039.4—2003 电磁兼容 环境 工厂低频传导骚扰的兼容水平(IEC 61000-2-4:1994,IDT)

GB/T 18039.5—2003 电磁兼容 环境 公用低压供电系统低频传导骚扰及信号传输的兼容水平(IEC 61000-2-1:1990,IDT)

GB/Z 18039.6—2005 电磁兼容 环境 各种环境中的低频磁场(IEC 61000-2-7:1998,IDT)

本指导性技术文件由中国电力企业联合会提出。

本指导性技术文件由全国电磁兼容标准化技术委员会(SAC/TC 246)归口并解释。

本指导性技术文件起草单位:国家电力公司武汉高压研究所。

本指导性技术文件主要起草人:郎维川、张广州、王勤、万保权、杨敬梅、蒋虹。

IEC 引　　言

本部分是 IEC 61000 系列出版物的一部分，该系列出版物构成如下：

第一部分：综述
总的考虑(概述、基本原理)
定义、术语

第二部分：环境
环境的描述
环境的分类
兼容性水平

第三部分：限值
发射限值
抗扰度限值(当它们不属于产品委员会的职责范围时)

第四部分：试验和测量技术
测量技术
试验技术

第五部分：安装和减缓导则
安装导则
减缓方法和装置

第六部分：通用标准

第九部分：其他

每一部分又可分为若干分部分，它们作为国际标准或技术报告出版。
这些标准和技术报告将按编号依年代次序发布。
本部分是第 3 类的技术报告。

电磁兼容　环境 各种环境中的低频磁场

1　范围

近年来，由于注意到磁场可能对人体和动物生理的影响，以及对某些电气设备，特别是对图像显示装置的性能产生有害的影响，从而激发了人们对磁场的关注。本指导性技术文件中给出了根据调查得出的结果，供参考之用。

注1：欧盟 EMC 指令促进了对磁场的测量，特别是对与供电公司变电所以及与大楼内配电系统相关的商务办公环境中磁场的测量。供电公司主持了大部分的测量工作，其测量结果(用有效值表示)一般在 50 Hz～2 kHz 的频率范围内。为此，有必要掌握一些有关直流磁场以及频率最高到 150 kHz 的磁场的知识，因为这些磁场可能干扰某些类型设备的工作。

注2：在本指导性技术文件中大多数的磁场数据是与正弦电流源有关的，除非另有说明。假定这些数据是用有效值表示的。

把在 1 000 V 及以下的电压下运行的供电系统称为低压系统，在 1 000 V 以上至 35 kV 的电压下运行的供电系统称为中压系统，而在超过 35 kV 的电压下运行的供电系统称为高压系统。

2　规范性引用文件

下列文件中的条款通过本指导性技术文件的引用而成为本指导性技术文件的条款。凡是注日期的引用文件，其随后所有的修改单(不包括勘误的内容)或修订版均不适用于本指导性技术文件，然而，鼓励根据本指导性技术文件达成协议的各方研究是否可使用这些文件的最新版本。凡是不注日期的引用文件，其最新版本适用于本指导性技术文件。

GB/T 4365　电磁兼容术语(GB/T 4365:2003，IEC 60050(161):1990，IDT)

3　单位

本指导性技术文件中的磁场值既可以用磁场强度的单位：安每米(A/m)来表示，也可以用磁通密度的单位：微特斯拉(μT)来表示。在引用文件中出现旧的磁通密度单位：毫高斯(mGs)时，通过下列关系式转换成以微特斯拉(μT)为单位：

$$1\mu\mathrm{T} = 10\ \mathrm{mGs} \approx 0.796\ \mathrm{A/m}$$

在本指导性技术文件中，采用下列单位：

磁场强度 H：单位为安培每米(A/m)；

磁通密度 B ($B = \mu \times H$)：单位为特斯拉(T)。

利用磁导率 $\mu = \mu_r \times \mu_0$，$\mu_0 = 1.256 \times 10^{-6}$ (Wb/(Am))，在空气中相对磁导率 $\mu_r = 1$，从而 $B(\mu\mathrm{T}) = 1.256 \times H$ (A/m)。

注：$1\ \mathrm{T} = 1\ \mathrm{Wb/m^2} = 10^4\ \mathrm{Gs}$。

示例：单导体的磁场

在与载有电流 I 的单导体距离为 d 处的磁场强度和磁通密度之间的关系由下列表达式给出：

$$H = \frac{I}{2\pi d}, B = 1.256 \times \frac{I}{2\pi d}$$

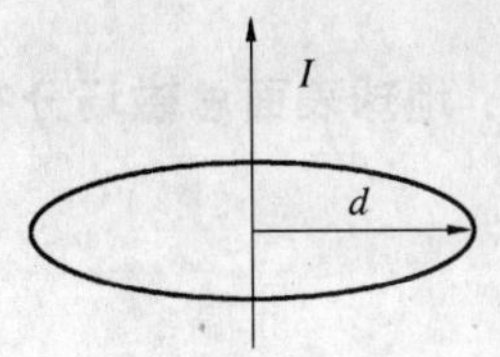

交变的电流产生交变的磁场。在多相电缆或架空线路的情况下，由各相电流产生的磁场矢量相加得到一个旋转的交变磁场。

一个交变的磁场将使暴露在其中的任何导体内感应出电动势，那些带有探测线圈的仪表利用了这一效应。这些仪表是普通常用的。

另一类测量低频磁场的仪表利用了霍尔效应(Hall effect)。这些仪表在测量场源周围的磁场时不是十分好用，但是，它们在测量空间中某点的磁场和静磁场时是很有用的。

4 自然现象

应考虑三种天然的磁场：

—— 地球的磁场(一种静磁场)；

—— 由雷暴和太阳活动产生的磁场(频率很低的时变磁场)；

—— 由雷击引起的磁场(脉冲磁场)。

早期的磁场测量和应用是与航行有关的，而对地磁场认真研究的结果是得出了磁场分布图，这方面的例子在图 1 中给出[1][1)]。所有未屏蔽的导体在地磁场中移动时，在导体的两端间感生出一个电压，其大小与移动的速度和方向有关。这个电压可能干扰相关联回路内敏感的电子设备。地磁场一般不会对静止的电气设备产生影响。

几乎总是把地球的静磁场作为 0 Hz 的稳态背景磁场加到现场测量值上。在靠近地球两极处的磁通密度高达 60 μT，而在赤道处的磁通密度只有 30 μT。

计算用的正常磁场值假设为 50 μT[1]，见图 1。

单位：$\times 10^{-6}$ 特斯拉

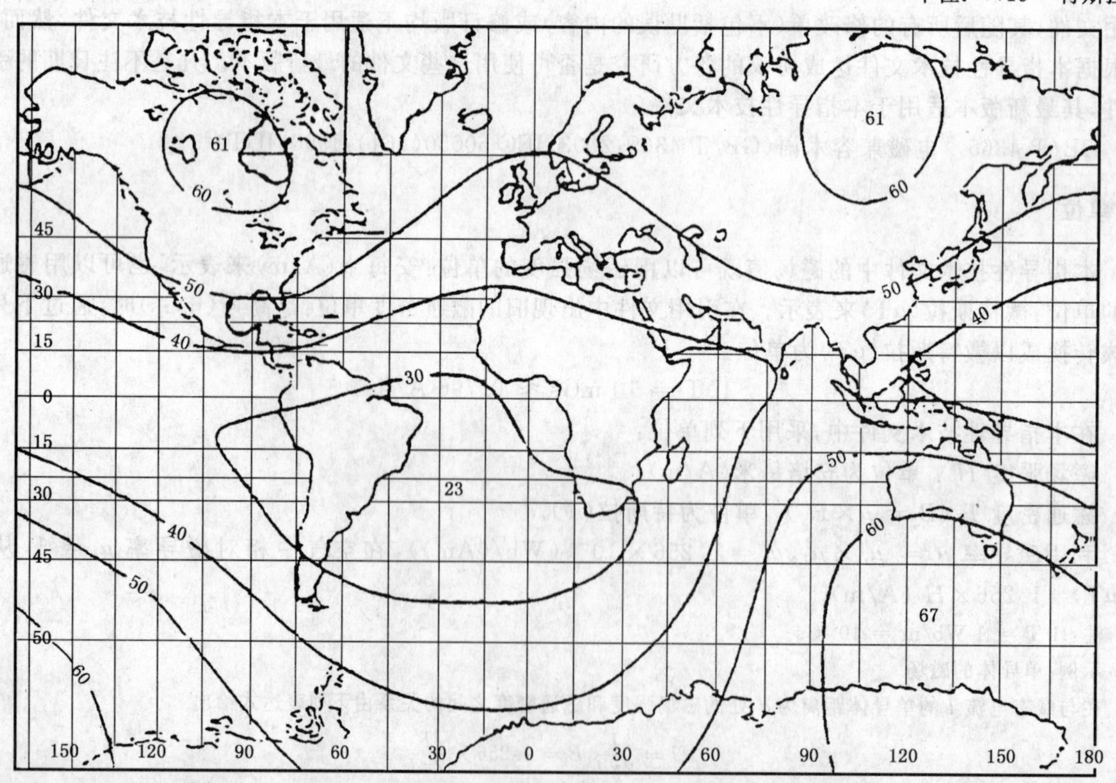

图 1 地球表面总磁场分布图

1) 方括号内的数字是指参考文献的编号。

诸如雷暴和太阳活动这样的自然现象产生超低频的时变磁场,这种磁场的强度是低的,一般不超过0.01 μT(8 mA/m),即使在强磁暴期间,磁场也只达到 0.5 μT(0.4A/m)。

很少能得到有关某一特定地区一年中发生雷击的次数的资料。但是图 2[2]中的雷暴日分布图示出了雷电活动的水平和达到最高场强的概率。

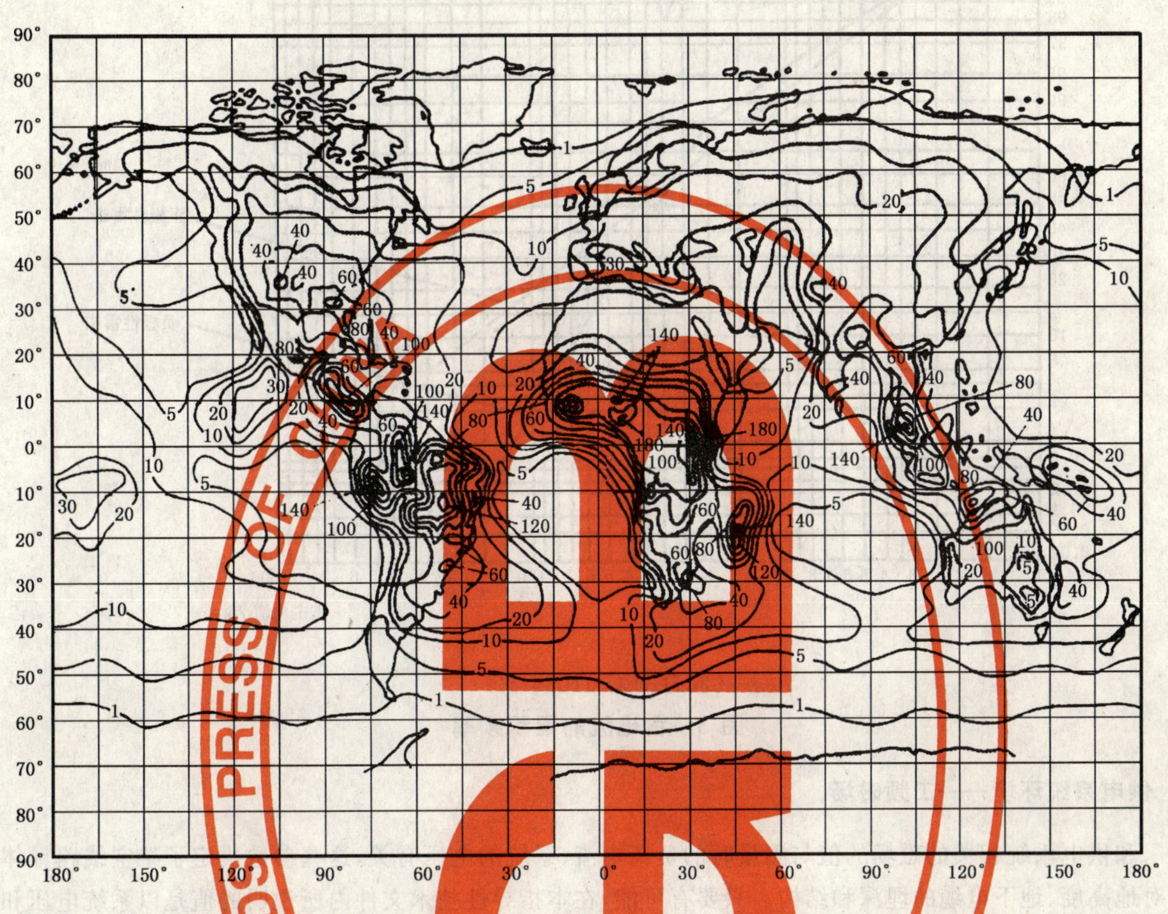

注:本图依据 1955 年世界气象组织的资料。

图 2 全世界年雷暴日分布图

下列雷电流累积频率的参考值(见图 3):

	负极性雷击	正极性雷击
5 %	80 kA	250 kA
50 %	33 kA	35 kA
95 %	7 kA	5 kA

雷击产生的磁场脉冲的上升时间约 1 μs,磁场半值持续时间约 100 μs。

可按下列关系计算产生的磁场:

$$H_{peak} = \frac{I}{2\pi d}$$

例如,当 $I=200$ kA,$d=1$ km 时,$H=32$ A/m ,$B=40$ μT 。

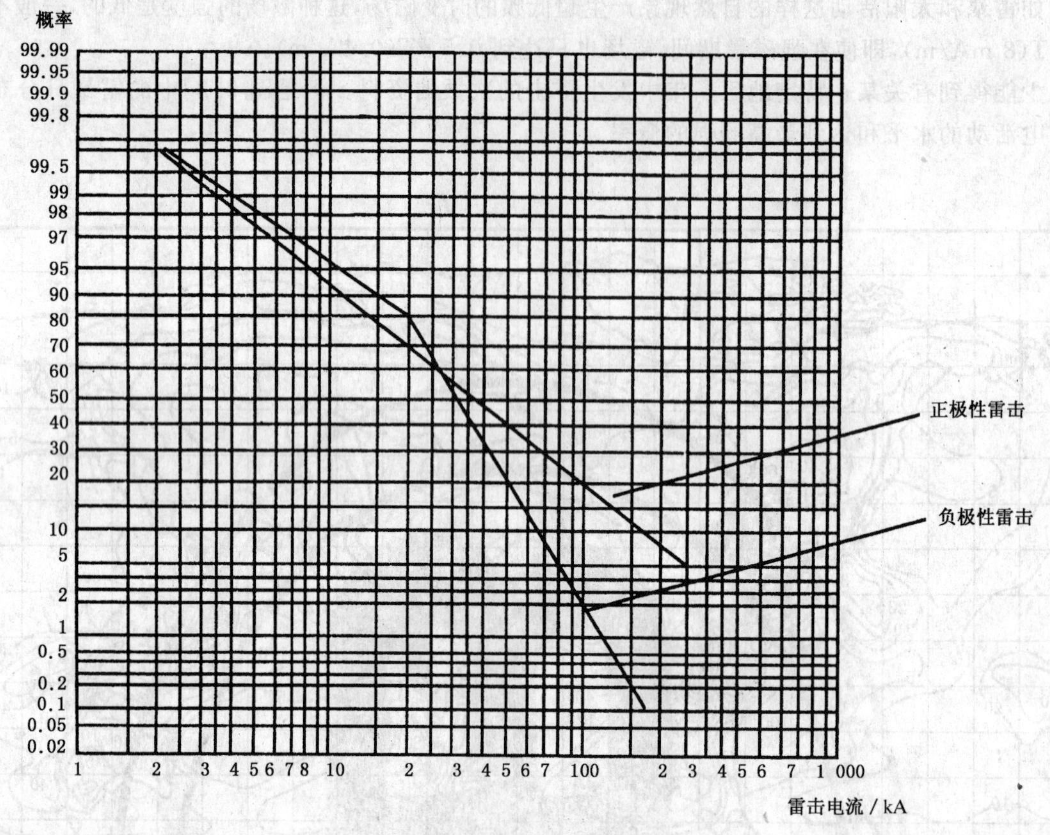

(取自 IEC 61024-1-1)

图 3 雷电流的累积频率

5 供电系统环境——工频磁场

和供电系统相关的磁场的值与测量时的负荷电流、系统的电压有关，这些参数决定了架空线路导体的对地高度、地下电缆的埋深和结构。只要有可能，在本指导性技术文件内所说明的值是以系统电压和最大的负荷条件(或以千安(kA)为单位表示的导体的电流)为基准的。

5.1 架空线路

流过架空配电线路的电流产生的磁场原则上受到电流的大小、电气上的相间结构布置以及导体的物理布置的影响。在这样的一条电力线路上的运行电压的影响是显著的，因为它决定了导体的对地高度、相导线之间的间距以及线路结构用的接地金属体。

全世界使用的系统电压、导体电流的等级和结构标准很多，所以不可能对每一种特殊类型的设施都提供磁场的数据。但下面所定义的典型设施和磁场特性有很好的模型。对于其他特定设备的磁场预测将以这些模型为基础。

如果对特定线路要求有详细的磁通密度的值，那么就必须考虑每条线路的情况，诸如导线结构、对地高度和线路电流。在 1 kA 时采用下列的近似公式：

$$H = 140 \times \frac{e}{h^2 + x^2} (\mathrm{A/m})$$

式中：

e——两边相导线之间的距离；

h——导线对地高度；

x——从线路中心至所考虑的点 P 之间的距离。

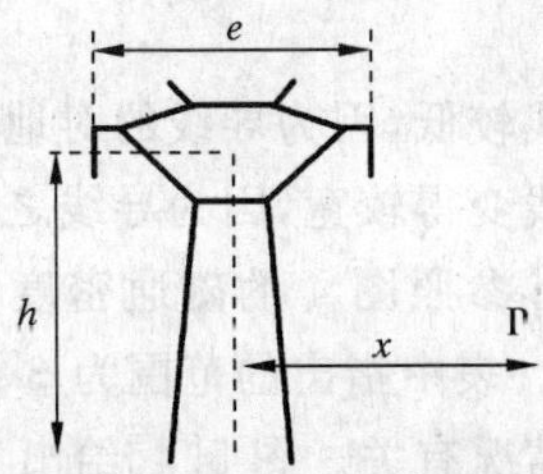

5.1.1 交流三相线路

因为和电力线路相关的磁通密度与线路电流的关系是线性的，所以容易根据实际的电流值推导出磁通密度。在正常运行条件下，线路的最大电流近似表示如下：

—— 低压线路　　0.4 kA

—— 中压线路　　0.6 kA

—— 110 kV 和 220 kV 线路　　1.0 kA

—— 380 kV 线路　　2.0 kA

—— 750 kV 线路　　3.0 kA

如有必要，可从供电公司或铁道公司获得更准确的电流值。但是，在故障情况下，诸如单相短路或两相短路时三相导线的磁场是不平衡的，而且其磁场可能要增加 20 倍。这种情况预期在低压和中压网络中可持续几秒钟，而在高压网络中可持续的时间小于 0.2s。

图 4 左侧表示根据 VDE 资料[3]作出的单回高压三相输电线在档距中央距线路中心的距离为 x 的地面上方 1 m 处，每 kA 线路电流产生的最大磁通密度分布的包络线。

图 4 右侧表示根据 VDE 资料[3]作出的分别运行在 20 kV 和 0.4 kV 的单回中压和低压三相配电线在档距中央距线路中心的距离为 x 的地面上方 1 m 处，每 kA 线路电流产生的最大磁通密度分布的包络线。

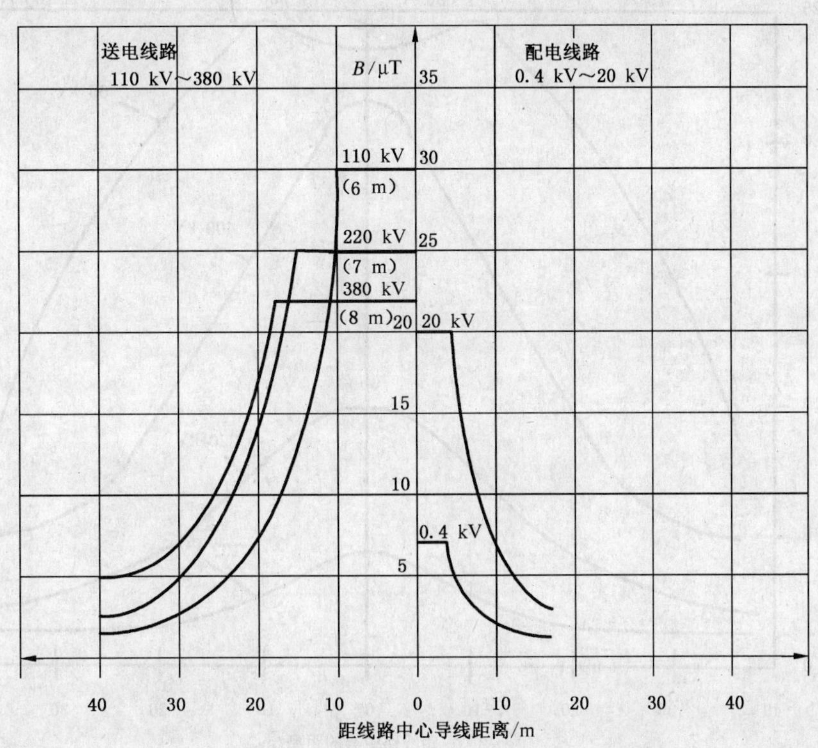

图 4　单回水平排列架空线路档距中央弧垂最大时在地面上方 1 m 测量的线路中心水平方向最大磁通密度的包络线

从这些分布曲线可以看出：

——在较高的电压等级下分布曲线较低，因为导线的对地高度较高；

——在较高的电压等级下分布曲线变得较宽，因为导线之间的距离加大。

实际的磁通密度取决于线路电流。参照图 4 的磁通密度分布包络线和前面给出的线路的最大电流，实际最大磁通密度的范围列于表 1。表中指出的范围为 3 μT 至 44 μT 。

磁通密度分布图也与线路的布置情况有关。图 5[4]给出了实际高压线路的例子(具有“振荡”的最大值)。

表 1　电力线路产生的最大磁通密度的范围

线路电压/ kV	每 kA 最大磁通密度 B/μT	最大电流/kA	实际最大磁通密度 B/μT
380	22	2	44
220	25	1	25
110	30	1	30
20	20	0.6	12
0.4	7	0.4	3

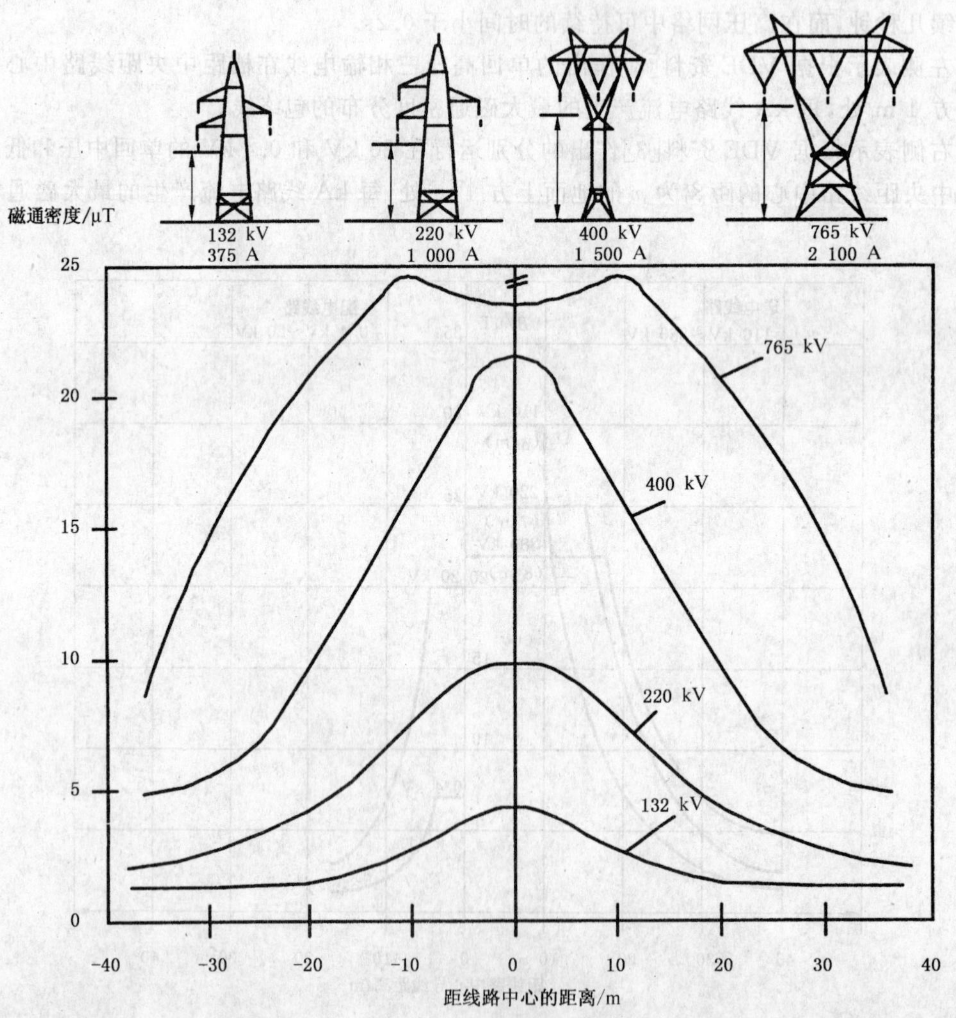

图 5　在平均负荷条件下 HV 线路的地面上方 1 m 处的磁通密度的例子

765 kV 和 400 kV 线路为三相水平排列的结构，而 132 kV 和 220 kV 线路为三角形布置的结构，后面这种布置所产生的磁场的值明显地较低。

图 6[3]表明图 4 所考虑的线路的档距中央的磁通密度与对地高度的依赖关系。可以利用这个关系应用图 4 给出的值推导出对地高度超过 1 m 时的磁通密度。

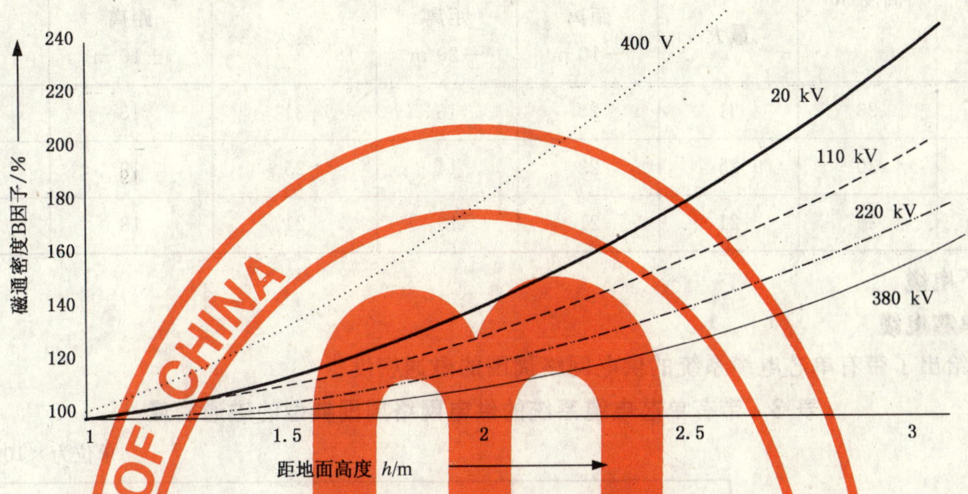

注：以地面上方 1 m 处的最大磁通密度为基准，仅当相导线水平排列时有效。

图 6　400 V～380 kV 三相线路和 20 kV 电铁接触线在档距中央最大弧垂时的磁通密度与地面上方高度(直到容许的最小距离)的关系

5.1.2　HVDC 线路

图 7[3]给出了典型高压直流架空线路的磁通密度特性。图 6[3]给出了以地面上方高度 h(m) 处为参考点以百分数表示的倍数。所有的直流特性是按以交流线路特性相同的方式来使用的。

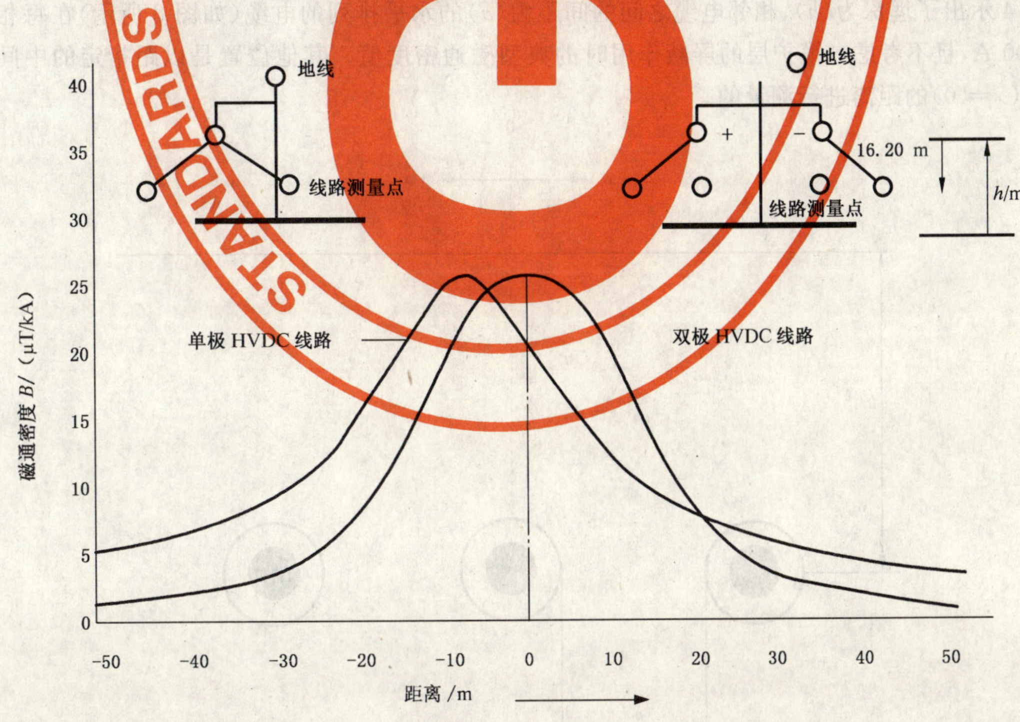

图 7　在运行电压＋450 kV 或±450 kV 高压直流架空线路附近地面上方 1 m 处每 kA 运行电流的磁通密度曲线

表 2 高压架空线路在不同线路电压和塔高时，每 kA 运行电流的磁通密度

单位为 $\times 10^{-6}$ 特斯拉

电压/kV	高度/m	单极线路			双极线路		
		最大	距离 −10 m	距离 −20 m	最大	距离 ±10 m	距离 ±20 m
250	23	31	25	13	31	15	5
450	30	25	23	14	25	19	8
600	30	21	21	10	21	18	9

5.2 地下电缆

5.2.1 单芯电缆

表 3 给出了带有单芯电缆系统的供电网络周围的磁通密度。

表 3 带有单芯电缆系统的供电网络周围典型的磁通密度

单位为 $\times 10^{-6}$ 特斯拉

供电网络		距设施的水平距离			
		0 m	10 m	20 m	30 m
240/415 V	住宅供电	1.3	0.3	<0.1	
66 kV	配电供电	2.1	0.7	0.3	0.1
220 kV	电缆	15.0	0.6	0.2	<0.1
220 kV	架空双回线路	5.0	1.2	0.2	<0.1

表 4 示出了埋深为(h)、相邻电缆之间的间距为(a)的水平排列的电缆(如图 8 所示)在每相工作电流为 500 A，且不考虑电缆护层的屏蔽作用时的典型磁通密度值。其他位置是以距指定的中间电缆为参考点($x=0$)的距离进行测量的。

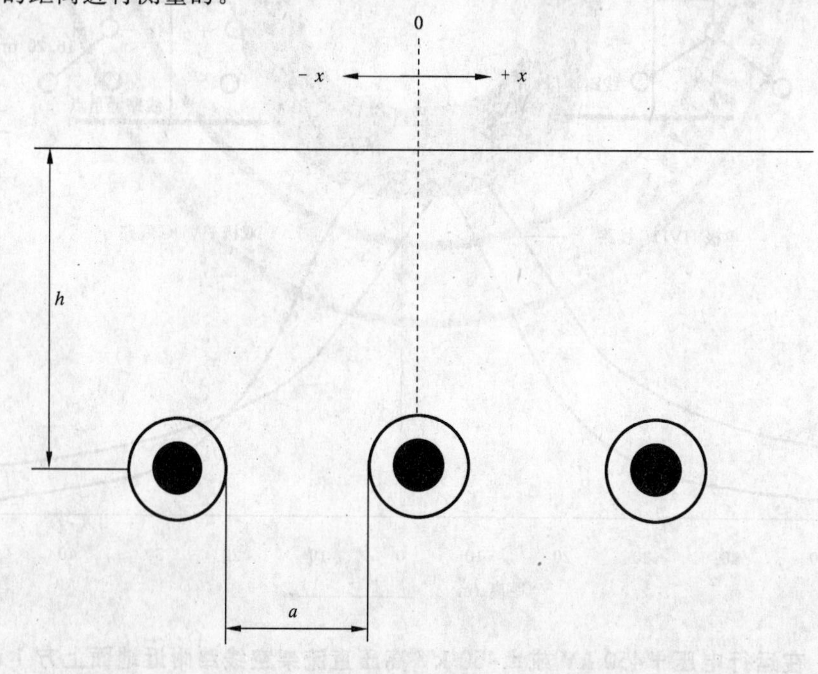

图 8 水平排列的单芯电缆的结构

表 4 水平排列的单芯电缆组成的三相系统在工作电流为 500 A 时的磁通密度
(参见图 8)

电缆直径/m	埋深 h/m	相邻电缆的间隔 a/m	磁通密度/μT					
			距中相电缆的距离 $+x$ 或 $-x$					
			0 m	2 m	4 m	6 m	8 m	10 m
0.03 (LV MV)	1.0	0.02	8.6	1.7	0.5	0.2	0.1	0.09
	0.7	0.02	17.6	1.9	0.5	0.2	0.1	0.09
	1.0	0.05	13.8	2.8	0.8	0.4	0.2	0.1
	0.7	0.05	28.0	3.1	0.8	0.4	0.2	0.1
	1.0[a]	0.07[a]	17.2	3.5	1.0	0.5	0.3	0.2
	0.7	0.07	34.7	3.9	1.1	0.5	0.3	0.2
0.1 (HV)	1.7	0.18	17.5	7.6	2.8	1.3	0.8	0.5
	1.0	0.18	48.5	10.5	3.1	1.4	0.8	0.5

[a] 见图 9。

对于连接到中压变压器的安装在建筑物内部的水平排列的低压电缆附近,以及组成用户电气设施是的配线干线电缆的附近产生的磁场与这里确定的磁场相类似。

图 9[3]给出了以表 4 第 5 行的值为基础绘出的磁通密度的定性曲线图,并证明了敷设电缆时,埋深越深和减少间距,常常可以达到减少磁通密度的效果。

磁通密度以曲线 1 的最大值的百分数表示,图 9 中的电缆按表 4 中第 5 行的数据布置。

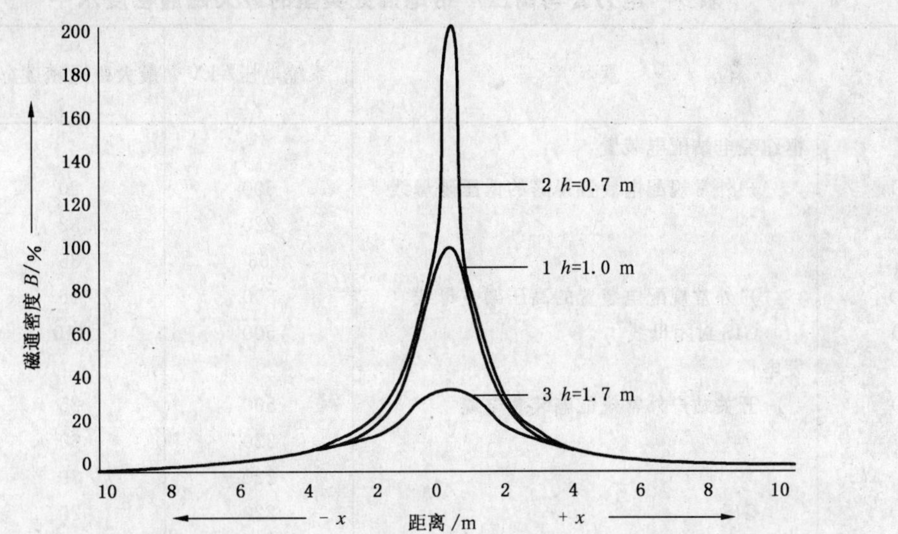

图 9 埋深为 0.7 m(曲线 2)、1.7 m(曲线 3)的单芯电缆和埋深为 1 m 的电缆(曲线 1)的磁通密度特性曲线的比较

其他运行电流时的磁通密度,可按线性转换得到。

三角形布置的集束单芯电缆,其磁通密度与三相导体组成的多芯电缆近似相等。

5.2.2 多芯电缆

表 5 和表 6[3]分别包含了适于带有平衡负荷和不平衡负荷的三相四线制电缆的磁通密度值。

比较这些表证实了在带有平衡负荷的电缆附近而该处又远离带有不平衡负荷的电缆时的磁场较高。

表 5 埋深为 0.7 m 和 1 m 的多芯低压电缆在对称运行电流每相 500 A 时的磁通密度

埋深 h/m	磁通密度/μT					
	距中相电缆的距离 $+x$ 或 $-x$					
	0 m	2 m	4 m	6 m	8 m	10 m
1	3.2	0.6	0.19	0.09	0.05	0.04
0.7	6.4	0.7	0.2	0.09	0.05	0.04

表 6 埋深为 0.7 m 和 1 m 的多芯电缆在不对称运行相电流 500 A、450 A、400 A 和中性线电流 90 A 时的磁通密度

埋深 h/m	磁通密度/μT					
	距中相电缆的距离 $+x$ 或 $-x$					
	0 m	2 m	4 m	6 m	8 m	10 m
1	2.6	0.66	0.26	0.15	0.10	0.08
0.7	5.4	0.75	0.27	0.15	0.11	0.08

因中性线与各相构成回路，低压三相电缆的不平衡负荷可能导致三相电缆的电流之和不为零。表 6 给出了低压多芯电缆在不平衡负荷下的磁通密度的实例。

5.3 电力公司的中压/高压厂站

只有那些在被覆盖或用围栏围起来的场地之内的最大磁场值以及邻近公众进出的区域的磁场值才有实际的意义。使用居家型设备的人员定期来到这些场地内的区域的典型磁场值低于 1 μT。

表 7[5]包含了在正常负荷条件下，与高压厂站内包含的典型设备相关的磁通密度值。

表 7 电力公司高压厂站地面处典型的最大磁通密度水平

位 置		系统电压/ kV	最大磁通密度/μT	配电设施周围处的磁通密度/μT
1	枢纽变电站配电装置			
(a)	户外常规配电装置暴露的低压硬母线	500	20	
		220	32	5
		66	35	
(b)	户外常规配电装置的高压架空母线	500	16	5
(c)	GIS 封闭母线	500	110	5
2	发电厂			
(a)	开关站户外常规配电装置电缆	500	25	5
		220	60	
		220	30	
(b)	GIS	220	20	
(c)	变压器外壳	220	240	10
		500	230	10
(d)	汽轮发电机房			
	相隔离母线	14	100	
	仪表板	—	60	
	发电机	—	22	
	大型电动机	—	88	
(e)	控制室		45	
	继电保护室		35	

表 7(续)

	位　　置	系统电压/kV	最大磁通密度/μT	配电设施周围处的磁通密度/μT
3	66/11 kV 变电站室内区			
	变电站一般区域		13	
	变压器		25	
	开关设备后面		35	
4	特殊设备——静止无功补偿器(在护栏周围)		1 000	50
注：有关运行人员正常进入区域磁场的值，可能比邻近设备和导体处的值要高一个数量级。				

5.4 供电部门的低压配电房

本指导性技术文件中所考虑的低压配电房，是安装有中压开关、变压器和有连接电缆的低压配电屏的变电间。通常这种变电间的室内面积为(12～26) m^2，高(3～5) m，用于为低压用户的家居供电。在大型的商业和工业用户的情况下，这些设备经常集中安装在其楼房内。这些变电间产生的工业电磁环境自其物理边界向外延伸约 10 m 的范围，并可能影响附近的家用或商用设备，见图 10。

表 8 中包括这类环境典型的最大磁场值。使用场线圈测量的结果，受谐波电流的影响相当大，因此，在每一位置均给出两个频率下的数值，一个为 50/60 Hz，另一个为 0 kHz～2 kHz。

表 8　供电部门低压配电房的典型磁场值

位　　置	磁场值/A/m	
	50 Hz	0～2 kHz
中压开关附近	50	60
变压器连接线附近	200	300
变压器上部	15	60
低压电缆附近	20	70
房顶外侧附近	5	30

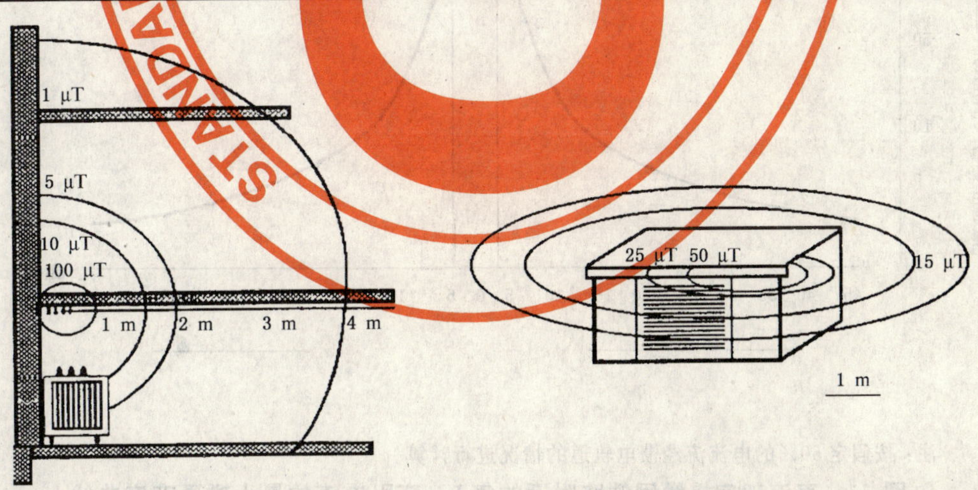

图 10　安装有一台 315 kVA 的 MV/LV 变压器的配电房的磁场分布

6 牵引系统环境

电力牵引系统主要可分为两类：

a) 低压直流系统

由工作电压范围在 500 V～3 000 V 的直流电动机提供牵引动力。电流经馈电轨(第三轨系统)或架空线供给,一部分通过正常的轨道、一部分通过大地返回(见图 11)[3]。系统中压供电网通过三相整流器供电,整流器产生的纹波频率主要为供电网络频率的 6 倍。

直流第三轨系统的磁场值,与以图形方式给出的架空线系统的磁场值相似,如图 11 所示。

b) 中压交流系统

工作电压范围 15 kV～25 kV,供电频率 16 ⅔ Hz、50 Hz 和 60 Hz。电流通过架空线供给,返回电流直接或者经过自耦变压器或吸流变压器从轨道引导到架空返回线。这两种供电方式下的磁场值相似,在图 12[3]中给出。

值得注意在任一特定地点,在牵引线上或其附近的磁场,将会随着运动中的牵引机车的位置相对于电力供应点的位置而显著变化。图 11、图 12 中的值是每 kA 牵引电流的最大磁场值。增加同一路线的轨道数量并不增加磁场的磁通密度,因为增加电流路径导致磁场的抵消或减小。

对于其他牵引电流时的磁通密度允许采用线性换算。在正常运行条件下典型的最大牵引电流如下:

单相交流系统:

—— 单轨道支线上:最高约 0.5 kA

—— 双轨道干线上:最高约 2.0 kA

—— 郊区线路上:最高约 2.5 kA(干线与郊区线路并行)

直流系统:

—— 架空线:最高约 1 kA

—— 地下线:最高约 4 kA

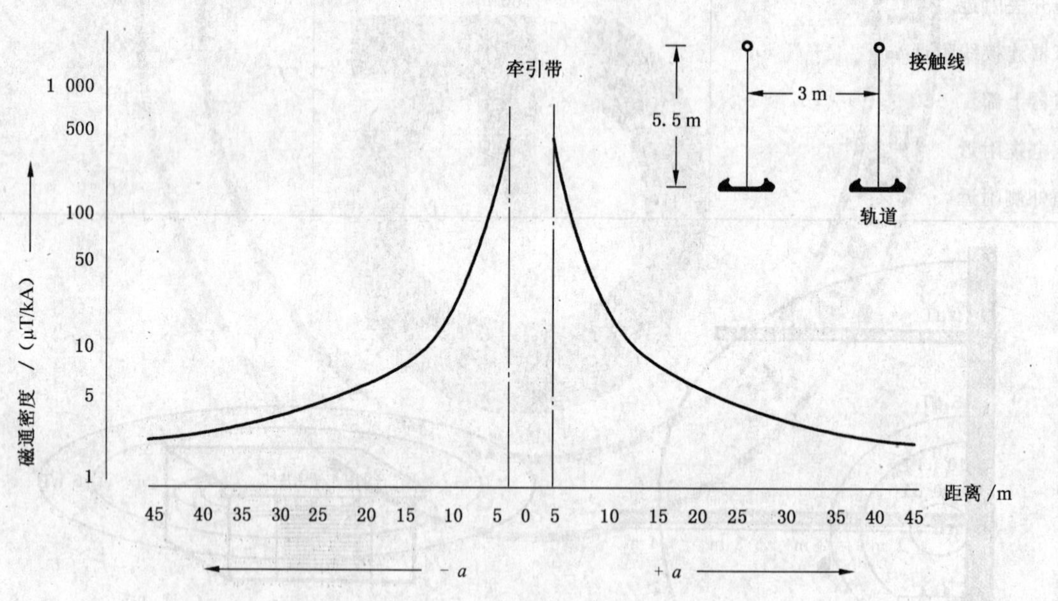

注:按假定 50% 的电流流经馈电轨道的情况进行计算。

图 11 直流架空接触网铁路附近的每 kA 牵引电流的最大磁通密度曲线

对于 $x=0$,接触线在轨道中心的上方,每种情况的地面上方的点在距离(轨道中心)x、轨道表面上方 1 m 处(轨道外侧)。

在接触轨系统情况下的磁通密度曲线位于图 11 中 1.0 kA 和 0.5 kA 的等值曲线中间,因为馈电轨道与回流轨道的距离很小。

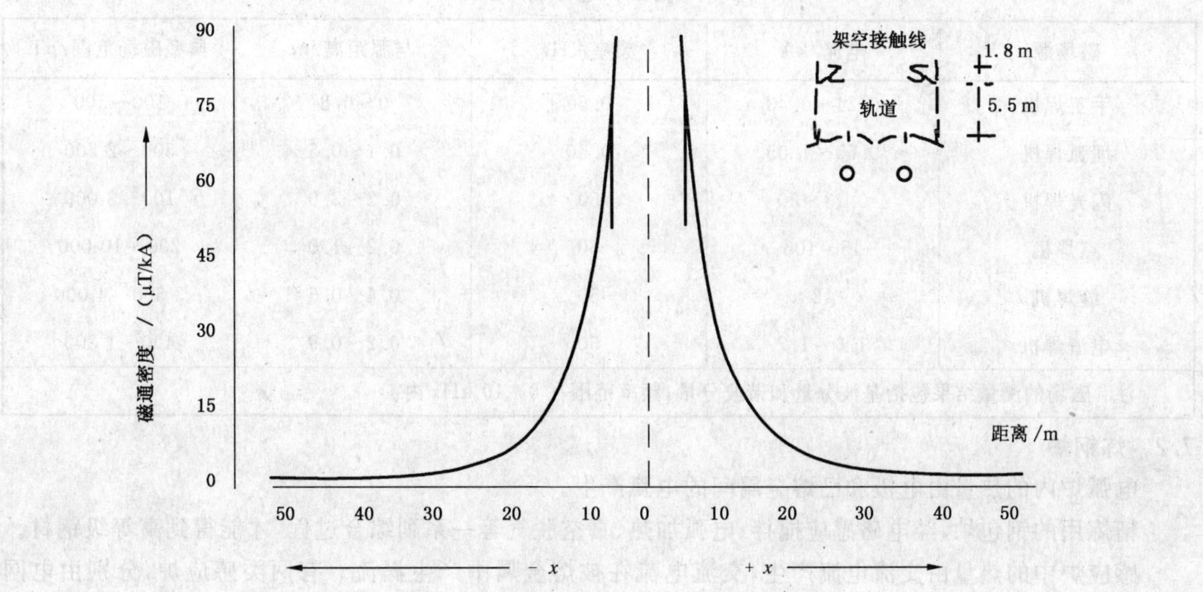

注：磁通密度的数值与曲线的幅值随时间变化，并与距供电变电站的距离，通过馈电轨道和大地电流的比例等有关，在本图中，假定流经馈电轨道的电流为50%。

图 12 采用交流架空接触网(频率为 16⅔ Hz 和 50/60 Hz)的铁路附近每 kA 牵引电流的磁通密度最大值曲线

对于 $x=0$，接触线在轨道中心的正上方。每种情况下的地面上的点在距离(轨道中心)x、且在铁轨表面上方 1 m 处(轨道外侧)。

7 工业环境

工业环境的特征是由大量的单相和三相的波动负荷决定的。它们几乎是全部磁场环境产生的原因。电缆经常采用钢皮或金属线包裹、或钢鞘进行保护。即便如此，仍有一些电缆裸露在外的情形，特别是电镀厂中使用的裸露杆状母线，行车起重机也可能使用裸线作为导线。

某种类型的设备产生的磁场的大小在一定程度上与从电网中取得电流的大小有关。因此，必须将相关磁场的数据与设备的大小联系起来。

在设备操作员位置处测得的关于工业设备的磁场数据在以下章节中给出。

7.1 焊接设备

电弧焊包含了大量的焊接技术。最常用的小件物品的焊接方式是手工金属电弧焊(MMA 焊)。其电流高达 600A，交直流均可。

在埋弧焊中，在连续送入的裸焊条和焊件之间产生电弧。金属粉末填充了焊缝，并覆盖在电弧和液态金属上，因此在焊接过程中它们是看不见的。此类焊接需要相当大的电流(最高达 1 100 A)。

一种特殊形式的电阻焊叫做闪光焊，常用于杆材、异型钢材和成型薄钢板的对焊。它几乎总是使用高达 100 kA 的交流电流。

点焊、缝焊基于与闪光焊相同的原理，只是进行焊接不使用添加剂。

电渣焊是一种自动的块状物焊接方法，最初设计用于焊接非常大的物件。直流焊接设备远比交流设备更常用。

焊接设备通常与重工业环境相联系。表 9[8]中给出不同类型焊接过程产生的代表性的磁场的范围。

表 9 电 焊

磁场源	电流/kA	频率/ Hz	与源距离/m	典型磁场范围/μT
手工焊机	0.24～0.43	0.50	0～0.8	100～500
埋弧焊机	0.65～1.05	0.50	0.1～0.5	500～2 500
闪光焊机	0.13～50	50	0.2～3.0	100～3 000
点焊机	15～106	50	0.2～1.0	200～10 000
缝焊机	12	50	0.4～0.5	3 500～4 000
电渣焊机	1.6～1.7	50	0.2～0.9	400～1 300
注：磁场的测量结果包括基波分量和谐波分量，频率范围在 0～10 kHz 内。				

7.2 炼钢炉

电弧炉内的热量由电极和已熔金属间的电弧产生。

精炼用的钢包炉，经电磁感应搅拌、电弧加热、真空脱气等一系列综合过程，才能得到高等级钢材。

感应炉中的热量由交流电流产生，交流电流在被熔金属中产生涡流。有两类感应炉，分别由电网(50 Hz)供电或高频电源(600 Hz)供电。槽式炉也是感应炉的一种。

感应加热器通常为特殊目的而建造的，其原理是被加热物获得的热量由感应电流产生。其使用的频率高达 10 kHz。

高频和强磁场的结合意味着比其他类型的熔炉的磁场中的能量要高。这类设备通常与重型联合工业环境相联系。不同类型熔炉的磁场的典型范围列于表 10[8]中。

表 10 电钢熔炉

辐射源	电流/A	频率/ Hz	与源距离/m	典型磁场范围/μT	备 注
电弧炉	3×8～3×40	50	2.0	100～1 000	
感应搅拌器	2×0.6	10	2.0	200～300	要求与电弧炉结合时使用
钢包炉	3×13～3×15	50	0.5～1.0	200～8 000	
磁搅拌器	2×0.8	1.6	1.0	100～200	要求与电弧炉结合时使用
感应炉	3×(0.3～0.4)	50	0.6～0.9	100～900	
	3×(0.6～1.2)	600	0.8～2.0		
槽式炉	2×1.2～2×1.5	50	0.6～3.0	100～400	
电渣炉	6	50	1.0～4.0	100～400	
感应加热器	1～4	50～10 000	0.1～1.0	900～70 000	
注：磁场测量值包括基波分量和 0～10 kHz 频率范围内的谐波分量。					

7.3 一般用途的工业设备

下面的表 11[9]列出了在各种工业环境中可能碰到的设备及其磁场的代表值。

表 11 不同机械及其他工业设备在其操作人员位置处所测量的磁通密度

源	额定电流/A	额定电流时的磁通密度/μT
常规焊接机	20～280	5～350
生产线中不同工作周期的焊接机械(几分之一秒通/数秒断)	7 000～14 500	180～4 100
车床	10.0	0.1

表 11(续)

源	额定电流/A	额定电流时的磁通密度/μT
铣床	10.0	0.5
磨床	1.4～10.10	2.3～17.3
剪床	6.6	21.0
电腐蚀装置	3.5	1.4
电锯	2.2	0.2
压缩机	1.4	0.3
成形机	5.7	～0
研磨机	9.0	60.0
钢筋机	5.2	0.5～5.9

8 商业办公室环境

单层的小办公室经受的总体磁场水平与住宅区环境的相似。多层办公楼经受的较高水平的磁场背景，是因为其电气装置带有较大的电流且与配电网表现相似；在其中性线上经常有较大的三次谐波电流分量。在城区，配电变电站通常坐落在商业办公室及其周围，在这种实际情况经常在距离变电站不足10 m的办公室中产生非常高的磁场；见5.4及图10。1 μT是办公室中心处而不靠近任何电气装置的磁通密度的典型值。

表12[9]中列出不同设备的磁场的典型值。表13[12]为住宅区环境的部分磁场值，是对表12的补充，但应注意这些磁通密度是在靠非常近的地方而不是在操作员的位置处测量的。

表 12 典型办公设备操作员位置处测量的磁通密度

来　　源	测量的磁通密度范围/μT
电传打字机	3.2
复印机	1.0～1.2
视频终端	1.2～1.4
个人电脑	0.2～0.7
打印机	0.6～1.4

表 13 靠近商用设备附近的磁通密度的典型值

来　　源	场强/μT	距离/cm (凡无说明者为3 cm)
VGA监视器 No.1	7.0	
绿屏监视器	4.4	
VGA监视器 No.2	4.4	
视频终端	4.4	
传真机	0.4	
复印机 No.1	0.4	
复印机 No.2	7.9	9
CD播放机	7.9	
排风扇	7.0	
电热壶	7.9	
音频感应环放大器(完整的)	2.0	
音频感应环放大器(顶盖可移动的)	5.7	

表 13(续)

来　源	场强/μT	距离/cm (凡无说明者为 3 cm)
50W100 V 线性放大器(机壳封闭的)	7.9	9
线性放大器(机壳敞开,PSU 顶部供电)	7.9	
工厂 PA 架	0.8	
EPROM 擦除器	7.9	
双踪示波器 No.1	7.9	10
双踪示波器 No.2	7.9	
音频信号发生器 No.1	7.9	
音频信号发生器 No.2	5.0	
RF 发生器	7.9	5

9　住宅区环境——家用电器

9.1　住宅楼的内部布线

房屋的内部布线和设备通常不会显著的增加磁场的背景值。然而,在公寓住宅区的环境可能与多层商用楼遇到的情况相似:架设有电网而且变电站靠近住房。

住宅内的磁场的背景值取决于距离附近电源供电网络电缆和架空线的远近以及其负载的大小。磁场的场强通常在 0.01 μT～10 μT 的范围内。在人口密度高的地方,如日本,允许架空线距离多层住宅楼很近,这样磁场可能高达 100 μT,见图 13。

在城区,配电变电站坐落于公寓住宅区是很普遍的,这经常在距离变电站不足 10 m 的住宅内产生高值磁场。见图 10。

9.2　住宅设备

并不象供电系统产生的磁场那样,按与源距离的平方衰减,住宅设备产生的磁场按距离的立方衰减。

表 12[9]和表 13、14、15[12]中列出不同住宅设备的磁场的典型值。

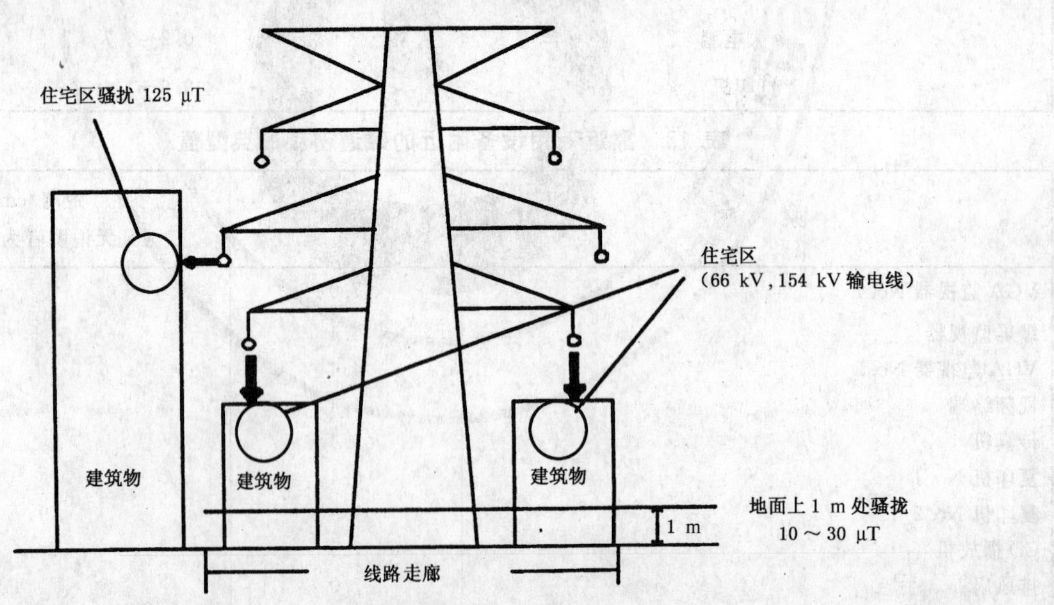

图 13　多层住宅楼附近的 HV 线路产生的磁场
(例如在日本有些住宅楼在 66 kV 或 154 kV 输电线路下)

表 14　60 Hz 各种家用电器附近的磁通密度(3～5 种型号的代表值)

家 用 电 器	距离 z 处的磁通密度/μT		
	z=3 cm	z=30 cm	z=1 m
搅拌器	25～130	0.6～2	0.03～0.12
开罐器	1 000～2 000	3.5～30	0.07～1
干衣机	0.3～8	0.08～0.3	0.02～0.06
洗衣机	0.8～50	0.15～3	0.01～0.15
咖啡机	1.8～25	0.08～0.15	0.01
瓦罐炊具	1.5～8	0.08～0.15	0.01
洗碗机	3.5～20	0.6～3	0.07～0.3
电钻	400～800	2～3.5	0.08～0.2
电热毯	1		
电烤炉	1～50	0.15～0.5	0.01～0.04
电灶(10kW 以上)	6～200	0.35～4	0.01～0.1
电动剃须刀	15～1 500	0.08～9	0.01～0.3
电风扇和鼓风机	2～30	0.03～4	0.01～0.35
荧光台灯	40～400	0.5～2	0.02～0.25
荧光灯具	15～200	0.2～4	0.01～0.3
垃圾处理器	80～250	1～2	0.3～0.1
烘发器	6～2 000	0.01～7	0.01～0.3
电烫斗	8～30	0.12～0.3	0.01～0.025
微波炉	75～200	4～8	0.25～0.6
搅拌器	60～700	0.6～10	0.02～0.25
便携取暖器	10～180	0.15～5	0.01～0.25
电冰箱	0.5～1.7	0.01～0.25	0.01
电动刀锯和圆锯	250～1 000	1～25	0.01～1
电视机	2.5～50	0.04～2	0.01～0.15
电烤箱	7～18	0.06～0.7	0.01
真空吸尘器	200～800	2～20	0.13～2

表 15　不同距离处测量的几种家用电器的 60 Hz 磁场典型值

(摘自 1995 年 Gauger)

	磁场/μT(mG)[dB(μA/m)]		
	3 cm	30 cm	1 m
微波炉	75～200 (750～2 000) [159.5～168]	4～8 (40～80) [134～140]	0.3～0.8 (3～8) [111.5～120]

表 15(续)

	磁场/μT(mG)[dB(μA/m)]		
	3 cm	30 cm	1 m
洗衣机	0.8～40 (8～400) [120～154]	0.2～3 (2～30) [108～131.5]	0.01～0.2 (0.1～2) [82～102]
电炉	6～200 (60～2 000) [102.5～168]	0.4～4 (4～40) [114～134]	0.01～0.1 (0.1～1) [82～102]
电动剃须刀	15～1 500 (150～15 000) [145.5～185.5]	0.1～9 (1～90) [102～141]	0.04～0.3 (0.4～3) [94～111.5]
荧光灯	40～400 (400～4 000) [154～174]	0.5～2 (5～20) [116～128]	0.01～0.3 (0.1～3) [82～111.5]
干发器	6～2 000 (60～20 000) [102.5～174]	0.1～7 (1～70) [102～139]	0.01～0.3 (0.1～3) [82～111.5]
电视机	2.5～50 (25～500) [130～156]	0.04～2 (0.4～20) [94～128]	0.01～0.2 (0.1～2) [82～108]

10 医院环境

10.1 概述

现代医院中存在着复杂的电磁环境,其中包含有许多诸如磁共振成像设备的大功率发射设备,以及许多敏感的设备。除了构成住宅和商业环境特征的发射设备外,医院通常还有产生脉冲大电流的、如继电器控制的电梯马达和 X 射线机等大功率的设备。

10.2 病人的治疗

医院中最高的磁场可能与磁共振成像设备有关,最高达 2 T 的磁场是不常见的。在少数分光系统中使用更强的磁场,这些磁场大多数是直流的。

经常在骨折处使用数周的骨治疗设备产生的磁通密度在 1μT～30μT 范围内,频率在 1 Hz～75 Hz 范围内。

10.3 病房区域

关于病房中的低频磁场数值所发表的资料很少。磁场强度很大程度上随病房的位置变化。在普通医院的病房中,磁场场强可能不会比住宅室内环境大。然而,医务人员使用的诊断设备可能产生更高的磁场,如 10.2 中所提到的,表 13 中包含相关设备的测量数据,如经常在医院病房和治疗中心使用的、并放置在其它电气设备附近的示波器。

在评估可能的 EMC 影响时,建议最大磁通密度应假定与 7.1、7.2 和 7.3 中阐明的工业环境相类似。

11 不同源产生的磁场的总结和比较

图14[7]和图16[6]给出了与架空线相关的磁通密度范围和家用电器以及办公环境磁通密度范围的比较,很明显在不同环境的磁场水平存在相当的重叠。然而,应该注意,产生高水平磁场的家用电器是间断使用并通常持续很短时间。

图15给出了不同类型配电系统的磁场强度的比较。

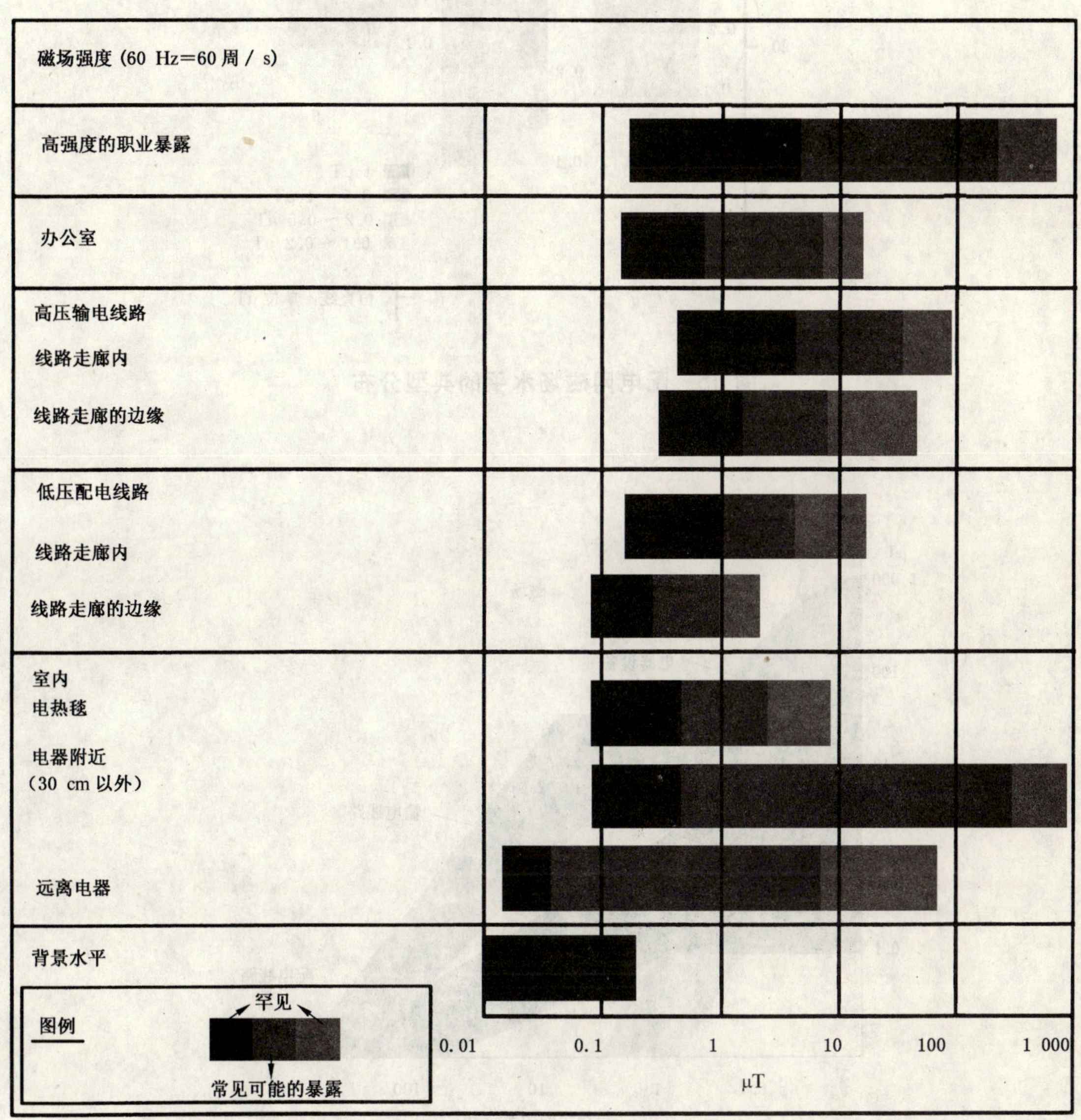

来源:摘自 West Associates Energy Task Force ET-84 项目,1986 年 7 月 11 日。

图 14 与架空线相关的磁通密度范围和家用电器以及办公环境磁通密度范围的比较

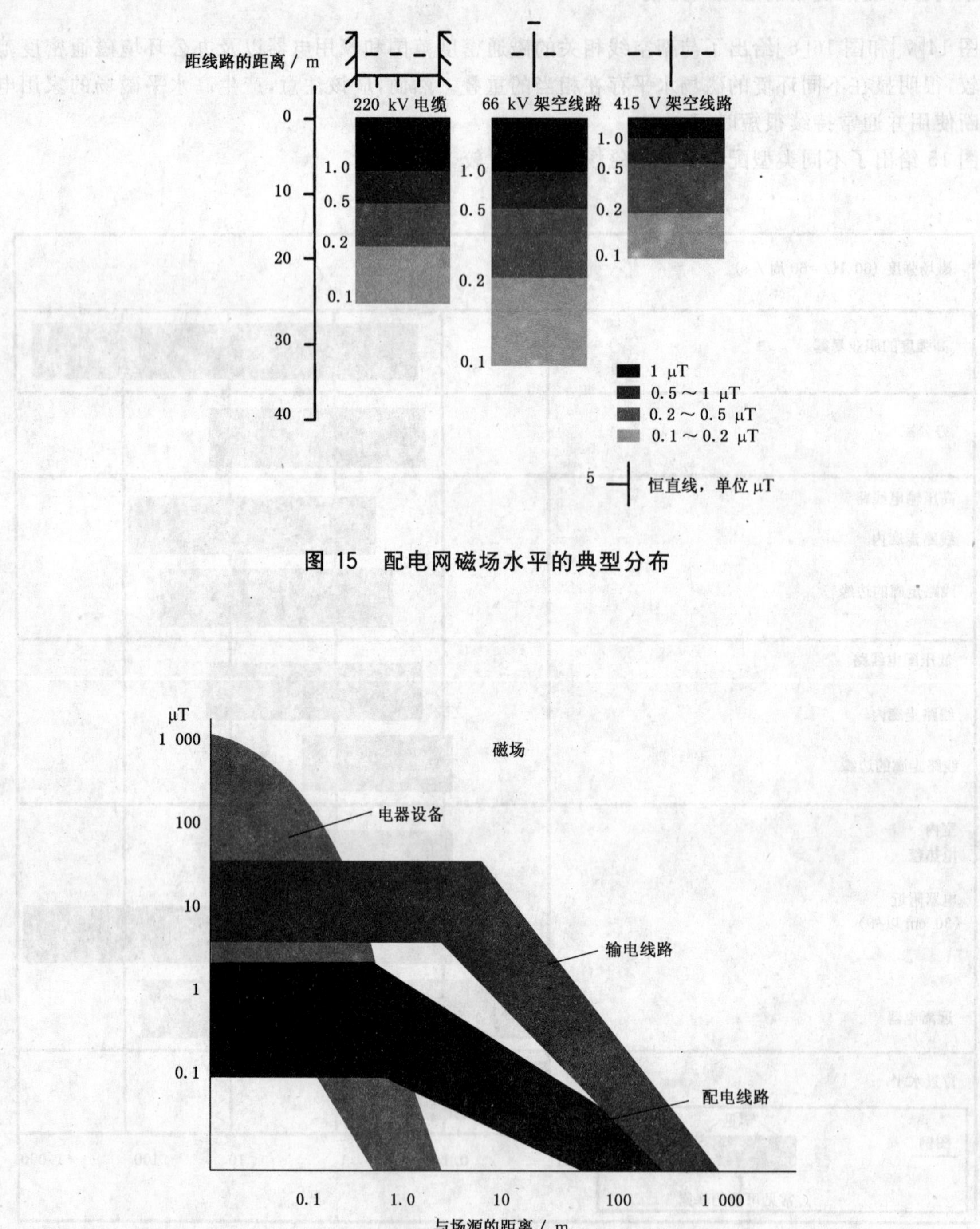

图 15　配电网磁场水平的典型分布

图 16　高压线路的磁通密度的实例(地面以上 1 m)

参 考 文 献

[1] American Geographical Union,1980

[2] World Meteorological Organisation,1955

[3] DIN VDE 0228 Part 6,1991,*Beeinflussung von Einrichtungen der Informationstechnik*.

[4] CIGRE publication No. 74,*Electric power Transmission and the Environment:Fields,Noise and Interference*,1993.

[5] CIGRE Proceedings 1990,36～103,*Magnetic Field Effects in the Victoria Transmission System*,A. T. Wilson,P. J. Wallace,D. C. Smith.

[6] EMC Symposium Zurich 1993,5A5,*Electrical and Magnetic Fields Around Overhead Transmission Lines*,H. J. Haubrich,T. Seitz.

[7] West Associates Energy Task Force Project ET-84,1986.

[8] Radio Science Vol. 17,September 1982,*ELF Magnet Fields in Electrosteel and Welding Industries*,P. Lovsund,P. A. Oberg.

[9] CIGRE Proceedings,1990,36～107,*Measurement of Power Frequency Electric and Magnetic Fields around Different Industrial and Household Sources*,D. Armanini,R. Conti,A. Mantini,P. Nicolini.

[10] Millbank Electronics,Report to BSI,EEL 32/-/3,*Stray Electromagnetic Field Tests*.

[11] Health Physics Vol. 51 No. 2,August 1986,*Human Exposure to Static and Time-Varying Magnetic Fields*,M. A. Stuchly.

[12] GAUGER,1985

ICS 91.120.25
P 15

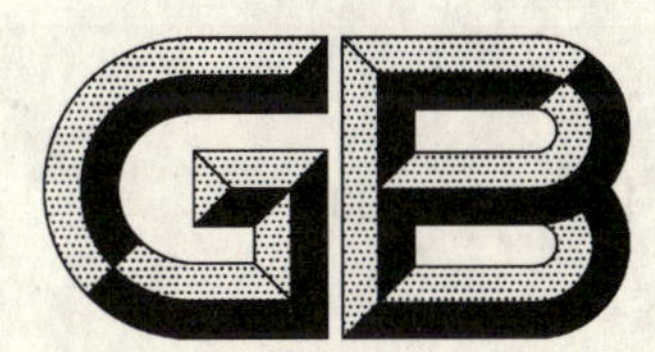

中华人民共和国国家标准

GB/T 18207.2—2005

防震减灾术语
第2部分：专业术语

Terminology of protecting against and mitigating earthquake disasters—Part 2: Special technical terms

2005-03-28 发布 2005-10-01 实施

中华人民共和国国家质量监督检验检疫总局
中国国家标准化管理委员会 发布

前　言

GB/T 18207《防震减灾术语》分为二个部分：

——第1部分：基本术语(GB/T 18207.1—2000)；

——第2部分：专业术语。

本部分为GB/T 18207的第2部分。

本部分由中国地震局提出。

本部分由全国地震标准化技术委员会(SAC/TC 225)归口。

本部分起草单位：中国地震局地球物理研究所、中国地震局地质研究所、中国地震局地壳应力研究所、中国地震局分析预报中心、湖北省地震局、中国地震局工程力学研究所、中国地震局地震台网中心。

本部分主要起草人：李裕澈、车用太、徐宗和、张少泉、刘瑞丰、钱家栋、吴云、王孝信、孙士鋐、赵仲和、陈英方、徐锡伟、李世愚。

防震减灾术语
第2部分:专业术语

1 范围

本部分规定了防震减灾专业技术领域使用的术语和定义。

本部分适用于防震减灾有关工作及制定防震减灾有关法律、法规、标准等,也适用于科研、教学、新闻、出版。

2 规范性引用文件

下列文件中的条款通过本标准的引用而成为本部分的条款。凡是注日期的引用文件,其随后所有的修改单(不包括勘误的内容)或修订版均不适用于本部分,然而,鼓励根据本标准达成协议的各方研究是否可使用这些文件的最新版本。凡是不注日期的引用文件,其最新版本适用于本部分。

GB/T 17159—1997 大地测量术语

GB/T 17741—2004 工程场地地震安全性评价技术规范

GB 18208.2—2001 地震现场工作 第二部分:建筑物安全鉴定

GB/T 18208.3—2000 地震现场工作 第三部分:调查规范

GB 18306—2001 中国地震动参数区划图

GB/T 19531.1—2004 地震台站观测环境技术要求 第1部分:测震

GB/T 19531.2—2004 地震台站观测环境技术要求 第2部分:电磁观测

GB/T 19531.3—2004 地震台站观测环境技术要求 第3部分:地壳形变观测

GB/T 19531.4—2004 地震台站观测环境技术要求 第4部分:地下流体观测

GB 50267—1997 核电厂抗震设计规范

DB/T 11.1—2000 地震数据分类与代码 第一部分:基本类别

JGJ/T 97—1995 工程抗震术语标准

3 地震

3.1 地震种类

3.1.1

天然地震 spontaneous earthquake

地球内部活动引发的地震,主要包括构造地震和火山地震。

3.1.1.1

构造地震 tectonic earthquake

构造活动引发的地震。

3.1.1.2

火山地震 volcanic earthquake

火山活动引发的地震。

3.1.2

诱发地震 induced earthquake

人类活动引发的地震,主要包括矿山诱发地震和水库诱发地震。

3.1.2.1

矿山诱发地震　mining-induced earthquake

矿山开采诱发的地震。

3.1.2.2

水库诱发地震　reservoir-induced earthquake

水库蓄水或水位变化弱化了介质结构面的抗剪强度，使原来处于稳定状态的结构面失稳而引发的地震。

3.1.3

陷落地震　collapse earthquake

由于地下岩层陷落引起的地震。

3.1.4

板内地震　intraplate earthquake

发生在板块内部的地震，主要包括大洋地震和大陆地震。

3.1.4.1

大洋地震　oceanic earthquake

发生在大洋地壳中的板内地震。

3.1.4.2

大陆地震　continental earthquake

发生在大陆地壳中的板内地震。

3.1.5

板间地震　interplate earthquake

发生在板块边界的地震。

3.1.6

浅[源地]震　shallow-focus earthquake

震源深度小于 60 km 的地震。

3.1.7

中源地震　intermediate earthquake

震源深度在 60 km～300 km 范围内的地震。

3.1.8

深[源地]震　deep-focus earthquake

震源深度大于 300 km 的地震。

3.1.9

地震参数　seismic parameter

描述地震基本特征的物理量。

3.1.9.1

发震时刻　origin time

地震波开始传播的时刻。

3.1.9.2

震中位置　epicentral location

震中的地理经度和地理纬度。

3.1.9.3

震源深度　focal depth

震源与震中的距离。

3.1.9.4

近震震级　local magnitude

地方震级

用近震记录测定的地震震级，用 M_L 表示。

3.1.9.5

体波震级　body wave magnitude

用地震体波测定的震级。其中用短周期体波记录测定的以 m_b 表示；用中周期体波记录测定的以 m_B 表示。国际上通用 M_b 表示。

3.1.9.6

面波震级　surface wave magnitude

用地震面波记录测定的地震震级，用 M_S 表示。

3.1.9.7

矩震级　moment magnitude

用地震矩换算的震级，用 M_W 表示。

3.1.9.8

地震能量　seismic energy

地震时震源辐射的弹性波的能量。

3.1.9.9

断层面解　fault plane solution

根据地震波记录获得的表示断层错动面的几何参数，包括：断层面走向、倾向、倾角和3个主应力轴的空间位置。

3.1.9.10

地震矩　seismic moment

对地震大小的一种绝对量度，用 M_0 表示。

3.1.9.11

震源尺度　focal dimension

从地震记录求得的表征震源大小的参数。

3.1.9.12

地震位错　earthquake dislocation

地震断层错动的距离和方向。

3.1.9.13

[地震]应力降　[seismic] stress drop

地震前后断层面上应力的下降值。

3.2　地震活动性

3.2.1

地震发生率　earthquake occurrence rate

在给定的时间、空间和强度范围内，某个单位时间内地震发生的平均次数。

3.2.2

地震频度　earthquake frequency

一定时空范围内，单位时间内发生的地震次数。

3.2.3

震级—频度关系　magnitude-frequency relation

不同震级与相对应的地震个数之间的关系，又称“古登堡—里克特关系”，用 $\lg N = a - bM$ 表示。N 为对应一定震级 M 的次数，常数 a 表示地震活动总水平，b 是表示大小震级地震的比例系数，说明地震活动性特征。

3.2.4

地震复发间隔　seismic recurrence interval

同一活动断层段上相继发生的两次震级相近的地震之间的时间间隔。

3.2.5

地震周期　earthquake period

特定活动断层段或一个地区从弹性应变能积累到释放所需的时间。

3.2.6

前震　foreshock

地震序列中，主震前的所有地震的统称。

3.2.7

主震　mainshock

地震序列中的最大地震。如果地震序列中有两个最大地震，称为双主震。

3.2.8

余震　aftershock

地震序列中，主震后的所有地震的统称。

3.2.9

地震活跃期 seismically active period

地震活动频度相对较高，强度相对较大的时段。

3.2.10

地震平静期 seismically quiet period

地震活动频度相对较低，强度相对较弱的时段。

3.2.11

地震序列　earthquake sequence

某一时间段内连续发生在同一震源体内的一组按次序排列的地震。

3.3　活动构造

3.3.1

活动构造　active tectonics

晚第四纪以来有活动的构造，包括活动断层、活动褶皱、活动盆地、活动隆起等。

3.3.2

活动断层　active fault

晚第四纪以来有活动的断层。

3.3.2.1

地震活动断层　seismo-active fault

曾发生和可能发生地震的活动断层。

3.3.2.2

隐伏活动断层　buried active fault

被第四纪松散沉积物覆盖的，在地表没有醒目迹线的活动断层。

3.3.2.3

能动断层　capable fault

地表或近地表处有可能引起明显错动的活动断层。

3.3.2.4

断错地貌 offset landform

断层错动形成的地貌形态。

3.3.3

发震构造 seismogenic structure

曾发生和可能发生破坏性地震的地质构造。

3.3.4

地震构造区 seismotectonic province

具有同样地质构造和地震活动性的地理区域。

3.3.5

地震地表破裂带 earthquake surface rupture zone

震源断层错动在地表产生的破裂和形变的总称，由地震断层、地震鼓包、地震裂缝、地震沟槽等组成。

注：改写 GB/T 18208.3—2000，定义 3.12。

3.3.5.1

地震断层 earthquake fault

震源错动在地表形成的断层。

注：改写 GB/T 18208.3—2000，定义 3.14

3.3.5.2

地震褶皱 earthquake fold

伴随地震形成的快速弯曲变形。

3.3.5.3

地震鼓包 earthquake mole track

地震地表破裂带内次级斜列断层不连续挤压阶区的小型隆起和褶皱，也称挤压脊。

3.3.5.4

地震裂缝 earthquake ground fissure

地震造成的没有明显错动的地面裂缝。

3.3.5.5

原生地表破裂 primary surface rupture

地震过程中构造因素产生的地表破裂。

3.3.5.6

次生地表破裂 secondary surface rupture

地震过程中非构造因素产生的地表破裂。

3.3.5.7

地震破裂段 earthquake rupture segment

断层上一次地震事件产生破裂的部分。

3.3.5.8

地震陡坎 earthquake scarp

地震断层错动在地表形成的地形陡坎。

3.3.5.9

地震沟槽 earthquake trough

地震造成的长条状低洼槽地。

3.3.5.10

同震位移　coseismic displacement

一次地震引起地震断层两盘块体的相对错动。

3.3.5.11

同震隆起　coseismic uplift

一次地震引起的地面局部隆升现象。

3.4　地球物理探测

3.4.1

深部地球物理探测　deep geophysical exploration

用地球物理学的原理和方法，探测地壳上地幔的物性结构和构造。

3.4.2

深地震测深　deep seismic sounding

用人工激发的地震波折射记录和临界反射记录，探测地壳上地幔的速度结构。

3.4.3

地震反射剖面探测　deep seismic reflection profiling

用可控人工振动源激发的地震波近垂直反射记录，计算地下介质的分层速度与厚度，以获得地壳上地幔的精细结构。

3.4.4

大地电磁测深　magnetotelluric sounding

用天然电磁场或人工激发源探测地球内部的电性结构。

3.4.5

大地热流探测　survey of terrestrial heat flow

利用地下温度梯度和岩石热导率参数等数据，探测地面热流和地壳上地幔热状态。

4　地震监测与地震预报

4.1　测震

4.1.1

测震　seismometry

对地震波的观测、分析和研究。涉及仪器研制、地震观测、地震记录解释、地震活动性分析等。

4.1.2

地震图　seismogram

地震仪记录的地面运动波形图。

4.1.3　地震波

4.1.3.1

地震体波　seismic body wave

在地球岩层内部传播的地震波。通常包括地震纵波和地震横波。

4.1.3.2

地震面波　seismic surface wave

沿着地球表面或岩层分界面传播的地震波。常见的有乐夫波和瑞利波。

4.1.3.3

地震波走时曲线　seismic wave travel time curve

反映地震波传播的时间与震中距关系的曲线。

4.1.3.4

地震波走时残差　residual of seismic wave travel time

地震波的观测走时与计算走时之差。

4.1.3.5

地震波形　seismic waveform

地震仪记录的地震波形态。

4.1.3.6

地震波衰减　attenuation of seismic wave

地震波能量随震源距或震中距的增大逐渐减小的现象。

4.1.3.7

地震波传播路径　propagation path of seismic wave

地震波在地球介质中及表面传播的途径。

4.1.3.8

地震波速　seismic wave velocity

地震波的传播速度。

4.1.3.9

初至波　primary wave

在地震记录上,第一个到达的震相。

4.1.4

[地震]震相　[seismic] phase

具有不同振动性质和不同传播路径的地震波在地震记录上的特定波形。

4.1.4.1

[地震]震相标志　mark of [seismic] phase

标示震相名称和特征的符号。

4.1.4.2

[地震]震相特征　characteristic of [seismic] phase

描述震相性质的参量。包括到时、初动极性、振幅、周期等。

4.1.4.3

[地震]震相分析　analysis of [seismic] phase

对地震记录的解释。包括震相辨认和震相要素测定等。

4.2 地磁观测

4.2.1

地磁场　geomagnetic field

地球的磁场。存在于地心到磁层边界的空间范围内,由主磁场、地壳磁场、变化磁场和感应磁场四部分构成。

[GB/T 19531.2—2004,定义 3.2]

4.2.2

地磁要素　geomagnetic element

描述空间某点地磁场强度矢量的各种分量。常用地磁要素为总强度 F、磁偏角 D、磁倾角 I、水平强度 H、垂直强度 Z、北向分量 X 和东向分量 Y 等 7 个。

4.2.3

主磁场　main field

起源于地球液态外核,变化缓慢的地磁场,是地磁场的主要成分。

4.2.4

国际地磁参考场　International geomagnetic reference field(IGRF)

描述主磁场及其长期变化的数学模型。由国际地磁学和高空大气学协会(IAGA)定期(通常每五年)确定和公布。

4.2.5

地磁长期变化　geomagnetic secular variation

地磁场发生的缓慢变化。

4.2.6

地磁异常变化　geomagnetic anomaly variation

地磁场梯度发生显著变化或者偏离正常规律的变化。

4.2.7

变化地磁场　geomagnetic variation field

起源于地球外部的各种短周期的地磁场变化,是地磁场的微弱成分。

4.2.7.1

地磁太阳日变化　geomagnetic solar daily variation

以一个太阳日为周期,依赖于地方太阳时的地磁场变化。

4.2.7.2

地磁太阴日变化　geomagnetic lunar daily variation

以半个太阴日为主要周期,依赖于地方太阴时的地磁场变化。

4.2.7.3

地磁太阳静日变化(Sq)　geomagnetic solar quiet daily variation

地磁平静日的太阳周日变化,用 Sq 来表示。

4.2.7.4

地磁太阳扰日变化(Sd)　geomagnetic solar disturbed daily variation

磁扰期间叠加在 Sq 上的一种太阳日变化。

4.2.8

磁扰　magnetic disturbance

地磁场各种扰动的总称。磁扰包括了许多类型,如磁暴、亚暴、湾扰、钩扰、磁脉动等。

4.2.9

磁暴　magnetic storm

由太阳活动喷发出的大量等离子体流与磁层相互作用而造成的,全球同时发生的强烈地磁场扰动。

4.2.10

地磁湾扰　geomagnetic bay

高纬极光区地磁亚暴产生的,表现在中低纬地区形态近似海湾状、幅度为几十纳特之内的地磁场扰动。

4.2.11

地磁脉动　geomagnetic pulsation

周期在 0.2 s～1 000 s 的地磁场短周期变化。

4.2.12

地磁绝对测量　absolute magnetic measurements

对地磁要素的绝对测量。

4.2.13

地磁(相对)记录　recording of magnetic variations

对地磁要素相对变化量的记录。

4.2.14

地磁流动测量　geomagnetic repeated survey

在固定测点或测网上的地磁要素的定期重复测量。

4.2.15

地磁梯度测量　geomagnetic gradient survey

地磁要素在空间沿某一方向变化的测量。

4.2.16

构造磁效应　tectonomagnetic effect

构造活动所伴随的局部地磁场变化。

4.2.17

地震磁效应　seismomagnetic effect

地震的孕育、发生所引起的局部地磁场变化。

注：在物理上对这一效应的解释可为：压磁效应、电动效应、感应磁效应、热磁效应和流变磁效应等。

4.2.18

地磁图　geomagnetic chart

以等值线或等变线形式绘制在地图上形成的，表示地磁场各要素及其长期变化的空间分布的图件。

4.2.19

磁照图　magnetogram

记录地磁要素随时间变化的感光记录图。

4.2.20

[地磁测量数据]通化　reduction [of geomagnetic survey data]

从地磁测量资料中减去变化磁场，并进行仪器差改正，以便把各个测点的观测值化为同一时刻、统一标准的数值的过程。

4.3　地电观测

4.3.1

地电场　geoelectric field

由固体地球内部和外部的各种非人工电流系统与地球介质相互作用产生的分布于地表的电场。地电场可分为大地电场和自然电场。

4.3.1.1

大地电场　telluric

与磁层和电离层中的电流体系的运动有关的地电场。

4.3.1.2

自然电场　spontaneous electric field

地壳内部各类物理化学作用引起的正负电荷分离产生的地电场。

4.3.2

地电阻率　geoelectrical resistivity

表征观测点位地下某一特定探测范围内介质综合导电能力的物理量，其量纲与电阻率相同，又称视电阻率。

4.3.3

真电阻率　true resistivity

表征地球介质复杂结构下分区均匀介质导电属性的物理量。

4.3.4

大地电场异常　anomalous change in telluric

从剔除大地电场周期变化、地电暴变化的数据处理中所提取的大地电场水平强度变化的总称。

4.3.5

自然电场异常　anomalous change of spontaneous electric field

从剔除自然电场正常变化和干扰变化的数据处理中所提取的自然电场水平强度变化的总称。

4.3.6

异常低频电磁扰动　anomalous electro-magnetic disturbance in low frequency band

地震前发生在特定的低频电磁波段的强烈电磁扰动。

4.3.7

地电阻率异常　anomaly of geoelectrical resistivity

从剔除地电阻率正常变化和干扰变化的数据处理中所提取的地电阻率变化的总称。

4.3.8

地电暴　telluric storm

磁暴期间与磁暴同步出现的地电场水平强度的变化。

4.3.9

地电阻率影响系数　influence coefficient in geoelectrical resistivity change

描述定点观测中地电阻率变化与真电阻率变化关系的量。也称地电阻率响应系数或地电阻率权系数。

4.4　地壳形变观测

4.4.1

地壳形变　crustal deformation

在地球内力和外力作用下，地壳几何形态产生的变化。

4.4.1.1

地壳应变　crustal strain

在地球内力和外力作用下，地壳中的应变状态。

4.4.1.2

地壳应力　crustal stress

在地球内力和外力作用下，地壳的应力状态。

4.4.2

地壳形变场　crustal deformation field

地壳形变的空间分布。

4.4.2.1

地壳应变场　crustal strain field

地壳应变的空间分布。

4.4.2.2

地壳应力场　crustal stress field

地壳应力的空间分布。

4.4.3

地壳形变测量　crustal deformation measurement

在地壳表面对地壳的形变或运动进行的测量。

4.4.3.1

水平地壳形变测量　horizontal crustal deformation measurement

对地壳形变或运动的水平分量进行的测量。

4.4.3.2

垂直地壳形变测量　vertical crustal deformation measurement

对地壳形变或运动的垂直分量进行的测量。

4.4.3.3

跨断层地壳形变测量　fault-crossing crustal deformation measurement

观测断层两侧固定点位间垂直方向相对位移和水平方向相对位移。

4.4.4

流动地壳形变测量　mobile crustal deformation measurement

在一定区域内的固定观测点上对地壳形变进行的巡回重复测量。

4.4.5

定点连续地壳形变测量　crustal deformation continuous measurement at a fixed site

在固定台站或观测点上用地形变测量仪器进行长期连续的地形变测量。可分为地倾斜观测、地应变测量和地应力测量。

4.4.5.1

地倾斜观测　crustal tilt observation

在洞室或钻孔内观测地平面与水平面之间的夹角及其随时间的变化。

[GB/T 19531.3—2004 定义 3.1]

4.4.5.2

地应变观测　crustal strain observation

在洞室或钻孔内观测地应变及其随时间的相对变化。

[GB/T 19531.3—2004 定义 3.2]

4.4.5.3

固体潮观测　[solid] earth tide observation

对固体地球在日、月引潮力作用下产生的周期性变形的观测。

4.4.6　地壳形变测量方法

4.4.6.1

GPS 卫星全球定位系统　navigation by satellite timing and ranging-global positioning system

由美国国防部研制和建立的用于在全球范围内进行定位的卫星导航和定位系统。

[GB/T 17159—1997,定义 6.109]

4.4.6.2

卫星激光测距　Satellite Laser Ranging (SLR)

利用激光测距仪在地面上跟踪观测装有激光反射棱镜的卫星,测定测站到卫星的距离的测量技术和方法。

[GB/T 17159—1997,定义 6.81]

4.4.6.3

甚长基线干涉测量　Very Long Baseline Interferometry(VLBI)

利用电磁波干涉原理,在多个测站上同步接收河外射电源(类星体)发射的无线电信号,并对信号进行测站间时间延迟干涉处理以测定测站间相对位置以及从测站到射电源方向的测量技术和方法。

[GB/T 17159—1997,定义 6.86]

4.4.6.4

合成孔径雷达干涉测量　Interferometric Synthetic Aperture Radar(InSAR)

利用合成孔径雷达图像复数型数据中含有的相位信息,通过干涉处理获取地面点位三维信息的测量技术和方法。

4.4.6.5

差分合成孔径雷达干涉测量　Difference Interferometric Synthetic Aperture Radar(D-InSAR)

通过比较同一地区不同时间的两幅合成孔径雷达干涉纹图的相位信息，获取地面形变信息的测量技术和方法。

4.4.6.6

精密水准测量　precise leveling

用精密水准测量仪器观测两个水准点间的海拔高程及其变化的技术和方法。

4.4.6.7

绝对重力测量　absolute gravity measurement

对重力观测点重力值的测量。

4.4.6.8

相对重力测量　relative gravity measurement

对两个观测点重力差值的测量。

4.4.6.9

卫星重力测量　satellite gravity measurement

利用地面跟踪观测卫星轨道摄动，卫星跟踪卫星，卫星测高及卫星重力梯度等观测技术和方法确定地球重力场。

4.4.7

地壳形变异常　crustal deformation anomaly

地形变测量发现的地壳构造运动引起的异常变化。

4.4.8

重力异常变化　anomalous variation of gravity

扣除重力周期性变化和其他规则性变化后的剩余变化。

4.5　地下流体观测

4.5.1

地下流体　subsurface fluid, ground fluid

充填于地面以下固体(格架)中可流动的水、气、油等呈液态、气态形式存在的介质的总称。

[GB/T 19531.4—2004，定义 3.1]

4.5.2

水位　ground water table level

地震地下水观测井中水面的位置，分为静水位与动水位，其基本单位为 m。

4.5.2.1

静水位　static ground water level

观测井中水面位置低于地表面时，由井口固定参考点向下到井水面的垂直距离。

4.5.2.2

动水位　dynamic ground water level

观测井中水面位置高于地表面并有泄流时，由泄流口的中心面向上到井水面的垂直距离。

4.5.2.3

水位固体潮效应　tidal effect of ground water level

日月对地球的引力作用引起的井水位的有规律变化。

4.5.2.4

水位气压效应　barometric effect of ground water level

大气压力的波动引起的井水位变化。

4.5.2.5

井水位地表荷载效应　surface load effect of ground water level

作用在大地表面上的荷载(河、湖、海的水位涨落、降雨积水、机械振动、泥石流堆积等)变化引起的井水位变化。

4.5.2.6

水位断层蠕动效应　fault creep effect of ground water level

断层蠕动作用引起的井水位变化。

4.5.2.7

水震波　oscillation of ground water level

地震波作用下产生的井水位的振荡现象。

4.5.3

溶解气　dissolved gas in ground water

溶解于井、泉水中的气体。

4.5.3.1

溶解氡　dissolved radon in ground water

溶解于井、泉水中的氡(Rn),其基本单位为 Bq/L。

4.5.3.2

溶解汞　dissolved mercury in ground water

溶解于井、泉水中的汞(Hg),其基本单位为 ng/L。

4.5.4

逸出气　escaped gas from ground water

在一定的温度与压力条件下,由井、泉水中逸出的气体。

4.5.4.1

逸出气汞　escaped gas mercury from ground water

由井、泉水中逸出的汞(Hg)。

4.5.4.2

逸出气氡　escaped gas radon from ground water

由井、泉水中逸出的氡(Rn)。

4.5.5

地下气体　underground gas

活动于地面以下固体介质空隙中的气体。

4.5.6

断层气　fault gas

活动于断层带中的气体。

4.5.7

土壤气　soil gas

活动于土壤层孔隙中的气体。

4.5.7.1

土壤气氡 soil gas radon

由断层带及其两侧上覆岩土中逸出的氡(Rn)。

4.5.7.2

土壤气汞 soil gas mercury

由断层带及其两侧上覆岩土中逸出的汞(Hg)。

4.5.8

地下流体动态　behavior of subsurface fluid

地下流体的物理特性与化学组分随时间的变化。包括：地下流体的年、月、日动态。

4.5.8.1

地下流体正常动态 normal behavior of subsurface fluid

地质—水文地质环境及观测条件不变的情况下观测到的地下流体动态的有规律的变化。

4.6　地震预报

4.6.1

阶段性地震预测　stage earthquake prediction

根据地震孕育过程的特征，以长、中、短、临渐进的方式分阶段进行的预测。

4.6.2

地震综合预测　comprehensive earthquake prediction

在综合分析各类异常的基础上，为提出未来震情判定意见进行的预测。

4.6.3

地震经验预测　empirical earthquake prediction

根据已有的震例进行类比推测未来地震的预测。

4.6.4

地震概率预测　prediction of earthquake probability

在地震活动与各种前兆信息进行统计分析的基础上，对未来地震发生可能性大小的预测。

4.6.5

地震物理预测　physical prediction of earthquake

以一定的孕震理论和前兆模式，对未来地震进行的预测。

4.6.6

地震微观异常　microscopic pre - earthquake anomaly

在地震发生前，借助仪器观测到的可定量分析的异常。

4.6.7

地震宏观异常　macroscopic pre - earthquake anomaly

非仪器观测到的异常。

4.6.8

地震突发性异常　sudden pre - earthquake anomaly

急剧变化的大幅度异常。

4.6.9

地震趋势性异常　trendy pre - earthquake anomaly

持续时间较长的连续性异常。

4.6.10

地震空区　seismic gap

地震孕育过程中，由小震所围成或部分围成的，处于断裂活动构造带上的无震区域。

4.6.11

地震活动带　seismically active belt

地震活动沿活动构造带分布，带内地震活动水平显著增强，带外地区显著平静的图像。

4.6.12

地震迁移　earthquake migration

地震发生地点在一定范围或一定距离内呈某种呼应规律的图像。

4.6.13

地震短期预报方案　short-term earthquake forecast scheme

地震重点监视防御区所在的地震主管部门或机构制定的地震短期预报判定指标和跟踪监测措施。

4.6.14

临震预报方案　imminent earthquake forecast scheme

地震重点监视防御区所在的地震主管部门或机构制定的临震预报警戒指标和应急对策。

5　地震台(站)网与地震数据

5.1　地震台(站)

5.1.1

测震台(站)　seismograph station

布设固定观测的地震仪，用于连续观测地面运动的地震台。

5.1.2

地磁台(站)　geomagnetic observatory

测定地磁要素及其变化的地震台。

5.1.3

地电台(站)　geoelectrical station

布设有固定装置系统和信息检测系统并连续从事地电场、地电阻率观测的地震台。

5.1.4

地形变台(站)　crustal deformation station

用于监测地壳形变的地震台。

5.1.5

重力台(站)　gravity station

用于监测重力变化的地震台。

5.1.6

地下流体台(站)　observation station of subsurface fluid

观测地下流体动态的地震台。

5.2　地震监测台网

5.2.1

数字地震台网　digital seismological network

能获得数字化地震记录的地震台网。

5.2.2

国家地震台网　state seismological network

在全国范围内建立的国家基准地震台网。

5.2.3

区域地震台网　regional seismological network

在一定区域范围内建立的地震台网。

5.2.4

强震动台网　strong motion station network

进行强地面运动观测的地震台网。

5.2.5

火山地震台网　seismological network for volcanic activity

通过地震动观测监视火山活动的地震台网。

5.2.6

水库地震台网　seismological network for reservoir-induced earthquake

监视水库诱发地震的地震台网。

5.2.7

地磁台网　geomagnetic network

按照地磁场监测需求而布设的,空间分布上具有一定密度的地磁观测观测网。

5.2.8

地电台网　geoelectrical network

按照地震监测需求而布设的、空间分布上具有一定密度的地电台站所组成的观测网。

5.2.9

地形变台网　crustal deformation network

按照地震监测需要而布设的,空间分布上具有一定密度的地形变观测台站组成的观测网。

5.2.10

水文地球化学台网　hydro-geochemical observation network

布设在一定区域内的,由多个以地下水化学动态观测为主的台(站)构成的观测网。

5.2.11

地下水井网　groundwater observation well-network

布设在一定区域内的,由多个以地下水物理动态观测为主的井(点)构成的观测网。

5.2.12

水准网　leveling network

由多条水准路线构成带有结点的网状系统,用于地面点海拔高程及其变化的测定。

5.2.13

GPS 连续跟踪网　continuouse tracking stations of GPS satellite

由定点连续对 GPS 卫星进行跟踪观测的测站组成的,用于监测测站位置随时间变化的观测网。

5.2.14

重力网　gravity monitoring network

按照一定地震监测需要而布设的重力点构成的,用于观测大面积的重力非潮汐变化的观测网。

5.3　地震数据

5.3.1

地震数据　earthquake data

与地震的孕育、发生、地震动传播及地震所造成的后果以及减轻地震灾害相关联的数据。

[DB/T 11.1—2000,第 2 章]

5.3.2

地震观测数据　seismological observation data

由永久性或临时性地震观测台(网)获得的原始记录,对这些记录进行分析处理得到的次生数据以及为使用这些数据所需要的基础数据和辅助数据。

5.3.3

地震现场勘查数据　data of earthquake field survey

通过现场调查与深部探测获得的关于地震宏观现象、地震地质和地球内部结构的原始记录及经过加工再生的数据。

5.3.4

地震实验数据　experimental data on earthquake

为解决地震科学问题在实验室环境中进行各种试验所得到的原始测量数据及相关数据,包括原始记录、试验环境与试验条件数据、试验样品数据以及处理结果数据等。

5.3.5

地震灾害数据　data on earthquake disaster

由地震造成的人员伤亡、财产损失、环境和社会功能的破坏等灾害，以及由地震造成的工程结构和自然环境的破坏所引发的地震次生灾害(如火灾、水灾、爆炸、瘟疫、有毒物质泄漏等)的记载数据、灾害预测与灾害评估数据和汇编数据。

5.3.6

地震预测数据　data on earthquake prediction

关于地震预测的依据、预测结果和对预测结果的评估数据。

5.3.7

地震预报数据　data on earthquake forecasting

关于地震预报的发布、准确性及预报效果的数据。

5.3.8

地震减灾数据　data on earthquake disaster mitigation

关于减轻地震灾害的数据，包括与地震灾害的预测、预报、预防、地震应急，以及震后救灾与重建有关的数据。

5.3.9

地震数据处理　earthquake data processing

对地震数据进行分析处理，提取所包含的科学信息的过程。

5.3.10

地震数据管理　management of earthquake data

对地震数据进行的汇集、存储、更新、共享、数据安全性控制等工作。

5.3.11

地震数据库　earthquake database

以各类地震数据作为管理对象的数据库。

5.3.12

地震数据分类　category of earthquake data

根据地震数据的属性和特征对地震数据进行的分类。

5.3.13

地震数据代码　code for earthquake data

按照地震数据的分类，对不同类别的地震数据赋予的编码。

6　地震灾害预防

6.1　抗震设防要求

6.1.1

地震动　ground motion

地震引起的地面运动。

6.1.1.1

地震动参数　ground motion parameter

表征地震引起的地面运动的物理参数，包括峰值、反应谱和持续时间等。

6.1.1.2

地震动振幅　amplitude of ground motion

地震动加速度、速度或位移的峰值、最大值或特定含义上的有效值的统称。

6.1.1.3

地震动峰值速度　Peak Ground Velocity(PGV)

地震动质点运动速度的最大绝对值。

6.1.1.4

地震动峰值加速度　Peak Ground Acceleration(PGA)

与地震动加速度反应谱最大值相应的水平加速度。

[GB 18306—2001,定义 2.2]

6.1.1.5

地震动峰值位移　Peak Ground Displacement (PGD)

地震动质点运动位移的最大绝对值。

6.1.1.6

地震动持续时间　ground motion duration

在地震动的加速度时程中,超过某一强度的或可能引起工程结构破坏的那段地震动的持续时间。

[JGJ/T 97—1995,定义 3.1.4.3]

6.1.1.7

超越概率　probability of exceedance

在一定时期内,工程场地可能遭遇大于或等于给定的地震烈度值或地震动参数值的概率。

6.1.1.8

一致概率反应谱　probability-consistent response spectrum

在相同超越概率水平下,不同周期点的反应谱值所组成的谱。

6.1.1.9

场地相关反应谱　site-specific response spectrum,site-dependent response spectrum

考虑地震环境及场地条件影响得到的地震反应谱。

6.1.1.10

人造地震动　artificial ground motion

为进行结构物地震反应分析或试验而生成的满足一定条件(如对幅值、频谱和持续时间的要求)的地震动时间历程。

6.1.2　地震危险性分析

6.1.2.1

本底地震　background earthquake

一定地区内没有明显构造标志的最大地震。

6.1.2.2

潜在震源区　potential seismic source zone

未来可能发生破坏性地震的地区。

6.1.2.3

地震活动性参数　seismic activity parameter

在地震危险性概率分析中,描述一定时间、空间范围内发生的地震在强度、频度、时间和空间等方面的分布规律和特征的定量指标。

6.1.2.4

起算震级　lower limit magnitude

地震危险性概率分析中参与计算的最低震级。

6.1.2.5

震级上限　upper limit magnitude

地震危险性概率分析中，地震带或潜在震源区内可能发生的最大地震的震级极限值。

6.1.2.6

震级下限　lower limit magnitude

地震危险性概率分析中，影响工程场地地震危险性的最小地震震级。

6.1.2.7

地震动衰减规律　attenuation law of ground motion

地震动强度随着震源距或震中距增大而减小的统计关系。

6.1.3

地震烈度区划图　seismic intensity zonation map

以地震烈度为指标，将国土划分为不同抗震设防要求区域的图件。

6.1.4

地震烈度表　seismic intensity scale

以地震时人的感觉、器物反应、房屋震害程度、自然环境变化、地震动的加速度、速度等为依据，衡量地震烈度的标尺。

6.1.5

地震动参数区划图　seismic ground motion parameter zonation map

以地震动参数(如峰值加速度和地震动反应谱特征周期)为指标，将国土划分为不同抗震设防要求区域的图件。

6.1.5.1

地震动反应谱特征周期　characteristic period of the seismic response spectrum

地震动加速度反应谱开始下降点的周期。

[GB 18306—2001，定义 2.3]

6.1.5.2

地震动参数复核　checking of seismic ground motion parameter

采用最新基础资料和研究成果，对地震动参数区划图给出的某地地震动参数进行核实或修正。

6.1.6

地震小区划　seismic microzonation

根据地震区划图及某一区域(场地)范围内的具体场地条件给出抗震设防要求的详细分布。包括地震动小区划和地震地质灾害小区划等。

6.1.7

地震地质灾害　earthquake induced geological disaster

在地震作用下，地质体变形或破坏所引起的灾害。

6.1.7.1

地震滑坡　earthquake-caused landslide

地震动引起的岩体或土体沿倾斜面滑移的现象。

6.1.7.2

地震崩塌　earthquake-caused collapse

地震动引起的岩体或土体脱离母体下落、堆积的现象。

6.1.7.3

地震滚石　earthquake-caused rolling stone

地震动诱发的砾石或岩块顺坡自由滚动下落的现象。

6.1.7.4

地震泥石流　earthquake-caused debris flow

地震动诱发的水、泥、石块混合物流动的现象。

6.2 抗震设计

6.2.1 结构抗震

6.2.1.1

地震反应 earthquake response

地震动引起的工程结构内力与变形的动态反应。

6.2.1.2

随机地震反应 random earthquake response

根据地震作用的随机统计特征求出的结构体系的随机反应的统计特征,如平均值、方差、相关函数、谱密度等。

[JGJ/T 97—1995,定义 2.3.4.1]

6.2.1.3

输入反演 input inversion

已知结构动态特性和结构在输入下的反应,按照结构动力学原理,寻求该输入的过程。

6.2.1.4

滞回曲线 hysteretic curve

结构物(或土体)在反复荷载作用下产生非弹性反应时的荷载—位移曲线。

6.2.1.5

结构识别 structural identification

根据已知的系统输入和输出确定系统的模型或参数。

6.2.1.6

抗震性态设计 performance based seismic design

使结构在地震作用下的反应和破坏的性态在预期要求的范围内的抗震设计。

6.2.1.7

结构抗震控制 seismic structure control

根据结构动力学和控制理论对结构地震反应进行控制。

6.2.2 地基抗震

6.2.2.1

场地 site

工程群体所在地,相当于厂区、居民点或自然村或不小于 1.0 km^2 的范围。

[JGJ/T 97—1995,定义 4.1.1]

6.2.2.2

场地类别 site classification

根据土层数剪切波速和场地覆盖层的厚度等自然条件选取工程抗震设计参数和抗震措施时对建设场地进行的分类。

6.2.2.3

基岩 bedrock

底岩上面的最主要的牢固固结的地质层,它的力学性能不同于覆盖层,而且是匀质的。

6.2.2.4

覆盖层 overburden

覆盖在基岩上的土层。

6.2.2.5

地基土 foundation soil

承受结构物荷载的土体。

6.2.2.6

地基失效　ground failure

地震引起的地基丧失其承载能力的破坏现象，包括断层位错、滑坡、土层液化、地基不均匀变形等。

6.2.2.7

饱和土液化　liquefaction of saturated soil

地震时饱和土体由固态变为流态的现象。

6.2.2.8

液化指数　liquefaction index

衡量地基土地震液化引起的场地地面破坏程度的指标。

6.2.2.9

基础　foundation

直接与岩土接触向其传递荷载的建筑物的最下部结构。

6.2.3

地震作用　seismic action

地震对工程结构的外加动态作用。

[JGJ/T 97—1995，定义 5.4.2]

6.2.3.1

极限安全地震动　ultimate safety ground motion

在设计基准期中年超越概率为 10^{-4} 的地震动，其峰值加速度不小于 $0.15g_n$。通常为核电厂区可能遭遇的最大地震动。

[GB 50267—1997，定义 2.1.3]

6.2.3.2

运行安全地震动　operational safety ground motion

在设计基准期中年超越概率为 2×10^{-3} 的地震动，其峰值加速度不小于 $0.075g_n$。通常为核电厂能正常运行的地震动。

[GB 50267—1997，定义 2.1.2]

6.2.3.3

地震影响系数　seismic influence coefficient

给定阻尼比的单质点弹性结构在地震作用下的最大绝对加速度反应与重力加速度比值的统计平均值。

注：改写 JGJ/T 97—1995，定义 5.4.2.22。

6.2.3.4

反应谱　response spectrum

在地震作用下，给定阻尼比的单质点体系的最大相对位移反应、最大相对速度反应或最大绝对加速度反应随质点自振周期变化的曲线。

6.2.3.5

楼面反应谱　floor response spectrum

对于给定的地震动，由结构中特定楼层的楼面反应时程求得的反应谱。

[JGJ/T 97—1995，定义 5.4.2.1]

6.2.3.6

地震作用效应　effect of seismic action

结构和构件由地震作用产生的内力(弯矩、剪力、轴力、扭矩等)或变形。

[JGJ/T 97—1995,定义 5.4.3]

6.2.4 抗震措施

6.2.4.1

抗震概念设计 conceptual design for earthquake resistant

基于震害经验建立的抗震基本设计原则,包括结构的总体布置和细部构造。

注:改写 JGJ/T 97—1995,定义 5.2.1。

6.2.4.2

抗震构造措施 constructional measure for earthquake resistant

为提高工程结构抗震性能,根据抗震概念设计原则,对结构细部构造采取的措施。

注:改写 JGJ/T 97—1995,定义 5.3.1。

6.2.4.3

抗液化措施 liquefaction defence measures

根据工程结构重要性和地基液化等级所采取的全部或部分消除液化的措施。包括对地基和上部结构采取措施和对可液化土层进行处理。

[JGJ/T 97—95,定义 4.2.3]

6.2.5

隔震 base isolation

在结构的某些部位设置隔震装置,以阻滞地震能量传播的措施。

[JGJ/T 97—1995,定义 5.3.2]

6.3 震害预测

6.3.1

设定地震 scenario earthquake

为进行震害预测而给出的对某一区域可能产生震害或可以体现地震危险性概率分析结果的具体地震。

6.3.2

地震危害分析 seismic risk analysis

对某一区域或工程建设场地,在未来一定时期内,不同强度地震可能造成的损失的评估。通常以一定的超越概率表示。

6.3.2.1

结构易损性指数 structure vulnerability index

结构因地震造成的直接损失率的平均值。

6.3.2.2

结构易损性分类 structure vulnerability classification

表征结构抗震能力的等级分类,同一类结构具有相近的易损性。

6.3.2.3

房屋震害预测 earthquake disaster prediction of building

对各类房屋和典型房屋进行震害估计。分为单体房屋震害预测和房屋群体震害预测。

6.4 减轻地震灾害

6.4.1

地震社会影响 social effect of earthquake ;impact of earthquake on society

由地震造成的居民无家可归、就业率降低、社会不安定因素增加及生态环境恶化等对社会活动和发展所造成的负面影响。

注:改写 JGJ/T 97—1995,定义 6.2.2.4。

6.4.2

地震演习　exercise against earthquake

在地震重点监视防御区或地震重点危险区，由地方政府组织的社会性防震减灾演习。

6.4.3

地震再保险　earthquake reinsurance

在一次地震造成损失过于集中时，保险公司承保的地震保险责任全部向能与政府签订超额赔款分保合同的地震再保险公司进行分保，并由再保险公司给予补偿的保险方式。

6.4.4

地震保险风险管理　risk management of earthquake insurance

地震危害的评估和保险与再保险的方案的制定。

7　地震应急与地震救援

7.1　地震应急

7.1.1

临震应急　imminent earthquake emergency management

地震临震预报发布后的地震应急。

7.1.2

震后应急　post-earthquake emergency management

破坏性地震发生后的地震应急。

7.1.3

临震应急期　emergency period of imminent earthquake

临震应急响应时段。

7.1.4

震后应急期　emergency period of post-earthquake

震后应急响应时段。

7.1.5　地震应急预案

7.1.5.1

应急行动方案　plan for emergency action

地震发生后立即采取的具体计划和规定。

7.1.5.2

应急指挥技术系统　technical system of emergency direction

应急指挥机构所具备的各种功能的整体。

7.1.6

地震现场　earthquake occurrence site

需要实施地震应急、救援并开展相关工作的地区。

7.1.6.1

地震现场调查　seismological field survey

在地震现场对地震烈度、地震宏观现象、发震构造、地震地质灾害、工程结构震害、生命线工程震害和社会影响进行的调查。

7.1.6.2

地震现场安全鉴定　safety assessment in post-earthquake field

在发生较强地震后的应急期间，通过检查受震建筑的震损状况和原建筑的抗震能力，对其在预期地震作用下的安全进行鉴别和评定。

[GB 18208.2—2001,定义 3.1]

7.1.6.3

预期地震作用　expected earthquake effect

依据震情分析,预估受震建筑可能再次遭受到的地震影响。

[GB 18208.2—2001,定义 3.2]

7.1.6.4

安全建筑　safe building

受震建筑在预期地震作用中可安全使用的建筑。

[GB 18208.2—2001,定义 3.3]

7.1.6.5

暂不使用建筑　temporarily unresidential building

受震建筑在预期地震作用中,可能发生危及生命或(和)导致财产重大损失的震害,不能确保使用安全,或受震建筑的抗震能力和使用安全在地震现场一时难以评定的建筑。

[GB 18208.2—2001,定义 3.4]

7.1.7　地震灾害评估

7.1.7.1

地震直接经济损失　earthquake - caused direct economic loss

地震动及地震地质灾害、地震次生灾害造成的房屋和其他工程结构、设施、设备、物品等物质破坏造成的经济损失。

7.1.7.2

地震间接经济损失　earthquake - caused indirect economic loss

地震后因生命线工程破坏、工矿企业停产减产引起相关企业产值降低的损失,重建费用、保险赔偿费用,以及与救灾有关的各种非生产性消耗。

7.1.7.3

地震救灾投入费用　cost for earthquake disaster relief

为地震救灾投入的各种费用,包括人工、物资、运输、医疗药品、消毒防疫、埋葬、废墟清理及人员搬迁暂住等费用。

7.1.7.4

续发地震损失评估　loss assessment of consequent earthquake

针对相同区域震群型的后续地震或强余震造成损失进行的灾害损失评估。

7.2　震后救援

7.2.1

地震现场紧急救助　emergency rescue at earthquake site

破坏性地震或严重破坏性地震发生后,由受过专业训练的技术人员,借助光学、机械、电子或搜索犬等现代技术,对受困或被埋压的幸存人员进行的救助活动。

7.2.2

建筑物倒塌救助　buiding collapse rescue

地震后,对被埋压或困阻在地面上倒塌或被破坏的建筑物内的所有幸存人员开展搜索、定位和救助。

7.2.3

灾区卫生防疫　epidemic prevention in earthquake disaster area

地震灾区的饮用水源、食品的检验清毒和疫情检测,防止疫病流行蔓延的措施。

8 地震观测仪器

8.1 测震仪器

8.1.1

地震仪 seismograph

记录地面运动(位移、速度和加速度)的仪器。

8.1.2

模拟地震仪 analogous seismograph

以模拟量记录地面运动的地震仪。

8.1.2.1

长周期地震仪 long-period seismograph

固有周期大于 90 s 的地震仪。用以记录全球范围地震的各种长周期地震波。

8.1.3

数字地震仪 digital seismograph

以数字量(数字数)记录的地震仪。

8.1.3.1

短周期地震仪 short period seismograph

工作频带的低频端在 0.5 Hz～1 Hz 内,高频端在 20 Hz 或 20 Hz 以上的地震仪。

8.1.3.2

宽频带地震仪 broadband seismograph

工作频带的低频端在 0.01 Hz～0.05 Hz 内,高频端在 20 Hz 或 20 Hz 以上的地震仪。

8.1.3.3

甚宽频带地震仪 very broadband seismograph

工作频带的低端在 0.003 Hz～0.01Hz,至高端 20 Hz 或 20 Hz 以上的地震仪。

[GB/T 19531.1—2004,定义 3.1.7]

8.1.3.4

超宽频带地震仪 extra-broadband seismograph

工作频带的低频端小于 0.003 Hz,高频端在 10 Hz 或 10 Hz 以上的地震仪。

8.1.4

强震动加速度仪 strong motion seismograph

记录地震产生强地面运动的加速度的仪器。

8.1.5

微震仪 microvibrograph

用于记录微、小地震的仪器。

8.1.6

流动地震仪 portable seismograph

用于地震现场考察等监测前震和/或余震以及震群等活动,或为某个特定的、临时性的地震观测而使用的轻便型地震仪器设备。

8.1.7

井下地震仪 borehole seismograph

将地震计或将地震计和数据采集器安装在地下钻井中进行地震观测的专用地震仪。

[GB/T 19531.1—2004,定义 3.1.8]

8.1.8

磁变仪　variometer

连续测量和模拟记录地磁场变化的磁力仪。

8.1.9

数字地电阻率测量仪　digital geoelectrical resistivity meter

以数字形式产出观测结果的智能化地电阻率测量仪器。

8.1.10

数字地电场测量仪　digital telluric meter

以数字形式产出观测结果的智能化地电场测量仪器。

8.1.11

倾斜仪　tiltmeter

测量地壳表面或浅层观测点铅垂线变化(摆式倾斜仪)或等位面倾斜变化(水管倾斜仪)的仪器。

8.1.12

伸缩仪　extensometer

测量地表两点间距离随时间变化的仪器。

8.1.13

钻孔应变仪　borehole strainmeter

安装在钻孔(竖井)内测量地壳应变随时间变化的仪器。根据工作原理分为分量式应变仪和体积应变仪。

9　地震实验与地震试验

9.1

震源物理实验　experiment of seismic source physics

观测岩石或其他材料样品的形变、破裂与摩擦等物理过程和伴随的物理现象,研究震源的孕育、破裂的物理机制及伴随的各种物理现象。

9.1.1

岩石声发射实验　experiment of rock acoustic emission

观测岩石样品在形变与破裂过程中自然发出的超声或其他频段的声辐射波,研究声源和波的传播以及介质的性质。

9.1.2

岩石辐射遥感实验　experiment of rock radiation remote sensing

利用遥感设备观测岩石样品在形变过程中的红外、微波等不同频段的辐射或反射。

9.1.3

岩石断裂力学实验　experiment of rock fracture mechanics

观测岩石样品中裂纹的产生和断裂过程,测量岩石断裂力学参数,研究岩石的断裂和强度性质。

9.1.4

微裂纹演化实验　experiment of microcrack evolution

观测岩石等材料的样品内部微裂纹的萌生、扩展、集结等演化过程。

9.1.5

声波探测法实验　acoustic wave exploration test

向样品内发射人工源激发的声波信号,通过不同点的接收,研究波的传播和介质的结构。

9.2

构造物理实验　tectonophysical test

研究不同条件下构造变形物理过程的实验。

9.2.1

构造物理模型与模拟实验　tectonophysical model and simulation test

为了研究构造变形场及其演化的特征进行的较大尺度的标本与相似材料实验。

9.3

零磁空间实验　experiment in magnetic field-free space

在由磁屏蔽方法形成接近于零磁场的时空内，完成各种物理实验及各种生物实验。

9.4

岩石磁性实验　experiment of rock magnetism

测定岩石磁化率、剩余磁化强度和其他磁性质并用于地球历史和现状研究的实验。

9.5

地震电磁关系模拟实验　simulation experiment of electric and magnetic phenomena related to earthquake

与地震孕育和破裂过程相关的压磁、电声效应等大地电场、磁场、电阻率的图像及其变化实验。

9.6

压磁效应实验　experiment of piezomagnetic effect

模拟与构造应力相关的岩石磁性变化的实验。

9.7

全息干涉测量形变实验　experiment of laser hologram

用激光全息干涉摄影法测量岩石样品的表面位移场。

9.8

散斑法测量形变实验　experiment of speckle interferometry

用光学散斑法测量岩石样品表面的位移场。

9.9

岩土变形与孔隙压力关系实验　experiment of relationship between rock-soil deformation and pore pressure

为研究不同环境温度与围压条件下岩土变形引起的孔隙压力变化规律而进行的单轴或三轴力学实验。

9.10

水动力模型实验　experiment of hydrodynamic model

为研究地下流体前兆的空间分布及其演化的特征，在含水层模型上进行的孔隙压力场、渗流场、化学动力场的形成、分布与演化规律的动力学实验。

9.11

岩土变形与异常关系实验　experiment of relationship between rock-soil deformation and anomaly

为研究地下流体异常的成因，在单轴或三轴压力机上进行的岩土试件的变形破坏与地下流体物理化学动态变化的观测实验。

9.12

岩土震动与气体异常关系实验　experiment of relationship between rock-soil vibration and gas anomaly

为研究地下气体化学动态异常的成因，在不同频率与强度振动下测定岩土试件释放的气体种类及其浓度变化的实验。

9.13

岩体变形破坏与异常关系试验　experiment of relationship between rock mass deformation and

anomaly

为研究地下流体动态异常的成因及其空间展布与演化特征，观测诸如山体滑坡、水库蓄水、钻孔水压致裂、矿井坍塌等引起的天然岩体变形与破坏过程中地下流体物理化学动态变化特征的现场试验。

9.14 结构抗震试验

9.14.1

结构抗震试验　structural antiseismic test

用各种加载设备模拟实际动态作用，施加于实际结构或其模型上，以测定结构动态特性和地震反应的试验。

9.14.2

伪静力试验　pseudo-static test

使构件或结构在正反两方向重复加载和卸载，用以模拟地震时构件或结构在往复振动中的受力和变形过程的静力试验。因企图用静力法求得振动的效果，故称伪静力试验。

9.14.3

伪动力试验　pseudo-dynamic test

由计算机和加载器联机，按动态反应测量数据实时分析结果反馈控制加载器组成闭环试验系统，以模拟地震动过程中结构实际变形和受力情况的试验。

［JGJ/T 97—1995，定义 3.2.1.2 中(1)］

9.14.4

模拟地震振动台试验　earthquake-simulating shaking table test

在结构试验中用以模拟地震动过程的振动台试验。

9.14.5

共振柱试验　resonant column test

视圆柱形土试件作为弹性杆件，利用共振方法测定其自振频率，以求得土的动弹性模量的试验。

［JGJ/T 97—1995，定义 3.2.4.1］

9.14.6

动三轴试验　dynamic tri-axial test

在压力室内以一定围压使土样固结后，沿土样轴线施加动荷载。通过动应力、动应变与孔压变化之间的关系，确定土的动强度、大应变时的动弹性模量与阻尼并判别土的液化势的试验。

9.14.7

原型结构动力试验　dynamic test of prototype structure

使模拟的地震力或其他动力作用在结构上，直接测定结构动态特性和地震反应的试验。

9.14.8

动力模型试验　dynamic model test

使模拟的地震力或其他动力，作用在一定试验模型上，以确定结构的动态特性或抗震性能的试验。

中 文 索 引

英 文 索 引

ICS 91.120.25
P 15

中华人民共和国国家标准

GB/T 18208.4—2005

地震现场工作
第4部分：灾害直接损失评估

Post-earthquake field works—
Part 4：Assessment of direct loss

2005-03-28 发布　　2005-10-01 实施

中华人民共和国国家质量监督检验检疫总局
中国国家标准化管理委员会　发布

前言

本部分依据中国地震局现行《地震灾害损失评估规定》(1997)和《地震灾害损失评估补充规定》(1999),吸收该规定实施以来所积累的实践经验,并参考《震害调查及震害损失评定工作指南》(1993)和《地震现场工作大纲和技术指南》(1998)制定的。

《地震现场工作》国家标准包括以下部分:

第1部分:基本规定;

第2部分:建筑物安全鉴定(GB 18208.2—2001);

第3部分:调查规范(GB/T 18208.3—2000);

第4部分:灾害直接损失评估(GB/T 18208.4—2005)。

本部分是第4部分:灾害直接损失评估。

本部分的附录A、附录B、附录C、附录D、附录E、附录F、附录G、附录H、附录I、附录J、附录K、附录L、附录M为规范性附录,附录N为资料性附录。

本部分由中国地震局提出。

本部分由全国地震标准化技术委员会(SAC/TC 225)归口。

本部分起草单位:中国地震局工程力学研究所,新疆地震局。

本部分主要起草人:袁一凡、苗崇刚、宋立军、郭恩栋、林均岐、张令心。

地震现场工作
第4部分：灾害直接损失评估

1 范围

本部分规定了地震灾害直接损失评估的内容、工作程序、方法和报告内容。

本部分适用于在地震现场统计人员伤亡，评估地震造成的直接经济损失和统计地震救灾投入。

2 规范性引用文件

下列文件中的条款通过在本部分中引用而成为本部分的条文。凡是注日期的引用文件，其随后所有的修改单（不包括勘误的内容）或修订版均不适用本部分，然而，鼓励根据本部分达成协议的各方研究是否可使用这些文件的新版本。凡是不注日期的引用文件，其最新版本适用于本部分。

GB 17740—1999 地震震级的规定

GB/T 18208.3—2000 地震现场工作 第3部分：调查规范

3 术语和定义

下列术语和定义适用于本部分。

3.1

地震灾害直接损失 earthquake-caused direct loss

地震灾害造成的人员伤亡、地震造成物质破坏的经济损失以及救灾投入费用。

3.2

地震直接经济损失 earthquake-caused direct economic loss

地震动及地震地质灾害、地震次生灾害造成的房屋和其他工程结构、设施、设备、物品等物质破坏造成的经济损失。

3.3

重置费用 replacement cost

基于当前价格，修复被破坏的房屋和其他工程结构、设施、设备、物品，恢复到震前同样规模和标准所需费用。

3.4

地震救灾投入费用 cost for earthquake disaster relief

地震救灾投入的各种费用，包括人工、物资、运输、医疗药品、消毒防疫、埋葬、废墟清理及人员搬迁暂住等费用。

3.5

地震灾区 earthquake stricken area

地震发生后，人民生命财产遭受损失、经济建设遭到破坏的地区。

[GB/T 18207.1—2000 中的定义 3.5.2]

3.6

地震极灾区 extreme earthquake disaster area

遭受地震灾害直接损失最严重的区域，不包括对社会经济无直接影响的地震地质灾害地区。

3.7

地震失去住所人数 number of homeless caused by earthquake

因地震失去住所而在室外避难人数。

3.8

房屋破坏比　damage ratio of buildings

不同破坏等级的房屋破坏建筑面积与总建筑面积之比。

3.9

损失比　loss ratio

不同破坏等级的房屋或工程结构修复所需单价与重置单价之比。

3.10

续发地震损失评估　loss assessment of consequent earthquake

针对相同区域震群型的后续地震或强余震造成损失进行的灾害损失评估。

4　地震灾害损失调查

4.1　地震灾区调查

4.1.1　确定地震极灾区位置及地震灾区范围，可通过地震台网测定参数、电话查询收集震害、航空照片识别、实地调查了解等方法进行综合判定。

4.1.2　在地震灾区调查，应收集以下基础资料：

——城镇村庄分布；

——村镇人口及分布；

——房屋类型；

——各类房屋总建筑面积；

——人均或户均住宅建筑面积；

——各类房屋建造单价；

——生命线系统构成；

——其他工程设施的规模和分布；

——灾区经济及支柱产业；

——其他灾区特性资料(自然环境、民族构成等)。

4.2　房屋破坏损失调查分区

4.2.1　地震灾区的房屋破坏损失情况，应按农村评估区和城市评估区分别调查。

4.2.2　在农村评估区，应将破坏连续分布的地震灾区分为若干子区，分区原则如下：

——6 级(不含 6 级)以下地震，应至少将地震灾区分为 2 个子区，分界线宜选定在地震极灾区中心到地震灾区边界线的二等分距离处；

——6～7 级(不含 7 级)地震，应至少将地震灾区分为 3 个子区，分界线宜选定在地震极灾区中心到地震灾区边界线的三等分距离处；

——7 级以上(含 7 级)地震，应至少将地震灾区分为 4 个子区，分界线宜选定在地震极灾区中心到地震灾区边界线的四等分距离处；

——在地震极灾区震害分布不均匀时，宜将地震极灾区所在子区再分为 2 个以上的子区。

4.2.3　在破坏连续分布的区域之外的破坏区应单独作为评估子区。不应将此单独评估子区作为破坏连续分布评估区的边界。

4.2.4　地震次生灾害波及范围所在区域，应单独作为评估子区。

4.2.5　在城市评估区，可按行政区或街区划分评估子区，如果因场地条件等原因导致震害分布不均匀，宜按震害程度划分为若干评估子区。

4.3　房屋建筑面积调查

4.3.1　按照地震灾区房屋结构类型，可将房屋划分为下列类别：

——钢结构房屋；

——钢筋混凝土房屋；

——砌体房屋(包括底框架和内框架结构)；

——单层钢筋混凝土柱厂房；

——单层砖柱厂房；

——空旷房屋；

——木结构房屋(包括砖、土围护墙)；

——砖柱土坯房；

——土坯房；

——土窑洞；

——石墙承重房；

——其他当地传统建筑。

4.3.2 在每个评估子区，应调查各类房屋分别的总建筑面积。宜通过地震灾区地方政府按附录A与附录B填写。

4.3.3 在无法得到各类房屋总建筑面积时，可通过抽样调查得到各类结构建筑面积占总面积的比例，乘以所有房屋总建筑面积得到各类房屋总建筑面积。

4.3.4 在农村评估区，可通过人均房屋建筑面积或户均房屋建筑面积乘以人口或户数得到住宅房屋总建筑面积。加上公用房屋和厂房建筑面积得到房屋总建筑面积。

4.4 房屋破坏等级划分

4.4.1 应按照GB/T 18208.3—2000附录A 1.2将房屋破坏划分为基本完好、轻微破坏、中等破坏、严重破坏和毁坏5个等级。

4.4.2 对于简易房屋，如木结构房屋(包括砖、土围护墙)、砖柱土坯房、土坯房、土窑洞、石墙承重房等，可分为3个破坏等级，划分指标为：

——毁坏：同GB/T 18208.3—2000附录A 1.2规定的毁坏或严重破坏的划分指标；

——破坏：同GB/T 18208.3—2000附录A 1.2规定的中等破坏或轻微破坏的划分指标；

——基本完好：同GB/T 18208.3—2000附录A 1.2规定的基本完好划分指标。

4.5 房屋破坏比调查

4.5.1 房屋破坏比应按不同房屋类别、不同破坏等级分别调查求得。

4.5.2 房屋不同破坏等级的破坏面积，应采用抽样调查得到。对6级以下地震，地震极灾区内宜逐个村镇调查。应区分评估子区和房屋类别，将各抽样点调查结果按附录C与附录D填写。

4.5.3 抽样调查遵循以下原则：

——抽样点的分布，应覆盖整个地震灾区；

——抽样点应代表不同破坏程度，不应只抽样调查破坏轻微的点，或只抽样调查破坏严重的点；

——在农村评估区，应以自然村为抽样点，抽样点内的房屋应逐个调查；

——在城市评估区，抽样点应选在房屋集中的街区，每个抽样点的覆盖面积不应少于一个中等街区；

——在城市评估区，所有抽样点的房屋的建筑面积总和不应小于该城市评估区房屋总建筑面积的10%；

——在城市评估区抽样点，应逐栋调查；因故无法逐栋调查时，每个抽样点调查的房屋建筑面积不应少于该抽样点房屋总建筑面积的60%。

4.5.4 农村评估区抽样调查点的数目

——6级(不含6级)以下地震，抽样点数不应少于24个；

——6～7级(不含7级)地震，抽样点不应少于36个；

——7级以上(含7级)地震，抽样点不应少于48个；

——每个评估子区内的抽样点不应少于12个，当评估子区内村庄少于12个时，应逐个调查。

4.5.5 分别计算每个评估子区不同类别房屋在各破坏等级下的破坏比，并将结果按附录E填写。计算方法应符合下列规定：

——分别统计一个评估子区内所有抽样点某类房屋遭受某种破坏等级的破坏面积之和 A；

——分别统计该评估子区内某类房屋总建筑面积 S；

——评估子区内某类房屋遭受某种破坏等级的破坏比 $= A/S$。

4.5.6 不应用各抽样点破坏比的算术平均值作为评估子区的破坏比值。

4.5.7 当确定等震线(烈度分布)图后，应按照烈度分区再给出不同烈度区的各类房屋的各破坏等级的破坏比，并将结果按GB/T 18208.3—2000附录C2填写。

4.6 室内外财产损失调查

4.6.1 在每个评估子区内，区分住宅和公用房屋，分别针对不同房屋类别和不同破坏等级的房屋，宜各选取不少于5户(栋)典型房屋，统计不同破坏等级下住宅和公用房屋室内财产损失值和典型房屋(栋)的总建筑面积，求得二者之比，得到不同类别房屋、不同破坏等级的单位面积室内财产损失值，并按附录F填写。也可以参照当地年鉴的有关统计数字，根据房屋破坏程度和数量估计。

4.6.2 每个评估子区的单位面积室内财产损失值，应为评估子区内的各个抽样值的算术平均值，并应将结果按附录G填写。

4.6.3 当房屋重置单价不包括室内装修时，室内装修的破坏损失应按照4.6.1条规定计入室内财产损失之中。

4.6.4 选取典型房屋时应考虑不同经济条件住户的比例。

4.6.5 价值50万元以上的设备、机械和精密仪器等室内财产损失应逐个调查，调查结果应按附录H填写。价值50万元以下或库存物资可由企事业单位或分管部门归类估计。

4.6.6 对每个评估子区，应由当地政府按附录A填写牲畜、棚圈、围墙、蓄水池等室外财产破坏数量和损失，经核实后再按附录I汇总。

4.7 工程结构和设施损失调查

4.7.1 各种生命线系统的工程结构、工业和特殊用途结构等，应逐个调查，并将调查结果逐一按附录J填表。

4.7.2 对公路、铁路、农田水利灌渠、供排水系统管道、供气系统管道、供热系统管道、输油管道、输电线路、通信系统线路，宜逐段调查得到绝对破坏长度，或抽样调查得到平均每公里破坏长度，再乘以总长度得到绝对破坏长度。

5 地震伤亡统计与失去住所人数估计

5.1 地震死亡、重伤和轻伤人数，应按下列规定的标准统计：

——死亡：因地震直接或间接致死，以及在评估期间死亡的伤员；

——重伤：需要住院治疗的伤员；

——轻伤：无须住院治疗的伤员。

5.2 人员伤亡只统计人数。

5.3 因救灾遇险、地震次生灾害导致死伤的人数应加以说明。

5.4 出现因地震而失踪人员时，应予统计。

5.5 应给出按村落或按街区人员伤亡的空间分布调查结果。

5.6 失去住所人数 T，宜根据下列方法估计：

$$T=\frac{c+d+e/2}{a}\times b-f \qquad \cdots\cdots(1)$$

其中：

a——为调查中得到的户均住宅建筑面积；

b——为调查中得到的户均人口；

c——为调查中得到的所有住宅房屋的毁坏建筑面积；

d——为调查中得到的所有住宅房屋的严重破坏建筑面积；

e——为调查中得到的所有住宅房屋的中等破坏建筑面积；

f——为调查中得到的死亡人数。

6 地震直接经济损失

6.1 房屋及室内外财产的直接经济损失

6.1.1 房屋破坏损失比应根据房屋类别、破坏等级，并应按当地土建工程实际情况，在表1规定的范围内适当选取。

表1 房屋破坏损失比

单位为百分比(%)

结构类别	破坏等级				
	基本完好	轻微破坏	中等破坏	严重破坏	毁坏
钢筋混凝土、砌体房屋	0～5	6～15	16～45	46～80	81～100
工业厂房	0～4	5～16	17～45	46～80	81～100
城镇平房、农村建筑	0～5	6～15	16～40	41～70	71～100

对按照毁坏、破坏、基本完好3个破坏等级评定的房屋，损失比应分别在80%～100%、30%～50%、0%～5%的范围内选取。

6.1.2 房屋破坏直接经济损失，应按下列步骤计算：

a) 按下列公式计算各评估子区各类房屋在某种破坏等级下的损失 L_h：

$$L_h = S_h \times R_h \times D_h \times P_h \qquad \cdots\cdots\cdots\cdots(2)$$

其中：

S_h——该评估子区同类房屋总建筑面积；

R_h——该评估子区同类房屋某种破坏等级的破坏比；

D_h——该评估子区同类房屋某种破坏等级的损失比；

P_h——该评估子区同类房屋重置单价。

b) 将所有破坏等级的房屋损失相加，得到该评估子区该类房屋破坏的损失；

c) 将所有房屋类型的损失相加，得到该评估子区房屋损失；

d) 将所有评估子区的房屋损失相加，得出整个灾区的房屋损失。

6.1.3 按照附录K和附录L分别填写房屋直接经济损失汇总表。

6.1.4 住宅和公用房屋室内财产损失，应分别按下列步骤计算：

a) 按下列公式计算各评估子区各类房屋在某种破坏等级下的室内财产损失 L_p：

$$L_p = S_p \times R_p \times V_p \qquad \cdots\cdots\cdots\cdots(3)$$

其中：

S_p——该评估子区同类房屋总建筑面积；

R_p——该评估子区同类房屋某种破坏等级的破坏比；

V_p——该评估子区同类房屋某种破坏等级单位面积室内财产损失值。

b) 将所有破坏等级的室内财产损失相加，得到该评估子区该类房屋的室内财产损失；

c) 将所有类型房屋的室内财产损失相加，得到该评估子区房屋室内财产损失；

d) 将所有评估子区的室内财产损失相加，得出整个灾区房屋室内财产损失。

6.1.5 企事业单位室内财产损失，应按照4.6.5条的规定的调查结果评定，评估时应考虑设备破坏程度或修复难易程度。

6.1.6 室外财产损失,应按照4.6.6条的规定所作调查结果评定。

6.2 工程结构设施和企业的直接经济损失

6.2.1 生命线系统工程结构破坏等级划分

生命线系统(电力、交通、通信、供水、供气、供油、供热等系统)工程结构的破坏等级,应按照GB/T 18208.3—2000中附录D1的规定划分。凡该附录中未作具体规定的结构,可按照下列原则划分破坏等级:

——基本完好:不影响继续使用;

——破坏:丧失部分功能,可以修复;

——毁坏:丧失大部或全部功能;无法修复或已无修复价值。

6.2.2 生命线系统直接经济损失

6.2.2.1 生命线系统的工程结构损失应与有关企业或主管部门会同逐个评定。应由有关企业或主管部门调查后按附录J填写上报,并与地震主管部门共同调查核实。

6.2.2.2 生命线系统的工程结构损失可按照重置造价乘以损失比来计算,部分生命线系统工程结构的破坏损失比,应按照结构类别、破坏等级和修复难易,在表2规定范围内适当选取。

表2 部分生命线系统工程结构破坏损失比(%)

结构类别	破坏等级				
	基本完好	轻微破坏	中等破坏	严重破坏	毁坏
桥梁	0～10	11～20	21～40	41～70	71～100
铁路、公路路堤	0～10	11～20	21～50	51～70	
挡土墙	0～10	11～20	21～50	51～70	71～100
取水贮水结构	0～4	5～8	9～35	36～70	71～100
烟囱、水塔	0～4	5～8	9～35	36～70	71～100

6.2.2.3 对于4.7.2条规定的道路、铁路、管线和渠道,其损失宜按单位长度重置造价乘以绝对破坏长度计算。

6.2.2.4 铁路和公路的破坏损失,应计入清理滑坡、塌方和修复支护所增加的费用。

6.2.2.5 生命线系统的生产用房屋破坏损失应按照房屋破坏损失评估方法进行。

6.2.2.6 生命线系统地震直接经济损失应为工程结构损失和生产用房屋损失之和。

6.2.3 其他如水利系统等各种工程结构和设施的直接经济损失,可参照上述规定逐个计算。

6.2.4 企业直接经济损失

6.2.4.1 企业工程结构损失应与有关企业或主管部门会同逐个评定。根据调查结果和附录H汇总,并与地震主管部门共同调查核实。

6.2.4.2 企业的生产用房屋破坏损失应按照房屋破坏损失评估方法进行。

6.2.4.3 企业地震直接经济损失应为工程结构损失和生产用房屋损失之和。

6.3 地震直接经济损失计算

6.3.1 地震直接经济损失,应包括房屋、室内财产、室外财产、所有工程结构破坏直接经济损失之和。应按照附录M填写,提供按照行政管理和业务管理系统分别统计的损失值。

6.3.2 在特殊环境和恶劣的气候等条件下存在无法调查的区域、项目时,可采用修正系数予以修正,修正系数的取值,可根据实际情况在1.0～1.3内选取。

6.3.3 可对全部直接经济损失修正,也可对部分项目修正,应根据实际情况确定。

6.3.4 经济损失值应按当时价格以人民币计算,同时给出经济损失占灾区所在省上一年国内生产总值的比例。

7 地震救灾直接投入费用

7.1 地震救灾直接投入费用，宜根据实际投入确定。

7.2 在无法得到确切投入费用时，可按下列方法估计：

——6 级以下(不含 6 级)地震：可取地震直接经济损失的 1.5%；

——6～7 级(不含 7 级)地震：可取地震直接经济损失的 3.5%；

——7 级以上(含 7 级)地震：可取地震直接经济损失的 6%。

8 直接损失初步评估

8.1 直接损失初步评估的原则

8.1.1 不能在一周内完成详细的地震灾害损失评估时，可先采用简化方法进行初步评估，然后进行详细评估。

8.1.2 直接经济损失初步评估，宜给出损失值估计范围，不宜给出确切数字。

8.2 人员伤亡和失踪人数估计

8.2.1 人员伤亡宜根据地方政府上报数字估计。

8.2.2 失踪人数应根据现场调查和地方政府上报综合估计。

8.3 初步评估方法

8.3.1 房屋和室内外财产损失

8.3.1.1 房屋破坏比，宜根据灾区破坏分布，在各评估子区选择不少于 6 个有代表性的城市和农村抽样点调查得到破坏比，也可参考过去地震损失评估得到的经验统计破坏比。

8.3.1.2 单位面积室内财产损失值，可按照 4.6.1 条规定通过抽样调查确定。

8.3.1.3 房屋破坏损失和室内财产损失，应按照 6.1.1 条、6.1.2 条和 6.1.3 条的规定计算。

8.3.1.4 室外财产损失，可根据抽样调查评定。

8.3.2 行业直接经济损失

8.3.2.1 由生命线各系统、水利、企业、卫生、教育管理部门分别上报本系统的工程结构、生产用房屋、室内设备损失估计值。

8.3.2.2 在各评估子区中按行业选择重点抽样调查核实单价、数量和破坏程度，给出行业直接经济损失初步估计。

9 续发地震损失评估

9.1 续发地震损失评估，应在前一次地震损失评估结束到震区恢复重建完成之前进行。

9.2 续发地震损失的地震灾区中与前发地震灾区不重合的区域，应划为新的评估子区。

9.3 续发地震损失的地震灾区中与前发地震灾区重合的区域，其损失评估的项目、计算方法应与前发地震损失评估相同，但应扣除前发各次地震损失之和：

——对房屋建筑，计算续发地震的破坏比时应从最终的破坏比减去前发地震的破坏比；

——对室内财产，计算续发地震的单位面积损失值时应减去前发地震的值；

——对生命线系统和其他工程结构，应逐个调查续发地震的破坏等级并计算损失，再减去前发地震的损失。

9.4 多次续发地震损失的总和，不应超过实物财产的总价值。

9.5 当重合的评估子区面积较小时，可适当减少抽样点数目，但抽样点不应少于 5 个。

10 汇总和报告内容

10.1 地震灾害直接损失包括人员伤亡、地震直接经济损失和地震救灾投入费用。

10.2 损失评估报告应按照附录 N 所规定的内容编写。

附 录 A
（规范性附录）
居住房屋等基础资料调查表

________________市、县（区）________________乡（镇、街道）（盖章有效）

填表人：____________联系电话：____________填表日期：________年______月______日

序号	行政单位名称（行政村、居委会等）	自然村个数/个	户数/户	人口/人	户均面积/m²	户均财产/元	各类房屋总面积/（m² 或间）					其他破坏情况				备注
							框架	砖混	砖木	土木	其他	棚圈/m²	围墙/m	死亡牲畜/头（只）	（其他）	
1																
2																
3																
4																
5																
6																
7																
8																
9																
10																
……																
单价/元：																
平均每间面积/m²：							—					—		—	—	

说明

1）各类房屋资料请列出震前面积、财产等基础资料，而不是列出地震造成破坏的面积；

2）房屋结构类型：框架指钢筋混凝土框架；砖混指砖墙承重，混凝土楼板和房顶；砖木指砖墙、木房架；土木指土墙、木屋架；

3）如果农村房屋面积按间数统计，则必须填写平均每间平方米数；

4）表中房屋结构类型没有列全，可以根据灾区的情况更改或添加；

5）如果出现地裂缝或喷沙冒水等现象，请在备注栏中填写。

附 录 B
(规范性附录)
公用、商用或生产用房等基础资料调查表(按用途归类填写)

________市、县(区)________乡(镇、街道) (盖章有效)

填表人:________联系电话:________填表日期:______年______月______日

用途类型:(在下列项目中选取:学校,医院卫生、政府办公及公用、体育场馆和影剧院、宾馆酒店写字楼、金融、工厂、其他(具体写明))

序号	行政单位名称(行政乡镇、居委会等)	房屋所属单位	平均室内财产/元	各类房屋总面积/(m^2 或间)						备注
				框架	砖混	砖木	土木	厂房	(其他)	
1										
2										
3										
4										
5										
6										
7										
8										
9										
10										
……										
单价/元:										
平均每间面积/m^2:				—				—		
说明	1) 各类房屋资料请列出震前面积、财产等基础资料,而不是列出地震造成破坏的面积; 3) 房屋结构类型:框架指钢筋混凝土框架和剪等;转混指砖墙承重,混凝土楼板和房顶;砖木指砖墙、木房架;土木指土墙、木屋架; 4) 如果农村房屋面积按间数统计,则必须填写平均每间平方米数; 5) 表中房屋结构类型没有列全,可以根据灾区的情况更改或添加; 6) 调查表中的行政层级可根据具体情况调整。									

附　录　C
（规范性附录）
抽样点房屋面积抽样调查汇总表

单位：平方米

结构类型	破坏等级					合计
	毁坏	严重破坏	中等破坏	轻微破坏	基本完好	
合计						

评估子区（或城市评估区）名称：________　　调查点（或抽样点）：________________

调查者：________，________，________　　日期：________年________月________日

附　录　D
（规范性附录）
各抽样点房屋抽样调查汇总表

评估子区名称：________房屋类别：________面积单位：________抽样总建筑面积：______

序号	抽样点名称	基本完好	轻微破坏	中等破坏	严重破坏	毁　坏	合　计
1							
2							
……							
N							
合　计							

填表人：________________复核人：________________日期：________年________月________日

附　录　E
（规范性附录）
各评估区房屋破坏比汇总表

评估子区名称：____________

序号	房屋类别	基本完好	轻微破坏	中等破坏	严重破坏	毁坏
1						
2						
……						
N						

填表人：________________复核人：________________日期：________年________月________日

附　录　F
（规范性附录）
房屋室内财产损失抽样调查表

抽样点名称：＿＿＿＿＿房屋类别：＿＿＿＿面积单位：＿＿＿＿＿财产损失值单位：＿＿＿＿

序号	抽样房屋名称	建筑面积	破坏等级	主要损失物品	损失值	单位面积损失值
1						
2						
……						
N						

填表人：＿＿＿＿＿＿＿＿复核人：＿＿＿＿＿＿＿＿日期：＿＿＿＿年＿＿＿＿月＿＿＿＿日

附　录　G
（规范性附录）
房屋单位面积室内财产损失汇总表

评估子区名称：＿＿＿＿＿＿＿面积单位：＿＿m²＿＿　　财产损失值单位：＿＿元＿＿

房屋类别	基本完好	轻微破坏	中等破坏	严重破坏	毁　坏

填表人：＿＿＿＿＿＿＿＿复核人：＿＿＿＿＿＿＿＿日期：＿＿＿＿年＿＿＿＿月＿＿＿＿日

附　录　H
（规范性附录）
企事业单位设备损失调查表

财产损失企业或单位名称：＿＿＿＿＿＿＿＿

序号	企事业名称	设备名称	生产年代	原　价	现　价	破坏状况	损失值
1							
2							
……							
N							
合计							

填表人：＿＿＿＿＿＿＿＿复核人：＿＿＿＿＿＿＿＿日期：＿＿＿＿年＿＿＿＿月＿＿＿＿日

附 录 I
（规范性附录）
室外财产损失抽样调查表

财产损失值单位：____________

序号	项目类别	计量单位	单 价	损失状况	损失值
1	牲畜				
2	棚圈				
3	围墙				
……					
N					
合计					

填表人：________ 复核人：________ 日期：____年____月____日　调查点（或抽样点）：______

附 录 J
（规范性附录）
各类生命线工程结构及其他工程结构损失调查表

工程名称：________ 结构类型：________ 所属单位：________ 所在地点：________

项 目	数 据	破坏现象描述	附属用房破坏情况	
结构形式			结构类型	
尺寸（高度、长宽高、容积等）/m			结构单价/元	
使用材料			结构面积/m²	
建造年代			破坏情况	
场地、地基情况		经济损失计算方法（请详细描述）		
原建造单价/元				
现建造单价/元			估计损失/元	
现总造价/元			备注	
破坏等级				
损失比				
损失值/元				

填表人：__________ 复核人：__________ 日期：______年______月______日

附　录　K
（规范性附录）
按用途分类的房屋破坏面积汇总表

单位：间数或平方米

房屋用途	破坏面积						备注
	毁　坏	严重破坏	中等破坏	轻微破坏	基本完好		
农村民房							（请列出农村和城镇房屋每间平均面积）简易房屋破坏等级按3档划分时，“毁坏”的面积归入毁坏栏，“破坏”的面积归入中等破坏栏
城市民房							
教育系统							
卫生系统							
其他公用房							
总计							

附　录　L
（规范性附录）
按行政区分类的房屋破坏面积汇总表

单位：间数或平方米

行政区	结构类型	破　坏　面　积				
		毁　坏	严重破坏	中等破坏	轻微破坏	基本完好
	框架结构					
	砖混结构					
	砖木结构					
	土木结构					
	简易房					
	小　计					
	框架结构					
	砖混结构					
	砖木结构					
	土木结构					
	简易房					
	小　计					
……	框架结构					
	砖混结构					
	砖木结构					
	土木结构					
	简易房					
	小　计					
总计						
百分比/%						

附　录　M
（规范性附录）
地震灾害直接经济损失汇总表

地震事件名称：____________发生时间：____________单位：　万元　

行政区	评估项目																			合计
	房屋						生命线系统					企业	水利	农田	（其他）	室内外财产				
	农村住宅	农村公用	城市住宅	城市公用	教育系统	卫生系统	电力	交通	通讯	供排水	（其他）					室内财产	牲畜	围墙	（其他）	
小计																				
分项合计																				
百分比/%																				

附 录 N
(资料性附录)
地震灾害直接损失评估报告内容

一、地震基本参数

1. 发震时间

2. 震中位置

3. 震级

4. 震源深度

二、地震灾区概况和自然环境

1. 灾区概况

(1) 灾区面积

(2) 包括的省、市、县

(3) 包括的城市街道、乡、镇个数

(4) 灾区人口、户数

(5) 户均住宅建筑面积

(6) 震害特征

2. 灾区社会经济环境

(1) 地区总产值,工业总产值,第一产业增加值,第二产业增加值,第三产业增加值

(2) 支柱产业、重大工程设施以及主要生命线系统状况等

(3) 地震灾区及极灾区范围

三、损失评估分区与抽样点数目与抽样点分布图,标明极灾区,并附已经确定的地震烈度分布图

四、人员伤亡及失去住所人数

1. 死亡人数

2. 重伤人数

3. 轻伤人数

4. 失踪人数

5. 失去住所人数

6. 死亡分布图

五、房屋破坏直接经济损失

1. 评估区划分及附图

2. 灾区房屋类别与破坏等级

3. 各类房屋建筑总面积;各类房屋不同等级破坏总面积汇总表;农村和城镇房屋每间平均面积

4. 调查得到各类房屋破坏比,附本标准附录 C、附录 D、附录 E 的表格

5. 选定的房屋破坏损失比

6. 确定的房屋重置单价

7. 确定的房屋损失比

8. 各评估子区和地震灾区房屋总损失

9. 按用途和按行政区分类的房屋损害汇总,附本标准附录 L、附录 K 的表格

10. 重新计算的各烈度的房屋破坏比

六、室内外财产损失

1. 住宅和公用房屋室内财产损失估计,附本标准附录 F、附录 G、附录 H 的表格

2. 室外财产损失

七、工程结构直接经济损失(可简称工程结构损失)

1. 生命线系统工程结构(电力、通信、交通、供排水、供油、供气、供热)损失

2. 水利工程结构和其他各类工程结构损失

八、企事业的设备财产直接经济损失

九、地震救灾投入费用

十、地震灾害的直接经济损失总值,救灾投入费用,附本标准附录 M 的表格

十一、附有关震害资料照片

ICS 35.240.40
L 63

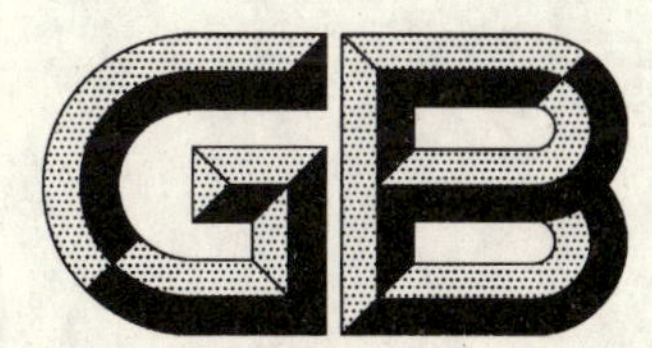

中华人民共和国国家标准

GB 18240.5—2005

税控收款机　第5部分:税控打印机规范

Fiscal cash register—Part 5:Specification of fiscal printer

2005-10-10 发布　　2006-04-01 实施

中华人民共和国国家质量监督检验检疫总局
中国国家标准化管理委员会　发布

前　言

GB 18240 的本部分的全部技术内容为强制性。

GB 18240《税控收款机》目前分为 6 个部分：

——第 1 部分：机器规范；

——第 2 部分：税控 IC 卡规范；

——第 3 部分：税控器规范；

——第 4 部分：银行卡受理设备规范；

——第 5 部分：税控打印机规范；

——第 6 部分：设备编码规范。

本部分为 GB 18240 的第 5 部分。

本部分中的附录 A 和附录 B 是规范性附录，附录 C 是资料性附录。

本部分由中华人民共和国信息产业部、国家税务总局提出。

本部分由全国信息技术标准化技术委员会归口。

本部分起草单位：税控收款机标准工作组（具体组成参见附录 C）。

本部分主要起草人：李伟、王浩、高健、张胜利、胡习峰、朱世宁、田海勇、刘世英、余问是、田小朋、李亚鹏、李志荣、饶子能。

引　言

GB 18240 的本部分的内容建立在第 1 部分和第 2 部分的基础上，是对税控收款机设备类型的补充。本部分与第 1 部分、第 2 部分一起使用。

本部分规定的设备主要配合宿主使用。

税控收款机　第5部分:税控打印机规范

1　范围

GB 18240的本部分规定了配合宿主实现税控功能的税控打印机的通用要求、试验方法、检验规则等相关内容。

本部分适用于税控打印机的设计、生产、测试和验收。

本部分是制定具体产品标准的依据,同时为产品认证提供依据。

2　规范性引用文件

下列文件中的条款通过GB 18240的本部分的引用而成为本部分的条款。凡是注日期的引用文件,其随后所有的修改单(不包括勘误的内容)或修订版均不适用于本部分,然而,鼓励根据本部分达成协议的各方研究是否可使用这些文件的最新版本。凡是不注日期的引用文件,其最新版本适用于本部分。

GB/T 191—2000　包装储运图示标志(eqv ISO 780:1997)

GB/T 1988　信息处理　信息交换用七位编码字符集(GB/T 1988—1998,eqv ISO/IEC 646:1991)

GB 2312—1980　信息交换用汉字编码字符集　基本集

GB 4943　信息技术设备的安全(GB 4943—2001,idt IEC 60950:1999)

GB/T 6107—2000　使用串行二进制数据交换的数据终端设备和数据电路终接设备之间的接口(idt EIA/TIA-232-E)

GB 9254　信息技术设备的无线电骚扰限值和测量方法(GB 9254—1998,idt CISPR 22:1997)

GB/T 9314—1995　串行击打式点阵打印机通用技术条件

GB 9969.1　工业产品使用说明书　总则

GB/T 11460—2000　信息技术　汉字字型数据的检测方法

GB/T 17618—1998　信息技术设备抗扰度限值和测量方法(idt CISPR 24:1997)

GB 18240.1—2003　税控收款机　第1部分:机器规范

GB 18240.3—2003　税控收款机　第3部分:税控器规范

GB 18240.6—2004　税控收款机　第6部分:设备编码规范

3　术语和定义

下列术语和定义适用于GB 18240的本部分。

3.1

税控打印机　fiscal printer

在宿主的指令下实现税控功能的打印机。

4　技术要求

4.1　功能要求

4.1.1　总则

税控打印机在宿主的指令下实现GB 18240.1—2003中4.1所规定的要求。税控打印机能接收来自宿主的控制命令和数据,完成经营数据的正确生成、可靠存储和安全传输,能满足税务机关的管理和数据核查等要求,并打印规定的卷式或平张式等票据。

4.1.2 税控要求

税控打印机在宿主的指令下实现符合 GB 18240.1—2003 中 4.1.1、4.1.2 和 4.1.3 规定的要求。

4.1.3 硬件要求

4.1.3.1 税控打印机的硬件主要由主控 MCU 模块、时钟模块、电源模块、监控模块(电源监控及 MCU 复位监控)、IC 卡读写模块、税控存储器、发票存储器、状态指示电路、接口电路、打印模块(含打印机构)等组成,满足 GB 18240.1—2003 中 4.1.4 的要求。

4.1.3.2 在突然断电情况下,税控打印机应当保证税控存储器、发票存储器和税控卡中数据的正确性和完整性。

4.1.4 打印要求

4.1.4.1 税控打印机符合 GB 18240.1—2003 的 4.1.2.3 的票据打印要求。

4.1.4.2 对打印纸宽不大于 82 mm 的卷式发票税控打印机的打印要求详见附录 B;对其他类型的税控打印机,其打印要求符合相应的国家标准。

4.1.4.3 税控打印机可打印发票代码和发票号码。

4.1.4.4 税控打印机打印卷式票据时,联次不少于两联;在打印平张式多联票据时,联次不少于四联;票据各联次字迹应当清晰可辨。

4.1.5 软件要求

4.1.5.1 税控打印机软件符合 GB 18240.1—2003 的 4.1.5 的规定。

4.1.5.2 税控打印机出现故障时应当通过与宿主的接口通知宿主或在税控打印机上提供状态指示。故障内容和类型以及状态指示方法在产品说明书中具体规定。

4.2 外观和结构

税控打印机的外观和结构符合 GB 18240.1—2003 的 4.2 的规定。税控打印机应当有机器编号,编号原则见 GB 18240.6—2004。

4.3 安全

符合 GB 4943 的有关规定。

4.4 中文信息处理

符合 GB 18240.1—2003 的 4.4 的要求,并有汉字字型标准数据授权使用证明。

4.5 接口

4.5.1 税控打印机至少提供与宿主连接的一个接口和两个税控 IC 卡接口。

4.5.2 税控打印机与宿主连接的接口可以是串行接口或并行接口,由具体产品标准规定。

4.5.2.1 税控打印机的串行接口符合 GB/T 6107—2000 的规定。采用 25 插孔的 DTE 接口连接器,使用 TXD、RXD、RTS、DTR 和 GND。如采用其他接口连接器时,在具体产品标准中规定。

4.5.2.2 税控打印机的并行接口由具体产品标准规定。

4.5.3 税控打印机与宿主的连接方法和相关通信格式见附录 A。

4.5.4 采用单向通信方式与宿主连接的税控打印机应当另外提供一个串行接口。

4.5.5 税控打印机的 IC 卡接口符合 GB 18240.1—2003 的 4.5.2 的要求。

4.5.6 税控打印机如提供 USB 接口时,则采用 B 型插座,并符合相关标准的规定。

4.6 电源适应能力

税控打印机可采用交流或直流方式供电。

采用交流电方式供电的税控打印机:在频率为 50 Hz±1 Hz;电压为 220 V±22 V 的条件下应能正常工作。

采用直流电方式供电的税控打印机:在电压为额定值±5%的条件下能正常工作。

4.7 噪声

产品工作时，噪声应低于 65 dB(A)。

4.8 电磁兼容性

4.8.1 无线电骚扰限值

税控打印机的无线电骚扰限值符合 GB 9254 规定的要求。实验等级在产品标准中指明 A 级或 B 级。

4.8.2 抗扰度限值

税控打印机的抗扰度限值符合 GB/T 17618—1998 规定的要求。

4.9 环境条件

税控打印机符合 GB 18240.1—2003 中 4.9 规定的要求。

4.10 可靠性

采用平均故障间隔时间(MTBF)衡量系统的可靠性水平。税控打印机的平均故障间隔时间(MTBF)的 m_1 值不得低于 5 000 h。由具体产品标准给出具体的 m_1 值。

4.11 使用说明书及有关文件

税控打印机使用说明书的编写应符合 GB 9969.1—1998 的规定。

税控打印机使用档案和税控打印机维修记录表的样单格式见 GB 18240.1—2003 的附录 B。

5 试验方法

5.1 试验环境条件

本部分中除气候环境试验、可靠性试验和抗电强度试验以外，其他试验均可在下述正常试验大气条件下进行。

温　度：15℃～35℃；

相对湿度：45%～75%；

大气压力：86 kPa ～106 kPa。

5.2 外观和结构检查

用目测法和有关检测工具进行外观和结构检查，符合 4.2 的要求。

用目测法检查使用说明书、税控打印机使用档案和维修记录，符合 4.11 的要求。

5.3 功能要求和接口的试验

通过与宿主和税控管理系统的联合模拟使用和运行测试软件等方法对 4.1 规定的要求进行检测，同时检验 4.5 规定的接口要求。

5.4 中文信息处理检查

用 GB/T 11460—2000 规定的方法检查产品中汉字字型与相应标准字型的符合程度，检查字型时应同时检查字符集。

5.5 打印性能检验

打印纸宽不大于 82 mm 的卷式发票税控打印机的打印性能检验按附录 B 的检验方法进行，应符合附录 B 的相关规定。其他类型的税控打印机按相应打印机的国家标准的检验方法进行，符合相关的打印机性能要求。

5.6 安全试验

按 GB 4943 的有关规定进行。

5.7 电源适应能力试验

采用交流电源供电的产品，交流电源适应能力试验按表 1 中的组合对受试样品进行试验。每种组合运行自检程序一遍，受试样品工作应当正常。

表 1 交流电源适应范围

组 合	标 称 值	
	电压/ V	频率/ Hz
1	220	50
2	198	49
3	198	51
4	242	49
5	242	51

采用直流电源供电的产品，直流电源适应能力试验按表 2 中的次序，对受试样品进行试验。每种电源值下运行自检程序一遍，受试样品工作应当正常。

表 2 直流电源适应范围

次 序	标 称 值
1	额定电压
2	额定电压－5%
3	额定电压＋5%

5.8 噪声试验

按 GB/T 9314—1995 中 5.20 的规定进行，在声学实验室内，受试样品按联机方式顺序满行打印 GB/T 1988 的全部字符，用 A 级噪声仪距受试样品 1 m 处，前、后、左、右、上方各测量一次，求其平均值，应符合 4.7 的规定。

5.9 电磁兼容性试验

税控打印机的电磁兼容性试验方法按 GB 18240.1—2003 中 5.8 的规定进行。

5.10 环境试验

按 GB 18240.1—2003 中 5.9 的规定进行。

5.11 可靠性试验

按 GB 18240.1—2003 中 5.10 的规定进行。

6 检验规则

6.1 总则

产品在定型时（设计定型、生产定型）和生产过程中必须按本部分和产品标准的补充规定进行检验，并符合各项规定的要求。

6.2 检验分类

产品检验分为三类：

a) 定型检验；

b) 交收检验；

c) 例行检验。

各类检验项目和顺序分别按表 3 进行。若产品标准中有补充的检验项目时，则应将其插入至表 3 的相应位置。

表 3 检验项目

检验项目	定型检验	交收检验[a]	例行检验	要求章条号	试验方法章条号
税控功能	○	○	—	4.1.2,4.5	5.3
外观和结构	○	○	—	4.2,4.11	5.2
打印能力	○	○	—	4.1.4	5.5
中文处理	○	○	—	4.4	5.4
安全	○	○	—	4.3	5.6
电源适应能力	○	—	○	4.6	5.7
噪声	○	—	○	4.7	5.8
电磁兼容性	○	—	○	4.8	5.9
环境条件	○	—	○	4.9	5.10
可靠性	○	—	—	4.10	5.11
注:"○"表示应进行的检验项目,"—"表示不进行检验的项目。					
[a] 交收检验中安全试验只做抗电强度、接地连续性试验和接触电流试验。					

6.3 定型检验

6.3.1 产品在设计定型和生产定型时均应进行定型检验。

6.3.2 定型检验由产品承制方的质量检验部门或由主管部门认可的质量检验单位负责进行。

6.3.3 定型检验中可靠性鉴定的受试样品数根据产品批量、试验时间和成本确定,其余检验项目的样品数量为 2 台。

6.3.4 定型检验中的可靠性试验故障判据和计算方法见 GB 18240.1—2003 附录 D。其他项目均按以下规定进行:检验中出现故障或某项通不过时,应停止试验。查明故障原因,提出故障分析报告,排除故障,重新进行该项试验。若在以后的试验中再出现故障或某项通不过时,再查明故障原因,提出故障分析报告,排除故障,应重新进行定型检验。

6.3.5 检验后应提交定型检验报告。

6.4 交收检验

6.4.1 批量生产或连续生产的产品,进行逐批全数交收检验。检验中,出现任一项不合格时,返修后可重新进行检验。若再一次出现任一项不合格时,该产品判为不合格品。对于不合格品,应修复成合格品后才能交付。

6.4.2 交收检验由产品承制方的质量检验部门负责进行。

6.5 例行检验

6.5.1 批量生产的产品,一般每批均应进行例行检验;连续生产的产品,每年应至少进行一次例行检验。当主要设计、工艺及关键元器件、原材料改变时,应进行例行检验。

6.5.2 例行检验由产品承制方质量检验部门或主管部门认可的质量检验单位负责进行,根据订货方的要求,产品承制方应提供近期例行检验报告。

6.5.3 例行检验的样品应在交收检验合格产品中随机抽取,其中可靠性验收项目的样品数根据产品批量、试验时间和成本确定,其余检验项目的试验样品数为 2 台。

6.5.4 例行检验中,检验项目的可靠性试验故障判据和计算方法见 GB 18240.1—2003 附录 D。其他项目的故障处理按以下规定进行:检验中出现故障或任一项通不过时,应查明故障原因,提出故障分析报告。经修复之后,再顺序做以下各项检验,如再次出现故障或某项通不过,查明故障原因后提出故障分析报告,再经修复后,应重新进行例行检验。在重新进行例行检验中,又出现某一项通不过时,则判该产品通不过例行检验。例行检验中经环境试验的样机,应印有标记,不准作为正品出厂。

6.5.5 检验后应提交例行检验报告。

7 标志、包装、运输、贮存

7.1 包装标志

包装箱外应注明产品型号、数量、质量、商标、制造单位名称、产品标准编号。

包装箱外应印刷或贴有“易碎物品”、“向上”、“怕雨”、“堆码层数”或“堆码重量极限”等储运标志。储运标志应符合 GB/T 191—2000 的规定。

7.2 包装

包装箱应符合防潮、防尘、防震的要求，包装箱内应有装箱清单、检验合格证、备件、附件及有关的随机文件。

7.3 运输

包装后的产品应能用任何交通工具进行运输。产品在运输过程中不允许雨雪或液体直接淋袭和机械损伤。

7.4 贮存

产品贮存时应放在原包装箱内，存放产品的仓库环境温度为 0℃～40℃，相对湿度为 30％～85％。仓库内不允许有各种有害气体、易燃和易爆物品及有腐蚀性的化学物品，并且应无强烈的机械震动、冲击和强磁场作用。包装箱应垫离地面至少 15 cm，距离墙壁、热源、冷源、窗口或空气入口至少 50 cm。

若在制造单位存放超过 6 个月，则应在出厂前重新进行交收检验。

附 录 A
（规范性附录）
税控打印机的连接方法和通信格式

A.1 系统连接方法

A.1.1 系统连接基本要求

税控打印机通过接口与宿主连接，以一定的命令格式和数据格式接受宿主发送的控制命令和数据，执行相应的操作，实现税控要求和发票打印功能。税控打印机也可以独立实现除打印发票以外的部分税控功能，具体实现的功能应在具体产品标准中规定。

税控打印机与宿主连接的通信方式有两种：单向数据通信方式和双向数据通信方式。

A.1.2 单向数据通信方式

单向数据通信方式是指宿主只向税控打印机发送交易数据，税控打印机通过接口状态线返回工作状态。

A.1.2.1 采用并行接口的税控打印机，当出现无纸故障时，应使其接口的 PE 和 BUSY 信号线处于有效电平；当出现税控功能故障时，应使其接口的 BUSY 和 ERR 信号线处于有效电平。

A.1.2.2 采用串行接口的税控打印机，当出现无纸故障或税控功能故障时，应使其接口的 RTS 和 DTR 信号线处于无效电平。

A.1.2.3 采用其他接口的税控打印机工作状态的定义和返回方式应在具体产品标准中规定。

A.1.3 双向数据通信方式

双向数据通信方式是指宿主以命令格式向税控打印机传送数据，税控打印机则以命令应答码回传数据。

A.2 通信格式

税控打印机与宿主之间根据数据通信方式的不同而采用不同的通信格式。

A.2.1 单向数据通信格式

单向通信格式是指宿主以交易数据格式向税控打印机传送数据，由税控打印机对收到的数据进行分析，提取出用于打印发票的数据并打印出符合 4.1.4.1 要求的税务发票，同时将这些数据存储于税控数据存储器和发票数据存储器中。

A.2.1.1 单向数据通信格式下的数据格式

在税控打印机与宿主采用单向数据通信方式时，宿主只需向税控打印机发送交易数据及交易商品的税种税目编码或税率信息。

在宿主传送的交易数据中，可分为明细项、合计项及说明项 3 种数据，其数据格式应满足如下各条要求。

A.2.1.1.1 明细项数据格式

$$\sum_{i=1}^{m}\left(\sum_{j=1}^{n-1}(\mathrm{Item}(i,j)+\mathrm{Tab}(i,j))+\mathrm{Item}(i,n)+\mathrm{LF}\right)$$

式中：

m——每一交易商品所需打印的行数，$m=1\sim3$；

n——当前行交易商品所需打印的描述项列数，$n=2\sim5$；

$\mathrm{Tab}(i,j)$——当前行两描述项之间的列分隔符，0x20 或 0x09，1 字节有效；

LF——每一交易商品不同打印行之间的行分隔符，0x0A，1 字节有效；

Item(i,j)——当前行交易商品所需打印的描述项内容,可含1项 Tax(i,j);描述项可以是交易明细的商品名称、代码、数量、单价、金额等;

Tax(i,j)——税种税目编码或税率描述项 $i=1\sim m$, $j=1\sim n$,宿主下传税率数据时,其后应含字符“%”(代码:0x25);下传的税种税目编码或税率数据要与税控收款机管理系统发放规定的本税控打印机的税目税率文件数据一致。宿主不单独下传税种税目信息时可以在商品名称代码中加有代表税种税目编码的特殊说明符。

A.2.1.1.2 合计项数据格式

合计项数据格式采用“说明词”配合“行、列分隔符”区分的方法由宿主下送。行、列分隔符分别为0x0A、0x20和0x09,1字节有效。合计项数据格式为:

说明词+金额+Tab/LF;

说明词为:合计、实收或找零。

A.2.1.1.3 说明项数据格式

说明项采用“说明项字符串”配合“行、列分隔符”的方法由宿主下送。说明项字符串可由税控打印机识别,作为要打印在发票上的说明内容。

数据格式为:

说明项字符串+Tab/LF

说明项适用于税控打印机只打印交易商品总项,而交易商品明细项以交易收据的形式在其他打印机上打印出来的情况下,将交易收据的号码等关联信息作为说明项字符串打印在当前开具的发票上。

A.2.2 双向数据通信格式

双向数据通信方式下的税控打印机与宿主之间采用双向数据通信格式,应符合 GB 18240.3—2003 中第A.3章规定的要求,其命令格式分为税控操作及发票打印控制命令和税控信息打印控制命令两类。

A.2.2.1 税控操作及发票打印控制命令格式

税控操作及发票打印的控制命令格式应符合 GB 18240.3—2003 中第A.3章规定的要求。

税控打印机在每卷发票使用完毕后自动在发票卷尾打印该卷发票的使用汇总数据报表。

A.2.2.2 税控信息打印控制命令格式

A.2.2.2.1 当宿主需要税控打印机在普通纸上打印税控信息(例如,发票使用数据等)时,可以通过相关税控操作的控制命令从税控打印机中取出,并以如下命令格式,在税控打印机上打印出:

打印数据+行进纸命令;

打印数据为税控信息对应的字符代码;

行进纸命令:0x0A。

A.2.2.2.2 税控打印机执行命令后向宿主送出的应答码应符合 GB 18240.3 中 A.3 规定的要求。

税控打印机可添加如下1个返回错误类型代码:

错误类型: 操作失败

错误类型代码:0x3A

A.3 数据格式的设置

A.3.1 基本要求

数据格式的设置分为交易数据格式设置和发票打印格式设置。

税控打印机的数据格式设置功能应操作方便。设置参数应当在税控打印机的非易失性存储器中保存。

A.3.2 交易数据格式设置

A.3.2.1 交易数据格式的设置是指宿主采用单向通信格式向税控打印机传送交易数据时,应当事先将 A.2.1.1 中所规定的交易数据格式和数据识别方法设置在税控打印机中，以便税控打印机可以根据这些数据格式对来自宿主的数据进行自动识别，提取用于打印发票的有效数据，并将这些数据进行税控处理。

A.3.2.2 由于宿主下传数据格式的多样化，采用单向通信方式连接的税控打印机应具有交易数据的格式设置功能。

A.3.3 发票打印格式设置

A.3.3.1 采用单向通信方式连接宿主的税控打印机应具有发票打印格式设置功能，以便能够针对不同地区发票印刷格式的不同而进行填充打印位置和打印内容的修改。发票打印格式设置的操作应简便易行。

A.3.3.2 当来自宿主的交易明细项数据较多并超出发票可打印的空间时，税控打印机应能自动分成多张发票打印，并保证打印每张发票的正确完整和这多张发票的总额累加值等于该交易的合计金额。

A.4 检测项目

A.4.1 税控打印机与宿主之间的通信格式的检测方法

A.4.1.1 单向通信连接方式的通信格式检测方法

将宿主(例如个人电脑，下同)与税控打印机按单向通信连接方式相连接，在宿主上按 A.2.1.1 所规定的交易数据格式发送三单数据(每单的交易明细项数量分 3 项、6 项和 12 项不等)给税控打印机，税控打印机应能满足 A.2.1 的要求，正确打印出测试发票，并对于超出定长发票的处理，能够满足 GB 18240.1—2003的 4.1.2.3.3 的发票打印要求。

A.4.1.2 双向通信连接方式的通信格式检测方法

将宿主与税控打印机按双向通信连接方式相连接，在宿主上按 A.2.2 所规定的命令格式发送命令给税控打印机，税控打印机应能满足 A.2.2 的要求。

A.4.1.3 交易数据格式设置功能检测方法

将宿主与税控打印机按单向通信连接方式相连接，按照税控打印机具体产品标准规定的交易数据格式设置方法分别对符合 A.2.1.1 所规定的 3 种不同交易数据格式在税控打印机上进行数据格式的设置操作。每次设置数据格式后，将税控打印机进行关断电源和接通电源的操作，在宿主上按相应的交易数据格式发送三单数据(每单的交易明细项数量分 3 项、6 项和 12 项不等)给税控打印机，税控打印机应能满足 A.3.1 和 A.2.1 的要求，正确打印出测试发票。

A.4.1.4 发票打印格式设置功能检测方法

将宿主与税控打印机按单向通信方式连接，按照税控打印机具体产品标准规定的发票打印格式设置方法分别以 3 种不同的发票打印格式对税控打印机进行发票打印格式的设置操作。每次设置发票格式后，将税控打印机进行关断电源和接通电源的操作，在宿主上按 A.2.1.1 所规定的交易数据格式发送三单数据(每单的交易明细项数量分 3 项、6 项和 12 项不等)给税控打印机，税控打印机应能满足 A.3.2 的要求，正确打印出测试发票。

附 录 B
（规范性附录）
打印纸宽不大于 82 mm 的卷式发票税控打印机的打印要求

B.1 打印要求

B.1.1 打印清晰度

税控打印机打印的字迹应字形完整，清晰可辨且页面字色均匀。

B.1.2 打印成行度

根据税控打印机打印汉字的要求，打印的成行度误差应小于或等于 0.2 mm。

B.1.3 打印成列度

根据税控打印机打印汉字的要求，打印的成列度误差应小于或等于 0.2 mm。

B.1.4 黑标定位打印精度

税控打印机在使用预印刷黑色标块(简称：黑标)的卷式发票时，应支持通过检测发票上预印刷黑标实现定位打印的功能。产品采用黑标检测的定位打印精度误差为±2 mm。

B.1.5 打印速度

税控打印机的打印速度应不低于 1.5 行汉字字符/秒。

B.2 打印要求检验

B.2.1 清晰度检验

用目测法和带坐标 10 倍放大镜检查税控打印机自检清单，应符合 B.1.1 的要求。

B.2.2 成行度检验

税控打印机以同向和异向打印方式连续满行打印“—”符号 30 行，测量其成行度应满足 B.1.2 的要求。具体检验方法按 GB/T 9314—1995 中的附录 B(参考件)执行。

B.2.3 成列度检验

税控打印机以同向和异向打印方式连续满行打印“|”符号 60 行，测量其成列度应满足 B.1.3 的要求。具体检验方法按 GB/T 9314—1995 中的附录 B(参考件)执行。

B.2.4 黑标定位打印精度检验

使用黑标印刷在右边缘、黑标印刷尺寸为 6 mm×8 mm(高×宽)且黑标反射率小于或等于 10%和黑标宽度内其他部分的反射率大于或等于 75%等条件下的测试纸卷，产品执行黑标测试程序(每份打印两行字符，然后利用黑标定位命令走到撕纸线)，用刻度尺测量连续打印 3 份打印样张，其每份从预印刷黑标的上沿到第一行打印字符的顶端距离的偏差，其最大偏差应符合 B.1.4 的要求。

B.2.5 打印速度检验

在额定电源电压下，使用未预印刷黑标且符合具体产品标准要求的普通白纸，产品按 GB 2312—1980 的编码顺序打印汉字字符，以可打印的最大宽度连续满行打印 100 行，测量共打印 100 行的时间，计算其每秒打印行数，应符合 B.1.5 的要求。

附 录 C
（资料性附录）
税控收款机标准工作组

GB 18240 采用工作组的形式制定。工作组采用开放、自愿的形式，GB 18240 的本部分起草工作由税控收款机标准工作组完成。

以下为参与工作组的名单：

广东京粤商用技术有限公司　　组长单位
国家税务总局信息中心　　副组长单位
信息产业部电子第四研究所　　联络员单位
北京四通电脑有限公司
深圳桑达商用机器有限公司
深圳开发科技股份有限公司
四川中信昊园高科技发展(集团)有限公司
新会江裕信息产业有限公司
意中希诺达国际商用设备有限公司
四川恒特电子有限公司
江苏大唐电子产品有限公司
北京易亨黑眼睛税控科技发展有限公司
北京高腾商业电脑系统有限公司
海信智能商用设备有限公司
北京商融电子机具有限公司
长春高新商用信息技术有限公司
北京金英特科技有限公司
武汉天喻信息产业股份有限公司
深圳市明华澳汉科技股份有限公司
北京握奇智能科技有限公司
深圳同方融达科技发展有限公司
上海伊诺尔信息技术有限公司
四川道亨计算机软件有限责任公司
福建实达电脑设备有限公司
深圳市科拓达电子有限公司
山东浪潮电子设备有限公司
深圳市金凯特科技有限公司
金税通商业机器有限公司
北京公达数码科技有限公司
南天电子信息产业股份有限公司
北京星亚金元科技有限公司
湖北三环信息科技有限公司
爱普生(中国)有限公司
沈阳东江智能卡有限公司
国营漓江无线电厂

青岛运达科技信息发展有限公司
深圳市华实信达科技发展公司
夏普办公设备(常熟)有限公司
北京中税百校科技发展有限公司
汕头金税科技有限公司
福建新大陆电脑股份有限公司
云南佳程防伪科技有限公司
联想(北京)有限公司
江门亿业科技有限公司
北京中天科信息技术有限公司
国际联合科技股份有限公司
广州华港电子科技有限公司
江苏万成自动化控制设备有限公司
烟台银宝实业公司
北京清华紫光天越科技发展有限公司
北京电信达网络技术有限公司
江苏恒宝股份有限公司
成都前锋电子电器集团股份有限公司
上海华虹(集团)公司
山东深龙商务科技有限公司
中国电子器件工业配套中心
中国华大集成电路设计中心
深圳市中鼎电子科技有限公司
神州数码(中国)有限公司
浙江科技有限公司
深圳精鉴商用机器有限公司
北京市中兴通电子技术有限公司
深圳亿利达商业设备有限公司
青岛中科英泰科技有限公司
泰和数据科技有限公司
宁波三维商业电子科技有限公司
河南新飞电器(集团)股份有限公司
大连零点科技设计开发有限公司
东方拍档
深圳市华税实业有限公司
安智泰科电子系统(北京)有限公司
苏博泰克数据系统有限公司
浙江正原电气股份有限公司
天津先进信息产品有限公司
惠州市德赛金融电子有限公司
山东五洲科技开发有限公司
青岛佰润科技发展有限公司
上海瀚博科技有限公司

深圳市奥格立电子科技有限公司
北京兆日科技有限责任公司
时代集团公司
绵阳民兴数据科技有限责任公司
保利智典公司
北京航天斯大电子有限公司
北京大唐中联系统集成有限公司
东和商用精密电子(中山)有限公司
成都金润企业发展有限公司
航天信息股份有限公司
国家电子计算机外部设备质量监督检查中心
信息产业部15所
信息产业部电子第五研究所
信息产业部电子第四研究所
湖南华翔腾数码科技有限公司
卫士通信息产业股份有限公司
江苏利生科技有限公司
广州市时进信息技术有限公司
中商流通生产力促进中心
哈工大首创科技股份有限公司
深圳德诚信用咭制造有限公司
上海杉德金卡信息系统科技有限公司
武汉精纶电子股份有限公司
承德威远有限公司
深圳市冠日通讯科技有限公司
唐人数码有限公司

ICS 13.040.50
Z 64

中华人民共和国国家标准

GB 18285—2005
代替 GB 14761.5—93、GB/T 3845—93
部分代替 GB 18285—2000

点燃式发动机汽车排气污染物排放限值及测量方法（双怠速法及简易工况法）

Limits and measurement methods for exhaust pollutants from vehicles equipped ignition engine under two-speed idle conditions and simple driving mode conditions

2005-05-30 发布　　2005-07-01 实施

国家环境保护总局
国家质量监督检验检疫总局　发布

前　言

为贯彻《中华人民共和国环境保护法》和《中华人民共和国大气污染防治法》，控制汽车污染物排放，改善环境空气质量，制定本标准。

本标准是对 GB 14761.5—93《汽油车怠速污染物排放标准》和 GB/T 3845—93《汽油车排气污染物的测量　怠速法》的修订与合并。本标准规定了点燃式发动机汽车怠速和高怠速工况排气污染物排放限值及测量方法，同时规定了稳态工况法、瞬态工况法和简易瞬态工况法等三种简易工况测量方法。本次修订增加了高怠速工况排放限值和对过量空气系数(λ)的要求。

按照有关法律规定，本标准具有强制执行的效力。

本标准由国家环境保护总局科技标准司提出。

本标准起草单位：中国环境科学研究院、交通部公路科学研究所。

本标准国家环境保护总局 2005 年 5 月 30 日批准。

本标准自 2005 年 7 月 1 日起实施，《汽油车怠速污染物排放标准》(GB 14761.5—93)、《汽油车排气污染物的测量　怠速法》(GB/T 3845—93)和《在用汽车排气污染物排放限值及测量方法》(GB 18285—2000)同时废止。

本标准由国家环境保护总局解释。

点燃式发动机汽车排气污染物排放限值及测量方法（双怠速法及简易工况法）

1 范围

本标准规定了点燃式发动机汽车怠速和高怠速工况下排气污染物排放限值及测量方法。

本标准也规定了点燃式发动机轻型汽车稳态工况法、瞬态工况法和简易瞬态工况法三种简易工况测量方法。

本标准适用于装用点燃式发动机的新生产和在用汽车。

2 规范性引用文件

下列文件中的条款通过本标准的引用而成为本标准的条款。凡是不注日期的引用文件，其最新版本适用于本标准。

GB 14762—2002　车用点燃式发动机及装用点燃式发动机汽车排气污染物排放限值及测量方法

GB 18352.1—2001　轻型汽车污染物排放限值及测量方法（Ⅰ）

GB 18352.2—2001　轻型汽车污染物排放限值及测量方法（Ⅱ）

GB 17930—1999　车用无铅汽油

GB/T 15089—2001　机动车辆及挂车分类

GB 5181—2001　汽车排放术语和定义

GB 18047　车用压缩天然气

GB 19159　车用液化石油气

HJ/T 3—1993　汽油机动车怠速排气监测仪技术条件

3 术语和定义

下列术语和定义适用于本标准。

3.1 轻型汽车

指最大总质量不超过 3 500 kg 的 M_1 类、M_2 类和 N_1 类车辆。

3.2 M_1、M_2、N_1 类车辆

M_1 类车指至少有四个车轮，或有三个车轮且厂定最大总质量超过 1 000 kg，除驾驶员座位外，乘客座位不超过 8 个的载客车辆。

M_2 类车指至少有四个车轮，或有三个车轮且厂定最大总质量超过 1 000 kg，除驾驶员座位外，乘客座位超过 8 个，且厂定最大总质量不超过 5 000 kg 的载客车辆。

N_1 类车指至少有四个车轮，或有三个车轮且厂定最大总质量超过 1 000 kg，厂定最大总质量不超过 3 500 kg 的载货车辆。

3.3 重型汽车

指最大总质量超过 3 500 kg 的车辆。

3.4 第一类轻型汽车

设计乘员数不超过 6 人（包括司机），且最大总质量≤2 500 kg 的 M_1 类车。

3.5 第二类轻型汽车

本标准适用范围内除第一类车以外的其他所有轻型汽车。

3.6 新生产汽车

本标准中指制造厂合格入库或出厂的汽车。

3.7　在用汽车

指已经登记注册并取得号牌的汽车。

3.8　基准质量(RM)

指整车整备质量加 100 kg 质量。

3.9　最大总质量

指汽车制造厂规定的技术上允许的车辆最大质量。

3.10　当量惯量

指在底盘测功机上用惯量模拟器模拟汽车行驶中移动和转动惯量时所相当的质量。

3.11　排气污染物

指排气管排放的气体污染物。通常指一氧化碳(CO)、碳氢化合物(HC)及氮氧化物(NO_x)。氮氧化物(NO_x)用二氧化氮(NO_2)当量表示。碳氢化合物(HC)以碳(C)当量表示,假定碳氢比如下:

——汽油:$C_1H_{1.85}$,

——LPG:$C_1H_{2.525}$,

——NG:CH_4。

3.12　一氧化碳(CO)、碳氢化合物(HC)和一氧化氮(NO)的体积分数

排气中一氧化碳(CO)的体积分数以"%"表示;

排气中碳氢化合物(HC)的体积分数以"10^{-6}"表示,体积分数值按正已烷当量;

排气中一氧化氮(NO)的体积分数以"10^{-6}"表示。

3.13　额定转速

指发动机发出额定功率时的转速。

3.14　怠速与高怠速工况

怠速工况指发动机无负载运转状态。即离合器处于接合位置、变速器处于空挡位置(对于自动变速箱的车应处于"停车"或"P"挡位);采用化油器供油系统的车,阻风门应处于全开位置;油门踏板处于完全松开位置。高怠速工况指满足上述(除最后一项)条件,用油门踏板将发动机转速稳定控制在 50%额定转速或制造厂技术文件中规定的高怠速转速时的工况。本标准中将轻型汽车的高怠速转速规定为 2 500±100 r/min,重型车的高怠速转速规定为 1 800±100 r/min;如有特殊规定的,按照制造厂技术文件中规定的高怠速转速。

3.15　过量空气系数(λ)

燃烧 1 kg 燃料的实际空气量与理论上所需空气量之质量比。

3.16　气体燃料

指液化石油气(LPG)或天然气(NG)。

3.17　两用燃料车

能燃用汽油和一种气体燃料的车辆。

3.18　单一燃料车

指能燃用汽油和一种气体燃料,但汽油仅用于紧急情况或发动机起动用,且汽油箱容积不超过15 L的车辆。

4　排气污染物排放限值

4.1　新生产汽车排气污染物排放限值

装用点燃式发动机的新生产汽车,型式核准和生产一致性检查的排气污染物排放限值见表 1。

表 1 新生产汽车排气污染物排放限值(体积分数)

车型	类别			
	怠速		高怠速	
	CO	HC	CO	HC
2005 年 7 月 1 日起新生产的第一类轻型汽车	0.5%	100×10^{-6}	0.3%	100×10^{-6}
2005 年 7 月 1 日起新生产的第二类轻型汽车	0.8%	150×10^{-6}	0.5%	150×10^{-6}
2005 年 7 月 1 日起新生产的重型汽车	1.0%	200×10^{-6}	0.7%	200×10^{-6}

4.2 在用汽车排气污染物排放限值

装用点燃式发动机的在用汽车,排气污染物排放限值见表 2。

表 2 在用汽车排气污染物排放限值(体积分数)

车型	类别			
	怠速		高怠速	
	CO	HC	CO	HC
1995 年 7 月 1 日前生产的轻型汽车	4.5%	$1\,200\times10^{-6}$	3.0%	900×10^{-6}
1995 年 7 月 1 日起生产的轻型汽车	4.5%	900×10^{-6}	3.0%	900×10^{-6}
2000 年 7 月 1 日起生产的第一类轻型汽车[a]	0.8%	150×10^{-6}	0.3%	100×10^{-6}
2001 年 10 月 1 日起生产的第二类轻型汽车	1.0%	200×10^{-6}	0.5%	150×10^{-6}
1995 年 7 月 1 日前生产的重型汽车	5.0%	$2\,000\times10^{-6}$	3.5%	$1\,200\times10^{-6}$
1995 年 7 月 1 日起生产的重型汽车	4.5%	$1\,200\times10^{-6}$	3.0%	900×10^{-6}
2004 年 9 月 1 日起生产的重型汽车	1.5%	250×10^{-6}	0.7%	200×10^{-6}

[a] 对于 2001 年 5 月 31 日以前生产的 5 座以下(含 5 座)的微型面包车,执行 1995 年 7 月 1 日起生产的轻型汽车的排放限值。

4.3 过量空气系数(λ)的要求

对于使用闭环控制电子燃油喷射系统和三元催化转化器技术的汽车进行过量空气系数(λ)的测定。发动机转速为高怠速转速时,λ 应在 1.00±0.03 或制造厂规定的范围内。进行 λ 测试前,应按照制造厂使用说明书的规定预热发动机。

5 测量方法

5.1 测量仪器

5.1.1 对于按照 GB 14761.1—93《轻型汽车排气污染物排放标准》的要求生产制造的点燃式发动机汽车和装用符合 GB 14761.2—93《车用汽油机排气污染物排放标准》点燃式发动机的汽车,使用的排放测量仪器应符合 HJ/T 3—93《汽油机动车怠速排气监测仪技术条件》的规定。

5.1.2 对于按照 GB 18352.1—2001《轻型汽车污染物排放限值及测量方法(Ⅰ)》或 GB 18352.2—2001《轻型汽车污染物排放限值及测量方法(Ⅱ)》的要求生产制造的点燃式发动机汽车以及装用符合 GB 14762—2002《车用点燃式发动机及装用点燃式发动机汽车排气污染物排放限值及测量方法》第二阶段排放限值的点燃式发动机的汽车,使用的排放测量仪器应符合附录 A 的规定。

5.2 测量程序

5.2.1 应保证被检测车辆处于制造厂规定的正常状态，发动机进气系统应装有空气滤清器，排气系统应装有排气消声器，并不得有泄漏。

5.2.2 应在发动机上安装转速计、点火正时仪、冷却液和润滑油测温计等测量仪器。测量时，发动机冷却液和润滑油温度应不低于 80 ℃，或者达到汽车使用说明书规定的热车状态。

5.2.3 发动机从怠速状态加速至70%额定转速，运转 30 s 后降至高怠速状态。将取样探头插入排气管中，深度不少于 400 mm，并固定在排气管上。维持 15 s 后，由具有平均值功能的仪器读取 30 s 内的平均值，或者人工读取 30 s 内的最高值和最低值，其平均值即为高怠速污染物测量结果。对于使用闭环控制电子燃油喷射系统和三元催化转化器技术的汽车，还应同时读取过量空气系数(λ)的数值。

5.2.4 发动机从高怠速降至怠速状态 15 s 后，由具有平均值功能的仪器读取 30 s 内的平均值，或者人工读取 30 s 内的最高值和最低值，其平均值即为怠速污染物测量结果。

5.2.5 若为多排气管时，取各排气管测量结果的算术平均值作为测量结果。

5.2.6 若车辆排气管长度小于测量深度时，应使用排气加长管。

6 单一燃料车和两用燃料车

6.1 对于单一燃料汽车，仅按燃用气体燃料进行排放检测；对于两用燃料汽车，要求对两种燃料分别进行排放检测。

7 测量结果判定

7.1 对于第 4 条中规定的车辆，如果检测污染物有一项超过规定的限值，则认为排放不合格。

7.2 对于使用闭环控制电子燃油喷射系统和三元催化转化器技术的车辆，如果检测的过量空气系数(λ)超出第 4.3 条中的要求，则认为排放不合格。

8 在用汽车的排放监控

8.1 自本标准的实施之日起，全国点燃式发动机在用汽车排放监控，采用本标准规定的双怠速法排气污染物排放限值及测量方法；在机动车保有量大、污染严重的地区，也可按规定采用本标准附录 B、C、D 中所列的简易工况法。

8.2 各省级有关行政主管部门可根据当地实际情况，确定在用汽车排放监控方案，选择双怠速法或简易工况法中的一种方法作为在用汽车排气污染物排放检测方法。对于同一车型的在用汽车实施排放监控，环保定期检测时不得采用二种或二种以上的排气污染物排放检测方法。

8.3 采用简易工况法的地区，应制定地方排气污染物排放限值，经省级人民政府批准，报国务院有关行政主管部门备案后实施。简易工况法排气污染物排放限值确定的基本原则和方法由国务院有关行政主管部门另行制定。

9 标准实施

本标准的实施日期为 2005 年 7 月 1 日。

附 录 A
(规范性附录)
双怠速法排放气法测试仪器技术条件

A.1 范围

本附录规定了本标准5.1.2中测试使用的排放测试仪器需满足的技术条件。

A.2 基本技术要求

A.2.1 能够测量汽车排气污染物CO、CO_2、HC(用正己烷当量表示)和O_2四种成分的体积分数(或浓度),并能按规定计算过量空气系数(λ)值。

A.2.2 CO、CO_2、HC的测量采用不分光红外线法(NDIR),O_2采用电化学电池法。也可采用等效方法,但需要证明其等效性。

A.2.3 具有内置发动机转速和机油温度测量功能或转速和机油温度信号输入端口。

A.2.4 气体处理系统的所有部件均由耐腐蚀材料做成,并且此材料对气体取样成分无影响。取样探头应能经受排气高温,并具有限位和固定装置。

A.2.5 仪器应具有符合本标准要求的怠速和高怠速测量程序。

A.3 结构要求

A.3.1 总则

测试仪器通过采样,经过泵将样气传输至气体处理系统和检测器进行分析,发出被测组分的体积分数相关信号,测定汽车排气污染物体积分数(或浓度)和过量空气系数(λ)值。

A.3.2 仪器主要部件

A.3.2.1 取样管

取样探头应能插入机动车辆排气管至少400 mm,并有插深定位装置。

A.3.2.2 软管

同探头连接,作为测量系统样气进入和排出通道。

A.3.2.3 泵

将气体传输至仪器。

A.3.2.4 水分离器

分离样气中的水分,防止冷凝水在仪器中积聚的装置。水蒸气达到饱和时,应能保证自动脱离或自动停止测量操作。

A.3.2.5 过滤器

除去导致仪器各种敏感部件污染的颗粒物。过滤器应能除去直径大于5 μm的颗粒,不需取出即能观察其沾污程度,并易于更换。当测量HC体积分数约为800×10^{-6}的气体时,能保证使用时间不少于30 min。

A.3.2.6 零气端口和校准端口

该端口位于水分离器及过滤器下游位置,包括用于引入作测量仪器零点调节的纯净环境气体端口和校准气体端口。

A.3.2.7 探测元件

按体积分数分析气体样品中的组分。

A.3.2.8 数据系统和显示器件

数据系统处理信号，显示器件显示测量结果。

A.3.2.9　控制调整装置

完成仪器初始化及开机检查，通过手动、半自动或全自动调节装置将仪器参数调整于设定的范围内。

A.3.3　仪器指示分辨力

A.3.3.1　指针式仪器范围及标线

对指针式指示仪器，CO、CO_2、O_2 刻度范围(体积分数)为 0.1%或 0.2%，HC 为 10×10^{-6} 或 20×10^{-6}，刻度最小间距为 1.25 mm，指针的宽度应小于刻度间距的 1/4，并能覆盖最短标线的 1/3。

A.3.3.2　数字式仪器

数字高度至少 5 mm，分辨力应满足表 A.1 的要求：

表 A.1　分辨力要求(体积分数)

CO	CO_2	O_2	HC
0.01%	0.1%	0.1%	10^{-6}

A.3.4　仪器允许示值误差

测量仪器的允许示值误差应满足表 A.2 的要求：

表 A.2　允许示值误差要求(体积分数)

	CO	CO_2	O_2	HC
绝对误差	±0.06%	±0.5%	±0.1%	$\pm12\times10^{-6}$
相对误差	±5%	±5%	±5%	±5%
注：取绝对误差和相对误差较大者。				

转速、机油温度允许示值误差应满足表 A.3 的要求：

表 A.3　允许示值误差要求

	范　围	精　度		范　围	精　度
转　速	0～1 000 r/min	±10 r/min	油　温	60～90 ℃	±2 ℃
	1 000 r/min 以上	测量值的±1%		其　他	±5 ℃

A.3.5　预热时间

经预热，测量仪器应符合 A.3.4 规定的精度要求，在预热时间内不应显示被测气体体积分数。

A.3.6　响应时间

对于 CO、CO_2 及 HC 的测量通道，当用校准气进行测试时，在气体从零气切换为校准气后，仪器(包括其取样系统)应在 15 s 内指示出最终指示值的 95%；对于 O_2 测量通道，在气体从空气切换为氮气(不含 O_2)后，仪器应在 60 s 内指示出与最终指示值(体积分数)的差异小于 0.1%的指示值。

A.3.7　重复性

在稳定的外界环境下，示值的重复性应达到由同一人在较短的时间间隔内对同一校准气体做 20 次测量时其实验标准差不超过 A.3.4 规定的 1/3。

A.3.8　时间稳定性

稳定环境条件下，测量仪器处于测量状态时，至少 4 h 内不需要由使用者进行内部或校准气调整，其数值应并保持在 A.3.4 规定的精度范围内。

A.3.9　测量仪器应配置气体流量监控系统，当气体流量降低到一定程度从而使检测超过了 A.3.6 规定的响应时间或 A.3.4 规定的精度的 1/2 时，测量系统应自动中止测量。

A.3.10　对气体处理系统气密度要求

测量仪器应有处理系统泄漏监控程序，当泄漏超过最大允许值时自动中止测量。

A.3.11 调节装置

A.3.11.1 仪器应有调节装置，以提供零点调节、气体标定、内部调节等操作，此装置可以是手动、半自动或自动的。

A.3.11.2 调节装置对于零点标定及内部调节应是自动的。

A.3.11.3 内部调节装置应不影响调零也不影响仪器的线性响应，并且适用于各种校准气体之调节。

A.3.12 操作可靠性

A.3.12.1 测量仪器应具有足够的抗干扰能力，在正常使用条件下保证仪器精度在其范围内。

A.3.12.2 具有 HC 通道的仪器应有检测 HC 气体残余物的装置，当 HC 气体残余值(体积分数)大于 20×10^{-6}时应自动停止测量。

A.3.12.3 分析仪除被测组份外的气体干扰误差不大于最大允许误差模的 1/2。

A.3.13 丙烷/正己烷当量系数

分析仪通入丙烷校准气时的绝对示值误差与通入相应的正己烷校准气时的绝对示值误差之差应不大于其最大允许误差模的 1/2。当量系数的值通常在 0.490 至 0.540 之间。

A.3.14 仪器测量程序见图 A.1：

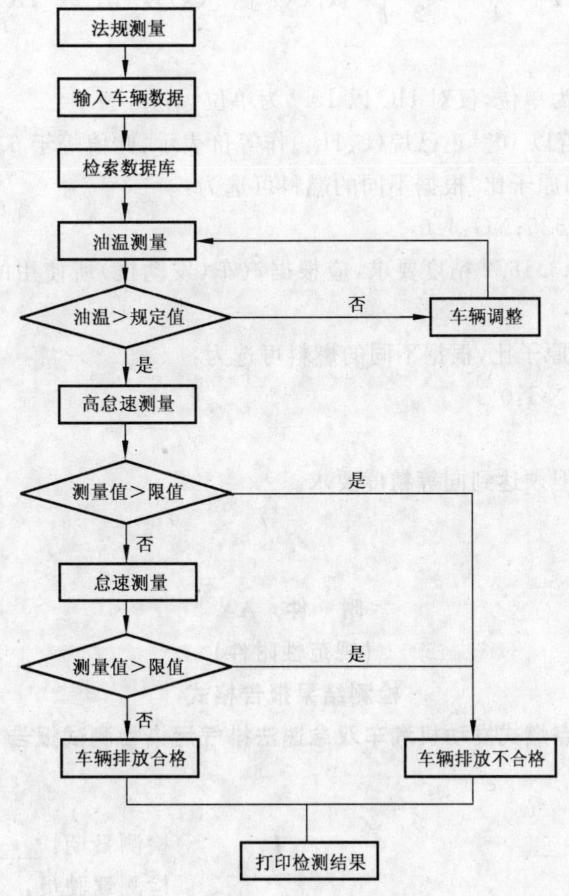

图 A.1 双怠速法仪器测量程序

A.3.15 校准气体及其成分规定

A.3.15.1 校准气体应是钢瓶装标准气或由动态混合来制备。

A.3.15.2 校准气体应符合中华人民共和国有关标准的规定，并具有国家质量监督检验检疫总局批准的标准参考物质证书。

A.3.15.3 校准气体的单位为体积分数表示。

A.3.15.4 校准气体的气体成分容许偏差不超过15%。

A.3.15.5 气体成分的不确定度应不超过被测物体积分数的1%，在C_3H_8、NO体积分数为$2\,000\times10^{-6}$或以下可为2%。

A.3.16 过量空气系数(λ)的计算

A.3.16.1 仪器指示的λ值应按标准公式作相应计算，并按4位数字显示。

A.3.16.2 仪器指示的λ值应符合下列精度要求：

表 A.4 λ值精度要求

λ值范围	λ=0.85～0.97	λ=0.97～1.03	λ=1.03～1.20
精度要求	±2%	±1%	±2%

A.3.16.3 标准计算公式如下：

$$\lambda=\frac{[CO_2]+\frac{CO}{2}+[O_2]+\left\{\left[\frac{H_{CV}}{4}\times\frac{3.5}{3.5+\frac{[CO]}{[CO_2]}}-\frac{O_{CV}}{2}\right]\times([CO_2]+[CO])\right\}}{\left(1+\frac{H_{CV}}{4}-\frac{O_{CV}}{2}\right)\times\{([CO_2]+[CO])+K_1\times[HC]\}}$$

式中：

[ ]=体积分数，以%为单位，仅对HC以10^{-6}为单位；

K_1=HC转换因子，若以10^{-6}正己烷(C_6H_{14})作等价表示，此值等于6×10^{-4}；

H_{CV}=燃料中氢和碳的原子比，根据不同的燃料可选为：

汽油：1.726 1；LPG：2.525；NG：4.0

如果计算结果不符合A3.16.2精度要求，应根据汽车(发动机)所使用的燃料选定相应常数值(下同)。

O_{CV}=燃料中氧和碳的原子比，根据不同的燃料可选为：

汽油：0.017 6；LPG：0；NG：0

A.3.16.4 其他公式

可采用其他等效公式，但须达到同等精度要求。

附 件 AA

(规范性附件)

检测结果报告格式

点燃式发动机汽车双怠速法排气污染物测试报告

检测站名称：__________　　　　检测日期：__________

检测操作员：__________　　　　检测驾驶员：__________

AA.1 车辆信息

车辆型号：__________　　　　生产企业：__________

基准质量：__________　　　　最大总质量：__________

单车轴重：__________　　　　底盘型号：__________

驱动方式：__________　　　　驱动轮胎气压：__________

变速器型式：__________　　　　档位数：__________

发动机型号：＿＿＿＿＿＿ 生产企业：＿＿＿＿＿＿

汽缸数：＿＿＿＿＿＿ 发动机排量：＿＿＿＿＿＿

燃油型式：＿＿＿＿＿＿ 催化转化器情况：＿＿＿＿＿＿

累计行驶里程：＿＿＿＿＿＿ 燃油规格：＿＿＿＿＿＿

车牌号码：＿＿＿＿＿＿ 车辆识别码：＿＿＿＿＿＿

车辆登记日期：＿＿＿＿＿＿ 车主姓名及其联系方式：＿＿＿＿＿＿

AA.2 检测设备

设备认证编码：＿＿＿＿＿＿

设备名称：＿＿＿＿＿＿ 型号：＿＿＿＿＿＿ 制造厂：＿＿＿＿＿＿

AA.3 检测环境状态

温度：＿＿＿＿＿＿ 大气压：＿＿＿＿＿＿ 相对湿度：＿＿＿＿＿＿

AA.4 检测结果及裁决：

内　　容	过量空气系数 (λ)	低　怠　速		高　怠　速	
		CO %	HC 10^{-6}	CO %	HC 10^{-6}
测试结果					
限　　值					
判定结果	合格/不合格	合格/不合格		合格/不合格	
裁　　决	通过/未通过				

附 录 B
（规范性附录）
稳态工况法测量方法

B.1 范围

本附录规定了本标准8.1中规定的稳态工况法测量方法的测试规程。

B.2 稳态工况法

B.2.1 在底盘测功机上的测试运转循环

B.2.1.1 在底盘测功机上的测试运转循环由ASM 5025和ASM 2540两个工况组成，见图B.1、表B.1所示。

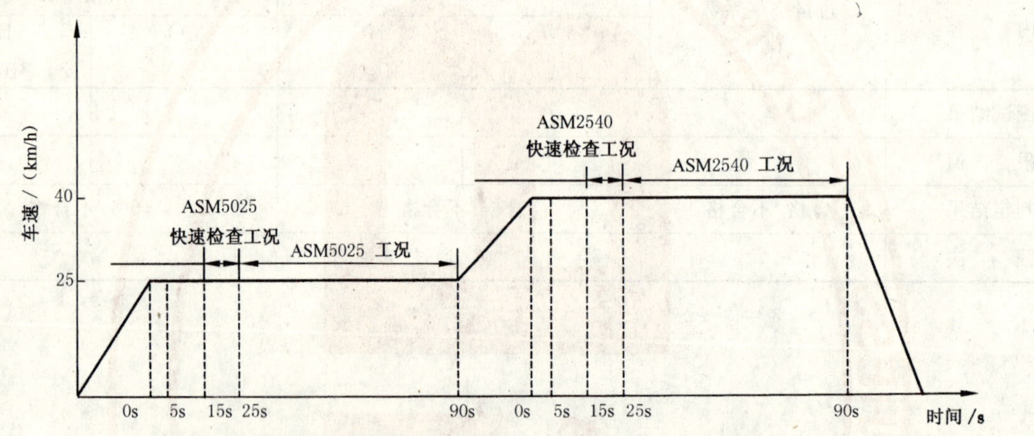

图 B.1 稳态工况法(ASM)试验运转循环

表 B.1 稳态工况法(ASM)试验运转循环表

工 况	运转次序	速 度/(km/h)	操作时间 t/s	测试时间 t/s
5 025	1	25	3	—
	2	25	15	
	3	25	25	10
	4	25	90	65
2 540	5	40	5	—
	6	40	15	
	7	40	25	10
	8	40	90	65

B.2.1.1.1 ASM 5025 工况

经预热后的车辆加速至25.0 km/h，测功机以车辆速度为25.0 km/h、加速度为1.475 m/s² 时的输出功率的50%作为设定功率对车辆加载，工况计时器开始计时（$t=0$ s）。车辆以25.0 km/h±1.5 km/h的速度持续运转5 s，如果底盘测功机模拟的惯量值在计时开始后持续3 s超出所规定误差范围，工况计时器将重新开始计时（$t=0$）。如果再次出现该情况，检测将被停止。系统将根据分析仪最长响应时间进行预置，（如果分析仪响应时间为10 s，则预置时间为10 s，$t=15$）然后系统开始取样，持续运行 10 s(t=25 s)即为 ASM 5025 快速检查工况。ASM 5025 快速检查工况结束后继续运行至 90 s(t=90 s)即为 ASM 5025 工况。

B.2.1.1.2　ASM 2540 工况

ASM 5025 工况检测结束后车辆立即加速至 40.0 km/h,测功机以车辆速度为 40.0 km/h,加速度为 1.475 m/s^2 时的输出功率的 25%作为设定功率对车辆加载。工况计时器开始计时(t=0 s)。车辆以 40.0 km/h±1.5 km/h 的速度持续运转 5 s,如果底盘测功机模拟的惯量值在计时开始后持续 3 s 超出所规定误差范围,工况计时器将重新开始计时(t=0)。如果再次出现该情况,检测将被停止。系统将根据分析仪最长响应时间进行预制,(如果分析仪响应时间为 10 s,则预时间为 10s,t=15)然后系统开始取样,持续运行 10 s(t=25 s)即为 ASM 2540 快速检查工况。ASM 2540 快速检查工况结束后继续运行至 90 s(t=90 s)即为 ASM 2540 工况。

B.2.2　车辆和燃料

B.2.2.1　试验车辆

B.2.2.1.1　车辆的机械状况应良好,无影响安全或引起试验偏差的机械故障。

B.2.2.1.2　车辆进、排气系统不得有任何泄漏。

B.2.2.1.3　车辆的发动机、变速箱和冷却系统等应无液体渗漏。

B.2.2.1.4　轮胎表面磨损应符合有关标准的规定。驱动轮轮胎压力应符合生产厂的规定。

B.2.2.2　燃料

应使用符合规定的市售燃料,包括:无铅汽油、压缩天然气、液化石油气等。

B.2.3　检测设备技术要求

试验设备应符合国家相关标准和计量检定规程的规定。

B.2.3.1　底盘测功机

B.2.3.1.1　测功机结构应适用于最大总质量不大于 3 500 kg 的 M 类、N 类车辆。

B.2.3.1.2　根据检测录入的车辆参数,测功机应能自动选择测试工况的加载功率。

B.2.3.1.3　测功机功率吸收装置

B.2.3.1.3.1　设定的测功机加载功率允许波动范围为±0.2 kW。

设定测功机对车辆的加载功率时应考虑到车轮与滚筒表面的摩擦损失功率和测功机内部损失功率,并按下列公式进行功率设定。

$$P_i = P_t - P_c - P_f$$

$$P = P_i + P_c$$

式中:

P——设定功率值,根据基准质量和试验工况确定,单位千瓦(kW);

P_i——测功机的指示功率,单位千瓦(kW);

P_t——车辆规定工况的输出功率,单位千瓦(kW);

P_f——测功机滚筒与轮胎表面摩擦损失功率,单位千瓦(kW);

P_c——测功机内部损失功率,单位千瓦(kW)。

B.2.3.1.3.2　测功机功率吸收装置应能满足最大总质量(GVM)小于 3 500 kg 的 M 类、N 类车辆进行 ASM 5025 和 ASM 2540 工况时的试验载荷要求。在滚筒转速大于 22.5 km/h 时,功率吸收装置吸收的功率应不少于 15 kW,稳定的试验状态应不少于 5 min,每次试验间隔 3 min,连续试验应不少于 10 次。

B.2.3.1.3.3　测功机应定期标定系统的内部损失功率(包括轴承摩擦损失、系统驱动摩擦损失和风阻损失等)。

B.2.3.1.3.4　应使用电功率吸收装置。在 0℃到 40℃环境范围内,测功机在 25 km/h 和 40 km/h 的转速下,吸收功率应能以 0.1 kW 为单位进行调整。功率设定的准确度应为±0.2 kW。

B.2.3.1.4 滚筒

B.2.3.1.4.1 测功机应装备双滚筒。滚筒直径为 200 mm 到 530 mm 之间，同一地区的检测项目应采用配备同一直径滚筒的底盘测功机。可采用左右可移动式滚筒或固定式滚筒。固定式滚筒内外跨距要求能满足轻型车工况检测的安全要求。

B.2.3.1.4.2 滚筒中心距要求

$$L=(620+D)\times \sin 31.5^{\circ}$$

式中：

L——滚筒轴间距，单位为毫米(mm)；

D——滚筒直径，单位为毫米(mm)。

滚筒轴间距公差为－6.5 mm～12.5 mm。

B.2.3.1.4.3 在任何气候条件下，滚筒尺寸、表面处理和硬度均应保证轮胎不打滑；测试距离、速度精度恒定；轮胎磨损小、噪声低。

B.2.3.1.5 惯量

B.2.3.1.5.1 基准惯量

测功机应配备机械飞轮或惯量模拟装置使测功机具有不得低于 900 kg±20 kg 的基准惯量；并应在铭牌上标明基准惯量。

B.2.3.1.5.2 惯量模拟

测功机应能模拟基准质量小于 3 500 kg 的车辆在加速度为 0～1.475 m/s^2 时的瞬态惯量。惯量为 800～2 700 kg，速度为 90 km/h 的车辆加速时测功机最大模拟输出功率应大于 18 kW。应标明惯量模拟偏差，惯量模拟并应做相应修正。

B.2.3.1.5.3 惯量模拟系统响应

惯量模拟扭矩响应在 0.3 s 内应达到扭矩变化终值的 90%。

B.2.3.1.5.4 惯量模拟误差

惯量模拟误差应不超过被试车辆所选惯性质量的±3%。

B.2.3.1.6 其他要求

B.2.3.1.6.1 测功机应有滚筒转速测量装置。测功机应能达到的最高车速为 90 km/h。车速大于 10 km/h时，测量准确度应为±0.2 km/h。

B.2.3.1.6.2 测功机应配备限位系统。限位系统应保证施加于驱动轮上的水平、垂直方向的力对排放测量没有影响。

B.2.3.1.6.3 测功机应配备冷却车辆的装置。环境温度超过 22℃时冷却系统应启动。应避免冷却车辆催化转化器。

B.2.3.1.6.4 测功机的安装应保证测试车辆在测功机上试验时处于水平位置。

B.2.3.1.6.5 四轮驱动测功机

四轮驱动测功机应能按 B.2.3.1.3.1 的规定对车辆正确加载，不能损坏车辆的四轮驱动系统，并适用于加装防抱死制动系统和牵引力控制系统的车辆。前后车轮滚筒速度同步误差应小于 0.3 km/h。

B.2.3.2 测量仪器

B.2.3.2.1 排气分析仪

B.2.3.2.1.1 取样系统应有水气分离系统、颗粒过滤装置、取样泵和流量控制单元，应保证可靠耐用，无泄漏并且易于维护。与取样气体接触的制造材料不能与取样气体发生反应并且不污染取样气体或改变被分析气体的特性。取样系统必须耐腐蚀，并能耐受 ASM 工况检测过程中车辆的排气温度。

B.2.3.2.1.2 取样探头插入车辆排气管深度应不小于 400 mm，所用材料应能耐受 600℃的排气温度。

B.2.3.2.1.3 排气分析仪应能测试双排气管车辆。双取样探头应保证各支管流量相同。

B.2.3.2.1.4 排气通风系统

通风系统不应引起探头取样点尾气被稀释且不能引起车辆排气出口压力变化大于 0.25 kPa。

B.2.3.2.1.5 排气分析仪应能满足至少每秒一次的废气浓度测试能力。

B.2.3.2.1.6 下列情况系统取样分析应自动停止工作：

——排气分析仪未进行充分预热；

——无关气体干扰影响超过 $\pm10\times10^{-6}$ HC、±0.05%CO、±0.20%CO_2 和 $\pm25\times10^{-6}$ NO；

——取样系统中 HC 残留量体积分数大于 10×10^{-6}；

——零点漂移或标定时的读数漂移超过分析仪调整范围。

B.2.3.2.1.7 排气分析仪应能抗电磁干扰，抗振动冲击。

B.2.3.2.1.8 排气分析仪响应要求

排气分析仪对 HC、CO、CO_2 分析，从探头输入被测气体到显示终值的 90% 响应时间应小于 8 s，显示终值的 95% 反应时间应小于 12 s；对 NO 分析，从探头输入被测气体到显示终值的 90% 响应时间应小于 12 s，NO 稳定值读数下降到 10% 稳定读数值的响应时间应小于 12 s。

B.2.3.2.1.9 HC、CO 和 CO_2 分析应采用不分光红外吸收型(NDIR)分析仪，NO 分析应采用电化学传感器分析仪或其他等效方法。仪器量程和测量误差应满足表 B.2 的要求(满足相对误差和绝对误差任一项即可)：

表 B.2 仪器量程和测量误差要求

气体种类	量程	测量误差	
		相对误差	绝对误差
HC	$0\sim2\,000\times10^{-6}$	±5%	$\pm10\times10^{-6}$
	$2\,001\times10^{-6}\sim9\,000\times10^{-6}$	±10%	—
CO	0~10%	±5%	±0.05%
	10.01%~14%	±10%	
CO_2	0~16%	±5%	±0.5%
	16%~18%	±10%	—
NO	$0\sim4\,000\times10^{-6}$	±4%	$\pm25\times10^{-6}$
	$4\,000\times10^{-6}\sim5\,000\times10^{-6}$	±8%	—

B.2.3.2.2 其他测量装置

B.2.3.2.2.1 湿度计

设备须配备湿度计，相对湿度测量范围应为 5%~95%，测量准确度应为±3%。湿度计须安置在能直接采集检测场内环境湿度的地方，按检测程序要求向控制计算机传输实时数据。

B.2.3.2.2.2 温度计

设备须配备温度计，温度测量范围应为 255~333 K(−18~60℃)，测量准确度应为±1.5 K。温度计须安置在能直接采集检测场内环境湿度的地方，按检测程序要求向控制计算机传输实时数据。

B.2.3.2.2.3 气压计

设备应配备气压计，气压测量范围应为 80~110 kPa，测量准确度应为±3%。如大气压力变化不大的地区，系统应能够允许人工输入检测地季节大气压力。

B.2.3.2.2.4 计时器

计时器 10~1 000 s 测量准确度应为±0.1%。

B.2.3.2.3 测量仪器显示分辨力应满足表 B.3 的要求：

表 B.3　测量仪器显示分辨力

类　　别	分 辨 率
HC	1×10^{-6}(正己烷当量)
NO	1×10^{-6}
CO	0.01%
CO_2	0.1%
速　度	0.1 km/h
载　荷	0.1 kW
相对湿度	1%
干球温度	1℃
气压计压力	0.1 kPa

B.2.3.3　自动检测控制系统和显示

B.2.3.3.1　自动检测控制系统应能根据输入的车辆参数自动设置加载载荷和选择排放标准。检测程序,数据采集和分析判断检测结果应由计算机控制自动进行。

B.2.3.3.2　自动检测控制系统应考虑到排气分析仪的响应时间,以确保记录的排气污染物检测值与相应的试验工况记录值互相对应。

B.2.3.3.3　系统应配备清晰可见的驾驶员引导装置。引导装置应不断显示所需速度,试验工况时间,驾驶实际速度和时间,以及其他必要的提示和警告。

B.2.3.3.4　系统应具有设备数据生成功能,所要求数据项见附件 BC,具体格式将根据国家环境保护主管部门的要求另行规定。

B.2.4　测试准备

B.2.4.1　车辆准备

B.2.4.1.1　根据需要在发动机上安装冷却水和润滑油测温计等测试仪器。

B.2.4.1.2　应关闭空调、暖风等附属装备。装备牵引力控制装置的车辆应关闭牵引力控制装置。

B.2.4.1.3　车辆预热:进行试验前,车辆各总成的热状态应符合汽车技术条件的规定,并保持稳定。在试验前车辆的等候时间超过 20 min 或在试验前熄火超过 5 min,应选以下任一种方法预热车辆:

——车辆在无负荷状态使发动机以 2 500 r/min 转速运转 4 min;

——车辆在测功机上按 ASM 5025 工况运行 60 s。

B.2.4.1.4　变速器的使用

安装自动变速器的车辆应使用前进挡进行试验。安装手动变速器的车辆应使用二挡,如果二挡所能达到的最高车速低于 45 km/h 可使用三挡。

B.2.4.1.5　车辆驱动轮应位于滚筒上,必须确保车辆横向稳定。驱动轮胎应干燥防滑。

B.2.4.1.6　车辆应限位良好。对前轮驱动车辆,试验前应使驻车制动起作用。

B.2.4.1.7　在试验工况计时过程中,车辆不允许制动。如果车辆制动,工况起始计时应重新置零($t=0$)。

B.2.4.2　设备准备与设置及质量保证

B.2.4.2.1　排气分析仪预热

应在通电后 30 min 内达到稳定。在 5 min 内未经调整,零位及 HC、CO、NO 和 CO_2 的量距读数应稳定在误差范围内。

B.2.4.2.2　在每次开始试验前 2 min 内,分析仪器应完成自动调零、环境空气测定和 HC 残留量的检查。

B.2.4.2.3 在每天开机开始检测前应对排气分析仪取样系统进行泄漏检查，如未进行泄漏检查或泄漏检测没有通过，系统应该锁定不能进行检测。

B.2.4.2.4 分析仪应每 24 h 需进行一次校准并用低量程标准气体进行检查，若检查不能通过，系统应自动锁定不能进行检测。所用标准气体成分(以体积分数计)如下：

(A) 零气

O_2	=	20.7%
HC	<	1×10^{-6}(THC)
CO	<	1×10^{-6}
CO_2	<	2×10^{-6}
NO	<	1×10^{-6}
N_2	=	99.99%平衡

(B) 低量程标准气体

HC	<	200×10^{-6}(丙烷)
CO	<	0.5%
CO_2	<	6.0%
NO	<	300×10^{-6}
N_2	=	99.99%平衡

(C) 高量程标准气体

HC	<	$3\,200\times10^{-6}$(丙烷)
CO	<	8.0%
CO_2	<	12.0%
NO	<	$3\,000\times10^{-6}$
N_2	=	99.99%平衡

标准气体应符合国家标准中的有关规定，并具有国家质量监督检验检疫总局批准的标准参考物质证书。

B.2.4.2.5 五点标准气标定

(1) 分析仪应该自动根据要求提示进行五点标准气标定其 HC、CO、NO 和 CO_2 的精确度，对于检测量很高的专业检测场，本标定应每月一次；对于非专业检测场，本标定至少 6 个月进行一次。五点标定应由省级环境保护行政主管部门或其指定第三方监督机构进行。

(2) 标定程序：标定为将标准气体经由取样管输入取样系统，在整个标定过程中需保证系统流量，使分析仪能够正常工作。标定程序如下：

a. 分析仪清零并进行泄漏检查。

b. 根据系统提示注入低量程标气，并保证压力不得小于本标准所规定的大气压力。

c. 待各种气体读数稳定(至少 20 s 后)，记录显示读数及修正值。

d. 注入其他量程的气体重复步骤 b、c。

e. 根据下列公式比较记录读数：

$$误差(\%)=\frac{(系统读数-标准气数值)}{标准气数值}\times100\%$$

f. 如果 CO、CO_2 和 HC/PEF 的误差大于±5.0%，NO 的误差大于±4.0%，系统应视为未通过标定，系统应被锁定不能从事检测直至能够通过标定为止。

(3) 五点标气的成分(以体积分数计)：

a. 零气

O_2 = 20.7%

HC < 1×10^{-6}(THC)

CO < 1×10^{-6}

CO_2 < 2×10^{-6}

NO < 1×10^{-6}

N_2 = 99.99%平衡

b. 低量程标气

HC < 200×10^{-6}(丙烷)

CO < 0.5%

CO_2 < 6.0%

NO < 300×10^{-6}

N_2 = 99.99%平衡

c. 中低量程标气

HC < 960×10^{-6}(丙烷)

CO < 2.4%

CO_2 < 3.6%

NO < 900×10^{-6}

N_2 = 99.99%平衡

d. 中高量程标气

HC < $1\,920\times10^{-6}$(丙烷)

CO < 4.8%

CO_2 < 7.2%

NO < $1\,800\times10^{-6}$

N_2 = 99.99%平衡

e. 高量程标气

HC < $3\,200\times10^{-6}$(丙烷)

CO < 8.0%

CO_2 < 12.0%

NO < $3\,000\times10^{-6}$

N_2 = 99.99%平衡

标准气体应符合国家标准中的有关规定,并具有国家质量监督检验检疫总局批准的标准参考物质证书。

B.2.4.2.6 测功机预热

测功机每天开机或停机、转速小于 25 km/h 超过 30 min,应在试验前进行自动预热。此预热应由系统自动控制完成,如没有按规定完成预热,系统应锁定不能进行检测。

B.2.4.2.7 载荷设定

在进行每个工况试验前,测功机应根据输入的车辆参数及试验工况按附件 BA 的要求自动设定对车辆的加载载荷,并符合 B.2.3.1.3.1 条的要求。

B.2.4.3 在试验循环开始前应记录环境温度、相对湿度和大气压力。

B.2.4.4 CO 与 CO_2 浓度之和小于 6%,或发动机在任何时间熄火,应终止试验,排放测量无效。

B.2.5 测试程序

B.2.5.1 车辆驱动轮位于测功机滚筒上，将分析仪取样探头插入排气管中，深度为400 mm，并固定于排气管上。对独立工作的多排气管应同时取样。

B.2.5.2 ASM 5025 工况

车辆经预热后，加速至25 km/h，测功机根据测试工况要求加载，工况计时器开始计时($t=0$ s)，车辆保持25 km/h±1.5 km/h等速5 s后开始检测。当测功机转速和扭矩偏差超过设定值的时间大于5 s，检测应重新开始。然后系统根据B.2.1.1.1所规定开始预置10 s之后开始快速检查工况，计时器为$t=15$ s时分析仪器开始测量，每秒钟测量一次，并根据稀释修正系数及湿度修正系数计算10 s内的排放平均值。运行10 s($t=25$ s)ASM 5025快速检查工况结束。车辆运行至90 s($t=90$ s)ASM 5025工况结束。测功机在车速25.0 km/h±1.5 km/h的允许误差范围内，加载扭矩应随车速的变化做相应的调整，保证加载功率不随车速改变。扭矩允许误差为该工况设定扭矩的±5%。

在测量过程中，任意连续10 s内第一秒至第十秒的车速变化相对于第一秒小于±0.5 km/h，测试结果有效。快速检查工况的10 s内的排放平均值经修正后如果等于或低于限值的50%，则测试合格，检测结束；否则应继续进行至90 s工况。如果所有检测污染物连续10 s的平均值均低于或等于限值，则该车应判定为ASM 5025工况合格，继续进行ASM 2540检测；如任何一种污染物连续10 s的平均值超过限值，则测试不合格，检测结束。在检测过程中如任意连续10 s内的任何一种污染物10次排放值经修正后均高于限值的500%，则测试不合格，检测结束。

B.2.5.3 ASM 2540 工况

车辆从25 km/h直接加速至40 km/h，测功机根据测试工况要求加载，工况计时器开始计时($t=0$ s)，车辆保持40 km/h±1.5 km/h等速5 s后开始检测。当测功机转速和扭矩偏差超过设定值的时间大于5 s，检测应重新开始。然后系统根据B.2.1.1.2所规定开始预置10 s之后开始快速检查工况，计时器为$t=15$ s时分析仪器开始测量，每秒钟测量一次，并根据稀释修正系数及湿度修正系数计算10 s内的排放平均值。运行10 s($t=25$ s)ASM 2540快速检查工况结束。车辆运行至90 s($t=90$ s)ASM 2540工况结束。测功机在车速40.0 km/h±1.5 km/h的允许误差范围内，加载扭矩应随车速的变化做相应的调整，保证加载功率不随车速改变。扭矩允许误差为该工况设定扭矩的±5%。

在测量过程中，任意连续10 s内第一秒至第十秒的车速变化相对于第一秒小于±0.5 km/h，测试结果有效。快速检查工况的10 s内的排放平均值经修正后如果等于或低于限值的50%，则测试合格，检测结束；否则应继续进行至90 s工况。如果所有检测污染物连续10 s的平均值均低于或等于限值，则该车应判定为合格。如任何一种污染物连续10 s的平均值超过限值，则测试不合格，检测结束。在检测过程中如任意连续10 s内的任何一种污染物10次排放值经修正后如高于限值的500%，则测试不合格，检测结束。

B.2.6 排气污染物测量值的计算

排放测试结果应进行稀释校正及湿度校正，计算10次有效测试的算术平均值。

测量结果计算公式如下：

$$C_{HC}=\frac{\sum_{i=1}^{10} C_{HO}(i)\times DF(i)}{10}$$

$$C_{CO}=\frac{\sum_{i=1}^{10} C_{CO}(i)\times DF(i)}{10}$$

$$C_{NO}=\frac{\sum_{i=1}^{10} C_{NO}(i)\times DF(i)\times k_H(i)}{10}$$

式中：

C_{HC}——HC 排放平均体积分数，10^{-6}；

C_{CO}——CO 排放平均体积分数，%；

C_{NO}——NO 排放平均体积分数，10^{-6}；

$C_{HC}(i)$——第 i 秒 HC 测量体积分数，10^{-6}；

$C_{CO}(i)$——第 i 秒 CO 测量体积分数，%；

$C_{NO}(i)$——第 i 秒 NO 测量体积分数，10^{-6}；

$DF(i)$——第 i 秒稀释系数；

$k_H(i)$——第 i 秒湿度校正系数。

B.2.6.1 稀释校正

ASM 排放试验的 CO、HC、NO 测量值应乘以稀释系数（DF）予以校正。当稀释系数计算值大于 3.0 时，取稀释系数等于 3.0。

稀释系数计算公式如下：

$$DF=\frac{C_{CO_2修}}{C_{CO_2测}}$$

$$C_{CO_2修}=\left[\frac{X}{a+1.88X}\right]\cdot 100$$

$$X=\frac{C_{CO_2测}}{C_{CO_2测}+C_{CO测}}$$

式中：

DF——稀释系数；

$C_{CO_2修}$——CO_2 排放体积分数测量修正值，%；

$C_{CO_2测}$——CO_2 排放体积分数测量值，%；

$C_{CO测}$——CO 排放体积分数测量值，%；

a——燃料计算系数，根据燃料种类选取下列值：

汽油——4.644；

压缩天然气——6.64；

液化石油气——5.39。

B.2.6.2 NO 测量值应同时乘以相对湿度校正系数 k_H 予以修正。

湿度校正系数计算公式如下：

$$k_H=\frac{1}{1-0.0047(H-75)}$$

$$H=\frac{43.478\times R_a\times P_d}{P_B-(P_d\times R_a/100)}$$

式中：

k_H——湿度校正系数；

H——绝对湿度（水/干空气），单位为克每千克（g/kg）；

R_a——环境空气的相对湿度，%；

P_d——环境温度下饱和蒸气压，单位为千帕（kPa），如果温度大于 30℃，应用 30℃ 饱和蒸气压代替；

P_B——大气压力，单位为千帕（kPa）。

B.2.7 检测结果

检测设备及检测结果按附件 BB 记录。

附 件 BA
(规范性附件)
底盘测功机加载计算

BA.1 滚筒直径为 218 mm 的测功机加载计算

$$P_{5025-2}=RM/148$$

$$P_{2540-2}=RM/185$$

式中：

RM——基准质量，单位为千克(kg)；

P_{5025-2}——滚筒直径为 218 mm 的测功机 ASM 5025 工况设定功率值，单位为千瓦(kW)；

P_{2540-2}——滚筒直径为 218 mm 的测功机 ASM 2540 工况设定功率值，单位为千瓦(kW)。

BA.2 其他滚筒直径的测功机加载计算

$$P_{5025}=P_{5025-2}+P_{f5025-2}-P_{f5025}$$

$$P_{2540}=P_{2540-2}+P_{f2540-2}-P_{f2540}$$

式中：

P_{5025}——任意滚筒直径的测功机 ASM 5025 工况设定功率值，单位为千瓦(kW)；

P_{2540}——任意滚筒直径的测功机 ASM 2540 工况设定功率值，单位为千瓦(kW)；

P_{5025-2}——滚筒直径为 218 mm 的测功机 ASM 5025 工况设定功率值，单位为千瓦(kW)；

P_{2540-2}——滚筒直径为 218 mm 的测功机 ASM 2540 工况设定功率值，单位为千瓦(kW)；

$P_{f5025-2}$——滚筒直径为 218 mm 的测功机 ASM 5025 工况轮胎与滚筒表面摩擦损失功率，单位为千瓦(kW)；

$P_{f2540-2}$——滚筒直径为 218 mm 的测功机 ASM 2540 工况轮胎与滚筒表面摩擦损失功率，单位为千瓦(kW)；

P_{f5025}——任意滚筒直径的测功机 ASM 5025 工况轮胎与滚筒表面摩擦损失功率，单位为千瓦(kW)；

P_{f2540}——任意滚筒直径的测功机 ASM 2540 工况轮胎与滚筒表面摩擦损失功率，单位为千瓦(kW)；

BA.3 轮胎与测功机滚筒表面摩擦损失功率计算

轮胎与任意直径滚筒的表面摩擦损失功率可表示为：

$$P_f=Av+Bv^2+Cv^3$$

式中：

P_f——轮胎与任意直径滚筒的表面摩擦损失功率，kW；可通过测功机对车辆反拖或车辆在测功机上空挡滑行测量取值；

A,B,C——特定滚筒直径的测功机轮胎与滚筒表面摩擦损失功率拟合系数；

v——车辆速度，单位为米每秒(m/s)。

附 件 BB
（规范性附件）
检测结果报告格式
点燃式发动机汽车稳态工况法排气污染物测试报告

检测站名称：________ 检测日期：________

检测操作员：________ 检测驾驶员：________

BB.1 车辆信息

车辆型号：________ 生产企业：________

基准质量：________ 最大总质量：________

单车轴重：________ 底盘型号：________

驱动方式：________ 驱动轮胎气压：________

变速器型式：________ 挡位数：________

发动机型号：________ 生产企业：________

汽缸数：________ 发动机排量：________

燃油型式：________ 催化转化器情况：________

累计行驶里程：________ 燃油规格：________

车牌号码：________ 车辆识别码：________

车辆登记日期：________ 车主姓名及其联系方式：________

BB.2 检测设备

设备认证编码：________

设备名称：________ 型号：________ 制造厂：________

底盘测功机：________

排气分析仪：________

BB.3 检测环境状态

温度：________ 大气压：________ 相对湿度：________

BB.4 检测结果及裁决：

排气污染物	HC 10^{-6}		CO %		NO 10^{-6}	
	ASM 5025	ASM 2540	ASM 5025	ASM 2540	ASM 5025	ASM 2540
测试结果						
排放限值						
判定结果（合格/不合格）						
裁决（通过/未通过）						

附 件 BC
（规范性附件）
稳态工况法检测数据项

每一次检测，无论通过与否，系统必须自动记录、采集以下数据项，并根据国家环境保护行政主管部门规定生成有关电子文件。

BC.1 综合信息

（1）检测记录编号
（2）检测场和检测员编号
（3）检测系统编号
（4）底盘测功机编号
（5）检测日期
（6）尾气检测开始时间和检测结束检测结果记录的时间
（7）机动车整车号
（8）牌照号码
（9）检测报告编号
（10）车辆生产年度、厂牌型号、车型
（11）汽缸数量或发动机排量
（12）变速箱形式
（13）里程表读数
（14）检测种类

BC.2 检测周边环境信息

（15）相对湿度（%）
（16）干球温度（℃）
（17）大气压力（kPa）

BC.3 ASM 工况

以下信息需分别记录每个所进行检测的工况数值（ASM 5025 和 ASM 2540）。

（18）最终 HC 平均值
（19）最终 CO 平均值
（20）最终 NO 平均值
（21）底盘测功机所加载的总功率
（22）相对于每个检测结果的发动机转速

BC.4 诊断/质量保证信息

（23）检测时间（s）
（24）每一工况时间（s）
（25）检测过程中每秒的车速
（26）检测过程中每秒发动机转速
（27）检测过程中每秒底盘测功机负载（kg）
（28）每秒 HC 浓度值（未经稀释修正）
（29）每秒 CO 浓度值（未经稀释修正）
（30）每秒 NO 浓度值（湿度修正后，未经稀释修正）
（31）每秒 CO_2 浓度值
（32）每秒 O_2 浓度

附 录 C
（规范性附录）
瞬态工况法测量方法

C.1 范围

本附录规定了本标准8.1中规定的瞬态工况法测量方法的测试规程。

C.2 瞬态工况法

C.2.1 测试运转循环

在底盘测功机上进行的测试运转循环列入表C.1，并用图C.1加以描述。按运转状态分解的统计时间列入表C.2和C.3。

表C.1 瞬态工况运转循环

操作序号	操作	工序	加速度/(m/s^2)	速度/(km/h)	每次时间/s		累计时间/s	手动换挡时使用的挡位
					操作	工况		
1	怠速	1	—	—	11	11	11	6 sPM[a]＋5 sK_1[b]
2	加速	2	1.04	0→15	4	4	15	1
3	等速	3	—	15	8	8	23	1
4	减速	4	－0.69	15→10	2	5	25	1
5	减速，离合器脱开		－0.92	10→0	3		28	K_1
6	怠速	5	—	—	21	21	49	16 sPM＋5 sK_1
7	加速	6	0.83	0→15	5	12	54	1
8	换挡				2		56	—
9	加速		0.94	15→32	5		61	2
10	等速	7	—	32	24	24	85	2
11	减速	8	－0.75	32→10	8	11	93	2
12	减速，离合器脱开		－0.92	10→0	3		96	K_2
13	怠速	9	—	—	21	24	117	16 sPM＋5 sK_1
14	加速	10	0.83	0→15	5	26	122	1
15	换挡				2		124	—
16	加速		0.62	15→35	9		133	2
17	换挡				2		135	—
18	加速		0.52	35→50	8		143	3
19	等速	11	—	50	12	12	155	3
20	减速	12	－0.52	50→35	8	8	163	3
21	等速	13	—	35	13	13	176	3
22	换挡	14			2	12	178	
23	减速		－0.86	32→10	7		185	2
24	减速，离合器脱开		－0.92	10→0	3		188	K
25	怠慢	15	—	—	7	7	195	7 sPM

[a] PM—变速器置空挡，离合器接合。

[b] K_1，K_2—变速器置一挡或二挡，离合器脱开。

表 C.2 按工况分解表

工况	时间/s	百分比/%	
怠速	60	30.8	35.4
怠速、车辆减速、离合器脱开	9	4.6	
换挡	8	4.1	
加速	36	18.5	
等速	57	29.2	
减速	25	12.8	
合计	195	100	

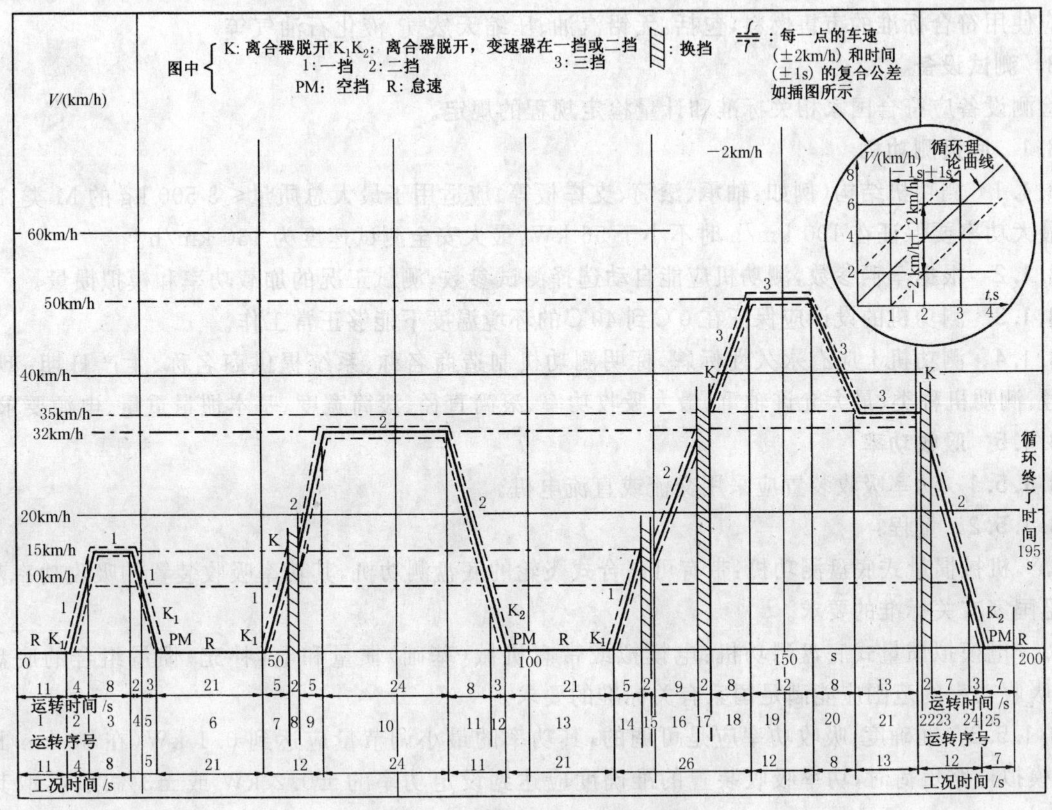

图 C.1 瞬态工况运转循环图

表 C.3 按使用挡位分解表

变速器挡位	时间/s	百分比/%	
怠速	60	30.8	35.4
怠速、车辆减速、离合器脱开	9	4.6	
换挡	8	4.1	
一挡	24	12.3	
二挡	53	27.2	
三挡	41	21.0	
合计	195	100	

注：一般资料

1）测试期间平均车速：19 km/h；

2）有效行驶时间：195 s；

3）循环理论行驶距离：1.013 km。

C.2.2 测试车辆和燃料

C.2.2.1 测试车辆

C.2.2.1.1 车辆机械状况应良好,无影响安全或引起试验偏差的机械故障。

C.2.2.1.2 车辆进、排气系统不得有任何泄漏。

C.2.2.1.3 车辆的发动机、变速箱和冷却系统等应无液体渗漏。

C.2.2.1.4 应关闭空调、暖风等附属装备。

C.2.2.1.5 测试前,车辆工作温度应符合出厂规定,过热车辆不得进行测试。

C.2.2.1.6 车辆驱动轮胎应干燥防滑。轮胎气压应符合车辆使用说明书的规定。

C.2.2.1.7 车辆应限位良好。

C.2.2.2 燃料

应使用符合标准的市售燃料,包括:无铅汽油、压缩天然气、液化石油气等。

C.2.3 测试设备

检测设备应符合国家相关标准和计量检定规程的规定。

C.2.3.1 底盘测功机

C.2.3.1.1 测功机结构(例如:轴承、滚筒、支撑板等)应适用于最大总质量≤3 500 kg 的 M 类、N 类车辆。最大功率要保证在 100 km/h 时不小于 56 kW,最大安全测试速度为 130 km/h。

C.2.3.1.2 根据车辆参数,测功机应能自动选择测试参数、测试工况的加载功率和模拟惯量。

C.2.3.1.3 测功机的设计应保证在 0℃到 40℃的环境温度下能够正常工作。

C.2.3.1.4 测功机上应有永久性标牌,标明测功机制造商名称、系统提供商名称、生产日期、型号、系列编号、测功机种类、最大允许轴重、最大吸收功率、滚筒直径、滚筒宽度、基本惯量重量、电源要求等。

C.2.3.1.5 吸收功率

C.2.3.1.5.1 功率吸收装置应采用交流或直流电机。

C.2.3.1.5.2 量程:

a. 机械惯量式底盘测功机:带有可离合式飞轮的底盘测功机,其功率吸收装置的吸收功率范围应能满足国家有关标准的要求。

b. 电模拟惯量式底盘测功机:电模拟或带有机械(基础)惯量和电(补充)惯量组合的底盘测功机,其吸收功率的范围应能满足国家有关标准的要求。

C.2.3.1.5.3 准确度:吸收功率应是可调的,其功率的最小调节量应达到 0.1 kW(在 80 km/h 车速时)。模拟道路负荷时,功率吸收装置的准确度应达到设定功率的±0.2 kW 或±3%以内,取其中较大者。

C.2.3.1.5.4 指示功率:稳定车速下,功率吸收装置对车辆的加载按照下述公式进行。

$$\mathrm{IHP}=\mathrm{TRLHP}-\mathrm{PLHP}-\mathrm{GTRL}$$

式中:

IHP——底盘测功机设定或指示的功率,单位为千瓦(kW);

TRLHP——车辆试验时的总阻力或功率;

PLHP——底盘测功机附加损失功率;

GTRL——车辆在底盘测功机上的轮胎/滚筒表面接触损失。

TRLHP、PLHP、GTRL 和 IHP 都是以 3 次方多项式表示的。

C.2.3.1.6 惯量

C.2.3.1.6.1 惯量应适用于当量惯量不超过 3 500 kg 的所有轻型车辆。

C.2.3.1.6.2 机械惯量模拟:采用可离合式机械飞轮惯量,飞轮惯量可调节的间隔为 110 kg,基本惯量质量惯量与飞轮之差应在规定试验质量的 1%以内。飞轮调节方式为自动调节方式。

C.2.3.1.6.3 电模拟惯量:仅采用电模拟惯量或者电惯量与机械惯量的组合模拟都是允许的,但必须符合相关标准的规定。

C.2.3.1.7 底盘测功机的附加损失：整个试验过程中，系统应能够自动测量、存储和准确地计算该摩擦损失。

C.2.3.1.8 **滚筒**

C.2.3.1.8.1 测功机应装备双滚筒。滚筒直径为 200 mm 到 530 mm 之间。可采用左右可移动式滚筒或固定式滚筒。固定式滚筒内外跨距要求能满足轻型车工况检测的安全要求。

C.2.3.1.8.2 **滚筒中心距要求**

$$L=(620+D)\times\sin 31.5$$

式中：

L——滚筒轴间距，单位为毫米(mm)；

D——滚筒直径，单位为毫米(mm)；

滚筒轴间距公差为－6.5～12.5 mm。

C.2.3.1.8.3 在任何气候条件下，滚筒尺寸、表面处理和硬度均应保证轮胎不打滑；测试距离、速度精度恒定；轮胎磨损小、噪声低。

C.2.3.1.9 司机助：应配备操作指示器(提示驾驶员按照规定的步骤操作)，使得驾驶员能够很准确和容易地跟踪试验工况曲线。还应配备遥控器，使得驾驶员在车辆里，就可以控制试验的全过程和处理紧急情况。

C.2.3.1.10 **其他要求**

配备可移动式车辆发动机冷却风机：通风量不低于(2.55±0.14)m^3/s。

C.2.3.2 **定容取样系统(CVS)**

C.2.3.2.1 应采用 CFV(临界流量文氏管)式 CVS 系统连续计量和采集稀释排气样气。

C.2.3.2.2 CVS 规格：CFV 温度测量系统的准确度应达到±1.1℃，达到温度变化值的 62.5%的时间(在硅油中测量)应不超过 0.1 s；其压力测量装置的测量准确度应达到±0.4 kPa。在所有的运转条件下，都应保证 CFV 流量计量的标定准确度在±2%以内。CVS 系统的尺寸应满足在规定试验条件下试验时，系统中不产生冷凝现象。CVS 流量达到 0.33 m^3/s 将能够确保满足这一要求。由于设备所在试验场地环境温度可能较低(指冬天)，要求取样管为加热式，加热温度最低为 50℃、最高为 120℃，试验期间应能够对该温度进行监控。

C.2.3.2.3 CVS 压气机：CVS 压气机流量应足以在具有适当余量的情况下，在主 CVS 文氏管中保持适当流量。对 CFV 式 CVS 而言，该余量应足以使之保持节流状态。

C.2.3.2.4 所有与排气接触的部件的制造材料，都应是不受排气样气所影响，并且也不影响样气成分的。可使用的材料包括：不锈钢、聚四氟乙烯、硅橡胶等。

C.2.3.2.5 **取样系统**

C.2.3.2.5.1 取样探头：取样探头安装在 CVS 系统内，其结构应保证采集的样气为连续的、等容积的。

C.2.3.2.5.2 CVS 混合室：其作用是用环境空气来稀释汽车排气。该混合室的设计应保证对排气管内排气背压的变化，影响不超过±0.2 kPa。该混合室还应带有定位装置，保证试验过程中，即使车辆有移动，混合室也能收集到全部排气样气。

C.2.3.2.5.3 双取样管：应为双排气管车辆提供双取样管，并且要求两根取样管内的排气流率相同。

C.2.3.2.5.4 背景样气：混合室收集背景样气的位置，应在试验场地内距试验车辆纵向和横向各不超过 3.7 m，距地板垂直距离不超过 1.2 m 的范围内。

C.2.3.2.5.5 样气的积分：分析仪器对连续稀释的样气进行累积积分，方法应满足相关标准的规定。

C.2.3.2.6 **零空气和标气**

系统应同时配备零空气发生器和零空气气罐，二者不同时使用。由用户在使用时选择零空气源。

应能方便地从一个零空气源切换到另一个零空气源。

C.2.3.3　分析仪器

C.2.3.3.1　一般要求

仪器特性：排放分析系统应能对 HC、CO、CO_2、NO_x 几种排气污染物自动取样、积分和记录。对分析仪器的准确度、精度、漂移、抗干扰、噪音等有关特性的要求应满足相关标准的规定。

C.2.3.3.2　仪器的检测原理及量程，应符合相关标准的规定。

C.2.3.3.2.1　总碳氢化合物（THC）分析：THC 分析采用 FID（火焰离子检测器）法。如果采用流量为 0.33 m^3/s 的 CVS，则分析仪的标定曲线应至少覆盖 $0\sim2\,000\times10^{-6}$C 的量程范围。

C.2.3.3.2.2　一氧化碳（CO）分析：CO 分析采用 NDIR（不分光红外线）原理，如果采用流量为 0.33 m^3/s的 CVS，则分析仪的标定曲线应至少覆盖 $0\sim10\,000\times10^{-6}$（1%）的量程范围。这将需要两台 CO 分析仪，量程分别为 $0\sim1\,000$ 或 $2\,000\times10^{-6}$ 和 0～1%。

C.2.3.3.2.3　二氧化碳（CO_2）分析：CO_2 分析采用 NDIR（不分光红外线）原理，如果采用流量为 0.33 m^3/s的 CVS，则分析仪的标定曲线应至少覆盖 $0\sim40\,000\times10^{-6}$（4%）的量程范围。

C.2.3.3.2.4　氮氧化物（NO_x）分析：NO_x 分析应采用 CLA（化学发光法）原理或 NDUVR（非扩散紫外线谐振吸收法）原理，两者均需带有 NO_x—NO 转换器。测取的 NO_x 是 NO 和 NO_2 的总和。如果采用流量为 0.33 m^3/s 的 CVS，则分析仪的量程至少应为 $0\sim500\times10^{-6}$；如果采用的是其他流量的 CVS，则应对上述分析仪的量程进行调整。分析仪的标定曲线应满足相关标准的规定。

C.2.3.3.3　对系统响应的要求：连续积分式分析仪的响应时间应满足在不超过 1.5 s 的时间内达到阶跃变化值的 90%，此阶跃变化值为满量程的 60%或更高。自取样探头处出现阶跃变化值至显示该读数的 90%，系统的响应时间应少于 10 s。

C.2.3.3.4　积分要求

C.2.3.3.4.1　采样频率：分析仪电压响应、CVS 压力和温度、以及底盘测功机速度和功率的采样频率都不应低于 5 Hz，电压电位被平均的时间间隔为 1 s。

C.2.3.3.4.2　时间校准：系统应统一分析仪和 CVS 信号与试验运行轨迹之间的时钟。

C.2.3.3.5　分析系统的设计和材料：分析系统内所有与被测排气有接触的部件（指无论是在被测气体分析之前或分析过程中与被测排气接触的部件）的制造材料，都应是不受排气样气所影响，并且也不影响样气成分的。可使用的材料包括：不锈钢、聚四氟乙烯、硅橡胶等。

C.2.3.3.6　其他测量装置

C.2.3.3.6.1　湿度计

相对湿度测量范围应为 5%～95%，测量准确度应为±3%。

C.2.3.3.6.2　温度计

温度测量范围应为 255～333 K（−18～−60℃），测量准确度应为±1.5 K。

C.2.3.3.6.3　气压计

气压测量范围应为 80～110 kPa，测量准确度应为±3%。

C.2.3.3.6.4　计时器

计时器 10～1 000 s 测量准确度应为±0.1%。

C.2.3.4　自动检测控制系统和显示

C.2.3.4.1　自动检测控制系统应能根据输入的车辆参数自动设置加载载荷和选择排放标准。检测程序，数据采集和分析判断检测结果应由计算机控制自动进行。

C.2.3.4.2　自动检测控制系统应考虑到排气分析仪的响应时间，以确保记录的排气污染物检测值与相应的试验工况记录值互相对应。

C.2.3.4.3　系统应配备清晰可见的驾驶员引导装置。引导装置应不断显示所需速度，试验工况时间，驾驶实际速度和时间，以及其他必要的提示和警告。

C.2.4　测试准备

C.2.4.1　测试环境要求

环境温度:0～40℃

相对湿度:≤85%

C.2.4.2　开始试验前,应记录以下信息,如果是数据库已有的,则直接调用数据库数据。

1. 车辆型号
2. 生产企业
3. 底盘型号
4. 发动机型号
5. 发动机生产企业
6. 汽缸数
7. 发动机排量
8. 变速器种类
9. 挡位数
10. 基准质量
11. 最大总质量
12. 单车轴重
13. 驱动方式
14. 驱动轮气压
15. 车辆识别码(VIN)
16. 车牌号码
17. 供油型式
18. 催化净化器情况
19. 累计行驶里程数
20. 车辆登记日期
21. 燃油规格
22. 车主姓名及其联系方法

C.2.4.3　在循环开始前应记录环境温度、相对湿度和气压表压力,至少每秒测量一次,取 2 min 平均值。

C.2.4.4　检查待测车辆是否符合本标准附录 C.2.2.1 规定,不符合要求的不得进行测试。

C.2.4.5　测试设备准备与设置。

C.2.4.5.1　分析仪器预热,应在通电后 30 min 后达到稳定。在 5 min 内不经任何调整,零位及 HC、CO、NO_x、CO_2 的量距读数应稳定在精度要求范围内。

C.2.4.5.2　取样系统应对独立工作的多排气管同时取样。

C.2.4.5.3　在每次开始试验前 2min 内,分析仪器应完成自动调零、环境空气测定和 HC 残留量的检查。

C.2.4.5.4　测功机开机应预热,测功机停机或不满足温度要求时应自动预热待机。

C.2.4.5.5　开机预热后,根据底盘测功机设定的程序进行滑行试验,滑行试验合格后方可进行瞬态工况的排放检测。

C.2.4.5.6　瞬态工况载荷设定

在进行排放检测前,系统应根据车辆参数自动设定测功机载荷,或根据表 C.4 设定测试工况的吸收功率值。

表 C.4 在 50 km/h 等速时吸收驱动轮上的功率

基准质量(RM)/kg	测功机吸收功率(P)/kW		基准质量(RM)/kg	测功机吸收功率(P)/kW	
	A类[1]	B类[2]		A类[1]	B类[2]
RM≤750	1.3	1.3	1 700<RM≤1 930	2.1	2.1
750<RM≤850	1.4	1.4	1 930<RM≤2 150	2.3	2.3
850<RM≤1 020	1.5	1.5	2 150<RM≤2 380	2.4	2.4
1 020<RM≤1 250	1.7	1.7	2 380<RM≤2 610	2.6	2.6
1 250<RM≤1 470	1.8	1.8	2 610<RM	2.7	2.7
1 470<RM≤1 700	2.0	2.0			

1）适用于轿车车辆；
2）适用于非轿车车辆和全轮驱动的车辆。
3）对于基准质量大于 1 700 kg 的非轿车车辆或全轮驱动的车辆，表 C.4 中功率值应乘以 1.3。

C.2.5 测试程序

C.2.5.1 根据需要在发动机上安装转速表和润滑油测温计等测试仪器。

C.2.5.2 车辆驱动轮停在底盘测功机的转鼓上。

C.2.5.3 按照试验运转循环开始进行试验

C.2.5.3.1 启动发动机

C.2.5.3.1.1 按照制造厂使用说明书的规定，使用启动装置，启动发动机。

C.2.5.3.1.2 发动机保持怠速运转 40 s。在 40 s 终了时开始循环，并同时开始取样。

C.2.5.3.2 怠速

C.2.5.3.2.1 手动或半自动变速器

(1) 怠速期间，离合器接合，变速器置于空挡位置。

(2) 为了按正常循环进行加速，车辆应在循环的每个怠速后期，即加速开始前 5 s，使离合器脱开，变速器置于一挡。

C.2.5.3.2.2 自动变速器

在试验开始时，放好选择器后，除了 C.2.5.3.3.3 所述情况或选择器可以使超速挡工作外，在试验期间，任何时候不得再操作选择器。

C.2.5.3.3 加速

C.2.5.3.3.1 进行加速时，在整个工况过程中，应尽可能地使加速度恒定。

C.2.5.3.3.2 如果在规定时间内未能完成加速工况，如果可能，所需的额外时间应从工况改变的复合公差允许的时间中扣除，否则，应该从下一等速工况的时间内扣除。

C.2.5.3.3.3 自动变速器如果在规定时间内不能完成加速工况，则应按手动变速器的要求，操作挡位选择器。

C.2.5.3.4 减速

C.2.5.3.4.1 在所有减速工况时间内，应使油门踏板完全松开，离合器接合，当车速降至 10 km/h 时，使离合器脱开，但不操作变速杆。

C.2.5.3.4.2 如果减速时间比相应工况规定的时间长，则允许使用车辆的制动器，以使循环按照规定的时间进行。

C.2.5.3.4.3 如果减速时间比相应工况规定的时间短，则应由下一个等速或怠速工况中的时间补偿，使循环按规定的时间进行。

C.2.5.3.5 等速

C.2.5.3.5.1 从加速工况过渡到下一等速工况时，应避免猛踏油门踏板或关闭节气门。

C.2.5.3.5.2　等速工况应采用保持油门踏板位置不变的方法实现。

C.2.5.3.6　当车速降低到 0 km/h 时(车辆停止在转鼓上),变速器置于空挡,离合器接合。

C.2.6　排气污染物测量值计算

C.2.6.1　排气污染物测量值应由系统主机自动进行计算和修正。

C.2.6.2　系统主机最后应给出各污染物排放计算结果。

C.2.6.3　测试过程及结果数据应在系统数据库进行记录存储。

C.2.7　检测结果记录

C.2.7.1　轻型汽车瞬态工况检测记录和检测数据的输出,见附件 CA。下列信息在每次检测完成后,应使用电子表格形式进行记录。

C.2.7.1.1　检测参数

1. 测试记录号
2. 检测站和检测员号
3. 测功机检测系统或测功机号
4. 测试日期和最终排放结果时间
5. 车辆型号和生产企业
6. 底盘型号和生产企业
7. 发动机型号、生产企业、汽缸数和排量
8. 变速器种类和挡位数
9. 基准质量、最大总质量和单车轴重
10. 驱动方式和驱动轮气压
11. 车牌号码、车辆识别码(VIN)和车辆登记日期
12. 供油型式、催化净化器情况和燃油规格
13. 累计行驶里程数
14. 车主及其联系方法

C.2.7.1.2　环境参数

1. 相对湿度(%)
2. 环境温度(℃)
3. 环境压力(kPa)

C.2.7.1.3　瞬态工况检测数据

1. 测试时间(s)
2. 测功机设定功率(kW)
3. HC 测试值(g/km)
4. CO 测试值(g/km)
5. NO_x 测试值(g/km)
6. CO_2 测试值(g/km)

附　件　CA

(规范性附件)

检测结果报告格式

点燃式发动机汽车瞬态工况法排气污染物测试报告

检测站名称:____________　　　　检测日期:____________

检测操作员:____________　　　　检测驾驶员:____________

CA.1 车辆信息

车辆型号：________ 生产企业：________
基准质量：________ 最大总质量：________
单车轴重：________ 底盘型号：________
驱动方式：________ 驱动轮胎气压：________
变速器型式：________ 挡位数：________
发动机型号：________ 生产企业：________
汽缸数：________ 发动机排量：________
燃油型式：________ 催化转化器情况：________
累计行驶里程：________ 燃油规格：________
车牌号码：________ 车辆识别码：________
车辆登记日期：________ 车主姓名及其联系方式：________

CA.2 检测设备

设备认证编码：
设备名称：________ 型号：________ 制造厂：________
底盘测功机：________
排气分析仪：________

CA.3 检测环境状态

温度：________ 大气压：________ 相对湿度：________

CA.4 检测结果及裁决：

排气污染物	HC	CO	NO_x
测试结果/(g/km)			
限值/(g/km)			
判定结果	合格/不合格	合格/不合格	合格/不合格
裁　决	通过/未通过		

附 录 D
（规范性附录）
简易瞬态工况法测量方法

D.1 范围

本附录规定了本标准8.1中规定的简易瞬态工况法测量方法的测试规程。

D.2 简易瞬态工况法

D.2.1 试验运转循环

在底盘测功机上进行的测试运转循环列入表C.1，并用图C.1加以描述。按运转状态分解的统计时间列入表C.2和C.3。

D.2.2 车辆与燃料

D.2.2.1 试验车辆

D.2.2.1.1 车辆机械状况应良好，无影响安全或引起试验偏差的机械故障。

D.2.2.1.2 车辆进、排气系统不得有任何泄漏。

D.2.2.1.3 车辆的发动机、变速箱和冷却系统等应无液体渗漏。

D.2.2.1.4 应关闭空调、暖风等附属装备。

D.2.2.1.5 进行试验前，车辆工作温度应符合出厂规定，过热车辆不得进行测试。

D.2.2.1.6 车辆驱动轮应位于滚筒上必须确保车辆横向稳定。驱动轮胎应干燥防滑。

D.2.2.1.7 车辆应限位良好。对前轮驱动车辆，试验前应使驻车制动起作用。

D.2.2.2 试验燃料

应使用符合标准的市售燃料，包括：无铅汽油、压缩天然气、液化石油气等。

D.2.3 试验设备

D.2.3.0 前言

点燃式发动机汽车简易瞬态工况污染物排放试验设备包括一个至少能模拟加速惯量和匀速负荷的底盘测功机、一个五气分析仪和一个气体流量分析仪组成的采样分析系统。它可以实时地分析车辆在负荷工况下排气污染物的排放质量。

D.2.3.1 排放检测底盘测功机

D.2.3.1.1 简介

用于简易瞬态工况的底盘测功机要求至少能模拟车辆在道路行驶的加速惯量，即底盘测功机通过控制功率吸收单元模拟车辆在道路上匀速和加速工况，减速工况只能通过基本飞轮部分模拟。或者能够模拟车辆在道路行驶的全惯量的底盘测功机。

D.2.3.1.2 底盘测功机总体要求

D.2.3.1.2.1 测功机结构应适用于最大总质量≤3 500 kg的M类、N类车辆。

D.2.3.1.2.2 测功机应能根据试验记录的车辆参数自动选择加载功率和模拟惯量。

D.2.3.1.2.3 测功机应有永久性固定标牌，并包括以下内容：测功机制造厂名，系统供应商名，生产日期，型号，序列号，测功机种类，最大允许轴重，最大吸收功率，滚筒直径，滚筒宽度，基础转动惯量和用电要求。

D.2.3.1.3 测功机功率吸收装置

D.2.3.1.3.1 测功机吸收功率

测功机总吸收功率包括测功机功率吸收装置和摩擦作用所吸收的功率。在工况模拟中要求测功机

总吸收功率 P_a 等于车辆规定工况的输出功率 P_t。除非另外说明，测功机显示的功率数值应该是 P_a 值

$$P_a = P_i + P_c + P_f$$

式中：

P_i——功率吸收单元的吸收功率，单位为千瓦(kW)；

P_c——测功机内部摩擦吸收功率，单位为千瓦(kW)；

P_f——测功机滚筒与轮胎表面摩擦吸收功率，单位为千瓦(kW)。

D.2.3.1.3.2 测功机的功率设定应考虑车轮与滚筒表面的摩擦损失功率和测功机内部摩擦损失功率，按下列公式进行功率设定。试验功率显示以千瓦(kW)表示。

(1) 测功机功率吸收单元的吸收功率 P_i

$$P_i = P_t - P_c - P_f$$

式中：

P_t——车辆规定工况的输出功率，单位为千瓦(kW)；

P_c——测功机内部摩擦损失功率，单位为千瓦(kW)；

P_f——测功机滚筒与轮胎表面摩擦损失功率，单位为千瓦(kW)。

(2) 测功机的设定功率值 P

$$P = P_i + P_c$$

式中：

P——设定功率值，单位为千瓦(kW)(根据基准质量和试验工况确定)；

P_i——测功机功率吸收单元的指示功率，单位为千瓦(kW)。

D.2.3.1.3.3 测动机功率吸收装置应满足最大总质量小于 3 500 kg 的轻型车进行瞬态试验载荷模拟的要求。

D.2.3.1.3.4 测功机总吸收功率(P_a)的标定参考 GB 18352.2—2001 附件 CB2 底盘测功机标定方法。

D.2.3.1.3.5 测功机内部摩擦吸收功率(P_c)标定

测功机内部摩擦损失功率(包括轴承摩擦损失等)测试，应该在时速 8～80 km/h 的情况下进行标定，并在系统负荷单元校正完成之后进行。求出速度与摩擦损失损失曲线，来修正底盘测功机运行负荷。时速低于 8 km/h 的情况下测试台架的摩擦损失比较小不进行标定。

D.2.3.1.3.6 滑行试验

滑行试验随运行工况、车型和车况不同而不同，底盘测功机应为操作者提供满足在用车排放检测的滑行试验程序。这个试验是对整个系统运行情况的很好的检测，常常应用于某些标准试验中。它可以显示出系统是否运行良好。

D.2.3.1.3.7 应使用电功率吸收装置

吸收功率应以 0.1 kW 为单位可调。在 0℃ 到 40℃ 环境范围内，测功机预热后吸收功率精度应为 ±0.2 kW 或吸收功率的 ±2%，两者取最大值。满负荷精度为 ±0.5 kW。

D.2.3.1.3.8 底盘测功机的功率吸收单元必须能够模拟加速状态下惯量产生的负荷，或有惯量模拟装置。

D.2.3.1.4 滚筒技术要求

D.2.3.1.4.1 测功机应装备双滚筒。滚筒直径介于 200 mm 到 530 mm 之间。滚筒中心距应为 D.2.3.1.4.2公式计算值，公差为 −6.5 mm 到 12.7 mm 之间。可采用滚筒位置机构左右可移动式滚筒或固定滚筒。固定式滚筒内外跨距要求能满足轻型车工况检测的安全要求。

D.2.3.1.4.2 滚筒中心距要求

$$滚筒中心距=(620+D)\times\sin 31.5°$$

式中：

D——测功机滚筒直径，单位为毫米(mm)。

D.2.3.1.4.3 滚筒表面处理应保证轮胎不打滑；滚筒表面干燥；能保证测试距离、速度精度；轮胎磨损和噪声最小。

D.2.3.1.5 惯量

D.2.3.1.5.1 测功机必须具有模拟惯量装置。

D.2.3.1.5.2 基准惯量

底盘测功机应安装基准惯量至少为 800 kg 的机械飞轮，或者其他能完全模拟基准惯量的装置。基准惯量和滑行时间不符的应作量化修正。实际基准惯量应在测功机铭牌或飞轮上标明。基准惯量公差不得超过指定质量的 2%。

D.2.3.1.5.3 惯量模拟

D.2.3.1.5.3.1 测功机应能在 800～2 500 kg 范围内以加速 1.47 m/s² 进行加速瞬态惯量模拟。机械模拟惯量增量最大为 225 kg 质量增量，电子惯量模拟应能提供 0.5 kg 的质量增量。与规定惯量不符的应作量化修正。

D.2.3.1.5.3.2 测功机实际转速在 16～96 km/h 之间，应持续计算惯量模拟误差(ΔI)。惯量模拟误差按如下公式计算，不得超过被测车辆所选惯量(I_{ws})的 2%。

$$\Delta I=[(I_{ws}-I_t)/(I_{ws})]\times 100\%$$

$$I_t=I_{m+}(1/V)\int_0(F_m-F_{rl})dt$$

式中：

ΔI——惯量模拟误差，%；

I_t——测功机模拟总惯量，单位为千克(kg)；

I_m——基准惯量，单位为千克(kg)；

V——滚筒转速，单位为米每秒(m/s)；

F_m——载荷传感器测出的作用在滚筒表面上的力，单位为牛顿(N)；

F_{rl}——测功机功率吸收装置指示功率在所测出的滚筒速度下所需的加载力，单位为牛顿(N)；

t——时间，单位为秒(s)。

D.2.3.1.5.4 惯量选择

对采用机械惯量飞轮的测功机系统，测试系统应配备独立于飞轮选择系统之外的识别系统，用以识别在瞬态循环时实际起作用的飞轮。

D.2.3.1.6 系统响应

在测功机控制系统发出命令后，200 ms 内扭矩响应应达到指定值的 90%，并且在 300 ms 内达到指定扭矩，误差不得超过 2%，最大扭矩冲击值不得超过扭矩指定值的 25%。

D.2.3.1.7 其他要求

D.2.3.1.7.1 测功机应配备安全限位装置，限位系统应保证施加于驱动轮上的水平、垂直方面的力对排放水平没有显著影响。保证不妨碍车辆进出并且能在车辆任何合理的运动状况下安全限位而不损伤悬架系统。

D.2.3.1.7.2 测功机应配备车辆冷却装置，在冷却系统启动时，应避免冷却催化转化器。

D.2.3.1.7.3 测功机应有转鼓转速和速度测量系统。转数测量用于计算车辆行驶速度，速度测量的精度为±0.16 km/h,当启动速度为 16 km/h 时,转速测量系统应能准确测量 1.47 m/s^2 的加速度,测量误差小于 2%。

D.2.3.1.7.4 测功机系统应能测量车辆当量行驶距离,距离精度为±2%。

D.2.3.1.7.5 测功机应适用于车辆的最高安全行驶速度为 130 km/h。

D.2.3.1.7.6 测功机应适用于加装防抱死制动系统或牵引力控制系统的车辆。

D.2.3.1.7.7 测功机具有便于车辆上下的举升和转鼓制动装置。

D.2.3.1.7.8 测功机的安装应保证测试车辆在测功机上试验时处于水平位置,底盘测功机具有制动车辆和固定车辆的地锚牵连装置。不应使车辆产生任何可察觉的可能会妨碍车辆正常运行的振动。

D.2.3.1.7.9 测功机力矩的标定是采用重量锤,在某一固定力臂点上标定力矩和校核力传感器的精度。其误差小于±2%。

D.2.3.1.7.10 测功机转速标定可以采用转速表,转速表响应时间应小于 0.5s,精度为 1%转速值。

D.2.3.2 排气取样系统

D.2.3.2.1 取样系统应保证可靠耐用,无泄漏并且易于维护。与被取样气体接触的制造材料不能污染或改变被分析气体的特征,也不应被取样气体腐蚀。并能适用于试验工况的车辆排放气温度。

D.2.3.2.2 取样系统应有水气分离系统和颗粒收集装置,并能将分析样气直接排至室外。

D.2.3.2.3 取样探头长度至少应为 400 mm,可插入车辆排气管深度至少应为 250 mm。车辆排气管深度不足 250 mm 的。可以使用排气管扩展装置,但需保证排气背压变化小于 0.25 kPa。

D.2.3.2.4 取样探头所用材料应能在 10 min 内耐受 579℃的高温。膨胀系数差值大于 5%的不同材料,不能用于取样探头或其他连接部件。

D.2.3.2.5 取样探头在使用时应能保证不从排气管滑出,必要时可使用卡紧装置固定在排气管上。

D.2.3.2.6 取样系统应能测试双排气管车辆。使用时应保证两稀释管流量相同。数据处理软件应考虑双稀释管和单稀释管系统的差异,保证两种情况下都达到同样的精度。

D.2.3.3 分析设备

D.2.3.3.1 分析系统应由 HC、CO、CO_2、NO、O_2 的浓度自动分析仪器和稀释气体流量分析仪器组成。

D.2.3.3.2 五气分析仪

D.2.3.3.2.1 五气分析仪

简易瞬态工况气体污染物检测应使用下列仪器分析:

一氧化碳(CO)、碳氢化合物(HC)和二氧化碳(CO_2)采用不分光红外法(NDIR)

一氧化氮(NO)采用电化学法或其他等效方法

D.2.3.3.2.2 五气分析仪应直接对排放气体进行采样分析。

D.2.3.3.2.3 温度范围:分析系统及相关部件应在 0~40℃的特定环境温度下进行操作。分析仪应能保证有足够的气流以防止温度过高,一旦环境温度超出规定范围或仪器过热,则系统应能自动关闭。分析仪应能防止分析采样和成分分析系统湿度变化而导致的测量浓度改变。如有特殊需要,分析系统应具有在任何测试环境条件下都能维持正常操作温度的特性。

D.2.3.3.2.4 湿度范围:采样系统及相关部件的操作湿度范围为 0%~85%。

D.2.3.3.2.5 无关气体干扰影响应小于以下限值:HC:$\pm 4\times 10^{-6}$,CO:±0.02%,CO_2:±0.20%,NO:$\pm 20\times 10^{-6}$。

D.2.3.3.2.6 五气分析仪应能满足至少 0.2 s 一次(5 Hz)的排气浓度测试能力。每次开始测试前,应对环境温度、湿度进行测量,至少每秒测量一次。计算机对这些数据按每秒平均值计算。

D.2.3.3.2.7 分析仪应能抗电磁干扰,抗振动冲击。电源为 220 V 50 Hz 的交流电或 12 V 的汽车直流电。

D.2.3.3.2.8 仪器量程、精度和重现性要求见表 D.1 和表 D.2 所示。

表 D.1 五气分析仪量程和精度要求

气体	量程	精度		量程	精度	
		绝对值	相对值		绝对值	相对值
HC	$0\sim2\,000\times10^{-6}$	4×10^{-6}	±3%	$2\,001\times10^{-6}\sim5\,000\times10^{-6}$ $5\,001\times10^{-6}\sim9\,999\times10^{-6}$	N/A	±5% ±10%
CO	0～10.00%	0.02%	±3%	10.01%～14.00%	N/A	±5%
CO_2	0～16%	0.3%	±3%	16.1%～18%	N/A	±5%
NO	$0\sim4\,000\times10^{-6}$	25×10^{-6}	±4%	$4\,001\times10^{-6}\sim5\,000\times10^{-6}$	N/A	±8%
O_2	0～25%	0.1%	±5%	—	—	—

表 D.2 气体浓度分析仪量程和重现性要求

气体	量程	重复性		量程	重复性	
		绝对值	相对值		绝对值	相对值
HC	$0\sim1\,400\times10^{-6}$	3×10^{-6}	±2%	$1\,400\times10^{-6}\sim2\,000\times10^{-6}$	N/A	±3%
CO	0～7.00%	0.02%	±2%	7.01%～10.00%	N/A	±3%
CO_2	0～10%	0.1%	±2%	10%～16%	N/A	±3%
NO	$0\sim4\,000\times10^{-6}$	20×10^{-6}	±3%	—	—	—
O_2	0～25%	0.1%	±3%	—	—	—

D.2.3.3.2.9 分析仪响应时间

(1) 上升时间

当采样头浓度上升，分析仪对该变化值的响应从 0 上升到 90% 时，HC、CO、CO_2 响应时间应少于 8 s；对于 NO 应少于 12 s；对于 O_2 应少于 15 s。

(2) 衰减时间

当采样头浓度衰减至原值 10% 以下时，分析仪对该变化值的响应时间应少于 5 s(对 NO 可少于 6 s)。

D.2.3.3.2.10 分析仪的标定

(1) 自动调零

在分析仪器调试之前应进行自动调零，包括 HC、CO、CO_2 和 NO。使用空气发生器产生调零空气(也可采用其他方式)，当提供输入空气时，其中应包含丙烷的体积分数应不超过 100×10^{-6}；CO 应不超过 100×10^{-6}；CO_2 应不超过 500×10^{-6}；NO 应不超过 50×10^{-6}。

(2) 分析仪器量程标定

分析仪器应能保持测试精度。在气体校正时将所有的误差因素都考虑在内，包括噪音、重复性、漂移、线性、温度和压力值等。考虑校正气体与测试气体相适应，可以使用以下的校正气体，不确定度 ±1%。

Ⅰ. 调零空气：

浓度：O_2，20.9%；N_2，平衡。

不纯度：THC、CO、NO＜1×10^{-6}；CO_2＜200×10^{-6}。

Ⅱ. 低量程标气：

200×10^{-6}　　C_3H_8(丙烷)

0.50%　　CO

6.0%　　CO_2

300×10⁻⁶ NO

99.99%纯平衡气 N_2

Ⅲ. 高量程标气

3 200×10⁻⁶ C_3H_8（丙烷）

8.00% CO

12.0% CO_2

3 000×10⁻⁶ NO

99.99%纯平衡气 N_2

以上均以体积分数计

(3) 校正气体的压力

在气体校正过程中，如果测试探头的大气压绝对压力变化了 3.4×10^3 Pa，分析仪器的读数的变化不应该超出1%。

D.2.3.3.3 气体流量分析仪

D.2.3.3.3.1 简介

气体流量分析仪由气室、涡漩流量传感器、氧气传感器、抽气机、温度和压力传感器等组成。使用时五气分析采样管插入排气管中分析原排放污染物浓度，将气体流量分析仪稀释软管对着排气管，并留有一定的空隙以保证稀释后的流量达到规定值，通过气体流量分析仪的抽气机吸入车辆排出的全部尾气和部分稀释空气，通过分析得到排气流量。

气体流量分析仪可以即时地测量排放气体的流量。气体流量分析仪将测量稀释后的气体的氧含量与原排放气体中的氧含量比较，求得质量稀释的比例，通过稀释比和气体流量分析仪测得的流量，计算出每一秒的排放体积。然后根据排放体积和五气分析仪测量出来的排放浓度来计算机动车每一秒排放出来的污染物质量。

D.2.3.3.3.2 气体流量分析仪结构

(1) 微处理器

用来控制气体流量分析系统，分析计算从气体分析仪器、气体流量分析仪涡漩流量计和稀释氧气传感器每一秒中传来的数据。并在测试结束后将结果存储到缓冲区中。它还包括气体流量分析仪元件所有校正信息。

(2) 锆氧气传感器

用来测试在测试过程中稀释气体的氧气浓度改变的传感装置。它也可以测量测试开始时环境空气的氧气浓度。通过与五气分析仪氧气浓度比较，还可以用来计算稀释比率。

当锆氧气传感器的温度将保持在700℃时，可用于烟度测量，它将烧掉所有的颗粒物质或者浓缩水分。

$$稀释比例=\frac{周围空气氧气体积分数-稀释气体氧气体积分数}{周围空气氧气体积分数-原排放气体氧气体积分数}$$

(3) 涡漩流量计

用来测量稀释气体的流量元件，支杆是涡漩流量计的关键性元件。它使气体流经气室的交叉部件时形成涡漩。这些涡漩的线速度将与气体流量成一定比例。用压力传感器测量涡漩刚从支杆流出后波幅和波幅变化的频率，确定涡漩的流出速率。经稀释流量的校正、标准压力和温度校正确定排放流量。

D.2.3.3.3.3 排放气体流量

气体流量分析仪应对原排放气体进行稀释后再进行分析，标准状态下的排放气体流量计算公式为：

$$排放气体流量=稀释排放气体流量\times稀释比$$

D.2.3.3.3.4 质量计算

在数据收集过程中，微处理器使用以下流量公式计算每一秒的质量流量：

质量排放(g/s)=浓度×密度×排放流量

其中:浓度(CO_2、CO、O_2、HC、NO)由五气分析仪排放气体采样单元测量得到,标准状态下,每一种采样气体的密度都采用标准化常数值。

主机系统进行计算和显示时,气体实测流量应校正为标准状态下的流量。

D.2.3.3.3.5 技术要求

D.2.3.3.3.5.1 为了提高气体流量分析仪的精度和寿命,对原排放气体进行稀释后再进行分析。

D.2.3.3.3.5.2 各气态物质浓度(CO,%;O_2,%;HC,10^{-6};NO,10^{-6})应由气体浓度分析仪分析得到。气体浓度分析仪需要5~6 s的响应时间,而流速分析仪流速值是实时的,故浓度延时值应由主机系统进行计算,并在缓存区进行缓存。

D.2.3.3.3.5.3 标准状态下的排放气体流量计算公式为:

排放气体流量=稀释排放气体流量×稀释比

稀释比=(环境O_2浓度-稀释O_2浓度)/(环境O_2浓度-原始O_2浓度)

D.2.3.3.3.5.4 环境O_2浓度应在每次检测车辆未启动前测量,正常环境O_2浓度应为20.8±0.5%,若超出此范围,则应由系统主机控制进行校正。环境O_2浓度和稀释O_2浓度应由气体流量分析仪氧传感器测量,原O_2浓度应由浓度分析仪测量。

D.2.3.3.3.5.5 气体流量分析仪的标定方法采用GB 18352.2—2001标准中的附录CF4 CVS系统的标定方法。

D.2.3.3.4 其他测量装置

D.2.3.3.4.1 湿度计相对湿度检测量程为5%到95%,允许误差为满量程的±3%以上。

D.2.3.3.4.2 温度计检测量程为-32~45℃,精度为±3℃。

D.2.3.3.4.3 气压计检测量程为80~110 kPa,环境温度0~40℃时最小允许误差为测量值的1%。

D.2.3.3.4.4 转速表和发动机转速传感器的响应时间应小于0.5 s,允许误差为1%转速值。

D.2.3.3.4.5 计时器允许误差在10到1 000 s范围内应为读数的0.1%。

D.2.3.3.4.6 测量仪器显示分辨力应满足表D.3的要求:

表D.3 测量仪器显示分辨力

项　目	分辨力	项　目	分辨力
HC	1×10^{-6} HC(正己烷当量)	速　度	0.1 km/h
NO	1×10^{-6} NO	载　荷	0.1 kW
CO	0.01%CO	相对湿度	1%
CO_2	0.1%CO_2	干球温度	1℃
O_2	0.1%(选择项)	气压计压力	1 kPa
转速	10 r/min		

D.2.3.4 测试过程控制和显示软件

D.2.3.4.1 检测程序、数据采集和分析系统应自动化。软件应能根据车辆参数数据库自动设置车辆载荷。应通过实时数据系统进入主机系统数据库得到车辆确认信息。通过车牌和车辆确认信息,应能获得足够的车辆记录信息。对主机系统未包含的车辆数据手工输入应做明确提示。

D.2.3.4.2 系统应配备清晰可见的司机引导装置(司机助)。引导装置应不断显示所需速度、试验工况秒数、驾驶实际速度和时间、发动机转速、使用制动情况以及必要的提示和警告。引导装置还应能显示试验和设备状况以及其他所需信息。

D.2.3.4.3 系统应能实时记录和显示试验过程数据,并能自动进行计算和修正。

D.2.4　**测试准备**

D.2.4.1　**试验环境要求**

环境温度：−9～40℃

相对湿度：<85%

D.2.4.2　开始试验前，应记录以下信息，如果是主机数据库已有的，则直接调用数据库数据。

1. 底盘型号
2. 制造厂名
3. 车辆型号
4. 汽缸数
5. 发动机排量
6. 变速器种类
7. 基准质量
8. 车辆识别码(VIN)
9. 牌照号码
10. 燃油技术(化油器或电喷等)
11. 催化净化器情况
12. 累计行驶里程数
13. 车主及其联系方法

D.2.4.3　在循环开始前应记录环境温度、绝对湿度和气压表压力，至少每秒测量一次，取 2 min 平均值。

D.2.4.4　检查待测车辆状况是否符合本标准附录 D.2.2.1 规定，不符合要求的不得进行测试。

D.2.4.5　**测试设备准备与设置**

D.2.4.5.1　分析仪器预热，应在通电后 30 min 后达到稳定。在 5 min 内未经调整，零位及 HC、CO、NO、CO_2 的量距读数应稳定在精度要求范围内。

D.2.4.5.2　取样系统应在关机前至少连续清洗 15 min，若为反吹清洗则不少于 5 min。

D.2.4.5.3　取样探头至少应插入汽车排气管 250 mm，如此深度不能保证，应加长排气管。

D.2.4.5.4　对独立工作的多排气管应同时取样。

D.2.4.5.5　在每次开始试验前 2 min 内，分析仪器应完成自动调零、环境空气测定和 HC 残留量的检查。

D.2.4.5.5.1　用零气体对 HC、CO、CO_2、NO 和 O_2 进行自动调零。

D.2.4.5.5.2　环境空气经取样探头、软管、过滤器和水气分离过滤，由采样泵送入分析仪后，应直接记录 5 种被测气体的浓度，不需要再进行修正。

D.2.4.5.5.3　分析仪应测定环境背景污染水平和 HC 残留量。当采集的环境背景样气低于(1)HC<7×10^{-6}、CO<0.02%，NO<25×10^{-6}。(2)取样系统中 HC 残留量浓度高出环境背景样气浓度不超过 7×10^{-6}时，仪器可以使用。

D.2.4.5.6　**测功机预热**

测功机开机应预热，测功机停机或不满足温度要求时应自动预热待机。

D.2.4.5.7　**滑行试验**

开机应预热后，根据底盘测功机设定的程序进行滑行试验，滑行试验合格后方可进行简易瞬态工况的排放检测。

D.2.4.5.8　**简易瞬态工况载荷设定**

在进行排放检测前，系统应根据车辆参数自动设定测功机载荷，或根据基准质量设定试验工况吸收功率值。可采用表 D.4 的推荐值。

表 D.4 在 50 km/h 等速时吸收驱动轮上的功率

基准质量(RM)/kg	测功机吸收功率(P)/kW		基准质量(RM)/kg	测功机吸收功率(P)/kW	
	A 类[1)]	B 类[2)]		A 类[1)]	B 类[2)]
RM≤750	1.3	1.3	1 700<RM≤1 930	2.1	2.1
750<RM≤850	1.4	1.4	1 930<RM≤2 150	2.3	2.3
850<RM≤1 020	1.5	1.5	2 150<RM≤2 380	2.4	2.4
1 020<RM≤1 250	1.7	1.7	2 380<RM≤2 610	2.6	2.6
1 250<RM≤1 470	1.8	1.8	2 610<RM	2.7	2.7
1 470<RM≤1 700	2.0	2.0			

1）适用于轿车车辆；

2）适用于非轿车车辆和全轮驱动的车辆；

3）对于基准质量大于 1 700 kg 的非轿车车辆或全轮驱动的车辆，表 D.4 中功率值应乘以 1.3。

D.2.5 测试程序

D.2.5.1 根据需要在发动机上安装冷却水和润滑油测温计等测试仪器。

D.2.5.2 车辆驱动轮停在转鼓上，将分析仪取样探头插入排气管中，深度为 400 mm 以上，并固定于排气管上。

D.2.5.3 按照试验运转循环开始进行试验

D.2.5.3.1 启动发动机

D.2.5.3.1.1 按照制造厂使用说明书的规定，使用启动装置，启动发动机。

D.2.5.3.1.2 发动机保持怠速运转 40 s。在 40 s 终了时开始循环，并同时开始取样。

D.2.5.3.2 怠速

D.2.5.3.2.1 手动或半自动变速器

(1) 怠速期间，离合器接合，变速器置空挡。

(2) 为了按正常循环进行加速，车辆应在循环的每个怠速后期，加速开始前 5 s 离合器脱开，变速器置一挡。

D.2.5.3.2.2 自动变速器

在试验开始时，放好选择器后，在试验期间，任何时候不得再操作选择器，但除了 D.2.5.3.3.3 所述情况或选择器可以使超速挡工作外。

D.2.5.3.3 加速

D.2.5.3.3.1 进行加速时，在整个工况过程中，应尽可能地使加速度恒定。

D.2.5.3.3.2 若加速度未能在规定时间内完成，如有可能，超出的时间应从工况改变的复合公差允许的时间中扣除，否则，必须从下一等速工况的时间内扣除。

D.2.5.3.3.3 自动变速器

若加速不能在规定时间内完成，则应按手动变速器的要求，操作档位选择器。

D.2.5.3.4 减速

D.2.5.3.4.1 在所有减速工况时间内，应使加速踏板完全松开，离合器接合，当车速降至 10 km/h 时，离合器脱开，但不操作变速杆。

D.2.5.3.4.2 如果减速时间比响应工况规定的时间长，则应使用车辆的制动器，以使循环按照规定的时间进行。

D.2.5.3.4.3 如果减速时间比响应工况规定的时间短，则应在下一个等速或怠速工况时间中恢复至理论循环规定的时间。

D.2.5.3.5 等速

D.2.5.3.5.1 从加速过渡到下一等速工况时,应避免猛踏加速板或关闭节气门。

D.2.5.3.5.2 等速工况应采用保持加速踏板位置不变的方法实现。

D.2.5.3.6 循环终了时(车辆停止在转鼓上),变速器置于空挡,离合器接合。同时停止取样。

D.2.6 排气污染物测量值计算和试验结果修正

D.2.6.1 排气污染物测量值应由系统主机自动进行计算和修正,计算公式如下:

单位时间排放质量(g/s)=浓度×密度×气体总流量

D.2.6.2 气体污染物密度和气体流量都应修正为标准状态下的对应值。

D.2.6.3 系统主机最后应给出各污染物排放因子计算结果,计算公式如下:

排放因子(g/km)=单位时间排放质量(g/s)/车辆单位时间当量行驶距离(km/s)

D.2.6.4 一氧化氮(NO)的测量值应由系统主机自动进行计算和修正后,以氮氧化物(NO_x)的形式表示,氮氧化物(NO_x)用二氧化氮(NO_2)当量表示。

D.2.6.5 试验过程及结果数据应在系统数据库进行记录存储。

D.2.7 检测结果记录

轻型汽车简易瞬态工况检测记录和检测数据的输出,见附件 DA。下列信息在每次检测完成后,应使用电子表格形式进行记录。

D.2.7.1 检测参数

1. 测试记录号
2. 检测站和检测员号
3. 测功机检测系统或测功机号
4. 测试日期和最终排放结果时间
5. 车辆型号和生产企业
6. 底盘型号和生产企业
7. 发动机型号、生产企业、汽缸数和排量
8. 变速器种类和挡位数
9. 基准质量、最大总质量和单车轴重
10. 驱动方式和驱动轮气压
11. 车牌号码、车辆识别码(VIN)和车辆登记日期
12. 供油型式、催化净化器情况和燃油规格
13. 累计行驶里程数
14. 车主及其联系方法

D.2.7.2 环境参数

1. 相对湿度(%)
2. 环境温度(℃)
3. 环境压力(kPa)

D.2.7.3 简易瞬态工况检测数据

1. 测试时间(s)
2. 测功机设定功率(kW)
3. HC 测试值(g/km)
4. CO 测试值(g/km)
5. NO_x 测试值(g/km)
6. CO_2 测试值(g/km)

附　件　DA

（规范性附件）

检测结果报告格式

点燃式发动机汽车简易瞬态工况法排气污染物测试报告

检测站名称：____________　　检测日期：____________

检测操作员：____________　　检测驾驶员：____________

DA.1　车辆信息

车辆型号：____________　　生产企业：____________

基准质量：____________　　最大总质量：____________

单车轴重：____________　　底盘型号：____________

驱动方式：____________　　驱动轮胎气压：____________

变速器型式：____________　　挡位数：____________

发动机型号：____________　　生产企业：____________

汽缸数：____________　　发动机排量：____________

燃油型式：____________　　催化转化器情况：____________

累计行驶里程：____________　　燃油规格：____________

车牌号码：____________　　车辆识别码：____________

车辆登记日期：____________　　车主姓名及其联系方式：____________

DA.2　检测设备

设备认证编码：

设备名称：____________　　型号：____________　　制造厂：____________

底盘测功机：____________

排气分析仪：____________

DA.3　检测环境状态

温度：____________　　大气压：____________　　相对湿度：____________

DA.4　检测结果及裁决：

排气污染物	HC	CO	NO_x
测试结果/(g/km)			
限值/(g/km)			
判定结果	合格/不合格	合格/不合格	合格/不合格
裁　　决	通过/未通过		

ICS 13.040.50
Z 64

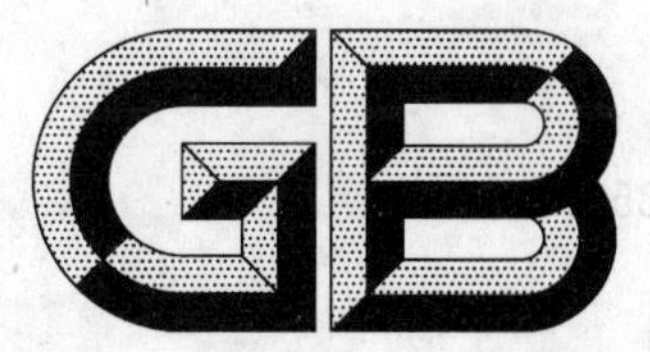

中华人民共和国国家标准

GB 18352.3—2005
代替 GB 18352.2—2001

轻型汽车污染物排放限值及测量方法（中国Ⅲ、Ⅳ阶段）

Limits and measurement methods for emissions from light-duty vehicles（Ⅲ，Ⅳ）

2005-04-15 发布　　2007-07-01 实施

国家环境保护总局
国家质量监督检验检疫总局　发布

前　言

为贯彻《中华人民共和国环境保护法》和《中华人民共和国大气污染防治法》，防治机动车污染物排放对环境的污染，改善环境空气质量，制定本标准。

本标准修改采用欧盟(EU)对70/220/EEC指令《关于协调各成员国有关采取措施以防止机动车排放污染物引起空气污染的法律》进行修订的98/69/EC指令《修订70/220/EEC指令关于协调各成员国有关采取措施以防止机动车污染物引起空气污染的法律》以及随后截止至2003/76/EC的各项修订指令的有关技术内容。

本标准与上述欧盟指令相比，主要修改内容：

——M类车型的分组；

——基准燃料的技术要求；

——将原Ⅱ型试验修改为双怠速试验；

——实施时间；

——参照经2001/116/EC修订的70/156/EEC指令《关于协调各成员国有关机动车及其挂车型式认证的各项法律》附件X的内容，增加了附录M"生产一致性保证要求"。

本标准规定了轻型汽车污染物排放第Ⅲ阶段和第Ⅳ阶段型式核准的要求、车辆生产一致性和在用车符合性的检查和判定方法。

本标准也规定了燃用LPG或NG轻型汽车的特殊要求。

本标准也规定了作为独立技术总成、拟安装在轻型汽车上的替代用催化转化器，在污染物排放方面的型式核准规程。

本标准与GB 18352.2—2001相比主要变化如下：

——加严了排放限值；

——改变了Ⅰ型试验和Ⅳ型试验的试验规程；

——增加了Ⅵ型试验的要求、双怠速试验的内容、车载诊断(OBD)系统及其功能的要求、在用车符合性检查及其判定规程、燃用LPG或NG轻型汽车的特殊要求和作为独立技术总成的替代用催化转化器的型式核准要求；

——修订了试验用燃料的技术要求。

本标准附录A、附录C、附录D、附录E、附录F、附录G、附录H、附录I、附录J、附录K、附录L、附录M和附录N为规范性附录。附录B和附录O为资料性附录。

本标准提出了第Ⅳ阶段预告性要求，在标准规定的执行日期前两年，国家环境保护总局将予以确认。

按照有关法律规定，本标准具有强制执行的效力。

本标准由国家环境保护总局科技标准司提出。

本标准起草单位：中国汽车技术研究中心、北京汽车研究所、中国兵器装备集团公司。

本标准由国家环境保护总局2005年4月5日批准。

本标准自2007年7月1日起实施，自实施之日起代替GB 18352.2—2001。

本标准由国家环境保护总局解释。

轻型汽车污染物排放限值及测量方法(中国Ⅲ、Ⅳ阶段)

1 范围

本标准规定了装用点燃式发动机的轻型汽车,在常温和低温下排气污染物、曲轴箱污染物、蒸发污染物的排放限值及测量方法,污染控制装置的耐久性要求,车载诊断(OBD)系统的技术要求及测量方法,以及双怠速的测量方法。

本标准规定了装用压燃式发动机的轻型汽车,在常温下排气污染物的排放限值及测量方法,污染控制装置的耐久性要求,以及车载诊断(OBD)系统的技术要求及测量方法。

本标准也规定了轻型汽车型式核准的要求,生产一致性和在用车符合性的检查与判定方法。

本标准也规定了燃用 LPG 或 NG 轻型汽车的特殊要求。

本标准也规定了作为独立技术总成、拟安装在轻型汽车上的替代用催化转化器,在污染物排放方面的型式核准要求。

本标准适用于以点燃式发动机或压燃式发动机为动力、最大设计车速大于或等于 50 km/h 的轻型汽车。

本标准不适用于已根据 GB 17691(第Ⅲ阶段或第Ⅳ阶段)规定得到型式核准的 N_1 类汽车。

2 规范性引用文件

下列文件中的条款通过本标准的引用而成为本标准的条款。凡是注日期的引用文件,其随后所有的修改单(不包括勘误的内容)或修订版均不适用于本标准,然而,鼓励根据本标准达成协议的各方研究是否可使用这些文件的最新版本。凡是不注日期的引用文件,其最新版本适用于本标准。

GB 1495—2002 汽车加速行驶车外噪声限值及测量方法

GB 1496—1979 机动车辆噪声测量方法

GB/T 5181—2001 汽车排放术语和定义

GB/T 15089—2001 机动车辆及挂车分类

GB 17691 车用压燃式发动机排气污染物排放限值及测量方法

GB 18047 车用压缩天然气

GB/T 19001—2000 质量管理体系 要求

GB 19159 车用液化石油气

GB 3847—2005 车用压燃式发动机和压燃式发动机汽车排气烟度排放限值及测量方法

3 术语和定义

下列术语和定义适用于本标准。

3.1 轻型汽车

指最大总质量不超过 3 500 kg 的 M_1 类、M_2 类和 N_1 类汽车。

3.2 M_1、M_2 和 N_1 类汽车

按 GB/T 15089—2001 规定:

M_1 类车指包括驾驶员座位在内,座位数不超过九座的载客汽车。

M_2 类车指包括驾驶员座位在内座位数超过九座,且最大设计总质量不超过 5 000 kg 的载客汽车。

N_1 类车指最大设计总质量不超过 3 500 kg 的载货汽车。

3.3 第一类车

指包括驾驶员座位在内,座位数不超过六座,且最大总质量不超过 2 500 kg 的 M_1 类汽车。

3.4 第二类车

指本标准适用范围内除第一类车以外的其他所有轻型汽车。

3.5 汽车型式(车型)

指机动车的型式。同一车型在下列主要方面应无差异:

(1) 附录 C.5.1 规定的、根据基准质量确定的当量惯量;

(2) 附录 A 列出的发动机和汽车的特性。

3.6 气体燃料

指液化石油气(LPG)或天然气(NG)。

3.7 两用燃料车

指既能燃用汽油又能燃用一种气体燃料,但两种燃料不能同时燃用的汽车。

3.8 单一气体燃料车

指只能燃用某一种气体燃料(LPG 或 NG)的汽车,或能燃用某种气体燃料(LPG 或 NG)和汽油,但汽油仅用于紧急情况或发动机起动用,且汽油箱容积不超过 15 L 的汽车。

3.9 基准质量(RM)

指汽车的"整备质量"加上 100 kg。

3.10 最大总质量

指汽车制造厂提出的技术上允许的最大质量。

3.11 当量惯量(I)

指在底盘测功机上用惯量模拟器模拟汽车行驶中移动和转动惯量所相当的质量。

3.12 气态污染物

指排气污染物中的一氧化碳(CO)、碳氢化合物(HC)和氮氧化物(NO_x)。氮氧化物(NO_x)以二氧化氮(NO_2)当量表示,碳氢化合物(HC)以碳(C)当量表示。燃油和气体燃料的碳氢比如下:

——汽油:$C_1H_{1.85}$

——柴油:$C_1H_{1.86}$

——LPG:$C_1H_{2.525}$

——NG:CH_4

进行双怠速试验时,排气中一氧化碳(CO)用体积分数(%)表示;排气中碳氢化合物(HC)用体积分数(10^{-6})表示,HC 以正己烷当量表示。

3.13 颗粒物(PM)

指按附录 C 中所描述的试验方法,在最高温度为 325 K(52℃)的稀释排气中,由过滤器收集到的排气成分。

3.14 排气污染物

对装点燃式发动机的汽车,指排气管排放的气态污染物;

对装压燃式发动机的汽车,指排气管排放的气态污染物和颗粒物。

3.15 蒸发污染物

指汽车排气管排放之外,从汽车的燃料(汽油)系统损失的碳氢化合物蒸气,包括:

(1) 燃油箱呼吸损失(昼间换气损失):由于燃油箱内温度变化排放的碳氢化合物(用 $C_1H_{2.33}$ 当量表示)。

(2) 热浸损失:在汽车行驶一段时间以后,静置汽车的燃料系统排放的碳氢化合物(用 $C_1H_{2.20}$ 当量表示)。

3.16 曲轴箱

指发动机的内部或外部空间,该空间通过内部或外部的通道与油底壳相连,气体和蒸气可以通过该通道逸出。

3.17 曲轴箱污染物

指从发动机曲轴箱通气孔或润滑系的开口处排放到大气中的物质。

3.18 冷起动装置

指临时加浓空气/燃料混合气，便于发动机起动的装置。

3.19 辅助起动装置

指不通过加浓发动机的空气/燃料混合气，而辅助发动机起动的装置，如：预热塞，改变喷油正时等。

3.20 发动机排量

对往复式活塞发动机，指发动机的名义气缸容积；对转子式发动机，指名义气缸容积的两倍。

3.21 污染控制装置

指汽车上控制或者限制排气污染物或蒸发污染物排放的装置。

3.22 车载诊断(OBD)系统

指排放控制用车载诊断(OBD)系统。它必须具有识别可能存在故障的区域的功能，并以故障代码的方式将该信息储存在电控单元存储器内。

3.23 在用车符合性检查

指按照本标准第8章和附录N进行的试验和符合性评价。

3.24 适当的保养和使用

指作为一辆试验车，它满足了第N.2章选择汽车的接受准则的要求。

3.25 失效装置

指一种装置，它通过测量、感应或响应车辆的运行参数(如汽车速度、发动机转速、变速器挡位、温度、进气支管真空度或其他参数)，来激活、调整、延迟或停止某一部件的工作或排放控制系统的功能，使得汽车在正常使用条件下，排放控制系统的效能降低。

下列装置不作为失效装置：

(1) 为保护发动机不遭损坏或不出事故，以及为了汽车的安全行驶所需要的装置；

(2) 仅在发动机起动时起作用的装置；

(3) 在Ⅰ型或Ⅳ型试验中确实起作用的装置。

3.26 原装催化转化器

指型式核准汽车上的催化转化器或催化转化器总成，其内容填写在附录B的相应章节中。

3.27 替代用催化转化器

指拟在市场销售，用于替代已型式核准汽车中的原装催化转化器，并按附录L作为独立技术总成获得型式核准的催化转化器或催化转化器总成。

3.28 替代用原装催化转化器

指作为独立技术总成投放市场的原装催化转化器。

3.29 车用LPG或NG装置

指设计用于安装在一种或多种指定车型上的任何车用LPG或NG部件总成。

3.30 汽车系族

指附录K中由一辆源车确定的一组车型。

3.31 发动机要求的燃料

指发动机正常使用的燃料种类：

——汽油

——LPG(液化石油气)

——NG(天然气)

——汽油和LPG

——汽油和NG

——柴油

4 型式核准申请和批准

4.1 型式核准的申请

4.1.1 汽车制造企业生产、销售汽车必须获得国家的污染物排放控制性能型式核准。一种车型的型式核准申请必须由汽车制造企业提出，申请核准的内容包括一种车型的排气污染物、曲轴箱污染物、蒸发污染物、污染控制装置耐久性和车载诊断(OBD)系统等方面。

4.1.2 按本标准附录A的要求提交型式核准有关技术资料。按本标准附录M的要求提交有关生产一致性保证材料。

4.1.3 车载诊断(OBD)系统，必须遵守第I.3章所述规程，并附上以下内容：

(1) A.4.2.11.2.8要求的附加资料。

(2) 对于装有点燃式发动机的汽车，在C.5.3.1所述的Ⅰ型试验中，将造成污染物排放超出I.3.3.2表I.1中极限值时的失火百分率。

(3) 对于装有点燃式发动机的汽车，将导致排气催化转化器永久损坏的过热时的失火百分率。

(4) 详细的书面资料，全面叙述车载诊断(OBD)系统的功能性工作特性，包括所有与汽车排放控制系统有关零件的清单，即：车载诊断(OBD)系统监控的传感器、执行器和部件。

(5) 车载诊断(OBD)系统故障指示器(MI)的描述。

(6) 制造厂必须说明为防止损坏和更改排放控制电控单元的各项规定。

(7) 适用时，其他型式核准复印件，并附带与型式核准扩展有关的资料。

(8) 适用时，附件IB所述汽车系族的细节。

(9) 为了进行第I.3章所述的试验，必须向负责型式核准试验的检测机构提交一辆汽车，此汽车代表了准备型式核准的带有车载诊断(OBD)系统的车型或汽车系族。如果检测机构确定所提交的汽车并不完全代表附件IB所述车型或汽车系族，则必须提交一辆替代汽车，若有必要，还需增加一辆汽车，以进行第I.3章所述的试验。

4.1.4 适用时，必须提交其他型式核准复印件，并附带与型式核准扩展和确定劣化系数的有关资料。

4.1.5 为进行第5章所述试验，必须向负责型式核准试验的检测机构提交一辆能代表待型式核准车型的汽车。

4.2 型式核准的批准

如果满足了第5章的有关技术要求，该车型将得到型式核准机关的批准并获得型式核准证书，型式核准证书格式见附录B。

5 技术要求和试验

5.1 一般要求

5.1.1 影响排气污染物和蒸发污染物排放的零部件，在设计、制造和组装上必须使汽车在正常使用条件下，不论遇到哪种振动，都能满足本标准的要求。

制造厂必须采取技术措施，确保汽车在正常使用条件下和正常寿命期内，能有效控制其排气污染物和蒸发污染物在本标准规定的限值内。这还包括排放控制系统所使用的软管及其接头，以及各个接线的可靠性，它们在制造上必须符合其设计的原始意图。

所有汽车必须装备车载诊断(OBD)系统，该系统应在设计、制造和汽车安装上，能确保汽车在整个寿命期内识别劣化或故障的类型。

如果满足了5.3(型式核准)、第7章(生产一致性)和第8章(在用车符合性)的规定，则认为满足了这些条款的要求。

禁止使用失效装置。

5.1.2 必须采取下列措施之一，防止由于油箱盖丢失造成的蒸发污染物超标和燃油溢出。

(1) 不可拿掉的自动开启和关闭的油箱盖；

(2) 从设计结构上防止油箱盖丢失所造成的蒸发污染物超标；

(3) 其他具有同样效果的任何措施。例如，绳索栓住的或链条栓住的油箱盖；或油箱盖锁和汽车点火使用同一把钥匙，这时，油箱盖只有锁上时才能拔掉钥匙。

5.1.3 电控系统安全性的规定

5.1.3.1 任何采用电控单元控制排放的汽车，必须能防止改动，除非得到了制造厂的授权。如果为了诊断、维修、检查、更新或修理汽车需要改动，应经制造厂授权。任何可重编程序的电控单元代码或运行参数，必须能防止非法改动，并提供一定级别的保护措施，如果这种改动是按照IA.6.5规定的协定条文和诊断接口进行的，则至少相当于1998年10月版的ISO DIS 15031—7(1996年10月版的SAEJ 2186)的规定。任何可插拔的用于储存标定数据的芯片，必须装入一个密封的容器内，或由电子算法进行保护，并且对储存的数据必须不能改动，除非使用了专用工具和专用程序。

5.1.3.2 用电控单元代码表示的发动机运转参数，必须不能改动，除非使用了专用工具和专用规程(如：电控单元零部件焊死或封死，或密闭(或封死)的电控单元盒子)。

5.1.3.3 对于装在压燃式发动机上的机械式燃料喷射泵，制造厂必须采取必要的措施，防止汽车使用过程中，其最大供油量的设定被非法改动。

5.1.3.4 制造厂可以申请对那些不必要求防护的汽车，豁免这些要求中的某一项。型式核准机关考虑此豁免的准则将包括但不限于：性能芯片目前是否能供应、汽车高性能的能力和汽车计划销售量。

5.1.3.5 采用电控单元可编程序代码系统(如：电可擦除可编程序只读存储器)的制造厂，必须防止非授权改编程序。制造厂必须采取强有力的防非法改动对策，以及防编写功能，只有制造厂在维修时才能用车外电控单元访问程序。具有适当程度防非法改动的方法，将由型式核准机关进行批准。

5.2 型式核准试验项目

不同类型汽车在型式核准时要求进行的试验项目见表1，各项目的执行日期见第9章。装压燃式发动机的轻型汽车，还应按GB 3847—2005的要求，进行排气烟度试验。

表1 型式核准试验项目

型式核准试验类型	装点燃式发动机的轻型汽车			装压燃式发动机的轻型汽车
	汽油车	两用燃料车	单一气体燃料车	
Ⅰ型	进行	进行(试验两种燃料)	进行	进行
Ⅲ型	进行	进行(只试验汽油)	进行	不进行
Ⅳ型	进行	进行(只试验汽油)	不进行	不进行
Ⅴ型	进行	进行(只试验汽油)	进行	进行
Ⅵ型	进行	进行(只试验汽油)	不进行	不进行
双怠速	进行	进行(试验两种燃料)	进行	不进行
车载诊断(OBD)系统	进行	进行	进行	进行

注：Ⅰ型试验：指常温下冷起动后排气污染物排放试验；

Ⅲ型试验：指曲轴箱污染物排放试验；

Ⅳ型试验：指蒸发污染物排放试验；

Ⅴ型试验：指污染控制装置耐久性试验；

Ⅵ型试验：指低温下冷起动后排气中CO和HC排放试验；

双怠速试验：指测定双怠速的CO、HC和高怠速的λ值(过量空气系数)。

5.2.1 燃用汽油的装点燃式发动机的汽车(包括两用燃料车)必须进行下述试验:

——Ⅰ型试验

——Ⅲ型试验

——Ⅳ型试验(两用燃料车仅用汽油进行)

——Ⅴ型试验

——Ⅵ型试验(两用燃料车仅用汽油进行)

——双怠速试验

——车载诊断(OBD)系统试验

5.2.2 燃用 LPG 或 NG(单一气体燃料)的装点燃式发动机的汽车必须进行下述试验:

——Ⅰ型试验

——Ⅲ型试验

——Ⅴ型试验

——双怠速试验

——车载诊断(OBD)系统试验

5.2.3 装压燃式发动机的汽车必须进行下述试验:

——Ⅰ型试验

——Ⅴ型试验

——车载诊断(OBD)系统试验

5.3 试验描述和要求

5.3.1 **Ⅰ型试验**(常温下冷起动后排气污染物排放试验)。

5.3.1.1 所有汽车都必须进行此项试验。

对于单一气体燃料车进行Ⅰ型试验时,应该使用附录 J 所述的不同组分的 LPG 或 NG。对于两用燃料车,应该使用两种燃料分别进行Ⅰ型试验;在用 LPG 或 NG 作燃料时,应该使用附录 J 所述的不同组分的 LPG 或 NG 进行试验。

5.3.1.2 汽车放置在带有负荷和惯量模拟的底盘测功机上,按附录 C 规定的运转循环、排气取样和分析方法、颗粒物取样和称量方法进行试验。图 1 描述了型式核准Ⅰ型试验的流程。

5.3.1.2.1 试验共持续 19 min 40 s,由两部分(1 部和 2 部)组成,应不间断地完成。经制造厂同意,可以在 1 部结束和 2 部开始之间加入不超过 20 秒的不取样时段,以便调整试验设备。

5.3.1.2.2 试验 1 部由 4 个城区循环组成。每个城区循环包含 15 个工况(怠速、加速、匀速、减速等)。

5.3.1.2.3 试验 2 部由 1 个城郊循环组成。该城郊循环包含 13 个工况(怠速、加速、匀速、减速等)。

5.3.1.2.4 试验期间排气被稀释,并按比例将样气收集到一个或多个袋中,在运转循环结束后进行分析,并测量稀释排气的总容积。

5.3.1.3 不仅记录 CO、HC 和 NO_x,也记录装压燃式发动机汽车的 PM。

5.3.1.4 试验应重复三次。每一项试验结果应乘以 5.3.5 确定的相应劣化系数。每次试验求得的排气污染物排放量,必须小于表 2 所示限值:

表 2　Ⅰ型试验排放限值

			基准质量(RM)/kg	限值/(g/km)								
				一氧化碳(CO)		碳氢化合物(HC)		氮氧化物(NO_x)		碳氢化合物和氮氧化物(HC+NO_x)		颗粒物(PM)
				L_1		L_2		L_3		L_2+L_3		L_4
阶段	类别	级别		点燃式	压燃式	点燃式	压燃式	点燃式	压燃式	点燃式	压燃式	压燃式
Ⅲ	第一类车	—	全　部	2.30	0.64	0.20	—	0.15	0.50	—	0.56	0.050
	第二类车	Ⅰ	RM≤1305	2.30	0.64	0.20	—	0.15	0.50	—	0.56	0.050
		Ⅱ	1305<RM≤1760	4.17	0.80	0.25	—	0.18	0.65	—	0.72	0.070
		Ⅲ	1760<RM	5.22	0.95	0.29	—	0.21	0.78	—	0.86	0.100
Ⅲ	第一类车	—	全　部	1.00	0.50	0.10	—	0.08	0.25	—	0.30	0.025
	第二类车	Ⅰ	RM≤1305	1.00	0.50	0.10	—	0.08	0.25	—	0.30	0.025
		Ⅱ	1305<RM≤1760	1.81	0.63	0.13	—	0.10	0.33	—	0.39	0.040
		Ⅲ	1760<RM	2.27	0.74	0.16	—	0.11	0.39	—	0.46	0.060

5.3.1.4.1　虽然有5.3.1.4的要求，但对于每种污染物而言，只要这三次试验结果的算术平均值小于规定的限值，三次试验结果中允许有一次的值超过限值，但不得超过该限值的1.1倍。即使有一种以上的污染物超过规定的限值，不管是发生在同一次试验中，还是发生在不同次的试验中都是允许的。

5.3.1.4.2　当用气体燃料进行试验时，求得的气态污染物的排放量应小于表2中对汽油车要求的限值。

5.3.1.5　如果符合下面的条件，5.3.1.4规定的试验次数可减少(参见图1)。其中V_1是第一次试验的结果，V_2是第二次试验的结果。

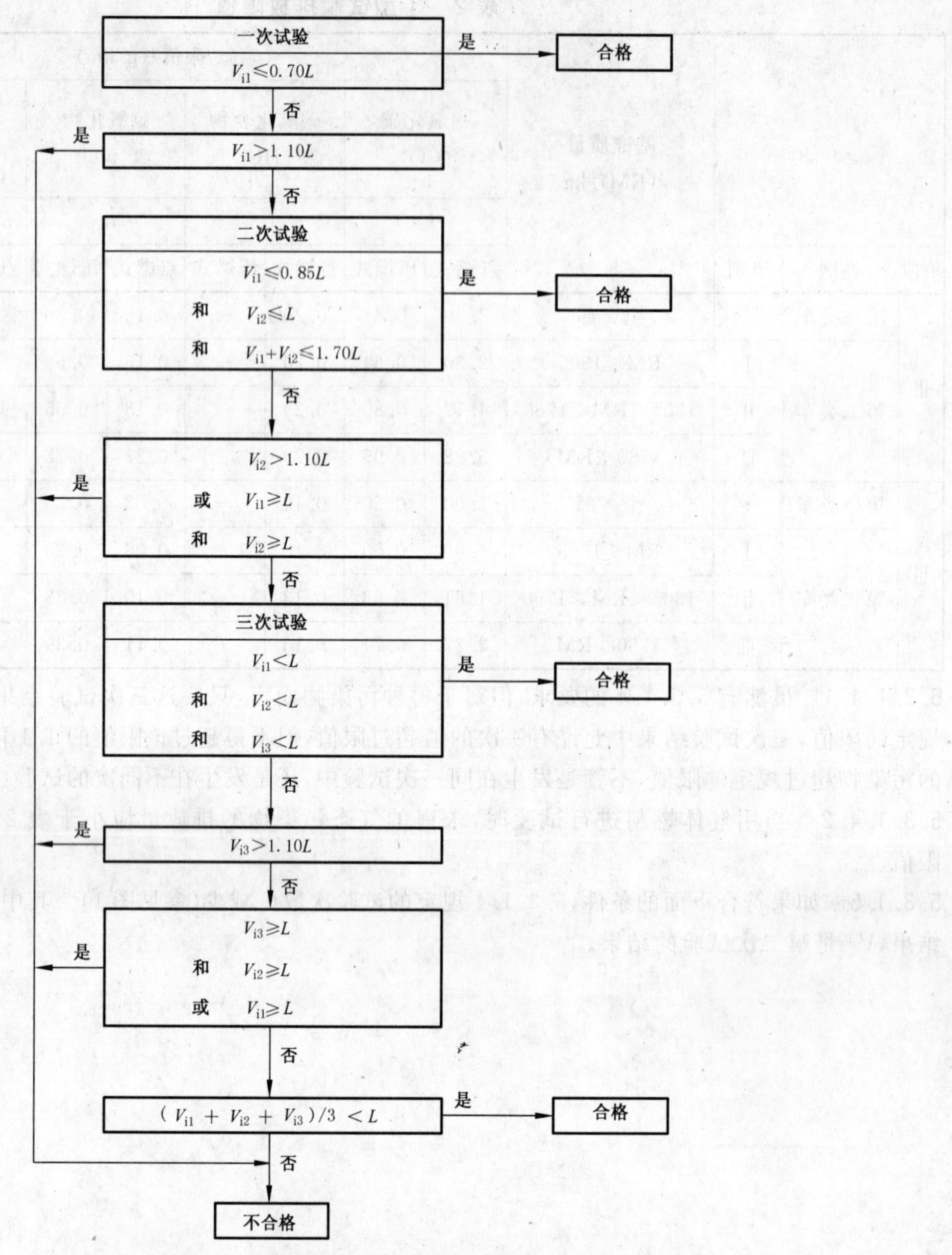

图1 型式核准Ⅰ型试验流程图

5.3.1.5.1 如果得到的每种污染物或两种污染物排放量的和，不大于 $0.70L$（即 $V_1 \leqslant 0.70L$），则只进行一次试验。

5.3.1.5.2 如果不满足5.3.1.5.1的要求，但每种污染物或两种污染物排放量的和满足了以下要求，则只需进行两次试验：

$$V_1 \leqslant 0.85L \text{ 和 } V_1+V_2 \leqslant 1.70L \text{ 和 } V_2 \leqslant L$$

5.3.2 **双怠速试验**（测定双怠速的CO、HC和高怠速的 λ 值）

5.3.2.1 除装压燃式发动机的汽车外，所有汽车都必须进行此项试验。

5.3.2.1.1 对于两用燃料车，必须对两种燃料分别进行此项试验。

5.3.2.1.2 对于单一气体燃料车，仅用该气体燃料进行此项试验。

5.3.2.2 制造厂在型式核准时，应提交双怠速的CO、HC污染物排放值和高怠速的 λ 值的控制范围。并保证在出厂后24个月内车辆的高怠速 λ 值在控制范围内。

5.3.2.3 如果实测的双怠速 CO、HC 排放值和高怠速 λ 值在制造厂申报的控制范围内，则记录制造厂的申报值，否则记录实测值。

5.3.2.4 试验在Ⅰ型试验结束后立即进行，试验方法按附录 D 规定。

5.3.2.5 制造厂应对生产下线的汽车进行双怠速试验。当按照附录 D 进行试验时，汽车的双怠速 CO、HC 排放值和高怠速 λ 值都应在制造厂型式核准时申报的控制范围内。

5.3.3 **Ⅲ型试验**（曲轴箱污染物排放试验）

5.3.3.1 除装压燃式发动机的汽车外，所有汽车都必须进行此项试验。

5.3.3.1.1 对于两用燃料车，仅对燃用汽油进行此项试验。

5.3.3.1.2 对于单一气体燃料车，仅对燃用气体燃料进行此项试验。

5.3.3.2 按附录 E 进行试验时，发动机曲轴箱通风系统不允许有任何曲轴箱污染物排入大气。

5.3.4 **Ⅳ型试验**（蒸发污染物排放试验）

5.3.4.1 所有汽油车都必须进行此项试验。两用燃料车仅对燃用汽油进行此项试验。

5.3.4.2 按附录 F 进行试验时，蒸发污染物排放量应小于 2 g/试验。

5.3.5 **Ⅴ型试验**（污染控制装置耐久性试验）

5.3.5.1 所有轻型汽车应根据 5.2 的规定进行此项试验。

5.3.5.1.1 两用燃料车仅用汽油进行此项试验，燃用气体燃料时的劣化系数可采用燃用汽油时的劣化系数。

5.3.5.1.2 按附录 G 所述的程序，在试验跑道上、或道路上、或底盘测功机上，进行 80 000 km 耐久性试验，确定实测劣化系数。

5.3.5.1.3 在制造厂要求下，检测机构可在完成Ⅴ型试验之前，应用表 3 的劣化系数进行Ⅰ型试验。完成Ⅴ型试验后，检测机构可以用Ⅴ型试验中测得的劣化系数替代表 3 的劣化系数，以修正记录在附录 B 中的型式核准Ⅰ型试验结果。

5.3.5.2 虽然在 5.3.5.1 中有要求，制造厂可以选用按 5.3.5.1 规定实测的劣化系数，也可以选用表 3 中所规定的劣化系数替代 5.3.5.1 的实测劣化系数进行Ⅰ型试验。劣化系数是用来确定是否满足 5.3.1.4和 7.1 的要求。

表 3 劣化系数

发动机类别	劣化系数				
	CO	HC	NO_x	HC+NO_x	PM
点燃式发动机	1.2	1.2	1.2	—	—
压燃式发动机	1.1	—	1.0	1.0	1.2

5.3.6 **Ⅵ型试验**（低温下冷起动后排气中 CO 和 HC 排放试验）

5.3.6.1 所有汽油车都必须进行此项试验。两用燃料车仅对汽油进行此项试验。

5.3.6.2 汽车放置在带有负荷和惯量模拟的底盘测功机上。按附录 C 规定的运转循环 1 部、排气取样和分析方法进行试验。

5.3.6.2.1 试验由Ⅰ型试验 1 部的四个城区运转循环组成。附件 CA 描述了试验 1 部，并由此附件的图 CA.1 和图 CA.2 加以说明。试验共持续 780 s，试验期间不得中止，并在发动机起动时开始取样。

5.3.6.2.2 试验应在环境温度 266 K（−7℃）下进行。试验前，试验汽车应按规定进行预处理，以保证试验结果的再现性。预处理和其他试验规程按附录 H 进行。

5.3.6.2.3 试验期间排气被稀释，并按比例收集样气。试验汽车的排气按照附录 H 规定的规程进行稀释、取样和分析，并测量稀释排气的总容积。分析稀释排气的 CO 和 HC。

5.3.6.3 试验应进行三次。CO 和 HC 测得的排放量必须小于表 4 所示限值：

5.3.6.3.1 虽然有 5.3.6.3 的要求，但对于每种污染物而言，只要这三次测量结果的算术平均值小于规定的限值，三次测量结果中允许有一次的值超过限值，但不得超过该限值的1.1倍。即使有一种以上的污染物超过规定的限值，不管是发生在同一次试验中，还是发生在不同次的试验中都是允许的。

表4 Ⅵ型试验的排放限值

试验温度 266 K(−7℃)				
类别	级别	基准质量(RM)/kg	CO, L_1 (g/km)	HC, L_2/(g/km)
第一类车	—	全　部	15	1.8
第二类车	Ⅰ	RM≤1305	15	1.8
	Ⅱ	1305<RM≤1760	24	2.7
	Ⅲ	1760<RM	30	3.2

5.3.6.3.2　如果三次测量结果的算术平均值在限值的100%到110%之间，在制造厂要求下，5.3.6.3规定的试验次数可以增加到十次，此时，仅要求十次测量结果的算术平均值小于限值。

5.3.6.4　符合下面的条件，5.3.6.3规定的试验次数可以减少。

5.3.6.4.1　如果每种污染物的测量结果，不大于0.70L，则只进行一次试验。

5.3.6.4.2　如果不满足5.3.6.4.1的要求，但每种污染物能满足以下要求，则只需进行两次试验：

$$V_1 \leqslant 0.85L \text{ 和 } V_1+V_2 \leqslant 1.70L \text{ 和 } V_2 \leqslant L$$

5.3.7　车载诊断(OBD)系统试验

5.3.7.1　所有汽车都必须进行此项试验。

5.3.7.2　按附件IA进行试验时，车载诊断(OBD)系统应满足附录I的要求。

5.3.8　替代用催化转化器和替代用原装催化转化器的型式核准试验

5.3.8.1　对于替代用催化转化器，必须按照附录L进行试验。

5.3.8.2　对于替代用原装催化转化器，如果满足了5.3.8.2.1和5.3.8.2.2的要求，则不必按照附录L进行试验。

5.3.8.2.1　**标识**

替代用原装催化转化器应至少标注以下识别内容：

5.3.8.2.1.1　汽车制造厂厂名或注册商标；

5.3.8.2.1.2　5.3.8.3中记载的替代用原装催化转化器的厂牌和零件识别号。

5.3.8.2.2　**资料**

替代用原装催化转化器应附有下列资料：

5.3.8.2.2.1　汽车制造厂厂名或注册商标；

5.3.8.2.2.2　5.3.8.3中记载的替代用原装催化转化器的厂牌和零件识别号；

5.3.8.2.2.3　此替代用原装催化转化器所适用的车型，以及是否适用于装有车载诊断(OBD)系统的汽车的标识；

5.3.8.2.2.4　如需要，应提供安装指南；

5.3.8.2.2.5　这些资料应按下列方式之一提供：

——随同替代用原装催化转化器的专页

——替代用原装催化转化器出售时的包装盒上

——其他合适方式

这些资料必须能在汽车制造厂散发到销售点的产品目录中查到。

5.3.8.3　汽车制造厂应以电子格式向检测机构和(或)型式核准机关提供必需的资料，这些资料需与相关的零件号和型式核准文件链接。

这些资料应包括：

——汽车的厂牌和型式

——替代用原装催化转化器的厂牌和型式

——替代用原装催化转化器的零件号

——相关车型的型式核准号

5.3.9　**燃用 LPG 或 NG 汽车的型式核准试验**

对于燃用 LPG 或 NG 的汽车，必须按照附录 K 进行试验。

6　型式核准扩展

按本标准型式核准的车型的扩展，应根据下列条款进行：

6.1　与排气污染物有关的扩展（Ⅰ型和Ⅵ型试验）

6.1.1　基准质量不同的车型

6.1.1.1　如果基准质量只要求使用相邻的较大二级或任何较小级的当量惯量，则型式核准可以扩展到该车型。

6.1.1.2　对于第二类车，如果须扩展车型的基准质量所要求使用的当量惯量小于已型式核准车型所用的当量惯量，且已型式核准车型测得的污染物质量在要求扩展车型所规定的限值之内，则可以批准其扩展。

6.1.2　总传动比不同的车型

在下列条件下，对已型式核准的车型，可以扩展到仅总传动比不同的其他车型。

6.1.2.1　对于在Ⅰ型和Ⅵ型试验中所使用的每一传动比，均须确定其比例：

$$E=\frac{V_2-V_1}{V_1}$$

式中：

V_1 和 V_2 分别为发动机转速在 1 000 r/min 时，已型式核准车型和要求扩展车型所对应的汽车速度。

6.1.2.2　对于每一传动比，若 $E\leqslant 8\%$，则无须重复Ⅰ型和Ⅵ型试验，即可批准其扩展。

6.1.2.3　如果至少有一个挡位的传动比 $E>8\%$，但每种挡位下，传动比 $E\leqslant 13\%$，则必须重做Ⅰ型和Ⅵ型试验，但经型式核准检测机构同意，可在制造厂选定的实验室内进行。试验报告必须送交负责型式核准试验的检测机构。

6.1.3　基准质量和总传动比不同的车型

只要完全符合上述 6.1.1 和 6.1.2 规定的条件，则某一已型式核准的车型，可以扩展到仅在总传动比和基准质量不同的其他车型。

6.1.4　当某一车型按照 6.1.1 至 6.1.3 的规定获得扩展后，此扩展车型不可再扩展到其他车型。

6.2　与蒸发污染物有关的扩展（Ⅳ型试验）

6.2.1　在下列条件下，对装蒸发污染物控制系统的某一已型式核准的车型，可以进行扩展：

6.2.1.1　燃料/空气计量（即：喷射、化油器）的基本原理必须相同。

6.2.1.2　燃油箱的形状，燃油箱和液体燃料软管的材料必须相同。试验必须在截面和软管大致长度方面最恶劣的系族进行。由负责型式核准试验的检测机构决定是否接受不同的油气分离器。燃油箱的容积差必须在±10%以内。燃油箱呼吸阀的设定必须相同。

6.2.1.3　贮存燃油蒸气的方法必须相同，如活性炭罐的形状和容积、贮存介质、空气滤清器（如果用于蒸发污染物排放控制）等。

6.2.1.4　化油器浮子室的燃油容积差必须在 10 mL 以内。

6.2.1.5　脱附贮存蒸气的方法（即：空气流量，起动点或运转循环中的脱附容积）必须相同。

6.2.1.6　燃油计量系统的密封和通气方法必须相同。

6.2.2　进一步说明：

(1) 允许发动机尺寸不同；

(2) 允许发动机功率不同；

(3) 允许自动变速器和手动变速器，两轮和四轮驱动；

(4) 允许车身形状不同；

(5) 允许车轮和轮胎尺寸不同。

6.3 与污染控制装置耐久性有关的扩展(Ⅴ型试验)

6.3.1 某一已型式核准的车型，可以扩展到发动机及污染控制装置的组合与已型式核准车型相同的不同车型。

下列所描述的参数相同或能保持在其规定限值之内的车型，都认为其发动机及污染控制装置的组合是相同的。

6.3.1.1 发动机：

——缸心距

——气缸数

——发动机排量(±15%)

——缸体构造

——气阀数

——燃油系统

——冷却系型式

——燃烧过程

6.3.1.2 污染控制装置：

——催化转化器：

——催化转化器和催化单元的数量

——催化转化器的尺寸和形状(载体容积±10%)

——催化活性的类型(氧化，三效，…)

——贵金属含量(相同或更多)

——贵金属比例(±15%)

——载体(结构和材料)

——孔密度

——催化转化器封装型式

——催化转化器位置(在排气系统中的位置和尺寸不应使催化转化器入口温度的变化大于 50 K，应在Ⅰ型试验的设定负荷和 120 km/h 匀速行驶条件下检查该温度变化)

——空气喷射：

——有或无

——型式(脉动，空气泵，…)

——EGR：

——有或无

6.3.1.3 当量惯量等级：当量惯量等级应是邻近的较大二级或任何较小级的当量惯量等级。

6.3.1.4 Ⅴ型试验可在一辆在车身、变速器(自动或手动)、车轮或轮胎的尺寸方面与待型式核准车型不同的汽车上进行。

6.4 与车载诊断(OBD)系统有关的扩展

6.4.1 在车载诊断(OBD)系统方面对某一已型式核准的车型，可以扩展到不同车型，只要该车型属于附件 IB 所述的同一汽车 OBD 系族。但发动机排放控制系统必须与已批准型式核准车型相同，且符合附件 IB 中所述的 OBD 发动机系族，下列汽车特性可以不同：

——发动机附件
——轮胎
——当量惯量
——冷却系统
——总传动比
——变速器型式
——车身型式

7 生产一致性

必须按照附录 M 采取措施，来保证生产一致性。生产一致性的检查是以附录 B 的内容为基础。

汽车排气污染物、曲轴箱污染物、蒸发污染物控制以及车载诊断(OBD)系统功能方面的生产一致性检查，是以附录 B 的内容为基础，必要时，是以 5.2 所述的全部或部分试验为基础。

7.1 进行Ⅰ型试验时，如果型式核准的汽车具有一个或多个扩展，此试验可在附录 A 所述的车型或相关的扩展车型上进行。

7.1.1 在同一汽车系族的批量产品中任意选取三辆车，型式核准机关选定汽车后，制造厂不得对所选汽车进行任何调整。

7.1.2 尽管有 C.3.1.1 的要求，试验车辆不需磨合，试验是在从生产线下线合格的车辆中抽取的样车上直接进行。

7.1.2.1 然而，在制造厂要求下，试验可以在下列汽车上进行：

——行驶不足 3 000 km 的装点燃式发动机的汽车
——行驶不足 15 000 km 的装压燃式发动机的汽车

在上述两种情况下，按制造厂的磨合规范进行磨合，但不得对这些汽车进行任何调整。

7.1.2.2 如果制造厂要求磨合汽车("x"代表汽车磨合里程，对于装点燃式发动机的汽车，$x \leqslant$ 3 000 km，对于装压燃式发动机的汽车，$x \leqslant$ 15 000 km)，其规程如下：

——分别测量第一辆试验车"0"km 和"x"km 的污染物排放量(Ⅰ型试验)
——计算每种污染物"0"km 和"x"km 之间排放量的渐变系数(EC)：

$$\mathrm{EC}=\frac{\text{“}x\text{”km 排放量}}{\text{“0”km 排放量}}$$

此系数可以小于 1

——其他汽车不必磨合，但其"0"km 排放量需乘以渐变系数

此时，用于生产一致性判定的数值分别为：

——第一辆车为"x"km 测得值
——其他汽车为"0"km 测得值乘以渐变系数

7.1.3 样车按照 5.3.1 进行试验。以同样方式使用劣化系数。限值由 5.3.1.4 给出。

7.1.4 所有这些试验均应使用附录 J 规定的基准燃料。

7.1.5 如果型式核准机关对制造厂提供的生产标准偏差感到满意，对试验结果的判定按第 MA.1 章进行。

如果型式核准机关对制造厂提供的生产标准偏差感到不满意或者制造厂没有相关记录时，对试验结果的判定按第 MA.2 章进行。

7.1.6 根据第 MA.1 章或第 MA.2 章的判定准则，以抽取的试验样车数量为基础，一旦所有污染物都满足通过判定临界值，则认为该系列产品Ⅰ型试验合格；一旦某种污染物满足不通过判定临界值，则认为该系列产品Ⅰ型试验不合格。

当某种污染物满足通过判定临界值，此结论不再随其他污染物为了得出结论所追加的试验而改变。

如果不能判定所有污染物都满足通过判定临界值，而又不能判定某种污染物满足不通过判定临界值，则抽取另一辆车进行试验（见图2）。

如果某种污染物的统计量既不满足通过判定临界值又不满足不通过判定临界值，在加抽车辆试验时，制造厂可随时决定终止试验。这种情况应判定为生产一致性检查Ⅰ型试验不合格。

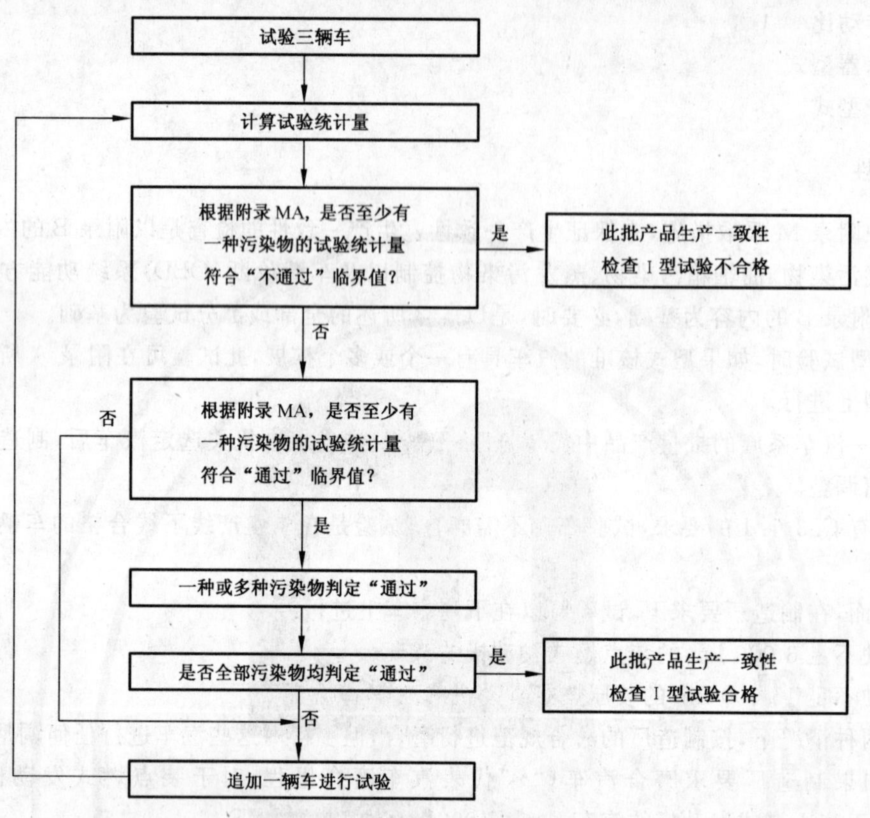

图2　生产一致性检查Ⅰ型试验流程图

7.2　进行Ⅲ型试验时，应对7.1.1抽取的所有汽车都进行此项试验。当按附录E试验时，测量结果必须满足5.3.3.2的要求。

7.3　进行Ⅳ型试验时，应按照第F.7章的规定进行试验。

7.4　车载诊断（OBD）系统的一致性检查

7.4.1　当型式核准机关认为生产质量可能不满足要求时，从批量产品中随机抽取一辆车，进行附件IA所述试验。

7.4.2　若此车符合了附件IA所述试验的要求，则认为车载诊断（OBD）系统的生产一致性满足要求。

7.4.3　若所抽汽车不能满足7.4.2的要求，必须从批量产品中再随机抽取四辆车，进行附件IA所述试验。试验可在行驶里程不足15 000 km的汽车上进行。

7.4.4　若至少有三辆车满足了附件IA所述试验的要求，则认为车载诊断（OBD）系统的生产一致性满足要求。

7.5　如果某一车型不能满足7.1、7.2、7.3和7.4生产一致性检查要求的任意一条，车辆制造厂都应尽快采取所有必需的措施来重新建立生产一致性，否则应撤消该车型的型式核准。

8　在用车符合性

对已通过污染物排放型式核准的车型，制造厂还必须采取适当措施，确保在正常使用条件下和汽车正常寿命期内，污染控制装置始终保持其功能。在表2所示的Ⅲ阶段，必须在5年或80 000 km内（以先达到者为准），对这些措施进行检查。在表2所示的Ⅳ阶段，必须在5年或100 000 km（以先达到者为准),对这些措施进行检查。

8.1 型式核准机关进行在用车符合性检查时,应以制造厂提供的资料为基础。

附录N中的图N.1和图N.2是在用车符合性检查程序。

8.1.1 确定在用车系族的参数

在用车系族由基本结构参数确定,系族内各汽车的这些参数必须相同。因此,各车型如至少具有相同的或在规定允差范围内的下列参数,则可认为属于同一在用车系族:

——燃烧过程(二冲程、四冲程、旋转式)

——缸数

——缸体结构(直列、V型、星型、水平对置、其他)(斜置或方向不作为缸体的条件)

——发动机供油方式(如:直喷或非直喷)

——冷却系型式(风冷、水冷、油冷)

——进气方式(自然进气、增压)

——发动机所用燃料(汽油、柴油、NG、LPG等),如果某一燃料是常用的,则两用燃料车可归属于该燃料车

——催化转化器型式(三效催化转化器或其他)

——颗粒捕集器(有或没有)

——排气再循环(有或没有)

——系族内0.7~1.0倍最大排量之间的发动机

8.1.2 制造厂所提供的资料必须至少包括下列内容:

8.1.2.1 制造厂的名称和地址;

8.1.2.2 制造厂资料所涉及范围的各个法定代表人的人名、地址、电话和传真号、e-mail地址;

8.1.2.3 制造厂资料中各车型的型号;

8.1.2.4 适用时,制造厂资料中各车型的目录,即按照8.1.1的在用车系族组;

8.1.2.5 适用时,在用车系族内这些车型的车辆识别号(VIN)代码(VIN前缀);

8.1.2.6 在用车系族内这些车型的型式核准证书号,适用时,还包括所有扩展和现场修理/召回号;

8.1.2.7 制造厂资料所涉及汽车的型式核准扩展和现场修理/召回的详细情况(如型式核准机关要求);

8.1.2.8 制造厂所收集资料的时间范围;

8.1.2.9 制造厂资料中汽车的生产日期(如:2007年制造的汽车);

8.1.2.10 制造厂的在用车符合性检查规程,包括:

8.1.2.10.1 确定汽车所在地的方法;

8.1.2.10.2 汽车选择和剔除准则;

8.1.2.10.3 本程序所采用的试验型式和规程;

8.1.2.10.4 制造厂为确定在用车系族组所采用的接受/剔除准则;

8.1.2.10.5 制造厂收集资料的地域范围;

8.1.2.10.6 所采用的样车数和采样计划。

8.1.2.11 制造厂在用车符合性检查的结果,包括:

8.1.2.11.1 包括在试验程序内各汽车(无论试验或没有试验)的特征。特征包括:

——车型

——车辆识别号(VIN)

——汽车注册号

——生产日期

——使用地区(如已知)

——所装轮胎型号

8.1.2.11.2　某汽车从样车中被剔除的原因；

8.1.2.11.3　样车中每辆汽车的维护保养历史(包括所有的召回)；

8.1.2.11.4　样车中每辆汽车的修理历史(如已知)；

8.1.2.11.5　试验资料,包括：

——试验数据

——试验地点

——汽车里程表上指示的行驶距离

——试验燃料规格(如:基准燃料或市售燃料)

——试验条件(温度、湿度、大气压力)

——测功机设定(如:测功机惯性质量、功率设定)

——试验结果(从每系族中至少三种不同汽车得到)

8.1.2.12　车载诊断(OBD)系统中的指示记录。

8.2　制造厂收集的资料必须非常充分,以便能评定出在用车是否符合规定的正常使用条件,并且能代表制造厂对地区市场的了解程度。

如果制造厂能向型式核准机关证明,某一汽车系族车型的年销售量少于5 000辆,允许制造厂不进行此车型的在用车符合性自检。

8.3　以8.1的审核为基础,型式核准机关必须做出如下决定之一：

——该车型或该在用车系族的在用车符合性满足要求,不需要进一步采取任何行动;或者

——制造厂提供的资料不充分,无法做出决定,要求制造厂进一步提供资料或试验数据;或者

——该车型或该在用车系族中某车型的在用车符合性不能满足要求,需要按附录N进行试验。

虽然根据8.2允许制造厂不对某车型进行自检,但是型式核准机关可以要求按附录N对该车型进行试验。

8.4　如果为了检查在用车污染控制装置的性能是否符合要求,需要进行Ⅰ型试验时,使用的试验规程必须符合附录N规定的统计程序。

8.5　型式核准机关会同制造厂选择试验样车时,一定要选择确实有证据是在正常条件下行驶了足够里程的汽车。选择样车一定要征求制造厂的意见,并允许制造厂参与汽车的确认检查。

8.6　在型式核准机关的监督下,授权制造厂对那些排放水平超标的汽车进行检查,甚至是破坏性检查,以确定那些可能不是由于制造厂本身原因(例如试验前使用了含铅汽油)造成的劣化。一旦检查结果确认了导致排放超标的责任不在制造厂,则这些试验结果将从在用车符合性检查中剔除。

8.7　如果型式核准机关按照附录N规定的准则,判定试验结果为不符合,制造厂必须按照第N.6章采取补救措施,这些补救措施应扩展到属同一车型的在用车,因为这些车可能会由于同样缺陷受到影响。

制造厂提出的补救措施计划必须经型式核准机关批准。由制造厂负责完成经批准的补救措施计划。

9　标准的实施

9.1　自表5规定之日起,轻型汽车污染物排放型式核准按本标准要求进行。在表5规定日期之前,可以按照本标准的相应要求进行型式核准的申请和批准。

对于按本标准批准型式核准的轻型汽车,其生产一致性的检查,自批准之日起执行。

从表5规定的型式核准执行日期后一年起,所有制造和销售的轻型汽车污染物排放必须符合本标准要求。

表 5　型式核准执行日期

<table>
<tr><th colspan="2">试　验　项　目</th><th>第　Ⅲ　阶　段</th><th>第　Ⅳ　阶　段</th></tr>
<tr><td colspan="2">Ⅰ型试验
Ⅲ型试验
Ⅳ型试验
Ⅴ型试验
Ⅳ型试验</td><td>2007.7.1</td><td rowspan="3">2010.7.1</td></tr>
<tr><td rowspan="2">车载诊断(OBD)系统试验</td><td>第一类汽油车</td><td>2008.7.1</td></tr>
<tr><td>其他车辆</td><td>2010.7.1</td></tr>
</table>

9.2　在用车符合性检查

凡根据本标准要求型式核准、生产的车型，其在用车符合性检查必须符合本标准要求。

附 录 A
(规范性附录)
型式核准申报材料

型式核准申请时，必须提供包括内容目次的以下材料，以电子文挡提供。

任何示意图，应以适当的比例充分说明细节；其幅面尺寸为A4，或折叠至该尺寸。如有照片，应显示其细节。如系统、部件或独立技术总成采用微处理机控制，应提供其性能资料。

A.1 概述

A.1.1 厂牌(制造厂的商品名称)：……

A.1.2 型号及商业一般说明：……

A.1.3 车型标识：……

A.1.4 汽车类别：……

A.1.5 制造厂名称和地址：……

A.1.6 组装厂地址：……

A.2 汽车总体结构特征

A.2.1 代表汽车的照片和/或示意图：……

A.2.2 动力轴(数量，位置，相互连接)：……

A.3 质量和尺寸(单位为kg和mm)(如适用，查阅示意图)

A.3.1 运行状态下带车身汽车的质量，或，如制造厂没有安装车身，则为带驾驶室底盘的质量(带标准装备，包括冷却液、机油、燃料、工具、备胎和驾驶员)(最大和最小)：……

A.3.2 制造厂申报的技术上允许的最大装载质量(最大和最小)：……

A.4 动力系

A.4.1 制造厂：……

A.4.1.1 发动机型号(如发动机上标注的，或其他识别方式)：……

A.4.2 发动机

A.4.2.1 发动机特性资料

A.4.2.1.1 工作原理：点燃式/压燃式，四冲程/二冲程[1)]

A.4.2.1.2 气缸数目及排列：……

A.4.2.1.2.1 缸径：…… mm

A.4.2.1.2.2 行程：…… mm

A.4.2.1.2.3 点火顺序：……

A.4.2.1.3 发动机排量：…… cm^3

A.4.2.1.4 容积压缩比[2)] ……

A.4.2.1.5 燃烧室和活塞顶示意图，对于点燃式发动机还有活塞环示意图：……

A.4.2.1.6 发动机正常怠速转速和高怠速转速(包括允差)：…… r/min

1) 划掉不适用者。

2) 注明公差。

A.4.2.1.7 制造厂申报的发动机正常怠速和高怠速排气中CO和HC的体积分数[2]：……………

A.4.2.1.8 制造厂申报的发动机高怠速的λ值控制范围[2]：……………………………………

A.4.2.1.9 最大净功率：………………kW在 ………………………………r/min下(制造厂申报值)

A.4.2.2 燃料：柴油/汽油/LPG/NG[1]

A.4.2.3 无铅汽油辛烷值(RON)：…………………………………………………………………

A.4.2.4 燃油供给

A.4.2.4.1 化油器式：是/否[1]

A.4.2.4.1.1 厂牌：……………………………………………………………………………………

A.4.2.4.1.2 型号：……………………………………………………………………………………

A.4.2.4.1.3 数量：……………………………………………………………………………………

A.4.2.4.1.4 配制[2]：

A.4.2.4.1.4.1 喷嘴：……………………

A.4.2.4.1.4.2 喉管：……………………

A.4.2.4.1.4.3 浮子室油面……………

A.4.2.4.1.4.4 浮子质量：………………

A.4.2.4.1.4.5 浮子针阀：………………

（以上各项）或供油量随空气流量的变化曲线以及为保持此曲线所要求的设定

A.4.2.4.1.5 冷起动系统：自动/手动[1]

A.4.2.4.1.5.1 工作原理：……………………………………………………………………………

A.4.2.4.1.5.2 操作限制/设定[1][2]：……………………………………………………………………

A.4.2.4.2 燃油喷射式(仅指压燃式)：是/否[1]

A.4.2.4.2.1 系统说明：……………………………………………………………………………

A.4.2.4.2.2 工作原理：直喷式/预燃室式/涡流燃烧室式[1]

A.4.2.4.2.3 喷油泵

A.4.2.4.2.3.1 厂牌：………………………………………………………………………………

A.4.2.4.2.3.2 型号：………………………………………………………………………………

A.4.2.4.2.3.3 最大供油量[1][2]：在泵转速………………r/min下，…………………… mm^3/冲程或循环，或者供油特性曲线：…………………………………………………………………………

A.4.2.4.2.3.4 喷油正时[2]：…………………………………………………………………………

A.4.2.4.2.3.5 喷油提前曲线[2]：……………………………………………………………………

A.4.2.4.2.3.6 标定程序：试验台/发动机[1]

A.4.2.4.2.4 调速器

A.4.2.4.2.4.1 型号：………………………………………………………………………………

A.4.2.4.2.4.2 减油转速

A.4.2.4.2.4.2.1 全负荷开始减油转速：…………………………………………………… r/min

A.4.2.4.2.4.2.2 最高空车转速：………………………………………………………… r/min

A.4.2.4.2.4.3 怠速转速：…………………………………………………………………… r/min

A.4.2.4.2.5 喷油嘴

A.4.2.4.2.5.1 厂牌：………………………………………………………………………………

A.4.2.4.2.5.2 型号：………………………………………………………………………………

A.4.2.4.2.5.3 开启压力[2]：……………………kPa或特性曲线[2]：…………………………

1) 划掉不适用者。

2) 注明公差。

A.4.2.4.2.6 冷起动系统

A.4.2.4.2.6.1 厂牌：……………………………………………………………

A.4.2.4.2.6.2 型号：……………………………………………………………

A.4.2.4.2.6.3 说明：……………………………………………………………

A.4.2.4.2.7 辅助起动装置

A.4.2.4.2.7.1 厂牌：……………………………………………………………

A.4.2.4.2.7.2 型号：……………………………………………………………

A.4.2.4.2.7.3 系统说明：…………………………………………………………

A.4.2.4.3 燃料喷射式（仅对点燃式）：是/否[1]

A.4.2.4.3.1 工作原理：进气支管（单点/多点[1]）/直喷/其他（说明）[1]：……………………

A.4.2.4.3.2 厂牌：……………………………………………………………

A.4.2.4.3.3 型号：……………………………………………………………

A.4.2.4.3.4 系统说明：

非连续喷射系统情况下提供相应的细节：

A.4.2.4.3.4.1 控制单元型式或数量：…………………

A.4.2.4.3.4.2 燃料调节器型式：…………………

A.4.2.4.3.4.3 空气流量传感器型式：…………………

A.4.2.4.3.4.4 燃料分配器型式：…………………

A.4.2.4.3.4.5 压力调节器型式：…………………

A.4.2.4.3.4.6 微开关型式：…………………

A.4.2.4.3.4.7 怠速调整螺钉型式：…………………

A.4.2.4.3.4.8 节流阀体型式：…………………

A.4.2.4.3.4.9 水温传感器型式：…………………

A.4.2.4.3.4.10 空气温度传感器型式：…………………

A.4.2.4.3.4.11 温度开关型式：…………………

A.4.2.4.3.5 喷油器：开启压力[2]：…………………kPa 或特性曲线[2]：…………………

A.4.2.4.3.6 喷射正时：…………………………………………………………

A.4.2.4.3.7 冷起动系统

A.4.2.4.3.7.1 工作原理：…………………………………………………………

A.4.2.4.3.7.2 操作限制/设定[1][2]：…………………………………………………

A.4.2.4.4 供油泵

A.4.2.4.4.1 压力[2]：…………………kPa 或特性曲线[2]：…………………

A.4.2.5 点火系

A.4.2.5.1 厂牌：……………………………………………………………

A.4.2.5.2 型号：……………………………………………………………

A.4.2.5.3 工作原理：…………………………………………………………

A.4.2.5.4 点火提前曲线[2]：……………………………………………………

A.4.2.5.5 静态点火正时[2]：上止点前度数：………………………………………

A.4.2.5.6 触点间隙[2]：………………………………………………………mm

A.4.2.5.7 闭合角度数[2]：……………………………………………………

A.4.2.5.8 火花塞

1）划掉不适用者。

2）注明公差。

A.4.2.5.8.1 厂牌：……………………………………………………………………………………
A.4.2.5.8.2 型号：……………………………………………………………………………………
A.4.2.5.8.3 火花塞设定间隙：………………………………………………………………………

A.4.2.5.9 点火线圈 ……………………………………………………………………………

A.4.2.5.9.1 厂牌：……………………………………………………………………………………
A.4.2.5.9.2 型号：……………………………………………………………………………………

A.4.2.5.10 点火电容器

A.4.2.5.10.1 厂牌：…………………………………………………………………………………
A.4.2.5.10.2 型号：…………………………………………………………………………………

A.4.2.6 冷却系(液冷/风冷)[1)]

A.4.2.7 进气系

A.4.2.7.1 增压器：有/无[1)]

A.4.2.7.1.1 厂牌：……………………………………………………………………………………
A.4.2.7.1.2 型号：……………………………………………………………………………………
A.4.2.7.1.3 系统说明(即最大充气压力：………………kPa，放气方式(如有))：………………

A.4.2.7.2 中冷器：有/无[1)]

A.4.2.7.3 进气管及其附件的说明和示意图(充气室，加热器件，附加进气等等)：…………………
A.4.2.7.3.1 进气支管说明(包括示意图和(或)照片)：……………………………………………
A.4.2.7.3.2 空滤器，示意图：……………………………………………………………………，或
A.4.2.7.3.2.1 厂牌：…………………………………………………………………………………
A.4.2.7.3.2.2 型号：…………………………………………………………………………………
A.4.2.7.3.3 进气消声器，示意图：………………………………………………………………，或
A.4.2.7.3.3.1 厂牌：…………………………………………………………………………………
A.4.2.7.3.3.2 型号：…………………………………………………………………………………

A.4.2.8 排气系

A.4.2.8.1 排气系说明和(或)示意图：……………………………………………………………

A.4.2.9 气阀正时或等效数据

A.4.2.9.1 气阀最大升程，开启和关闭角度，或者是配气系统相对于上止点的正时数据：…………
A.4.2.9.2 基准值和(或)设定范围[1)]：……………………………………………………………

A.4.2.10 使用的润滑剂

A.4.2.10.1 厂牌：…………………………………………………………………………………
A.4.2.10.2 型号：…………………………………………………………………………………

A.4.2.11 污染物排放的控制装置

A.4.2.11.1 曲轴箱气体再循环装置(说明及示意图)：………………………………………………
A.4.2.11.2 附加的污染控制装置(如有，而且没有包含在其他项目内)

A.4.2.11.2.1 催化转化器，有/无[1)]型号：……………………………………………………

A.4.2.11.2.1.1 催化转化器及其催化单元的数目：……………………………………………
A.4.2.11.2.1.2 催化转化器的尺寸、形状和体积：……………………………………………
A.4.2.11.2.1.3 催化转化器的作用型式：………………………………………………………
A.4.2.11.2.1.4 贵金属总含量：…………………………………………………………………
A.4.2.11.2.1.5 相对浓度：………………………………………………………………………

---

1) 划掉不适用者。

A.4.2.11.2.1.6 载体(结构和材料)：……………………………………………………………………

A.4.2.11.2.1.7 孔密度：……………………………………………………………………………

A.4.2.11.2.1.8 催化转化器壳体的型式：……………………………………………………………

A.4.2.11.2.1.9 催化转化器的位置(在排气系统中的位置和基准距离)：……………………………

A.4.2.11.2.1.10 热保护:有/无[1]

A.4.2.11.2.2 氧传感器:有/无[1]

A.4.2.11.2.2.1 型号：……………………………………………………………………………

A.4.2.11.2.2.2 位置：……………………………………………………………………………

A.4.2.11.2.2.3 控制范围：…………………………………………………………………………

A.4.2.11.2.3 空气喷射系统:有/无[1]

A.4.2.11.2.3.1 型式(脉冲空气,空气泵等)[1]：………………………………………………………

A.4.2.11.2.4 排气再循环:有/无[1] 型号：………………………………………………………

A.4.2.11.2.4.1 特性(流量等)：……………………………………………………………………

A.4.2.11.2.5 蒸发污染物控制系统:有/无[1]

A.4.2.11.2.5.1 全面详细说明装置和它们的调整状态：………………………………………………

A.4.2.11.2.5.2 蒸发污染物控制系统的示意图：……………………………………………………

A.4.2.11.2.5.3 炭罐示意图：………………………………………………………………………

A.4.2.11.2.5.4 干碳质量：……………………………………………………………………… g

A.4.2.11.2.5.5 油箱示意图并说明其容量和材料：…………………………………………………

A.4.2.11.2.5.6 油箱和排气管间的热保护示意图：…………………………………………………

A.4.2.11.2.6 颗粒捕集器:有/无[1] 型号：………………………………………………………

A.4.2.11.2.6.1 颗粒捕集器的尺寸、形状和容积：…………………………………………………

A.4.2.11.2.6.2 颗粒捕集器的型式和结构：…………………………………………………………

A.4.2.11.2.6.3 位置(在排气管道中的基准距离)：…………………………………………………

A.4.2.11.2.6.4 再生系统或再生方法。说明和(或)示意图：………………………………………

A.4.2.11.2.7 其他系统(说明和工作原理)：…………………………………………………………

A.4.2.11.2.8 车载诊断(OBD)系统

A.4.2.11.2.8.1 MI的书面说明和(或)示意图：………………………………………………………

A.4.2.11.2.8.2 车载诊断(OBD)系统监测的所有零部件的清单和目的：……………………………

A.4.2.11.2.8.3 下列项目的书面说明：

A.4.2.11.2.8.3.1 点燃式发动机[1]

A.4.2.11.2.8.3.1.1 催化转化器监测[1]：…………………………………………………………

A.4.2.11.2.8.3.1.2 失火检测[1]：…………………………………………………………………

A.4.2.11.2.8.3.1.3 氧传感器监测[1]：……………………………………………………………

A.4.2.11.2.8.3.1.4 车载诊断(OBD)系统监测的其他零部件[1]：…………………………………

A.4.2.11.2.8.3.2 压燃式发动机[1]

A.4.2.11.2.8.3.2.1 催化转化器监测[1]：…………………………………………………………

A.4.2.11.2.8.3.2.2 颗粒捕集器监测[1]：…………………………………………………………

A.4.2.11.2.8.3.2.3 电子供油系统监测[1]：………………………………………………………

A.4.2.11.2.8.3.2.4 车载诊断(OBD)系统监测的其他零部件[1]：…………………………………

A.4.2.11.2.8.4 MI激活判定(固定的运转循环数或统计方法)：……………………………………

1) 划掉不适用者。

A.4.2.11.2.8.5 车载诊断(OBD)系统所用的所有输出代码和格式的清单(每一个都加以说明)：…

A.4.2.11.2.8.6 汽车制造厂必须提供以下附加资料，以确保其车载诊断(OBD)系统与配件、维修零件、诊断工具和检测装置的相容性，除非这些资料涉及知识产权或涉及制造厂或OEM供应商的技术机密。

下列资料应在附录B中重复提供。

A.4.2.11.2.8.6.1 汽车初始型式核准时，所采用的试验类型和预处理循环次数。

A.4.2.11.2.8.6.2 汽车初始型式核准时，作为车载诊断(OBD)系统对部件监测所采用的车载诊断(OBD)系统验证循环的类型。

A.4.2.11.2.8.6.3 提供对故障监测和MI激活的策略中涉及的所有影响部件的综述文件(规定的行驶循环次数或统计方法)，包括每个车载诊断(OBD)系统监测的部件的相关影响参数清单。列出所有与排放相关的每个动力部件、与排放无关但在决定MI激活中监测的单个部件的车载诊断(OBD)系统输出代码和格式(每个均需附加说明)。特别必须提供$05模式的$21至FF的测试标识，以及在线服务的$06的数据资料。如果通讯系统采用ISO 15765—4"道路汽车　对控制器区域网(CAN)的诊断第4部分：与排放有关系统的要求"规定的汽车，必须给出$06模式中$00至FF的测试标识的说明，并提供所支持的每个车载诊断(OBD)系统监测的标识号。

A.4.2.11.2.8.6.4 所要求的信息按下列格式提供，并附在本附录后：

零件名称	故障代码	监测策略	故障判定	MI激活判定	相关参数	预处理循环	验证试验
催化转化器	P0420	氧传感器1和2的信号	两个氧传感器信号差异	第三循环	发动机转速、发动机负荷、A/F模式、催化转化器温度	2个Ⅰ型试验循环	Ⅰ型试验

A.4.2.12 LPG供给系：有/无[1)]

A.4.2.12.1 型式核准号：……

A.4.2.12.2 为LPG供给的发动机电控管理单元

A.4.2.12.2.1 厂牌：……

A.4.2.12.2.2 型号：……

A.4.2.12.2.3 与排放有关的调整可能性：……

A.4.2.12.3 补充资料

A.4.2.12.3.1 说明来回切换汽油和LPG时保护催化转化器安全的措施：……

A.4.2.12.3.2 系统布置(电气线路，真空连接补偿软管，等)：……

A.4.2.12.3.3 符号示意图：……

A.4.2.13 NG供给系：有/无[1)]

A.4.2.13.1 型式核准号：……

A.4.2.13.2 为NG供给的发动机电控管理单元 ……

A.4.2.13.2.1 厂牌：……

A.4.2.13.2.2 型号：……

A.4.2.13.2.3 与排放有关的调整可能性：……

A.4.2.13.3 补充资料：

A.4.2.13.3.1 说明来回切换汽油和NG时保护催化转化器安全的措施：……

A.4.2.13.3.2 系统布置(电气线路，真空连接补偿软管，等)：……

A.4.2.13.3.3 符号示意图：……

1) 划掉不适用者。

A.5 传动系

A.5.1 离合器(型式)：……………………………………………………………………………………………

A.5.1.1 传递的最大扭矩：…………………………………………………………………………………………

A.5.2 变速器

A.5.2.1 型式(手动/自动/CVT*)1))：…………………………………………………………………………

A.5.3 速比

挡　位	变速器内部速比 (发动机至变速器输出轴转速比)	主传动比 (变速器输出轴至驱动轮转速比)	总速比
CVT*) 时最大值			
1挡			
2挡			
3挡			
…			
CVT 时最小值			
倒挡			

A.6 悬挂系

A.6.1 轮胎和车轮

A.6.1.1 轮胎/车轮组合(对于轮胎，指出尺寸标记，最大负荷能力指标，最大速度类型符号；对于车轮，指出轮辋尺寸和偏差)

A.6.1.1.1 车轴

A.6.1.1.1.1 轴 1：………………………………………………………………………………………………

A.6.1.1.1.2 轴 2：………………………………………………………………………………………………

A.6.1.1.1.3 轴 3：………………………………………………………………………………………………

A.6.1.1.1.4 轴 4：………………………………………………………………………………………………

其他

A.6.1.2 滚动半径的上下限

A.6.1.2.1 轴 1：…………………………………………………………………………………………………

A.6.1.2.2 轴 2：…………………………………………………………………………………………………

A.6.1.2.3 轴 3：…………………………………………………………………………………………………

A.6.1.2.4 轴 4：…………………………………………………………………………………………………

其他

A.6.1.3 制造厂推荐的轮胎压力：………………………………………………………………… kPa

A.7 车身

A.7.1 座椅

A.7.1.1 数量：……………………………………………………………………………………………………

日期，文件

---

*) 无级变速箱。

1) 划掉不适用者。

附 录 B
(资料性附录)
型式核准证书格式
(最大尺寸:A4(210 mm×297 mm))

根据 GB 18352.3 标准,对某一型式的车辆/部件/独立技术总成作如下通知:

型式核准批准[1)]

型式核准扩展[1)]

型式核准拒绝[1)]

型式核准撤消[1)]

型式核准号[1)]:……………………………………………………………………………

型式核准扩展号[1)]:…………………………………………………………………………

扩展理由:……………………………………………………………………………………

B.1 第一部分 ………………………………………………………………………………

B.1.1 厂牌(制造厂的商品名称):……………………………………………………………

B.1.2 型式和商品的一般叙述:………………………………………………………………

B.1.3 车型的识别方法和位置,如标在车辆/部件/独立技术总成[1)2)]上:……………………

B.1.4 汽车类型:…………………………………………………………………………

B.1.5 制造厂的名称和地址:………………………………………………………………

B.1.6 对于部件和独立技术总成,型式核准标志的固定位置和固定方法:……………………

B.1.7 总装厂地址:………………………………………………………………………

B.2 第二部分

B.2.1 负责进行型式核准试验的检测机构:…………………………………………………

B.2.2 试验报告日期:……………………………………………………………………

B.2.3 试验报告编号:……………………………………………………………………

B.2.4 证书签发日期:……………………………………………………………………

B.2.5 签字盖章(型式核准机关):……………………………………………………………

B.2.6 备注 ………………………………………………………………………………

B.2.7 附上型式核准机关保存的资料包索引,若需要可索取。

---

1) 划掉不适用者。

2) 若型式的识别方法含有的字符与叙述本型式核准的车型/部件/独立技术总称的内容无关,在文件中这些字符应用符号"?"表示。

附　件　BA
（资料性附件）
型式核准证书的附加资料

BA.1　汽车参数及试验条件

BA.1.1　汽车整备质量：……………………………………………………………………………………

BA.1.2　汽车最大总质量：…………………………………………………………………………………

BA.1.3　汽车基准质量：……………………………………………………………………………………

BA.1.4　座位数(包括驾驶员座)：……………………………………………………………………………

BA.1.5　发动机识别号……………………………………………………………………………………

BA.1.6　发动机所用燃料：柴油/汽油/LPG/NG/其他[1]　………………………………………………

BA.1.7　发动机所用润滑油

BA.1.7.1　厂牌：…………………………………………………………………………………………

BA.1.7.2　型号：…………………………………………………………………………………………

BA.1.8　变速器

BA.1.8.1　手动，挡位数[1]……………………………………………………………………………………

BA.1.8.2　自动，速比数[1]：…………………………………………………………………………………

BA.1.8.3　连续变速：是/否[1]

BA.1.8.4　分动器速比：……………………………………………………………………………………

BA.1.8.5　主传动速比：……………………………………………………………………………………

BA.1.9　轮胎型号、尺寸范围：……………………………………………………………………………

BA.1.9.1　Ⅰ型试验所用轮胎的滚动周长：………………………………………………………………

BA.2　试验结果

BA.2.1　Ⅰ型试验

Ⅰ型试验	CO/(g/km)	HC/(g/km)[2]	NO_x/(g/km)[2]	HC+NO_x[3]/(g/km)	PM[3]/(g/km)
测量值					
乘 DF 后					

BA.2.1.1　对于燃用 LPG、NG 的汽车：

BA.2.1.1.1　复制上表，对于单一气体燃料车，应列出燃用所有 LPG 或 NG 基准燃料的测量值；对于两用燃料车，应列出燃用汽油和所有 LPG 或 NG 基准燃料的测量值。同时说明结果是测得的还是计算的。

BA.2.1.1.2　若此汽车是系族中一员，源车的型式核准号：……………………………………………

1) 删去不适用者；

2) 适用点燃式；

3) 适用压燃式。

BA.2.1.1.3 对气体燃料的每种污染物，系族的排放结果比值“r”。

BA.2.2 Ⅲ型试验：……………………………………………………………………

BA.2.3 Ⅳ型试验：……………………… g/试验

BA.2.4 Ⅴ型试验

—耐久性类型：80 000 km/无[1]

—劣化系数 DF：实测值/推荐值[1]

—列出其值：……………………………………………………………………………

BA.2.5 Ⅵ型试验

Ⅵ型试验	CO(g/km)	HC(g/km)
测量值		

BA.2.6 车载诊断(OBD)系统

BA.2.6.1 MI 的书面叙述或图示：……………………………………………………

BA.2.6.2 由车载诊断(OBD)系统监测的所有零部件的清单和功能：…………………

BA.2.6.3 **书面叙述**(一般工作原理)：………………………………………………

BA.2.6.3.1 失火检测[2]：…………………………………………………………………

BA.2.6.3.2 催化转化器监测[2]：……………………………………………………………

BA.2.6.3.3 氧传感器监测[2]：………………………………………………………………

BA.2.6.3.4 由车载诊断(OBD)系统监测的其他零部件[2]：…………………………………

BA.2.6.3.5 催化转化器监测[3]：……………………………………………………………

BA.2.6.3.6 颗粒捕集器监测[3]：……………………………………………………………

BA.2.6.3.7 电控燃油系统执行器监测[3]：…………………………………………………

BA.2.6.3.8 由车载诊断(OBD)系统监测的其他零部件[3]：…………………………………

BA.2.6.4 MI 激活判定(运转循环的固定数或统计方法)：………………………………

BA.2.6.5 所有车载诊断(OBD)系统输出代码和所用的格式的清单(每一个都加以说明)：…………

BA.2.7 双怠速试验

试验内容		CO 值 (%，体积分数)	HC 值 (10^{-6}，体积分数)	空燃比(λ)	发动机转速/ (r/min)	发动机机油 温度/℃
正常怠速试验	CO 值最高的组合			—		
	HC 值最高的组合			—		
高怠速试验						

BA.3 催化转化器

BA.3.1 按本标准所有有关要求试验的原始催化转化器

BA.3.1.1 A.4.2.11.2.1 中所列原始催化转化器的厂牌和型号：…………………………

BA.3.2 按本标准所有有关要求试验的替代用原始催化转化器

BA.3.2.1 A.4.2.11.2.1 中所列替代用原始催化转化器的厂牌和型号：…………………

1）删除不适用者。

2）对点燃式发动机。

3）对压燃式发动机。

附 录 C
(规范性附录)
常温下冷起动后排气污染物排放试验(Ⅰ型试验)

C.1 概述

本附录说明了5.3.1规定的Ⅰ型试验的规程。对燃用LPG或NG的汽车,还要应用附录K的条款。

C.2 在底盘测功机上的运转循环

C.2.1 循环的说明

在底盘测功机上的运转循环应如附件CA所述。

C.2.2 进行循环的一般条件

必要时,应在试验前试运行运转循环,以确定如何正确地操作加速踏板和制动踏板,从而使实际循环接近理论循环并在规定的公差范围内。

C.2.3 变速器的使用

C.2.3.1 若变速器一挡所能达到的最高车速低于15 km/h,对于运转循环1部,则使用二、三和四挡,而对于运转循环2部,则使用二、三、四和五挡。当使用说明书推荐在水平路面上以二挡起步,或说明书中规定一挡供越野行驶、缓行或牵引时备用的时候,对于运转循环1部也可以使用二、三和四挡,对于运转循环2部可以使用二、三、四和五挡。

汽车不能达到运转循环要求的加速度值和最大车速值时,应把加速踏板完全踏到底,直到汽车再次回到要求的运转曲线。偏离运转循环的状况应记录在试验报告中。

C.2.3.2 装有半自动变速器的汽车,在试验时,应使用正常驾驶时所使用的挡位,并应按制造厂说明书使用挡位。

C.2.3.3 装有自动变速器的汽车,应使用最高挡(前进挡)进行试验,使用加速踏板时,应尽可能地使汽车获得最均匀的加速,以保证各挡按正常的次序啮合。此外,附件CA所示的换挡点不再适用;应在连接每一怠速期间的终点和下一等速期间起点的这段直线所代表的期间内连续加速。C.2.4给定的公差适用于本条。

C.2.3.4 装有由驾驶员操纵的超速挡的汽车,对于运转循环1部试验时不得使用超速挡。而对于运转循环2部则可以使用超速挡。

C.2.3.5 如果某一车型的发动机怠速高于城区运转循环单元中第5、12和24号操作期间的发动机转速,在制造厂的要求下,则在前一操作号期间,离合器可以脱开。

C.2.4 公差

C.2.4.1 加速、等速和用汽车制动器减速时,指示车速与理论车速允许公差为±2 km/h。若不使用制动器时,汽车减速过快,则只能采用C.6.5.3的要求。在工况改变时,车速公差可以大于规定值,但每次超过公差的时间不得大于0.5 s。

C.2.4.2 时间公差为±1 s。该公差对于运转循环1部适用于每一换挡期的起点和终点[1],而对于运转循环2部适用于操作序号3、5和7。

C.2.4.3 车速和时间的复合公差如附件CA所示。

---

1) 应注意,允许的2 s时间,包括换挡时间,必要时,还包括为回复到理论循环所需要的一定量时间。

C.3 汽车和燃料

C.3.1 试验汽车

C.3.1.1 汽车的机械状况应良好。对型式核准试验应至少磨合行驶 3 000 km。

C.3.1.2 排气系统不得有任何泄漏,以免减少发动机排出气体的收集量。

C.3.1.3 检查进气系统的密封性,以保证汽化过程不会因意外的进气而受到影响。

C.3.1.4 发动机和汽车控制装置的设定应符合制造厂的规定。此要求也适用于双怠速(发动机转速和排气中 CO、HC 的含量)、冷起动装置和污染控制装置的设定。

C.3.1.5 必要时,在待试汽车,或与待试汽车等同的汽车上应安装一装置,以便测量按 C.4.1.1 进行底盘测功机设定时所必需的特性参数。

C.3.1.6 负责型式核准试验的检测机构应检查汽车是否与制造厂规定的性能相符,能否正常行驶,特别是能否在冷态和热态时起动。

C.3.2 燃料

对型式核准试验,应使用附录 J 中规定的相应基准燃料。

C.4 试验设备

C.4.1 底盘测功机

C.4.1.1 应采用下列两类测功机中的一类来模拟道路载荷:

载荷曲线固定的测功机,即:测功机的物理特性提供一条固定形状的载荷曲线;

载荷曲线可调的测功机,即:测功机至少有两个道路载荷参数可以调整以形成载荷曲线。

C.4.1.2 测功机的设定应不受时间推移的影响,且不应使汽车产生任何可察觉的可能会妨碍汽车正常运行的振动。

C.4.1.3 测功机应装有惯量模拟和载荷模拟的装置。对双转鼓测功机,这些模拟装置应与前转鼓连接。

C.4.1.4 **准确度**

C.4.1.4.1 测量和读出的指示载荷,其准确度应能达到±5%。

C.4.1.4.2 对于载荷曲线固定的测功机,在 80 km/h 时载荷设定的准确度应达到±5%。对于载荷曲线可调的测功机,测功机载荷对应道路载荷在 120、100、80、60 和 40 km/h 时的准确度应达到±5%,而在 20 km/h 时为±10%,低于此速度,测功机应能吸收功率。

C.4.1.4.3 旋转部件的总惯量(包括模拟惯量)应是已知的,且在该试验惯量级的±20 kg 范围内。

C.4.1.4.4 车速应通过转鼓(对于双转鼓测功机,用前转鼓)的转速来测量。车速大于 10 km/h 时,其测量准确度应为±1 km/h。

C.4.1.4.5 汽车行驶的实际距离应通过转鼓(对于双转鼓测功机,用前转鼓)的转动距离来测量。

C.4.1.5 **载荷和惯量设定**

C.4.1.5.1 载荷曲线固定的测功机:应在 80 km/h 等速下调整载荷模拟器,使其吸收作用在驱动轮上的功率,并应记录在 50 km/h 时吸收的功率。确定和设定载荷的方法如附件 CC 所述。

C.4.1.5.2 载荷曲线可调的测功机:应分别在 120、100、80、60、40 及 20 km/h 等速下调整载荷模拟器,使其吸收作用在驱动轮上的功率。确定和设定载荷的方法如附件 CC 所述。

C.4.1.5.3 **惯量**

带有电模拟惯量的测功机,应验证其与机械惯量系统的等效性。确定等效性的方法如附件 CD 所述。

C.4.2 排气取样系统

C.4.2.1 排气取样系统应能抽取被测汽车排气污染物的真实排放量。应该采用定容取样系统

(CVS)。这种系统要求将汽车的排气在控制的条件下用环境空气连续稀释。定容取样系统的测量概念中,应满足两个条件:应测定排气与稀释空气的混合气的总体积,并按体积比例连续收集样气进行分析。

排气污染物的质量由样气浓度确定,而样气浓度则根据环境空气中的污染物含量和试验期间的总流量加以修正。

颗粒物的排放水平是使用合适的滤纸,将整个试验过程中,从按比例的部分流量中收集到的排气成分加以确定,并按照C.4.3.2的称重法确定其质量。

C.4.2.2 通过排气取样系统的流量应足够大,以免在附件CE规定的试验期间可能经历的所有工况下出现冷凝水。

C.4.2.3 附件CE例举了两种能满足本附录要求的定容取样系统。

C.4.2.4 排气和空气的混合气在取样探头 S_2 点应均匀。

C.4.2.5 探头应抽取稀释排气的真实样气。

C.4.2.6 排气取样系统不应漏气。排气取样系统的结构和材料应保证取样系统本身不影响稀释排气中污染物的浓度。若取样系统中的任何部件(热交换器,风机等等)改变稀释排气中任何污染物的浓度,且又无法修正,则该污染物应在该部件之前取样。

C.4.2.7 若被试汽车装有由几个支管组成的排气管,则应将各个支管在尽可能靠近汽车、但又不影响汽车的运行处连接起来。

C.4.2.8 汽车排气管出口处的静压波动,同排气管不带连接管,在测功机上进行运转循环测得的静压波动相比,相差应在±1.25 kPa内。如果制造厂向批准型式核准的主管部门递交的书面请求,证实需要更严格的公差,则采用能保持静压波动在±0.25 kPa范围内的取样系统。背压应在尽可能靠近排气管出口的排气管中、或具有相同直径的延长管中测量。

C.4.2.9 用于改变排气方向的各种阀门应是快速调节,迅速动作型的。

C.4.2.10 将气体样气收集在容积合适的取样袋中。制造取样袋的材料应保证在贮存污染气体20 min后,污染气体浓度的变化不超过±2%。

C.4.3 分析设备

C.4.3.1 要求

C.4.3.1.1 气态污染物应使用下列仪器分析:

一氧化碳(CO)和二氧化碳(CO_2)分析仪:不分光红外线吸收(NDIR)型。

碳氢化合物(HC)分析仪:对点燃式发动机,氢火焰离子化(FID)型。用丙烷气体标定,以碳原子(C_1)当量表示。

碳氢化合物(HC)分析仪:对压燃式发动机,加热式氢火焰离子化(HFID)型。其检测器、阀、管道等加热至463 K(190℃)±10 K。用丙烷气体标定,以碳原子(C_1)当量表示。

氮氧化物(NO_x)分析仪:化学发光(CLA)型或非扩散紫外线谐振吸收(NDUVR)型,两者均需带有NO_x-NO转换器。

颗粒物:用重量法测定收集的颗粒物。这些颗粒物应是在各种情况下,用装在样气流中的两个串联安装的滤纸收集的。每对滤纸收集到的颗粒物质量应按下列公式计算:

$$M_p=\frac{V_{mix}}{V_{ep}\times d}m_f \quad 或\ m_f=M_p\times d\times\frac{V_{ep}}{V_{mix}}$$

式中:

V_{ep}——流经滤纸的体积,单位为立方米(m^3);

V_{mix}——流经通道的体积,单位为立方米(m^3);

M_p——颗粒物的排放量,单位为克每千米(g/km);

M_{limit}——颗粒物排放量的限值(过滤器收集的有效质量的限值),单位为克每千米(g/km);

m_f——滤纸收集的颗料物质量,单位为克(g);

d——相当于运转循环的实际距离,单位为千米(km)。

应调整颗粒物取样流量比(V_{ep}/V_{mix}),使其满足:

$M_p = M_{limit}$,1 mg≤m_f≤5 mg(当使用 47 mm 直径的滤纸时)。

滤纸表面在接近排气部分应由一种疏水性和惰性的材料构成(涂氟化碳玻璃纤维或等效材料)。

C.4.3.1.2 准确度

所有分析仪应具有测量排气污染物样气浓度所需要的量程和相一致的准确度。

不管标定气体的实际值是多少,测量误差应不超过±2%(分析仪的本身误差)。标定气体的体积分数小于 100 ppm[1)] 时,测量误差应不超过±2 ppm。环境空气样气应用同一分析仪在适当量程进行测量。

测定所有滤纸的重量所使用的微量天平,应有 5 μg 的准确度和 1 μg 的分辨率。

C.4.3.1.3 冰槽

在分析仪之前不得使用气体干燥装置。除非能证明该装置对气流中的污染物含量没有影响。

C.4.3.2 对压燃式发动机的特殊要求

应使用带有记录器(R)的氢火焰离子化(HFID)型分析仪,以及加热的取样管路,连续地进行 HC 分析。被测得的碳氢化合物平均浓度应由积分确定。在整个试验期间,加热取样管的温度应控制在 463 K±10 K(190℃±10℃)。加热取样管路中应加装一个加热的滤清器(Fh),它对不小于 0.3 μm 颗粒物的滤清效率为 99%,以滤掉分析用的连续气流中的固体颗粒物。

取样系统的响应时间(从探头至分析仪入口)应不大于 4 s。

除非对变化的 CFV 气流作出补偿,否则,所用 HFID 应带有定流量(热交换器)系统,以保证样气的代表性。

颗粒物取样装置由稀释通道、取样探头、过滤单元、分流泵、流量调节器和测量单元组成。颗粒物取样的部分流量是通过两个串联安装的滤纸抽取的。颗粒物取样探头应设置在试验气流的稀释区,使其从均匀的空气/排气混合气中取得有代表性的样气,空气/排气混合气的温度在紧靠滤纸之前应不超过 325 K(52℃)。在流量计中气流温度的波动应不大于±3 K,而质量流量比波动不得大于±5%。如果因滤纸超载导致流量的容积变化达到无法接受时,试验应停止。再次试验时,应减少流量比,或者使用较大的滤纸。应在开始试验前 1 h 内从空调室取出滤纸。

试验前,应将颗粒物测量所需滤纸放在空调室内,置于一只防止灰尘进入的开口的盘中,进行至少 8 h 最多 56 h 的预处理(与温度和湿度有关)。将经过预处理后的未污染的滤纸称重并贮存待用。

如果滤纸从称重室拿出来 1 h 内没有使用,它们应再次称重。

如果满足下面的一条或两条,那么,1 h 的限制可以用 8 h 来代替:

——处理过的滤纸被放置和保存在带有塞子的密封的滤纸架总成内;或者:

——处理过的滤纸被放置在密封的滤纸架总成内,然后立即放到没有气流的取样导管内。

C.4.3.3 标定

每一种分析仪应根据需要经常进行标定,在任何情况下,在型式核准试验前的一个月内标定一次,对于生产一致性的确认,至少每六个月标定一次。

对于 C.4.3.1 规定的分析仪所采用的标定方法见附件 CF。

C.4.4 容积测量

C.4.4.1 采用定容取样器测量稀释排气总容积的方法,应使测量准确度达到±2%。

C.4.4.2 定容取样系统的标定

定容取样系统的容积测量装置的标定方法,应保证达到规定的准确度,其频次应足以保持该准确度。

---

1) ppm 是 10^{-6},以下同。

附件CF给出了能达到要求的准确度的标定规程例子。该方法使用一动态流量测量装置，该装置适用于定容取样系统试验中遇到的高流量。该装置应具有按已经批准的国家标准或国际标准检验合格的准确度。

C.4.5 气体

C.4.5.1 纯气体

如需要，应备有下列纯气体供标定和运行用：

——纯氮气：HC≤1 ppmC，CO≤1 ppm，CO_2≤400 ppm，NO≤0.1 ppm

——纯合成空气：HC≤1 ppmC，CO≤1 ppm，CO_2≤400 ppm，NO≤0.1 ppm；氧含量的体积分数为18%至21%之间

——纯氧气：纯度 O_2≥99.5%体积分数

——纯氢气（以及含氢的混合气体）：HC≤1 ppmC，CO_2≤400 ppm

——一氧化碳：最低纯度99.5%体积分数

——丙烷：最低纯度99.5%体积分数

C.4.5.2 标定气

应备有下列化学组分的各种混合气体：

——C_3H_8 和纯合成空气（见C.4.5.1）

——CO和纯氮气

——CO_2 和纯氮气

——NO和纯氮气（在此标定气中，NO_2 含量不超过NO含量的5%）

标定气体的实际浓度应在标称值的±2%以内。

附件CF规定的浓度也可以用气体分割器，用纯氮气或纯合成空气稀释而得到，混合装置的准确度应保证稀释的标定气体的浓度在±2%以内。

C.4.6 附加设备

C.4.6.1 温度

附件CH中指定的温度测量准确度应为±1.5 K。

C.4.6.2 压力

大气压力的测量准确度应为±0.1 kPa。

C.4.6.3 绝对湿度

绝对湿度的测量准确度应为±5%。

C.4.7 排气取样系统应按第CG.2章或第CG.3章所述方法确认。引出气体量与测得气体量之间最大允许偏差应为5%。

C.5 试验准备

C.5.1 按汽车的平移惯量调整惯量模拟器

应使用惯量模拟器，使表C.1范围内的基准质量与获得的旋转质量的总惯量成比例：

如果底盘测功机没有相应的当量惯量，则采用与汽车基准质量接近的较大一级的当量惯量。

C.5.2 测功机设定

载荷按C.4.1.5所述方法调整。在试验报告中应记录所采用的方法及所获得的数据（当量惯量，特性调整参数）。

C.5.3 汽车预处理

C.5.3.1 为了测量装压燃式发动机汽车的颗粒物，在试验之前至少6 h，最多36h，应采用附件CA中所述的运转循环2部连续运转三个循环进行预试验。测功机的设定按C.5.1及C.5.2规定进行。

对于装点燃式发动机的汽车，当制造厂提出要求时，汽车可以用运转一次1部和2次2部进行预

试验。

经预试验后的汽车，在试验之前，应放置于温度相对稳定在293～303 K(20～30℃)之间的室内预置。此预置时间应至少进行6 h，直到发动机机油温度和冷却液(如有)温度达到室内温度的±2 K范围内。

如制造厂提出要求，试验应在汽车正常温度下行驶后6 h至30 h内进行。

表 C.1

汽车的基准质量 RM/kg	当量惯量 I/kg
RM≤480	455
480<RM≤540	510
540<RM≤595	570
595<RM≤650	625
650<RM≤710	680
710<RM≤765	740
765<RM≤850	800
850<RM≤965	910
965<RM≤1080	1 020
1080<RM≤1190	1 130
1190<RM≤1305	1 250
1305<RM≤1420	1 360
1420<RM≤1530	1 470
1530<RM≤1640	1 590
1640<RM≤1760	1 700
1760<RM≤1870	1 810
1870<RM≤1980	1 930
1980<RM≤2100	2 040
2100<RM≤2210	2 150
2210<RM≤2380	2 270
2380<RM≤2610	2 270
2610<RM	2 270

C.5.3.1.1 对于燃用LPG或NG、或装点燃式发动机的两用燃料车，在试验完第一种基准燃料之后、试验第二种基准燃料之前，汽车应进行预试验。此预处理采用第二种基准燃料，运行附件CA所述运转循环作为预试验循环，包括一次1部和2次2部试验循环。在制造厂要求下，并经检测机构同意，此预试验循环可以延伸。测功机的设定应如C.5.1和C.5.2所示。

C.5.3.2 轮胎压力应与制造厂规定的相同，并与为调整测功机而进行的预备性道路试验所使用的压力相同。若使用双转鼓测功机，则轮胎压力可比制造厂规定值大50%以下。在试验报告中应记录所使用的实际压力。

C.6 台架试验规程

C.6.1 进行循环试验的特定条件

C.6.1.1 试验期间，试验室内温度应在293～303 K(20～30℃)之间，试验室内空气或发动机进气的绝对湿度 $H_{(水/干空气)}$(g/kg)应为：

$$5.5 \leqslant H_{(水/干空气)} \leqslant 12.2$$

C.6.1.2　汽车在试验期间应接近水平放置，以避免燃料分配异常。

C.6.1.3　应采用变速风机冷却试验汽车。风机的风速应在10 km/h至50 km/h及以上的工作范围内，风机出口处的空气线速度应在转鼓相应速度的±5 km/h之内。风机的最终选择应具备下述特征：

——出口面积：至少0.2 m^2

——低端离地高度：约20 cm

——与汽车前端的距离：约30 cm

作为替代的风机，其速度应不小于6 m/s(21.6 km/h)。在制造厂的要求下，对于特殊汽车(如厢式车，越野车)，可以调整冷却风机的高度。

C.6.1.4　试验时，记录速度随时间的变化，或由数据采集系统收集速度数据。

C.6.2　起动发动机

C.6.2.1　应按照制造厂使用说明书的规定，使用起动装置，起动发动机。

C.6.2.2　发动机起动后，立即开始运转循环1部。

C.6.2.3　燃用LPG或NG的汽车，允许用汽油起动发动机，经过一段预定的且驾驶员不能改变的时间后转换至LPG或NG。

C.6.3　怠速

C.6.3.1　手动或半自动变速器

C.6.3.1.1　怠速期间，离合器接合，变速器置空挡。

C.6.3.1.2　为了按正常循环进行加速，汽车应在运转循环1部的每个怠速后期，加速开始前5 s离合器脱开，变速器置一挡。

C.6.3.1.3　在运转循环1部开始的第一个怠速时间包括：离合器接合，空挡怠速6 s及离合器脱开，变速器置一挡，怠速5 s。

上述的两个怠速时期应是连续的，在运转循环2部开始时的怠速时间包括离合器脱开，变速器置一挡，怠速20 s。

C.6.3.1.4　在运转循环1部每个循环中的怠速运转时间包括：离合器接合，变速器置空挡，怠速16 s及离合器脱开，变速器置一挡，怠速5 s。

C.6.3.1.5　在运转循环1部，两个循环之间的怠速运转时间应包括：离合器接合，变速器置空挡，怠速13 s及离合器脱开，变速器置一挡，怠速5 s。

C.6.3.1.6　运转循环2部在减速时期结束时(汽车已停在转鼓上)，怠速运转时间包括：离合器接合，变速器置空挡，怠速20 s。

C.6.3.2　自动变速器

试验开始时设置好挡位选择器后，在试验期间，任何时候不得再操作挡位选择器，但C.6.4.3所述情况，或者挡位选择器可以使超速挡工作(如有)的情况除外。

C.6.4　加速

C.6.4.1　进行加速时，在整个加速过程中，应尽可能地使加速度恒定。

C.6.4.2　若加速未能在规定时间内完成，如有可能，超出的时间应从换挡允许的时间中扣除，否则，从下一等速工况的时间内扣除。

C.6.4.3　自动变速器

若加速不能在规定时间内完成，则按手动变速器的要求，操作挡位选择器。

C.6.5　减速

C.6.5.1　在运转循环1部单元中的所有减速工况时间内，加速踏板完全松开，离合器接合。当车速降至10 km/h时，离合器脱开，但不操作变速杆。

在运转循环2部的所有减速工况时间内，加速踏板完全松开，离合器接合。当最后的减速工况车速降到 50 km/h 时，脱开离合器，但不操作变速杆。

C.6.5.2 如果减速时期比相应工况规定的时间长，则使用汽车的制动器。

C.6.5.3 如果减速时期比相应工况规定的时间短，则在下一个等速或怠速工况时间中恢复至理论循环规定的时间。

C.6.5.4 在运转循环 1 部减速时期终了时（汽车停止在转鼓上），变速器置于空挡，离合器接合。

C.6.6 等速

C.6.6.1 从加速过渡到下一等速工况时，应避免猛踏加速踏板或关闭节气门。

C.6.6.2 等速工况采用保持加速踏板位置不变的方法实现。

C.7 气态污染物及颗粒物取样和分析

C.7.1 取样

取样应在发动机起动的起点或之前开始（BS），终止于运转循环 2 部的最后一个怠速期结束时（取样终了（ES））。对于Ⅵ型试验，终止于运转循环 1 部的最后一个怠速期结束时。

C.7.2 分析

C.7.2.1 取样袋中收集的排气应尽可能快地进行分析，且在任何情况下，分析不得迟于运转循环结束后 20 min，把颗粒物滤纸送到称重室不得迟于运转循环结束后 1 h，并在 2 h 至 36 h 之间进行处理，然后称重。

C.7.2.2 在分析每种样气之前，每种污染物所使用的分析仪量程都应采用合适的零气进行校正。

C.7.2.3 然后，用标称浓度为量程的 70%～100%之间的量距气，将分析仪调整至标定曲线。

C.7.2.4 随后应重新检查分析仪的零点。如果读数与 C.7.2.2 中校正值之差大于该量程的 2%，则应重复上述步骤。

C.7.2.5 分析样气。

C.7.2.6 分析后，使用同样的气体重新检查零点和量距点。如果检查结果与 C.7.2.3 的标定值相比在 2%以内，则认为分析结果有效。

C.7.2.7 在本章的各个环节，各种气体的流速和压力应与标定分析仪时所用的流速和压力相等。

C.7.2.8 所测得的每种气体污染物的浓度应为测量装置稳定之后读取的数据，压燃式发动机碳氢化合物排放质量应根据 HFID 读数积分算出，必要时，按附件 CE 所述方法对变化流量进行校正。

C.8 气态污染物及颗粒物排放量的确定

C.8.1 测定的容积

测定的容积应校正到标准状态：101.33 kPa 及 273.2 K。

C.8.2 气态污染物及颗粒物排放总质量

试验期间由汽车排放的每种气态污染物的质量 m，根据该气体的容积浓度和容积，以及在上述标准状态下气体密度的乘积来确定。标准状态下气体密度如下：

——对于一氧化碳（CO）： $d=1.25$ g/L

——对于碳氢化合物：

燃用汽油（$CH_{1.85}$） $d=0.619$ g/L

燃用柴油（$CH_{1.86}$） $d=0.619$ g/L

燃用 LPG（$CH_{2.525}$） $d=0.649$ g/L

燃用 NG（CH_4） $d=0.714$ g/L

——对于氮氧化物（NO_2）： $d=2.05$ g/L

试验期间由汽车排放的颗粒物质量 m_f 是通过称量两个滤纸收集的颗粒物质量来确定，m_1 为第一级滤纸收集的质量，m_2 为第二级滤纸收集的质量：

——如 $0.95(m_1+m_2)\leqslant m_1$，　　则 $m_f=m_1$，

——如 $0.95(m_1+m_2)>m_1$，　　则 $m_f=m_1+m_2$，

——如 $m_2>m_1$，　　则试验无效。

附件 CH 给出了确定气态污染物和颗粒物排放量的各种计算方法和计算实例。

附　件　CA
（规范性附件）
Ⅰ型试验用运转循环的分解

CA.1　运转循环

CA.1.1　运转循环是由 1 部（市区运转循环）和 2 部（市郊运转循环）组成，如图 CA.1 所示。

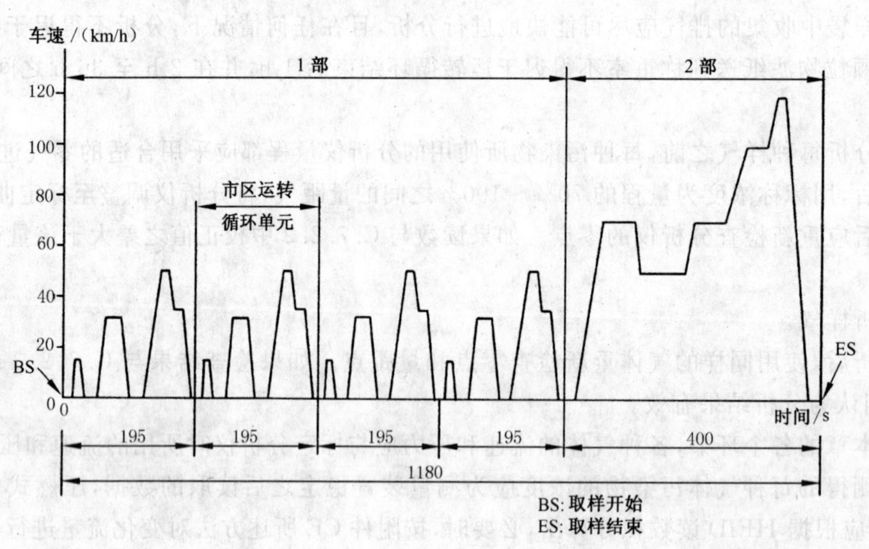

图 CA.1　Ⅰ型试验用运转循环

CA.2　运转循环 1 部循环单元

见图 CA.2 和表 CA.1

表 CA.1 在底盘测功机上运转循环 1 部循环单元

操作序号	操作	工况	加速度/(m/s²)	车速/(km/h)	每次时间		累计时间/s	手动换挡时所使用的挡位
					操作/s	工况/s		
1	怠速	1			11	11	11	6 s·PM+5 s·K_1[a]
2	加速	2	1.04	0—15	4	4	15	1
3	等速	3		15	8	8	23	1
4	减速	4	−0.69	15—10	2	5	25	1
5	减速/离合器脱开		−0.92	10—0	3		28	K_1
6	怠速	5			21	21	49	16 s·PM+5 s·K_1
7	加速	6	0.83	0—15	5	12	54	1
8	换挡				2		56	
9	加速		0.94	15—32	5		61	2
10	等速	7		32	24	24	85	2
11	减速	8	−0.75	32—10	8	11	93	2
12	减速/离合器脱开		−0.92	10—0	3		96	K_2
13	怠速	9			21	21	117	16 s·PM+5 s·K_1
14	加速	10	0.83	0—15	5	26	122	1
15	换挡				2		124	
16	加速		0.62	15—35	9		133	2
17	换挡				2		135	
18	加速		0.52	35—50	8		143	3
19	等速	11		50	12	12	155	3
20	减速	12	−0.52	50—35	8	8	163	3
21	等速	13		35	13	13	176	3
22	换挡				2		178	
23	减速	14	−0.86	35—10	7	12	185	2
24	减速/离合器脱开		−0.92	10—0	3		188	K_2
25	怠速	15			7	7	195	7 s PM

[a] PM…………变速器置空挡，离合器接合。

K_1、K_2…………变速器置一挡或二挡，离合器脱开。

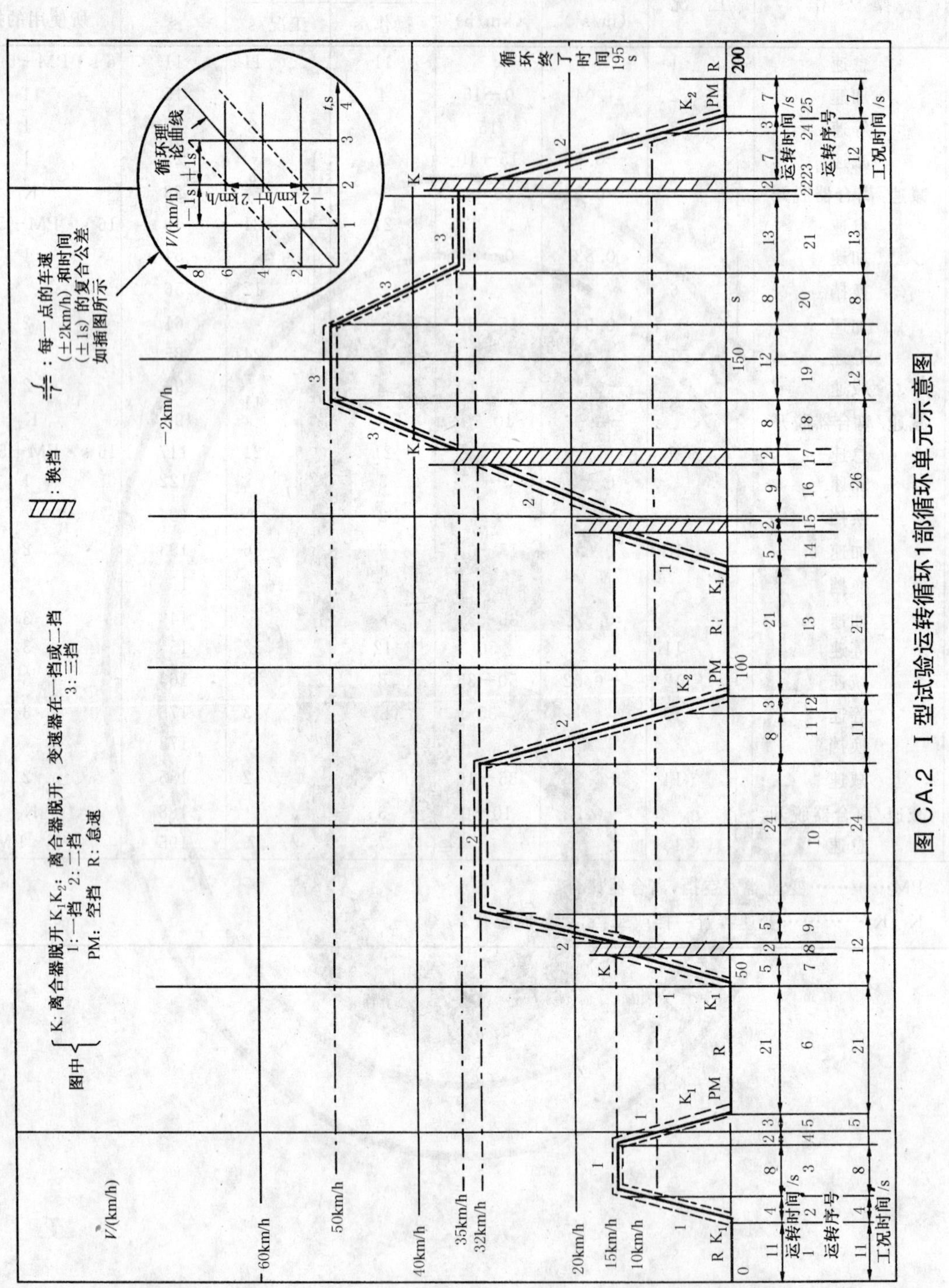

图CA.2 I型试验运转循环1部循环单元示意图

CA.2.1 按工况分解

	时间/s	%
怠速	60	30.8 } 35.4
怠速、车辆减速、离合器脱开	9	4.6
换挡	8	4.1
加速	36	18.5
等速	57	29.2
减速	25	12.8
	195	100

CA.2.2 按使用挡位分解

	时间/s	%
怠速	60	30.8 } 35.4
怠速、车辆减速、离合器脱开	9	4.6
换挡	8	4.1
一挡	24	12.3
二挡	53	27.2
三挡	41	21
	195	100

CA.2.3 一般资料

试验期间平均车速： 19 km/h

有效行驶时间： 195 s

每个循环理论行驶距离： 1.013 km

4 个循环的当量距离： 4.052 km

CA.3 运转循环 2 部

见图 CA.3 和表 CA.2

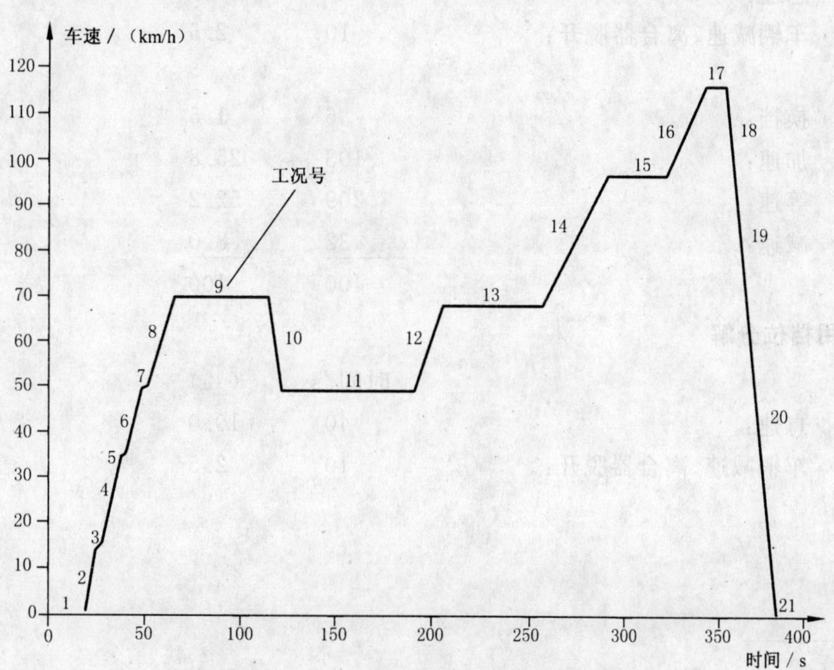

图 CA.3 Ⅰ型试验运转循环 2 部

表 CA.2 Ⅰ型试验运转循环 2 部

操作序号	运转状态	工 况	加速度/(m/s²)	车速/(km/h)	每次时间		累计时间/s	手动换挡时使用的挡位
					操作/s	工况/s		
1	怠速	1			20	20	20	K_1[1]
2	加速	2	0.83	0～15	5	41	25	1
3	换挡				2		27	—
4	加速		0.62	15～35	9		36	2
5	换挡				2		38	—
6	加速		0.52	35～50	8		46	3
7	换挡				2		48	—
8	加速		0.43	50～70	13		61	4
9	等速	3		70	50	50	111	5
10	减速	4	−0.69	70～50	8	8	119	4 s.5＋4 s.4
11	等速	5		50	69	69	188	4
12	加速	6	0.43	50～70	13	13	201	4
13	等速	7		70	50	50	251	5
14	加速	8	0.24	70～100	35	35	286	5
15	等速	9		100	30	30	316	5[2]
16	加速	10	0.28	100～120	20	30	336	5[2]
17	等速	11		120	10	10	346	5[2]
18	减速	12	−0.69	120～80	16	34	362	5[2]
19	减速		−1.04	80～50	8		370	5[2]
20	减速、离合器脱开		−1.39	50～0	10		380	K_5[1]
21	怠速	13			20	20	400	PM[1]

CA.3.1 按工况分解

	时间/s	(%)
怠速：	40	10.0
车辆减速、离合器脱开：	10	2.5
换挡：	6	1.5
加速：	103	25.8
等速：	209	52.2
减速：	32	8.0
	400	100

CA.3.2 按使用挡位分解

	时间/s	(%)
怠速：	40	10.0
车辆减速、离合器脱开：	10	2.5

1) PM—变速器置空挡，离合器接合；K_1，K_5—变速器置一挡或五挡，离合器脱开。

2) 如果车辆装有多于 5 挡的变速器，使用附加挡位时应与制造厂推荐的相一致。

换挡：	6	1.5
一挡：	5	1.3
二挡：	9	2.2
三挡：	8	2.0
四挡：	99	24.8
五挡：	223	55.7
	400	100

CA.3.3 一般资料

试验期间平均车速： 62.6 km/h

有效行驶时间： 400 s

每个循环理论行驶距离： 6.955 km

最大车速： 120 km/h

最大加速度： 0.833 m/s^2

最大减速度： −1.389 m/s^2

附 件 CB
（规范性附件）
底盘测功机

CB.1 载荷曲线固定的底盘测功机的定义

CB.1.1 概述

如果车速为10～120 km/h的道路行驶总阻力不能在底盘测功机上再现，则推荐使用具有下列特性的底盘测功机。

CB.1.2 定义

CB.1.2.1 具有一个或两个转鼓的底盘测功机。

前转鼓能直接或间接驱动惯性质量及功率吸收装置。

CB.1.2.2 0～120 km/h车速下由制动装置和底盘测功机内摩擦效应而吸收的负荷如下：

$$F=(a+bV^2)\pm 0.1F_{80}\text{(不得为负数)}$$

式中：

F——底盘测功机吸收的总负荷，单位为牛顿(N)；

a——滚动阻力当量值，单位为牛顿(N)；

b——空气阻力系数当量值，单位为牛顿每千米每小时的平方(N/(km/h)^2)；

V——车速，单位为千米每小时(km/h)^2；

F_{80}——80 km/h车速时的负荷，单位为牛顿(N)。

CB.2 底盘测功机标定方法

CB.2.1 概述

本附件叙述了确定测功机制动装置吸收负荷的方法。吸收的负荷包括摩擦效应吸收的负荷以及功率吸收装置所吸收的负荷。

将测功机运转到超过试验转速。然后将起动测功机的装置脱开，被驱动的转鼓转速降低。

转鼓的动能被功率吸收装置及摩擦效应所消耗。本方法不考虑由于转鼓上有无车辆引起的转鼓内部摩擦效应的变化。当后转鼓为自由转鼓时，其摩擦效应也不予考虑。

CB.2.2　以被吸收的负荷为函数标定 80 km/h 下的负荷指示器

采用下列规程(见图 CB.1)。

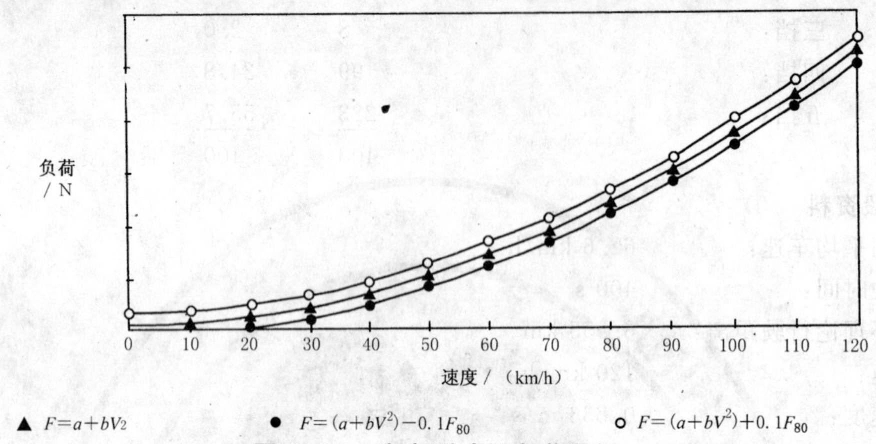

图 CB.1　底盘测功机负荷图解

CB.2.2.1　若尚未测量转鼓的旋转速度，则应予测量。可以使用第五轮仪、转速计或其他方法。

CB.2.2.2　将车辆停放在测功机上，或采用其他起动测功机的方法。

CB.2.2.3　对特定的惯量级采用合适的飞轮或其他惯量模拟系统。

CB.2.2.4　使测功机的速度达到 80 km/h。

CB.2.2.5　记录指示负荷 F_i(N)。

CB.2.2.6　使测功机的速度达到 90 km/h。

CB.2.2.7　脱开起动测功机的装置。

CB.2.2.8　记录测功机速度从 85 km/h 降至 75 km/h 所经历的时间。

CB.2.2.9　将功率吸收装置调整到另一不同惯量等级。

CB.2.2.10　必须重复进行 CB.2.2.4 至 CB.2.2.9 步骤多次，使其包括需要用的负荷范围。

CB.2.2.11　用下列公式计算吸收的负荷：

$$F=\frac{M_i \times \Delta V}{t}$$

式中：

F——吸收的负荷，单位为牛顿(N)；

M_i——当量惯量，单位为千克(kg)(不包括自由后转鼓的惯性效应)；

ΔV——速度差，单位为米每秒(m/s)(10 km/h=2.775 m/s)；

t——转鼓从 85 km/h 降至 75 km/h 所经历的时间，单位为秒(s)。

CB.2.2.12　图 CB.2 表示 80 km/h 时指示负荷与 80 km/h 时吸收负荷之间的关系示意图。

CB.2.2.13　必须对所使用的所有惯量等级，重复进行 CB.2.2.3 至 CB.2.2.12 所述操作。

CB.2.3　以其他速度的吸收负荷作为函数标定负荷指示器

必须按需要多次重复进行选定速度下 CB.2.2 所述规程。

CB.2.4　根据 80 km/h 速度下的基准设定，确认测功机的负荷吸收曲线

CB.2.4.1　将车辆放置在测功机上，或用其他起动测功机的方法。

CB.2.4.2　将测功机调至 80 km/h 下吸收的负荷(Pa)。

CB.2.4.3　记录 120,100,80,60,40,20 km/h 下吸收的负荷。

CB.2.4.4　绘出 F(V)曲线，并确认其是否符合 CB.1.2.2 的要求。

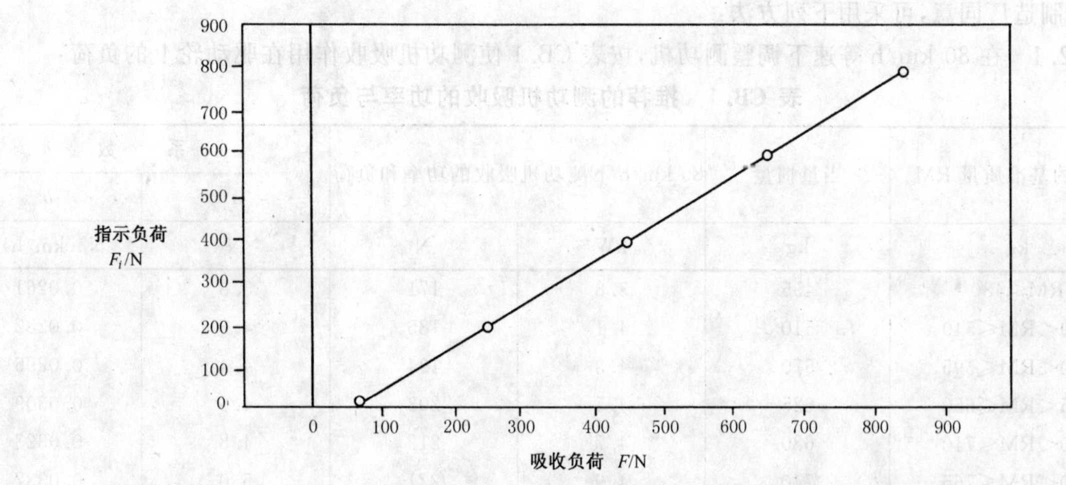

图 CB.2　80 km/h 时指示负荷与 80 km/h 时吸收负荷之间的关系

CB.2.4.5　对于 80 km/h 下的其他负荷值和其他惯量值，均重复 CB.2.4.1 至 CB.2.4.4 规定的规程。

CB.2.5　力及扭矩的标定必须用同一规程。

CB.3　测功机设定

CB.3.1　设定方法

按照附件 CC 的要求，在 80 km/h 固定速度下设定测功机。

CB.3.1.1　概述

本方法并非优先推荐的方法，只适用于载荷曲线固定的测功机，作为确定 80 km/h 下的载荷设定，不适用于装压燃式发动机的车辆。

CB.3.1.2　试验仪器

车辆进气歧管中的真空度（或绝对压力）的测量准确度为±0.25 kPa。必须能连续记录此读数，或记录间隔不大于 1 s。车速必须连续记录，准确度为±0.4 km/h。

CB.3.1.3　道路试验

CB.3.1.3.1　应满足第 CC.4 章的要求。

CB.3.1.3.2　车辆以 80 km/h 的等速行驶，按 CB.3.1.2 的要求记录车速和真空度（或绝对压力）。

CB.3.1.3.3　在每一行驶方向重复 CB.3.1.3.2 规定的规程三次。全部六次行驶应在 4h 内完成。

CB.3.1.4　数据处理和接受准则

CB.3.1.4.1　按 CB.3.1.3.2 及 CB.3.1.3.3 检查测得的结果（车速低于 79.5 km/h 及高于80.5 km/h 的时间不准大于 1 s）。对于每一次行驶，以 1 s 间隔读取一个真空度值，计算平均真空度（$\bar{v}$）及标准偏差（S），计算用的真空度读数不得少于 10 个。

CB.3.1.4.2　对于每次行驶的标准偏差不得超过平均值（$\bar{v}$）的 10%。

CB.3.1.4.3　计算六次行驶的平均值（$\bar{v}$）（每一方向行驶三次）。

CB.3.1.5　测功机设定

CB.3.1.5.1　准备工作

按 CC.5.1.2.2.1 至 CC.5.1.2.2.4 的规定进行操作。

CB.3.1.5.2　设定

底盘测功机预热后，车辆以 80 km/h 的等速行驶，调整测功机载荷以再现按 CB.3.1.4.3 测得的真空度（$\bar{v}$）。偏差应不大于 0.25 kPa。使用的仪器应与道路试验时一致。

CB.3.2　替代方法

经制造厂同意,可采用下列方法:

CB.3.2.1 在 80 km/h 等速下调整测功机,按表 CB.1 使测功机吸收作用在驱动轮上的负荷:

表 CB.1 推荐的测功机吸收的功率与负荷

车辆的基准质量 RM	当量惯量	80 km/h 下测功机吸收的功率和负荷		系数	
				a	*b*
kg	kg	kW	N	N	N/(km/h)^2
RM≤480	455	3.8	171	3.8	0.0261
480<RM≤540	510	4.1	185	4.2	0.0282
540<RM≤595	570	4.3	194	4.4	0.0296
595<RM≤650	625	4.5	203	4.6	0.0309
650<RM≤710	680	4.7	212	4.8	0.0323
710<RM≤765	740	4.9	221	5.0	0.0337
765<RM≤850	800	5.1	230	5.2	0.0351
850<RM≤965	910	5.6	252	5.7	0.0385
965<RM≤1080	1020	6.0	270	6.1	0.0412
1080<RM≤1190	1130	6.3	284	6.4	0.0433
1190<RM≤1305	1250	6.7	302	6.8	0.0460
1305<RM≤1420	1360	7.0	315	7.1	0.0481
1420<RM≤1530	1470	7.3	329	7.4	0.0502
1530<RM≤1640	1590	7.5	338	7.6	0.0515
1640<RM≤1760	1700	7.8	351	7.9	0.0536
1760<RM≤1870	1810	8.1	365	8.2	0.0557
1870<RM≤1980	1930	8.4	378	8.5	0.0577
1980<RM≤2100	2040	8.6	387	8.7	0.0591
2100<RM≤2210	2150	8.8	396	8.9	0.0605
2210<RM≤2380	2270	9.0	405	9.1	0.0619
2380<RM≤2610	2270	9.4	423	9.5	0.0646
2610<RM	2270	9.8	441	9.9	0.0674

CB.3.2.2 除 M_1 类车外,对于基准质量大于 1 700 kg 的车辆,或全时四驱车辆,表 CB.1 中给出的功率值应乘上系数 1.3。

附 件 CC
(规范性附件)
车辆行驶阻力—道路测量方法—在底盘测功机上的模拟

CC.1 本方法的目的

规定下述方法的目的是测量车辆在道路上等速行驶时的阻力,以及按 C.4.1.5 在测功机上模拟该阻力。

CC.2 道路要求

道路应平直且具有足够长度,以进行下面规定的测量。坡度必须恒定在±0.1%范围内,且不得超过 1.5%。

CC.3 大气条件

CC.3.1 风

试验时平均风速必须小于 3 m/s，最大风速小于 5 m/s。此外，试验道路的侧向风速分量必须小于 2 m/s，风速应在高出路面 0.7 m 处测量。

CC.3.2 湿度

道路必须干燥。

CC.3.3 大气压力及温度

试验时空气密度与基准状态（P=100 kPa，T=293.2 K）相差不得超过±7.5%。

CC.4 车辆准备

CC.4.1 试验车辆的选择

如果不是测量一个车型的所有变型，则应采用下列准则选择试验车辆：

CC.4.1.1 车身

如果有不同型式的车身，应选取风阻最大的车身。制造厂应为选择提供有关数据。

CC.4.1.2 轮胎

应选择最宽的轮胎。如果轮胎尺寸多于三种，应选择次宽的轮胎。

CC.4.1.3 试验质量

试验质量应为对应最高惯量范围的车辆基准质量。

CC.4.1.4 发动机

试验车辆应具有最大热交换器。

CC.4.1.5 变速器

应试验下述每一种型式的变速器：

——前轮驱动

——后轮驱动

——全时 4×4

——部分时间 4×4

——自动变速器

——手动变速器

CC.4.2 磨合

车辆应处在正常运行状态，并在至少经过 3 000 km 磨合后进行调整。轮胎必须和车辆同时磨合，或其轮胎花纹深度为原始花纹深度的 90%～50%。

CC.4.3 确认

必须按照制造厂使用说明书，进行下列项目的检查：

——车轮，车轮装饰件，轮胎（厂牌、型号、气压）

——前轴几何尺寸

——制动器的调整（消除附加阻力）

——前后轴的润滑

——悬架和车辆水平的调整等

CC.4.4 试验准备

CC.4.4.1 车辆装载至其基准质量。车辆水平应调整至载荷的重心位于前排外侧座椅两“R”点的中间，并位于通过这两点的直线上。

CC.4.4.2 道路试验时，车窗应关闭。空调系统及前照灯的罩盖也都应处于关闭位置。

CC.4.4.3　车辆必须干净。

CC.4.4.4　试验开始前，采用适当的方式使车辆达到正常运行温度。

CC.5　方法

CC.5.1　滑行能量变化法

CC.5.1.1　在道路上

CC.5.1.1.1　试验设备和误差：

时间测量的误差应小于 0.1 s；车速测量的误差应小于 2%。

CC.5.1.1.2　试验规程

CC.5.1.1.2.1　将车辆加速到比选定试验车速 V 高出 10 km/h 的车速。

CC.5.1.1.2.2　将变速器置于'空挡'位置。

CC.5.1.1.2.3　测量车辆从 $V_2=V+\Delta V$ km/h 减速至 $V_1=V-\Delta V$ km/h 所需时间 t_1，

式中：

$\Delta V \leqslant 5$ km/h。

CC.5.1.1.2.4　在相反方向进行同样试验：t_2

CC.5.1.1.2.5　取时间 t_1 和 t_2 的平均值 T_i。

CC.5.1.1.2.6　重复上述试验数次，使平均值 $\overline{T}=\frac{1}{n}\sum_{i=1}^{n}T_i$ 的统计准确度(p)不超过 2%($p\leqslant 2\%$)

统计准确度(p)的定义为：

$$p=\frac{t\times s}{\sqrt{n}}\times\frac{100}{\overline{T}}$$

式中：

t——表 CC.1 给定的系数；

s——标准偏差　$s=\sqrt{\sum_{i=1}^{n}\frac{(T_i-\overline{T})^2}{n-1}}$

n——试验次数

表 CC.1

n	4	5	6	7	8	9	10	11	12	13	14	15
t	3.2	2.8	2.6	2.5	2.4	2.3	2.3	2.2	2.2	2.2	2.2	2.2
$\frac{t}{\sqrt{n}}$	1.6	1.25	1.06	0.94	0.85	0.77	0.73	0.66	0.64	0.61	0.59	0.57

CC.5.1.1.2.7　按下式计算功率：

$$P=\frac{M\times V\times\Delta V}{500T}$$

式中：

P——功率，单位为千瓦(kW)；

V——试验车速，单位为米每秒(m/s)；

ΔV——与车速 V 的速度偏差，单位为米每秒(m/s)；

M——基准质量，单位为千克(kg)；

T——时间，单位为秒(s)。

CC.5.1.1.2.8　在道路上测定的功率(P)应按下式校正基准状态下的功率：

$$P_{校正}=K\times P_{测定}$$

$$K=\frac{R_R}{R_T}\times[1+K_R(t-t_0)]+\frac{R_{空气}}{R_T}\times\frac{\rho_0}{\rho}$$

式中：

R_R——速度 V 时的滚动阻力；

$R_{空气}$——速度 V 时的空气阻力；

R_T——总运行阻力 $=R_R+R_{空气}$；

K_R——滚动阻力的温度校正系数，取 $8.64\times10^{-3}/℃$，或者经型式核准机关批准过的制造厂给定的校正系数；

t——道路试验时大气温度，单位为摄氏度(℃)；

t_0——基准大气温度＝20℃；

ρ——试验条件下空气密度；

ρ_0——基准状态(20℃，1 000 kPa)下空气密度。

R_R/R_T 和 $R_{空气}/R_T$ 比应由车辆制造厂根据公司的正常数据来确定。

如果没有这些数据，根据制造厂和有关试验机构的协商，可以采用下式得出的滚动阻力/总阻力的比值：

$$\frac{R_R}{R_T}=a\times M+b$$

式中：

M——车辆质量，单位为千克(kg)；

各种速度下的系数 a，b 由表 CC.2 给出：

表 CC.2

V/(km/h)	a	b	V/(km/h)	a	b
20	7.24×10^{-5}	0.82	80	1.85×10^{-4}	0.23
40	1.59×10^{-4}	0.54	100	1.63×10^{-4}	0.18
60	1.96×10^{-4}	0.33	120	1.57×10^{-4}	0.14

CC.5.1.2 在测功机上

CC.5.1.2.1 试验设备和准确度

测量设备必须与道路用设备相同。

CC.5.1.2.2 试验规程

CC.5.1.2.2.1 将车辆放置在底盘测功机上。

CC.5.1.2.2.2 按测功机的要求调整驱动轮的轮胎气压(冷态)。

CC.5.1.2.2.3 调整测功机的当量惯量。

CC.5.1.2.2.4 用合适的方法使车辆和测功机达到运转温度。

CC.5.1.2.2.5 进行 CC.5.1.1.2 规定的操作，但 CC.5.1.1.2.4 和 CC.5.1.1.2.5 除外，且将 CC.5.1.1.2.7所述公式中的 M 改为 I。

CC.5.1.2.2.6 调整底盘测功机以再现 CC.5.1.1.2.8 的校正功率，且考虑在道路上车辆重量(M)与使用的试验当量惯量(I)的差别。可以根据下式计算在道路上从 V_2 滑行至 V_1 的平均校正时间，然后在测功机上再现该时间：

$$T_{校正}=\frac{T_{测得}}{K}\times\frac{I}{M}$$

式中：

K 由 CC.5.1.1.2.8 规定。

CC.5.1.2.2.7 应确定测功机吸收的功率 Pa，以确保同一车辆在不同日期都再现 CC.5.1.1.2.8 中的功率。

CC.5.2 等速下扭矩测量方法

CC.5.2.1 在道路上

CC.5.2.1.1 测量设备和误差

应使用适当的测量仪器测量扭矩，准确度在2%以内。

速度测量准确度应在2%以内。

CC.5.2.1.2 试验规程

CC.5.2.1.2.1 使车辆达到选定的稳定车速V。

CC.5.2.1.2.2 记录至少20 s期间内的扭矩$C_{(t)}$和车速。数据记录系统的准确度，对于扭矩至少应为±1 Nm，对于车速至少应为±0.2 km/h。

CC.5.2.1.2.3 在测量期间内，每秒记录的随时间变化的扭矩$C_{(t)}$和速度的变化量应不超过5%。

CC.5.2.1.2.4 平均扭矩C_{t1}根据下列公式导出：

$$C_{t1} = \frac{1}{\Delta T}\int_{t}^{t+\Delta t} C_{(t)}\,\mathrm{d}t$$

CC.5.2.1.2.5 每个方向试验进行三次。求出基准车速下六次测量值的平均扭矩。如果平均车速偏离基准车速1 km/h以上，应采用线性回归计算平均扭矩。

CC.5.2.1.2.6 求得扭矩C_{t1}和C_{t2}的平均值C_t。

CC.5.2.1.2.7 道路试验确定的平均值C_t应按照下式校正至基准状态：

$$C_{t校正} = KC_{t测得}$$

式中K见CC.5.1.1.2.8。

CC.5.2.2 在底盘测功机上

CC.5.2.2.1 测量设备和误差

应使用与道路测试相同的测试设备。

CC.5.2.2.2 试验规程

CC.5.2.2.2.1 进行CC.5.1.2.2.1至CC.5.1.2.2.4规定的操作。

CC.5.2.2.2.2 进行CC.5.2.1.2.1至CC.5.2.1.2.4规定的操作。

CC.5.2.2.2.3 调整功率吸收装置，以再现CC.5.2.1.2.7中的校正总道路扭矩。

CC.5.2.2.2.4 基于同样的目的，进行CC.5.1.2.2.7同样的操作。

附 件 CD
（规范性附件）
检查机械惯量以外的其他惯量

CD.1 目的

采用本附录所述的方法便可检查测功机的模拟总惯量能否满足运转循环中行驶工况的要求。测功机制造厂应提供一种方法来确认CD.3中的技术规定。

CD.2 原理

CD.2.1 建立工作方程式

因为测功机转鼓的旋转速度是变化的，转鼓表面的力可以用下式表示：

$$F = I \times \gamma = I_M \times \gamma + F_1$$

式中：

F——转鼓表面的力；

I——测功机的总惯量(车辆的当量惯量，参见表 C1)；

I_M——测功机机械质量的惯量；

γ——转鼓表面切向加速度；

F_i——惯性力。

注：对带有机械模拟惯量的测功机，此公式解释补充如下：

总惯量表示如下：

$$I = I_M + F_i/\gamma$$

式中：

I_M——可用传统方法计算或测量得出；

F_i——可在测功机上测量，也可由转鼓的圆周速度计算出来；

γ——可由转鼓的圆周速度计算出来。

总惯量(I)根据加速或减速试验过程加以确定，此试验的数值大于或等于运转循环中获得的数值。

CD.2.2 计算总惯量的规定

试验和计算方法必须能确定总惯量 I，其相对误差($\Delta I/I$)小于 2%。

CD.3 技术规定

CD.3.1 模拟总惯量 I 的质量必须与当量惯量的理论值(见 C.5.1)保持相同，限值如下：

CD.3.1.1 每次瞬时值，为理论值的±5%；

CD.3.1.2 以每次循环的每一阶段计算出的平均值，为理论值的±2%。

CD.3.2 对于带手动变速器的车辆，CD.3.1.1 给定的限值在起动 1 s 内及换挡 2 s 内，可放宽到±50%。

CD.4 验证规程

CD.4.1 每次试验期间，通过 C.2.1 规定的整个循环进行验证。

CD.4.2 但是，如果瞬时加速度比理论循环各阶段中所得到的值，至少大三倍或小三倍时才能满足 CD.3 的要求，则没有必要进行上述验证。

附 件 CE
(规范性附件)
排气污染物取样系统的描述

CE.1 概述

CE.1.1 有几种型式的取样装置能满足 C.4.2 规定的要求。在 CE.3.1、CE.3.2 中描述的两种装置，如果能够满足有关变稀释度原理的主要准则，都是可以接受的。

CE.1.2 试验室在其通知书中应说明进行试验时所用的取样系统。

CE.2 关于测量排气污染物的变稀释度系统的准则

CE.2.1 范围

本条规定了按照本附件规定，用于测量车辆排气污染物真实质量的排气取样系统的工作特征。

测量污染物质量的变稀释度取样原理应该满足三个条件：

CE.2.1.1 车辆排出的气体必须在规定的条件下，用环境空气进行连续稀释。

CE.2.1.2 必须准确地测量排气和稀释空气的混合气体的总容积。

CE.2.1.3 必须连续地将稀释排气和稀释空气的样气按比例地收集起来，以备分析。

排放的气体污染物质量是由整个试验期间测得的按比例取样的样气的浓度和总容积确定的。样气的浓度按环境空气中污染物含量进行校正。另外，对装压燃式发动机的车辆，测定其颗粒物。

CE.2.2 技术概述

图 CE.1 给出了取样系统的示意图。

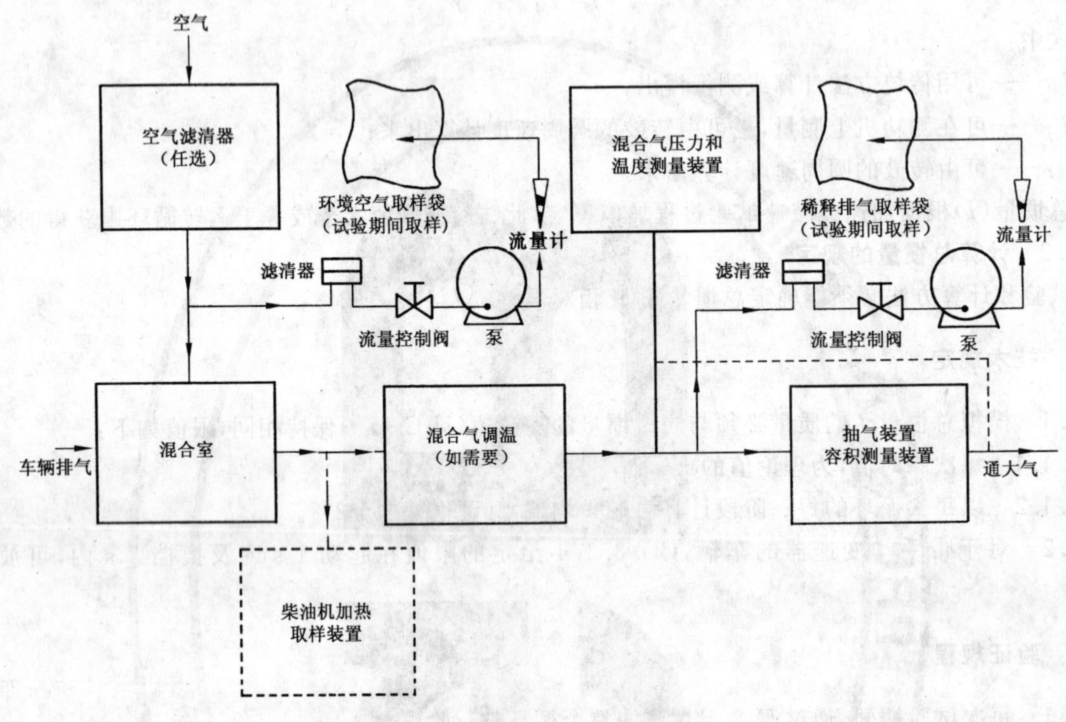

图 CE.1 测量排气污染物的变稀释度系统的示意图

CE.2.2.1 车辆的排气必须用足够量的环境空气进行稀释，以防止在取样和测量系统中出现水冷凝。

CE.2.2.2 此排气取样系统在结构上必须能测量车辆试验循环期间，排气中的 CO_2、CO、HC 和 NO_x 的平均容积浓度，以及排气中的颗粒物（对装压燃式发动机的车辆）。

CE.2.2.3 在取样探头处的排气和空气的混合气必须均匀（见 CE.2.3.1.2）。

CE.2.2.4 取样探头应能抽取稀释排气中有代表性的样气。

CE.2.2.5 此系统应能测量待试车辆的稀释排气的总容积。

CE.2.2.6 取样系统必须不漏气。变稀释度取样系统的结构及其制造材料必须不影响稀释排气中污染物的浓度。如果系统中的任何部件（热交换器、旋风分离器、鼓风机等）可能改变稀释排气中的任何一种污染物的浓度，而对此缺陷又不能进行修正，那么该污染物的取样应在该部件之前。

CE.2.2.7 如果待试车辆的排气系统有几个排气管，则应在尽可能接近车辆处用一个支管将所有排气管出口连在一起。

CE.2.2.8 气体样气必须收集在有适当容量的取样袋中，以免在取样期内阻碍气体流动。这些取样袋必须用不影响污染物气体浓度的材料制成（见 CE.2.3.4.4）。

CE.2.2.9 变稀释度取样系统的结构上必须能使排气取样时，排气管出口处的背压没有明显改变（见 CE.2.3.1.1）。

CE.2.3 特殊要求

CE.2.3.1 排气收集和稀释装置

CE.2.3.1.1 车辆排气管出口和混合室之间的连接管必须尽可能短，在任何情况下：

——被试车辆的排气管出口处的静压力和没有在车辆排气管出口处连接任何器件时记录的静压力的差值，在 50 km/h 车速时不超过±0.75 kPa，或者在试验的全稀释过程中不超过±1.25 kPa。压力必须在排气管出口内或者尽可能接近其末端直径相同的延长管内测量。

——不得改变排气的性质。

CE.2.3.1.2 必须有一个能混合车辆排气和稀释空气的混合室，混合室出口应产生均匀的混合气。

对于取样探头处的任何一个断面上的混合气均匀度，要求在气流直径上等距分布的最少 5 个点的平均值相差必须不大于 2%。为了尽量减少对排气管出口处状态的影响，以及限制稀释空气处理装置内的压力降，混合室内的压力与大气压力相差不应超过±0.25 kPa。

CE.2.3.2 抽气装置/容积测量装置

该装置可以有一个固定速度范围，以保证足够的流量，防止水的冷凝。通常应保证稀释排气取样袋中 CO_2 的容积浓度保持在 3%以下。

CE.2.3.3 容积测量

CE.2.3.3.1 容积测量装置应该在所有的运转条件下，保持其标定准确度在±2%以内。如果该装置不能在测量点补偿排气和稀释空气混合气的温度变化，必须用一个热交换器以保持温度在规定的运转温度±6 K 以内。

如有必要，可以使用旋风分离器保护容积测量装置。

CE.2.3.3.2 紧靠容积测量装置前面必须装一个温度传感器。该温度传感器的准确度应为±1 K，并且对温度变化的响应达到 62%的时间（在硅油中测量）为 0.1 s。

CE.2.3.3.3 在试验期间，压力测量的准确度应为±0.4 kPa。

CE.2.3.3.4 与大气压力的压差，应在容积测量装置上游测量，如有必要，则在容积测量装置下游测量。

CE.2.3.4 气体取样

CE.2.3.4.1 稀释排气

CE.2.3.4.1.1 稀释排气的样气应在抽气装置上游，但在调节装置（如有）的下游取样。

CE.2.3.4.1.2 流速的变化不得超过平均值的±2%。

CE.2.3.4.1.3 取样流量不得低于 5 L/min，并且不得超过稀释排气流量的 0.2%。

CE.2.3.4.1.4 同等的限值适用于定质量取样系统。

CE.2.3.4.2 稀释空气

CE.2.3.4.2.1 稀释空气的样气在靠近环境空气的进口处，以恒定流量取样（如果装有滤清器，则在滤清器后取样）。

CE.2.3.4.2.2 该空气不得被来自混合区的排气所污染。

CE.2.3.4.2.3 稀释空气的取样流量必须与稀释排气的取样流量接近。

CE.2.3.4.3 取样操作

CE.2.3.4.3.1 取样操作用的材料不得改变污染物的浓度。

CE.2.3.4.3.2 可以使用滤纸，从样气中滤掉固体颗粒物。

CE.2.3.4.3.3 用泵将样气输入到取样袋。

CE.2.3.4.3.4 用流量控制阀和流量计来得到所需要的取样流量。

CE.2.3.4.3.5 在三通阀和取样袋之间，可以使用快速气密接头，此接头在取样袋一侧可以自动关闭。也可以用其他方法把样气输送到分析仪（如三通截止阀）。

CE.2.3.4.3.6 用于引导取样气体的各种阀门必须是快速调节和快速动作型的。

CE.2.3.4.4　样气存储

样气采集到有足够容量的取样袋中，以免降低取样流量。制造取样袋的材料对混合气体中污染物浓度的变化，在取样结束后 20 min 内，不得大于±2%。

CE.2.4　试验装压燃式发动机车辆的附加取样设备

CE.2.4.1　与装点燃式发动机车辆气体取样方法不同，碳氢化合物和颗粒物的取样点均布置在稀释通道内。

CE.2.4.2　为了减少排气管出口和稀释通道入口之间的排气的热损失，管路的长度不应超过 3.6 m，或者若为绝热管不应超过 6.1 m。管道内径不可超过 105 mm。

CE.2.4.3　为了保证在取样点的稀释排气是均匀的，并保证样气含有的气态污染物和颗粒物具有代表性，在稀释通道内必须保证紊流状态(雷诺数不小于 4 000)。稀释通道是由一段用导电材料的直管制成的，稀释通道的直径至少应为 200 mm，系统应接地。

CE.2.4.4　颗粒物取样系统由放置在稀释通道内的一只取样探头和两个串联安装的过滤器组成。在两只过滤器气流方向的上游和下游均装有快速动作阀门。

取样探头的结构必须如图 CE.2 所示。

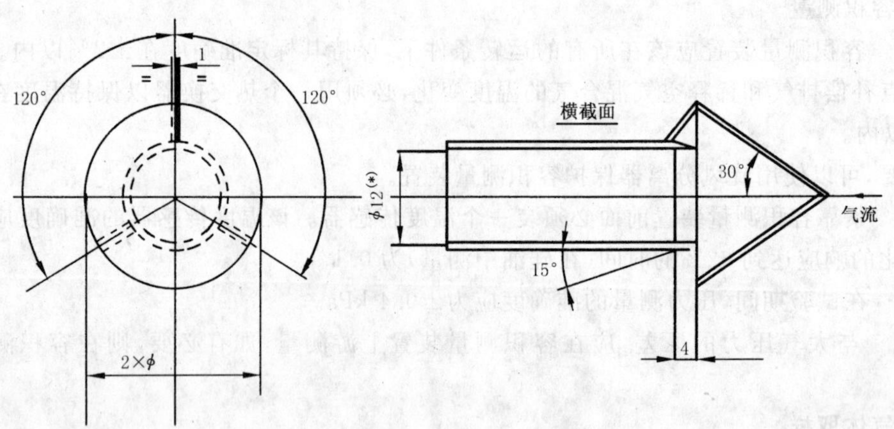

壁厚：1 mm　材料：不锈钢　(*)最小内径

图 CE.2　颗粒物取样探头结构

CE.2.4.5　颗粒物取样探头必须按以下要求布置

它应安装在通道的中心线附近，距气体入口下游大约 10 倍通道直径的地方，探头内径至少为 12 mm。

从取样探头的端部到过滤器安装处的距离至少应为 5 倍探头直径，但不得超过 1 020 mm。

CE.2.4.6　样气流量测量单元由泵、气体流量调节器及流量测量器件组成。

CE.2.4.7　碳氢化合物取样系统由加热的取样探头、管路、过滤器和泵组成。取样探头必须安装在与颗粒物取样探头距排气入口相同的距离上，但取样不应相互干扰。其最小内径应为 4 mm。

CE.2.4.8　所有加热零件的温度应采用加热装置保持在 463 K(190℃)±10 K。

CE.2.4.9　如果不能补偿流速的变化，则必须采用 CE.2.3.3.1 规定的热交换器和温度控制装置，以保证系统中流速稳定，取样流量成比例。

CE.3　装置的说明

CE.3.1　带容积泵的变稀释度装置(PDP-CVS)(图 CE.3)

CE.3.1.1　容积泵-定容取样器(PDP-CVS)通过计量流过容积泵的定温定压气体来满足本附件的要求。通过测量经过标定的容积泵的转数得到总容积。在稳定流速下，通过泵、流量计和流量控制阀实现比例取样。

CE.3.1.2　图 CE.3 是该取样系统结构的示意图。由于不同的结构都可以得到精确的结果，因此没有必要与该图严格相符。可以使用诸如仪表、阀、电磁阀及开关之类的附加部件，提供附加的信息，并协调该系统各部件的功能。

CE.3.1.3 取样设备

应包括：

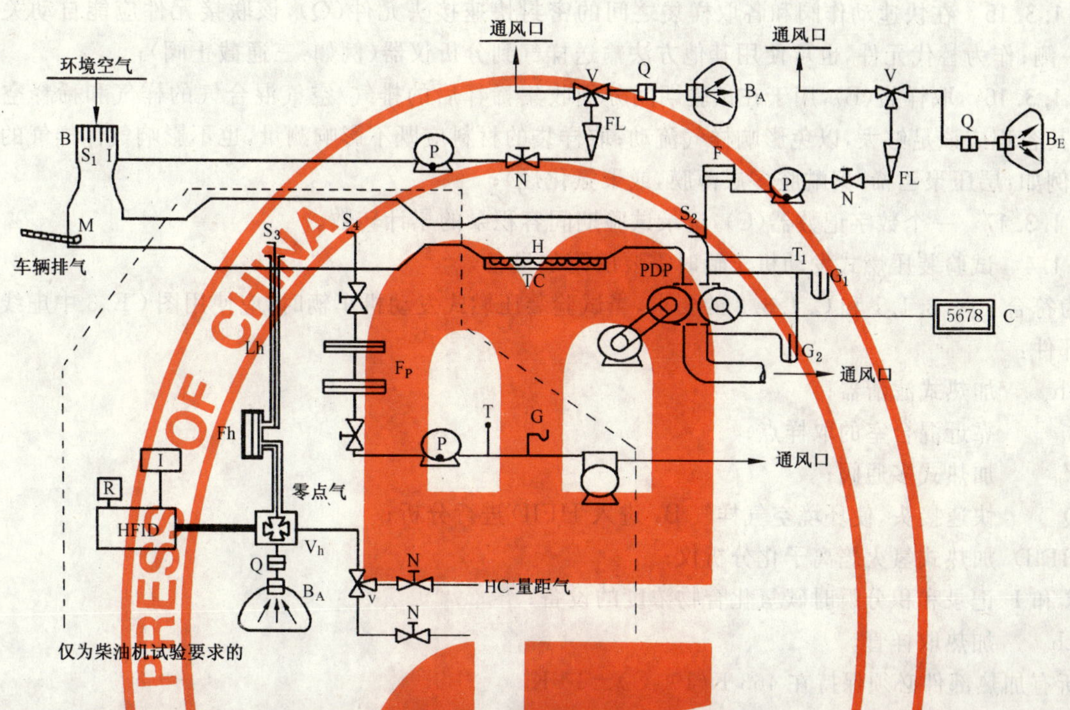

图 CE.3 带容积泵的定容取样器(PDP-CVS)

CE.3.1.3.1 一个稀释空气滤清器(D)，必要时可预热。该滤清器应在两层滤纸中间夹放活性炭，用于减少和稳定稀释空气中来自周围环境排放的碳氢化合物浓度；

CE.3.1.3.2 一个混合室(M)，排气和空气在其中均匀混合；

CE.3.1.3.3 一个热交换器(H)，其容量应足以保证在整个试验期间，在紧靠容积泵的上游处测得的空气/排气混合气的温度，在设定的运转温度的±6 K范围内，该装置不得影响供分析用的稀释气体中的污染物浓度；

CE.3.1.3.4 一个温度控制系统(TC)，用来在试验前预热热交换器，并在试验期间控制其温度，以保证其与设定的运转温度的偏差控制在±6 K以内；

CE.3.1.3.5 容积泵(PDP)，用于输送定容流量的空气/排气混合气，此泵应有足够大的输送能力，以消除在试验期间所有工况下系统中可能出现的冷凝水，通常使用以下流量的容积泵可以保证这一点：

CE.3.1.3.5.1 流量为运转循环中加速时排气产生的最大流量的二倍，或

CE.3.1.3.5.2 足以保证稀释排气取样袋中 CO_2 的容积浓度，对于汽油和柴油小于3%，对于LPG小于2.2%，对于NG小于1.5%。

CE.3.1.3.6 一个温度传感器(T_1)(准确度和精密度为±1 K)安装在紧靠容积泵的上游处；用于在试验期间连续监视稀释排气的温度；

CE.3.1.3.7 一个压力表(G_1)(准确度和精密度为±0.4 kPa)安装在紧靠容积泵的上游处；用于记录混合气与环境空气之间的压差；

CE.3.1.3.8 另一个压力表(G_2)(准确度和精密度为±0.4 kPa)，用于记录泵进出口之间的压差；

CE.3.1.3.9 两个取样探头(S_1 和 S_2)，用于稀释空气以及稀释排气/空气混合气的定容取样；

CE.3.1.3.10 一个滤清器(F)，用于从供分析用的气体流中滤掉固体颗粒物；

CE.3.1.3.11 泵(P),在试验期间用来收集定流量的稀释空气,以及稀释后的排气/空气混合气;

CE.3.1.3.12 流量控制器(N),用于保证在试验过程中从取样探头 S_1 和 S_2 采集的样气气流是稳定而又均匀的;并且样气流量应保证在试验结束时,样气量足以供分析用(约 10 L/min);

CE.3.1.3.13 流量计(FL),用于在试验期间调节和监控样气的流量;

CE.3.1.3.14 快速动作阀(V),用于将气体样气的恒定气流导入取样袋或者通向对外通风口;

CE.3.1.3.15 在快速动作阀和各取样袋之间的密封快速接头元件(Q),该联接元件应能自动关闭取样袋一侧;作为替代元件,也可使用其他方法输送样气到分析仪器(例如:三通截止阀);

CE.3.1.3.16 取样袋(B),用于在试验期间分别收集稀释后的排气/空气混合气的样气和稀释空气的样气;其容积应该足够大,以免影响样气流动;取样袋的材料应既不影响测量,也不影响气体样气的化学成分(例如:层压聚乙稀/聚酰胺多层薄膜,或聚氟化烃);

CE.3.1.3.17 一个数字记数器(C),记录试验期间容积泵的累计转数。

CE.3.1.4 试验装压燃式发动机车辆时需要的附加设备

为符合 C.4.3.1.1 和 C.4.3.2 的要求,当试验装压燃式发动机车辆时,应使用图 CE.3 中虚线内的附加部件:

Fh　加热式滤清器;

S_3　靠近混合室的取样点;

V_h　加热式多通阀;

Q　快速接头,使环境空气样气 B_A 进入 HFID 进行分析;

HFID　加热式氢火焰离子化分析仪;

R 和 I　记录和积分瞬时碳氢化合物浓度的设备;

Lh　加热取样管。

所有加热部件必须保持在 463 K(190℃)±10 K。

颗粒取样系统:

S_4　稀释通道内的取样探头;

F_p　由两只串联安装的过滤器组成的过滤单元;有为将来并联安装一对过滤器的切换结构;

取样管;

泵,流量调节器,流量测量单元。

CE.3.2 临界流量文丘里管变稀释度装置(CFV-CVS)(图 CE.4)

CE.3.2.1 在用 CVS 取样规程中,使用临界流量文丘里管,是以流体力学中关于临界流动原理为基础。稀释空气和排气的混合气的可变流速保持在音速流动,而音速与气体温度的平方根成正比。在整个试验期间,对气流进行连续监测、计算和积分。

如果再使用一个附加的临界流量取样文丘里管,则可以保证所采气样的比例性。当两个文丘里管进口处的压力和温度均相等时,采样气流的容积正比于稀释排气混合气的总容积,这样就满足了本附件的要求。

CE.3.2.2 图 CE.4 是此类取样系统的示意图。由于不同的结构均可得到准确的结果,所以没有必要与该图严格相符。可以使用诸如仪表、阀、电磁阀及开关之类的附加部件,以提供附加信息,并协调该系统各部件的功能。

CE.3.2.3 收集装置

包括:

CE.3.2.3.1 一个稀释空气滤清器(D),必要时可以预热;该滤清器应该在两层滤纸中间夹放活性炭,用于减少和稳定稀释空气中来自环境排放的碳氢化合物浓度;

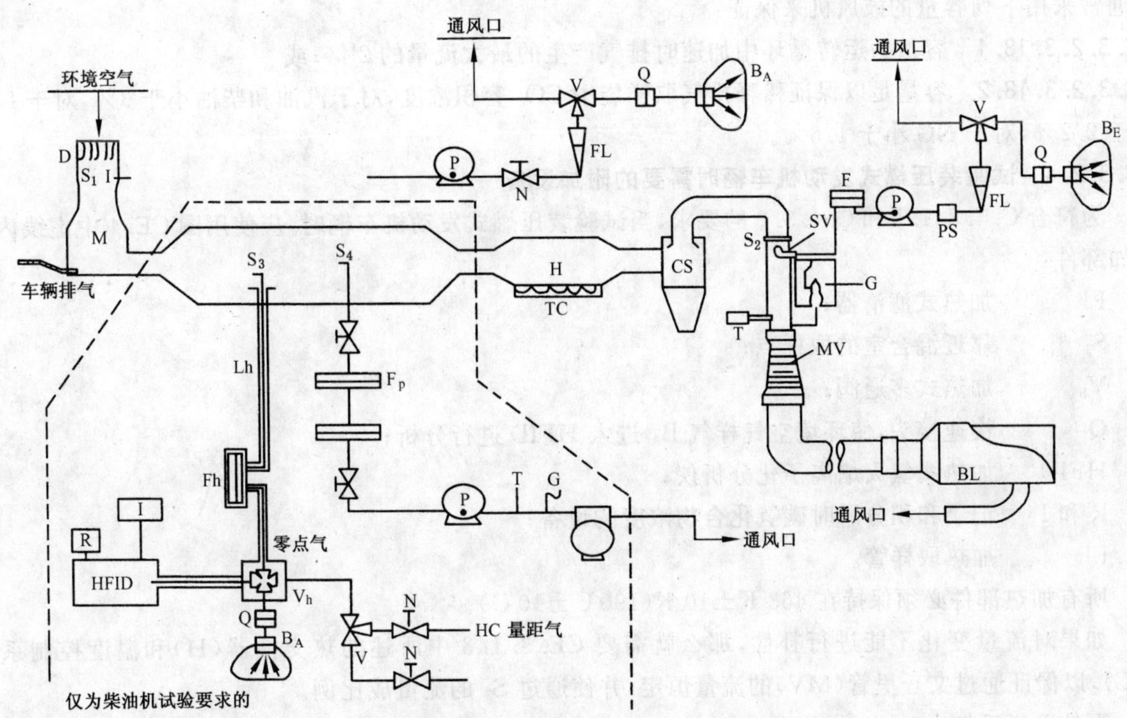

图 CE.4 临界流量文丘里管定容取样器(CFV-CVS系统)

CE.3.2.3.2 一个混合室(M),排气和空气在其中均匀混合;

CE.3.2.3.3 一个旋风分离器(CS),用于分离颗粒物;

CE.3.2.3.4 两个取样探头(S_1 和 S_2),用于稀释空气及稀释排气/排气混合气的取样;

CE.3.2.3.5 一个取样临界流量文丘里管(SV),用于在取样探头 S_2 处按比例采集稀释排气;

CE.3.2.3.6 一个滤清器(F),用于从供分析用的气体流中滤掉固体颗粒物;

CE.3.2.3.7 泵(P),在试验期间将定流量的稀释空气,以及稀释后的排气/空气混合气送入取样袋;

CE.3.2.3.8 一个流量控制器(N),用于保证在试验过程中,从取样探头 S_1 处采集的样气流量恒定,样气的流量应保证在试验结束时,样气量足够供分析用(约 10 L/min);

CE.3.2.3.9 一个缓冲器(PS),装在取样管中;

CE.3.2.3.10 流量计(FL),用于在试验期间调节和监控样气的流量;

CE.3.2.3.11 快速动作电磁阀(V),用于将气体样气的恒定气流分一部分进入取样袋或者通向对外排气口;

CE.3.2.3.12 在快速动作阀与各取样袋之间的密封快速接头元件(Q),该联接元件在取样袋一侧应能自动关闭;作为替代元件,也可以使用其他方法输送样气到分析仪器(例如:三通截止阀);

CE.3.2.3.13 取样袋(B),用于在试验期间收集稀释后排气/空气的混合气和稀释空气的样气;其容积应该足够大,以免影响样气流动;取样袋的材料应既不影响测量,也不影响样气的化学成分(例如:层压聚乙烯/聚酰胺多层薄膜,或聚氟化烃);

CE.3.2.3.14 一个压力表(G),其准确度和精密度在±0.4 kPa以内;

CE.3.2.3.15 一个温度传感器(T),其准确度和精密度在±1 K以内,并对温度的变化的响应达到62%的时间为0.1 s(在硅油中测量);

CE.3.2.3.16 一个测量用的临界流量文丘里管(MV),用于测量稀释排气的容积流量;

CE.3.2.3.17 一个足够容量的鼓风机(BL),能够运送稀释排气的总容积;

CE.3.2.3.18 CFV-CVS系统的能力，必须保证在试验期间可能出现的所有工况下，均不产生冷凝水。这通常采用下列容量的鼓风机来保证：

CE.3.2.3.18.1 容量为运转循环中加速时排气产生的最大流量的2倍；或

CE.3.2.3.18.2 容量足以保证稀释排气取样袋中CO_2容积浓度，对于汽油和柴油小于3%，对于LPG小于2.2%，对于NG小于1.5%。

CE.3.2.4 试验装压燃式发动机车辆时需要的附加设备

为符合C.4.3.1.1和C.4.3.2的要求，当试验装压燃式发动机车辆时，应使用图CE.4中虚线内的附加部件：

Fh 加热式滤清器；

S_3 靠近混合室的取样点；

V_h 加热式多通阀；

Q 快速接头，使环境空气样气B_A进入HFID进行分析；

HFID 加热式氢火焰离子化分析仪；

R和I 记录和积分瞬时碳氢化合物浓度的设备；

Lh 加热取样管。

所有加热部件必须保持在463 K±10 K(190℃±10℃)。

如果对流量变化不能进行补偿，那么就需要CE.3.1.3中所述的热交换器(H)和温度控制系统(TC)，以保证通过文丘里管(MV)的流量恒定，并使通过S_3的流量成比例。

颗粒取样系统

S_4 稀释通道内的取样探头；

F_p 由两只串联安装的过滤器组成的过滤单元；有为将来并联安装一对过滤器的切换结构；

取样管；

泵，流量调节器，流量测量单元。

附 件 CF
(规范性附件)
设备的标定方法

CF.1 标定曲线的建立

CF.1.1 每一常用的量程均按C.4.3.3的要求，用下列程序进行标定：

CF.1.2 分析仪标定的曲线至少由5个标定点组成，尽可能等距分布。最高浓度标定气体的标称值应至少等于满刻度的80%。

CF.1.3 标定曲线用最小二乘法计算。如果计算结果的多项式大于3阶，则标定点数目至少应等于此多项式阶数加2。

CF.1.4 标定曲线与每一标定气体的标称值相差应不大于2%。

CF.1.5 标定曲线

根据绘制的标定曲线和标定点的趋势图，就可确定标定工作是否已正确完成。必须标明分析仪的各个特性参数，特别是：

——刻度

——灵敏度

——零点

——进行标定的日期

CF.1.6 如果能向检测机构证明代用技术(即:电控单元,电子控制量程开关等)能达到同等的准确度,则可使用这些代用技术。

CF.1.7 标定的检查

CF.1.7.1 每次分析之前都应按下列程序对常用的每一量程进行检查:

CF.1.7.2 使用零气体以及标称值是待分析气体推测值的80%～95%的量距气体检查标定。

CF.1.7.3 如果两个待测点的测定值与理论值相差不大于满刻度的±5%,则可修改调整参数。否则,应按第CF.1章建立新的标定曲线。

CF.1.7.4 试验之后,使用零气体和同样的量距气体进行再检查。如果两次检查结果相差小于2%,则认为分析结果是有效的。

CF.2 FID碳氢化合物分析仪响应性的检查

CF.2.1 检测器响应性的优化

FID分析仪必须按照仪器制造厂的规定进行调整。在最常用的操作量程范围内用丙烷气(平衡气为空气)优化响应性。

CF.2.2 HC分析仪的标定

分析仪应用丙烷气(平衡气为空气)和纯合成空气进行标定。见C.4.5.2(标定和量距气)。

按照CF.1.1至CF.1.5的描述绘制标定曲线。

CF.2.3 不同碳氢化合物的响应系数和推荐的限值

对于某一碳氢化合物,响应系数(R_f)是FID的C_1读数和用$ppmC_1$表示的气瓶气体浓度的比值。

试验气体的浓度响应必须接近所用量程满刻度的80%。浓度必须已知,用容积表示的重量测量基准值的准确度为±2%。另外,气瓶必须在温度为293～303 K(20～30℃)下预处理24 h。

当分析仪器首次使用以及随后的大修期间,均需要确定其响应系数。试验用气体和推荐的响应系数是:

——甲烷和纯空气　　$1.00<R_f<1.15$,或对燃用NG的车辆　$1.00<R_f<1.05$;

——丙烯和纯空气　　$0.90<R_f<1.00$;

——甲苯和纯空气　　$0.90<R_f<1.00$;

对于丙烷和纯空气,相应的响应系数(R_f)为1.00。

CF.2.4 氧干扰检查和推荐的限值

应根据CF.2.3所述,确定响应系数。试验用的气体和推荐的响应系数范围是:

——丙烷和氮气　　$0.95\leqslant R_f\leqslant 1.05$

CF.3 NO_x转化器的效率试验

用于将NO_2转化为NO的转化器的效率试验方法如下:

转化器的效率可以用臭氧发生器,采用图CF.1所示的试验设备和下述程序进行试验:

CF.3.1 在最常用的量程下,按制造厂的技术要求标定CLD,标定时使用零气体和量距气体(量距气体的NO含量应约为使用量程的80%,混合气体中NO_2浓度应低于NO浓度的5%)。NO_x分析仪开关应置于NO位置,使量距气体不通过转化器。记录指示浓度。

CF.3.2 通过一个T型接头,将氧或合成空气连续地加入气流中,直到指示的浓度约比CF.3.1给出的标定浓度低10%。记录此指示浓度(c)。在这一过程中,臭氧发生器不起作用。

CF.3.3 使臭氧发生器起作用以产生足够的臭氧,将NO浓度降低至CF.3.1给出的标定浓度的20%(最低为10%)。记录此指示的浓度(d)。

CF.3.4 然后将NO_x分析仪开关置于NO_x位置,使混合气体(包括NO、NO_2、O_2和N_2)通过转化器。

记录此指示的浓度(a)。

CF.3.5 使臭氧发生器不起作用。CF.3.2所述的混合气通过转化器进入检测器,记录此指示浓度(b)。

CF.3.6 使臭氧发生器不起作用,氧气或合成空气的气流也被切断。此时分析仪的 NO_x 读数应比CF.3.1中给出的数值大,但不大于5%。

CF.3.7 NO_x 转化器效率的计算公式如下:

$$效率(\%)=\left(1+\frac{a-b}{c-d}\right)\times 100$$

CF.3.8 转化器的效率应不低于95%。

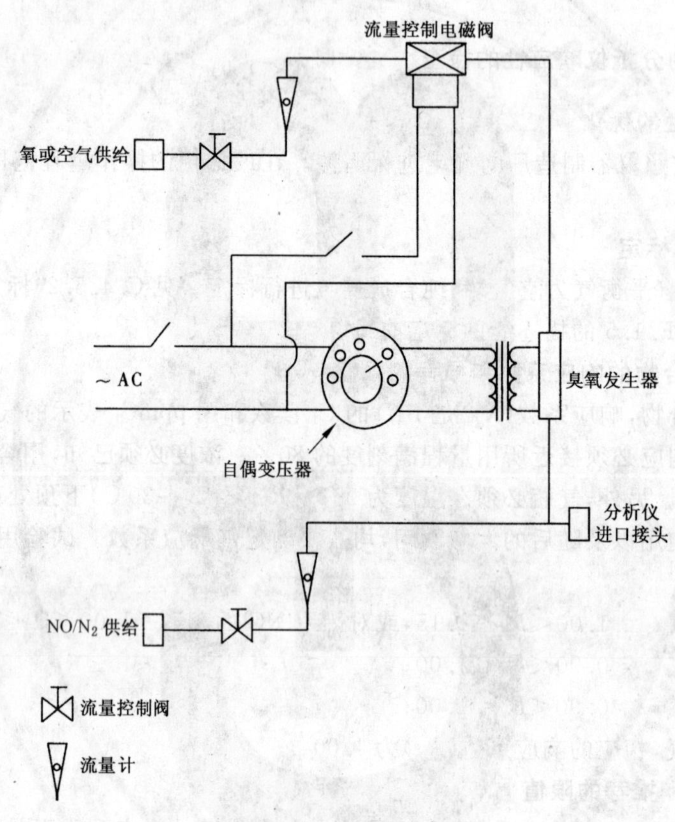

图 CF.1 NO_x 转化器效率装置简图

CF.3.9 转化器的效率应至少每周测试一次。

CF.4 CVS系统的标定

CF.4.1 CVS系统的标定应使用准确的流量计和限流装置。应在各种压力读数下,测量通过系统的流量及被测系统与流量有关的控制参数。

CF.4.1.1 可使用各种类型的流量计,如:经标定的文丘里管、层流流量计、已标定的转子流量计,只要它们是动态测量系统,且能满足C.4.4.1和C.4.4.2的要求。

CF.4.1.2 下面给出标定PDP和CFV单元的详细方法,这些方法使用了准确度能达到要求的层流流量计,且能对标定的有效性进行统计学检查。

CF.4.2 容积泵(PDP)的标定

CF.4.2.1 下列标定程序概述了试验设备,试验布置图以及为确定CVS泵的流量所应测量的各种参数。所有与泵有关的参数和与流量计有关的参数同时测量,流量计与泵串联连接。然后可以绘制出随相关函数对应的计算流量曲线(在泵进口的绝对压力和温度下以 m^3/min 为单位表示),该函数是泵的各参数的特定组合值。由此可确定泵流量和相关函数的线性方程,如果 CVS 系统有多种驱动速度,那么对所使用的每一种流量范围均应进行标定。

CF.4.2.2 此标定程序是以测量与每点流量有关的泵和流量计参数的绝对值为基础。为保证标定曲线的准确度和完整性,必须保证三个条件:

CF.4.2.2.1 泵压力必须在泵体上的接头处测量,而不是在泵体的进出口的外部管路中测量。安装在泵的驱动端盖板顶部和底部中心的压力接头暴露在泵腔实际压力中,因此反映了绝对压力差。

CF.4.2.2.2 标定期间必须保持温度稳定。层流流量计对进口温度波动是敏感的,该波动会导致数据点分散。在几分钟时间内温度逐渐变化±1 K 是可以接受的。

CF.4.2.2.3 流量计和 CVS 泵之间的所有连接处均不得有任何泄漏。

CF.4.2.3 在排气污染物试验时,测量泵的这些参数后,即可用标定方程式计算流量。

CF.4.2.3.1 图 CF.2 所示为一种可用的试验装置。不同的装置是允许的,但必须经型式核准机关认定其具有同等的准确度。如果使用图 CE.3 所示的试验装置,下列数据应在给定的准确度限值范围内:

大气压力(校正的)(P_B)	±0.03 kPa
环境温度(T)	±0.2 K
LFE(层流流量计)处的空气温度(ETI)	±0.15 K
LFE 上游的压力降(EPI)	±0.01 kPa
LFE 网格前后的压力降(EDP)	±0.001 5 kPa
CVS 泵进口空气温度(PTI)	±0.2 K
CVS 泵出口空气温度(PTO)	±0.2 K
CVS 泵进口压力降(PPI)	±0.22 kPa
CVS 泵出口压力头(PPO)	±0.22 kPa
试验期间泵的转数(n)	±1 转
试验延续时间(最少 250 s)(t)	±0.1 s

CF.4.2.3.2 按图 CF.2 所示连接系统之后,在标定开始之前,将可调流量限制器置于全开位置。起动 CVS 泵,运转 20 min。

CF.4.2.3.3 将限流器逐渐关小,使泵进口处压力降逐渐增加(约 1 kPa),这样整个标定至少能得到六个数据点。让系统稳定 3 min,然后重复数据采集。

CF.4.2.4 数据分析

CF.4.2.4.1 根据流量计数据,用制造厂规定的方法,将每一试验点的空气流量 Q_s,换算成标准状态下的流量,以 m^3/min 表示。

CF.4.2.4.2 然后将空气流量以及泵进口处的绝对温度和压力代入下式,转换为泵的流量(V_0),用 m^3/转表示。

$$V_0=\frac{Q_s}{n}\times\frac{T_p}{273.2}\times\frac{101.33}{P_p}$$

式中:

V_0——在 T_p 和 P_p 下泵的流量,单位为立方米每转(m^3/r);

Q_s——在 101.33 kPa 和 273.2 K 下空气流量,单位为立方米每分钟(m^3/min);

T_p——泵进口处温度,单位为开尔文(K);

P_p——泵进口处绝对压力,单位为千帕斯卡(kPa);

n——泵转速,单位为转每分钟(r/min)。

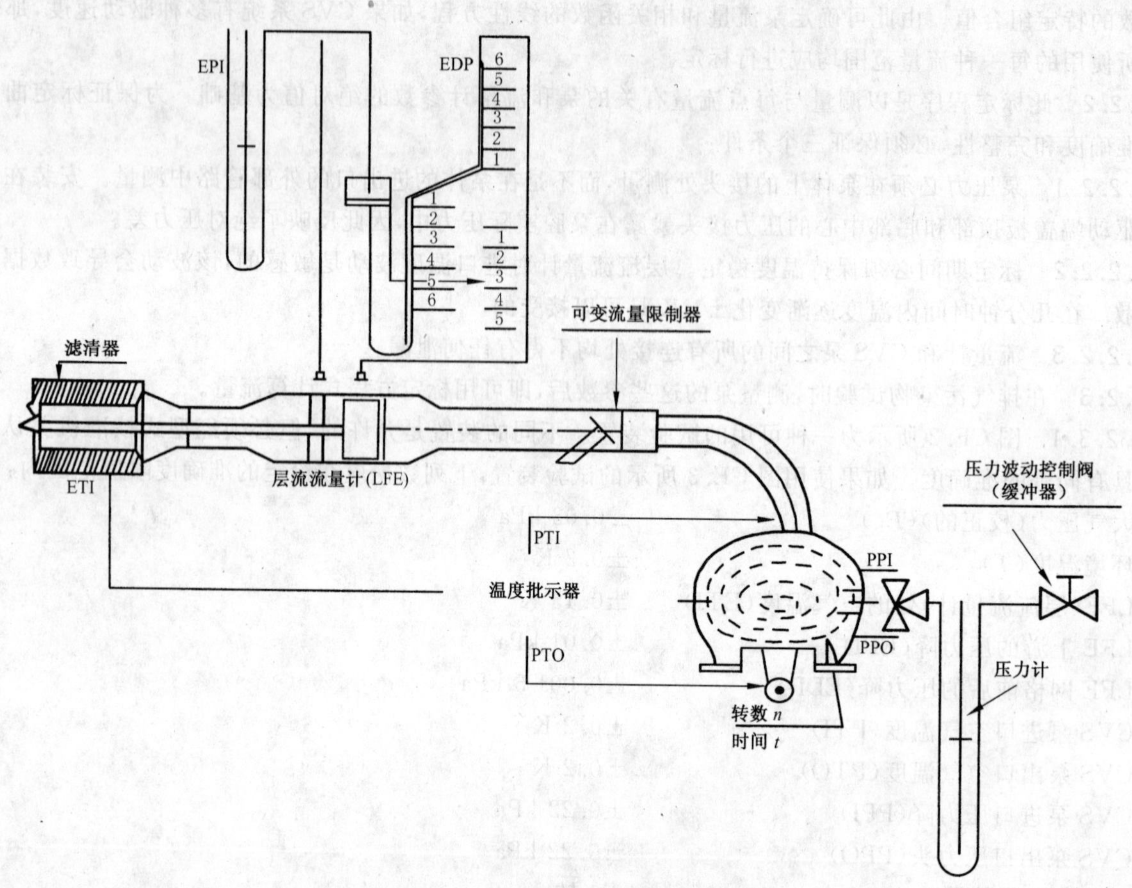

图 CF.2 PDP-CVS 标定布置图

为了对泵的转速和压力变化，以及和泵打滑率之间的相互影响进行补偿，泵转速(n)，泵进出口压差以及泵出口绝对压力之间的相关函数(X_0)的计算公式如下：

$$X_0=\frac{1}{n}\sqrt{\frac{\Delta P_p}{P_e}}$$

式中：

X_0——相关函数；

ΔP_p——泵进出口压差，单位为千帕斯卡(kPa)；

P_e——出口绝对压力($P_{P0}+P_B$)，单位为千帕斯卡(kPa)。

用最小二乘法线性拟合，得到标定方程如下：

$$V_0=D_0-M(X_0)$$

$$n=A-B(\Delta P_p)$$

D_0、M、A 和 B 为确定直线斜率的交点常数。

CF.4.2.4.3 对于具有几种速度的 CVS 系统，必须对每种使用的速度进行标定。各量程得到的标定曲线必须近似平行，且交点值(D_0)必须随泵流量范围的减小而增加。

如果仔细进行标定，从公式计算出的数值应在测量值 V_0 的±0.5%以内。M 值随泵不同而不同。在泵启用之前和大修以后均应进行标定。

CF.4.3 临界流量文丘里管(CFV)的标定

CF.4.3.1 CFV 的标定以临界流量文丘里管的流量方程为基础：

$$Q_s=\frac{K_v\times P}{\sqrt{T}}$$

式中：

Q_s——流量；

K_v——标定系数；

P——绝对压力，单位为千帕斯卡(kPa)；

T——绝对温度，单位为开尔文(K)。

气体流量是进口压力和温度的函数。

下述标定程序是根据压力、温度和空气流量的测定值来确定标定系数值。

CF.4.3.2 必须按照制造厂推荐的程序对 CFV 的电子部分进行标定。

CF.4.3.3 临界流量文丘里管的流量标定要求对下列数据进行测量，并达到给定的精度限值：

大气压力(经校正)(P_B)	±0.03 kPa
LFE 流量计空气温度(ETI)	±0.15 K
LFE 上游压力降(EPI)	±0.01 kPa
LFE 网格前后的压力降(EDP)	±0.0015 kPa
空气流量(Q_s)	±0.5%
CFV 进口压力降(PPI)	±0.02 kPa
文丘里管进口温度(T_v)	±0.2 K

CF.4.3.4 设备应按图 CF.3 布置，并检查泄漏。流量测量装置和临界流量文丘里管之间的任何泄漏，均会严重影响标定准确度。

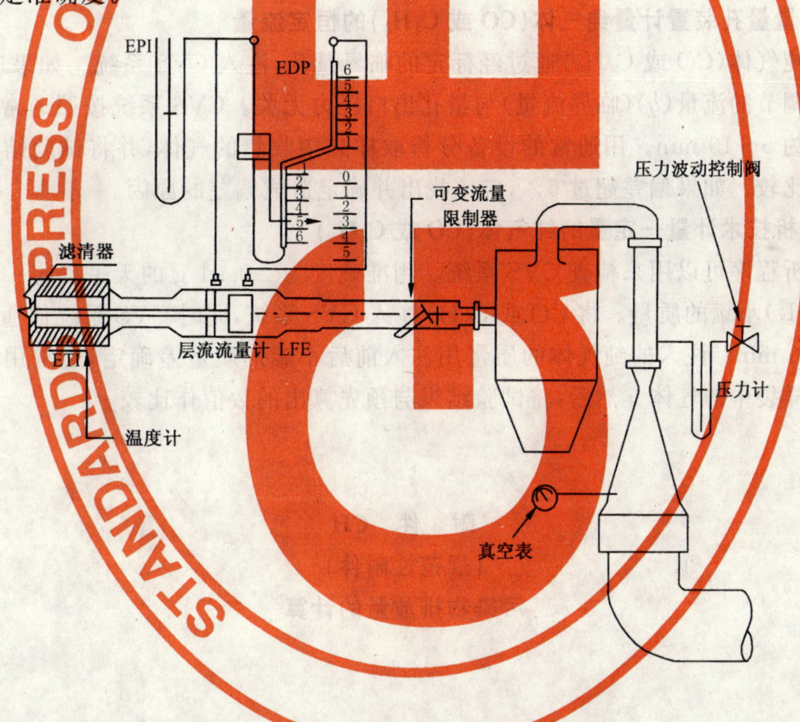

图 CF.3 CFV-CVS 标定布置图

CF.4.3.5 将可调限流器放在全开的位置，起动鼓风机。待系统稳定，记录所有仪器显示的数据。

CF.4.3.6 改变限流器开度，在文丘里管临界流量量程内至少读取 8 个读数。

CF.4.3.7 标定期间记录的数据必须用于下列计算。采用制造厂规定的方法，根据流量计读数，计算每一试验点的空气流量(Q_s)。

每一试验点标定系数的计算值为：

$$K_v=\frac{Q_s\times\sqrt{T_v}}{P_v}$$

式中：

Q_s——在 273.2 K 和 101.33 kPa 下的流量，单位为立方米每分（m^3/min）；

T_v——文丘里管进口温度，单位为开尔文（K）；

P_v——文丘里管进口绝对压力，单位为千帕斯卡（kPa）。

绘制出 K_v 与文丘里管进口压力的关系曲线。对于音速流动，K_v 值应相对稳定。当压力降低（真空度增加）时，文丘里管阻力消失，而使 K_v 减小。不允许产生这样的 K_v 值变化。

在临界区最少计算 8 个点的 K_v 的平均值及标准偏差。

如果标准偏差与 K_v 平均值之比超过 0.3%，则应采取纠正措施。

附　件　CG
（规范性附件）
系统总准确度的确认

CG.1　为满足 C.4.7 的要求，应该确定 CVS 取样系统及分析系统的总准确度，确定总准确度的方法是像通常试验一样运转该系统，在系统运转时注入一种已知质量的污染气体，除丙烷的密度应该取标准状态下的 1.967 g/L 外，其余污染物质量均按附件 CH 中的公式进行分析和计算。下面两种已知技术具有足够的准确度。

CG.2　用临界流量量孔装置计量纯气体（CO 或 C_3H_8）的恒定流量

将已知量的纯气体（CO 或 C_3H_8）通过经标定的临界量孔，注入 CVS 系统。如果进口压力足够高，则临界流量量孔调节的流量（q）（临界流量）与量孔出口压力无关。CVS 系统按照通常进行排气污染物试验的方法运转约 5～10 min。用通常的设备分析取样袋中收集的气体，并将试验结果与预先已知的样气的浓度进行比较。如果偏差超过 5%，应该找出并确定造成偏差的原因。

CG.3　用质量分析技术计量一定量的纯气体（CO 或 C_3H_8）

下列质量分析程序可以用来检查 CVS 系统。用准确度为 ±0.01 g 的天平确定一个充满一氧化碳（CO）或丙烷（C_3H_8）小罐的质量。将 CO 或 C_3H_8 注入 CVS 系统，同时 CVS 系统像通常排放污染物试验那样运转 5～10 min。注入的纯气体的质量用注入前后小罐的质量差确定，通常用作排气分析的设备分析收集在取样袋中的气体。然后，将试验结果与预先算出的数值作比较。

附　件　CH
（规范性附件）
污染物排放量的计算

CH.1　总则

CH.1.1　按照下式计算气体污染物排放量

$$M_i = \frac{V_{mix} \times Q_i \times K_H \times G_i \times 10^{-6}}{d} \tag{1}$$

式中：

M_i——污染物 i 的排放量，单位为克每千米（g/km）；

V_{mix}——稀释排气的容积（校正至标准状态 273.2 K 和 101.33 kPa），L/试验；

Q_i——在标准状态下（273.2 K 和 101.33 kPa），污染物 i 的密度，单位为克每升（g/L）；

K_H——用于计算氮氧化物的排放量的湿度校正系数（对于 HC 和 CO 没有湿度校正）；

C_i——稀释排气中污染物 i 的浓度，并用稀释空气中所含污染物 i 的含量进行校正以后的数值，ppm；

d——车辆按运转循环试验时所行驶的实际距离，单位为千米(km)。

CH.1.2　容积确定

CH.1.2.1　当使用量孔控制或文丘里管控制恒定流量的变稀释度装置时，容积的计算。

连续记录表示容积流量的参数，并计算试验期间的总容积。

CH.1.2.2　使用容积泵时，容积的计算。

容积泵系统中稀释排气的容积计算公式如下：

$$V = V_0 \times N$$

式中：

V——稀释排气的容积，L/试验(校正前)；

V_0——在试验条件下，容积泵输出的气体容积，L/转；

N——每次试验的转数，转/试验。

CH.1.2.3　将稀释排气的容积校正至标准状态。稀释排气的容积采用如下校正公式：

$$V_{\text{mix}} = V \times K_1 \times \frac{P_B - P_1}{T_p} \tag{2}$$

其中：

$$K_1 = \frac{273.2\text{K}}{101.33\ \text{kPa}} = 2.6961(\text{K} \times \text{kPa}^{-1}) \tag{3}$$

式中：

P_B——试验室内大气压力，单位为千帕斯卡(kPa)；

P_1——容积泵进口处相对于环境大气压的真空度，单位为千帕斯卡(kPa)；

T_p——试验期间进入容积泵的稀释排气平均温度，单位为开尔文(K)。

CH.1.3　取样袋中污染物的校正浓度的计算

$$C_i = C_e - C_d\left(1 - \frac{1}{DF}\right) \tag{4}$$

式中：

C_1——稀释排气中污染物 i 的浓度，并用稀释空气中 i 的含量进行校正后的数值，ppm；

C_e——稀释排气中测得的污染物 i 的浓度，ppm；

C_d——稀释空气中测得的污染物 i 的浓度，ppm；

DF——稀释系数。

稀释系数计算如下：

$$\text{对于汽油和柴油，} DF = \frac{13.4}{C_{CO_2} + (C_{HC} + C_{CO}) \times 10^{-4}} \tag{5 a}$$

$$\text{对于 LPG，} DF = \frac{11.9}{C_{CO_2} + (C_{HC} + C_{CO}) \times 10^{-4}} \tag{5 b}$$

$$\text{对于天然气，} DF = \frac{9.5}{C_{CO_2} + (C_{HC} + C_{CO}) \times 10^{-4}} \tag{5 c}$$

式中：

C_{CO_2}——取样袋中稀释排气的 CO_2 浓度，%(体积分数)；

C_{HC}——取样袋中稀释排气的 HC 浓度，ppmC；

C_{CO}——取样袋中稀释排气的 CO 浓度，ppm。

CH.1.4　NO_x 湿度校正系数的确定

为了校正湿度对氮氧化物测量结果的影响，采用如下计算公式：

$$k_H=\frac{1}{1-0.0329\times(H-10.71)} \qquad (6)$$

其中：

$$H=\frac{6.211\times R_a\times R_d}{P_B-P_d\times R_a\times 10^{-2}}$$

式中：

H——绝对湿度(水/干空气)，单位为克每千克(g/kg)；

R_a——环境空气的相对湿度，%；

P_d——环境温度下饱和蒸气压，单位为千帕斯卡(kPa)；

P_B——室内大气压，单位为千帕斯卡(kPa)。

CH.1.5 示例

CH.1.5.1 数据

CH.1.5.1.1 环境状态：

环境温度：23℃＝296.2 K，

大气压力：P_B＝101.33 kPa，

相当湿度：R_a＝60%，

饱和蒸汽压：P_d＝2.81 kPa 在 23℃下。

CH.1.5.1.2 测得的体积，并校正至标准状况(见 CH.1)

$$V=51.961\ \text{m}^3$$

CH.1.5.1.3 分析仪读数：

见表 CH.1

表 CH.1 分析仪读数

	稀释排气	稀释空气		稀释排气	稀释空气
HC	92 ppmC	3.0 ppmC	NO_x	70 ppm	0 ppm
CO	470 ppm	0 ppm	CO	1.6%(体积分数)	0.03%(体积分数)

CH.1.5.2 计算

CH.1.5.2.1 湿度校正系数(K_H)

见公式(6)

$$H=\frac{6.211\times R_a\cdot P_d}{P_B-P_d\cdot R_a\times 10^{-2}}$$

$$H=\frac{6.211\times 60\times 3.2}{101.33-(2.81\times 0.6)}$$

$$H=10.509\ 2$$

$$k_H=\frac{1}{1-0.0329\times(H-10.71)}$$

$$k_H=\frac{1}{1-0.0329\times(10.5092-10.71)}$$

$$k_H=0.9934$$

CH.1.5.2.2 稀释系数

见公式(5)

$$DF=\frac{13.4}{C_{CO_2}+(C_{HC}+C_{CO})\times 10^{-4}}$$

$$DF=\frac{13.4}{1.6+(92+4.70)\times 10^{-4}}$$

$$DF=8.091$$

CH.1.5.2.3 取样袋中污染物校正浓度的计算

HC,质量排放量(见公式(4)和(1))

$$C_i=C_e-C_d\times\left(1-\frac{1}{DF}\right)$$

$$C_i=92-3\times\left(1-\frac{1}{8.091}\right)$$

$$C=89.371$$

$$M_{HC}=C_{HC}\times V_{mix}\times Q_{HC}\times\frac{1}{d}$$

$Q_{HC}=0.619$,对于汽油和柴油

$Q_{HC}=0.649$,对于 LPG

$Q_{HC}=0.714$,对于 NG

$$M_{HC}=89.371\times51961\times0.619\times10^{-6}\times\frac{1}{d}$$

$$M_{HC}=\frac{2.88}{d}\text{g/km}$$

CO,质量排放量(见公式(1))

$$M_{CO}=C_{CO}\times V_{mix}\times Q_{CO}\times\frac{1}{d}$$

$Q_{CO}=1.25$

$$M_{CO}=470\times51961\times1.25\times10^{-6}\times\frac{1}{d}$$

$$M_{CO}=\frac{30.5}{d}\text{g/km}$$

NO_x,质量排放量(见公式(1))

$$M_{NO_x}=C_{NO_x}\times V_{mix}\times Q_{NO_x}\times K_H\times\frac{1}{d}$$

$$Q_{NO_x}=2.05$$

$$M_{NO_x}=70\times51961\times2.05\times0.9934\times10^{-6}\times\frac{1}{d}$$

$$M_{NO_x}=\frac{7.41}{d}\text{g/km}$$

CH.2 装压燃式发动机车辆的特殊规定

CH.2.1 压燃式发动机 HC 的测量

为了确定压燃式发动机 HC 的质量排放量,借助下列公式计算 HC 的平均浓度:

$$C_e=\frac{\int_{t_1}^{t_2}C_{HC}\cdot\mathrm{d}t}{t_2-t_1} \tag{7}$$

式中:

$\int_{t_1}^{t_2}C_{HC}\cdot\mathrm{d}t$——加热式 FID 分析仪的记录曲线在试验期间($t_2-t_1$)内的积分;

C_e——稀释排气中测得的 HC 浓度,ppmC;

C_i——在所有有关公式中,C_i 直接取代 C_{HC}。

CH.2.2 颗粒物的确定

用如下公式计算颗粒物排放质量 M_p(g/km),如果颗粒物取样排气排到稀释通道外边:

$$M_p = \frac{(V_{\text{mix}} + V_{ep}) \times m_f}{V_{ep} \times d}$$

如果颗粒物取样排气返回到稀释通道内:

$$M_p = \frac{V_{\text{mix}} \times m_f}{V_{ep} \times d}$$

式中:

V_{mix}——标准状态下,稀释排气的容积(见 CH.1.1),单位为立方米(m^3);

V_{ep}——标准状态下,流经颗粒物过滤器的排气容积,单位为立方米(m^3);

m_f——滤纸收集到的颗粒物质量,单位为克(g);

d——相当于运转循环的实际距离,单位为千米(km);

M_p——颗粒物排放量,单位为克每千米(g/km)。

附 录 D
(规范性附录)
测定双怠速的 CO、HC 和高怠速的 λ 值(双怠速试验)

D.1 概述

本附录描述了 5.3.2 规定的双怠速试验的程序。

D.2 测量条件

D.2.1 试验应使用Ⅰ型试验时使用的燃料。

D.2.2 试验期间环境温度必须在 293～303 K(20～30℃)之间。

应预热发动机直到冷却液和润滑剂的温度以及润滑剂的压力达到平衡。

D.2.3 若汽车装有手动或半自动变速器,试验时应将变速器置于“空挡”位置,离合器应接合。

D.2.4 若汽车装有自动变速器时,试验时应将挡位选择器置于“空挡”或“驻车”位置。

D.2.5 调整怠速的部件

就本标准而言,“调整怠速的部件”,是指仅用下段所述工具,即可容易地人工进行改变发动机怠速状况的调整部件。但是需要拆掉限位装置后,才能调整燃料和空气流量的装置,不能认为其是调整部件,这种操作除专职技工外,通常是无法进行的。

可用作怠速调整部件的工具为:螺丝刀(普通的或十字头的),扳手(眼镜式、开口式或活动式),钳子,内六角扳子。

D.3 测定常规怠速下的 CO 和 HC

D.3.1 首先根据制造厂规定的调整状态进行测量。

D.3.2 对每一可连续变位的调整怠速的部件,应确定足够数量的特征位置。

D.3.3 应对各调整怠速的部件的所有可能的位置,进行排气中 CO 和 HC 含量的测量,但对于连续变位的调整怠速的部件,仅采用 D.3.2 中确定的位置。

D.3.4 调整怠速的部件的可能调整位置限制如下:

D.3.4.1 一方面,受限于下列两数值中较大者:发动机能够达到的最低稳定转速;制造厂推荐的转速减去 100 r/min;

D.3.4.2 另一方面,受限于下列三数值中最小者:用怠速调整部件调出的,发动机所能达到的最高转速;制造厂推荐的转速加 250 r/min;自动离合器切入的转速。

D.3.4.3 此外,与发动机正常运行不相容的调整位置,不得作为测量位置。特别是当发动机装有一只以上的化油器时,所有化油器均必须处于同样的调整位置。

D.3.5 气体取样

取样探头放置在连接排气和取样袋的管路中,并尽可能地接近排气。

D.3.6 确定 CO 和 HC 的浓度

D.3.6.1 根据测量仪的读数或者记录数,并采用合适的标定曲线,确定 CO(C_{CO})、HC 和 CO_2(C_{CO_2})的浓度。

D.3.6.2 对于四冲程发动机,一氧化碳的校正浓度是:

$$C_{CO校正} = C_{CO} \times \frac{15}{C_{CO} + C_{CO_2}} (\%,体积分数)$$

D.3.6.3 对于四冲程发动机,如果测得($C_{CO} + C_{CO_2}$)的总浓度不小于 15%,那么测得的 CO 浓度(见

D.3.6.1)无需按 D.3.6.2 的公式校正。

D.3.6.4 将各调整位置测得的 CO 和 HC 组合值中 CO 和 HC 浓度最高的那两个组合值记录在 BA.2.8的表中,并记录试验时的发动机机油温度,以及各调整位置的发动机转速范围。

D.4 测定高怠速下的 CO、HC、和 CO_2 并计算 λ 值

D.4.1 将发动机的怠速转速调整到制造厂规定的高怠速转速(应不低于 2 000 r/min)。记录排气中的 CO、HC、CO_2 和 O_2 的浓度,用 D.4.2 中的公式计算 λ 值。

D.4.2 用下列简化的 Brettschneider 公式计算 λ 值:

$$\lambda=\frac{[CO_2]+\frac{[CO]}{2}+[O_2]+\left(\frac{H_{cv}}{4}\times\frac{3.5}{3.5+\frac{[CO]}{[CO_2]}}-\frac{O_{cv}}{2}\right)\times([CO_2]+[CO])}{\left(1+\frac{H_{cv}}{4}-\frac{O_{cv}}{2}\right)\times([CO_2]+[CO]+K1\times[HC])}$$

式中:

[ ]——浓度,%,体积分数;

$K1$——NDIR 测量值转化为 FID 测量值的系数(由测量设备制造厂提供),

H_{cv}——氢-碳原子比,汽油=1.73

LPG=2.53

NG=4.0

O_{cv}——氧-碳原子比,汽油=0.02

LPG=0

NG=0

D.4.3 将计算所得的 λ 值记录在 BA.2.8 的表中,并记录试验时的发动机机油温度,以及发动机转速及其允差。

附　录　E
（规范性附录）
曲轴箱污染物排放试验（Ⅲ型试验）

E.1　概述

本附件描述了5.3.3规定的Ⅲ型试验的程序。

E.2　一般规定

E.2.1　Ⅲ型试验在已经进行了适用于它的Ⅰ型或双怠速试验、装点燃式发动机的汽车上进行。

E.2.2　被试发动机必须包括防漏发动机，但不包括那些在结构上即使有一点泄漏也会造成不能接受的运转故障的发动机（如卧式双缸对置发动机）。

E.3　试验条件

E.3.1　怠速必须调整到制造厂规定的状况。

E.3.2　按表E.1中规定的三种发动机运转工况进行测量：

表E.1　运　转　工　况

工况号	车速/(km/h)	测功机吸收的功率
1	怠速	无
2	50±2(3挡或前进挡)	相当于Ⅰ型试验50 km/h下的设定状况
3	50±2(3挡或前进挡)	第2号工况的设定值乘以系数1.7

E.4　试验方法

必须在E.3.2所列运转工况下，检查曲轴箱通风系统功能的可靠性。

E.5　曲轴箱通风系统的检查方法（参阅图E.1）

E.5.1　发动机的缝隙或孔应保持原状。

E.5.2　在适当位置测量曲轴箱内的压力。例如在机油标尺孔处使用倾斜式压力计进行测量。

E.5.3　如果在E.3.2规定的各测量工况下，测得的曲轴箱内的压力均不超过测量时的大气压力，则认为汽车曲轴箱污染物排放满足要求。

E.5.4　用上述方法进行试验时，测量进气支管中的压力，其准确度应在±1 kPa以内。

E.5.5　测量测功机指示的车速，其准确度应在±2 km/h以内。

E.5.6　测量曲轴箱内的压力，其准确度应在±0.01 kPa以内。

E.5.7　如果在E.3.2规定的某一测量工况下，在曲轴箱内测得的压力超过大气压，若制造厂提出要求，则进行E.6规定的追加试验。

E.6　追加试验

E.6.1　发动机的缝隙或孔应保持原状。

E.6.2　在机油标尺孔处连接一个容积大约为5L，不泄漏曲轴箱气体的柔性袋。每次测量前应将气袋排空。

E.6.3　每次测量前气袋应该封闭。在E.3.2规定的每种测量工况下，气袋应与曲轴箱接通5 min。

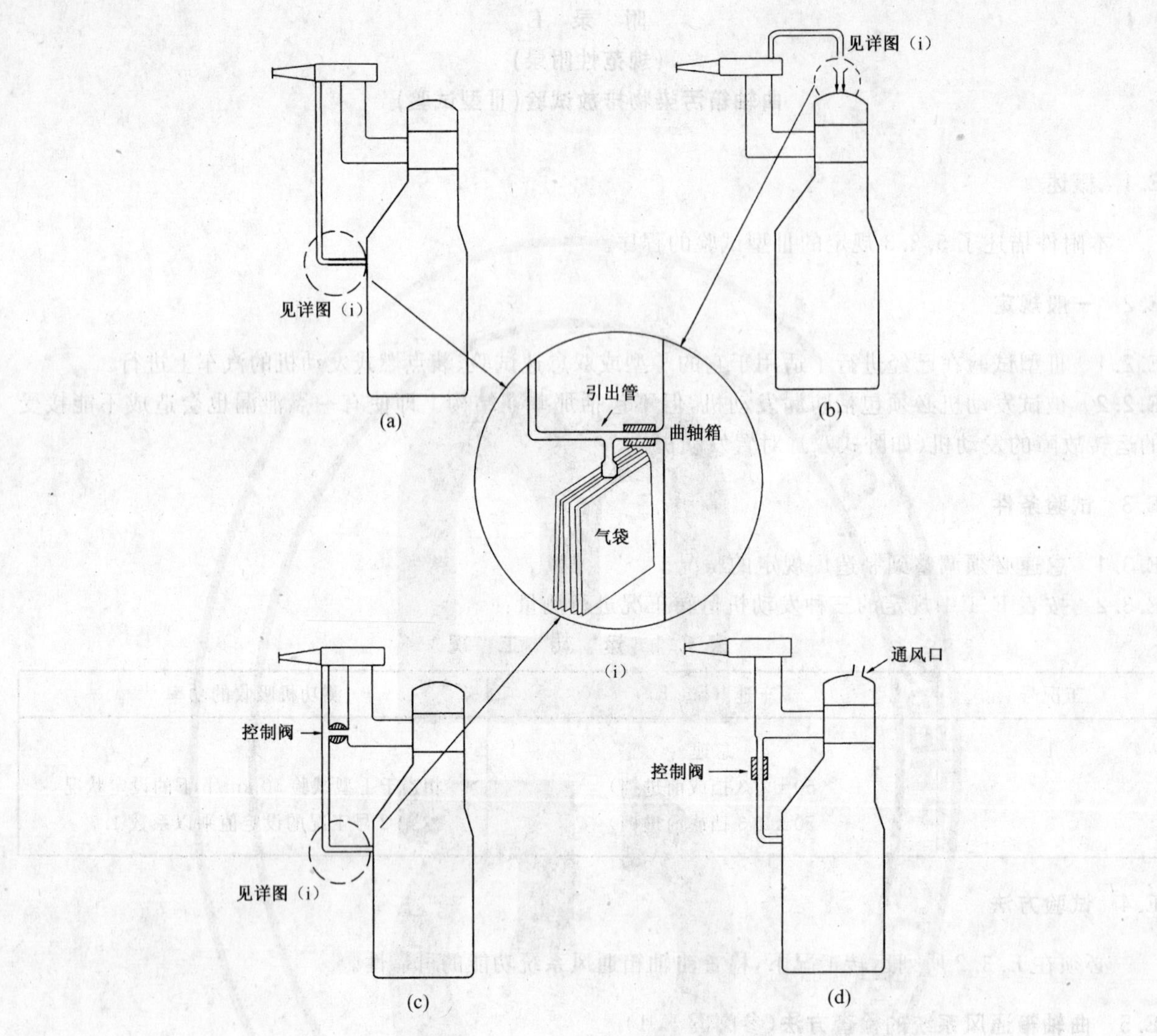

(a) 在微小真空度时直接再循环；(b) 在微小真空度时间接再循环；(c) 双回路直接再循环；
(d) 带控制阀的曲轴箱通风(气袋必须接到通风口上)；(i) 引出管和气袋的连接

图 E.1 Ⅲ型试验

E.6.4 若在 E.3.2 规定的每一测量工况下，气袋均没有出现可观察到的涨大，则认为此汽车曲轴箱污染物排放满足要求。

E.6.5 备注

E.6.5.1 如果受发动机结构的限制，不能按 E.6.1～E.6.4 所述方法进行试验时，应按下述方法进行测量：

E.6.5.2 试验之前，除回收气体所需的孔外，所有的缝隙或孔均封闭；

E.6.5.3 气袋装在再循环装置的管路中，一个不导致任何额外压力损失的合适的取气管上，此再循环装置直接装在发动机联接孔上。

附 录 F
(规范性附录)
蒸发污染物排放试验(Ⅳ型试验)

F.1 概述

本附录描述了5.3.4中Ⅳ型试验的规程。

该规程描述了装汽油发动机汽车蒸发污染物排放的测定方法。

F.2 试验描述

蒸发污染物排放试验(见图F.1)用于确定由于昼间温度波动、停车期间热浸和城内运转所产生的碳氢化合物。试验包括下列阶段:

——由一个运转循环1部和一个运转循环2部组成的试验准备;

——测定热浸损失;

——测定昼间换气损失。

将热浸损失和昼间换气损失阶段测得的碳氢化合物的排放质量相加,作为试验的总结果。

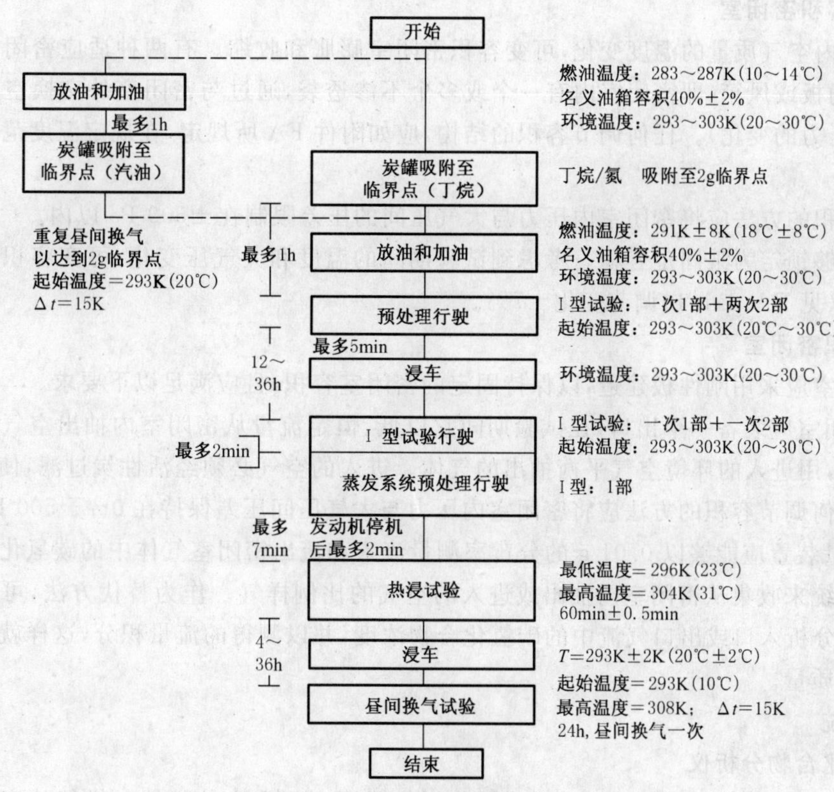

图F.1 蒸发污染物排放测定规程

F.3 汽车和燃料

F.3.1 汽车

汽车机械状况应良好,试验前已至少进行了3 000 km的磨合行驶。在此期间,蒸发污染控制装置必须正确连接和工作正常,炭罐经过正常使用,未经异常吸附和脱附。

F.3.2 燃料

应使用附录J规定的基准燃料。

F.4 蒸发污染物排放试验用设备

F.4.1 底盘测功机

底盘测功机应符合附录C的要求。

F.4.2 蒸发污染物排放测量用密闭室

蒸发污染物排放测量用密闭室应是一个气密性好的矩形测量室，试验时可用来容纳汽车。应能从汽车各侧面方便地接近汽车，密闭室封闭时应能达到附件FA规定的气密性。密闭室内表面应不渗透碳氢化合物并不与其发生反应。试验期间，温度调节系统应能控制密闭室内部空气温度，使其跟随规定的温度-时间曲线变化，且整个试验期间平均误差在±1 K内。

应调整温度控制系统，以提供圆滑的温度控制模式，即相对于设定的环境温度曲线具有最小的过调、波动和不稳定。在昼间换气排放试验期间的任何时间，密闭室内表面温度既不得低于278 K(5℃)，也不得高于328 K(55℃)。

密闭室壁面的设计应有良好的散热性。在热浸试验期间，密闭室内表面温度既不得低于293 K(20℃)，也不得高于325 K(52℃)。

为了适应由于密闭室内温度变化导致的容积变化，可以采用可变容积或定容积的密闭室。

F.4.2.1 可变容积密闭室

根据密闭室内空气质量的温度变化，可变容积密闭室膨胀和收缩。有两种适应密闭室内部容积变化的结构：可移动板或风箱(即密闭室内有一个或多个不渗透袋，通过与密闭室外交换空气而膨胀和收缩，以响应内部压力的变化)。任何调节容积的结构，应如附件FA所规定，在规定温度范围内保持密闭室的完整性。

任何调节容积的方法应将密闭室内压力与大气压间的压差限制在±500 Pa以内。

密闭室应能够锁定为某固定容积。考虑到试验期间的温度和大气压变化，可变容积密闭室应能够从其"名义容积"(见FA.2.1.1)调节变化±7%。

F.4.2.2 定容积密闭室

定容积密闭室应采用刚性板建造，以保持固定的密闭室容积，且应满足以下要求。

F.4.2.2.1 密闭室应装备一个出口，在试验期间它以低、恒定流量从密闭室内抽出空气。一个入口可以提供补充空气，用进入的环境空气平衡抽出的气体。进入的空气必须经活性炭过滤，使碳氢化合物浓度相对恒定。任何调节容积的方法应将密闭室内压力与大气压间压差保持在0～－500 Pa。

F.4.2.2.2 测量装置应能够以0.01 g的分辨率测量流入和流出密闭室气体中的碳氢化合物质量。可以采用袋取样系统来收集从密闭室内抽出或进入的空气的比例样气。作为替代方法，可以用一台在线FID分析仪连续分析入口或出口气流中的碳氢化合物浓度，并以测得的流量积分，这样就可连续记录排出的碳氢化合物质量。

F.4.3 分析系统

F.4.3.1 碳氢化合物分析仪

F.4.3.1.1 应使用氢火焰离子化型(FID)碳氢分析仪监测密闭室内的气体。样气从密闭室某一侧面或顶棚的中心处抽取，所有的旁通气体应回流到密闭室内、混合风扇的下游处。

F.4.3.1.2 碳氢化合物分析仪达到其最终读数的90%的响应时间应不大于1.5 s。分析仪的稳定性，对所有工作量程，在15 min稳定期内，在零点和满刻度的80%±20%时，应优于满刻度的2%。

F.4.3.1.3 分析仪的重复性，对所有工作量程，在零点和满刻度的80%±20%时的标准偏差应小于1%。

F.4.3.1.4 应选择分析仪的工作量程，以便在测量、标定、检漏等过程中得到最好的分辨率。

F.4.3.2　碳氢化合物分析仪用数据记录系统

碳氢化合物分析仪应带一个笔录仪或其他数据采集系统，以每分钟最少一次的频率记录分析仪的输出电信号。该记录系统至少应具备与记录信号等效的工作特性，并能永久记录试验结果。该记录应明确显示热浸或者昼间排放试验的开始和结束点(包括取样期的开始和结束，以及每次试验开始和结束所经历的时间)。

F.4.4　燃油箱加热(仅适用选择汽油使炭罐吸附时)

F.4.4.1　汽车燃油箱中的燃油应采用可控热源加热，例如采用 2 000 W 容量的加热垫板。加热系统应均匀加热燃油液面以下的燃油箱壁，以免造成燃油局部过热。不应加热燃油箱内燃油上部的燃油蒸气。

F.4.4.2　燃油箱加热装置应能够在 60 min 内把燃油箱内燃油从 289 K(16℃)均匀升温 14 K，温度传感器位置如 F.5.1.1 所述。油箱加热过程中，加热系统应能使燃油温度控制在要求温度的±1.5 K 以内。

F.4.5　温度记录

F.4.5.1　密闭室内温度的测量，应用两个温度传感器同时测量密闭室内的两个位置的温度，两者的平均值作为室内温度。测量点离地高 0.9 m±0.2 m，从两侧壁面的垂直中心线往室内伸进约 0.1 m。

F.4.5.2　在蒸发污染物排放测量期间，应以每分钟不少于一次的频率记录温度或者将温度输入到数据处理系统。

F.4.5.3　在选用汽油使炭罐吸附时(F.5.1.5)，用 F.5.1.1 所述安装在燃油箱内的温度传感器记录燃油箱的温度。

F.4.5.4　温度记录系统的准确度应在±1.0 K 以内，分辨率不低于±0.4 K。

F.4.5.5　记录系统或数据处理系统的时间分辨率应不低于±15 s。

F.4.6　压力记录

F.4.6.1　在蒸发污染物排放测量期间，应以每分钟不少于一次的频率，将试验区域内的大气压力和密闭室内部压力的压力差 Δp，记录或输入到数据处理系统。

F.4.6.2　压力记录系统的准确度应在±200 Pa 以内，分辨率应不低于±20 Pa。

F.4.6.3　记录系统或数据处理系统的时间分辨率应不低于±15 s。

F.4.7　风扇

F.4.7.1　在打开密闭室门时，应使用一个或多个风扇或者鼓风机清扫密闭室，使室内碳氢化合物的浓度降到环境中碳氢化合物的浓度水平。

F.4.7.2　密闭室内应设有送风量为 0.1～0.5 m^3/s 的一个或多个风扇或鼓风机，以充分混合密闭室内的大气。测量期间，密闭室内的温度和碳氢化合物的浓度必须均匀。风扇或鼓风机产生的气流不能直接吹拂密闭室内的汽车。

F.4.8　气体

F.4.8.1　必须具备下列纯气体用于标定和运行：

——纯合成空气：(HC<1 ppmC，CO≤1 ppm，CO_2≤400 ppm，NO≤0.1 ppm)；氧气含量在体积分数为 18％至 21％之间，

——碳氢化合物分析仪用燃料气体(40％±2％氢气，其余是氦气，HC<1 ppmC，CO_2≤400 ppm)，

——丙烷(C_3H_8)，纯度：不低于 99.5％，

——丁烷(C_4H_{10})，纯度：不低于 98％，

——氮气(N_2)，纯度：不低于 98％。

F.4.8.2　标定及量距气体应是合用的罐装丙烷(C_3H_8)和纯合成空气的混合气。标定气体的实际浓度必须在标称值的±2％以内。使用气体分割器配制的稀释气体的准确度应为实际值的±2％。附件 FA 中规定的浓度可以通过气体分割器用合成空气进行稀释而得到。

F.4.9 附加设备

试验场地的绝对湿度的测量准确度必须在±5%以内。

F.5 试验程序

F.5.1 试验准备

F.5.1.1 汽车在试验前按下列要求进行机械方面的准备：

——汽车的排气系统不应出现任何泄漏，

——试验前可用蒸汽清洗汽车，

——在选用汽油使炭罐吸附时(F.5.1.5)，汽车的燃油箱应安装温度传感器测量燃油温度。温度传感器的测量点应处于燃油箱装40%额定容量的燃油几何中心点，

——在不改变燃油箱安装状况的条件下，可在燃油系统中安装附加接头和转换接头，以排净燃油箱中的燃油。

——为了只计算汽车燃油系统蒸发的碳氢化合物损失，制造厂可建议一种试验方法。

F.5.1.2 将汽车置放于环境温度为293～303 K(20～30℃)的试验场地。

F.5.1.3 核实炭罐的老化。可通过装在汽车至少行驶3 000 km来证明它。如果不能证明，可采用下述程序进行老化试验。对于多炭罐系统，每个炭罐应单独执行该程序。

F.5.1.3.1 小心从汽车上卸下炭罐，不得损坏零部件和燃油系统的完整性。

F.5.1.3.2 称量炭罐的重量。

F.5.1.3.3 将炭罐连接到一个燃油箱，允许是附带的油箱，将基准燃料加入油箱，至其容积的40%。

F.5.1.3.4 燃油箱内的燃油温度应在283 K(10℃)和287 K(14℃)之间。

F.5.1.3.5 将该油箱从288 K(15℃)匀速加热至318 K(45℃)(每9分钟升高1℃)。

F.5.1.3.6 如果温度升高至318 K(45℃)之前，炭罐达到了临界点，则切断热源，称量炭罐。如果温度升高至318 K(45℃)后，炭罐还没有达到临界点，应从F.5.1.3.3重复上述程序，直至出现临界点。

F.5.1.3.7 可按F.5.1.5和F.5.1.6所述检查临界点，或采用另一套能检测临界点时炭罐排出的碳氢化合物的采样和分析设备。

F.5.1.3.8 须用排放实验室的空气以25±5 L/min的流量脱附炭罐，直至达到300倍床容积。

F.5.1.3.9 称量炭罐的重量。

F.5.1.3.10 重复F.5.1.3.4至F.5.1.3.9步骤9次。如果进行三次老化循环后，最后一次循环后的炭罐重量已经稳定，则可以提前中止老化试验。

F.5.1.3.11 重新连接炭罐，汽车恢复至正常运转状态。

F.5.1.4 预处理炭罐

应采用F.5.1.5和F.5.1.6规定的方法之一来预处理炭罐。对于带多个炭罐的汽车，应单独预处理每个炭罐。

F.5.1.4.1 测量炭罐排放量，确定临界点。

这里临界点定义为碳氢化合物累计排放量等于2 g的时刻。

F.5.1.4.2 可分别采用F.5.1.5和F.5.1.6所述的蒸发排放密闭室核实临界点。或者，可在汽车炭罐的下游连接一个辅助蒸发炭罐来确定临界点。该辅助炭罐在吸附前应采用干空气充分脱附。

F.5.1.4.3 临近试验前，应打开密闭室内空气混合风扇，同时清扫密闭室数分钟，直至背景气稳定。对碳氢化合物分析仪进行零点和量距点标定。

F.5.1.5 用重复加热的方法使炭罐吸附至临界点

F.5.1.5.1 打开燃油箱盖，用油箱放油阀放净汽车上的所有燃油箱。放油时不应使得装在汽车上的蒸发控制装置异常脱附或异常吸附。

F.5.1.5.2 所有燃油箱加入温度为283 K(10℃)至287 K(14℃)的试验燃料，加油量为该燃油箱标称

容量的40%±2%。然后盖上燃油箱盖。

F.5.1.5.3 加油后1 h内,汽车应在发动机熄火状态移入密闭室内。将油箱温度传感器连接至温度记录系统。将加热源置于油箱的适当位置,并与温度控制器相连。加热源在F.4.4中有规定。如果试验汽车装有多个燃油箱,应该用下述同一种方法加热所有燃油箱,各燃油箱的温度差应在±1.5 K以内。

F.5.1.5.4 可以人工加热燃油,使其达到昼间换气的起始温度293 K(20℃)±1 K。

F.5.1.5.5 当燃油温度达到至少292 K(19℃)时,应立即进行以下操作:关闭清扫风扇,关闭并密封密闭室大门,测量密闭室内的原始碳氢化合物浓度。

F.5.1.5.6 当燃油箱内燃油温度达到293 K(20℃)时,开始进行以线性加热升温15 K(15℃)的过程。应使加热过程中燃油温度符合下列公式,误差在±1.5 K以内。记录加热经历时间和温升值。

$$T_r = T_o + 0.2333 \times t$$

式中:

T_r——要求温度,单位为开尔文(K);

T_o——起始温度,单位为开尔文(K);

t——从加热燃油箱开始所经历的时间,单位为分钟(min)。

F.5.1.5.7 一旦出现临界点或者燃油温度达到308 K(35℃),无论那种情况首先出现,则关掉热源,解封、打开密闭室门,打开燃油箱盖。如果燃油温度达到308 K(35℃)时还没有出现临界点,则从汽车下边移开热源,从蒸发排放密闭室内移走汽车,然后重复F.5.1.7和F.5.1.5.3至F.5.1.5.7列出的所有程序,直至出现临界点。

F.5.1.5.8 然后应重新连接蒸发污染物排放炭罐,汽车恢复至正常运转状态。

F.5.1.6 用丁烷使炭罐吸附至临界点

F.5.1.6.1 如果采用密闭室来确定临界点(见F.5.1.4.2),应将发动机熄火的汽车置于蒸发排放密闭室内。

F.5.1.6.2 应准备好蒸发污染物排放炭罐用于炭罐吸附操作。不得从车上拿下炭罐,除非炭罐在正常位置很难接近,不得不从车上卸下炭罐来进行吸附。如果需要卸下炭罐时,应特别小心,以免损坏零部件和燃油系统的完整性。

F.5.1.6.3 采用50%容积丁烷和50%容积氮气的混合气,以40 g/h丁烷的流量使炭罐吸附。

F.5.1.6.4 一旦炭罐达到临界点,应马上关闭蒸气源。

F.5.1.6.5 然后应重新连接蒸发污染物排放炭罐,汽车恢复至正常运转状态。

F.5.1.7 放油和重新加油

F.5.1.7.1 打开燃油箱盖,用油箱放油阀放净汽车上的所有燃油箱。放油时不得使装在汽车上的蒸发控制装置异常脱附或异常吸附。

F.5.1.7.2 所有燃油箱加入温度为291 K±8 K(18℃±8℃)之间的试验燃料,加油量为该燃油箱标称容量的40%±2%。然后汽车燃油箱盖都应盖上。

F.5.2 预处理运行

按照F.5.1.5或F.5.1.6完成炭罐吸附的1 h内,将汽车放置在底盘测功机上,运行附录C规定的Ⅰ型试验的运转循环1部一次和2部两次。运转期间排气污染物不取样。

F.5.3 浸车

完成F.5.2.1规定的预处理运行后5 min内,关上发动机罩,汽车驶离底盘测功机,停泊在浸车区。汽车至少停泊12 h,最多36 h。浸车期终了,发动机润滑油和冷却液温度应达到该区域温度的±3 K以内。

F.5.4 底盘测功机试验

F.5.4.1 浸车期结束后,将汽车进行附录C所述的完整的Ⅰ型试验运转循环(运转循环1部和2部)。然后发动机熄火。试验期间可以进行排气污染物取样,但试验结果不得用于排气污染物的型式核准。

F.5.4.2 完成F.5.4.1规定的Ⅰ型试验运转后2 min内,汽车进行进一步预处理运转,包括一次Ⅰ型试验的运转循环1部(热起动)。然后发动机再次熄火。运转期间排气污染物不取样。

F.5.5 热浸试验

F.5.5.1 预处理运行完成之前,应打开密闭室的混合风扇,并清扫密闭室数分钟,直至背景碳氢化合物稳定。

F.5.5.2 临近试验前,应进行碳氢化合物分析仪零点和量距点标定。

F.5.5.3 预处理运转循环未了,关上发动机罩,拆掉汽车与试验台之间的所有联接件。然后以最小的油门开度将汽车开向密闭室。当汽车的任何一个部位进入密闭室前,打开车窗和行李箱,发动机熄火。将发动机熄火时刻记录在蒸发污染物排放测量数据记录系统上,同时,开始记录温度。

F.5.5.4 在发动机熄火的情况下,将汽车推进或者用其他方法移进密闭室内。

F.5.5.5 在发动机熄火后2 min内且在预处理运行结束后7 min内,关闭并密封密闭室的门。

F.5.5.6 密闭室密封后便开始60 min±0.5 min的热浸期。测量热浸试验的初始读数碳氢化合物的浓度$C_{HC,i}$、温度T_i、大气压力P_i。这些数据将用于第F.6章蒸发污染物排放的计算。60 min的热浸期间,密闭室内的环境温度T应不低于296 K(23℃),且不高于304 K(31℃)。

F.5.5.7 临近60 min±0.5 min热浸试验期未了,应进行碳氢化合物分析仪的零点和量距点标定。

F.5.5.8 在60 min±0.5 min热浸试验期未了,应测量热浸试验的终了读数密闭室内碳氢化合物的浓度$C_{HC,f}$、测量温度T_f和大气压力P_f。这些数据将用于第F.6章的蒸发污染物排放计算。

F.5.6 浸车

不起动发动机,将汽车推出或者用其他方法移至浸车区。在热浸试验未了和昼间换气试验开始之间,至少浸车6 h,最多36 h。在此期间,至少应有6 h汽车处于293 K±2 K(20℃±2℃)下。

F.5.7 昼间换气试验

F.5.7.1 试验汽车应在附件FB规定的环境温度变化中经历1个循环,温度变化循环中任何时刻温度的最大偏差在±2 K以内。以每次测量偏差的绝对值计算,偏离规定变化曲线的温度平均值不得超过1 K。至少每分钟测量一次环境温度。按照F.5.7.6的规定,从$T_{开始}=0$时刻开始温度循环。

F.5.7.2 临近试验前,应打开密闭室内混合风扇,并清扫测量室数分钟,直至背景碳氢化合物稳定。

F.5.7.3 在汽车发动机熄火、车窗和行李箱打开的情况下,将试验汽车移进密闭室。调整混合风扇,使试验汽车燃油箱下面空气环流最少保持为8 km/h。

F.5.7.4 临近试验前,应进行碳氢化合物分析仪零点和量距点标定。

F.5.7.5 关闭并密封密闭室门。

F.5.7.6 关闭并密封密闭室门后10 min内,测量昼间换气试验的初始读数碳氢化合物的浓度$C_{HC,i}$、温度T_i和大气压力P_i。此时为$T_{开始}=0$的时刻。

F.5.7.7 临近试验结束前,应标定碳氢化合物分析仪的零点和量距。

F.5.7.8 如F.5.7.6的规定,初始取样开始后,进行24 h±6 min的污染物取样期。记录经历的时间。测量昼间换气试验的终了读数碳氢化合物浓度$C_{HC,f}$、温度T_f和大气压力P_f。这些数据将用于第F.6章的计算。至此,蒸发污染物排放试验程序结束。

F.6 计算

F.6.1 可以根据第F.5章描述的各项蒸发污染物排放试验中昼间换气和热浸阶段的结果,进行碳氢化合物的计算。用碳氢化合物浓度、密闭室内温度和压力的初始读数和终了读数以及密闭室的净容积,计算出每一阶段的蒸发排放量。

采用下列公式:

$$M_{HC}=k\times V\times 10^{-4}\times\left(\frac{C_{HC,f}\times P_f}{T_f}-\frac{C_{HC,i}\times P_i}{T_i}\right)+M_{HC,出}-M_{HC,入}$$

式中：

M_{HC}——碳氢化合物质量，单位为克(g)；

$M_{HC,出}$——昼间排放试验时，从定容积密闭室排出的碳氢化合物质量，单位为克(g)；

$M_{HC,入}$——昼间排放试验时，进入定容积密闭室的碳氢化合物质量，单位为克(g)；

C_{HC}——密闭室内碳氢化合物浓度，ppm(容积)C_1—当量；

V——经汽车容积(车窗和行李箱打开)校正后的密闭室净容积，如果未确定汽车容积，则减去 1.42 m^3；

T——密闭室内环境温度，单位为开尔文(K)；

P——大气压，单位为千帕斯卡(kPa)；

H/C——氢碳比；

k——1.2×(12+H/C)；

其中：

i——初始读数下标；

f——终了读数下标；

对于昼间换气试验损失，H/C 取 2.33；

对于热浸损失，H/C 取 2.20。

F.6.2 试验总结果

汽车碳氢化合物总质量取为：

$$M_{总}=M_{DI}+M_{HS}$$

式中：

$M_{总}$——汽车排放总质量，单位为克(g)；

M_{DI}——昼间换气试验时碳氢化合物排放质量，单位为克(g)；

M_{HS}——热浸试验时碳氢化合物排放质量，单位为克(g)。

F.7 生产一致性

F.7.1 生产厂在生产线终端的确认检查，根据样车符合下列要求的情况，证明是否符合生产一致性。

F.7.2 泄漏试验

F.7.2.1 堵上蒸发控制系统的通大气口。

F.7.2.2 向燃油供给系统施加 3.63 kPa±0.10 kPa 的压力。

F.7.2.3 燃油供给系统压力稳定后，断开压力源。

F.7.2.4 燃油供给系统压力源断开后，5 min 内压力降低不得大于 0.49 kPa。

F.7.3 通气试验

F.7.3.1 堵上蒸发控制系统的通大气口。

F.7.3.2 向燃油供给系统施加 3.63 kPa±0.10 kPa 的压力。

F.7.3.3 燃油供给系统压力稳定后，断开压力源。

F.7.3.4 蒸发控制系统通大气的出口恢复到产品原状态。

F.7.3.5 燃油供给系统的压力应在 30s 至 2 min 内降到 0.98 kPa 以下。

F.7.3.6 在制造厂的要求下，可以采用等效替代方法来证明其通气能力。在型式核准期间，制造厂应向检测机构证明其特定程序。

F.7.4 脱附试验

F.7.4.1 将可测量空气流量为 1 L/min 的装置安装在脱附进口处，并将容积足够大、对脱附系统不会产生不良影响的压力容器，通过开关阀接在脱附进口处，或使用替代方法。

F.7.4.2 经型式核准机关同意后，制造厂可以自行选择流量计。

F.7.4.3 操作汽车,检查脱附系统中可能限制脱附作用的所有结构特点,并将情况记录下来。

F.7.4.4 当发动机按F.7.4.3指出的方式运转时,用下述方法之一测量空气流量:

F.7.4.4.1 在F.7.4.1中指明的装置被接通,注意观察压力从大气压降到表明在1 min内1 L容积的空气已经流进蒸发污染物排放控制系统时的压力水平;或者

F.7.4.4.2 如果使用替代的流量测量装置,应可以检测到不少于1 L/min的流量读数。

F.7.4.4.3 如果在型式核准期间,制造厂已向检测机构提交了一个替代脱附试验程序,并已被接受,则在制造厂的要求下,可以采用该替代程序。

F.7.5 批准型式核准的主管部门可以在任何时间对每个生产单位应用的生产一致性控制方法进行核查。

F.7.5.1 检验人员应从产品系列中抽取足够数量的样品。

F.7.5.2 检验人员可以按照5.3.4或F.7.2至F.7.4的规定对这些汽车进行试验。

F.7.5.3 如果按照F.7.2至F.7.4进行检查的结果不能满足要求,制造厂可以要求应用5.3.4的型式核准程序。

F.7.5.3.1 不允许制造厂对汽车进行任何调整、修理或更改,除非这些汽车不能满足5.3.4的要求,或者这些工作已列在制造厂的汽车装配和检验的程序文件中。

F.7.5.3.2 如果由于F.7.5.3.1的操作,汽车蒸发污染物排放特性可能产生了变化,生产厂可以要求对该汽车重新进行某单项试验。

F.7.6 如果不能满足F.7.5的要求,型式核准机关应要求制造厂尽快采取所有必需的措施来重新建立生产一致性。

附 件 FA
(规范性附件)
蒸发污染物排放试验设备的标定

FA.1 标定周期和方法

FA.1.1 所有设备在初次使用之前应进行标定,以后根据需要经常标定,任何情况下,应在型式核准试验前的那个月进行标定。所用标定方法见本附件。

FA.1.2 标定时的环境温度按照附件FB的规定,应优先采用左侧表格的温度系列值。也可采用右侧表格的温度系列值来替代。

FA.2 密闭室的标定

FA.2.1 密闭室内部容积的初始确定

FA.2.1.1 初次使用之前,按下列程序确定密闭室的内部容积:

仔细测量密闭室的内部尺寸,将不规则的部分如支柱、支梁等也考虑在内。根据这些测得尺寸确定密闭室的内部容积。

对于可变容积密闭室,密闭室应锁定为固定容积,密闭室内环境温度控制为303 K(30℃)[302 K(29℃)]。名义容积的重复性应在报告值的±0.5%以内。

FA.2.1.2 从密闭室的内部容积值中减去1.42 m^3,确定为闭密室的内部净容积。1.42 m^3代替敞开车窗和行李箱后汽车的体积。

FA.2.1.3 应按照FA.2.3核查密闭室内部容积。如果计算出的丙烷质量未达到丙烷喷入量的±2%以内,就需要进行校正。

FA.2.2 密闭室背景污染物的确定

通过这一步骤确定密闭室内是否含有可释放出大量碳氢化合物的物质。在密闭室投入使用时，或在室内进行任何影响背景排放的工作后应进行此项检查，至少每年进行一次。

FA.2.2.1 可变容积密闭室可在 FA.2.1.1 描述的锁定容积或者自由容积结构状态下进行。在下面提到的 4 h 期间，环境温度应保持在 308 K±2 K(35℃±2℃)[309 K±2 K(36℃±2℃)]以内。

FA.2.2.2 定容密闭室应在入口流和出口流关闭状态下进行。在下面提到的 4 h 期间，环境温度应保持在 308 K±2 K(35℃±2℃)[309 K±2 K(36℃±2℃)]以内。

FA.2.2.3 在 4 h 的背景气取样期开始前，可以密封密闭室并运转混合风扇，但运转时间不得超过 12 h。

FA.2.2.4 分析仪进行零点和量距点标定。

FA.2.2.5 开动混合风扇，清扫密闭室直至得到稳定的碳氢化合物读数。

FA.2.2.6 然后密封密闭室，测量背景初始读数碳氢化合物的浓度 $C_{CH,i}$、温度 T_i 和大气压力 P_i。

FA.2.2.7 允许密闭室在无干扰下，开动混合风扇 4 h。

FA.2.2.8 4 h 末了，用同一台分析仪测量密闭室内终了读数碳氢化合物的浓度 $C_{CH,f}$、温度 T_f 和大气压力 P_f。

FA.2.2.9 按照 FA2.4 计算整个试验过程中密闭室内碳氢化合物质量的变化，变化量不得超过0.05 g。

FA.2.3 密闭室标定及碳氢化合物残留试验

密闭室标定及碳氢化合物残留试验是为了检查 FA.2.1 计算的密闭室容积值和测定漏气率。在密闭室投入使用时，或在任何影响密闭室完整性的操作后应测定密闭室漏气率，以后每月至少进行一次。如果连续 6 次残留物月检，在不要求纠正下都成功完成，之后只要不要求纠正，则可以每季度进行一次密闭室漏气率测定。

FA.2.3.1 开动混合风扇，清扫密闭室直到碳氢化合物的浓度达到稳定。碳氢化合物分析仪进行零点和量距点标定。

FA.2.3.2 对于可变容积密闭室，应锁定至名义容积位置。对于定容积密闭室，应关闭其入口气流和出口气流。

FA.2.3.3 然后打开环境温度控制系统(如果还没有打开)，调整初始温度至 308 K(35℃) [309 K (36℃)]。

FA.2.3.4 当密闭室稳定在 308 K±2 K(35℃±2℃)[309 K±2 K(36℃±2℃)]后，封闭密闭室，测量初始读数背景污染物浓度 $C_{CH,i}$、温度 T_i 和大气压力 P_i。

FA.2.3.5 将大约 4 g 的丙烷喷入密闭室内。丙烷质量的测量准确度应为测量值的±2%。

FA.2.3.6 将密闭室内气体混合 5 min，然后测量终了读数碳氢化合物浓度 $C_{CH,f}$、温度 T_f 和大气压力 P_f。这也是检查碳氢化合物残留用的初始读数 $C_{CH,i}$、T_i、P_i。

FA.2.3.7 以 FA.2.3.4 和 FA.2.3.6 取得的数据及 FA.2.4 中的公式为基础，算出密闭室内的丙烷质量。此值应在 FA.2.3.5 所测值的±2%以内。

FA.2.3.8 对可变容积密闭室，解除名义容积结构的锁定。对于定容密闭室，打开其入口气流和出口气流。

FA.2.3.9 然后，在封闭密闭室后 15 min 内，按照附件 FB 规定的温度变化表[替代温度变化表]，开始 24 h的环境温度循环过程，即从 308 K(35℃)至 293 K(20℃)再回到 308 K(35℃)[308.6 K(35.6℃)至 295.2 K(22.2℃)再回到 308.6 K(35.6℃)]。(允差见 F.5.7.1 规定)。

FA.2.3.10 24 h 的循环期完成后，测定并记录最终的碳氢化合物浓度 $C_{CH,f}$、温度 T_f 和大气压力 P_f。这些是检查碳氢化合物残留用的终了读数。

FA.2.3.11 然后利用 FA.2.4 的公式和 PA.2.3.10 及 FA.2.3.6 中取得的数据，算出丙烷的质量。此值与 FA.2.3.7 中给出的碳氢化合物质量的偏差不应大于 3%。

FA.2.4 计算

计算密闭室内碳氢化合物质量的净变化量，是为了确定密闭室内背景碳氢化合物和密闭室的漏气率。用碳氢化合物浓度、温度、大气压的初始读数及终了读数，按下式计算质量变化量。

$$M_{HC}=k\times V\times 10^{-4}\times\left(\frac{C_{HC,f}\times P_f}{T_f}-\frac{C_{HC,i}\times P_i}{T_i}\right)+M_{HC,出}-M_{HC,入}$$

式中：

M_{HC}——碳氢化合物质量，单位为克(g)；

$M_{HC,出}$——昼间排放试验时，从定容积密闭室排出的碳氢化合物质量，单位为克(g)；

$M_{HC,入}$——昼间排放试验时，进入定容积密闭室的碳氢化合物质量，单位为克(g)；

C_{HC}——密闭室内碳氢化合物浓度，ppmC(注：ppmC=ppm 丙烷×3)；

V——密闭室容积，单位为立方米(m^3)；

T——密闭室内环境温度，单位为开尔文(K)；

P——大气压，单位为千帕斯卡(kPa)；

k——17.6。

此处：

i——为初始读数，

f——为终了读数。

FA.3 FID 碳氢化合物分析仪的检查

FA.3.1 检测器响应的最佳化

FID 分析仪必须按照仪器制造厂的规定进行调整。在最常用的工作量程用丙烷气体(平衡气为空气)优化响应性能。

FA.3.2 HC 分析仪的标定

分析仪应使用丙烷气体(平衡气为空气)和纯合成空气进行标定。见 C.4.5.2(标定和量距气体)。

按照 FA.4.1 至 FA.4.5 的描述建立标定曲线。

FA.3.3 氧干扰的检查和推荐值

对于特定的碳氢化合物，响应系数(R_f)是 FID 的读数 C_1 和用 $ppmC_1$ 表示的气瓶气体浓度的比值。

试验气体的浓度必须接近所用量程满刻度的 80%。浓度必须已知，准确至用容积表示的重量测量基准值的±2%。另外，气瓶应在 293 K 到 303 K(20℃到 30℃)的温度下预处理 24 h。

当分析仪首次投入使用以及其后的定期重要维护时，均应确定其响应系数。当基准气为丙烷，平衡气为纯空气时，其得到的响应系数应为 1.00。

用于氧干扰的试验气体及响应系数(R_f)推荐范围如下：

丙烷和氮气：$0.95\leqslant R_f\leqslant 1.05$

FA.4 碳氢化合物分析仪的标定

每个常用的工作量程均采用下列步骤进行标定：

FA.4.1 标定曲线至少应由五个标定点组成，并尽可能等距分布于工作范围。最高浓度标定气体的标称值应至少等于满刻度的 80%。

FA.4.2 标定曲线用最小二乘法计算。如果计算结果的多项式大于 3 阶，则标定点数目至少应等于此多项式阶数加 2。

FA.4.3 标定曲线与每一标定气体的标称值相差应不大于 2%。

FA.4.4 利用 FA.4.2 条得出的多项式系数，绘制出表示标定气体实际浓度值和显示值的表格，其步长不大于满刻度的1%。分析仪各个量程都照此进行标定。这个表格还包含有其他有关数据，如：

标定日期；

量距和零电位器读数(如有)；

标称刻度；

使用的各标定气体的基准数据；

各标定气体实际浓度值和显示值的偏差百分率；

FID分析仪的燃料和型号；

FID分析仪空气压力。

FA.4.5 如果型式核准机关对能达到同样准确度的替代技术(即：电控单元，电控量程开关)感到满意，则可使用这些替代技术。

附 件 FB
(规范性附件)
密闭室昼间换气温度变化表

密闭室标定和昼间换气排放试验用昼间环境温度变化表

时间/h		温度/℃
标 定	试 验	
13	0/24	20.0
14	1	20.2
15	2	20.5
16	3	21.2
17	4	23.1
18	5	25.1
19	6	27.2
20	7	29.8
21	8	31.8
22	9	33.3
23	10	34.4
24/40	11	35.0
1	12	34.7
2	13	33.8
3	14	32.0
4	15	30.0
5	16	28.4
6	17	26.9
7	18	25.2
8	19	24.0
9	20	23.0
10	21	22.0
11	22	20.8
12	23	20.2

按照FA.1.2和FA.2.3.9密闭室标定用替代昼间环境温度变化表

时间/h	温度/℃
0	35.6
1	35.3
2	34.5
3	33.2
4	31.4
5	29.7
6	28.2
7	27.2
8	26.1
9	25.1
10	24.3
11	23.7
12	23.3
13	22.9
14	22.6
15	22.2
16	22.5
17	24.2
18	26.8
19	29.6
20	31.9
21	33.9
22	35.1
23	35.4
24	35.6

附　录　G
（规范性附录）
污染控制装置耐久性试验（Ⅴ型试验）

G.1　概述

本附录描述了为确认装点燃式或压燃式发动机汽车的污染控制装置的耐久性，进行的 80 000 km 老化试验。

G.2　试验汽车

汽车应处于良好的机械状态，发动机和污染控制装置应是新的。

汽车可以是Ⅰ型试验用的那辆车，此时Ⅰ型试验应在汽车按照 G 5.1 的运转循环至少行驶 3 000 km后进行。

G.3　燃料

使用符合附件 J 要求的燃料进行耐久性试验。

G.4　汽车的维护和调整

试验汽车的维护、调整和污染控制装置的使用应按制造厂推荐的要求进行。

G.5　在跑道、道路或底盘测功机上运行汽车

G.5.1　运行循环

在跑道、道路或底盘测功机上的运行过程应符合下述运行规范（图 G.1）：

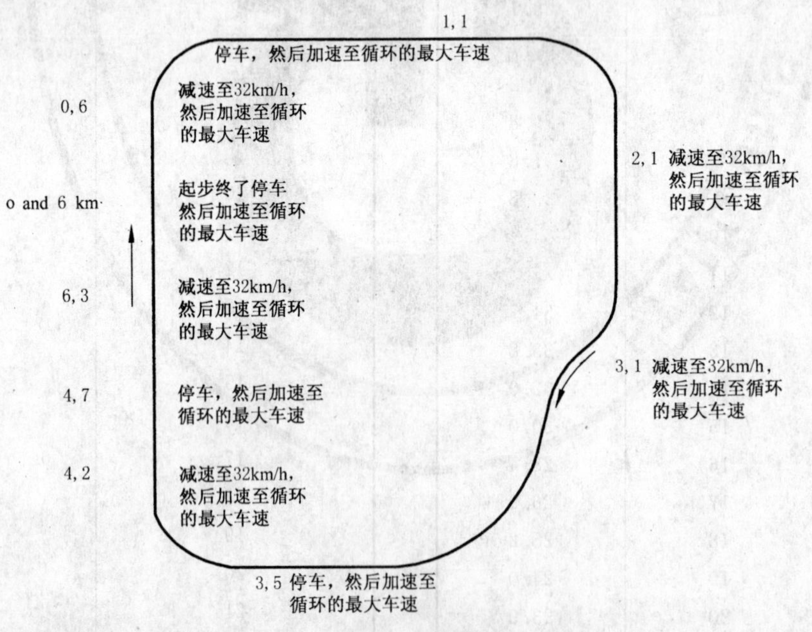

图 G.1　运行规范

——耐久性试验由 11 个运行循环组成，每个循环的行驶里程为 6 km，

——在前 9 个循环中，汽车在每一循环中途停车四次，每一次发动机怠速 15 s，

——正常的加速和减速，

——每个循环中途，有五次减速，车速从循环速度减速到 32 km/h，然后，汽车再逐渐加速到循环车速，

——第 10 个循环，汽车在 89 km/h 等速下运行，

——第 11 个循环的开始，汽车从停止点以最大加速度加速到 113 km/h。到该循环里程一半时，正常使用制动器，直至汽车停止。然后怠速 15 s 和开始第二次最大加速。

然后重新开始此规范。每个循环的最大车速在表 G.1 中给出：

表 G.1　每循环的最高车速

循　　环	最高车速/(km/h)	循　　环	最高车速/(km/h)
1	64	7	56
2	48	8	72
3	64	9	56
4	64	10	89
5	56	11	113
6	48		

G.5.1.1　如果制造厂提出要求，可以使用一个替代的道路试验规范。替代的试验规范应在试验前经过检测机构的认可，替代的试验规范应与跑道上或底盘测功机上所进行的运行规范表 G.1 和图 G.1 的内容具有实际上相同的平均车速、车速分布、每公里的停车次数和每公里的加速次数。

G.5.1.2　进行 G.5.1 规定的耐久性试验，或者 G.5.1.1 规定的替代的耐久性试验时，耐久性里程不得少于 80 000 km。

G.5.2　试验设备

G.5.2.1　底盘测功机

G.5.2.1.1　当耐久性试验在底盘测功机上进行时，测功机应能实现 G.5.1 描述的循环。特别是测功机应配置模拟惯量和模拟道路阻力的系统。

G.5.2.1.2　测功机应调整到可吸收 80 km/h 恒定车速时，作用在驱动轮上的功率。确定功率和调整制动器的方法和附件 CC 所述的相同。

G.5.2.1.3　汽车的冷却系应能使汽车运转时，其温度与道路上行驶时的相似(机油、冷却液、排气系统等)。

G.5.2.1.4　如有必要，应确认试验台的某些其他项调整和特性与附录 C 所述相同(例如：对于惯量，可能是机械式或电子式的)。

G.5.2.1.5　如有必要，汽车可以到另一个底盘测功机上，进行排放测试试验。

G.5.2.2　在跑道或道路上的运行

当在跑道上或道路上完成耐久性试验时，汽车的基准质量至少应等于在底盘测功机上进行试验时的质量。

G.6　测量污染物排放量

从试验开始(0 km)，每隔 10 000 km(±400 km)或更短的行驶里程，以固定的间隔直到 80 000 km，应按照 5.3.1 规定的Ⅰ型试验，测量排气污染物。限值应符合 5.3.1.4 中的规定。

必须将所有的排气污染物的测量结果作为行驶距离的函数进行绘图，行驶距离圆整至最接近的 km，并应利用最小二乘法绘制出连接所有数据点的最佳拟合直线。计算时不应考虑 0 km 的试验结果。

只有在这条直线上的 6 400 km 和 80 000 km 点的插值符合上面提到的限值时，数据才可以用于计算劣化系数。若最佳的拟合直线超出了适用的限值，但直线的斜率为负值(6 400 km 点的插值大于 80 000 km点的插值)，且 80 000 km 点的实际值低于限值，则数据仍可接受。

对每一种污染物，应按下式计算作为乘数的排气污染物的劣化系数：

$$DEF=\frac{M_{i2}}{M_{i1}}$$

式中：

M_{i1}——6 400 km 插入的污染物 i 的排放量，单位为克每千米(g/km)；

M_{i2}——80 000 km 插入的污染物 i 的排放量，单位为克每千米(g/km)。

这些插值应至少保留到小数点后四位，再两者相除，求得劣化系数。结果应修约到小数点后三位。

如果劣化系数小于1，则视其为1。

附 录 H
(规范性附录)
低温下冷起动后排气中 CO 和 HC 排放试验(Ⅵ型试验)

H.1 概述

本附录仅适用于 5.3.6 规定的汽油车。其中描述了 5.3.6 中Ⅵ型试验所需要的设备和程序,以便确定低温下冷起动后一氧化碳和碳氢化合物的排放量。本附录包括以下内容:

——设备要求;

——试验条件;

——试验程序和数据要求。

H.2 试验设备

H.2.1 概要

本章描述了按 5.3.6 规定的汽油车,在低温下排气中一氧化碳和碳氢化合物排放试验所需的设备。如果本章中没有规定特殊要求,则Ⅵ型试验需要的设备及技术要求等同于附录 C 及其附件中规定的Ⅰ型试验的要求。在 H.2.2 至 H.2.6 描述了Ⅵ型试验设备的差异。

H.2.2 底盘测功机

H.2.2.1 底盘测功机应符合 C.4.1 的要求。但必须对底盘测功机的阻力设定进行调整,以模拟 266K(−7℃)下汽车在道路上的运行状况。该调整可基于 266K(−7℃)下确定的道路负荷力的变化;也可将按照附件 CC 确定的行驶阻力,将其滑行时间减少 10%后得到的阻力,作为设定用替代的道路负荷力。检测机构也可以批准采用其他方法确定行驶阻力。

H.2.2.2 底盘测功机的标定按照附件 CB 的规定。

H.2.3 取样系统

取样系统应符合 C.4.2 和附件 CE 的规定。CE.2.3.2 修改为:"必须控制管路结构、CVS 流量和稀释空气(可能不同于汽车燃烧用气源)的温度和相对湿度,以有效消除系统中水蒸气冷凝(对于绝大多数汽车来说,CVS 流量采用 0.142~0.165m^3/s)。"

H.2.4 分析设备

H.2.4.1 分析设备按照 C.4.3 的规定,但仅测试一氧化碳、二氧化碳和碳氢化合物。

H.2.4.2 分析设备的标定按照附件 CF 的规定。

H.2.5 气体

应符合 C.4.5 中相关部分的规定。

H.2.6 附加设备

测量容积、温度、压力和湿度的设备,应符合 C.4.4 和 C.4.6 的规定。

H.3 试验程序和燃料

H.3.1 一般要求

H.3.1.1 图 H.1 中的试验顺序列出了试验汽车执行Ⅵ型试验程序时经历的所有步骤。试验汽车所处环境平均温度必须在 266 K(−7℃)±3 K,且不得低于 260 K(−13℃)和不高于 272 K(−1℃)。

该温度不得连续 3min 低于 263 K(−10℃)或高于 269 K(−4℃)。

H.3.1.2 试验期间应监控试验室温度,该温度应在冷却风扇出风口处测量(H.5.2.1)。报告中的环境温度应是以不大于 1 min 的固定间隔测得的试验室温度的算术平均值。

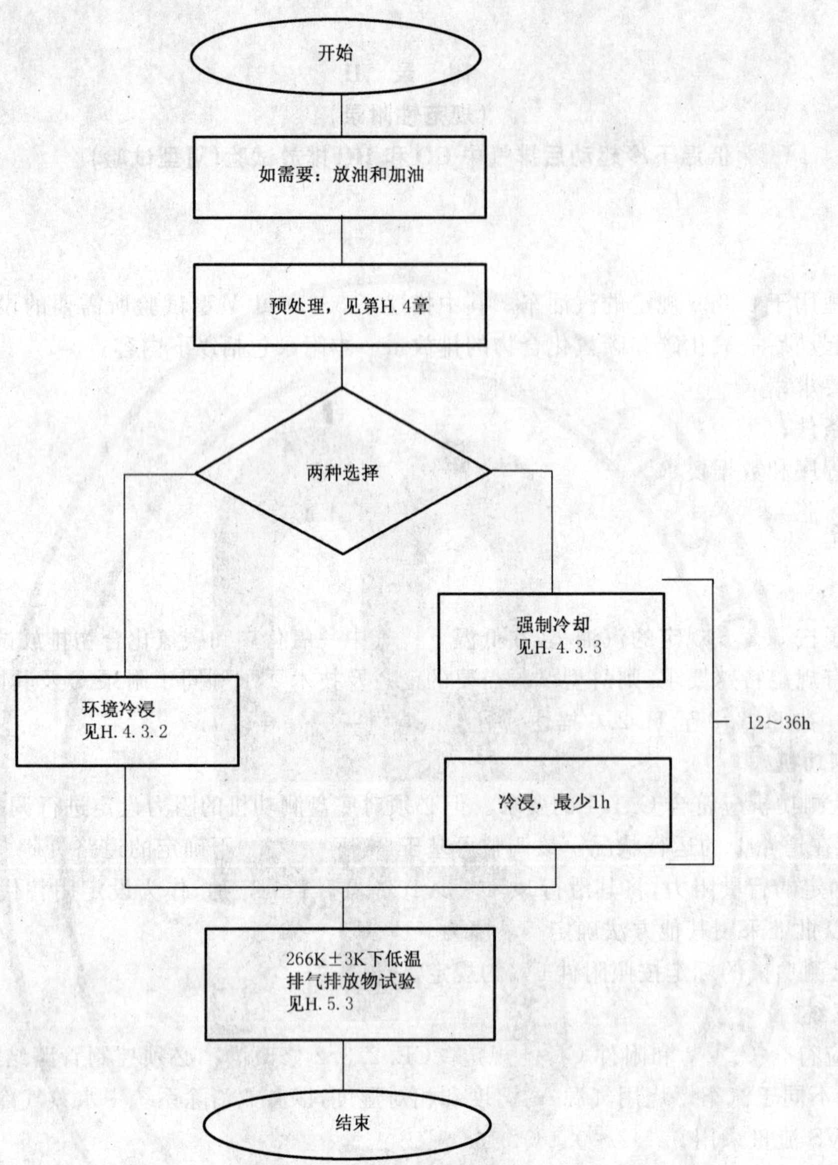

图 H.1　低温下冷起动后排气污染物试验程序

H.3.2　试验程序

试验程序是附件 CA 中图 CA.1 的一个完整的运转循环 1 部，它包含四个循环单元。

必须按照表 CA.1 和图 CA.2 起动发动机、开始取样和运转第一循环。

H.3.3　试验准备

试验汽车的准备按照 C.3.1 的规定。底盘测功机的当量惯量设定按照 C.5.1 的规定。

H.3.4　试验燃料

使用的燃料必须符合 J.1.1 适用于Ⅵ型试验用汽油的规定。制造厂也可选择使用Ⅰ型试验所用的燃料。

H.4　汽车预处理

H.4.1　概要

为确保排放试验结果的重复性，试验汽车必须按照统一方式进行处理。包括在底盘测功机上的预运转和随后在排放试验前按照 H.4.3 的浸车时间。

H.4.2 预处理

H.4.2.1 油箱中加注规定的试验燃料。如果油箱中已有的燃油不符合 H.3.4 的规格，加油前必须放掉原有的燃料。试验燃料温度不得高于 289 K(16℃)。在进行上述操作时，蒸发污染物排放控制系统既不能异常脱附又不得异常吸附。

H.4.2.2 将汽车移进试验室，放置在底盘测功机上。

H.4.2.3 预处理包括按照附件 CA 中图 C.1 的运转循环 1 部和运转循环 2 部。在制造厂的要求下，可以运行运转循环 1 部一次和运转循环 2 部两次进行预处理。

H.4.2.4 预处理期间，试验室温度必须保持相对稳定，且不得高于 303 K(30℃)。

H.4.2.5 驱动轮轮胎压力的设定必须符合 C.5.3.2 的规定。

H.4.2.6 预处理完成后的 10 min 内，必须关掉发动机。

H.4.2.7 如果制造厂要求并经检测机构批准，允许进行附加的预处理。检测机构也可以选择进行附加的预处理。附加的预处理包括一个或多个附件 CA 描述的运转循环 1 部。这种附加的预处理必须记录在试验报告中。

H.4.3 浸车方法

H.4.3.1 必须采用下述两种方法之一以稳定排放试验前的汽车状态，浸车方法由制造厂选定。

H.4.3.2 标准法

低温度下冷起动后排气污染物排放试验前，汽车放置不少于 12 h 但不超过 36 h。在此期间，平均环境温度(干球)必须保持为：

此期间每小时均在 266 K(－7℃)±3 K 内，且不得低于 260 K(－13℃)，也不得高于 272 K(－1℃)。另外，该温度不得连续 3 min 低于 263 K(－10℃)或高于 269 K(－4℃)。

H.4.3.3 强制法

低温度下冷起动后排气污染物排放试验前，汽车必须放置不超过 36 h。

H.4.3.3.1 在此期间，汽车不得放置在温度超过 303 K(30℃)的环境内。

H.4.3.3.2 汽车的冷却可以采取强制冷却以达到试验温度。如果采用风扇强化冷却，风扇的放置必须使风水平吹向汽车，使驱动系和发动机而不是油底壳首先得到最大程度的冷却。风扇不得放置在车底下。

H.4.3.3.3 只有汽车冷却到 266 K(－7℃)±2 K 以后，环境温度才需要严格控制。环境温度根据具有代表性的机油温度确定。具有代表性的机油温度是指油底壳机油中部，而不是表面或底部测得的机油温度。如果监测了两个或多个不同位置的机油温度，它们都必须满足温度要求。

H.4.3.3.4 汽车冷却到 266 K(－7℃)±2 K 以后，至少应放置 1 h，才可开始低温度下冷起动后排气污染物排放试验。在放置期间，环境温度(干球)必须平均为 266 K(－7℃)±3 K，且不得低于 260 K(－13℃)，也不得高于 272 K(－1℃)。另外，该温度不得连续 3 min 低于 263 K(－10℃)或高于 269 K(－4℃)。

H.4.3.4 如果汽车在另一区域稳定在 266 K(－7℃)，且通过某暖和区域移进试验室，汽车必须在试验室重新稳定，重新稳定的时间应至少是暴露在暖和区域时间的 6 倍。在此期间，环境温度(干球)应平均为 266 K(－7℃)±3 K，且不得低于 260 K(－13℃)，也不得高于 272 K(－1℃)。另外，该温度不得连续3 min低于 263 K(－10℃)或高于 269 K(－4℃)。

H.5 底盘测功机程序

H.5.1 概要

应在整个试验运行期间进行污染物取样。起动发动机，立即取样，运行运转循环 1 部和发动机熄火组成了一个完整的低温试验，总历时 780 s。排气污染物经环境空气稀释，按比例连续取样用于分析。分析收集在袋中的排气样气中的碳氢化合物、一氧化碳和二氧化碳。同样分析同时收集的稀释用空气样气中的碳氢化合物、一氧化碳和二氧化碳。

H.5.2 底盘测功机操作

H.5.2.1 冷却风机

H.5.2.1.1 冷却风机放置在合适的位置，使冷却风直接吹向散热器（水冷）或进气口（风冷），并吹向汽车。

H.5.2.1.2 对于发动机前置的汽车，风机必须位于汽车正前方的300 mm以内。如果发动机后置，或者上述安排不可行，风机的位置必须能提供充足的风来冷却汽车。

H.5.2.1.3 在10 km/h至50 km/h的工作范围内，风机出口的空气线速度应在转鼓相应速度的±5 km/h之内。最终选定的风机还必须具有下述特征：

——出口面积：至少0.2 m^2，

——低端离地高度：约0.2 m。

作为替代方案，风机速度应至少为6 m/s(21.6 km/h)。在制造厂的要求下，对于特殊汽车（如厢式车，越野车），可以改变冷却风机的高度。

H.5.2.1.4 必须采用从底盘测功机转鼓上测得的速度作为车速(C.4.1.4.4)。

H.5.2.2 如果需要，可以进行适应性试验循环，用于确定如何最好地操作油门和制动器，使得实际循环在理论循环的规定允差范围内；或者用于进行取样系统的调整。必须在图H.1中"开始"前，进行这种操作。

H.5.2.3 空气湿度必须足够低，以防止水在底盘测功机转鼓上凝结。

H.5.2.4 必须按照底盘测功机制造厂的推荐，并采取确保附加摩擦功率稳定的步骤或控制方法，充分预热底盘测功机。

H.5.2.5 如果底盘测功机轴承未经单独加热，底盘测功机预热和排放试验开始之间的时间不得大于10分钟。如果底盘测功机轴承是单独加热，底盘测功机预热后，20 min内必须开始排放试验。

H.5.2.6 如果底盘测功机功率必须手动调整，应在排气排放试验阶段前的1 h内设定功率。不得用试验汽车设定底盘测功机功率。使用自动控制功率预设定的底盘测功机，可在排放试验开始前的任何时间进行设定。

H.5.2.7 排放试验运转循环开始之前，试验室温度应在266 K(−7℃)±2 K内，该温度应在离汽车1.5 m内的冷却风机气流中测量。

H.5.2.8 汽车运转期间，必须关闭加热和除霜装置。

H.5.2.9 记录总运行里程或转鼓转数。

H.5.2.10 四轮驱动汽车必须在两轮驱动模式下进行试验。必须在原始设计驱动模式（四轮驱动）下运行汽车，以确定底盘测功机设定用的总道路负荷力。

H.5.3 试验

H.5.3.1 除C.6.2.3外，起动发动机和进行试验按照C.6.2至C.6.6的规定。发动机起动前或起动初始时取样开始，780 s后，1部（市区运转循环）的最后1个基本循环的怠速期终了时取样结束。

发动机一起动，立即开始第一个运转循环的11 s怠速。

H.5.3.2 污染物分析按照C.7.2的规定。进行排气样气分析时，必须防止排气样气袋中水蒸气冷凝。

H.5.3.3 质量排放量计算按照第C.8章的规定。

H.6 其他要求

不合理排放控制策略

在低温、正常工作条件下行驶，任何导致排放控制系统效率降低的不合理排放控制策略，只要没包含在标准的排放试验中，可以认为是个失效装置。

附 录 I
（规范性附录）
车载诊断(OBD)系统

I.1 概述

本附录适用于机动车排放控制用车载诊断(OBD)系统功能性方面的内容。

I.2 定义

在本附录中：

I.2.1 车载诊断(OBD)系统

指排放控制用车载诊断(OBD)系统。它必须具有识别可能存在故障的区域的功能，并以故障代码的方式将该信息储存在电控单元存储器内。

I.2.2 车型

指附录A规定的、在发动机和车载诊断(OBD)系统基本特性方面无差异的、同一类别的汽车。

I.2.3 汽车系族

指制造厂在汽车设计上具有相似的排气排放特性和车载诊断(OBD)系统特性的一组车。该系族的每种发动机均应符合本标准的要求。

I.2.4 排放控制系统

指发动机的电子管理控制器，以及向该控制器提供输入信号或接收控制器的输出信号的排气系统或蒸发系统中任何与排放相关的零部件。

I.2.5 故障指示器(MI)

指可视或可听到的指示器。当连接于车载诊断(OBD)系统的与排放相关的任何零部件或车载诊断(OBD)系统本身发生故障时，它能清楚地提示汽车的驾驶人员。

I.2.6 故障

指与排放有关的部件或系统的失效，将导致污染物超过I.3.3.2的限值，或车载诊断(OBD)系统不能满足本附录的基本诊断要求。

I.2.7 二次空气

指通过泵或吸气阀或其他方法，向排气系统导入的空气，其目的是帮助氧化排气中含有的HC和CO。

I.2.8 发动机失火

指点燃式发动机由于没有发火、燃油计量不准、压缩压力太低或其他任何原因，导致气缸内不能燃烧。就车载诊断(OBD)系统检测而言，它是指失火次数占总点火次数的百分比（由制造厂申报的），当达到或超过该百分比时，将导致污染物超过I.3.3.2的限值，或者导致一个或多个排气催化转化器因过热而造成不可逆的损坏。

I.2.9 Ⅰ型试验

指常温下冷起动后排气污染物排放试验，详见附件CA。

I.2.10 运转循环

一个运转循环包括发动机起动、运转工况（若汽车存在故障应能被检测到）和发动机熄火。

I.2.11 暖机循环

指充分运转汽车，使得发动机冷却液温度比起动时至少升高22 K，且至少达到343 K(70℃)。

I.2.12 燃油修正

指对基本供油程序的反馈调整。短时燃油修正是指动态或瞬时的调整。长时燃油修正是指比短时燃油修正对供油标定程序的更多的逐步调整。长时燃油修正用于补偿汽车之间的差异和汽车随时间而发生的逐渐变化。

I.2.13 计算负荷值(CLV)

指当前空气流量除以最大空气流量(如适用,对最大空气流量进行海拔修正)的指示值。该定义提供了一个与发动机无关的无量纲数,并向维修人员提供了发动机能力使用比例的指示值(节气门全开时为100%)。

$$\mathrm{CLV}=\frac{\text{当前空气流量}}{\text{最大空气流量(每平面处)}}\times\frac{\text{大气压力(海平面处)}}{\text{大气压力}}$$

I.2.14 永久排放默认模式

指发动机电子管理控制器固定不变地切换至一种设定状态。在此状态下,控制器不再要求来自失效的零部件或系统的输入信号,因为,这些失效的零部件或系统将使汽车排放污染物增加并超出I.3.3.2的限值。

I.2.15 动力输出装置

指发动机驱动的、为装在汽车上的辅助设备提供动力的输出装置。

I.2.16 访问

指通过用于标准诊断连接的串行接口(见IA.6.5.3.5),获取所有与排放相关的OBD数据。该数据包括与汽车排放有关的零部件检查、诊断、维护或修理时的所有故障代码。

I.2.17 无限制

指:

——不依靠仅从制造厂获得的访问码或类似设备就可进行的访问,或者

——如果被访问的信息是非标准化的,则允许不需要任何独特的解码信息就可对所产生的数据进行评估访问。

I.2.18 标准化

指包括全部使用的故障代码在内的所有数据流资料应只按照工业标准产生,因为这些标准的格式和允许的选项都有清楚的定义,并且在汽车行业内尽可能地进行了协调,所以本标准明确允许使用它们。

I.2.19 修理信息

指制造厂向授权的经销商/修理厂提供的对汽车进行诊断、维护、检查、定期监测或修理所需要的所有信息。如需要,这种资料应包括维修手册、技术指南、诊断信息(如用于测量的理论最小和最大值)、线路图、适用于某车型的标定软件识别编号、对个别和特殊情况的说明、有关工具和设备的资料、数据记录信息和双向监测和试验的数据。制造厂有权不提供知识产权保护的那些资料,或作为制造厂和/或OEM供应商的专门技术秘诀,但也不应当不正当地隐瞒必要的技术信息。

I.2.20 缺陷

指汽车车载诊断(OBD)系统中,有最多不超过2个独立部件或系统被车载诊断(OBD)系统间断或连续监测,而这些监测的工作特性会影响车载诊断(OBD)系统对这些部件或系统的其他方面的有效监测,或者不能逐条满足车载诊断(OBD)系统的所有要求。根据第1.4章的要求,可以批准型式核准带有这种缺陷的汽车。

I.3 要求和试验

I.3.1 所有汽车必须装备车载诊断(OBD)系统,该系统应在设计、制造和汽车安装上,能确保汽车在整个寿命期内识别劣化或故障的类型。

为实现此要求,型式核准机关必须认可那些汽车,它们的行驶里程已超过I.3.3.1所指的V型试验耐久性里程,且其车载诊断(OBD)系统性能可能出现某些劣化,在车载诊断(OBD)系统用信号向汽车

驾驶员显示某个故障之前，排放可能超过了 I.3.3.2 给定的限值。

I.3.1.1 因检查、诊断、维护或修理汽车需要而对车载诊断(OBD)系统进行的访问，必须是无限制和标准化的。所有与排放有关的故障代码都必须与 IA.6.5.3.4 的规定一致。

I.3.1.2 制造厂向授权的经销商或修理厂提供修理资料后三个月内，在他人支付合理和非歧视性的费用后，制造厂应提供这些资料(包括所有后续的更正和补充内容)，同时应通知型式核准机关。

若不遵守这些规定，型式核准机关应按照型式核准和在用车符合性审查规定的程序，采取适当措施，以确保获得这些修理资料。

I.3.2 车载诊断(OBD)系统应在设计、制造和汽车安装上，确保其在正常使用条件下符合本附录的各项要求。

I.3.2.1 车载诊断(OBD)系统的临时中断

I.3.2.1.1 如果车载诊断(OBD)系统的监测能力受低液面的影响，制造厂可以中断车载诊断(OBD)系统。当燃油箱液面超过燃油箱名义容量 20%时，不得出现中断。

I.3.2.1.2 如果制造厂提交的数据和/或工程评价能够充分证明，当在环境温度低于 266 K(−7℃)或海拔高于 2 500 m 的条件下起动发动机时，监测是不可靠的，制造厂可以在这些条件下中断车载诊断(OBD)系统。如果制造厂向型式核准机关提交的数据和/或工程评价能够证明，在其他环境温度下起动发动机时，会导致误诊断，制造厂也可以要求在这些条件下中断车载诊断(OBD)系统。

I.3.2.1.3 对装有动力输出装置的汽车，只有当动力输出装置工作且影响监测系统时，才允许中断被影响的监测系统。

I.3.2.2 发动机失火(仅对装点燃式发动机汽车)

I.3.2.2.1 若制造厂能向型式核准机关证明，在发动机特定转速和负荷工况下，低失火率的监测不可靠，制造厂可以采用高于申报的失火故障百分率。

I.3.2.2.2 当制造厂能向型式核准机关证明较高失火百分率监测仍行不通，或无法辨别失火与其他因素(如：坏路、换挡、发动机起动后等)的影响，则在这些条件下，可以中断失火监测系统。

I.3.3 试验描述

I.3.3.1 在附录 G 提供的Ⅴ型耐久性试验用汽车上，采用附件 IA 的试验程序进行试验。试验在Ⅴ型耐久性试验结束时进行。

如果没有进行Ⅴ型耐久性试验，或应制造厂的要求，可使用经适当老化(经检测机构确认相当于行驶了 80 000 km)并具有代表性的汽车进行车载诊断(OBD)系统验证试验。

I.3.3.2 当失效导致排放超过表 I.1 规定的极限值时，车载诊断(OBD)系统必须指示出与排放相关的失效部件或系统。

表 I.1 极限值

	基准质量(RM)/kg		一氧化碳 (CO)L_1/(g/km)		总碳氢化合物 (THC)L_2/(g/km)		氮氧化物 (NO_x)L_3/(g/km)		颗粒物 (PM)L_4/(g/km)
类别	级别		汽油	柴油	汽油	柴油	汽油	柴油	柴油
第一类车	—	全部	3.20	3.20	0.40	0.40	0.60	1.20	0.18
第二类车	Ⅰ	RM≤1305	3.20	3.20	0.40	0.40	0.60	1.20	0.18
	Ⅱ	1305<RM≤1760	5.80	4.00	0.50	0.50	0.70	1.60	0.23
	Ⅲ	1760<RM	7.30	4.80	0.60	0.60	0.80	1.90	0.28

对于燃用 LPG 或 NG 的车辆，极限值与汽油车相同。

I.3.3.3 装点燃式发动机汽车的监测要求

为满足 I.3.3.2 的要求，车载诊断(OBD)系统必须至少监测：

I.3.3.3.1 仅监测 HC 污染物来判断催化转化器的效率下降。制造厂可以单独监测前催化转化器，或者与其下游相邻的催化转化器结合在一起进行监测。当 HC 排放量超过 I.3.3.2 规定的极限值时，应认为各被监测的催化转化器或催化转化器组出现故障。

I.3.3.3.2 发动机运转时的失火监测区域由下列边界条件确定：

(a) 最高转速为 4 500 r/min 或比Ⅰ型试验期间出现的最高转速高 1 000 r/min，两者中的较小者；

(b) 变速箱在空挡时发动机的扭矩曲线；

(c) 发动机下述运转点的连线：(b)中扭矩线上 3 000 r/min 的点，与(a)中最高转速线上发动机进气管真空度比(b)中扭矩线低 13.33 kPa 的点。

I.3.3.3.3 氧传感器的劣化

I.3.3.3.4 失效后将导致排气污染物超过 I.3.3.2 给出的限值的其他排放控制部件或系统，或与电控单元相连并与排放有关的动力系部件或系统。

I.3.3.3.5 除非另有监测，否则对其他任何与排放有关的，且与电控单元相连接的动力系部件，包括任何能实现监测功能的相关的传感器，都必须监测其电路的连通状态。

I.3.3.3.6 对蒸发污染物电控脱附系统，必须至少监测其电路的连通状态。

I.3.3.4 装压燃式发动机汽车的监测要求

为满足 I.3.3.2 的要求，车载诊断(OBD)系统必须监测：

I.3.3.4.1 催化转化器效率的下降(如装有催化转化器)；

I.3.3.4.2 颗粒物捕集器的功能和完整性(如装有颗粒物捕集器)；

I.3.3.4.3 燃油喷射系统的电控燃油计量和正时执行器的电路连通状态，以及总体功能的失效；

I.3.3.4.4 失效后将导致排气污染物超过 I.3.3.2 给出的限值的其他排放控制部件或系统，或与电控单元相连并与排放有关的动力系部件或系统。例如监测和控制空气质量流量、空气容积流量(和温度)、增压压力和进气支管压力(以及实现这些功能相关的传感器)的系统或部件。

I.3.3.4.5 除非另有监测，否则必须监测其他任何与排放有关，且与电控单元相连接的动力系部件的电路连通状态。

I.3.3.5 如果制造厂能向型式核准机关证明，某些部件或系统即使完全失效或拆除，污染物也不会超过 I.3.3.2 给出的限值，则可不必监测这些部件或系统。

I.3.4 一旦满足了正确的试验条件，则在每次发动机起动时，必须开始一系列的诊断检查，并且至少完成一次。试验条件的选择必须使之在正常行驶时都会出现，如Ⅰ型试验。

I.3.5 故障指示器(MI)的激活

I.3.5.1 车载诊断(OBD)系统必须带有一个能迅速让驾驶员察觉的故障指示器(MI)。MI 除了向驾驶员指示应急模式或跛行回家程序外，不得用于其他任何目的。在所有合理照明条件下，MI 必须可见。MI 激活时，必须显示一个符合 ISO 2575[1)]的符号。一辆车上不得为排放有关问题安装多个一般目的的 MI。允许使用特殊用途的独立信号装置(如制动系统、系上安全带、机油压力等)。禁止使用红色的故障指示器。

I.3.5.2 对于需要两个以上运转循环才能激活 MI 的方案，制造厂必须提供数据和/或工程评价，以充分证明该监测系统能同样有效和及时地监测部件的劣化。不接受需要平均 10 个以上运转循环才能激活 MI 的方案。一旦超过 I.3.3.2 给出的排放限值，发动机控制将进入永久排放默认模式，或者车载诊断(OBD)系统不能满足 I.3.3.3 或 I.3.3.4 的基本诊断要求时，MI 也必须激活。一旦发动机失火达到制造厂规定的水平，可能引起催化转化器损坏时，MI 必须在独特的警告模式下工作，如指示灯闪烁。当汽车点火开关已打开，而发动机尚未起动或转动，MI 也必须激活。发动机起动后，如果先前没有检查到故障，MI 应熄灭。

---

1) 国际标准 ISO 2575—1982(E)，名称“道路车辆-控制指示器和信号用符号”，符号序号 4.36。

I.3.6 故障代码的储存

车载诊断(OBD)系统必须记录表示排放控制系统状态的代码。必须使用单独的状态代码,以便正确识别起作用的排放控制系统,以及需要进一步运转汽车,才能全面评价的那些排放控制系统。如果由于劣化、发生故障或永久排放默认模式引起 MI 激活,则必须储存能识别相应故障类型的故障代码。当涉及 I.3.3.3.5 和 I.3.3.4.5 相关的故障类型时,也必须储存相应的故障代码。

I.3.6.1 通过标准数据链连接器的串行口,应能随时获得 MI 激活时汽车的行驶距离。

I.3.6.2 对于装点燃式发动机的汽车,如果储存了一个独特的单缸或多缸失火故障代码,可不必识别具体的失火气缸。

I.3.7 熄灭 MI

I.3.7.1 如果可能毁坏催化转化器的发动机失火率(由制造厂规定的)不再存在,或者当发动机的转速和负荷改变后,发动机失火率不至于损坏催化转化器时,则 MI 应切换至激活以前(即曾经监测到失火的第一个运转循环)的状态,并可以在接续的运转循环内切换至正常的激活模式。如果 MI 切换回激活前的状态,相应的故障代码和储存的冻结帧状态可被清除。

I.3.7.2 对于其他所有故障,在三个连续的运转循环期间,如果负责激活 MI 的监测系统不再监测到故障,且没有检测出其他会单独激活 MI 的故障之后,MI 可以解活(熄灭)。

I.3.8 清除缺陷代码

I.3.8.1 如果同一故障在 40 个以上发动机暖机循环内不再出现,车载诊断(OBD)系统可以清除该故障代码,以及该故障出现时的行驶距离和冻结帧信息。

I.3.9 两用燃料车

对于两用燃料车,应分别执行汽车燃用汽油或气体燃料时的以下规程:

——激活故障指示器(MI)(见 I.3.5)

——故障代码储存(见 I.3.6)

——熄灭 MI(见 I.3.7)

——清除故障代码(见 I.3.8)

当汽车燃用汽油时,不得影响汽车燃用气体燃料时所得到的上述任一规程的结果。当汽车燃用气体燃料时,不得影响汽车燃用汽油时所得到的上述任一规程的结果。

虽然有以上要求,当对其中使用一种燃料的控制系统功能进行评价时,其状态码(I.3.6 的规定)应能充分指示使用两种燃料时控制系统的评价状态。

I.4 车载诊断(OBD)系统型式核准的要求

I.4.1 制造厂可以请求型式核准机关接受某车载诊断(OBD)系统的型式核准,即使该系统包含一个或多个缺陷,以致于不能完全满足本附录规定的要求。

I.4.2 在考虑该请求时,型式核准机关应做出判定,是否切实或合理地符合了本附录的要求。

型式核准机关应考虑制造厂提供的数据,它们详细描述了(但不限于)如下因素:技术可行性、研制周期和生产周期,包括发动机或汽车的设计和电控单元程序的升级的逐步运用或逐步淘汰老产品的周期、最终的车载诊断(OBD)系统满足本标准要求的有效程度,以及制造厂为符合本标准要求可接受程度所做出的努力的证明。

I.4.2.1 型式核准机关不接受完全没有所要求的诊断监测功能的缺陷请求。

I.4.2.2 型式核准机关不接受没有考虑 I.3.3.2 中车载诊断(OBD)系统极限值的缺陷请求。

I.4.3 在确定有缺陷请求的鉴别顺序时,对点燃式发动机,应首先鉴别与 I.3.3.3.1、I.3.3.3.2 和 I.3.3.3.3 相关的缺陷;对压燃式发动机,则首先鉴别与 I.3.3.4.1、I.3.3.4.2 和 I.3.3.4.3 相关的缺陷。

I.4.4 型式核准前或型式核准时,不得批准与 IA.6.5 要求有关的缺陷请求,IA.6.5.3.4 除外。本条规定不适用于两用燃料车。

I.4.5 两用燃料车

I.4.5.1 尽管有 I.3.9.1 的规定，在型式核准两用燃料车时，经制造厂的请求，型式核准机关可以接受以下缺陷，仍认为满足了本附录的要求：

——不管当时使用何种燃料，经过 40 个发动机暖机循环后，可擦除故障代码、行驶里程和冻结帧信息；

——在使用一种燃料监测到故障后，对两种燃料系统的 MI 均激活；

——不管当时使用何种燃料，经过三个连续运转循环没有故障发生后，MI 灯可以熄灭；

——使用两种状态代码，每种燃料一个代码。

制造厂可以提出进一步选择的请求，由型式核准机关判定后批准。

I.4.5.2 尽管有 IA.6.6.1 的规定，在制造厂的请求下，型式核准机关可以接受以下缺陷，仍认为满足本附录对诊断信号的评价和通讯要求：

——对当时使用的燃料用单一源地址进行诊断信号的发送；

——对两种燃料系统采用一套诊断信号进行评价（与单一气体燃料车辆的评估对应，并且与所使用的燃料无关）；

——根据燃料选择开关的位置，选择一组诊断信号（与使用的两种燃料之一相关）；

——对两种燃料采用一套诊断信号时，不管使用何种燃料，用汽油电控单元对其进行评价和传递，气体燃料供给系统的电控单元应对气体燃料系统有关的诊断信号进行评价和传递，并储存历来的燃料状况。

制造厂可以提出进一步选择的请求，由型式核准机关判定后批准。

I.4.6 有缺陷期

I.4.6.1 车型自批准型式核准之日起两年内可以携带某缺陷，除非能充分证明，为纠正缺陷需要对汽车硬件作重大改进，且需要两年以上的额外研制周期来改正缺陷。此时，带有该缺陷的时间可以不超过三年。

对于两用燃料车，可以自车型通过型式核准之日起三年内携带某一按照 I.4.5 批准的缺陷，除非能充分证明，为纠正缺陷需要对汽车硬件作重大改进，且需要两年以上的额外研制周期来改正缺陷。此时，带有该缺陷的时间可以不超过四年。

I.4.6.2 如果在已批准型式核准的车型上发现某种缺陷，制造厂可以要求原型式核准机关追溯批准该缺陷的存在。在这种情况下，自通知型式核准机关之日起的两年内，汽车可以带有该缺陷，除非能充分证明，为纠正缺陷需要对汽车硬件作重大改进，且需要两年以上的额外研制周期来改正缺陷。此时，带有该缺陷的时间可以不超过三年。

I.5 车载诊断(OBD)系统信息的获取

I.5.1 型式核准或修改型式核准的申请，应同时提交汽车车载诊断(OBD)系统的相关资料。这些相关资料可以使汽车的配件或改造部件的制造厂的产品与汽车的车载诊断(OBD)系统相兼容，以确保汽车使用者在无故障操作时不出现功能失效。同样，这些相关资料也应使诊断工具和测试设备的制造厂所生产的工具和设备能为汽车排放控制系统提供有效并且准确的诊断。

I.5.2 一旦提出申请，在公正的基础上，型式核准机关应将附录 A 中与车载诊断(OBD)系统相关的资料，提供给任何与部件、诊断工具或测试设备有关的制造厂。

I.5.2.1 如果型式核准机关收到来自与部件、诊断工具或测试设备有关的制造厂的申请，想获取按前一阶段要求通过型式核准汽车的车载诊断(OBD)系统的资料，则：

——型式核准机关应在 30 天内，要求有关汽车制造厂提供 A.4.2.11.2.8.6 相关资料。

A.4.2.11.2.8.6 第二段不适用。

——汽车制造厂应在收到型式核准机关要求的两个月内提供此资料。

这种要求不会使任何按前一阶段要求获得的型式核准无效，也不会妨碍按前一阶段规定进行的型式核准扩展。

I.5.2.2 所要求的资料只能是型式认证涉及的配件或维修零部件的资料，或是型式认证涉及的某系统中的零件的资料。

I.5.2.3 申请资料时，必须说明所申请资料涉及车型的确切技术规范。必须确认此资料对开发备件、改造零部件、研发诊断工具或测试设备是必须的。

附 件 IA
（规范性附件）
车载诊断（OBD）系统的功能性项目试验

IA.1 概述

本附件描述了 I.3.3 规定的试验所采用的程序。该程序描述了通过模拟发动机管理系统或排放控制系统中有关系统的失效，检查安装在汽车上的车载诊断（OBD）系统功能的方法。本附件也规定了确定车载诊断（OBD）系统耐久性的程序。

制造厂必须提供有缺陷部件和（或）电气装置用于故障模拟。当进行Ⅰ型试验时，这些有缺陷的部件或装置不得导致汽车排放量达到 I.3.3.2 限值的 1.2 倍以上。

当对装用这些有缺陷部件或装置的汽车进行试验时，如果 MI 被激活，则该车载诊断（OBD）系统通过型式核准。若 MI 在低于车载诊断（OBD）系统极限值时被激活，则该车载诊断（OBD）系统也通过型式核准。

IA.2 试验描述

IA.2.1 车载诊断（OBD）系统的试验包括以下阶段：

——发动机管理系统或排放控制系统部件的故障模拟；

——按照 IA.6.2.1 或 IA.6.2.2 规定的预处理方法，预处理带有模拟故障的汽车；

——按照Ⅰ型试验循环运转带有模拟故障的汽车，并测量汽车的污染物；

——确定车载诊断（OBD）系统是否对该模拟故障作出反应，并以适当方式向驾驶员指示故障。

IA.2.2 或者根据制造厂的要求，按照 IA.6 的规定，可用电子仪器模拟一个或多个部件的故障。

IA.2.3 如果制造厂能够向型式核准机关证明，在Ⅰ型试验循环运转状态下进行监测，会影响汽车实际使用中限定的监测条件，则可以要求在Ⅰ型试验循环之外的状态下进行监测。

IA.3 试验汽车和燃料

IA.3.1 汽车

试验汽车必须满足 C.3.1 的要求。

IA.3.2 燃料

试验必须采用附录 J 中所述的汽油、柴油、LPG 和 NG 基准燃料。型式核准机关可以为每一个所试验的故障模式（如 IA.6.3 所述）选择所用的燃料类型。对单一气体燃料车，可从第 J.2 章中选用，对两用燃料车，可从第 J.1 章或第 J.2 章中选用。在试验的整个过程中（如 IA.2.1 至 IA.2.3 所述）不得改动所选用的燃料。当选择 LPG 或 NG 作为燃料时，允许发动机以汽油起动，经事先确定的时间后，自动（不由司机控制）切换至 LPG 或 NG。

IA.4 试验温度和压力

试验温度和压力必须满足附录 C 对Ⅰ型试验的要求。

IA.5 试验设备

底盘测功机。底盘测功机必须满足附录C的要求。

IA.6 车载诊断(OBD)系统试验程序

IA.6.1 在底盘测功机上进行的运转循环必须满足附录C的要求。

IA.6.2 汽车预处理

IA.6.2.1 根据发动机类型,在采用了IA.6.3中给出的故障模式之一后,汽车必须至少连续进行2次Ⅰ型试验(1部和2部)预处理运行。对装压燃式发动机的汽车,允许多运行2次2部循环。

IA.6.2.2 在制造厂的要求下,可以采用替代的预处理方法。

IA.6.3 被试验的故障模式

IA.6.3.1 装点燃式发动机的汽车

IA.6.3.1.1 将催化转化器替换为已劣化的或有缺陷的催化转化器,或用电子仪器模拟该故障。

IA.6.3.1.2 根据I.3.3.3.2给出的失火监测条件,确定发动机的失火状态。

IA.6.3.1.3 将氧传感器替换为已劣化的或有缺陷的氧传感器,或用电子仪器模拟该故障。

IA.6.3.1.4 断开其他任何与排放有关的、与电控单元相连接的动力控制部件的电路(如果在所选燃料时起作用)。

IA.6.3.1.5 断开电控蒸发脱附装置(如装有,并在所选的燃料时起作用)的电路。对此特殊故障模式,不必进行Ⅰ型试验。

IA.6.3.2 装压燃式发动机的汽车

IA.6.3.2.1 如果安装了催化转化器,则替换为劣化的或有缺陷的催化转化器,或者用电子仪器模拟该故障。

IA.6.3.2.2 如果安装了颗粒捕集器,则整体拆除颗粒捕集器,或者,当传感器是捕集器的组成部分时,则安装一个有缺陷的捕集器总成。

IA.6.3.2.3 断开供油系中电控燃油计量和正时执行器的任何一个电路。

IA.6.3.2.4 断开其他任何与排放有关的、与电控单元相连接的动力系控制部件的电路。

IA.6.3.2.5 在满足了IA.6.3.2.3和IA.6.3.2.4的要求,且经型式核准机关同意,制造厂必须采取恰当步骤来证明,当断开电路时,车载诊断(OBD)系统将指示故障。

IA.6.4 车载诊断(OBD)系统试验

IA.6.4.1 装点燃式发动机的汽车

IA.6.4.1.1 按照IA.6.2预处理后,试验汽车运行Ⅰ型试验(1部和2部)。

试验结束前,在IA.6.4.1.2至IA.6.4.1.6给定的任一条件下,MI都必须被激活。检测机构也可以根据IA.6.4.1.6采用其他设定条件来替代。但在型式核准时,模拟的故障模式总数不得超过4项。

IA.6.4.1.2 将催化转化器替换为已劣化的或有缺陷的催化转化器,或者用电子仪器模拟已劣化的或有缺陷的催化转化器,使HC排放量超过I.3.3.2给定的限值。

IA.6.4.1.3 在I.3.3.3.2界定的失火监测区域内引发失火状态,使其排放量超过I.3.3.2中任一项限值。

IA.6.4.1.4 将氧传感器替换为已劣化的或有缺陷的氧传感器,或者用电子仪器模拟已劣化的或有缺陷的氧传感器,使其排放量超过I.3.3.2给定的任一项限值。

IA.6.4.1.5 断开电控蒸发脱附装置(如装有,并在所选燃料时起作用)的电路。

IA.6.4.1.6 断开其他任何与排放有关的、与电控单元相连接的动力控制部件的电路(如果在所选燃料时起作用),使其排放量超过I.3.3.2给定的任一项限值。

IA.6.4.2 装压燃式发动机的汽车

IA.6.4.2.1 按照 IA.6.2 预处理后，试验汽车运行Ⅰ型试验(1 部和 2 部)。

试验结束前，在 IA.6.4.2.2 至 IA.6.4.2.5 给定的任一条件下，MI 都必须被激活。检测机构也可以根据 IA.6.4.2.5 采用其他设定条件来替代。但在型式核准时，模拟的故障模式总数不得超过 4 项。

IA.6.4.2.2 若装有催化转化器，将其替换为已劣化的或有缺陷的催化转化器，或者用电子仪器模拟已劣化的或有缺陷的催化转化器，使其排放量超过 I.3.3.2 给定的限值。

IA.6.4.2.3 若装有颗粒捕集器，则整体拆除颗粒捕集器，或者替换为满足 IA.6.3.2.2 条件的有缺陷的颗粒捕集器，使其排放量超过 I.3.3.2 给定的限值。

IA.6.4.2.4 参照 IA.6.3.2.3，断开供油系中电控燃油计量和正时执行器的任何一个电路，使其排放量超过 I.3.3.2 给定的任一项限值。

IA.6.4.2.5 参考 IA.6.3.2.4，断开其他任何与排放有关的、与电控单元相连接的动力系部件的电路，使其排放量超过 I.3.3.2 给定的任一项限值。

IA.6.5 诊断信号

IA.6.5.1 诊断信号的内容和获取方式

IA.6.5.1.1 一旦测定了任何部件或系统的首次故障，必须将当时发动机状态的冻结帧储存在电控单元存储器中。如果随后发生了供油系统或失火故障，任何原储存的冻结帧必须被供油系统或失火状态(取先发生者)所替代。储存的发动机状态必须包括，但不限于：计算的负荷值、发动机转速、燃油修正值(如有)、燃油压力(如有)、车速(如有)、冷却液温度、进气支管压力(如有)、闭环或开环运转状态(如有)和引发上述数据被储存的故障代码。制造厂必须选择便于有效修理的最合适的一组状态作为冻结帧储存。只要求一组数据帧。制造厂可以选择储存额外的数据帧，前提是至少所要求的数据帧可以通过满足 IA6.5.3.2 和 IA6.5.3.3 规范的通用扫描工具读出。如果引发储存状态的故障代码按照 I.3.7 的规定被清除，则同时储存的发动机状态也可被清除。

IA.6.5.1.2 若可能，除所要求的冻结帧数据信息外，一旦需要，还应能够通过标准数据连接器的串口获得下述信息(如果车载电控单元具有、或通过车载电控单元能够被确定的信息)：诊断故障码、发动机冷却液温度、燃料控制系统状态(闭环/开环及其他)、燃油修正、点火正时提前、进气温度、支管空气压力、空气流量、发动机转速、节气门位置传感器输出值、二次空气状态(上游、下游或大气)、计算的负荷值、车速和燃油压力。

必须按照 IA.6.5.3 的规定，以标准单位提供这些信号。实际信号必须能从默认值或跛行回家信号中被清晰地单独分辨出。

IA.6.5.1.3 对于所有需进行规定的车载评价试验(催化转化器、氧传感器等)的排放控制系统，除失火监测、供油系统监测和综合部件监测外，汽车最近进行的试验结果及用于比较的限值，均应能通过 IA.6.5.3 规定的标准数据连接器上的串行口获得。对于被监测部件和系统，除上述内容外，还必须能通过数据连接器获得其最新试验结果的合格/不合格指示。

IA.6.5.1.4 通过 IA.6.5.3 规定的标准数据连接器的串口，应能读取汽车型式核准时的车载诊断(OBD)系统要求，以及符合 IA.6.5.3.3 的车载诊断(OBD)系统所监测的主要排放控制系统要求。

IA.6.5.1.5 通过标准数据连接器上的串口，应能读到匹配软件的识别号。该匹配软件的识别号应以标准化格式提供。

IA.6.5.2 如果在发生故障时，对某部件的诊断会危及安全或导致该部件失效，则不要求排放控制诊断系统在故障发生期间诊断该部件。

IA.6.5.3 排放控制诊断系统必须提供标准化的和无限制的访问，并且符合下述 ISO 和/或 SAE 标准。

IA.6.5.3.1 对于车载到车下的通讯连接必须采用下列标准之一规定的限制：

ISO 9141-2:1994(1996 年修订)“道路车辆 诊断系统 第 2 部分：加州空气资源局对数字 信息交换的要求”；

SAEJ 1850:1998 年 3 月“B 级数据通讯网接口”。有关排放的信息必须使用循环的冗余(位数)校验和 3 个字节的标头,不得使用内部字节隔离或求校验和;

ISO 14230 第 4 部分“道路车辆 诊断系统关键词协议 2000 第 4 部分:排放有关系统的要求”;

ISO DIS 15765-4 “道路车辆 对控制器区域网(CAN)的诊断 第 4 部分:与排放有关系统的要求”,2001 年 11 月 1 日。

IA.6.5.3.2 与车载诊断(OBD)系统通讯所需的试验装置和诊断工具,必须满足或优于 ISO DIS 15031-4“道路车辆 车辆与排放有关诊断用的外部试验装置之间的通讯 第 4 部分:外部试验装置”(2001 年 11 月 1 日)中规定的功能性技术要求。

IA.6.5.3.3 必须采用 ISO DIS 15031-5“道路车辆 车辆与排放有关诊断用的外部试验装置之间的通讯 第 5 部分:排放有关的诊断服务”(2001 年 11 月 1 日)规定的格式和单位提供基本诊断数据(见 IA.6.5.1 规定)和双向控制信息,并且这些信息必须能通过满足 ISO DIS 15031-4 要求的诊断工具获得。

汽车制造厂应向国家标准化组织提供与排放相关的所有诊断信息,例如:过程标识信息、车载诊断(OBD)系统监测器标识信息、检测标识信息,这些要求在 ISO DIS 15031-5 标准中没有说明,但是它们是本标准要求的相关信息。

IA.6.5.3.4 当一个故障被记录时,制造厂必须采用相应的故障代码识别该故障。故障代码应与 ISO DIS 15031-6“道路车辆 车辆与排放有关诊断用的外部试验装置之间的通讯 第 6 部分:诊断故障代码的定义”中第 6.3 条与“排放有关系统的诊断故障代码”相一致。如果不能符合该识别要求,制造厂可以使用 ISO DIS 15031-6 中第 5.3 和 5.6 条规定的故障代码。通过符合 IA.6.5.3.2 规定的标准诊断装置,应能访问全部故障代码。

汽车制造厂应向国家标准化组织提供与排放相关的所有诊断信息,例如:过程标识信息、车载诊断(OBD)系统监测器标识信息、检测标识信息,这些要求在 ISO DIS 15031-5 标准中没有说明,但是它们是本标准要求的相关信息。

IA.6.5.3.5 汽车与诊断仪间的连接接口必须标准化,并必须满足 ISO DIS 15031-3“道路车辆 车辆与排放有关诊断用的外部试验装置之间的通讯 第 3 部分:诊断连结器和相关的电路:技术要求及使用”(2001 年 11 月 1 日)的全部要求。其安装位置必须经型式核准机关同意,以便于维修人员访问,并防止在正常使用条件下的意外损坏。

IA.6.6 有关两用燃料车诊断信号传递的特殊要求

IA.6.6.1 对不同燃料系统的特定信号存贮在同一个电控单元中的两用燃料车辆,在使用汽油或气体燃料时,应分别对其诊断信号(见 1.6.5 的规定)进行评定和发送。

IA.6.6.2 对不同燃料系统的特定信号存贮在不同的单控单元的两用燃料车辆,在使用汽油或气体燃料时,应根据使用燃料所对应的电控单元对诊断信号进行评定和发送。

IA.6.6.3 根据诊断工具的要求,燃料汽油时的诊断信号应基于某一个源地址发送,燃料用气体燃料时的诊断信号应基于另一个源地址进行发送。源地址的使用应符合 ISO DIS 15031-5“道路车辆 车辆与排放诊断用的外部试验装置之间的通讯 第 5 部分:排放有关的诊断服务”,(2001 年 11 月 1 日)规定。

附 件 IB
(规范性附件)
车载诊断(OBD)系统系族的基本特征

IB.1 定义车载诊断(OBD)系统系族的各种参数

必须按照同一系族中汽车的基本设计参数相同来定义车载诊断(OBD)系统系族。为确保在一个车载诊断(OBD)系统系族内只包括排气排放特性近似的那些汽车,必须考虑某些参数之间可能产生相互干扰造成的影响。

IB.2 下述参数相同的车型,被视为属于同一发动机 排放控制/车载诊断(OBD)系统组合。

发动机:

——燃烧过程(即:点燃式、压燃式、二冲程、四冲程);

——发动机燃油供给方式(即:化油器或燃油喷射)。

污染控制装置:

——催化转化器型式(即:氧化型、三效型、加热催化、其他);

——颗粒物捕集器型式;

——二次空气喷射(即:有或无);

——排气再循环(即:有或无)。

车载诊断(OBD)系统部件和功能:

——车载诊断(OBD)系统功能性监测、故障监测和向汽车驾驶员指示故障的方法。

附 录 J
（规范性附录）
基准燃料的技术要求

J.1 用于试验适用于第Ⅲ阶段限值（Ⅰ型试验）的汽车所用基准燃料的技术规格

J.1.1 用于试验装点燃式发动机汽车的基准燃料的技术数据

类型：无铅汽油

项 目		质量指标	试验方法
抗爆性：			
研究法辛烷值（RON）	不小于	93	GB/T 5487
抗爆指数（RON+MON）/2	不小于	88	GB/T 503
铅含量[a]/（g/L）	不大于	0.005	GB/T 8020
铁含量[a]/（g/L）	不大于	0.01	SH/T 0712
密度（20℃）/（kg/m³）		735～765	GB/T 1884 GB/T 1885
馏程：			
10%蒸发温度/℃		50～70	GB/T 6536
50%蒸发温度/℃		90～110	
90%蒸发温度/℃		160～180	
终馏点/℃		180～200	
残留量（体积分数）/%		2	
蒸气压[b]/kPa		55～65	GB/T 8017
实际胶质/（mg/100mL）	不大于	4	GB/T 8019
诱导期/min	不小于	480	GB/T 8018
硫含量（质量分数）/%	不大于	0.010～0.015	GB/T 380
铜片腐蚀（50℃，3h）/级	不大于	1	GB/T 5096
水溶性酸或碱		无	GB/T 258
机械杂质		无	GB/T 511
水分		无	GB/T 260
硫醇（需满足下列要求之一）：			
硫醇硫（博士试验法）		通过	SH/T 0174
硫醇硫含量（质量分数）/%	不大于	0.001	GB/T 1792
氧含量（质量分数）/%	不大于	2.3	SH/T 0663
苯含量（体积分数）/%	不大于	1	SH/T 0713
烯烃含量（体积分数）/%	不大于	30	GB/T 11132
芳烃含量（体积分数）/%	不大于	40	GB/T 11132

a. 铅、铁虽然规定了限值，但是不得人为加入。不应添加对机动车排放净化系统和人体健康有不良影响的金属添加剂。

b. Ⅵ型试验用汽油的最大蒸气压力 88 kPa。

J.1.2 用于试验装压燃式发动机汽车的基准燃料的技术数据

类型:柴油

项目		质量指标	试验方法
色度/号	不大于	3.5	GB/T 6540
氧化安定性 总不溶物[a]/(mg/100mL)	不大于	2.5	SH/T 0175
硫含量(质量分数)/%	不大于	0.035	GB/T 380
酸度(KOH)/mg/100mL	不大于	7	GB/T 258
10%蒸余物残炭[b](质量分数)/%	不大于	0.3	GB/T 268
灰分(质量分数)/%	不大于	0.01	GB/T 508
铜片腐蚀(50℃,3h)/级	不大于	1	GB/T 5096
水分(体积分数)/%	不大于	痕迹	GB/T 260
机械杂质		无	GB/T 511
运动黏度(20℃)/(mm²/s)		4.0～6.0	GB/T 265
凝点/℃	不高于	0	GB/T 510
冷凝点/℃	不高于	4	SH/T 0248
闪点(闭口)/℃	不低于	55	GB/T 261
十六烷值	不小于	51	GB/T 386
馏程: 50%馏出温度/℃ 90%馏出温度/℃ 95%馏出温度/℃	 不高于 不高于 不高于	 300 355 345～365	GB/T 6536
多环芳烃(%,质量分数)	不大于	11	SH/T 0606
润滑性 磨斑直径/μm	不大于	460	ISO 12156—1
密度/(20℃)/(kg/m³)		820～845	GB/T 1884 GB/T 1885

a. 每批试验油必须检测。

b. 若柴油中含有硝酸酯型十六烷值改进剂,10%蒸余物残碳的测定,必须用不加硝酸酯的基础燃料进行。柴油中是否加有硝酸酯型十六烷值改进剂的检验方法见附件 JA。可用 GB/T 17144 方法测定。结果有争议时,以 GB/T 268 方法为准。

J.2 用于试验适用于第Ⅳ阶段限值(Ⅰ型试验)的汽车所用基准燃料的技术规格

J.2.1 用于试验装点燃式发动机汽车的基准燃料的技术数据

类型:无铅汽油

参数	单位	限值[a]		试验方法
		最小	最大	
研究法辛烷值,RON		95.0	—	GB/T 5487
抗爆指数,(MON+RON)		90.0	—	GB/T 503
15℃下密度	kg/m³	740	754	ASTM D1298
雷氏蒸汽压	kPa	56.0	60.0	GB/T 8017
馏程:				
—初馏点	℃	24.0	40.0	GB/T 6536
—100℃下蒸出量	体积分数(%)	50.0	58.0	GB/T 6536
—150℃下蒸出量	体积分数(%)	83.0	89.0	GB/T 6536
—终馏点	℃	190	210	GB/T 6536
残馏量	%	—	2.0	GB/T 6536
烃分析:				
—烯烃	体积分数(%)	—	10	GB/T 11132
—芳烃	体积分数(%)	29.0	35.0	GB/T 11132
—苯	体积分数(%)	—	1.0	GB 17930 附录 A

续表

参数	单位	限值[a] 最小	限值[a] 最大	试验方法
一饱和烃	体积分数(%)	—	余量	GB/T 11132
碳/氢比		报告	报告	
诱导期[b]	min	480	—	GB/T 8018
氧含量	质量分数(%)	—	1.0	SH/T 0663
实际胶质	mg/mL	—	0.04	GB/T 8019
硫含量[c]	mg/kg	—	50	GB/T 380
铜腐蚀		—	1级	GB/T 5096
铅含量	mg/L	—	5	GB/T 8020
磷含量	mg/L	—	1.3	SH/T 0020—90

a. 技术要求所引用的是"真值"。在确定它们的限值时，运用了 ISO 4259"石油产品—与试验方法有关的精密数据的确定和运用"的条款，在确定最小值时，考虑了零以上 2*R* 的最小差别；在确定最大和最小值时，最小差别为 4*R*(*R*=再现性)。

尽管有了这个为了统计原因采取的必要措施，然而，燃料制造厂应该在规定的最大值 2*R* 时，瞄准零值，而在以最大和最小限值表示的情况下，瞄准平均值。一旦需要澄清燃油是否满足了技术要求的规定，应该运用 ISO 4259 的条款。

b. 燃料可包含氧化抑制剂和金属减活化剂，一般用来稳定精制汽油流，但不得添加洗涤剂/分散剂和溶解油。

c. 应报告Ⅰ型试验用燃油的实际硫含量。

J.2.2 用于试验装压燃式发动机汽车的基准燃料的技术数据

类型：柴油

参数	单位	限值[a] 最小	限值[a] 最大	试验方法
十六烷值[b]		52.0	54.0	GB/T 386
15℃下密度	kg/m³	833	837	GB/T 1884 GB/T 1885
馏程				
—50%点	℃	245	—	GB/T 6536
—95%点	℃	345	350	GB/T 6536
—终馏点	℃	—	370	GB/T 6536
闪点	℃	55	—	GB/T 261
冷滤点	℃	—	−5	SH/T 0248
40℃下黏度	mm²/s	2.3	3.3	GB/T 265
多环芳香烃	质量分数(%)	3	6.0	SH/T 0606
硫含量[c]	mg/kg	—	50	GB/T 380
铜腐蚀		—	1级	GB/T 5096
10%蒸余物残碳	质量分数(%)	—	0.2	GB/T 268
灰分	质量分数(%)	—	0.01	GB/T 508
水分	质量分数(%)	—	0.02	GB/T 260
中和数(强酸)	mg KOH/g	—	0.02	GB/T 258
氧化安定性[d]	mg/mL	—	0.025	SH/T 0175
润滑性(60℃下 HFRR 磨损扫描直径)	μm	—	400	CEC F-06-A-96
FAME	不允许			

a. 技术要求所引用的是"真值"。在确定它们的限值时，运用了 ISO 4259"石油产品—与试验方法有关的精密数据的确定和运用"的条款，在确定最小值时，考虑了零以上 2*R* 的最小差别；在确定最大和最小值时，最小差别为 4*R*(*R*=再现性)。

尽管有了这个为了统计原因采取的必要措施，然而燃料制造厂应该在规定的最大值 2*R* 时，瞄准零值，而在以最大和最小限值表示的情况下，瞄准平均值。一旦需要澄清燃油是否满足了技术要求的规定，应该运用 ISO 4259 的条款。

b. 十六烷数的范围没有符合最小 4*R* 范围的要求。然而，如果出现了燃油供应商和用户之间的争论，可以运用 ISO 4259 的条款来解决这些争论，只要不作简单决定，而进行了足够多测定，达到了必需的精密度。

c. 应报告Ⅰ型试验用燃油的实际硫含量。

d. 尽管氧安定性得到了控制，但保存期可能将加以限制。应从供应商哪儿征求储存条件和寿命的建议。

J.3 汽车排放试验所用气体基准燃料的技术要求

J.3.1 LPG 基准燃料的技术数据

J.3.1.1 用于试验适用于第Ⅲ阶段限值（Ⅰ型试验）的汽车所用 LPG 基准燃料的技术数据

		燃料 A	燃料 B	试验方法
组分	体积分数（%）			SH/T 0614
C_{3-} 含量	体积分数（%）	30±2	85±2	
C_{4-} 含量	体积分数（%）	余量	余量	
$<C_3,>C_4$	体积分数（%）	最大 2	最大 2	
烯烃	体积分数（%）	最大 12	最大 15	
蒸发残余物	mg/kg	最大 50	最大 50	SY/T 7509
含水量		无	无	目测
硫总含量	mg/kg	最大 50	最大 50	SH/T 0222
硫化氢		无	无	
铜片腐蚀		1 级	1 级	SH/T 0232[a]
臭味		特征	特征	
马达法辛烷值		最小 89	最小 89	GB/T 12576

[a] 如果样品含有腐蚀抑制剂，或其他减少铜片腐蚀性的化学制品，此方法不能准确地确定是否存在腐蚀物质。因此，禁止添加单纯为了使试验方法造成偏差的物质。

J.3.1.2 用于试验适用于第Ⅳ阶段限值（Ⅰ型试验）的汽车所用 LPG 基准燃料的技术数据

		燃料 A	燃料 B	试验方法
组分	体积分数（%）			SH/T 0614
C_{3-} 含量	体积分数（%）	30±2	85±2	
C_{4-} 含量	体积分数（%）	余量	余量	
$<C_3,>C_4$	体积分数（%）	最大 2	最大 2	
烯烃	体积分数（%）	最大 12	最大 15	
蒸发残余物	mg/kg	最大 50	最大 50	SY/T 7509
含水量		无	无	目测
硫总含量	mg/kg	最大 10	最大 10	SH/T 0222
硫化氢		无	无	
铜片腐蚀		1 级	1 级	SH/T 0232[a]
臭味		特征	特征	
马达法辛烷值		最小 89	最小 89	GB/T 12576

[a] 如果样品含有腐蚀抑制剂，或其他减少铜片腐蚀性的化学制品，此方法不能准确地确定是否存在腐蚀物质。因此，禁止添加单纯为了使试验方法造成偏差的物质。

J.3.2 NG 基准燃料的技术数据

特　性	单　位	基础	限　值		试验方法
			最小	最大	
基准燃料 G_{20}					
组分：					
甲烷	摩尔分数(%)	100	99	100	GB/T 13610
余量[a]	摩尔分数(%)	—	—	1	GB/T 13610
N_2	摩尔分数(%)				GB/T 13610
硫含量	mg/m^3 [b]	—	—	10	GB/T 11061
Wobbe 指数(净)	MJ/m^3 [c]	48.2	47.2	49.2	
基准燃料 G_{25}					
组分：					
甲烷	摩尔分数(%)	86	84	88	GB/T 13610
余量[a]	摩尔分数(%)	—	—	1	GB/T 13610
N_2	摩尔分数(%)	14	12	16	GB/T 13610
硫含量	mg/m^3 [b]	—	—	10	GB/T 11061
Wobbe 指数(净)	MJ/m^3 [c]	39.4	38.2	40.6	

[a] 惰性成分(不是 N_2)$+C_2+C_{2+}$。

[b] 在 293.2 K(20℃)和 101.3 kPa 下测定的值。

[c] 在 273.2 K(0℃)和 101.3 kPa 下测定的值。

Wobbe 指数是单位容积燃气的热值与其相对密度(在同样基准状态下)的平方根的乘积：

$$\text{Wobbe 指数 } W = H_{燃气} \times \sqrt{\frac{\rho_{空气}}{\rho_{燃气}}}$$

式中：

$H_{燃气}$——燃料的热值(0℃下)，单位为兆焦耳每立方米(MJ/m^3)；

$\rho_{空气}$——0℃下空气的密度；

$\rho_{燃气}$——0℃下燃料的密度。

Wobbe 指数是总指数还是净指数，取决于热值是总热值还是净热值。

J.4 本附录中引用的文件

GB/T 11132　液态石油产品烃类测定法

GB/T 1884　石油和液体石油产品密度测定法(密度计法)

GB/T 1885　石油计量换算表

GB/T 258　汽油、煤油、柴油酸度测定法

GB/T 260　石油产品水分测定法

GB/T 261　石油产品闪点测定法(闭口杯法)

GB/T 265　石油产品运动黏度测定法和动力黏度计算法

GB/T 268　石油产品残炭测定法(康氏法)

GB/T 380　石油产品硫含量测定法(燃灯法)

GB/T 386　柴油着火性质测定法(十六烷值法)

GB/T 503　汽油辛烷值测定法(马达法)
GB/T 508　石油产品灰分测定法
GB/T 510　石油产品凝点测定法
GB/T 511　石油产品和添加剂机械杂质测定法(重量法)
GB/T 1792　馏份燃料中硫醇硫测定法(电位滴定法)
GB/T 5096　石油产品铜片腐蚀试验法
GB/T 5487　汽油辛烷值测定法(研究法)
GB/T 6536　石油产品蒸馏测定法
GB/T 6540　石油产品颜色测定法
GB/T 8017　石油产品蒸气压测定法(雷德法)
GB/T 8018　汽油氧化安定性测定法(诱导期法)
GB/T 8019　车用汽油和航空燃料实际胶质测定法(喷射蒸发法)
GB/T 8020　汽油铅含量测定法(原子吸收光谱法)
GB/T 11061　天然气中总硫含量的测定氧化微库仑法
GB/T 12576　液化石油气蒸气压和相对密度及辛烷值计算法
GB/T 13610　天然气组成分析(气相色谱法)
SH/T 0020—90　汽油中磷含量测定法(分光光度法)
SH/T 0174　芳烃和轻质石油产品硫醇定性试验法(博士试验法)
SH/T 0175　馏分燃料油氧化安定性测定法(加速法)
SH/T 0222　液化石油气总硫含量测定法(电量法)
SH/T 0232　液化石油气铜片腐蚀试验法
SH/T 0248　馏分燃料冷滤点测定法
SH/T 0606　中间馏分烃类组成测定法
SH/T 0614　工业丙烷、丁烷组分测定法(气相色谱法)
SH/T 0663　汽油中某些醇类和醚类测定法
SH/T 0711　汽油中锰含量测定法
SH/T 0712　汽油中铁含量测定法(原子吸收光谱法)
SH/T 0713　车用汽油和航空汽油中苯和甲苯含量测定法(气相色谱法)
SY/T 7509　液化石油气残留物测定法

附　件　JA

(规范性附件)

柴油中硝酸酯型十六烷值改进剂的检验

JA.1　范围

本方法适用于检验柴油中使用的硝酸酯型十六烷值改进剂，本方法可用为测定残炭和计算十六烷指数前使用的定性筛选方法。

JA.2　方法概要

柴油试样在氢氧化钾-正丁醇混合物中皂化，用玻璃纤维滤纸过滤，留在滤纸上的物质干燥后用二苯胺试剂处理。二苯胺被硝酸盐氧化成深蓝色醌型化合物。生成的蓝色或黑色斑点显示有硝酸酯型十六烷值改进剂。

JA.3 仪器或设备

JA.3.1 反应瓶:容量 30mL,广口瓶,带螺帽盖,盖内侧有锡或塑料衬里。

JA.3.2 玻璃纤维纸:直径 37mm。

JA.3.3 移液管:容量 10 mL,带吸球。

JA.3.4 量筒:10 mL 和 25 mL。

JA.3.5 吸滤瓶:适合与 60 mL,玻璃烧结过滤器连接。

JA.3.6 玻璃烧结过滤器:容量 60 mL。

JA.3.7 烘箱:适用于在 110℃干燥玻璃纤维滤纸。

JA.4 试剂

在本试验过程中所用试剂均为分析纯试剂。

JA.4.1 氢氧化钾。

JA.4.2 正丁醇。

JA.4.3 硫酸

JA.4.4 二苯胺(1 g/100 mL 溶液)。

配制:用 0.250 g 二苯胺溶解在 25 mL 硫酸中。

JA.4.5 甲苯。

告诫:甲苯是有毒的可燃物,应避免吸入其蒸汽,并避免与皮肤接触。

JA.5 试验步骤

JA.5.1 用 6.5 g 氢氧化钾与 100 mL 正丁醇混合,加热使氢氧化钾溶解,待溶液冷却后用玻璃纤维滤纸过滤混合物,即得到皂化混合物。

JA.5.2 用移液管把 100 mL 试样注入反应瓶,加入 5 mL 甲苯,再加入 10 mL 皂化混合物。

警告:不应当用口吸移液管,因为检验中有有毒物质。

JA.5.3 用螺帽盖牢固地盖在反应瓶上,混合内盛物后,放在 110℃箱中保持 4 h。

JA.5.4 从烘箱中取出的反应瓶冷却到 25±3℃。

JA.5.5 将反应瓶中的内盛物在装有玻璃纤维滤纸的玻璃烧结过滤器内过滤。

JA.5.6 用 2.5 mL 甲苯洗涤反应瓶,并转移到玻璃烧结过滤器内过滤。

JA.5.7 小心取出玻璃纤维滤纸,放在 110℃烘箱中干燥 15 min.。

JA.5.8 取出玻璃纤维纸,冷却到 25±3℃。

JA.5.9 向滤纸中央滴入二苯胺溶液,观察是否形成蓝色或蓝黑色。

JA.6 报告

如果出现蓝色,应报告有硝酸酯型十六烷值改进剂。含有 0.5%(体积分数)硝酸酯型十六烷值改进剂的柴油参比试样会使整个试剂部位呈现深蓝色至蓝黑色。而仅含有 0.1%(体积分数)硝酸酯型十六烷值改进剂的柴油参比试样会使试剂部位的外缘呈现蓝色环。

如果出现上述的蓝色、深蓝色或蓝黑色,则试样为阳性反应,残炭的测定必须用不加硝酸酯型十六烷值改进剂的基础燃料进行,而且不能用来计算十六烷值指数,必须用 GB/T 386 方法测定十六烷值。

附　录　K
（规范性附录）
燃用液化石油气(LPG)或天然气(NG)汽车的特殊要求

K.1　概述

本附录描述了适用于燃用LPG或NG,或既能燃用汽油又能燃用LPG或NG的汽车在型式核准中,以LPG或NG进行试验时的特殊要求。

由于市场上LPG和NG的组分变化较大,要求供油系统的供油率适应这些组分。为了证明这种能力,在Ⅰ型试验时汽车必须使用两种极端的基准燃料进行试验来证明供油系统的自适应能力。只要证明了某供油系统在汽车上的自适应能力,该辆车就可作为一个汽车系族的"源车"。符合该汽车系族成员要求的汽车,如果安装相同的供油系统,则只需用一种燃料进行试验。

K.2　定义

就本标准而言:

K.2.1　"源车"指被选择用来证明供油系统在汽车上的自适应能力的那辆车,它是一个汽车系族的成员。一个汽车系族中可能不止一辆源车。

K.2.2　"汽车系族"指与源车具有下述基本特征的汽车:

(1) 由同一制造厂生产。

(2) 适用同一排放限值。

(3) 如气体供给系统具有一个为整个发动机的中央计量装置:

则型式核准输出功率为源车发动机的0.7倍至1.15倍。

如气体供给系统具有单独为每个气缸计量的装置:

则每缸型式核准输出功率为源车发动机每缸的0.7倍至1.15倍。

(4) 如果安装了催化系统,则催化剂的型式相同,即三效型、氧化型、还原型。

(5) 气体供给系统(包括调压器)的制造厂和型号相同:进气、蒸气喷射(单点、多点)、液体喷射(单点、多点)。

(6) 气体供给系统由同型号和同技术规格的ECU控制,包含了相同的软件原理和控制方案。

就上述第(3)项要求而言,如果两辆燃气汽车都作为源车进行了试验,除其型式核准输出功率分别为 P_1 和 P_2($P_1 < P_2$)外,还能证明属同一汽车系族,则对于那些型式核准输出功率在 $0.7 \times P_1$ 和 $1.15 \times P_2$ 之间的汽车,都认为其汽车系族关系有效。

K.3　型式核准

满足下列要求,则通过型式核准:

K.3.1　源车排气污染物的型式核准

源车应证明其能适应市场上可能遇到的任何组分燃料。对于LPG,其 C_3 和 C_4 组分有变动。对于NG,通常有两种燃料:高热值燃料(高气)和低热值燃料(低气),但大部分分布在这两者之间,这两种燃料的Wobbe指数显著不同。这些波动反映在基准燃料中。

K.3.1.1　源车应采用附录J中两种极端基准燃料进行Ⅰ型试验。

如果从一种燃料过渡到另一种燃料实际上是借助于一个开关,则在型式核准期间不得使用该开关。

此时,在制造厂的要求和检测机构同意下,可延长C5.3.1规定的预处理循环。

K.3.1.2　如果使用两种基准燃料,试验结果符合排放限值,则认为汽车排放Ⅰ型试验合格。

K.3.1.3 对每种污染物,应按表 K1 确定排放结果比“*r*”:

表 K1

燃料类型	基准燃料	计算“*r*”
LPG 和汽油或仅用 LPG	燃料 A	r=B/A
	燃料 B	
NG 和汽油或仅用 NG	G_{20}	$r=G_{25}/G_{20}$
	G_{25}	

K.3.2 汽车系族成员排气污染物型式核准

对于汽车系族成员,应使用一种基准燃料进行Ⅰ型试验。该基准燃料可以是两种基准燃料中的任一种。如果满足下述要求,则认为汽车排放Ⅰ型试验合格:

K.3.2.1 汽车符合 K.2.2 汽车系族成员的定义。

K.3.2.2 如果 K.3.1.3 的系数“*r*”大于 1,则每种污染物的试验结果必须乘以系数 *r*;如果系数 *r* 小于 1,则取其值为 1。乘上系数后的数值作为最终的排放结果。在制造厂的要求下,可以使用第 2 种基准燃料,或使用两种基准燃料,进行Ⅰ型试验,这样就不需进行任何修正。

K.3.2.3 汽车污染物的测量值和计算值都应符合相应种类汽车的排放限值。

K.4 一般条件

可使用市售燃料进行生产一致性试验,对于 LPG,其 C_3/C_4 比应处于两种基准燃料之间,对于 NG,其 Wobbe 指数应处于两种极端基准燃料之间。此时,需要提交燃料分析报告。

附 录 L
（规范性附录）
作为独立技术总成的替代用催化转化器的型式核准

L.1 范围

本附录适用于作为独立技术总成的替代用催化转化器的型式核准，这些催化转化器将作为替代用部件，装在一种或多种型式的 M_1 和 N_1 类机动车上。

L.2 定义

L.2.1 催化转化器型式

指在下列基本方面无差异的催化转化器：

——经涂敷的载体数量、结构和材料；

——催化活性的类型（氧化型、三效型等）；

——载体容积，前端面积和载体长度比；

——催化剂材料含量；

——催化剂材料比；

——孔密度；

——尺寸和形状；

——热保护。

L.2.2 替代用催化转化器的型式核准

指就排放污染物限值、噪声水平、对汽车性能的影响和与车载诊断（OBD）系统的兼容性，对某催化转化器作为某个或某些指定车型的替代部件的型式核准。

L.2.3 经劣化的替代用催化转化器

指经老化或人工劣化的催化转化器，其劣化程度完全满足第 IA.1 章的要求[1)]

L.3 型式核准申请

L.3.1 对某种型式的替代用催化转化器的型式核准申请，应由制造厂提交。

L.3.2 附件 LA 给出了型式核准申报材料的式样。

L.3.3 当申请替代用催化转化器型式核准时，应向负责型式核准试验的检测机构提交下列内容：

L.3.3.1 已通过型式核准的装原装催化转化器的汽车。这辆（些）汽车应由申请者挑选，并经检测机构同意。它（们）应符合第 C.3 章的要求。如果选用 L.5.3.2.1.1 所述试验方法，还应提交一台装于上述汽车的单独发动机。

试验汽车的排放控制系统应无缺陷；任何过量磨损或与排放有关的有故障的原装零件，均应经过修理或更换。排放试验前，试验汽车应正确调整，并按照制造厂的技术规范进行设定。

L.3.3.2 一件替代用催化转化器的样品。该样品应该用清晰、不可擦除的标记标明申请者的商品名称或商标，以及其商业名称。

L.3.3.3 如果替代用催化转化器拟装在装有车载诊断（OBD）系统的汽车上，应提供该型催化转化器的另一只样件。样件上应清晰地、不可清除地标记上申请者的商品名称或注册商标，以及其商业标志。

---

1) 对于装点燃式发动机的汽车的验证试验，当测得的 HC 值高于该汽车型式核准时的测得值，L.3.3.2 的极限值应增加此差值，以将此增加值用于第 IA.1 章。

它必须经过 L.2.3 规定的劣化处理。

L.4 型式核准

如果满足第 L.5 章的要求，则应通过型式核准。

L.5 技术要求

L.5.1 一般要求

L.5.1.1 替代用催化转化器在设计、制造和安装能力上，应能够保证汽车符合本标准的规定，这些规定是汽车本来就符合的，而污染物应在汽车正常使用下和正常寿命期内得到有效控制。

L.5.1.2 替代用催化转化器应安装在原装催化转化器的同一位置，如适用，排气管中氧传感器和其他传感器（如有）的位置不应变动。

L.5.1.3 如原装催化转化器包含热防护，替代用催化转化器应包含等效的防护。

L.5.1.4 替代用催化转化器应耐用，即在其设计、制造和安装上，应能够合理抵抗汽车各种使用条件中遇到的腐蚀、氧化现象。

L.5.2 排放要求

L.3.3.1 所指汽车，装有要求型式核准的替代用催化转化器后，应按照本标准相关附录中规定的条件进行Ⅰ型试验，并按照下述步骤比较替代用催化转化器与原装催化转化器的性能。

L.5.2.1 确定比较基准

汽车应安装一个新原装催化转化器（见 L.3.3.1），进行运转 12 次运转循环 2 部的预处理。

预处理后，汽车停置于温度在 293～303 K(20～30℃)的室内。该浸车至少进行 6 h，直至发动机机油温度和冷却液温度在室温的±2 K 范围内。然后进行 3 次Ⅰ型试验。

L.5.2.2 装替代用催化转化器的排气试验

应将试验汽车的原装催化转化器由替代用催化转化器（见 L.3.3.2）代替，进行运转 12 次运转循环 2 部的预处理。

预处理后，汽车停置于温度在 293～303 K(20～30℃)的室内。该浸车至少进行 6 h，直至发动机机油温度和冷却液温度在室温的±2 K 范围内。然后进行 3 次Ⅰ型试验。

L.5.2.3 评价装替代用催化转化器汽车的污染物排放

装原装催化转化器的试验汽车，应符合汽车型式核准时的排放限值，如适用，还应采用该车型型式核准时的劣化系数。

就每一受限制的污染物（CO，HC+NO_x 和 PM）而言，如果装替代用催化转化器的汽车，其试验结果满足以下两条件，则应认为排放满足要求：

$$M \leqslant 0.85\,S + 0.4\,G \tag{1}$$

$$M \leqslant G \tag{2}$$

式中：

M——替代用催化转化器 3 次Ⅰ型试验得到的一种污染物或两种污染物[1]排放的平均值。

S——原装催化转化器 3 次Ⅰ型试验得到的一种污染物或两种污染物[1]排放的平均值。

G——该汽车型式核准时一种污染物或两种污染物[1]排放限值，如适用，除以 5.3.5.2 表 3 中规定的劣化系数。

如果型式核准适用于同一汽车制造厂的不同车型，且这些不同车型装有同一型式的原装催化转化器，经负责型式核准的检测机构认可后，Ⅰ型试验可限于在所选的至少两辆汽车上进行。

L.5.3 噪声和排气背压要求

---

1) 按照装原装催化转化器汽车型式核准时适用的 5.3.1.4 规定的限值。

L.5.3.1 噪声要求

当替代用催化转化器装在 L.3.3.1 所指汽车上时，使用两种方法（汽车静止和行驶）得到的声级水平必须不得超过该汽车安装原装催化转化器时测得的值。测量方法参照 GB 1495—2002 或 GB 1496—1979 进行。

L.5.3.2 排气背压要求

采取测量排气背压的方式进行比较。在 L.5.3.2.1.1 或 L.5.3.2.1.2 规定的条件下，替代用催化转化器测得的值，不得大于 1.25 倍原装催化转化器测得值。

L.5.3.2.1 试验方法

L.5.3.2.1.1 发动机试验方法

应在与测功机相联的 L.3.3.1 所述的发动机上进行测量。

节气门全开，调整台架，使发动机达到相应于发动机最大额定功率的转速。

测量背压时，测压头离排气支管的距离，应符合图 L.1、L.2 和 L.3 的规定。

L.5.3.2.1.2 汽车试验方法

应在 L.3.3.1 所述汽车上进行测量。

试验必须在道路上进行，或在底盘测功机上进行。

节气门全开，应将发动机加载到使发动机达到相应于最大额定功率的转速。

测量背压时，压力测量点离排气支管的距离，应符合图 L.1、L.2 和 L.3 的规定。

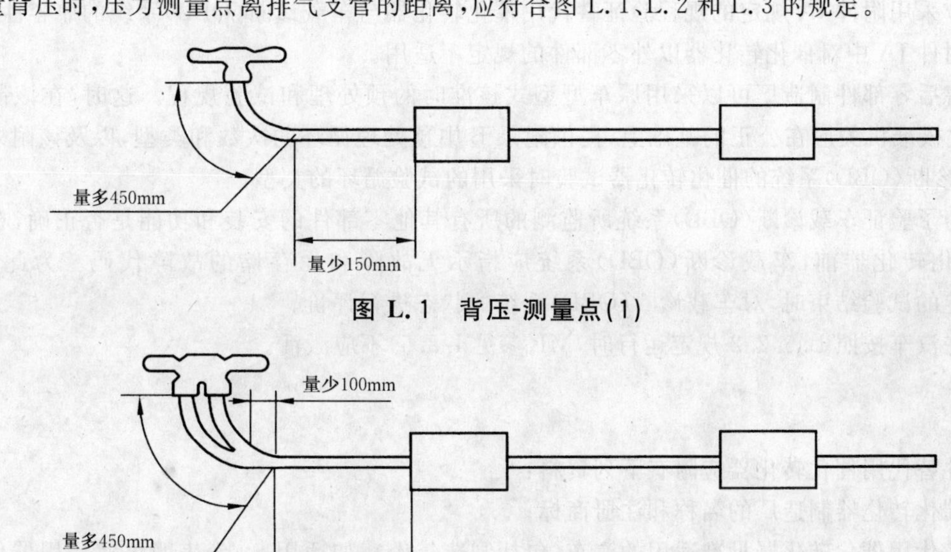

图 L.1 背压-测量点(1)

图 L.2 背压-测量点(2)[2]

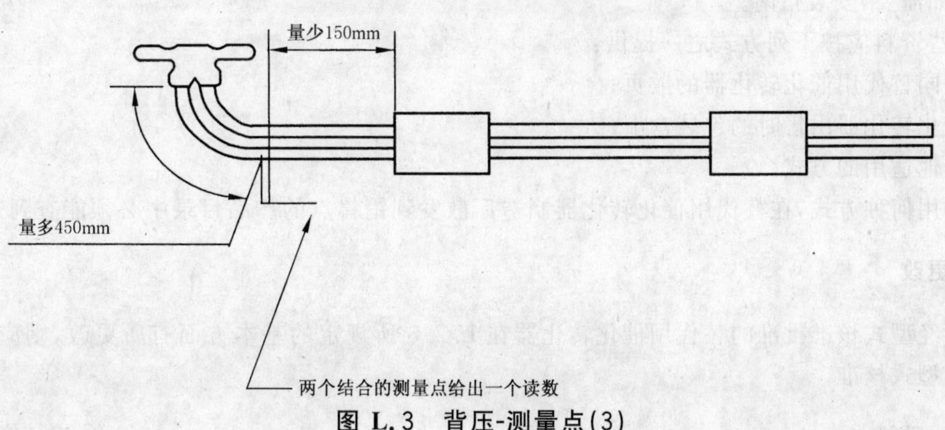

图 L.3 背压-测量点(3)

---

2) 如不可能，则采用图 L.3。

L.5.4　耐久性要求

替代用催化转化器应满足5.3.5,即Ⅴ型试验的要求,或将表L.1中的劣化系数用于Ⅰ型试验结果。

表L.1　劣化系数

发动机类别	劣化系数				
	CO	HC[a]	NO_x[a]	HC+NO_x	颗粒物
点燃式发动机	1.2	1.2	1.2	1.2[b]	—
压燃式发动机	1.1	—	1.0	1.0	1.2

[a]适用于按照第Ⅰ、Ⅱ阶段型式核准的汽车。

[b]适用于按照第Ⅲ、Ⅳ阶段型式核准的汽车。

L.5.5　对车载诊断(OBD)系统兼容性的要求(仅适用于拟装在装有车载诊断(OBD)系统的汽车上的替代用催化转化器)

若原车的车载诊断(OBD)系统有对原装催化转化器进行监测的功能,则应验证替代用催化转化器与车载诊断(OBD)系统的兼容性。

L.5.5.1　应采用附件IA规定的规程验证替代用催化转化器与车载诊断(OBD)系统的兼容性。

L.5.5.2　附件IA中对催化转化器以外零部件的规定不适用。

L.5.5.3　售后零部件制造厂可以采用原车型型式核准时的预处理和试验规程。这时,在该制造厂的要求下,型式核准机关应在公正的基础上,提供附录B中预处理循环的次数和类型,以及该附录中原制造厂在车载诊断(OBD)系统的催化转化器试验时采用的试验循环的类型。

L.5.5.4　为了验证车载诊断(OBD)系统所监测的所有其他零部件的安装和功能是否正确,在安装任何替代用催化转化器前,车载诊断(OBD)系统应指示无故障和无存储的故障代码。为此,可以在L.5.2.1规定的试验结束时,对车载诊断(OBD)系统的状态进行评价。

L.5.5.5　在汽车按照L.5.2.2规定运行时,MI(参见I.2.5)不应激活。

L.6　资料

L.6.1　每件替代用催化转化器应附有下列资料:

L.6.1.1　催化转化器制造厂的名称和注册商标;

L.6.1.2　替代用催化转化器批准适用的汽车(包括制造年份);如适用,一份表明该替代用催化转化器适用于装在装有车载诊断(OBD)系统的汽车上的标识;

L.6.1.3　如需要,安装指南。

L.6.2　这些资料应按下列方式之一提供:

——随同替代用催化转化器的散页;

——催化转化器出售时的包装盒上;

——其他适用的方式。

无论采用何种方式,在替代用催化转化器制造厂散发到销售点的产品目录中必须能查到这些资料。

L.7　型式更改

如果已经型式核准批准的替代用催化转化器在L.2.3所规定的基本方面有所更改,则应按照本附录重新进行型式核准。

L.8　生产一致性

替代用催化转化器的生产一致性应参照第7章和附录M进行。

L.8.1 特殊条款

L.8.1.1 应检查 L.2.3 所规定的基本方面是否符合。

L.8.1.2 应进行 L.5.2(污染物要求)描述的试验。此时,作为一种替代方案,型式核准的持有者可要求采用型式核准试验时的那个替代用催化转化器(或另一个已经证明与批准的型式相一致的样品),而不采用那个原装催化转化器作为比较基准。装被检样品时所测得的污染物平均值,应不超过装基准催化转化器时测得值的 15%。

附 件 LA
(规范性附件)
替代用催化转化器的型式核准申报材料

应该提供下列适用的资料,还包括摘要,一式三份。

任何提供的图样应以适当的比例并充分说明细节,其幅面尺寸为 A4,或折叠至该尺寸。如果有照片,必须充分显示细节。

LA.1 一般资料

LA.1.1 厂牌(制造厂商标):…………

LA.1.2 型式:…………

LA.1.3 制造厂名称和地址:…………

LA.1.4 型式核准标志的位置和方法:…………

LA.1.5 总装厂地址:…………

LA.2 装置描述

LA.2.1 替代用催化转化器的厂牌和型式:…………

LA.2.2 替代用催化转化器图样,特别指明 L.2.3 所指的各项特征:…………

LA.2.3 替代用催化转化器拟安装的车型描述:…………

LA.2.3.1 代表发动机和车型特征的数字和/或符号:…………

LA.2.4 显示替代用催化转化器相对于发动机排气支管位置的描述和图纸:…………

附 件 LB
(规范性附件)
替代用催化转化器的型式核准证书

(最大尺寸:A4(210 mm×297 mm))

根据 GB 18352.3 标准,对某一型式的车辆/部件/独立技术总成作如下通知:

型式核准[1)]

型式核准扩展[1)]

型式核准拒绝[1)]

型式核准拆消[1)]

型式核准号:…………

扩展理由:…………

---

1) 划掉不适用者。

第一部分

LB.1.1 厂牌(制造厂的商品名称):……………………………………………………………………………

LB.1.2 型式和商品的一般叙述:…………………………………………………………………………………

LB.1.3 型式的识别方法和位置,如标在车辆/部件/独立技术总成上:…………………………………………

LB.1.4 汽车类型:……………………………………………………………………………………………………

LB.1.5 制造厂的名称和地址:……………………………………………………………………………………

LB.1.6 对于部件和独立技术总成,型式核准标志的固定位置和固定方法:……………………………………

LB.1.7 总装厂地址:………………………………………………………………………………………………

第二部分

LB.2.1 负责进行试验的检测机构:………………………………………………………………………………

LB.2.2 试验报告日期:……………………………………………………………………………………………

LB.2.3 试验报告编号:……………………………………………………………………………………………

LB.2.4 地点:………………………………………………………………………………………………………

LB.2.5 日期:………………………………………………………………………………………………………

LB.2.6 签字:………………………………………………………………………………………………………

LB.2.7 备注:………………………………………………………………………………………………………

LB.2.8 附上型式核准机关保存的资料包索引,要求下可索取。

附 件 LC

(规范性附件)

替代用催化转化器的型式核准证书的附加资料

(最大幅面:A4(210 mm×297 mm))

LC.1 催化转化器作为替代部件适用的车型:………………………………………………………………

LC.2 替代用催化转化器已试验过的各车型:………………………………………………………………

LC.3 负责试验的检测机构:……………………………………………………………………………………

LC.4 试验报告日期:……………………………………………………………………………………………

LC.5 试验报告编号:……………………………………………………………………………………………

LC.6 备注:………………………………………………………………………………………………………

LC.7 地点:………………………………………………………………………………………………………

LC.8 日期:………………………………………………………………………………………………………

LC.9 签名:………………………………………………………………………………………………………

LC.10 附上存放在型式核准机关的资料包目次,一旦需要就可以获得。

附 录 M
(规范性附录)
生产一致性保证要求

M.1 概述

本附件描述了为确保批量生产汽车的排放特性与已型式核准的车型一致,型式核准机关对制造厂提出的生产一致性保证要求,包括对质量管理体系的评估(作为初评内容),以及对型式核准证书持有者和生产过程控制的确认核查(作为生产一致性保证计划内容)。

M.2 初评

M.2.1 型式核准机关在批准型式核准之前,必须核实制造厂具备了有效控制生产过程的计划和规程,以保证生产的零部件、系统、独立技术总成或车辆与已型式核准的车型一致。

M.2.2 必须确认型式核准机关对M.2.1的要求是满意的。

型式核准机关应对初评和M.3的初始生产一致性保证计划感到满意,如需要,还应考虑M.2.2.1和M.2.2.2中描述的保证计划中的部分或全部内容。

M.2.2.1 实际的初评和(或)生产一致性保证计划的核定,可由型式核准机关进行,或者由型式核准机关委托的检测机构进行。

当考虑初评的范围时,型式核准机关可考虑下列已有资料:

M.2.2.2描述的制造者证书,但未按本条条款进行过资格认可或承认;

对于部件或独立技术总成的型式核准,经车辆制造者同意,质量体系的评估在部件或独立技术总成制造厂内进行。

M.2.2.2 型式核准机关也必须认可制造厂的质量保证体系认证证书,此证书符合GB/T 19001—2000标准的要求,但免除其中7.3有关设计和开发方面的要求。制造者必须提供认证证书的细节,并承诺,在其有效性和范围方面的任何修订,都必须通知型式核准机关。

M.2.3 对于整车的型式核准,不必重复为批准该车的系统、零部件和单独技术总成的型式核准进行初评,但应对与整车装配有关的、以前评估未涉及的场所或行动进行评估。

M.3 生产一致性保证计划

M.3.1 按照本标准型式核准的每一车型、系统、零部件或独立技术总成,在制造时必须符合本标准的要求,使其与已型式核准车型一致。

M.3.2 型式核准机关在批准型式核准时,必须核实制造厂是否已具备了为每项型式核准所作的保证计划和书面的控制计划,并在规定的时间间隔内,进行必要的试验或相关检查,以核实是否能持续地与已型式核准车型一致。如适用,还包括专门规定的试验。

M.3.3 型式核准证书持有者必须:

M.3.3.1 具有并执行能有效地控制产品(车辆、系统、零部件或单独技术总成)与经型式核准车型一致的规程;

M.3.3.2 为检查每一型式核准车型的一致性,有权使用必要的试验设备或其他相应设备;

M.3.3.3 记录试验或检查结果所形成的文件,要在型式核准机关规定的期限内一直保留,并可获取。要求的保留期限不得超过10年;

M.3.3.4 分析每种车型的试验或检查结果,以便验证和确保产品排放特性的稳定性,以及制订生产过程控制允差;

M.3.3.5 确保每种车型进行了本标准规定的各项一致性检查和试验；

M.3.3.6 如任一组样品或试件在要求的试验或检查中被确认一致性不符合，需确保再次取样并试验或检查。应采取必要措施，恢复其生产一致性；

M.3.3.7 在整车型式核准中，M.3.3.5.中所涉及的检查，局限于核实与型式核准有关的，特别是与附录A中规定有关的资料是否正确建立。

M.4 定期审核计划

M.4.1 型式核准机关可随时核实每一生产部门所应用的一致性控制方法。

M.4.1.1 正常的保证计划应监督M.2.2制定的规程（初始评估及生产一致性）的持续有效性。

M.4.1.1.1 由鉴定单位（按M.2.2.1的要求已获得资格认可或承认的检测机构）进行的监督行动，在满足了M.4.1.1关于在初评（M.2.2.2）时建立的规程的要求时应被接受。

M.4.1.1.2 由型式核准机关（M.4.1.1.1.中的单位）核实的正常频率应该是，在信任气氛下型式核准机关协调确定的周期内，确保按照本附件第M.2章和第M.3章所应用的相关控制项目得到复查。

M.4.2 每次复查时，检查人员应能获得试验或检查记录和生产记录，特别是M.2.2要求的试验或检查记录。

M.4.3 如试验条件适当，检查人员可随机选取样品，在制造者的实验室进行试验（或由检验机构试验）。最少样品数可按制造者自检结果确定。

M.4.4 如控制水平不令人满意，或可能需要核实运用M.4.2所进行的试验的有效性时，检查人员应选取样品，送交检测机构进行试验。

M.4.5 型式核准机关可进行本标准中规定的任何检查或试验。

M.4.6 若在检查或监督复查过程中，发现不满意的结果，型式核准机关必须督促制造厂采取一切必要措施，以尽快恢复生产的一致性。

附 件 MA
（规范性附件）
生产一致性检查的判定方法

MA.1 对制造厂的生产标准偏差满意时，采用下述的步骤来确认Ⅰ型试验的生产一致性。

MA.1.1 样车数量最少为三辆。采样规程是这样规定的，当一批产品中有40%带有缺陷，其通过试验的概率为0.95（生产厂的风险＝5%）；当一批产品中有65%带有缺陷，其被接受的概率为0.1（消费者的风险＝10%）。

MA.1.2 对5.3.1.4规定的各种污染物，采用下列规程（见图2）。

取：

L＝污染物限值的自然对数；

x_i＝第i辆样车的某种污染物测量值的自然对数；

s＝生产标准偏差的估计值（测量值取自然对数后）；

n＝当前样车数量。

MA.1.3 对限值的标准偏差的总和进行量化，计算出样车的试验统计量，定义为：

$$\frac{1}{s}\sum_{i=1}^{n}(L-x_i)$$

MA.1.4 于是：

如果试验统计量大于或等于表MA.1中样车数量对应的通过判定临界值，则该污染物通过；

如果试验统计量小于表MA.1中样车数量对应的不通过判定临界值，则该污染物不通过；否则，根据7.1.6的规定，加抽一辆样车进行试验，并按多一辆样车数重新计算统计量。

表 MA.1

试验汽车累计数（当前样车数 n）	通过判定临界值	不通过判定临界值	试验汽车累计数（当前样车数 n）	通过判定临界值	不通过判定临界值
3	3.327	−4.724	18	2.337	−5.713
4	3.261	−4.790	19	2.271	−5.779
5	3.195	−4.856	20	2.205	−5.845
6	3.129	−4.922	21	2.139	−5.911
7	3.063	−4.988	22	2.073	−5.977
8	2.997	−5.054	23	2.007	−6.043
9	2.931	−5.120	24	1.941	−6.109
10	2.865	−5.185	25	1.875	−6.175
11	2.799	−5.251	26	1.809	−6.241
12	2.733	−5.317	27	1.743	−6.307
13	2.667	−5.383	28	1.677	−6.373
14	2.601	−5.449	29	1.611	−6.439
15	2.535	−5.515	30	1.545	−6.505
16	2.469	−5.581	31	1.479	−6.571
17	2.403	−5.647	32	−2.112	−2.112

MA.2 对制造厂的生产标准偏差表示不满意或者制造厂没有相关记录时，则采用下述的步骤来确认Ⅰ型试验的生产一致性。

MA.2.1 样车数量最少为3辆，采样规程是这样规定的，当一批产品中有40%带有缺陷，其通过试验的概率为0.95（生产厂的风险＝5%），当一批产品中有65%带有缺陷，其被接受的概率为0.1（消费者的风险＝10%）。

MA.2.2 考虑到5.3.1.4给规定的各种污染物的测量值呈正态分布，因此，首先必须取其自然对数进行变换。设 m_0 和 m 分别代表最小和最大样车数量（$m_0=3$ 和 $m=32$），并设 n 代表当前样车数。

MA.2.3 如果样车测量值的自然对数分别为 $x_1, x_2 \cdots\cdots, x_j$，而 L 是某种污染物限值的自然对数，于是定义：

$$d_i = x_i - L$$

$$\bar{d}_n = \frac{1}{\mathrm{n}} \sum_{i=1}^{n} d_i$$

$$v_n^2 = \frac{1}{n} \sum_{i=1}^{n} (d_i - \bar{d}_n)^2$$

MA.2.4 表MA.2所示为当前样车数与通过判定临界值（A_n）和不通过判定临界值（B_n）的关系。试验统计量是比值 $\bar{d}_n / v_n$，必须用下列方法来判定各种污染物是否通过：

对于 $m_0 \leqslant n \leqslant m$：

——如 $\bar{d}_n / v_n \leqslant A_n$，则判定该污染物通过，

——如 $\bar{d}_n / v_n > B_n$，则判定该污染物不通过，

——如 $A_n < \bar{d}_n / v_n \leqslant B_n$，加抽一辆车。

MA.2.5 备注

下列回归公式对计算试验统计量非常有用：

$$\bar{d}_n=\left(1-\frac{1}{n}\right)\times\bar{d}_{n-1}+\frac{1}{n}d_n$$

$$v_n^2=\left(1-\frac{1}{n}\right)\times v_{n-1}^2+\frac{(\bar{d}_n-d_n)^2}{n-1}$$

$$(n=2,3,\cdots;\bar{d}_1=d_1;v_1=0)$$

表 MA.2

最少样车数＝3

试验汽车累计数（当前样车数 n）	通过判定临界值 A_n	不通过判定临界值 B_n	试验汽车累计数（当前样车数 n）	通过判定临界值 A_n	不通过判定临界值 B_n
3	－0.80381	16.64743	18	－0.38266	0.45922
4	－0.76339	7.68627	19	－0.35570	0.40788
5	－0.72982	4.67136	20	－0.32840	0.36203
6	－0.69962	3.25573	21	－0.30072	0.32078
7	－0.67129	2.45431	22	－0.27263	0.28343
8	－0.64406	1.94369	23	－0.24410	0.24943
9	－0.61750	1.59105	24	－0.21509	0.21831
10	－0.59135	1.33295	25	－0.18557	0.18970
11	－0.56542	1.13566	26	－0.15550	0.16328
12	－0.53960	0.97970	27	－0.12483	0.13880
13	－0.51379	0.85307	28	－0.09354	0.11603
14	－0.48791	0.74801	29	－0.06159	0.09480
15	－0.46191	0.65928	30	－0.02892	0.07493
16	－0.43573	0.58321	31	0.00449	0.05629
17	－0.40933	0.51718	32	0.03876	0.03876

附 录 N
（规范性附录）
在用车符合性检查及判定方法

N.1 概述

本附录描述了第8章规定的在用车符合性检查控制用程序。

N.2 试验汽车选择准则

N.2.1至N.2.8规定了被选汽车的接受准则。通过检查汽车和访问车主/司机来收集信息。

N.2.1 汽车必须属于已通过本标准型式核准的车型，且该车型经过了生产一致性检查。

N.2.2 汽车必须至少已经使用了15 000 km或6个月(以后到达者为准)；且不超过80 000 km或5年(以先到达者为准)。

N.2.3 必须有保养记录以证明汽车一直是按照制造厂使用说明书的规定进行保养。

N.2.4 汽车必须是无滥用迹象(如超速、超载、误加油或其他滥用)或不存在其他可能影响排放性能的现象(如非法改动)。对于装备车载诊断(OBD)系统的汽车，还应考虑储存在电控单元内的失效代码和里程信息。如果储存在电控单元内的信息显示，某辆车在储存了失效代码后未及时修理，还在继续使用，这辆车就不能用于本试验。

N.2.5 发动机或汽车不得进行过制造厂使用说明书规定之外的大修。

N.2.6 汽车油箱中油样的铅含量和硫含量必须满足适用的标准，且不得有误加油的迹象。可以在排气管等处进行检查。

N.2.7 不得有任何可能危及试验人员安全问题的迹象。

N.2.8 汽车上的所有排放控制系统零部件必须与型式核准时使用的一致。

N.3 判别和保养

在测量排气污染物前，必须按照N.3.1至N.3.7规定的程序，对被接受用于试验的汽车进行诊断和任何必需的常规保养。

N.3.1 必须进行下述检查：检查空滤器、所有驱动皮带、所有液面、散热器盖、所有真空软管和排放控制系统有关的电气接线的完整性；检查点火、燃油计量、排放控制系统部件是否调整不当和/或非法改动。必须记录所有差异项。

N.3.2 应检查车载诊断(OBD)系统是否正确地起作用。必须记录车载诊断(OBD)系统存储器中的任何故障指示，并必须进行必要的修理。在预处理循环期间，如果车载诊断(OBD)系统故障指示器记载了某个故障，允许检修并排除该故障。然后，重新开始试验，并采用维修后汽车的排放试验结果。

N.3.3 必须检查点火系，更换失效部件，如火花塞、点火线等。

N.3.4 必须检查气缸压力，如果不符合说明书规定，可取消该车的试验资格。

N.3.5 必须对照制造厂技术规范检查发动机参数，如果需要则调整之。

N.3.6 如果汽车距预定保养服务期不足800 km，必须按照制造厂的使用说明书进行该项保养服务。在制造厂的要求下，不管里程表读数是多少，可以更换机油滤清器和空滤器。

N.3.7 一旦接受了汽车，必须将燃料更换为排放试验适用的基准燃料，除非制造厂接受使用市售燃料。

N.4 在用车试验

N.4.1 当认为有必要检查汽车时，则对于按N.2和N.3的要求挑选并经预处理的汽车，按照附录C

进行排放试验。

N.4.2 应检查汽车的车载诊断(OBD)系统在使用当中,故障指示等功能是否正确地起作用,应以型式核准时要求的排放水平(例如附录I定义的故障指示极限值)作为比较基准。

N.4.3 可以检查车载诊断(OBD)系统,例如,车载诊断(OBD)系统是否存在排放水平超过适用限值而无故障指示、对故障指示和识别出地故障或劣化的零部件存在系统性错误激活。

N.4.4 如果某零部件或系统的工作方式没有包括在附录A或附录B中,而车载诊断(OBD)系统又无故障指示,排放试验前不得更换该零部件或系统,除非确定了该零部件或系统已经被非法改动过或滥用过,以致车载诊断(OBD)系统不能检测出相应的故障。

N.5 结果评估

N.5.1 试验结果按照N.7的评价程序进行处理。

N.5.2 试验结果不必乘以劣化系数。

N.6 补救措施计划

N.6.1 当发现不止一辆车属于高排放车,并且:

——型式核准机关和制造厂都同意是由于相同原因造成排放超标,且符合N.7.3.2.3的条件,或

——型式核准机关和制造厂都同意是由于相同原因造成排放超标,且符合N.7.3.2.4的条件。

型式核准机关必须要求制造厂提交改正不符合项的补救措施计划。

N.6.2 自N.6.1所指的通知日起的60个工作日内,必须向型式核准机关提交补救措施计划。型式核准机关必须在30个工作日内宣布批准或不批准该补救措施计划。但是,如果制造厂能证明为了提交补救措施计划,需要更长时间来调查不合格原因,且能使型式核准机关感到满意,则可批准延长提交时间。

N.6.3 补救措施应适用于可能受同一缺陷影响的所有汽车。必须评定修正型式核准文件的必要性。

N.6.4 制造厂必须提供与补救措施计划内容相关的所有复印件,也必须保持召回行动的记录,并定期向型式核准机关提供情况报告。

N.6.5 补救措施计划必须包括N.6.5.1至N.6.5.11规定的各项要求。制造厂必须指定一个唯一的识别名称或代号给该补救措施计划。

N.6.5.1 补救措施计划所包括的每个车型的描述。

N.6.5.2 为使汽车达标而采取的特殊改进、替换、修理、改正、调整或其他改动的描述,包括为支持制造厂决定对不达标车辆采取特殊整改措施时,所用的数据和技术研究的摘要。

N.6.5.3 制造厂通知车主的方法的描述。

N.6.5.4 如果制造厂在补救措施计划将正确维修或正确使用作为修理的条件,应对正确维修或正确使用的内容加以描述,并对制造厂要求采用这些条件的原因进行解释。不可强加任何维护或使用条件,除非可以证明它与不一致性和补救措施有关。

N.6.5.5 为了使不达标汽车得到改正,车主所应遵循的程序的描述。它应包括预计实施补救措施的起始日期、修理厂完成修理估计所需时间和实施地点。必须在汽车交付后的合理时间内完成修理。

N.6.5.6 将一份含有上述信息的复印件发送给车主。

N.6.5.7 制造厂为确保完成补救行动如何充足供应零部件或系统的办法的简要描述。描述中必须说明,为启动此行动,何时将供应充足的零部件或系统。

N.6.5.8 将一份所有指导文件的复印件发送给修理人员。

N.6.5.9 描述建议的补救措施对每个车型的排放、油耗、驾驶性能和安全性的影响,包括补救措施计划,以及支持这些结论的数据、技术研究等。

N.6.5.10 型式核准机关为评估补救措施计划所需要的其他任何资料、报告或数据。

N.6.5.11 若补救措施计划包括召回,必须向型式核准机关提交记录修理方法的描述。如果采用记录

单,必须提交记录单。

N.6.6 可以要求制造厂对建议更改、修理或改进的零部件和汽车进行合理的设计和必要的试验,以证明更改、修理或改进的效果。

N.6.7 制造厂有责任保管每辆召回和修理的汽车和进行修理的修理厂的记录。从实施补救措施计划起 5 年期间,一旦型式核准机关要求,应能提取记录。

N.6.8 制造厂应将修理和/或改进或添加新装置的情况记录在一份证书内,提供给车主。

N.7 在用车符合性试验用统计程序

N.7.1 本章描述了核查在用车对Ⅰ型试验一致性要求所用的程序。

N.7.2 采用两种不同的程序:

(1) 一种是涉及那些从样车中识别出的,由于存在与某种污染物有关的缺陷,导致其排放结果超出限值的高排放汽车(N.7.3)。

(2) 另一种是涉及全部样车(N.7.4)。

N.7.3 样车中高排放车采用的程序

N.7.3.1 样车数量最少为三辆,最多为根据 N.7.4 确定的最大抽样数。从样车中随机抽取一辆,测定受控污染物的排放量,确定其是否为高排放车。

N.7.3.2 当汽车符合 N.7.3.2.1 或 N.7.3.2.2 所规定的条件,则称该车为高排放车。

N.7.3.2.1 对于按照 5.3.1.4 表 2 中第Ⅲ阶段的限值批准型式核准的汽车,高排放车是指其任一受控污染物超过了 1.2 倍适用限值。

N.7.3.2.2 对于按照 5.3.1.4 表 2 中Ⅳ阶段的限值批准型式核准的汽车,高排放车是指其任一受控污染物超过了 1.5 倍适用限值。

N.7.3.2.3 对于某一辆汽车,其任一受控污染物在"中间区域"[1]范围内。

N.7.3.2.3.1 如果被测汽车属于高排放车,必须确定排放超标的原因,接着从样车中随机抽取另一辆汽车。

N.7.3.2.3.2 当多辆汽车符合 N.7.3.2.3 的条件时,型式核准机关和制造厂必须确定排放超标是否由于同一原因。

N.7.3.2.3.2.1 如果型式核准机关和制造厂都认为排放超标是由于同一原因,则这批样车不合格,需要实施第 N.6 章的补救措施计划。

N.7.3.2.3.2.2 无论是一辆还是多辆汽车,如果型式核准机关和制造厂都不认为排放超标是由于同一原因,则在达到最大抽样数之前,从样车中随机抽取另一辆汽车。

N.7.3.2.3.3 当只有一辆车或有多辆车符合 N.7.3.2.3 的条件,而型式核准机关和制造厂都认为排放超标的原因不同,则在达到最大抽样数之前,从样车中随机抽取另一辆汽车。

N.7.3.2.3.4 如果已达到最大抽样数,且不超过一辆车符合 N.7.3.2.3 的要求,则就 N.7.3 的要求而言,这批样车合格。

N.7.3.2.3.5 任何时候,如果原样车被剔除,则抽取另一辆样车作为原样车。

N.7.3.2.3.6 如果从样车中抽取另一辆样车,则按 N.7.4 中的统计程序对此新增加的样车进行统计。

N.7.3.2.4 对于某一辆汽车,其任一受控污染物在"不通过区域"[2]范围内。

---

[1] 对任何汽车,"中间区域"规定如下。汽车应符合 N.7.3.2.1 或 N.7.3.2.2 给定的条件,超标受控污染物的测量值还应低于 5.3.1.4 表 2 中该产品的污染物限值的 2.5 倍。

[2] 对任何汽车,"不通过区域"规定如下。任何受控污染物测得值,超过了 5.3.1.4 表 2 中该产品的污染物限值的2.5 倍。

N.7.3.2.4.1 如果汽车符合 N.7.3.2.4 的条件，型式核准机关应确定排放超标的原因，然后从样车中随机抽取另一辆汽车。

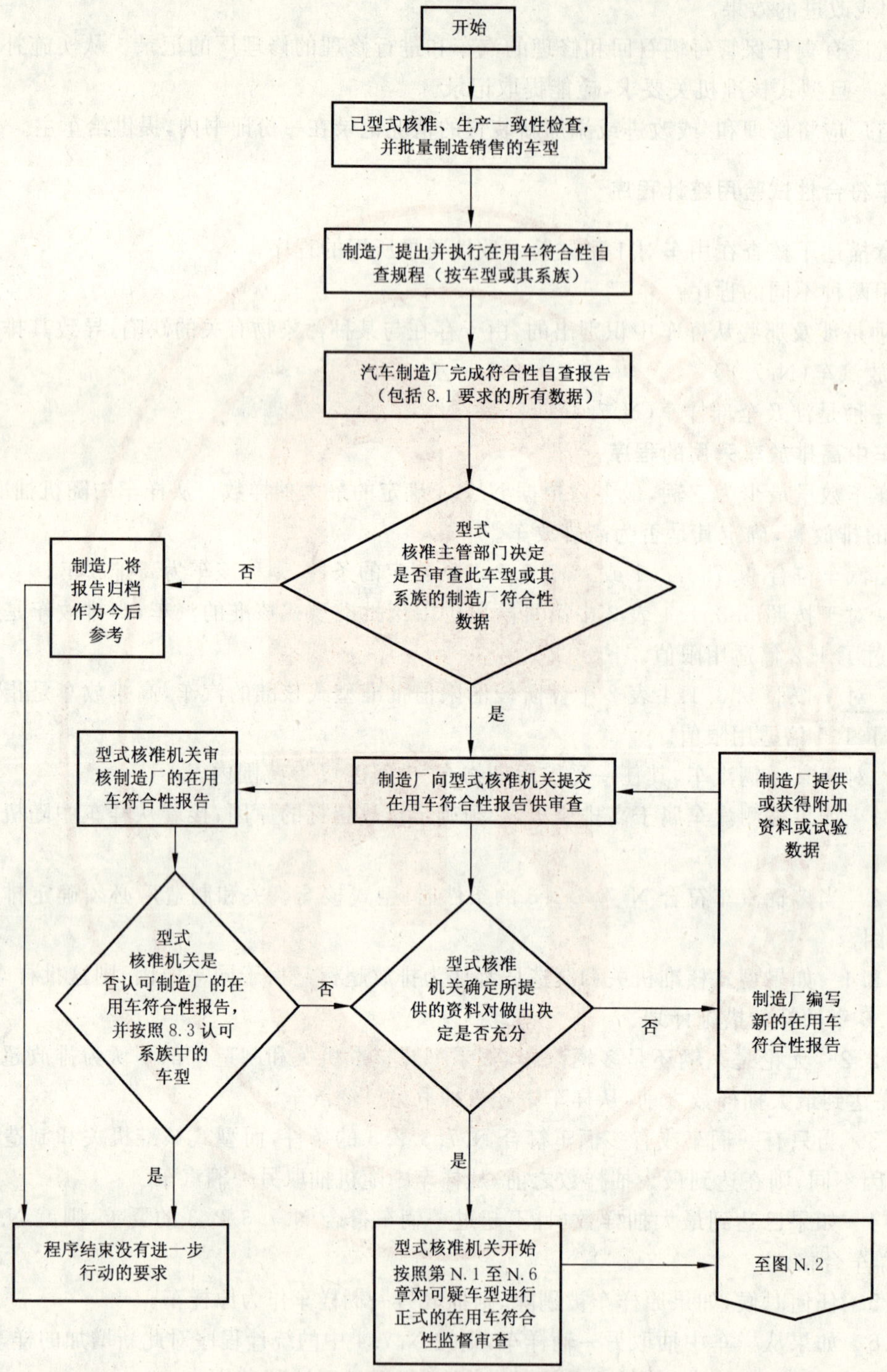

图 N.1 在用车符合性检查规程

N.7.3.2.4.2 当多辆汽车符合 N.7.3.2.4 的条件，且型式核准机关确定排放超标是由于同一原因，则应通知制造厂这批样车不合格，并告知其不合格的原因，及需要实施第 N.6 章的补救措施计划。

N.7.3.2.4.3 当只有一辆车或有多辆车符合 N.7.3.2.4 的条件，而型式核准机关确定排放超标的原因不同，则在达到最大抽样数之前，从样车中随机抽取另一辆汽车。

N.7.3.2.4.4 如果已达到最大抽样数，且不超过一辆车符合 N.7.3.2.4 的条件，则就 N.7.3 的要求而言，这些样车合格。

N.7.3.2.4.5 任何时候，如果原样车被剔除，则抽取另一辆样车作为原样车。

N.7.3.2.4.6 如果从样车中抽取另一辆样本，则按 N.7.4 中的统计程序对此新增加的样车进行统计。

N.7.3.2.5 当发现某辆汽车不是高排放车，则从样车中随机抽取另一辆汽车。

N.7.4 不对样车中高排放车单独评估时采用的程序

N.7.4.1 样车数量最少为三辆。采样规程是这样规定的，当一批产品中有 40%带有缺陷，其通过试验的概率为 0.95(生产厂的风险=5%)；当一批产品中有 75%带有缺陷，其被接受的概率为 0.15(消费者的风险=15%)。

N.7.4.2 对于 5.3.1.4 给定的各种污染物，采用下述程序(见图 N.2)。

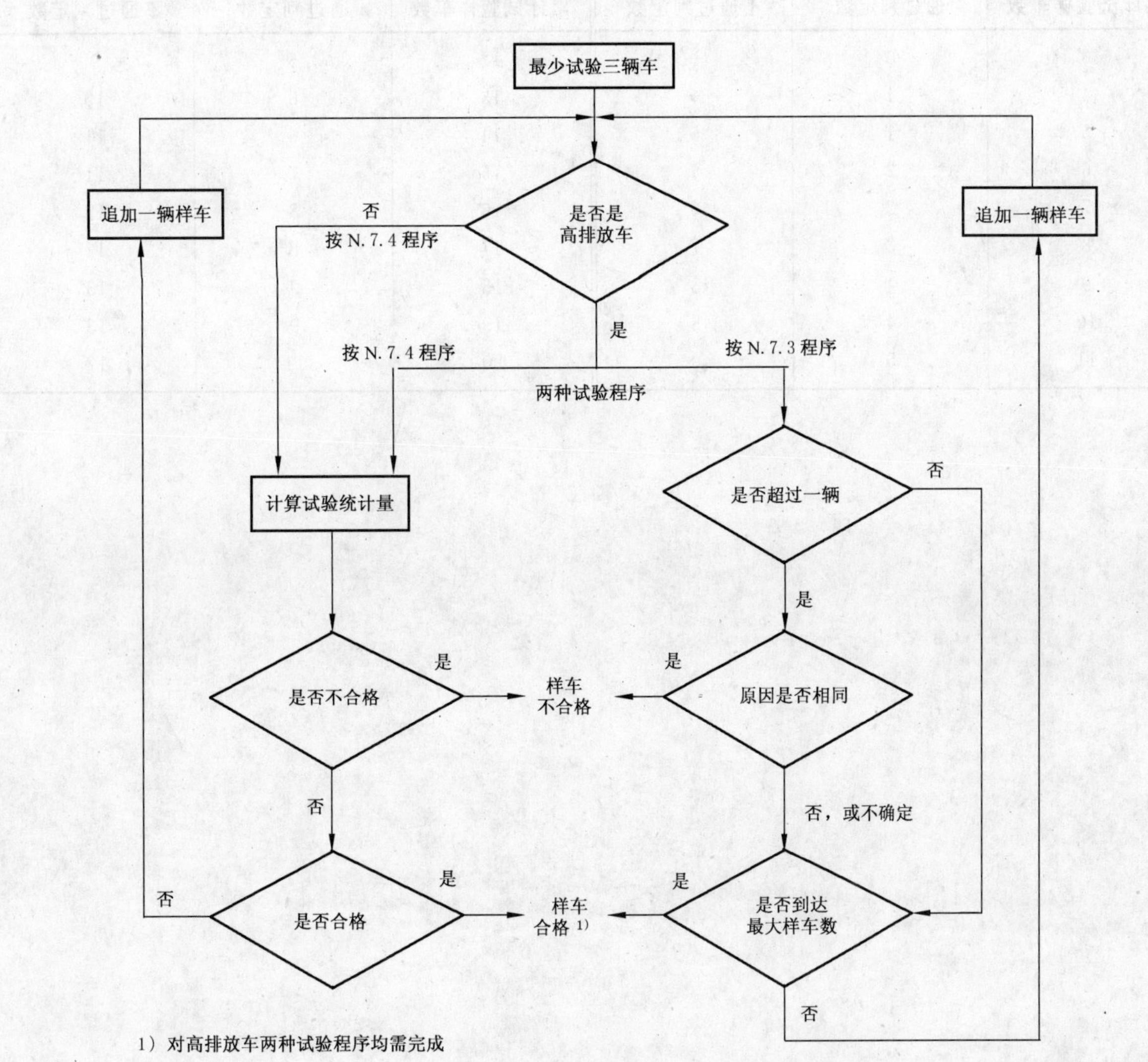

图 N.2 在用车符合性试验规程

其中：

L=污染物限值；

X_i=样车中第 i 辆车的测量值；

n=当前样车数。

N.7.4.3 计算样车中不合格(即 $X_i>L$)汽车数量。

N.7.4.4 然后：

——如果不合格样车数没有超过表 N.1 给出的对应于样车数的通过判定数，则判定在用车符合性检查通过；

——如果不合格样车数等于或超过表 N.1 给出的对应于样车数的不通过判定数，则判定在用车符合性检查不通过；

——否则，应追加一辆样车试验，并采用上述程序按多一辆样车后的数量重新进行计算。

表 N.1 的通过和不通过判定数是根据国际标准 ISO 8422—1991 计算的。

N.7.5 样车同时满足 N.7.3 和 N.7.4 的要求时，则认为样车试验合格。

表 N.1 按通过/不通过属性的取样计划表

累计试验样车数	通过判定数	不通过判定数	累计试验样车数	通过判定数	不通过判定数
3	0	—	12	5	9
4	1	—	13	6	10
5	1	5	14	6	11
6	2	6	15	7	11
7	2	6	16	8	12
8	3	7	17	8	12
9	4	8	18	9	13
10	4	8	19	9	13
11	5	9	20	11	12

附　录　O
(资料性附录)
参考文献

ISO 2575—1982　道路车辆　控制指示器和信号用符号

ISO 4259　石油产品　与试验方法有关的精密数据的确定和运用

ISO 8422—1991　属性检查的连续抽样计划

ISO 9141—2　道路车辆　诊断系统　第 2 部分:加州空气资源局对数字信息交换的要求

ISO 12156—1　柴油馏份润滑性评定法

ISO 14230—第 4 部分　道路车辆　诊断系统关键词协议 2000　第 4 部分:排放有关系统的要求

ISO DIS 15031—3　道路车辆　车辆与排放有关诊断用的外部试验装置之间的通讯　第 3 部分:诊断连结器和相关的电路:技术要求及使用

ISO DIS 15031—4　道路车辆　车辆与排放有关诊断用的外部试验装置之间的通讯　第 4 部分:外部试验装置

ISO DIS 15031—5　道路车辆　车辆与排放有关诊断用的外部试验装置之间的通讯　第 5 部分:排放有关的诊断服务

ISO DIS 15031—6　道路车辆　车辆与排放有关诊断用的外部试验装置之间的通讯　第 6 部分:诊断故障代码的定义

ISO DIS 15031—7　道路车辆　车辆与排放有关诊断用的外部试验装置之间的通讯　第 7 部分:数据链可靠性

ISO DIS 15765—4　道路车辆　对控制器区域网(CAN)的诊断　第 4 部分:与排放有关系统的要求

SAE J1850　B 级数据通讯网接口